DATA BECKER Jürgen Adams • Martin Koch

PC aufrüsten und reparieren

Copyright	© 1999 by DATA BECKER GmbH & Co. KG Merowingerstr. 30 40223 Düsseldorf
	1. Auflage 1999 mp
Lektorat und Produktmanagement	Stefan Ullrich
Schlußredaktion	Sibylle Feldmann
Umschlaggestaltung	Inhouse-Agentur DATA BECKER
Satz und Layout	DTP-Studio Marl

Alle Rechte vorbehalten. Kein Teil dieses Buchs darf in irgendeiner Form (Druck, Fotokopie oder einem anderen Verfahren) ohne schriftliche Genehmigung der DATA BECKER GmbH & Co. KG reproduziert oder unter Verwendung elektronischer Systeme verarbeitet, vervielfältigt oder verbreitet werden.

ISBN 3-8158-1232-1

Wichtiger Hinweis

Die in diesem Buch wiedergegebenen Verfahren und Programme werden ohne Rücksicht auf die Patentlage mitgeteilt. Sie sind für Amateur- und Lehrzwecke bestimmt.

Alle technischen Angaben und Programme in diesem Buch wurden von den Autoren mit größter Sorgfalt erarbeitet bzw. zusammengestellt und unter Einschaltung wirksamer Kontrollmaßnahmen reproduziert. Trotzdem sind Fehler nicht ganz auszuschließen. DATA BECKER sieht sich deshalb gezwungen, darauf hinzuweisen, daß weder eine Garantie noch die juristische Verantwortung oder irgendeine Haftung für Folgen, die auf fehlerhafte Angaben zurückgehen, übernommen werden kann. Für die Mitteilung eventueller Fehler sind die Autoren jederzeit dankbar.

Wir weisen darauf hin, daß die im Buch verwendeten Soft- und Hardware-Bezeichnungen und Markennamen der jeweiligen Firmen im allgemeinen warenzeichen-, marken- oder patentrechtlichem Schutz unterliegen.

Inhaltsverzeichnis

1.	**Wichtige Vorbereitungen – System-Check und Backup ...**	**21**
1.1	PC-Check für Einsteiger – Die eigene Hardware erkennen	21
	PC-Anschlüsse, Schrauben, Stecker und Kontakte vorgestellt	22
	PC-Komponenten (Geräte, Bauteile) im Überblick	30
1.2	System-Check – Die wichtigsten Systemparameter notieren	31
	Ressourcenbelegung bestimmen	32
	Welche Ressourcen sollten Sie notieren?	34
1.3	Sicherheit geht vor! – Backup von Einstellungen und Daten	34
	System-Backup mit ERU, dem Hausmittel von Windows	35
	Bessere Sicherheit bei Windows 98	36
	Sicherheitskopie des gesamten Windows-Verzeichnisses	37
1.4	Dem Notfall vorbeugen – Bootdiskette erstellen und konfigurieren	38
	Die Bootdisketten von DOS, Windows 95 und Windows 98	38
	Bootdiskette unter DOS und Windows erstellen	39
	Die Anpassung der Bootdisketten	40
2.	**Grundlagen des Aufrüstens – Werkzeuge, Sicherheitsregeln und Basistechniken ....**	**43**
2.1	Werkzeuge und allgemeine Sicherheitsregeln	43
	Das Werkzeug	43
	Vorsicht, statische Aufladung! – Einige Sicherheitsregeln	46
	Achtung, Lebensgefahr! – Keine Reparatur von Monitoren und Netzteilen	48
	Allgemeine Sicherheitsgrundlagen beim Aufrüsten	48
	Licht und Übersicht – Dann geht der Einbau wie von selbst	50
2.2	Basistechniken des Aufrüstens und Reparierens	51
	Gehäuse öffnen	51
	Steckkarten austauschen	52
	Festplatten und andere Geräte einschrauben	54
	Kabel anbringen, aufstecken, loslösen und befestigen	56
	Friedliche Zusammenarbeit – Zusammenspiel der Hardware im PC	57
	Ressourcen abfragen und einstellen – Konfiguration von Hard- und Software	64
	Generelle Hinweise zur Behebung von Hardwarekonflikten	72
	Ressourcen-Engpässe unter Windows 95/98 umgehen	74
3.	**Ohne BIOS läuft nichts – Grundbedienung und BIOS-Upgrade ....**	**77**
3.1	BIOSLogie – Grundlagen der BIOS-Bedienung	77
	So kommt man ins BIOS	77
	Wenn der BIOS-Zugang durch Paßwort verwehrt ist	80
	Konkrete BIOS-Einstellungen gegen den täglichen Ärger und für mehr Speed	82
	Der erste Schritt der Ressourcenverwaltung – Das Plug & Play-BIOS	85
	Nutzen Sie die IRQ- und DMA-Reservierung im BIOS	88

3.2	**BIOS-Upgrade – Dem PC neues Leben einhauchen**	**89**
	Schritt für Schritt zum BIOS-Update	91
	BIOS kaputt? – Rettung auch ohne Gang zum Händler	95

4. Das Mainboard – Die Basis Ihres PCs 97

4.1	**Mainboard-Leitfaden – Grundlagen und Technik**	**101**
	Prinzipieller Aufbau der Hauptplatine	102
	Prozessor und Sockelaufbau	105
	Taktung von Hauptplatine und CPU – Schrittmacher des Systems	112
	Bussysteme der Hauptplatine – Datenreisen im Rechner	118
	Aufgaben der Chipsätze – Steuermann des PCs	121
	Cachespeicher – Speicherturbo für den Computer	122
4.2	**Mainboard-Berater – Wichtige Funktionen und bekannte Fallstricke**	**123**
	Allgemeine Kriterien für Ihr neues Mainboard – Stabilität, Geschwindigkeit und Ausbaufähigkeit	123
	Format und Netzteil – Zwei, die passen (müssen)	124
	Chipsätze der Mainboards in der Praxis	126
	Prozessorunterstützung des Mainboards – Zukunft eingebaut?	131
	Speicher satt? – Ausbaumöglichkeiten des Arbeitsspeichers	133
	Wieviel Cache für wen? – Turbo einlegen	134
	Accelerated Graphics Port (AGP) – Grafikturbo für 3-D?	137
	Powermanagementfunktionen – Der PC als (Energie-)Sparschwein	138
	Schnittstellen des Mainboards – Anschluß von Haus aus	141
4.3	**Eingebaut – So bauen Sie problemlos ein neues Mainboard ein**	**144**
	Fahrplan für einen (fast) neuen PC – Zehn Schritte zum Mainboard-Tausch ...	144
	Tausch und Einbau des Mainboards	146
4.4	**Einstellungssache – Die optimale Konfiguration Ihres neuen PCs**	**168**
	Neue Treiber für den Chipsatz des Mainboards	169
	Einstellung der erweiterten BIOS- und Chipsatz-Funktionen	170
	Einstellen des Powermanagements	174
4.5	**Haken und Ösen – Lösungen von Problemen beim Mainboard-Tausch**	**175**
	Diagnose-Tools und Überwachungsprogramme	175
	Rechnersystem startet nicht	176
	Spontane Abstürze und CPU-Alarm	177
	Fehlerhafte Funktion der ISA-Karten	177
	Fehlerhafte Funktion der PCI-Karten	178

5. Prozessor spezial – CPU-Upgrade mit Overdrive & Co. ... 181

5.1	**Bauformen der gängigen CPUs: Das ist up to date**	**182**
	Sockel 7	182
	Supersockel 7	183
	Slot 1	184
	Sockel 370	185
	Die Prozessoren der Pentium-Familie	185
	Harte Konkurrenz: Die AMD K6-Familie	194
	Prozessoren von Cyrix (IBM) und WinChip	198
5.2	**Vorüberlegungen: Prozessortausch mit Köpfchen**	**200**
	Sockel 7-CPUs: Aufs Mainboard kommt's an	200
	Slot 1-Prozessoren: Gute Chancen	203
	So rüsten Sie Ihren Prozessor optimal auf	205

5.3	**Der Prozessortausch**	**206**
	Austausch einer Slot 1-CPU	207
	Austausch einer Sockel 7-CPU	215
5.4	**Kostenloses Tuning: Übertakten**	**221**
	Welche CPUs eignen sich zum Übertakten?	221
	Risikoverringerung: Sicherheitsmaßnahmen	223
	Heissss ... Kühler sorgen für Abhilfe	224
	So geht's: Höhere Frequenzen für Bus und CPU	228
5.5	**Troubleshooting**	**231**
	Der Rechner stürzt nach einiger Zeit unkontrolliert ab	231
	Der Prozessor wird nicht korrekt erkannt	232
	Der Prozessorlüfter macht Geräusche	233
	Der Rechner stürzt bereits kurz nach dem Booten ab	233

6. Das Speicher-Kapitel – Arbeitsspeicher und Cache im Griff **235**

6.1	**Speicher-Beratung – Was man wissen muß für Kauf und Einbau**	**235**
	FPM, EDO, SDRAM, DIMM etc. – Die wichtigsten Speicher-Begriffe	236
	Wer ist kompatibel mit wem? – Speicher-Kombinationen	239
	Wer braucht Parity-Prüfung und ECC-Fehlerkorrektur?	241
	Viel hilft viel? – Wieviel Speicher brauchen Sie?	241
	64 MByte und dann Schluß? – Speicherbegrenzung durch Chipsatz und L2-Cache	242
6.2	**Speicherein- und -ausbau von SIMMs und DIMMs**	**242**
	Der Ein- und Ausbau von PS/2-SIMM-Bausteinen	243
	Der Ein- und Ausbau von DIMM-Bausteinen	248
6.3	**Was tun mit altem Speicher? – Adapterlösungen und Alternativen**	**252**
	Von 30 auf 72 – Adapterlösungen für SIMMs	253
	Adaptoren von PS/2-SIMM auf PS/2-SIMMs	255
	Adaptoren für PS/2-SIMMs auf DIMM-Steckplätze?	256
	Was kann man sonst mit altem Speicher machen?	256
6.4	**L2-Cache-Upgrade – Mit COAST-Modulen und Tag-RAM über 64 MByte**	**257**
	Tuning-Maßnahme bei Speichererweiterung – L2-Cache aufrüsten bei alten Mainboards	258
6.5	**Speicherkonfiguration und -optimierung im BIOS und unter Windows**	**262**
	Grundsätzliches über die Speicherkonfiguration im BIOS	263
	L2-Cache- und andere erweiterte Konfigurationen	265
	Hinweise zur Arbeitsweise von DRAMs und daraus folgenden BIOS-Einstellungen	266
	Einige Tips zur BIOS-Optimierung des Arbeitsspeichers	267
	Die optimale Nutzung des Speichers unter Windows	273

7. Grafikkartentausch **275**

7.1	**Austausch oder Neukauf?**	**276**
	Stimmt die Umgebung? – Korrekte Konfiguration	276
	System und Grafikkarte – Das muß passen	276
	Untrennbar: Monitor und Grafikkarte	277
	Checkliste: Hier lohnt sich der Austausch	277

7.2	**Tempo für die Grafikkarte**	**278**
	Den richtigen Treiber einrichten	278
	Den Treiber aktualisieren	279
	Update des Grafikkarten-BIOS	280
	BIOS optimieren	281
	Übertakten der Grafikkarte	282
	Übertakten von Voodoo-Karten	285
7.3	**Augen auf: Darauf müssen Sie beim Kauf achten**	**286**
	Die Komponenten und ihre Funktionen: Fachchinesisch	286
	Das Wichtigste in Kürze: So sieht eine gute Grafikkarte aus	294
7.4	**3-D: Power für Spielefreaks**	**294**
	Darum geht's: 3-D-Funktionen und was sie bewirken	295
	Schnittstellensalat: Glide, Direct3D und OpenGL	300
	Kombikarte oder Add-On?	302
	Geheimnisvolle Namen: Vielfalt auf dem Chipmarkt	305
	Was macht eine gute 3-D-Karte aus?	307
7.5	**Eine neue Karte einbauen und konfigurieren**	**308**
	Vorbereitung vor dem Kartentausch	309
	Der einfachste Teil: Aus- und Einbau	310
	Wie sag' ich's meinen Kindern? – Treiberinstallation	313
7.6	**Mehrere Grafikkarten unter Windows 98**	**315**
	Einbau und Einrichtung	316
	Aktivierung der zweiten Karte	316
8.	**Der Monitor – Durchblick von der Technik bis zur Konfiguration**	**321**
8.1	**So finden Sie den besten Monitor**	**321**
	Wichtige Fakten zum Monitor	321
	Monitore konkret	327
	Flaches Wunder: Die neuen LCD-Monitore	328
	Gekauft wie gesehen	331
	Aus der Monitor-Praxis – Tips, damit sich Monitor und Mensch wohlfühlen	334
8.2	**Monitor-Praxis – Anschließen und konfigurieren**	**337**
	Die richtige Konfiguration	337
	Trouble mit DCC	338
9.	**SCSI ohne Frust – Controller und Konfiguration beherrschen**	**339**
9.1	**SCSI-Geheimnisse enthüllt – Standards, IDs und Terminatoren** ...	**339**
	So finden Sie den richtigen SCSI-Standard	340
	Welchen SCSI-Controller soll man nun kaufen, und was gilt es zu beachten?	342
	Vorsicht bei Wide-SCSI	344
	SCSI für EIDE-Rechner – Preiswerte und praktische Lösungen	345
	Wichtige SCSI-Grundlagen	347
	Die richtige Terminierung des SCSI-Bus	351
	Die Vorzüge der aktiven Terminierung	354
	Booten Sie von Zip, CD-ROM & Co.	355

9.2	**Der SCSI-Controller – Adaptec & Co. eingebaut und konfiguriert**	**356**
	Einbau des SCSI-Controllers	357
	SCSI-Einstellung und -optimierung unter DOS und Windows 3.x	357
	SCSI unter Windows 95/98 – Tips und Tricks rund um Treiber und Anwendungen	360
9.3	**SCSI-Tuning – Tips für mehr Speed und Stabilität**	**363**
9.4	**Troubleshooting: Wenn's hakt und hängt**	**365**
	Der Controller erkennt die Geräte nicht	365
	Der SCSI-Bus ist extrem instabil	366

10. Die Festplatte – Mehr Speicher, Speed und Sicherheit 367

10.1	**Der Festplatten-Führer – Wichtige Tips für die Auswahl Ihrer Platte**	**367**
	Die wichtigsten Festplatten-Standards im Überblick	369
	Größenprobleme mit modernen Festplatten	373
	Weitere Tips, worauf Sie beim Kauf von Festplatten achten sollten	376
10.2	**Festplatten einbauen und anschließen**	**377**
	Vorbereitungen für den Einbau	378
	Nur bei EIDE-Platten – Die Master-Slave-Konfiguration	379
	Die Festplatte im Gehäuse festschrauben	381
	Daten- und Stromkabel anschließen	384
10.3	**Die Konfiguration von EIDE-Platten im BIOS**	**388**
	Mapping und BIOS-Modi – Das sollten Sie noch wissen	388
	Schritt für Schritt durch die BIOS-Konfiguration	390
	Überprüfung und Feineinstellung der BIOS-Konfiguration	394
10.4	**Festplatten partitionieren und formatieren**	**396**
	Ein paar Grundlagen zur Partitionierung und Formatierung	396
	Partitionieren mit fdisk von DOS bzw. Windows	398
	fdisk und FAT32 für Partitionen über 2 GByte	408
	Die Platte unter DOS formatieren und bootfähig machen	412
	Festplatten partitionieren mit Windows NT und NTFS	414
	Festplatten mit PartitionMagic perfekt im Griff	420
10.5	**Der Einbau von SCSI-Festplatten**	**423**
	Die SCSI-Konfiguration – Wichtige Vorbereitungen	424
	Anschluß und Konfiguration der SCSI-Platte im Überblick	426
10.6	**Festplatten kopieren und sichern mit DriveCopy und Drive Image**	**429**
10.7	**Festplatten-Betrieb optimal – Tuning-Tricks unter Windows**	**431**
	Die Auslagerungsdatei optimieren	432
	Tuning des Datenträgercache	433
	Mehr Sicherheit mit ScanDisk und Defrag	434
	Erhöhte Datensicherheit – Schreibcache deaktivieren	436
	Die Festplatte im Geräte-Manager konfigurieren	437

11. CD-ROM-Laufwerk, CD-Brenner und DVD – Vom Installieren bis zum Optimieren 441

11.1	**Der CD-Ratgeber – Was man beim Kauf und Einbau wissen muß**	**441**
	Immer schneller – Der Rotationswahn bei CD-ROMs	442
	Wichtige Unterschiede bei CD-ROM-Laufwerken	443

11.2	Der Hardwareeinbau von CD-ROM-Laufwerk, CD-Brenner und DVD	446
	Einbau und Installation des CD-ROM-Laufwerks	446
11.3	**Die Konfiguration von CD-ROM-Laufwerken**	**449**
	CD-Treiber-Wirrwarr unter DOS beheben	449
	CD-ROM-Laufwerke unter Windows 95/98 – Mehr Speed, weniger Probleme	451
11.4	**Die Konfiguration von CD-Brennern**	**454**
	Tücken beim Kauf des CD-Brenners sicher umgehen	455
	Die genialen CD-RW-Brenner	458
	Packet Writing und UDF – CDs sicher und bequem brennen	460
	Die optimale Software zum Brenner	462
11.5	**Praxistips für CD-Brenner**	**466**
	Besser brennen – Checkliste für den Brennerfolg	467
	Welche Rolle spielt der CD-Rohling?	468
	CDs mit langen Dateinamen – Das Joliet-Format	469
	Multisession-/Multivolume-Wirrungen	470
	Der El-Torito-Standard – Bootfähige CD-ROMs, so geht's	471
	Druck für die CD – Label beschriften und ausdrucken	472
	Harddisk-Recording – Die selbstgemachte Audio-CD	473
	Die besonderen Anforderungen an Glasmaster-CDs	477
11.6	**Alles über DVD-Laufwerke**	**478**
	DVD – Wirrungen ohne Ende	479
	Region-Codes der DVD	479
	Kopierschutzmaßnahmen von DVD	481
	AC3 gegen MPEG2 – Streit um den Surround-Sound	481
	Kein Audiostandard für DVD	482
11.7	**DVD in der Praxis**	**483**
	DVD-ROM-Laufwerke als CD-ROM-Laufwerke-Ersatz	483
	Videowiedergaben über den PC	483
	DVD-Komplettpakete	484
	Zukunftsausblicke – Möglichkeiten für DVD am PC	486
12.	**Soundkarten, Boxen und Mikro – Den PC zur Soundmaschine aufrüsten**	**487**
12.1	**Soundkarten-Ratgeber – Welcher Sound für wen?**	**488**
	Grundsätzliche Anforderungen an eine Soundkarte	489
	Auswahl der Karten nach Anwendungsprofilen	490
	PCI oder ISA? – Busanschluß der Soundkarte	495
	Lautsprecher – Guter Klang nach außen gebracht	496
12.2	**Soundkartenpraxis – Soundkarte einbauen und konfigurieren**	**498**
	Einrichten von Soundkarten ohne Plug & Play-Unterstützung unter Windows 95/98	498
	Einbau der Soundkarte in den Rechner	500
	Installation der Software unter Windows 95/98	503
	Aktualisierung von Treibern	509
	Installation von Treibern für DOS	511
	Anschluß der Soundkarte an die Außenwelt – Boxen, Mikrofon und Co.	514
12.3	**Funktionen des Soundsystems vorgestellt**	**515**
	Klänge aufgelöst – Die Digital-/Analog-Wandlung	515
	Sound aus der Retorte – Der FM-Synthesizer	516
	Musikbaukasten – Reale Klänge durch Wavetable-Funktionen	517

	Der Endverstärker – Power für den Boxenanschluß...	521
	Mehrdimensional – Effektprozessoren, Stereo- und Surround-Sound	521
	Anschluß gesucht – Anschlußmöglichkeiten einer Soundkarte............................	523
	Wichtige Standards für die Soundkarte	527
12.4	**Tonstörung? – Problemlösungen für das Soundsystem.............................**	**528**
	Kein Ton? – Ressourcenkonflikte beseitigen..	528
	Abstürze und Aussetzer – Störenfried Soundkarte?	528
	Probleme mit der MIDI-Schnittstelle..	529
	Knacksen und Rauschen – Störgeräusche bei der Aus- und Wiedergabe	531
	Keine Musik vom CD-ROM-Laufwerk	533
	Bei ISA-Karten leiert der Sound	533
	Probleme bei der Lautstärkeeinstellung unter Windows?....................................	533
	Sind Soundkarten-Teilfunktionen unter Windows 95/98 inaktiv geschaltet?	535

13. Eingabegeräte und Schnittstellen... 537

13.1	**Der richtige Anschluß – Was Sie vorher wissen sollten**	**538**
13.2	**Die serielle Schnittstelle**	**538**
	Interrupts und Adressen der seriellen Schnittstellen..	540
	UART – Steuerbaustein der seriellen Schnittstelle..	541
13.3	**Die parallele Schnittstelle**	**544**
	Betriebsarten der Schnittstelle	544
	Pinbelegungen der parallelen Schnittstelle	546
	Interrupt und Adressen der parallelen Schnittstelle	548
	Turboschalter – Optimale BIOS-Einstellungen	548
13.4	**Einbau und Konfiguration weiterer Schnittstellen**....................................	**549**
	Zusätzliche serielle und parallele Schnittstellen installieren.................................	550
	Alternativlösungen: Umschalter und Autoswitch	555
13.5	**USB – Der Universal Serial Bus**	**556**
	Der USB-Anschluß	557
	Hardware und Software für den USB – Gerüstet für die Zukunft?	558
	Übersicht über aktuell verfügbare USB-Geräte..	561
	Schnittstellen im Wandel – USB für alle	563
13.6	**Die Infrarot-Schnittstelle (IRDa)**	**565**
13.7	**Die Tastatur**	**566**
	Bauformen von Tastaturen	567
	Anschlüsse von Tastaturen	568
13.8	**Konstruktiv – Das Grafiktablett**...	**570**
13.9	**Zeigegeräte – Mäuse, Trackball und Touchpad**	**571**
	Bauformen von Mäusen	571
	Reinigung von mechanischen Mäusen	573
	Anschlüsse von Mäusen	574
	Maus mal anders herum – Der Trackball...	575
	Mauspad ohne Maus – Das Touchpad	576
13.10	**Spielewelt – Joystick, Gamepad und Lenkrad**...	**577**
	Klassischer Steuerknüppel – Der Joystick...	577
	Bewegliche Kommandozentrale – Das Gamepad	582
	Heiße Rennen – Lenkräder und Pedale	583

14. MBytes mobil – Backup und Sicherungen ... 585

14.1 Der Backup-Leitfaden – Wissenswertes rund ums Backup ... 586
Welche Daten sind unsicher? – Bestimmen Sie Ihr Sicherungsvolumen ... 587
Daten sichern – aber wie? – Sicherungsverfahren vorgestellt ... 590

14.2 Medienberater – Wie Sie das richtige Medium für Ihren Zweck finden ... 595
Wechselplattenlaufwerke – Plattenspeicher mobil ... 595
Bandlaufwerke – Archive für die Masse ... 597
Intern oder extern: Geht ein Laufwerk auf Reisen? ... 597
Welcher Anschluß für wen? – USB, SCSI, ATAPI oder parallel ... 598
Kosten und Anschlußvarianten bei gängigen Wechselmedien ... 600
Wechselplattenlaufwerke im Diskettenformat ... 601
Wechselplattenlaufwerke im Wechselplattenformat ... 605
Bandlaufwerke mit analoger Aufzeichnung ... 610
Bandlaufwerke mit digitaler Aufzeichnung ... 612
Kosten und Standzeiten bei gängigen Wechselmedien ... 614
CD-Brenner und DVD-RAM: Datensicherung der neuen Art ... 615

14.3 Medienpraxis – Einbau und Konfiguration der Laufwerke ... 618
Allgemeine Hinweise zum Einbau der Geräte ... 618
Externe Zip-Laufwerke anschließen ... 619
Interne Zip-Laufwerke anschließen ... 623
Einbau des Ditto-3200-Streamers von Iomega ... 629
DVD-RAM – Backup-Laufwerke mit Zukunft ... 632

14.4 Backup-Praxis – Software und Anwendung der Datensicherung ... 634
Software zur Systemreparatur – Start- und Rettungsdisketten ... 635
Software zur Datensicherung - Microsoft Backup & Co. ... 636
System repariert! – Rekonstruktion von Windows ... 640
Daten gesichert! – Anwendung der Backup-Programme ... 645

14.5 Hilfe bei Problemen mit Festplatten und Backup-Geräten ... 655
Störenfried Zip? – Lösungen beim Einsatz der Zip-Laufwerke ... 655
Mehrfache Laufwerkbuchstaben bei internen Wechselplatten ... 662
Probleme mit Druckern und Wechselplatten an der Druckerschnittstelle ... 663

15. Scanner – So lernt Ihr PC sehen ... 667

15.1 Der Scanner – Modelle und Typen ... 667
Scannertypen – Modelle für jeden Einsatz ... 668
Wichtige Adressen rund ums Scannen ... 673
Scharfe Bilder – Was bei Scannern zu beachten ist ... 674
Kontakt mit dem PC – Schnittstellenvarianten bei Scannern ... 677
Bedeutung und Aufgabe des TWAIN-Treibers ... 678
Arbeitstier – Wie der PC für den Betrieb eines Scanners ausgerüstet sein sollte ... 679
Aufgestellt – Der beste Platz für Ihren Scanner ... 680

15.2 Scanner-Praxis – Vom Anschluß bis zur Konfiguration ... 681
Vorarbeiten für die Installation ... 681
Angeschlossen – Die richtige Verbindung von Scanner und PC ... 683
Installiert – Softwareinstallation für Ihren Scanner ... 687

16. DFÜ traditionell: Modems **691**

16.1 Kaufberatung: Spaß von Anfang an 692
Einbauen oder danebenstellen? 692
Geschwindigkeit: Sind 56k notwendig? 696
Langfristig unverzichtbar: Hersteller-Support 698
Fazit: Ungetrübter Modem-Spaß – So geht's 700

16.2 Einstöpseln und loslegen: Externe Modems anschließen 700
Verbindung zum Computer 700
Verbindung zur Telefondose 702
Das Netzgerät anschließen 704

16.3 Einbau und Konfiguration interner Modems 704
Problemlos: Plug & Play-fähige Modems 704
Schnittstellensalat: Nicht-Plug & Play-fähiges Modem konfigurieren 709

16.4 Einrichten eines Modems unter Windows 95/98 715
Nehmen Sie die Dinge selbst in die Hand: Keine automatische Erkennung ... 716
Klappt's? – Die Diagnose 719

16.5 Tuning: Die richtigen Einstellungen für optimalen Spaß 720
Die Übertragungsrate – Nur nicht knausern 720
Datenflußkontrolle 721
Die FIFO-Einstellungen 721
Der Lautsprecher gibt Auskunft über die Verbindung 722
Hardwarekompression 723

16.6 Troubleshooting 724
Das Modem wählt nicht 724
Es kommt keine Verbindung zustande 725
Die Verbindung steht, aber der Browser findet keine Webseiten 727
Langsame Übertragungsgeschwindigkeiten 727

17. Digital ins Netz: ISDN-Karten **729**

17.1 Damit alles glattgeht: Kaufberatung 730
Extern oder intern? 730
Preis-Leistung: Aktiv oder passiv 731
Auf Treiber und Ausstattung kommt es an 732
Geschwindigkeit – (K)Ein Thema 735
Fazit: So sieht eine gute ISDN-Karte aus 736

17.2 Bevor es losgeht: Vorbereitungen 737
Reinen Tisch: Entfernen der alten Treiber 737
Sicher ist sicher: Backup der Systemkonfiguration 737
Platz da! – Systemressourcen bereitstellen 739

17.3 Einbau und Installation 741
Plug & Play-fähige Karten 741
Nicht-Plug & Play-Karten 745

17.4 Ab ins Netz: Internetverbindung mit dem DFÜ-Netzwerk 748
Das DFÜ-Netzwerk installieren 748
Das ist an zusätzlicher Software nötig: Mini-Port & Co. 750
Die Einrichtung der Wählverbindung 752
Die erste Einwahl ins Netz 752
Power für den Surfer: Multilink-Verbindung einrichten 754

18. Kleine Netze unter Windows erfolgreich aufbauen 757

18.1 Was für Ihr Netzwerk wichtig ist 760
Grundbegriffe zum Netzwerk 760
Netzwerktypologie – LAN-Varianten und deren Einsatz in der Praxis 763
LANs auf Ethernet-Basis.. 767
Netzwerkadapter – Das ist bei Netzwerkkarten zu beachten 773

18.2 Hardwarepraxis – Netzwerkkarte einbauen, Kabel anschließen 783
Ablauf der Arbeiten für die Netzwerkinstallation 784
Vorbereitungsarbeiten zur Vernetzung 784
Einbau und Konfiguration des Netzwerkadapters 786
Verbindung mit dem Netz – Verkabelung der Netzwerkrechner 791
Netzwerktest – Diagnose der Netzwerkinstallation 792

18.3 Vernetzt! – Netzwerke unter Windows 95/98 konfigurieren 797
Installation und Konfiguration der Treibersoftware 798
Konfiguration der Netzwerksoftware von Windows 95/98 805
Benutzerverwaltung unter Windows 95/98 817
Netzwerkdienste nutzen – Biete Drucker, suche Platte 819
Netzwerklaufwerke verstecken 827
Die PC-Direktverbindung – Datenaustausch ohne Netzwerk leichtgemacht ... 828

18.4 Kein Kontakt? – Hilfe bei Problemen rund ums Netzwerk............... 833
Kein Installationsprogramm? – So kommen Sie zu Ihren Treibern 833
Kartenklemmer? – Wenn die Netzwerkkarte nicht reagiert 835
Netzwerkausfälle und Kabelsalat – Überprüfen der Netzwerkverbindungen ... 835

19. Der Drucker – So machen Sie den besten (Ein-)Druck 839

19.1 Anleitung zum besten Drucker 839
Die erste Frage – Welchen Druckertyp brauche ich? 839
Der perfekte Tintenstrahldrucker 841
Schwarz, scharf, schnell – Der perfekte Laserdrucker 842
Besondere Drucker für besondere Anwendungen 848

19.2 Jetzt wird's richtig bunt – Farbdruck optimiert................................ 850
Die Druckereigenschaften einstellen.. 850
Was hat es mit Farbprofilen auf sich?.. 855

19.3 Die Drucker-Praxis – Anschließen, Speicher erweitern, Toner austauschen .. 856
Alle Monate wieder – Der ungeliebte Tonertausch 858
Softwareanschluß und -konfiguration – Von Druckertreibern & Co. 861
Mehr RAM muß her – Druckerspeicher aufrüsten.................................. 866
Gruppen- und Ferndruck – Erweiterte Anschlußmöglichkeiten 868

19.4 Drucksache – Tips zur Konfiguration und Optimierung 870
Konfiguration von Drucker, Treiber und Betriebssystem 870
Spezielle Optimierungstricks für Drucker und Software 874

19.5 Mit dem passenden Drucker in die Zukunft 879

20. Unterkunft für den PC: Das Gehäuse 881

20.1 Zwei Standards sind möglich 882
Baby-AT: Immer noch aktuell 882
ATX: Modern und gut 884

20.2	**Für jeden Arbeitsplatz die passende Form**	**886**
	Desktop – Der Klassiker	886
	Slimline – Schlank und elegant	887
	Der Mini-Tower braucht Platz	887
	Der Big-Tower für das Powersystem	888
20.3	**Daran erkennen Sie ein gutes Gehäuse**............................	**889**
	Verarbeitung: Scharfe Kanten sind ärgerlich	890
	Paßt alles? – Notwendiges Montagezubehör	891
	Netzteil/Lüfter: Leistung und Kühlung...............................	891
	Ausstattung: Besserer Schutz für Ihren Computer	892
20.4	**Manchmal muß es sein: Das Netzteil austauschen**	**894**
	Den PC öffnen	894
	Lösen der Kabel	895
	Herausnehmen des Netzteils	896
	Das neue Netzteil einbauen	896
20.5	**Neuer Trend WTX: Das bringt die Zukunft**	**896**
	Anordnung der Komponenten	896
	Strahlenschutz..	897
	Zusätzliche Lüftung	898
21.	**Internet und Aufrüsten – Treiber, Software und Hilfe finden**	**899**
21.1	**Reinkommen ins Netz – So geht's mit Modem und ISDN** ...	**899**
	Setup-Programm oder Handarbeit?	900
	Das System aufs Internet vorbereiten	900
	Ins Internet mit T-Online und dem DFÜ-Netzwerk	901
	Kennwort speichern oder nicht?	905
	Die Sache mit dem T-Online-Benutzernamen	905
	Hardwareneuigkeiten mit Netscape Collabra	906
	Checkliste: Welche Daten brauchen Sie?	908
21.2	**Aufrüsten und Reparieren online – Informationen, Treiber und Shareware finden**	**910**
	Der direkte Draht zum Hersteller....................................	910
	Suchen mit Suchmaschinen	910
21.3	**Online-Hilfe – Die besten Webseiten zu Hardware, Shareware und Tuning** .	**916**
22.	**Der Windows 98-System-Guide – Lösungen für alle Fälle**	**923**
22.1	**Windows 98 und Hardware – Neues und Interessantes in der Übersicht**	**923**
	Windows 95 und Windows 98 – Eine Oberflächenanalyse	923
	Das Backup-Tool von Windows 98	924
	Bessere Bootdisketten..	925
	Windows 98-Selbstheilungsfunktionen	925
	Die Systemdateiprüfung...	926
	Die Registrierungsprüfung..	927
	Neue Möglichkeiten unter DOS	927
	Systemkonfigurationsprogramm	928
	Treiber-Reibereien unter Windows 98	928

22.2	Geräte-Manager und Hardware-Assistent – Schaltzentralen für Hardware...	929
	Hardware unter Windows managen – Wie Sie Ressourcenkonflikte lösen	929
	So weisen Sie Geräten eine andere Ressource zu	933
	Ungewollte Geräte einfach ausschalten und Ressourcen sparen	934
	Ressourcen-Reservierung im Geräte-Manager für Spezialfälle	936
	Hardwareprofile zur Lösung bei Hardwarekonflikten	937
	Einstellungen aktivieren oder deaktivieren	939
22.3	Was tun bei allgemeinen Konflikten – Hardwarefehler systematisch finden.	940
	Totalschaden? – Was tun, wenn der Rechner nicht mal mehr Piep sagt?	940
	Der Rechner bleibt beim Zugriff auf das Floppylaufwerk einfach hängen	942
	Bootprobleme – Fehlermeldungen oder Pieptöne beim Start	942
	Intelligente BIOS-Versionen	944
22.4	Bootmenü und abgesicherter Modus	946
	Booten mit Variationen – Das DOS-Bootmenü als wichtiges Hilfsmittel im Krisenfall	946
	Die versteckte Konfigurationsdatei – Msdos.sys steuert das Bootmenü und noch viel mehr	950
	Wenn alle Stricke reißen – Der abgesicherte Modus von Windows als Retter in der Not	952
	Treiber-Wirrwarr im abgesicherten Modus entdecken	955
	Windows durch gezielten Aufruf von Win.com starten	957
22.5	Windows 98-System-Tuning – Tips für optimale Sicherheit und Geschwindigkeit	960
	Tweak UI	960
	Software richtig installieren und deinstallieren	962
	Undelete unter Windows 95/98	963
	Die Neuinstallation	964
	Ordnung ist alles	965
	DFÜ-Netzwerk-Trouble	966
	Die CPU muß cool bleiben	966
	Probleme mit der neuen OnNow-Funktion	968

23. Die PC-Pannenhilfe – So läuft jeder PC... 969

23.1	Wenn nichts mehr läuft	969
	Nur nicht übersehen: Offensichtliche Fehlerquellen	969
	Der Rechner piept nur noch	970
	Warum Ihr Rechner piept	971
	Jedes BIOS hat andere akustische Fehlermeldungen	971
	Nach dem Einschalten passiert gar nichts	971
	Hat das Netzteil zu wenig Leistung?	974
	Der Rechner läuft kurz an, geht aber sofort wieder aus	979
	Der Rechner läuft, aber der Bildschirm bleibt dunkel	981
	Der Rechner läuft zwar an, stoppt aber mitten im Bootvorgang	986
	Der Rechner läuft eine Weile, dann stürzt er ab	995
23.2	Wie ermittle ich eine defekte Hardwarekomponente?	996
23.3	Hardwarekonfiguration perfekt selbst gelöst	998
	Ausfall einzelner Komponenten	998
	Wenn das Diskettenlaufwerk nicht mehr will	998
	Lösungen für Festplatten-Probleme	1000
	CD-ROMs – Reich an Daten, aber störanfällig	1005
	Das Bild flimmert – Probleme mit der Grafikausgabe	1010
	Probleme mit Eingabegeräten	1012
	Wenn die Maus nicht mehr will	1014

	Der Joystick spinnt?	1016
	Probleme mit der Soundausgabe	1018
	Die Zusammenarbeit mehrerer Festplatten-Controller (EIDE und SCSI)	1022
23.4	**Der Drucker druckt nicht – Hilfsmaßnahmen**	**1024**
	Aus- und wieder einschalten	1025
	Verschiedene Druckerarten	1025
	Fehler, die bei jedem Drucker auftreten können	1026
	Keine Anzeige leuchtet	1026
	Probleme mit Laserdruckern	1037
	Hilfe bei Tintenstrahldruckern	1041
	Probleme mit GDI-Druckern	1043
23.5	**Die letzte Rettung – Support-Adressen**	**1044**

Stichwortverzeichnis 1049

PC-Anschlüsse, Schrauben, Stecker und Kontakte vorgestellt

Eine zentrale Komponente eines Computers ist das Mainboard (auch als Motherboard oder Hauptplatine bezeichnet). Auf dem Mainboard befinden sich unter anderem: der Sockel für die verschiedenen Hauptprozessortypen, Steckplätze für Speicherbausteine und Erweiterungskarten, letztere in den Ausführungen AGP, PCI und ISA – keine Bange, das müssen Sie hier noch nicht verstehen :-), der Chipsatz, eine Uhr, das BIOS und noch einiges andere mehr. Mittlerweile werden auch Bauteile auf dem Mainboard untergebracht, für die bisher eine eigene Steckkarte erforderlich war, wie Grafik- oder Soundchips.

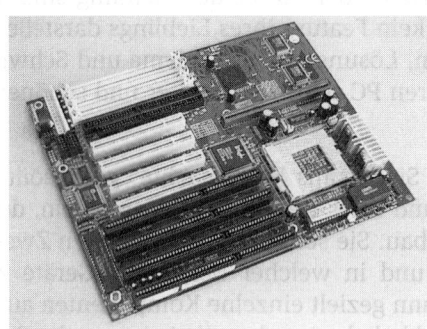 

Ein Board im BAT-Format ...   *... und das modernere ATX-Format (bereits eingebaut)*

Relevant sind nur zwei Formate für Mainboards: das BAT- (**B**aby-**AT**) und das ATX-Format. Durch die unterschiedliche Form können beide Typen nur in für sie geeignete Gehäuse eingebaut werden. Am einfachsten identifizieren Sie die unterschiedlichen Board-Typen so: Bei einem ATX-Board liegen der Sockel für den Prozessor und die Steckplätze für die Erweiterungskarte gemeinsam an einer langen Seite des Mainboards. Beim BAT-Format liegen die Erweiterungsschächte dagegen an einer kurzen Seite. Das ATX-Format bietet gegenüber dem BAT-Format eine ganze Reihe von Vorteilen, einer davon ist beispielsweise, daß der Prozessor näher am Hauptnetzteil und dort direkt im Luftstrom des Hauptventilators liegt. Dies sorgt für eine bessere Kühlung des Prozessors. ATX-Boards haben sich mittlerweile als Standard etabliert. Beide Formen werden mit Schrauben und (ganz wichtig!) Abstandhaltern aus Plastik in das Gehäuse eingebaut. Unterschätzen Sie nicht die Bedeutung dieser kleinen Plastikdinger. Sollte die Unterseite des Mainboards Kontakt zum Metall des Gehäuses bekommen, kann es zu Kurzschlüssen kommen, was die Lebenserwartung des Mainboards drastisch auf wenige Sekundenbruchteile reduziert. Merke: Kleine Rauchwölkchen aus dem PC sind ein schlechtes Zeichen! ;-)

Steckkarten dienen dem PC zur Erweiterung seiner Fähigkeiten. Das Konzept, den Computer durch Einstecken einer Platine an nahezu alle Aufgaben anpassen zu können, ist der Hauptgrund für den Erfolg des heutigen

„Wintel"-PCs (Spitzname aus Windows und Intel, den beiden Hauptlieferanten für Software bzw. Prozessoren). Diese Steckkarten tauschen über ein sog. Bussystem Daten mit den anderen Komponenten aus. Auch hier gibt es verschiedene Normen. Von Bedeutung sind der (ältere) ISA-Bus, der PCI-Bus und der moderne AGP-Bus für die Grafikkarte.

Wichtig ist in diesem Zusammenhang die Anzahl der vorhandenen Steckplätze jedes Typs. PCI-Plätze sind meistens weiß (seltener braun) und kürzer als die schwarzen ISA-Plätze. Achtung: Oft kann an der „Grenze" zwischen PCI- und ISA-Steckplätzen nur entweder der ISA- oder der PCI-Slot benutzt werden, was aus der unterschiedlichen Orientierung der Karten resultiert. So ein Steckplatz wird auch als „Shared Slot" bezeichnet. Ein Board sollte mindestens über vier PCI- und drei ISA-Plätze verfügen, die gleichzeitig benutzt werden können. Für die Grafikkarte ist zusätzlich dann noch der AGP-Steckplatz vorhanden, der noch kompakter ist als die PCI-Slots.

Blick auf die Steckplätze mit AGP-Slot

Der Chipsatz ist einer der entscheidenden Faktoren für die Systemleistung. Früher handelte es sich dabei um mehrere Bauteile (deshalb „Chipsatz"), heute ist es meist nur noch ein etwas größeres Bauteil in der Nähe des Prozessorsockels.

Chipsatz auf dem Motherboard

Auch der Hauptspeicher wird erst in Form „kleiner Steckkarten" auf das Mainboard aufgesteckt. Weit verbreitet sind die 72poligen Steckplätze für PS/2-SIMMs, in neueren Boards finden sich Plätze für die sog. SDRAMs. Von diesen Steckplätzen sind zumeist vier vorhanden, die verwirrenderweise auch Bänke heißen. Die älteren PS/2-Bänke müssen paarweise mit jeweils gleichen Modulen belegt werden, was besonders im Zusammenhang mit dem Speicherausbau zu ein wenig Rechnerei führt. Bei den Steckplätzen für die modernen DIMMs ist das nicht nötig, denn diese können auch einzeln bestückt werden.

Hinweis
Kalkulieren Sie großzügig
Benutzen Sie keine zu kleinen Module, die alle Bänke belegen. Um den Speicher zu erweitern, müssen Sie danach nämlich Speichermodule herausnehmen, die dann unnütz herumliegen. Sinnvolle Modulgrößen sind eigentlich nur noch 32 und 64 MByte.

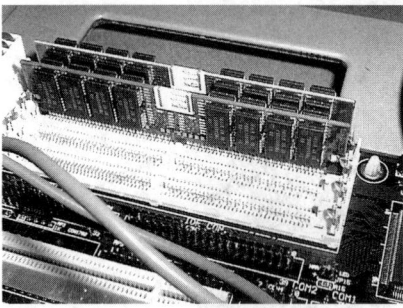

Links: PS/2-SIMMs (zwei von vier Bänken bestückt), rechts: die neuen SDRAMs (eine von zwei Bänken bestückt)

Ebenfalls in die Kategorie Speicher fällt der **S**econd **L**evel **C**ache (auch SLC oder L2-Cache) auf dem Mainboard. Als schneller Zwischenspeicher zwischen Prozessor und Hauptspeicher wird durch seine Größe auch die maximal sinnvolle Ausbaustufe an Hauptspeicher begrenzt. L2-Cache kommt praktisch nur in zwei Größen vor:

- 256 KByte, hat zur Folge, daß Hauptspeicher nur bis zu einer Größe von 64 MByte sinnvoll ist, sowie
- 512 KByte für den Ausbau des Speichers über 64 MByte hinaus.

512 KByte L2-Cache sollte ein modernes Board demnach schon haben, da viele speicherintensive Anwendungen wie Grafikprogramme oder die neuesten 3-D-Action-Spiele bei weniger in die Knie gehen.

Wichtige Vorbereitungen – System-Check und Backup

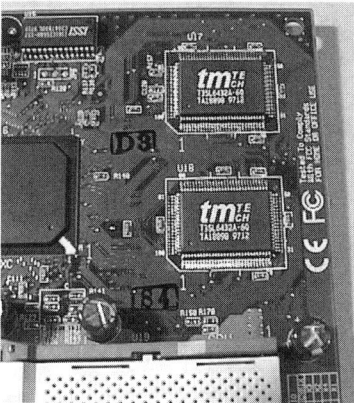

Second Level Cache ist in Form solcher Bausteine auf dem Mainboard angebracht

Jumper sind eine weitverbreitete Möglichkeit, Einstellungen vorzunehmen, die nicht oft geändert werden müssen. Es handelt sich dabei um kleine Steckaufsätze, die zwei Kontaktstifte (Pins) miteinander verbinden. Oft wird auch die Kombination aus zwei Stiften und dem Kontaktstecker Jumper genannt. Wenn die beiden Stifte verbunden sind, spricht man von gesetzten Jumpern (auch mit 1, active, yes, on oder dem Symbol eines augefüllten Rechtecks beschrieben). Wird keine Verbindung zwischen den Pins gesteckt, bezeichnet man den Jumper als „offen" (oder „0", „off", „no" oder einem Rechteck als Umriß). Manchmal finden sich Jumper auch in Dreierblöcken, in denen mehrere Positionen möglich sind (keine Pins verbunden, erster mit zweitem, zweiter mit drittem,) oder in Reihen, in denen Kombinationen wie „aus-aus-an-aus" zu stecken sind.

Hinweis
Wohin mit den Jumpern?

Wenn Sie einen Jumper von gesetzt auf offen wechseln, sollten Sie die kleine Steckbrücke lediglich auf einen Pin, also nach außen, vom anderen weg zeigend, aufstecken. So wird kein Kontakt hergestellt, aber wenn Sie den Jumper mal wieder brauchen sollten, haben Sie ihn direkt zur Hand!

Jumper auf dem Mainboard (alle geschlossen)

Das Herzstück (und zumeist auch das größte Bauteil auf dem Mainboard) ist der Prozessor. In der Regel sitzt auf dem Prozessor ein eigener Lüfter, um ihn zu kühlen.

Prozessor mit aufgesetztem Kühlkörper und Lüfter

Pentium-II-Prozessoren (ebenso die Celeron-Bauserie und der Pentium III) liegen nicht mehr flach auf dem Board, sondern stecken senkrecht in einem eigenen Steckplatz, der Lüfter ist dabei an der Seite der Box festgemacht. Diese Einheit wird dann wie eine Steckkarte in den Prozessorslot gesteckt.

Ein Pentium II – von unten ;-)

Verzweifeln Sie also nicht, wenn Sie vor einem Pentium-II-Board stehen und den guten alten quadratischen Sockel nicht finden.

Alles in allem sieht das schon ganz schön futuristisch aus, oder?

Wichtige Vorbereitungen – System-Check und Backup

Links: Pentium mit aufgesetztem Lüfter.
Rechts: der dazugehörige Slot 1 mit abgenommenem Prozessor

BIOS und Batterie werden benötigt, um spezielle Einstellungen, die im BIOS-Setup vorgenommen werden, auch dann zu speichern, wenn der Computer ausgeschaltet ist. Dies übernimmt das CMOS. Bei einem Defekt an der Batterie gehen die geänderten Einstellungen verloren, zu den werkseitig vorgenommenen Grundeinstellungen kommen Sie jedoch glücklicherweise immer wieder zurück.

Links: BIOS-Chip und Batterie auf einem Board alten Typs. Rechts: Flachzellenbatterie eines neueren Boards. Vorsicht beim Rausnehmen, der Bügel bricht sehr schnell ab. Statt dessen muß der schwarze, untere Sprungring runtergedrückt werden

Anschlüsse für Peripherie (Drucker, Maus, Modem) müssen bei den älteren BAT-Boards erst über Kabel zu den Steckern, die am Gehäuse montiert sind, geführt werden. Bei den moderneren ATX-Boards sind die Stecker selbst direkt am Board angebracht, dadurch wird Kabelsalat vermieden. Leider sind die Positionen noch nicht hunderprozentig genormt, es kann also zu Schwierigkeiten beim Einbau eines ATX-Boards in ein Gehäuse kommen. Bei BAT-Boards müssen Sie unbedingt auf die richtige Polung der Kabel achten! Die farbig markierte Seite der Flachbandkabel müssen zu der Seite des Steckers zeigen, an der sich Pin 1 findet. Dieser Pin ist oft direkt daneben auf dem Board gekennzeichnet. Praktischer sind Boards, auf denen die Steckpfosten nicht „nackt" stehen, sondern mit einer Plastikführung umgeben sind, die Verpolung verhindert.

Wichtige Vorbereitungen – System-Check und Backup

Links: Anschlüsse für eine serielle und eine parallele Schnittstelle, hier die Luxusausführung mit Plastikführung, nackte Steckleisten auf dem Board sind häufiger
Rechts: Stecker bei einem ATX-Board, direkt am Mainboard befestigt

Neben diesen Standardanschlüssen verfügen manche Boards noch über Anschlüsse, die standardmäßig nicht benutzt oder nach außen geführt werden. Dennoch verstecken sich manchmal wahre Schätze dahinter, wie ein Anschluß für eine PS/2-Maus (bei ATX-Boards serienmäßig), ein Steckpfosten zum Nachrüsten eines USB-Anschlusses oder eine Anschlußmöglichkeit für ein Infrarot-Sende-/Empfangsmodul.

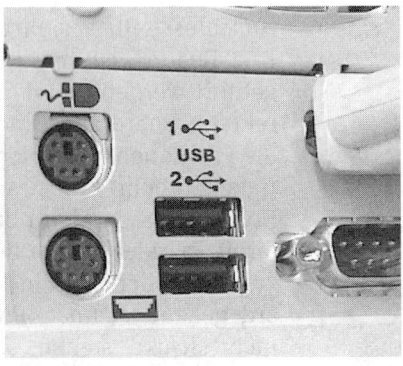

Oben: ein mittels Slotblech nach außen geführter Anschluß für eine PS/2-Maus
Links: der USB-Anschlußpfosten, zwischen den PCI-Slots versteckt
Rechts: ein fertig nach außen geführter USB-Anschluß am PC

Wichtige Vorbereitungen – System-Check und Backup

Anschlüsse für Festplatte und Diskettenlaufwerk – unabhängig von BAT oder ATX: Die Steckleisten für die Festplatten und CD-ROMs (EIDE- bzw. ATAPI-Standard) sowie für das Diskettenlaufwerk sind immer vorhanden. Üblicherweise sind sie direkt auf dem Board beschriftet und liegen als Dreierpack zusammen.

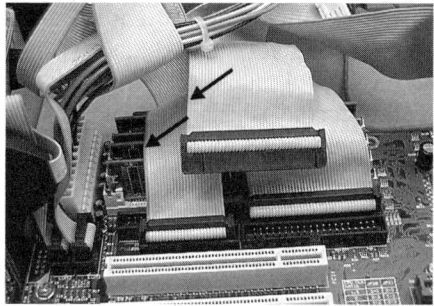

Die anzuschließenden Flachbandkabel haben eine Polarität: Die rote Markierung (Pfeil, links) muß immer zu der Seite weisen, die auf dem Board mit einer 1 beschriftet ist. Rechts als nackte Steckpfosten ohne Plastikführung

Nicht zu vergessen: die Stromversorgung. Hier gibt es genormte, verpolungssichere Stecker. Auch hier unterscheiden sich ATX und BAT. Dies ist aber nicht so relevant, da die Netzteile fast immer schon in den Gehäusen eingebaut sind. Und in ein ATX-Gehäuse paßt eben nur ein ATX-Board, daher kann es dort nicht zu Steckerproblemen kommen. Die Stromanschlüsse werden mit zwei Steckern zum Mainboard geführt, eine ganze Reihe weiterer Stecker dient dazu, die Komponenten wie Festplatte, CD-ROM usw. mit Strom zu versorgen. Außerdem gibt es noch einige dünne Kabel, die mit kleinen Steckern direkt mit dem Mainboard verbunden werden. Diese dienen zum Anschluß der verschiedenen LED-Leuchten am Gehäuse (Betrieb, Plattenzugriff usw.) oder für Tasten wie Reset und Suspend. An welcher Stelle diese anzuschließen sind, ist bei nahezu jedem Board verschieden. Sie müssen dies dem Handbuch zu Ihrem Mainboard entnehmen.

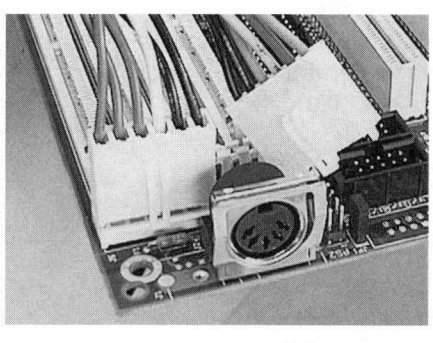
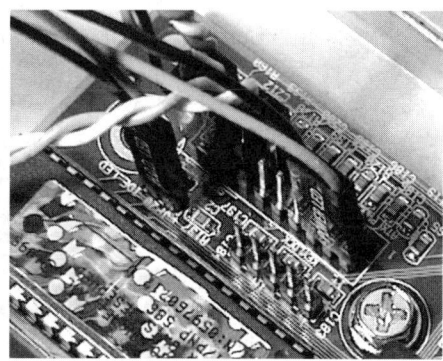

Links: die beiden Stecker für die Stromversorgung des Boards
Rechts: eine ganze Reihe Anschlußpins für die Gehäuseschalter, -taster und LED-Leuchten

PC-Komponenten (Geräte, Bauteile) im Überblick

- **Festplatten und CD-ROM:** Festplatten werden fast ausschließlich im 3,5-Zoll-Format gebaut, CD-ROM-Laufwerke im 5,25-Zoll-Format. Bei besseren Gehäusen gibt es sog. Käfige für beide Formate. Diese liegen meistens unmittelbar hinter der Vorderseite des Gehäuses. Aber auch wenn nur 5,25-Zoll-Schächte vorhanden sind, können 3,5-Zoll-Geräte mit einem Einbaurahmen oder Adapter auf die erforderliche Breite gebracht werden (mehr dazu im Festplattenkapitel ab Seite 367)

- Der **SCSI-Controller** ist bei einigen Boards direkt integriert, aber häufiger als Steckkarte (und dann fast ausschließlich für einen PCI-Slot) eingebaut. (Mehr Informationen dazu finden Sie in einem eigenen Kapitel ab Seite 339).

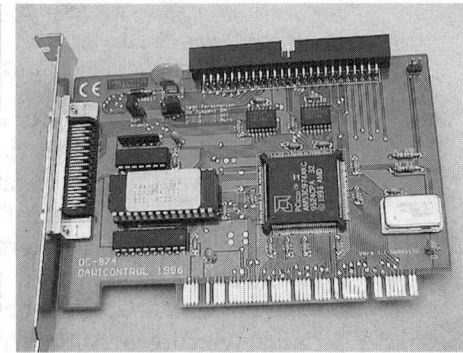

SCSI-Controller als Steckkarte

- Die **Grafikkarte und Monitoranschlüsse** sind kaum mit anderen Anschlüssen zu verwechseln. Die Buchse an der Grafikkarte ist genormt und kommt bei anderen Peripheriegeräten nicht vor. Am Monitor ist das Kabel normalerweise fest angeschlossen. Hochwertige Monitore verfügen über einen BNC-Anschluß, über den die Grafikkarte mit fünf einzelnen, mit Bajonett-Steckern versehenen Kabeln angeschlossen wird. Meist haben solche Geräte eine bessere Bildqualität.

BNC-Anschluß an der Rückseite des Monitors

- Die **Soundkarte und ihre Anschlüsse** weisen die meisten Stecker und Anschlußmöglichkeiten auf. Intern kann der Großteil der Soundkarten mit dem CD-ROM-Laufwerk verbunden werden, um es als Audio-CD-Player zu verwenden. Manche Karten verfügen noch über Anschlußmöglichkeiten und Controller für CD-ROM-Laufwerke selbst (für den Datenbetrieb). Davon sollten Sie generell Abstand nehmen. Nach außen werden die verschiedensten Buchsen geführt: Ausgänge für Kopfhörer, Stereoanlage oder Lautsprecher, Eingänge für Mikrofon oder von der Stereoanlage. Oft enthalten Soundkarten noch einen Game-Controller, an den Joysticks oder ähnliches angeschlossen werden können.

- **Weitere Steckkarten und Anschlüsse:** So, im wesentlichen wäre es das. Natürlich gibt es eine unüberschaubar große Zahl von PC-Karten für wirklich jede Anwendung. Zu erwähnen wären vielleicht noch Netzwerk- und ISDN-Karten. Die Anschlüsse von ISDN-Karten können lediglich mit den STP-Anschlüssen einer modernen Netzwerkkarte verwechselt werden, da beide RJ45-Stecker verwenden, aber Netzwerkkarten sind im Einzelplatzbetrieb eines PCs sowieso verhältnismäßig überflüssig.

Verschiedene Anschlüsse auf der Gehäuse-Rückseite

1.2 System-Check – Die wichtigsten Systemparameter notieren

Die Komponenten Ihres Rechners sind wie kleine Hunde. Ständig quirlig, ständig verlangen sie Aufmerksamkeit. Damit das ganze nicht in Chaos ausartet, gibt es ein System, mit dem genau festgelegt wird, welche Ressourcen für welches Bauteil freigegeben ist.

Beinahe jedes Gerät braucht dabei einen bestimmten Satz an Ressourcen. Und meist dürfen diese nicht doppelt vergeben werden, denn das würde (bestenfalls) zum Absturz des Betriebssystems führen. Üblicherweise startet in diesem Fall der Rechner aber gar nicht richtig, ein sog. Ressourcenkonflikt liegt vor. Deshalb ist es sinnvoll, die vorhandenen Ressourcen zu kennen und zu wissen, welches Gerät welche Ressourcen belegt. Das Plug & Play-Konzept versucht, Konflikte selbständig zu vermeiden und die vorhandenen Ressourcen geschickt zu verteilen. Aus den verschiedensten Gründen funktioniert das jedoch leider oft nicht richtig und wird deshalb meist auch „Plug and Pray" (Einstecken und Beten) genannt.

Diese Ressourcen sind besonders wichtig:

- **Interrupts**, die oft auch einfach als IRQ bezeichnet werden. Es stehen generell nur 16 (oder 15) zur Verfügung. IRQs werden dringend von Geräten benötigt, die Daten schnell und ohne Verzögerung an oder innerhalb des PCs übertragen müssen. Mit einem IRQ kann ein Gerät den PC dazu veranlassen, seine momentane Arbeit zu unterbrechen und die Daten zu bearbeiten.

- **E/A-Adressen** (gebräuchlich ist auch der englische Begriff I/O) dienen dem Informationsaustausch zwischen PC und Peripherie (meist Steckkarten). Sie müssen festgelegt werden, um zu definieren, wie der PC die Geräte ansprechen, Daten annehmen und Befehle erteilen kann.

- **DMA**, die Abkürzung für **D**irect **M**emory **A**ccess, also dem direkten Zugriff auf den Speicher, wird in Kanälen angegeben. Über diese Kanäle kann ein Gerät (beispielsweise eine Soundkarte oder die Druckerschnittstelle) Daten „am Prozessor vorbei" direkt in den Hauptspeicher schreiben. Durch dieses Verfahren wird der Prozessor entlastet und steht für andere Aufgaben zur Verfügung. Leider gibt es nur acht (bzw. sieben) DMA-Kanäle.

Ressourcenbelegung bestimmen

Ressourcen sind die Basis der Kommunikation der einzelnen Komponenten mit dem „Herz" des PCs. Daher werden Sie, besonders beim Einbau neuer Geräte, immer wieder damit konfrontiert werden.

Es empfiehlt sich also, vor dem Kauf und Einbau neuer Komponenten die bereits verwendeten bzw. noch freien Ressourcen zu notieren, um sich so beim Einbau eine Menge Ärger zu ersparen!

Glücklicherweise ist die Bestimmung des aktuellen und funktionierenden Zustands kein Problem. Dazu gibt es zwei Möglichkeiten:

- Über den Geräte-Manager (siehe Seite 929) wählen Sie *Computer* und dann dessen *Eigenschaften*. Sie erhalten danach eine Auflistung der vergebenen IRQ, DMA, E/A und Speicherressourcen.

Wichtige Vorbereitungen – System-Check und Backup

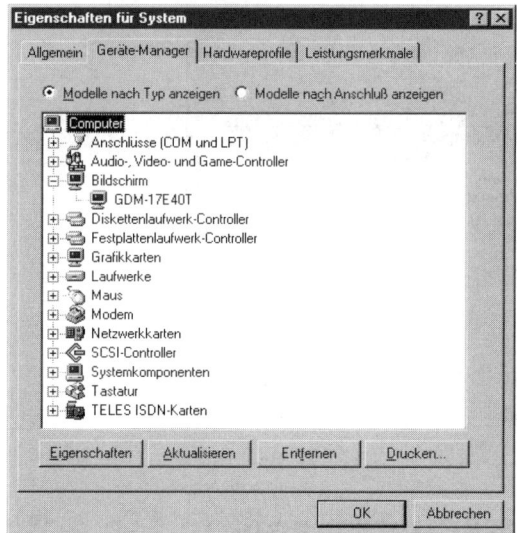

Anzeige der Systemeigenschaften

Recht komfortabel lassen sich die Ressourcen übrigens auch ausdrucken (mit Hilfe des Universaldruckertreibers auch in eine Datei, die Sie nachher mit einem Editor wie NotePad einsehen können). Achten Sie darauf, im *Drucken*-Dialog die Option *Kombinierte Geräte- und Systemübersicht* zu wählen.

- Noch einfacher haben es die Windows 98-Nutzer: Starten Sie *Start/Programme/Zubehör/Systemprogramme/Systeminformationen*. Dort erfahren Sie unter *Hardwareressourcen* alles, was Sie wissen müssen, und noch mehr. Leider können Sie dort nur die aktuellen Einstellungen einsehen, aber nichts ändern. Um Änderungen vorzunehmen, müssen auch Windows 98-Nutzer den Weg über den Geräte-Manager gehen, an der Verfahrensweise hat sich jedoch im Vergleich zu Windows 95 nichts geändert.

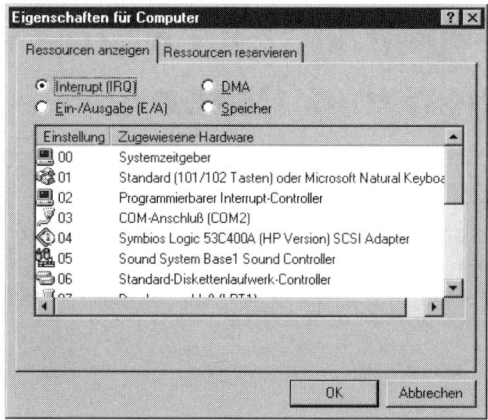

Hier eine Auflistung der IRQs ...

Wichtige Vorbereitungen – System-Check und Backup

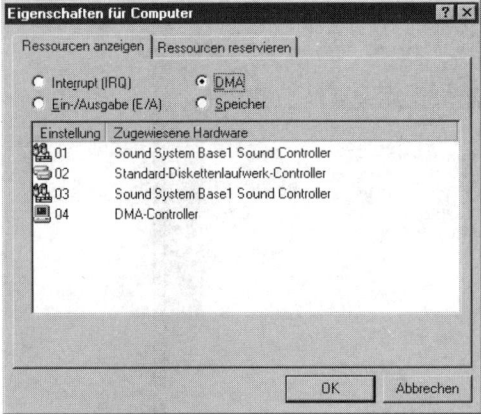

... und der DMA-Kanäle

Welche Ressourcen sollten Sie notieren?

Wirklich knapp sind glücklicherweise nur Interrupts und DMA-Kanäle, selten gibt es Probleme mit E/A oder gar den Speicheradressen. Trotzdem können auch letztere Ärger verursachen, wenn sie sich nämlich überlappen, also wenn zwei Geräte den gleichen Bereich im meist ausreichend vorhandenen Speicher beanspruchen.

Am besten erstellen Sie mit Hilfe des System-Managers eine Liste für IQRs (0-15) und DMA-Kanäle (0-7) und notieren sich dort jeweils den Zustand („belegt von ..." oder „frei"). Sicherheitshalber können Sie in einer der Listen noch den E/A-Bereich der einzelnen Geräte notieren.

Bei der Installation neuer Geräte haben Sie so eine Übersicht, welche Ressourcen noch frei sind bzw. bei welchen Konstellationen Ärger vorprogrammiert ist.

1.3 Sicherheit geht vor! – Backup von Einstellungen und Daten

Auch wenn Sie bei Auf- oder Umrüstarbeiten noch so vorsichtig und sorgfältig vorgehen: Es arbeitet sich wesentlich gelassener, wenn Sie wissen, daß wirklich nichts Schlimmes passieren kann, weil Sie wichtige Daten und Programme vorher gesichert haben.

Hier sehen Sie, wie dies einfach und effizient geht.

System-Backup mit ERU, dem Hausmittel von Windows

Dieser Abschnitt ist für die Windows 95-Nutzer gedacht, denn bei Windows 98 hat Microsoft endlich an die geplagten Anwender gedacht und zumindest für das Windows-Herz, die Registry, eine gute Lösung gefunden. Die Vorgehensweise und einige Hinweise dazu finden Sie in den Tips ab Seite 923.

Windows 95 bringt das Hilfsprogramm ERU (**E**mergency **R**ecovery **U**tility) direkt mit, Sie finden es auf der Windows-CD im Verzeichnis *Other\Misc\Eru*.

Die Funktion von ERU ist schnell beschrieben: Es kopiert alle wichtigen Systemdateien in ein separates Verzeichnis. Allerdings läßt sich die Liste der zu kopierenden Programme leider nicht um eigene Programme oder Daten erweitern. Um ERU zu installieren, kopieren Sie die Dateien des genannten Verzeichnisses auf die Festplatte. Dort finden Sie die Dateien *Eru.exe* und *Erd_e.exe*. Erstere ist das Backup-Programm, letzteres eine (merkwürdigerweise umbenannte) Version des Gegenstücks. Diese Datei können Sie der Konformität zuliebe in *Erd.exe* umbenennen, Sie brauchen dieses Programm unter DOS, um eine gesicherte Fassung wieder zurückzukopieren.

Leider geht das Programm bei jedem Aufruf davon aus, daß das Verzeichnis *C:\Erd* das Zielverzeichnis für die Sicherungskopie sein soll. Die Bedienung selbst ist furchtbar einfach: Programm starten, alle Optionen ankreuzen, ausführen. Noch einfacher ist es, eine gesicherte Version zurückzuschreiben: Wechseln Sie unter DOS in das ERU-Verzeichnis und starten Sie *Erd.exe*. Hier können Sie noch ggf. Dateien von der Rücksicherung ausschließen, was sich aber nur anbietet, wenn Sie genau wissen, welche der Dateien beschädigt wurde. Nach einem Neustart sollte Windows wieder funktionieren, es sei denn, es wurden andere wichtige Dateien gelöscht, beschädigt oder durch fehlerhafte Versionen ersetzt.

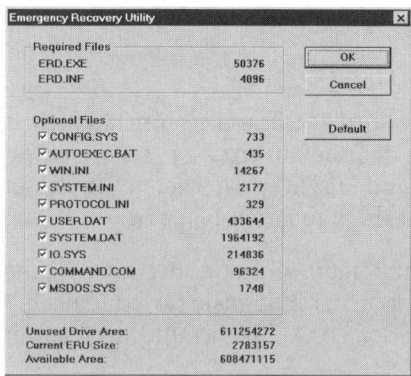
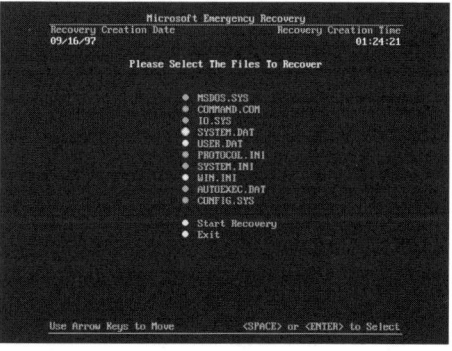

Beide Programmteile sind recht spartanisch gehalten. Hier die Oberfläche von ERU ...

... und hier das DOS-Gegenstück ERD

Übrigens wird das Programm unter Umständen nachfragen, ob Sie vorhandene Dateien überschreiben möchten. Bejahen Sie dies, denn das ist ja schließlich der Sinn der ganzen Übung.

> **Hinweis**
>
> **Windows-Neuinstallation mit ERU-Unterstützung**
>
> Wenn Sie trotz allem Windows neu installieren müssen, dann sollten Sie die neue Version über die alte installieren. Dabei geht leider die Verbindung zwischen Programmen und Windows verloren. Wenn Sie nun ERD noch einmal (unter DOS) ausführen, bestehen sehr gute Chancen, die neuinstallierte, „nackte" Windows-Version auf den Stand der letzten ERU-Sicherung zurückzubringen, inklusive aller installierten Programme.

Bessere Sicherheit bei Windows 98

Ein echtes Novum in Windows 98: Als einer der verwundbarsten Punkte wird die Registry jetzt bei jedem Start auf Fehler überprüft, und sollten keine gefunden werden, wird eine Kopie davon erstellt. Über den Punkt *Registrierungsprüfung* aus dem Menü *Extras* der Systeminformation haben Sie die Möglichkeit, diese Überprüfung erneut zu veranlassen und ggf. eine Kopie erstellen zu lassen.

Dieses Modul bietet Ihnen bei einem gefundenen Fehler in der Registry alle Backups der letzten fünf Sicherungsläufe als Wiederherstellungsoption an, ein echtes Sicherheits-Plus gegenüber Windows 95 also!

> **Hinweis**
>
> **Registry-Backup per Befehl auslösen**
>
> Eine Sicherheitskopie können Sie jetzt ganz leicht anlegen, indem Sie über *Start/Ausführen* den Befehl „scanregw /backup" eingeben. Genau wie beim Windows-Start wird so eine Kopie der Registy angelegt, ohne daß Sie dabei irgendwelche nervenden Rückfragen beantworten müssen.

Neu ist auch der DOS-Befehl *scanreg*. Ohne also umständlich Backups zurückzuspielen, können Sie mit dem Befehl *scanreg /restore* eines der gespeicherten Backups auswählen und direkt wiederherstellen lassen oder mit *scanreg /fix* eine beschädigte Registry reparieren lassen.

Achtung: Diese Prozedur funktioniert nur auf der DOS-Ebene, also beispielsweise nach einem Start von der Bootdiskette oder nach *Im MS-DOS Modus neu starten*, nicht in einer DOS-Eingabeaufforderung von Windows aus!

Die Datei befindet sich übrigens im Verzeichnis ..*Windows\Command*. Wenn ein Aufruf unter DOS lediglich ein *Befehl oder Dateiname nicht gefun-*

den produziert, müssen Sie entweder den Suchpfad anpassen oder, was wesentlich einfacher und schneller geht, mit *cd windows\command* in das Verzeichnis wechseln, in dem sich *scanreg* befindet. Ach ja, und wenn Sie einmal nicht weiterwissen, zeigt Ihnen *scanreg /?* die Möglichkeiten an, die Sie beim Kommandozeilenaufruf haben.

Sicherheitskopie des gesamten Windows-Verzeichnisses

Eine bessere und sicherere Lösung ist es, eine komplette Kopie der Windows-Installation anzufertigen. Manchmal liegen nämlich die Fehler in fehlenden oder beschädigten Dateien, und es ist meist (wenn es überhaupt funktioniert) sehr aufwendig, den Fehler zu finden.

Da bietet es sich an, von einer einmal funktionierenden Installation ein Backup anzulegen, das bei Bedarf zurückgespielt werden kann. Einige Punkte sollten Sie jedoch beachten:

- Folgen Sie nicht der Microsoft-Unart, Programme in das vorgegebene *Programme*-Verzeichnis zu installieren, legen Sie statt dessen eine eigenes Verzeichnis (am besten auf einer eigenen Partition, mit einer thematisch sortierten Struktur an, z. B. die Textverarbeitung nach */Programme/ Buero* und das Zeichenprogramm nach */Programme/Grafik* usw.) So ist später auch ein Backup der installierten Programme wesentlich einfacher.

- Leider funktioniert diese Methode (aufgrund der langen Dateinamen) nur unter Windows 95/98 selbst. Beim Erstellen der Kopie ist das noch kein Problem, aber für die Zurücksicherung müssen Sie über eine (zumindest im abgesicherten Modus) funktionierende Windows-Installation verfügen.

- Ein normaler Kopierversuch des Windows-Verzeichnisses bricht üblicherweise mit einer Fehlermeldung ab, weil Windows es nicht mag, wenn man versucht, Dateien zu kopieren, die gerade in Gebrauch sind. Normalerweise macht dies aber keine Probleme. Sie sollten aber auch möglichst alle Programme bis auf den Explorer schließen. Solange auf die Dateien nicht gerade aktiv zugegriffen wird, kann man sie auch kopieren. Aber die dynamisch verwaltete Auslagerungsdatei (siehe Seite 432) von Windows (*Win386.swp*), stellt sich da quer. Der Kopiervorgang läuft nur dann durch, wenn Sie die Auslagerungsdatei entweder deaktivieren oder aber auf eine feste Größe einstellen.

Die Lösung liegt natürlich nahe: Kopieren Sie das *Windows-* und das separate *Programme*-Verzeichnis in ein eigenes Verzeichnis, indem Sie die [Strg]-Taste während des Kopierens gedrückt halten, oder noch besser auf ein geeignetes Backup-Medium wie eine CD, einen Streamer oder auch ein Zip-Laufwerk.

Und so erstellen Sie die Kopie:

Kopieren Sie das *Windows*-Verzeichnis mit dem Explorer an eine andere Stelle und benennen Sie dort das Verzeichnis um (beispielsweise in „Winback" oder ähnliches). Damit ist Ihr Backup perfekt, und es bleibt Ihnen überlassen, ob Sie es zusätzlich noch auf ein anderes Medium auslagern oder etwa mit einem Packprogramm zusammenpacken, um Platz zu sparen.

Und so stellen Sie die Installation wieder her:

- Kopieren Sie das Backup-Verzeichnis (*Winback*) parallel zur bestehenden Windows-Installation zurück. Dazu benötigen Sie, wie bereits erwähnt, eine (zumindest abgesichert) funktionierende Windows-Installation.
- Starten Sie den Rechner im MS-DOS-Modus neu.
- Benennen Sie die defekte Windows-Installation mit dem Befehl *ren Windows Winkaput* um.
- Benennen Sie die zurückgesicherte Version in Windows um (*ren Winback Windows*).

Das war schon alles, nach einem Neustart ist wieder alles wie zum Zeitpunkt der Sicherung. Wie Sie mit dem Verzeichnis, das die kaputte Installation erhält, verfahren, bleibt Ihnen überlassen. Wenn Sie eine Weile mit Ihrem neuen „alten" Windows gearbeitet haben, können Sie es normalerweise löschen.

1.4 Dem Notfall vorbeugen – Bootdiskette erstellen und konfigurieren

Eine Bootdiskette ist unerläßlich beim Aufrüsten, denn wenn die Festplatte nicht ansprechbar ist, können Sie mit Hilfe einer Bootdiskette Maßnahmen ergreifen, um das wieder hinzubiegen.

Hier sehen Sie, wie man eine Bootdiskette erstellt und was alles darauf sein sollte.

Die Bootdisketten von DOS, Windows 95 und Windows 98

Grundsätzlich ist zum reinen Starten des Computers nicht viel nötig: Die Bootsektordateien müssen übertragen werden und der Kommandozeilen-Interpreter muß vorhanden sein. Seit Windows 95 kommt dann noch ein Treiber für komprimierte Laufwerke hinzu.

Damit verfügen Sie aber beispielsweise nicht einmal über eine Unterstützung für CD-ROM-Laufwerke, von diversen Tools ganz abgesehen. Wie Sie diese einbinden, schlagen Sie am besten in den einzelnen Unterkapiteln (siehe die Seiten 449 und 451) nach.

Windows 98-Nutzer sind auch hier wieder etwas besser dran: Bei den von Windows 98 generierten Bootdisketten sind die wichtigsten Programme vorhanden, und an eine CD-ROM-Unterstützung wurde auch gedacht. Aber Vorsicht: Probieren Sie unbedingt einmal aus, ob Sie mit einer automatisch erstellten Bootdiskette auf eine CD-ROM zugreifen können, unfehlbar ist die Routine jedenfalls nicht, und dann müssen auch Windows 98-Nutzer die Treiber von Hand einbinden!

Bootdiskette unter DOS und Windows erstellen

Unter DOS (oder in einer DOS-Shell) machen Sie eine bereits formatierte Diskette durch Eingabe von „sys a:" (oder welchen Laufwerkbuchstaben Ihr Floppylaufwerk auch haben mag) bootfähig (mehr dazu ab Seite 396). Am besten tun Sie dies von einem Laufwerk aus, das selbst bootfähig ist, also die Dateien *Io.sys*, *Msdos.sys* und *Command.com* enthält.

Unter Windows 95/98 ist die Funktion ein wenig versteckt, unter *Start/Einstellungen/Systemsteuerung/Software/Startdiskette*. Die Funktionen dieses Registers sind völlig selbsterklärend.

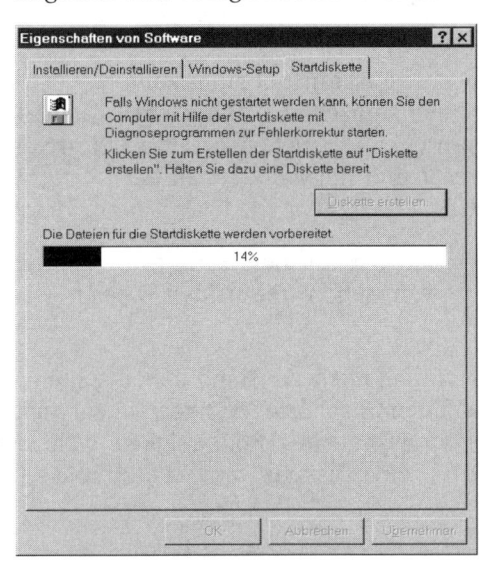

Eine Bootdiskette wird erstellt

Die Anpassung der Bootdisketten

Leider gibt es kein vernünftiges Programm, um eine wirklich sinnvolle Bootdiskette zu erstellen. Am besten kopieren Sie alle Programme und Treiber, die im folgenden angesprochen werden, auf die Bootdiskette, denn wenn mit der Festplatte einmal etwas nicht stimmt, kommen Sie dort evtl. auch nicht mehr an die Programme heran!

Hinweis
Vorsicht bei Windows 98-Bootdisketten

An *Autoexec.bat* und *Config.sys* der mit Windows 98 erstellten Disketten sollten Sie vorsichtshalber nichts ändern, es sei denn, Ihr CD-ROM-Laufwerk wird (wie oben bereits angesprochen) nicht erkannt oder es treten andere Probleme auf. Erstellen Sie statt dessen eine zweite Diskette, die die weiter unten aufgeführten Programme enthält. Wenn Sie eine oder mehrere Kopien der „Hauptbootdiskette" anfertigen, muß die Tool-Diskette nicht einmal bootfähig sein und braucht natürlich auch die Startdateien nicht zu enthalten.

Die beiden Startdateien *Autoexec.bat* und *Config.sys* sind einfache Text-Files, die mit jedem Editor, also auch dem NotePad von Windows oder Edit von DOS, bearbeitet werden können. Und Edit ist bereits der erste Kandidat für die Bootdiskette.

Wenn Sie die Diskette mit *sys* bootfähig gemacht haben, müssen Sie die beiden Disketten von Hand erstellen oder aus dem Hauptverzeichnis der Bootfestplatte kopieren.

Ebenso wichtig ist ein deutscher Tastaturtreiber, es kann nämlich ganz schön aufreibend sein, auf einer amerikanischen Tastatur nach Zeichen wie \ oder auch nur den Anführungsstrichen zu suchen. Der Tastaturtreiber wird mit den beiden Dateien *Keyb.com* und *Keyboard.sys* in der *Config.sys* oder der *Autoexec.bat* eingebunden.

Ein simples *Keyb gr* in der *Autoexec.bat* oder ein *install=keyb.com gr,,Keyboard.sys* in der *Config.sys* reicht schon. Die beiden Dateien gehören natürlich auf die Startdiskette.

Welche Programme Sie im Notfall noch zur Hand haben sollten, entnehmen Sie am besten der nachfolgenden Checkliste. Fertigen Sie zur Sicherheit mindestens eine Kopie der Bootdiskette an (Bootfähigkeit nicht vergessen!), denn sich im Ernstfall auf nur eine Diskette verlassen zu müssen wäre sehr leichtsinnig.

Wichtige Vorbereitungen – System-Check und Backup

Checkliste: Boot- und Tool-Diskette – das gehört drauf	
Attrib.exe	Setzen oder ändern von Datei-Attributen
Autoexec.bat	Startdatei
Command.com	DOS-Befehls-Interpreter
Config.sys	Startdatei
Deltree.exe	Löschen von Dateien und Verzeichnissen
Edit.com	Editieren von Textdateien
Emm386.exe	Speicher-Manager für EMS-Speicher
Fdisk.exe	Partitionieren von Datenträgern
Format.com	Formatieren von Datenträgern
Himem.sys	Speicher-Manager für XMS-Speicher
Keyb.com	Tastaturtreiber-Programm
Keyboard.sys	Treiberdatei für Tastaturtreiber
Mem.exe	Speicheranzeige bzw. Analyse unter DOS
Mscdex.exe	Softwaretreiber von DOS für CD-ROM-Laufwerke
Msd.exe	Analyseprogramm für DOS
Regedit.com	Regenerieren von *System.dat* und *User.dat*
Scandisk.exe	Fehleranalyse für Datenträger
Sys.com	macht Datenträger bootfähig
Xcopy.exe	Dateien kopieren

Im Prinzip stehen Sie mit den so konfigurierten Bootdisketten im Notfall nicht völlig verlassen da. Einige Kleinigkeiten sind jedoch noch zu beachten:

- **Vorsicht, Datenverlust:** Wenn Sie mit einer DOS-Diskette booten und auf eine Festplatte zugreifen, auf der Windows 95/98 war und dementsprechend lange Datei- und Verzeichnisnamen vorliegen, sollten Sie unbedingt beachten, daß die Dateinamen durch die meisten DOS-Programme zerstört werden. Daher sollten Sie auf keinen Fall alte DOS-Programme verwenden, die tief in die Verzeichnisstruktur eingreifen. Bekannte Problemfälle sind *Chkdsk.exe*, *Scandisk.exe* und *Defrag.exe*. Nur das neueste *Scandisk.exe* im Verzeichnis \Windows\Command von Windows 95/98 selbst kann auch auf der DOS-Ebene ohne Risiko für die langen Dateinamen ausgeführt werden.

- **Unnötige Programme:** Die Programme *Uninstall.exe* und *Debug.exe* brauchen Sie normalerweise auch nicht. Sie sind sowieso nur von Profis sinnvoll einzusetzen (zum Deinstallieren von Windows bzw. Bearbeiten von Programmdateien).

- **Zugriff beschleunigen:** Benutzen Sie den DOS-Cache-Treiber SmartDrive, um die Zugriffe auf die Disketten und Festplatten zu beschleunigen. Sie können SmartDrive auch einfach durch Eingabe von „smartdrv 2048 2048" jederzeit mit 2 MByte Cachespeicher auf der DOS-Ebene aufrufen. Aber denken Sie daran, das Programm nach dem Tastaturtreiber aufzu-

Wichtige Vorbereitungen – System-Check und Backup

rufen, sonst werden noch im Schreibcache befindliche Daten bei einem Reset mit ⌈Strg⌉+⌈Alt⌉+⌈Entf⌉ nicht geschrieben und gehen verloren!

- **Das BIOS muß mitspielen:** Wenn Sie von Diskette booten wollen, müssen im BIOS die Einstellungen bei der Bootreihenfolge entsprechend eingestellt sein (siehe Seite 82).

- **Achtung, Virengefahr:** Befindet sich auf Ihrem Rechner ein Virus und Sie booten von Diskette, haben Sie normalerweise von diesem auch nichts zu befürchten. Trotzdem sollten Sie auf Nummer Sicher gehen und die Disketten schreibschützen. Denn wenn Sie z. B. auch nur ein infiziertes Programm von der Festplatte starten, infiziert das Virus ansonsten sofort die Diskette.

2. Grundlagen des Aufrüstens – Werkzeuge, Sicherheitsregeln und Basistechniken

Für die Basteleien am PC muß man kein begnadeter Handwerker sein. Übung macht ja bekanntlich den Meister ... und leider auch arm, wenn fehlgeschlagene Versuche direkt teure PC-Bauteile dahinrafft. Hier finden Sie die richtigen Tips und Tricks, wie Sie das Stadium des Übens überspringen und sofort zu meisterlichen Erfolgen kommen, egal ob es um das Einsetzen einer Steckkarte, das Befestigen von Steckern oder das Schließen des Gehäuses geht.

2.1 Werkzeuge und allgemeine Sicherheitsregeln

Glücklicherweise wird kein Spezialwerkzeug für die Arbeit am PC gebraucht. Normalerweise reichen die üblichen Werkzeuge, die sich in (fast) jedem Haushalt finden, völlig aus. So manches Mal haben wir uns auch schon mit einem Taschenmesser aus der Misere geholfen, wenn wirklich nichts Passendes greifbar war. Aber das ist natürlich der absolute Ausnahmefall gewesen und soll Sie nicht davon abhalten, ordentliche Hilfsmittel zu benutzen.

Das Werkzeug

Es gibt am PC nur wenige, genormte Schraubentypen, die alles zusammenhalten, was irgendwie befestigt werden muß. Egal ob Mainboard, Gehäuseabdeckung oder Steckkarten: Ein einfacher Kreuzschlitzschraubenzieher und vielleicht noch ein kleinerer „normaler" Schraubenzieher reichen völlig aus.

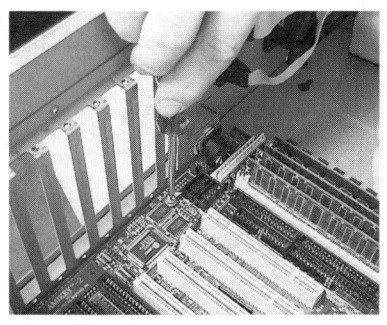

Links: Schraubenzieher am Mainboard ...
Rechts: ... und am Gehäuse

Werkzeuge, Sicherheitsregeln und Basistechniken

Praktisch sind auch noch eine kleine Kombizange und eine Pinzette, um vielleicht verbogene Bleche von einigen Steckkarten zurechtzubiegen bzw. Jumper von ihren Kontaktstiften abzuziehen.

Aber Vorsicht mit allem, was scharfe Kanten oder Spitzen hat, damit können die empfindlichen Leiterbahnen leicht beschädigt werden.

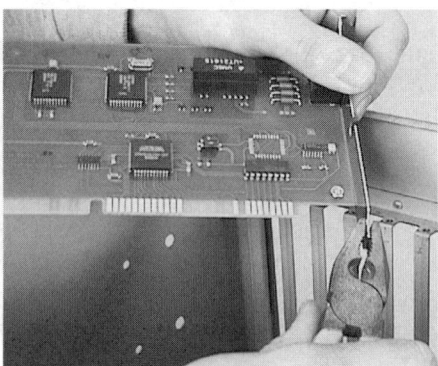

Links: Jumpern mit Pinzette
Rechts: Manchmal muß man auch zur Zange greifen

Typisch sind vor allem die drei gezeigten Schraubentypen. Lediglich die kleinen Sechskantschrauben, mit denen die Schnittstellenanschlüsse am Gehäuse befestigt werden (Abbildung unten rechts), können nicht mit einem Schraubenzieher angezogen werden. Nehmen Sie dafür eine kleine Zange oder besser einen passenden Sechskantschlüssel.

Praktisch für die Arbeiten im engen Gehäuse sind magnetische Schraubenzieher, die die Schrauben festhalten. Wenn Sie mit den Fingern nicht bis an die Gewindeöffnung kommen, kann das gerade Einsetzen einer Schraube zum üblen Geduldsspiel werden.

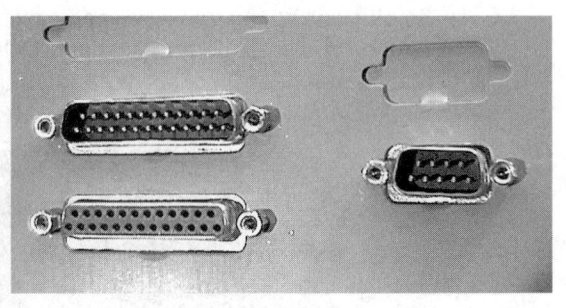

Mehr Schrauben und Anschlüsse

In den Gehäusen von Markenherstellern (u. a. Siemens, Hewlett Packard) werden auch oft Schrauben verbaut, die einen sogenannten Torx-Kopf haben. Dieser sieht so ähnlich aus wie ein Innensechskantkopf.

Werkzeuge, Sicherheitsregeln und Basistechniken

Diese kleinen Biester lassen sich in der Regel nicht mit einem herkömmlichen Schraubenzieher bewegen. Wenn Sie also einen Markenrechner öffnen oder aufrüsten möchten, brauchen Sie einen Halter für Schrauberbits und einen Torx-Einsatz. Mit ein bißchen Glück war der Hersteller so gnädig, Schrauben zu verwenden, die den Einsatz eines Klingenschraubenziehers erlauben, aber darauf können Sie sich nicht verlassen.

Es werden im Fachhandel einige Werkzeugsets angeboten, die man aber, ganz ehrlich gesagt, nicht braucht. Früher waren noch einige spezielle Werkzeuge nötig, da war es natürlich günstiger, direkt ein ganzes Set zu kaufen. Heute reicht das handelsübliche Werkzeug völlig aus.

Vielleicht wollen Sie noch einen Akkuschrauber zur Hand nehmen, das bietet sich aber eigentlich nur bei einem Gehäuse mit vielen Schrauben an. Die Bauteile im Inneren sollten Sie lieber von Hand schrauben. Die Schrauben dürfen nicht zu fest angezogen werden, und ein Akkuschrauber hat eine höllische Kraft! Nebenbei rutscht man gern ab, wenn die Schraube ihren Anschlag erreicht, und dann ist der Akkuschrauber nur schwer zu kontrollieren. Ein heftiger Kontakt mit dem Mainboard kann schon das Aus für eine Leiterbahn bedeuten.

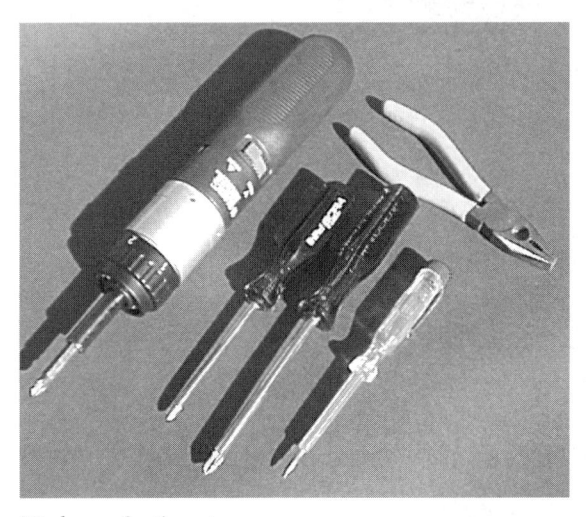

Werkzeug-Sortiment

Wiederum empfehlenswert ist es, sich einen kleinen Satz von Zubehörteilen wie Schrauben, Jumpern, Abstandhaltern und Kabelbindern zuzulegen. Sie bekommen diese Sachen für ein paar Mark im Fachhandel, oft schon fertig als Sortiment abgepackt. Dort gibt es auch Y-Adapter für die Stromversorgung (also eine Art „interne Mehrfachsteckdose") und Wärmeleitpaste in kleinen Tuben. Diese Sachen vorrätig zu haben erspart Ihnen später unter Umständen eine Menge Streß!

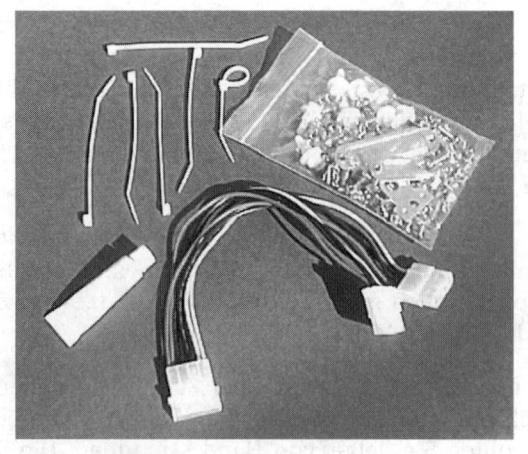

Nützlicher Kleinkram

Ach ja, und ein paar Hilfsmittel zum Beschriften oder Markieren können auch recht hilfreich sein.

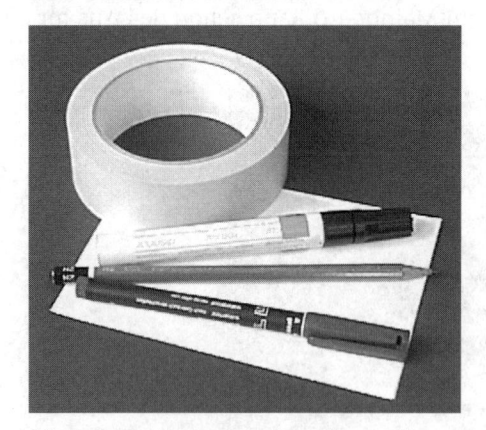

Oft die letzte Rettung vor dem Chaos: alles zum Beschriften

Vorsicht, statische Aufladung! – Einige Sicherheitsregeln

Statische Aufladungen sind tödlich für Computerbauteile! Statische Aufladung kennt jeder: Nichtsahnend greift man zur Türklinke und – zack! – ein kleiner elektrischer Schlag.

Was für Menschen schlimmstenfalls ein bißchen unangenehm ist, kann elektrischen Bauteilen innerhalb kürzester Zeit den Garaus machen.

Um das zu verhindern, muß man also penibel darauf achten, daß man beim Berühren von Computerbauteilen aller Art nicht statisch aufgeladen ist. Manche Profis in Werkstätten und Computerlabors benutzen dazu ein klei-

Werkzeuge, Sicherheitsregeln und Basistechniken

nes, am Handgelenk befestigtes Erdungsband. So weit müssen Sie nicht gehen, aber einige Punkte sollten Sie schon beachten.

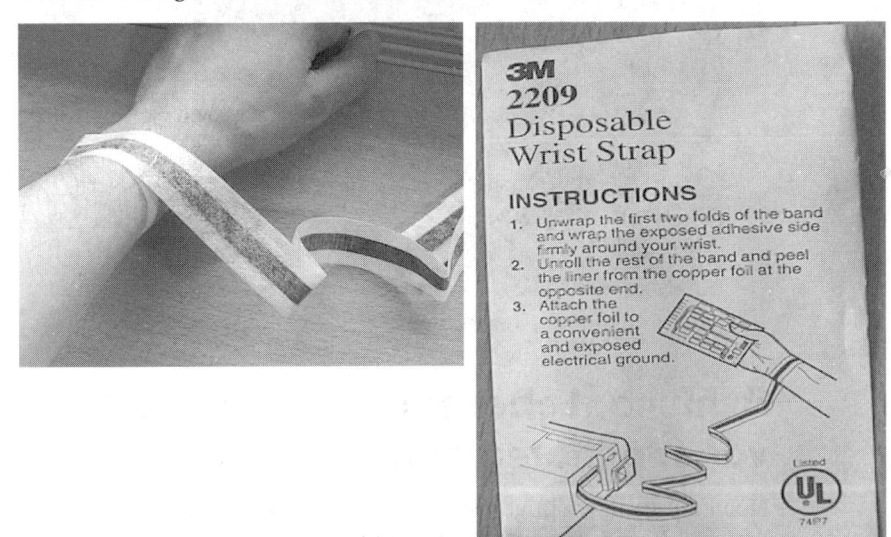

Eines der Wegwerferdungskabel, wie Sie z. B. von 3M vertrieben werden

- Statische Aufladung wird oft von Kleidung verursacht. Versuchen Sie, Wolle und ganz besonders Synthetikmaterialien zu vermeiden.
- Oft kommt es auch durch den Teppichboden zu Aufladungen. Legen Sie den PC (oder einzelne Bauteile) nicht auf den Boden, wenn Sie sich in bezug auf Ihren Teppichboden nicht sicher sind.
- Lassen Sie alle Bauteile so lange wie möglich in den speziellen Antistatikhüllen, in denen sie meist geliefert werden. Dies sind keine normalen Plastiktüten, ein Bauteil in solch einer gewöhnlichen Tüte zu verpacken, könnte schädlich sein!

> **Tip**
> **Alufolie als Verpackung**
> Was viele nicht glauben: Beschädigungen durch statische Aufladung haben nichts mit einem Kurzschluß zu tun. So ist es beispielsweise in jedem Fall besser, eine Steckkarte oder eine CPU auf Alufolie zu lagern oder zum Versand darin einzuwickeln, wenn keine Antistatikverpackung zur Hand ist!

- Ganz wichtig: Bevor Sie mit der Arbeit beginnen, sollten Sie sich durch die Berührung größerer metallischer Gegenstände „entladen". Oft werden auch Heizungskörper empfohlen, sicher eine gute Wahl, solange Sie eine nicht-lackierte Stelle finden, an der Sie sich am nackten Metall entladen können.

Bauteile in Antistatikverpackung

Achtung, Lebensgefahr! – Keine Reparatur von Monitoren und Netzteilen

Noch ein ganz wichtiger Sicherheitstip an dieser Stelle: Grundsätzlich verboten sind Reparaturversuche an Monitor und Netzteil. Diese Teile sollten nur von geschultem Fachpersonal geöffnet werden! Beide Geräte können nämlich auch noch lange Zeit nach dem Ausschalten tödliche Spannungen speichern. Wenn hier ein Defekt auftritt, bringen Sie das Gerät auf jeden Fall zu einer Werkstatt.

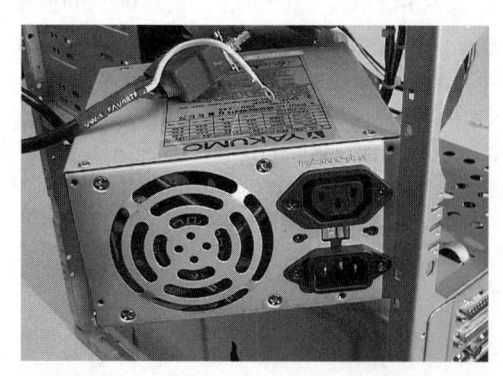

Ausgebautes, aber nicht geöffnetes Netzteil im Rechner

Allgemeine Sicherheitsgrundlagen beim Aufrüsten

Neben den klassischen Regeln, die hauptsächlich Ihre eigene Sicherheit betreffen, gibt es noch ein paar Richtlinien, die das Leben Ihres PCs verlängern sollen:

- Vermeiden Sie es, während der Arbeit am PC zu essen oder zu trinken. Die Folgen einer über dem Mainboard ausgelaufenen Tasse Kaffee können Sie sich sicher vorstellen ...

Werkzeuge, Sicherheitsregeln und Basistechniken

- Die einzige Substanz, die bei Arbeiten am PC giftig ist, ist die Wärmeleitpaste, die auf den Prozessor aufgetragen wird. Versuchen Sie, mit dieser Paste nicht direkt in Kontakt zu kommen. Schneiden Sie sich statt dessen einen kleinen Pappstreifen, mit dem Sie die Paste auftragen. Und hinterher Hände waschen nicht vergessen!
- Notieren Sie sich die wichtigsten Einstellungen und vor allem die Steckverbindungen, bevor Sie mit der Arbeit beginnen.

> **Hinweis**
> **Stecker mit Klebeband markieren**
> Die unzähligen kleinen Stecker, die am Mainboard befestigt werden, haben Sie schnell markiert, wenn Sie einen kleinen Streifen Klebeband am Kabel befestigen und diesen beschriften!

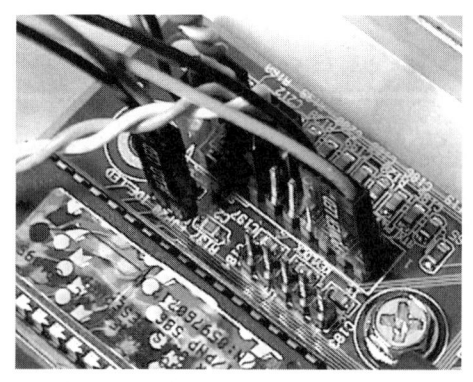

Gewöhnliches Kabelgewirr

- Versuchen Sie, die Kabelstränge im Inneren des Gehäuses systematisch zu führen und nicht einfach frei herumhängen zu lassen. Sie können dazu Klebeband oder besser noch Kabelbinder verwenden. Das erhöht die Sicherheit vor versehentlichen Abrissen und fördert außerdem den freien Luftstrom zur Kühlung im PC.
- Gehen Sie sanft mit dem PC um. Beim Auf- oder Umbau eines PCs ist bei keinem Bauteil ein nennenswerter Kraftaufwand erforderlich (obwohl einige Stecker der Stromversorgung manchmal etwas hakelig sind). Steckkarten, Datenkabelverbindungen oder ICs sollten sich immer ganz leicht stecken lassen. Wenn dies nicht der Fall ist, dann stimmt vermutlich etwas nicht. Achten Sie darauf, ob eine unsymmetrische Verbindung vorliegt, die nur in einer bestimmten Orientierung gesteckt werden kann.

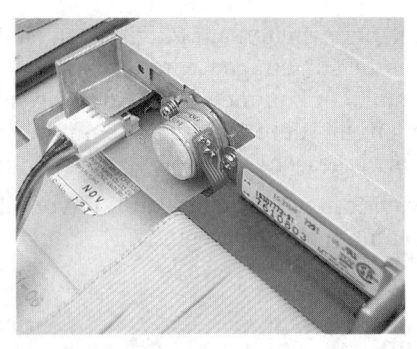

Werkzeuge, Sicherheitsregeln und Basistechniken

Kabel am Diskettenlaufwerk

Licht und Übersicht – Dann geht der Einbau wie von selbst

Um vollen Einblick in die vielen verwinkelten Ecken und Kanten im Inneren des Gehäuses zu haben und auch dort eine winzige Beschriftung zu erkennen, brauchen Sie unbedingt eine gute Beleuchtung an Ihrem Arbeitsplatz. Eine kleine Taschenlampe leistet beispielsweise sehr gute Dienste, wenn es darum geht, den korrekten Sitz von einzelnen Kabelverbindungen zu überprüfen. Verschaffen Sie sich außerdem ausreichend Platz zum Arbeiten, denn wenn Sie beginnen, den Rechner in Einzelteile zu zerlegen, brauchen Sie jede Menge Ablagefläche.

Hinweis
Vorsicht mit dem Werkzeug

Achten Sie drauf, kein Werkzeug auf irgendwelchen Bauteilen abzulegen. So kann beispielsweise eine auf einem Mainboard abgelegte Zange die dünnen Leiterbahnen (und damit das Board) irreparabel beschädigen!

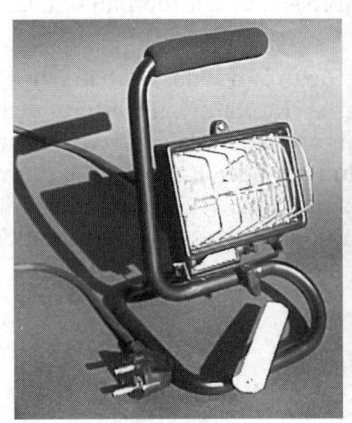

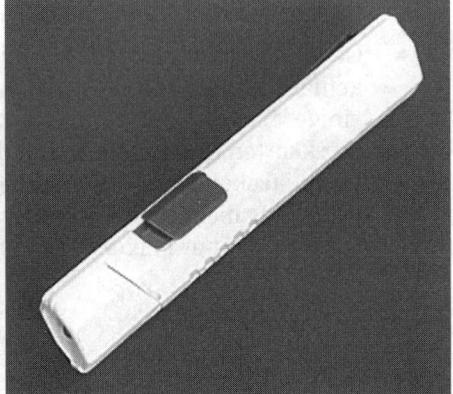

Sehr gut zum Arbeiten ist eine handliche Beleuchtung wie diese 500-Watt-Halogenlampe (gibt's in vielen Baumärkten) sowie eine kleinen Stablampe als Ergänzung für die besonders verwinkelten Ecken

Checkliste: Arbeitsplatz, Werkzeug und Zubehör
wichtig
ausreichende Beleuchtung und Ablagefläche
Kreuzschlitzschraubenzieher
kleiner Längsschlitzschraubenzieher
Kombizange
empfehlenswert
Pinzette
Kabelbinder
Zubehörset (Schrauben, Abstandhalter u. ä.)
Material zum Beschriften
kleine Stabtaschenlampe

2.2 Basistechniken des Aufrüstens und Reparierens

Die „Innereien" des modernen PCs sehen gleichermaßen verwirrend wie filigran aus. Aber es gibt keinen Grund, davor Angst zu haben: Sie werden schon nichts kaputtmachen, wenn Sie einige Grundregeln beherrschen.

Bald können Sie einzelne Bauteile auswechseln, Steckkarten tauschen und noch viel mehr.

Wichtig: Beachten Sie, daß hier nur die Grundmaßnahmen vorgestellt werden, detailliertere Beschreibungen zu einzelnen Bauteilen (Prozessor, Speicher, Festplatte usw.) finden Sie dann jeweils in den entsprechenden Kapiteln.

Gehäuse öffnen

Der erste Schritt ist ja meist der schwerste, aber ein Gehäuse ist wirklich leicht zu öffnen: Unabhängig von den verschiedenen Bauformen sind üblicherweise lediglich die Seitenteile zu entfernen, Front- und Rückseite bleiben davon unberührt. Bei vielen Gehäusen bilden Seitenteile und Oberseite des Gehäuses ein „U", das natürlich abhängig von den verschiedenen Gehäuseformen unterschiedlich proportioniert ist.

Werkzeuge, Sicherheitsregeln und Basistechniken

So nehmen Sie bei einem Standardgehäuse die Wände ab
Solche Laschen sorgen für festen Sitz

Suchen Sie bei Ihrem Modell nach Schrauben, die diese „Blechumhüllung" befestigen, meist an der Rückseite und dort in Nähe der Kanten. Wenn Sie diese Schrauben gelöst haben, können Sie durch leichtes Bewegen des Blechmantels herausfinden, in welche Richtung er sich abziehen lässt. Oft geht das, wie in der oberen Abbildung gezeigt, schräg nach hinten oben.

Beachten Sie beim Zusammenbau, daß oft Laschen (rechte Abbildung) oder Federn um andere Gehäuseteile herumgreifen. Bis der korrekte Sitz stimmt, kann es schon etwas Fummelei geben, bei der Sie vielleicht den einen oder anderen zusätzlichen Arm vermissen werden, aber mit ein bißchen Übung klappt auch das ganz leicht.

Manche Gehäuse, wie z. B. einige Modelle von Siemens-Nixdorf, kommen ganz ohne Schrauben aus: Bei diesen Modellen hilft ein beherzter Ruck nach oben an den seitlichen Griffmulden, um die Seiten einzeln nach außen abnehmen zu können.

Steckkarten austauschen

Steckkarten werden (wer hätte das gedacht?) tatsächlich ganz einfach gesteckt. Die momentan gebräuchlichen, drei verschiedenen Steckplatztypen (ISA, PCI, AGP) lassen es ohne Zuhilfenahme einer Säge eigentlich nicht zu, die falsche Karte in den falschen Slot zu stecken.

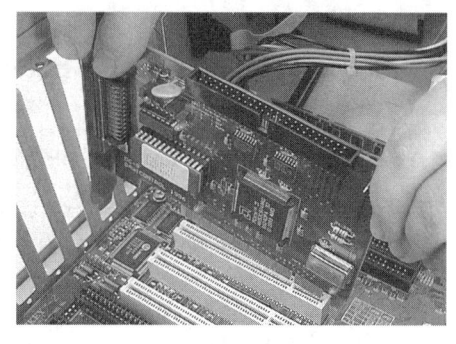

Werkzeuge, Sicherheitsregeln und Basistechniken

Einsetzen einer ISA-Karte
der gleiche Vorgang bei einer PCI-Karte
die Anschlüsse der Karten auf der Gehäuseaußenseite
Slotbleche

Das Slotblech trägt meist irgendwelche Anschlüsse, die nach draußen geführt werden sollen, sollte also auch zu der Seite des Gehäuses hin eingesetzt werden, die die entsprechenden Öffnungen aufweist (Abbildung oben links: ISA-Karte, oben rechts PCI-Karte).

Meist sind diese Öffnungen durch Slotblechabdeckungen (Abbildung unten rechts) verschlossen. Diese Blechstreifen können Sie entfernen, indem Sie die Schraube lösen und das Blech senkrecht nach oben entnehmen. Das Blech an der Karte wird dann an der gleichen Stelle plaziert und mit der vorher entnommenen Schraube befestigt. Die Anschlüsse sind dadurch später an der Rückseite zugänglich (Abbildung unten links).

Manchmal sind die Slotbleche auch mit Plastikschellen oder -schienen befestigt, die nur ein- oder ausgeklinkt werden. Eine praktische Sache, die Ihnen das manchmal lästige Gefummel mit den Schrauben erspart.

> **Hinweis**
> **Druckpunkt beim Einsetzen beachten**
> Wenn Sie eine Steckkarte einsetzen, werden Sie feststellen, daß Sie zu Beginn vorsichtig Druck senkrecht von oben auf die Karte ausüben müssen. Es empfiehlt sich, die Karte ganz leicht schräg, mit dem von dem Slotblech abgewandten Ende zuerst einzusetzen. Wenn die Karte richtig auf dem Slot sitzt, erreichen Sie dann einen leichten Druckpunkt und die Karte sitzt plötzlich wie von selbst im Slot.

Der Ausbau einer Steckkarte ist ebenso einfach: Nach dem Lösen der Schraube greifen Sie die Karte am zum Computerinneren gewandten Ende und an der anderen Seite an den Anschlüssen und „schaukeln" die Karte vorsichtig und gleichmäßig hin und her, während Sie gleichzeitig nach oben ziehen. Nach einem kurzen Stück sollten Sie das Slotblech an der Stelle greifen können, an der vorher die Schraube saß. Setzen Sie die Schaukelbewegungen vorsichtig fort, bis die Karte entnommen ist. Wichtig: Bewegen Sie die Karte nur in Längsrichtung des Slots, keinesfalls senkrecht dazu, dies könnte nämlich zu winzigen Brüchen auf der Platine führen, die die Karte zertören würden.

Festplatten und andere Geräte einschrauben

Eine detaillierte Anleitung im Zusammenhang mit Festplatteneinbau und -austausch finden Sie ab Seite 367 im Festplattenkapitel.

Nur soviel vorweg: Sämtliche Schrauben im Computer müssen nicht so fest angezogen werden, bis sie sich kein Stück mehr weiterdrehen lassen. Besonders bei Festplatten sollten Sie vorher prüfen, ob Sie die richtigen Schrauben zur Hand haben. Dazu sollten Sie sie von Hand eindrehen, was bis zum Anschlag ganz leicht möglich sein sollte. So bemerken Sie auch, wenn Sie versehentlich zu lange Schrauben benutzen. Aber auch die richtigen Schrauben sollten nur so weit angezogen werden, daß die Geräte sicher im Gehäuse befestigt sind.

In Gehäusen sind üblicherweise Plätze für Festplatten, CD-ROM-Laufwerke usw. vorgesehen, die sog. Käfige. Viele Gehäuse bieten zwei Käfige in den Breiten 3,5 Zoll und 5,25 Zoll an. Dort werden die Geräte meist von innen vorsichtig eingesetzt und mit Schrauben durch die Schlitze/Löcher in den Seitenwänden der Käfige fixiert.

Werkzeuge, Sicherheitsregeln und Basistechniken

Links: Einsetzen eines Bauteils
Rechts: Blechblenden sollten sich einfach entfernen lassen

Erfordern die Geräte einen Zugriff von vorn (wie beispielsweise CD-ROM-Laufwerke), muß die vordere Gehäuseblende, die nur mit zwei Rasten eingerastet ist, entfernt werden. Oft verbirgt sich dahinter noch ein massiv anmutendes Blech: Meist sind hier aber Sollbruchstellen vorgegeben. Durch stetiges Hin- und Herbiegen mit einem massiven Schraubenzieher können Sie normalerweise eine genau passende Öffnung herausbrechen. Dieser „sanften" Methode ist in jedem Fall vor dem brutalen Herausschlagen mit einem Hammer der Vorzug zu geben!

> **Hinweis**
> **Verwahren, was übrigbleibt**
> Zumindest die (meist Plastik-)Gehäuseblenden sollten Sie aufheben, denn wenn Sie das Gerät später einmal wieder entfernen sollten, bleibt sonst ein Loch in der Front zurück, was zum einen Schmutz in das Gehäuse hinein und Lärm herausdringen läßt, zum anderen auch ziemlich häßlich aussieht. Außerdem wird so die Luftzirkulation durch das ganze Gehäuse gestört. Übrigens sollten Sie aus eben diesem Grund den Rechner auch nicht länger ohne Gehäuse betreiben.

Viele BAT-Gehäuse weisen auf der Rückseite vorbereitete Stellen auf, hinter denen die Buchsen für die seriellen und parallelen Ports befestigt werden können. Auch diese sind standardmäßig verschlossen, aber vorgestanzt (siehe Abbildung). Hier hilft bei leerem Gehäuse meist ein gut gezieltes, beherztes Zustechen (von der vertieften Seite!) mit einem Schraubenzieher oder einem ähnlichen Gegenstand. Wenn schon Komponenten eingebaut sind, sollten Sie lieber den Schraubenzieher wie einen Meißel aufsetzen und vorsichtig (!) durch Klopfen die Abdeckung entfernen.

Die Sechskantschrauben können Sie vorsichtig mit einer Zange oder natürlich mit einem passenden Sechskantschlüssel anziehen. Ein Stecknuss-Satz hilft hier übrigens meist nicht weiter, da die Schrauben zu nah an der Buchse selbst liegen.

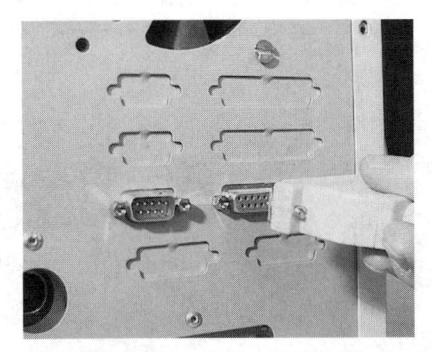

Gehäuserückseite mit Anschlüssen und Abdeckungen

Bei ATX-Boards ist dies nicht mehr notwendig, da die Buchsen fest mit dem Mainboard verbunden sind. Hier liegt aber manchen Mainboards eine spezielle Schablone bei, in die diese Anschlüsse dann passen (sollen). Diese Schablone wird an der vorgesehenen Stelle des ATX-Gehäuses eingeschoben, geklemmt oder geschraubt.

Kabel anbringen, aufstecken, loslösen und befestigen

Bei Steckverbindungen kann fast nichts falsch gemacht werden. Gewalt ist jedenfalls nie nötig. Fast immer sind Stecker und Buchse so geformt, daß ein Aufstecken nur in einer Richtung möglich ist. Unten sehen Sie Beispiele dafür:

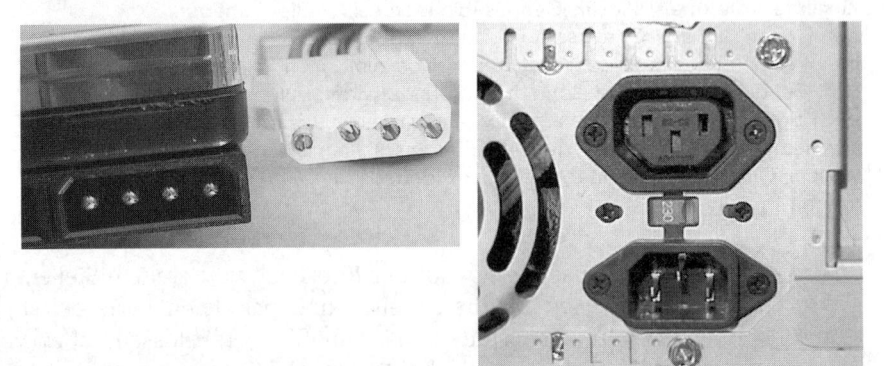

Links: Buchse und Stecker eines internen Stromanschlusses
Rechts: Hauptanschlüsse für Monitor (oben) und Netzkabel (unten)

Werkzeuge, Sicherheitsregeln und Basistechniken

Hinweis
Achtung bei runden Steckern

Was Sie bei runden Steckern (wie z. B. dem PS/2-Maussstecker) unbedingt vermeiden sollten, ist das „Aufsetzen und drehen bis es paßt". So haben Sie die Pins im Stecker schnell verbogen, und dadurch wird ein Aufstecken dann unmöglich. Achten Sie auf Markierungen an Steckern und Buchsen, oder schauen Sie sich die Anordnung der Pins genau an, bevor Sie versuchen, den Stecker aufzusetzen.

Im Inneren des Rechners ist vereinzelt eine Verpolung der Stecker, besonders auf „nackten" Steckleisten möglich. Bei Flachbandkabeln gilt generell: Die markierte Seite gehört an Pin 1 der Buchse.

Einige Stecker erfordern übrigens ein leicht schräges Aufsetzen, um eine Nase am Stecker unter eine Raste an der Buchse zu führen. Sie erkennen das aber leicht, wenn Sie den Stecker sehen. Abgezogen wird der Stecker natürlich umgekehrt: ein kurzes Stück herausziehen, zur Seite klappen und dann entfernen.

Ordnung im Chaos: Kabelklemmen

Außerdem sollten Sie versuchen, ein bißchen Übersicht im Inneren des Rechners zu halten, das erleichtert die Luftzirkulation und verschafft Ihnen den Überblick. Sie erreichen das beispielsweise mit Kabelklemmen, notfalls auch mit ein wenig um die zusammengehörigen Kabel gewickeltes Klebeband.

Friedliche Zusammenarbeit – Zusammenspiel der Hardware im PC

Für die Zusammenarbeit aller am Rechnerbetrieb beteiligten Systeme ist ein Steuermechanismus notwendig, der ein geordnetes Zusammenspiel der Komponenten ermöglicht.

Zur Steuerung der Kommunikation bzw. zum Datenaustausch verwenden PCs sogenannte Hardwareinterrupts. Ein Interrupt unterbricht den normalen

Programmablauf innerhalb eines Computers, um ein gesondertes Interrupt-Programm auszuführen. Wie funktioniert der „friedliche" Austausch untereinander eigentlich? Die folgenden Abschnitte geben Ihnen einen kurzen Überblick über die Arbeitsweise der Systemkommunikation und die Aufgaben der verwendeten Systemressourcen.

Die Interrupt-Anforderung (IRQ)

Jede Komponente der Hauptplatine ist mit den Steuerleitungen des Rechners verbunden und verwendet eine eindeutige Kennung: die Interrupt-nummer. Es stehen 16 Nummern für die Anforderung einer Unterbrechung zur Verfügung (0 bis 15). Ein großer Teil der verfügbaren Unterbrechungsanforderungen sind jedoch durch die Standardkomponenten des PCs bzw. Motherboards schon in Gebrauch.

Die nachfolgende Tabelle zeigt die Interrupts, die Sie üblicherweise bei IBM-kompatiblen PCs finden:

Interrupt	Funktion	Verwendbar
IRQ 0	System-Zeitgeber	Nein
IRQ 1	Tastatur	Nein
IRQ 2	zweiter Interrupt-Controller	Nein
IRQ 3	Zweite serielle Schnittstelle (COM2/4)	Ja
IRQ 4	Erste serielle Schnittstelle (COM1/3)	Ja
IRQ 5	Zweite Druckerschnittstelle (LPT2)	Ja, bei einem Drucker
IRQ 6	Diskettenlaufwerke	Nein
IRQ 7	Erste Druckerschnittstelle (LPT1)	Ja
IRQ 8	CMOS/Echtzeituhr	Nein
IRQ 9	Frei	Ja
IRQ 10	Frei	Ja
IRQ 11	Frei	Ja
IRQ 12	Frei oder PS/2-Maus	Ja
IRQ 13	Numerischer Coprozessor (CPU)	Nein
IRQ 14	EIDE-Controller oder Frei (Primärer Kanal)	Ja, bei SCSI
IRQ 15	EIDE-Controller oder Frei (Sekundärer Kanal)	Ja, bei SCSI

Verwendung von Interrupts (IRQ) bei IBM-kompatiblen PCs

Überschneidungen bei Unterbrechungsanforderungen führen zu schweren Konflikten in der Koordinierung und Steuerung mit Abstürzen des Rechners und ziehen häufig Beschädigungen der Einstellungen des jeweiligen Betriebssystems nach sich.

Werkzeuge, Sicherheitsregeln und Basistechniken

Bevorzugte Interrupt-Wahl für Zusatzkomponenten

Auch wenn für eine Zusatzkomponente kein freier IRQ mehr zur Verfügung steht, müssen Sie dennoch nicht zwangsläufig auf den Einbau verzichten. Windows 95/98/NT erlauben Ihnen in solchen Fällen die Einrichtung unterschiedlicher Hardwareprofile, mit deren Hilfe Sie Komponenten einheitliche Ressourcen zuweisen können. Hinweise zur Einrichtung von Hardwareprofilen sowie zu deren Verwaltung erhalten Sie am Ende dieses Kapitels.

Ermitteln Sie die aktuelle IRQ-Belegung unter Windows 95/98

1 Wählen Sie im *Start*-Menü den Befehl Start/Einstellungen/Systemsteuerung an.

2 Doppelklicken Sie innerhalb der Systemsteuerung auf den Eintrag *System*.

3 Wählen Sie auf der Registerkarte *Geräte-Manager* des Dialogfelds den Eintrag *Computer* an und bestätigen Sie die Anwahl mit Hilfe der Schaltfläche *Eigenschaften*.

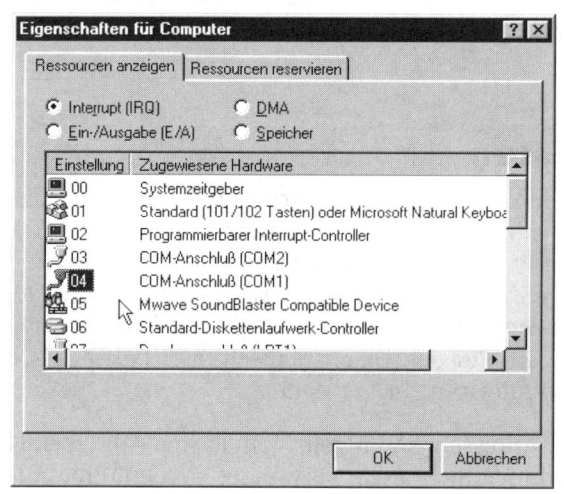

4 Sie erhalten die aktuell gültige Interrupt-Zusammenstellung sowie deren Belegung für Ihren Rechner. Je kleiner die freie Anzahl der IRQs ist, um so problematischer kann eine nachfolgende Rechneraufrüstung sein.

Ermitteln Sie die aktuelle IRQ-Belegung unter Windows NT 4.0

Unter Windows NT ergeben sich in der Verwaltung der Hardware diverse Unterschiede zu Windows 95/98.

1 Rufen Sie den Befehl *Start/Programme/Verwaltung (Allgemein)/Windows-NT-Diagnose* auf.

59

2 Wechseln Sie im nun geöffneten Dialogfeld auf die Registerkarte *Ressourcen*.

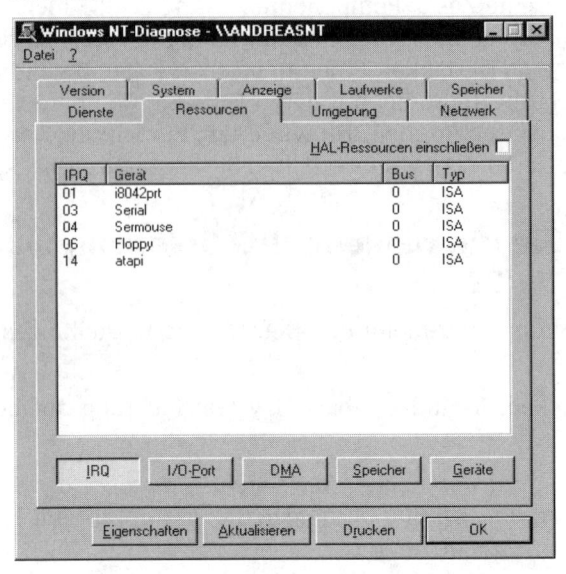

3 In der Anzeige werden jetzt die belegten IRQs und die zugeteilten Geräte aufgelistet.

E/A-Adressen

Hiermit wird eine eindeutige Ein- und Ausgabe-Adresse spezifiziert, über die der Computer mit den einzelnen Hardwarekomponenten Daten austauscht. Sie wird auch als I/O- bzw. Input/Output-Adresse bezeichnet. Damit sind keine Speicheradressen im Sinne des Arbeitsspeichers (RAM) gemeint, sondern Port-Adressen, die Datenschnittstellen auf der Hardwarekomponente selbst ansprechen. Für den Datenautausch über Port-Adressen steht ein Bereich von 1.000 Adressen zur Verfügung.

Einige der E/A-Adressen sind bereits vom System für eigene Belange besetzt worden und können nicht mehr verwendet werden. Eine Auswahl der wichtigsten Adressen und deren Belegung zeigt die folgende Tabelle:

Adressen	Belegt von
000-01F	erster DMA-Controller
020-03F	Interrupt Controller Master
040-05F	Timer-Baustein
060-06F	Tastatur-Controller
070-07F	Echtzeituhr
080-09F	DMA-Seitenregister
0A0-OBF	zweiter Interrupt-Controller
0C0-0Cf	Zweiter DMA-Controller

Werkzeuge, Sicherheitsregeln und Basistechniken

Adressen	Belegt von
0F0-0FF	Coprozessor
100-16F	Frei
170-178	zweiter IDE-Controller
179-!CD	Grafikkarte
1F0-1F8	erster IDE-Controller
1F9-1FF	Frei
200-207	Frei (Standard für Game-Port)
210-217	Erweiterungseinheit
220-23B	Frei (Standard für Sound Blaster)
23C-23F	Frei (Standard für Busmaus)
250-277	Frei
278-27F	LPT2, zweite Druckerschnittstelle
2A0-2E7	Frei
2E8-2EF	Grafikkarte
2F8-2FF	COM2
300-31F	Frei (Standard für Netzwerkkarten)
330-337	Frei (Standard für MIDI)
340-35F	Frei (Standard für SCSI-Adapter)
378-37F	LPT 1
380-38F	monochrome Grafikkarte (Frei)
390-39F	Frei
3C0-3cf	VGA-Grafikkarte
3D0-3DF	CGA-Grafikkarte
3E0-3E7	Frei
3E8-3EF	COM 3
3F0-3F7	Diskettenlaufwerk
3F8-3FF	COM1

Verwendung von E/A-Adressen bei IBM-kompatiblen PCs

Eine Komponente im System kann durchaus mehrere solcher E/A-Adressen benötigen, wenn z. B. die Komponente im System in Form von mehreren Komponenten angesprochen werden kann. Dies ist beispielsweise bei Soundkarten der Fall, die neben Synthesizern zur Klangerzeugung externe Schnittstellen wie den MIDI-Port anbieten.

Wie bei allen Systemressourcen dürfen auch E/A-Adressen nicht von mehreren Erweiterungskarten gemeinsam benutzt werden. Die gemeinsame Verwendung führt zu Datenverlusten der betroffenen Systeme und äußert sich in spontan auftretenden Fehlern beim Betrieb bis zu kompletten Abstürzen des Rechners. Um E/A-Adressen unter Windows 95/98 bzw. NT 4.0 zuweisen zu können, müssen Sie diese wechselweise über spezielle Hardwareprofile aktivieren (siehe unten).

Ermittlung der belegten E/A-Adressen unter Windows 95/98

1 Rufen Sie den Befehl *Start/Einstellungen/Systemsteuerung* auf.

2 Doppelklicken Sie auf den Eintrag *System*, wechseln Sie auf die Registerkarte *Geräte-Manager* und wählen Sie den Eintrag *Computer* im hierarchischen Listenfeld mit Doppelklick an.

3 Markieren Sie im Eigenschaftendialog auf der Registerkarte *Ressourcen anzeigen* das Optionsfeld *Ein-/Ausgabe (E/A)*, werden die belegten Adressen und, sofern ermittelbar, die zugeordneten Hardwarekomponenten aufgelistet.

Ermittlung der belegten E/A-Adressen unter Windows NT 4.0

1 Rufen Sie den Befehl *Start/Programme/Verwaltung (Allgemein)/Windows-NT-Diagnose* auf.

2 Wechseln Sie im nun geöffneten Dialogfeld auf die Registerkarte *Ressourcen* und wählen Sie hier die Schaltfläche *I/O-Port* an.

Anders als bei Windows 95/98 erhalten Sie unter NT zusätzlich die Busbelegung und deren Typ (ISA oder PCI).

DMA (Direct Memory Access)

Das DMA-Verfahren erlaubt einen direkten Datentransfer zwischen dem Hauptspeicher des Rechners und den Karten des Erweiterungsbus, ohne dabei die CPU in Anspruch zu nehmen. Die Datenübertragungen laufen auf diese Weise deutlich schneller ab. Bei dem DMA-Verfahren wird der Datenverkehr durch unabhängige DMA-Controller abgewickelt.

Es stehen acht DMA-Kanäle zur Verfügung, die den Systemen zugeordnet werden können, die per DMA-Verfahren Daten austauschen. Auch DMA-Kanäle dürfen nicht mehrfach benutzt werden.

DMA-Kanal	Kanalbreite	Verwendung	Verwendbar
0	8 Bit	Speicher-Refresh	Ja
1	8 Bit	Frei oder Soundkarte (8 Bit)	Ja
2	8 Bit	Diskettenlaufwerk-Controller	Nein
3	8 Bit	Frei oder ECP-Drucker	Ja
4	16 Bit	DMA-Controller	Ja
5	16 Bit	Frei oder Soundkarte (16 Bit-)	Ja
6	16 Bit	Frei	Ja
7	16 Bit	Frei	Ja

Verwendung von DMA-Kanälen bei IBM-kompatiblen PCs

Ermittlung der belegten DMA-Kanäle unter Windows 95/98

1 Rufen Sie den Befehl *Start/Einstellungen/Systemsteuerung* auf.

2 Doppelklicken Sie auf den Eintrag *System* und wechseln Sie auf die Registerkarte *Geräte-Manager*.

3 Klicken Sie die Schaltfläche *Eigenschaften* an und markieren Sie anschließend das Optionsfeld *DMA*, um die belegten Kanäle aufgelistet zu bekommen.

Ermittlung der belegten DMA-Kanäle unter Windows NT 4.0

1 Um die aktuell belegten DMA-Kanäle unter Windows NT zu ermitteln, rufen Sie den Befehl *Start/Programme/Verwaltung (Allgemein)/Windows-NT-Diagnose* auf.

2 Wechseln Sie im nun geöffneten Dialogfeld auf die Registerkarte *Ressourcen* und wählen Sie hier die Schaltfläche *DMA* an.

Ressourcen-Sharing – PCI-Bus und Interrupts

Für die Kommunikation von Erweiterungssystemen werden bei allen Systemen bis zu vier Interrupt-Anforderungen (Int A-Int D) verwendet.

Damit die Baugruppen, die den PCI-Bus als Kommunikationskanal im Rechner verwenden, nicht zahlenmäßig auf nur vier Systeme eingeschränkt sind, können PCI-Systeme Interrupt-Anforderungen gemeinsam verwenden. Dieses Teilen einer gemeinsamen Systemressource wird als Ressourcen-Sharing bezeichnet.

> **Hinweis**
> **Friedliches Teilen von IRQs am PCI-Bus?**
> Grundsätzlich sollten alle PCI-Systeme in der Lage sein, das Ressourcen-Sharing für die Interrupt-Anforderungen durchzuführen. Leider wird immer wieder von Karten berichtet, die kein korrektes Teilen möglich machen. Bei Problemen nach einer Erweiterung des Rechners um PCI-Karten kann die Ursache von Ressourcenüberschneidungen auch beim PCI-System liegen. Um solche Fehlerquellen auszumachen, bleibt nur der Weg, die neue Komponente in einem PCI-Slot zu betreiben, der kein Sharing verwendet. Meist sind dies die Slots 1-3 bei vier PCI-Steckplätzen bzw. 1 und 2 bei Systemen, die mehr als vier Steckplätze am PCI-Bus bieten.

Im allgemeinen bieten heutige Motherboards vier Erweiterungsslots am PCI-Bus. Es sind jedoch bereits Systeme am Markt, die fünf Steckplätze am PCI-Bus bieten. Der fünfte Steckplatz teilt sich bei diesen Hauptplatinen die Ressource IRQ mit jeweils dem vierten Steckplatz, also dem Int D.

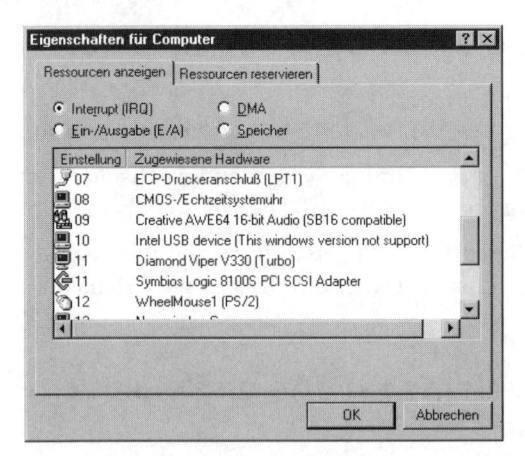

Interrupt-Sharing am PCI-Bus mit der Interrupt-Anforderung 11 (für Slot 1)

Reservierte Speicherbereiche

Einige Komponenten, wie beispielsweise Grafikkarten, 3-D-Zusatzkarten, SCSI-Adapter, USB-Controller oder auch die Systemplatine, benötigen zusätzliche Speicherbereiche zur Verwaltung. Auch diese Speicherbereiche müssen den jeweiligen Geräten fest zugewiesen sein und dürfen weder geteilt sein noch sich überlappen, ansonsten kommt es zu Fehlfunktionen oder gar Systemabstürzen. Auch die reservierten Speicherbereiche können Sie über den Geräte-Manager (Option *Speicher*) unter Windows 95/98 sehr leicht abfragen. Unter NT nutzen Sie alternativ das NT-Diagnoseprogramm sowie die Schaltfläche *Speicher* auf der Registerkarte *Ressourcen*.

Ressourcen abfragen und einstellen – Konfiguration von Hard- und Software

Vor dem Einbau neuer Hardware in den Rechner, die nicht selbständig vom System erkannt wird, müssen die Systemressourcen festgestellt werden, mit denen eine reibungslose Kommunikation im Rechnersystem möglich ist. Überschneidungen bei der Interrupt-Anforderung führen fast immer zu Systemabstürzen.

Ressourcenanalyse unter Windows

Um diese Fehler von vornherein auszuschließen, sollten Sie bei den Erweiterungskarten, deren Ressourcen Sie manuell einstellen müssen, bereits vor dem Einbau genau prüfen, welche Ressourcen die neue Hardware ab Werk verwendet, welche alternativen Einstellungen möglich und ob diese bei Ihrem Rechner ggf. verfügbar sind.

Anwender, die Windows 95/98 verwenden, können diese Einstellung nicht nur sehr leicht nachvollziehen, sondern auch mit Unterstützung des Betriebssystems bearbeiten. Vor dem Einbau der neuen Hardware lassen Sie einfach die benötigten Ressourcen der neuen Hardware reservieren und können bei dem Vorgang feststellen, ob und welche Einstellungen für die korrekte Konfiguration die richtigen sind.

Anwender anderer Betriebssysteme als Windows 95/98 benötigen ein Hilfsprogramm zur Systemanalyse, das ebenfalls in der Lage ist, die belegten Systemressourcen festzustellen. Geeignete Programme finden sich häufig auf Shareware-CDs wie die Tools Dr. Hardware oder CheckIt.

DOS-Ressourcenanalyse

Als weitere Informationsquelle können Sie Einträge in Konfigurationsdateien heranziehen, die von den Installationsprogrammen für Sie vorgenommen wurden. Häufig sind die verwendeten Ressourcen als Parameter für die Treiberaufrufe angegeben. Für die Sound Blaster-Soundkarten können z. B. die Einträge in der *Autoexec.bat* für DOS folgendermaßen aussehen:

```
SET SOUND=D:\PROGRAM\CREATIVE\CTSND
SET MIDI=SYNTH:1 MAP:E MODE:0
SET BLASTER=A220 I9 D0 H7 P300
```

Die Zeile *SET BLASTER* zeigt die Parameter

```
IRQ = 9 (I9)
E/A_Adresse = 220, 300 (A220/P300)
DMA = 0, 7 (D0/H7)
```

die Sie mit Hilfe des Handbuchs des Herstellers identifizieren können.

Ressourcenanalyse per Wartungssoftware

Einzelne Systeme können unter Zuhilfenahme der Diagnoseprogramme der Betriebssoftware konfiguriert werden. Die Programme erlauben in den allermeisten Fällen die Anzeige der verwendeten Einstellungen für die Systemparameter. Nehmen Sie einmal an, Sie haben eine Netzwerkkarte erworben, deren Systemeinstellungen, also beispielsweise IRQ und E/A-Adresse, mit Hilfe einer speziellen Software geändert werden können. Der Aufruf des Programms legt dann auch unmittelbar die Karteneinstellungen offen. Unabhängig vom verwendeten Betriebssystem benötigen Sie für die korrekte Vergabe der Ressourcen die Angaben des Herstellers über

- die Werkeinstellung (Voreinstellung) der Systemressourcen und
- die alternativen Einstellmöglichkeiten,

die für die Komponente zulässig sind. Die notwendigen Informationen finden Sie im Handbuch bzw. in der Installationsanleitung des Herstellers.

Problemumgehung per Ressourcenwechsel

Besonders problematisch ist es mitunter, wenn eine Zusatzkarte nicht den IRQ unterstützt, der auf Ihrem Rechner noch nicht belegt ist. Unterstützt eine Karte beispielsweise lediglich IRQs kleiner 10 und sind diese in Ihrem Rechner bereits allesamt belegt und der IRQ 12 steht noch zur Verfügung, bietet es sich an, die IRQs zu tauschen. Anders gesagt: Sie sollten den freien IRQ 12 von einer ebenfalls verwendeten Zusatzkarte nutzen lassen und einen anderen IRQ kleiner 10 freigeben, der von der noch einzubauenden Zusatzkarte genutzt werden kann. Denken Sie daran, daß Sie sämtliche Ressourceneinstellungen bei einer Systemerweiterung jederzeit bei Engpässen ändern und anpassen können.

Ressourcen unter Windows 95/98 reservieren

Windows 95/98 erlaubt es Ihnen, Ressourcen für nachzurüstende Zusatzkomponenten zu reservieren. Dies hat den Vorteil, daß die Ressourcen so lange gesperrt werden, bis sie explizit wieder freigegeben werden, beispielsweise vor der Einrichtung einer neuen Zusatzkomponente. Vermeiden Sie in jedem Fall das Reservieren von Ressourcen, die vom System bereits als belegt gemeldet werden. Dann kann es nämlich sein, daß Ihr System nach der Reservierung nicht mehr korrekt arbeitet.

1   Rufen Sie zur Reservierung von Systemressourcen über *Start/Einstellungen/Systemsteuerung/System/Geräte-Manager* den Geräte-Manager der Systemsteuerung von Windows auf.

2   Markieren Sie den Eintrag für *Computer* und klicken Sie anschließend auf die Schaltfläche *Eigenschaften* und wählen Sie die Registerkarte *Ressourcen reservieren*.

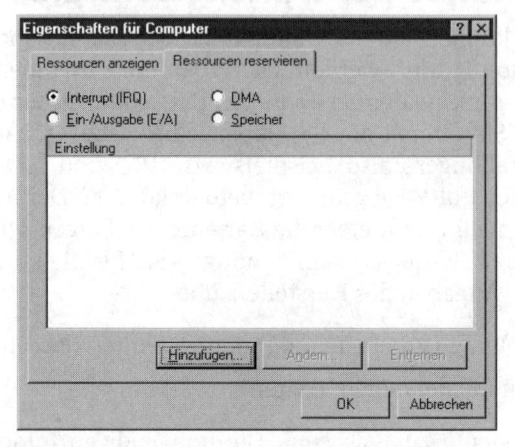

3   Markieren Sie die Auswahl für die Ressource IRQ, E/A-Adresse usw. mit der Maus und klicken Sie anschließend auf die Schaltfläche *Hinzufügen*. Im folgenden Beispiel wird eine Interrupt-Anforderung für eine neue Hardware reserviert.

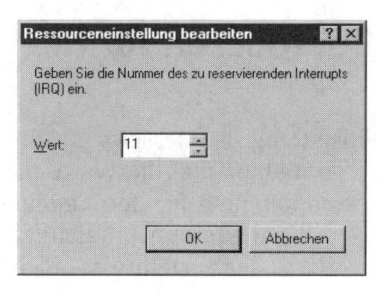

Werkzeuge, Sicherheitsregeln und Basistechniken

4 Das Auswahlfeld *Wert* bietet Ihnen die Möglichkeit, aus den möglichen Werten der Ressource auszuwählen und prüfen zu lassen, ob diese Einstellung möglich ist. Kommt es bei der Auswahl zu Überschneidungen, bekommen Sie eine entsprechende Mitteilung des Betriebssystems, die meistens zuverlässig ist.

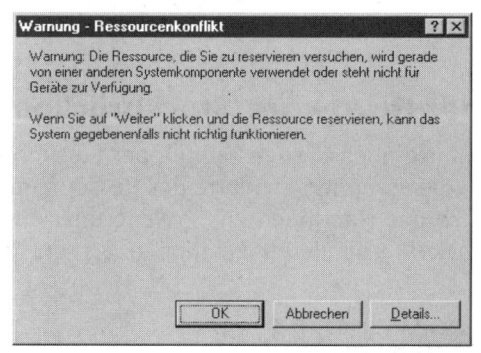

5 Probieren Sie alle Einstellungen durch, die in der Dokumentation oder im Handbuch für die neue Hardware als mögliche Alternative angegeben werden.

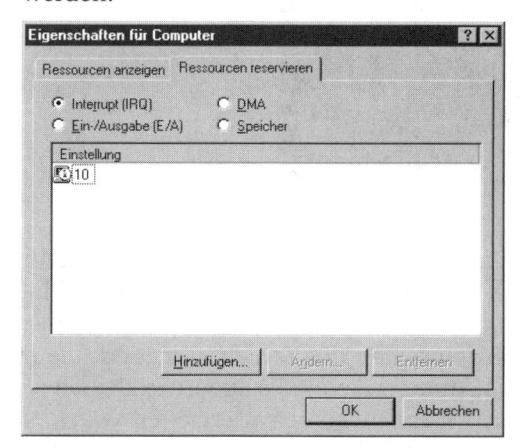

Windows weist nach der Reservierung die Ressource nicht mehr einer bestimmten Komponente zu. Die Reservierung bleibt so lange erhalten, bis sie wieder ausdrücklich zurückgenommen wird.

Konfiguration der Ressourcen für die Erweiterungskarte

Haben Sie die Werte für die Einstellung der Ressourcen für Ihren Rechner bzw. Ihre Rechnerkonfiguration gefunden, sind die Werte für die Hardware einzustellen. Bei den Hardwarekomponenten für den Erweiterungsbus (ISA oder PCI), die keine automatische Konfiguration unterstützen, werden die von der Hardware verwendeten Werte der Systemressourcen entweder manuell durch

- Steckbrücken (Jumper) auf der Platine der Erweiterungskarte oder
- per Software durch ein Installationsprogramm der Betriebssoftware des Herstellers

eingestellt.

Konfiguration per Hardware/Steckbrücken (Jumper)

Verwendet Ihre neue Karte noch die Einstellung per Steckbrücken, sind vor dem Einbau der Karte die reservierten Werte der Ressourcen zu konfigurieren. Dazu benötigen Sie das Handbuch zur Erweiterungskarte, um die entsprechenden Steckbrücken und deren Positionen für die einzustellenden Werte festzustellen.

Steckbrücken (Jumper) auf der Platine einer Erweiterungskarte

Die Jumper sind im allgemeinen auf der Platine mit J1, J2 für Jumper Nummer 1 usw. numeriert. Jumper bieten meist mehrere Steckmöglichkeiten für verschiedene Werte der betroffenen Ressource. Innerhalb der Steckbrücken werden die einzelnen Pinreihen mit Zahlen numeriert, die ebenfalls auf die Platine gedruckt sind. Ändern Sie die Position der kleinen schwarzen Steckbrücken auf den Pins entsprechend der reservierten Werte. Nähere Hinweise zum Setzen von Jumpern erhalten Sie bei den Erläuterungen zu speziellen Hardwarekomponenten. Beachten Sie, daß das fehlerhafte Jumpern mitunter für später auftretende Hardwarekonflikte verantwortlich sein kann. Häufige Ursache für das falsche Jumpern ist, daß die Pinnumerierung der Steckbrücken falsch lokalisiert oder aber die Reihenfolge der Pins untereinander verwechselt wird.

Haben Sie die Konfiguration der Hardware abgeschlossen, bauen Sie diese in den Rechner ein. Dazu müssen alle Programme beendet, das Betriebssystem heruntergefahren und der Rechner ausgeschaltet sowie vom Stromnetz getrennt worden sein. Spezielle Einbauhinweise finden Sie in den Kapiteln zu den jeweiligen Systemkomponenten.

Konfiguration per Software/Installationsprogramm (Setup) des Herstellers

Unterstützt die Komponente zur Einstellung eine softwaremäßige Konfiguration, was z. B. häufig bei Netzwerkkarten der Fall ist, benötigen Sie das Setup-Programm vom Hersteller der Karte. Die Setup-Programme befinden sich entweder auf den Installationsmedien oder nach einer kompletten Installation der Betriebssoftware in einem Programmverzeichnis auf Ihrer Festplatte. Der Aufruf des Einrichtungsprogramms erfolgt nach dem Einbau der Zusatzkomponente.

Hinweis
Setup-Programme für die Hardwarekonfiguration

Die Installationsprogramme sind oft Programme für DOS. Verwenden Sie Windows 95/98 sollten Sie vor der Verwendung des Programms den Rechner in den DOS-Modus versetzen. Eine Bearbeitung in einem DOS-Fenster innerhalb des Betriebssystems Windows ist nicht bei allen Karten möglich! Die Änderung der Systemparameter führt innerhalb von Windows häufig sogar zum Absturz des Betriebssystems und kann mitunter schwere Schäden an den Einstellungen des Betriebssystems verursachen. Beenden Sie also Windows, indem Sie die Auswahl *Im MS-DOS-Modus neu starten* wählen.

Den genauen Namen des Programms entnehmen Sie dem Handbuch des Herstellers. Die Bedienung ist im allgemeinen selbsterklärend, kann jedoch auch häufig in der Dokumentation zur Installation der Komponente nachgelesen werden. Der besondere Vorteil der Hardwarekonfiguration auf Softwareebene gegenüber der Konfiguration mit Jumpern ist der, daß Änderungen möglich sind, ohne die Zusatzkomponente jeweils erneut aus- und wieder einbauen zu müssen. Fehlerhafte Angaben innerhalb des Einrichtungsprogramms zur jeweiligen Zusatzkomponente können jedoch ebenfalls dafür verantwortlich sein, daß Windows die Komponente nicht fehlerfrei erkennt. Überprüfen Sie daher bei Problemen immer zuerst, ob die Angaben des Einrichtungsprogramms identisch mit den Ressourcenangaben von Windows sind.

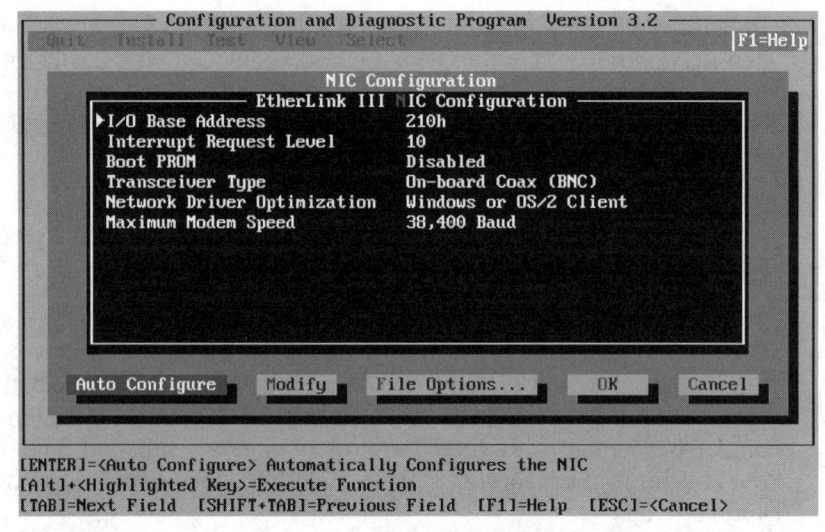

Konfigurationsprogramm der Netzwerkkarte EtherLink III der Firma 3Com

Treiber unter Windows 95/98 manuell konfigurieren

Damit das verwendete Betriebssystem bei manuell konfigurierten Hardwarekomponenten einen korrekten Datenaustausch ermöglichen kann, müssen die Gerätetreiber über die Einstellungen der Systemressourcen informiert werden. Die Hardware- und Treibereinstellungen im Betriebssystem müssen sich grundsätzlich entsprechen.

Verwenden Sie Plug & Play-fähige Systeme, kann diese Aufgabe durch das BIOS des Rechners bzw. durch ein geeignetes Betriebssystem durchgeführt werden. Doch auch hier sind beim Auftreten von Konflikten manuelle Eingriffe an den Ressourceneinstellungen erforderlich.

Haben Sie die Hardware manuell eingestellt, müssen diese Änderungen auch in der Konfiguration der Gerätetreiber wiederholt werden.

Ein Sonderfall der manuellen Konfiguration tritt auf, wenn Sie die werkseitigen Voreinstellungen der Systemressourcen bei Ihrem Rechner verwenden können. Erweiterungskarten sind meist auf bestimmte Einstellungen ab Werk voreingestellt, die häufig belassen werden können, da diese Ressourcen in vielen Fällen noch nicht benutzt werden. Haben Sie bereits mehrere Zusatzkomponenten in Ihren Rechner eingebaut, kann es eng werden.

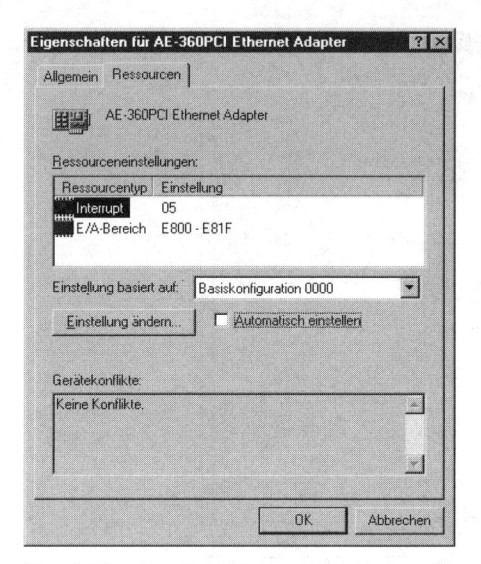

Werkzeuge, Sicherheitsregeln und Basistechniken

Korrekt konfigurierte Netzwerkkarte ohne (Ressourcen-)Konflikte

Haben Sie bei der Überprüfung der Einstellungen festgestellt, daß die Voreinstellungen übernommen werden können, ist in den meisten Fällen eine manuelle Anpassung der Ressourcen nicht notwendig, da die Treiber ebenfalls auf diese Werte voreingestellt sind. In diesen Fällen sollte die neue Hardware sofort korrekt arbeiten und im Geräte-Manager keine Konflikte mit dem System zeigen.

Gerät auf Konflike überprüfen

Sie können unter Windows 95/98 jedes Gerät sehr leicht auf bestehende Konflikte hin überprüfen.

1 Rufen Sie *Start/Einstellungen/Systemsteuerung* auf.

2 Doppelklicken Sie auf *System*.

3 Wechseln Sie auf die Registerkarte *Geräte-Manager* und doppelklicken Sie auf das Gerät im hierarchischen Listenfeld, dessen Fehlerfreiheit Sie überprüfen möchten, also z. B. die Grafikkarte *S3 VIRGE 325 PCI*.

4 Innerhalb des Geräteeigenschaftendialogs wechseln Sie nun auf die Registerkarte *Ressourcen*.

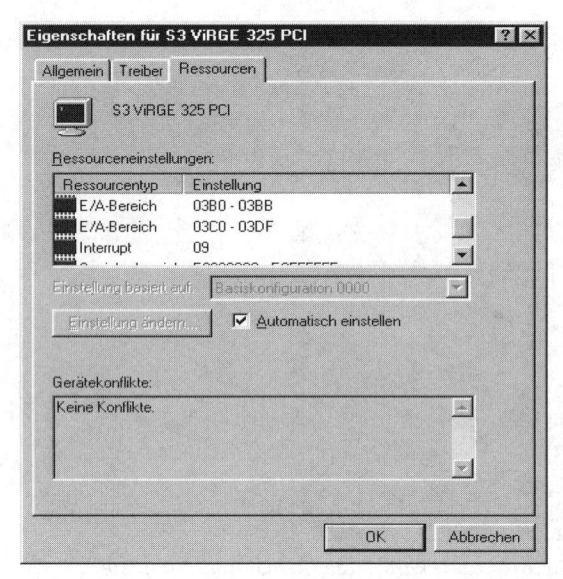

5 Im unteren Bereich finden Sie nun bereits die gesuchten Informationen zu vorhandenen Konflikten mit anderen Hardwarekomponenten.

Generelle Hinweise zur Behebung von Hardwarekonflikten

Wird als Information der Hinweis *Keine Konflikte* angezeigt, kann zumindest davon ausgegangen werden, daß das System keine Konflikte erkennt. Dennoch kann es natürlich sein, daß die Komponente trotzdem nicht fehlerfrei arbeitet.

- Die Treiber der Zusatzkomponente sind fehlerhaft oder liegen nicht in der neuesten Version vor, oder sie lösen zwar keinen Konflikt aus, arbeiten aber nicht korrekt. Um dieses Problem zu umgehen, müssen Sie aktualisierte Treiber besorgen und einrichten. Wenden Sie sich an den Hardwarehersteller, oder suchen Sie im Internet nach aktualisierten Treibern.

- Häufig werden auf Installations-CDs bzw. -Disketten Treiber zu unterschiedlichen Geräten verwaltet. Überprüfen Sie, ob Sie die korrekten Treiber gewählt haben, und nehmen Sie ggf. eine Neueinrichtung vor.

- Die Hardwarekomponente wurde nicht korrekt eingebaut. Bauen Sie die Komponente aus und wieder ein und wechseln Sie ggf. den verwendeten Steckplatz. Manchmal ist nur die Reihenfolge der Zusatzkarten für den Fehler verantwortlich.

- Probleme mit Komponenten, die fest auf der Hauptplatine montiert sind, können mitunter dadurch behoben werden, daß die Standardwerte (*BIOS Default Values*) erneut geladen werden. Hinweise zum BIOS finden Sie ab Seite 77. Bevor Sie Änderungen der BIOS-Werte vornehmen, sollten Sie sich die vorhandenen Werte notieren.

- Unter Umständen lohnt es sich, den Hardware-Assistenten wieder durchlaufen zu lassen, um neue Komponenten zu ermitteln.

Wird ein Konflikt gemeldet, wird meist die Komponente mit ausgegeben, die die gleichen Ressourcen verwendet. Werden Konflikte gemeldet, kann davon ausgegangen werden, daß das System die Zusatzkomponente erkennt. In diesem Fall können Sie die Konflikte beheben, indem Sie

- belegte Ressourcenwerte durch freie Ressourcenwerte ersetzen,
- bei Überbelegung der verfügbaren Ressourcen unterschiedliche Hardwareprofile einrichten und nach Bedarf aktivieren oder
- gegebenenfalls zunächst die Komponente, die den Konflikt auslöst, ausbauen sowie deren Treiber entfernen. Überprüfen Sie dann, ob anschließend die andere Komponente fehlerfrei arbeitet. Ist dies der Fall, sollten Sie nun die ausgebaute Komponente wieder einbauen und deren Treiber neu einrichten. Auch damit werden Konflikte mitunter bereits gelöst.

Einige der Lösungsvarianten, die hier lediglich kurz angesprochen wurden, und natürlich noch einige mehr werden Sie in den nächsten Kapiteln noch im praktischen Verfahren kennenlernen. Die wichtigste Variante, der manuelle Wechsel der Hardwareressourcen auf Windows-Ebene, soll hingegen bereits hier vorgeführt werden. Auch die Verwaltung von Hardwareprofilen werden Sie kennenlernen.

Manuelle Anpassung der Ressourceneinstellungen unter Windows 95/98

1 Rufen Sie zur Konfiguration der Systemressourcen für den betroffenen Treiber über die *Start*-Schaltfläche den Geräte-Manager von Windows mit *Start/Einstellungen/Systemsteuerung/System/Geräte-Manager* auf.

2 Öffnen Sie an dem vorangestellten Pluszeichen die Geräteklasse, zu der die Hardwarekomponente gehört, deren Treiber zu ändern ist.

3 Markieren Sie den Eintrag des betroffenen Treibers mit der Maus und klicken Sie anschließend auf die Schaltfläche *Eigenschaften*.

4 Wählen Sie die Registerkarte *Ressourcen*. Zur manuellen Einstellung der Ressourcen ist ggf. die Auswahl *Automatisch einstellen* zu deaktivieren, indem Sie den Haken anklicken.

5 Markieren Sie den Eintrag, den Sie in der Liste *Ressourceneinstellungen* mit der Maus ändern möchten, und klicken Sie anschließend auf die Schaltfläche *Einstellung ändern*. Für jede Ressource erhalten Sie einen geeigneten Dialog zur Auswahl der möglichen Einstellungen im System. Verwenden Sie jedoch nur diejenigen Einstellungen, die Sie als alternativen Wert für die Hardware konfiguriert haben.

6 Führen Sie den vorangegangenen Schritt für alle betroffenen Werte der Systemressourcen durch und bestätigen Sie die Änderungen zum Abschluß jeweils mit einem Klick auf die Schaltfläche *OK*. Wird eine gewählte Ressource bereits verwendet, werden Sie in der Regel bereits vom System darauf hingewiesen und können eine neue Ressource wählen.

Um die geänderten Einstellungen wirksam werden zu lassen, ist ein Neustart des Rechners erforderlich. Nach dem Hochlauf sollte die neue Komponente korrekt arbeiten bzw. neu erkannt werden.

Besonderheiten beim Hardwaretausch

Wenn Sie vorhandene Komponenten durch neue ersetzen, sollten Sie, um unvorhersehbare Probleme zu vermeiden, die Treiber der alten Komponente vor der Einrichtung der neuen Komponente deinstallieren. So können Sie sich das Auftreten von Hardwarekonflikten sowie fehlerhafte Meldungen ersparen. Es ist sinnvoll, Änderungen an der Hardwareausstattung und der Konfiguration einzelner Hardwarekomponenten wie Laufwerkparameter von Festplatten und IRQ- sowie DMA-Einstellungen von Zusatzkarten zu protokollieren, um diese bei Änderungen an der Systemkonfiguration zur Verfügung zu haben.

Ressourcen-Engpässe unter Windows 95/98 umgehen

Nicht in jedem Fall können Sie auftretende Engpässe bei den IRQs, DMAs oder auch E/A-Adressen umgehen. Probleme ergeben sich häufig dann, wenn Sie sämtliche Steckplätze belegt haben und die freien Ressourcen auf die eingebauten Komponenten verteilen müssen.

Unter Windows 95/98 und NT 4.0 haben Sie die Möglichkeit, mittels spezieller Hardwareprofile die innerhalb einer Windows-Arbeitssitzung einzusetzenden Hardwarekomponenten genauestens festzulegen. Unterschiedliche Hardwareprofile können parallel angelegt und nach Bedarf nach einem erfolgten Systemstart als aktives Hardwareprofil angewählt werden. Durch das Entfernen einzelner Hardwarekomponenten können Sie bspw. den zur Verfügung stehenden Arbeitsspeicher für eine einzelne Arbeitssitzung erhöhen, da für entfernte Komponenten auch keine Gerätetreiber mehr geladen werden müssen. Oder Sie können Hardwarekomponenten, die in Verbindung miteinander zu unlösbaren Konflikten führen, mit Hilfe unterschiedlicher Profile einzeln nutzen.

Haben Sie unterschiedliche Hardwareprofile definiert und dauerhaft in Profildateien gesichert, werden diese bereits beim Hochfahren des Rechners entsprechend einem Bootmenü angezeigt und zur Auswahl angeboten.

Hardwareprofil einrichten und definieren

1 Um Profile anzulegen und zu verwalten, wählen Sie den *Start*-Menübefehl *Einstellungen/Systemsteuerung* an und klicken anschließend doppelt auf das Symbol *System*.

2 Um ein neues Hardwareprofil zu definieren, wechseln Sie innerhalb des Dialogfelds *Eigenschaften für System* auf die Registerkarte *Hardware-Profile*, klicken auf ein Ausgangsprofil und klicken anschließend die Schaltfläche *Kopieren* an.

3 Nachdem Sie den neuen Profilnamen eingegeben und mit *OK* bestätigt haben, wird ein Abbild der gewählten Ausgangskonfiguration unter neuem Namen abgelegt. Die Konfiguration, die Sie später beim Systemstart aktivieren, ist innerhalb der jeweiligen Sitzung aktuell.

4 Um aus einer Profildatei eine bestimmte Hardwarekomponente zu entfernen, wechseln Sie in den Geräte-Manager des Dialogfelds *Eigenschaften für System*, markieren im hierarchischen Listenfeld das zu entfernende Gerät und klicken anschließend auf die Schaltfläche *Entfernen*.

5 Im Dialogfeld *Entfernen des Geräts bestätigen* können Sie nun über gesonderte Optionen festlegen, ob das Gerät aus allen oder nur aus einer bestimmten Konfiguration entfernt werden soll. Bestätigen Sie Ihre Angaben jeweils mit *OK*.

6 Für die jeweils aktuell gültige Konfiguration, die beim Systemstart gewählt wurde, können Sie mit Hilfe des Moduls *Hardware* der Systemsteuerung eine neue Hardwarekomponente ergänzen.

Gerätestatus und Gerätenutzung überprüfen

Ob ein Gerät fehlerfrei arbeitet und in der aktuellen Arbeitssitzung genutzt werden kann, ist nach dem Systemstart nicht unmittelbar erkennbar. Der Gerätestatus gibt Aufschluß darüber, ob eine Hardwarekomponente korrekt eingerichtet ist. Er kann ebenfalls über den Geräte-Manager abgefragt werden. Außerdem muß eine Hardwarekomponente für die Hardwarekonfiguration, die für einen Systemstart gewählt wurde, markiert sein. So können Sie eine Hardwarekomponente und deren Einsatzmöglichkeit in der aktuellen Arbeitssitzung prüfen:

1 Starten Sie den Geräte-Manager über das Systemsteuerungsmodul *System*.

2 Wählen Sie innerhalb des Geräte-Managers die zu untersuchende Systemkomponente, wie beispielsweise das Wechselplattenlaufwerk *SyQuest SQ3270 AT*, und klicken Sie anschließend die Schaltfläche *Eigenschaften* an.

3 Innerhalb des Felds *Gerätestatus* erhalten Sie nun den Hinweis, ob die angewählte Komponente fehlerfrei eingesetzt werden kann oder nicht. Im erstgenannten Fall erhalten Sie den Hinweis *Dieses Gerät ist betriebsbereit*, ansonsten eine entsprechende Fehlermeldung.

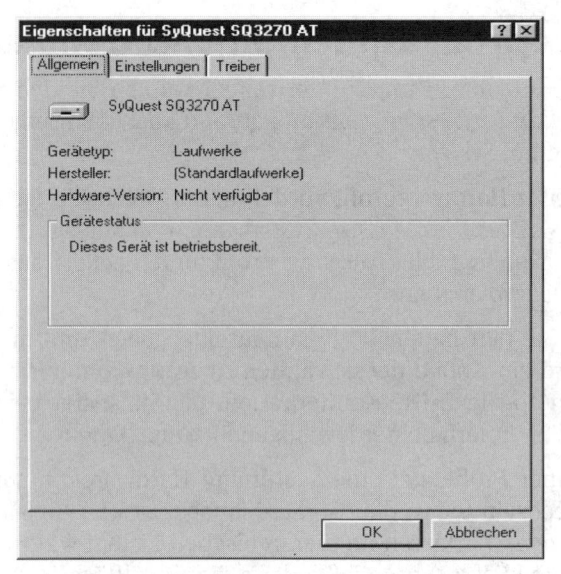

Werkzeuge, Sicherheitsregeln und Basistechniken

4 In welchen Konfigurationen eine bestimmte betriebsbereite Komponente verfügbar ist, ist ferner davon abhängig, ob diese für die jeweilige Konfiguration markiert ist. Standardmäßig werden Sie unter Windows lediglich eine Hardwarekonfiguration verwalten, die standardmäßig den Namen *Ausgangskonfiguration (Aktuell)* trägt. Diese Konfiguration muß in jedem Fall im Rahmenfeld *Gerätenutzung* markiert sein, damit Sie die angewählte Komponente einsetzen können. Das Rahmenfeld *Gerätenutzung* wird ausschließlich für die Komponenten angezeigt, die wahlweise per Hardwareprofil aktivierbar sind.

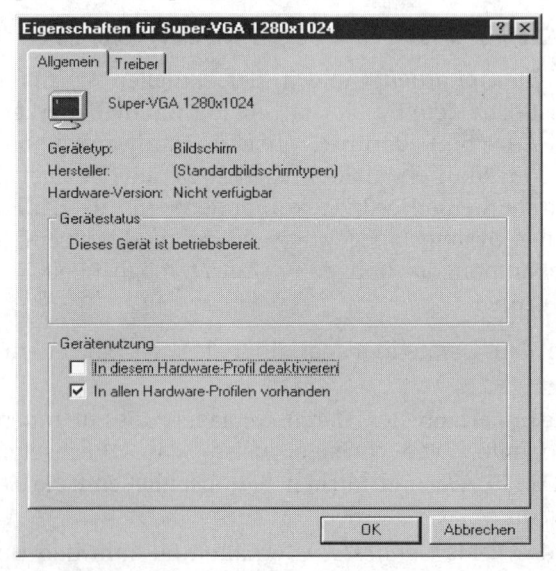

Unter Windows NT 4.0 können Sie entsprechend Windows 95/98 Hardwareprofile verwalten.

3. Ohne BIOS läuft nichts – Grundbedienung und BIOS-Upgrade

Ohne BIOS kann Ihr PC rein gar nichts, nach dem Einschalten souffliert das BIOS dem Computer erst einmal, wer er überhaupt ist, wie viele Speicher er hat, über was für Festplatten er verfügt und wie er an die Daten darauf herankommt. Deshalb sind bei fast allen Auf- und Umrüstaktionen irgendwelche Einstellungen und Veränderungen im BIOS vorzunehmen. In diesem Kapitel wird erklärt, wie Sie erst einmal hereinkommen, was Sie mit dem BIOS machen können, was die einzelnen Einstellungen bedeuten und wie Sie unter Umständen eine ganz neue BIOS-Version einspielen können.

3.1 BIOSLogie – Grundlagen der BIOS-Bedienung

Was soll das überhaupt alles mit dem BIOS? Muß man das starten oder wie?

Wenn Sie in Sachen BIOS völlig im Dunkeln tappen, ist das überhaupt kein Problem, hier sehen Sie, was es mit dem vielzitierten „gehen Sie ins BIOS" auf sich hat. Niemand will Sie nämlich mit dieser Aufforderung „in die Wüste schicken". Und selbst wenn Ihnen der Zugang zum BIOS von eben diesem verwehrt wird, gibt es immer noch ein paar Möglichkeiten, denn Sie wissen ja: Wo ein Wille ist, ist auch ein Weg ins BIOS. War es nicht so?

So kommt man ins BIOS

Zuallererst stellt sich natürlich die Frage, wie man ins BIOS kommt. Das geschieht bei fast allen PCs durch das Drücken der [Entf]-Taste, während auf dem Bildschirm eine entsprechende Meldung (meist *Press DEL to enter SET-UP*, siehe Abbildung) erscheint. Wenn diese Taste nicht zum Erfolg führt, sollten Sie es mit [F1], [Strg]+[F1] oder [Esc] versuchen. Achten Sie auf Hinweise auf dem Bildschirm beim Booten. Den meisten Rechnern ist auch eine entsprechende Meldung zu entlocken, wenn man den Tastaturstecker herausgezogen hat. Einige lassen sich den gewünschten Kommentar entlocken, wenn beim Booten konstant eine Taste gedrückt wird, was manchmal als defekte Tastatur interpretiert wird.

Ohne BIOS läuft nichts – Grundbedienung und BIOS-Upgrade

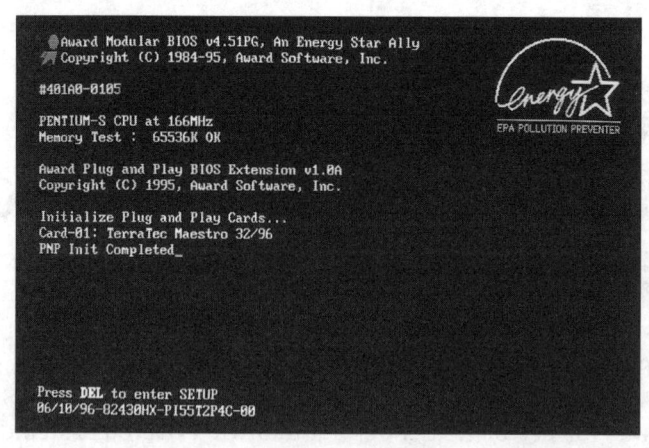

Das erste, was Sie sehen, wenn Sie den Rechner hochfahren ... und Ihre Chance, ins BIOS zu kommen

Leider wollen einige Firmen ihre Kunden möglichst davon abhalten, ins BIOS zu gelangen. Dies ist z. B. bei vielen großen Herstellern und Direktversendern der Fall, die den kompletten Service lieber selbst durchführen (und natürlich kräftig daran verdienen) wollen. Die Kunden werden oft offenbar als zu dumm erachtet, als daß Sie selbst Hand anlegen könnten. Besonders unverschämt ist die Methode einiger Versender oder Händler, den Zugang mit einem Paßwort zu schützen (wie es dann weitergeht, lesen Sie auf Seite 80). Manchmal wird allerdings wenigstens eine Diskette mit einem Spezialprogramm mitgeliefert, das die sonst im BIOS vorhandenen Einstellungen unter DOS ermöglicht (z. B. die Interrupt-Zuweisung für Steckkarten). Im BIOS wird Ihnen dann zuerst das Hauptmenü präsentiert. Hier funktioniert normalerweise alles nur über die Tastatur. Und, besonders wichtig, die englische Tastaturbelegung ist aktiv. Das betrifft v. a. die Vertauschung von [Y] und [Z] (wichtig für Bestätigungen mit *(Y)es*). Übrigens gibt es von AMI (American Megatrends, ein großer BIOS-Hersteller) auch eine spezielle Version mit Mausunterstützung (WIN-BIOS), aber diese ist recht wenig verbreitet.

Startbildschirm des Award-BIOS

Ohne BIOS läuft nichts – Grundbedienung und BIOS-Upgrade

Einmal im BIOS können Sie meist zwischen den verschiedenen Unterpunkten wählen, beim oben abgebildeten Award beispielsweise aus sechs Untermenüs und sechs direkten Befehlen (zum Laden und Speichern bzw. für Paßwörter). BIOS-Beschreibungen in diesem Buch werden sich überwiegend auf das Award-BIOS beziehen, weil dieses am weitesten verbreitet ist.

```
         Standard CMOS Setup
         Advanced CMOS Setup
         Advanced Chipset Setup
         Power Management Setup
         PCI / Plug and Play Setup
         Peripheral Setup
         Auto-Detect Hard Disks
         Change User Password
         Change Supervisor Password
  Auto Configuration with Optimal Settings
  Auto Configuration with Fail Safe Settings
         Save Settings and Exit
         Exit Without Saving
```

Liste der möglichen Optionen im AMI-BIOS

Das Hauptmenü des AMI-BIOS sieht nicht ganz so geordnet wie das von Award aus, bietet aber fast wörtlich dieselben Funktionen. Der dritte BIOS-Hersteller neben AMI und Award ist übrigens Phoenix, dieser hat aber eine sehr geringe Marktbedeutung.

Vor Veränderungen im BIOS brauchen Sie nicht zurückzuschrecken, denn erstens wird nichts gespeichert, solange Sie es nicht ausdrücklich durch einen entsprechenden Befehl eintragen lassen. Und zweitens haben die Hersteller immer eine Werkeinstellung abgespeichert, die über Befehle wie *Load BIOS Defaults* abgerufen werden kann. Wenn etwas schiefgeht, rufen Sie diesen Punkt einfach auf und haben den Rechner wie neu im Grundzustand. Lediglich die Festplatten- und Speicherwerte müssen dann noch angepaßt werden. Aber so richtig kaputtgehen kann auch im BIOS durch falsche Einstellungen normalerweise nichts.

Hinweis
Spannungseinstellung im BIOS

Das oben Gesagte muß leider direkt wieder relativiert werden: Einige wenige BIOSse bieten die Möglichkeit, die Spannung für den Prozessor einzustellen. Dies ist extrem blödsinnig, da die Spannung maximal bei einem Prozessorwechsel geändert werden muß, und dann arbeitet man sowieso am Mainboard und kann dort die Einstellungen über die Hardware vornehmen. Sollten Sie jedenfalls auf eine Voltage- oder Core Voltage-Einstellmöglichkeit stoßen, verändern Sie dort nichts.

Wie? Schon passiert? Na, macht ja nichts. Wie immer im BIOS können Sie alle während einer Sitzung vorgenommenen Änderungen verwerfen, indem Sie die Änderungen beim Verlassen des BIOS einfach nicht übernehmen (*Exit Without Saving*).

Ohne BIOS läuft nichts – Grundbedienung und BIOS-Upgrade

Wenn Sie Änderungen im BIOS vornehmen wollen, wählen Sie die entsprechenden Befehle mit den Cursortasten an und versuchen herauszubekommen, mit welchen Tasten die vorgegebenen Werte ausgewählt werden können. Fast immer sind das entweder die [Leertaste] oder die [Bild↓]- bzw. [Bild↑]-Tasten. Die [F1]-Taste bietet bei vielen Einstellungen eine Übersicht über die möglichen Werte. Und mit [Esc] wechseln Sie zurück zur höheren Ebene des Hauptmenüs. Oft können Sie damit auch das BIOS verlassen, ohne abzuspeichern. Übrigens können Sie fast nirgendwo im BIOS den Wert irgendwelcher Parameter selbst per Hand eingeben (z. B. die Zugriffszeit Ihres DRAM-Speichers). Statt dessen gibt es Auswahlmenüs, in denen die möglichen Einstellungen vorgegeben sind. Das vermeidet Fehler und vereinfacht es für den Anwender.

Um schließlich das BIOS wieder zu verlassen, wählen Sie mit den Cursortasten den Befehl *Save & Exit Setup* (= engl. Speichern und Verlassen) an. Mit *Exit Without Saving* (= engl. Verlassen ohne Speicherung) kann man das BIOS verlassen, ohne daß irgendwelche Einstellungen gespeichert werden (entspricht meist der [Esc]-Taste). Nochmals der Hinweis: Denken Sie beim Verlassen an die englische Tastatur. Das [Y] für (Y)es zum Bestätigen befindet sich auf dem deutschen [Z].

Wenn Sie hier Y meinen, müssen Sie „Z" tippen

Soviel zu den Grundlagen der BIOS-Bedienung, mehr zu den einzelnen Feineinstellungen folgt in den nächsten Abschnitten. Ab Seite 89 wird noch näher auf die Möglichkeiten des BIOS-Updates eingegangen. Dies ist zwar ein etwas radikales und nur von wenigen Profis eingesetztes Verfahren, es wird aber gerade heute, im Zuge der vielen neuen Prozessoren und sonstiger ausgefallener PC-Komponenten immer wichtiger. Sollten Sie also Probleme mit Ihrem BIOS bzw. Mainboard haben, schlagen Sie auf der angegebenen Seite nach.

Wenn der BIOS-Zugang durch Paßwort verwehrt ist

Unter Umständen scheitert bereits der erste Ausflug ins BIOS. Dann nämlich, wenn der Zugang dazu mit einem Paßwort verwehrt ist. Vielleicht war Ihr Händler der Meinung, das BIOS mit einem Paßwort vor Ihnen schützen zu müssen? Natürlich kann es auch sein, daß sich jemand einen Scherz mit Ihnen erlaubt hat, oder Sie haben das Paßwort selbst eingetragen und schlicht vergessen.

Ohne BIOS läuft nichts – Grundbedienung und BIOS-Upgrade

> **Hinweis**
> **Paßwort nur fürs BIOS?**
> Im Award-BIOS können zwei Paßwörter vergeben werden: ein Supervisor-Paßwort, das nur das BIOS schützen soll, und ein User-Paßwort, das bei jedem Start einzugeben ist, also den ganzen Rechner schützen soll. Die nachfolgend aufgeführten Methoden, ein solches Paßwort loszuwerden, lassen sich bei beiden Arten anwenden und demonstrieren gleichzeitig, daß Sie sich auf die durch diesen Mechanismus angestrebte Schutzfunktion keinesfalls verlassen sollten!

Als erstes sollten Sie, wenn Sie ein Award-BIOS haben, alle bekannten universellen Paßwörter ausprobieren, die der Hersteller vielleicht eingebaut hat. Diese sind nach unserem Wissen *LKWPETER*, *Award_SW*, *589589*, *aLLy*, *j262*, *BIOSTAR* und *SWITCHES_SW*. Wenn Sie ein Händler-Paßwort vermuten, sollten Sie den Namen Ihres Händlers oder Versenders in allen möglichen Kombinationen aus Groß-/Kleinschreibung ausprobieren, vielleicht auch einmal mit einem *PW_* davor oder *_PW* dahinter. Testen Sie außerdem so gängige Wörter wie *BIOS*, *Passwort*, *Test*, *Lock*, *Service* usw. (ebenfalls Groß-/Kleinbuchstaben). Wer ein AMI-BIOS hat, sollte zuerst als Kennwort einmal *AMI* oder *A.M.I.* ausprobieren. Vermuten Sie, daß Ihnen jemand einen Streich gespielt hat, dann können Sie auch alle Ausdrücke ausprobieren, die Sie selbst erraten könnten: Ihren eigenen Namen, den Namen des „Verdächtigen", Ihr Geburtstag usw.

Wenn Sie wenigstens mit dem Rechner noch arbeiten können, sollten Sie sich das Programm AMI-Setup besorgen (im Internet unter *http://www.sysopt.com/bios.html*). Denn damit kann man das Paßwort auslesen (was natürlich dessen Schutzfunktion sehr fragwürdig erscheinen läßt). Sollten diese Versuche nicht fruchten, gibt es nur noch eine Lösung: Löschen der CMOS-Einträge. Dies geht im Prinzip ganz einfach, denn Sie müssen das CMOS einfach nur von der Stromversorgung durch die Batterie abschneiden. Dadurch gehen allerdings nicht nur die Paßworteinstellungen, sondern auch alle übrigen Einträge, wie z. B. für Festplatten, verloren. Aber erst einmal zur Prozedur:

1. Auf neuen Mainboards finden Sie direkt neben der Batterie einen Jumper (sehen Sie auch im Handbuch des Mainboards nach), mit dem man die Batterie vom CMOS-RAM abtrennt. In der Regel reichen wenige Minuten aus (maximal 30).

Direkt neben der Flachbatterie sehen Sie einen kleinen Jumper zum Abklemmen der Spannung. Wenn Sie das Plastikhütchen abziehen, ist der Jumper offen und die Verbindung zum CMOS-RAM abgeschnitten.

2 Ist ein solcher Jumper oder Schalter nicht vorhanden ist, können Sie auch versuchen, die Batterie auszubauen. Bei den neuen Flachbatterien wie auf dem Foto funktioniert das recht einfach. Diese werden durch Runterdrücken des umgebenden Plastikrings nach vorn rausgezogen. Biegen Sie nicht den Metallbügel nach oben, da er dabei extrem leicht abbrechen kann. Allerdings dürfte es kaum ein Mainboard mit Flachbatterie geben, das nicht auch einen entsprechenden Jumper zum Abklemmen hat.

3 Alte Batterien kann man unter Umständen mit einem Draht kurzschließen. Allerdings muß man dafür an die beiden Pole der Batterie mit beiden Drahtenden herankommen können. Solche freiliegenden Batterien wurden aber sehr selten verwendet. Meistens ist bei alten Boards die Batterie mit dem Uhrenbaustein in einen schwarzen, kleinen Kasten mit der Aufschrift *DALLAS* eingebaut (siehe Abbildung). Hier sind Sie dann machtlos, wenn nicht auch ein Jumper zum Abklemmen vorhanden ist (in der Abbildung oberhalb des Bausteins, beschriftet mit *JP19*).

Uhrenbaustein eines alten Mainboards, man beachte den Wecker ;-)

Konkrete BIOS-Einstellungen gegen den täglichen Ärger und für mehr Speed

Der erste Schritt zur erfolgreichen Optimierung des BIOS sind einige grundlegende Einstellungen, die im Alltag beim Booten des Rechners ziemlich lästig sein können. Beseitigen Sie diese Störenfriede und beschleunigen Sie dadurch den Bootvorgang erheblich.

Die Bootreihenfolge verändern

Eine bekannte und sehr nervige Fehlermeldung beim Booten dürfte:

```
Non-System disk or disk error
Replace and strike any key when ready
```

oder so ähnlich lauten. Diese wird immer angezeigt, wenn das BIOS kein Betriebssystem zum Booten gefunden hat. Dies passiert häufig, wenn Sie eine Datendiskette im Laufwerk lassen und den PC booten. Da die meisten Rechner standardmäßig darauf eingestellt sind, beim Vorhandensein einer Diskette von dieser zu booten, erhalten Sie die gezeigte Fehlermeldung, wenn auf der Diskette keine Bootdateien von DOS zu finden sind.

Diskette vergessen? Hier die dazugehörige Fehlermeldung, diesmal in Deutsch

Diese nervige Eigenschaft läßt sich im BIOS abstellen. Und zwar lautet der Befehl *Boot Sequence* oder *Boot Up Sequence* im sogenannten *Bios Features Setup*, einem Untermenü des BIOS (siehe Abbildung). Denn dort können Sie die Reihenfolge der Laufwerke einstellen, von denen gebootet wird.

Normalerweise steht hier *A, C* was bedeutet, daß zuerst immer von Diskette gebootet werden soll (wenn eine vorhanden ist). Sie können die Reihenfolge über die [Bild↓]- oder [Bild↑]-Tasten (manchmal auch durch die [Leertaste]) ändern, günstigerweise auf *C, A*.

Lassen Sie sich nicht davon irritieren, daß ganz neue BIOS-Versionen hier auch Reihenfolgen anbieten, bei denen zuerst von CD-ROM- oder SCSI-Laufwerken gebootet wird. Das ist nur für Spezialfälle relevant. Die Reihenfolge *C, A* dürfte in fast allen Fällen die auf Dauer beste Einstellung sein, zumal Sie verhindert, daß ein Virus auf einer fremden Diskette beim Booten eingeschleppt wird. Wenn Sie jetzt (wie gerade weiter oben gezeigt) das BIOS beenden und dabei die Änderungen abspeichern, können Sie von nun an beim Booten eine Diskette im Laufwerk lassen. Sie wird so lange mißachtet, solange von Festplatte gebootet werden kann. Sollten Sie doch einmal von einer Diskette booten wollen, können Sie hier die Reihenfolge natürlich auch wieder umstellen.

Im BIOS Features Setup sind eine Vielzahl von Einstellungen möglich

Einstellungen, die den Bootvorgang beschleunigen

Um den Bootvorgang selbst zu beschleunigen, können Sie im BIOS (immer noch im *BIOS Features Setup*) noch einige weitere Optimierungen vornehmen, die aber normalerweise nichts mit „Fehlern" zu tun haben. Orientieren Sie sich an der oberen Abbildung, in der die ganzen Befehle auf der linken Seite zu finden sind.

- Mit dem Befehl *Quick Power On Self Test* können Sie den mehrfachen Test des Arbeitsspeichers deaktivieren. In der Stellung *Enabled* wird der Speicher nur einmal beim Booten getestet, in der Stellung *Disabled* dagegen drei- bis viermal. Das ist eigentlich nie sinnvoll, deaktivieren Sie den Mehrfachtest (Stellung *Enabled*), und der Bootvorgang läuft deutlich schneller ab.

- Der Befehl *Boot Up System Speed* sollte immer auf *High* stehen. Mit der Einstellung *Low* wird der Rechner auf eine niedrigere Taktung herabgesetzt, allerdings wirkt dieser Befehl bei den meisten Pentium-Rechnern gar nicht mehr, nur 486er lassen sich damit z. B. von 33 auf 8 MHz reduzieren. Eigentlich auch völlig unnötig, aber PCs schleppen noch jede Menge „Tradition" mit sich herum.

- Sie können im BIOS außerdem noch die Reihenfolge der Diskettenlaufwerke ändern, wenn Sie überhaupt noch zwei Laufwerke haben (bei heutigen PCs gibt es das eigentlich gar nicht mehr). Diese Einstellung ist für das Troubleshooting aber nicht notwendig, lediglich, wenn sie jemand verstellt hat. Sie finden einen solchen Befehl unter der Bezeichnung *Swap Floppy Drive* im *Bios Features Setup*. Und im *Chipset Features Setup*, einem anderen Hauptmenü des BIOS, können Sie außerdem direkt auf die Diskettenlaufwerk-Controller einwirken. Unter *Onboard FDC Controller* können Sie die Controller sogar ausschalten.

Der erste Schritt der Ressourcenverwaltung – Das Plug & Play-BIOS

Wenn Sie eine neue Steckkarte in Ihren PC einbauen wollen, müssen Sie oft davon ausgehen, daß diese einen Interrupt und/oder andere Ressource braucht. Während E/A- und Speicheradressen direkt von Windows verwaltet werden, muß das BIOS bei den knappen DMA-Kanälen und Interrupts mitspielen, dies gilt vor allem bei PCI-Karten, denen im BIOS normalerweise ein fester Interrupt für jeden Steckplatz zugewiesen werden kann.

1. Rufen Sie das BIOS wie auf Seite 77 beschrieben auf.
2. Gehen Sie in ein Untermenü, das *PnP and PCI Setup* oder so ähnlich heißt. Achten Sie darauf, daß die Wörter *Plug and Play*, *PnP* oder *PCI* vorkommen, dann sind Sie richtig.

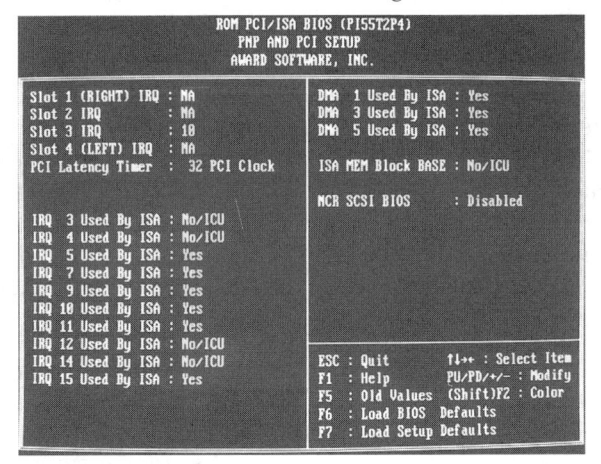

Während die beiden Ressourceneinstellungen für ISA-Karten im *PnP and PCI Setup* fast nicht mehr gebraucht werden (Windows kommt meistens auch bei alten ISA-Karten ohne Reservierungen im BIOS aus), sind die Interrupt-Einstellungen für die PCI-Slots von hoher Wichtigkeit.

Bei einigen Mainboards können Sie die Plug & Play-Unterstützung sogar abschalten, was aber nicht ratsam ist, wenn Windows 95/98 als Betriebssystem verwendet wird (zum Abschalten *PnP OS Installed : No* einstellen). Was nun die IRQ-Zuweisung für die einzelnen PCI-Karten angeht, erfolgt dies über die Befehle *Slot 1 (RIGHT) IRQ* bis *Slot 4 (LEFT) IRQ*. Wie aus den Bezeichnungen schon hervorgeht, beziehen sich die Befehle direkt auf die PCI-Steckplätze auf dem Mainboard (von rechts nach links bzw. oben nach unten). Wenn Sie den Interrupt z. B. für Ihren SCSI-Controller im zweiten Slot von rechts auf dem Mainboard einstellen wollen, müssen Sie die Einstellung beim Befehl *Slot 2 IRQ* ändern.

Manche BIOS-Versionen ermöglichem einem leider nicht die volle Kontrolle über die PCI-Slots; ja bei einigen aktuellen Boards finden sich oft gar keine Einstellmöglichkeiten mehr. Das ist im höchsten Maße ärgerlich. Dies sollten Sie unbedingt vor dem Kauf überprüfen. Und selbst wenn ein solches Menü noch vorhanden ist, gibt es oft lediglich die Einstellung *Auto*, die jedem Slot automatisch einen eigenen Interrupt zuweist. Das ist besonders ärgerlich, wenn die Karte gar keinen IRQ braucht, wie z. B. die meisten 2-D-Grafikkarten, denn in dem Fall wird der IRQ natürlich verschwendet.

Interrupt-Sharing

Haben Sie eine der besseren BIOS-Versionen erwischt, haben Sie die Möglichkeit, eine Interrupt-Zuweisung entweder ganz abzuschalten (Einstellung *NA*, was soviel wie **n**ot **a**ssigned bedeutet) oder aber einen ganz bestimmten aus der Liste der 16-Bit-Interrupts zu verwenden. Dabei stehen aber nur die IRQs 9, 10, 11, 12, 14 und 15 zur Auswahl. Das ist natürlich nicht sonderlich viel. Bedenken Sie: Sollten Sie einen EIDE-Rechner mit Bus-Maus verwenden, sind die IRQs 12, 14 und 15 schon vergeben. Dann bleiben für alle PCI-Karten nur noch IRQ 9 und 10 übrig. Damit würden sich in einen solchen Rechner neben der Grafikkarte maximal nur noch zwei PCI-Karten einbauen lassen.

Zum Glück ist der PCI-Interrupt-Controller flexibler als der des ISA-Bus und kann tatsächlich einen Interrupt für mehrere Karten verwenden (Sharing). Dafür müssen Sie aber natürlich die Möglichkeit haben, die IRQ-Zuweisungen per Hand vornehmen zu können. Haben Sie dagegen ein BIOS mit Auto-Einstellung und weist dieses beispielsweise der Grafikkarte automatisch einen IRQ zu, können Sie in einem solchen Rechner sogar nur noch eine weitere PCI-Karte einbauen.

Hinweis
IRQ über die Position zuweisen
Bei der automatischen Zuweisung werden die freien IRQs von rechts nach links den Slots zugewiesen. Wenn man also einen bestimmten IRQ für eine Karte verwenden muß, kann man versuchen, diese in einen anderen Slot umzustecken, wo sie evtl. einen anderen IRQ erhält. Die perfekte Lösung ist das allerdings nicht.

Noch mal zur Klarstellung und Betonung: Wenn Ihr BIOS eine individuelle Zuweisung von Interrupts für jeden Slot ermöglicht, können Sie auch zwei PCI-Slots denselben IRQ zuweisen (z. B. IRQ 10). Wenn der Treiber der Karte und das Betriebssystem anschließend keinen Ärger machen, läuft das relativ problemlos. Ideal zum Sharing sind z. B. die Grafikkarte und die Netzwerkkarte. Sie können jedoch kein IRQ-Sharing zwischen einer PCI-Karte und den EIDE-Ports (IRQ 14, 15), der Bus-Maus (IRQ 12) oder irgendwelchen ISA-Komponenten durchführen.

Kein Interrupt für normale 2-D-Grafikkarten

Fast alle älteren (PCI-)2-D-Grafikkarten brauchen keinen Interrupt. Nur bei Karten mit integriertem 3-D-Prozessor ist dies anders (z. B. Matrox Millenium G200 oder ELSA Erazor II mit Riva TNT-Chip etc.). Im Zweifelsfall finden Sie einen Hinweis dazu auch im Handbuch der Grafikkarte. Daher sollten Sie bei älteren Karten probeweise die IRQ-Zuweisung für den Slot der Grafikkarte auf *NA* einstellen und so einen Interrrupt einsparen. Leider ist dies standardmäßig fast nie der Fall. Wenn der Rechner bzw. die Karte anschließend doch nicht läuft, können Sie den IRQ immer noch aktivieren. Bei den Matrox-Karten betrifft dies aber z. B. nur die 3-D-Funktionen. Und es bleibt Ihnen ja auch noch die Möglichkeit, den IRQ der Grafikkarte z. B. mit einer anderen PCI-Karte (z. B. Netzwerkkarte) zu teilen. Einfach ausprobieren, wenn der PC abstürzt, können Sie es immer noch ändern. Probleme zeigen sich dort eigentlich immer direkt.

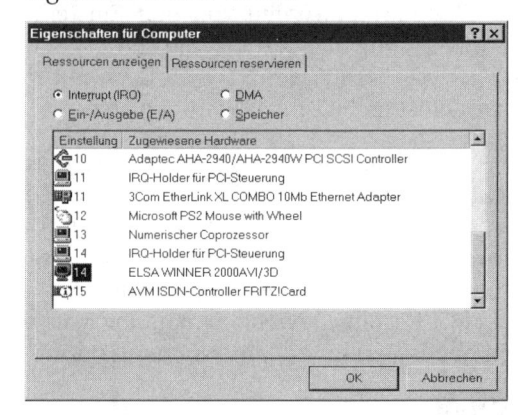

Grafikkarte mit Interrupt-Verwendung

Überprüfen Sie noch einmal im Geräte-Manager, ob die 2-D-Grafikkarte auch wirklich keinen Interrupt mehr verwendet.

Anzeige der IRQ-Verteilung

Aktuelle BIOS-Versionen zeigen beim Booten, kurz vor dem Windows-Start, noch eine Übersicht der PCI-Einstellungen an.

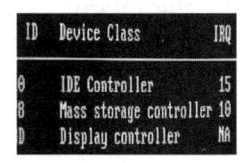

Anzeige der eingebauten Steckkarten und ihrer IRQs im BIOS

Mit einem BIOS-Update können Sie evtl. auch in den Genuß dieser zusätzlichen Anzeigen kommen (aber man kann auch gut ohne leben). Auf der rechten Seite unter *Device Class* finden Sie eine Auflistung der erkannten Steckkarten und die IRQ-Zuweisung; das betrifft übrigens auch die an den PCI-Bus angeschlossenen EIDE-Ports auf dem Board. Im vorliegenden Fall wurde der IRQ 15 für ein ATAPI-CD-ROM-Laufwerk verwendet, der IRQ 10 für einen SCSI-Controller und die 2-D-Grafikkarte (*Display controller*) wurde von der Bürde eines eigenen IRQs sinnvollerweise befreit (*NA* für **n**ot **a**ssigned). Übrigens: Wenn diese Anzeige verschwindet, bevor Sie alles lesen können, dann können Sie die Anzeige mit einem Druck auf ⸨Pause⸩ gleichsam „einfrieren". Mit der ⸨Leertaste⸩ geht's dann wieder weiter.

Nutzen Sie die IRQ- und DMA-Reservierung im BIOS

Wie zuvor schon kurz angedeutet, brauchen Sie für die meisten ISA-Karten (z. B. Sound- oder ISDN-Karten) keinerlei Einstellungen im BIOS vorzunehmen, auch wenn die lange Liste der Befehle im *PnP and PCI Setup* dies vielleicht suggeriert. Plug & Play-Karten werden von den Einstellungen überhaupt nicht betroffen, sondern nur alte Karten, die diesen Standard noch nicht erfüllen. Und das auch nur dann, wenn Sie wirklich mit den Einstellmöglichkeiten in Windows selbst nicht zurechtkommen.

Sollten Sie etwa eine alte Soundkarte einbauen wollen und diese wird von Windows 95/98 nicht richtig erkannt, können Sie versuchsweise im *PnP and PCI Setup* den *IRQ 5* (wird meistens für Soundkarten verwendet) reservieren. Vielleicht kommt Windows dann mit der Installation der Karte besser zurecht. Dasselbe gilt auch für die DMA-Kanäle, die eigentlich nur noch für Soundkarten relevant sind. PCI-Karten verwenden nämlich gar keine DMA-Kanäle mehr, sondern ein neues Verfahren namens Busmastering.

```
IRQ  3 Used By ISA : No/ICU
IRQ  4 Used By ISA : No/ICU
IRQ  5 Used By ISA : No/ICU
IRQ  7 Used By ISA : No/ICU
IRQ  9 Used By ISA : No/ICU
IRQ 10 Used By ISA : Yes
IRQ 11 Used By ISA : No/ICU
IRQ 12 Used By ISA : No/ICU
IRQ 14 Used By ISA : No/ICU
IRQ 15 Used By ISA : No/ICU
```

Auflistung der IRQ-Belegung im BIOS

Normalerweise sollten Sie die Einstellungen für alle Interrupts auf *No/ICU* stehenlassen, was für **N**ot **a**ssigned/**I**sa **C**onfiguration **U**tility steht. Das ICU ist ein spezielles Programm von Intel, mit dem man die Ressourcenzuweisung von Plug & Play-Karten durch Treibereinbindung in der *Config.sys* durchführen kann.

Manche Hersteller bieten Programme mit ähnlicher Funktion selbst an, z. B. der bekannte Soundkartenhersteller Creative Labs mit dem Tool CTCM. Wirklich zum Einsatz kommen diese Programme aber fast nie, denn sie sind nur sinnvoll, wenn man eine Plug & Play-Karte auf einem alten Mainboard ohne Plug & Play-BIOS betreiben will. Ein BIOS-Update hilft in diesen Fällen aber auch weiter und ist deutlich sinnvoller. Die verhältnismäßig komplizierte ICU-Angelegenheit ist heute kaum noch von Bedeutung. Wenn Sie für eine ISA-Karte dagegen mal einen IRQ reservieren wollen, wählen Sie die IRQ-Nummer (in der Abbildung IRQ 10) einfach aus der Liste der Einstellungen mit der [Bild↓]-, der [Bild↑]- oder der [Leertaste] aus. Im vorliegenden Fall wurde dies für eine ISDN-Karte getan.

Mit den DMA-Einstellungen verhält es sich ähnlich. Auch hier sollten Sie normalerweise alles auf *No/ICU* stehenlassen. Lediglich alte Soundkarten lassen sich unter Windows evtl. leichter einbinden, wenn Sie die benötigten DMA-Kanäle reservieren. Denken Sie daran, daß Full-Duplex-Soundkarten (solche, die gleichzeitig aufnehmen und wiedergeben können) direkt zwei DMA-Kanäle brauchen.

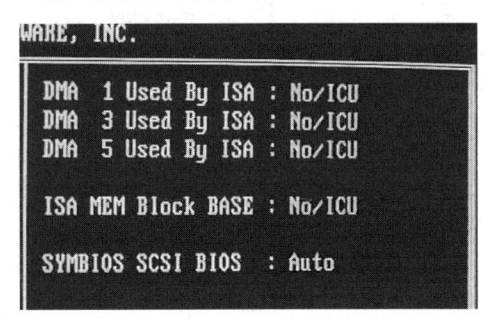

Nutzung der DMAs, angezeigt ebenfalls im BIOS

3.2 BIOS-Upgrade – Dem PC neues Leben einhauchen

Mainboard-Probleme sind oft auf fehlende oder auch fehlerhafte Funktionen im BIOS zurückzuführen. Diese kommen jedoch im Alltag erst zum Tragen, wenn man seinen Rechner mit neuen Karten und vor allem Prozessoren aufrüstet. Das alte BIOS bietet nämlich für die neuen Komponenten oft keine Unterstützung, weshalb es dann zu mehr oder weniger massiven Problemen kommen kann. Eine solche „Aufrüststufe" war beispielsweise der Umstieg von einem Pentium-Prozessor ohne MMX auf einen mit diesen Funktionen oder einen AMD K6. Ohne ein BIOS-Update war da nichts zu machen. Manchmal sind es aber auch „normale" Fehler, die sich in eine BIOS-Version eingeschlichen haben und die auch schon mit der Originalhardware Ärger machen. Die Mainboard-Hersteller pflegen solche Fehlerbeschreibungen und die passenden BIOS-Updates im Internet anzubieten.

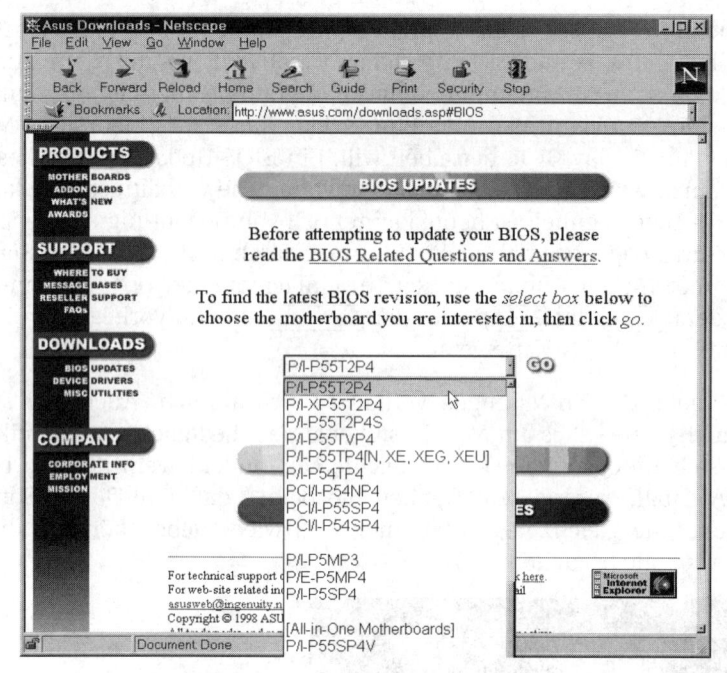

Ohne BIOS läuft nichts – Grundbedienung und BIOS-Upgrade

Homepage von Asus

Der bekannte Mainboard-Hersteller Asus etwa bietet im Internet (*www.asus.com*) eine übersichtliche Liste aller BIOS-Updates inklusive entsprechender Fehlerbereinigungen durch die einzelnen Versionen an.

Sie sollten so lange die Finger von einem BIOS-Update lassen, bis es wirklich unbedingt notwendig wird. Denn die Prozedur ist nicht ganz unkritisch. Verläuft sie fehlerhaft, funktioniert das ganze BIOS und damit auch der ganze Computer nicht mehr. Ein gewisses Restrisiko bleibt übrigens immer, bei aller Vorsicht: Schlimmstenfalls fällt nämlich genau zum „richtigen" Zeitpunkt der Strom aus. Ein nettes Zitat dazu von der Asus-Website: „If it ain't broken – don't fix it" („Wenn es nicht kaputt ist – repariere es auch nicht").

Allerdings brauchen Sie auch nicht zuviel Respekt davor zu haben, denn eigentlich ist der ganze Ablauf furchtbar einfach. Und selbst, wenn das Update nicht funktioniert hat und der BIOS-Chip deswegen nicht mehr zu gebrauchen ist. Ihr Händler dürfte auf jeden Fall in der Lage sein, Ihnen einen neuen zu besorgen.

Stellen Sie zuerst die aktuelle Version des BIOS fest. Die Nummer wird beim Booten kurz auf dem Bildschirm angezeigt. Beim weit verbreiteten Award-BIOS sieht das etwa so wie in der Abbildung aus. Die Versionsnummer ergibt sich aus den letzten vier Ziffern in der langen Zahlenreihe oben links (*0105*), also Version 1.05.

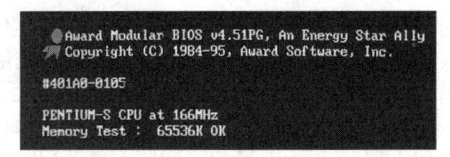

Ohne BIOS läuft nichts – Grundbedienung und BIOS-Upgrade

```
Award Modular BIOS v4.51PG, An Energy Star Ally
Copyright (C) 1984-95, Award Software, Inc.

#401A0-0105

PENTIUM-S CPU at 166MHz
Memory Test :   65536K OK
```

Anzeige der BIOS-Versionsnummer

Damit das BIOS-Update überhaupt prinzipiell möglich ist, brauchen Sie einen BIOS-Chip, der als EEPROM-Baustein mit neuen Daten bespielt werden kann, was aber heute eigentlich bei allen Boards der Fall ist. Zum eigentlichen Umprogrammieren muß aber meistens eine höhere Arbeitsspannung angelegt werden, was fast immer durch die Umstellung eines Jumpers in direkter Nähe des Chips erfolgt. Genaueres dazu müssen Sie leider Ihrem Handbuch zum Mainboard entnehmen.

Jumper auf dem Motherboard

Bitte verwechseln Sie den Jumper für die Ermöglichung des BIOS-Updates (links oben) nicht mit dem Jumper zum Löschen des CMOS-RAM (links unten), was durch das Abschalten der Batteriespannung ermöglicht wird. Beide haben zwar mit dem BIOS zu tun, bewirken aber etwas ganz anderes.

Schritt für Schritt zum BIOS-Update

Man bezeichnet diesen Vorgang übrigens auch als EEPROM-Brennen (oder „flashen"), weil die neuen Daten mit einer höheren Spannung in den Spezialchip regelrecht eingebrannt werden.

Vorweg noch ein ganz wichtiger Hinweis: Wenn während des Brennvorgangs etwas schiefgeht, schalten Sie den Rechner auf gar keinen Fall aus (oder lösen Sie ein Reset aus). Solange der Rechner noch arbeitet, können Sie die Situation durch erneutes Brennen der neuen oder alten Version noch retten. Nach dem Ausschalten geht dagegen dann gar nichts mehr.

Ohne BIOS läuft nichts – Grundbedienung und BIOS-Upgrade

1. Besorgen Sie sich aus dem Internet von der Homepage Ihres Mainboard-Herstellers, von einer Treiber-CD oder von Ihrem Händler die neueste BIOS-Version für Ihr Mainboard. Achten Sie extrem penibel auf die Typenbezeichnung, da diese oft sehr ähnlich sind und es so leicht zu Verwechslungen kommt. Wohlgemerkt, der Mainboard-Hersteller liefert das BIOS, nicht der eigentliche BIOS-Hersteller (etwa Award). Ein bißchen Aufmerksamkeit sollten Sie noch dem Dateiformat der BIOS-Datei schenken. Denn für die Internetübertragung komprimieren die Hersteller Ihre Dateien auch schon mal gern. Wenn die Datei nicht gerade eine Erweiterung namens *exe* (für ausführbare Datei) hat, lassen Sie erst einmal alles, wie es ist. Ansonsten versuchen Sie, die Datei mit einem üblichen Komprimierungsprogramm (meist WinZip) zu entpacken. *Exe*-Dateien sind selbstentpackend und müssen nur aufgerufen werden.

2. Besorgen Sie sich außerdem auch noch das Spezialprogramm, das zum Durchführen des BIOS-Updates notwendig ist. Bei Asus heißt dieses *Pflash.exe* und liegt normalerweise auf einer Diskette dem Mainboard beim Kauf bei. Wenn nicht, finden Sie auch dieses Programm im Internet auf der Homepage Ihres Mainboard-Herstellers. Bedenken Sie, daß das nachfolgende Beispiel sich nicht ganz mit dem Programm Ihres Mainboards decken kann, aber das Prinzip ist immer gleich.

3. Erzeugen Sie eine Bootdiskette, auf der nur (!) das Update-Programm und die neue BIOS-Datei sind. Sie können zur Not noch den deutschen Tastaturtreiber mit aufnehmen. Aber wirklich verboten sind irgendwelche Speicher-Manager wie *Himem.sys* oder *Emm386.exe*, da das BIOS-Update nur im sogenannten Real-Mode (DOS-Modus) des Prozessors laufen darf.

4. Überprüfen Sie im BIOS, ob die Bootreihenfolge so eingestellt ist, daß von einer Diskette gestartet wird, wenn diese eingelegt wird. Auf Seite 82 wurde beschrieben, wie Sie die Bootreihenfolge der Laufwerke einstellen.

5. Schalten Sie den PC aus und stellen Sie auf dem Mainboard den Brenn-Jumper um, der den Schreibmodus für den BIOS-Chip aktiviert. Ermitteln Sie die korrekte Position und Stellung des Jumpers (manchmal ist es auch ein Dip-Schalter) aus Ihrem Mainboard-Handbuch.

6. Legen Sie die bootfähige Diskette mit dem Flash-Programm und der BIOS-Datei in das Laufwerk ein und booten Sie von dieser. Vielleicht sollten Sie sich den Dateinamen der zu brennenden Datei kurz notieren, da später die Eingabe des Namens verlangt wird.

7. Rufen Sie nun das Flash-Programm auf der DOS-Ebene auf (z. B. *Pflash.exe*). Beachten Sie unter Umständen die englische Tastaturbelegung, wenn Sie keinen deutschen Tastaturtreiber aufgerufen haben.

```
             ASUSTek PNP BIOS
           FLASH MEMORY WRITER V1.5
        Copyright (C) 1995, ASUSTek COMPUTER INC.

Flash Type -- Winbond W29EE010

Current BIOS Revision: #401A0-0109

Choose one of the following:

1. Save Current BIOS To File
2. Update BIOS Main Block From File
3. Advanced properties


Enter choice: [1]
```

8 Als allererstes wählen Sie durch Drücken der angezeigten Nummern die Option, die es Ihnen ermöglicht, die aktuelle BIOS-Version erst einmal in eine Datei zu sichern. In vorliegenden Beispiel handelt es sich um die Option *1* (*Save Current BIOS To File*). Diese Sicherung ist extrem wichtig, denn wenn etwas schiefgeht oder die neue Version nicht funktioniert, haben Sie so die Möglichkeit, Ihren PC wieder in den Ursprungszustand zu versetzen. (Immer vorausgesetzt, der PC wird nicht abgeschaltet oder resettet.)

```
              Save Current BIOS To File

Flash Type -- Winbond W29EE010

Current BIOS Revision: #401A0-0109

Please Enter File Name to Save: t25i0109.awd
```

9 Zum Sichern müssen Sie nur einen Dateinamen angeben, unter dem die BIOS-Informationen auf der Diskette gespeichert werden. Orientieren Sie sich beim Namen an den Konventionen des Herstellers, die Versionsnummer wird in den letzten vier Buchstaben angegeben (z. B. *0109*).

10 Die meisten Flash-Programme bieten Ihnen unterschiedliche Update-Möglichkeiten an, und zwar entweder die kleinere Version über den BIOS-Main-Block oder aber das komplette Update aller BIOS-Funktionen. Wenn Sie noch einmal einen Blick auf die vorletzte Abbildung werfen, dann entspricht dies der Option 2 (*Update BIOS Main Block from File*) oder der Option 3 (*Advanced Features*). Hier sollten Sie keine halben Sachen machen und immer das vollständige Update wählen. Rufen Sie also die *Advanced Features* auf (oder wie immer die entsprechende Funktion in Ihrem Programm heißt).

Ohne BIOS läuft nichts – Grundbedienung und BIOS-Upgrade

```
                              Advanced Feature

Flash Type -- Winbond W29EE010

Current BIOS Revision: #401A0-0109

Choose one of the following:

1. Clear PNP ESCD Parameter Block
2. Update BIOS Including Boot Block and ESCD

Enter choice: [2]
```

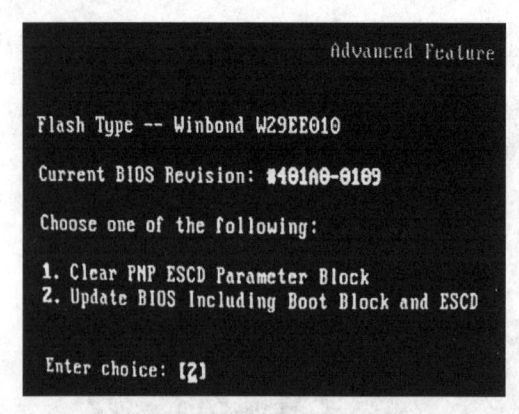

11 Kümmern Sie sich nicht um irgendwelche zusätzlichen Befehle (wie hier die Option 1), sondern suchen Sie direkt nach dem Befehl, der für das komplette BIOS-Update zuständig ist (Option 2 mit *Update BIOS Including Boot Block and ESCD*).

12 Wenn Sie den Befehl starten, werden Sie nach dem Namen der Datei gefragt, in der die neuen BIOS-Informationen vorliegen. Diese wird z. B. *T25i0203.awd* heißen oder auch (bei älteren Boards) die Endung *.bin* tragen. Kommt das Flash-Programm mit dem Dateinamen auf der Diskette nicht zurecht bzw. findet die Datei nicht, ist diese wahrscheinlich noch von der Internetübertragung her komprimiert (siehe Schritt 1). In diesem Fall brechen Sie das Programm mit (Esc) ab und dekomprimieren die BIOS-Datei.

13 Die folgende Sicherheitsabfrage sollten Sie beherzt mit „Y" (bzw. „Z", wenn Sie keinen deutschen Tastaturtreiber eingebunden haben) beantworten. Am besten bewegen Sie sich jetzt nicht mehr und hoffen, daß nicht ausgerechnet jetzt ein Stromausfall eintritt.

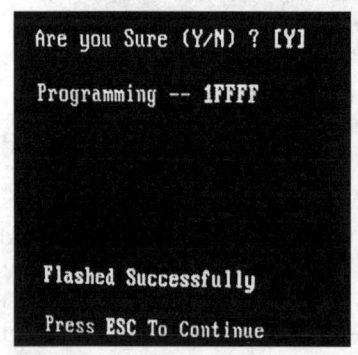

```
Are you Sure (Y/N) ? [Y]

Programming -- 1FFFF




Flashed Successfully

Press ESC To Continue
```

14 Glücklicherweise dauert dieser kritische Vorgang nur wenige Sekunden. Wenn das Programm nicht mit einer Fehlermeldung abgebrochen wird, sondern eine Erfolgsmeldung liefert, dann ist das Schlimmste überstanden. Was aber, wenn der Vorgang mit einer Fehlermeldung abgebrochen wurde? Wie schon eingangs erwähnt: auf gar keinen Fall den Rechner ausschalten, denn dann ist alles vorbei. Sie müssen statt dessen versuchen, das Update egal mit welcher Datei noch einmal bis zum Erfolg zu wiederholen. Meistens fragt Sie das Programm auch direkt, ob Sie den Vorgang wiederholen wollen (unten, linke Abbildung). Erst wenn dies trotz mehrfacher Versuche nicht funktioniert hat, müssen Sie es aufgeben und sich schon mal auf den Weg zum Händler machen. Denn der PC wird nun garantiert nicht mehr booten. Übrigens ..., versuchen Sie erst ein- bis zweimal, die neue BIOS-Datei noch einmal einzuspielen. Wenn auch das nicht funktioniert, sollten Sie ein paar Versuche mit der in Schritt 9 gesicherten Originaldatei Ihres BIOS durchführen. Hoffentlich hilft's.

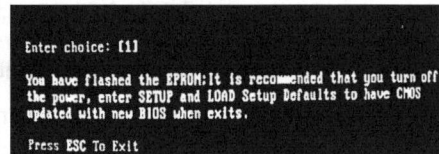

15 Wenn alles erfolgreich verlaufen ist, beglückwünscht Sie das Programm sicherlich auch noch mit einer entsprechenden Meldung und fordert Sie nun auf, den PC erst aus- und dann wieder einzuschalten. Tun Sie das, aber nutzen Sie die Auszeit auch dazu, den Jumper für die Aktivierung der Brennfunktion (Schritt 5) wieder in seine normale Stellung zu bringen.

16 Nach dem Einschalten gehen Sie durch Drücken von [Entf] direkt in das BIOS und aktivieren hier die neuen Daten, indem Sie den Befehl *Load Setup Defaults* auswählen. Anschließend müssen Sie außerdem noch in alle übrigen Menüs des BIOS gehen und sämtliche Einstellungen zu Speicher, Festplatten oder Powermanagement neu eingeben. Denn durch das Update sind ja alle alten Einstellungen auch überschrieben worden.

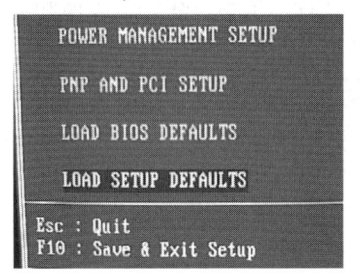

17 So, das war's. Das Update ist perfekt. Jetzt nur noch raus aus dem BIOS und abspeichern (*Save & Exit Setup*). Beim nächsten vollständigen Booten sollte Ihr BIOS jetzt die neue Versionsnummer auf dem Bildschirm anzeigen, und Sie sind stolzer Besitzer eines neuen BIOS.

BIOS kaputt? – Rettung auch ohne Gang zum Händler

Sollte bei diesem Vorgang etwas schiefgegangen sein (was allerdings verhältnismäßig selten vorkommt), dann gibt es noch eine weitere Möglichkeit, die den kostenintensiven Gang zum Händler überflüssig machen kann. Dazu

Ohne BIOS läuft nichts – Grundbedienung und BIOS-Upgrade

benötigen Sie allerdings einen Computer, in dem exakt das gleiche Board wie in Ihrem verwendet wird (vielleicht benutzt ein Bekannter von Ihnen das gleiche Board?). Die restliche Konfiguration (Festplatten, Betriebssystem usw.) ist übrigens irrelevant. Diesen zweiten Computer können Sie dann nutzen, um folgende Schritte durchzuführen:

1 den defekten BIOS-Chip aus Ihrem Rechner entnehmen (Orientierung merken oder besser markieren!),

2 den „Ersatz-Rechner" im DOS-Modus (mit einer Bootdiskette) starten,

3 das Gehäuse öffnen,

4 den BIOS-Chip entnehmen (Orientierung!),

5 per Jumper auf „Brennen" umstellen,

6 Ihren Chip einsetzen,

7 den Brennvorgang wie beschrieben durchführen,

8 Jumper zurückstecken,

9 Rechner ausschalten und schließlich

10 Ihren Chip entnehmen und den Originalbaustein wieder einsetzen.

Für den zweiten Rechner ist die Gefahr dabei vergleichsweise gering, wenn man von den Risiken einer statischen Entladung oder mechanischen Beschädigung durch falsche Behandlung des Bausteins absieht. Aber das sind wenigstens Punkte, auf die Sie durch entsprechende Vorsicht und Sorgfalt Einfluß nehmen können.

Übrigens könnten Sie auch den BIOS-Chip eines identischen Geräts mit einem EPROM-Lesegerät auslesen und mit einem Brenner auf den alten (oder sogar einen neuen, leeren Chip) brennen. Aber diese Vorgehensweise verlangt nach einer Ausrüstung, über die wohl nur die wenigsten Hobbybastler verfügen. Im Prinzip stellt aber die oben beschriebene Methode nichts anderes dar, denn mit dem Programm zum Brennen (oder „flashen") ist der Computer Ihres Bekannten genau das: ein EEPROM-Brenner.

Hinweis

Dual-BIOS

Zur CeBIT 99 stellte der Mainboard-Hersteller Gigabyte mit dem Dual-BIOS eine kleine Sensation vor, die unserer Meinung nach eigentlich eine logische Folgerung ist. Hinter dem vollmundigen Namen verbirgt sich eine neuartige Produktreihe mit zwei BIOS-Chips. Während einer der beiden ganz normal seine Arbeit verrichtet, dient der andere als Ersatzbaustein für den Fall, daß der erste nicht korrekt funktioniert, z. B. eben durch einen fehlgeschlagenen BIOS-Upgrade-Versuch.

4. Das Mainboard – Die Basis Ihres PCs

Die Begriffe Mainboard, Motherboard oder schlicht Haupt- oder Systemplatine beschreiben im Grunde schon die Bedeutung dieser Komponente des PCs. Das Mainboard ist die Grundlage für alle im Rechner verwendeten Komponenten und koordiniert deren Zusammenarbeit. Unscheinbar im Inneren des Rechners verborgen, bestimmt es maßgeblich die Systemeigenschaften des gesamten PCs und legt darüber hinaus dessen wesentliche Aufrüstungs- und Erweiterungsmöglichkeiten fest.

Beachtenswertes beim Rechnerneukauf

Bei dem Neukauf eines PCs, vor allem wenn es sich um die erste Anschaffung eines Rechners als Komplettsystem handelt, besteht bis heute nur bei wenigen Anbietern die Möglichkeit, unter verschiedenen Hauptplatinen auszuwählen. In sehr vielen Fällen wird dem Kunden völlig verschwiegen, welcher Typ von Mainboard in dem angebotenen Rechner überhaupt verwendet wird. Die Leistungsfähigkeit eines PCs wird von seiten der Werbung hinsichtlich der „inneren Werte" auf besonders „griffige" Merkmale reduziert. Die Angaben der Geschwindigkeit des Prozessors in Megahertz (MHz), der Größe des Arbeitsspeichers in Megabyte (MByte) oder der Kapazität der Festplatte(n) in mittlerweile Gigabyte (GByte) klingen in Anzeigen besonders gut, beschreiben im Grunde jedoch nur unzureichend die Gesamtleistung des Rechners. Ein gutes Mainboard bestimmt die effektive Arbeitsgeschwindigkeit, wenn es um den Datenaustausch zwischen CPU, Arbeitsspeicher und dem Erweiterungsbus geht und damit letztlich die „Nettoleistung" des gesamten Rechners. Es bildet nicht zuletzt die Grundlage für zukünftige Erweiterungen hinsichtlich der Speicherausstattung oder der Zahl der Slots für den Erweiterungsbus.

Wichtige allgemeine Punkte zum Board-Kauf:

- **Dokumentation:** Bereits beim Kauf eines Rechners sollten Sie sicherstellen, daß Sie eine Dokumentation zu Ihrem Mainboard erhalten. Darin müssen nicht nur sämtliche Steckbrücken und Jumper-Einstellungen (soweit vorhanden), sondern auch kompatible Prozessoren sowie prozessorspezifische Mainboard-Einstellungen enthalten sein. Nur so besitzen Sie die Informationen, um den Rechner bei Bedarf aufzurüsten, beispielsweise mit Hilfe eines verbesserten Prozessors oder aber mit zusätzlichem Arbeitsspeicher.

Das Mainboard – Die Basis Ihres PCs

Haben Sie keine Beschreibung zu Ihrem Rechner erhalten und wollen dennoch eine Aufrüstung vornehmen, müssen Sie die jeweils benötigten Informationen über Ihren PC-Händler, den Rechnerhersteller oder unabhängige Websites im Internet abfragen (mehr dazu auf Seite 1044 mit Support- und Internetadressen). Bei Discountern oder auch Kleinanbietern sollten Sie in jedem Fall die entsprechende Lieferung oder das übergebene Paket unmittelbar auf dessen Inhalt hin überprüfen und ggf. eine Nachbesserung verlangen. Wenn Sie Ihren Rechner bereits geraume Zeit besitzen und keine Dokumentation erhalten haben, können Sie sich spezielle Informationen, die Sie zum System-Update benötigen, mitunter über spezielle Diagnoseprogramme abrufen. Beispiele hierzu werden gesondert ab Seite 175 angeführt.

- **Zusatzfunktionen:** Achten Sie ferner darauf, daß das Mainboard nicht mit exotischen Zusatzfunktionen ausgestattet ist. Verwenden Sie ein gängiges Mainboard, wird Ihnen später der Austausch leichter fallen, wenn das Motherboard zu einem neuen Prozessor nicht mehr kompatibel ist oder sich nicht um eine gewünschte Anzahl an MByte Speicher erweitern läßt.

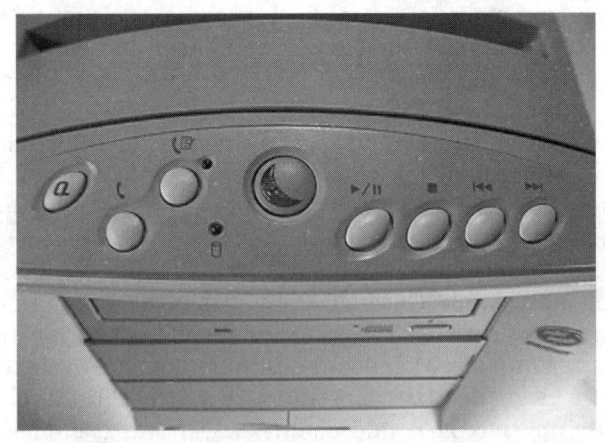

Spielerei mit begrenztem Nutzen? Spezialtasten werden über das Mainboard angeschlossen!

- **Unüblicher Platinenaufbau:** Die Mainboards, die bei den verscheidenen Rechnerherstellern zum Einsatz kommen, können einen sehr unterschiedlichen Aufbau aufweisen und damit den Austausch des Mainboards selbst, aber auch einzelner Komponenten erschweren. Compaq verwendet z. B. in der Presario-Baureihe Hauptplatinen, bei denen die Steckplätze für Erweiterungskarten über eine Zusatzplatine sowie eine einzelne Schnittstelle auf das Mainboard aufgesteckt werden.

Das Mainboard – Die Basis Ihres PCs

Das Mainboard der besonderen Art – unterhalb des Netzteils ist lediglich eine Schnittstelle für den Erweiterungsbus verfügbar

Ist bei solchen Rechnern der Austausch eines Mainboards aufgrund eines Defekts oder einer Systemaktualisierung einmal erforderlich, werden Sie kaum daran vorbeikommen, sich auch die neue Hauptplatine über den ursprünglichen Hersteller zu besorgen, oder Sie müssen gleich das gesamte Gehäuse wechseln. Damit sind zum einen Ihre Auswahlmöglichkeiten eingeschränkt, und zum anderen ist der Bezug mitunter schwierig und auch mit erhöhten Kosten verbunden. Einige Hersteller gehen auch bereits dazu über, überhaupt keine ISA-Slots mehr auf ihren Boards anzubieten.

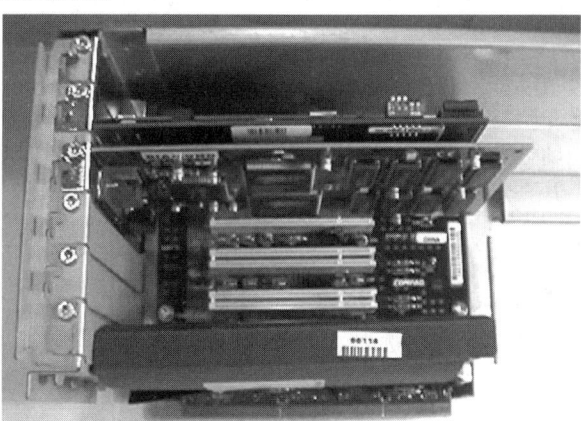

Es geht auch anders: Hier werden sämtliche Erweiterungskarten per Schubladensystem auf die Systemplatine aufgesteckt

- **Onboard-Komponenten:** Immer öfter gehen Hersteller mittlerweile dazu über, Mainboards zu verwenden, die die Zusatzkomponenten bereits auf der Hauptplatine unterbringen. So ist es keine Seltenheit mehr, daß SCSI-Adapter, Grafik- und Soundkarten sowie USB-Ports nicht über Zusatzkarten, sondern als Elemente der Hauptplatine verwaltet werden. Einhergehend damit wird dann oft die Anzahl der Steckplätze reduziert.

Das Mainboard – Die Basis Ihres PCs

Wollen Sie auf einem integrierten Board die Grafikkarte austauschen, können Sie diese demnach nicht an die ursprünglich verwendete Schnittstelle anschließen, sondern müssen einen freien Steckplatz belegen. Ist die Anzahl der vorhandenen Schnittstellen begrenzt, kann es dann sehr schnell eng werden. In der Regel stehen Ihnen bei Rechnersystemen mit Onboard-Komponenten nur vier Steckplätze zur Verfügung. Darüber hinaus muß z. B. die (Onboard-)Grafikkarte auf dem Board abgeschaltet werden können, wenn Sie eine neue einbauen wollen.

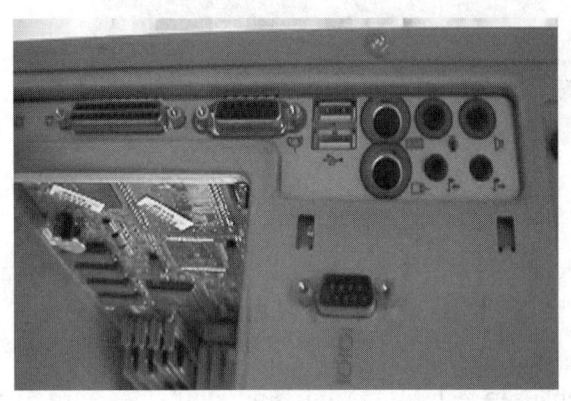

Die Anschlußleiste auf der Rückseite weist auch bei geschlossenem Rechner bereits auf eine Vielzahl an Onboard-Komponenten hin

- **Vorsicht beim Platzangebot:** Bei einem Rechnerneukauf sollten Sie, wenn möglich, ruhig einmal einen Blick in das gewählte Rechnergehäuse riskieren. Manche Mainboards sind so intelligent in das Gehäuse eingebaut, daß weit in das Rechnerinnere ragende Komponenten wie Streamer, CD- oder auch DVD-Laufwerke nicht ohne Probleme einzubauen sind. Es gibt auch gar nicht so selten AT-Mainboards, in denen z. B. RAM-Bausteine teilweise oder ganz vom Netzteil verdeckt sind. Bei einer simplen Speicheraufrüstung müssen dann die komplette Rückwand des Rechners und alle Steckkarten ausgebaut werden.

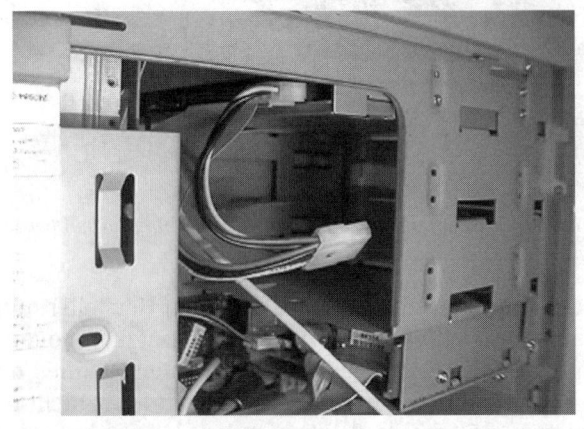

Vertrauen ist gut, Kontrolle ist besser: Prüfen Sie das Platzangebot beim eingebauten Mainboard und, ob Bauteile freie Steckplätze und Laufwerkschächte blockieren

4.1 Mainboard-Leitfaden – Grundlagen und Technik

Wird ein Rechner eingeschaltet, benötigt er zum Erkennen und Aktivieren der Hardwarebausteine ein Minimum an Informationen, die bereits vorliegen. Diese Daten, welche Festplatte(n) angeschlossen ist, wieviel Speicher vorhanden ist, was für eine Tastaur und welche Grafikkarte sich im System befinden, liest er aus einem speziellen Chip aus, dem BIOS bzw. CMOS.

CMOS/CMOS-Speicher: Der CMOS-Speicherbereich ist batteriegepuffert und verliert daher seinen Inhalt beim Ausschalten des Computers im Gegensatz zum Inhalt des Arbeitsspeichers nicht. Innerhalb des CMOS werden die Daten zur Systemzeit, zum Systemdatum, zu den Laufwerken und auch zur Speicherkonfiguration gespeichert. Diese Konfigurationsdaten werden beim Systemstart durch das BIOS gelesen und mit der ermittelten physikalischen Hardware verglichen.

Hardwarekonfigurationsdaten ermitteln und zur Wiederherstellung sichern

Es gibt Programme, mit deren Hilfe Sie CMOS-Konfigurationsdaten automatisch sichern und im Bedarfsfall auch wiederherstellen können. Nachfolgend wird Ihnen alternativ gezeigt, wie Sie das CMOS-Setup-Programm manuell ausführen und die rechnerspezifischen Konfigurationsdaten laden und sichern, um diese bei Problemfällen manuell wieder eingeben zu können. Dabei wird davon ausgegangen, daß der Rechner hardwareseitig korrekt konfiguriert und ausgeschaltet ist.

1 Schalten Sie den Rechner und den Monitor ein.

2 Nachdem das BIOS den Startvorgang ausgelöst hat, müssen Sie die Zugangstaste(n) für das CMOS-Setup-Programm gedrückt halten. In der Praxis werden unterschiedliche Tasten und Tastenkombinationen verwendet. Die erforderliche Tastenkombination wird in der Regel am Bildschirm angezeigt. Üblich zum Aufruf des CMOS-Setups sind die Tastaturbefehle [Esc], [Entf] oder auch [Strg]+[Alt]+[Esc].

3 Der Aufbau des CMOS-Setup-Programms kann je nach Hersteller variieren und reicht über spartanische Programme bis hin zu komfortablen Programmen mit grafischer Oberfläche. Moderne Rechner unterscheiden jeweils zwischen dem Standard-(Standard-CMOS-Setup) und dem erweiterten Setup (z. B. BIOS Advanced- oder Features Setup, Chipset Features Setup, Power Management Setup, PCI Configuration Setup, PNP Configuration Setup usw.). Wählen Sie jeden Teilbereich, den das Setup bietet, nacheinander an und notieren Sie sich die Konfigurationseinstellungen und insbesondere die Festplatteneinstellungen des Standard-CMOS-Setups. Verwahren Sie die Notizen mit den Einstellungen an einem sicheren Ort.

Das Mainboard – Die Basis Ihres PCs

4 Beenden Sie nun das Programm. Das Speichern der Konfigurationsdaten ist hier nicht erforderlich. Überlicherweise lautet der Abbruchbefehl *Exit Without Saving*.

5 Bestätigen Sie den Abbruch mit Y (= Yes), indem Sie die Taste Z drücken. Dies klingt verwirrend, ist aber leicht zu erklären: Befinden Sie sich im CMOS-Setup, ist kein deutscher Tastaturtreiber vorhanden. Sie geben demnach das Zeichen Y der englischen Tastatur ein, das auf der deutschen Tastatur dem Z entspricht.

Bootet Ihr Rechner einmal nicht korrekt, z. B. wenn Sie versucht haben, das BIOS zu tunen, können Sie die ursprünglichen CMOS-Konfigurationsdaten jederzeit wiederherstellen. Wechseln Sie das Mainboard, werden Sie auch ein neues BIOS und demnach auch ein neues CMOS-Setup-Programm erhalten. Darin dürfen Sie verständlicherweise nur Teildaten (z. B. zu übernommenen Festplatten), nicht jedoch alle gesicherten Daten übernehmen. In diesem Zusammenhang seien Ihnen zwei Funktionen besonders ans Herz gelegt, die Ihnen in der Praxis die Wiederherstellung der Mainboard-spezifischen Konfigurationsdaten erleichtern werden:

- *Load Bios Defaults:* Dieser Befehl lädt sämtliche Standardwerte des erweiterten Setups. Standardkonfigurationsdaten werden mit diesem Befehl allerdings nicht wiederhergestellt und müssen manuell eingetragen bzw. kontrolliert werden. Haben Sie versucht, durch Änderungen an den erweiterten Setup-Daten Ihr System zu beschleunigen, und treten im Anschluß daran Probleme mit Ihrem Rechner auf, können Sie über diesen Befehl sehr leicht die ursprünglichen Werte wiederherstellen.

- *Load Setup Defaults:* Dieser Befehl nimmt die Einstellungen des erweiterten Setups vor, um ein arbeitsfähiges System mit optimaler Leistung zu erzielen (Herstellereinstellung). Auch hier werden die Einstellungen des Standard-CMOS-Setups nicht berücksichtigt.

Umfangreiche Erläuterungen zu den Einstellungen des CMOS-Setups finden Sie üblicherweise in der Dokumentation zum Mainboard. Dies erklärt erneut, warum Sie beim Rechner- und Mainboard-Kauf unbedingt darauf achten sollten, eine entsprechende Dokumentation zu erhalten.

Prinzipieller Aufbau der Hauptplatine

Das Mainboard ist eine Platine zur Aufnahme der zentralen Systemkomponenten Hauptprozessor (CPU), Arbeitsspeicher (RAM) und den Erweiterungskarten für das Grafik- oder Soundsystem, von Netzwerkkarten usw. Neben der Aufnahme der Systemkomponenten bietet die Hauptplatine die Elektronik zur Verwaltung und Steuerung der Systemkomponenten, das BIOS mit dem Konfigurationsprogramm (BIOS-/CMOS-Setup) für die Einstellung der Systemfunktionen und die elektronischen Baugruppen für die Standardschnittstellen des PCs.

Das Mainboard – Die Basis Ihres PCs

Die folgenden Abbildungen zeigen ein modernes, unbestücktes Pentium-II-Mainboard der Firma Asus. Die Schemazeichnung der Platine zeigt die wichtigsten Komponenten im Überblick, wobei auch hier darauf hingewiesen werden muß, daß sich mitunter von Hersteller zu Hersteller Unterschiede ergeben können.

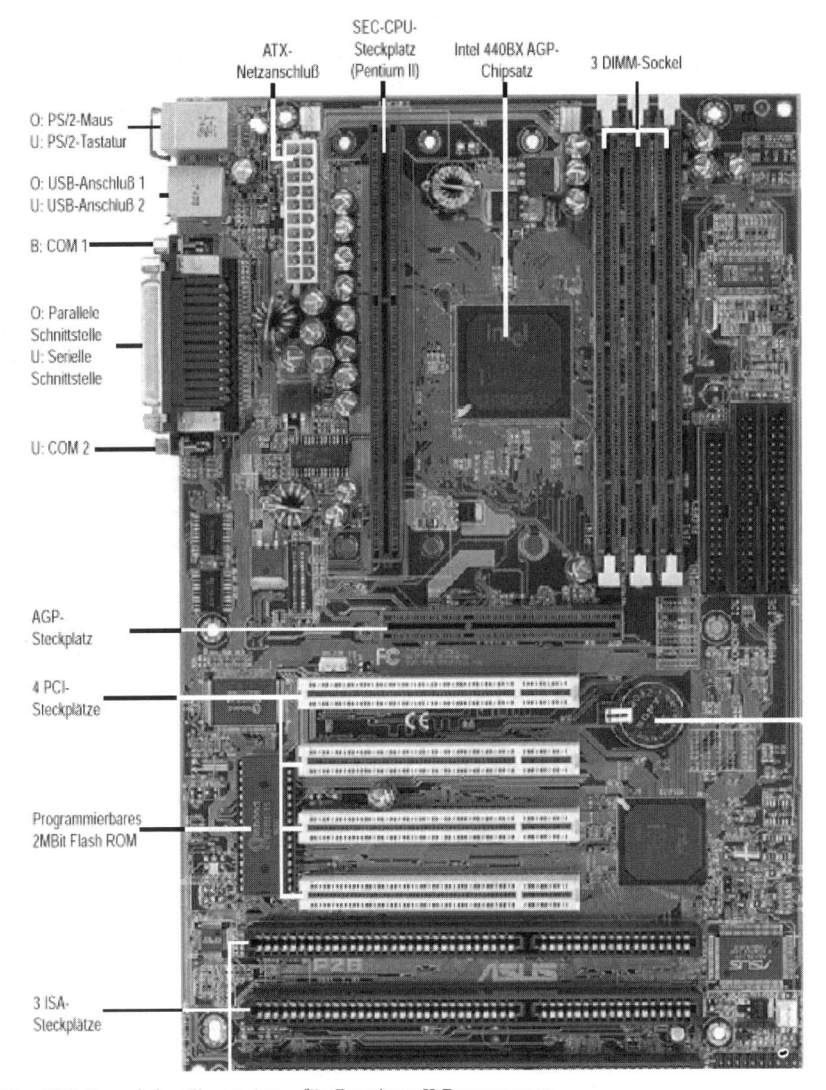

Das P2B-Board der Firma Asus für Pentium-II-Prozessoren

Die wichtigsten Komponenten der Hauptplatinen sind im einzelnen:

- der Prozessorsockel
- das AGP- und USB-System
- die Speicherbänke (SIMM und/oder DIMM)
- das ISA- und PCI-Bussystem mit den Erweiterungsslots

Das Mainboard – Die Basis Ihres PCs

- der System-Chipsatz zur Steuerung des Rechners
- der E/A-Chipsatz für die Steuerung der Standardschnittstellen des PCs
- die Anschlüsse der Standardschnittstellen
- der Anschluß für das Netzteil des Rechners
- das BIOS mit dem Programmiersystem (Flash-BIOS)
- die Echtzeituhr mit Pufferbatterie
- ggf. zusätzliche Onboard-Komponenten (Sound, Grafik, SCSI u. a.)

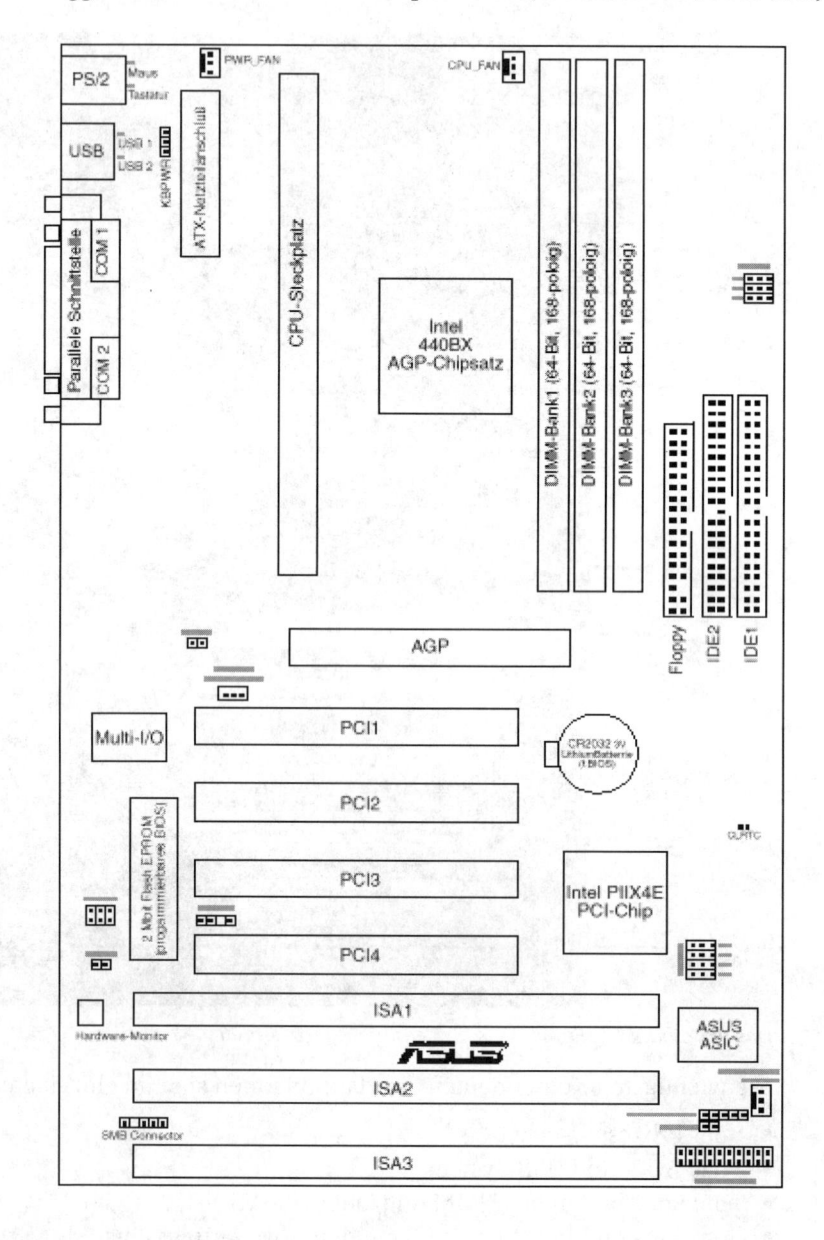

Schematische Darstellung des P2B-Boards

Das Mainboard – Die Basis Ihres PCs

Die folgenden Abschnitte stellen Ihnen die wichtigsten Komponenten der Hauptplatinen im einzelnen vor. Sie werden Ihnen dabei behilflich sein, die Aufgaben und die Merkmale der Komponenten zu verstehen, später Teilkomponenten zu optimieren oder auszutauschen sowie mit Hilfe der Erklärungen ab Seite 123 die konkrete Technik der Hauptplatinen zu nutzen. Gesonderte Beispiele zum Optimieren des Rechners durch den Austausch des Prozessors, die Erweiterung des Arbeitsspeichers usw. finden Sie ab Seite 144.

Prozessor und Sockelaufbau

Das grundsätzliche Design der Hauptplatine orientiert sich am unterstützten Prozessortyp bzw. der Prozessor-Familie. Die folgenden Abschnitte zeigen Ihnen die heute verwendeten Sockeltypen und, welche Prozessoren grundsätzlich für diese Prozessoranschlüsse geeignet sind. Die nachfolgenden Informationen werden es Ihnen ebenfalls erleichtern nachzuvollziehen, warum Sie nicht beliebige Prozessoren auf einem Mainboard einsetzen können und warum sämtliche Aufrüstungsmöglichkeiten bereits durch das verwendete Mainboard vorgegeben sind. Wollen Sie demnach einen Prozessor gegen einen aktualisierten Prozessor austauschen, der vom Mainboard weder über den Steckplatz noch über den Taktgeber direkt unterstützt wird, müssen Sie nicht nur den Prozessor, sondern auch das gesamte Mainboard ebenfalls wechseln (vgl. Kapitel 4.3).

Sockeltypen der Mainboards

Die ältesten noch verwendeten Sockeltypen sind die Typen Sockel-5- und 7, auch als ZIF-Sockel bezeichnet. Bei den jüngeren 486-Systemen und den heutigen Prozessoren der Pentium-I-Klasse werden ZIF-Sockel (**Z**ero **I**nsertion **F**orce) zur Aufnahme des Prozessors verwendet. Im Gegensatz zu den Sockeln der ersten Prozessorgeneration LIF (**L**ow **I**nertion **F**orce) wird bei ZIF-Sockeln der Prozessor ohne jeden Kraftaufwand im Sockel durch einfaches Einlegen befestigt. Der Sockel besitzt an einer Seite einen Hebel, mit dessen Hilfe der Prozessor befestigt bzw. gelöst werden kann.

ZIF-Sockel (Sockel 7)

Auf diese Weise ist ein Tausch der CPU sehr einfach. Zum Lösen bzw. Befestigen der CPU wird lediglich der Hebel am Sockel hochgeklappt bzw. heruntergedrückt und am Sockel arretiert.

Sockel-3-Systeme (486-Klasse)

Die Rechnersysteme aus dem Bereich der Familie der 486-Prozessoren verwenden den Sockel 3. Die heutigen Pentium-Typen der Prozessoren können auf diesen Boards nicht betrieben werden. 486-Systeme sind heute unter dem Kosten-/Nutzenaspekt nicht mehr „sinnvoll" Upgrade-fähig und sollten nur noch in Ausnahmefällen als unveränderte Komplettsysteme, z. B. als Druckerserver, eingesetzt werden.

FORSockel-5/7-Systeme (Pentium-Klasse)

Im Bereich der Prozessoren der Pentium-Klasse sind zwei Typen anzutreffen, der Sockel 5 bzw. der Sockel 7. Die älteren Prozessoren der Pentium-Klasse verwendeten den Sockel 5. Dazu gehören die Prozessoren der Taktraten 75-133 MHz. Diese CPU-Typen zeigt die folgende Tabelle:

Hersteller	CPU-Typ
Intel	P54C/CS
AMD	K5
IBM/Cyrix	M1

Ältere Pentium-I-Typen für den Sockel 5

Die modernen Pentium-I-Prozessoren bieten neben höheren Taktraten die Multimedia-Unterstützung MMX (**M**ulti**m**edia **E**xtension). Der wesentliche Unterschied zwischen dem Sockel 5 und dem darauf folgenden Sockel 7 ist der zusätzliche Kontakt (BF1-Support) des Sockels für einen weiteren Pin zur Einstellung des CPU-Takts. Der zusätzliche Kontakt erlaubt die Einstellung von Taktfrequenzen über 133 MHz.

Die modernen Pentium-I-Prozessoren (Multimedia-CPU, Intel P55C/MMX und kompatible) verwenden statt einer einzigen Betriebsspannung (STD oder VRE) eine sogenannte Dual Voltage-Unterstützung mit zwei verschiedenen Betriebsspannungen. Die beiden Spannungen werden über einen Spannungsregler am Prozessorsockel ermöglicht. Die CPU wird dabei mit einer Betriebsspannung für den Prozessorkern (Core-Spannung 2,8-2,9 Volt) und einer weiteren Betriebsspannung für das E/A-System (Ein-/Ausgabe-System, 3,3 Volt) der CPU betrieben.

Das Mainboard – Die Basis Ihres PCs

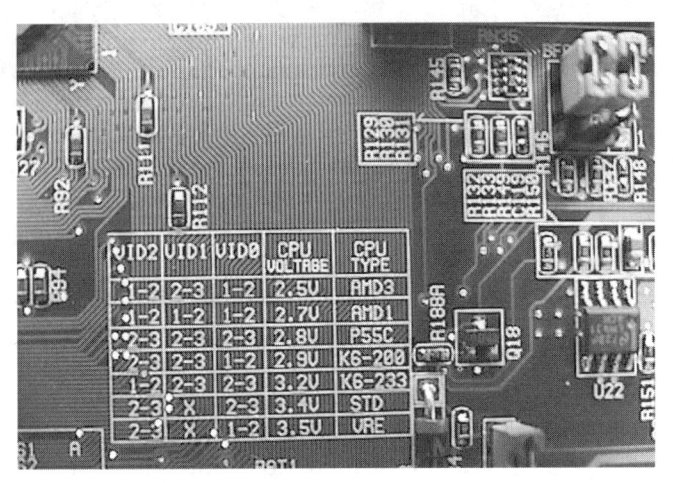

Spannungseinstellung auf dem Mainboard

Vorteil des Dual Voltage-Verfahrens ist eine geringere Erwärmung der CPU durch die niedrigere (Core-)Spannung des Prozessorkerns. Der Prozessorkern macht ca. 90 % des Stromverbrauchs der CPU aus und kann wegen der geringeren Betriebsspannung ohne kritische Erwärmung mit höheren Taktraten betrieben werden. Alle modernen Pentium-I-Prozessoren verwenden den Sockel 7 mit Dual Voltage-Unterstützung. Die folgende Tabelle zeigt die CPU-Typen der Pentium-I-Klasse für den Sockel 7 im Überblick:

Hersteller	CPU-Typ
Intel	P55C (Prozessoren der Pentium-I-Klasse werden von Intel nicht mehr hergestellt)
AMD	K6, K6-2, K6-3
IBM/Cyrix	M2, MX

Um moderne Pentium-I-Prozessoren einsetzen zu können, ist damit die Dual Voltage-Unterstützung zwingend erforderlich. Ältere Mainboards mit einem Sockel 5 oder 7 bieten zum Teil noch keine Dual Voltage-Unterstützung, jedoch können die Boards über einen CPU-Adapter für die neuen Prozessoren aufgerüstet werden. Ausführliche Informationen zum Prozessor-Upgrade finden Sie ab Seite 200.

Supersockel 7-Systeme (Pentium-Klasse)

Im Zuge des Kampfes von Intel und AMD um hochgetaktete und gleichzeitig preiswerte Pentium-Prozessoren wurde vom Prozessorhersteller AMD für dessen neue Prozessoren (K6-2/K6-3) eine neue Board-Generation der Sockel 7-Boards (CPU-Typen mit Taktraten von 300-400 MHz) entwickelt. Als Oberbegriff für diese Konkurrenz zu den Celeron-Prozessoren von Intel hat sich ein neuer Name etabliert: der Supersockel 7.

Hinsichtlich des reinen Prozessoranschlusses unterscheidet sich jedoch der eigentliche Sockel nicht von einem herkömmlichen Sockel 7-System. Supersockel-Systeme unterscheiden sich im wesentlichen im unterstützten Systemtakt bzw. im speziell dafür entwickelten Chipsatz, der den neuen Systemtakt von 100 MHz und die damit verbundenen Verbesserungen möglich macht. Ausführliche Informationen zu den Supersockel 7-Systemen finden Sie im Abschnitt „Taktung von Hauptplatine und CPU – Schrittmacher des Systems" ab der Seite 112.

Sockel-370-Systeme (Intel Celeron/PPGA)

Intel wartet bei den neuen Celeron-Typen mit einem erstaunlichen „Schritt zurück" auf. Der geschmähte Sockel 7 bzw. das PPGA-Gehäuse taucht bei den neuen Prozessoren der Familie der Celeron-Prozessoren wieder auf. Bei den neuen Prozessoren wird der L2-Cache auf dem Chip der CPU integriert, was die bisherige Trägerplatine für den Slot 1 überflüssig macht. Der neue Sockel 370 sieht auf den ersten Blick fast so aus wie der altbekannte Sockel 7. Bei genauerer Betrachtung fällt aber schnell der Unterschied auf: Der Sockel 370 hat eine innere Pinreihe mehr (370 statt 321 Pins).

Links der Intel Pentium für den Sockel 7, rechts der Intel Celeron für den Sockel 370

Für die neuen Typen des Celeron für den Sockel 370 werden entsprechende Mainboards angeboten. Ein deutlicher Nachteil dieser Hauptplatinen ist die Einschränkung der Prozessorunterstützung auf den Prozessortyp Celeron. Trotz des Unterschieds in der Sockelung kann der Prozessor bzw. der Sockel 370 mit allen Chipsätzen angesteuert werden, die offiziell für den Slot 1 entwickelt worden sind.

Adapterplatine MS-6905 der Firma MSI des Celeron von Sockel 370 auf den Slot 1

Ein Upgrade eines bisherigen Pentium-II-Systems für den Slot 1 ist auch über die Celeron-Modelle für den Sockel 370 möglich. Für das Upgrade wird lediglich eine Adapterkarte für die Anpassung den Sockel-370-CPU an der Slot 1 nötig. Geeignete Adapter für die neuen Celeron-Typen bekommen Sie von vielen Mainboard-Herstellern wie ABit, Shuttle usw. Diese Adapter bieten eine Trägerplatine mit einem Sockelanschluß, der die eigentliche CPU aufnimmt.

Slot 1-Systeme (Pentium-II/III-Klasse)

Mit dem Wechsel der CPU-Klasse von Pentium auf die neuen Typen Celeron und Pentium II/III wurde von Intel eine völlig neue Verbindungstechnik, das SEC (**S**ingle **E**dge **C**ontact) und damit eine neue Bauform der Anschlüsse für die Prozessoren verwendet: das SECC (**SEC C**artridge). Die CPU wird nicht unmittelbar mit dem Mainboard verbunden, sondern über eine Trägerplatine, die neben der CPU auch den L2-Cachespeicher trägt.

Pentium-II-Prozessor im Gehäuse SECC I

Das bedeutet für die Aufnahme des Prozessors, daß die Kontaktierung nicht mehr auf der (Unter-)Fläche der eigentlichen CPU, sondern an der (Unter-)Kante des CPU-Gehäuses respektive der Trägerplatine erfolgt. Damit wird für die neuen Pentium-Typen Celeron und Pentium II/III schon wegen der geänderten Prozessorverbindung mit der Hauptplatine ein neues Design des Boards erforderlich.

Die Mainboards für die neuen Pentium-Modelle verwenden als Anschluß für die Trägerplatine eine Steckverbindung namens Slot 1. Die eigentliche Slotverbindung ist zwar für alle Prozessoren gleich, jedoch werden mittlerweile drei verschiedene Typen der Trägerplatinen verwendet, die für die mechanische Verbindung mit dem Mainboard jeweils eine spezielle Halterung notwendig machen.

Das Mainboard – Die Basis Ihres PCs

> **Hinweis**
>
> **Pentium Pro-Upgrade mit Mainboard für den Slot 1**
>
> Der Slot 1 ist speziell für die Prozessoren Pentium II/III konzipiert. Jedoch auch Anwender der CPU Pentium Pro können über eine entsprechende Adapterkarte Mainboards mit dem Slot 1 verwenden. Pentium-Pro-Prozessoren verwenden zwar einen Sockelanschluß als Verbindung mit der Hauptplatine, arbeiten jedoch mit dem gleichen CPU-Protokoll und können damit mit den Chipsätzen für den Pentium-II-Prozessor verwendet werden. Die Adapterkarte für den Slot 1 bietet einen Sockel 8 für die Aufnahme des Prozessors. Auf diese Weise ist ein stufenweises Upgrade (neues Mainboard, bisheriger Prozessor) des Rechners möglich.

Die Prozessoren der Celeron-Typen für den Slot 1 verwenden eine Halterung, die speziell für diese CPU-Familie geeignet ist. Neben der ursprünglichen Trägerplatine für die Pentium-II-Prozessoren im SECC1-Format, die in einem geschlossenen Gehäuse untergebracht sind, verwenden die neuen Typen der Pentium-II-Prozessoren sowie die Modelle der brandaktuellen Pentium-III-CPU eine Trägerplatine im SECC2-Format.

Prozessor	Trägerplatine/Halterung
Celeron	Celeron
Pentium-II	SECC1 oder SECC2
Pentium III	SECC2

Das SECC2-Format, das nach wie vor von Intel als „Gehäuse" bezeichnet wird, ist eigentlich nur noch eine reine Trägerplatine ohne ein geschlossenes Gehäuse. Alle Hersteller der bisherigen Mainboards für Slot 1-Prozessoren liefern mit dem Mainboard eine Prozessorhalterung für die Montage der CPU, das sogenannte Retention Module, das häufig nur für SECC1-Modelle der Prozessoren geeignet ist.

Pentium-III-CPU im SECC2-Format (Foto Intel)

Die SECC2-Modelle bzw. die Celeron-Prozessoren passen nicht in die Halterung und benötigen ein entprechend geeignetes Retention Module. Beim Kauf eines neuen Mainboards ist darauf zu achten, daß eine passende Pro-

Das Mainboard – Die Basis Ihres PCs

zessorhalterung für die verwendete Slot-CPU beigefügt ist. Neben den speziellen Halterungen der Prozessoren bieten die Hersteller für die neueste Generation ihrer Hauptplatinen sogenannte URM (**U**niversal **R**etension **M**odule) an. Die Halterungen der URM sind für alle Slot 1-Prozessoren geeignet.

Hinweis
Schrittweise aufrüsten

Investiert man etwas mehr Geld in das Mainboard, bekommt man auch Mainboards, die mit zwei alternativen Prozessorsockeln bestückt sind, normalerweise mit einem Sockel 7 und einem Slot 1. Bei einem Board-Upgrade kann also zuerst der alte Prozessor weiterverwendet und trotzdem später auf einen (teuren) Pentium II/III umgestiegen werden.

Übersicht über die Prozessorsockel für Pentium-Prozessoren

Die folgenden Tabellen zeigen eine kurze Übersicht über die Sockeltypen bei IBM-kompatiblen PCs ab dem Sockeltyp 5 für Pentium-Prozessoren und für die Varianten der Pentium II/III- bzw. der zukünftigen K7-Prozessoren der Herstellers AMD:

Prozessoranschluß mit ZIF-Sockel

Sockeltyp	Beschreibung
Sockel 5	Der erste Pentium-Sockel arbeitet mit einen Versorgungsspannung von 3,3 Volt und bietet 320 Pins. Der Sockel unterstützt die älteren Pentium-Prozessoren von 75 MHz bis 133 MHz. Neuere Prozessoren können mit dem Sockel 5 nicht verwendet werden, da diese einen weiteren Pin besitzen. Die neueren Pentium-Prozessoren verwenden den erweiterten Sockel 7.
Sockel 6	Wegen der Numerierung könnte man glauben, es handele sich bei diesem Sockel ebenfalls um einen Prozessoranschluß für die Pentium-Klasse (Pentium I). Dem ist jedoch nicht so. Dieser Sockeltyp ist ausschließlich für den Einsatz für 486-Systeme gedacht. Dieser Sockel ist die etwas modernere Variante des Sockel 3 mit 235 Pins und einer 3,3 Volt Betriebsspannung. Durch die Einführung der Pentium-Systeme zur gleichen Zeit ist dieser Sockeltyp jedoch nicht von den Herstellern der Mainboards verwendet worden.
Sockel 7	Der Sockel 7 ist der am meisten verwandte Typ für die Familie der Pentium-Prozessoren. Der Sockel bietet 321 Pins und arbeitet meist mit einer Dual Voltage-Unterstützung. Die aktuellen Hauptplatinen für den Sockel 7 verfügen über einen einstellbaren Spannungsregler, und es können alle notwendigen Betriebsspannungen von 2,1-3,5 Volt eingestellt werden. Der Sockel kann mit den Pentium-I-Chips ab 75 MHz aufwärts, den MMX-Typen von Intel und den Pentium MMX Overdrives, den Prozessoren von AMD K5, K6, und den Chips von Cyrix/IBM 6x86, 6x86MX verwendet werden. Die Prozessoren von AMD (K6-2, K6-3) verwenden ebenfalls den Sockel 7. Jedoch werden für diese Prozessoren Mainboards benötigt, die den neuen Systemtakt von 100 MHz unterstützen.

111

Das Mainboard – Die Basis Ihres PCs

Sockel 8	Dieser High-End-Sockel wird ausschließlich mit den Prozessoren der Pentium-Pro-Familie verwendet. Der Sockel bietet 387 Pins und verwendet Versorgungsspannungen von 3,1/3,3 Volt. Mit der Entscheidung Intels, die neuen Prozessoren auf Basis des neuen Slot 1 aufzusetzen, ist damit das frühzeitige Ende dieses Sockeltyps bereits gekommen. Für die modernen Pentium-II/III-Modelle spielt dieser Sockeltyp keine Rolle.
Sockel 370	Dieser neue Sockel (ab Anfang 1999) wird von den Intel Celeron-Prozessoren alternativ zum bisherigen Slot 1 verwendet. Das Kommunikationsprotokoll mit der CPU ist jedoch dasselbe wie beim Slot 1. Damit arbeitet ein Sockel-370-System mit den gleichen Chipsätzen wie die bisherigen Slot 1-Systeme. Der neue Sockel ähnelt dem Sockel 7, verwendet jedoch 370 Pins und ist damit nur für die neuen Celeron-Typen von Intel geeignet.

Prozessoranschluß mit Slot

Sockeltyp	Beschreibung
Slot 1	Intel änderte die Aufnahme der Prozessoren mit dem Pentium II grundsätzlich. Statt einer quadratischen Sockelung der bisherigen ZIF-Sockel wird der Prozessor über eine Adapterkarte in eine Slotverbindung gesockelt. Die Adapterkarte erlaubt neben der Aufnahme des Prozessors die Integration weiterer CPU-naher Komponenten. Die Adapterkarte des Pentium-II-Prozessors trägt gleichzeitig den L2-Cache für die CPU und erlaubt eine besonders schnelle Kommunikation zwischen Prozessor und L2-Cache (halber CPU-Takt). Der Slot selbst verwendet 242 Pins und arbeitet mit Versorgungsspannungen von 2,8-3,3 Volt.
Slot 2	Für die zukünftigen Pentium-Prozessoren für den Multiprozessor-/Workstation-Bereich ist der Slot 2 geplant. Während der Slot 1-Anschluß lediglich 242 Kontakte bietet, verwendet der Slot 2 bereits 330 Kontakte. Der wesentliche Unterschied der Sockeltypen Slot 1 und Slot 2 liegt in der Kommunikation zwischen L2-Cache und Prozessor. Das neue Design erlaubt eine Taktrate mit dem vollen Prozessortakt, hingegen wird beim Slot 1 nur mit dem halben CPU-Takt gearbeitet.
Slot A	Der neue Prozessor von AMD (AMD K7) wird auf einem für diesen Prozessor entwickelten Slot, dem sogenannten Slot A, aufgesetzt. Äußerlich sieht der Slot A zwar dem Slot 1 von Intel ähnlich, verwendet jedoch ein völlig anderes Protokoll (EV6 statt GTL+). Ein Austausch der Prozessortypen von Intel (Pentium II/III) und K7 wird also nicht möglich sein. Da der Alpha-Prozessor der Firma Digital und der AMD K7 das gleiche Protokoll (EV6) verwenden, könnte in der Zunkunft neben dem K7 auch die Unterstützung von Alpha-Prozessoren auf den Mainboards mit Slot A möglich sein.
	Für den neuen Slot wird ein entsprechendes Mainboard mit einem neuen Chipsatz benötigt. AMD selbst wird hier die ersten Versionen dieses neuen Chipsatzes liefern. Der EV6-Bus, der dann von Alpha und K7 verwendet wird, bietet in der Version von AMD für den Front Side Bus eine deutlich höhere Geschwindigkeit als Intel. Während Intel im Moment noch mit 100 MHz arbeitet bzw. für die nähere Zukunft Taktraten von 133 MHz angepeilt werden, arbeitet AMD bereits unmittelbar mit einem Systembus, der mit 200 MHz getaktet wird.

Taktung von Hauptplatine und CPU – Schrittmacher des Systems

Die Taktung von Mainboard und CPU ist der Schrittmacher des Rechners und arbeitet eng mit dem Chipsatz zusammen, sie bestimmt die zeitlichen Abfolgen der Datenflüsse im Computer und damit letztendlich die Verarbeitungsgeschwindigkeit.

Der zentrale Taktgeber

Die verschiedenen Taktfrequenzen für fast alle Baugruppen des Rechners werden bei heutigen Mainboards von einem einzigen Baustein erzeugt. Verantwortlich für die Herstellung der benötigten Frequenzen ist ein sogenannter PLL-Frequenzgenerator, der mit elektronischen „Tricks" aus einer Grundfrequenz von meist 14,318 MHz die weiteren benötigten Taktfrequenzen erzeugt. Der Taktgenerator versorgt neben Prozessor, Arbeitsspeicher und Systembus auch den PCI- und ISA-Bus, die E/A-Bausteine (serielle/parallele Schnittstelle und Floppy) und ggf. den Grafik-Port AGP und den neuen seriellen Bus USB mit der notwendigen Taktung.

Systemtakt: Um die einzelnen Prozesse innerhalb eines Rechners zu koordinieren, ist ein einheitlicher Systemtakt erforderlich. Dieser Systemtakt wird durch einen Taktgeber festgelegt. Abhängig von der Taktfrequenz ist die Ausführungsgeschwindigkeit der einzelnen Bearbeitungsschritte. Auch zeitgesteuerte Routinen in Anwendungsprogrammen oder zeitgebergesteuerte Anweisungen, die in Programmiersprachen zum Einsatz kommen, setzen auf diesem Systemtakt auf.

PLL-Baustein des Mainboards für die verschiedenen Frequenzen der Baugruppen des PCs

Taktfrequenzen für CPU, System und Erweiterungsbus

Für die Arbeitsgeschwindigkeit des Rechners sind drei Taktfrequenzen von besonderer Bedeutung: der Systemtakt, der CPU-Takt und der Takt des PCI- bzw. des Erweiterungsbusses, der für die Aufnahme von externen Baugruppen wie Grafik-, Netzwerk- oder Soundkarten verantwortlich ist. Die herkömmlichen Mainboards leiten diese Takte von einer einzigen Frequenz des

Taktsystems der Hauptplatine ab: dem externen Takt. Herkömmliche Mainboards verwenden als externen Takt eine Frequenz von 66 MHz (PC-66-Spezifikation), die Hauptplatinen der neuen Generation dagegen einen externen Takt von 100 MHz (PC-100-Spezifikation).

- **Systemtakt:** Der Systemtakt, der unmittelbar aus dem externen Takt (1 : 1) gewonnen wird, bestimmt die Arbeitsgeschwindigkeit des Systembus, der für den Datenaustausch zwischen Arbeitsspeicher und CPU bzw. bei Pentium-Typen ebenfalls für die Zugriffe auf den L2-Cache verantwortlich ist. Der Systemtakt bestimmt damit die Geschwindigkeit der Zugriffe auf die zu verarbeitenden Daten.

- **CPU-Takt:** Der CPU-Takt bestimmt die Taktung des Prozessors und legt damit dessen Verarbeitungsschwindigkeit bzw. die Häufigkeit der Zugriffe auf die zu verarbeitenden Daten fest. Der CPU-Takt wird durch Multiplikation des externen Takts mit einem Faktor gewonnen (1 : 2/1 : 2,5/ 1 : 3 usw.). Die Einstellung des Faktors erfolgt im allgemeinen auf dem Mainboard und ist für jede CPU individuell einstellbar.

- **Takt des PCI-Bus:** Der Takt des PCI-Bus von momentan 33 MHz wird bei PC-66-Systemen unmittelbar durch eine Halbierung des Systemtakts gewonnen (synchrone Taktung). Bei den Hauptplatinen der neuen Generation mit 100 MHz wird eine sogenannte asynchrone Taktung des PCI-Bus verwendet. Um den PCI-Bus mit maximal 33 MHz zu betreiben, wird der PCI-Bustakt ebenfalls über eine unabhängige Teilung (asynchron) des externen Takts gewonnen.

- **ISA-/PCI-Bus:** Hierbei handelt es sich um Datenleitungen, die in Steckplätzen münden, über die wiederum Zusatzkarten mit dem Mainboard verbunden bzw. aufgesteckt werden können. Die Anzahl der jeweiligen Steckplätze bestimmt die Erweiterbarkeit eines Rechnersystems.

Taktraten für Sockel 7-Systeme

Bei den herkömmlichen Sockel 7-Systemen wird der Systembus mit 66 MHz betrieben. Modernere Hauptplatinen bieten neben einem externen Takt von 66 MHz auch Frequenzen von 75 bzw. 75 und 83 MHz für den Systembus (Systemtakt). Eine Erhöhung des Systemtakts zieht bei Hauptplatinen, die eine synchrone Taktung verwenden (halber Systemtakt) unmittelbar eine Erhöhung oder Absenkung der Taktfrequenz auf dem PCI-Bus nach sich. Damit werden die Erweiterungskarten am PCI-Bus ggf. außerhalb ihrer eigentlichen Spezifikation, also übertaktet (oder untertaktet) betrieben. Viele Erweiterungssysteme wie SCSI-Adapter, Netzwerkkarten usw. für den PCI-Bus arbeiten insbesondere bei der Übertaktung des Erweiterungsbus nicht korrekt. Darüber hinaus führt ein Übertakten zu einer weiteren Erwärmung der elektronischen Bauteile, so daß zusätzlich thermische Überlastungen der Elektronik zu Betriebsfehlern bis hin zur Zerstörung führen können. Bei Hauptplatinen mit synchroner Taktung ist bei Übertaktung des Systembus besondere Vorsicht geboten.

Das Mainboard – Die Basis Ihres PCs

Neuere Boards sind in der Lage den CPU- und Systemtakt asynchron, also unabhängig voneinander zu betreiben. Bei diesen Systemen kann der Takt des PCI-Bus mit 33 MHz, der Systembus hingegen höher als 66 MHz betrieben werden. Diese Mainboard-Typen eignen sich sehr gut für das Tunen durch Übertakten des Systembus wie der CPU. Durch den höheren Systemtakt werden deutliche Performancegewinne des Rechners erreicht.

Während eine Erhöhung des CPU-Takts lediglich zu häufigeren Zugriffen führt, jedoch nichts an der Übertragungsgeschwindigkeit ändert, ermöglicht eine höhere Taktfrequenz auf dem Systembus deutlich schnellere Zugriffe auf den Arbeitsspeicher bzw. auf den L2-Cache. Damit sind höhere Gewinne bei der Verarbeitungsgeschwindigkeit zu erreichen als beim Einsatz einer schnelleren CPU bzw. dem Übertakten des Prozessors. Nähere Hinweise zum Übertakten (Overclocking) finden Sie ab Seite 221.

Supersockel 7-Systeme

Im Gegensatz zum bisherigen Systemtakt von 66 MHz bieten die Supersockel 7-Systeme einen Systemtakt von 100 MHz und ermöglichen mit den schnellen und mittlerweile erschwinglichen SDRAMs, die mit Zugriffszeiten von 10 ns und weniger (EDO/FP-RAM 60-70 ns) arbeiten, Taktraten von bis zu 100 MHz oder bei einigen Systemen von bis zu 112 MHz auf dem Speicherbus.

Die folgende Tabelle zeigt beispielhaft die Taktungsmöglichkeiten bei Mainboards für (Super-)Sockel 7-Systeme mit dem Chipsatz Aladdin V von der Firma ALI (M1541/M1543):

Externer Takt (MHz)	Teilung	PCI-Takt (MHz)	AGP-Takt (MHz)	Bemerkungen
66	2	33	66	Standard
75	2.5	30	60	untertaktet
83	2.5	33	66	Standard
100	3	33	66	Standard

Taktungsmöglichkeiten des Chipsatzes ALI Aladdin V (M1541/M1543)

> **Hinweis**
>
> **Supersockel 7-Boards und der AGP**
>
> Durch die Erhöhung des Systemtakts auf 100 MHz und der Unterstützung der schnellen Speicherbausteine SDRAM durch die aktuellen Chipsätze, wurde die neueste Board-Generation um die Unterstützung des AGP erweitert. Hauptplatinen für den Supersockel 7 werden mittlerweile in zwei Versionen angeboten: als PCI- oder als AGP-Version. Die AGP-Versionen bieten zusätzlich die Möglichkeit, statt der bisherigen PCI-Grafikkarten die neuen AGP-Grafikkarten einzusetzen.

Da Sockel 7 Systeme den L2-Cache ebenfalls über den Systembus ansteuern, zieht diese Architektur die meisten Vorteile aus dem Zuwachs an Geschwindigkeit. Die Erhöhung des Systemtakts führt bei Supersockel 7-Boards beim Einsatz der neuen AMD-Prozessoren (K6-2/K6-3) zu Leistungsbereichen, die bislang den Slot 1-Systemen der Pentium-II-Familie vorbehalten waren.

Taktung von Slot 1-Systemen

Aktuelle Boards für die Pentium-II/III-Prozessoren bieten einen Systemtakt von 100 MHz. Pentium-II Prozessoren betreiben ihren L2-Cache direkt mit dem Prozessortakt und profitieren damit leider nicht sonderlich von der Entwicklung hin zum 100-MHz-System. Da die hohen Verarbeitungsgeschwindigkeiten der Prozessoren hinsichtlich der Versorgung mit Befehlen und Daten unmittelbar durch den L2-Cache bestimmt werden, dieser jedoch mit dem (halben) Prozessortakt angesteuert wird, bleibt die Erhöhung des Systemtakts für den **F**ront **S**ide **B**us (FSB) damit ohne Wirkung.

Technisch betrachtet ist es besonders der AGP, der bei den Pentium-II-Boards von dem neuen Bustakt profitiert. Bei 66 MHz könnte der Arbeitsspeicher allein mit der Anlieferung von Daten für den AGP (im 2fach-Modus) ausgelastet werden. Da es in einem Computer aber noch weitere Aufgaben zu erledigen gibt, ist diese Überlegung eher rein theoretisch. Erhöht man jedoch den Systemtakt auf 100 MHz, ist der AGP eher in der Lage, näher an die maximale Verarbeitungsgeschwindigkeit zu gelangen.

Trotzdem wurde von Intel diese Entwicklung vorangetrieben. Wohl zwei Gründe sprechen aus der Sicht von Intel dafür. Zum einen ist es eine Frage des Marketings, denn die Mitbewerber, allen voran AMD, haben sich diesen Bustakt bereits deutlich früher zum Ziel gesetzt. Zum zweiten ist der schnelle Bus nur ein erster Schritt in den weiteren Entwicklungen, die von Intel noch zu erwarten sind. Ein Systemtakt von 133 MHz ist von Intel fest geplant, von AMD sogar 200 MHz.

Für die neuen Pentium-II- und Pentium-III-Prozessoren werden Hauptplatinen mit 100-MHz-Systemtakt zwingend notwendig, um die Taktraten der Prozessoren unterstützen zu können. Die neuen Prozessoren von Intel, beispielsweise die Pentium-III-Typen 450 und 500 MHz, sind mit festen Multiplikatoren für den CPU-Takt versehen. Der Systemtakt wird dabei mit einem unveränderlichen Faktor für die CPU angepaßt. Ein System mit nur 66 MHz Bustakt würde beim festen Faktor 5 folglich den Pentium-II-500 auf gemächliche 5 x 66 MHz = 333 MHz ausbremsen.

Mainboard Monitor – Temperaturüberwachung

Ein nützliches Programm zur Überwachung der Temperaturen steht mit dem Mainboard Monitor zur Verfügung. Das Programm wird über ein gesondertes Installationsprogramm eingerichtet und blendet sich nach dem Programmstart in die Task-Leiste als Bildsymbol ein. Zusätzlich zur Überwachung der

Das Mainboard – Die Basis Ihres PCs

Temperaturen können Sie auch die Umdrehungszahlen eingebauter Lüfter verfolgen. Doch auch hier gilt: Nichts geht, wenn nicht auch die entsprechende Hardware vorhanden ist.

Ob Ihr Rechner mit dem Mainboard Monitor zusammenarbeitet, legt Ihnen die Dokumentation zum Programm sowie zu Ihrem Mainboard offen. Nur wenn Sie die Angaben überprüft haben, können Sie sicher sein, daß die zurückgelieferten Informationen auch tatsächlich brauchbar sind. An dieser Stelle wird bereits davon ausgegangen, daß Sie das Programm eingerichtet und erstmalig gestartet haben. In diesem Fall werden diverse hardwarespezifische Merkmale zu Ihrem Rechner abgefragt, die Sie über die Dokumentation zu Ihrem Mainboard ermitteln können. Verfügen Sie nicht über die Mainboard-Dokumentation, sollten Sie auf den Einsatz des Programms verzichten.

1 Um das Programm auszuführen, rufen Sie den *Start*-Menübefehl *Start/Programme/Mainboard Monitor/MBM Lite Version* bzw. *Start/Programme/Mainboard Monitor/MBM Full Version* auf. Die nachfolgenden Anmerkungen können Sie anhand der Lite-Version nachvollziehen.

2 Klicken Sie auf die Grad-Anzeigen innerhalb der Task-Leiste und markieren Sie auf der Registerkarte *General* das Kontrollfeld *Run On Windows Startup*, um das Programm automatisch beim Start von Windows ausführen zu lassen.

3 Markieren Sie auf der Registerkarte *General* die Option *Celcius* oder aber *Fahrenheit*, um die Einheit der Temperaturanzeige festzulegen.

4 Legen Sie über die Registerkarte *Alarms* fest, bei welchen Temperaturen der jeweiligen Sensoren eine Warnung erfolgen soll.

5 Achten Sie darauf, daß Sie die Bedeutung der Sensoren (z. B. CPU, Motherboard) über die Registerkarte *Visual* explizit festlegen müssen, da sonst nur die Standardangaben *Sensor 1*, *Fan1* etc. erscheinen.

6 Über die Registerkarte *Settings* legen Sie fest, welcher Sensor für welchen Chipsatz verantwortlich ist. Es werden die Chipsätze WinBond 1, 2 und 3 sowie LM78 und LM79 unterstützt.

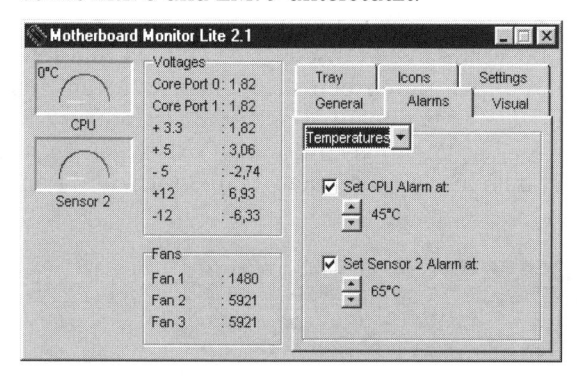

Die Einstellmöglichkeiten variieren, je nachdem ob Sie die Voll- oder Lite-Version ausgeführt haben. In der Vollversion bieten sich umfangreichere Einstellmöglichkeiten. Die Ergebnisse, die sich aus dem Programm Mainboard Monitor ableiten lassen, sind ähnlich denen, die auch WinSystem bietet:

- Auch hier sollten wieder die Angaben im CMOS überprüft und ggf. wieder auf die Standardwerte zurückgesetzt werden.
- Werden zu hohe Temperaturen gemeldet und sind sämtliche Hardwareangaben korrekt vorgenommen worden, sollten ggf. zusätzliche Kühlmechanismen eingebaut werden.

Bussysteme der Hauptplatine – Datenreisen im Rechner

Zur Erweiterung des Rechnersystems um Funktionen, die nicht auf der Hauptplatine integriert sind, bietet jede Hauptplatine den Erweiterungsbus (Expansion Bus). Im Laufe der Entwicklung von IBM-kompatiblen PCs haben sich verschiedene Techniken entwickelt (ISA, EISA, MCA, VL-BUS, PCI), mit denen der Erweiterungsbus realisiert wurde. Praktisch sind heute alle Techniken durch die Einführung des PCI-Bus abgelöst worden. Bei den heutigen IBM-kompatiblen PCs hat sich als Standardtechnik für den Erweiterungsbus der PCI-Bus durchgesetzt.

Der ISA-Bus – Überbleibsel aus der Vergangenheit

Aus Gründen der Kompatibilität zu älteren Erweiterungskarten und für den Einsatz von Systemen mit geringem Datenaufkommen bieten jedoch alle Hauptplatinen darüber hinaus den ISA-Bus. Über eine spezielle Baugruppe, die im Chipsatz des Mainboards integriert ist (PCI-zu-ISA-Bridge), wird der ISA-Bus mit dem PCI-Bus verbunden.

Die Erweiterungskarten müssen für das jeweilige Bussystem geeignet sein. Erweiterungskarten für den PCI- und ISA-Bus unterscheiden sich schon äußerlich durch die verwendete Anschlußtechnik. PCI-Karten unterscheiden sich von den ISA-Typen durch den deutlich schmaleren Anschluß für den Buseinschub auf dem Mainboard. Der ISA-Bus (**I**ndustry **S**tandard **A**rchitecture) wurde für die Vorgänger PC und AT heutiger Rechner verwendet. Der Bus arbeitet mit einer Taktfrequenz vom 8 MHz und transportiert Daten in 8 und 16 Bit.

ISA-Anschluß (ISA-Slot) am ISA-Bussystem

Die Bandbreite wie auch das Übertragungsverhalten schränken den Einsatz des ISA-Bus heute deutlich ein. Lediglich Erweiterungskarten mit relativ geringem Datenaufkommen wie zusätzliche serielle/parallele Schnittstellen oder spezielle SCSI-Adapter für externe Geräte (für z. B. Scanner, Zip-Laufwerke usw.) eignen sich weiterhin für den Anschluß an den ISA-Bus. Erweiterungskarten mit hohem Datenaufkommen wie Grafikkarten oder Festplattenadapter sollten deshalb nicht mehr am ISA-Bus betrieben und durch entsprechende moderne PCI-Versionen ersetzt werden.

Dennoch hat der ISA-Bus heute nach wie vor seine Daseinsberechtigung. Erweiterungskarten wie Sound- oder Netzwerkkarten werden nach wie vor für den Anschluß an den ISA-Bus angeboten und arbeiten perfekt. Da die Zahl der Anschlüsse für den PCI-Bus auf vier (in Ausnahmefällen drei oder fünf) Slots begrenzt ist, kann durch den Einsatz von geeigneten ISA-Karten bei komplexen Systemen ein Engpaß in den Anschlußmöglichkeiten am PCI-Bus vermieden werden.

Der PCI-Bus – Erweiterungsbus mit Zukunft

Mit dem PCI-Bus verfügen heutige PC-Systeme über einen leistungsfähigen Erweiterungsbus. Der PCI-Bus wird momentan als 32-Bit-Bus mit 33 MHz eingesetzt, kann in der aktuellen Version 2.1 mit bis zu 66 MHz und einer Busbreite von 64 Bit betrieben werden. Der Erweiterungsbus bietet moderne Zugriffs- und Übertragungsverfahren wie Busmastering und einen Burst-Mode. Moderne Erweiterungssysteme wie Netzwerkkarten oder Festplatten verwenden diese Verfahren zur schnellen Übertragung der anfallenden großen Datenmengen. Die folgenden Tabellen zeigen die Eigenschaften und die Übertragungsraten des PCI-Bus im Detail:

Parameter	Version 1.0 32 Bit	Version 2.0 64 Bit	Version 2.1 32 Bit	Version 2.1 64 Bit
Taktfrequenz in MHz	33	33	33	66
Datenbusbreite in Bit	32	64	32	64
Adreßbusbreite in Bit	32	32	32	32
Anzahl Devices	10	10	10	10
Anzahl Slots	4	4	4	4

Eigenschaften des PCI-Bus

Übertragungsart in MByte/s	Version 1.0 32 Bit	Version 2.0 64 Bit	Version 2.1 32 Bit	Version 2.1 64 Bit
Non-Burst-Read	44	88	44	88
Non-Burst-Write	66	132	66	132
Burst-Read	106	212	106	212
Burst-Write	117	234	117	234

Übertragungsraten des PCI-Bus bei 33 MHz

Übertragungsart in MByte/s	Version 1.0 32 Bit	Version 2.0 64 Bit	Version 2.1 32 Bit	Version 2.1 64 Bit
Non-Burst-Read	-	-	88	176
Non-Burst-Write	-	-	132	264
Burst-Read	-	-	212	424
Burst-Write	-	-	234	468

Übertragungsraten des PCI-Bus bei 66 MHz

Die Spezifikation des PCI-Bus erlaubt insgesamt den Anschluß von zehn Geräten (Devices) an einem PCI-Bus, wobei bereits ein Device für die Steuerelektronik des PCI-Bus (Host-Bridge) verwendet wird (ähnlich dem SCSI-Bus, bei dem der Adapterhardware ebenfalls eine SCSI-ID zugeordnet wird). Damit können insgesamt pro Bussystem neun Geräte angesteuert werden. Über die Busanschlüsse (Slots), die jeweils als 2 Devices gezählt werden, können externe Geräte (PCI-Karten) an den Bus angekoppelt werden. Durch die Doppeltzählung der Busanschlüsse sind maximal vier PCI-Slots an einem Bus verwendbar, da die Host-Bridge und jene vier Slots neun der zehn möglichen Geräte besetzen. Lediglich bei einigen Sonderformen der Mainboards wird das freie Device als 5 PCI-Slot auf der Hauptplatine zum Anschluß einer weiteren PCI-Karte ausgeführt.

Um Karten anderer Bussysteme (z. B. ISA-Karten) neben dem PCI-Bus nutzen zu können, kann über entsprechende „Brücken" (Bridges) der nötige Bus an den PCI-Bus angekoppelt werden. Die PCI-Spezifikation sieht Busbrücken zu eigentlich allen anderen Bussystemen vor, d. h. Bridges für die ISA-, EISA- oder den PCMCIA-Systemen bei mobilen Computern.

Hinsichtlich der Erweiterbarkeit bietet PCI einen weiteren entscheidenden Vorteil. Der PCI-Bus erlaubt neben einer Brücke zu fremden Bussen sogenannte PCI-to-PCI-Bridges. Diese Brücken verbinden unabhängige PCI-Busse, wodurch die Anzahl der Slots oder die der PCI-Komponenten erhöht werden kann, die unmittelbar auf der Hauptplatine integriert sind (Onboard-Komponenten). Damit wird es möglich, ein großes System in mehrere kleinere Teilsysteme aufzuteilen, die unabhängig voneinander arbeiten können. Insgesamt können bis zu 256 Busse zum Einsatz kommen, wobei die ersten 255 Busse jeweils PCI-Systeme und der letzte entweder ein weiterer PCI-Bus oder ein Erweiterungsbus eines Fremdsystems (wie der ISA-Bus) sein kann.

Systemunterbrechungen: Komponenten des Erweiterungsbus im Systemeinsatz

Jede Erweiterungskarte benötigt zur Arbeit am Bus eine Unterbrechungsanforderung (Interrupt bzw. IRQ). In einem PC-System sind jedoch lediglich 16 solcher Interrupts verfügbar. Alle Komponenten des Rechners, die über das Bussystem des Rechners Daten austauschen möchten, benötigen einen solchen Interrupt. Damit ist die Zahl der unbenutzten Interrupts für den Einsatz von Erweiterungskarten stark eingeschränkt. Je nach Rechnerkonfiguration stehen für Erweiterungskarten nur maximal sechs Unterbrechungsanforderungen zur Verfügung, die noch nicht belegt sind. Der PCI-Bus erlaubt die Verwaltung mehrerer Erweiterungskarten unter einem Interrupt und erweitert damit die Zahl der verwendbaren Erweiterungskarten.

Doch auch wenn Sie innerhalb eines Rechners über weniger freie Interrrupts als über freie Steckplätze verfügen, wird die Erweiterbarkeit eines Rechners nicht ausschließlich durch die verfügbaren und teilbaren IRQs bestimmt. Betriebssysteme wie Windows 95/98 und Windows NT erlauben die Einrichtung unterschiedlicher Hardwareprofile. Damit können Sie durch einzelne Hardwarekomponenten gleiche IRQs auch mehrfach belegen und per System die jeweiligen Komponenten wechselseitig in Betrieb nehmen. Dies hat den Vorteil, daß bei wechselseitigem Betrieb keine Hardwarekonflikte mehr auftreten, und den Nachteil, daß die Komponenten mit gleichen IRQs nicht parallel in einer einzelnen Arbeitssitzung verwendet werden können, ohne Konflikte auszulösen.

Aufgaben der Chipsätze – Steuermann des PCs

Die grundlegenden Eigenschaften der Hauptplatine, und damit des gesamten PCs, werden durch den verwendeten Chipsatz bestimmt. Der Chipsatz ist speziell auf eine Prozessorfamilie wie 486-, Pentium/Pro- bzw. Pentium-II/III-Prozessoren zugeschnitten. Im Gegensatz zur CPU ist der Chipsatz unveränderlich mit dem Mainboard(-Design) verbunden und kann damit nicht nachträglich geändert werden.

Innerhalb einer Prozessorfamilie unterstützen die Chipsätze jedoch mehrere Prozessortypen. Das heißt speziell bei Mainboards der Pentium-Klasse, die von mehreren Anbietern bedient wird, daß sowohl die Prozessoren von Intel (Intel Pentium) wie die entsprechenden CPU-Typen von AMD (K5, K6), Cyrix/IBM (6x86) usw. verwendet werden können. Nähere Informationen zu den speziellen Eigenschaften der Chipsätze finden Sie im Abschnitt „Chipsätze der Mainboards in der Praxis" ab Seite 126.

Der Chipsatz arbeitet sozusagen als Datenpumpe und übernimmt die Steuerung des gesamten Datenflusses im Rechner bzw. kontrolliert den Transport der Daten im PC. Chipsätze sind hochintegrierte elektronische Bausteine, die auf der Hauptplatine als große quadratische Bauelemente gut erkennbar sind. Die Funktionen für die komplette Steuerung des Rechners konzentrieren sich heute auf lediglich zwei komplexe Baugruppen: der North- und der Southbridge. Im oberen Teil der Hauptplatine, sozusagen im „Norden" des Mainboards, befindet sich in der Nähe der CPU die Northbridge, im unteren Teil in der Nachbarschaft des Erweiterungsbus die Southbridge.

Welche Funktionen in den beiden Chips North- und Southbridge des Chipsatzes integriert werden, hängt vom jeweiligen Hersteller ab und variiert von Chipsatz zu Chipsatz. Im allgemeinen kann man jedoch sagen, daß die Northbridge die Datenflüsse zwischen CPU, Arbeitsspeicher und PCI-Bus (Host-Bridge) und die Southbridge den Datentransport vom ISA-Bus (PCI-zu-ISA-Bridge) und den E/A-Bausteinen für Tastatur, Schnittstellen usw. zum primärem Bussystem, dem PCI-Bus, steuert.

Cachespeicher – Speicherturbo für den Computer

Zur Verbesserung der Arbeitsgeschwindigkeit der Prozessoren bzw. zur schnelleren Versorgung der CPU mit Befehlen und Daten aus dem Arbeitsspeicher wurde die Versorgung der CPU um schnellen Zwischenspeicher ergänzt. Statt jeden Befehl und die damit verbundenen Daten nacheinander aus den Arbeitsspeicher zu laden, werden gleich ganze Speicherbereiche in den Zwischenspeicher (Cache) kopiert. Da die benötigten Befehle und Daten häufig hintereinander liegen, kann diese Bevorratung mit „zukünftigen" Speicherinhalten die Verarbeitungsgeschwindigkeit deutlich erhöhen. Zudem können der Datentransport und der Zugriff auf die Cachespeicher schneller ablaufen, als dies bei einzelnen Zugriffen unmittelbar auf den Arbeitsspeicher möglich wäre.

Level-1-Cache (L1-Cache)

In einer ersten Stufe wurde unmittelbar auf dem Chip der CPU ein Zwischenspeicher, der L1-Cache, integriert. Der Zwischenspeicher lädt die Befehle und Daten in getrennte Warteschlangen, die vermutlich in den nächsten Arbeitsschritten benötigt werden. Bei den älteren Pentium-1-Typen (75-133 MHz) wird die CPU auf dem Chip durch jeweils 8 KByte große Cachespeicher für Befehle (Instruction Cache) und Daten (Data Cache) unterstützt. Seit der Einführung der Prozessoren mit MMX-Erweiterung bzw. den Pentium-II-Prozessoren wurde dieser Speicher auf jeweils 16 KByte vergrößert.

Level-2-Cache (L2-Cache)

Zur weiteren Beschleunigung des Zugriffs der CPU auf Befehle und Daten des Arbeitsspeichers wurde schon bei den moderneren Typen der 486-Systeme ein weiterer Zwischenspeicher, der L2-Cache, der CPU zur Seite gestellt. Während bei den Zugriffen auf den Arbeitsspeicher bei FP- oder EDO-RAM Zykluszeiten von 60 ns üblich sind, können die Speicherinhalte des L2-Caches bereits in Zyklen von 6-7 ns (bei SDRAM 5 ns) bearbeitet werden.

Während die CPU die Daten des L1-Caches verarbeitet, werden in der Vorausschau weitere Bereiche des Arbeitsspeichers vorab in den deutlich größeren Zwischenspeicher L2-Cache geladen. Benötigt die CPU zur Verarbeitung weitere Daten aus dem Arbeitsspeicher, wird zuerst versucht, die benötigten Daten aus dem L2-Cache zu beziehen. In vielen Fällen entsprechen die gecachten Daten tatsächlich den benötigen Speicherinhalten und können unmittelbar aus dem wesentlich schneller arbeitenden L2-Cache zur Verfügung gestellt werden.

In den Fällen, in denen die gecachten Daten nicht den benötigten Speicherinhalten entsprechen, werden die Inhalte der Zwischenspeicher verworfen. In diesem Fall sind die Inhalte der Zwischenspeicher ab den Speicheradressen erneut zu laden, an denen die Programmverarbeitung fortgesetzt wird.

Die Ausstattung der Mainboards für die Pentium-Systeme hinsichtlich der Cachespeicher und wichtige Informationen für die Praxis finden Sie ab Seite 134.

4.2 Mainboard-Berater – Wichtige Funktionen und bekannte Fallstricke

Bei der Auswahl der Hauptplatine zählen eine ganze Reihe von Fakten, die nicht so „griffig" wie beispielsweise der Prozessortakt sind und darüber hinaus weniger bekannt und nicht so leicht zu verstehen sind. Bevor Sie sich für ein neues Mainboard bzw. einen neuen Rechner beim „Händler Ihres Vertrauens" entscheiden oder Ihr bisheriges Mainboard tunen, sollten Sie die folgenden Abschnitte als „Futter" für das weitere Vorgehen heranziehen. Mit Sicherheit wird Ihnen sehr schnell klar werden, welche Tücken hier im Detail stecken, und Sie vermeiden Fehlkäufe von vornherein.

Allgemeine Kriterien für Ihr neues Mainboard – Stabilität, Geschwindigkeit und Ausbaufähigkeit

Als generelle Regeln für die Auswahl der Hauptplatine sind Geschwindigkeit, Ausbaufähigkeit und Stabilität der Hauptplatine in Betracht zu ziehen. Die folgenden Abschnitte widmen sich im einzelnen den Eigenschaften, die die Verarbeitungsgeschwindigkeit und Ausbaufähigkeit Ihres Rechners hinsichtlich des Mainboards bestimmen, und Sie erfahren alle Fakten zur Auswahl des (für Sie) richtigen Systems.

Die Stabilität der Hauptplatine als generelles Merkmal verdient jedoch auch ihre Berücksichtigung. Was nutzt der „beste" Rechner, wenn kein zuverlässiges Arbeiten möglich ist? Die Stabilität hängt vor allem von den verwendeten Baugruppen bzw. dem Ausgabestand der Hauptplatine ab. Neuentwicklungen mit bisher noch nicht eingesetzten elektronischen Komponenten bergen immer das Risiko von Kinderkrankheiten, also Fehlern der „ersten Stunde".

Das Mainboard – Die Basis Ihres PCs

Selbst wenn Fehler in der Ausgabe des Mainboards mit z. B. BIOS-Updates zu bereinigen sind, müssen Sie einiges an zusätzlichem Aufwand investieren, um zu einem weitgehend fehlerlosen System zu kommen. Sind Sie eher nicht der Typ, der häufiges Experimentieren schätzt, sind Sie mit Mainboards der höheren Revisionen besser bedient. Dank der kurzen Entwicklungszyklen im Bereich der Hardware, sind die Revisionen der aktuellen Technik schon im Bereich einiger Monate nach dem Erscheinen der ersten Typen zu erwarten und im allgemeinen von den Fehlern der Anfänge befreit.

Bei der Auswahl eines neuen Boards sind die Modelle der Markenhersteller zu empfehlen. Obwohl auch bei Markenherstellern auf die Einzelheiten der Ausstattung zu achten ist, läßt sich der Ärger durch ein schlechtes Design der Platine jedoch weitgehend ausschließen.

Format und Netzteil – Zwei, die passen (müssen)

Bis vor ca. zwei bis drei Jahren war das Standardformat für die Hauptplatine das ursprüngliche AT-Format, das seit den Anfängen der IBM(-kompatiblen) PCs verwendet wurde. Lediglich die Größe der eigentlichen Platine hat sich in der Vergangenheit verändert.

Durch die fortschreitende Miniaturisierung der Bauelemente und durch moderne Herstellungsverfahren haben sich die Abmessungen der Platinen von der ehemaligen Ausführung (AT-Format) zum heute verwendeten kleineren Baby-AT-Format (BAT-Format) entwickelt.

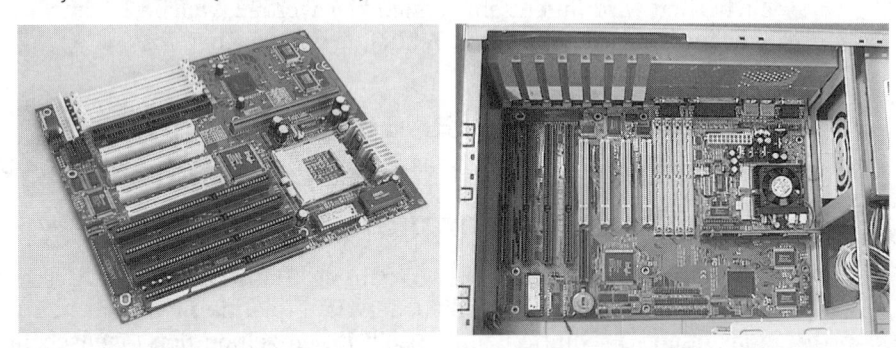

Formate der Hauptplatinen: links das BAT-Format und rechts eine Platine im ATX-Format

Das (B)AT-Format

Mainboards älterer Machart verwenden hinsichtlich der Platinengröße das AT-Format bzw. das Baby-AT-Format. Die Abmessungen der eigentlichen Platinen sind relativ klein geworden und ermöglichen durch einen mehrschichtigen Aufbau eine besonders kompakte und damit vor allem für den Kunden besonders preiswerte Bauweise.

Das Format wird noch regelmäßig für (Super-)Sockel 7-Systeme verwendet. Bei einem Neukauf des Mainboards sollte man aber nur im Notfall (Kosten!) auf ein AT-Format zurückgreifen.

Das ATX-Format

Neben der reinen Baugröße der Hauptplatine hat sich im Zuge der modernen Pentium-Systeme ein neues Layout der Hauptplatinen durchgesetzt: das ATX-Format. Das Format ATX beschreibt den Aufbau des Mainboards und bestimmt damit die Anordnung der Bauelemente auf der Platine und den Typ der Stromversorgung des Rechnersystems. Ein ATX-Mainboard läßt sich nicht ohne weiteres in ältere Gehäuse mit AT-Format einbauen, da die Board-Anschlüsse anders nach außen geführt werden.

Vorteile des ATX-Board-Formats

Belüftung, Kühlung: Durch das neue Design ist die Kühlung der elektronischen Bauteile im Rechner deutlich besser und beugt damit dem „Hitzetod" der Baugruppen, gerade in kompakten Gehäusen, besser vor. Der Luftzug im Gehäuse kann die Baugruppen besser erreichen, und die CPU liegt unmittelbar unterhalb des Hauptlüfters des Gehäuses bzw. des Netzteils.

Hinweis
Vorsicht, heiß!

Neue rechnerinterne Bauteile, wie Laufwerke (z. B. Festplatten, Wechselplattensysteme) und Zusatzkarten, produzieren innerhalb eines Rechners zusätzliche Wärme. Eine Überschreitung der Betriebstemperatur kann zu Fehlern und Systemabstürzen führen. Unter Umständen müssen Sie die Temperatur reduzieren, indem Sie für eine bessere Durchlüftung sorgen. Einzelne Ventilatoren können Sie im Computer-Fachhandel beziehen.

Anordnung der Baugruppen: Durch die Anordnung der CPU, der Slots für den Speicher und der Erweiterungskarten sind diese besser zugänglich und erlauben kürzere Kabelwege zur Verbindung der Komponenten mit dem Mainboard. Dadurch wird ein wesentlich „aufgeräumterer" Aufbau und ein leichteres Hantieren beim Komponententausch bzw. bei der Verkabelung der Baugruppen im Rechner möglich.

Lange Erweiterungskarten: Durch die geänderte Anordnung der CPU wird der Einbau von langen Steckkarten, wie sie bei Audio-, Video- und Soundsystemen vorkommen, erleichtert. Scheiterte früher der Einbau bei Tischgeräten oder Mini-Tower-Systemen bereits häufig am Sitz der CPU bzw. des CPU-Lüfters, bietet das ATX-Format bei fast allen Slots am Erweiterungsbus den nötigen Raum für den Einbau.

Netzteil: ATX-Netzteile sind für den Softpowerbetrieb des Rechners ausgelegt, wie es bei Geräten der Unterhaltungselektronik (Fernseher, Videorecorder und Hi-Fi-Anlagen) üblich ist. Damit wird der Rechner beim Ausschalten nicht vollständig von der Netzspannung getrennt, sondern in einen Ruhezustand versetzt. Nur mit diesen Netzteilen können die erweiterten Möglichkeiten des Powermanagements der modernen PCs für den ferngesteuerten Rechnerstart, die Stand-by-Funktion usw. realisiert werden.

Bei ATX-Netzteilen brauchen Sie nach dem Herunterfahren eines neuen Betriebssystems wie Windows 98 den Rechner nicht mehr gesondert auszuschalten. Der Rechner wird durch das Betriebssystem automatisch in den Ruhemodus versetzt.

> **Hinweis**
>
> **Upgrade in kleinen Schritten? Mainboards für AT- und ATX-Gehäuse**
>
> Für das Upgrade eines bestehenden Rechners respektive des Gehäuses mit Netzteil im AT-Format sind Mainboards für die Sockel 7-Systeme verfügbar, die sowohl in Gehäusen für die Aufnahme von AT- sowie von ATX-Platinen geeignet sind. Diese Mainboards bieten beide Anschlußmöglichkeiten für die Stromversorgung. Auf die erweiterten Möglichkeiten der ATX-Netzteile muß bei Verwendung in AT-Gehäusen jedoch leider verzichtet werden. Bei einem solchen Upgrade können Sie Ihr bisheriges Gehäuse weiter verwenden und sparen die Investition von ca. 120-240 DM für ein neues Gehäuse. Möchten Sie sich im Laufe der Zeit dennoch ein neues Gehäuse anschaffen, bietet das Mainboard den Anschluß an das ATX-Netzteil und kann im neuen Gehäuse weiterverwendet werden. Der Rechner bietet dann alle erweiterten Möglichkeiten des neuen ATX-Formats bzw. der ATX-Netzteile.

Bei den Gehäusen der Rechner zeigt sich eine ähnliche Entwicklung hin zur ATX-Technik. Es werden zwar nach wie vor AT-Modelle angeboten, diese gehören jedoch ebenfalls eher zu den Auslaufmodellen. Schon wegen der komplizierteren Netzteile sind auch die Gehäuse ebenfalls um einiges teurer als die entsprechenden AT-Typen (ca. 20-30 %). Insgesamt könnte man zwar knappe 100 DM bei Mainboard und Gehäuse/Netzteil sparen, die Vorteile des neuen Formats sind jedoch so deutlich, daß man bei neuen Systemen immer ein ATX-Format des Rechners wählen sollte.

Chipsätze der Mainboards in der Praxis

War Intel mit der Einführung des Pentium-Prozessors hinsichtlich der Board-Chipsätze lange Zeit allein auf weiter Flur, sind heute wieder in allen Bereichen, Pentium und neuerdings auch für den Pentium-II, alternative Chipsätze bei den Mainboards zu finden.

Sockel 7-Systeme

Im Zuge des Wettbewerbs um Rechnersysteme der Pentium-Klasse existieren mittlerweile neben den Baugruppen der ersten Generation von Intel alternative Chipsätze der Firmen Via, ALI und SiS.

Chipsatz	Beschreibung
Intel 430HX, 430VX	Diese beiden Chipsätze gehören zu den „klassischen" Vertretern der 430-Reihe für Pentium-Systeme der ersten Generation. Wegen der absoluten Marktführerschaft bei der Einführung der Pentium-Prozessoren verwenden ältere Mainboards in der überwiegenden Zahl den 430 HX-Chipsatz. Seit dem Ausstieg Intels aus der Pentium-Familie und der Einführung des TX-Chipsatzes wird der HX-Chipsatz nicht mehr eingesetzt.
	Der VX-Chipsatz bietet zusätzliche Funktionen, die einen Multiprozessorbetrieb bei Mainboards ermöglichen, die mehr als eine CPU unterstützen. Mit dem HX-Chipsatz können zwar bereits SDRAM-Module eingesetzt werden, diese sind jedoch wegen des geringen Systemtakts von 66 MHz kaum sinnvoll einzusetzen. Hinsichtlich der Speicherperformance liegt der VX deutlich unter den Geschwindigkeiten, die mit dem HX-Chipsatz erreicht werden, und bietet damit für Single-CPU-Systeme keine Vorteile.
	Beide Chipsätze sind nur noch bei den ältesten Pentium-Systemen anzutreffen und spielen bei den heutigen Mainboards keine Rolle.
	Hinweis: Windows 95 und Windows 98 sind anders als Windows NT nicht für den Multiprozessorbetrieb geeignet.
Intel 430TX	In puncto Performance gehört der TX zu den schnellsten Chipsätzen. Dabei ist jedoch zu beachten, daß die Cacheable Area auf 64 MByte begrenzt wurde. Größere Hauptspeicherausbauten (von bis zu 256 MByte) führen zu drastischen Einbrüchen der Performance. Bis zu 64 MByte profitiert der TX jedoch von seiner Fähigkeit, hervorragend mit Speichermodulen wie EDO oder SDRAMs umgehen zu können. Hinsichtlich der Performance des Speicherzugriffs gehört der TX bei Systemen mit 66 MHz Systemtakt zu den führenden Chipsätzen. Auch die Arbeitsgeschwindigkeit des PCI-Bus liegt auf hohen Niveau.
	Der Chipsatz bietet den Dual Voltage-Support, einen Systemtakt von 66 und 75 MHz sowie den BF2-Pin und ist damit für Prozessoren bis 300 MHz einsetzbar, inklusive der Cyrix/IBM-Typen, die mit 75 MHz getaktet werden.
	Bei Systemen im Bereich des Office-Einsatzes bieten die Mainboards auch unter Berücksichtigung der Speicherbegrenzung eine preiswerte Alternative. Bei Rechneranwendungen mit hohem Speicherbedarf wie Grafik- oder Soundanwendungen sollten jedoch Mainboards ausgewählt werden, die mit größeren Speicherausbauten umgehen können.
VIA Apollo VP2	Der Hersteller Via stellte Mitte des Jahres 97 als unmittelbare Konkurrenz zu Intels TX-Chipsatz den 590VP2 (Apollo 2) vor. Der Chipsatz bietet vergleichbare Merkmale wie Intels TX-Chipsatz und verfügt ebenfalls über den BF2-Pin für die höheren Taktraten der AMD-Prozessoren. Ein Upgrade mit Prozessoren von AMD K6-2/350 MHz ist damit problemlos möglich. Der Chipsatz bietet einen Systemtakt von 66 und 75 MHz und und unterstützt damit ebenfalls den Einsatz der mit 75 MHz anzusteuernden Prozessoren von Cyrix/IBM.
VIA Apollo VP3	Ein weiterer Vertreter aus dem Hause Via ist der Apollo 3. Im Gegensatz zum VPX ist dieser nur mit Bustaktfrequenzen von 66 MHz spezifiziert, bietet jedoch bereits AGP-Support für den Sockel 7. Der Hauptspeicherausbau kann bis zu 1 GByte betragen, und der vom Cache erreichbare Arbeitsspeicher ist ebenfalls stolze 1 GByte groß. Wie der VPX kann auch dieser Chipsatz einen L2-Cache von bis zu 2 MByte verwalten.

VIA Apollo VPX	Eine weitere Alternative in Sachen Chipsatz für den Sockel 7 ist der Apollo VPX. Er unterstützt einen asynchronen Bustakt bis zu 75 MHz, Ultra-DMA/33 und bietet Support für SDRAMs. Zudem kann der Apollo VPX mit bis zu 2 MByte L2-Cache umgehen. In puncto Performance müssen aber in fast allen Disziplinen Einschränkungen gegenüber den Chipsätzen von Intel und ALI in Kauf genommen werden. Besonders beim Einsatz von FPM- oder EDO-Speicher sind die Einbußen der Performance unverkennbar.
ALI Aladdin – IV/IV+	Die immer noch aktuellen Aladdin-IV- und -IV+-Chipsätze für den Sockel 7 von ALI sind in der Lage, den PCI-Bus asynchron zum Speicherbus zu takten. Damit ist es möglich, den PCI-Bus mit 33 MHz zu betreiben, den externen CPU-Takt, den Speichertakt sowie den L2-Cache aber mit höheren Frequenzen (75 und 83 MHz) anzusteuern. Damit sind diese Chipsätze insbesondere für die Cyrix-6x86-Prozessoren interessant. Die maximale Taktrate für die CPU beträgt 266 MHz. Daneben können der Aladdin IV und IV+ bereits mit den schnellen SDRAMs umgehen, so daß man sich auch hier auf der Höhe der Zeit befindet.
SIS 5591/5595	Im Gegensatz zu den Konkurrenzprodukten von ALI und Via ist der 5591 jedoch nur bis zu Taktfrequenzen von 66 MHz spezifiziert. Wenn Mainboards mit diesem Chipsatz höhere Taktraten unterstützen, ist daher Vorsicht geboten. Ein stabiler Betrieb mit höherer Taktung kann nicht garantiert werden. Beim L2-Cache ermöglicht der SiS-Chipsatz maximale Ausbauten von 1 MByte. Beim Hauptspeicher sind bis zu 768 MByte möglich, auch edlen ECC-Speicher kann mit diesem Chipsatz genutzt werden. Neben der Unterstützung des Ultra-DMA/33-Protokolls und USB bietet der SIS 5595 auch ein I2C-Interface. Damit lassen sich Funktionen wie Spannungs-, Temperatur oder Lüfterüberwachungen kontrollieren und steuern.

Supersockel 7-Systeme

Während die Prozessoren in den letzten drei Jahren ihre Taktfrequenzen mehr als verdreifacht haben, sind die Taktraten von PCI- und Speicherbus zum L2-Cache nicht verändert worden. Mit 66 MHz für den Speicherbus und den L2-Cache (Sockel 7) werden schnelle CPUs beim Zugriff auf den Speicher gebremst.

Die neuen Chipsätze der vierten Generation für den Systemtakt von 100 MHz heben diese Beschränkung auf und erlauben deutliche Steigerungen der Verarbeitungsgeschwindigkeit, die bislang nur den Systemen mit Pentium-II-Prozessoren vorbehalten waren.

Chipsatz	Beschreibung
ALI Aladdin V	Für die Zukunft gerüstet ist man auf Basis des Supersockel 7 mit dem Aladdin-V-Chipsatz. Dieser unterstützt Prozessoren bis zu 400 MHz. Neben Speicher- und CPU-Taktfrequenzen von bis zu 100 MHz bietet dieser Chipsatz auch einen Support der Grafikschnittstelle AGP (**A**ccelerated **G**raphics **P**ort) von Intel. Ebenso kann der Aladdin V, wie bereits der Aladdin IV und IV+, bis zu 1 MByte L2-Cache verwalten.
VIA Apollo MVP3	Ebenfalls für die 100-MHz-Technik bietet Via den neuen MVP3-Chipsatz. Neben Taktraten von 66, 75, 83 und 100 MHz kann der MVP3 2 MByte L2-Cache und einen Hauptspeicherausbau von 1 GByte adressieren und bietet AGP-Unterstützung. Die Cacheable Area beträgt 512 MByte. Bis auf den VPX können alle Via-Chipsätze sogar mit ECC-Speicher (**E**rror **C**orrection **C**ode) umgehen.

Sockel-370-Systeme

Die Strategie Intels sieht vor, die bisherigen Celeron-Prozessoren für den Slot 1 in Verbindung mit Mainboards mit 440EX-Chipsatz bzw. die neuen Celeron-Typen für den Sockel-370 mit Mainboards mit 440ZX-Chipsatz anzubieten. Damit soll der Konkurrenz von AMD und Cyrix und den Chipsätzen der Hersteller für den Super-7-Sockel mit AGP-Unterstützung ein vergleichbar leistungsfähiger und kostengünstiger Prozessor entgegengestellt werden.

Chipsatz	Beschreibung
Intel 440ZX-66	Die offizielle Aussage des Herstellers, daß der neue Chipsatz 440ZX für den Sockel 370 gemacht sei, ist nicht ganz richtig. Wie schon beim EX hat man beim ZX einen bestehenden Chipsatz schlicht in der Leistung begrenzt. Ähnlich dem EX als eingeschränkter LX-Chipsatz ist der „neue" ZX-Chipsatz (in der Folge der Intel-Politik) ein abgespeckter BX-Chipsatz. Nun möchte man meinen, daß auf ZX basierende Boards auch 100 MHz FSB anbieten können. Leider nein. Der Chipsatz arbeitet bislang mit einem Systemtakt von 66 MHz. Damit wird ein künstlicher Abstand zu den Chipsätzen der Hauptplatinen für den Pentium-II-Prozessor geschaffen. Vermutlich ab dem Tag, an dem Intel den ersten Chipsatz bzw. Prozessoren vorstellt, die mit den angepeilten 133 MHz Systemtakt arbeiten werden, werden auch ZX-Chipsätze mit 100 MHz Systemtakt das Licht der Welt erblicken.

Offenbar möchte Intel mit dem Wechsel zu einer Sockellösung die Anwender von schnellen Prozessoren im Preissegment der Celeron-Familie davon abhalten, die CPU in einem BX-System mit Slot 1 zu betreiben. Die Celeron-CPU kann grundsätzlich mit jedem Chipsatz betrieben werden, der für Slot-Systeme konzipiert ist. Slot-Systeme bieten auch für Celeron-Prozessoren mehr Möglichkeiten, beispielsweise das Übertakten oder der Wechsel des Prozessors zu einer Pentium-II/III-CPU.

Als preiswertes Komplettsystem kann ein Sockel-370-System eine Alternative sein, zum Aufrüsten sind jedoch Hauptplatinen mit einem Slot 1 auch für Celeron-Prozessoren eindeutig die bessere Lösung.

Slot 1-Systeme

Einen Abriß über die gängigsten Chipsätze für die Pentium II- und die Celeron-Familie wie grundsätzlich auch dem Pentium III von Intel sowie den neuen Anbietern geben die Beschreibungen der folgenden Tabelle. Die noch sehr teuren Chipsätze, wie z. B. der NX- oder GX-Chipsatz von Intel (vor allem für Server interessant,) werden hier nicht berücksichtigt.

Das Mainboard – Die Basis Ihres PCs

Chipsatz	Beschreibung
Intel 440 FX, 440 LX	Mit der Einführung des Pentium II stand für diese CPU lediglich der veraltete 440 FX bereit, der ursprünglich für Pentium-Pro-Prozessoren entwickelt worden war. Da mit dem 440 FX weder der Einsatz von SDRAMs, AGP noch der Ultra-DMA/33-Modus des IDE-Controllers möglich ist, sollte man von einem Mainboard oder einem System mit dieser Ausstattung auf jeden Fall die Finger lassen. Die Unzulänglichkeiten des FX räumt der LX-Chipsatz aus der Welt. Der Chipsatz arbeitet mit einem externen Takt von 66 MHz und ist damit für die älteren Prozessortypen von 200 bis 366 MHz geeignet. Der Chipsatz bietet AGP-Unterstützung, zwei USB-Schnittstellen und ist für den Einsatz von bis zu 1GByte EDO oder 8 GByte SDRAM mit oder ohne ECC-Support geeignet. Der Chipsatz unterstützt vier Slots am PCI-Bus, drei Slots am ISA-Bus sowie einen integrierten EIDE-Controller mit Ultra-DMA/33-Support (Bus Master).
Intel 440 EX	Da die Fertigungskosten des LX-Chipsatzes jedoch recht hoch ausfallen, bietet Intel mit dem EX-Chipsatz eine Magerversion des LX-Chipsatzes an. Bei dem neuen Intel 440 EX-Chipsatz handelt es sich damit nicht um eine Neuentwicklung eines Slot 1-Chipsatzes, sondern lediglich um eine abgespeckte Variante des bisherigen 440LX-Chipsatzes. Damit werden „fast" alle Features dieses bewährten Pentium-II-Chipsatzes unterstützt. Das heißt: volle Unterstützung der bisherigen Pentium-II-CPUs mit allen Taktraten, allerdings ohne Unterstützung des AGP-Sockel, lediglich zwei DIMM-Sockel für die Aufnahme der Speichermodule sowie nur drei PCI-Steckplätze. Entscheidet man sich zu einem Wechsel zur Pentium-II-Klasse sind diese Einschränkungen nur schwer zu akzeptieren.
Intel 440 BX	Der im April 98 vorgestellte BX-Chipsatz erweitert den bisherigen LX-Chipsatz um die Unterstützung des 100 MHz schnellen Front Side Bus. Die effektive Leistungssteigerung, die ein Pentium-II-PC aus dem erhöhten Speichertakt von 100 MHz schlagen kann, fällt jedoch relativ bescheiden aus. Der Benchmark Business Winstone 98 liefert maximal 10 % bessere Ergebnisse bei gleicher CPU-Taktfrequenz. Der Chipsatz bietet jedoch nur drei PCI-Steckplätze und eignet sich damit nicht für Systeme, die weitgehend auf den Einsatz von ISA-Karten verzichten möchten.
SIS 5600/5595	Als alternativer Chipsatz zu Intels 440er-Reihe schickt die Firma SiS diesen Chipsatz mit 66 und 100 MHz Systemtakt ins Rennen. Eine Besonderheit dieses Chipsatzes ist die Möglichkeit, die verschiedensten Konfigurationen beim Arbeitsspeicher zu ermöglichen. EDO- und FPM-Speicher können weiterhin verwendet werden, wenn auch nur mit einem Bustakt von 66 MHz. Dem schmalen Geldbeutel kommt die Verwendung der bisherigen Speichermodule jedoch sehr entgegen. Das System-Update kann in kleineren, besser bezahlbaren Schritten ausgeführt werden. Da die Zugriffsgeschwindigkeit auf den Hauptspeicher nur einen relativ geringen Einfluß auf die gesamte Performance des Rechners hat, sind bei Verwendung von alten Speichermodulen nur geringe Verluste der Gesamtleistung einzukalkulieren.
ALI Aladdin Pro II	Der Chipsatz unterstützt alle Standardeigenschaften der Pentium-II-Chipsätze hinsichtlich AGP, USB usw. Es können alle aktuellen Prozessoren inklusive der Celeron-Typen verwendet werden. Der Chipsatz bietet darüber hinaus den schnellen 100 MHz **F**ront **S**ide **B**us (FSB), einen AGP-Port 2x und die Unterstützung von 1 GByte SDRAM oder alternativ 2 GByte EDO-RAM.
Via Apollo Pro II	Alternativ zum BX-Chipsatz von Intel bietet Via mit dem Apollo II einen alternativen Chipsatz für Pentium-II-Systeme. Der Chipsatz bietet jedoch fünf PCI-Slots (im Gegensatz zu Intels BX). Zum Einsatz der bisherigen Speichermodule FPM- und EDO-RAM können Systemtakte von 66 und 100 MHz verwendet werden, so daß auch bisherige Speichermodule eingesetzt werden können.

Übersicht über gängige Chipsätze

Chipsatz	Sockeltyp	Systemtakt (MHz max.)	Cacheable Area/MByte
ALI Aladdin III	Sockel 7	66	64-128*
Intel HX	Sockel 7	66	64-512*
Intel VX, TX	Sockel 7	66	64
VIA Apollo VPX, VP2, VP3	Sockel 7	66	64-1024*
SiS 5591/5595	Sockel 7	75	64-256*
ALI Aladdin IV, IV+ (TX Pro)	Sockel 7	83	64-512*
SiS 5582/5598	Sockel 7	83	64-128*
ALI Aladdin V	Sockel 7	100	128
VIA Apollo MVP3 (PC100)	Sockel 7	100	64-256 (512)*
Intel ZX	Sockel 370	66	128/256**
Intel FX	Slot 1	66	64
Intel LX, EX	Slot 1	66	256/512 (4096)**
Intel BX	Slot 1	100	256/512 (4096)**
ALI Aladdin Pro II (BXcel)	Slot 1	100	256/512 (4096)**
SiS 5600/5595 (BX Pro)	Slot 1	100	256/512 (4096)**
VIA Apollo Pro II (BXpert)	Slot 1	100	256/512 (4096)**

* = Größe des Cache abhängig von der Größe des Tag-RAM auf dem Mainboard

** = Größe des tatsächlich verwendeten Cachespeichers abhängig von der Größe des L2-Caches auf der CPU

Hinweis

Chipsatz – Ein nicht wechselbares Element

Der Chipsatz ist auf dem Mainboard fest aufgelötet und kann daher nicht direkt ausgetauscht werden. Benötigen Sie einen anderen Chipsatz, müssen Sie auch das gesamte Mainboard austauschen.

Prozessorunterstützung des Mainboards – Zukunft eingebaut?

Welche Prozessoren von Ihrem Mainboard unterstützt werden, wird durch zwei Eigenschaften der Hauptplatine bestimmt, dem verwendeten Chipsatz sowie den unterstützten Taktraten für die CPU. Der verwendete Chipsatz richtet sich an eine Prozessorfamilie, also 486-, Pentium- oder Pentium-II/III- bzw. Pentium-Pro-Systeme. Innerhalb der Pentium-Familie können Sie unter verschiedenen Herstellern und unter verschiedenen Taktraten der Prozessoren wählen. Die Pentium-II/III- bzw. Celeron-CPU werden ausschließlich von Intel angeboten und sind ebenfalls in verschiedenen Taktraten zu bekommen.

Das Mainboard – Die Basis Ihres PCs

Welche Taktraten von Ihrer Hauptplatine unterstützt werden, hängt vom externen Takt des Boards (66, 75, 83 oder 100 MHz) und von den zur Verfügung stehenden Multiplikatoren (BF-Pins) für die Einstellung des CPU-Takts ab.

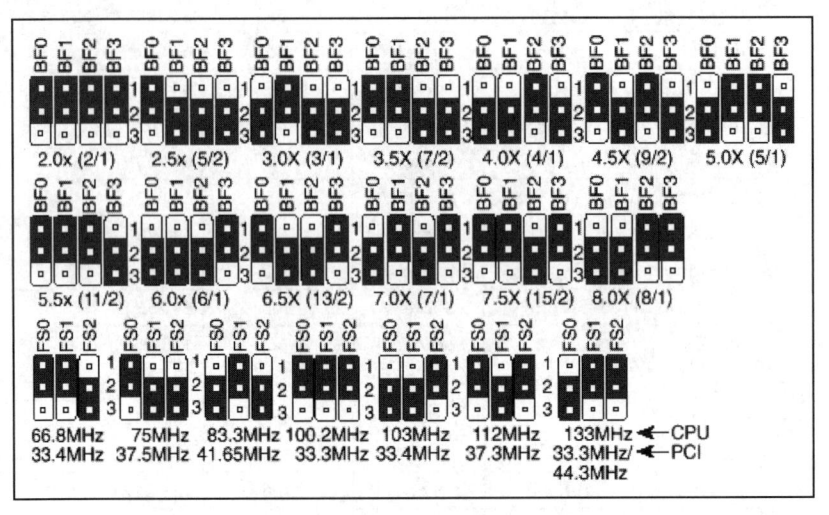

Einstellung des CPU-Takts (BFx) und des Systemtakts (FSx)

Die von Ihrem bisherigen Mainboard unterstützten CPU-Typen bzw. der verwendete Sockeltyp sind im einzelnen im Handbuch zum Mainboard beschrieben. Die Einstellung des Prozessortakts wird bei den meisten Mainboards über Steckbrücken (Jumper) eingestellt.

Hinweis

Mega-out – Pentium-I-Systeme mit 90, 120 und 150 MHz

Modelle dieses Typs sind zwar nicht mehr im Handel erhältlich, aber so manches gebrauchte Gerät aus dem Secondhandbereich wird nach wie vor als vermeindliches Schnäppchen angeboten. Wegen der internen Taktung der Hauptplatine mit Systemtakten von 50 bzw. 60 MHz für den Systembus wird der PCI-Bus künstlich mit weniger als 33 MHz betrieben. Durch die sychrone Taktung mit der Hälfte des Systemtakts wird in der Folge der PCI-Bus nur mit 25 bzw. 30 MHz getaktet. Damit ist nicht nur der Prozessor hinsichtlich des CPU-Takts uninteressant, sondern das gesamte System lahmt wegen der ungünstigen Frequenz des Systembus.

Je nach Mainboard werden externe Taktraten von 50, 60, 66, 75 und 83 MHz, bei den Systemen der Pentium-Klasse von 100, 112 und bei Pentium-II-Systemen bis zu 133 MHz angeboten. Die Multiplikatoren bestimmen, mit welchem Faktor die Taktfrequenz des Systembus multipliziert wird, um den korrekten CPU-Takt zu erreichen. Die Multiplikatoren heutiger Systeme bieten Faktoren von 1,5fach, 2fach, 2,5fach, 3fach, 3,5fach, 4fach, die schnellen 100-MHz-Systeme Faktoren bis zum achtfachen des externen Takts.

Speicher satt? – Ausbaumöglichkeiten des Arbeitsspeichers

Für die Arbeit am Computer ist es wenig förderlich, wenn der Anwender nach dem Aufruf eines Programms erst einmal eine Kaffeepause einlegen muß, bis der Rechner mit Ächzen und Stöhnen die nötigen Programmdateien geladen hat. Dabei gibt es keine preiswertere und effektivere Möglichkeit, die Leistung des PCs zu steigern, als die Ausrüstung mit genügend Speicher.

Durch Speichererweiterungen lassen sich bei herkömmlichen (Pentium-) Rechnern unter den 32-Bit-Betriebssystemen wie Windows 95/98 oder Windows NT deutliche Gewinne in der Arbeitsgeschwindigkeit erreichen. Angesichts des derzeitigen Preisniveaus für RAM-Module sollte man dem PC eine etwas üppigere Speicherausstattung spendieren, als die Mindestvorgaben für das Betriebssystem oder der Anwendungen angeben. Für Windows 95/98 sollten mindestens 32, besser 64 MByte und für Windows NT 64, besser jedoch 128 MByte zur Verfügung stehen. Hinsichtlich des Speicherausbaus sollten Mainboards 256 MByte Arbeitsspeicher unterstützen können. Dabei spielt die Zahl der Steckplätze für die Aufnahme der Speichermodule und die Art der unterstützten Speichertypen ebenfalls eine wichtige Rolle. Zum Aufrüsten sind Mainboards, die sowohl FPM-/EDO-RAM als auch SDRAM vertragen, dann ideal, wenn Sie noch alte Speicherbausteine weiter benutzen möchten. Diese Boards sollten neben vier Steckplätzen für die SIMM-Module mindestens zwei Steckplätze für die neuen SDRAM-Speicher für die 100-MHz-Technik bieten.

> **Hinweis**
>
> **Performance-Falle: Speicherbegrenzung durch den Chipsatz**
>
> Der Pentium-Chipsatz 430TX als Nachfolger des 430 HX bietet leider nicht nur die Segnungen neuer Technik (SDRAM-Untersützung, Ultra-DMA/33 usw.), sondern auch eine Speicherfalle. Der Chipsatz begrenzt den Speicherbereich, der vom L2-Cache erreicht wird, „künstlich" auf 64 MByte, obwohl bis zu 256 MByte möglich sind. Werden mehr als 64 MByte RAM eingesetzt, bricht die Arbeitsgeschwindigkeit des gesamten Rechners deutlich ein, da kein L2-Cache mehr verwendet wird. Offentsichtlich zielte die letzte Entwicklung Intels für Pentium-Chipsätze ausschließlich auf den Heimbereich, dem augenscheinlich keine größeren Speicherausstattungen zugetraut wird. Trotz der guten Performance der Mainboards mit dem TX-Chipsatz kann man wegen der Begrenzung des Speichers vom Einsatz als Universalcomputer nur abraten. Im besten Fall kann sich bei einem günstigen Preis eine Nutzung im Bürobereich ohne Anwendungen mit großem Speicherbedarf (Textverarbeitung und Tabellenkalkulation mit geringen Grafikanteilen) rechnen.

Bei Platinen für 100-MHz-Systeme sollten drei Steckplätze für die Speichererweiterung vorhanden sein. Bei Ausstattungen von Komplettsystemen oder beim Kauf preiswerter Speicherbausteine werden sehr häufig Speicherbausteine mit jeweils 32 MByte verwendet, so daß bei drei Steckplätzen und einer Ausstattung mit 64 MByte ein weiteres Aufrüsten mit einem weiteren Speicher möglich ist.

Wieviel Cache für wen? – Turbo einlegen

Der L2-Cache ist für ein effizientes Arbeiten von Pentium-Prozessoren ein absolutes Muß. Die Ausstattungen der Mainboards variieren von 256 und 512 bis 1.024 KByte und bei Pentium-II-Modellen auch darüber. Aber wieviel Speicher braucht's denn wirklich? Der Speicherbedarf an L2-Cache richtet sich nach der Größe des verwendeten Arbeitsspeichers. Bei einer Ausstattung mit 64 MByte Arbeitsspeicher reichen 256 KByte L2-Cache völlig. Ein Aufstocken auf 512 KByte bringt lediglich Gewinne im Bereich von 2-3 % der Arbeitsgeschwindigkeit. Verwenden Sie jedoch mehr als 64 MByte, sind auf jeden Fall 512 KByte Cachespeicher notwendig, da neben dem eigentlichen Cachespeicher ein weiterer Speicher einen entscheidende Rolle spielt: das Tag-RAM. Einzelheiten zum L2-Cache finden Sie in den folgenden Abschnitten. Die Besonderheiten rund ums Tag-RAM finden Sie ab Seite 136.

L2-Cache bei älteren Pentium-Mainboards (Sockel 5/7)

Bei den älteren Mainboards vor ca. 1997 war eine Ausstattung mit 256 KByte üblich. Vor dem Hintergrund der damaligen durchschnittlichen Ausstattung eines PCs mit 16 oder 32 MByte Arbeitsspeicher durchaus ausreichend. Bei den Pentium-I-Modellen der Mainboards sind die SRAM-Bausteine (SRAM = statisches RAM) für den Cachespeicher unmittelbar auf der Hauptplatine aufgelötet bzw. lassen sich vor allem bei den älteren Modellen für die ersten Pentium-Prozessoren über sogenannte COAST-Module nachträglich weiter aufrüsten.

COAST-Modul zur Nachrüstung von L2-Cache

Die COAST-Module sehen den PS/2-SIMM-Modulen ähnlich und werden in einem sogenannten Coast-Sockel in der Nähe der CPU eingesteckt. Möchten Sie das Mainboard um weiteren L2-Cache erweitern, ist ein anderer Aspekt des L2-Caches zu berücksichtigen: das Tag-RAM (siehe auch Seite 136). Gerade bei älteren Modellen ist die Größe des Tag-RAM auf eine Cacheable Area von 64 MByte eingeschränkt, da der verwendete Speicherbaustein (Typ 8k8) keine größere Reichweite erlaubt. Soll ein größerer Bereich von L2-Cache abgedeckt werden, ist ebenfalls ein zusätzlicher Tag-RAM-Baustein fällig.

> **Hinweis**
>
> **PCs ohne L2-Cache – (fast) schon Geschichte**
>
> Mit der Einführung der EDO-Typen der Speichermodule Anfang 1997 wurde von einer Reihe von Herstellern auf die Ausstattung der Systeme mit L2-Cache verzichtet. Diese „Sparmaßnahme" wurde damit begründet, daß auf den Einsatz von L2-Chache verzichtet werden kann, wenn schnelle EDO-RAMs eingesetzt würden. Die Arbeitsweise bzw. die hohe Verarbeitungsgeschwindigkeit moderner Prozessoren ist jedoch nur in Zusammenarbeit mit dem L2-Cache möglich. Glauben Sie keinen derartigen Beteuerungen. Rechner ohne L2-Cache arbeiten deutlich zu langsam und können durch keinen noch so modernen Arbeitsspeicher ersetzt werden. Ältere Systeme ohne Cachemodule bieten meist jedoch die Möglichkeit, den L2-Cache über COAST-Module nachzurüsten.

L2-Cache bei Pentium-Mainboards (Sockel 7, Supersockel 7)

Seit etwa Anfang 1997 sind alle Mainboards mit mindestens 512 KByte L2-Cache ausgerüstet und in der Lage, auch größere Speichermengen über 64 MByte zu bedienen. Alle Boards können über den L2-Cache bis zu 128 MByte Arbeitsspeicher ansprechen, so daß die Probleme in diesem Bereich bei den meisten Anwendern (zur Zeit) der Vergangenheit angehören.

Sollen größere Mengen an Arbeitsspeicher über 128 MByte verwendet werden, sind Mainboards auszuwählen, die mit größerem L2-Cache von 1 oder 2 MByte arbeiten und größere Bereiche mit dem L2-Cache erreichen können. Eine Auswahl verschiedener Chipsätze und deren Cacheable Area zeigen die Tabellen ab Seite 127.

> **Hinweis**
>
> **Cache-Chips bei 100-MHz-Systemen**
>
> Bei Systemen mit einem Systemtakt von 100 MHz sind Cache-Chips mit 5 ns Zykluszeit erforderlich, die bisher noch teurer sind, als die herkömmlichen Typen mit 6 oder 7 ns für 66-MHz-Systeme. Manche Hersteller behelfen sich deswegen leider zum Teil mit ausgewählten 6 ns-Chips. Aber Vorsicht: Die Toleranzspanne ist sehr klein, was letztlich bedeutet, daß Hauptplatinen mit diesen Cachebausteinen so gut wie nicht mit den neuen Systemtakten von 112 MHz (133 MHz) übertaktet werden können!

L2-Cache bei Pentium-II-Systemen (Sockel 8, Sockel 370, Slot 1)

Der L2-Cache bei den Pentium Pro- und den neuen Pentium-II/III- und Celeron-Prozessoren ist auf der CPU bzw. dem CPU-Modul integriert und wird über einen speziellen Datenbus angesprochen, der völlig anders arbeitet als bei den herkömmlichen Pentium-Typen für den Sockel 5/7.

Da der Speicher bereits über die CPU integriert ist, stellt das eigentliche Mainboard nur noch die Verwaltungsfunktionen, jedoch nicht mehr die Aufnahme des Speichers an sich zur Verfügung. Die Größe des Cachespeichers muß mit der CPU ausgewählt werden, wobei bei den einfachen Typen für den Einsatz als einzelne CPU unter Modellen mit 256 und 512 KByte gewählt werden kann. Lediglich die Xeon-Prozessoren für den Multiprozessorbetrieb (für große Serveranwendungen) bieten größere Ausstattungen an L2-Cache. Bei den heutigen Standardtypen werden bei den Celeron-Modellen 128 KByte und bei den Pentium-II-Typen 256 KByte L2-Cache verwendet, der eine optimale Verarbeitungsgeschwindigkeit gewährleistet. Lediglich bei sehr speicherintensiven Anwendungen können größere L2-Cachespeicher auf der CPU hilfreich sein. Jedoch ähnlich wie bei den Pentium-Systemen wird der maximal erreichbare Arbeitsspeicher ebenfalls über Tag-RAM-Module der Hauptplatinen begrenzt. Welche Speicherausbauten bei Pentium-II-Systemen zu erreichen sind, finden Sie im folgenden Abschnitt beschrieben.

Das Tag-RAM-Problem – Reichweite des L2-Caches im Arbeitsspeicher

Eng mit dem L2-Cache ist ein kleiner SRAM-Baustein (statisches RAM) verbunden, zur Koordination des Datenaustauschs zwischen dem L2-Cache und dem Arbeitsspeicher des PCs: das Tag-RAM. Beide Speicher sind unabhängige Bausteine, versehen aber eine gemeinsame Aufgabe und müssen daher in der Größe aufeinander abgestimmt sein. Die Größe des Tag-RAMs bestimmt den Bereich des Arbeitsspeichers, der über den L2-Cache unterstützt werden kann. Hier liegt bis heute die Tücke im Detail. Viele Hersteller verwenden zu kleine Tag-RAMs (Typ 8k8), so daß maximal 64 MByte RAM des Arbeitsspeichers über den Cachespeicher erreicht werden können.

Upgrade-Sockel für einen zusätzlichen Tag-RAM-Baustein

Bei älteren Typen der Mainboards finden Sie Erweiterungssockel für die Tag-RAM-Module, die mit zusätzlichen Speicherbausteinen bestückt werden müssen, wenn zusätzlicher L2-Cachespeicher eingesetzt werden soll.

Besonderheiten des Tag-RAMs bei Pentium-II-Systemen

Für die Koordination des L2-Caches auf der CPU des Pentium II wird ebenfalls ein Tag-RAM-Baustein auf dem Mainboard verwendet. Zur Steuerung kommt ein separater Controller (Tag RAM Chip 82459) zum Einsatz, der von Intel nicht im Kern des CPU-Moduls integriert ist. Bei sehr großen Arbeitsspeicherausstattungen über 512 MByte schlägt leider auch bei den Pentium II-Systemen das Tag-RAM-Problem zu.

Bei den verschiedenen CPU-Modellen bzw. den entsprechenden Mainboards/Chipsätzen werden verschiedene Typen dieser Controller eingesetzt, die sich darin unterscheiden, wie groß der vom L2-Cache erreichbare Speicher (Cacheable Area) ist. Bei den Klamath-Modellen (Pentium II 233-300) wurde ein Controller mit der Bezeichnung 82459AB eingesetzt. Dieser Chip konnte bis zu 512 MByte als Cacheable Area verwalten. Dadurch war es nicht möglich, ein solches System mit mehr als 512 MByte RAM auszustatten.

Bei den ersten Modellen mit Deshute-Kern (Pentium II 333 MHz) wurde der Nachfolger dieses Chips (82549AC) verwendet. Dieser Controller war zwar in der Lage, mit höheren Takten umzugehen, beschränkte jedoch die Cacheable Area ebenfalls auf 512 MByte. Erst spätere Modelle des Pentium II/333 und Nachfolger (Pentium II 350, 400 und 450) wurden mit einer Serie von Tag-RAM-Controllern (82459AD) ausgestattet, die in der Lage waren, eine Cacheable Area von bis zu 4 GByte zu verwalten.

Accelerated Graphics Port (AGP) – Grafikturbo für 3-D?

Heutige Computerprogramme, insbesondere aus dem Bereich der Computerspiele, machen intensiven Gebrauch von den Grafikfähigkeiten des Computers. Einfache Spiele der vergangenen Jahre und Büroanwendungen verwenden bislang die zweidimensionalen Darstellungen (2-D). Neuere Software im Bereich der Multimedia-Anwendungen, allen voran die aktuellen Computerspiele, verwenden die sehr datenintensiven dreidimensionalen Darstellungen der Computergrafik (3-D).

Der PCI-Bus war als schnelles Bussystem für den Transport großer Datenmengen konzipiert. Bei der Anwendungen im 3-D-Bereich zeigt die Bandbreite des PCI-Bus von 132 MByte/s jedoch einen Flaschenhals. Um diesen Engpaß zukünftig zu umgehen, wurde von Intel ein besonders schneller Anschluß für 3-D-Systeme eingeführt, der unabhängig vom PCI-Bus für den Anschluß der Grafikkarten bzw. für den Transport der Grafikdaten geeignet ist: der AGP (**A**ccelerated **G**raphics **P**ort).

AGP-Taktfrequenzen

Der AGP kann in zwei Taktfrequenzen betrieben werden. Die zur Zeit übliche zweifach Mode (2fach) taktet den AGP mit 66 MHz (2 x 33 MHz) und erreicht durch geschickte Ausnutzung des Taktsignals (Nutzung der steigenden und fallenden Flanke des Takts) bereits schon eine vierfache Bandbreite von 528 MByte/s. Bei Verwendung des erweiterten Modus mit der vierfachen Taktgeschwindigkeit (4fach) kann die Bandbreite noch einmal verdoppelt werden.

Neben der hohen Bandbreite zur Übertragung der Daten wird für die Speicherung der 3-D-Daten viel Arbeitsspeicher benötigt. Um den zur Verfügung stehenden Arbeitsspeicher für die Grafikverarbeitung nicht auf den RAM der Grafikkarten einzuschränken, bietet das AGP-System die Möglichkeit, den normalen Arbeitsspeicher des PCs zur Ablage der speziellen 3-D-Informationen zu verwenden. Dazu wurde ein unmittelbarer Zugang zum Arbeitsspeicher seitens des AGP zur Verfügung gestellt.

Die erfolgreiche Symbiose: AGP-Anschluß, Mainboard und Arbeitsspeicher

Um die Vorteile des AGP nutzen zu können, muß das Mainboard einen solchen Anschluß unterstützen. Zu den ersten Mainboards, die mit einem AGP-Anschluß ausgerüstet wurden, gehören die Hauptplatinen mit dem Slot 1 für Pentium II-Prozessoren und den entsprechenden Chipsätzen von Intel. Mittlerweile sind auch Mainboards mit den neuen Chipsätzen z. B. von Via (Apollo VP3) und ALI (Aladdin V) als Sockel 7-Systeme in AGP-Varianten verfügbar.

Hinsichtlich der Ausstattung des Arbeitsspeichers sind bei Verwendung von AGP-Grafikkarten SDRAM-Module (PC-100-Module) ein absolutes Muß. Nur mit den schnellen Speicherbausteinen für den Betrieb mit 100 MHz Systembustakt ist ein ausreichend schneller Zugriff der Grafikkarte auf den Arbeitsspeicher möglich. Selbst bei Systemtakten von 100 MHz und SDRAM kann der AGP nicht mit der vollen Arbeitsgeschwindigkeit betrieben werden. Erst mit den zukünftigen Systemtakten von 133 MHz und durch den Einsatz von RDRAM-Speichern wird es möglich sein, die volle Bandbreite auf dem AGP-Bus auszunutzen.

Powermanagementfunktionen – Der PC als (Energie-)Sparschwein

Viele Chipsätze bieten mittlerweile Energiesparfunktionen zur Reduzierung des Stromverbrauchs des Computers – die sogenannten Green PC-Funktionen. Dazu gehört eine ganze Gruppe von Funktionen, die den Energieverbrauch des Rechners reduzieren sollen. Bei mobilen PCs ist der sparsame

Einsatz von Energie oberstes Gebot. Insbesondere für diese Geräteklasse können die Energiesparfunktionen von Interesse sein, zumal Sie bei mobilen Computern in der Regel nicht permanent mit dem Stromnetz verbunden sind. Statt dessen wird hier die Stromversorgung durch einen Akku gespeist, dessen Betriebsdauer eingeschränkt ist. Je effektiver mit den verfügbaren Stromreserven gearbeitet wird, um so länger können Sie ohne eine Verbindung zum Stromnetz arbeiten.

Beim privaten Gebrauch von Tischrechnern spielen diese Funktionen im Grunde keine besonders große Rolle, da in den meisten Fällen der Rechner nur bei „echtem" Bedarf eingeschaltet ist. Im beruflichen Einsatz dagegen läuft der Rechner unter Umständen lange Zeiten sozusagen im „Leerlauf". In diesen Fällen kann das (teilweise) Abschalten der Rechners in der Summe vieler Rechner durchaus einiges an Energie einsparen.

PM, APM und ACPI – Stromsparen mit System

Das **P**ower**m**anagement (PM) versetzt nach vorgebbaren Zeiträumen der Inaktivität diejenigen Komponenten des Computers in einen Bereitschaftszustand, die einen besonders hohen Energieverbrauch haben. Das Powermanagement wird über BIOS-Funktionen bzw. Einstellungen kontrolliert, die die Vorgaben für die Zeiträume und die betroffenen Komponenten bestimmen. Über das PM können das Grafiksystem mit Monitor und Grafikkarte (**D**isplay **P**ower **M**anagement **S**ignaling - DPMS), die Festplatten, der Prozessor (**S**ystem **M**anagement **M**ode - SMM) sowie der komplette Rechner in einen Bereitschaftszustand versetzt bzw. wieder aktiviert werden.

Die Steuerung dieser Energiesparfunktionen kann automatisch über die BIOS-Funktionen geschehen oder über Softwareschnittstellen der modernen Betriebssysteme kontrolliert und eingestellt werden. Dazu sind zwei Standards definiert worden: das **A**dvanced **P**ower **M**anagement (APM) und der neue Standard ACPI (**A**dvanced **C**onfiguration and **P**ower **I**nterface) der PC-97-Spezifikation von Microsoft.

Die Chipsätze von Intel (430TX), Via, Ali und SiS unterstützen die APM- und ACPI-Funktionen des Powermanagements. Echten Nutzen können Sie jedoch nur daraus ziehen, wenn das Betriebssystem ebenfalls die Funktionen unterstützt. Windows 95 bietet nur die Unterstützung der PM-Funktionen des APM, Windows 98 dagegen kann bereits mit den Funktionen des ACPI umgehen. Für die Serverbetriebssysteme sind die Energiesparfunktionen weitgehend uninteressant. Ein Abschalten der Festplatten oder des kompletten Rechners bei zeitweiliger Inaktivität kann kaum von wirtschaftlichem Nutzen sein. Bei Serveranwendungen sind die PM-Funktionen im BIOS des Rechners komplett abzuschalten.

Die Powermanagementfunktionalität hat demnach Ihren Ursprung bereits im verwendeten Mainboard. Grundlegende Einstellungen zum PM lassen sich daher bereits im CMOS-Setup-Programm vornehmen. Da die CMOS-Setup-Programme je nach unterstützender Hardware unterschiedlich aufgebaut sind und zudem unterschiedliche Optionen bereitstellen, kann eine einheitliche Beschreibung der Optionen nicht erfolgen. Allgemeine Hinweise zu den CMOS-Einstellungen zum Powermanagement finden Sie ab Seite 168.

Windows-Energiesparfunktionen

Um unter Windows 98 die Einstellungen zum Powermanagement vorzunehmen, gehen Sie wie folgt vor:

1 Rufen Sie den *Start*-Menübefehl *Start/Einstellungen/Systemsteuerung* auf.

2 Doppelklicken Sie auf das Modul *Energie*.

3 Um ein neues Energieschema festzulegen, klicken Sie auf der Registerkarte *Energieschemas* die Schaltfläche *Speichern unter* an, vergeben einen neuen Namen (z. B. *User*) und bestätigen mit *OK*.

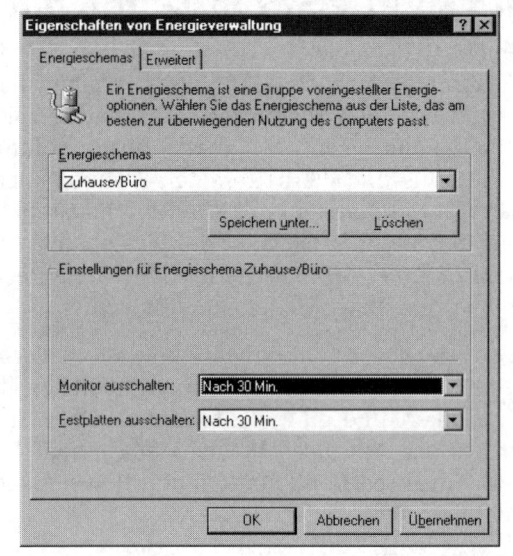

4 Legen Sie über die Kombinationsfelder *Monitor ausschalten* und *Festplatten ausschalten* die Zeiträume fest, nach denen die Geräte ausgeschaltet werden sollen, um Strom zu sparen. Bestätigen Sie die Änderungen der Einstellungen erneut mit *Speichern unter* und mit *OK*. Sie können das Ausschalten des Monitors alternativ zu etwaigen Bildschirmschonern einsetzen. Das Ausschalten der Festplatte ist jedoch ausschließlich auf mobilen Computern sinnvoll.

5 Wollen Sie zusätzlich ein Symbol zur Energieverwaltung in die Task-Leiste aufnehmen, können Sie das Kontrollfeld *Batterieanzeige in der Taskleiste anzeigen* markieren und mit *OK* bestätigen. Die Anzeige ist auf mobilen Computern zu empfehlen.

Bleibt letztendlich darauf hinzuweisen, daß unter Windows 95 die Dialoge geringfügig anders aufgebaut sind.

Schnittstellen des Mainboards – Anschluß von Haus aus

Neben dem eigentlichen Chipsatz befinden sich weitere Komponenten für den Anschluß von Standardgeräten unmittelbar auf der Hauptplatine. Dazu gehören heute die Baugruppen:

- Tastatur-Controller für den Anschluß der Tastatur und die Anschlußmöglichkeit einer (PS/2-)Maus
- (Super-)E/A-Controller für die seriellen/parallelen Schnittstellen und die Floppy
- EIDE-Controller zum Anschluß von Massenspeichern wie Festplatten oder CD-ROM-Laufwerken

Bei den allermeisten Mainboards ist der EIDE-Controller im Chipsatz des Mainboards integriert. Mainboards sollten mit Controllern ausgerüstet sein, die neben den gängigen PIO-Modes 3/4 auch die neuen DMA-Verfahren, DMA-Mode 1/2 (Busmaster- Ultra-DMA/33 und evtl. Ultra-DMA/66), zur Datenübertragung unterstützen.

Die Controller für Tastatur/Maus und die Standardschnittstellen wie der Floppy-Controller werden in den meisten Fällen als separate Bausteine auf der Hauptplatine realisiert. Als Standard gelten dabei bei den Tastatur-Controllern die Unterstützung einer PS/2-Maus und bei den seriellen Schnittstellen sogenannte High-Speed-UART, die den Anschluß von modernen Modems (56k-Modems) mit einer Übertragungsgeschwindigkeit (zwischen Modem und Schnittstelle) von 112 Baud/s erlauben. Die parallele Schnittstelle sollte alle modernen Betriebsarten wie EPP und ECP ermöglichen.

Mainboard-Wechsel wegen defekter Anschlüsse!?

Die Anschlüsse für Tastatur, Maus, Festplatten- und Diskettenlaufwerke, aber auch die USB-Ports und seriellen und parallelen Schnittstellen sind üblicherweise fest auf dem Mainboard aufgelötet und können bei Defekten nicht einfach ausgetauscht werden.

- Treten tatsächlich einmal Probleme auf, überprüfen Sie zunächst sämtliche Steck- und Kabelverbindungen. Bereits beim Einbau einer Zusatzkarte oder einer zusätzlichen Festplatte oder eines CD-ROM-Laufwerks kann es geschehen, daß Kabelverbindungen gelöst werden. Dies erscheint auf den ersten Blick weitaus schlimmer, als es tatsächlich ist. So kann es durchaus sein, daß der Rechner gar nicht mehr bootet. Doch keine Angst, den Rechner haben Sie nur in seltenen Fällen endgültig lahmgelegt. Nach der Kontrolle der Steckverbindungen verläuft der nachfolgende Bootvorgang meistens wieder fehlerfrei.

- Werden eine Maus oder eine Tastatur nach dem Booten nicht korrekt erkannt, sollten Sie das System erneut hochfahren. Insbesondere in Verbindung mit Konsolen, an denen mehrere Rechner angeschlossen werden, um diese über einen einzelnen Monitor, eine einzelne Tastatur und eine einzelne Maus zu betreiben, treten mitunter Erkennungsprobleme auf.
- Jedes Peripheriegerät erfordert die Einbindung eines speziellen Gerätetreibers. Kontrollieren Sie also, ob der Geräte-Manager die jeweiligen Komponenten aufzeigt und eventuell Konflikte meldet. Konflikte treten beispielsweise dann auf, wenn Sie Ihren Rechner um Zusatzhardware erweitert haben, die Ressourcen verwendet (IRQ, DMA-Kanal, E/A-Ports), die ursprünglich bereits von einer anderen Komponente belegt wurden. Nehmen Sie in diesem Fall eine Umverteilung der Ressourcen vor (vgl. Kapitel 2).
- Ist keine Inkompatibilität zwischen den vorhandenen Hardwarekomponenten erkennbar und sind auch alle Steckverbindungen korrekt, kontrollieren Sie den jeweiligen Anschluß sowie die Steckverbindung auf dem Mainboard. Ist hier ein Hardwaredefekt erkennbar (z. B. Bruch von Lötverbindungen) müssen Sie aller Voraussicht nach das Mainboard austauschen.

Onboard-Komponenten für Audio, Video, SCSI und Co.

Neben der weitverbreiteten modularen Bauweise von PCs mit externen Karten für z. B. Audio- und Videokarten werden Rechner mit Hauptplatinen angeboten, die häufig verwendete Baugruppen der Erweiterungskarten bereits auf der Hauptplatine integrieren oder entsprechende Erweiterungsanschlüsse anbieten. Wenn man von mobilen PCs absieht, bei denen keine Möglichkeit besteht, Standardkomponenten der Desktop-Systeme unmittelbar einzusetzen, sind Rechner mit Onboard-Komponenten nur bedingt zu empfehlen.

Für die Hersteller von PCs bieten diese Hauptplatinen die Möglichkeit, Komplettsysteme besonders preiswert anzubieten. Der Anwender der Rechner ist jedoch auf die Leistungsfähigkeit der integrierten Komponenten eingeschränkt und kann nur bedingt auf andere Erweiterungskarten für z. B. die Grafik- und Soundausgabe wechseln. Bei diesen Kompaktsystemen besteht grundsätzlich die Möglichkeit, die verwendeten Onboard-Komponenten über entsprechende Einstellungen im Setup des BIOS abzuschalten und durch entsprechende Erweiterungskarten zu ersetzen. Die Zahl der Anschlüsse für Erweiterungskarten ist jedoch bei diesen Systemen häufig eingeschränkt (z. B. nur drei PCI und zwei ISA-Steckplätze), daß ein vollständiger Ersatz der Onboard-Komponenten an der Zahl der freien Steckplätze scheitern kann.

Preiswerte SCSI-Unterstützung durch Onboard-Adapter

Eine flexible und preiswerte Möglichkeit der Unterstützung der SCSI-Technik zum Anschluß von Festplatten, Scannern usw. sind SCSI-Adapter, die unmittelbar in dem Mainboard integriert sind. Der Mehrpreis für die entsprechenden Hauptplatinen ist deutlich geringer als die Kosten für die nachträgliche Ausrüstung mit einem separaten SCSI-Adapter. In vielen Fällen werden die hochwertigen Komponenten des Herstellers Adaptec für integrierte SCSI-Adapter verwendet, und Sie können auf diese Weise bis zu 50 % der Anschaffungskosten für einen hochwertigen SCSI-Adapter eines Markenherstellers sparen.

Onboard-Komponenten austauschen

Wollen Sie eine Onboard-Komponente, also beispielsweise die Soundkarte, gegen eine leistungsfähigere Variante ersetzen, gehen Sie wie nachfolgend beschrieben vor. Dabei wird vorausgesetzt, daß ein freier Steckplatz verfügbar ist.

1. Besorgen Sie sich zunächst eine neue Soundkarte, die in den freien Steckplatz paßt. Berücksichtigen Sie dabei, ob es sich um einen ISA- oder PCI-Anschluß handelt.

2. Bauen Sie die Soundkarte in den freien Steckplatz ein. Achten Sie darauf, sofern es sich nicht um eine Plug & Play-Karte handelt, daß die Zusatzkarte freie Systemressourcen verwendet. Freie Ressourcen können Sie ggf. über den Windows-Geräte-Manager ermitteln (vgl. Kapitel 2).

3. Starten Sie den Rechner und rufen Sie beim nachfolgenden Booten durch Drücken der Taste [Entf] beziehungeweise [Strg]+[Alt]+[Esc] das CMOS-Setup-Programm auf.

4. Wählen Sie den Eintrag zu den Onboard-Komponenten an, also beispielsweise *Onboard Peripherals* oder *Integrated Peripherals*.

5. Suchen Sie nun die Audiokomponente (*Onboard Audio Chip*) unter den verfügbaren Onboard-Komponenten (*Onboard device settings*) und deaktivieren Sie die Komponente, indem Sie deren Eigenschaft auf *Disabled* setzen.

6. Speichern Sie die neuen Einstellungen mit *Save & Exit* und bestätigen Sie abschließend mit [Y] (drücken Sie dazu die Taste [Z] auf der deutschen Tastatur) bzw. *Yes*.

7. Nun sollte die Hardwarekomponente von Windows erkannt und der entsprechende Treiber eingerichtet werden. Erfolgt die Erkennung nicht selbständig, können Sie die Einrichtung mit Hilfe des Hardware-Assistenten durchführen. Achten Sie darauf, daß Sie das System unter Umständen im abgesicherten Modus ausführen, damit kein inkompatibler Treiber geladen wird.

Weiterführende Hinweise zum Einbau und zum Austausch existierender Grafikkarten finden Sie ab Seite 275.

4.3 Eingebaut – So bauen Sie problemlos ein neues Mainboard ein

Nachdem Sie Ihr neues Mainboard ausgewählt und beim „Händler Ihres Vertrauens" erstanden haben, soll es in diesem Kapitel darum gehen, wie Sie das gute Stück in den Rechner einbauen bzw. gegen das bisherige Mainboard tauschen.

> **Hinweis**
> **Hinweise zum exemplarischen Einbauplan**
> An dieser Stelle wird lediglich exemplarisch der Umbau eines gebräuchlichen Mainboards schrittweise gezeigt. Berücksichtigen Sie dabei, daß einige Mainboards vom Standardaufbau abweichen, so daß sich bei Ihrem Rechner evt. Änderungen beim Ein- und Ausbau der Zusatzkarten ergeben können.

Die folgenden Abschnitte zeigen Ihnen in Schritt-für-Schritt-Anweisungen im Detail, wie Sie die Arbeiten sicher durchführen können. Zur Übersichtlichkeit der Darstellung überlassen wir die Beschreibung des Austauschs der weiteren Komponenten wie CPU, Festplatte oder CD-ROM usw. den dafür vorgesehenen Hauptkapiteln. Damit gelingt eine wesentlich einfachere Darstellung, die zudem die einzelnen Arbeitsschritte detaillierter vorstellen kann.

Die Abläufe für den Tausch der Platine gliedern sich in zehn Arbeitsschritte. Abgesehen vom Tausch bzw. Einbau des Prozessors finden Sie alle notwendigen Arbeitsschritte zum Wechsel Ihrer Hauptplatine in diesem Abschnitt beschrieben. Für den Tausch bzw. Einbau des Prozessors finden Sie alle notwendigen Informationen ab Seite 181.

Fahrplan für einen (fast) neuen PC – Zehn Schritte zum Mainboard-Tausch

Der Tausch der Hauptplatine ist im Grunde keine besonders komplizierte Angelegenheit. Auch Anfänger können mit den folgenden Arbeitsschritten erfolgreich das Mainboard tauschen. Mit der entsprechenden Umsicht im Umgang mit den Bauteilen steht der Aufgabe nichts im Wege.

1. Sicherung des alten Systems – Backup und BIOS-Einstellungen sichern
2. Vorbereiten des Mainboard-Tauschs
3. Lösen der Kabelverbindungen und Ausbau der Komponenten
4. Aus- und Einbau des Arbeitsspeichers
5. Aus- und Einbau des Prozessors

Das Mainboard – Die Basis Ihres PCs

6 Tausch der Hauptplatine

7 Anschluß der Kabelverbindungen

8 Einbau der Erweiterungskarten

9 (BIOS-)Konfiguration des neuen Systems

10 Konfiguration des Betriebssystems und Funktionstest

Vorsichtsmaßnahmen

Achten Sie beim Umgang mit den empfindlichen elektronischen Komponenten darauf, die elektrischen Anschlüsse nicht zu berühren. Fassen Sie das Mainbord möglichst an den Seiten an. Die Platine ist zwar mit einem isolierenden Schutzlack überzogen, dennoch sollten Sie ein unmittelbares Anfassen der Oberflächen vermeiden.

> **Hinweis**
>
> **Montagesatz für die Hauptplatine**
>
> Für die Befestigung der Hauptplatine im Gehäuse wird ein Montagesatz benötigt. Der Montagesatz bietet die notwendigen Abstandhalter und Schrauben für die Verschraubung mit dem Gehäuse. Beim Tausch der Hauptplatine können Sie zwar im allgemeinen die bisherigen Bauteile wieder verwenden, jedoch besteht immer die „Gefahr", daß nach dem Ausbau Schrauben und Abstandhalter beschädigt werden. Um bei Umbaumaßnahmen, z. B. am Wochenende, nicht ohne passendes Befestigungsmaterial „dazustehen", sollten Sie für Ersatz sorgen. Montagesätze sind in Elektronikgeschäften oder im Computerhandel zu bekommen.

Vermeiden Sie unbedingt das Berühren der blanken Kontakte der CPU und der Erweiterungskarten. Statische Aufladungen, besonders an schönen und trockenen Sonnentagen, zerstören die Bauteile unbemerkt. Fassen Sie diese Bauelemente nur seitlich am Gehäuse bzw. der Platine an.

Kabelverbindungen bzw. Stecker der Datenkabel sind im allgemeinen gegen falsches Aufstecken oder Verpolen geschützt. Blindkontakte verhindern das verdrehte Aufsetzen eines Verbindungskabels. Sollte also beim Verbinden der Kabelanschlüsse der Stecker nicht passen, achten Sie auf die richtige Orientierung des Steckers am Kabel. Alle Datenkabel sind mit einer besonders markierten Ader (Adernummer 1) versehen, die den Anschluß für den Pin „Nummer 1" markiert. Zusätzlich sind die Kontakte für die „Ader 1" an jedem Anschluß auf der Platine mit einer kleinen „1" markiert. Bei Verbindungskabeln, die nicht gegen falsches Aufsetzen geschützt sind, sollte die richtige Orientierung durch Kontrolle der Kontaktnummer am Anschluß überprüft werden.

Tausch und Einbau des Mainboards

Bevor Sie mit der Arbeit beginnen, sollten Sie kontrollieren, ob alle Komponenten für den Mainboard-Tausch vorhanden sind. Kontrollieren Sie den Inhalt der Verpackung für das neue Mainboard auf Vollständigkeit der Komponenten.

Bequemes Arbeiten ist eine wichtige Voraussetzung für eine erfolgreiche Arbeit. Führen Sie die Arbeiten möglichst auf einem Tisch in ausreichender Höhe, am besten im Stehen durch. Schaffen Sie eine gute Beleuchtung am Arbeitsplatz. Bei der Montage ist gutes Sehen eine wichtige Voraussetzung für genaues Arbeiten. Schaffen Sie sich ausreichend Platz für die Ablage der Komponenten. Denken Sie beim Tausch des Mainboards daran, daß die Erweiterungskarten für den Zeitraum der Montage sicher abgelegt werden können.

Checkliste: Mainboard-Tausch
Werkzeug, stabile Unterlage
ggf. Kabelbinder
Mainboard und Schrauben- und Kabelsatz
Handbuch zum Mainboard
Installations-CD für aktuelle Treiber zum Mainboard
bei Pentium II/Celeron: Slothalterung (Retention Module) für die CPU
ggf. CPU und passender Lüfter
ggf. Speicherbausteine

Schritt 1 – Backup und BIOS-Einstellungen sichern

Vor großen Arbeiten am Rechner sollte eine Datensicherung des Systems durchgeführt werden. Die auf den Festplatten gespeicherten Daten werden durch den eigentlichen Tausch der Hauptplatine nicht gefährdet, da lediglich die Anschlüsse entfernt bzw. wieder angebracht werden müssen. Um jedoch bei unerwarteten Schwierigkeiten „einen Weg zurück" zu ermöglichen, ist eine vollständige Sicherungskopie der beste Weg.

Das BIOS des Rechners speichert wichtige Daten im CMOS-RAM des Uhrenchips. Dazu gehören die physikalischen Werte der Festplatten. Moderne EIDE-Festplatten können vom BIOS des (neuen) Mainboards erkannt und automatisch richtig eingestellt werden (Auto-Detect). Bei älteren Platten gelingt das jedoch nicht immer (richtig). Vor dem Tauschen sollten Sie sich die Werte für die Festplatten notieren, die Sie weiter verwenden möchten. Eine umfangreiche Beschreibung zum Umgang mit dem BIOS finden Sie ab Seite 77.

Notieren Sie sich für die Festplatten die Werte für

- Speicherkapazität (*Size*)
- Zahl der Zylinder (*Cyls*)
- Zahl der Köpfe (*Head*)
- Betriebsart der Festplatte wie *Standard, Large, LBA* usw. (*Mode*),

um nach dem Tausch der Platine ggf. das BIOS des neuen Systems entsprechend der alten Werte für die Festplatten einstellen zu können.

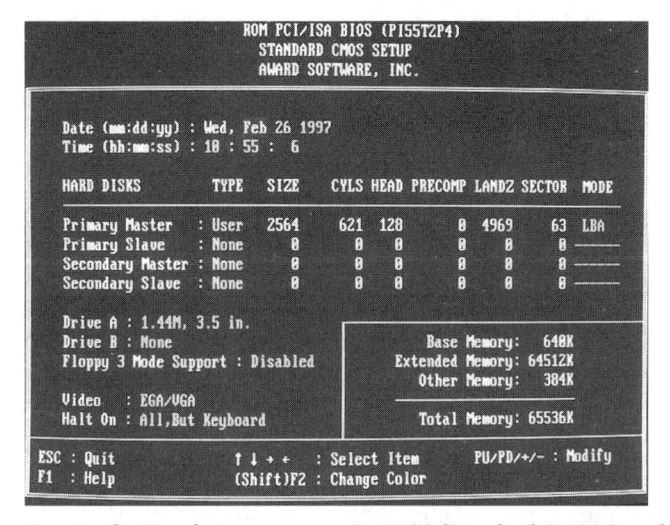

Anzeige der Festplattenparameter im BIOS (Standard CMOS Setup)

Schritt 2 – Vorbereiten des Mainboard-Tauschs

Für den eigentlichen Tausch benötigen Sie etwas Werkzeug. Die Checkliste zeigt die benötigten Utensilien.

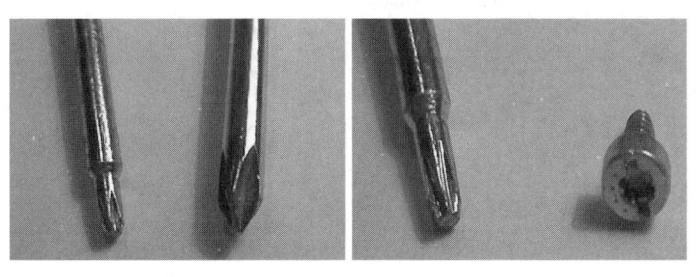

Mit einem dieser Schraubenzieher öffnen Sie nahezu jedes Gehäuse

Legen Sie das benötigte Werkzeug zum Öffnen des Rechnergehäuses bei. Beachten Sie dabei, daß Sie mitunter einen Kreuz- oder aber einen Torxschraubenzieher entsprechend der vorangehenden Abbildung benötigen. Torxschrauben werden beispielsweise in Rechnern der Firma Compaq oder auch Schnieder eingesetzt und lassen sich mit einem herkömmlichen Kreuz-

Das Mainboard – Die Basis Ihres PCs

schraubenzieher nicht öffnen. Manche Gehäuse können mitunter auch ohne das Lösen von Schrauben geöffnet werden. In diesem Fall finden Sie im Frontbereich einen Griff und an der Gehäuserückwand eine Sperre. Lösen Sie die Sperre, können Sie das Gehäuse bereits über den Griff im Frontbereich nach hinten lösen. Nachfolgend wird davon ausgegangen, daß sich das Gehäuse mit einem Kreuzschraubenzieher öffnen läßt.

Grundsätzliche Informationen für den Umgang mit Werkzeugen und der Computerhardware beim Aufrüsten und Reparieren finden Sie ab Seite 43.

Werkzeug für den Mainboard-Tausch
einen kleinen Kreuzschlitzschraubenzieher
einen mittleren Kreuzschlitzschraubenzieher
einen Faserstift zum Markieren (wasserfest)
Klebeband, z. B. Kreppband zur Bezeichnung
eine kleine Zange
eine Pinzette
ggf. eine Taschenlampe

1 Lösen Sie alle äußeren Kabelverbindungen wie Tastatur, Maus usw. und entfernen Sie unbedingt den Netzstecker für die Stromversorgung des Rechners mit der Netzspannung 220 Volt. Stellen Sie den Rechner so auf eine stabile Arbeitsfläche, daß die Rückseite des Gehäuses Ihnen zugewandt ist.

Lösen Sie die (vier bis sechs) Schrauben an den Seiten bzw. an der Oberseite des Gehäuses, um die Abdeckung abnehmen zu können.

2 Nach dem Lösen der Schrauben läßt sich die Gehäuseabdeckung entfernen. Besteht die Abdeckung aus einem Stück, läßt sich das komplette Blechteil durch leichtes Kippen (nach oben) nach hinten wegziehen.

Das Mainboard – Die Basis Ihres PCs

Modernere Gehäuse bestehen dagegen aus drei Teilen: einem Gehäusedeckel und zwei Seitenteilen. Bei diesen Gehäusen ist meist zuerst der Deckel und dann die Seitenteile abzunehmen. Ziehen Sie dazu den Gehäusedeckel mit beiden Händen an den Seiten gerade nach hinten weg. Anschließend kann der Gehäusedeckel leicht abgenommen werden. Die beiden Seitenteile werden ebenfalls durch einen kräftigen Zug nach hinten ausgehängt. Legen Sie dazu die flache Hand auf die Seitenwand und ziehen Sie mit leichtem Druck auf das Blech die Seitenwand zu sich aus den Halterungen.

3. Stellen Sie das Gehäuse des Rechners in erreichbarer Nähe an die Seite. Sie werden es für die weiteren Arbeitsschritte zur Entladung von statischen Aufladungen Ihrer Kleidung später noch benötigen.

Schritt 3 – Lösen der Kabelverbindungen und Ausbau der Komponenten

Die folgenden Arbeiten am geöffneten Gehäuse erfordern ein wenig Umsicht. Achten Sie darauf, möglich nicht mit blanken Kontakten der Bauteile des Rechners in Berührung zu kommen.

1. Lösen Sie alle Kabelverbindungen auf der Hauptplatine für die Festplatte(n), CD-ROM, Floppy, Schnittstellen usw. Verwenden Sie beide Anschlüsse (Primary/Secondary IDE) am IDE-Controller, markieren Sie am besten die Kabelverbindung für den primären Kanal (Primary IDE) mit dem Filzstift oder einem Stück von dem Kreppband (auf der Hauptplatine sind die Kontaktreihen entsprechend bezeichnet). Wenn Sie die Kabel mit dem neuen Mainboard verbinden, finden Sie so die richtigen Kabel leichter wieder.

Das Mainboard – Die Basis Ihres PCs

Lösen Sie anschließend die Anschlüsse für die Stromversorgung der Hauptplatine und ggf. des Lüfters für die CPU. Beim späteren Einbau sind diese Verbindungen leicht wiederherzustellen, da keine Verwechslungen möglich sind.

2 Die weiteren Verbindungen an der Hauptplatine dienen dem Anschluß der LED-Anzeigen, des internen Lautsprechers und der Tasten (z. B. Reset) des Gehäuses. Die Kabelverbindungen finden Sie in den meisten Fällen auf der linken Seite im unteren Teil des Mainboards.

Die Stecker der Verbindungskabel sind in den meisten Fällen am Kabelschuh mit „Reset", „HDD LED" usw. bezeichnet. Bevor Sie die Kabel abziehen, sollten Sie die Bezeichnungen überprüfen. Der Pin-Igel zum Anschluß der Kabel ist numeriert.

Die zusammengehörigen Kontakte sind wie die restlichen Jumper der Hauptplatine mit „Jxx" bezeichnet. In Handbuch des Mainboards finden Sie die Zuordnung der Kabelverbindungen zu den Kontakten der Jumper.

Sind die Stecker der Kabel nicht bezeichnet, sollten Sie vor dem Lösen der Kabel die Stecker nachträglich bezeichnen. Verwenden Sie dazu das Kreppband. Kleben Sie kleine Fahnen des Kreppbands an die Verbindungskabel und beschriften Sie die einzelnen Fahnen mit den Bezeichnungen aus dem Handbuch der Hauptplatine. Auf diese Weise können Sie leicht die richtigen Anschlüsse für das neue Mainboard wiederfinden.

Ziehen Sie anschließend die Kabel von den Kontakten ab und binden Sie alle gelösten Kabel mit einem Streifen des Kreppbands an das Rechnergehäuse, um Platz für die weitere Arbeit zu schaffen.

3 Entfernen Sie jetzt alle Erweiterungskarten aus den Buseinschüben am Erweiterungsbus. Lösen Sie dazu die Schraubverbindungen der Rückwandbleche am Gehäuse des Rechners. Ziehen Sie anschließend die einzelnen Karten aus den Slots. Durch leichtes Kippen der Karte können Sie die Platine aus dem Buseinschub herausziehen.

Das Mainboard – Die Basis Ihres PCs

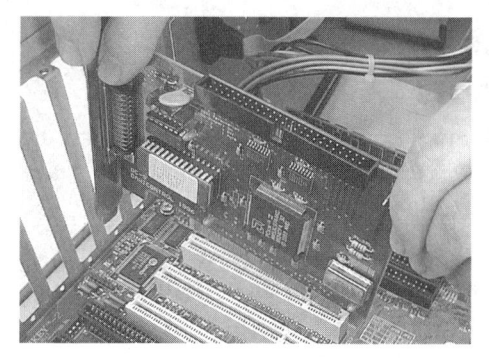

4 Nach dem Entfernen der Erweiterungskarten können Sie das Mainboard ausbauen. Das Mainboard ist mit Kreuzschlitzschrauben an der Seitenwand (Tower-Gehäuse) bzw. am Bodenblech (Tischgerät) des Gehäuses befestigt. Zum Ausbau sind diese Schrauben mit dem Kreuzschlitzschraubenzieher (mittlerer) Größe zu lösen.

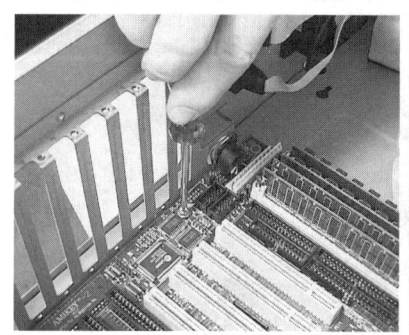

5 Bei älteren Mainboards sind die Platinen neben den Schrauben mit Abstandhaltern (weiße Kunstoffteile) mit dem Gehäuse verbunden. Nach dem Lösen der Schraubverbindungen ist die Hauptplatine aus den Führungen des Gehäuses herauszuziehen. Bei modernen Mainboards werden keine Abstandhalter aus Kunststoff verwendet, sondern goldfarbene Abstandhalter aus Messing, die unmittelbar der Verschraubung des Mainboards dienen. Bei diesen Modellen kann die Platine direkt aus dem Gehäuse genommen werden.

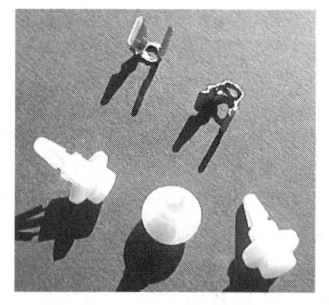

6 Nehmen Sie die alte Hauptplatine aus dem Gehäuse und legen Sie sie zum Ausbau von Arbeitsspeicher und Prozessor vor sich auf die Arbeitsfläche.

151

Schritt 4 – Aus- und Einbau des Arbeitsspeichers

Haben Sie die alte Hauptplatine vor sich liegen, können die Komponenten Speicher und Prozessor ausgebaut werden, wenn die Teile bei der neuen Hauptplatine wiederverwendet werden sollen.

Bauen Sie im ersten Schritt die Komponenten der alten Platine aus. Anschließend wird im zweiten Schritt die neue Hauptplatine mit Speicher und Prozessor bestückt und konfiguriert.

Ausbau der alten Speichermodule

1 Der Ausbau der Speicherbausteine ist ein wenig tückisch. Die Speicher sind mit Klammern im Sockel gesichert. Um die Bausteine aus den Halterungen nehmen zu können, müssen diese Klammern an den Seiten der Sockel ein wenig nach außen gedrückt werden.

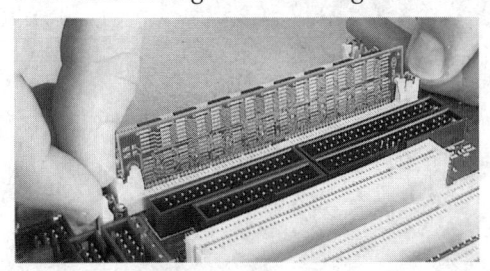

Drücken Sie die Klammern an beiden Seiten mit den Daumen ein wenig nach außen und kippen Sie das Modul gleichzeitig leicht nach vorn. Der Speicherbaustein sollte sich aus der Arretierung lösen und anschließend nach vorn kippen. Ist der Baustein so aus dem Sockel gelöst, kann er problemlos herausgenommen werden. Fassen Sie dabei den Speicher nur an den Seiten bzw. an der Trägerplatine an, um eine Berührung mit den blanken Kontakten zu vermeiden. Bauen Sie alle Speicherbausteine aus, um sie im folgenden Schritt im neuen Mainboard wieder einzusetzen.

Einbau der Speichermodule auf dem neuen Mainboard

2 Vor dem Einbau der neuen Hauptplatine in das Rechnergehäuse sollten die Speichermodule eingesetzt sowie der Prozessor montiert und konfiguriert werden. Auf diese Weise können Sie wesentlich bequemer arbeiten, und es können alle Jumper und deren Bezeichnungen leicht gefunden bzw. abgelesen werden. An dieser Stelle wird davon ausgegangen, daß die alten Speichermodule auf dem neuen Mainboard weiterverwendet werden können. Dies ist nicht in jedem Fall möglich und sollte daher anhand der Mainboard-Dokumentation überprüft werden.

Das Mainboard – Die Basis Ihres PCs

Die Speicherbänke auf der Hauptplatine sind mit *Bank 0*, *Bank 1* usw. auf der Hauptplatine bezeichnet. Im Handbuch zum Mainboard sind ebenfalls die Bezeichnungen für die Speicherbänke nachzulesen.

```
                SIMM-Sockel 4 (Bank 1)
                SIMM-Sockel 3 (Bank 1)
                SIMM-Sockel 2 (Bank 0)
                SIMM-Sockel 1 (Bank 0)
```
(Anschluß für das Netzteil)

Bezeichnung der Speicherbänke aus dem Handbuch des Mainboards

Als erste Speicherbank ist immer Bank 0 zu besetzen. Verwenden Sie PS/2-SIMM-Module, sind bei Rechnern der Pentium-Klasse immer zwei Module je Bank einzusetzen. Verwenden Sie bereits SDRAM-Speicher (DIMM-Module) können einzelne Speicherbausteine verwendet werden.

3 Verwenden Sie PS/2-Module, setzen Sie die Speicherbausteine etwas schräg in den Sockel der Speicherbank. Achten Sie beim Einsetzen auf die Aussparung an der Trägerplatine. Der Speicherbaustein kann nur in einer Richtung eingesetzt werden. Drücken Sie das Modul mit den Daumen in den Sockel und richten Sie die Trägerplatine durch leichten Druck nach vorn vorsichtig auf, bis die Spannklammern des Sockels einrasten.

Einsetzen von SIMM-Modulen

4 Verwenden Sie bereits SDRAM-Speicher, ist das Einsetzen besonders einfach. Die Sockel der DIMM-Module verwenden statt Spannklammern eine Hebelvorrichtung zur Arretierung der Trägerplatine. Kippen Sie die beiden äußeren Befestigungshebel am Sockel nach außen. Stecken Sie anschließend das Speichermodul in den Sockel und drücken Sie mit den Daumen die Trägerplatine in die Halterung. Dabei stellen sich die Befestigungshebel auf und arretieren das Speichermodul.

Das Mainboard – Die Basis Ihres PCs

Einsetzen von DIMM-Modulen

Damit ist der Einbau des Speichers bereits abgeschlossen, und Sie können mit dem Aus- und Einbau des Prozessors fortfahren

Schritt 5 – Aus- und Einbau des Prozessors

Dem Ein- und Ausbau bzw. dem Tausch des Prozessors ist ein eigenes Kapitel gewidmet. Zum Prozessortausch finden Sie die notwendigen Information ab Seite 206. Im Anschluß an den Einbau des Prozessors setzen Sie die Arbeit mit den folgenden Abschnitten über den Einbau der Hauptplatine fort.

Lokalisierung leichtgemacht – Hier sind der Prozessor und die Speichermodule erkennbar

Schritt 6 – Einbau der Hauptplatine

Nachdem die Komponenten Speicher und Prozessor auf dem neuen Mainboard eingebaut sind und das Taktsystem für Hauptplatine und CPU eingerichtet ist, können Sie die Platine wieder in den Rechner einbauen. Für den Einbau benötigen Sie u. U. das Befestigungsmaterial, Abstandhalter und Schrauben für die Montage der Hauptplatine.

1. Legen Sie das neue Mainboard in das Gehäuse und stellen Sie fest, unter welchen Befestigungslöchern der Hauptplatine sich passende Gewindelöcher bzw. Führungsschlitze für die Schraubverbindungen und Abstandhalter befinden.

Das Mainboard – Die Basis Ihres PCs

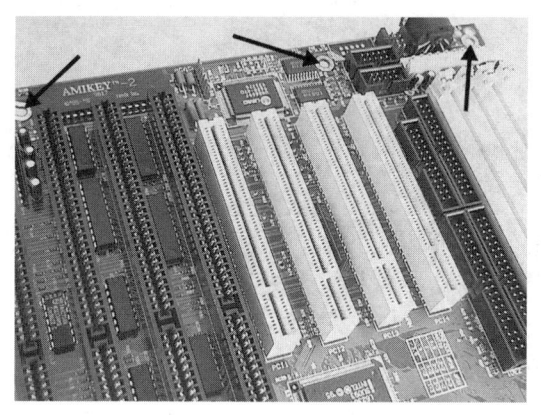

Positionen der Verschraubungen des Mainboards

Markieren Sie mit dem Filzstift diejenigen Löcher auf der Hauptplatine bzw. dem Gehäuse, an denen die Platine befestigt werden kann. Leider kann man nicht generell die Positionen angeben, an denen die Hauptplatine verschraubt wird. Die Montagepunkte schwanken von Gehäuse zu Gehäuse. Als Vergleich kann die Verschraubung bzw. Montage der alten Hauptplatine dienen. Mainboards sind für verschiedene Montagepunkte vorbereitet, die für jedes Gehäuse geeignet sind. Es sollten drei Abstandhalter in den Ecken der Platine und ein Abstandhalter in der Mitte des Mainboards angebracht werden.

2 Verwenden Sie ein Mainboard im AT-Format mit den Abstandhaltern für Führungslöcher (weiße Kunstoffteile), setzen Sie die Abstandhalter in die vorgesehenen Löcher der Platine.

Abstandhalter für die Montage mit Führungsschlitzen des Gehäuses

Zur Befestigung wird die Platine mit ein oder zwei Kreuzschlitzschrauben am Gehäuse angeschraubt. Legen Sie dazu das Mainboard so in das Gehäuse ein, daß die Führungen der Abstandhalter in die Führungsschlitze greifen. Anschließend wird die Platine mit den Schrauben am Gehäuse verschraubt. Die Löcher für die Kreuzschlitzschrauben befinden sich meist in Höhe der Schlitze für den Einbau der Erweiterungskarten.

Das Mainboard – Die Basis Ihres PCs

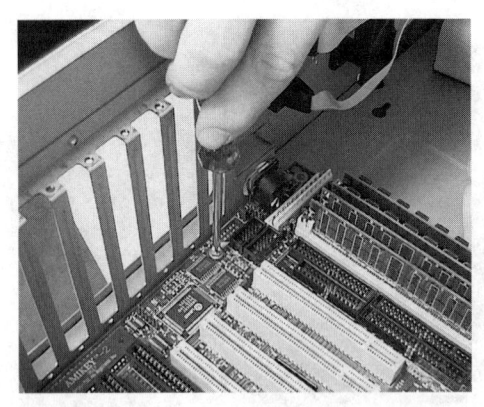

Schraubverbindung zur Befestigung der Platine mit dem Gehäuse

3 Die Montage der Hauptplatine ist bei ATX-Gehäusen etwas einfacher. Statt der Abstandhalter für die Führungsschlitze werden Abstandhalter aus Metall (Messing) verwendet, die in vorbereitete Schraublöcher des Gehäuses eingeschraubt werden. Die Abstandhalter bieten gleichzeitig das Gewinde zur Verschraubung der Hauptplatine.

Schrauben Sie zuerst die Abstandhalter an die passenden Positionen des Gehäuses. Verwenden Sie mindestens drei, besser vier Abstandhalter für die Verschraubung. Anschließend wird die Hauptplatine so in das Gehäuse eingelegt, daß der Block mit den Anschlüssen der externen Schnittstellen in die Aussparungen des Gehäuses paßt. Verschrauben Sie das Mainboard mit den Kreuzschlitzschrauben an den Stellen, unter denen sich ein Abstandhalter befindet.

Sie haben jetzt „das Grobe" beim Mainboardtausch abgeschlossen und können nun die Kabelverbindungen wiederherstellen. Der folgende Abschnitt zeigt Ihnen den Ablauf der Arbeiten.

Schritt 7 – Anschluß der Kabelverbindungen

Nach dem Einbau des Mainboards können die Kabelverbindungen für die Stromversorgung und die Datenkabel der internen Geräte wie Festplatte(n), Floppy usw. wiederhergestellt werden.

Schließen Sie zuerst das Hauptversorgungskabel des Netzteils an. Je nachdem, welches Gehäuse bzw. welchen Typ des Netzteils Sie verwenden, sieht der Anschluß auf der Hauptplatine anders aus.

4 Bei AT-Formaten des Mainboards wird ein Kabelpaar verwendet, das mit einer Kontaktreihe auf der Hauptplatine verbunden wird, die häufig mit „P8" und „P9" bezeichnet ist.

Das Mainboard – Die Basis Ihres PCs

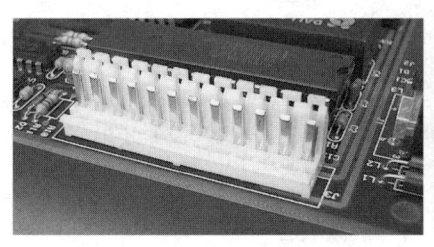

Anschlüsse des Netzteils für AT-Gehäuse (links) und ATX-Gehäuse (rechts) auf der Hauptplatine

Beim Anschluß der Stecker besteht die Gefahr der Verwechslung. Wie in der folgenden Abbildung gezeigt, müssen die Kabelschuhe so aufgesteckt werden, daß die dunklen Kabel der beiden Stecker zueinander zeigen. Die Form der Stecker läßt ein Aufstecken in nur einer Richtung zu. Die Führungsnasen der Kabelschuhe sind leicht gekippt in die Führungen der Anschlüsse einzuführen.

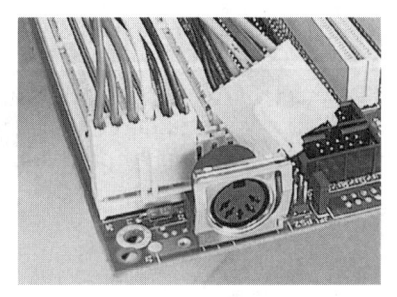

Steckerpaar der Stromversorgung bei Netzteilen von AT-Formaten

1 Bei ATX-Formaten kann der Stromanschluß für das Mainboard nicht falsch aufgesetzt werden. Das Kabel hat nur einen Stecker, der auch nur in einer Richtung auf den Anschluß aufgesetzt werden kann.

2 Im nächsten Schritt werden die Datenkabel der internen Geräte wieder angeschlossen. Die Anschlüsse der Festplatten(n), des CD-ROM-Laufwerks und des Diskettenlaufwerks finden Sie auf der Hauptplatine in einer Dreiergruppe. Sie sind mit einem Aufdruck beschriftet.

> **Hinweis**
>
> **IDE-Kanäle – Welche Geräte an welchen Anschluß?**
>
> Verwenden Sie nur zwei Geräte am IDE-Controller, können Sie bei aktuellen Mainboards Geräte mit unterschiedlicher Übertragungsgeschwindigkeit an einem Kanal betreiben. Ältere Controller konnten je Kanal nur eine Betriebsart verwenden, so daß ein langsames CD-ROM-Laufwerk (Mode 1) eine schnelle Festplatte (Mode 4) auf den gemeinsamen „Hauptnenner" z. B. Mode 1 „gebremst" hat. Heutige Controller können jedoch auch unterschiedlich schnelle Geräte an einem Kanal verwalten. Dies ist daran zu erkennen, daß in den Einstellungen des BIOS für jeden Kanal die PIO-Mode-Einstellungen für Master und Slave getrennt eingestellt werden können.

Das Mainboard – Die Basis Ihres PCs

Stecken Sie die Verbindungen so auf, daß die markierte Ader (z. B. rot oder schraffiert) des Flachbandkabels in Richtung des mit einer „1" markierten Kontakts der Anschlüsse zeigen. In vielen Fällen sind die Anschlüsse mit einem Kunststoffrahmen eingefaßt und verpolungssicher ausgeführt, so daß man beim Aufstecken nichts falsch machen kann.

Anschlüsse für die beiden IDE-Kanäle und der Floppy

Kontrollieren Sie nach dem Aufstecken den genauen Sitz der Stecker. Ein relativ häufiger Fehler ist das versetzte Aufstecken der Kabel auf den Pinreihen. Sitzen die Stecker nicht korrekt, funktioniert das angeschlossene Gerät natürlich nicht, und ein Fehler ist damit vorprogrammiert.

Markierungen der Flachbandkabel für die Ader „1"

3   Im nächsten Schritt sind die Datenkabel für die Schnittstellen anzubringen. Auch hier sind Unterschiede bei AT- und ATX-Boards festzustellen. Bei den modernen ATX-Varianten sind die Anschlüsse der externen Schnittstellen bereits fest mit der Hauptplatine verbunden und brauchen daher nicht separat angeschlossen zu werden.

Das Mainboard – Die Basis Ihres PCs

Anschlüsse der Schnittstellen bei ATX- (links) und AT-Formaten (rechts) der Mainboards

Bei Hauptplatinen im AT-Format sind die Anschlüsse der Schnittstellen über Verbindungskabel mit dem Mainboard verbunden. Die Anschlüsse der Schnittstellen werden entweder über Abdeckbleche an den Schlitzen der Erweiterungskarten oder an der Rückseite des Rechners über entsprechende Ausstanzungen befestigt.

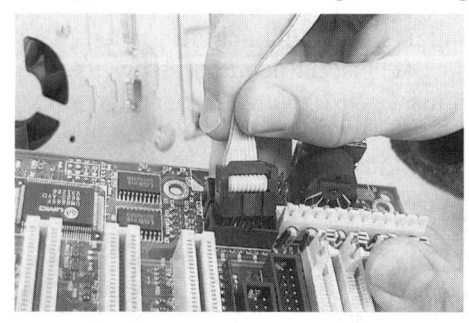

Anschluß der Schnittstellenkabel bei Mainboards im AT-Format

Die Anschlüsse der seriellen Schnittstellen sind auf der Hauptplatine meist mit „COM1" und „COM2", die parallele Schnittstelle mit „PRN"" oder „LPT" bezeichnet.

Die seriellen Schnittstellen sind häufig als neunpolige und 25polige Anschlüsse ausgeführt. Welcher Anschluß für die erste serielle Schnittstelle verwendet wird, ist Ihnen überlassen und richtet sich im wesentlichen danach, welches Gerät Sie anschließen möchten. Bei seriellen Mäusen wird im allgemeinen ein neunpoliger Anschluß verwendet. In diesem Fall ist es günstig, das Verbindungskabel mit dem neunpoligen Anschluß für „COM1" zu verwenden.

Das Aufstecken der Kabel geschieht auf die gleiche Weise wie bei den Anschlüssen für die Floppy und die IDE-Geräte. Achten Sie auch hier auf die markierte Ader und den Pin „1" sowie auf den korrekten Sitz der Kabel auf den Pins der Anschlüsse.

Das Mainboard – Die Basis Ihres PCs

Hinweis

Schnittstellenstecker bei AT-Rechnern

Die Stecker der seriellen und parallelen Schnittstellen sind bei AT-Rechnern separat ausgeführt. Entweder werden sie als Abdeckbleche eingesetzt oder an der Rückwand des Gehäuses angebracht. Die Anschlüsse auf Abdeckblechen versperren den Einschub einer Erweiterungskarte im Rechner und schränken den Einsatz weiterer Karten ein. Die meisten Gehäuse bieten jedoch an der Rückseite passende Ausstanzungen für die Anschlüsse, die bei Bedarf herausgebogen werden können. Die Schnittstellenanschlüsse sind auf den Abdeckblechen im allgemeinen lediglich aufgeschraubt. Lösen Sie die Anschlüsse von den Blechen und nutzen Sie die Ausstanzungen des Gehäuses. Damit stehen Ihnen alle Erweiterungsslots des Mainboards für Erweiterungskarten zur Verfügung.

4   Zum Abschluß der Verkabelung sind die Gehäusekabel mit dem Mainboard zu verbinden. Zum Anschluß der Verbindungen benötigen Sie die Beschreibungen der Kontakte im Handbuch des neuen Mainboards. Ein falsches Anschließen der Kabel ist für den Betrieb des Rechners nicht kritisch. Keiner der Anschlüsse wird zwingend benötigt, und ein falsches Aufstecken führt im schlimmsten Fall dazu, daß die Funktion nicht arbeitet oder eine Anzeige nicht funktioniert.

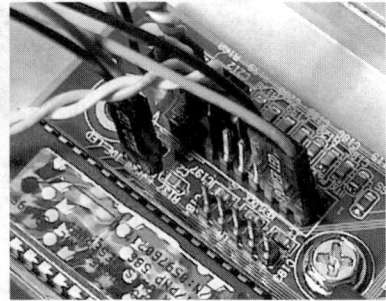

Kontaktstifte für die Gehäusekabel auf der Hauptplatine

Für den korrekten Anschluß der Stecker lesen Sie im Handbuch des Mainboards die Belegung der Kontakte nach. Leider unterscheiden sich die Belegungen der Pins von Hauptplatine zu Hauptplatine.

Sollten die Anzeigen oder Tasten des Gehäuses nicht richtig funktionieren, drehen Sie einfach die Stecker testweise herum. Ein Verpolen führt, wie schon gesagt, zu keinem ernsthaften Fehler.

Anschlußkontakte eines Standardgehäuses im Überblick

Kontakt (Bezeichnung)	Funktion
Speaker (SPK)	Anschluß für den (internen) Lautsprecher. Meist ein vierpoliger Stecker, bei dem jedoch lediglich zwei Kontakte verwendet werden. Beim Anschluß ist auf die richtige Polung zu achten. Bei einer falschen Polung leidet jedoch höchstens der Klang, der sowieso kaum der Rede wert ist.
Keylock (KEYLOCK)	Anschluß für das Verriegelungsschloß des Rechners am Gehäuse. Die meisten heutigen Gehäuse verzichten auf dieses „Schloß" am Rechner.
Power LED (PWR LED)	Anzeige der Betriebsbereitschaft des Rechners. Diese Anzeige ist nach wie vor bei allen Rechnergehäusen vorhanden. Der Kontakt für die LED-Anzeige muß richtig gepolt sein. Sollte die Leuchtdiode beim Einschalten des Rechners nicht brennen, drehen Sie einfach den Stecker um.
Reset Switch (RESET)	Anschluß für den Reset-Schalter, der, wenn er gedrückt wird, einen Neustart des Rechners erzwingt. Dieser Schalter findet sich bei allen Gehäusen und zählt (leider) zu den wichtigsten Anschlüssen des Gehäuses.
Turbo LED (TURBO)	Diese Anzeige ist ein Relikt aus den Zeiten der 486er-Systeme und ist heute kaum noch zu finden. Für die meisten Systeme ohne Belang.
HDD LED (HDD)	Anzeige der Festplattenaktivität bei EIDE-Platten (nicht bei SCSI). Funktioniert die Anzeige nicht, drehen Sie auch hier einfach den Stecker um.
Suspend Switch (SMI)	Anschluß für einen Schalter am Gehäuse, der den Rechner über das Powermanagement in den Bereitschaftszustand versetzt. Der Schalter ist bislang nur bei wenigen Gehäusen zu finden.

Damit sind alle Anschlüsse des Netzteils, von internen Geräten und dem Gehäuse abgeschlossen, und Sie können zum letzten Schritt der Montagearbeiten, dem Einbau der Erweiterungskarten, weitergehen.

Schritt 8 – Einbau der Erweiterungskarten

Sie sind jetzt schon fast fertig mit den Arbeiten zum Mainboard-Tausch. Zum guten Schluß sind die vorhandenen ISA- und PCI-Steckkarten wieder einzubauen. Ähnlich simpel wie das Ausbauen der Karten gestaltet sich der Einbau.

1 Die Karten sind einfach mit der Kontaktleiste auf den passenden Steckplatz (PCI oder ISA) zu setzen. Die Nase am Slotblech ist dabei so auszurichten, daß sie in den Schlitz am Gehäuse greift, der vor jedem Einbauschacht vor der Hauptplatine zu sehen ist. Drücken Sie die Karten mit einer leichten Kippbewegung in die Buseinschübe. Zur Befestigung mit dem Gehäuse wird das Slotblech der Karte mit einer Schraube am Gehäuse befestigt.

Das Mainboard – Die Basis Ihres PCs

2 Nach dem Einbau der Karten können Sie das Rechnergehäuse wieder schließen und die externen Geräte wie Monitor, Maus und Tastatur mit dem Rechner verbinden.

Einbau von ISA- und PCI-Karten in den Erweiterungsbus

Damit sind die handwerklichen Arbeiten erledigt. Für die abschließenden Konfigurationsarbeiten des BIOS finden Sie im folgenden Abschnitt alle notwendigen Informationen. Haben Sie diese letzte Hürde genommen, können Sie Ihr Betriebssystem starten und den „neuen" PC ausprobieren.

Schritt 9 – (BIOS-)Konfiguration des neuen Systems

Nachdem der Rechner jetzt zusammengebaut ist, sind vor dem eigentlichen Funktionstest mit dem Betriebssystem die Einstellungen des BIOS vorzunehmen. Hinweise zum Umgang mit dem BIOS finden Sie zusätzlich in einem separaten Kapitel ab Seite 77.

Alle Mainboards verfügen über automatische Funktionen zur Einstellung der Parameter der wichtigsten Bereiche. Das heißt, die Einstellungen des Chipsatzes, der Speicherverwaltung und der Erkennung von Massenspeichern am IDE-Controller werden beim ersten Start automatisch eingetragen. Die Werte der BIOS-Funktionen werden dabei so eingestellt, daß ein Betrieb des Rechners auf jeden Fall möglich sein sollte.

Einige Einstellungen wie Uhrzeit und Datum können nicht automatisch festgestellt werden und sind manuell einzustellen. Jedoch kann die automatische Einstellung der IDE-Festplatten fehlschlagen, wenn die Festplatte kein automatisches Erkennen der Plattenparameter unterstützt. In diesen Fällen müssen die Angaben zu den Parametern von Hand eingetragen werden. Heutige Festplatten bieten jedoch alle sogenannte Auto-Detect-Funktionen, über die das BIOS die Größe und den Aufbau der Festplatte automatisch feststellen kann.

Übersicht über die Standard-BIOS-Funktionen

Einstellung	Beschreibung
Date (mm:dd:yy):	Setzt das Datum der Echtzeituhr mit Monat:Tag:Jahr.
Time (hh:mm:ss)	Setzt die Uhrzeit der Echtzeituhr mit Stunde:Minute:Sekunde.
Hard Disks	In der Tabelle werden die Angaben zu den installierten (IDE)-Festplatten angezeigt. Typischer Weise stehen diese Werte bei heutigen Systemen auf der Einstellung *Auto* für automatisches Erkennen der Festplattenparameter durch das BIOS (Auto-Detect) bzw. der Funktionen der (IDE)-Festplatten. Unterstützt die Festplatte kein automatisches Erkennen der Parameter oder sollen die Parameter verändert werden, können diese Werte von Hand eingetragen bzw. geändert werden (Einstellung *USER*).
Floppy Drive A	Einstellung, ob und welches Floppylaufwerk verwendet wird. Verwenden Sie eine Floppy als Laufwerk A (was die Regel ist), stellen Sie den Typ des Geräts ein. Wählen Sie dazu die maximale Speicherkapazität der Diskettenstation. Im allgemeinen 1,44 MByte (3,5-Zoll-HD-Disketten).
Floppy Drive B	Analog zu *Floppy A*, wenn ein zweites Laufwerk verwendet wird.
Primary Display/Video	Bestimmt den Typ der (primären) Grafikkarte, die für die Monitoranzeige verwendet wird. Bei Verwendung einer aktuellen Grafikkarte wählen Sie den Typ *VGA*.
Keyboard	Bestimmt, ob beim Rechnerstart eine Tastatur am Rechner angeschlossen sein muß.
Halt On	Steuert das Verhalten bei einem Start des Rechners, bei dem durch das BIOS ein Fehler festgestellt wurde. Typischer Weise wird ein Systemstart bei jedem Fehler (*All Errors*) abgebrochen und eine entsprechende Meldung ausgegeben.

Beim ersten Start Ihres neuen Systems sollten Sie das BIOS-Setup aufrufen und die notwendigen Einstellungen vornehmen bzw. die Festplattenparameter der automatischen Erkennung überprüfen. Die Bedienung des Setup-Programms variiert von Hersteller zu Hersteller des Mainboards bzw. des BIOS. Beispielhaft zeigen die folgenden Schritte die Bedienung des Award-BIOS, das von vielen Herstellern der Hauptplatinen verwendet wird. Bei anderen BIOS-Varianten ergeben sich Unterschiede in der Programmoberfläche, den bereitgestellten Menüfunktionen sowie den einstellbaren Werten.

1 Um das BIOS-Setup zu erreichen, ist nach dem Einschalten des Rechners im allgemeinen die Taste [Entf] bzw. die Tastenkombination [Strg]+[Alt]+[Esc] zu drücken. Sie erhalten eine einfache Oberfläche, die mit den Pfeiltasten der Tastatur bedient werden kann.

Das Mainboard – Die Basis Ihres PCs

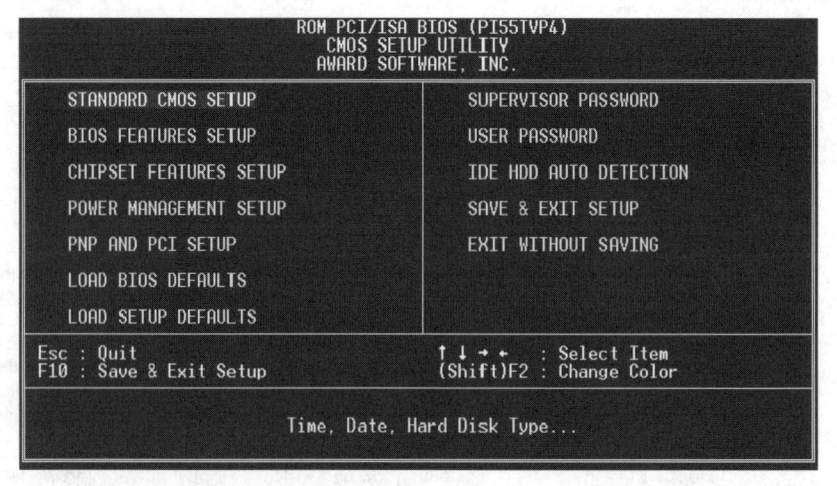

```
          ROM PCI/ISA BIOS (PI55TVP4)
               CMOS SETUP UTILITY
              AWARD SOFTWARE, INC.

  STANDARD CMOS SETUP           SUPERVISOR PASSWORD
  BIOS FEATURES SETUP           USER PASSWORD
  CHIPSET FEATURES SETUP        IDE HDD AUTO DETECTION
  POWER MANAGEMENT SETUP        SAVE & EXIT SETUP
  PNP AND PCI SETUP             EXIT WITHOUT SAVING
  LOAD BIOS DEFAULTS
  LOAD SETUP DEFAULTS

  Esc : Quit                    ↑ ↓ → ←    : Select Item
  F10 : Save & Exit Setup       (Shift)F2  : Change Color

            Time, Date, Hard Disk Type...
```

2 Zur Einstellung von Uhrzeit und Datum bewegen Sie den Auswahlbalken mit den Pfeiltasten auf den Menüeintrag *STANDARD CMOS SETUP* und bestätigen die Auswahl durch das Drücken von [Enter].

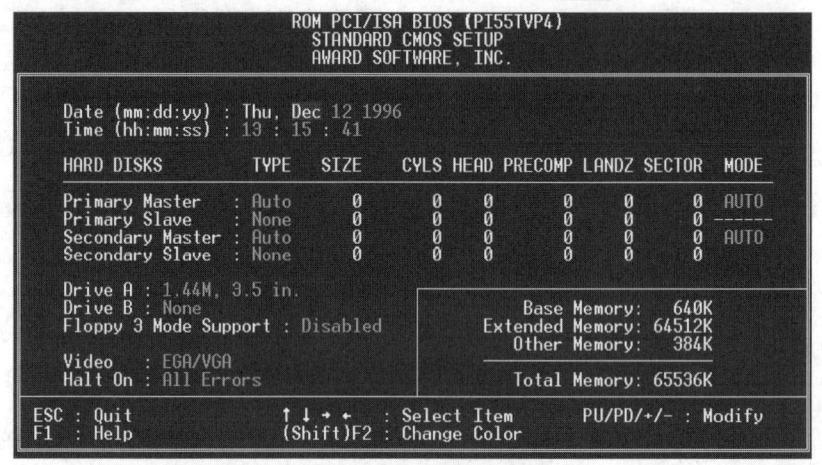

```
          ROM PCI/ISA BIOS (PI55TVP4)
               STANDARD CMOS SETUP
              AWARD SOFTWARE, INC.

  Date (mm:dd:yy) : Thu, Dec 12 1996
  Time (hh:mm:ss) : 13 : 15 : 41

  HARD DISKS         TYPE   SIZE  CYLS HEAD PRECOMP LANDZ SECTOR MODE
  Primary Master  : Auto    0      0    0      0      0     0    AUTO
  Primary Slave   : None    0      0    0      0      0     0    ------
  Secondary Master: Auto    0      0    0      0      0     0    AUTO
  Secondary Slave : None    0      0    0      0      0     0

  Drive A : 1.44M, 3.5 in.
  Drive B : None
  Floppy 3 Mode Support : Disabled    Base Memory:    640K
                                      Extended Memory: 64512K
                                      Other Memory:    384K
  Video   : EGA/VGA
  Halt On : All Errors                Total Memory:  65536K

  ESC : Quit          ↑ ↓ → ←    : Select Item    PU/PD/+/- : Modify
  F1  : Help          (Shift)F2  : Change Color
```

Mit den Pfeiltasten können Sie zu den einzelnen Einträgen in der Anzeige wechseln und mit den [Bild↑]- und [Bild↓]-Tasten die Einträge verändern.

3 Stellen Sie Uhrzeit und Datum ein und kontrollieren Sie die Einstellungen für die Diskettenlaufwerke. Sind die Parameter der Festplatte zu ändern, stellen Sie den Eintrag *Type* für die betroffene Festplatte von dem Wert *AUTO* auf die Einstellung *USER*. In dieser Einstellung werden die einzelnen Parameter der Festplatte angezeigt und können geändert werden. Zur Rückkehr zum Hauptmenü drücken Sie die Taste [Esc].

4 Zur Überprüfung und Einstellung der Festplattenparameter wechseln Sie zum Programmpunkt *IDE HDD AUTO DETECTION*. Bewegen Sie den Auswahlbalken mit den Pfeiltasten und bestätigen Sie die Auswahl durch das Drücken von [Enter].

Das Mainboard – Die Basis Ihres PCs

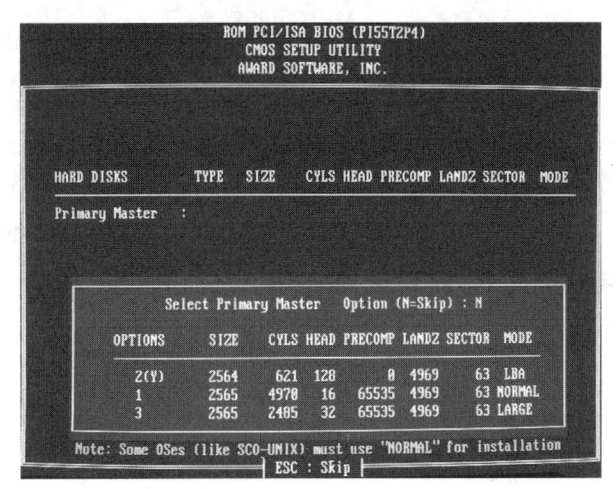

Anzeige des Setup-Programms der Auto-Detect-Funktion

Nacheinander werden die an den Anschlüssen des IDE-Controllers angeschlossenen Festplatten abgefragt. Bestätigen Sie durch das Drücken von [Enter] den Vorgang der Erkennung. Stimmen die ermittelten Werte mit denen der Festplatten überein, können Sie den Programmteil wieder verlassen und zum Hauptmenü zurückkehren.

5   Die neuen BIOS-Einstellungen lassen sich speichern, indem Sie das Setup-Programm über den Menüpunkt *Save & Exit Setup* verlassen. Bewegen Sie den Auswahlbalken mit den Pfeiltasten auf diesen Eintrag und bestätigen die Auswahl durch das Drücken von [Enter]. Beantworten Sie die Sicherheitsabfrage durch das Drücken der Taste [Z]. Durch die (amerikanische) Tastaturbelegung des Setup-Programms sind die Tasten [Y] und [Z] miteinander vertauscht.

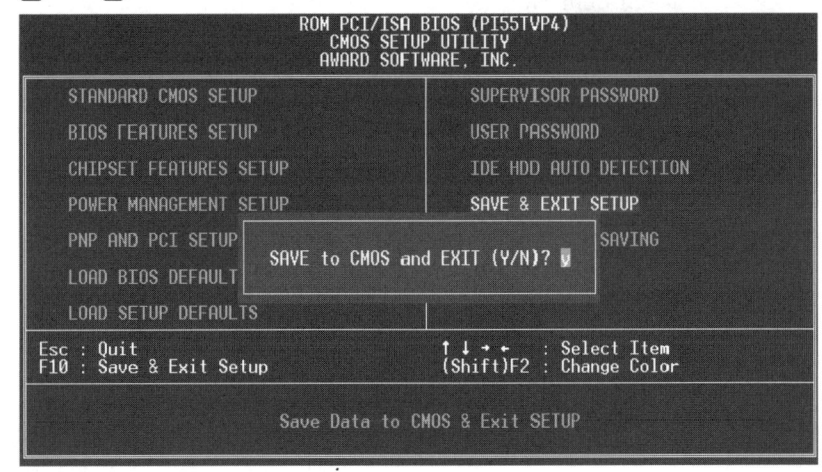

Beenden und Abspeichern der geänderten BIOS-Einstellungen

Nachdem Sie die BIOS-Einstellungen abgespeichert bzw. das Setup-Programm beendet haben, wird der Rechner neu gestartet. Lassen Sie den Rechner wie gewohnt starten und führen Sie damit gleichzeitig den letzten Schritt der Arbeiten zum Mainboard-Tausch durch.

Schritt 10 – Konfiguration des Betriebssystems und Funktionstest

Die letzten beiden Schritte klingen wesentlich komplizierter, als sie eigentlich sind. Der Funktionstest ist im Grunde nicht anderes als ein normaler Systemstart. Vor dem Start des eigentlichen Betriebssystems sind die Ausgaben des BIOS ein wenig intensiver zu beobachten.

Nach dem Einschalten bzw. Reset des Rechners führt das BIOS einen Selbsttest (POST – **P**ower **O**n **S**elf**t**est) durch, der den Rechner auf den Start des Betriebssystem vorbereitet. Im Anschluß an den Selbsttest werden die wichtigsten Informationen der Systemkonfiguration noch einmal angezeigt und können der Kontrolle der neuen Konfiguration dienen.

Verwenden Sie ein Plug & Play-fähiges Betriebssystem wie Windows 95/98, wird die geänderte Hardware des Rechners erkannt und nach dem Start automatisch eingerichtet. Je nachdem, wie groß die Unterschiede zwischen dem alten und neuen Mainboard sind, benötigen Sie u. U. die CD-ROM des Betriebssystems zur Installation oder zum Update der benötigten Systemsoftware.

Start des BIOS

1 Nach dem Neustart des Rechners sollte sich das BIOS mit seiner Versionsnummer melden, den verwendeten Prozessor anzeigen und den verwendeten Arbeitsspeicher testen bzw. korrekt zählen und anzeigen.

```
Award Modular BIOS v4.51PG, An Energy Star Ally
Copyright (C) 1984-95, Award Software, Inc.

#401A0-0105

PENTIUM-S CPU at 166MHz
Memory Test : 65536K OK
```

Anzeige der ersten Bootmeldungen des BIOS mit Erkennung der CPU und des Arbeitsspeichers

Aktuelle Mainboards bzw. BIOS-Versionen zeigen zusätzlich die Erweiterungskarten des PCI-Bus an. Dabei werden der Typ der erkannten Karte und der jeweils verwendete Interrupt angezeigt.

Das Mainboard – Die Basis Ihres PCs

Anzeige der erkannten PCI-Karten beim Rechnerstart

Verwenden Sie anstelle der Festplatten für den IDE-Controller SCSI-Geräte, schließt sich der Startvorgang des SCSI-BIOS des SCSI-Adapters an (falls der Adapter über ein eingebautes BIOS verfügt). Das SCSI-BIOS prüft ebenfalls das von ihm unterstützte Bussystem und erkennt die am SCSI-Bus angeschlossenen Geräte.

Anzeige des BIOS des SCSI-Adapters mit den erkannten Geräten

2 Als letzten Schritt vor dem Start des eigentlichen Betriebssystems zeigt das BIOS des Rechners noch einmal die wichtigsten Hardwarekonfigurationen im Überblick. Durch das Drücken der Taste (Pause) können Sie den weiteren Verlauf anhalten, um alle angegebenen Werte noch einmal zu überprüfen. Den weiteren Rechnerstart können Sie durch Drücken einer beliebigen Taste fortsetzen.

Das Mainboard – Die Basis Ihres PCs

```
                    Award Software, Inc.
                    System Configurations
 ┌─────────────────────────────────────────────────────────────┐
 │ CPU Type        : PENTIUM-S      Base Memory     :    640K  │
 │ Co-Processor    : Installed      Extended Memory :  64512K  │
 │ CPU Clock       : 166MHz         Cache Memory    :    256K  │
 │                                                             │
 │ Diskette Drive  A : 1.44M, 3.5 in.   Display Type   : EGA/VGA │
 │ Diskette Drive  B : None             Serial Port(s) : 3F8 2F8 │
 │ Pri. Master Disk  : LBA ,Mode 4, 2564MB  Parallel Port(s) : 3BC │
 │ Pri. Slave  Disk  : None             Bank0 EDO DRAM  : No    │
 │ Sec. Master Disk  : None             Bank1 EDO DRAM  : No    │
 │ Sec. Slave  Disk  : None                                     │
 └─────────────────────────────────────────────────────────────┘

 Windows 98 wird gestartet...
 _
```

Anzeige der Hardwarekonfiguration des BIOS im Überblick

Start des Betriebssystems

Beim Start von Plug & Play-fähigen Betriebssystemen wie Windows 95/98 werden die Änderungen der Systemhardware beim Start des Betriebssystems erkannt und eine Aktualisierung des Betriebssystems hinsichtlich der verwendeten (System-)Treiber durchgeführt.

Windows 95/98 führt bei Erkennung von geänderter (System-)Hardware eine automatische Erkennung der betroffenen Geräte durch und bindet die Systemtreiber der betroffenen Hardware automatisch in die Systemkonfiguration ein. Werden bei der Hardwareerkennung aktualisierte oder zusätzliche Treiber für das Betriebssystem benötigt, wird die Installations-CD vom Hardware-Assistenten angefordert.

Falls wider Erwarten der Rechner bzw. das Betriebssystem nicht korrekt startet, finden Sie ab Seite 175 Beschreibungen, wie Sie dem Fehler auf die Schliche kommen können, und Lösungen zur deren Beseitigung

4.4 Einstellungssache – Die optimale Konfiguration Ihres neuen PCs

Damit alle Leistungen Ihres neuen Mainboards unter dem eingesetzten Betriebssystem genutzt werden können, sind dann geeignete (System-)Treiber zu installieren oder zu aktualisieren, wenn Sie ein Betriebssystem verwenden, das älter ist als die eingesetzte Hardware.

Arbeitet Ihr neues Mainboard unter dem eingesetzten Betriebssystem fehlerfrei, können Sie die Arbeitsgeschwindigkeit des Rechners noch einmal verbessern, indem Sie die optimalen Einstellung Ihres BIOS für die eingesetzte

Hardware ausfindig machen. Der Abschnitt „Einstellung der erweiterten BIOS- und Chipsatz-Funktionen" ab Seite 170 wird Ihnen dazu verhelfen, die vielfältigen Einstellungen moderner BIOS-Systeme zu verstehen und die beste Einstellung für Ihr System ausfindig zu machen.

Neue Treiber für den Chipsatz des Mainboards

Um alle Leistungen Ihres neuen Mainboards tatsächlich unter dem eingesetzten Betriebssystem nutzen zu können, sind dann die (System-)Treiber zu aktualisieren, wenn der verwendete Chipsatz aktueller ist als der Ausgabestand des Betriebssystems. Mit anderen Worten: Ein Chipsatz aus dem Jahr 1999 kann vom Betriebssystem Windows 95 noch nicht in allen Leistungsmerkmalen unterstützt werden, da zum Zeitpunkt der Ausstattung des Betriebssystems mit geeigneten Treibern, die Komponenten der Mainboards nicht bekannt sein konnten.

Zu den Treibern, die bei älteren Betriebssystemen wie Windows 95, Windows 95A, und Windows 95B, häufig angepaßt bzw. ergänzt werden müssen, gehören die Treiber für:

- die Unterstützung neuer Chipsätze (z.B TX, LX, ZX, BX-Chipsatz)
- die Treiber für den Ultra-DMA/33 und DMA/66-Support
- die Treiber für den **U**niversal **S**erial **B**us USB
- die Treiber für AGP-Unterstützung

Die exakte Vorgehensweise für das Update und die Ergänzung der notwendigen Treiber variiert leider von Hersteller zu Hersteller der Mainboards bzw. der Betriebssysteme. Zum Lieferumfang der Hauptplatinen gehört eine CD-ROM, die geeignete Updates der Systemtreiber des Chipsatzes für die Betriebssysteme zur Verfügung stellt. Im allgemeinen werden die Updates durch einen Installations-Assistenten geführt, so daß die Durchführung der Installation keine Probleme macht.

Darüber hinaus sind alle diejenigen Treiber der Systemkomponenten des Mainboards für das Betriebssystem zu ergänzen, die von der Betriebssystemsoftware bislang noch nicht unterstützt wurden. Für die Familie der Windows-Betriebssysteme sind das die Treiber zur Unterstützung des USB (**U**niversal **S**erial **B**us) und AGP (**A**ccelerated **G**raphic **P**ort). Entsprechende Informationen zum Nachrüsten der USB-Unterstützung finden Sie ab Seite 556, für den AGP ab Seite 137.

Welche Treiber für Ihr Betriebssystem angewendet werden müssen, sind den Informationen der Hilfetexte (*Read.me, Liesmich.txt, Filelist.txt* etc.) der CD-ROM des jeweiligen Mainboards zu entnehmen.

Die folgenden Abbildungen zeigen einen Blick auf die Treiber-Updates der CD-ROM für Hauptplatinen der Firma Asus, die sich an das Betriebssystem Windows 95 richten.

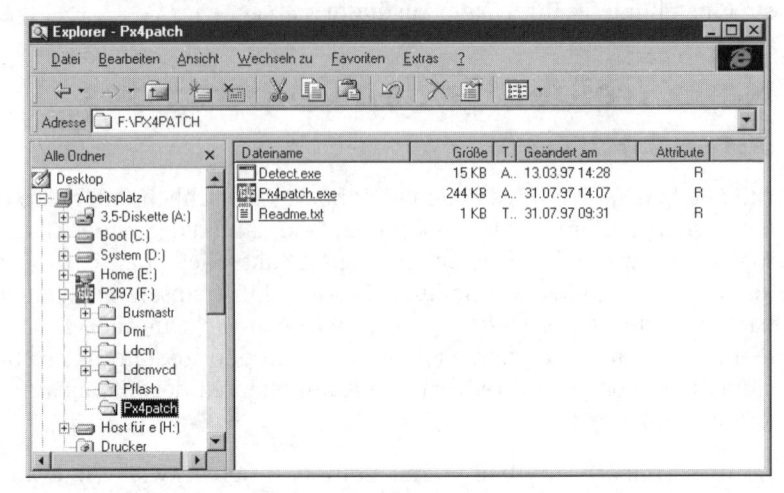

Update der (System-)Treiber für den neuen Chipsatz des Mainboards

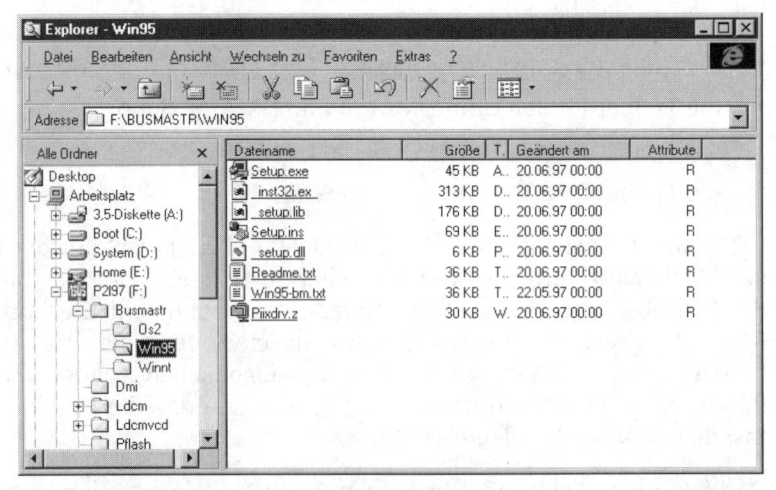

Treiber für die Ultra-DMA/33-Unterstützung des IDE-Controllers des Mainboards

Einstellung der erweiterten BIOS- und Chipsatz-Funktionen

Moderne BIOS-Versionen können die notwendigen Einstellungen für den Chipsatz bzw. der auf dem Mainboard verwendeten Systemkomponenten automatisch vornehmen. In der Voreinstellung des BIOS-Setup sind alle notwendigen Parameter des BIOS-Setup bereits durch die automatische Einstellung so eingestellt, daß ein korrekter und sicherer Betrieb des Rechners möglich ist.

Das Mainboard – Die Basis Ihres PCs

Die automatische Einstellung berücksichtigt jedoch im allgemeinen keine speziellen Eigenschaften, z. B. des verwendeten Arbeitsspeichers, bzw. verwendet Einstellungen, die generell funktionsfähig sind. Damit bleibt ein gewisser Spielraum zur Optimierung Ihres Systems und die Möglichkeit der Anpassung an Ihre eingesetzte Hardware.

> **Hinweis**
> **Einstellung der BIOS-Parameter**
> Häufig sind die optimalen Einstellungen des BIOS bzw. der Chipsatz-Funktionen, insbesondere die des Arbeitsspeichers, nur durch Ausprobieren verschiedener Werte zu erreichen. In vielen Fällen fehlen die exakten Informationen über die eingesetzte Hardware. Änderungen in den Einstellungen der Chipsatz-Funktionen können jedoch zu Fehlfunktionen des Rechners führen, so daß kein Start des Betriebssystems möglich ist. Bei Änderungen sollte immer nur ein Wert geändert werden, um bei einem erneuten Start des Systems die Einstellung ausfindig machen zu können, die für den Fehlstart verantwortlich ist. Auf diese Weise können Sie Schritt für Schritt zur „besten" Einstellung für Ihr System gelangen. Generell können alle Werte wieder auf die Ausgangseinstellung zurückgesetzt werden, indem Sie die jeweilige automatische Einstellung anwählen. Damit werden die betroffenen Parameter wieder so eingestellt, daß ein fehlerfreier Betrieb möglich ist.

Einstellung der erweiterten BIOS-Funktionen

Neben den Standardfunktionen des BIOS, die häufig mit *STANDARD CMOS SETUP* bezeichnet werden, finden sich sogenannte erweiterte Funktionen (*BIOS FEATURES SETUP*), die die Arbeitsweise und Arbeitsgeschwindigkeit des Rechners beeinflussen. Die bei den meisten Mainboards angebotenen Funktionen zeigt die folgende Tabelle.

Einstellung	Beschreibung
Virus Warning	Einige BIOS-Hersteller bieten eine Virusüberwachung der Festplatte hinsichtlich der Infektion des Bootsektors und der Partitionstabelle. Die Einstellung kann ein- oder abgeschaltet werden.
Typematic Rate programming	Diese Einstellung bestimmt die Verzögerung für den Tastenanschlag der Tastatur. Schalten Sie diese Einstellung ein, können Sie zwei Parameter einstellen. Das *Typematic rate Delay* legt die Wartezeit fest, bis eine gedrückte wiederholt ausgegeben wird. Ein üblicher Wert ist 500 für 500 ms (0,5 s) Verzögerungszeit. Der zweite Wert *Typematic Rate* (Zeichen/s) bestimmt die Geschwindigkeit, in der der Buchstabe bei gedrückter Taste wiederholt wird. Für die meisten Anwender (falls Sie nicht gerade Weltmeister im Schnelltippen sind) ist die Voreinstellung in Ordnung und braucht daher nicht verändert zu werden.
Above 1MB Memory Test	Steuert den Speichertest der RAM-Module des erweiterten Speichers während der Startphase POST (**P**ower **O**n **S**elf **T**est) des Rechners. Da viele Betriebssysteme diese Funktion ebenfalls durchführen (z. B. *Himem.sys* von DOS), sollte diese Funktion abgeschaltet sein. Ohne den Test kann der Rechner schneller starten.

Das Mainboard – Die Basis Ihres PCs

Memory Tick Sound	Steuert die Ausgabe eines Tickers über den Lautsprecher des Rechners beim Speichertest. Dies ist eher ein störendes Geräusch und sollte abgeschaltet bleiben.
Memory Parity Error Check	Schaltet die Fehlerprüfung des Arbeitsspeichers ein. Unterstützt der eingesetzte Arbeitsspeicher die Paritätsprüfung (ECC), sollte diese Einstellung eingeschaltet sein.
Wait for F1	Steuert das Warten auf einen Tastendruck der Taste [F1] im Falle eines Fehlers beim Rechnerstart. Ist die Funktion abgeschaltet, startet das System schneller. Ist die Funktion eingeschaltet, können die Fehlerausgaben des BIOS besser beobachtet und zur Analyse verwendet werden. Die Funktion sollte auf jeden Fall bei einem fehlerhaften Start des Rechners eingeschaltet werden.
Boot Up NumLock Status	Bestimmt, ob die Taste [Num] des Zahlenblocks nach dem Start eingeschaltet ist oder nicht.
Boot Up Floppy Seek	Steuert die automatische Erkennung des Typs des Floppylaufwerks (HD oder DD) beim Rechnerstart. Ist die Funktion abgeschaltet, kann der Rechner schneller starten.
Boot Sequence	Steuert die Reihenfolge der Erkennung der Startlaufwerks. Je nach Ausstattung Ihres Rechners können eine Reihe von Möglichkeiten zutreffen. Möchten Sie das Betriebssystem von einer Diskette (z. B. Rettungsdiskette) starten, lautet die Reihenfolge A,C (,SCSI). Der Laufwerkbuchstaben, der zuerst genannt ist, wird vorrangig zum Starten des Betriebssystems verwendet. Bei dieser Einstellung würde zuerst versucht, vom Laufwerk A: (Diskette), dann vom Laufwerk C: (1. Festplatte) und ggf. anschließend von einem SCSI-Laufwerk zu starten. Für den normalen Betrieb sollte von der Festplatte gestartet werden, da sich der Startvorgang zum Teil deutlich beschleunigt. Je nach BIOS-Version können Sie auch ein CD-ROM-Laufwerk als Bootlaufwerk angeben. Auf der bootfähigen CD-ROM kann sich ein Betriebssystem befinden, das für den Systemstart verantwortlich ist. Dabei werden allerdings keine Betriebssysteme unterstützt, die bereits beim Booten Daten auf das Bootlaufwerk schreiben. Windows 95/98 und auch Windows NT sind nicht von einer CD-ROM bootbar. Boot-CDs sind beispielsweise für die Betriebssysteme DOS und Linux verfügbar bzw. anlegbar.
Internal Cache Memory	Diese Einstellung sollte (falls vorhanden) eingeschaltet sein. Diese Einstellung aktiviert die Verwendung des L1-Caches, der von den Prozessoren ab den jüngeren Typen der 486-CPU verwendet wird. Bei Pentium-Prozessoren ist diese Einstellung immer eingeschaltet und wird nicht mehr über das BIOS angeboten.
External Cache Memory	Diese Einstellung funktioniert wie die obige, gilt allerdings für den L2-Cache.
Fast gate A20 option	Steuert bei älteren Systemen den Zugriff auf den Speicherbereich oberhalb von 1 MByte. Bei diesen Systemen ermöglicht der Tastatur-Controller ein Verfahren zum schnelleren Zugriff. Zur Verbesserung der Arbeitsgeschwindigkeit sollte diese Einstellung bei diesen Rechnern eingeschaltet sein.
Shadow Memory Cacheable	Durch das Aktivieren dieser Einstellung wird der Programmcode des BIOS in den Arbeitsspeicher kopiert und ermöglicht schnellere Zugriffe auf die BIOS-Funktionen. Diese Funktion sollte eingeschaltet sein.
Video ROM Shadow	Kopiert die erweiterten BIOS-Funktionen der Grafikkarte in den Arbeitsspeicher. Damit werden ebenfalls schnellere Zugriffe auf die Systemsoftware ermöglicht. Diese Funktion sollte eingeschaltet sein.

Einstellung der Chipsatzfunktionen

Je nach CPU und verwendetem Arbeitsspeicher können die Einstellungen für den Betrieb des Chipsatzes die Arbeitsgeschwindigkeit des Systems erhöhen. Die folgende Tabelle zeigt diejenigen Einstellmöglichkeiten der Chipsätze, die die Arbeitsweisen der Steuerung des Arbeitsspeichers und das Verhalten der CPU bestimmen und häufig anzutreffen sind.

Einstellung	Beschreibung
Automatic Configuration	Die einfachste Einstellung für den Anwender. Das BIOS bestimmt die Einstellungen aller Funktionen nach internen Vorgaben automatisch.
Slow Refresh	Die Einstellung erlaubt ein langsameres Auffrischen des Arbeitsspeichers (RAM). Eine Reduzierung der Rate erhöht die Arbeitsgeschwindigkeit und vermindert den Stromverbrauch des Rechners. Diese Einstellung kann nur gewählt werden, wenn die verwendeten Speichermodule diese Betriebsart zulassen.
Concurrent Refresh	Erlaubt den Zugriff des Prozessors während eines Auffrischungszyklus (Refresh) des Arbeitsspeichers. Diese Einstellung kann die Arbeitsgeschwindigkeit bei Zugriffen auf den Speicher erhöhen.
Burst Refresh	Erlaubt ein blockweises Auffrischen des Arbeitsspeichers und kann verschiedene Refresh-Operationen zu gleicher Zeit durchführen. Steigert die Zugriffsgeschwindigkeit auf den Arbeitsspeicher.
High-Speed Refresh	Erlaubt kürzere Refresh-Zyklen des Arbeitsspeichers. Diese Einstellung kann nur eingesetzt werden, wenn die verwendeten Speichermodule diese Betriebsart zulassen.
Staggered Refresh	Die Auffrischungszyklen werden für jede Bank des Arbeitsspeichers nacheinander durchgeführt. Diese Einstellung reduziert den Stromverbrauch des Rechners.
Refresh Value	Je kleiner dieser Wert, desto besser.
Read Wait States	Durch die hohen Taktraten der Prozessoren ist die Verarbeitungsgeschwindigkeit der CPU deutlich höher als die des Arbeitsspeichers. Um bei Zugriffen Fehler (Parity Error) zu vermeiden, werden Wartezyklen (Wait States) bei den Zugriffen eingebaut. Wie hoch die Zahl der Wartezyklen anzusetzen sind, hängt von der Arbeitsgeschwindigkeit der eingesetzten RAM-Module ab. Je kleiner der Wert, desto schneller die Zugriffe.
Write Wait States	Ähnlich wie oben, jedoch für schreibende Zugriffe auf den Arbeitsspeicher. In einigen Fällen werden beide Parameter in einem Wert, den DRAM Wait State, zusammengefaßt. Je kleiner der Wert, desto schneller die Zugriffe.
CAS Timing Delay (SDRAM CAS Latency)	Der Arbeitsspeicher ist in Reihen und Spalten aufgeteilt. Beim Zugriff auf die Speicherzellen wird die adressierte Speicherzelle zuerst über die Reihe, dann über die Spalte angesprochen. Zur Aktivierung der Reihe wird das Signal RAS (**R**ow **A**ccess **S**trobe) angelegt, zum Auslesen der exakten Zelle anschließend das Signal CAS (**C**olumn **A**ccess **S**trobe). Die CAS-Signale arbeiten normalerweise jeweils mit der halben Frequenz wie die RAS-Signale. Die Voreinstellung für EDO- und FPM-Module (60-70 ns) ist die Einstellung *Slow*, für die schnellen Ram-Speicher der SDRAM-Module ($\leq$ 10 ns) hingegen ist die Einstellung *Fast* vorgesehen.

Cache Read Option	Steuert die Zahl der Takte, die benötigt werden, um vier 32-Bit-Werte in den CPU-internen L1-Cache zu laden. Die Angaben sind typischer Weise in Takten pro Wort, also je 32 Bit angegeben. Die Schreibweise *m-n-n-n* beschreibt die benötigten Zyklen zur Übertragung der Werte. *2-1-1-1*, *3-1-1-1* oder *3-2-2-2* sind übliche Werte für die verwendeten Zyklen. Diese Werte bestimmen die Wartezyklen der CPU hinsichtlich des Caches RAM. Je kleiner diese Werte, um so schneller läuft die Übertragung ab. Die Einstellung *4-1-1-1* wäre damit besser als *3-2-2-2*.

Einstellen des Powermanagements

Alle Mainboards heutiger Machart unterstützen Energiesparfunktionen der Green PC-Spezifikationen. Die Arbeitsweise des Powermanagements wird durch das BIOS-Setup für die verschiedenen Energiesparmöglichkeiten eingestellt. Die Einstellungen richten sich an drei Bereiche des Rechners, die energiesparend betrieben werden können:

- die CPU
- die Festplatten, die am IDE-Controller angeschlossen werden
- die Steuerung vom Bildschirm bzw. dem Grafiksystem DPMS (**D**isplay **P**ower **M**anagement **S**ignaling)

Die Art und der Umfang der zur Verfügung stehenden Funktionen hängen vom verwendeten Mainboard/Chipsatz ab und variieren von Hersteller zu Hersteller. Die häufigsten Funktionen heutiger Mainboards zeigt die folgende Tabelle:

Einstellung	Beschreibung
Power Management	Schaltet die Energiesparfunktionen (PM) der Hauptplatine ein bzw. aus. Möchten Sie keine Energiesparfunktionen nutzen, schalten Sie die Einstellung auf *Disabled*, ansonsten wählen Sie die Einstellung *Enabled* zum Einschalten aller Energiesparfunktionen. Zur individuellen Einstellung der Zeitvorgaben (Timer) für das Managementsystem können Sie die Einstellung *User Define* wählen. Bei Rechnern, die als Serversysteme eingesetzt werden, sollten nur in Ausnahmefällen Energiesparfunktionen verwendet werden.
PM by APM	Bestimmt die Steuerung der Energiesparfunktionen durch das Betriebssystem. Sollen die Funktionen durch das Betriebssystem, z. B. Windows 95/98, über das APM verwaltet werden, ist die Einstellung auf *Enabled* ansonsten auf *Disabled* zu schalten.
Video Off	Schaltet das DPMS ein (*Enabled*) oder aus (*Disabled*). Ähnlich einem Bildschirmschoner wird nach einer vorgegebenen Zeit das Grafiksystem deaktiviert. Je nach verwendeter Hardware werden Grafikkarte und Monitor in einen Bereitschaftsmodus geschaltet.
PM Timers	Die Zeitgeber (Timer) legen die Zeiten fest, nach deren Ablauf die einzelnen Sparfunktionen aktiviert werden sollen. Die Zeitvorgaben bestimmen die Vorgaben für das Abschalten der Festplatten, des Stand-by-Betriebs usw.
Soft-on by Power BTTN	Steuert das Ausschalten des Rechners über eine Power-Off-Taste. Ist diese Funktion eingeschaltet, beendet sich das Betriebssystem (Shutdown) dann automatisch, wenn die Taste eine vorgegebene Zeit gedrückt gehalten wird.

Damit haben Sie grundlegende Einstellungen zum BIOS kennengelernt. Weitere Informationen zum BIOS finden Sie ab Seite 77. Nachfolgend werden gesondert Lösungshinweise angeführt, die beim Mainboardtausch auftreten können.

4.5 Haken und Ösen – Lösungen von Problemen beim Mainboard-Tausch

Nach dem Mainboard-Tausch bzw. -Einbau kommt es mitunter zu Problemen und Fehlermeldungen. Die nachfolgenden Hinweise und Lösungsvorschläge sollen Ihnen dabei helfen, diese Probleme zu beseitigen und den Rechner wieder fehlerfrei in Betrieb zu nehmen.

Defekten vorbeugen

Defekte des Mainboards oder aber des Prozessors kommen in der Praxis glücklicherweise nur noch selten vor. Probleme mit einem Rechner treten üblicherweise in der Anfangsphase auf. In diesem Fall wird der erste Gang aufgrund der geltenden Garantiezeiten der zum Händler sein, so daß Sie sich selbst weder mit dem Austausch der Teilkomponenten noch mit dem Wechsel des gesamten Mainboards befassen müssen.

Ein Rechner, der anfänglich problemlos läuft, wird auch in den folgenden Jahren kaum Schwierigkeiten machen. Ausnahmen sind in der Regel eine unsachgemäße Handhabung oder Defekte, die sich durch Transporte ergeben. In diesem Zusammenhang sei angemerkt, daß Sie die für den Rechner empfohlene Betriebssystemumgebung und auch die Betriebstemperaturen unbedingt einhalten sollten. Nicht nur übermäßig viel Staub, sondern auch zu hohe Temperaturen können der Auslöser für Hardwareprobleme sein und reduzieren unnötigerweise die Lebensdauer eines Rechners.

Diagnose-Tools und Überwachungsprogramme

Um Werbeaussagen und Hardwarekomponenten zu überprüfen und zu überwachen sowie Hinweise zum Aufrüsten und Aktualisieren zu erhalten, bieten sich spezielle Wartungsprogramme und Diagnose-Tools an. Mitunter erhalten Sie die entsprechenden Programme bereits mit Ihrem Rechner oder aber dem neuen Mainboard ausgeliefert. Wenn nicht, lohnt in jedem Fall der Blick auf entsprechende Sharewareprogramme, deren Funktion Sie zuerst kostenfrei für einen bestimmten Zeitraum testen können.

Sind Sie mit einem Programm zufrieden und wollen Sie es dauerhaft einsetzen, müssen Sie sich lediglich gegen eine geringe Gebühr registrieren lassen.

Die Sharewareprogramme erhalten Sie entweder im Internet oder aber auf speziellen Shareware-CDs. Innerhalb dieses Kapitels kommen einige spezielle Sharewareprogramme zum Einsatz. Im Internet finden Sie diese Programme in den guten Sharewaresammlungen, z. B. unter *www.winfiles.com*, *www.tucows.com*, *winappslist.com/*, *www.download.com*.

Berücksichtigen Sie insbesondere bei den Mainboard-spezifischen Programmen, das diese nicht auf jeder Hardware problemfrei ausgeführt werden können bzw. korrekte Werte zurückliefern und dementsprechend Probleme mit dem Betriebssystem auslösen können. Beachten Sie daher in den entsprechenden Dokumentationen, die Sie mit der jeweiligen Software erhalten, die jeweils angegebene, unterstützte Hardware.

Rechnersystem startet nicht

Startet der Rechner nach einem Mainboard-Tausch nicht mehr, liegen die Ursachen häufig im Bereich des Einbaus von CPU, Arbeitsspeicher und weiteren Zusatzkomponenten. Wenn diese Komponenten nicht korrekt installiert sind, verweigert das komplette System mitunter seinen Dienst. Auch die Anschlüsse der Kabelverbindungen führen unter Umständen dazu, daß der Rechner Komponenten, wie beispielsweise die Festplatte, nicht mehr korrekt erkennt und daher nicht mehr fehlerfrei booten kann.

1 Kontrollieren Sie den korrekten Sitz der Speichermodule in den Sockeln. Die Module können nur in einer Richtung in die Sockel eingebaut werden. Überprüfen Sie den korrekten Sitz der Einkerbung an der Trägerplatine des Speichermoduls. Die Speichermodule müssen gerade im Sockel sitzen und vollständig in den Halteklammern eingerastet sein.

2 Kontrollieren Sie die Betriebsspannung der CPU. Überprüfen Sie die Einstellungen der Jumper oder bei jumperlosen Mainboards die Einstellungen im BIOS. Falsche Einstellungen der Betriebsspannung führen zu einem völligen Versagen des Prozessors, und in der Folge startet das System nicht korrekt.

3 Unter Umständen haben Sie versehentlich die zulässige CPU-Taktung per Jumper falsch gesetzt. Kontrollieren Sie diese Einstellung und nehmen Sie ggf. Korrekturen vor.

4 Überprüfen Sie den korrekten Einbau sämtlicher Zusatzkarten und auch sämtliche Kabelverbindungen.

5 Läßt sich der Fehler nicht direkt lokalisieren, sollten Sie versuchen, die fehlerhafte Komponente im Testverfahren ausfindig zu machen. Dazu können Sie gezielt nacheinander einzelne Zusatzkomponenten entfernen oder aber alle Zusatzkomponenten ausbauen und nacheinander erneut booten.

6 Überprüfen Sie anhand einer DOS-Startdiskette, ob das fehlerhafte Booten am Festplattenlaufwerk liegt. Unter Umständen haben Sie irrtümlich die Bootreihenfolge im BIOS-Setup geändert. Stellen Sie also im Zweifelsfalle die BIOS-Standardwerte mit dem CMOS-Setup-Programm wieder her.

Spontane Abstürze und CPU-Alarm

Spontane Abstürze bzw. das Auslösen des CPU-Alarms weisen auf einen überhitzten Prozessor hin. Die Überhitzung kann zweierlei Ursachen haben:

1 Haben Sie Ihr System wissentlich oder durch falsche Einstellungen der Jumper unwissentlich übertaktet, können überhöhte Taktfrequenzen zu starken thermischen Überlastungen der CPU führen. Schalten Sie den Rechner in diesen Fällen sofort ab und kontrollieren Sie die Einstellungen für die verwendeten Systemtakte bzw. den Multiplikator für die Einstellung der CPU-Frequenz.

2 Kontrollieren Sie die Einstellung der Betriebsspannung der CPU. Zu hohe Betriebsspannungen führen zu dauerhaftem Überhitzen des Prozessors und unweigerlich zur Zerstörung der CPU. Kann ein neu eingebautes Mainboard die erforderliche Betriebsspannung nicht unmittelbar bereitstellen, müssen Sie eventuell einen Zwischensockel mit Spannungsregler einbauen. Auf dem Mainboard erfolgt die Festlegung der Betriebsspannung über einen gesonderten Jumper. Hinweise entnehmen Sie der Mainboard-Dokumentation.

3 Tritt dieser Fehler erst nach dem Einbau zusätzlicher Komponenten (z. B. Zusatzlaufwerke) auf, kann die Überhitzung auch an diesen neuen Komponenten liegen. Sorgen Sie dafür, daß in diesem Fall das Gehäuse besser durchlüftet und ggf. mit einem zusätzlichen Lüfter ausgestattet wird.

4 Unter Umständen liegen Prozessorprobleme nach der Aktualisierung eines Prozessors an Inkompatibilitäten mit dem aktuellen BIOS. Wenden Sie sich an den Fachhändler und tauschen Sie ggf. das BIOS durch eine aktuellere Version aus.

Fehlerhafte Funktion der ISA-Karten

1 Bei älteren ISA-Karten kann die Spannungsversorgung bei modernen Mainboards zu niedrige Betriebsspannungen liefern. Ein Möglichkeit, diesen Umstand zu verbessern, kann darin bestehen, diese Karten möglichst in die oberen Buseinschübe einzusetzen, damit die Leitungswege und damit die elektrischen Widerstände verkleinert werden. Sonstige Möglichkeiten der Änderung der Betriebsspannung bestehen leider nicht.

2 Fehlfunktionen der ISA-Systeme können durch fehlende IRQ-Zuordnungen des BIOS ausgelöst werden. Das BIOS stellt in der Voreinstellung die Zuordnungen auf eine automatische Einstellung ein, die nur bei Plug &

Play-fähigen Systemen korrekt funktionieren. Verwenden Sie noch ältere ISA-Karten ohne Plug & Play, stellen Sie im BIOS-Setup die IRQs entsprechend ein.

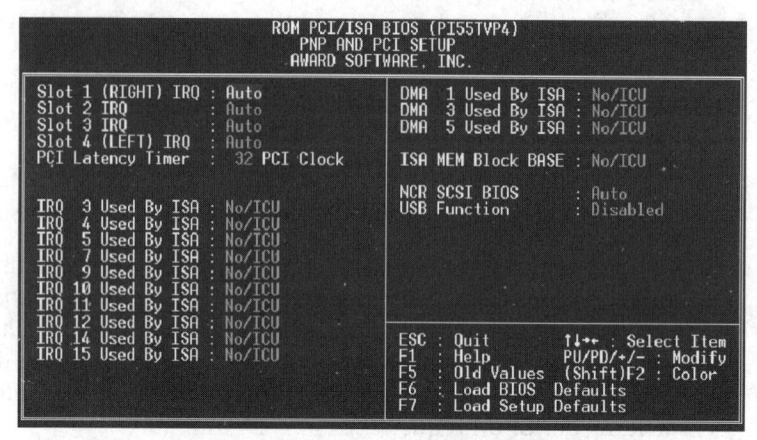

```
              ROM PCI/ISA BIOS (PI55TVP4)
                   PNP AND PCI SETUP
                  AWARD SOFTWARE, INC.

 Slot 1 (RIGHT) IRQ : Auto      DMA  1 Used By ISA : No/ICU
 Slot 2 IRQ         : Auto      DMA  3 Used By ISA : No/ICU
 Slot 3 IRQ         : Auto      DMA  5 Used By ISA : No/ICU
 Slot 4 (LEFT) IRQ  : Auto
 PCI Latency Timer  : 32 PCI Clock   ISA MEM Block BASE : No/ICU

                                NCR SCSI BIOS      : Auto
 IRQ  3 Used By ISA : No/ICU    USB Function       : Disabled
 IRQ  4 Used By ISA : No/ICU
 IRQ  5 Used By ISA : No/ICU
 IRQ  7 Used By ISA : No/ICU
 IRQ  9 Used By ISA : No/ICU
 IRQ 10 Used By ISA : No/ICU
 IRQ 11 Used By ISA : No/ICU
 IRQ 12 Used By ISA : No/ICU    ESC : Quit         ↑↓→← : Select Item
 IRQ 14 Used By ISA : No/ICU    F1  : Help         PU/PD/+/- : Modify
 IRQ 15 Used By ISA : No/ICU    F5  : Old Values   (Shift)F2 : Color
                                F6  : Load BIOS Defaults
                                F7  : Load Setup Defaults
```

3 Kontrollieren Sie bei einer fehlerhaften Funktion einer Zusatzkarte auch, ob durch Erweiterung des Systems Ressourcenkonflikte entstanden sind. Ist dies der Fall, müssen Sie die Ressourcen (IRQs, DMA-Kanäle, E/A-Ports) so verteilen, daß die Konflikte behoben werden. Unter Umständen bietet es sich unter Windows 95/98 bzw. NT an, Hardwareprofile einzurichten, wenn nicht mehr ausreichend freie Ressourcen verfügbar sind.

Fehlerhafte Funktion der PCI-Karten

Die Ursachen von fehlerhaft arbeitenden PCI-Karten liegen häufig in der Kommunikation untereinander bzw. mit der CPU, dem Arbeitsspeicher oder in einer falsch eingestellten Taktfrequenz für den PCI-Bus.

1 Haben Sie Ihr System wissentlich oder durch falsche Einstellungen der Jumper unwissentlich übertaktet, führt eine überhöhte Taktfrequenz über 33 MHz zu starken thermischen Überlastungen der am PCI-Bus angeschlossenen Erweiterungskarten. Kontrollieren Sie die Einstellungen für den Systemtakt und stellen Sie ggf. den Systemtakt auf 66 MHz.

2 Eine Ursache für Störungen in der Kommunikation kann im Busmaster-Betrieb der Erweiterungskarte begründet sein. Das Busmastering erlaubt einen Zugriff und einen unmittelbaren Austausch von Daten mit dem Hauptspeicher bzw. untereinander. Gerade bei älteren Mainboards sind nicht alle Slots am PCI-Bus Busmaster-fähig.

Von den vier Slots am PCI-Bus sind bei älteren Boards lediglich die ersten beiden Slots für den Einsatz für Busmaster-Karten, wie SCSI-Adapter, Netzwerkkarten usw. geeignet. Kontrollieren Sie die verwendeten Betriebsarten der Erweiterungskarten am PCI-Bus und vertauschen Sie die verwendeten Slots für die Aufnahme der PCI-Karten so, daß die Busmaster-fähigen Systeme in den ersten beiden Slots, die weiteren Karten in den Busanschlüssen angeschlossen werden.

Das Mainboard – Die Basis Ihres PCs

3 Weitere Ursachen einer gestörten Kommunikation am PCI-Bus können Interrupt-Konflikte bzw. fehlende Interrupts sein. Die Einstellungen für die Zuordnung der Interrupt-Nummern für den PCI-Bus werden im BIOS des Rechners vorgenommen. Nehmen Sie zur Konfliktbehebung Anpassungen an der Ressourcenverteilung vor.

```
                    ROM PCI/ISA BIOS (PI55TVP4)
                        PNP AND PCI SETUP
                       AWARD SOFTWARE, INC.

 Slot 1 (RIGHT) IRQ  : Auto         DMA 1 Used By ISA : No/ICU
 Slot 2 IRQ          : Auto         DMA 3 Used By ISA : No/ICU
 Slot 3 IRQ          : Auto         DMA 5 Used By ISA : No/ICU
 Slot 4 (LEFT) IRQ   : Auto
 PCI Latency Timer   : 32 PCI Clock ISA MEM Block BASE : No/ICU

                                    NCR SCSI BIOS     : Auto
 IRQ  3 Used By ISA : No/ICU        USB Function      : Disabled
 IRQ  4 Used By ISA : No/ICU
 IRQ  5 Used By ISA : No/ICU
 IRQ  7 Used By ISA : No/ICU
 IRQ  9 Used By ISA : No/ICU
 IRQ 10 Used By ISA : No/ICU
 IRQ 11 Used By ISA : No/ICU
 IRQ 12 Used By ISA : No/ICU        ESC : Quit         ↑↓→← : Select Item
 IRQ 14 Used By ISA : No/ICU        F1  : Help         PU/PD/+/- : Modify
 IRQ 15 Used By ISA : No/ICU        F5  : Old Values  (Shift)F2 : Color
                                    F6  : Load BIOS Defaults
                                    F7  : Load Setup Defaults
```

Bei modernen BIOS-Versionen können diejenigen Interrupts, die für die Erweiterungskarten des PCI-Bus (IRQ A-IRQ D) verfügbar sind, eingestellt werden.

5. Prozessor spezial – CPU-Upgrade mit Overdrive & Co.

Im Herzen des PCs befindet sich – wie eine Spinne im Netz – der Prozessor. Von seinen „inneren Werten" hängt die Leistung des PCs direkt ab. Beinahe jeder Prozeß wird direkt oder indirekt durch ihn gesteuert, alle Daten von ihm verarbeitet. Was liegt da näher, als beim Tuning und bei der Aufrüstung des Computers genau hier anzusetzen?

Alle diejenigen unter Ihnen, die daran denken, Ihren Prozessor gegen ein besseres Modell auszutauschen, stehen zunächst einmal vor der Entscheidung, welches neue Herz sie in Ihren PC einpflanzen wollen. Dabei ist die Kaufentscheidung – neben dem Budget – von einigen technischen Umständen abhängig, denn längst nicht jeder Prozessor paßt in jedes Motherboard. Für Computer, die ein gewisses Alter erreicht haben, gibt es einfach nichts mehr zu kaufen, was Ihrem alten Rechner wieder Beine machen könnte.

Das liegt daran, daß durch immer kürzere Innovationszyklen die bestehende Technologie sehr schnell veraltet. Klar, das neueste und teuerste Produkt läßt sich viel besser vermarkten, wenn das Vorgängermodell wie Vorkriegsware behandelt wird.

Dieses Kapitel verschafft Ihnen eine Übersicht über das derzeitige Angebot und sagt Ihnen, was machbar ist und was nicht. Wann lohnt es sich, die CPU aufzurüsten, wann kaufe ich besser ein Mainboard dazu? Was sind derzeit die Schnäppchen?

- Der erste Abschnitt befaßt sich mit der Palette an Prozessoren, die es im Moment zu kaufen gibt. Besonders interessant sind natürlich die CPUs von Intel und AMD, aber auch die Konkurrenz hält ein oder zwei Schätzchen bereit.

- Danach steht die Beziehung zwischen dem Mainboard und der CPU im Mittelpunkt. Einige Faktoren sind daran beteiligt, daß die Aufrüstung ein voller Erfolg wird. Wir sagen Ihnen, welche das sind.

- Bevor Sie daran denken, Geld auszugeben, möchten Sie vielleicht noch das letzte bißchen Leistung aus Ihrem alten Prozessor herauskitzeln. Im dritten Abschnitt sagen wir Ihnen, wie Sie Ihre CPU übertakten, ohne daß sie dabei den Hitzetod stirbt.

- Dann geht's ans Praktische. Den Prozessor zu kaufen und nach Hause zu tragen war nicht schwierig, aber wie kommt das Ding in den PC? Wir sagen Ihnen, wie's geht und welchen Stolperfallen Sie besser aus dem Weg gehen.

5.1 Bauformen der gängigen CPUs: Das ist up to date

Es ist schon schwierig, aus einem Angebot von ca. 20-30 Prozessoren den richtigen herauszufinden. Neben den Unterschieden, die sofort ins Auge fallen, wie Name, Preis oder Taktfrequenz, unterscheiden sich die CPUs auch noch in einigen weiteren Punkten, wie z. B. der Bauform oder der Spannungsversorgung. Die verschiedenen Eigenschaften müssen Sie aber kennen, weil sie sich direkt darauf auswirken, ob ein Prozessor mit Ihrem Mainboard zusammenarbeitet oder nicht.

Um Ihnen den Überblick zu erleichtern, haben wir in diesem Abschnitt die unterschiedlichen Bauweisen und die derzeit gängigen Prozessoren zusammengestellt. Sie können mit Hilfe von einigen Übersichtstabellen und des Abschnitts ab Seite 200 überprüfen, ob das Modell, das Sie sich ausgesucht haben, von den technischen Voraussetzungen her für Sie in Frage kommt. Seitdem Intel mit dem Sprung vom Pentium MMX zum Pentium II den Slot 1 eingeführt hat, ist der Markt in zwei Lager gespalten. Die Konkurrenz setzt nämlich weiterhin auf den Sockel 7, die alte Bauform, die schon seit den Pentiums der ersten Generation eingesetzt wurde.

Sockel 7

Den Sockel 7 gibt es schon seit der Einführung des Pentium 75, wo er den älteren Sockel 5 abgelöst hat, mit dem die allerersten Pentium 75, 90 und 100 ausgestattet waren. Er hat 321 Anschlüsse und die bis dahin typische quadratische Form, die für einen liegenden Einbau vorgesehen ist.

Sockel 7

Alle Pentiums bis 200 MHz, die Pentium MMX bis 233 MHz und alle Konkurrenzprodukte wie die AMD K6-Familie weisen diese Bauform auf. Wenn Sie also einen Computer mit einem Pentium-Prozessor ab 90 MHz oder einer CPU von Cyrix, AMD oder IDT besitzen, müssen Sie sich für ein Upgrade unter den Sockel 7-Prozessoren umschauen.

Leider gibt es dabei einige Einschränkungen, die daraus resultieren, daß innerhalb der Sockel 7-Familie mehrere Veränderungen in bezug auf die Taktfrequenz und die Spannungsversorgung Einzug gehalten haben. Besonders, wenn Sie Besitzer eines älteren Pentium-Systems (60-90 MHz) mit dementsprechend „veralteten" Mainboard sind, ist die Auswahl an passenden Prozessoren sehr eingeschränkt.

Alter Pentium-Prozessor

Ein Produkt der Intel-Konkurrenz: der K6-2

Für diejenigen, deren Computer noch nicht mehr als zwei bis drei Jahre alt ist und die vielleicht schon einen Prozessor mit MMX-Technologie an Bord haben, sind die Aussichten, ihr System noch einmal aufzuwerten, dagegen gar nicht so schlecht.

Weiter unten in diesem Kapitel gehen wir genau darauf ein, welche Eigenschaften die derzeit gängigen Prozessoren haben und auf welche Motherboards sie passen. Lesen Sie dort nach, um den richtigen für Ihren Computer zu finden.

Supersockel 7

Der Supersockel 7 ist eine Weiterentwicklung der Firma AMD und einiger Chiphersteller, die in Konkurrenz zu Intel stehen. Dabei hat sich aber nichts an der Bauform oder der Spannungsversorgung geändert. Supersockel 7-Boards sind lediglich über den Chipsatz in der Lage, den Prozessor mit einem Systemtakt von 100 MHz zu versorgen, mit dem die K6-2- und K6-3-Prozessoren arbeiten.

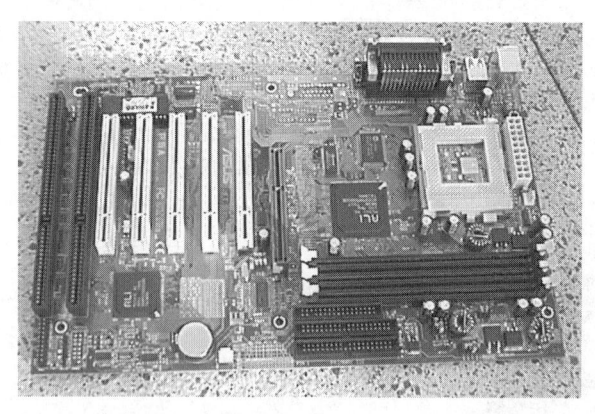

Supersockel 7-Mainboard

Nebenbei erlauben diese Chipsätze, wie z. B. der Aladdin V von ALI oder der MVP3 von VIA, einen AGP-Port zu betreiben. Mehr Informationen zum Thema finden Sie im Mainboard-Kapitel ab Seite 97.

Slot 1

Mit dem Pentium II ist Intel dazu übergegangen, den Prozessor zusammen mit dem Level-2-Cache (was das ist, erfahren Sie auf Seite 242 im Kapitel über Speicher) auf einer kleinen Platine unterzubringen und diese senkrecht wie eine Erweiterungskarte auf das Mainboard zu stecken. Der Slot 1, in den die Prozessorplatine hineingesteckt wird, verfügt über 242 Kontakte in zwei Reihen. Um eine größere Haltbarkeit bei der Befestigung zu erreichen, sind neben dem Prozessorgehäuse Halterungen angebracht, in die die Einheit eingeschoben wird.

Alle Prozessoren der Pentium II-Familie (Pentium II, Celeron) sind für den Slot 1 gebaut und untereinander austauschbar. Aufrüstaktionen innerhalb dieser Familie sind also völlig problemlos.

Slot 1 für den Pentium II

Pentium II mit Kühler und Lüfter im Slot 1

Auch der Pentium III paßt in den Slot 1 und kommt für Besitzer von vielen Pentium II-Rechnern für ein Upgrade in Frage.

Lediglich der Pentium II in der XEON-Ausführung, die für den Multiprozessorbetrieb optimiert ist, paßt nicht in den Slot 1, sondern in den Slot 2 (330 Kontakte in drei Reihen). Angesichts des hohen Preises dieser Prozessoren ist das für die meisten Heimanwender aber wohl nicht so dramatisch.

Sockel 370

Moment mal, war hier nicht von einer „Zweiteilung" die Rede? Wieso kommt denn jetzt ein dritter Sockel dazu? Nun ja, die letzte Intel-Idee ist (in einem speziellen Fall) die Rückkehr zur Sockel-Technik. Die neuesten Celeron- und Pentium-II-Prozessoren werden wieder in einer Sockelbauweise ausgeliefert, die helfen soll, Intel-Produkte auch in den unteren Preisregionen stärker zu etablieren. Die Bauweise im PPGA (**P**lastic **P**in **G**rid **A**rry) und mit dem Sokkel 370 ist nämlich angeblich billiger zu realisieren.

Es gibt aber Adapterplatinen, die den Einbau in herkömmliche Slot 1-Mainboards erlauben. Deswegen kann man unserer Meinung nach für ein Ugrade den Sockel 370 der „Slot 1"-Kategorie zuordnen.

Die Prozessoren der Pentium-Familie

Mit der Einführung der Prozessoren der fünften Generation ist Intel von seinem bisherigen Namensschema abgerückt und hat die neuen CPUs, die eigentlich 80586 heißen sollten, „Pentium" getauft („penta" bedeutet im Griechischen fünf). Das hatte den Hintergrund, daß sich Namen – im Gegensatz zu Zahlen – rechtlich schützen lassen und so das eigene Produkt besser von der Konkurrenz unterschieden werden konnte.

Dieser Name ist seitdem beibehalten worden, obwohl die Entwicklung mittlerweile bis zur siebten Prozessorgeneration fortgeschritten ist. Dementsprechend gibt es trotz der Namensähnlichkeit gravierende Unterschiede in den Eigenschaften der verschiedenen Pentium-Generationen. Anhand der folgenden Übersicht können Sie sich darüber informieren, welche Eigenschaften der Prozessor in Ihrem Rechner hat und welche anderen Prozessoren damit verträglich sind und so für einen Austausch in Frage kommen.

Pentium

Die ersten Pentiums kamen 1993 mit Taktfrequenzen von 60 und 66 MHz auf den Markt und paßten noch in den Sockel 5, der einen Pin weniger hat als der Sockel 7 und mit einer Betriebsspannung von 5 V versorgt wird. 1994 wurde die Palette dann durch die Modelle mit 75, 90 und 100 MHz erweitert, die zuerst auch noch in den Sockel 5 paßten, aber dann auf den Sockel 7 umgestellt wurden.

Der Ahnherr der Pentium-Familie: der erste Pentium

Später (bis 1996) kamen noch 120, 133, 150, 166 und 200 MHz dazu. Allen Modellen ab 75 MHz ist die Spannungsversorgung mit 3,3 V gemeinsam, frühe Modelle bis 120 MHz wurden aber auch mit 3,52 V ausgeliefert. Unterschiede gab es auch in der Systemtaktfrequenz, die je nach Modell 50, 60 oder 66 MHz betrug. Wenn Sie an ein Upgrade Ihres alten Pentium-Systems denken, kommen Sie also um einen Blick in das Handbuch Ihres Mainboards nicht herum, um zu ergründen, was denn genau im Sockel steckt. Dort finden Sie exakte Angaben über die Einstellungen von Systemtakt und Versorgungsspannungen, die mit Ihrem Mainboard möglich sind, und die Werte, die im Moment eingestellt sind. Pentium-Prozessoren dieser Generation gibt es grundsätzlich nicht mehr zu kaufen, höchstens in Ausnahmefällen, im Elektronikfachhandel oder Secondhand.

Pentium MMX

Zum Jahreswechsel 1997 kam eine revidierte Version des Pentium mit dem Kürzel MMX heraus. Neben einigen internen Verbesserungen, die für sich schon eine Leistungssteigerung von 10-15 % gegenüber den alten Modellen bedeutete, wiesen die MMX-Prozessoren eine Erweiterung des Befehlssatzes auf. Diese Erweiterung sollte vor allen Dingen die Verarbeitung von Video, Grafik und Sound beschleunigen, war aber auf die Unterstützung durch die Software angewiesen.

Die ersten Erweiterungen: Pentium mit MMX

Die MMX-Pentiums gab es in Versionen mit 166, 200 und 233 MHz. Die Besonderheit dieser Prozessoren war die Versorgung mit zwei verschiedenen Betriebsspannungen für den Prozessorkern (Core, 2,8 V) und den Ein-/Ausgabebereich (I/O, 3,3 V). Die Verringerung der Spannung für den Prozessorkern war notwendig, um die Leistungsaufnahme und damit die Hitzeentwicklung zu begrenzen.

> **Hinweis**
>
> **MMX: Das steckt dahinter**
>
> Das Prinzip, das hinter der MMX-Erweiterung steht heißt SIMD (**S**ingle **I**nstruction, **M**ultiple **D**ata, „Ein Befehl, viele Daten"). Es ist mit dieser Erweiterung möglich, den gleichen Befehl auf viele unterschiedliche Daten gleichzeitig anzuwenden. Am besten läßt sich an einem Beipiel erklären, wie das funktioniert:
>
> Wenn bei der Bildbearbeitung z. B. ein Filter auf ein Bild angewendet werden soll, mußte bei den alten Prozessoren die gleiche Operation für jeden Bildpunkt einzeln durchgeführt werden. MMX erlaubt es, diese Berechnung für viele Bildpunkte gleichzeitig anzustellen, was die Geschwindigkeit der Bearbeitung natürlich enorm steigert.

Im Moment stellen Pentium MMX mit 200 und 233 MHz die unterste Grenze der Intel-Prozessoren dar, die noch am Markt erhältlich sind.

Pentium Pro

Der Pentium Pro war kurzzeitig das Spitzenmodell der Serie, das einige technische Schmankerl zu bieten hatte. Im Gegensatz zu bisherigen Prozessoren, bei denen sich der Second Level Cache auf dem Mainboard befand, hatte der Pentium Pro den L2-Cache direkt auf dem Prozessorchip integriert. Weil die Speicherbausteine in der gleichen Fertigungstechnik wie der Prozessor hergestellt waren, konnten sie mit der vollen Taktfrequenz angesprochen werden. Nebenbei hatte der Pentium Pro erweiterte Fähigkeiten, die den Aufbau von Multiprozessorsystemen ermöglichten.

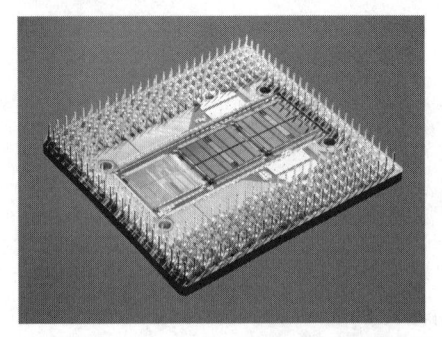

Setzte sich kaum durch: der Pentium Pro (Foto: Intel)

Um die zusätzlichen Leitungen und den Speicher auf dem Chip unterzubringen, hatte der Pentium Pro eine rechteckige Form, die in den Sockel 8 gesteckt wurde. Er paßt in keinen der anderen Sockel und kommt für eine Aufrüstung deswegen nicht in Frage. Aufgrund des hohen Preises konnte sich der Pentium Pro nicht am Anwendermarkt etablieren und war auch wohl nie dafür konzipiert. Nach kurzer Zeit wurde er wieder aus dem Programm genommen, was vermutlich auch auf die geringe Ausbeute bei der Produktion zurückzuführen war.

Pentium II

Der Pentium II markiert die Wende in der Prozessorbauform bei Intel. Er wird nicht mehr im quadratischen Keramikgehäuse ausgeliefert, sondern zusammen mit dem L2-Cache von 512 KByte auf einer kleinen Platine, die zum Schutz in ein Kunststoffgehäuse gehüllt ist. Wie bereits erwähnt, wird diese Platine in den Slot 1 gesteckt, der für alle Ausführungen des Pentium II gleich ist.

Der Nachfolger des Pentium-Prozessors: der Pentium II

1997 kam der Pentium II mit zwei Modellen auf den Markt, die mit 233 und 266 MHz getaktet waren. Später kamen Ausführungen mit 300, 333, 350, 400 und 450 MHz dazu. Der auf der Platine untergebrachte Second Level Cache kann jeweils mit der halben Taktfrequenz angesprochen werden.

Ab dem Modell mit 350 MHz wird der Prozessor mit einem Systemtakt von 100 MHz betrieben, was die insgesamte Leistung des Computers noch einmal deutlich verbessert. Um diese Leistung zu erreichen, sind die Pentium II der zweiten Modellstufe auf Mainboards mit Intel BX-, GX- oder ZX-Chipsatz angewiesen, die 100 MHz beherrschen. Seit 1998 wird der Pentium II als Standardprozessor für den Mainstreammarkt angeboten und hat sich weithin etabliert. Die Modelle mit 233, 266 und 300 MHz sind bereits wieder vom Markt verschwunden. Die unterste Grenze der erhältlichen Ausführungen stellt deswegen der Pentium II mit 333 MHz dar. Der letzte Schrei in der Pentium-II-Familie ist die Rückkehr zur herkömmlichen Bauweise mit dem PPGA-Gehäuse, das auf Mainboards mit dem Sockel 370 paßt. Das soll angeblich helfen, Kosten zu sparen und so Pentium-Systeme billiger zu machen.

Der Pentium II in SECC2-Bauweise

Ebenso ist mit dem Pentium II die SECC2-Bauweise aufgekommen. Jetzt ist die Prozessorplatine nicht mehr in ein voluminöses Gehäuse gehüllt, sondern besteht nur noch aus der Platine und einem Stück Plastik. Diese Ausführung benötigt eine andere Halterung als das ältere SECC1-Gehäuse, was beim Aufrüsten ein Problem darstellen kann.

Celeron

Der Celeron, 1998 auf den Markt gekommen, ist der kleine Bruder des Pentium II. Der Prozessorkern ist identisch, aber der L2-Cache auf der Platine fehlt. Rein optisch unterscheidet er sich von seinem größeren Bruder durch das Fehlen des Kunststoffgehäuses. Der Kühlkörper, der beim Pentium II am Gehäuse anliegt, wird beim Celeron direkt auf die Platine montiert. Um diese etwas andere Konstruktion am Mainboard zu befestigen, erfordert der Celeron andere Halterungen, als sie für den Pentium II verwendet werden.

Celeron-Prozessor – man beachte die Platinenbauweise

Konzipiert für den Low-Cost-Bereich sind die ersten Celerons mit 266 und 300 MHz sehr günstig gewesen, aber durch die Leistungseinbußen konnte er sich nicht sehr weit am Markt durchsetzen. Diese Ausführungen sind bereits wieder ausgelaufen und fast nicht mehr zu haben.

Um die geringe Leistung des Celeron wieder an die des Pentium II anzunähern, ist die zweite Serie dann mit einem L2-Cache von 128 KByte ausgestattet worden. Im Gegensatz zum Pentium II können diese 128 KByte aber mit dem vollen Prozessortakt angesprochen werden. Die ersten Celerons der zweiten Serie waren mit 300 und 333 MHz getaktet, die 300er-Version mit L2-Cache wurde als 300A gekennzeichnet. Mittlerweile gibt es aber auch Ausführungen mit 366, 400 und 433 MHz.

Trotz der deutlich vergrößerten Leistungsfähigkeit ist der niedrige Preis erhalten geblieben, so daß dieser Prozessor im Moment eine interessante Alternative zu den wesentlich teureren Pentium II darstellt. Von den Leistungen her steht der Celeron dem Pentium II kaum noch nach.

Die Celeron-Brüder: hinten die Ausgabe für den Slot 1, vorn die für den Sockel 370 (Foto: Intel)

Die letzte Entwicklung ist der Celeron auf einem länglichen Keramikchip, der in den Sockel 370 hineinpaßt. Mit Hilfe eines Adapters können die Celerons dieser Bauweise, die preiswerter ist als die Slot 1-Ausführung, sogar mit herkömmlichen Slot 1-Boards betrieben werden. So einen Adapter bekommen Sie beispielsweise bei Alternate (*www.alternate.de*).

Ende April hat Intel die Einführung einer 466 MHz schnellen Celeron-Variante und des neuen Chipsatzes i810 (Codename: Whitney) angekündigt. Mit dem i810 läutet Intel den Generationswechsel bei den Onboard-Chipsätzen ein. Großes Novum von Whitney ist ein integrierter Beschleuniger zur Berechnung von 3-D-Grafiken, womit der Einsatz einer zusätzlichen Grafikkarte überflüssig werden soll. Allerdings verfügt der 3-D-grafikfähige Chipsatz über keinen eigenen Speicher, muß also bei der Abarbeitung von Grafikbefehlen auf den Hauptspeicher zurückgreifen. Bis zu 8 MByte vermag Whitney dem Arbeitsspeicher abzuzwacken. Ein späteres Aufrüsten mit einer zusätzlichen AGP-Grafikkarte macht der i810 allerdings unmöglich – einen AGP-Port unterstützt Whitney nicht. Eigens für den Celeron entwickelt ist Whitney sowohl für den 66 als auch für den 100 MHz Bustakt ausgelegt. Insgesamt werden bis zu drei DIMM-Steckplätze mit maximal 512 MByte Arbeitsspeicher angesteuert. Zudem nutzt Intel die Einführung des i810, um das lange prophezeite Aus für den ISA-Steckplatz Realität werden zu lassen. Insbesondere PC-Hersteller sollen von Whitney profitieren und kostengünstig Komplettsysteme für das heiß umkämpfte Segment der PCs unter 2000 DM anbieten können. Es bleibt abzuwarten, ob diese Strategie Erfolg haben wird.

Pentium III

Ganz neu auf dem Markt und lange erwartet ist der Pentium III, das derzeitige Flaggschiff der Pentium-Familie. Genau wie seine unmittelbaren Vorgänger paßt er in den Slot 1 und ist auf Mainboards mit Intel 440 BX-, GX- oder ZX-Chipsatz angewiesen, damit er mit einem Systemtakt von 100 MHz versorgt werden kann. (Mittlerweile sind auch Mainboards mit Chipsätzen anderer Hersteller auf dem Markt, dem VIA Apollo Pro II und dem SIS 620). Es gibt ihn zum Zeitpunkt der Markteinführung in Ausführungen mit 450 und 500 MHz, inzwischen auch mit 550 MHz, und eine Version mit 600 MHz ist auch nicht weit.

Die neueste Generation: der Pentium III (Foto: Intel)

Die zwei großen Unterschiede – neben den höheren Taktfrequenzen – zu seinem Vorgänger sind eine SSE (**S**treaming **S**IMD **E**xtensions) genannte Erweiterung des Befehlssatzes und eine Vergrößerung des Level-2-Caches auf 512 KByte.

Die Befehlssatzerweiterung ist eine Entsprechung zur 3DNow-Erweiterung, die es auf AMD-Prozessoren schon einige Zeit gibt. Insbesondere die Ausführung von grafik- und soundintensiven Anwendungen wie die Wiedergabe von Videos oder Spracherkennung wird dadurch beschleunigt. Man kann daran ablesen, wie wichtig 3-D-Grafik und Multimedia für den Markt geworden ist. Wo vor ein paar Jahren noch niemand zugeben wollte, daß er Prozessoren für den Spiele- und Infotainment-Markt entwickelt, ist das heute völlig selbstverständlich. Leider funktioniert der neue Befehlssatz nicht automatisch, sondern ist auf speziell programmierte Software angewiesen. Solange diese Software nicht breit am Markt vertreten ist, läuft der Pentium III genauso schnell wie seine gleichgetakteten Vorgänger.

> **Hinweis**
>
> **Was hat es mit den Seriennummern auf sich?**
>
> In den letzten Wochen und Monaten geisterten immer wieder Meldungen durch die Presse, in denen davon die Rede war, daß jeder Benutzer mit Hilfe einer Seriennummer auf dem Pentium-III-Chip identifiziert werden könne. Der „gläserne Benutzer" schien wieder einen Schritt näher an die Realität gerückt zu sein.
>
> Der Hintergrund ist eine einzigartige Seriennummer aus 64 Bits, die mit Hilfe von Schmelzsicherungen in das Silizium des Chips eingebrannt wird. Diese Nummer hat ursprünglich den Zweck, daß jeder Besitzer eines Pentium III sich bei elektronischen Geschäften im Internet anhand dieser Nummer eindeutig identifizieren kann, und so rechtsgültige Geschäfte auf elektronischem Weg möglich werden.
>
> Andererseits besteht dabei aber auch die Gefahr, daß jeder kommerzielle (staatliche, kriminelle) Anbieter im Internet diese Seriennummer ebenfalls ausliest, und so die Spur eines Benutzers im Internet genau verfolgt werden kann. Das kann auf ähnlichem Weg passieren, wie es z. B. im Moment mit Cookies praktiziert wird. Mit der Seriennummer gibt es aber eine höhere Eindeutigkeit.
>
> Intel ist den Protesten, die auf diese Gefahr hingewiesen haben, in der Form begegnet, daß ein Software-Tool entwickelt wurde, das das Auslesen dieser Nummer zuverlässig verhindern soll.
>
> Ein anderer Schutz ist der Einbau einer entsprechenden Funktion in das BIOS des Mainboards, die ebenfalls vor dem unfreiwilligen Auslesen der Seriennummer schützt und die standardmäßig von seiten des Mainboardherstellers eingeschaltet wird. Diese Funktion ist mittlerweile auf den meisten Boards für den Pentium III realisiert. Besitzer von älteren Tools müssen auf das Tool von Intel (*www.intel.de*) ausweichen.

Da der Pentium III in den Slot 1 paßt, kann er mit jedem BX-, GX- oder ZX-Board betrieben werden, dessen BIOS den neuen Chip akzeptiert und das die richtigen Multiplikator-Einstellungen erlaubt. In vielen Fällen läßt sich das BIOS über ein Update für den neuen Prozessor fit machen (siehe dazu auch Seite 89).

Daneben wird der Pentium II in einer geänderten Ausführung des Prozessorgehäuses, der sogenannten SECC2-Bauform, geliefert. Anstelle des großen SECC1-Plastikgehäuses der älteren Pentium II besteht der Pentium III nur noch aus der Prozessorplatine und einem Stück Plastik. Neben speziellen Kühlern erfordert dieses Gehäuse andere Halterungen auf dem Mainboard, dazu gibt es später aber einen eigenen Abschnitt. Im Moment ist der Pentium III aber noch zu teuer (und der Leistungsvorsprung zum Pentium II zu gering), um wirklich eine Alternative darzustellen. In einem halben Jahr, wenn vielleicht mehr spezielle Software verfügbar ist, kann das aber ganz anders aussehen.

Pentium II/III (Xeon)

Der Xeon ist die Profi-Variante des Pentium II/III. Wie der Pentium Pro verfügt er über umfangreiche Fähigkeiten zum Aufbau von Multiprozessorsystemen, was ihn insbesondere für den Einsatz in Netzwerkservern und High-End-Grafikrechnern interessant macht. Außerdem gibt es ihn in zwei Ausführungen mit 512, 1.024 und 2.048 KByte L2-Cache. Der Speicherbereich, der mit diesem Second Level Cache gepuffert werden kann, ist so groß, daß jeder Heimanwender allein an den Kosten für die DIMMs zugrunde gehen würde ;-). Mehr zum Thema Speicher erfahren Sie ab Seite 235.

Der Xeon: für den Heimanwender kaum interessant (Foto: Intel)

Der Xeon paßt nicht mehr wie seine kleineren Verwandten in den Slot 1, sondern benötigt den Slot 2, der zusätzliche Leitungen für den Multiprozessorbetrieb bereithält. Insgesamt ist dieser Prozessor vom Preis und von seinen Einsatzmöglichkeiten her für den Heimanwender im Moment uninteressant.

Übersicht:
Spannungen, Taktfrequenzen, Busfrequenzen

Prozessor	Systemtakt/ MHz	Prozessortakt/MHz	Multiplikator	I/O-Spannung	Core-Spannung	Sockeltyp
Pentium 60	60	60	1	5 V	5V	Sockel 4
Pentium 66	66	66	1	5 V	5V	Sockel 4
Pentium 75	50	75	1,5	3,3 V/3,52 V*	3,3V/3,52V*	Sockel 5/Sockel 7*
Pentium 90	60	90	1,5	3,3 V/3,52 V*	3,3V/3,52V*	Sockel 5/Sockel 7*
Pentium 100	50	100	2	3,3 V/3,52 V*	3,3V/3,52V*	Sockel 5/Sockel 7*
Pentium 120	60	120	2	3,3 V/3,52 V*	3,3V/3,52V*	Sockel 7
Pentium 133	66	133	2	3,3 V	3,3 V	Sockel 7
Pentium 150	60	150	2,5	3,3 V	3,3 V	Sockel 7
Pentium 166	66	166	2,5	3,3 V	3,3 V	Sockel 7

Pentium 200	66	200	3	3,3 V	3,3 V	Sockel 7
Pentium MMX 166	66	166	2,5	3,3 V	2,8 V	Sockel 7
Pentium MMX 200	66	200	3	3,3 V	2,8 V	Sockel 7
Pentium MMX 233	66	233	3,5	3,3 V	2,8 V	Sockel 7
Pentium II 233	66	233	3,5	3,3 V**	2,8 V**	Slot 1
Pentium II 266	66	266	4	3,3 V**	2,8 V**	Slot 1
Pentium II 300	66	300	4,5	3,3 V**	2,8 V**	Slot 1
Pentium II 333	66	333	5	3,3 V**	2,0 V**	Slot 1
Pentium II 350	100	350	3,5	3,3 V**	2,0 V**	Slot 1
Pentium II 400	100	400	4	3,3 V**	2,0 V**	Slot 1
Pentium II 450	100	450	4,5	3,3 V**	2,0 V**	Slot 1
Celeron 266	66	266	4	3,3 V**	2,0 V**	Slot 1
Celeron 300	66	300	4,5	3,3 V**	2,0 V**	Slot 1
Celeron 300 A	66	300	4,5	3,3 V**	2,0 V**	Slot 1
Celeron 333	66	333	5	3,3 V**	2,0 V**	Slot 1/Sockel 370
Celeron 366	66	366	5,5	3,3 V**	2,0 V**	Slot 1/Sockel 370
Celeron 400	66	400	6	3,3 V**	2,0 V**	Slot 1/Sockel 370
Celeron 433	66	433	6,5	3,3 V**	2,0 V**	Slot 1/Sockel 370
Pentium III 450	100	450	4,5	3,3 V**		Slot 1
Pentium III 500	100	500	5	3,3 V**		Slot 1

* = je nach Produktionsdatum bzw. Ausführung. Schauen Sie im Zweifelsfall im Handbuch Ihres Mainboards nach, was eingestellt ist

** = wird automatisch erkannt und eingestellt

Harte Konkurrenz: Die AMD K6-Familie

Mit der Einführung des K6 ist es AMD gelungen, erstmals ein Produkt auf den Markt zu werfen, das von der Leistung her eine ernsthafte Konkurrenz für Intel-Prozessoren darstellt.

Nicht zuletzt der günstige Preis sorgte für eine große Verbreitung, die Intel ganz schnell unter einen enormen Preisdruck setzte. Diesem Umstand ist es u. a. zu verdanken, daß die Preise in den letzten zwei Jahren so enorm gesunken sind. Mit dem K6-2 und dem K6-3 setzte AMD diese Erfolgsserie fort, mit Einführung der 3DNow-Technologie gelang es sogar, den Vorsprung zu verringern, den Intel bis dato im Bereich der Fließkommaoperationen innegehabt hatte. Da alle K6-Prozessoren auf der Sockel 7-Technik beruhen, stellen sie eine interessante Alternative für alle diejenigen dar, die bis jetzt einen Pentium MMX in ihrem Rechner hatten.

Hinweis
Motherboards für den K6

AMD führt auf seiner Internetseite unter *http://www1.amd.com/K6/k6mbl/* eine Liste der Mainboards, die problemlos mit den CPUs der K6-Familie zusammenarbeiten. Man kann einen beliebigen Prozessor auswählen und bekommt dann eine Liste generiert.

K6

Der K6 ist als direkte Konkurrenz zum Pentium MMX in Ausführungen mit 166, 200 und 233 MHz auf den Markt gekommen. Später kamen noch einmal Versionen mit 266 und 300 MHz dazu. Er besaß ebenfalls die Befehlssatzerweiterungen der Pentium-MMX-Serie, war (zunächst) genauso schnell getaktet (später sogar höher), bot fast die gleichen Leistungen und war erheblich günstiger zu haben. Deswegen findet man ihn in vielen Systemen, die vor zwei Jahren noch den Stand der Dinge repräsentierten.

Der K6 von AMD, ein starker Konkurrent des Pentium

Mittlerweile ist der K6 von seinen Nachfolgern abgelöst worden und nicht mehr am Markt verfügbar. Durch den Umstand, daß K6-fähige Mainboards schon über eine separate Spannungsversorgung für den Prozessorkern verfügen, ist die Chance, ein solches System mit einem K6-2 aufzuwerten, aber gar nicht einmal so schlecht.

K6-2 3DNow

Der K6-2 ist der direkte Nachfolger des K6 und weist eine Befehlssatzerweiterung auf, die die Verarbeitung von grafikintensiven Befehlen beschleunigen soll. Wie der Name bereits andeutet, hatte es AMD dabei auf die immer größer werdende Gemeinde der PC-Spieler abgesehen, die bis dahin mit einem Pentium MMX/II besser bedient war. Die Intel-Prozessoren waren einfach besser bei Fließkommaberechnungen, die im Grafikbereich besonders stark zu Buche schlagen. Mit für 3DNow optimierter Software sah die Welt plötzlich ganz anders aus, denn hier hatten die AMD-Prozessoren die Nase vorn.

Hinweis
3DNow und 3-D-Karten

Wer einen K6-2-Prozessor sein eigen nennt oder daran denkt, einen anzuschaffen, ist gut damit beraten, seinen Computer mit einer Grafikkarte mit Voodoo-Chipsatz auszustatten. 3dfx, der Hersteller dieses Chipsatzes unterstützt mit der eigenen Glide-Softwareschnittstelle den 3DNow-Befehlssatz; das Ergebnis kann sich sehen lassen.

Es gibt den K6-2 in Versionen mit 266, 300, 333, 350, 380 und 400 MHz, die mit Systemtakten von 66, 95 und 100 MHz versorgt werden. Für 95 oder 100 MHz benötigen Sie aber ein Supersockel 7-Board (genaueres dazu lesen Sie aber ab Seite 107). Der K6-2 kann zwar auch auf 66-MHz-Boards betrieben werden, aber die Versionen mit den höheren Taktraten können dann natürlich nur einen Teil ihrer Leistung ausspielen.

AMD K6-2, eine preiswerte Alternative zum Pentium

Größter Nachteil der K6-2 gegenüber den Pentium II ist die Tatsache, daß sich der L2-Cache immer noch auf dem Mainboard befindet. Im Gegensatz zu den Intel-Prozessoren, die den L2-Cache immerhin mit der halben Prozessorfrequenz ansprechen können, bleibt diese Frequenz beim K6-2 auf den Systemtakt beschränkt.

Die kleinsten erhältlichen Ausführungen des K6-2 sind die Versionen mit 300 und 333 MHz Prozessor- und 66 MHz Systemtakt. Diese sind als einzige für ein reines Prozessor-Upgrade interessant, weil die anderen Varianten ein Super-7-Board brauchen.

K6-3 3DNow

AMDs letzter Streich ist der K6-3, der im zweiten Quartal 1999 auf den Markt kommt. Er bietet neben einigen internen Optimierungen und dem 3DNow-Befehlssatz einen L2-Cache von 256 KByte, der mit der vollen Prozessorfrequenz angesprochen wird. Der L2-Cache auf dem Mainboard wird dabei kurzerhand – wie könnte es anders sein? – zum L3-Cache ernannt.

Im Bereich der Integer-Operationen, die besonders bei Office-Anwendungen gefordert werden, ist der K6-3 im Moment der schnellste verfügbare Prozessor. Mit Software, die für 3DNow optimiert ist, hat der K6-3 auch im Bereich der Fließkommaberechnungen gegenüber der Pentium-Konkurrenz ohne optimierte Programme die Nase vorn. Voraussichtlich wird er die Krone aber in dem Moment an den Pentium III zurückgeben müssen, wenn es für diesen genügend optimierte Software gibt.

Für alle, die bereits ein Supersockel 7-Board besitzen, ist dieser Prozessor die Gelegenheit, den eigenen Computer endgültig zur Powermaschine hochzurüsten.

K7

Ab Juni 1999 soll der AMD K7 erhältlich sein, der gegenüber seinen Vorgängern noch einmal kräftig an Leistung zulegen soll. Das würde AMD – zumindest in bezug auf die Leistung – endgültig an die Spitze der Prozessorhersteller setzen.

Wie der Xeon von Intel ist der K7 für den Einsatz in Netzwerkservern und Grafik-Workstations konzipiert und besitzt einen variablen L2-Cache zwischen 512 KByte und 8 MByte, um auch sehr große Arbeitsspeicher puffern zu können.

Dazu kommt ein Systembus, der mit 200 MHz getaktet ist, was die Leistung des gesamten Systems noch einmal erheblich steigern wird. Der K7 sitzt aber auf einer Platine, die ähnlich wie die Prozessoren der Pentium-II-Familie in einen Slot gesteckt wird, den Slot A. Für die Kommunikation zwischen Mainboard und CPU wird aber ein anderes Protokoll verwendet (EV6 anstelle von GTL+), das kompatibel zu Computern mit Alpha-Prozessoren der Firma Digital ist.

Genau wie der K6-2 und der K6-3 ist auf dem K7 ebenfalls die 3DNow-Befehlssatzerweiterung realisiert, um die Performance für 3-D-Grafikanwendungen zu optimieren.

Übersicht:
Spannungen, Taktfrequenzen, Busfrequenzen

Prozessor	Systemtakt/ MHz	Prozessor-takt/ MHz	Multiplikator	I/O-Spannung	Core-Spannung	Sockeltyp
K6-166	66	166	2,5	3,3 V	2,9 V	Sockel 7
K6-200	66	200	3	3,3 V	2,9 V	Sockel 7
K6-233	66	233	3,5 (Jumperstellung wie 1,5)	3,3 V	3,2 V	Sockel 7
K6-266	66	266	4	3,3 V	2,2 V	Sockel 7
K6-300	66	300	4,5	3,45 V	2,2 V	Sockel 7
K6-2-266	66	266	4	3,3 V	2,2 V	Sockel 7
K6-2-300	66	300	4,5	3,3 V	2,2 V	Sockel 7
K6-2-300	100	300	3	3,3 V	2,2 V	Supersockel 7
K6-2-333	66	333	5	3,3 V	2,2 V	Sockel 7
K6-2-350	100	350	3,5	3,3 V	2,2 V	Supersockel 7
K6-2-380	95	380	4	3,3 V	2,2 V	Supersockel 7
K6-2-400	100	400	4	3,3 V	2,2 V	Supersockel 7
K6-3-400	100	400	4	3,3 V	2,2 V	Supersockel 7
K6-3-450	100	450	4,5	3,3 V	2,2 V	Supersockel 7
K7	200	500 (bei Markteinführung)	2,5	Information noch nicht vorhanden	Information noch nicht vorhanden	Slot A

Ende April stellte AMD auf einer Aktionärsversammlung in New York einen K7-Chip vor, der mittels spezieller Kühltechnik eine Taktfrequenz von 1 GHz erreicht. Selbst wenn wir davon ausgehen, daß die Demonstration von den Schwierigkeiten des Unternehmens ablenken und den Aktionären Mut machen sollte, ist dies doch beeindruckend. Wir werden sehen, was noch möglich gemacht wird.

Prozessoren von Cyrix (IBM) und WinChip

Neben der starken Konkurrenz durch AMD hat Intel noch zwei weitere Mitbewerber, die aber geringere Bedeutung auf dem Prozessormarkt haben: Cyrix (IBM) und IDT.

Diese beiden Hersteller sind derzeit mit insgesamt drei Prozessortypen vertreten: Cyrix hat den M2 im Angebot, und IDT ist mit dem WinChip C6 und dem Nachfolger WinChip 2 3D vertreten. Obwohl diese CPUs sicher nicht die Leistungen von AMD- und Intel-Prozessoren erreichen, so haben sie doch Vorteile: Sie sind erstens günstig, und zweitens bieten sie die Möglichkeit, ältere Pentium-Boards noch einmal aufzuwerten.

Hinweis

Mainboards und BIOSse für die Konkurrenz

Genau wie AMD pflegen auch IDT und Cyrix Seiten, auf denen die kompatiblen Mainboards und BIOS-Versionen aufgeführt werden. Die begehrten Infos finden Sie unter:

Cyrix: *http://wwwd.national.com/cyrix/motherbd.nsf*
IDT, WinChip C6: *http://www.winchip.com/10_mothcomp.html*
IDT, WinChip 2 3D: *http://www.winchip.com/winchip2/92_mothcomp.html*
IDT, BIOS-Informationen: *http://www.winchip.com/BIOSsupport.html*

- Der Cyrix M2 wird zwar nur mit 66/233 MHz getaktet, bietet aber eine Leistung, die mit dem Celeron 300 bzw Celeron 333 vergleichbar ist. (Deswegen heißt er in der Cyrix-Nomenklatur auch „300+" bzw. „333+".) Die Spannungsversorgung ist mit allen Mainboards verträglich, die bereits über eine separate Spannungsversorgung für den Prozessorkern verfügen.
- Der WinChip C6 ist das IDT-Pendant zum Pentium MMX, sowohl in bezug auf die Taktraten als auch im Hinblick auf die Befehlssatzerweiterung. Der Clou liegt aber an anderer Stelle: Im Gegensatz zu allen anderen CPUs kann der C6 mit nur einer Spannung betrieben werden, und ist somit für alle älteren Pentium-Boards geeignet. Es gibt ihn sogar in zwei unterschiedlichen Ausführungen, die entweder 3,3 V oder 3,52 V vertragen. Für weniger als 100,- DM besteht hier die echte Möglichkeit, alte Sockel 7-Boards noch einmal aufzuwerten.
- Für den WinChip 2 3D gilt das gleiche. Er verfügt lediglich zusätzlich über die von AMD bekannte Befehlssatzerweiterung 3DNow.

Übersicht:
Spannungen, Taktfrequenzen, Busfrequenzen

Prozessor	System-takt/MHz	Prozessor-takt/MHz	Multiplikator	I/O-Spannung	Core-Spannung	Sockeltyp
Cyrix M2 6x86 300+	66	233	3,5	3,3 V	2,9 V	Sockel 7
Cyrix M2 6x686 333+	66			3,3 V	2,9 V	Sockel 7
IDT WinChip C6 200	66	200	3	3,3 V/3,52 V*	3,3 V /3,52 V*	Sockel 7
IDT WinChip C6 225	75	225	3	3,3 V/3,52 V*	3,3 V/3,52 V*	Sockel 7
IDT WinChip C6 240	60	240	4	3,3 V/3,52 V*	3,3 V/3,52 V*	Sockel 7
IDT WinChip 2 3D 200	66	200	3	3,3 V/3,52 V*	3,3 V/3,52 V*	Sockel 7
IDT WinChip 2 3D 225	75	225	3	3,3 V/3,52 V*	3,3 V/3,52 V*	Sockel 7
IDT WinChip 2 3D 240	60	240	4	3,3 V/3,52 V*	3,3 V/3,52 V*	Sockel 7

* = *je nach Ausführung*

5.2 Vorüberlegungen: Prozessortausch mit Köpfchen

Im Bereich der CPUs ist es besonders wichtig zu wissen, welche Bedingungen im eigenen Rechner herrschen, bevor es daran geht, einen neuen Prozessor zu kaufen. Je nachdem, mit welchem Prozessortyp Sie bisher gearbeitet haben und in welchem Mainboard er sitzt, bleibt Ihnen unter Umständen nur eine eingeschränkte Auswahl für ein Upgrade übrig.

In diesem Abschnitt zeigen wir Ihnen, worauf Sie achten müssen und was von Bedeutung ist, wenn Sie Ihre CPU austauschen möchten. Danach können Sie ganz locker losziehen und wissen, mit welchen Prozessoren ein problemloses Upgrade möglich ist und von welchen Sie besser die Finger lassen.

Sockel 7-CPUs: Aufs Mainboard kommt's an

Auch wenn sich alle Sockel 7-Prozessoren rein äußerlich bis auf den letzten Pin gleichen, gibt es dennoch einige gravierende Unterschiede. Dieser Abschnitt befaßt sich mit den verschiedenen Aspekten, die darüber entscheiden, ob eine CPU in Ihr altes Mainboard paßt oder nicht.

Die Eckpfeiler sind dabei die Spannungsversorgung, die Taktfrequenz und die Verträglichkeit mit dem Chipsatz, die aber nicht sehr häufig Probleme macht.

Pentium-75-200-Boards: Das wird eng

Für Besitzer von alten Pentium-Boards, die Frequenzen von 75-200 MHz beherrschen und eine einfache Spannungsversorgung haben, gibt es im Grunde nur noch zwei Möglichkeiten, den Computer aufzurüsten. Das liegt einfach an der mangelnden Verfügbarkeit älterer CPUs, die sich mit den Gegebenheiten dieser Boards begnügen.

- Die erste besteht darin, zum Aufrüsten den IDT WinChip zu nehmen. Wie Sie der Übersichtstabelle auf Seite 199 entnehmen können, ist dies der einzige Chip mit MMX-Erweiterung, der noch nicht auf eine gesplittete Spannungsversorgung angewiesen ist. Es gibt ihn in Ausführungen zwischen 200 und 240 MHz, und er sollte auf jedem Pentium-Board funktionieren. Immerhin läßt sich ein Pentium-90 damit noch einmal auf Trab bringen.

- Im Elektronikfachhandel (z. B. bei Conrad: *www.conrad.de*) werden Adaptersockel verkauft, mit denen es möglich ist, alte Sockel 7-Mainboards auf die zweigeteilte Spannungsversorgung aufzurüsten. Sie werden zwischen den alten Sockel und den neuen Prozessor gesteckt und haben eine Elektronik, die die von außen angelegte Spannung umwandelt und aufteilt.

Adapter für Prozessoren mit geteilter Spannungsversorgung

So ist es z. B. möglich, einen AMD K6-2 oder Cyrix M2 auf einem alten Pentium-Board zu betreiben, das nur 3,3 V bereitstellt. Der Nachteil dieser Adapter liegt in den Kosten. Leider werden für so einen Sockel ca. 100 DM fällig, dafür bekommen Sie fast ein neues Mainboard.

MMX-Boards: Flexibilität ist gefordert

Für Mainboards, die bereits eine getrennte Spannungsversorgung für den Prozessorkern bereitstellen, ist die Chance, eine höhergetaktete CPU betreiben zu können, gar nicht so schlecht. Es muß lediglich möglich sein, die Core-Spannung auf 2,2 V einzustellen, denn mit dieser Spannung werden alle Sockel 7-Prozessoren (speziell der K6-2) betrieben, die höher als 233 MHz getaktet sind.

Eine Ausnahme stellt in dieser Beziehung der Cyrix M2 dar. Er kommt auch mit einer Kernspannung von 2,9 V zurecht. Viele Mainboards, die 2,8 V können, haben auch diesen Wert im Repertoire. Darüber hinaus ist der M2 nicht auf die hohen Taktfrequenzen angewiesen, bietet aber die Leistung eines Celeron 300 bzw. 333.

Über die I/O-Spannung brauchen Sie sich übrigens keine Gedanken zu machen, die ist nämlich bei allen Prozessoren 3,3 V.

Super-7-Boards: Alle Möglichkeiten

Da es die Super-7-Boards erst seit Juni 1998 gibt, sind im Moment jede Menge Prozessoren für diese Leistungsklasse verfügbar. Alle schnellen K6-2- und K6-3-Prozessoren sind für diesen Sockeltyp ausgelegt und erhältlich. Sollten Sie wirklich schon wieder nach mehr Leistung hungern, bekommen Sie im nächsten Computerladen ausreichend Nachschub.

Reicht der Frequenzbereich für den neuen Prozessor?

Mit Ausnahme des Pentium MMX, des Cyrix M2 und des IDT WinChip gibt es keine Prozessoren mehr zu kaufen, die mit weniger als 233 MHz daherkommen. Die nächste Frage, die sich deswegen stellt, ist die nach der Taktfrequenz. Schauen Sie im Handbuch Ihres Mainboards nach, welche Multiplikator-Einstellungen für die Prozessorfrequenz möglich sind. Die meisten Mainboards bieten bei einer Busfrequenz von 66 MHz Multiplikatoreinstellungen bis 3 (200 MHz) oder 3,5 (233 MHz). Dementsprechend ist es auch nicht möglich, noch schnellere Prozessoren auf so einem Board zu betreiben. Das klappt zwar theoretisch, aber Sie erreichen eben nur 233 MHz.

> **Hinweis**
>
> **So errechnet sich die Prozessorfrequenz**
>
> Die Frequenz, mit der der Prozessor getaktet ist, errechnet sich aus der Busfrequenz des Mainboards und einem Multiplikator. So erreicht man 300 MHz, indem man den Systemtakt von 66 MHz mit 4,5 multipliziert. 350 MHz werden mit 100 MHz und einem Faktor von 3,5 erzielt. Dementsprechend finden sich auf dem Mainboard Jumper, die sowohl die Einstellung der Busfrequenz als auch die des Multiplikators erlauben.

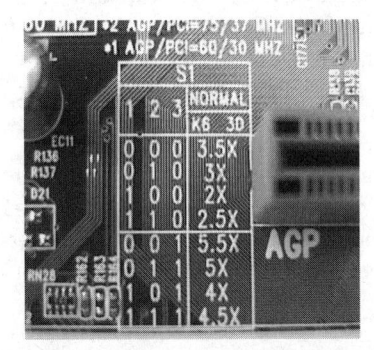

Tabelle mit den Multiplikatorwerten

Mit ein bißchen Glück besitzt das Motherboard aber auch Multiplikatorwerte von 4 (266 MHz), 4,5 (300 MHz) oder noch höher. Hier ist es dann problemlos möglich, die korrekten Frequenzen schnellerer CPUs einzustellen.

Chipsatz und Prozessor: Geht nicht immer

Besonders zwischen Mainboards mit Intel-Chipsatz und Prozessoren von anderen Herstellern wie Cyrix gab es immer mal wieder Probleme, weil gewisse Befehle des Prozessors vom Mainboard nicht unterstützt wurden. Besonders bei dieser Kombination von Prozessor und Chipsatz sollten Sie sich bei einem der beiden Hersteller darüber informieren, ob die Zusammenarbeit gewährleistet ist. Zu diesem Zweck unterhalten die Prozessorhersteller Kompatibilitätslisten auf ihren Internetseiten. Die Webadressen finden Sie auf den Seiten 195 und 199. Ein anderer Gesichtspunkt ist die Einstellbarkeit von anderen Systemfrequenzen als 66 MHz. Cyrix hat bei seinen älteren Prozessoren beinahe alle Frequenzen dabeigehabt: 50, 60, 66, 75 und 83 MHz. Wie Sie in der Liste auf Seite 199 sehen können, sind beim IDT WinChip auch drei unterschiedliche Frequenzen denkbar, von denen 75 MHz für viele Mainboards ein Problem darstellen könnten.

Hinweis
Vertragen die anderen Komponenten höhere Frequenzen?

Ein höherer Systemtakt macht sich sofort im ganzen System bemerkbar. Neben dem positiven Effekt, daß der Rechner schneller arbeitet, gibt es aber auch „Nebenwirkungen".

Der PCI-Bus wird z. B. mit der halben Busfrequenz getaktet, in der Regel sind das also 33 MHz. Bei einer Erhöhung des Systemtakts auf 75 MHz kommt der PCI-Bus dann auf den krummen Wert von 37,5 MHz, bei dem besonders ältere PCI-Karten bereits instabil werden oder überhitzen. Dieser Punkt will also auch geklärt sein, wenn Sie daran denken, Ihr System mit einem Prozessor zu bestükken, der einen solchen Systemtakt verlangt.

Als letztes sei noch die korrekte Erkennung des Prozessors durch das BIOS erwähnt. Neben den korrekten Werten für das Speicher-Timing bieten einige BIOSse auch die automatische Erkennung und Einstellung der richtigen Spannungswerte. Sofern Sie aber alle wichtigen Daten des Prozessors kennen und sich die manuelle Einstellung dieser Werte auf dem Mainboard zutrauen, ist die mangelnde Erkennung eher ein Schönheitsfehler als dramatisch. Im Zweifelsfall bieten die Internetseiten der Prozessorhersteller nähere Informationen zu diesem Thema. Die Webadressen finden Sie (wie erwähnt) auf den Seiten 195 und 199.

Slot 1-Prozessoren: Gute Chancen

Besitzer von Slot 1-Prozessoren können sich glücklich schätzen, die Voraussetzungen für ein Prozessor-Upgrade sind mehr als günstig: Alle Prozessoren der Pentium-II-, Celeron- und Pentium-III-Familie haben identische Bedürfnisse in bezug auf die Betriebsspannung und haben keine Unterschiede in bezug auf die Pinbelegung.

Taktfrequenz und Chipsatz

Älteren Pentium-II-Boards, die nur über einen Systemtakt von 66 MHz verfügen, ist durch die Einstellmöglichkeiten des Multiplikators eine Schallgrenze gesetzt, über die hinaus keine Prozessorfrequenz eingestellt werden kann (siehe dazu den Hinweis auf Seite 202). Meistens ist maximal ein Faktor 5,5 oder 6 möglich, aber immerhin erreicht man damit Taktraten von 366 bzw.

400 MHz. Alle Prozessoren innerhalb dieser Grenze stehen Ihnen also zur freien Auswahl. Wie hoch Sie theoretisch gehen können, müssen Sie im einzelnen dem Handbuch Ihres Mainboards entnehmen. Die schnellsten Pentium II und III werden mit einem Systemtakt von 100 MHz versorgt. Derzeit sind von Intel der 440-BX-, GX- und ZX-Chipsatz auf dem Markt, die diese Prozessoren bedienen können. Wenn Sie ein Board mit einem dieser Chipsätze haben, stehen Ihnen auch die derzeitigen Spitzenmodelle von Intel zur Verfügung.

Das muß passen: Die Halterung

Obwohl alle Prozessoren der Pentium-II-Familie in den Slot 1 passen, gibt es trotzdem ein Hindernis: Pentium II, Pentium III und Celeron werden in unterschiedlichen Gehäusen geliefert, für die jeweils eine passende Halterung her muß.

- Die Pentium-II-CPUs wurden bis vor kurzem in einem schwarzen Plastikgehäuse ausgeliefert, das die Bezeichnung SEC (**S**ingle **E**dged **C**artridge) trug. Für dieses Gehäuse sind die allermeisten Mainboards ausgelegt. Aufrüstaktionen von Pentium II zu Pentium II sind also unkritisch, ebenso paßt der Celeron in die Pentium-II-Halterung.

Halterung für den Pentium II

- Der Celeron wird nur als Platine angeliefert, auf dem ein anderer Kühler sitzt. Hier findet manchmal eine eigene Halterung, manchmal eine gewöhnliche Pentium-II-Halterung Verwendung. Wenn Sie eine Celeron-Halterung vorfinden, müssen Sie Ihr Board umrüsten.

- Seit kurzer Zeit werden die neuesten Pentium-II-Prozessoren und der Pentium III im sogenannten SECC2-Gehäuse produziert, das eigentlich nur noch aus der Prozessor-Platine und einem schwarzen Stück Plastik besteht. Prozessoren mit diesem Gehäuse benötigen eine spezielle oder eine sogenannte URM Universal-Halterung, die alle drei Prozessortypen samt Kühler aufnehmen kann.

Je nachdem, welche Art von Aufrüstung Sie planen, müssen Sie also zunächst für eine passende Halterung sorgen. Solche Umrüstsätze bekommen Sie entweder mit einem entsprechenden Prozessorkühler mitgeliefert oder direkt beim Hersteller Ihres Mainboards.

Korrekte Erkennung: BIOS-Update

Damit die neuen Pentium III überhaupt erkannt werden, ist meistens ein Update des BIOS Ihres Mainboards notwendig. (Wie das gemacht wird, lesen Sie ab Seite 89.) Ohne dieses Update kann es passieren, daß Ihr Computer mit dem Pentium III gar nicht erst hochfährt. Sie müssen also zunächst noch mit dem alten Prozessor ein neues BIOS für Ihr Mainboard aus dem Internet besorgen.

Achten Sie darauf, daß es sich um ein BIOS für genau Ihren Mainboardtyp handelt, denn ein störungsfreier Betrieb mit einem fremden BIOS ist nicht möglich, selbst wenn es für den gleichen Chipsatz gemacht wurde.

Lesen Sie mehr dazu ab Seite 97, dort geht es umfassend um das Thema „Mainboards". Da finden Sie auch die Internetadressen der wichtigsten Mainboard-Hersteller, die Ihnen sicher Infos speziell zu Ihrem Board geben können.

So rüsten Sie Ihren Prozessor optimal auf

Folgende Bedingungen müssen erfüllt sein, damit das Prozessor-Upgrade ein voller Erfolg wird:

- Das Mainboard muß die nötigen Betriebsspannungen für den neuen Prozessor bereithalten. Notfalls gibt es Adaptersockel, um ältere Pentium-Boards fit zu machen.
- Am Board müssen genügend hohe Frequenzen eingestellt werden können, damit die Leistung der schnellen Prozessoren ausgenutzt werden kann.
- Der Chipsatz bzw. das BIOS müssen mit dem neuen Prozessor und eventuell mit einer höheren Busfrequenz zurechtkommen. Das gilt auch für alle Erweiterungskarten.
- Im Fall einer Slot 1-CPU muß der neue Prozessor samt Kühler einwandfrei auf dem Mainboard Platz finden. Das gilt besonders für Prozessoren mit SECC2-Gehäuse.

Unserer Meinung nach lohnt sich ein Aufrüsten des Prozessors im Moment ganz besonders in zwei Fällen:

1 Für wenig Geld können Sie mit Hilfe des IDT WinChip aus älteren Pentium-Computern noch einmal eine gute Portion mehr an Leistung herausholen. Der Austausch sollte ziemlich problemlos vonstatten gehen, und

die Kosten liegen noch unter 100 DM für die Aufrüstung auf einen 200-MHz-Prozessor. Damit können Sie einem Pentium 75 oder 90 ziemlich Beine machen. Die Variante mit dem Adaptersockel ist ebenfalls nicht schlecht: Sie ist sehr einfach zu bewerkstelligen und bietet die Möglichkeit, einen preiswerten MMX-Prozessor einzusetzen. Die Kosten sind im Vergleich zu einem neuen Mainboard, die bei knapp über 100 DM anfangen, jedoch ziemlich happig.

2. Wenn Ihr Mainboard auf Taktfrequenzen über 300 MHz ausgelegt ist, können Sie Ihren Pentium II oder K6 mit beispielsweise 266 MHz noch einmal ordentlich aufwerten. Da sind dann ohne Probleme Sprünge von mehr als 100 MHz möglich. Die Auswahl am Prozessormarkt ist in diesem Bereich im Moment am größten. Das gilt natürlich ganz besonders für Mainboards, die einen Systemtakt von 100 MHz bereitstellen können.

Abraten möchten wir von einer Aufrüstaktion, wenn Sie sich mit dem momentanen Prozessor schon nahe an der Taktgrenze Ihres Mainboards bewegen, so z. B. von einem Pentium MMX 200 auf einen Pentium MMX 233. In diesem Fall ist es vielleicht sinnvoller, über eine gute Grafikkarte oder mehr Arbeitsspeicher nachzudenken – oder über den Kauf eines neuen Mainboards mitsamt Prozessor und Arbeitsspeicher.

Ein Prozessor-Upgrade ist überhaupt nur dann sinnvoll, wenn Ihr Computer bereits mit ausreichend Arbeitsspeicher bestückt ist. Der beste Prozessor kann seine Fähigkeiten in einem System mit nur 16 oder 32 MByte Hauptspeicher nicht ausspielen. Er würde seine Zeit nur damit verbringen, darauf zu warten, daß die Festplatte mit diversen Auslagerungsaktionen fertig wird. Wenn Sie über ein Prozessor-Upgrade nachdenken, sollten Sie eine Erweiterung des Arbeitsspeichers also auf jeden Fall mit in Ihre Überlegungen einbeziehen.

5.3 Der Prozessortausch

Okay, alle Tuning-Maßnahmen sind ausgereizt, der Arbeitsspeicher hat schon lange überdimensionale Größe erreicht, jetzt muß ein neuer Prozessor her. Sie haben sich durch die technischen Daten des Mainboards gekämpft und endlich eine neue CPU erstanden, als letztes bleibt nur noch der Einbau übrig.

In diesem Abschnitt zeigen wir Ihnen Schritt für Schritt, wie Sie das neue Herz ohne Risiko in Ihren PC verpflanzen.

Bevor Sie jetzt daran gehen, Ihren Computer aufzuschrauben, sei noch einmal der Hinweis auf Seite 43 ff. erlaubt, denn dort können Sie alle Vorsichtsmaßnahmen nachlesen, die Sie ergreifen sollten, wenn Sie am offenen Rechner „operieren".

Austausch einer Slot 1-CPU

Für den Austausch eines Pentium II, Pentium III oder Celeron brauchen Sie folgende Dinge:

- einen Schraubenzieher mit Kreuzkopf,
- eine Pinzette oder Spitzzange, um die nötigen Jumper-Einstellungen auf dem Mainboard vorzunehmen,
- das Handbuch des Mainboards. Darauf können Sie auf keinen Fall verzichten, weil hier die Positionen und Einstellungen der Jumper für Taktfrequenz und Betriebsspannung dokumentiert sind.

Hinweis
Entladen Sie sich!!!
Der Prozessor ist das empfindlichste Teil in bezug auf statische Elektrizität. Hier ist es besonders wichtig, daß Sie sich vor der Arbeit entladen. Berühren Sie also einen geerdeten Gegenstand (z. B. eine blanke Stelle an der Heizung), bevor Sie irgendein Teil im Inneren des PCs anfassen. Vermeiden Sie es, den Prozessor an den Kontakten zu berühren.

Öffnen des PCs

Am Anfang steht natürlich das Öffnen des Gehäuses, damit Sie an alles herankommen. Netzkabel ziehen nicht vergessen! Die Gehäuseschrauben befinden sich meist auf der Rückseite, aber das ist zuweilen auch anders gelöst. Manchmal ist die Gehäuserückseite mit einer Kunststoffblende verkleidet, die Sie zuerst abnehmen müssen. Sind die Schrauben entfernt, muß der Gehäusedeckel nur noch nach hinten weggezogen und abgenommen werden.

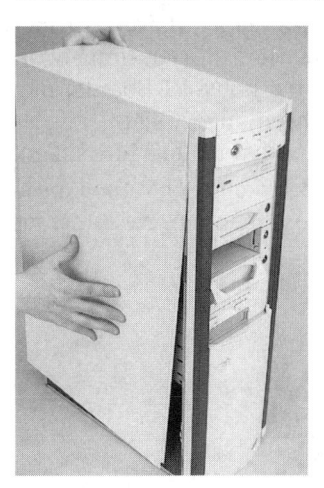

Das Gehäuse läßt sich – meistens – ganz einfach abnehmen

Zugänglichmachen des Prozessors

Leider sitzt der Prozessor im Gegensatz zu den gut zugänglichen Erweiterungskarten oft unter dem Netzteil oder hinter den Karten versteckt, weswegen Sie diese möglicherweise ausbauen müssen. Entfernen Sie also alle Steckkarten, die Sie stören könnten, indem Sie die Schrauben an den Slotblechen lösen und die Karten dann herausziehen.

- Wenden Sie dabei keine Gewalt an, sondern „schaukeln" Sie die Karten hin und her, bis sie sich leicht lösen.
- Notieren Sie sich, in welchem Steckplatz jede Karte gesessen hat, damit es später beim Zusammenbau keine Verwechslungen gibt.

Unter Umständen müssen Sie das Netzteil ausbauen, um an die CPU heranzukommen. Das ist keine schwierige Arbeit, sie erfordert lediglich ein bißchen Sorgfalt. Haben Sie den Rechner vom Stromnetz getrennt? Ganz sicher? Na gut, der Ausbau geht so vonstatten:

1. Lösen Sie die Stecker aller Stromkabel, die aus dem Netzteil herauskommen und die die Zusatzgeräte bzw. das Mainboard mit Strom versorgen. Besonders wichtig ist es, daß Sie beim Zusammenbau die beiden Stromkabel für das Mainboard (nur bei Baby-AT-Boards) nicht verwechseln, sondern wieder genau an ihren alten Platz stecken. Die vier schwarzen Massekabel müssen zusammen in der Mitte sitzen.

2. Das Netzteil ist meistens mit vier oder sechs Schrauben am Gehäuse befestigt. Entfernen Sie die Schrauben und nehmen Sie es heraus.

Entfernen der alten CPU

Jetzt, da der Prozessor erreichbar ist, können Sie ihn herausnehmen.

1. Ziehen Sie den Stecker des Kabels ab, mit dem der Prozessorlüfter mit Strom versorgt wird.

2. Drücken Sie beim Pentium II die beiden Federklammern an den Kanten hinein, bis die Arretierung gelöst ist, und ziehen Sie den Prozessor gerade nach oben aus dem Slot. Im Zweifelsfall hilft es, wenn Sie ein bißchen hin und her wackeln, um die Verbindung zu lösen.

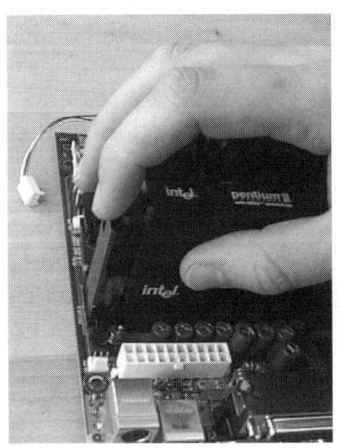

3. Beim Celeron fehlen die Kunststoffriegel, denn er hat ja kein Plastikgehäuse. Sie können die Prozessorplatine also einfach nach oben herausziehen. Auch hier gilt: keine Gewalt! Wackeln Sie so lange, bis sich der Prozessor leicht herausnehmen läßt.

Einstellen der Werte auf dem Mainboard

Bevor Sie den neuen Prozessor auf das Mainboard setzen, sollten Sie alle nötigen Einstellungen vornehmen. Solange noch alle Teile ausgebaut sind, ist Ihnen dabei nämlich nichts im Weg.

1. Stellen Sie den Systemtakt ein, mit dem der neue Prozessor betrieben wird. (Oft ist das nicht notwendig, weil beide CPUs extern mit 66 MHz getaktet werden.) Beim Aufrüsten auf einen Prozessor mit 100 MHz Systemtakt, müssen Sie die natürlich einstellen. Im Handbuch des Mainboards finden sich alle Informationen, welche Jumper dazu in welche Position gebracht werden müssen. Bei einigen Mainboard-Modellen muß diese Einstellung auch erst hinterher im BIOS vorgenommen werden.

2 Stellen Sie den Multiplikator für die interne Takterhöhung ein. Dabei gilt, daß der Systemtakt multipliziert mit dem eingestellten Faktor den Prozessortakt ergibt. Ein Systemtakt von 66 MHz erfordert z. B. einen Faktor von 3,5, um 233 MHz Prozessortakt zu erreichen. Die Einstellungen für den Multiplikator sind ebenfalls im Handbuch des Mainboards dokumentiert.

3 In der Regel muß beim Pentium II/III und beim Celeron keine Betriebsspannung eingestellt werden. Die Prozessoren werden beim Einschalten über bestimmte Datenleitungen identifiziert, und die richtigen Spannungen werden dann automatisch eingestellt. Bei älteren Pentium-II-Boards mag es dennoch nötig sein, die Spannung für den Prozessorkern manuell vorzugeben. Das wird ebenfalls per Jumper gemacht. Hier hilft wieder der Blick ins Mainboard. Sie können sich im Zweifelsfall an den Übersichtstabellen im vorderen Teil dieses Kapitels orientieren, welche Spannungen Ihr neuer Prozessor benötigt.

Einbau einer anderen Halterung

Dieser Schritt ist nur notwendig, wenn Sie innerhalb der Slot-CPUs einen anderen Typ verwenden, also z. B. von einem Celeron zu einem Pentium II wechseln. Selbst dann besteht die Möglichkeit, daß Sie bereits eine passende Halterung auf dem Mainboard haben.

Pentium II-Halterung

Der Prozessorhalter besteht im wesentlichen aus drei Teilen: der Prozessorbrücke, der Kühlerbasis und einem Plastikstreifen zum Befestigen des Kühlers. Dazu kommen noch Sicherungsstifte aus Plastik für die Kühlerbasis und eventuell zwei Halter mit Gewindestangen.

Einzelteile des Halters

Die Prozessorbrücke wird als erstes am Mainboard angebracht. Die vier Gewindestangen, an denen die Prozessorbrücke angeschraubt wird, sind entweder bereits am Mainboard befestigt oder müssen durch Bohrungen von hinten durch das Board hindurchgesteckt werden.

Prozessorbrücke, der eigentliche Aufnahmeschlitz des Prozessors

Darauf wird die Prozessorbrücke aufgesetzt und mit den vier Muttern festgeschraubt. (Verwenden Sie nicht zuviel Kraft beim Anziehen der Muttern.) Ohne Gewalt läßt sich die Brücke übrigens nur in richtiger Ausrichtung befestigen. Dafür sorgt eine Führungsnase, die in eine Aussparung am Mainboard gehört.

Fest, aber nicht mit Gewalt

Die Kühlerbasis besitzt an einer Seite vier und an der anderen Seite zwei Plastiknippel, die einerseits zur Aufnahme des Kühlers und andererseits zum Befestigen am Mainboard dienen. Stecken Sie die zwei Nippel einfach durch die passenden Bohrungen (ein paar Zentimeter neben dem Prozessorslot, siehe dazu das Handbuch des Boards). Danach werden die zwei kleinen Kunststoffstifte zum Fixieren durch die Befestigungsnippel hindurchgeschoben.

Alles bereit für die Aufnahme des Prozessors

Jetzt ist die Halterung soweit, daß Sie den Prozessor einsetzen können. Nach der Montage wird der Kühler mit Hilfe des Plastikstreifens an der Kühlerbasis festgeklemmt.

Befestigen des Kühlers

Hier gibt es aufgrund der verschiedenen Bauweisen von Pentium II, Pentium III und Celeron wieder Unterschiede:

- Das Gehäuse des Pentium II hat auf seiner Rückseite eine Metallplatte mit diversen Bohrungen, in die der Kühler eingreift. Setzen Sie den Kühler leicht schräg mit den unteren beiden Stiften zuerst ein und drücken Sie die Oberseite dann ebenfalls an das Prozessorgehäuse.

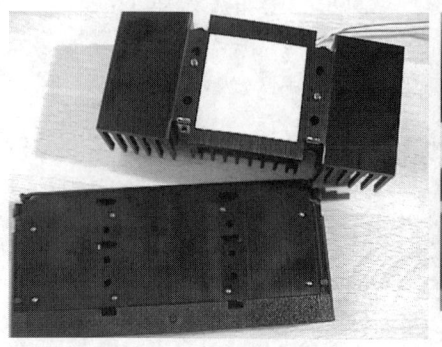

Prozessor spezial – CPU-Upgrade mit Overdrive & Co.

- Dabei müssen die Stifte des Kühlers genau in den Löchern einrasten. Für die Verriegelung werden ein Arretierungsbügel, Kunststoffknebel oder Metallklammern benutzt.

Achten Sie darauf, daß der Kühler stramm am Gehäuse anliegt, insbesondere in der Mitte, wo der Prozessor sitzt. Tauschen Sie einen lockeren oder defekten Kühler um, bevor Sie den Hitzetod der CPU riskieren. Um einen optimalen Kontakt zu gewährleisten, sollten Sie vielleicht in der Mitte einen Streifen Wärmeleitfolie aufkleben.

- Der Celeron – und der Pentium III – kommt ohne Gehäuse daher und benötigt deswegen auch einen anderen Kühler, der mit Hilfe einer Metallklammer oder mit Plastikstiften auf die Platine gesteckt wird. Führen Sie für die Ausführung mit der Metallklammer die vier Beine der Klammer durch die Bohrungen der Platine, bis die Grundplatte mit der Plastikisolierung ganz anliegt.

Achten Sie unbedingt auf den korrekten Sitz der Kunststoffplatte, und darauf, daß sie nicht beschädigt ist. Wenn das Metall der Klammer mit den Lötstellen der Platine in Berührung kommt, kann es einen Kurzschluß geben, der Ihrem Prozessor den Garaus macht. Drücken Sie den Kühlkörper von der anderen Seite auf die Federn, bis er einrastet. Dazu ist unter Umständen ein wenig Kraft erforderlich.

Wenn die Befestigung gut sitzt, muß der Kühler stramm am Prozesor anliegen, damit die Wärme gut abgeführt werden kann. Mit einem locker sitzenden Kühler riskieren Sie eine Überhitzung, die die CPU zerstören kann. Auch hier hilft Wärmeleitpaste oder -folie. Bei der Ausführung mit Plastikstiften werden zwei Halter mit den Stiften von oben durch den Kühler geschoben und dann an der Platine festgesteckt.

Einsetzen der Einheit

Jetzt können Sie den Prozessor in seine Halterung schieben. Setzen Sie ihn gerade an und drücken Sie ihn in den Slot, bis die Federklammern einrasten und die Platine fest im Steckplatz sitzt. Der Celeron besitzt keine Arretierung, hier müssen Sie besonders sorgfältig sein.

So stecken Sie Prozessor, Kühler und Lüfter auf

Auch beim Einsetzen des Prozessors gilt: keine Gewalt anwenden. Bei zu großem Kraftaufwand kann es zu Rissen im Mainboard kommen, die die Platine völlig unbrauchbar machen. In der Regel haben die Steckplätze für Platinen einen „Druckpunkt". Wenn Sie den überschritten haben, „flutscht" die Karte in ihren korrekten Sitz.

Befestigen Sie den Kühler mit Hilfe der Plastikschiene an der Kühlerbasis. Dazu wird die Schiene zwischen die Kühlrippen und über die Plastikknippel der Basis geschoben, bis sie einrastet und den Kühler festklemmt.

Die fertige Konstruktion, und nicht vergessen: Der Lüfter muß auch angeschlossen werden

Stöpseln Sie dann den Prozessorlüfter an den vorgesehenen Anschluß an. Der entsprechende Jumper hat meistens die Bezeichnung „CPU FAN".

Zusammenbau und Überprüfung

Jetzt sollten Sie noch einmal eine abschließende Überprüfung vornehmen:

1. Sitzt der Prozessor korrekt in seinem Slot?
2. Liegt der Kühler stramm am Prozessor an?
3. Ist der CPU-Lüfter angeschlossen?
4. Ist die Taktfrequenz richtig eingestellt?
5. Stimmt die Einstellung des Multiplikators?
6. Stimmt die Einstellung der Kernspannung?

Wenn Sie alle Fragen mit Ja beantworten konnten, bauen Sie das Gehäuse in umgekehrter Folge wieder zusammen. Achten Sie auf die richtige Position der Stromversorgung des Mainboards und auf die richtige Reihenfolge der Erweiterungskarten.

BIOS-Einstellungen anpassen

Nach dem Einschalten des Rechners hat sich nicht viel verändert, nur daß der Speicher jetzt wesentlich schneller hochgezählt wird :-). Außerdem sollten Sie den neuen Prozessortakt angezeigt bekommen.

Bei einigen Mainboards, die ohne Jumper auskommen, ist es noch notwendig, den Systemtakt und den Multiplikator im BIOS einzustellen. Der Computer wird nämlich, wenn ein neuer Prozessor erkannt wird, mit ganz konservativen und vorsichtigen Einstellungen hochgefahren. Um die volle Leistung des Prozessors auszunutzen, müssen Sie die richtigen Einstellungen noch von Hand vornehmen.

Wechseln Sie nach dem Einschalten also ins BIOS und dann ins Menü mit den CPU-Einstellungen (*CPU-Soft-Menu* oder so ähnlich). Stellen Sie den richtigen Systemtakt und Multiplikator ein, speichern Sie die Änderungen ab und booten Sie neu. Jetzt sollte Ihnen die volle Leistung der CPU zur Verfügung stehen.

Austausch einer Sockel 7-CPU

Für den Austausch eines Pentium II, Pentium III oder Celeron brauchen Sie folgende Dinge:

- einen Schraubenzieher mit Kreuzkopf
- eine Pinzette oder Spitzzange, um die nötigen Jumper-Einstellungen auf dem Mainboard vorzunehmen
- das Handbuch des Mainboards. Darauf können Sie auf keinen Fall verzichten, weil hier die Positionen und Einstellungen der Jumper für Taktfrequenz und Betriebsspannung dokumentiert sind.

> **Hinweis**
>
> **Entladen Sie sich!!!**
> Der Prozessor ist das empfindlichste Teil in bezug auf statische Elektrizität. Hier ist es besonders wichtig, daß Sie sich vor der Arbeit entladen. Berühren Sie also einen geerdeten Gegenstand (z. B. eine blanke Stelle an der Heizung), bevor Sie irgendein Teil im Inneren des PCs anfassen. Vermeiden Sie es nach Möglichkeit, den Prozessor an den Kontakten zu berühren.

Öffnen des PCs

Damit Sie an alles herankommen, müssen Sie das PC-Gehäuse öffnen. Die Schrauben befinden sich meist auf der Gehäuserückseite, aber das ist in Einzelfällen auch anders gelöst. Manchmal muß erst eine Kunststoffblende abgenommen werden, mit der die Gehäuserückseite verkleidet ist. Sind die Schrauben entfernt, muß in der Regel nur noch der Gehäusedeckel nach hinten weggezogen und abgenommen werden.

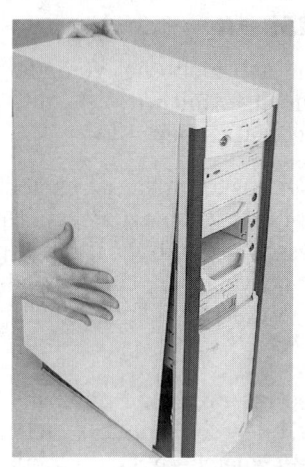

Das Gehäuse läßt sich in der Regel einfach abnehmen

Zugänglichmachen des Prozessors

Damit ist es beim Enfernen der CPU aber meistens noch nicht getan, denn im Gegensatz zu den gut zugänglichen Erweiterungskarten sitzt der Prozessor oft versteckt unter dem Netzteil oder hinter den Steckkarten verborgen.

Entfernen Sie also alle Erweiterungskarten, die Sie bei der Arbeit stören könnten, indem Sie die Schrauben an den Slotblechen lösen und die Karten dann herausziehen.

- Wenden Sie dabei keinesfalls Gewalt an, sondern „schaukeln" Sie die Karten hin und her, bis sie sich ganz leicht lösen.

- Notieren Sie sich für den Zusammenbau, in welchem Steckplatz jede Karte gesessen hat, damit es keine Verwechslungen gibt.

Möglicherweise müssen Sie das Netzteil ausbauen, um an die CPU heranzukommen. Im Grunde ist das keine schwierige Arbeit, sie erfordert lediglich ein bißchen Sorgfalt. Der Arbeitsablauf ist folgender:

(Wir gehen davon aus, daß Sie selbstverständlich vor dem Öffnen des PCs das Netzkabel herausgezogen haben. Nein? Dann jetzt ...)

1 Lösen Sie die Stecker aller Stromkabel, die aus dem Netzteil herauskommen und die Zusatzgeräte bzw. das Mainboard mit Strom versorgen.

Dokumentieren Sie mit Klebestreifen, welches Kabel an welches Gerät gehört. Besonders wichtig ist es, daß Sie beim Zusammenbau die beiden Stromkabel für das Mainboard (nur bei Baby-AT-Boards) nicht verwechseln, sondern wieder genau an ihren alten Platz stecken.

2 Das Netzteil ist in der Regel mit vier oder sechs Schrauben am Gehäuse befestigt. Entfernen Sie die Schrauben und nehmen Sie es heraus.

Entfernen der alten CPU

Jetzt, da Sie freien Zugang zum Prozessor haben, können Sie ihn herausnehmen.

1 Ziehen Sie zuerst den Stecker des Kabels ab, mit dem der Prozessorlüfter mit Strom versorgt wird.

2 An einer Seite der CPU finden Sie einen Knebel, mit dem die Metallklammer des Kühlers fest ans Mainboard gedrückt wird. Der Verschluß erinnert ein bißchen an den Bügel an Einmachgläsern. Lösen Sie diesen Verschluß, indem Sie den Hebel nach oben drücken, und nehmen Sie die Metallklammer ab.

3 Lösen Sie die Arretierung des Prozessors, indem Sie den Hebel am ZIF-Sockel ganz in die senkrechte Position bringen. Ein Teil des Sockels bewegt sich dabei ein bißchen zur Seite, und die Pins der CPU sind nicht mehr festgeklemmt. Jetzt läßt sich der Prozessor mitsamt Lüfter völlig ohne Kraft herausnehmen.

Einstellen der Werte auf dem Mainboard

Bevor Sie daran gehen, den neuen Prozessor auf das Mainboard zu setzen, sollten Sie alle nötigen Einstellungen vornehmen, denn im Moment ist Ihnen dabei nichts im Weg.

1 Stellen Sie den Systemtakt ein, mit dem der neue Prozessor betrieben wird. Oft ist das nicht nötig, weil in beiden Fällen 66 MHz verwendet werden. Bei einer Aufrüstung auf eine CPU mit 100 MHz Systemtakt müssen Sie die natürlich einstellen. Im Handbuch Ihres Mainboards finden sich die Informationen, welche Jumper dazu in welche Position gebracht werden müssen. Bei einigen Mainboard-Modellen muß diese Einstellung auch erst hinterher im BIOS vorgenommen werden.

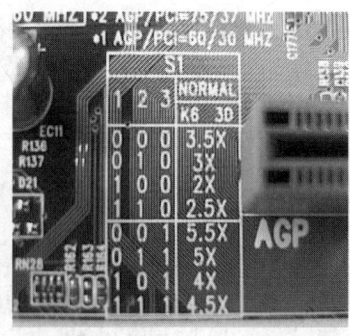

2 Wählen Sie den Multiplikator für die interne Takterhöhung. Dabei gilt, daß der Systemtakt mit dem eingestellten Faktor multipliziert den Prozessortakt ergibt. Ein Systemtakt von 100 MHz erfordert einen Faktor von 3,5, um auf 350 MHz Prozessortakt zu kommen. Die Einstellungen für den Multiplikator sind ebenfalls im Handbuch des Mainboards dokumentiert.

3 Stellen Sie die Versorgungsspannung für den Prozessor ein. Die I/O-Spannung ist immer gleich (3,3 V), aber die Spannung für den Prozessorkern unterscheidet sich häufig. Stellen Sie also per Jumper die richtige Kernspannung für den neuen Prozessor ein. Auch hier müssen Sie das Handbuch des Mainboards zu Rate ziehen.

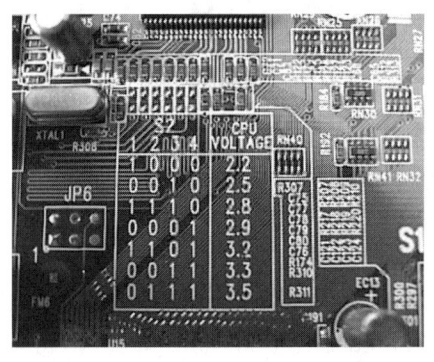

4 Bei älteren Mainboards muß manchmal eingestellt werden, ob es sich bei dem neuen Prozessor um eine Intel-CPU oder um ein Produkt eines anderen Herstellers handelt. Nehmen Sie auch diese Einstellung mit Hilfe des Handbuchs vor.

Einsetzen des Prozessors

Bestreichen Sie die Oberfläche der CPU dünn (!) mit Wärmeleitpaste, bevor Sie sie ins Mainboard einsetzen. Das ist notwendig, damit der Keramikkörper einen guten Kontakt mit dem Kühler bekommt und so ein guter Wärmetransport gewährleistet ist. Benutzen Sie einen Holzspachtel, weil Wärmeleitpaste giftig ist, und waschen Sie sich hinterher die Hände.

Klinische Sauberkeit im PC? Von wegen!

Lassen Sie den Prozessor währenddessen am besten in dem Moosgummi stecken, in dem er ausgeliefert worden ist. Berühren Sie sicherheitshalber nicht die Pins auf der Rückseite.

Dann können Sie den Prozessor in den Sockel setzen. Sie erkennen die richtige Position daran, daß sowohl am Prozessor als auch am Sockel eine Ecke abgeschrägt ist. Dort fehlt ein Pin bzw. eine Bohrung, so daß der Prozessor nur dann paßt, wenn er die richtige Lage hat. Lassen Sie die CPU also in den Sockel gleiten (das geht ohne jeden Kraftaufwand) und verriegeln Sie den Sockel, indem Sie den Hebel bis ans Mainboard drücken. Meistens ist am Sockel eine kleine Plastiknase, hinter der der Hebel Halt findet.

Befestigen des Kühlers

Positionieren Sie den Kühler so auf der Oberseite der CPU, daß er mittig sitzt und die Metallklammer an beiden Seiten in die Plastiknase am Sockel einhaken kann. Wenn Sie die richtige Lage gefunden haben, drücken Sie den Kühler kräftig (aber nicht zu fest) an und arretieren ihn dann mit der Metallklammer. Das kann bisweilen eine ziemliche Fummelei werden, aber die Klammer sorgt für einen guten Sitz und Halt, auch wenn das Mainboard senkrecht im Gehäuse hängt.

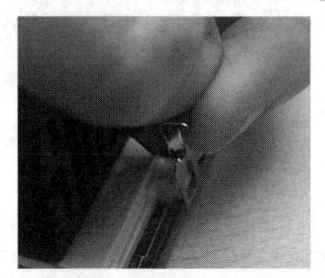

Manchmal ist etwas Fummelei nötig

Stöpseln Sie zum Schluß den Prozessorlüfter an den vorgesehenen Anschluß an. Der entsprechende Jumper hat meistens die Bezeichnung „CPU FAN".

Zusammenbau und Überprüfung

Jetzt sollten Sie noch einmal eine abschließende Überprüfung vornehmen:

1 Sitzt der Prozessor korrekt im Sockel?
2 Liegt der Kühler stramm am Prozessor an?
3 Ist der CPU-Lüfter angeschlossen?
4 Ist die Taktfrequenz richtig eingestellt?
5 Stimmt die Einstellung des Multiplikators?
6 Stimmt die Einstellung der Kernspannung?

Wenn Sie alle Fragen mit Ja beantworten konnten, können Sie das Gehäuse in umgekehrter Folge wieder zusammenbauen. Achten Sie auf die richtige Position der Stromversorgung des Mainboards und auf die richtige Reihenfolge der Erweiterungskarten.

BIOS-Einstellungen anpassen

Nach dem Einschalten des Rechners bekommen Sie das gewohnte Bild zu sehen, nur daß der Speicher jetzt wesentlich schneller hochgezählt wird :-).

Bei einigen Mainboards, die ganz ohne Jumper auskommen, ist es noch notwendig, den Systemtakt und den Multiplikator auf die richtigen Werte zu bringen. Der Computer wird nämlich, wenn ein neuer Prozessor erkannt wird, mit ganz konservativen und vorsichtigen Einstellungen hochgefahren. Richtig auf Trab müssen Sie Ihren Rechner dann von Hand bringen.

Wechseln Sie nach dem Einschalten also ins BIOS und dann ins Menü mit den CPU-Einstellungen. Stellen Sie Systemtakt und Multiplikator ein, speichern Sie die Änderungen ab und booten Sie neu. Jetzt sollte die volle Leistung der CPU zur Verfügung stehen.

5.4 Kostenloses Tuning: Übertakten

Darüber ist in den letzten Jahren schon viel geschrieben worden: Es ist möglich, Prozessoren mit Frequenzen zu betreiben, die oberhalb der Taktrate liegen, die vom Hersteller vorgesehen ist. Dieses Übertakten bietet die Möglichkeit, das Letzte aus Ihrem Prozessor herauszuholen, und so alle Leistung für Ihr Lieblingsspiel zu bekommen.

Welche CPUs eignen sich zum Übertakten?

Hitze ist der Todfeind des Prozessors – im wahrsten Sinne des Wortes. Mit zunehmender Taktfrequenz erwärmt sich der Prozessor immer stärker, bis seine Toleranzen überschritten sind und die CPU zerstört wird. In dieser Beziehung weisen die Prozessoren der verschiedenen Hersteller ganz unterschiedliche Eigenschaften auf. Was bei der einen CPU völlig unkritisch ist, kann bei der anderen schon den Hitzetod bedeuten. Wir sagen Ihnen, welche CPUs zum Übertakten optimal geeignet sind.

> **Achtung**
>
> Normalerweise geht das Übertakten von Prozessoren gut, wenn Sie alle Ratschläge und Tips berücksichtigen. Es muß aber nicht klappen! Daher hier noch einmal der Hinweis:
>
> Alle technischen Angaben und Programme in diesem Buch wurden von den Autoren mit größter Sorgfalt erarbeitet bzw. zusammengestellt und unter Einschaltung wirksamer Kontrollmaßnahmen reproduziert. Trotzdem sind Fehler nicht ganz auszuschließen. DATA BEKKER sieht sich deshalb gezwungen, darauf hinzuweisen, daß weder eine Garantie noch die juristische Verantwortung oder irgendeine Haftung für Folgen, die auf fehlerhafte Angaben zurückgehen, übernommen werden kann.

Intel-Prozessoren

Intel-Prozessoren sind am besten dazu geeignet, übertaktet zu werden. Das mag daran liegen, daß der Marktführer weniger darauf angewiesen ist, das letzte Quentchen Leistung aus seinen CPUs herauszuquetschen, bevor er sie auf den Markt bringt. Die Sicherheitstoleranzen, die dafür sorgen, daß der Prozessor auch unter ungünstigen Bedingungen nicht zerstört wird, sind bei Intel deshalb größer als bei anderen Herstellern.

Der Prozessorkern entstammt bei allen Modellen des gleichen Typs sowie der gleichen Produktion, erst in der Qualitätskontrolle entscheidet sich, ob eine CPU für höhere Taktfrequenzen freigegeben wird, oder zur Sicherheit mit einer niedrigeren Frequenz gekennzeichnet wird.

In der Fachpresse herrscht außerdem weithin die Ansicht, daß das Marketing beim Kennzeichnen der Prozessoren mindestens eine genauso große Rolle spielt wie technische Gründe. Das würde ganz konkret bedeuten, daß sich z. B. ein Pentium II mit 300 MHz nicht von der Ausführung mit 400 MHz unterscheidet. Um den Prozessor aber auch in einem niedrigeren Preisbereich zu plazieren, wird ein Teil der Produktion einfach mit dem 300er Schriftzug versehen.

Unter dem Strich kann man jedenfalls sagen, daß Intel-Prozessoren so große Toleranzen nach oben haben, daß ein Übertakten innerhalb vernünftiger Grenzen problemlos möglich ist.

Da Intel vielleicht den Trend zum Übertakten erkannt hat oder Prozessorfälschungen verhindern will, lassen sich die neuesten Prozessoren nur noch in der vorgesehenen Taktfrequenz betreiben. Leider haben Sie beim Kauf aber keinen Einfluß darauf, ob Sie einen Prozessor mit oder ohne Übertaktungsschutz bekommen. Erst nach dem Übertakten kann man mit Hilfe eines Benchmark-Programms nachweisen, ob die Aktion Erfolg hatte oder nicht.

AMD-Prozessoren

Bei AMD sieht die Situation ebenfalls ziemlich gut aus. Die Fertigung und die Leistung der unterschiedlichen Prozessoren ist sehr gut, so daß thermische Probleme allgemein kein großes Thema sind.

Es gibt natürlich auch Ausnahmen: Der K6-233 z. B. wurde sehr nah an seine Toleranzen gepusht, er hatte eine Verlustleistung von 30 W. Das entspricht der Leistung einer kleinen Glühlampe, und die heizt bereits ganz schön.

Insgesamt würden wir raten, bei AMD-Prozessoren mit größerer Vorsicht zu Werke gehen als bei vergleichbaren Intel-CPUs, aber ein Übertakten um 10-15 % sollte immer noch möglich sein.

Konkurrenzprodukte

Aufgrund des Konkurrenzdrucks sind Prozessoren von Cyrix (IBM) oder IDT in der Regel wesentlich näher an ihren Toleranzen als Intel- oder AMD-Produkte. Dementsprechend hört man hier ab und zu schon mal etwas von Problemen mit der Hitzeentwicklung – auch ohne Übertaktung. Die Konsequenz ist also ganz klar: Diese Prozessoren eignen sich in der Regel nicht zum Übertakten.

Risikoverringerung: Sicherheitsmaßnahmen

Bevor Sie darangehen, Ihrer CPU mit neuen Einstellungen die Flötentöne beizubringen, möchten wir Ihnen noch ein paar Hinweise mit auf den Weg geben, die dafür sorgen, daß Sie hinterher noch im Besitz eines funktionierenden Computers sind. Wenn Übertakten auch eine einfache Methode ist, um mehr Leistung aus dem System zu kitzeln, so ist sie doch nicht ganz ohne Risiko.

Kühlung ist das A und O

Das Übertakten der CPU sorgt dafür, daß sie sich stärker als normal erhitzt. Diesem Umstand sollten Sie das größte Augenmerk widmen, denn oberhalb einer bestimmten Temperatur geht es dem Prozessor an den Kragen.

„Der Prozessor, der aus der Kälte kam"

Ordentliche Kühlung ist unerläßlich, um einen übertakteten Prozessor sicher zu betreiben. Im Anschluß finden Sie eine kleine Kühlerkunde, die Ihnen zeigt, wie Sie dafür sorgen, daß Ihrem Prozessor der Hitzetod erspart bleibt.

Adlerauge sei wachsam: Beobachten Sie Ihren PC

Das erste Anzeichen, daß Ihre CPU die Übertaktung nicht gut vertragen hat, sind plötzliche Systemabstürze. Wenn ein System, das vorher ohne Probleme lief, nach dem Tuning zu häufigen Abstürzen neigt, ist das ein sicheres Zeichen dafür, daß dem Prozessor zu heiß wird oder daß andere Komponenten im PC damit nicht zurechtkommen.

In diesem Fall bleibt Ihnen wohl nichts anderes übrig, als das Maß zu reduzieren, um das Sie die CPU übertaktet haben. Wenn das nichts nützt, müssen Sie wohl oder übel den Urzustand wiederherstellen und auf das Übertakten verzichten.

Ein sehr nützliches Mittel, um den Zustand der CPU im Auge zu behalten, ist ein Temperaturfühler, der direkt auf dem Mainboard integriert ist. Mit der zugehörigen Software, die meistens mit dem Motherboard ausgeliefert wird, lassen sich während des Betriebs die Temperatur des Prozessors und die Lüfterdrehzahl überwachen. Bei Über-/Unterschreiten der wichtigsten Werte gibt das Programm Alarm, und Sie können den Computer herunterfahren, bevor irgendetwas kaputtgeht.

Genauso nützliche Dienste leistet ein CPU-Kühler, der bei zu hohen Temperaturen einen akustischen Alarm auslöst. Erhältlich ist so etwas im Elektronikhandel, z. B. bei Conrad (*www.conrad.de*).

Augenmaß bewahrt vor Schäden

Die wichtigste Regel beim Übertakten heißt wohl: Weniger ist mehr. Was nützt Ihnen ein System, das um 50 % übertaktet ist, aber nicht mehr stabil läuft?

Übertakten Sie Ihre CPU mäßig, also um einen Wert von vielleicht 10-20 %, damit Sie innerhalb der Toleranzen bleiben, die in den Prozessor für einen stabilen Betrieb in allen Lebenslagen hineinkonstruiert wurden. Wie gesagt: Reduzieren Sie das Maß der Übertaktung, wenn Sie Anzeichen wahrnehmen, daß Sie dem Prozessor zuviel zugemutet haben (Instabilität, plötzliche Abstürze).

Die Gier nach zuviel Leistung kann Sie ansonsten schon den Prozessor kosten, und dann haben Sie Ihr Ziel, nämlich mehr Leistung ohne zusätzliche Ausgaben, klar verfehlt.

Heissss ... Kühler sorgen für Abhilfe

Die Zeiten, da die CPU ohne zusätzliche Kühlung auskam, sind seit dem 486 DX2-66 vorbei. Der Versuch, einen modernen Prozessor ohne Kühlung zu betreiben, würde unweigerlich in dessen Zerstörung enden. Durch den elektrischen Widerstand der Leiterbahnen auf dem Chip erhitzt sich die CPU sehr stark – je höher die Taktfrequenz ist, desto stärker wird auch die Hitze. Die besseren Modelle haben dabei „nur" eine Verlustleistung von 10 Watt. Einsame Spitze ist der AMD K6-233 mit 30 Watt, soviel wie eine Glühbirne.

Wenn Sie daran denken, Ihren Prozessor mit einer höheren Taktfrequenz zu betreiben, muß also auch entsprechendes Equipment her, um die zusätzliche Wärme abzuführen.

Passive Kühlelemente

Dabei handelt es sich um Kühlrippen aus Aluminium, die auf die Oberseite des Prozessors geklemmt werden. Durch die vergrößerte Oberfläche und die gute Wärmeleitung des Aluminiums wird viel mehr Hitze abgeführt als nur durch die CPU allein. Im Idealfall (z. B. wie in einem ATX-Gehäuse) sitzt der Prozessor in der Nähe des Gehäuselüfters, so daß die Versorgung mit kühler Frischluft bzw. der Abtransport der warmen Luft gewährleistet ist.

So ist's optimal: Prozessor beim Lüfter

In älteren Pentium-Rechnern findet man passive Kühler noch recht häufig. Für den Einsatz an einer übertakteten CPU sind sie aber ungeeignet.

Aktive Kühler

Bei einem aktiven Kühler ist in die Aluminiumrippen zusätzlich ein kleiner Lüfter eingesetzt, der die kältere Umgebungsluft durch den warmen Kühler bläst. So wird natürlich eine viel bessere Abkühlung erreicht.

Ein aktiver auf einem passiven Kühler

Ein aktiver Kühler sollte auf jeden Fall auf Ihrer Einkaufsliste stehen, wenn Sie daran denken, Ihren Prozessor mit einer höheren Frequenz zu betreiben, als der Aufdruck der CPU besagt. So sind Sie auf der sicheren Seite, und das

Risiko, daß Ihr Computer plötzlich kleine Wölkchen ausspuckt, ist nur noch minimal. Besonders empfehlenswert sind solche Kühler, die über einen kugelgelagerten Lüfter verfügen. Diese haben eine wesentlich höhere Lebensdauer als weniger gut gelagerte Ventilatoren. Ein kurzfristiger Ausfall während des Betriebs ist dann weniger wahrscheinlich.

Um den Lüfter mit Strom zu versorgen, befindet sich auf modernen Mainboards meist in unmittelbarer Umgebung des Prozessors ein Anschluß, an den der Kühler angestöpselt wird. Wenn nicht, wird der Lüfter mit einem der Stromkabel versorgt, die ansonsten für die Festplatte und die anderen Laufwerke zuständig sind.

Peltier-Elemente

Die Profi-Lösung, um Ihren Prozessor zu temperieren, sind Peltier-Elemente. Diese machen sich elektrophysikalische Vorgänge zunutze, die für einen Wärmetransport weg vom Prozessor sorgen. Sozusagen ein Minikühlschrank ohne Pumpe. Damit die Wärme an die Umgebung weitergegeben wird, sitzen sie zwischen der CPU und den Aluminiumkühlrippen mit einem Lüfter und haben einen eigenen elektrischen Anschluß.

Peltier-Elemente stellen sicher die aufwendigste Lösung dar, um die CPU zu kühlen, aber auch die teuerste. Kostet ein normaler Aktivkühler so um die 25 DM, so können es hier auch leicht 150 DM sein. Unserer Meinung nach lohnt sich diese Investition aber nicht wirklich, weil die Wärme, die von der Oberfläche der CPU so aufwendig weggeführt wurde, auf der Rückseite genauso mit einem herkömmlichen Lüfter abgeführt wird wie bei einem normalen Kühler.

Die richtige Befestigung

Wenn man sich die Oberfläche einer CPU unter dem Mikroskop anschaut, sieht man ein Gebirge, denn der Keramikkörper ist uneben. Ein Kühler, der einfach so auf dem Prozessor aufliegt, berührt nur die Spitzen dieser Hügellandschaft, so daß die Wärme schlecht abgeleitet wird.

Um den vollständigen Kontakt zum Prozessor zu ermöglichen, muß der Keramikkörper mit Wärmeleitpaste eingeschmiert werden, damit auch die tiefergelegenen „Täler" ihre Wärme an den Kühlkörper abgeben können. Wärmeleitpaste gibt es für ein paar Mark im Elektronikhandel, aber in der Regel liegt einem neuen Kühler bereits eine kleine Tube bei. Ein guter Händler wird Ihnen ohne dieses notwendige Zubehör den Kühler gar nicht erst verkaufen.

Tragen Sie die Wärmeleitpaste ganz dünn (!) mit einem Holzspachtel auf den Prozessor auf, bevor Sie den Kühler aufsetzen. Das Zeugs enthält meistens Zink und andere Schwermetalle und ist deswegen giftig. Waschen Sie sich am besten gründlich die Hände, wenn Sie mit dem Auftragen fertig sind.

> **Hinweis**
>
> **Viel hilft nicht viel!**
>
> Wenn Sie die Wärmeleitpaste zu dick auftragen, kann es passieren, daß sie sich an den Seiten herausquetscht und zwischen Prozessor und Sockel gerät. Diese Schweinerei kann dafür sorgen, daß im unglücklichsten Fall Prozessor und Mainboard unbrauchbar werden. Nehmen Sie deshalb wirklich nur soviel Paste, daß eine dünne Schicht entsteht.

Wenn die Oberseite des Prozessors gut eingeschmiert ist, setzen Sie den Kühler darauf und klemmen ihn mit den Metallklammern fest. Ein zu locker sitzender Kühler bekommt ebenfalls keinen richtigen Kontakt zur Oberfläche und kann seine volle Wirkung nicht entfalten.

Pentium-III-Kühler

Durch sein neues SECC2-Gehäuse ist beim Pentium III (und dem neuesten Pentium II) eine Besonderheit aufgetreten, die die Wahl des richtigen Kühlers zu einer Entscheidung über Leben und Hitzetod macht.

Konstruktionsbedingt ragen beim SECC2-Gehäuse ein Kondensator und mehrere Plastiknippel so unglücklich über die Platine hinaus, daß ein herkömmlicher Pentium-II-Kühler nicht genau paßt. Auf den ersten Blick scheint alles seinen Platz zu finden, aber der Kühler liegt bei genauem Hinsehen nicht am Prozessorkörper an, was innerhalb kürzester Zeit zum Tod des Prozessors führt. Selbst Wärmeleitpaste oder -folie nützt nichts, wenn kein richtiger Kontakt gegeben ist.

Wenn Sie einen Pentium III in Ihren Computer einbauen möchten, müssen Sie sich also sorgfältig nach einem passenden Kühler umsehen. Dazu gehört dann auch die passende Halterung für das Mainboard. Möglicherweise nehmen Sie beim Prozessorkauf die Intel-eigene „In-the-box"-Lösung, in der alles wichtige Zubehör schon ab Werk enthalten ist.

Sorgen Sie für Durchzug

Der beste Prozessorkühler nutzt nichts, wenn anschließend die warme Luft nicht aus dem PC-Gehäuse transportiert wird. Sorgen Sie deshalb für eine gute Luftzirkulation, indem Sie die Lüfteröffnungen an der Vorder- oder Rückseite des Gehäuses frei halten.

Der Kabelsalat in Ihrem PC kann bei der Durchlüftung des Rechners ebenfalls im Weg sein. Besonders die breiten Festplattenkabel sind natürlich ein ziemliches Hindernis für die Frischluft. Sorgen Sie deshalb immer dafür, daß genug Freiraum im Inneren Ihres Computers ist, um die zur Kühlung notwendige Luft ungehindert durchzulassen.

So geht's: Höhere Frequenzen für Bus und CPU

Die Frequenz, mit der der Prozessor betrieben wird, errechnet sich aus der Busfrequenz und einem Multiplikator, das Produkt der beiden Faktoren ergibt die Prozessorfrequenz. 300 MHz werden also erreicht, indem auf dem Mainboard per Jumper ein Systemtakt von 66 MHz und ein Multiplikator von 4,5 eingestellt werden. Diese beiden Einstellungen müssen immer von Hand vorgenommen werden und bieten dadurch die Möglichkeit, auf die Prozessorfrequenz Einfluß zu nehmen. Wie das im einzelnen geht, müssen Sie dem Handbuch Ihres Mainboards entnehmen. Dort finden Sie die Informationen, welche Jumper gesetzt oder geöffnet werden müssen, um die korrekten Einstellungen zu treffen.

Erhöhung des Multiplikators

Diese Methode ist sozusagen der konservative Weg, ein bißchen mehr Leistung aus der CPU herauszukitzeln. Man erhöht einfach den Multiplikator um einen Schritt und erhält so einen höheren Prozessortakt. Aus 300 MHz (= 66 MHz x 4,5) werden z. B. 333 MHz (= 66 MHz x 5).

Sie nehmen die entsprechende Einstellung wie im Handbuch des Mainboards beschrieben vor, und das war's. Wie weit Sie die Frequenz erhöhen, bleibt letztlich Ihnen überlassen, aber weiter als eine oder zwei Stufen à 0,5 sollten Sie nicht gehen. Manchmal ist die Möglichkeit, mit Hilfe des Multiplikators zu übertakten, aber einfach nicht gegeben: nämlich immer dann, wenn der maximale Wert bereits eingestellt ist. In so einem Fall gibt es noch eine andere Alternative.

Erhöhung des Systemtakts

Als zweite Variante kann der Systemtakt des gesamten Rechners erhöht werden. Das kann die Arbeitsgeschwindigkeit des Rechners deutlich steigern, und zwar wesentlich stärker, als es durch das reine Übertakten der CPU möglich wäre.

Die Erhöhung des CPU-Takts führt durch den erhöhten Takt lediglich zu häufigeren Zugriffen, ändert jedoch nichts an der Übertragungsgeschwindigkeit der Daten zwischen Speicher und CPU. Erhöhen Sie jedoch den Systemtakt, werden auf dem Systembus erkennbar schnellere Zugriffe auf den Arbeitsspeicher bzw. auf den L2-Cache möglich. Damit sind deutlich größere Gewinne bei der Verarbeitungsgeschwindigkeit zu erreichen als beim Einsatz einer schnelleren CPU bzw. dem Übertakten des Prozessors.

Bei aktuellen Motherboards stehen bei Sockel 7-Systemen neben dem externen Takt von 66 MHz Taktraten von 75 und 83 MHz zur Verfügung. Bei 100-MHz-Systemen (Slot 1 und Supersockel 7) sind das die Taktraten 112 und

133 MHz. Die Erhöhung des Systemtakts zieht jedoch in der Folge die Erhöhung der Taktung von PCI-Bus und CPU nach sich, so daß diese Erhöhung nur mit äußerster Vorsicht angewendet werden sollte.

Bei der Erhöhung des Systemtakts sind folgende Auswirkungen zu bedenken:

- Der Prozessor wird bei gleichem Multiplikator unmittelbar übertaktet. Wurde die CPU bei einem Multiplikator von 3,5 bei 66 MHz Systemtakt mit 3,5 x 66 MHz = 233 MHz betrieben, erhöht sich der Takt bei einem externen Takt von 75 MHz unmittelbar auf 3,5 x 75 MHz = 262,5 MHz
- Der PCI-Bus arbeitet bei der üblichen Taktung mit der halben Taktfrequenz der CPU. Im Falle der Erhöhung von 66 auf 75 MHz erhöht sich die PCI-Bus-Frequenz auf den „krummen Wert" von 37,5 MHz und liegt damit über der Spezifikation des PCI-Bus von 33 MHz. Es ist bei dieser Taktung auf jeden Fall zu überprüfen, ob alle Komponenten am PCI-Bus (SCSI-Controller, Grafikkarte, usw.) diese Frequenz vertragen können. Besonders Grafikchips von hochwertigen Grafikkarten werden schon im „Normalbetrieb" ziemlich heiß und können unter Umständen den plötzlichen Hitzetod finden.
- Die Zugriffe auf den Arbeitsspeicher werden deutlich schneller (was ja das eigentliche Ziel der Übung ist). Damit die schnelleren Zugriffe möglich sind, muß der Arbeitsspeicher dabei mitspielen. Die erhöhten Systemtakte erreichen die Grenze der Arbeitsgeschwindigkeiten der herkömmlichen Arbeitsspeicher. EDO- und FPM-RAM-Bausteine (Zugriffszeit 60-70 ns) sind für einen Systemtakt von 66 MHz, neuere SDRAMs (10 ns) hingegen für den neuen Systemtakt von 100 MHz ausgelegt. Sollen ältere Systeme übertaktet werden (75 und 83 MHz), müssen High-Speed-RAMs (Zugriffszeit 45-60 ns) verwendet werden. Verwenden Sie EDO-RAMs, ist in vielen Fällen eine Erhöhung auf 75 oder sogar auf maximal 83 MHz möglich. Aber auch hier gilt: Probieren geht über studieren.

Erhöhung des Systemtakts bei älteren Mainboards

Bei den älteren Pentium-Mainboards wird der Takt des PCI-Bus (33 MHz) unmittelbar durch Halbierung des Systemtakts gewonnen (synchrone Taktung). Bei diesen Systemen kann der Systemtakt in der Praxis maximal auf 75 MHz erhöht werden. Voraussetzung ist jedoch, daß die Erweiterungskarten am PCI-Bus mit diesem erhöhten Takt von 75 MHZ/2 = 37,5 MHz korrekt arbeiten. Um im Zweifelsfall eine Übertaktung des Prozessors zu vermeiden, muß der Multiplikator verringert werden. Die Einstellung des CPU-Takts von 3,5 x 66 MHz = 233 MHz müßte demnach auf 3 x 75 MHz = 225 MHz gesenkt werden. Insgesamt ist dennoch eine Verbesserung der Arbeitsgeschwindigkeit zu erwarten, da das gesamte System mehr von der Erhöhung des Systemtakts profitiert, als in der Folge von der Senkung des CPU-Takts.

Erhöhung des Systemtakts bei 100-MHz-Boards

Bei den neueren Hauptplatinen mit 100 MHz (Supersockel 7 und Slot 1), wird eine asynchrone Taktung des PCI-Bus verwendet. Um den PCI-Bus mit maximal 33 MHz zu betreiben, wird der PCI-Bustakt über eine unabhängige Teilung (asynchron) des externen Takts gewonnen. Das Problem, daß alle PCI-Erweiterungskarten höhere Taktfrequenzen vertragen müssen, entfällt hier also, aber an dessen Stelle tritt die Frage des Speicher-Timings. Für Taktraten von 100 MHz (bzw. darüber) benötigen Sie Speicherbausteine, die über kürzere Zugriffszeiten verfügen. Das heißt ganz konkret, daß die DIMM-Module für den Arbeitsspeicher mit PC-100-Technik versehen sein müssen, wenn Sie den vollen Effekt der Übertaktung erreichen wollen. Es ist zwar auch bei vielen Mainboards möglich, den Speicher mit geringeren Taktraten als 100 MHz zu betreiben, aber damit wäre in diesem Fall ja das Klassenziel verfehlt.

Aktuelle Systeme bieten darüber hinaus externe Takte von 112 und 133 MHz, die für ein Übertakten verwendet werden können. Dabei wird bereits aber auch die Grenze des L2-Caches erreicht. Um den Speicherbus so weit übertakten zu können, sind L2-Cachemodule mit 5 ns Zugriffszeit erforderlich. Leider finden sich ziemlich häufig Cachemodule mit 6 ns Zykluszeit, mit denen kein Übertakten möglich ist. Wenn Sie bisher ältere EDO-RAMs mit einem Systemtakt von 66 MHz verwendet haben, können Sie auf einem Mainboard mit asynchroner Taktung 75 und 83 MHz zur Erhöhung der Arbeitsgeschwindigkeit nutzen. Durch die asynchrone Taktung kann eine Übertaktung des PCI-Bus vermieden werden. Wenn Sie die Taktung der CPU entsprechend dem erhöhten Systemtakt korrigieren, sollten Sie eine gute Performance trotz der älteren Speichertechnik erreichen können.

Die folgende Tabelle zeigt beispielhaft die Möglichkeiten der Taktung bei Motherboards für (Super-)Sockel 7-Systeme mit dem Aladdin V-Chipsatz der Firma ALI (M1541/M1543):

Externer Takt (MHz)	Teilung	PCI-Takt (MHz)	Bemerkungen
66	2	33	Standard
75	2.5	30	untertaktet
83	2.5	33	Standard
100	3	33	Standard

Für eine 300-MHz-CPU und EDO-RAMs wäre z. B. eine Kombination aus 83 MHz Systemtakt und einem Multiplikator von 4 günstig. Dabei ergibt sich mit 332 MHz eine leichte Übertaktung der CPU, der PCI-Bus würde mit seiner vollen Taktfrequenz arbeiten, und die Fähigkeiten des Arbeitsspeichers würden voll ausgenutzt.

Wir selbst nutzen im Moment einen Pentium II, der nominell 333 MHz vertragen kann. Anstelle der Taktung mit 66 MHz Systemtakt und einem Multiplikator von 5 war die erste Steigerung der Betrieb mit 100 MHz x 3,5 also

350 MHz. Die zweite Stufe bestand in einer weiteren Erhöhung des Systemtakts: Mittlerweile sind es 112 MHz x 3,5 = 392 MHz. Probleme mit unerwarteten Abstürzen gab es noch keine. Und die Temperatur des Prozessors wird im BIOS mit ca. 40° C angezeigt – bei 80° C liegt die kritische Grenze.

5.5 Troubleshooting

Glücklicherweise gehört der Prozessor zu den eher pflegeleichten Teilen des PCs. Von ihm selbst gehen meistens keine Schwierigkeiten während des Betriebs aus, und das ist auch gut so. Schließlich ist die CPU ja eine der teuersten Komponenten. Ab und zu gibt es dann doch Probleme. Hier ein paar gängige Schwierigkeiten, und wie Sie sie in den Griff bekommen.

Der Rechner stürzt nach einiger Zeit unkontrolliert ab

Ganz klar, die erste Ursache nach der Sie suchen sollten, ist die Temperatur. Mit aller Wahrscheinlichkeit handelt es sich um ein thermisches Problem.

Der Prozessor wird zu heiß

Wenn der Rechner immer wieder heftig und unkontrollierbar bis in den Keller abstürzt (wie ein Druck auf die Reset-Taste), dann wird es Ihrem Prozessor zu warm.

- Überprüfen Sie, ob die Taktrate und die Versorgungsspannung für den Prozessor richtig eingestellt sind. Eine (viel) zu hohe Taktfrequenz läßt die CPU zu heiß werden. Dasselbe gilt, wenn die Spannung für den Prozessor nicht hundertprozentig eingestellt ist. Eine geringfügig zu hohe Einstellung (z. B. 3,52 V statt 3,3 V) läßt den Prozessor zwar funktionieren, sorgt aber für zu große Hitze.

- Tauschen Sie den Kühler aus. Besonders wenn Sie bisher nur einen passiven Kühler ohne Lüfter benutzt haben, kann es sein, daß dessen Kühlleistung nicht ausreicht. Ersetzen Sie ihn durch ein aktives Exemplar, am besten mit einem kugelgelagerten Lüfter. Das gilt natürlich auch, wenn Sie schon einen aktiven Kühler haben und dessen Lüfter kaputtgegangen ist.

- Kontrollieren Sie, ob der Prozessorlüfter angeschlossen ist und funktioniert. Manchmal vergißt man in der Hitze des Gefechts, den Prozessorlüfter an einen Stromanschluß anzuschließen. Holen Sie dies im Zweifelsfall nach. Manchmal geraten auch frei herumhängende Kabel in den Lüfter und blockieren den Propeller. Beseitigen Sie ein solches Hindernis, indem Sie den Störenfried mit Isolierband oder Kabelbindern fixieren.

- Sorgen Sie für einwandfreien Kontakt zwischen Kühler und Prozessor. Helfen Sie notfalls mit Wärmeleitpaste oder -folie nach. Auf diese Weise wird die erzeugte Wärme besser abgeführt.
- Stellen Sie Ihren PC so auf, daß alle Lüftungsöffnungen an der Vorder- und Rückseite einwandfrei zugänglich sind, damit immer frische Luft in das Gehäuse gelangen kann. Der Platz direkt neben der Heizung ist vielleicht auch nicht der beste.
- Wenn alle diese Maßnahmen nicht geholfen haben oder nicht zutreffen, verringern Sie stufenweise die Taktrate des Prozessors. Das gilt aber eigentlich nur dann, wenn Sie Ihre CPU übertaktet haben.

Das Mainboard wird zu heiß

Neben dem Prozessor sind auch einige Bauteile auf dem Mainboard sehr empfindlich gegenüber Hitze. Besonders die Spannungsregler für die Versorgung der CPU (die erkennt man an den auffälligen Kühlkörpern) versagen dann manchmal ihren Dienst, weil sie sich bei Überhitzung abschalten. Sie erkennen das an Abstürzen, bei denen der Bildschirm plötzlich schwarz wird.

- Grundsätzlich greifen alle Maßnahmen, mit denen Sie die Kühlung des PCs verbessern können. Insbesondere eine ordentliche Verlegung aller Kabel und die freie Aufstellung des PCs sind wichtig. Vielleicht denken Sie an die Anschaffung eines zusätzlichen Lüfters, der in einen freien Slot eingebaut wird (im Elektronikhandel).
- Möglicherweise ist das Mainboard mit der Leistungsaufnahme des Prozessors überfordert. In dem Fall hilft nur ein Heruntertakten der CPU – das verringert die Stromaufnahme – oder generell der Austausch des Mainboards bzw. Prozessors.

Der Prozessor wird nicht korrekt erkannt

Beim Start des Rechners wird Ihnen ein falscher CPU-Typ angezeigt. Das kann mehrere Ursachen haben.

Das BIOS kennt den Prozessor nicht

Vielleicht ist Ihr Mainboard von den technischen Gegebenheiten her zwar dazu in der Lage, Ihren neuen Prozessor zu betreiben, aber das BIOS ist zu alt, um den Prozessor richtig zu identifizieren.

- Besorgen Sie sich auf der Homepage des Mainboard-Herstellers eine aktuelle Version des BIOS, in dem neuere Prozessortypen berücksichtigt sind. Sofern Sie beim Betrieb des Computers jedoch keine Probleme haben, ist dieser Schritt nicht unbedingt nötig.

Die Taktfrequenz wird falsch angezeigt

Wenn lediglich die Taktfrequenz falsch angezeigt wird, dann liegt das daran, daß die am Prozessor anliegende Taktfrequenz angezeigt wird. Wenn Sie einen Pentium II mit 3,5 x 112 MHz übertakten, wird Ihnen als Prozessortyp völlig korrekt ein Pentium II 392 angezeigt, obwohl Sie vielleicht einen Pentium II 350 verwenden.

Der Prozessorlüfter macht Geräusche

Das ist ein Anzeichen dafür, daß das Lager des Lüfters nicht mehr funktioniert. Früher oder später ist damit zu rechnen, daß er ganz aufgibt. Dann wäre die Kühlung der CPU nicht mehr gewährleistet.

- Tauschen Sie den Prozessorkühler gegen ein intaktes Exemplar aus. Am besten sind kugelgelagerte Lüfter, die eine wesentlich höhere Lebensdauer haben. Vielleicht entscheiden Sie sich ja auch für ein Modell mit eingebautem Temperaturalarm. Der gibt einen Warnton von sich, wenn es Ihrem Prozessor zu warm wird.

Der Rechner stürzt bereits kurz nach dem Booten ab

Wenn kein grober Fehler vorliegt, so daß es z. B. Ihrem Prozessor extrem zu heiß wird (Kühler funktioniert nicht oder ist vergessen worden, CPU extrem übertaktet), können fehlerhafte Einstellungen im BIOS (Speicher-Timing) dafür verantwortlich sein.

Besonders wenn das BIOS des Mainboards die neue CPU nicht korrekt erkennt, liegt diese Vermutung nahe.

- Ein Update des BIOS sorgt dafür, daß Ihre CPU korrekt erkannt wird und die richtigen Werte zur Verfügung stehen. Wie so ein Update durchgeführt wird, lesen Sie auf Seite 89.

6. Das Speicher-Kapitel – Arbeitsspeicher und Cache im Griff

„Wieviel Arbeitsspeicher hat Dein PC?" So oder ähnlich lautet eine der häufigsten Fragen, wenn es um die Beurteilung eines Computers geht. Die Frage ist berechtigt, denn die vorhandene Speichermenge hat einen gravierenden Einfluß auf die Gesamtleistung des Systems.

Der schnellste Prozessor nützt nichts, wenn ihm nicht bei Bedarf sofort neue Daten zur Verfügung stehen, die er verarbeiten kann. Dafür ist der Arbeitsspeicher, kurz RAM (**R**andom **A**ccess **M**emory, das bedeutet etwa „wahlfreier Zugriffsspeicher") genannt, zuständig. Moderne Windows-PCs sollten mindestens 32 MByte RAM haben, um die wichtigsten Programmcodes des Betriebssystems und der Anwendungsprogramme sofort verfügbar zu haben. Richtig gut wird's ab 64 MByte. Zwar kann Windows fehlenden Speicher durch die Nutzung von Festplatten-Speicher gleichsam simulieren (über die sogenannte Auslagerungsdatei, siehe Seite 432), aber da der Zugriff auf den Arbeitsspeicher einige 100mal schneller ist, bremst dies das System ungeheuer aus.

Mit zusätzlichem Speicher läßt sich auch aus einem alten PC noch einiges herausholen. Meistens ist das die sinnvollste Aufrüstmaßnahme überhaupt, v. a., wenn man auf neue, größere Programme und/oder Betriebssysteme umsteigen will. Wann und in welchem Umfang eine Speicheraufrüstung sinnvoll ist, was dabei zu beachten ist und vor allem wie man die verschiedenen Arbeitsspeichertypen ein- und ausbaut, das lesen Sie in diesem Kapitel.

6.1 Speicher-Beratung – Was man wissen muß für Kauf und Einbau

Speicher ist nicht gleich Speicher, bei diesen Bauteilen gibt es die unterschiedlichsten Normen und Typen. Hier erfahren Sie, worauf Sie beim Neu- oder Zukauf für die verschiedenen Mainboard-Typen achten müssen. Denn die Auswahl neuer Speicherbausteine orientiert sich ganz wesentlich an Ihrem Mainboard. Dieses kommt nämlich immer nur mit ganz bestimmten RAM-Typen klar. Und dann ist es auch schon fast logisch, daß neue, zusätzliche Speichertypen auch möglichst den bereits vorhandenen entsprechen sollten. Wenn Sie sich nicht sicher sind, was für einen Board-Typ Sie verwenden, sollten Sie noch mal in den Kapiteln ab Seite 21 und Seite 97 nachschauen. Aber zurück zu den verschiedenen RAM-Normen und -Typen.

FPM, EDO, SDRAM, DIMM etc. – Die wichtigsten Speicher-Begriffe

Mittlerweile gibt es eine ganze Latte von Speichernormen, was es etwas schwierig macht, den Überblick zu behalten. Um allzu viele technische Details braucht man sich aber nun auch wieder nicht zu kümmern, es reicht prinzipiell, die wichtigsten Normen bzw. Unterscheidungskriterien zu kennen. Zum einen gewährleistet dies, daß man den richtigen Typ für sein System aussuchen kann. Zudem ergeben sich je nach Typ und System unterschiedliche Konfigurationsoptionen.

Die Hauptunterscheidungskriterien bei RAMs sind zum einen die Zugriffsarten und zum anderen die Bauform. Die Zugriffsart bestimmt im wesentlichen die Geschwindigkeit, während die Bauform vor allem die Größe festlegt. Hier finden Sie Erklärungen der wichtigsten Begriffe, Normen und Typen, mit denen Sie beim Speicherausbau konfrontiert werden:

- **DRAM (dynamic RAM) und SRAM (static RAM):** DRAMs sind wesentlich billiger in der Herstellung, dafür aber auch langsamer, weil die enthaltenen Informationen durch Refresh-Zyklen ständig aufgefrischt werden müssen. Dadurch wird der Speicher ausgebremst, weil er ja nicht ständig zugriffsbereit ist. DRAMs werden v. a. für den Arbeitsspeicher des PCs und von Grafikkarten eingesetzt. Die schnellen, aber leider teuren SRAMs (nicht zu verwechseln mit S**DR**AMs!) kommen dagegen beim Prozessor-Cache (L1-Cache, L2-Cache, siehe Seite 257) zum Einsatz. In diesem kleinen, aber schnellen Zwischenspeicher wird der wichtigste Programmcode zwischengelagert und mit dem großen Arbeitsspeicher (DRAM) und Prozessor regelmäßig ausgetauscht.

- Wichtig bei der Auswahl von Speicherbausteinen ist die Unterscheidung nach der **Zugriffszeit** (gemessen in **N**ano**s**ekunden, ns). Bei alten DRAMs sind z. B. 60 und 70 ns üblich, bei neuen SDRAMs dagegen 7-10 ns. Die Zugriffszeit muß zu Ihrem Mainboard und Prozessor passen. So reichen z. B. 70 ns DRAMs nur für PCs aus, die mit 60 MHz Systemtakt (externer Prozessortakt) arbeiten. Das ist bei alten Pentium-Systemen (P60, P90, P120, P150, P180) der Fall. Für 66 MHz Systemtakt brauchen Sie 60-ns-Module (oder besser). Für die neuen Mainboards mit 100 MHz Systemtakt können Sie gar nur noch besonders spezifizierte, 100 MHz-kompatible SDRAM-Bausteine mit 10 ns verwenden (PC-100-Module).

Das Speicher-Kapitel – Arbeitsspeicher und Cache im Griff

> **Hinweis**
> **100 MHz Systemtakt mit herkömmlichen 66 MHz DRAMs?**
> Viele für die bisher üblichen 66 MHz Systemtakt spezifizierten EDO- und SDRAMs funktionieren auch bei 100 MHz – eine Zeitlang. Denn die hohe Übertaktung führt gerade zu einer stärkeren Erwärmung, der auf Dauer nur speziell darauf ausgelegte Module gewachsen sind. Also Vorsicht, damit Sie Ihre Module nicht dauerhaft zerstören.

Die gerade erwähnten DRAM-Bausteine werden je nach Zugriffstyp noch mal in weitere Normen unterschieden:

- **FPM** (**F**ast **P**age **M**ode): Dieser Speichertyp wird in aktuellen PCs nicht mehr verwendet. Er war aber lange Zeit der typische Arbeitsspeicher für die handelsüblichen Pentium-PCs. Auf dem freien Markt sind FPMs nur noch selten erhältlich und dienen zum Aufrüsten von alten PCs. Teilweise werden die handelsüblichen FPM-Module aber auch zum Speicher Aufrüsten bei Druckern und Steckkarten verwendet. Außerdem findet FPM-RAM in einer speziellen Form auch Verwendung auf Grafikkarten in Form von VRAM (**v**ideo **RAM**).

- **EDO** (**E**nhanced **D**ata **O**utput): Dieser, teilweise noch aktuelle Speichertyp stellt eine Spezialform des FPMs dar, mit einer leicht beschleunigten Datenausgabe (Lesezugriff). Äußerlich sieht man keine Unterschiede. Durch eine Änderung am Speicheraufbau wurde erreicht, daß Daten schon in den Speicher geschrieben werden, während gleichzeitig noch andere ausgelesen werden können. EDO-RAMs sind mit 50, 60 und 70 ns erhältlich, wobei Sie möglichst zu den 50-ns-Modulen greifen sollten, denn diese erlauben auch Systemtakte von 75 oder 83 MHz (Stichwort „Übertakten"). Der Geschwindigkeitsgewinn durch EDO-RAMs liegt jedoch nur bei ca. 2 %, ist also für das Gesamtsystem nicht so bedeutend. Die Preise von EDO-RAMs liegen mittlerweile (wegen der besseren Verfügbarkeit) aber meist unter denen von FPM-Modulen.

- **SDRAM** (**S**ynchronous **DRAM**): Dieser neue, schnellere RAM-Typ in DIMM-Bauform (siehe nächster Punkt) wird in den meisten aktuellen Boards verwendet und wird wohl auch der Speichertyp für die nähere Zukunft bleiben. Durch einen anderen Aufbau ermöglichen SDRAMs den Speicherzugriff synchron zum Prozessortakt; Wartezyklen beim Lese- und Schreibzugriff soll es nicht mehr geben, die Zugriffszeiten liegen bei ca. 7 bis 10 ns. Während die Preise bis vor kurzem noch über denen von FPM- und EDO-RAMs lagen, sind sie mittlerweile in etwa gleich. Eine Ausnahme machen noch die PC-100-Module. Diese sollten Sie unbedingt kaufen, wenn Sie ein Mainboard mit 100 MHz nutzen wollen.

Das Speicher-Kapitel – Arbeitsspeicher und Cache im Griff

> **Hinweis**
> **Achten Sie auf den EEPROM-Baustein bei SDRAMs**
> Bei SDRAMs gilt es auf einen kleinen optionalen EEPROM-Baustein zu achten, der als sehr kleiner Chip auf der Speicherplatine erst beim genauen Hinsehen auffällt (siehe untere Abbildung). Auf diesen können die Hersteller die Eigenschaften des Moduls ablegen, die dann ein dazu kompatibles Mainboard auslesen kann. Aktuelle Boards mit modernen Chipsätzen sind dazu in der Lage und können so die Speicherbausteine automatisch korrekt konfigurieren. BIOS-Einstellungen für den Anwender entfallen daher normalerweise bei SDRAMs.

- Mit einigen EDO-RAMs erstmalig eingeführt, aber erst bei SDRAMs so richtig durchgesetzt hat sich die neue **DIMM-Bauform**. Der Hauptunterschied zu den bisherigen PS/2-SIMM-Bausteinen: Der Datenaustausch ist über eine 168polige Kontaktleiste mit 64 Bit Breite möglich. Die allerersten 30poligen SIMMs für 486er-Prozessoren waren sogar nur 8 Bit breit. Da der externe Speicherbus der modernen Prozessoren 64 Bit breit ist, genügt jetzt ein einzelnes Speichermodul für den vollen Zugriff. Mit den alten PS/2-SIMM-Modulen mußten noch immer zwei gleichzeitig auf dem Mainboard eingebaut werden. Außerdem sind die neuen Bausteine etwas größer, können also mehr Speicherchips fassen und ermöglichen einen leichteren Einbau, wie auf Seite 248 beschrieben. Aber Vorsicht beim Kauf: Lassen Sie sich keine EDO-DIMMs andrehen, wenn Sie SDRAMs kaufen wollen. Die meisten Boards können mit beiden DIMM-Typen umgehen, aber SDRAMs sind schneller und hochwertiger als EDOs. Mit anderen Worten: DIMMs sind nicht zwangsläufig auch SDRAMs.

Drei Generationen von Speicherbausteinen im Vergleich: oben ein alter, 30poliger SIMM-Baustein, in der Mitte ein 72poliger PS/2-SIMM-EDO-RAM, ganz unten ein SDRAM-DIMM-Baustein mit seiner 168poligen Kontaktleiste. Rechts oben auf der Platine ist der EEPROM-Baustein zu erkennen.

- Bleibt zuletzt noch der Hinweis auf den Speicher der nahen Zukunft, der wahrscheinlich **RDRAM** heißen wird. Das „R" steht für „Rambus", die für die Entwicklung maßgebliche Firma. Aber auch Intel hat sich an der neuen Technik beteiligt. RDRAMs werden ca. zehnmal schneller sein als herkömmliche DRAMs und es ermöglichen, mit den Prozessoren die GByte-Taktungs-Schwelle zu überschreiten. In einigen High-End-Workstations wird dieser Speichertyp schon eingesetzt. Wie nicht anders zu erwarten, werden die Module sicher nicht kompatibel zu den bisherigen sein, so daß Sie (wie gehabt) beim Kauf eines neuen Mainboards auch komplett neuen Speicher kaufen müssen.

Wer ist kompatibel mit wem? – Speicher-Kombinationen

Aufgrund der unterschiedlichen Bauform der Steckplätze, z. B. PS/2-SIMM oder DIMM, hängen die Kombinationsmöglichkeiten grundsätzlich erst einmal von der Bestückung des Mainboards ab. Wo nur DIMM-Steckplätze vorhanden sind, können keine PS/2-SIMMs mehr verwendet werden (und umgekehrt, es sei denn, Sie verwenden einen Adapter, siehe Seite 252). Klar sollte auch sein, daß jedes Board eine spezifische, maximale Speicherbestückung erlaubt. Wie groß die ist, können Sie dem Handbuch entnehmen. Wichtig ist an der Stelle noch mal der Hinweis, daß einige Boards bauspezifisch die Speichermenge begrenzen, die mit dem prozessoreigenen Speicher, dem L2-Cache, gepuffert werden kann. Oft ist bei 64 MByte oder 128 MByte Schluß.

Bei PS/2-SIMMs müssen Sie beachten, daß die Module immer zu zweit genutzt werden müssen. Die PS/2-SIMM-Steckplätze sind daher in Paaren (Speicherbänken) zusammengefaßt, die i. d. R. von 0 (Null) an aufwärts gezählt werden (meist zwei oder drei, also 0, 1 und 2). Bei der Bestückung fängt man immer bei der niedrigsten Bank an. DIMM-Speicherbänke lassen sich dagegen einzeln belegen, werden aber auch von unten (Speicherbank 0) bestückt.

Innerhalb einer Bank dürfen Sie keine Module mit unterschiedlichen Größen oder Zugriffsarten (FPM oder EDO) mischen. Je nach BIOS-Version geht dies insgesamt auf einem Mainboard, wenn FPMs und EDOs auf je getrennten Bänken verwendet werden. Bei alten Boards wird dann aber möglicherweise der gesamte Speicherzugriff auf FPM-Tempo ausgebremst. BIOS-Versionen ab ca. Mitte 1996 können aber auf jeden Typ bzw. jede Bank mit voller Geschwindigkeit zugreifen (beachten Sie die Möglichkeit eines BIOS-Updates, siehe Seite 89).

Wenn Sie Speicherbausteine vom gleichen Typ, die sich nur in der Zugriffszeit unterscheiden, mischen wollen, sollten Sie auch das auf verschiedenen Bänken tun. Meistens sollte das auch auf derselben Bank gehen, aber der langsamere Baustein bremst dann den schnellen aus. Beachten Sie auch, daß

Das Speicher-Kapitel – Arbeitsspeicher und Cache im Griff

Sie für 66 MHz Systemtakt mindestens 60-ns-Module brauchen. Bei aktuellen PCs mit SDRAMs spielt das keine Rolle mehr. Besonders kritisch ist die Möglichkeit der Mischbestückung mit PS/2-SIMMs und DIMMs. Einige wenige, spezielle Boards, zumeist in AT-Bauform haben tatsächlich beide Steckplatztypen und erlauben theoretisch deren gleichzeitige Nutzung. Praktisch funktioniert dies aber kaum und birgt oft sogar die Gefahr der Zerstörung der DIMM-Bausteine in sich. Der Grund liegt in der Spannungsversorgung. Moderne SDRAM-DIMMs sind für 3,3 Volt Spannung ausgelegt. Bei einer Mischbestückung auf den erwähnten Boards werden die DIMM-Sockel aber mit den für PS/2-SIMMs üblichen 5 Volt angesteuert. Was anfangs noch gutgehen kann, führt auf Dauer aber zur Überwärmung und Zerstörung der 3,3-Volt-SDRAMs. Wenn Sie unbedingt so eine Mischbestückung wollen, besorgen Sie sich spezielle, aber seltene 5-Volt-Module.

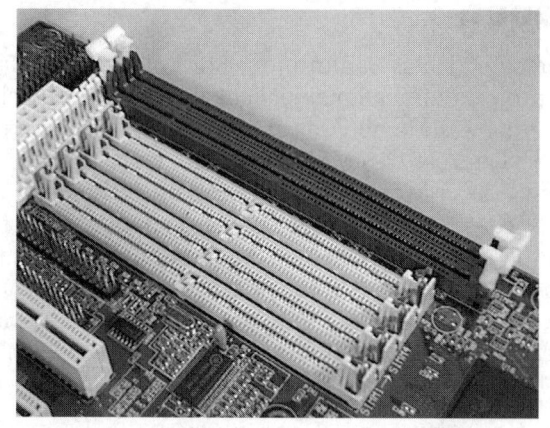

Ein Mainboard mit PS/2-SIMM- (vorn) und DIMM-Sockeln (hinten). Bei einer Mischbestückung besteht Gefahr für die DIMM-Bausteine

Hinweis

Trotz aller Umsicht – Inkompatibilitäten kann's dennoch geben

Auch wenn Sie scheinbar an alles gedacht haben, können sich Speicherbausteine untereinander beißen. Vor allem bei einer Mischbestückung auf einer Bank (nur bei PS/2-SIMMs). Von den ersten SDRAM-Modulen ist auch bekannt, daß diese nicht immer kompatibel untereinander sind. Woran das im Detail liegt, kann man selten durchschauen. Oft reichen schon unterschiedliche Bestückungen mit Speicherchips (einseitige, doppelseitig etc.) aus. Auch wenn viele Händler das ablehnen, Sie sollten immer nach der Möglichkeit zum Testen bzw. Umtauschen der neuen Chips fragen.

Wer braucht Parity-Prüfung und ECC-Fehlerkorrektur?

An der ungeraden Zahl von Speicherchips auf einem Modul kann man die Unterstützung der sogenannten Parity-Funktion erkennen. Der zusätzliche Speicherbaustein ermöglicht für je 8 Datenbits ein zusätzliches, sogenanntes Prüfbit. Daran kann der PC theoretisch erkennen, daß die Daten bzw. die Speicherchips korrekt bzw. intakt sind. Früher wurden DRAMs meistens mit Parity eingesetzt. Aufgrund der hohen Fertigungsqualitäten und stark gesunkenen Preise hat man davon aber mittlerweile Abstand genommen. Manche Module verwenden statt dessen zur eigenen Überprüfung auch einen integrierten Logikchip. Eine Parity-Prüfung hängt sowieso vom Mainboard bzw. dessen Chipsatz ab: Intels Saturn-Chipsatz für 486er Boards verlangte z. B. zwingend Chips mit Parity.

Eine Besonderheit bzw. Weiterentwicklung der Parity-Prüfung ist ECC (**E**rror **C**orrection **C**ode). Mit ECC kann das Parity-Bit nicht nur zur Fehlererkennung (z. B. der Speicherbausteine beim Booten), sondern auch zur Korrektur (von Datenfehlern während des Betriebs) eingesetzt werden. Dies gilt jedoch nur für 1-Bit-Fehler, das Betriebssystem muß dabei auch noch mitspielen, und die RAMs müssen einen echten zusätzlichen Parity-Chip besitzen. Windows 95/98 und NT 4.0 unterstützen dies aber nicht. Für Privatanwender bzw. normale Arbeitsrechner ist ECC wenig sinnvoll, zumal es bei den meisten Systemen zu 2-5 % Leistungsverlust führt. Interessant ist ECC dagegen für wichtige Netzwerkserver, die möglichst niemals ausfallen dürfen.

Viel hilft viel? – Wieviel Speicher brauchen Sie?

Die Frage nach der sinnvollen Speichermenge läßt sich bei genauer Betrachtung der persönlichen Anforderungen (Arbeitsbedingungen) kaum verallgemeinernd beantworten. Aufgrund der mittlerweile ja dramatisch niedrigen Speicherpreise sollte man aber hier ganz sicher nicht knauserig sein. 32 MByte sind für alle Windows-Systeme zwar ein noch vernünftiges Minimum, 64 MByte sind aber sinnvoll bzw. schon fast Standard.

Wieviel neuer Speicher bringt, hängt ganz wesentlich davon ab, wieviel Programm-Code Sie ständig beim Arbeiten laden bzw. bearbeiten müssen. Je größer die Programme und Daten sind, mit denen Sie arbeiten, desto größer ist der Effekt von mehr Arbeitsspeicher. Wenn Sie zuwenig verwenden, lagert Windows seine Daten auf die Auslagerungsdatei der Festplatte aus und wird ziemlich schwerfällig. Man merkt dies auch an einem ständigen Rattern der Festplatte.

Wenn Sie nur 32 MByte verwenden, führt schon ein einfaches Anwendungsprogramm zur Auslagerung auf die Festplatte, da Windows 95 allein schon gut 32 MByte für seinen Programmcode und seine Treiber braucht. Mit 64

MByte kann man aber mit den üblichen Office-Programmen recht gut arbeiten. Windows 98 braucht durch seine vielen Internet- und erweiterten Hardwarefunktionen noch einmal deutlich mehr Speicher als Windows 95 und wird erst bei 96 MByte so richtig munter. Ab 128 MByte haben Sie Speicher genug für „normales" Arbeiten. Lediglich bei Bild-, Sound- und Videobearbeitung kann man auch hierbei an seine Grenzen kommen.

Mein Rat: Gönnen Sie sich auf jedem Windows 95/98- oder NT-PC 64 MByte RAM. Sobald Sie mit mehr als zwei Office-Programmen gleichzeitig arbeiten und/oder Bild-, Sound- oder Videobearbeitung durchführen, sollten Sie auf 128 MByte aufrüsten. Ihr PC wird es Ihnen durch deutlich flüssigeres Arbeiten danken. Die niedrigen Speicherpreise erlauben eine solche Aufrüstung ja mittlerweile recht gut. Kaufen Sie auch immer möglichst große Module, die eine spätere Aufrüstung der noch freien Speicherbänke erlauben. 64 MByte können Sie z. B. bei PS/2-SIMMs durch 4 x 16 oder 2 x 32 MByte-Module erreichen. Nur die letzte Kombination läßt aber noch Speicherbänke auf dem Board für eine spätere Aufrüstung frei.

64 MByte und dann Schluß? – Speicherbegrenzung durch Chipsatz und L2-Cache

Alle Mainboards haben eine gewisse Speichergrenze, nur manche Boards haben diese besonders früh. So machen viele schon bei 128 MByte oder gar 64 MByte dicht. Dies liegt i. d. R. an einer Begrenzung des vorhandenen Second Level Cache (L2-Cache), der nur eine gewisse Speichermenge verwalten kann. Diese Begrenzung ist bei manchen Chipsätzen (z. B. dem Intel HX für Pentiums) sogar fest eingebaut, weswegen man daher auch die Finger davon lassen sollte. Bei anderen liegt es an einer zu geringen Größe des L2-Caches bzw. des dazugehörigen Verwaltungschips (Tag-RAM). Wenn Sie über diese Grenze hinausgehen, wird der PC insgesamt um rund 30 % langsamer, da Windows auf den Speicher zuerst immer „von oben" zugreift. Manche so begrenzte PCs laufen nach einer Speichererweiterung auch insgesamt instabil. Wenn es nicht schon der Chipsatz als solcher ist, der die maximal cachebare Speichermenge auf 64 MByte begrenzt, dann müssen bzw. können Sie oft aber noch den L2-Cache bzw. den Tag-RAM erweitern. Das wird ab Seite 257 beschrieben.

6.2 Speicherein- und -ausbau von SIMMs und DIMMs

Im folgenden wird der praktische Einbau von Speicher sowohl für SIMM- als auch für DIMM-Bausteine (ab Seite 248) beschrieben. Wenn Sie sich nicht ganz sicher sind, welcher Typ in Ihrem Rechner steckt, dann können Sie den Speicher mit Hilfe der Abbildung auf Seite 238 bzw. den nachfolgenden Abbildungen leicht identifizieren. Am besten ist es jedoch, Sie ziehen zuvor noch das Handbuch Ihres Mainboards zu Rate und lesen dort nach, welche Speicherbausteine es unterstützt und wo diese genau auf der Platine eingebaut werden. Beachten Sie auch die grundlegenden Tips bzw. Hinweise auf den vorherigen Seiten, damit es nicht zu Inkompatibilitäten kommt.

Checkliste: Vorbereitungen für den Einbau
Die neuen Speicherbausteine müssen kompatibel zum Mainboard und evtl. vorhandenen RAMs sein.
Als Werkzeug brauchen Sie höchstens einen kleinen Schraubenzieher (flach, kein Kreuzschlitz).
Sie müssen den PC öffnen (siehe Seite 51) und gut an die Speicherbänke herankommen können.
Beachten Sie die Sicherheitshinweise auf Seite 43 zum Arbeiten am offenen PC bzw. mit PC-Bauteilen.

Der Ein- und Ausbau von PS/2-SIMM-Bausteinen

Neue Rechner mit PS/2-SIMMs (nachfolgend nur noch kurz SIMMs genannt) werden quasi nicht mehr verkauft bzw. hergestellt. Ein Einbau erfolgt daher i. d. R. nur noch in Form einer Speichererweiterung in ein vorhandenes System. Sie müssen hier also besonders darauf achten, daß die neuen Bausteine nicht nur zum Mainboard, sondern auch zu den alten, vorhandenen Modulen kompatibel sind. Die hierbei zu beachtenden Punkte wurden auf den vorherigen Seiten besprochen.

Der Einbau von SIMMs ist (im Vergleich zu DIMMs) zwar manchmal ein bißchen Fummelarbeit, aber alles andere als kompliziert. Wichtig ist, daß Sie beim Einbau mit der richtigen Speicherbank (von unten nach oben, also von 0 nach 1 bzw. 2) beginnen. Die Bänke sind meist auf dem Board beschriftet, ansonsten sollte die Position bzw. Reihenfolge im Handbuch vermerkt sein.

Neue, größere und schnellere Module sollte man möglichst in die erste Bank setzen. Daher müssen evtl. bereits vorhandene (langsamere, kleinere) SIMMs ausgebaut bzw. umgesteckt werden. Wenn dies bei Ihnen der Fall ist, springen Sie zur nächsten Anleitung über den Ausbau von SIMMs. Ein Ausbau vorhandener Module kann auch deswegen wichtig sein, weil sich neue und alte Bausteine beim Einbau oft „in die Quere" kommen. Da die neuen Module schräg eingesetzt werden, behindern die alten das Einsetzen oft. Bauen Sie in diesen Fällen alle Module erst aus und beginnen Sie dann mit dem Einbau ausgehend vom ersten Steckplatz.

PS/2-SIMM-Bausteine einbauen

Die Anleitung geht davon aus, daß Sie Ihren PC aufgeschraubt (siehe obere Checkliste) und leichten Zugang zu den Speicherbänken haben. Orientieren Sie sich vielleicht auch an den Abbildungen der nächsten Schritt-für-Schritt-Anleitung

1 Identifizieren Sie zuerst die Steckplätze auf dem Mainboard. SIMM-Steckplätze findet man i. d. R. in der direkten Nähe des Mainboard-Stromanschlusses. Es sind meistens weiße Kontaktleisten, die immer paarweise (meist vier, selten sechs) vorkommen.

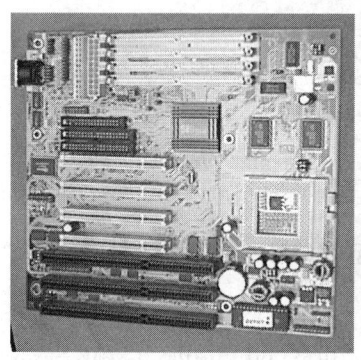

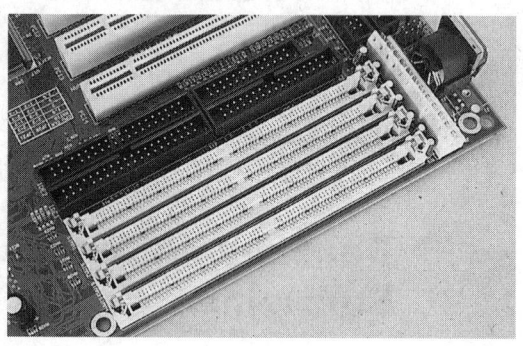

Links: ein typisches BAT-Board mit SIMM-Steckplätzen auf der oberen Board-Seite. Rechts: Speicherbänke in Großaufnahme

2 Nehmen Sie die Module zur Hand und finden Sie die beiden wichtigen Aussparungen der SIMM-Module: eine halbkreisförmige (mittig an der unteren Kante, zwischen den Kontaktleisten) und eine längliche an der Kante. In die beiden seitlichen Löcher in der Platine hakt außerdem später die Arretierung der Speicherbänke ein.

Ein typischer PS/2-SIMM-Baustein. Die für den Einbau wichtigen Aussparungen sind durch Pfeile markiert

3 Finden Sie nun den richtigen Steckplatz zum Einsetzen auf dem Mainboard. Denken Sie daran, daß die Bänke numeriert sind (auf dem Board oder Handbuch eingezeichnet) und daß Sie von unten (meist Bank 0) nach oben (Bank 1 oder 2) bestücken müssen. Probieren Sie nun erst einmal testweise, in welcher Orientierung die SIMM-Module in die Bänke eingesteckt werden können. Die oben gezeigten Aussparungen lassen nur eine Orientierung zu. Zum Anpassen schieben Sie die Module schräg in die Speicherbank, ohne sie zu befestigen.

Das Speicher-Kapitel – Arbeitsspeicher und Cache im Griff

SIMM-Module werden in der gezeigten Art schräg in die Speicherbänke eingesetzt. Die Aussparungen machen nur eine Orientierung möglich

4 Nun erfolgt der eigentliche Einbau: Setzen Sie das Modul (in der richtigen, zuvor ermittelten Orientierung) mit der Kontaktleiste nach unten und schräg in den Steckplatz (ca. 20° Winkel leicht nach hinten gekippt). Achten Sie dabei v. a. auf die richtige Position der mittleren Aussparung auf der Kontaktleiste. Wie in der unteren Abbildung gezeigt, liegt korrespondierend dazu in der Speicherbank eine Erhebung („Nase"). Beide sind nur dann in der richtigen Orientierung deckungsgleich. Aber auch die seitliche Aussparung der Platine verhindert ein falsches Einsetzen (allerdings erst beim Hochklappen). Wenn man die Module falsch einsetzt, können Sie sich allerdings leicht verhaken. Gehen Sie also vorsichtig und „feinfühlig" vor.

Die mittlere Aussparung der SIMM-Kontaktleiste muß genau in die Erhebung der Speicherbank passen

5 Legen Sie nun am besten beide Daumen an die Ecken des Moduls und richten Sie es langsam auf. Dadurch wird das Modul in die seitlichen Haken bzw. Führungen der Speicherbank eingedrückt. Dabei sollte der kleine, senkrecht hochstehende Stift der Speicherbank (oberer Pfeil in der Abbildung) in das jeweilige seitliche Loch der Speicherplatine einrasten (und sie damit fixieren). Zuvor gilt es aber noch, die Speicherplatine am äußeren Spannhaken (unterer Pfeil in der Abbildung) der Speicher-

245

bank vorbeizudrücken. Diese verhindert ein späteres Rausrutschen. Sie sollten möglichst beide Seiten des Moduls gleichzeitig in die Arretierung einhaken lassen, damit es nicht verklemmt.

Die seitlichen Befestigungen der SIMM-Speicherbänke. Der obere Pfeil markiert den Stift, der in die Löcher der Speicherplatine kommt. Der untere Pfeil den Spannhaken, der ein Herausrutschen verhindert

Achtung
Je nach Board kann die Arretierung sehr straff sein
Die seitlichen Spannhaken der Speicherbänke sind je nach Board unterschiedlich straff. Gute Ausführungen sind aus Metall und leichtgängig. Billige Ausführungen aus Plastik (wie in der Abbildung) sind meist sehr straff und brauchen einen recht starken Druck auf das SIMM zur Arretierung. Zur Not sollte man einen Schraubenzieher verwenden, um den Spannhaken nach außen wegzudrücken.

6   Das Modul ist richtig eingesetzt, wenn es an an beiden Seiten mit einem deutlich hörbaren Klicken einrastet und sich bei vorsichtiger Prüfung nicht vor und zurück bewegen läßt. Außerdem sollte es in der Speicherbank senkrecht stehen (siehe Abbildung im Schritt 1 und die nächste Abbildung in der Ausbau-Anleitung).

Hinweis
Speicher eingebaut und schon betriebsfertig?
Moderne Rechner erkennen beim Starten automatisch die installierte Speichermenge und melden diese im BIOS an. Außer dem Hardwareeinbau ist also nichts weiter notwendig, man kann den PC direkt starten und losarbeiten. Nur bei alten Rechnern muß man manchmal den Speicher im BIOS eintragen (siehe Seite 267). Mehr zur Konfiguration des Speichers im BIOS und unter Windows ab Seite 262.

PS/2-SIMM-Bausteine wieder ausbauen

Ein Ausbau von SIMMs kann aus verschiedenen Gründen notwendig sein. Zum Beispiel, weil Sie neue, größere verwenden möchten. Oder weil Sie die Speicherbänke durch eine Aufrüstung mit neuen, größeren Modulen umor-

Das Speicher-Kapitel – Arbeitsspeicher und Cache im Griff

ganisieren wollen bzw. müssen. Die meisten Anwender finden das Herausnehmen schwieriger als das Einbauen. Das Problem ist das meistens notwendige Wegbiegen der seitlichen Spannhaken der Speicherbank (siehe letzte Abbildung), was je nach Board schwierig sein kann. Die folgende Anleitung soll Ihnen dabei helfen:

1. Zum Ausbauen müssen Sie natürlich als erstes die Module bzw. die Speicherbank auf dem Board wieder identifizieren. In der Abbildung sehen Sie eine Gruppe von vier PS/2-Steckplätzen, von denen zwei (also eine Bank) mit Modulen bestückt sind.

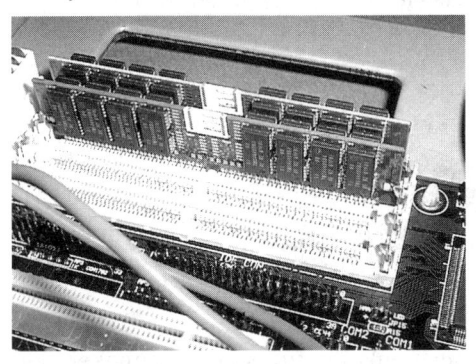

Typische Speicherbänke mit PS/2-SIMMs auf einem Mainboard

2. Lokalisieren Sie das vordere Modul in der Speicherbank, weil dieses das erste sein wird, das Sie ausbauen. Da die Module durch schräges Wegkippen ausgebaut werden, können Sie immer nur reihenweise vom vorderen zum hinteren Modul entnommen werden. Achten Sie zuerst einmal besonders auf die kleinen, seitlichen Spannhaken (siehe vorletzte Abbildung), die die Module festhalten. Diese müssen Sie gleich nach außen wegbiegen, um die Module freizubekommen. Wichtig ist, daß Sie aber erst einmal genau erkennen, in welche Richtung Sie die Module wegkippen müssen, um so auch folglich erst erkennen zu können, welches der Module das vordere ist. Das können Sie an der Position des Haltestiftes erkennen, der in die Löcher der Speicherplatine greift (siehe vorletztes Bild). Die Module wurden ja beim Einbau in diesen Stift eingehakt. Der kleine Haken des Stifts muß durch das Loch auf Sie zuschauen; der Stift selbst also aus Ihrer Sicht hinter der Platine liegen. In dieser Position werden die Module in Ihre Richtung gekippt.

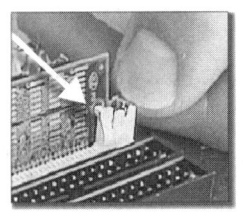

Der Haltestift (Pfeil) liegt aus dieser Sicht vor dem Modul, das also nach hinten weggekippt werden müßte

247

3 Wenn Sie die Spannhaken nun lokalisiert und die Kipprichtung zum Ausbauen festgestellt haben, biegen Sie wie in der Abbildung gezeigt die Spannhaken mit dem Daumen bzw. Fingernagel leicht nach außen, damit die Module frei beweglich werden. Das kann je nach Beschaffenheit der Spannhaken eine kniffelige und kraftaufwendige Angelegenheit sein. Wenn Sie mit den Fingern allein nicht klarkommen, verwenden Sie einen kleinen Schraubenzieher und biegen die Haken einzeln leicht nach außen. Drücken Sie dabei gleichzeitig auf derselben Seite das Modul so weit heraus, daß es gerade aus dem Spannhaken rausrutscht. Anschließend machen Sie das gleiche auf der anderen Seite.

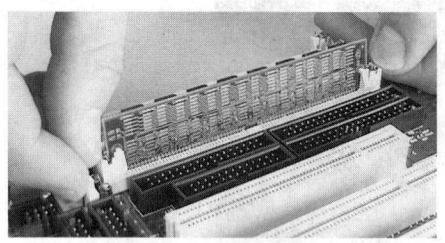

Am besten entfernt man die Speichermodule, indem man beide Spannhaken an den Seiten der Speicherbänke gleichzeitig nach außen drückt

4 Wenn das Modul aus dem „Zugriff" der Spannhaken befreit ist, kann es einfach nach vorn gekippt und herausgenommen werden. Damit ist der Ausbau auch schon beendet.

Einmal aus der Arretierung befreite Speichermodule lassen sich spielend leicht kippen und herausnehmen

Der Ein- und Ausbau von DIMM-Bausteinen

Auf neueren PCs werden fast nur noch DIMM-Sockel bzw. -Module verwendet. Diese gibt es zwar auch für EDO-RAMs, aber normalerweise werden nur noch SDRAM-DIMMs verwendet. Die Begriffe werden daher meistens gleichbedeutend gebraucht, obwohl sie es natürlich nicht wirklich sind. Die neue Bauweise hat zwei Vorteile: Zum einen können jetzt auch einzelne bzw. ungerade Steckplätze bestückt werden. Zum anderen geht der Ein- und Ausbau einfacher und fehlerfreier. Die neuen Module werden jetzt senkrecht in die Steckplätze eingeführt, die Arretierungen schnappen dabei meist selbsttätig zu. Andere Module stehen nicht (wie so oft bei SIMMs) im Weg. Etwas nachteilig ist, daß man aufgrund der größeren Länge der Module manchmal etwas mehr Druck für den Einbau bzw. das Einrasten in den Sockel braucht.

Der Einbau von DIMMs

1. Finden Sie die DIMM-Sockel auf Ihrem Mainboard; diese sind meistens schwarz, mit weißen Arretierungshaken an der Seite. Normalerweise sollten Sie drei bis vier Steckplätze vorfinden, die von „0" oder „1" beginnend durchnumeriert sind. Orientieren Sie sich an den Aufdrucken des Mainboards und/oder den Hinweisen im Handbuch, um die Speicherbank mit der niedrigsten Nummer zu finden. Wie immer müssen die Speicherbänke von unten nach oben (von den kleinen zu den großen Nummern) bestückt werden.

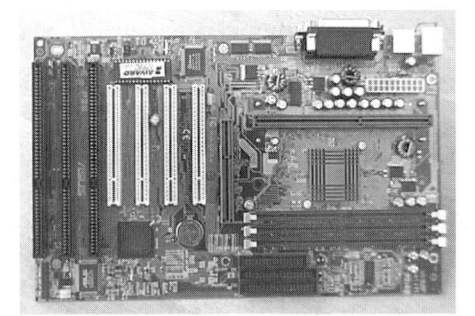

DIMM-Sockel auf verschiedenen Mainboards. Links ein typisches Pentium-II-Board. Die Sockel liegen rechts unten. Rechts vier DIMM-Sockel in der Großaufnahme

2. Nehmen Sie nun die Module zur Hand. Betrachten Sie nun zuerst einmal die Aussparungen des DIMM-Bausteins. An der unteren Kontaktleiste finden sich (im Gegensatz zu den alten SIMMs) zwei asymmetrische Aussparungen. Diese dienen zur korrekten Orientierung in der Steckleiste. Zusätzlich finden Sie seitlich auf der Platine zwei Einbuchtungen. Diese dienen zur Fixierung an den seitlichen Arretierungshaken der Speicherbank.

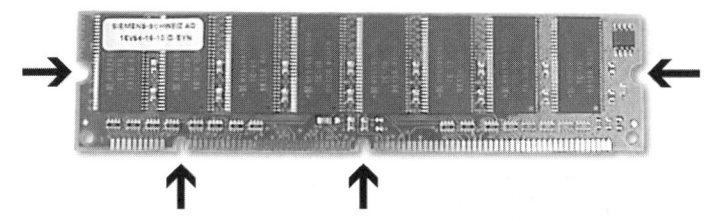

Kennzeichnung der wichtigsten Aussparungen an einem DIMM

3. Setzen Sie nun das Modul senkrecht von oben in den Steckplatz (Speicherbank) ein. Der Führungsschlitz in der Speicherbank hilft Ihnen dabei.

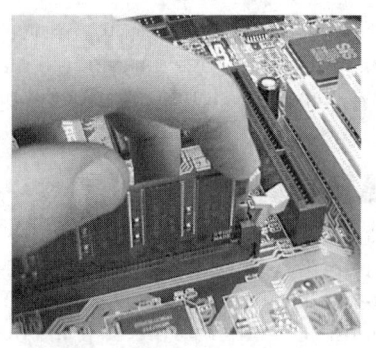

Das Speicher-Kapitel – Arbeitsspeicher und Cache im Griff

Ein DIMM-Baustein läßt sich mit einer Hand leicht in die Speicherbank einführen

4 Achten Sie beim Einführen auf die richtige Ausrichtung, denn die Module lassen sich (durch die im Schritt 2 angesprochenen Aussparungen) nur in einer Richtung bis zum Anschlag einsetzen. Zu jeder Aussparung des Moduls gehört eine „Nase" (Erhebung, Steg) in der Speicherbank. Nur in der einzig möglichen Orientierung kann man die Kontaktleiste also einrasten lassen.

Die in der linken Abbildung markierten Erhebungen (Stege) in der Speicherbank müssen mit den Aussparungen des DIMMs übereinstimmen. Im rechten Bild sieht man das korrekt passende Resultat in Großaufnahme

5 Wenn Sie das Modul nun korrekt und erst einmal ohne Druck eingesetzt haben, sollten die seitlichen Arretierungshebel noch nicht eingeschnappt sein.

Die seitlichen Arretierungshebel und ein eingesetztes DIMM in der Großaufnahme

Das Speicher-Kapitel – Arbeitsspeicher und Cache im Griff

6 Wenn Sie nun von oben auf das Modul so stark drücken, daß es mit der Kontaktleiste in der Speicherbank einrastet, sollten die beiden seitlichen Arretierungshebel automatisch ebenfalls einschnappen. Dabei greifen sie (der korrekte Sitz vorausgesetzt) direkt in die seitlichen Aussparungen auf der Speicherplatine. Wenn nicht, dann helfen Sie mit den Fingern etwas nach. Achtung: Je nach Mainboard bzw. Speicherbank braucht man schon mal etwas mehr Druck, um die Module zu arretieren. Mehr Druck bedeutet aber nur etwas mehr, also bitte nicht mit Gewalt. Wenn Sie wirkliche Kraft bzw. Gewalt anwenden müssen, ist etwas nicht in Ordnung.

Bei korrektem Sitz bzw. Einbau der DIMMs müssen die seitlichen Arretierungshebel wie hier gezeigt in die Aussparungen der Platine einhaken

Hinweis
DIMMs eingebaut und was nun?

DIMMs werden nur in modernen PCs verwendet, bei denen das BIOS eine Speichererweiterung immer automatisch erkennt. Sie können also direkt den PC einschalten und losarbeiten. Auch Windows erkennt den neuen Speicher sofort. Wie Sie evtl. mit einigen Tricks die Speichernutzung noch optimieren können, erfahren Sie ab Seite 262.

Der Ausbau von DIMMs

Der Ausbau von DIMMs ist ganz einfach. Sie brauchen nichts weiter zu tun, als die seitlichen Arretierungshebel zu öffnen und die Module nach oben herauszunehmen. Der Vollständigkeit halber folgt hier aber doch noch eine Kurzanleitung:

1 Identifizieren Sie die eingebauten DIMM-Module auf Ihrem Mainboard. Orientieren Sie sich evtl. auch an den ersten Abbildungen der oberen, letzten Schritt-für-Schritt-Anleitung zum Einbau der DIMMs.

Das Speicher-Kapitel – Arbeitsspeicher und Cache im Griff

Ein einzelner, eingebauter DIMM-Baustein auf einem Mainboard mit zwei Speichersockeln

2 Öffnen Sie die seitlichen (meist weißen) Arretierungshebel der Speicherbank, indem Sie diese nach außen (zur Seite) wegklappen. Durch eine daran gekoppelte Hebelwirkung auf der Unterseite der Speichermodule sollten diese gleichzeitig nach oben aus der Kontaktleiste gehebelt werden.

Durch das Aufklappen der Arretierungshebel wird das DIMM normalerweise automatisch unten aus der Kontaktleiste herausgehoben

3 Das war es schon. Sie sollten nun das Modul ohne weitere Kraftanwendung aus der Speicherbank senkrecht nach oben entnehmen können. Wenn das nicht der Fall ist, müssen Sie das Modul selbst noch aus der unteren Kontaktleiste herausziehen. Dies erreichen Sie am besten durch leicht kippende Auf- und Abbewegungen an den beiden Enden des Moduls. Viel Kraft sollte dafür nicht notwendig sein. Wenn doch, hat sich etwas verkantet und Sie sollten besonders vorsichtig zu Werk gehen.

6.3 Was tun mit altem Speicher? – Adapterlösungen und Alternativen

Wer eine Zeitlang am Wettrüsten der Computerindustrie teilgenommen hat, sammelt im Laufe der Zeit immer mehr Technikschrott an. Bei ehemals ziemlich teurem Speicher ist es besonders ärgerlich, wenn er in einem neuen PC bzw. Mainboard nicht weitergenutzt werden kann. Dadurch, daß die

Computerindustrie ständig die Speichernormen gehändert hat, passiert so etwas leider recht häufig. In einigen, wenigen Fällen ist es möglich, mit Hilfe von speziellen Adaptoren seine alten Bausteine für ein neues Mainboard weiterzuverwenden. Früher, als die RAM-Preise noch sehr hoch waren, lohnte sich das unter Umständen. Heute kann man davon eigentlich nur abraten. Zumal es meines Wissens auch nur Adaptoren für die Umstellung von den ganz alten (30poligen) SIMMs der 486er-Zeit auf die ebenfalls schon veralteten (72poligen) PS/2-SIMMs gibt).

Wie zu Anfang dieses Kapitels zu lesen war, werden aber mittlerweile SDRAMs auf fast allen modernen Boards verwendet. Eine Adapterlösung über zwei Generationen von Speicherbausteinen gibt es unseres Wissens nicht, und sie ist auch nicht sinnvoll. Schon gar nicht, wenn man die niedrigen Preise für neue RAMs betrachtet.

Die nachfolgenden Abschnitte beschreiben kurz, welche Möglichkeiten Sie haben, um Ihre alten RAMs weiterzuverwenden. Trotz dieser Anleitungen: Unser Rat ist es, daß Sie die alten RAMs zusammen mit dem alten Rechner/Mainboard verkaufen und sich modernen, zum neuen Board passenden Speicher kaufen. Der Aufwand lohnt einfach nicht, und die Folge sind oft mehr Probleme als Freude.

Von 30 auf 72 – Adapterlösungen für SIMMs

Die einzigen uns bekannten Adapterlösungen sind für den Umstieg von alten 30poligen SIMMs (für 486er-Prozessoren) auf die 72poligen PS/2-SIMMs (für die erste und zweite Generation der Pentium-CPUs). Eine derartige Lösung ist also nur für solche Anwender interessant, die einen alten 486er-PC mit einem neuen Pentium-Mainboard aufrüsten wollen. Und dieses neue Board muß PS/2-SIMM-Sockel besitzen, die mit maximal 66 MHz Systemtakt angesteuert werden. Nur unter diesen Umständen passen die Adaptoren.

Wenn Sie in den alten 486er-PC ein ganz aktuelles Pentium- bzw. Pentium-II-Board mit 100 MHz Systemtakt einbauen, kommen hier nur SDRAM-Bausteine zum Einsatz und Ihre alten SIMM-Bausteine können Sie nicht mehr verwenden.

Die Adaptoren entsprechen je vier Speicherbänken für die alten SIMMs, die wiederum auf einer PS/2-SIMM-kompatiblen Platine sitzen. Die alten Module werden auf der Platine wie gewohnt eingesetzt und die ganze Konstruktion dann am dem Speichersockel des neuen Mainboards eingesteckt.

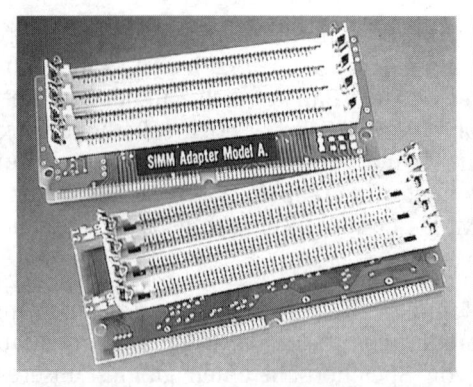

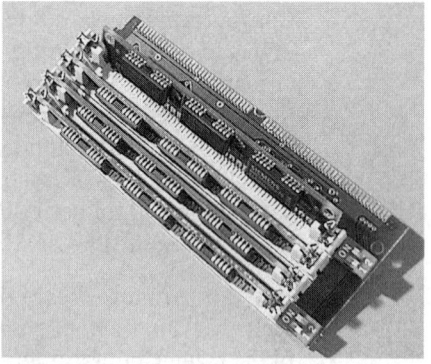

Das Speicher-Kapitel – Arbeitsspeicher und Cache im Griff

SIMM-Adaptoren. Links zwei unbestückte Adaptoren, ohne Speicherbausteine. Unten ein Modell mit Jumpern, die zur Konfiguration dienen.
Rechts dasselbe Modell mit SIMM-Bausteinen bestückt

Da die bestückten Adaptoren recht viel Platz einnehmen, ist ein paarweiser Einbau (der bei PS/2-SIMM-Speicherbänken ja notwendig ist) mit denselben Modulen nicht ohne weiteres möglich. Die seitlich rausstehenden alten Speicherbausteine würden sich gegenseitig behindern. Daher gibt es die Adaptoren in spiegelbildlicher Ausführung, von denen man also für Pentium-Boards immer ein Paar braucht. Alternativ gibt es einige Adaptoren in einer Flip-Ausführung, die zwei Kontaktleisten (oben und unten) zum wechselseitigen Einbau haben (z. B. der Flip-Adapter von Conrad, siehe den unteren Infokasten).

Zwei spiegelbildliche, vollständig bestückte SIMM-Adaptoren, eingebaut in zwei PS/2-Speicherbänke auf einem Mainboard

Wenn eine solche Lösung auch einfach und praktisch erscheint, so macht sie in der Praxis doch viele Probleme, und es gibt einige wichtige Dinge zu beachten:

- Die bestückten Adaptoren sind recht schwer und „klobig". Ein Einbau ist in vielen PCs schwierig und wird durch andere Komponenten des Gehäuses und/oder Boards verhindert. Oft sitzen die Konstruktionen auch recht wackelig in den Speicherbänken, was zu Betriebsstörungen führen kann.

- Durch die verlängerten Leitungsbahnen auf den Adaptoren kommt es oft zu Zugriffsproblemen. Bei manchen PCs muß man im BIOS die Zugriffsgeschwindigkeit auf Module von 60 ns auf 70 ns zurücksetzen, gleichzeitig muß meist der Systemtakt des Mainboards von 66 auf 60 MHz reduziert werden.

- Eine Mischbestückung von Adaptoren und echten PS/2-SIMMs ist teilweise möglich, aber nur, wenn die verschiedenen Speichertypen auf getrennten Speicherbänken liegen. Sie sollten also keine Adapter mit einem PS/2-SIMM auf einer Speicherbank mischen. Dennoch: Ob eine solche (erlaubte) Mischung funktioniert, ist oft reine Glückssache.

- Um nicht mit den Adaptoren die zweite Bank völlig zu blockieren, sind teilweise „höhergelegte" Modelle erhältlich, bei denen die Bestückung mit den SIMMs erst in einigen Zentimetern Höhe beginnt. Diese Konstruktionen sind allerdings extrem wackelig und in vielen PCs kaum einzubauen.

Hinweis
Woher bekommen Sie SIMM-Adaptoren?
Vor zwei bis drei Jahren konnte man SIMM-Adaptoren noch in vielen PC-Läden kaufen. Mittlerweile sind sie selten geworden, auch viele Zubehörversender haben sie nicht mehr im Programm. Wenn Ihr Computerhändler vor Ort keine Adaptoren hat, finden Sie beim Elektronikversender Conrad (*www.conrad.de*) für rund 20 DM einen Flip-Adapter, der in zwei Orientierungen eingebaut werden kann.

Adaptoren von PS/2-SIMM auf PS/2-SIMMs

Ein anderes, durchaus sinnvolles Einsatzgebiet für Adaptoren ist eine Lösung zur Speichererweiterung. Diese kommen zum Einsatz, wenn alle Speicherbänke auf dem Mainboard bereits mit kleinen Modulen besetzt sind, so daß eine Aufrüstung mit weiteren, größeren Modulen nicht möglich ist (bzw. erscheint).

In dem Fall hilft ein Adapter, mit dem sich jeweils zwei gleichartige Module zu einem zusammenfassen lassen. Wenn auf Ihrem Board z. B. 4 x 8-MByte-Module vorhanden sind, können Sie diese mit Hilfe der Adaptoren zu 2 x 16 MByte zusammenfassen. Damit wird die zweite Speicherbank für zwei neue PS/2-SIMMs frei, einer Speichererweiterung steht jetzt nichts mehr im Wege.

Einen entsprechenden Adapter bekommen Sie bei Conrad (*www.conrad.de*) für rund 20 DM. Er kann allerdings aus Platzgründen nur für einseitig bestückte Module verwendet werden.

Adaptoren für PS/2-SIMMs auf DIMM-Steckplätze?

Solche Lösungen gibt es unseres Wissens nach nicht. Weder die bekannten großen Versender noch üblichen Computerhändler führen solche Adaptoren.

Theoretisch mag es möglich sein, seine alten PS/2-SIMMs über einen solchen Adapter auch in den DIMM-Bänken neuer Boards zu verwenden. Da aber das Timing des Speicherzugriffs bei SDRAMs anders als bei den alten PS/2-Bausteinen ist, wird es in der Praxis wohl nur Probleme geben. Sobald Sie auf ganz modernen Boards mit 100 MHz Systemtakt arbeiten wollen, ist eine Adapterlösung sowieso undenkbar, weil nur echte, dafür spezifizierte SDRAMs diese hohe Taktung mitmachen.

Was kann man sonst mit altem Speicher machen?

Statt sich mit den beschriebenen, unbefriedigenden Adapterlösungen abzugeben, sollten Sie lieber ausprobieren, ob sich nicht noch ein sinnvollerer Einsatzort für den alten Speicher findet. Die sinnvollste Lösung wird sicherlich sein, wenn Sie das alte Mainboard mit Prozessor und Speicher zusammen verkaufen.

Es gibt jedoch für alten Speicher manchmal noch andere Nutzungsmöglichkeiten, z. B. für die Speichererweiterung von Peripherie-Geräten und speziellen Steckkarten. So verwenden beispielsweise viele Hersteller von Laserdruckern Sockel für alte 30polige oder PS/2-SIMMs: Probieren Sie doch einfach mal aus, ob Ihre alten Module als Druckerspeicher funktionieren.

Die Originalmodule der Hersteller sind oft um vieles teurer als die üblichen SIMM-Bausteine. Jedoch gibt es diese Originalmodule der Hersteller nicht ohne Berechtigung, denn oft erwarten die Drucker ganz bestimmte Speichertypen. So verlangen manche Drucker etwa nach SIMMs mit Parity (z. B. Hewlett Packard HP4, 4M, 4Si, Deskjet 1200) oder auch ohne Parity (HP 4Plus, 4P, 4MV, 5P, 5 MP, Deskjet 1600). Außerdem werden nur SIMM-Module mit sogenannten Kodierungs-Pins akzeptiert, die der Drucker für die Bestimmung der Speicherkapazität und Zugriffszeit verwendet. In vielen billigen SIMMs fehlen diese aber.

Außerdem mögen viele Drucker (wie z. B. aus der HP5er-Serie) nur 70-ns-Chips und langsamer. Zwar würden 60-ns-Chips theoretisch auch laufen, aber bei diesen sind die Kodierungs-Pins entsprechend anders belegt, so daß auch diese vom Drucker nicht erkannt werden. Da hilft also nur Ausprobieren.

Auch der Empfangsspeicher von entsprechenden Modems bzw. Faxboxen läßt sich oft mit SIMMs aufrüsten. Ein anderes Einsatzgebiet sind hochwertige Soundkarten, die RAMs zum Laden von eigenen Soundfiles verwenden. Auch wenn Sie selbst solche Geräte bzw. Karten nicht nutzen, gibt es auf dem Markt dennoch Bedarf dafür. Ein Inserat in entsprechenden Internetforen oder einer lokalen Zeitung kann Ihnen interessierte Käufer vermitteln. Viel mehr als die Hälfte des aktuellen Tagespreises für neue Speichermodule können Sie aber meist auf dem Gebrauchtmarkt nicht erzielen.

6.4 L2-Cache-Upgrade – Mit COAST-Modulen und Tag-RAM über 64 MByte

Der DRAM-Hauptspeicher ist nicht der einzige Speicher in modernen PCs. Zusätzlich gibt es noch den sogenannten Cachespeicher, der in den allermeisten PCs in zwei Varianten, dem L1- und L2-Cache (auch First und Second Level Cache genannt) vorkommt. Der L1-Cache befindet sich immer im Prozessor integriert, der L2-Cache dagegen auf dem Mainboard oder ebenfalls im Prozessorgehäuse (z. B beim Pentium Pro, Pentium II + III). Diesen kleinen, mit schnellen SRAM-Bausteinen ausgestatteten Zwischenspeicher nutzt der Prozessor, um die wichtigsten Programmcodes schneller bearbeiten zu können. L1- und L2-Cache sind bei schnellen Prozessoren stark entscheidend für die Arbeitsgeschwindigkeit. Rund 80 % des Programmcodes von Standardanwendungen werden im L2-Cache komplett abgearbeitet.

Cachespeicher, der im Prozessor selbst oder seinem Gehäuse eingebaut ist (wie bei den Pentium II- oder den neueren Celeron-Prozessoren), können Sie nicht erweitern oder beeinflussen. Den L2-Cache auf vielen Pentium- bzw. AMD-K6-Mainboards dagegen wohl, was Ihnen gleich weiter unten gezeigt wird. Der Sinn einer solchen Erweiterung des L2-Caches wurde auf Seite 242 bereits einmal angeschnitten. Auf vielen älteren und/oder billigen Mainboards war die Größe des L2-Caches auf 256 KByte SRAM begrenzt. Oder es wurde ein zu kleiner Tag-RAM-Baustein eingebaut, der das Zusammenspiel von L2-Cache und Arbeitsspeicher steuert. In beiden Fällen wird damit die maximal cachebare Arbeitsspeichermenge auf 64 MByte begrenzt. Das ist für die meisten modernen PCs einfach zu wenig.

Bei den allermeisten modernen Mainboards ist übrigens die Größe des L2-Caches standardmäßig 512 KByte, was zum Cachen von über 64 MByte notwendig und ausreichend ist. Lediglich ein zu kleiner Tag-RAM-Baustein oder das Design des Mainboard-Chipsatzes selbst begrenzen hier noch die maximal cachebare Speichermenge. Kritisch sind eigentlich nur noch Boards mit dem Intel TX-Chipsatz für Pentium-MMX-Prozessoren, da dieser selbst auf das Caching von 64 MByte begrenzt ist. Boards mit diesem Chipsatz gibt es aber immer weniger.

Der L2-Cache ist auf den meisten modernen Boards direkt über entsprechenden SRAM-Speicherchips mit 512 KByte fest integriert

Hinweis
Rückblick – Der Pipelined Burst-Cache brachte die Performance

Moderne Mainboards arbeiten heute meist mit einer L2-Cache-Variante, die Pipelined Burst genannt wird. Dieser Typ verdrängte den früher benutzten asynchronen Typ, der deutlich langsamer ist. Das heißt, wenn Sie ein altes Pentium-Mainboard mit langsamen L2-Cache-Typ haben, bringt allein nur der Austausch des Mainboards (mit aktuellem, schnellen L2-Cache) einige Prozente Geschwindigkeitsgewinn. Den L2-Cache selbst auszutauschen ist nicht möglich. Allein aus dem Grund sollten Sie aber kein neues Board kaufen.

Tuning-Maßnahme bei Speichererweiterung – L2-Cache aufrüsten bei alten Mainboards

Wie oben schon mal angedeutet, betrifft eine Aufrüstung des L2-Caches nur wenige Anwender mit zumeist älteren Pentium-Mainboards. Mittlerweile ist es eigentlich üblich, Boards mit ausreichender L2-Cache-Menge (512 KByte, manchmal sogar 1 MByte) auszurüsten. Auch bei SRAMs sind die Speicherpreise gefallen. Und bei Pentium-II-Rechnern erübrigt sich die Sache sowieso, hier ist der L2-Cache ja im Prozessorgehäuse fest eingebaut. Praktisch relevante Speicherlimitierungen gibt es hier sowieso nicht.

Wenn Sie aber noch ein altes Pentium-Board mit 256 KByte L2-Cache besitzen, sollten Sie sich erst einmal fragen, ob eine Aufrüstung überhaupt sinnvoll ist. 256 KByte reichen zum Caching von bis zu 64 MByte Arbeitsspeicher aus. Wenn Sie nicht mehr Speicher benutzen (wollen), bringt eine Aufrüstung des L2-Caches auf 512 KByte lediglich einen kleinen Performancegewinn von 1-2 % für das gesamte System. Allein als Tuning-Maßnahme lohnt die Aufrüstung also nicht, wenn Sie nicht auch mehr Speicher einsetzen wollen.

Ist dies jedoch der Fall, ist eine Aufrüstung unbedingt notwendig, leider aber nicht bei allen Boards möglich. Ob dies bei Ihnen machbar ist, können Sie aus Ihrem Handbuch entnehmen vom Hersteller und/oder Händler erfahren.

Die verschiedenen Typen von L2-Cache-Speicherbausteinen

Zur Aufrüstung des L2-Caches müssen Sie noch einige Dinge beachten. Auf den meisten 486er und einigen frühen Pentium-Boards wurden die Cachebausteine noch in Form von frei gesockelten SRAM-Bausteinen aufgesteckt. Dazu passende SRAM-Chips sind kaum noch zu kriegen. Eine Aufrüstung ist also schwierig und lohnt sowieso kaum. Diese alten Systeme mit mehr Arbeitsspeicher und L2-Cache auszurüsten ist wenig sinnvoll.

Einfacher und sinnvoller geht es da mit solchen Boards, die für die Aufrüstung einen eigenen, speziellen Sockel vorgesehen haben. Den sogenannten Coast-Sockel bzw. die dazu passenden COAST-Module. Die Preise für ein 256-KByte-Modul liegen bei etwa 20-30 DM.

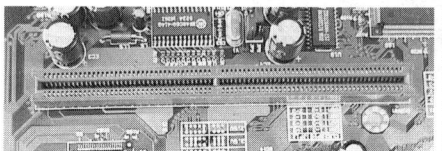

Links: Coast-Sockel auf einem Mainboard
Rechts: ein dazu passendes COAST-Modul mit Tag-RAM-Baustein

Der letzte, zu beachtende Punkt – Die Sache mit dem Tag-RAM

Eng mit dem L2-Cache verbunden ist das sogenannte Tag-RAM. Dieser kleine, zusätzliche SRAM-Baustein dient zur Koordination des Datenaustauschs zwischen L2-Cache und Arbeitsspeicher. Ist der Tag-RAM zu klein (was leider oft vorkommt), kann der L2-Cache nur eine begrenzte Menge an Arbeitsspeicher bearbeiten. Die Hersteller sparen so wenige Mark pro Board bei der Produktion ein, und der Anwender ist später der Dumme.

Ein 8-Bit-Tag-RAM reicht zur Verwaltung von 64 MByte Hauptspeicher bzw. 256 KByte L2-Cache aus. Für mehr brauchen Sie mindestens einen 11-Bit-Baustein, die meisten Hersteller benutzen die günstigere Kombination von zwei 8-Bit-Modulen (macht zusammen 16 Bit).

Wie auch immer im Detail, wenn der L2-Cache zu klein ausgelegt ist, ist es der Tag-RAM so gut wie immer auch. Sie müssen also mit dem L2-Cache den Tag-RAM auch direkt mit erweitern. Das kann auf zwei Arten erfolgen:

Viele Boards haben direkt neben dem COAST-Modul-Steckplatz einen Sockel für einen zweiten 8-Bit-Tag-RAM-Baustein (siehe Abbildung). Noch einfacher geht's aber mit einem speziellen COAST-Modul. Denn moderne COAST-Module haben einen zusätzlichen Tag-RAM-Baustein direkt mit auf der Platine (siehe letzte Abbildung oben, der erste, querstehende Bausteine auf der linken Seite des Moduls). Wenn Sie darauf achten, daß Sie ein solches COAST-Modul mit integriertem Tag-RAM erwerben, hat sich dieses Problem damit schon erledigt.

Sockel für einen zusätzlichen Tag-RAM-Baustein auf einem Mainboard. Der schwarze, hier unbestückte Sockel liegt direkt neben dem COAST-Modul

Die L2-Cache-Erweiterung in der Praxis – Einsetzen eines COAST-Moduls

Die eigentliche Erweiterung des L2-Caches ist dann fast ein Kinderspiel. Beachten Sie nur, wie im letzten Abschnitt beschrieben, daß Sie ein COAST-Modul mit integriertem Tag-RAM erwerben bzw. benutzen.

Als zusätzliche Vorbereitung müssen Sie Ihr Mainboard-Handbuch kurz studieren. Manche Mainboards bzw. BIOS-Versionen erkennen eine L2-Cache-Erweiterung nicht automatisch, sondern müssen durch die Setzung eines bestimmten Jumpers auf dem Board darüber informiert werden. Ob das bei Ihnen so ist und wo dieser Jumper steckt, können Sie leider nur selbst mit Hilfe des Handbuchs und/oder der Beschriftungen auf dem Board herausfinden.

1 Öffnen Sie den Rechner (natürlich unter Berücksichtigung der üblichen Vorsichtsmaßnahmen) und lokalisieren Sie den Sockel für das COAST-Modul. In der Regel liegt er zwischen dem Prozessor und Arbeitsspeicher. Orientieren Sie sich an den unteren und auch oberen Abbildungen.

Das Speicher-Kapitel – Arbeitsspeicher und Cache im Griff

Typisches COAST-Modul (mit Tag-RAM-Baustein links) auf dem entsprechenden Sockel des Mainboards

2 Setzen Sie das Modul mit sanftem, aber bestimmten Druck senkrecht von oben ein. Drücken Sie evtl. erst eine, dann die andere Ecke in den Sockel, da dies leichter geht. Eine Verpolung ist durch die Aussparung im Modul und das Gegenstück im Sockel nicht möglich. Unter Umständen bereitet ein zu großer Prozessor-Lüfter schon mal (räumliche) Probleme. Wenn es zu eng wird, müssen Sie manchmal einen anderen, kleineren Lüfter kaufen (Kosten ca. 20 DM).

Das fertig eingebaute COAST-Modul in seinem Sockel. Der Platz zum dahinter liegenden Prozessor-Lüfter ist, wie man sieht, ziemlich eng

3 Sollte Ihr Mainboard mit Hilfe eines Jumpers oder Dip-Schalters auf die L2-Cache-Erweiterung eingestellt werden müssen, machen Sie dies nun. Die Position und Steckkombination können Sie nur Ihrem Handbuch entnehmen.

Jumper sind kleine Steckbrücken, die Kontaktstifte auf den Platinen verbinden. Mit einer kräftigen Pinzette können Sie diese leicht setzen (aufstecken)

4   Im BIOS muß die L2-Cache-Erweiterung nur in den allerseltensten Fällen angemeldet werden. Das BIOS sollte aber beim nächsten Booten die neue L2-Cache-Größe korrekt anzeigen. Achten Sie unbedingt darauf. Ansonsten hat der Einbau bzw. die Konfiguration nicht funktioniert. In dem Fall beginnen Sie am besten mit der Prozedur noch einmal ganz von vorn.

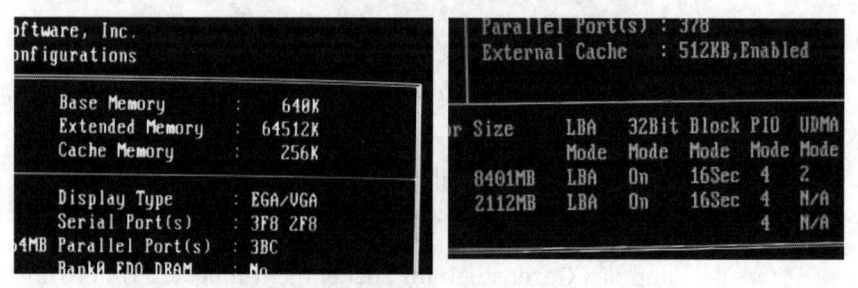

Verschiedene Bootmeldungen über die Größe des L2-Caches. Links ein Award-BIOS mit Cache Memory 256 K(Byte). Rechts ein AMI-BIOS mit 512 KB(yte) External Cache

6.5 Speicherkonfiguration und -optimierung im BIOS und unter Windows

Dieser letzte Abschnitt ist eigentlich nur etwas für Tüftler bzw. Perfektionisten. Moderne PCs sind, was die Speicheranmeldung und -konfiguration angeht, so weit automatisch optimiert, daß eine Konfiguration durch den Benutzer eigentlich nicht mehr notwendig ist. Bei älteren Rechnern bzw. Mainboards sieht das schon etwas anders aus. Aber auch hier gilt, daß Optimierungen rund um die Konfiguration des Speichers nur ganz wenige Prozent Geschwindigkeitsvorteil bringen. Die Gefahr einer Systeminstabilität, die zum Absturz der Programme führt, ist aber ungleich höher. Vor allem was die BIOS-Einstellungen angeht, sollten Sie also höchst vorsichtig zu Werk gehen. Wir werden uns daher hier auch auf die wichtigsten Punkte beschränken.

Bedenken Sie noch einmal: Das wichtigste am Arbeitsspeicher ist, daß Sie genug davon haben. Nicht, daß Sie die letzten Nanosekunden Zugriff im Refresh-Zyklus optimieren. Und natürlich muß das Zusammenspiel von L2-Cache und Arbeitsspeicher funktionieren (vergleiche die letzten Abschnitte auf den Seiten zuvor).

Aber zurück zu den nachfolgenden Abschnitten: Sie finden anschließend einige Tips, wie Sie Ihren Speicher im BIOS optimal einstellen bzw. etwas tunen können. Und abschließend noch ein paar Hinweise auf die optimale Nutzung des Speichers unter Windows 95/98.

Bevor es losgeht, noch ein kleiner Tip bzw. Querverweis für Einsteiger: Was es mit dem BIOS auf sich hat, wie Sie dort hineinkommen und wie Sie es grundsätzlich bedienen, das können Sie bei Bedarf noch mal ab Seite 77 nachlesen.

Grundsätzliches über die Speicherkonfiguration im BIOS

Benutzer neuer PCs bzw. Mainboards können sich eigentlich freuen. Die modernen BIOS-Versionen sind so optimiert, daß sie Arbeitsspeicher und L2-Cache fast automatisch perfekt konfigurieren. Das einzige, was man evtl. noch machen muß, ist die Zugriffsgeschwindigkeit der DRAMs einzustellen. Die Voreinstellungen entsprechen aber den gängigen DRAM-Typen (z. B. 60 ns bei EDO-RAMs) auf dem Markt, so daß i. d. R. auch dies entfällt. Die Einstellungen rund um dem Speicher finden sich übrigens überwiegend in den „erweiterten" Einstellungen (*Advanced Chipset Features* bzw. *Chipset Features Setup*).

Freaks bzw. Tüftler wird so eine automatische Konfiguration aber vielleicht auch ärgern, weil es da nichts mehr zum Ausprobieren gibt. Häufig kann man die Auto-Konfiguration aber auch noch abschalten und einige Einstellungen per Hand vornehmen. Aber wie gesagt, der Lohn sind höchstens einige magere Prozente mehr an Geschwindigkeit, dafür aber das Risiko eines instabilen Rechners.

```
Auto Configuration       : 60ns DRAM    On
DRAM Read Burst Timing   : x222         On
DRAM Write Burst Timing  : x222         On
DRAM R/W Leadoff Timing  : 10T/6T       On
DRAM RAS# Precharge Time : 3T           On
Refresh RAS# Assertion   : 4T           Pa
Fast EDO Lead Off        : Disabled     EC
Speculative Leadoff      : Enabled      UA
SDRAM RAS# Timing        : 3T/5T/8T     On
SDRAM CAS# Latency       : 3T           ID
SDRAM Speculative Read   : Disabled     ID
Passive Release          : Enabled      ID
Delayed Transaction      : Disabled     ID
16-bit I/O Recovery Time : 1 BUSCLK     ID
8-bit I/O Recovery Time  : 1 BUSCLK
Video BIOS Cacheable     : Enabled      ES
Memory Hole At Address   : None         F1
```

Moderne BIOS-Versionen haben eine AutoConfiguration für den Speicher. Nur die Zugriffsgeschwindigkeit (z. B. 60 ns DRAM) muß ausgewählt werden. Die dazugehörigen Einstellmöglichkeiten sind dann deaktiviert (erhellt dargestellt)

Bei SDRAM-Bausteinen geht die automatische Konfiguration noch einen Schritt weiter. Normalerweise sollten alle modernen Module ein EEPROM tragen (siehe Seite 238), das die wichtigsten Parameter für das Mainboard auslesbar enthält. Das BIOS nimmt mit diesen Daten die optimale Konfiguration selbst vor. Die meisten BIOS-Versionen bieten daher gerade für SDRAMs nur minimalste Einstellungsoptionen an. Meistens kann lediglich zwischen einigen wenigen Zugriffsgeschwindigkeiten und evtl. der Aktivierung eines schnelleren Zugriffsmodus (Burst-Modus) gewählt werden.

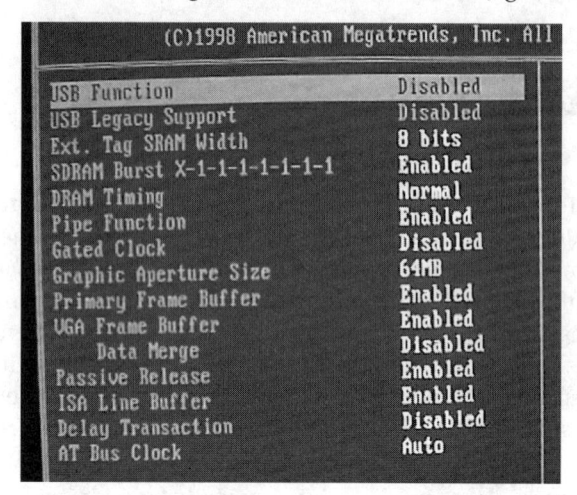

Die erweiterten Einstellungen eines AMI-BIOS für eine reines SDRAM-Mainboard. Wie man sieht, kann man lediglich einen beschleunigten Burst-Zugriff für SDRAMs aktivieren. Der Rest läuft automatisch ab

Manuelle Einstellungen durch Trial-and-error-Verfahren herausfinden

Wenn Sie unbedingt wollen: Je nach BIOS-Versionen können Sie aber durchaus die Arbeitsweise des Speichers durch vielfältige Einstellungen konfigurieren. Das gilt, wie gesagt, v. a. für ältere Mainboards mit PS/2-SIMMs. Welche Optionen allerdings was bedeuten und welche Werte die besten sind, das kann man kaum verallgemeinern. Allein die teilweise doch sehr eigenwilligen, oft skurrilen Begriffe in vielen BIOS-Menüs machen einen Durchblick selbst für PC-Profis sehr schwer oder unmöglich. Jeder Hersteller kocht hier sein eigenes Süppchen, Standards findet man weit und breit nicht.

Die einzig funktionierende Methode ist daher Trial-and-error: Ändern Sie jeweils nur einen oder wenige Werte und notieren Sie sich die Änderungen genau. Überprüfen Sie dann mit Hilfe eines geeigneten Benchmark-Programms den Geschwindigkeitsgewinn (z. B. mit der BAPCo-Suite von Sysmark) und v. a. auch die Systemstabilität. Wenn es Probleme gibt, ändern Sie die Werte wieder. Und denken Sie daran: Der Geschwindigkeitsgewinn wird sehr gering sein.

```
        ROM PCI/ISA BIOS (PVI-4SP3)
            CHIPSET FEATURES SETUP
            AWARD SOFTWARE, INC.

Auto Configuration      : Enabled      Onboard FDC Controller  : Enabled
Cache Burst Read Cycle  : 2-1-1-1      Onboard FDC Swap A & B  : No Swap
Cache Write Cycle       : 2 CCLK       Onboard Serial Port 1   : COM1,3F8H
DRAM Speed              : Faster       Onboard Serial Port 2   : COM2,2F8H
DRAM CAS Precharge Time : 1 CCLK
DRAM Write Cycle Post   : 1 WS         Onboard Parallel Port   : 378H
DRAM Write CAS Pulse    : 1CCLK        Parallel Port Mode      : Normal
ISA Bus Clock           : 1/4 PCLK     ECP Use DMA (By Jumper) : NA
CPU Internal Cache      : Auto
External Cache          : Write Back   Onboard IDE Prefetch Buf: Enabled
CPU to PCI Post Write   : Enabled      Video BIOS Cacheble     : Enabled
CPU to PCI Burst Write  : Enabled      Slow DRAM Refresh (1:4) : Enabled
PCI Burst to Main Memory: Enabled      Memory Hole Size        : Disabled
16-bit I/O Recory Time  : 5 BUSCLK       Hole Start Adress     : FC0000H
8-bit I/O Recory Time   : 8 BUSCLK
Onboard Local BUS IDE   : BOTH         ESC : Quit         ↑↓→← : Select Item
IDE 0 Master Mode       : Auto         F1  : Help         PU/PD/+/- : Modify
IDE 0 Slave  Mode       : Auto         F5  : Old Values   (Shift)F2 : Color
IDE 1 Master Mode       : Auto         F6  : Load BIOS Defaults
IDE 1 Slave  Mode       : Auto         F7  : Load Setup Defaults
```

BIOS-Version eines alten 486er-Mainboards, bei dem man noch zahlreiche Optionen zur Konfiguration des Arbeitsspeichers hatte. Selbst der L2-Cache läßt sich hier noch beeinflussen (Optionen auf der oberen, linken Seite)

L2-Cache- und andere erweiterte Konfigurationen

Bei modernen Mainboards finden Sie normalerweise überhaupt keine Einstellmöglichkeiten für den L2-Cache mehr. Das ist eigentlich auch gut so, denn die L2-Cache-Technologie ist ausgereizt und optimiert. Änderungen durch den Anwender würden nur zu Instabilitäten führen. Bei einigen älteren Mainboards (v. a. noch zu 486er-Zeiten) konnte man manchmal noch bei den Zugriffsarten zwischen schnellen und langsamen Einstellungen wählen. Sonderlich sinnvoll war das hier aber auch nicht.

Wer unbedingt tiefer in die BIOS-Einstellungen für Speicher und L2-Cache eindringen will und sei es auch nur, um mehr Informationen über die Konfiguration zu erhalten, dem sei das Programm TWEAKBIOS ans Herz gelegt. Man kann es im Internet unter der Adresse http://www.miro.pair.com/tweakbios/index.html downloaden. Es erlaubt nicht nur die Einsicht in viele versteckte BIOS-Funktionen, sondern für die meisten gängigen Mainboard-Chipsätze auch vielfältige Einstellungen.

```
Virus Warning           : Disabled
CPU Internal Cache      : Enabled
External Cache          : Enabled
Quick Power On Self Test: Enabled
```

Einige BIOS-Versionen erlauben mit solchen Befehlen, den L1- (Internal) und L2- (External)-Cache zu deaktivieren. Standardmäßig sind diese aktiviert. Eine Abschaltung ist z. B. bei schwerwiegenden Systemfehlern sinnvoll

Hinweise zur Arbeitsweise von DRAMs und daraus folgenden BIOS-Einstellungen

Wer an den Speichereinstellungen im BIOS etwas ändern will, sollte zumindest grob wissen, was es tut. Da die Bezeichnungen der Einstellungen bzw. Optionen ja leider teilweise sehr eigenwillig sind, muß man schon viel Assoziationsgabe haben, um zu erkennen, was dahintersteckt. Manchmal gibt das Handbuch des Mainboards auch noch einen Hinweis, aber das ist eher selten. Die nachfolgenden Informationen über die grundlegende Arbeitsweise von RAMs und den daraus resultierenden Einstellmöglichkeiten kann beim Tuning eine Hilfe sein. Beachten Sie bitte noch einmal: Die hier beschriebenen Optionen sind wirklich nur für Tüftler interessant und bei neueren Rechnern sowieso kaum noch vorhanden bzw. relevant.

- Arbeitsspeicher ist in Zeilen (Raws) und Spalten (Columns) und Seiten (Pages) aufgeteilt. Wird eine Information aus dem Speicher angefordert, müssen die Seiten-, Zeilen- und Spaltenadressen übermittelt werden. Wie dies geschieht, beeinflußt die Geschwindigkeit und ist daher ein Tuning-Faktor.

- Da die größte Anzahl der Einstellungen eng an den Arbeitstakt des Prozessors gekoppelt ist, werden die meisten Zeiteinstellungen für den Speicher nicht in absoluten Zeiten angegeben, sondern in Takteinheiten der CPU (z. B. *3T* oder *3CCLK*).

- DRAM-Speicher muß immer wieder aufgefrischt werden, damit er seine Informationen nicht verliert. Eingriffe in dieses Refresh-Verhalten stellen eine weitere Tuning-Maßnahme dar. So kann auf ganz alten Boards bei der Verwendung von FPM-RAMs oft ein *Hidden Refresh* aktiviert (*Enabled*) werden.

- Verwirrend sind die Möglichkeiten, mit denen das Refresh-Verhalten des Speichers definiert wird: Manchmal wird als Maß die Zeitspanne für einen Zugriff auf zwei aufeinanderfolgende Zeilen (RAS = **R**ow **A**ddress **S**trobe) oder Spalten (CAS = **C**olumn **A**ddress **S**trobe) benutzt. Die Einträge lauten dann *DRAM RAS* oder *CAS Precharge Time* oder ähnlich. Andere Mainboards verwenden als Maß die Zeitspanne zwischen einem Zeilen- und Spaltenzugriff: *DRAM RAS to CAS Delay* oder ähnlich. Allen gemeinsam ist jedenfalls, daß die Werte für einen schnellen Zugriff möglichst niedrig sein sollten. Die einzustellenden Zeiten hängen stark vom Typ des verwendeten Speichers ab, liegen aber fast immer zwischen ein bis vier Takten. Für EDO-RAMs mit 60 ns gelten zumeist die schnelleren Werte, für FP-DRAMs mit 70 ns dagegen die langsameren.

- Da früher der Speicher bei der Entwicklung immer schnellerer Prozessoren ein wenig hinterherhinkte, war man gezwungen, den Prozessor Wartezyklen (Waitstates) einlegen zu lassen. Eine konkrete Einstellung für diese Waitstates findet man aber meist nur auf alten 486er- und Pentium-Rechnern, die dort meist *Read WS Options* oder *DRAM Write WS Options* heißen und sich von *0* bis *4 Waitstates* einstellen lassen. Bei neuen

Rechnern werden die Waitstates normalerweise automatisch über die Wahl der DRAM-Geschwindigkeit vom BIOS festgelegt. Angeboten werden da meist *Slow, Normal* und *Fast* oder tatsächliche Zugriffzeiten (*50, 60, 70 ns*).

- Beim sogenannten Burst-Zugriff werden mehrere Daten in einem Paket übertragen. Dazu wird z. B. erst eine Adresse im Speicher angesprochen, die folgenden Daten werden dann „angehängt" und schneller übertragen. Das Format für die Zugriffsdefinition sieht meist aus wie *5-2-2-2* oder ähnlich. Der erste (langsamere) Wert wird dabei zumeist Leadoff genannt und enthält die komplette Speicheradresse. Die folgenden Werte beschreiben dann nur noch die Spaltenadressen. Oft sind Leadoff und Spaltenadressen im BIOS getrennt einstellbar. Bedenken Sie, daß zwischen Refresh-Zeiten und Burst-Timing eine enge Abhängigkeit besteht. Werden beide Einstellungen zu hoch eingestellt, sind Abstürze vorprogrammiert.

- Die Interleave-Technik verbessert die Speicherzugriffe, indem abwechselnd auf paarweise bestückte Speicherbänke zugegriffen wird. Somit fällt die Refresh-Zeit um ca. 10 ns. Voraussetzung ist, daß der Prozessor eben auf paarweise bestückte Speicherbänke zugreifen kann. Beim Mainboard bedeutet das z. B., daß die Bänke 0 und 1 (mit je zwei Steckplätzen) komplett besetzt sein müssen. Die Technik war v. a. bei 486er-Mainboards beliebt und funktioniert nicht mehr mit EDO-RAMs. Viele Chipsätze für Pentium-Boards unterstützen die Funktion überhaupt nicht mehr. Wo dennoch möglich und sinnvoll, sollte das BIOS die Möglichkeit der Interleave-Nutzung selbst erkennen und aktivieren. Ansonsten findet sich im BIOS eine entsprechend lautende Einstellungsoptionen, die es dann vorsichtig zu testen gilt.

Einige Tips zur BIOS-Optimierung des Arbeitsspeichers

Nachfolgend einige konkrete Tips und beispielhafte Einstellungen, die Ihnen zeigen, wie Sie mit Hilfe des BIOS Ihren Speicher konfigurieren können. Da „Ihre" BIOS-Version sicherlich anders aussehen wird, müssen Sie etwas von den Begriffen abstrahieren.

Neuer Speicher nicht erkannt? – RAM bei alten Mainboards anmelden

Nur bei älteren Mainboards bzw. BIOS-Versionen kann es vorkommen, daß ein von seiten der Hardware korrekt eingebauter Speicher nicht vom BIOS automatisch erkannt und eingetragen wird. In diesem Fall gibt es beim ersten Booten nach dem Einbau eine Fehlermeldung (z. B. *CMOS-Error – Press F1 to enter Setup*) bzw. der neue Speicher wird beim Booten nicht korrekt hochgezählt.

Das Speicher-Kapitel – Arbeitsspeicher und Cache im Griff

```
Award Modular BIOS v4.51PG, An Energy Star Ally
Copyright (C) 1984-95, Award Software, Inc.

#401A0-0105

PENTIUM-S CPU at 166MHz
Memory Test :   65536K OK
```

Die Speichermenge wird normalerweise von den meisten BIOS-Versionen bei jedem Booten hochgezählt und als Summe in KByte angezeigt

In diesem Fall müssen Sie in das Standard-Setup des BIOS (*Standard-CMOS-Setup*) gehen und die korrekte, neue Speichermenge per Hand eintragen. Bedenken Sie dabei, daß ein MByte Speicher gleich 1.024 KByte (und nicht 1.000) ist.

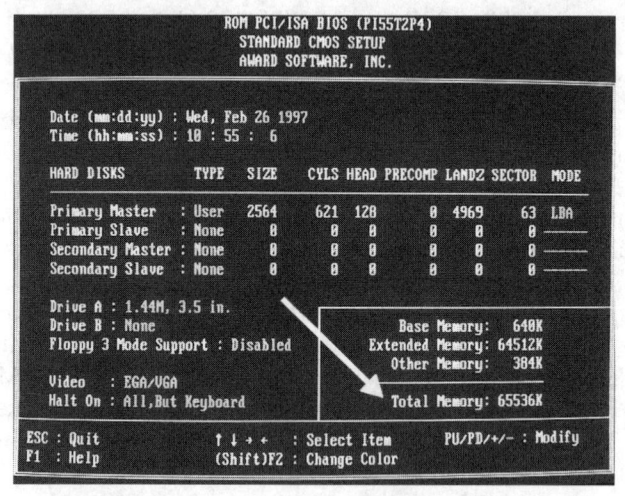

Standard-CMOS-Setup. Der Bereich, in dem die Speichermenge eingetragen wird, ist mit einem Pfeil markiert

Instabiler Rechner nach einer Speichererweiterung?

Nach einer Speichererweiterung ist es manchmal notwendig, „aggressive" Timing-Einstellungen zu reduzieren bzw. einen langsameren DRAM-Typ anzugeben als vorhanden (z. B. 70 ns statt 60 ns). Der zusätzliche Verwaltungsaufwand für die größeren bzw. zusätzlichen RAM-Module läßt es zuweilen angeraten sein, die Zugriffsraten etwas zu reduzieren. Auch hier sind alte Mainboards meist empfindlicher als neue.

Das Booten beschleunigen – Speichertest ausschalten

Auf den meisten PCs ist im BIOS ein ausführlicher Speichertest aktiviert, der bei jedem Booten durchgeführt wird. Dabei wird der Speicher zumeist dreimal durchgezählt bzw. vom BIOS kurz getestet und dann erst der Bootvorgang fortgesetzt. Es ist vielleicht sinnvoll, diesen Test ein- oder zweimal mit neuem Speicher durchzuführen. Aber danach nervt er nur noch und kann getrost ausgeschaltet werden. Nur, wenn Sie später einmal Probleme haben, können Sie ja die Funktion zum Testen wieder aktivieren.

```
CPU Internal Cache        : Enabled
External Cache            : Enabled
Quick Power On Self Test  : Enabled
HDD Sequence SCSI/IDE First: IDE
```

Mit Befehlen wie Quick Power On Self Test: Enabled wird der Speichertest im BIOS ausgeschaltet und der Bootvorgang beschleunigt

Vom Aussterben bedroht – Adaptersegment und EMS-Speicher

Zu Zeiten von DOS und Windows 3.x konnte man viele Seiten über die Optimierung des Arbeitsspeichers mit Hilfe des sogenannten Adaptersegments schreiben. Das ist der Speicherbereich zwischen den ersten 640 und 1.024 KByte. DOS, der Vorläufer von Windows, konnte ursprünglich ja nur mit den ersten 640 KByte des Arbeitsspeichers arbeiten. Durch spezielle Treiber (z. B. *Emm386.exe*) wurde dann das Adaptersegment dazu verwendet, um mehr Speicher für DOS-Programme zur Verfügung zu stellen. Speziell durch die Einführung der EMS-Spezifikation gelang es dann, für DOS-Programme sogar Speicher jenseits der magischen 1-MByte-Grenze zur Verfügung zu stellen. Dafür brauchte man aber spezielle Treiber (war bzw. ist z. B. auch in *Emm386.exe* integriert).

Windows 95/98 ist zu diesen alten Funktionen noch kompatibel, damit DOS-Programme, die unter Windows laufen, noch möglichst viel Speicher bekommen. Wenn Sie keine (alten!) DOS-Programme mehr nutzen, kann Ihnen diese ganze Funktionalität völlig egal sein. Neuere DOS-Programme wie z. B. DOS-basierte Computerspiele nutzen mehr Speicher mittlerweile ähnlich wie Windows durch spezielle Protected Mode-Treiber (z. B. DOS4GW).

Sie können die Nutzung des Adaptersegments z. T. im BIOS und z. T. durch DOS-Treiber und Windows-Einstellungen steuern bzw. optimieren. Dies ist aber wie gesagt nur sinnvoll, wenn Sie alte DOS-Programme haben, die zudem mit den Standardeinstellungen von Windows nicht klarkommen. Und das dürfte wohl kaum noch der Fall sein. Wenn Sie nur noch Windows-Programme nutzen und genügend Arbeitsspeicher haben (mindestens 32 MByte) lassen Sie alle Einstellungen im Grundzustand und kümmern sich um die Materie einfach nicht.

Wer möchte, kann durch den Eintrag der Zeile *device=c:\windows\ emm386.exe noems* in der Datei *Config.sys* die mögliche Reservierung von EMS-Speicher von Windows für DOS-Programme deaktivieren. Dadurch werden ein paar KByte mehr Speicher für Windows bzw. das Hochladen von DOS-Treibern in das Adaptersegment frei. Bedenken Sie in dem Rahmen auch, daß Sie DOS-Treiber unter Windows normalerweise nicht mehr brauchen. Wenn doch, dann können Sie diese mit den Befehlen *devicehigh=* und *loadhigh=* in der *Config.sys* in das Adaptersegment hochladen. Das entlastet den Arbeitsspeicher unter DOS (die ersten 640 KByte). Ein gutes Beispiel ist das Hochladen des DriveSpace-Treibers durch den Befehl *devicehigh= dblspace.sys/move*, was gut 100 KByte mehr DOS-Hauptspeicher gibt.

Über den Sinn von Shadow-RAM-Einstellungen

Die in vielen BIOS-Versionen noch vorhandene Funktion des Shadow-RAM hängt ebenfalls mit der Nutzung des Adaptersegments (siehe letzten Punkt) zusammen. Der PC verwaltet ROM-Speicher (**R**ead **O**nly **M**emory) wie sein eigenes CMOS-BIOS oder aber auch das BIOS von Grafik- oder SCSI-Karten über Adressen im Adaptersegment. Die Shadow-RAM-Funktion kopiert die Inhalte dieser ROMs in die korrespondierenden RAM-Bereiche des Adaptersegments, die sonst als nicht nutzbar brachliegen würden. Dadurch lassen sich Zugriffe auf die ROM-Speicher (eben meistens die BIOS-Chips) beschleunigen.

Was sich auf den ersten Blick recht gut anhört und früher ein beliebter Tuning-Tip war, hat auf modernen PCs so gut wie keine Bedeutung mehr. Da Windows quasi keine Funktionen mehr über das BIOS, sondern nur noch über eigene 32-Bit-Treiber abwickelt, ist eine Shadow-RAM-Aktivierung unter Windows völlig ohne Wirkung. Lediglich DOS arbeitet damit schneller, was man wiederum auch nur bei der Grafikausgabe bemerkt. Und auch das ist nur beim Booten bzw. Arbeiten im reinen DOS-Modus relevant. Demgegenüber ist die Shadow-RAM-Funktion manchmal aber auch etwas instabil und führt mit manchen Betriebssystemen (wie z. B. OS/2) sogar fast immer zu schweren Problemen.

Mein Rat: Aktivieren Sie die Shadow-RAM-Funktion im BIOS probeweise nur für das System- und Grafikkarten-ROM (BIOS), damit der Bootvorgang vielleicht etwas schneller läuft. Oft wird das System-BIOS-Caching sowieso automatisch aktiviert bzw. ist nicht einstellbar. Wenn es auch nur geringe Hinweise auf ein instabileres System gibt, schalten Sie die Funktionen wieder aus. Die Shadow-Funktion für weitere Adaptersegment-Bereiche, die sich z. B. auf andere Steckkarten wie SCSI-Controller auswirken könnte, sollten Sie auf jeden Fall deaktivieren.

```
Video BIOS Shadow  : Enabled
C8000-CBFFF Shadow : Disabled
CC000-CFFFF Shadow : Disabled
D0000-D3FFF Shadow : Disabled
D4000-D7FFF Shadow : Disabled
D8000-DBFFF Shadow : Disabled
DC000-DFFFF Shadow : Disabled
```

Typische Shadow-RAM-Einstellungen eines Award-BIOS

Zugriffsbeschleunigung für FP- und EDO-RAM bei älteren Asus-Boards

Die bekannten und vielverkauften Boards der Firma Asus vom Typ P55T2P4 (und ähnliche) boten vielfältige Möglichkeiten zur Konfiguration der Zugriffe auf FP- und EDO-RAMs. Bei anderen Boards gibt es häufig ähnliche Einstellungen, so daß der Tip übertragbar sein sollte. Für die neuen SDRAM-DIMMs sind solche bzw. ähnliche Einstellungen dagegen kaum noch relevant.

Die nachfolgenden zwei Abbildungen zeigen die Standardeinstellungen des BIOS im Vergleich zu einer optimierten Konfiguration, die mit den meisten qualitativ hochwertigen DRAMs mit 60 ns Zugriffszeit funktioniert. Die drei geänderten Einstellungen führen zu rund 2-3 % mehr Gesamtperformance des Systems. Das ist nicht die Welt, aber für Perfektionisten vielleicht doch ein Grund zum Testen?! Sollte Ihr System durch die geänderten Einstellungen instabil werden, wählen Sie unbedingt wieder die Auto-Konfiguration des BIOS für die Timing-Werte.

```
Auto Configuration       : 60ns DRAM          Auto Configuration       : Disabled
DRAM Read Burst Timing   : x222               DRAM Read Burst Timing   : x222
DRAM Write Burst Timing  : x333               DRAM Write Burst Timing  : x222
RAS to CAS Delay         : 3T                 RAS to CAS Delay         : 2T
DRAM R/W Leadoff Timing  : 6T/5T              DRAM R/W Leadoff Timing  : 6T/5T
DRAM Turbo Read Leadoff  : Disabled           DRAM Turbo Read Leadoff  : Disabled
DRAM Speculative Leadoff : Enabled            DRAM Speculative Leadoff : Enabled
Turn-Around Insertion    : Disabled           Turn-Around Insertion    : Disabled
Turbo Read Pipelining    : Disabled           Turbo Read Pipelining    : Enabled
Peer Concurrency         : Enabled            Peer Concurrency         : Enabled
PCI Streaming            : Enabled            PCI Streaming            : Enabled
Passive Release          : Enabled            Passive Release          : Enabled
```

Standard- (links) und optimiertes (rechts) RAM-Timing eines Award-BIOS für das Asus-Board P55T2P4. Die drei aggressiveren Timing-Werte lassen sich erst durch die Deaktivierung der Auto-Konfiguration einstellen

Parity-Prüfung und ECC-Einstellungen

Je nach Mainboard-Chipsatz bieten einige BIOS-Versionen die Möglichkeit, eine Parity- oder gar ECC-Prüfung des Arbeitsspeichers durchzuführen. Standardmäßig sollte das auf normalen Arbeits-PCs abgeschaltet sein, da es wenig bringt und die Performance runterzieht.

Eine Aktivierung sollte sowieso nur möglich sein, wenn entsprechende DRAMs mit Parity-Bit installiert wurden. Nur wenn 72-Bit-RAMs verwendet werden, besteht im BIOS überhaupt die Möglichkeit, unter *Memory parity SERR# (NMI)* die ECC-Fehlerkorrektur von 1-Bit-Fehlern zu aktivieren.

```
Video BIOS Cacheable     : Enabled
Memory Hole At 15M-16M   : Disabled
DRAM are 64 (Not 72) bits wide
Memory parity SERR# (NMI): Disabled
```

Mit Befehlen wie Memory parity SERR# (NMI) wird die Parity- bzw. ECC-Funktion des BIOS beeinflußt. Normalerweise sollte sie deaktiviert sein

Einige typische BIOS-Optionen zur RAM-Konfiguration

Nachfolgend noch in einer tabellarischen Übersicht eine kurze Aufstellung bzw. Erklärung von einigen typischen BIOS-Optionen zur Konfiguration des Arbeitsspeichers. Die Bezeichnungen wurden von einem Award-BIOS übernommen, wie es z. B. für die bekannten P55T2P4-Boards der Firma Asus verwendet wird.

Bezeichnung	Bemerkung	Einstellung
DRAM Read Burst Timing	Burst-Zugriff beim Lesen, ist abhängig vom Speichertyp. 70-ns-Chips brauchen x333.	x222 (EDO-RAM) x333 (FP-DRAM)
DRAM Write Burst Timing	Burst-Zugriff beim Schreiben; relativ unabhängig vom DRAM-Typ, kann einen Takt schneller als der Lesezugriff sein.	x222 (Standard ist x333)
DRAM R/W Leadoff Timing (auch einzeln)	Einstellung für ersten Zugriff (x). Der Lese- (R) ist weniger als der Schreibzugriff (W) vom DRAM-Typ anhängig.	R=6, W=5 (R=5 bei EDO) (R=7, W=8 ist Stnd.)
(S)DRAM Turbo Read Leadoff	Beschleunigt wie Speculative Leadoff den ersten Burst-Zugriff, indem nicht die kompletten Zugriffsdaten übertragen werden. Funktioniert nur selten und schließt sich oft mit Leadoff aus. Gibt es manchmal auch für SDRAM zusätzlich.	sollte normalerweise ausgeschaltet werden, bei sehr schnellen RAMs (SDRAMs) probeweise mal testen
DRAM Speculative Leadoff	Ermöglicht einen Leadoff-Zugriff, wenn nicht die kompletten Adreßdaten übertragen wurden. Dieser Punkt und Turbo Read Leadoff schließen sich auf schnellen Systemen oft aus.	Enabled (Standard ist *Enabled*)
Turbo Read Pipelining	Ähnlich wie bei den letzten beiden Punkten ermöglicht hier der Chipsatz der CPU einen Zugriff, wenn die ersten Daten noch nicht vollständig übertragen wurden.	Enabled (Standard ist *Disabled*)
Fast EDO Path select oder Fast EDO Leadoff	Nur bei manchen BIOSsen und EDO-RAMs, beschleunigt mehrfache Leadoff-Zugriffe. Beeinflußt sich gegenseitig mit den Read Burst Timing-Einstellungen.	Enabled (*Disabled*, wenn Read-Burst-Zugriffe zu langsam)

SDRAM RAS/CAS Timing/Latency	Regelt die Zugriffsgeschwindigkeit auf die Speicherzeilen und -spalten von SDRAMs, gemessen in CPU-Takten.	sollte möglichst niedrig eingestellt werden
OS/2 Onboard Memory > 64M	Aktiviert speziell für das Betriebssystem OS/2 die Nutzung von mehr als 64 MByte.	für Windows deaktivieren
Internal/External Cache	Aktiviert/deaktiviert die Nutzung des L1- und L2-Cache.	sollte aktiviert sein
Quick Power On Selftest	Aktiviert einen Schnelltest des RAMs beim Booten.	sollte aktiviert sein
Memory Hole at 15M-16 M	Aktiviert eine Speicherbegrenzung ab 16 MByte, die für die Nutzung einiger alter ISA-Karten notwendig ist.	sollte normalerweise deaktiviert sein

Die optimale Nutzung des Speichers unter Windows

Auch Windows 95/98 oder NT gehen bei der Nutzung des Arbeitsspeichers mit einer automatischen Konfiguration vor. Die guten, alten Zeiten, als man z. B. unter DOS noch mit kniffeligen Treiberkonfigurationen das letzte bißchen Arbeitsspeicher rausholen konnte, sind zum Glück vorbei, bzw. solche Einstellungen sind einfach unwichtig geworden.

Neu eingebauter, erweiterter Speicher wird von Windows sofort ohne weiteres Zutun des Anwenders erkannt und eingebunden. Einzige Voraussetzung ist, daß das BIOS des PCs den Speicher korrekt erkannt und angemeldet hat. Aber auch das läuft ja quasi automatisch und wurde auf den oberen Seiten besprochen.

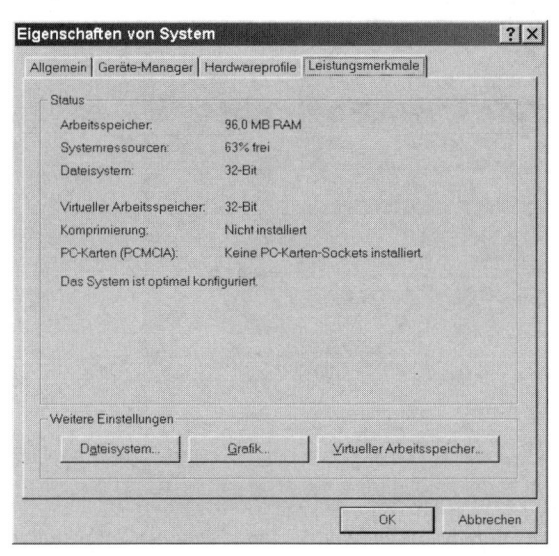

Wenn Sie in der Windows-Systemsteuerung das Symbol System anklicken, wird Ihnen im Register Leistungsmerkmale die von Windows erkannte Arbeitsspeichermenge zusammen mit weiteren Informationen angezeigt

Das Speicher-Kapitel – Arbeitsspeicher und Cache im Griff

Die Konfigurations- bzw. Optimierungsmöglichkeiten für die Nutzung des Arbeitsspeichers halten sich unter Windows 95/98 und erst recht bei Windows NT sehr in Grenzen. Wichtig ist dabei v. a. das Zusammenspiel mit der Festplatte, da auf dieser zum einen fehlender Arbeitsspeicher simuliert wird (über die Auslagerungdatei), zum anderen eine der wichtigsten Aufgaben des Arbeitsspeichers das „Cachen" (Zwischenspeichern) von Daten ist, die von der Festplatte eingelesen wurden.

Das wichtigste, was Sie unter Windows in bezug auf Ihren Speicher bedenken sollten, ist wieder, daß Sie davon genügend haben. Ein „mit Speicher gesättigtes" Windows verhält sich völlig anders, regelrecht beflügelt, im Vergleich zu einem mit zu wenig Speicher. Einzelne Optimierungen von Einstellungen bringen dagegen nur wenige Prozent mehr an Performance.

Es gibt ein kleines Windows-Programm, mit dessen Hilfe Sie detaillierte Informationen über die Nutzung Ihres Speichers unter Windows bekommen können. Es nennt sich Systemmonitor und muß während des Windows-Setup extra mitinstalliert werden, weil es nicht zur Standardinstallation gehört. Es findet sich anschließend im *Start*-Menü unter *Programme/Zubehör/Systemprogramme*. Über den Befehl *Bearbeiten/Hinzufügen* können Sie aus einer zahlreichen Liste von Anzeigeoptionen auswählen. Für die Speicher- und CPU-Nutzung interessant sind die in der Abbildung gezeigten vier Parameter.

Wenn Sie Windows 95/98 in der Grundkonfiguration so mit dem Systemmonitor überprüfen, werden Sie z. B. sehen, daß der Datenträger-Cache sich meistens den kompletten freien Speicher schnappt. Da er ihn bei Bedarf aber nicht immer so schnell freigibt und 20-30 MByte Cache in den meisten Fällen locker ausreichen, sollte man z. B. den Datenträger-Cache begrenzen, wie ab Seite 367 beschrieben.

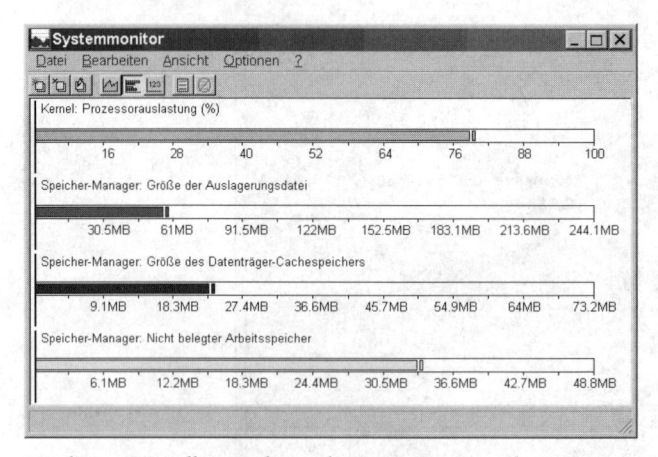

Mit diesen Einstellungen kann der Systemmonitor Ihnen genauen Aufschluß über die Nutzung Ihrer CPU und des Arbeitsspeichers geben

7. Grafikkartentausch

Egal, ob Sie mit dem PC arbeiten oder spielen wollen: Wenn Sie abends Kopfschmerzen haben, weil das Bild flimmert oder Sie auch unter Nutzung aller Tricks nur ein ruckeliges Bild bei Ihrem Lieblingsspiel hinbekommen, haben Sie keine Freude daran. Da hilft manchmal nur eine neue Grafikkarte, um die nötige Leistung aus Ihrem Computer herauszukitzeln. Gerade bei den neuesten Spielen, die ohne die richtige Hardware nur halb so viel Spaß machen, bringt der Einbau einer 3-D-Karte oft erstaunliche Ergebnisse.

Dieses Kapitel gliedert sich in verschiedene Abschnitte, die Ihnen helfen, bei der Anschaffung und beim Austausch die häufigsten Hindernisse zu umgehen:

Der erste Abschnitt ab Seite 276 soll Ihnen eine Entscheidungshilfe geben, wenn Sie nicht wissen, ob die Anschaffung einer neuen Grafikkarte überhaupt sinnvoll ist. Bei etwas älteren Computern ist vielleicht der Kauf eines neuen Systems im Endeffekt besser.

Ab Seite 278 folgen wertvolle Tips, wie Sie Ihrem Rechner Beine machen, ohne daß Sie sich in Unkosten stürzen müssen. Ein optimiertes BIOS oder richtig installierte Treiber helfen, die Leistung Ihres Systems voll auszunutzen.

Der dritte Teil ab Seite 286 macht Sie mit den Komponenten und Eigenschaften einer Grafikkarte bekannt, die Sie kennen sollten. Lassen Sie sich nicht von wolkigen Bezeichnungen und spannenden Namen verwirren, sondern gehen Sie den Dingen auf den Grund.

Dem Thema „3-D-Beschleunigung" ist ab Seite 294 ein eigener Abschnitt gewidmet. Mit diesem Know-how können Sie beim Kauf die richtige Entscheidung treffen, und Sie haben hinterher ungetrübten Spielspaß.

Der Tausch der Grafikkarte ist im nächsten Teil ab Seite 308 beschrieben. Mit ein bißchen Umsicht und guter Vorbereitung kann praktisch nichts schiefgehen.

Nach dem Tausch geht es daran, die richtigen Treiber in Ihr System zu integrieren, damit Sie alle Funktionen und Features Ihrer neuen Karte ausnutzen können. Dabei gilt es, einige Klippen zu umschiffen, die aber keinesfalls unüberwindlich sind.

Zum Abschluß stellen wir Ihnen ab Seite 315 ein neues Feature von Windows 98 vor: den gleichzeitigen Betrieb mehrerer Monitore an einem Rechner.

7.1 Austausch oder Neukauf?

Auch wenn der einfache Austausch der Grafikkarte scheinbar schnelle Abhilfe für Ihre Computerprobleme verspricht, ist diese Maßnahme nicht immer der Weisheit letzter Schluß. Dieses Kapitel hilft Ihnen, ein paar Vorüberlegungen darüber anzustellen, wie Sie Ihr Geld sinnvoll anlegen.

Stimmt die Umgebung? – Korrekte Konfiguration

Manchmal ist der Grund einer schlechten Bildqualität, daß unter Windows nicht die richtigen oder aktuellen Treiber für Ihre Grafikkarte oder Ihren Monitor eingestellt sind. Überprüfen Sie, ob nicht zuerst die Installation der korrekten Treiber bzw. deren richtige Einstellung Abhilfe schaffen kann. Das beinhaltet z. B. auch die Nutzung von 3-D-Funktionen, die Ihre Karte vielleicht schon beherrscht, die aber bis jetzt brachgelegen haben.

Lesen Sie ab Seite 278 nach, welche Möglichkeiten es gibt, Ihrem Rechner die Flötentöne beizubringen. Manchmal helfen schon ein paar Handgriffe, um zu einem besseren Ergebnis zu kommen.

System und Grafikkarte – Das muß passen

Die Abstimmung der einzelnen Komponenten in Ihrem PC-System ist das A und O, wenn es darum geht, Kosten und Nutzen in ein vernünftiges Verhältnis zu setzen. Manchmal ist der Austausch einer defekten oder zu langsamen Grafikkarte nicht möglich (oder nicht ratsam), weil Ersatz nicht zu bekommen bzw. viel zu teuer ist. Hier heißt es, sein Geld sinnvoll anzulegen und nicht blind drauflos zu kaufen. Falls Sie sich in absehbarer Zeit einen neuen PC oder einen größeren, besseren Monitor zulegen wollen, kann es sinnvoll sein (wenn keine Defekte vorliegen), vorerst mit dem alten System weiterzuarbeiten, wenn Sie im Moment keine anspruchsvolle Darstellung brauchen. Um Ihnen die Entscheidung zu erleichtern, geben wir Ihnen einige Informationen darüber, was es im Grafikkartenbereich an Spezifikationen gibt.

Ältere Standards

Der PC-Markt hat in den letzten Jahren einen enormen Preisverfall erlebt. Dieser Umstand hat dazu geführt, daß sich Neuheiten (vor allem durch den Verkauf von Neugeräten) innerhalb kürzester Zeit am Markt durchgesetzt haben. Sobald sich ein neuer Standard am Markt etabliert hatte, verschwand älteres Material binnen Monaten (!) von der Bildfläche.

Das bedeutet, daß praktisch kein Ersatz für Grafikkarten erhältlich ist, die mit alten ISA- und VLB-Schnittstellen ausgestattet sind. Schlecht sortierte Läden führen oft nicht einmal mehr PCI-Grafikkarten, obwohl diese Technologie bis vor kurzem noch den Markt beherrschte. Denken Sie, falls Sie auf solche alten „Schätzchen" angewiesen sind, also auch an Flohmärkte, Computerbörsen u. ä. Veranstaltungen.

Schnittstelle	Gängig bis	Erhältlich
ISA	1993-1994	Kaum
VLB	1994	Kaum
PCI	1998	Meistens
AGP	aktuell	Ja

Einen besonderen Status haben Karten mit ISA-Schnittstelle. Dieser Standard ist bis heute üblich und stellt den kleinsten gemeinsamen Nenner für Erweiterungskarten dar. Wohl deswegen sind Grafikkarten mit ISA-Schnittstelle vereinzelt z. B. im Elektronikhandel noch erhältlich. Leider sind ISA-Karten wegen der geringen Verfügbarkeit teuer, für ein ganz einfaches Modell mit geringen Leistungen zahlen Sie mehr als 100 DM. Dafür bekommen Sie auch bereits eine gute Grafikkarte mit PCI- oder AGP-Schnittstelle. Die Frage, ob diese Karte dann Ihren Ansprüchen gerecht wird, ist hierbei noch gar nicht beantwortet. Wenn Sie also ein älteres Computersystem besitzen, das nicht mit einer PCI- oder AGP-Schnittstelle ausgestattet ist, sollten Sie darüber nachdenken, ob der Kauf einer neuen Grafikkarte überhaupt zu einem vernünftigen Preis Abhilfe für Ihre Probleme schaffen kann. Der Kauf eines neuen Computersystems ist in diesem Fall manchmal wirklich die sinnvollere Alternative. Das gilt besonders, wenn der nächste Gesichtspunkt ebenfalls für Sie zutrifft.

Untrennbar: Monitor und Grafikkarte

Wenn Sie sich über ein flackerndes oder unscharfes Bild ärgern, ist nicht zwangsweise die Grafikkarte daran schuld. Manchmal ist der Monitor die Ursache für den Verdruß. Gerade ältere, kleine Bildschirme mit einer 14-Zoll-Bildröhre oder auch der 17-Zöller, den Sie vor fünf Jahren für ein Heidengeld gekauft haben, schneiden im Vergleich zu neueren Geräten gar nicht gut ab. Die beste Grafikkarte ist nicht in der Lage, für ein ordentliches Bild zu sorgen, wenn der Monitor nur eine Auflösung von 640 x 480 leisten kann.

Was ein guter Monitor können sollte und worauf Sie achten müssen, damit Sie abends ohne Kopfschmerzen in den Feierabend gehen können, lesen Sie ab Seite 321.

Checkliste: Hier lohnt sich der Austausch

Folgende Bedingungen müssen erfüllt sein, damit die Kosten für einen Austausch im Rahmen bleiben:

- Alle Möglichkeiten zur Leistungssteigerung oder -optimierung sind ausgenutzt.

- Sie besitzen ein modernes Computersystem, für das Sie problemlos eine neue Grafikkarte bekommen.
- Sie besitzen einen Monitor, der eine ausreichende Leistungsqualität bietet.

7.2 Tempo für die Grafikkarte

Damit Ihre Grafikkarte zeigen kann, was in ihr steckt, muß natürlich eine optimale Systemumgebung gewährleistet sein. Mit welchen Handgriffen Sie dafür sorgen, daß Ihre Karte aufdrehen kann, erfahren Sie in diesem Kapitel.

Den richtigen Treiber einrichten

Windows 95/98 bringt eine Reihe von Standardgrafiktreibern mit, die lediglich einen grundlegenden, sicheren Befehlssatz unterstützen. Diese Treiber funktionieren mit allen Grafikkarten und dienen dazu, in einer kritischen Situation trotzdem das Hochfahren des Rechners zu ermöglichen. Manchmal hat Ihr Computerhändler aus Nachlässigkeit oder Kostengründen versäumt, den individuellen Treiber für Ihre Grafikkarte einzurichten. Das müssen Sie nachholen, damit alle Funktionen Ihrer Karte angesprochen werden können.

Die Vorgehensweise in Kürze (die Installation wird ab Seite 313 noch ausführlicher beschrieben):

1 Klicken Sie mit der rechten Maustaste auf den Hintergrund Ihres Desktop, wählen Sie den Menüeintrag *Eigenschaften* und wechseln Sie dann in die Registerkarte *Einstellungen*.

2 Klicken Sie auf *Erweitert*.

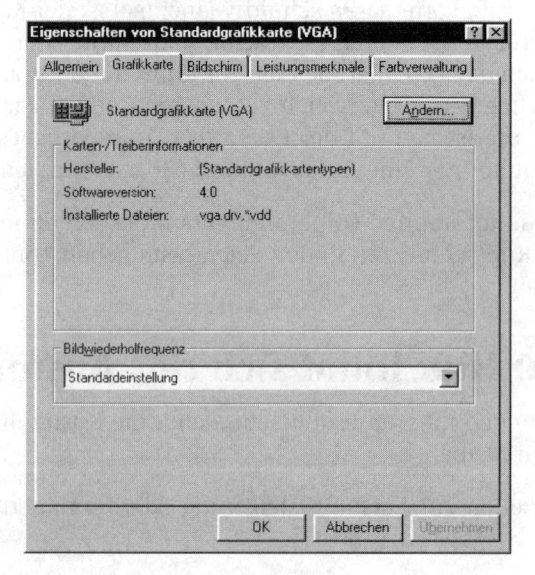

3   Im Register *Grafikkarte* steht jetzt ein Eintrag wie *Standard PCI Grafikkarte* oder wie oben *Standardgrafikkarte (VGA)* oder etwas ähnliches. Klicken Sie auf *Ändern*.

4   Aktivieren Sie die Option *Alle Modelle anzeigen*. Klicken Sie auf *Diskette*, um Windows mitzuteilen, daß Sie einen neuen Treiber von Diskette oder CD installieren möchten.

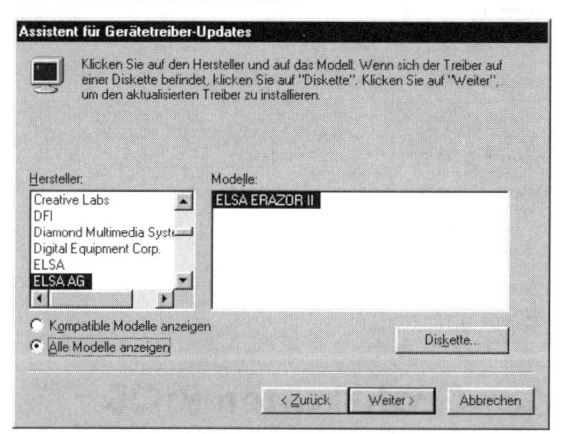

5   Im darauffolgenden Dialogfenster klicken Sie auf *Durchsuchen*, um Laufwerk und Verzeichnis anzugeben, in dem sich Ihr Treiber befindet. Hier im Beispiel installieren Sie gerade einen Treiber von der Windows-CD. Aktuellere Treiber finden Sie z. B. auf den Homepages der Hersteller Ihrer Grafikkarte.

6   Schließen Sie alle Fenster jeweils mit einem Klick auf *OK* und starten Sie Windows neu, um den neuen Treiber zu aktivieren.

Den Treiber aktualisieren

Von den Hardwareherstellern müssen die Treiber oder das BIOS einer Grafikkarte zwangsweise schon vor der Markteinführung entwickelt werden. Aus Kostengründen oder wegen des Zeitdrucks sind diese Treiber oft „mit der heißen Nadel gestrickt", d. h., sie sind fehlerbehaftet oder unterstützen nicht den vollen Funktionsumfang der Grafikkarte. Wenn Sie z. B. in einer Computerzeitschrift gelesen haben, daß Ihre Grafikkarte bestimmte Funktionen beherrscht, Sie dies aber nicht nachvollziehen können, ist vielleicht eine veraltete Treiberversion schuld. Im Internet finden Sie unter folgenden Herstelleradressen bestimmt die neuesten Treiber für Ihre Karte:

Hersteller	Adresse
Asus	*www.asus.com*
ATI	*www.atitech.ca*
Cardex	*www.gainward.com*
Cirrus	*www.cirrus.com*
Creative Labs	*www.creativelabs.com*

Grafikkartentausch

Hersteller	Adresse
Diamond	www.diamondmm.com
ELSA	www.elsa.de
Guillemot	www.guillemot.com
Hercules	www.hercules.com
Matrox	www.matrox.com
Miro	www.miro.de
Number Nine	www.nine.com
S3	www.s3.com
STB	www.stb.com
Trident	www.tridentmicro.com
Tseng	www.tseng.com

Ansonsten versuchen Sie es bei einer der großen Treibersammlungen im Internet, z. B. bei _www.treiber.de_.

Update des Grafikkarten-BIOS

Was für die Treiber Ihrer Grafikkarte gilt, gilt natürlich auch für das auf der Karte installierte BIOS. Viele neuere Karten besitzen ein sogenanntes Flash-BIOS, das mit einer Software relativ einfach auf den neuesten Stand gebracht werden kann. Dieses Software-Tool und die dazugehörige BIOS-Datei finden Sie ebenfalls unter den Internetadressen der Hersteller.

Achtung
Denn Sie wissen, was Sie tun?!

Die Vorgehensweise ist nur exemplarisch beschrieben und kann sich von Grafikkarte zu Grafikkarte unterscheiden. Da es sich um einen ziemlich tiefen Eingriff in Ihr System handelt, müssen Sie sich unbedingt an die genauen Anweisungen halten, die dem Update-Tool beiliegen.
Falls Sie nicht über eine gewisse Erfahrung verfügen, sollten Sie dieses Update besser nicht vornehmen.

In der Regel vollzieht sich die BIOS-Installation so:

1. Entpacken Sie das Update-Tool in ein separates Verzeichnis, in dem sich auch die Datei mit dem neuen BIOS befinden muß. Der Hersteller Matrox bietet Ihnen für Karten aus seiner Fabrikation ein Utility an, das eine spezielle Bootdiskette erstellt, die das System im unwahrscheinlichen Fall startet, daß beim Update etwas schiefgeht. Nutzen Sie diese Möglichkeit. Es ist auf jeden Fall sinnvoll, vor dem Update beim Hersteller anzufragen, was bei einem Update-Fehler getan werden kann, bei ELSA bleibt Ihnen z. B. nur die Möglichkeit, sich direkt an den Support zu wenden.

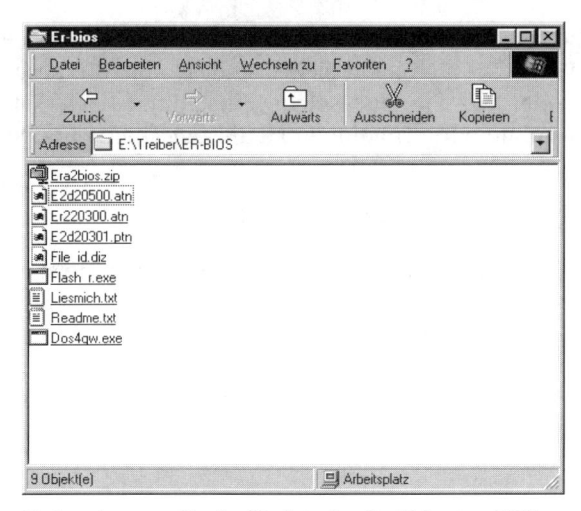

Vorbereitungen für das Update des Grafikkarten-BIOS

2 Starten Sie Ihren Rechner im MS-DOS-Modus. Das ist wichtig, weil während der Installation keine Zugriffe auf die Grafikkarte erfolgen dürfen, was unter Windows durch die Hardwaretreiber von vornherein der Fall ist.

3 Wechseln Sie in das Verzeichnis mit dem Update-Programm und rufen Sie es auf. Das Programm sucht nach der neuen BIOS-Datei und vergleicht automatisch die Versionsnummer mit dem installierten BIOS auf Ihrer Grafikkarte. Ist die neue Nummer höher, wird das alte BIOS gegen die neue Version ausgetauscht.

4 Danach müssen Sie das Programm nur noch verlassen und den Computer neu starten.

BIOS optimieren

Durch das Ändern einiger Einstellungen im BIOS der Hauptplatine können Sie ebenfalls auf einfache Weise die Geschwindigkeit der Grafikkarte erhöhen.

Zwei Einstellungen sind für den Betrieb der Grafikkarte interessant:

- Die Funktion *PCI/VGA Palette Snoop* (hat nichts mit dem PCI-Bus zu tun) sorgt dafür, daß bei jedem Wechsel der Farbpalette dieser Vorgang dem ISA-Bus mitgeteilt wird, was natürlich Zeit kostet. Wenn Sie eine PCI-Karte betreiben, ist das überflüssig. Deaktivieren Sie diese Option, indem Sie den entsprechenden Schalter auf *disabled* setzen.

- Eine etwas ältere Methode, den Betrieb der Grafikkarte zu beschleunigen, war das Kopieren des BIOS der Karte in den schnelleren Arbeitsspeicher des Rechners. MS-DOS-basierte Systeme ziehen daraus einen Nutzen. Unter Windows 95/98 ist diese Funktion überflüssig, so daß Sie die Option *Video ROM BIOS Shadow* abschalten sollten.

Grafikkartentausch

Ab Seite 77 ist der Umgang mit dem BIOS und seinen Einstellungen genau beschrieben. Wenn Sie sich nicht sicher sind, wo Sie die beschriebenen Optionen finden oder wie Sie eine solche Einstellung bewerkstelligen sollen, können Sie dort nähere Informationen zu diesem Thema finden.

Übertakten der Grafikkarte

Die Hersteller von Grafikchips und Grafikkarten lassen meist in bezug auf die maximale Performance ihrer Produkte immer noch ein wenig Spielraum frei. Das wird gemacht, um Fertigungstoleranzen, die bei voller Auslastung für eine Zerstörung der Karte sorgen würden, sicher abzufangen. Wie auch schon bei den Hauptprozessoren ist das Übertakten bei Grafikkarten ein beliebtes Mittel, um das letzte aus einem Computer herauszukitzeln.

> **Hinweis**
>
> **Ein wichtiger Hinweis vorweg**
>
> Normalerweise geht das Übertakten von Grafikkarten gut, wenn Sie alle Ratschläge und Tips berücksichtigen. Trotzdem hier noch einmal der Hinweis:
>
> Alle technischen Angaben und Programme in diesem Buch wurden von den Autoren mit größter Sorgfalt erarbeitet bzw. zusammengestellt und unter Einschaltung wirksamer Kontrollmaßnahmen reproduziert. Trotzdem sind Fehler nicht ganz auszuschließen. DATA BEKKER sieht sich deshalb gezwungen, darauf hinzuweisen, daß weder eine Garantie noch die juristische Verantwortung oder irgendeine Haftung für Folgen, die auf fehlerhafte Angaben zurückgehen, übernommen werden kann.

Sie sollten allerdings keine Wunder erwarten. Auch wenn man in Ausnahmefällen eine Leistungssteigerung von ca. 10 % erreichen kann, ist diese Maßnahme eher dazu geeignet ein System zu tunen, auf dem ansonsten alles ausgereizt ist.

Folgende Gesichtspunkte sollten Sie unbedingt beachten, bevor Sie sich an das Übertakten der Karte herantrauen:

1. Eine Tuning-Maßnahme ist nur erfolgreich, wenn stabile, aktuelle Treiber installiert worden sind. Außerdem muß die Software, mit der die Grafikkarte übertaktet wird, genau auf den Chipsatz abgestimmt sein.

2. Übertreiben Sie es nicht. Ein moderates Übertakten, das die Karte nicht gefährdet und Ihr System stabil arbeiten läßt, ist das Ziel. Sinnvoll sind Werte von ca. 5 % über der ursprünglichen Einstellung.

3. Bedenken Sie, daß eventuell die Garantiebestimmungen der Hersteller ein Tuning verbieten, insbesondere das Aufkleben von Kühlkörpern.

Achtung

Gefahr für die Grafikkarte

Sollte sich der Computer nach dem Tuning eigenartig verhalten, d. h. seltsame Bildfehler produzieren oder plötzlich hängenbleiben, ist das ein Zeichen dafür, daß Sie die Taktfrequenz der Karte zu hoch eingestellt haben. Reduzieren Sie dann die Einstellungen sofort auf ein niedrigeres Maß, bis die Symptome verschwinden. Sie riskieren sonst die Zerstörung des Grafikchips.

Tools für jeden Chipsatz

Im Gegensatz zu dem, was wir Ihnen jetzt beschreiben, war das Ändern der BIOS-Einstellungen ein recht moderates Tuning. Jetzt wird es ernst!

Als erstes brauchen Sie das entsprechende Tool. Hier ist das Internet die beste Quelle.

Tools zum Übertakten von Grafikchips

Grafikchip/Grafikkarte	Tool	Internetadresse
Matrox Mystique	mystclok.com; mclk95.exe	http://www.matroxusers.com
Matrox Milenium/II	tweakit.exe	http://www.matroxusers.com
Matrox alle Karten	Matrox Overclock	http://www.3dfiles.com
Cirrus Logic	mclk	http://www.fastgraphics.com
S3 (mehrere Modelle)	mclk	http://www.fastgraphics.com
Trident (mehrere Versionen)	mclk	http://www.fastgraphics.com
Tseng (ab ET 4000)	mclk	http://www.fastgraphics.com
Riva 128	nv3tweak	http://www.rivazone.com
ATI Rage I+II/Pro/Mach 64	Rage II Tweaker	http://www.studenti.lboro.ac.uk/~conb/rage
Permedia 2	Permedia 2 Tweaking Utility	ftp://3dlabs.dimension3d.com/utilities/p2tweak7.zip
S3 Savage 3D	Powerstrip	http://www.entechtaiwan.com/ps.htm

Ist Ihre Grafikkarte in der Tabelle nicht aufgeführt, dann versuchen Sie es mal mit Powerstrip von EnTech (letzter Eintrag in der Tabelle). Dieses Tool entwickelt sich immer mehr zum umfassenden Tuning-Werkzeug für Grafikkarten. Viele Programme finden Sie z. B. unter den Adressen:

http://www.3dfxmania.com und http://www.3dfiles.com

und

http://www.cyberway.com.sg/%7Emadwolf/fvideo/main.htm.

Praxisbeispiel: Übertakten einer Karte mit ATI Rage Pro-Chipsatz

Das Programm Rage Pro Tweaker ist für das Tuning von Grafikkarten mit beinahe allen Chipsätzen aus der ATI Rage-Reihe geeignet. Sie finden es zum Download unter *http://www.studenti.lboro.ac.uk/~conb/rage*.

Nach dem Entpacken in ein leeres Verzeichnis wird der Tweaker mit dem Programm *Setup.exe* installiert. Das Programm fügt dem Dialogfenster *Eigenschaften von Anzeige* eine neue Registerkarte mit der Bezeichnung *Rage Pro Tweaker* hinzu.

Die Registerkarte des Rage Pro Tweaker

Hier finden Sie jetzt drei Schaltflächen, um die Eigenschaften der 3-D-Verarbeitung zu beeinflussen oder die Grafikkarte zu übertakten.

Das Tool bietet eine Reihe von Möglichkeiten, einzelne Grafikfeatures ein- oder auszuschalten oder zu verändern. Die optimalen Einstellungen sind dabei leider abhängig von der eingesetzten Software. Wenn Sie sich ein wenig mit den Begriffen aus der 3-D-Bilderzeugung auskennen (mehr dazu erfahren Sie im Abschnitt über 3-D-Grafikkarten ab Seite 294), können Sie experimentieren, wie Sie die besten Ergebnisse erzielen. Über die Schaltfläche *Reset Driver Defaults* können Sie jederzeit wieder zu den Standardwerten zurückkehren.

Hinter der Schaltfläche *Overclocking* verbirgt sich folgendes Dialogfenster.

Das Dialogfenster Overclocking

Im oberen Teil des Fensters (unterhalb der Warnung, daß sämtliche Einstellungen auf eigene Gefahr vorgenommen werden!) ist eingestellt, welcher Chipsatz auf Ihrer Grafikkarte gefunden wurde. Kontrollieren Sie unbedingt, ob diese Einstellung korrekt ist. Wenn Sie das getan haben, können Sie mit den beiden Schiebereglern die Taktfrequenz des Grafikspeichers und des Chipsatzes verstellen und somit die Leistung Ihrer Grafikkarte spürbar erhöhen. Mit der Schaltfläche *Apply when windows starts* bestimmen Sie, daß die gewählten Einstellungen bei jedem Windows-Start vorgenommen werden sollen. Die Schaltfläche *Apply* sorgt dafür, daß die Änderungen der Taktfrequenz sofort übernommen werden. Mit *Close* gelangen Sie wieder in die *Eigenschaften von Anzeige*.

Übertakten von Voodoo-Karten

Für die beliebten Zusatzkarten mit den Voodoo-Chipsätzen der Firma 3dfx gibt es ein große Anzahl von Tuning-Tools. Bei den Diamond Monster-Karten wird z. B. von vornherein eine Software mitgeliefert, die gewisse Tuning-Maßnahmen gestattet.

Bessere Einstellmöglichkeiten bieten aber folgende Programme aus dem Internet:

Grafikchip	Tool	Internetadresse
3dfx Voodoo + 2, Voodoo Rush	Tweak it Beta 8	http://www.arctic.net/~bgalm/setuptweakit.exe
Voodoo2	Voodoo 2 Speed	http://www.fastgraphics.com/zip/v2speed.zip
Voodoo Rush	Voodoo Rush Tweak	http://www.fastgraphics.com/zip/v2speed.zip

7.3 Augen auf: Darauf müssen Sie beim Kauf achten

Jetzt ist es endlich soweit: Sie haben jede Tuning-Möglichkeit ausgereizt, alle Treiber auf den neuesten Stand gebracht, und trotzdem bietet Ihr Rechner beim Spielen oder Arbeiten nicht die Leistung, die Sie sich wünschen. Eine neue Karte muß her. Die Preise für Grafikkarten rangieren derzeit zwischen ca 50 DM für eine vergleichsweise einfache PCI-Grafikkarte und über 500 DM für das neueste in Sachen 2-D- und 3-D-Leistung. Spezielle Karten für den professionellen Einsatz z. B. im CAD-Bereich liegen preislich noch einmal erheblich höher.

Um Ihnen das Nachlesen zu erleichtern, gibt es im folgenden zwei Abschnitte, die getrennt die Fähigkeiten von Grafikkarten im klassischen Bereich und im 3-D-Bereich behandeln. Diese Einteilung ist bei der derzeitigen Marktsituation aber eher theoretischer Natur, weil inzwischen beinahe alle Grafikkarten Funktionen in beiden Bereichen haben. Trotzdem: Je nachdem, worauf Sie größeren Wert legen, können Sie die Infos, die Sie besonders interessieren, im entsprechenden Teil nachlesen.

Zu Anfang dieses Abschnitts noch ein Tip, der uns ganz besonders am Herzen liegt: Kaufen Sie nach Möglichkeit nicht das neueste Produkt am Markt, auch wenn es die besten Leistungen verspricht und am buntesten beworben wird. In den allermeisten Fällen sinkt der Preis innerhalb von Wochen auf ein wesentlich niedrigeres Maß, manchmal sogar bis auf die Hälfte. Außerdem ist bei vielen Produkten bei der Markteinführung noch mit Kinderkrankheiten der Treiber zu rechnen, so daß Sie die Qualitäten einer Grafikkarte sowieso erst richtig genießen können, wenn fehlerbereinigte Treiberversionen vorliegen.

Die Komponenten und ihre Funktionen: Fachchinesisch

Auf den folgenden Seiten haben wir für Sie die Informationen zusammengestellt, die wichtig sind, um beurteilen zu können, ob eine Grafikkarte ihr Geld wert ist. Wenn Sie ein wenig von den Komponenten einer Grafikkarte verstehen, können Sie beurteilen, ob Sie ein Produkt vor der Nase haben, das Ihren Bedürfnissen gerecht wird. Außerdem können Sie im Laden den Verkäufer schockieren, der versucht, Ihnen beim Verkaufsgespräch mit blumigen Fremdwörtern ein schlechtes Produkt anzudrehen. ;-)

Deswegen folgt jetzt eine Liste der wichtigsten Komponenten und ihrer Funktionen.

Die Schnittstelle: AGP heißt der neue Standard, PCI ist noch möglich

Der beschriebene Preisverfall hat in den letzten Jahren dazu geführt, daß neue, sehr leistungsfähige Komplettsysteme zu immer günstigeren Preisen angeboten wurden. Dementsprechend schnell haben sich neue Technologien auf dem Markt breitgemacht, ein Grund dafür, daß nur noch so gut wie ausschließlich Grafikkarten gehandelt werden, die über eine AGP-Schnittstelle verfügen.

Moderne AGP-Grafikkarte

Der AGP-Standard (**A**ccelerated **G**raphics **P**ort = beschleunigte Grafikschnittstelle) ist eine Entwicklung der Firma Intel. Er hat gegenüber der älteren PCI-Schnittstelle einige Vorteile:

- AGP verfügt über einen breiteren Bus als PCI und wird mit der vollen Taktfrequenz des Motherboards betrieben – also bis zu 100 MHz gegenüber 33 MHz des PCI-Bus. Theoretisch sind sogar bis zu 133 MHz möglich. Das ermöglicht enorm hohe Übertragungsraten von derzeit bis zu 500 MByte (!) pro Sekunde.
- AGP-Grafikkarten können direkt auf den Arbeitsspeicher des PCs zugreifen. Das beseitigt Kapazitätsengpässe beim Videospeicher.
- Wesentliche Teile der Bildberechnung können vom Hauptprozessor durchgeführt werden, weil die Grafikkarte ja direkt auf den Arbeitsspeicher zugreifen kann.
- Die Leistung der Grafikkarte wächst mit dem eingesetzten Hauptprozessor.

Schnittstelle	Bustakt	Datendurchsatz
PCI	33 MHz	132 MByte/s
AGP 1.X	66 MHz	264 MByte/s
AGP 2.X	133 MHz	528 MByte/s
AGP 4.X (zukünftig)	266 MHz	1.024 MByte/s

Grafikkartentausch

AGP 4.X wird mit 1.024 MByte/s sogar den Zugriff zwischen CPU und Arbeitsspeicher in Ihrem Computer (800 MByte/s) übertreffen.

AGP-Mainboards und -Karten in der Version 1.X (siehe Tabelle) wurden nur zu Anfang der Markteinführung 1997 ausgeliefert. Damals war aber schon AGP 2.X abzusehen, so daß dieser erste Standard niemals richtig von Soft- und Hardwareherstellern unterstützt wurde. Achten Sie also peinlichst genau darauf, mit welchem Standard Ihr Mainboard ausgestattet ist bzw. ob die Karte Ihrer Wahl AGP 2.X beherrscht.

Haben Sie's erkannt? Hinter dieser neuen Entwicklung steckt neben der gesteigerten Leistungsfähigkeit natürlich auch eine Menge Kalkül. Durch den AGP-Standard wird die Ausgabequalität und -geschwindigkeit direkt abhängig vom (Intel-)Prozessor auf dem (Intel-)Mainboard. Wer viel Grafikleistung will, kann diese durch den Kauf einer schnellen CPU erreichen. Das heißt, diese Schnittstelle ist u. a. sehr gut dazu geeignet, der Firma Intel viele neue Kunden in die Arme zu treiben und der Konkurrenz ein Schnippchen zu schlagen. Andererseits profitiert der Benutzer natürlich davon, weil die Produktion schneller (3-D-)Grafikkarten einfacher und billiger wird.

Wenn Sie einen Computer älteren Datums besitzen, der mit einer PCI-Schnittstelle ausgestattet ist, ist dies kein Grund zu verzweifeln: Es gibt leistungsfähige PCI-Karten (noch) in ausreichender Zahl zu kaufen. Bisweilen ist es aber schon notwendig, mehrere Läden aufzusuchen, bevor man einen findet, der PCI-Karten auf Lager hat. Ansonsten gilt die Devise: Weisen Sie den Verkäufer ausdrücklich darauf hin, daß Sie eine PCI-Karte wünschen. Möglicherweise bekommen Sie sonst völlig selbstverständlich eine AGP-Karte verkauft, ohne daß ein Wort darüber verloren wird.

Leider hat sich AGP mittlerweile schon so sehr durchgesetzt, daß einzelne Grafikkarten überhaupt nicht mehr mit PCI-Schnittstelle hergestellt werden. Das macht es schwierig, wenn nicht unmöglich, sich von vornherein auf ein bestimmtes Produkt (das im Test vielleicht besonders gut abgeschnitten hat) festzulegen. Oft ist aber eine vergleichbare Karte von einem anderen Hersteller mit PCI-Schnittstelle verfügbar. Flexibilität ist hier sicherlich notwendig.

Der Grafikprozessor (Chipsatz)

Er ist das Herz, das in jeder Grafikkarte schlägt. Er beherrscht das eigenständige Verarbeiten von Grafikbefehlen und nimmt damit dem Prozessor Ihres Computers Arbeit ab. Früher bezeichnete man Grafikkarten mit eigenem Grafikprozessor als Accelerator-(Beschleuniger-)Karten, da aber seit Jahren jede Karte einen eigenen Grafikchip besitzt, kommt diesem Begriff keine größere Bedeutung mehr zu. Alle modernen Karten sind Beschleuniger-Karten, d. h., sie beherrschen das eigenständige Zeichnen von Linien, Rahmen usw., wie sie im Betrieb unter einer grafischen Benutzeroberfläche immer wieder vorkommen.

Chipsatz einer Voodoo2-Karte von 3dfx

3-D-(Beschleuniger-)Karten beherrschen darüber hinaus die Ausführung von komplizierteren Berechnungen, die zur Darstellung von dreidimensional wirkenden Gegenständen notwendig sind.

Ansonsten, muß man leider sagen, bietet der Name, den sich ein Hersteller für seinen Chipsatz ausdenkt, wenig Anhaltspunkte zur Aussage über dessen Leistungen, und sei er noch so fantasievoll. Hierzu müssen Sie unter Umständen Informationen aus gängigen Computerzeitschriften heranziehen, die nähere Aussagen und Testergebnisse über die jeweils aktuellen Chipsätze bieten können.

Manchmal ist im Namen des Chipsatzes allerdings eine Information über dessen Leistungsfähigkeit verborgen: nämlich die Angabe der Busbreite („Mach32", „Mach64", „Riva128"). Sie ist ein Maß dafür, wie viele Daten der Prozessor gleichzeitig verarbeiten kann. Je höher die Busbreite, desto größer ist auch die Leistungsfähigkeit des Grafikprozessors – zumindest theoretisch.

Achtung

Mogelpackung

Manchmal verbirgt sich hinter einer solchen Bezeichnung eine Mogelpackung. Der Grafikchip arbeitet intern zwar mit der angegebenen Busbreite, benutzt extern aber eine weniger breite Schnittstelle zum Videospeicher. Oder die Karte ist nicht mit genug Videospeicher bestückt, um die Breite des Prozessors auszunutzen.

Der Videospeicher

Bevor die vom Chipsatz erzeugten Bilddaten an den Monitor weitergeleitet werden können, werden sie als komplettes Abbild des Bildschirms im Videospeicher abgelegt. Dabei ist die Größe des Speichers von entscheidender Bedeutung, denn sie begrenzt die Menge an Informationen, die ein Bildschirminhalt enthalten kann.

Grafikkartentausch

Jeder der Bildpunkte, aus denen sich das fertige Bild zusammensetzt, kann bis zu 32 Bit an Farbinformationen enthalten. Dementsprechend groß ist der Speicherbedarf für ein Bild in einer hohen Auflösung: Ein Bild mit 1.024 x 768 Bildpunkten (diese Größe ist typisch für die Arbeit an einem 17-Zoll-Monitor) enthält also 1.024 x 768 x 32 Bit Daten, das sind genau 3 MByte.

Die Größe des Videospeichers ist also eine Maßzahl dafür, welche Farbtiefe bei welcher Bildschirmauflösung dargestellt werden kann.

Auflösung	Farbtiefe/Bit	Anzahl Farben	Speicherbedarf/MByte
800 x 600	8	256	0,46
800 x 600	16	65.535	0,92
800 x 600	24	16,7 Mio	1,38
800 x 600	32	16,7 Mio	1,84
1.024 x 768	8	256	0,75
1.024 x 768	16	65.535	1,5
1.024 x 768	24	16,7 Mio	2,25
1.024 x 768	32	16,7 Mio	3
1.152 x 800	8	256	0,88
1.152 x 800	16	65.535	1,76
1.152 x 800	24	16,7 Mio	2,64
1.152 x 800	32	16,7 Mio	3,52
1.600 x 1200	8	256	1,83
1.600 x 1200	16	65.535	3,66
1.600 x 1200	24	16,7 Mio	5,49
1.600 x 1200	32	16,7 Mio	7,31

Die Rechnung für den Speicherbedarf ist bei 3-D-Karten noch erheblich komplizierter. Insgesamt sei so viel vorweggenommen: Der Bedarf ist um einiges höher als bei 2-D-Karten. Warum das so ist und wofür zusätzlicher Speicher gebraucht wird, lesen Sie im Abschnitt „Speicherbedarf von 3-D-Karten".

Die Speichermodule auf einer Grafikkarte haben eine Busbreite von 32 Bit. Wenn jetzt nur zwei Module vorhanden sind, der Grafikprozessor aber eine Busbreite von 128 Bit hat, hat das zur Folge, daß der Prozessor zwei Arbeitstakte braucht, wenn er seine Daten in den Speicher schreiben will. Eine ungenügende Ausstattung der Grafikkarte hat also nicht nur eine Verringerung der möglichen Auflösung/Farbtiefe zur Folge, sondern auch eine deutliche Verlangsamung.

Die folgende Tabelle gibt eine Übersicht, mit wieviel Speicher eine Grafikkarte bestückt sein muß, damit die volle Busbreite des Grafikchips zum Tragen kommt.

Busbreite des Prozessors	Minimaler Speicher
32 Bit	1 MByte
64 Bit	2 MByte
128 Bit	4 MByte

Die minimale Größe des Speichers gibt gleichzeitig die Größe der Schritte an, in denen die Grafikkarte aufgerüstet werden kann.

Welche Arten von Videospeicher gibt es?

Die Größe des Videospeichers ist nicht allein ausschlaggebend für die Qualität der Grafikkarte. Für diesen speziellen Einsatz, der Speicherbausteinen höchste Leistung abverlangt, sind verschiedene Arten von Speicher entwickelt worden. Sie unterscheiden sich in der Leistung und vor allem im Preis. Anhand dieser Liste finden Sie heraus, ob Sie es mit einer hochwertigen Karte oder mit einem Allerweltsprodukt zu tun haben.

Speicherart	Eigenschaften
DRAM	**D**ynamic **RAM** ist der billigste und langsamste Speicher mit Zugriffszeiten um die 60 ns. Er ist auf Grafikkarten so gut wie nicht mehr zu finden.
EDO-RAM	**E**xtended **D**ata **O**utput-**RAM** – EDO-RAM war vor ca. vier Jahren der Renner in Computern. Eine Zeitlang wurde alles (Computer und Grafikkarten) beinahe nur mit EDOs bestückt, die ca. 10-15 % schneller als normale DRAMs sind.
VRAM	**V**ideo-**RAM** – VRAM hat den großen Vorteil, daß Schreib- und Lesezugriff gleichzeitig erfolgen können. VRAM ist extra für den Einsatz im Grafikbereich entwickelt worden und war lange Zeit State of the Art, wird aber im Moment von billigeren Nachfolgern verdrängt.
SDRAM	**S**ynchronous **D**ynamic-**RAM** – SDRAM hat in den letzten eineinhalb Jahren Einzug in die Home-PCs und Grafikkarten gefunden. SDRAM hat Zugriffszeiten um 10 ns. Im Moment wird der größte Teil aller (AGP-)Grafikkarten (auch der teuren Modelle) damit bestückt. Wenn Sie eine neue Karte kaufen, sollte sie mindestens hiermit ausgestattet sein.
SGRAM	SGRAM ist die etwas teurere Weiterentwicklung von SDRAM, das mit einer optimierten Adressierung arbeitet. Besonders hochwertige Karten sind hiermit bestückt. SGRAM ist nur unwesentlich langsamer als VRAM, aber erheblich billiger in der Produktion.

Der RAMDAC

Die letzte Station der Daten auf dem Weg zum Monitor ist der RAMDAC, der **RAM D**igital **A**nalog **C**onverter (Digital-Analog-Wandler). Er erzeugt aus den Daten, die er aus dem Videospeicher ausliest, ein Signal, das für den Monitor verwertbar ist. Seine Leistungsfähigkeit ist mit entscheidend für ein flimmerfreies Bild. Ging es bisher nur darum, Bilddaten schnell zu berechnen und abzulegen, so wird vom RAMDAC jedes berechnete Bild möglichst oft pro Sekunde zum Monitor geschickt.

Die Leistungsfähigkeit des RAMDAC wird in MHz angegeben, oft wird auch vom „Pixeltakt" gesprochen. Gute RAMDACs schaffen mittlerweile Frequenzen von 230-250 MHz (d. h. 130-150 Millionen Bildpunkte in der Sekunde), aber diese Leistungen kommen nur auf sehr hochwertigen 3-D-Karten zum Tragen. Eine brauchbare Grafikkarte für den Office-Einsatz kommt mit einem RAMDAC aus, der etwa ab 170 MHz aufwärts getaktet ist. (Vor zwei Jahren galten diese Karten noch als absolutes Spitzenprodukt. Wenn Sie sich eines dieser preiswerten Modelle kaufen, wenn Sie nur mit Textverarbeitung zu tun haben, haben Sie nicht am falschen Ende gespart.)

Achtung
Vosicht bei Komplettsystemen

Manchmal werden Komplettsysteme mit sogenannten OEM-Karten verkauft. Neben einer geringeren Softwareausstattung werden auf diesen Karten häufig weniger hochwertige Komponenten verbaut. So wurde die erste Version der Matrox Mystique anstatt mit einem 170-MHz-RAMDAC in der Vollversion als OEM-Produkt nur mit einer 158-MHz-Version verkauft. Das gilt ebenso für die Ausstattung mit hochwertigen Speicherbausteinen. Achten Sie beim Kauf auf solche Angaben und informieren Sie sich vorher, z. B. in den Produktspezifikationen, die Sie in Fachzeitschriften oder auf den Homepages der Hersteller finden.

Was gibt es sonst noch?

Drei weitere Ausstattungsdetails sollen nicht übersehen werden, obwohl sie für die meisten Benutzer nur zweitrangige Bedeutung haben: der Feature-Connector, das BIOS und der TV-Ausgang. Der Feature-Connector ist in erster Linie dann wichtig, wenn Sie planen, zusammen mit Ihrer Grafikkarte eine Erweiterungskarte z. B. zum Aufnehmen, Bearbeiten (auch „Grabben" genannt) und Schneiden von Videos zu betreiben. Wenn Sie bereits eine Karte besitzen, die eine solche Verbindung benötigt, sollten Sie darauf achten, daß ein Feature-Connector vorhanden ist. Haben Sie einen Rechner mit PCI-Bus, muß dieser Feature-Connector aber nicht unbedingt notwendig sein, weil viele Karten auch direkt über den Bus miteinander kommunizieren können.

Grafikkartentausch

Das BIOS der Grafikkarte beinhaltet die wichtigsten Grundfunktionen und steuert so den Betrieb der Karte auf unterster Ebene. Bei hochwertigen Karten kann dieses BIOS aktualisiert und gegen neuere Versionen ausgetauscht werden. Bei Problemen mit der Software ist dies manchmal notwendig. Ein ausgereiftes Produkt sollte zwar ohne diese Option auskommen, aber andererseits ist dies auch eine Möglichkeit, in den Genuß des Supports der Herstellerfirma zu kommen. Zu diesem Thema lesen Sie mehr ab Seite 280.

Einige Karten besitzen als nützliches Extra einen TV-Ausgang, mit dem man den PC an den Fernseher anschließen kann. Das ist besonders interessant, um Spiele auf dem größeren Bildschirm genießen zu können. Aufgrund der schlechteren Darstellung des Fernsehers ist dieses Feature für die Arbeit aber eher uninteressant.

TV-Ausgang als zusätzliches Grafikkarten-Feature

Treiber-Support

Obwohl dieser Punkt zuletzt in der Liste steht, ist er doch nicht der unwichtigste. Für einen reibungslosen Alltagsbetrieb ist es erforderlich, daß der Hersteller einer Grafikkarte Treiber mitliefert, die stabil funktionieren und regelmäßig upgedatet werden.

Häufig werfen Billighersteller Grafikkarten auf den Markt, die mit den gleichen Leistungsdaten aufwarten wie teurere Produkte. Da die Preisunterschiede oft erheblich sind, sind solche Angebote sehr verlockend, aber spätestens bei der Treiberinstallation kann es passieren, daß Sie diese Kaufentscheidung bereuen: Der mitgelieferte Treiber läßt sich nur unter Schwierigkeiten installieren oder funktioniert eher schlecht als recht.

Bei den Markenherstellern finden Sie neben fehlerbereinigten Treibern in diesem Fall Unterstützung über eine Kundenbetreuung im Internet. Die Internetadressen der wichtigsten Hersteller finden Sie auf Seite 279.

Auch wenn ein kleiner Anbieter das neueste Produkt zu einem Spottpreis auf den Markt wirft, ist unter Umständen das etwas ältere (oder „reifere") Produkt eines guten Markenherstellers wahrscheinlich die bessere Wahl.

Das Wichtigste in Kürze: So sieht eine gute Grafikkarte aus

Noch einmal in der Zusammenfassung die wichtigsten Eigenschaften einer guten Grafikkarte:

- Bildwiederholfrequenz: Die Karte ist mit einem RAMDAC ausgestattet, der mindestens mit 170 MHz getaktet ist. Bildfrequenzen über 85 Hz werden für alle Auflösungen bis 1.600 x 1.200 Bildpunkte erreicht.
- Farbtiefe/Auflösung: Die Karte ist mit einem ausreichend großen Speicher ausgerüstet, der Auflösungen bis zu 1.600 x 1.200 bei einer Farbtiefe von 24 Bit zuläßt. Das sind in der Regel 8 MByte.
- Der Videospeicher der Grafikkarte sollte aus schnellen SDRAM-, VRAM- oder SGRAM-Bausteinen bestehen. In der Regel sind dies SDRAMs.
- Der Kartenhersteller sollte mit einem umfangreichen Treiber-Support aufwarten (Internetseite, Service-Hotline, E-Mail-Support usw.). Für einen stabilen Alltagsbetrieb ist dies unter Umständen unerläßlich.
- Dazu gehört auch die Ausstattung mit einem BIOS, das sich bei Bedarf updaten läßt.

7.4 3-D: Power für Spielefreaks

Der Markt für 3-D-Karten ist wohl der Bereich der Hardware, in dem zur Zeit die meisten Veränderungen passieren. Beinahe monatlich werden neue Chipsätze angekündigt, deren Leistungsfähigkeit die ihrer Vorgänger bei weitem in den Schatten stellt – und diese Vorgänger waren erst vor einem halben Jahr das Beste, was der Markt zu bieten hatte.

Kaum ein Spiel greift heute nicht auf den zusätzlichen 3-D-Funktionsapparat zurück, der die Grafikausgabe ungeheuer aufwertet. Wenn Sie wirklichen Spielspaß wollen, kommen Sie um die Anschaffung einer 3-D-Karte heute nicht mehr herum. Sie erhöhen nicht nur die Geschwindigkeit der Grafikausgabe, die Optik innerhalb der Spiele verbessert sich ebenfalls erheblich. Erreicht wird dieser Effekt durch einen erweiterten Befehlssatz, der die CPU entlastet und mehr Features für die Bildgestaltung ermöglicht.

Welche Funktionen Ihre Karte beherrschen sollte, woran Sie eine gute Karte von einem alten Schätzchen unterscheiden und was derzeit für den Kauf empfehlenswert ist, erfahren Sie in diesem Kapitel.

Darum geht's: 3-D-Funktionen und was sie bewirken

Eigentlich ist die Bezeichnung 3-D-Grafik ein bißchen irreführend, weil das, was Sie sehen (die Mattscheibe Ihres Monitors) ja nur zweidimensional ist. Hinter dem Begriff verbirgt sich in Wirklichkeit die Projektion einer dreidimensionalen Szenerie auf ein zweidimensionales Bild. Um einen realistischen Eindruck zu erzeugen, muß bei der Berechnung des Bildes also neben Höhe und Breite ein Wert für die Position eines Objekts im Raum berücksichtigt werden.

Auf der Grafikkarte sind Befehle implementiert, die dieses „räumliche" Bild mit Leben füllen, man spricht dabei von der sogenannten 3-D-Pipeline. Die 3-D-Pipeline ist eine Abfolge von Funktionen, die nacheinander ausgeführt werden und die jede für sich eine bestimmte Auswirkung auf das fertige Bild haben. An einem Beispiel zeigen wir Ihnen, was für Schritte dabei absolviert werden.

Berechnung eines Gittermodells

Dieser Teil der Berechnung wird noch durch die CPU ausgeführt. Das darzustellende Bild wird im ersten Schritt in eine Vielzahl von Dreiecken zerlegt, wobei jeder Eckpunkt mit einem Satz Koordinaten beschrieben wird. So ein Koordinatensatz besteht aus einem x-, einem y- und einem z-Wert, wobei der letztgenannte die Position in der Tiefe beschreibt. Die Tiefeninformation wird in einem separaten Speicher abgelegt, dem sogenannten Z-Buffer. Informationen über Farbe, Material und Textur des Objekts kommen hinzu, wodurch die Menge der Bilddaten enorm erhöht wird. Dieser Schritt im Bildaufbau heißt auch „Dreiecks-Setup".

Der erste Schritt bei der Erzeugung eines 3-D-Bildes ist das Drahtgittermodell

Die Bedeutung, die 3-D-Spiele für den PC-Markt haben, kann man daran ablesen, daß genau für diese Aufgabenstellung in CPUs der neuesten Generation eine Erweiterung des Befehlssatzes eingebaut worden ist. Bei Prozessoren der Firma AMD heißt diese Erweiterung 3DNow und ist in der Serie der K6-2-, K6-3- und K7-CPUs zu finden.

Intels neuester Prozessor, der Pentium III, ist ebenfalls mit einer Erweiterung des Befehlssatzes um Grafikbefehle ausgestattet. Hier nennt sich dieses Feature SSE (**S**treaming **S**IMD **E**xtensions).

Geometrische Transformation

Das fertige Gittermodell wird jetzt in eine Form gebracht, die der räumlichen Struktur des fertigen Bildes entspricht:

Perspektivische Korrektur	Die Dreiecke des Gittermodells werden so ausgerichtet und verformt, daß sie der Perspektive des Betrachters entsprechen.
Color-Key-Transparenz	Für bestimmte Farbwerte kann Transparenz vorgesehen werden, so daß man durch Gegenstände (Baumkronen, Fenster) hindurchschauen kann.
Back-Face-Culling	Jedes Objekt, das durch die Perspektive vor dem Betrachter verborgen bleibt, wird entfernt, damit es nicht weiter berechnet werden muß. Das entlastet den Rechner.
3-D-Clipping	Der gleiche Prozeß wird für die Polygone der übriggebliebenen Objekte wiederholt. Das sind z. B. Gegenstände, die nur zum Teil durch ein anderes Objekt verdeckt werden.

Um unnötige Berechnungen zu sparen, sind hier bereits alle unsichtbaren Polygone entfernt

Rendering

Jetzt findet die Montage des Bildes statt. Die vorher festgelegten Texturen, die „Oberflächen" und Farben, werden auf das Gittermodell gelegt. Einige der wichtigsten Begriffe finden sich in diesem Bereich wieder, der besonders für die Qualität des fertigen Bildes von Bedeutung ist.

Texture-Mapping	Auf das fertige Gittermodell werden Texturen gelegt, Bitmaps, die Oberflächenstrukturen darstellen (so, als ob man es mit Abziehbildern bekleben würde). Dadurch wird ein realistisches Erscheinungsbild der Objekte erzeugt. Für die Texturen steht ein eigener Speicherbereich auf der Karte (siehe auch Seite 300) zur Verfügung, der Texturspeicher.
Bilineares und trilineares Filtern	Treppcheneffekte, die beim Zoomen oder Verformen der Texturen entstehen, werden bilinear ausgefiltert, indem der Farbwert eines Pixels über zwei benachbarte Bildpunkte gemittelt wird. Trilineares Filtern berücksichtigt auch die Farbwerte, die die entsprechenden Bildpunkte in der nächstkleineren oder -größeren Textur haben (siehe Mip-Mapping).
Mip-Mapping	Für eine Vielzahl von Vergrößerungsstufen werden verschieden große Varianten derselben Textur verwendet, so daß die Details bei kurzem Abstand erhalten bleiben und der Rechenaufwand bei großem Abstand verringert wird.
Beleuchtung	Realistisch wirkende Szenen werden durch eine Vielzahl von Lichtquellen bestimmt, deren Einfluß jetzt berechnet wird. Das beinhaltet auch die Wirkung auf reflektierende oder spiegelnde Oberflächen und Schattenbildung.
Shading	Flat-, Gouraud- oder Phong-Shading sind drei unterschiedliche Verfahren, mit denen Farbverläufe auf den Gitterflächen berechnet werden, dabei kommt dem Gouraud-Shading die größte Bedeutung zu. Mit diesem Verfahren können vor allem gekrümmte Flächen dargestellt werden, ohne daß die Ecken und Kanten des Gittermodells zu sehen sind.
Bump-Mapping	Bei der Wahrnehmung von dreidimensionalen Oberflächen orientiert sich das Auge an verschiedenen Helligkeitswerten. Mit dem Bump-Mapping werden genau diese Helligkeitswerte simuliert, so daß sich ein besonders plastischer Eindruck ergibt.
Fogging	Mit dem Fogging kann man weiter entfernte Objekte nach und nach im Dunst verschwinden lassen, was für einen guten Tiefeneindruck einer Szenerie sorgt. Diese Objekte müssen auch nicht weiter berechnet werden, das sorgt für eine größere Geschwindigkeit. Selbstverständlich wird mit dieser Funktion auch ganz gewöhnlicher Nebel erzeugt.
Alpha-Blending	Mit dieser Funktion werden unterschiedliche Transparenzwerte für jedes Pixel vergeben. Damit lassen sich Objekte wie Wasser oder Glasscheiben darstellen.
Anti-Aliasing	Anti-Aliasing filtert die Treppchenbildung an scharfen Kanten aus, indem es die Farbwerte benachbarter Pixel interpoliert. Dieser Vorgang ist sehr rechenintensiv.

Grafikkartentausch

Mit dem Shading können gekrümmte Flächen dargestellt werden

Als nächstes kommen Texturen dazu, mit denen Oberflächen ein natürliches Aussehen gegeben wird

Alpha-Blending sorgt für Transparenz

In diesem Schritt kommt der Einfluß einer Lichtquelle dazu

Selbst die Lichtreflexionen in einer virtuellen Kameralinse können simuliert werden

Multitexturing

Hinter diesem Begriff verbirgt sich die Fähigkeit der Grafikkarte, zwei Texturen für ein Objekt in einem Arbeitsgang erzeugen zu können. Dies wird z. B. für Reflexionseffekte benötigt, bei denen sich die Umgebung auf einer Oberfläche spiegelt. Einige Spiele machen ausgiebig Gebrauch von diesem Feature.

Um die gleichzeitige Verarbeitung zu bewältigen, muß auf der Karte eine zweite Textur-Engine implementiert, also fest verdrahtet sein.

Double-Buffering

Das fertige Bild wird jetzt in den Videospeicher geschrieben, der in zwei Bereiche aufgeteilt ist, den Front-Buffer und den Back-Buffer. Im Front-Buffer liegt das Bild, das gerade dargestellt wird, während im Back-Buffer schon das nächste aufgebaut wird. Ist die Darstellung abgeschlossen, wird umgeschaltet und der Inhalt des anderen Buffers dargestellt, was als Flipping bezeichnet wird. Der Bildschirm zeigt also abwechselnd den Inhalt von Front- und Back-Buffer, bzw. die beiden Speicherbereiche wechseln sich in Ihrer Funktion ab.

> **Hinweis**
> **Grafikbremsen abstellen**
> Bei einigen 3-D-Karten kann man über den Bildschirmtreiber die Funktion *Wait for Vsync* (oder ähnlich) ein- und ausschalten. Sie ist standardmäßig eingeschaltet und hat zur Folge, daß der Aufbau neuer Bilder mit der Frequenz des Bildschirmaufbaus synchronisiert wird. Im Zweifelsfall kann das aber dafür sorgen, daß der Grafikprozessor bei seiner Arbeit ausgebremst wird, weil er „nur" 60 Bilder pro Sekunde berechnen darf. Mit dem Ausschalten dieser Funktion können Sie die Fähigkeiten Ihrer Karte voll ausnutzen.

Speicherbedarf von 3-D-Karten

Im Ablauf der 3-D-Berechnung und -Darstellung verbergen sich einige Speicherfresser, die den Speicherbedarf von 3-D-Karten gegenüber normalen Karten erheblich erhöhen:

- Neben den Bits für einen Farbwert enthält jeder Bildpunkt 16 Bit Information über seine Position im Raum (Z-Buffer).

- Die Texturen, mit denen ein Bild versehen wird, müssen in einem separaten Speicher abgelegt werden, damit sie ständig zur Verfügung stehen (Texturspeicher).

- Der Bildspeicher muß mindestens zwei Bilder gleichzeitig aufbauen können (Double-Buffering).

Unter dem Strich benötigt z. B. ein Bild mit 800 x 600 Bildpunkten und einer Farbtiefe von 16 Bit 2,74 MByte Speicher gegenüber 0,91 MByte bei normaler 2-D-Darstellung, also gut das Dreifache.

Schnittstellensalat: Glide, Direct3D und OpenGL

Genauso vielfältig wie die neuen Grafikfunktionen war auch die Palette an Produkten, die vor etwa drei Jahren auf den Markt geworfen wurden. Damit eröffnete sich für die Hersteller von Spielesoftware ein enormes Problem: Ihre Spiele sollten mit möglichst vielen der verfügbaren Chipsätze zurechtkommen, andererseits aber auch möglichst viele der individuellen Funktionen ausnutzen. Ermöglicht wird das Zusammenspiel durch eine Programmierschnittstelle (eine sogenannte API = **A**pplication **P**rogramming **I**nterface), die einerseits die Hardware unterstützt und andererseits einheitliche

Befehle für die Softwareentwickler zur Verfügung stellt. Konnte es anfangs noch vorkommen, daß eine Grafikkarte zwar gute Funktionen bot, aber leider von keinem Spiel richtig unterstützt wurde, so hat sich das gründlich geändert, weil sich mit dem Erfolg bestimmter Produkte drei Schnittstellenstandards durchgesetzt haben.

Exklusiv für 3dfx-Karten: Der Glide-Standard

Mit der zweiten Generation von 3-D-Karten hat sich eine bestimmte Produktfamilie so sehr durchgesetzt, daß man sie beinahe als Standard in der Spieleszene bezeichnen kann: Grafikkarten mit dem Voodoo-Chipsatz der Firma 3dfx. Diese Karten bieten ein enormes Leistungsspektrum bei guter Bildqualität, das zu ihrer frühen Zeit zunächst konkurrenzlos war. Nach und nach haben sich die Karten am Markt so etabliert, daß die meisten Spiele mit einer Unterstützung der zugehörigen Glide-Schnittstelle ausgeliefert werden. Der große Vorteil des Glide-Standards ist seine Nähe zur Hardware. Durch die Ausrichtung auf einen bestimmten Chipsatz können dessen Funktionen besonders gut unterstützt werden. Das Ergebnis ist eine hervorragende Leistungsausbeute, sowohl in der Geschwindigkeit als auch in der Bildqualität. Dieser Punkt ist sicher das stärkste Kaufargument für die Voodoo-Karten. Voodoo-Karten werden mittlerweile auch von Direct3D unterstützt, aber die besten Ergebnisse erzielt natürlich die Glide-Schnittstelle. Bei älteren, MS-DOS-basierten Spielen ist sogar keine Alternative möglich.

Der Glide-Treiber hat eine weitere Besonderheit: Er unterstützt die 3DNow-Erweiterung der AMD-Prozessoren. Damit ist noch einmal eine Steigerung der Geschwindigkeit möglich. Diese Unterstützung ist aber abhängig von der Version des Treibers. Welche Versionen 3DNow unterstützen und die Dateien zum Download finden Sie auf den Webseiten der jeweiligen Hersteller. Siehe dazu die Tabelle auf Seite 279.

Direct3D können alle

Direct3D ist ein Microsoft-Produkt, das den Hardwarezugriff unter Windows 95/98 im Zusammenspiel mit dem Treiber des Herstellers regelt. Es ist kostenlos, deswegen kann es mit jedem Spiel einfach mitgeliefert werden, für den Fall, daß der Benutzer es noch nicht auf seinem Computer installiert hat. Seit der Version 5.0 (1997), die einigermaßen fehlerfrei war und einen ausreichenden Funktionsumfang bot, hat sich diese Art der Hardwareunterstützung als starke Konkurrenz zu Glide durchgesetzt. Mittlerweile unterstützt nahezu jede Software Direct3D, um die Grafikkarte anzusprechen.

Der Nachteil ist, daß bei der breiten Streuung die spezifischen Funktionen der unterschiedlichen Chipsätze nicht immer optimal unterstützt werden. Außerdem sorgte eine überhastete Versionsfolge dafür, daß nicht immer fehlerfreie Varianten von Direct3D auf dem Markt sind. Dieses Manko hat sich aber in der letzten Zeit stark verringert, weil die Sprünge zwischen den

Versionen weniger groß geworden sind. Mittlerweile hat auch Microsoft nachgezogen und seit der Version 6.0 eine Unterstützung von 3DNow, der Befehlssatzerweiterung von AMD-Prozessoren, implementiert.

OpenGL: Die Profi-Schnittstelle

OpenGL kommt ursprünglich aus dem professionellen Bereich und ist von der Firma Silicon Graphics entwickelt worden. OpenGL ist sehr leistungsfähig, nah an der Hardware und unterstützt viele spezielle Grafikfunktionen, aber die Hardwaretreiber sind sehr aufwendig zu programmieren. Weil Direct3D für den Hardwarehersteller einfacher zu unterstützen ist, wird aus Kostengründen oft auf einen OpenGL-Treiber verzichtet. Deswegen findet man die Schnittstelle eher bei teureren und hochwertigen Karten. Wenn OpenGL unterstützt wird, um so besser, aber bei der im Vergleich zu den anderen Standards geringeren Verbreitung können Sie eine 3-D-Karte beruhigt kaufen, auch wenn die OpenGL-Schnittstelle fehlt. Das gilt natürlich nicht, wenn Sie ganz gezielt Spiele oder andere Software benutzen, die auf genau diese Art der Kommunikation angewiesen ist.

Fazit: Direct3D ist in jedem Fall dabei

Egal, für welche 3-D-Karte Sie sich entscheiden, eine Direct3D-Unterstützung ist immer gegeben. Karten mit Voodoo-Chipsatz haben den Vorteil der eigenen Schnittstelle, was ohne Zweifel das größte Plus bedeutet, aber das Fehlen dieser Schnittstelle ist nicht unbedingt ein Manko der anderen Chipsätze. Die Leistungsfähigkeit von Direct3D ist in vielen Fällen gleichwertig, lediglich die Auswahl der unterstützten 3-D-Features ist je nach Software unterschiedlich. OpenGL sollte wegen seiner weniger großen Verbreitung bei Ihrer Kaufentscheidung eine untergeordnete Rolle spielen, außer, wenn Sie es in erster Linie auf Spiele abgesehen haben.

Kombikarte oder Add-On?

Eine Möglichkeit, Kompromisse bei der Implementierung von 3-D-Funktionen im Grafikchipsatz zu umgehen, ist die Trennung von 2-D- und 3-D-Funktionen auf zwei Karten. Diese Methode war zu Anfang der Entwicklung von 3-D-Chips sehr verbreitet. Diese Art, 3-D-Funktionalität in den Computer einzubauen, hat sich bis jetzt am Markt behaupten können. Allerdings ist die Entwicklung nicht stehengeblieben, und die Konkurrenz durch Grafikkarten, die beides können, ist so groß geworden, daß die Tage von Add-On-Karten wohl gezählt sind.

Add-On-Karten

Im Bereich der Add-On-Karten finden sich im Moment auf dem Markt nur noch Produkte, die mit Chipsätzen von 3dfx ausgestattet sind. Dieser Hersteller hat mit seinem Voodoo-Chipsatz (und der Glide-Schnittstelle, s. o.) einen Quasistandard für 3-D-Beschleuniger geschaffen. Bei der Entscheidung für eine Voodoo-(Add-On-) Karte kaufen Sie höchste Leistung ein, die dank Plug & Play in der Regel problemlos in Ihren Rechner einzubauen ist.

Voodoo2-Karten, bis vor kurzer Zeit der Traum jedes Gamers

Zudem bieten Voodoo2-Karten ein Feature, daß ihre Leistung noch einmal verdoppeln kann. Bis zu vier(!) Voodoo2-Karten können nämlich in Ihrem Rechner gleichzeitig eingebaut und hintereinander geschaltet werden. Damit potenziert sich die Leistung der Karten, was 3-D-Darstellung in hohen Auflösungen (mit nur einer Karte sind maximal 800 x 600 Bildpunkte möglich) und bei hoher Geschwindigkeit erlaubt. Bei einem Preis von derzeit ca. 250 DM pro Karte ist dieser Luxus aber ein teures Vergnügen.

Wie gesagt, werden Add-On-Karten wohl in absehbarer Zeit vom Markt verschwinden. Die neue Kartengeneration mit Voodoo3-Chipsatz enthält bereits kein Produkt mehr, das als Add-On-Karte konzipiert ist.

Hinweis
Wieviel Voodoo brauchen Sie wirklich?

Die Kostenfrage stellt sich nicht so sehr, wenn Sie einen „langsamen" Rechner bis zu einem Pentium MMX 233 besitzen, denn mit einem solchen Computer können die Voodoo-Karten der neuesten Generation (Voodoo2 und 3) ihre Fähigkeiten nicht voll ausspielen.

Auf solchen Systemen erreicht man gegenüber einer Grafikkarte mit Voodoo-Chip gerade mal eine Leistungssteigerung von etwa 5-10 %. Ursache ist, daß der Voodoo2-Chip so schnell ist, daß plötzlich der Prozessor zum Flaschenhals wird. Für den Voodoo3-Chip gilt das natürlich um so mehr. Also: Nach unserer Meinung werfen Sie Ihr Geld hinaus, wenn Sie eine superschnelle Karte wie die Voodoo2 – oder gar Voodoo3 – kaufen, um sie in einem langsamen Rechner zu verwenden.

Voodoo-Karten sind aber schon für unter 100 DM zu haben und bringen beinahe den gleichen 3-D-Spaß bei einem Drittel der Kosten.

Ein weiterer Nachteil von Add-On-Karten ist, daß die Bildqualität im 2-D-Bereich leiden kann, da das Videosignal per Kabel durch die Add-On-Karte geleitet („geschleift") wird, wo es weiterverarbeitet und dann erst an den Monitor geschickt wird.

Voodoo2-Karte mit Kabel

Durch die zusätzlichen Stecker, Kabel und den längeren Signalweg kann die Bildschärfe etwas nachlassen, was bei hohen Auflösungen stören kann. Wer seinen Rechner hauptsächlich zum Arbeiten nutzt, ist mit einer Allroundkarte auch in dieser Hinsicht besser bedient.

Man kann das Problem mit der Unschärfe umgehen, wenn man im Besitz eines guten Monitors ist, der sowohl den herkömmlichen VGA-Anschluß als auch BNC-Anschlüsse für ein RGB-Signal bietet. In dem Fall kann man die Signale der beiden Grafikkarten gleichzeitig durch getrennte Kabel zum Monitor schicken. Das Signal der 2-D-Karte muß nicht durch die Add-On-Karte geleitet werden, so daß es mit voller Qualität zum Bildschirm gelangt.

Preiswert und (mittlerweile) leistungsfähig: Kombikarten

Im Gegensatz zu den 3-D-Karten der ersten beiden Generationen beherrschen aktuelle Produkte beide Bereiche der Grafikausgabe sehr gut, von Kompromiß kann hier keine Rede mehr sein. Außerdem bieten Allroundkarten den Vorteil, daß sie mittlerweile preisgünstiger sind als die gängigen Add-On-Karten.

Die meisten Produkte am Markt sind solche Multitalente, die sowohl akzeptable Leistungen in einer Textverarbeitung als auch mit Ihrem Lieblingsspiel bieten. Ein weiterer Vorteil ist, daß diese Karten nur einen PCI- oder AGP-Steckplatz benötigen. Sollten Sie bereits mehrere Zusatzkarten eingebaut haben, ist auch das ein Kaufargument.

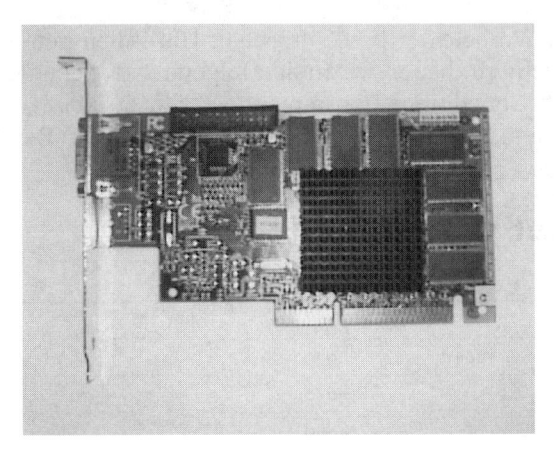

Gängige 2-D/3-D-Kombi-Grafikkarte (Diamond Viper V550)

Wenn Sie Ihr System um 3-D-Fähigkeiten erweitern möchten, ist eine hochwertige Allroundkarte die preiswertere Lösung. Bei einem Modell der neuesten Generation gehen Sie dabei mit Sicherheit auch keine großen Kompromisse ein.

Kräftemessen: Die Vor- und Nachteile im Überblick

Kartentyp	Vorteile	Nachteile
Allroundkarten	Gutes Preis-Leistungs-Verhältnis Belegt nur einen Steckplatz Alle Bildschirmauflösungen werden unterstützt Gute Bildqualität im 2-D-Bereich Breite Unterstützung durch Direct3D	Je nach Chipsatz eingeschränkte 3-D-Funktionen oder schlechte 2-D-Qualität Oft wird ein eigener IRQ benötigt
Add-On-Karten	Sehr gute 3-D-Qualität durch hohe Spezialisierung Gute Hardwareunterstützung durch die Glide-Schnittstelle	Bei Anschaffung von zwei neuen Karten hohe Kosten Geringere Bildqualität im 2-D-Bereich Zusätzliche Belegung eines PCI-Steckplatzes 3-D-Auflösungen nur bis 800 x 600 Weniger gutes Preis-Leistungs-Verhältnis

Geheimnisvolle Namen: Vielfalt auf dem Chipmarkt

In einer Beziehung herrscht auf dem Computermarkt mit Sicherheit kein Mangel: nämlich an Produkten mit spannend klingenden Namen und hochtrabenden Bezeichnungen. Leider läßt sich selten wirklich sagen, wieviel Qualität sich hinter einem Namen verbirgt oder ob der betreffende Hersteller nur einen begabten Werbetexter beschäftigt hat. Um Ihnen den Durchblick ein bißchen zu erleichtern, haben wir in den folgenden Tabellen die gängigsten Chipsätze nach Generationen zusammengestellt. So können Sie leicht sehen, was neu auf dem Markt ist und was schon länger in den Regalen liegt.

Chipsätze der ersten Generation

Hersteller	Chipsatz	Kommentar
S3	Virge DX/GX/GX2/VX	Inzwischen veraltet
Matrox	MGA1064SG/2064W	dito.
ATI	Rage I/II	dito.
Rendition	Vérité 1000L	dito.

Chipsätze der zweiten Generation

Hersteller	Chipsatz	Kommentar
3dfx	Voodoo	Karten mit diesem Chip wird's nicht mehr lange geben. Preiswerte und gute Add-On-Lösung für Computer bis zum Pentium MMX
S3	Savage 3D	Preiswerter Chip mit ausreichender Leistung
Trident	3D-Image 9985x, Cyber9398	Diese Chips sind auf vielen Low-Cost-Produkten zu finden.
ATI	Rage Pro	Preisgünstiger Chipsatz mit guten Allround-Eigenschaften
Nvidia	Riva128/Riva128 ZX	Verbreitetes und gutes Vorgängermodell des Riva TNT
Intel	I740	Einer der ersten Chips auf AGP-Karten
3Dlabs	Permedia/Permedia2	Konnte sich nicht gegen die anderen Chips durchsetzen

Chipsätze der dritten Generation

Hersteller	Chipsatz	Kommentar
3dfx	Voodoo2, Voodoo Banshee	Voodoo2 ist gut und leistungsfähig, aber im Vergleich zu den Kombikarten zu teuer. Banshee ist die Kombi-Schwester mit nur einer Textur-Engine. Bei beiden unterstützt der Glide-Treiber den 3DNow-Befehlssatz
ATI	Rage 128	Etwas später erschienen als der Riva TNT, scheint aber in der Leistung nur wenig zurückzustehen. Beim 32-Bit-Rendering hat der Rage 128 die Nase vorn
Matrox	G200	Hervorragender 2-D-Chip mit nicht ganz so ausgeprägter 3-D-Funktionalität. Für den Office-Bereich empfehlenswert. Der erste Chip mit 32-Bit-Rendering

Number Nine	Ticket to Ride IV	Kann es in seiner Leistung kaum mit den anderen Chips aufnehmen
Nvidia	Riva TNT	Zur Zeit der 3-D-Chip mit dem besten Preis-Leistungs-Verhältnis und der größten Verbreitung. Zudem ist dies der schnellste Chip am Markt (und unser persönlicher Favorit)
3Dlabs	Permedia3	Teilte das Schicksal des Vorgängers

Chipsätze der vierten Generation

Hersteller	Chipsatz	Kommentar
3dfx	Voodoo3	Niegelnagelneu am Markt, aber noch zu teuer und in den Tests nicht ganz so gut wie der TNT2
Nvidia	Riva TNT2	Solange die Karte neu auf dem Markt ist, relativ teuer, aber ansonsten der heißeste Kauftip

Was macht eine gute 3-D-Karte aus?

Die Zusammenfassung der Eigenschaften, die eine gute 3-D-Grafikkarte haben sollte:

- **Chipsatz:** Der Chipsatz ist möglichst neu, also aus der dritten oder vierten Generation von 3-D-Beschleunigern.
- **Videospeicher:** Wegen des großen Speicherbedarfs, der mit einigen 3-D-Funktionen verbunden ist, sollte die Karte mit mindestens 12 MByte (Add-On-Karten) bzw. 16 MByte (Kombikarten) ausgestattet sein. Es darf auch mehr sein, wie z. B. 32 MByte bei der ATI Rage Fury.
- **3-D-Funktionen:** Möglichst viele Funktionen sollten auf der Karte realisiert und über die Softwareschnittstelle nutzbar sein. Besonders die Funktionen, die von der Hardware abhängig sind, wie Multitexturing und Double-Buffering sollten implementiert sein.

Zur Zeit sieht es so aus, daß sich zwei Chipsätze besonders stark am Markt durchgesetzt haben. Das sind der Riva TNT von Nvidia und der Voodoo Banshee von 3dfx. Die allermeisten Karten für den Office- und Spielesektor sind mit einem dieser beiden Chipsätze ausgestattet, beide sind auf Kombinationskarten zu finden. Im Preis liegen Karten mit diesen Chips mittlerweile auf niedrigerem Niveau als Karten mit Voodoo2-Chipsatz, die zur Zeit noch als einziges reines Add-On-Produkt zu haben sind. Leider verschlechtert sich das Preis-Leistungs-Verhältnis der Voodoo2-Karten dadurch erheblich. Als direkte Konkurrenz ist auch der ATI Rage 128 interessant. Die nächste Generation von 3-D-Karten ist aber bereits am Start: der Riva TNT2 und der Voodoo3-Chipsatz. Beide sind wieder um eine Größenordnung schneller als ihre Vorgänger, wobei der Riva TNT2 in ersten Tests die Nase vorn hatte. Sowohl in der Geschwindigkeit als auch in der Funktionalität hat Nvidia hier die Krone der Chipsätze an sich genommen. Auf den neuen Chips sind verschiedene neue Funktionen realisiert. Ebenso werden die 3-D-Funktionen des AMD K6-X und K7 und des Pentium III unterstützt. In der Verfügbarkeit hat allerdings der Voodoo3 das Rennen gemacht, denn er war einige Wochen vor dem TNT2 am Markt. Die Karten zeigen hervorragende Leistungen und sehr gute Funktionen, die über die Glide-Schnittstelle genutzt werden können. Leider hat man auf einige Features verzichtet, die seit dem TNT-Chip als Standard gelten. Ebenso ist die maximale Speicherbestückung mit 16 MByte ein wenig mager, kommt die Konkurrenz doch bereits mit 32 MByte Bildspeicher daher. Sobald genügend Konkurrenzprodukte verfügbar sind (insbesondere natürlich der TNT2), wird sich die Stellung der Voodoo3-Karten wieder verschlechtern. Unsere Empfehlung geht zur Zeit ganz klar in die Richtung der drei erstgenannten Chipsätze (Riva TNT, Voodoo2/Banshee, Rage 128). Sie bieten ein gutes Preis-Leistungs-Verhältnis, sehr gute 2-D-Leistungen, sehr gute 3-D-Leistungen und sind auf vielen Karten vertreten.

Sehr groß fallen die Unterschiede in der Leistung zwischen den dreien nicht aus. Das Gegenteil ist der Fall: Meistens sind die Testergebnisse fast identisch. Je nach Preisentwicklung der vierten Chipgeneration können Sie sich natürlich auch für eine Karte mit einem neuen Chipsatz entscheiden. Im Moment sind z. B. Voodoo3-Karten etwa 70-90 DM teurer als z. B. Karten mit TNT-Chipsatz. Unserer Erfahrung nach sind ATI-Produkte in der Regel recht preiswert und bieten eine ordentliche Leistung für's Geld. Unser Tip für die weniger teure Grafikkarte ist daher die ATI Rage 128 PRO, die sehr gute Funktionalität, Ausstattung und Support bietet. Aufgrund der Tatsache, daß viele Karten nur noch mit AGP-Schnittstelle angeboten werden, ist es allerdings für Besitzer von reinen PCI-Computern schwierig, sich auf ein bestimmtes Produkt festzulegen. Leider muß man in dem Fall oft nehmen, was erhältlich ist. Die neuesten Trends, Gerüchte und Tests zu 3-D-Grafikkarten finden Sie u. a. bei:

http://www.voodooextreme.com
http://www.3dfxmania.com
http://www.3dgaming.com
http://www.voodoofx.all.de
http://www.voodoospotlight.com

7.5 Eine neue Karte einbauen und konfigurieren

Jetzt ist es endlich soweit: Sie haben eine neue Grafikkarte gekauft und möchten sie in Ihren Computer einbauen. In den meisten Fällen klappen Einbau und Treiberinstallation völlig problemlos. Und wenn es Dinge gibt, die es zu beachten gilt, machen wir Sie in dieser Anleitung darauf aufmerksam.

Vorbereitung vor dem Kartentausch

Bevor eine neue Grafikkarte eingebaut werden kann, muß der alte Treiber deaktiviert werden, denn die neue Karte wird damit sehr wahrscheinlich nicht funktionieren. Auch wenn sich das Plug & Play bei Windows 98 verbessert hat, sollten Sie für den ersten Start mit der neuen Karte einen Standardtreiber benutzen. Sie ersparen sich mit Sicherheit Konflikte, Zeit und Ärger.

1 Klicken Sie mit der rechten Maustaste auf den Hintergrund des Windows-Desktop.

2 Klicken Sie im Register *Einstellungen* auf *Erweitert*. Und wechseln Sie dann in das Register *Grafikkarte*.

3 Klicken Sie auf *Ändern* und aktivieren Sie dann die Option *Alle Modelle anzeigen*. Unter Windows 98 müssen Sie vorher die Frage, ob nach einem neuen Treiber gesucht werden soll, verneinen und sich die Liste extra anzeigen lassen. Dazu müssen Sie die entsprechende Option aktivieren.

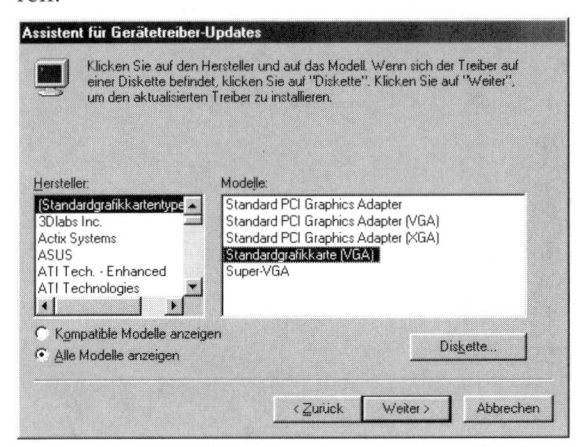

4 Im linken Teil des Dialogfensters, das jetzt erscheint, wählen Sie den Eintrag *(Standardgrafikkartentypen)* und dann im rechten Teil des Fensters *Standardgrafikkarte (VGA)*.

5 Legen Sie die Windows 95/98-CD ein und bestätigen Sie Ihre Auswahl mit *OK*. Windows installiert jetzt einen einfachen Treiber, der mit allen Grafikkarten funktioniert. Unter Umständen fragt Windows 95/98 noch einmal nach, wo es nach seiner CD suchen muß.

6 Nachdem der Installationsvorgang abgeschlossen ist, lassen Sie den Rechner einmal neu starten, damit die Systemdateien aktualisiert werden können. Wenn der Neustart geklappt hat, ist der Computer für den Einbau der neuen Grafikkarte vorbereitet.

Der einfachste Teil: Aus- und Einbau

Bevor Sie jetzt darangehen, Ihren Computer aufzuschrauben, sei noch einmal der Hinweis auf die Seite 43 ff. erlaubt, denn dort können Sie alle Vorsichtsmaßnahmen nachlesen, die Sie ergreifen sollten, wenn Sie am offenen Rechner „operieren". Sie brauchen für den Tausch der Grafikkarte folgendes Werkzeug:

- einen Schraubenzieher mit Kreuzkopf
- eine Pinzette oder Spitzzange, um eventuell Jumper zu setzen

Gehäuse öffnen

Damit Sie an alles herankommen, müssen Sie das PC-Gehäuse öffnen. Die Schrauben befinden sich meist auf der Gehäuserückseite. Manchmal muß erst eine Kunststoffblende abgenommen werden, mit der die Gehäuserückseite verkleidet ist. Sind die Schrauben entfernt, muß in der Regel nur noch der Gehäusedeckel nach hinten weggezogen und abgenommen werden.

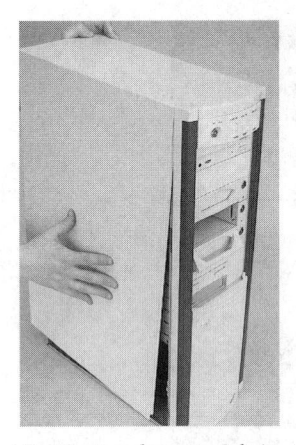

Fast immer der erste Schritt: Abnehmen des Gehäuses

Ausbau der alten Grafikkarte

Die Grafikkarte erkennen Sie an der 15poligen VGA-Buchse.

Jawohl, die kleine Buchse hinter dem Stecker ist es

Lösen Sie die Schraube, die das Slotblech am Gehäuse fixiert. Jetzt können Sie die Karte aus dem Steckplatz herausziehen. Manche Karten sitzen sehr fest, da ist es hilfreich, einen Schraubenzieher leicht als Hebel unter das Slotblech zu setzen.

Benutzen Sie keinesfalls Gewalt, um Erweiterungskarten zu entfernen oder in einen Steckplatz hineinzustecken. Mit „Schaukelbewegungen", bei denen Sie die Karte hin und her bewegen, lassen sich festsitzende Steckkarten fast immer problemlos lösen. Bei zuviel Kraftaufwand drohen Schäden am Motherboard, weil Haarrisse entstehen könnten, die Sie zwar nicht sehen, deren Auswirkungen aber fatal sein können.

Onboard-Grafikkarte deaktivieren

Befindet sich der Grafikchip nicht auf einer separaten Steckkarte, sondern auf der Hauptplatine, dann ist ein Ausbau ausgeschlossen. In einem solchen Fall muß der Grafikchip auf dem Mainboard deaktiviert werden, bevor Sie eine „externe" Grafikkarte einbauen.

Dazu müssen Sie in der Regel einen Jumper umstecken, einen Dip-Schalter umschalten oder im BIOS der Hauptplatine eine Einstellung ändern.

Bei einigen Platinen wird der Grafikchip auch automatisch abgeschaltet, sobald eine Grafikkarte eingebaut wurde.

Die notwendigen Informationen finden Sie in der Dokumentation zur Hauptplatine. Sie sollten sich in jedem Fall mit der Vorgehensweise vertraut machen, die bei Ihrem Mainboard notwendig ist.

Einbau der neuen Grafikkarte

Nehmen Sie die neue Grafikkarte aus der Verpackung. Innerhalb des Kartons ist jede Steckkarte in einem antistatischen Plastikbeutel eingepackt. Dieser eignet sich natürlich bestens als Verpackung für eine ausgebaute Karte.

Stecken Sie die Grafikkarte in einen freien Steckplatz. Eine Verwechslung der Steckplätze ist ausgeschlossen, da eine PCI-Karte nicht in den AGP-Slot paßt und umgekehrt.

Das Einstecken der Karte erfordert kaum Kraft. Wenn sich die Karte trotzdem nicht einstecken läßt, setzen Sie – wie erwähnt – auf keinen Fall Gewalt ein. Prüfen Sie, ob sich die Karte verkantet hat und ob Sie den Steckplatz richtig getroffen haben. Manchmal gibt es auch Schwierigkeiten, weil sich das Slotblech am Gehäuse verhakt. Dann ist es am besten, die Karte noch einmal anzuheben und neu anzusetzen.

Verwechslung fast nicht möglich: PCI- und AGP-Grafikkarte

Wichtig ist, daß die Karte über die gesamte Länge des Steckplatzes fest und bis zum Anschlag eingesteckt ist. Gerade AGP-Karten sind in dieser Beziehung ein bißchen empfindlich.

AGP-Grafikkarte mit dazugehörigen Slots

Wenn die Karte korrekt sitzt, können Sie sie wieder mit der Schraube am Gehäuse fixieren. Achten Sie beim Anziehen der Schraube darauf, daß sich die Karte nicht wieder aus dem Steckplatz herausbewegt. Im Zweifelsfall können Sie das Slotblech vorsichtig ein wenig zurechtbiegen.

Erster Testlauf und Schließen des Gehäuses

Nachdem Sie das Monitorkabel an die Grafikkarte angeschlossen haben, kommt der erste Testlauf. Schalten Sie Monitor und PC ein. Als erstes sollten Sie jetzt die Meldung des Grafikkarten-BIOS sehen und dann, wie der PC den Speicher hochzählt. Fahren Sie den Rechner wieder herunter, schalten Sie ihn aus und schrauben Sie das Gehäuse wieder zusammen.

Sollte kein Bild erscheinen und der Computer nur Piepsignale von sich geben, sitzt die Grafikkarte sehr wahrscheinlich nicht korrekt im Steckplatz. Wenn Sie den Computer wieder ausgeschaltet haben (!), müssen Sie den Sitz der Karte noch einmal überprüfen und dann den Testlauf wiederholen.

Wie sag' ich's meinen Kindern? – Treiberinstallation

Jetzt ist der schwierigste Teil bereits geschafft, aber damit die Fähigkeiten Ihrer Karte genutzt werden können, müssen Sie jetzt noch die zugehörigen Treiber installieren.

Installation unter Windows 9x

Es gibt zwei unterschiedliche Wege, Windows von der Anwesenheit einer neuen Grafikkarte zu berichten: Entweder teilen Sie Windows explizit mit, wo es die neuen Treiber findet, die es für die Grafikkarte installieren soll, oder Sie benutzen das Installationsprogramm, das der Karte beigelegen hat. Diese Variante ist sicherlich die einfachste Art, den Treiber einzurichten. Legen Sie die Treiberdiskette oder -CD ein und starten Sie das Setup-Programm. Manchmal kommen Sie aber gar nicht erst dazu, das Installationsprogramm zu starten, denn wenn Ihre Grafikkarte Plug & Play-fähig ist, wird sie wahrscheinlich schon beim ersten Start von Windows automatisch erkannt.

Meldung beim Erkennen einer neuen Hardwarekomponente

Legen Sie dann die Treiber-CD oder -diskette ein und lassen Sie Windows auf dem entsprechenden Laufwerk danach suchen. Manchmal verbergen sich die richtigen Dateien in einem Unterverzeichnis. Wenn die Datei, deren Name z. B. *Oemsetup.inf* oder ähnlich lauten kann (sie enthält Informationen über die einzurichtende Hardware), nicht im Stammverzeichnis der CD oder Diskette gefunden wurde, müssen Sie Windows explizit mitteilen, wo sie sich befindet. Klicken Sie dazu auf *Durchsuchen*.

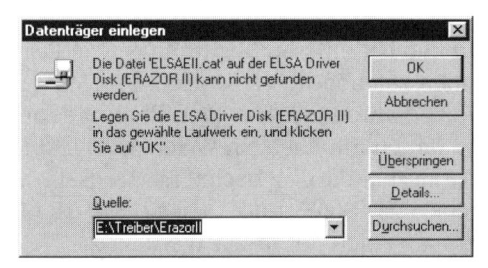

Angabe des Unterverzeichnisses für die Treiberinstallation

Die Installation sollte dann automatisch ablaufen. Beenden Sie die Installation mit einem Neustart Ihres Rechners.

Starten der Installation von Hand

Falls Ihre Karte nicht erkannt worden ist, können Sie den Installationsvorgang auch auf folgende Weise starten:

1. Klicken Sie mit der rechten Maustaste auf den Hintergrund Ihres Desktop und wählen Sie im Kontextmenü den Eintrag *Eigenschaften*.

2. Wechseln Sie zur Registerkarte *Einstellungen* und klicken Sie auf *Erweitert*.

3. Im Register *Grafikkarte* klicken Sie auf *Ändern*, um die richtigen Treiber zu installieren.

Wenn Sie diesen Vorgang noch einmal genauer beschrieben haben möchten, lesen Sie auf Seite 279 nach.

Ist manchmal notwendig: Zuweisen eines IRQs

Einige (3-D-)Grafikkarten benötigen einen eigenen IRQ, damit sie richtig funktionieren können. Ob das so ist, müssen Sie im Handbuch Ihrer Karte nachlesen. Normalerweise erübrigt sich diese Zuweisung allerdings, weil das BIOS Ihres Mainboards diese Aufgabe zusammen mit Windows 95/98 automatisch ausführt. Sofern Sie bemerken, daß Ihre brandneue Karte nicht die erwartete Leistung bringt, ist vielleicht eine fehlende oder doppelte Interrupt-Zuweisung der Grund. Genauere Details dazu hält das Handbuch Ihrer Grafikkarte bereit. Dort finden Sie auch Angaben darüber, welche IRQs für Ihre Karte in Frage kommen. Zur Überprüfung der Interrupt-Verteilung klicken Sie mit der rechten Maustaste auf das *Arbeitsplatz*-Symbol auf Ihrem Desktop und wählen den Menüeintrag *Eigenschaften*.

In der Registerkarte *Geräte-Manager* finden Sie ganz oben in der Liste den Eintrag *Computer*. Markieren Sie diesen Eintrag und klicken Sie dann auf *Eigenschaften*. Daraufhin wird Ihnen eine Liste der Interrupt-Belegungen angezeigt. Irgendwo sollte Ihre Grafikkarte mit einem eigenen Eintrag dabei sein.

Wenn Ihre Karte nicht zu finden ist, müssen Sie im BIOS dem PCI-Steckplatz, in dem sie sich befindet, einen eigenen IRQ zuweisen. Zunächst notieren Sie sich, welcher IRQ noch frei ist. Fahren Sie dann den Computer herunter. Öffnen Sie das Gehäuse und schauen Sie nach, in welchem Steckplatz sich die Karte befindet. Nach dem Einschalten des Rechners wechseln Sie mit dem entsprechenden Tastendruck ins BIOS und weisen im Menü zur PCI-Konfiguration diesem Steckplatz einen der freien Werte zu.

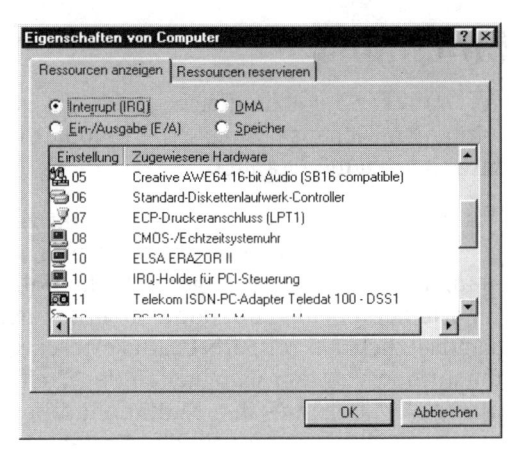

Interrupt-Belegung Ihrer Grafikkarte

Speichern Sie die Änderungen und starten Sie den Rechner neu. Genauere Details zum Umgang mit dem BIOS lesen Sie ab Seite 77 nach.

7.6 Mehrere Grafikkarten unter Windows 98

Eine echte Neuerung von Windows 98 ist die Möglichkeit, zwei Monitore gleichzeitig zu betreiben. Ist der Desktop überladen mit Menüleisten, Symbolen und Fenstern, dann verteilt man diese auf zwei Bildschirme und verschafft sich dadurch Überblick. Besonders interessant ist sicher auch die Möglichkeit, zwei Office-Anwendungen gleichzeitig im Vollbildmodus zu betreiben. Wenn Sie Ihre Geschäftsdaten in einen Monatsbericht einbetten möchten, können Sie das per Drag & Drop von einem Monitor zum anderen durchführen. Sie behalten dabei den vollen Überblick.

Die hierzu notwendige Hardware ist oft schon seit der letzten Aufrüstung vorhanden: Man braucht lediglich eine zweite (PCI-)Grafikkarte und einen zweiten Monitor.

Hinweis

Voraussetzungen für zwei Monitore

Eine Bemerkung sei vorneweg noch erlaubt. Richtig sinnvoll ist der Betrieb mehrerer Monitore nur bei Systemen mit schnellen Prozessoren. 200 MHz oder mehr dürfen es da schon sein. Bei langsameren Computern wird die Gesamtleistung so sehr herabgesetzt, daß es keinen Spaß mehr macht.

Benutzen Sie Windows NT 4, ist Multimonitorbetrieb leider nur mit speziellen Treibern und Karten möglich (z. B. der ELSA Winner 2000 Pro/X). Mit „normalen" Treibern bzw. Karten steht man auf verlorenem Posten.

Einbau und Einrichtung

Der Einbau einer zweiten Grafikkarte vollzieht sich genau wie beschrieben: Computer öffnen, Karte einbauen, Gehäuse schließen, Computer neu starten. Wie das genau geht, steht weiter oben im Kapitel.

Bei der Treibereinrichtung gibt es aber einen wichtigen Punkt zu beachten: Die Karten sind nicht gleichberechtigt, sondern haben als primärer und sekundärer Adapter eine Rangfolge. Die Festlegung der Reihenfolge ist nicht beliebig, denn nicht jede Karte kann beide Funktionen übernehmen. So werden z. B. AGP-Karten grundsätzlich als primäre Grafikkarte eingestuft. Bei anderen Karten ist die Einstufung von den Fähigkeiten des Treibers abhängig. Insbesondere der primäre Treiber muß den Multimonitorbetrieb unterstützen. Eine Liste mit einer Auswahl der unterstützten Karten finden Sie auf Seite 318.

Achtung

3-D-Karten

Am sekundären Bildschirm werden 3-D-Funktionen der Grafikkarte nicht unterstützt. Sie sollten daher eine 3-D-Karte als primären Adapter betreiben. 3-D-Zusatzkarten können ebenfalls nur den primären Adapter unterstützen. Auch für DOS-Fenster im Vollbildmodus gilt, daß es nur über den primären Anschluß klappt.

Beim ersten Neustart von Windows 98 wird die hinzugekommene Grafikkarte erkannt, und der Hardware-Assistent fordert die Treiber-CD an.

Bei einem erneuten Start des Rechners erscheint während der Initialisierung von Windows 98 die BIOS-Meldung der zweiten Grafikkarte auf dem zweiten Bildschirm. Kurz danach werden Sie darüber informiert, daß Sie den Desktop über das Dialogfenster *Eigenschaften von Anzeige* auf den zweiten Bildschirm ausdehnen können.

Aktivierung der zweiten Karte

Wenn Windows vollständig hochgefahren ist, klicken Sie mit der rechten Maustaste auf den Hintergrund des Desktop und danach im Kontextmenü auf *Eigenschaften*. Wechseln Sie zur Registerkarte *Einstellungen*.

1 Klicken Sie auf den zweiten Bildschirm und aktivieren Sie die Option *Windows-Desktop auf diesen Bildschirm erweitern*. Jetzt können Sie auf Ihrem zweiten Monitor bereits den leeren Hintergrund des Desktop sehen.

Grafikkartentausch

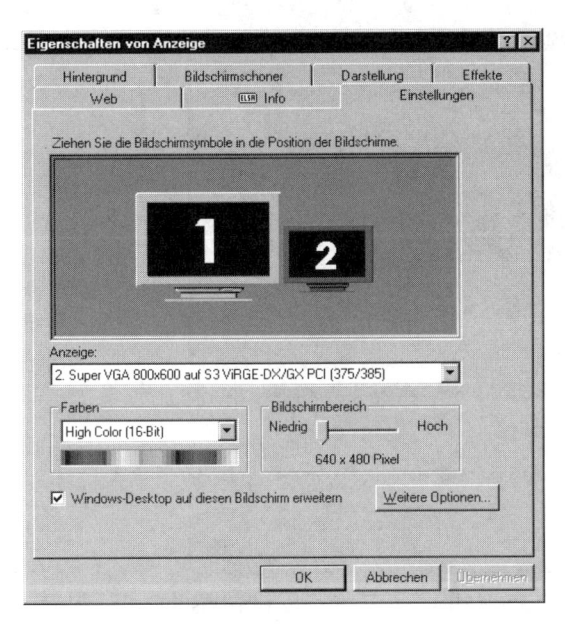

2 Mit der Maus können Sie bestimmen, welche Lage die beiden Bildschirme zueinander haben sollen. Ziehen Sie das Symbol des zweiten Monitors an eine beliebige Stelle neben, unter oder über dem Primärbildschirm. Am besten entspricht die Anordnung der beiden Desktop natürlich der realen Aufstellung der Bildschirme.

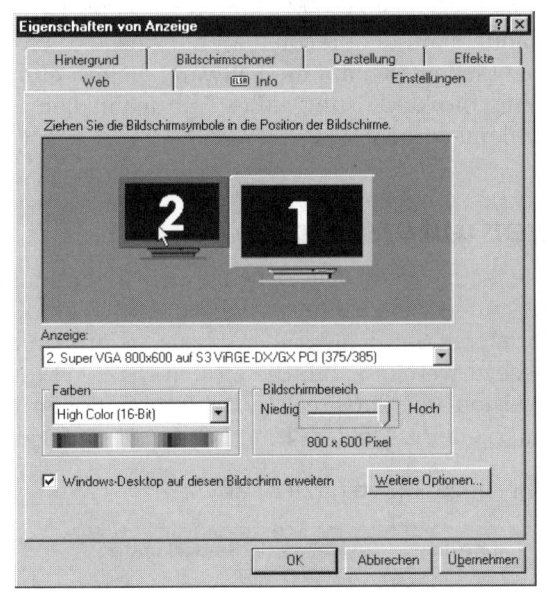

3 Die Einstellungen von Auflösung, Farbtiefe und Bildwiederholrate können getrennt für jede Grafikkarte durchgeführt werden. Wählen Sie in dem Listenfeld den Eintrag der Grafikkarte aus, deren Einstellungen Sie verändern möchten.

Grafikkartentausch

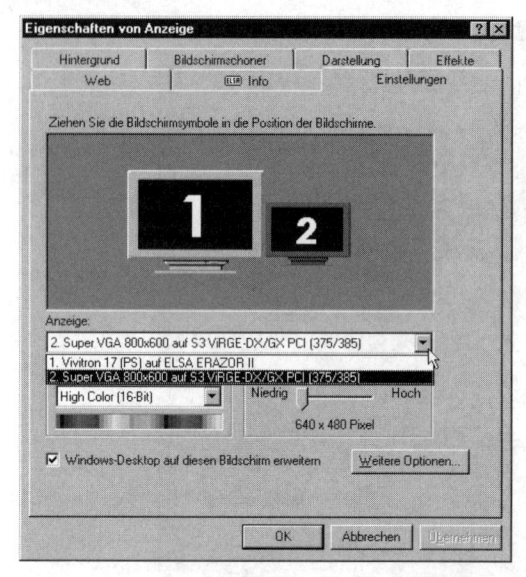

Bei den Einstellungen dürfen Sie ruhig ein bißchen herumprobieren, bis Sie eine günstige Anordnung und ein gutes Verhältnis zwischen den Bildschirmen gefunden haben. Beachten Sie, daß für ein angenehmes Arbeiten der Unterschied zwischen den Monitoren nicht zu groß ausfallen sollte. Bei verschiedenen Anwendungen wurde über ein amüsantes, aber trotzdem lästiges Problem berichtet: Dialogfelder, Kontextmenüs und andere Felder werden zentriert ausgerichtet, was bei zwei Monitoren zur Folge hat, daß ein Teil auf dem linken, der andere auf dem rechten Monitor liegt. Microsoft schiebt die Schuld (im Moment jedenfalls) auf die Software, die fest eingestellte Koordinaten benutze. Eine direkte Lösung außer dem manuellen Verschieben der Felder gibt es im Moment nicht.

Liste einiger unterstützter Karten

Vorsicht beim Neukauf: Wenn Sie extra für den Mehrmonitorbetrieb eine neue Grafikkarte kaufen wollen, stellen Sie sicher, daß die Karte auch dafür geeignet ist. Informieren Sie sich darüber, ob sie als primärer oder sekundärer Adapter eingesetzt werden kann. Die Firmen Diamond und Hercules bieten im Internet Listen mit entsprechenden Informationen an, ein Besuch lohnt sich. Die Internetadressen der Firmen finden Sie auf Seite 279.

Hier eine Auswahl einiger unterstützter Karten:

Hersteller	Karte	Bemerkungen
ATI Technologies	Xpert@Work	
	Xpert@Play	
	All-in-Wonder (pro)	
	Graphics Xpression	
	WIN Charger 3D	

Grafikkartentausch

Hersteller	Karte	Bemerkungen
Diamond Multimedia	Stealth 3D 2000 (pro)	
	Stealth 3D 3000	
	Stealth 3D 4000	AGP, nur sekundärer Adapter
	Stealth II G460	AGP, nur sekundärer Adapter
	Viper 330	
	Fire GL1000 Pro	
	Spea Mirage P64	nur als primärer Adapter
ELSA	Winner 2000/Office	
	Gloria Synergy	
	Victory Erazor	nur als primärer Adapter (sekundärer in Vorbereitung)
	Erazor II	
Hercules	Dynamite 3D/GL	
	Terminator 128/3D GLH	nur als sekundärer Adapter
	Terminator 3D/DX	
	Thriller 3D	nur als primärer Adapter
Matrox	Millennium II	
	Mystique	nur als primärer Adapter (sekundärer in Vorbereitung)
	Productiva G100	
	Millennium G200	
	Mystique G200	

Eine komplette Liste aller unterstützten Grafikkarten findet sich in der KnowledgeBase von Microsoft unter *http://support.microsoft* oder *http://www.microsoft.com/windows98*.

Grafikkartentausch

8. Der Monitor – Durchblick von der Technik bis zur Konfiguration

Viele Leute meinen eigentlich den Monitor, wenn Sie „mein Computer" sagen. Und das ist auch verständlich, schließlich läuft ein Großteil der Kommunikation über diese Mensch-Maschine-Schnittstelle ab, und die Bandbreite reicht hier von der 14-Zoll-Wunderkugel bis hin zum ultraflachen LCD-Designerstück. Aber woran erkennt man einen guten Monitor? Und wie funktioniert er überhaupt? Was man tun kann, um diese Kommunikation noch zu verbessern (und so seiner eigenen Gesundheit einen großen Gefallen tun kann!), lesen Sie auf den folgenden Seiten. Und für den Fall, daß es mal nicht so richtig klappt mit Ihrem Monitor, finden Sie noch ein paar Tips und Tricks, wie Sie mehr aus dem Bildschirm herausholen können.

8.1 So finden Sie den besten Monitor

Was ist überhaupt ein guter Monitor? Sind die nicht alle gleich? Alle zeigen mehr oder weniger bunte Bilder, mal ein bißchen größer, mal ein bißchen kleiner ... Und durch den Dschungel an technischen Daten blickt ja soweiso keiner durch.

Das alles stimmt nicht so ganz, denn ein guter Monitor ist das A und O für gutes Arbeiten am PC. Hier finden Sie ein paar technische Daten und die Beschreibungen dazu, welche Werte einen guten Monitor auszeichnen. Außerdem noch Details zu verschiedenen Anschlußverfahren und den neuen Flachbildschirmen.

Wie schon erwähnt, Ihre Gesundheit sollte Ihnen ein bißchen Sorgfalt bei der Auswahl des Monitors wert sein.

Wichtige Fakten zum Monitor

Wer auf ein paar Grundregeln und einige entscheidende technische Daten achtet, kann eigentlich beim Monitorkauf nicht mehr reinfallen. Natürlich gilt auch hier der übliche, leider immer wieder zutreffende Tip: Kaufen Sie nur Markengeräte. Denn was von vielen großen Computerketten unter den beeindruckendsten Namen zu Niedrigstpreisen verkauft wird, spottet oft jeder Beschreibung. Und Ihren Augen sollten Sie nun wirklich nicht die letzte Flimmerkiste zumuten!

Der Monitor – Durchblick von der Technik bis zur Konfiguration

1. Das vielleicht wichtigste Kennzeichen: die **horizontale Zeilenfrequenz**. Lassen Sie sich beim Monitorkauf nicht beirren, eine Kenngröße sagt Ihnen ganz schnell, woran Sie sind: die horizontale Zeilenfrequenz (in kHz). Sie ist das wichtigste Maß für die maximale Bildwiederholfrequenz (in Hz), die ein Monitor bei einer bestimmten Auflösung fahren kann. Gleichzeitig können Sie fast immer davon ausgehen, daß ein Monitor mit hoher Zeilenfrequenz auch sonst technisch auf hohem Niveau steht.

Typische Monitorgröße	Zeilenfrequenz (max., in kHz)	Sinnvolle Auflösung	Bildwiederholungsfrequenz (max., im Hz)
15 Zoll	48 (multisync)	800 x 600	72
15 + 17 Zoll	64 (multisync)	800 x 600	96
		1.024 x 768	80
17 Zoll	82-85 (multisync)	1.024 x 768	100
20-21 Zoll	82-85 (multisync)	1.024 x 768	100
		1.280 x 1.024	77-80
20-21 Zoll	112 (multisync)	1.280 x 1.024	100

- Zum Glück existieren hier nicht allzu viele Variationen. Auf dem Markt kommen nur wenige verschiedene Monitortypen vor. Ein kurzer Blick ins Datenblatt des Geräts verrät Ihnen schnell, zu welchem Typ Ihrer gehört. Die Tabelle gibt Ihnen eine Übersicht über die wichtigsten Typen und die damit verbundenen Auflösungen bzw. Bildwiederholraten bei dieser Auflösung. Immer wieder werden besonders preisgünstige Monitore angeboten, die weit unter den normalen Preisen ihrer Klasse liegen. Fast immer handelt es sich dabei um Geräte mit niedriger Zeilenfrequenz (48 bzw. 64 kHz). Von solchen Geräten sollten Sie in der Regel die Finger lassen. Allerdings sollte man in diesem Zusammenhang auch Ausnahmen nicht verschweigen: Bei gleichzeitigem Erwerb eines Computers werden oft auch wirklich brauchbare Monitore erstaunlich günstig angeboten! Achten Sie also in jedem Fall auf die technischen Daten. Beachten Sie auch: Je größer ein Monitor wird, desto mehr fällt das Flackern unangenehm auf. Während 80 Hz auf einem 15-Zöller noch passabel sind, sind sie bei einem 17-Zoll-Gerät schlichtweg zu wenig. Als Faustregel sollte gelten: Ein 15-Zöller sollte mindestens 64 kHz, ein 17-Zöller 82 kHz (besser 86) und ein 19-21-Zöller mindestens 96 kHz (besser 110) haben.

Bildröhre	0,26 mm Phosphor Trio Pitch
	44 cm (17"-Klasse)
	Bildröhrendiagonale
	(40,8 cm sichtbare
	Bildschirmdiagonale)
	90° Ablenkung
Effektive Bildgröße	ca. 328 x 242 mm (B/H)
Anzeige-Bildfläche	ca. 293 x 234 mm (B/H)
	oder
	ca. 300 x 225 mm (B/H)
Ablenkfrequenzen	Horizontal: 29 bis 82 kHz
	Vertikal: 50 bis 150 Hz
Netzspannung/Netzstrom	220 bis 240 V, 50 – 60 Hz, 1,5 A
Abmessungen	406 x 414 x 450 mm
Gewicht	ca. 22,5 kg

Der Monitor – Durchblick von der Technik bis zur Konfiguration

- Ein kritischer Blick auf das Datenblatt des Monitors zeigt schnell, was man zu erwarten hat. 82 kHz bei einem 17-Zoll-Gerät reichen für knapp 98 Hz Bildwiederholfrequenz bei 1.024 x 768-Punkten. Übrigens wird auch oft die Pixelfrequenz angegeben, da es sich dabei um eine Zahl handelt, die naturgemäß im MHz-Bereich liegt. Dies soll den Kunden dann beeindrucken. Verwechseln Sie den Pixeltakt nicht mit der Zeilenfrequenz! Der Pixeltakt ist unmittelbar von Auflösung und Bildwiederholfrequenz abhängig (Pixeltakt (Hz) = vertikale Auslösung x horizontale Auflösung x Bildwiederholfrequenz).

2. Achten Sie auf die Feinheit der **Lochmaske**, diese bestimmt die Bildschärfe und maximale Auflösung. Einen ganz wesentlichen Einfluß auf die Bildqualität hat die Lochmaske. Sie bestimmt die Farbreinheit und v. a. bei hohen Auflösungen die Schärfe. Während sich die Qualität von eigentlichen Loch- und den alternativen Streifenmasken (Trinitron oder Diamondtron-Röhren) bei guter Verarbeitung kaum noch wesentlich unterscheidet (jede hat so ihre Vor- und Nachteile), ist das Lochraster, also der Abstand zwischen den Punkten für Rot, Grün und Blau, entscheidend für die maximal darstellbare Auflösung, wenngleich das Raster bei Loch-, Schlitz- und Streifenmasken durch unterschiedliche Meßverfahren nicht direkt vergleichbar ist. Wichtig ist dies besonders bei Monitoren ab 17 Zoll. Die hier oft noch verwendeten 0,28 mm sind nicht mehr ausreichend, um eine Auflösung von 1.024 x 768 Punkten vernünftig darzustellen, und für noch größere Monitore mit noch höheren Auflösungen definitiv schon gar nicht mehr. Dennoch wird immer wieder versucht, solche Monitore über billige Preise an den Kunden zu bringen. Also Achtung: Lassen Sie die Finger von solchen Geräten. Als Faustregel gilt: Ein 17-Zöller sollte mindestens 0,26 mm, ein 19-21-Zöller 0,22-0,25 mm haben. Leider sind es gerade die großen Monitore, die oft mit groben Lochmasken (0,28 oder 0,31 mm) daherkommen.

3. Die Wahl des Bildschirmmaskentyps ist weniger wichtig als die eigentliche Qualität, in der der jeweilige Typ umgesetzt wurde. Jede der momentan drei verwendeten Maskentypen hat prinzipielle Vorteile, die sich aber zunehmend angleichen:

- Die altbekannte **Lochmaske**. Hier sind die Punkte für die unterschiedlichen Farben dreieckig angeordnet. Dies hat den Vorteil, daß die Punkte an definierten Stellen liegen und so kein „Schwimmen" auftreten kann. Durch die kleinen Löcher ist einerseits die Lichtausbeute begrenzt, aber andererseits die beste Bildschärfe gegeben. Konvergenzfehler (siehe Seite 325) treten hier kaum auf, dafür wirkt das Bild oft etwas flau. Vorteil der Lochmaske ist der niedrige Fertigungspreis und die hohe Schärfe bis in den Rand durch geringere Konvergenzfehler. Dafür fehlt es an Farbbrillanz und Kontrast.

- Ein typischer Vertreter der **Streifenmasken** ist die bekannte Trinitron-Röhre von Sony. Da mittlerweile das Patent abgelaufen ist, gibt es auch Nachbauten wie die Diamondtron-Maske von Mitsubishi. Bei beiden werden statt Löchern kleine, parallel zur Längsachse verlaufende Streifen (gespannte Drähte) verwendet. Der Vorteil: eine erhöhte Lichtausbeute und Kontrast. Der Nachteil sind Konvergenzprobleme, insbesondere in den Randbereichen. Die höhere Leuchtstärke des Bildes kann lichtempfindliche Augen auf Dauer auch schon mal ermüden. Die Röhren sind aber beliebt, weil sie nur in der horizontalen Richtung noch schwach gekrümmt sind, da der Aufbau rein zylinderförmig ist. Die Diamondtron-Röhre von Mitsubishi steht dem Sony-Original übrigens bei der Bildqualität kaum nach, ist aber deutlich preiswerter, weshalb viele Hersteller umsteigen. Ein weiterer Vorteil: Mitusbishi verwendet für alle drei Kathodenstrahlen eine eigene Fokussierungslinse, statt wie Sony eine große. Dies ermöglicht eine verkürzte Bildröhre und damit einen kompakteren Monitor.

- Die neueren **Schlitzmasken** werden zur Zeit nur von NEC hergestellt (Chromaclear genannt). Sie stellen eine Art Vereinigung aus Loch- und Streifenmaske dar. Es wird theoretsich fast die Lichtausbeute einer Streifenmaske bei gleichzeitig höherer Schärfe und geringen Konvergenzproblemen erreicht.

- Soweit die Theorie. In der Praxis unterscheiden sich die Bilder guter Monitore mit den verschiedenen Maskentypen kaum noch. Und die neue Schlitzmaske ist auch nicht die versprochene Allheillösung. Markenhersteller verwenden heute in ihren Serien oft beide Typen (z. B. Eizo). Die Trinitron-Röhre hat allerdings im Anwenderurteil immer noch einen leichten Vorteil, weil die bessere Farbbrillanz und der hohe Kontrast lebhafter und angenehmer wirken. Vor allem Texte lassen sich damit auch leichter lesen. Sie sollten sich bei einer Streifenmaske aber nicht von den fast immer vorhandenen Konvergenzproblemen in den Ecken stören lassen. Der Preis ist meistens höher als der von Standardmasken.

4 Es gibt eigentlich keinen Monitor, der nach dem Anschluß an Ihre Grafikkarte absolut richtig eingestellt ist. Abgesehen von einigen Komplettpaketen, die aber auch nur bei „Edelanbietern" richtig konfiguriert geliefert werden. Das liegt weniger an schlechter Qualität, sondern daran, daß alle elektronischen Geräte einer produktionsbedingten Streuung unterliegen. Daher sollten alle Monitore die sogenannte **Kissen- und Trapezverzerrung** einstellen können; oft auch einfach mit „Geometrie" am Gerät beschriftet. Und natürlich setzen Billighersteller genau hier nur zu gern den Rotstift an. Seien Sie also wachsam: Denn fehlt bei Ihrem Monitor diese Einstellmöglichkeit, müssen Sie evtl. auf ewig mit einem schiefen, kissenförmig verzerrten Bild leben. Dies wird insbesondere dann schlimmer, wenn Ihr Monitor in die Jahre kommt und Sie möglicherweise neue Karten in den PC einbauen.

5 Eine weitere, bei vielen Herstellern beliebte Sparmethode ist der Einsatz von billigen **Bildverstärkern**. Bis das Bild auf dem Schirm erscheint, muß das Video-Signal vielfach aufbereitet werden. Dabei spielt die Bandbreite der verwendeten Verstärker eine Schlüsselrolle. Ist diese zu niedrig bemessen, dann verwaschen sie das Signal, und das Bild wird bei höheren Auflösungen schwammig. Lassen Sie sich also von den rein technischen Daten nicht beeindrucken, der Sehtest bei der Auflösung und Bildwiederholfrequenz, die Sie zu nutzen beabsichtigen, ist unbedingt notwendig.

6 Eine gute **Entspiegelung** ist bei Monitoren genauso wichtig wie bei Brillengläsern, wenn nicht sogar noch wichtiger. Untersuchungen haben gezeigt, daß gerade Spiegelungen auf dem Monitor die Augen stark ermüden, weil sie ständig ablenken und die Fokussierung auf das eigentliche Bild erschweren. Billiganbieter sparen fast immer an erster Stelle bei der Entspiegelung. Bei Qualitätsmonitoren wird dagegen mit verschiedenen Verfahren gearbeitet, die teilweise sehr aufwendig sind, wie etwa optische Tricks mit polarisiertem Licht. Fast immer wird auch eine leicht aufgerauhte Oberfläche eingesetzt. Solche gut entspiegelten Monitore können Sie relativ leicht erkennen: Fällt eine Lichtquelle bei ausgeschaltetem Bild auf das dunkle Glas, so wird sie nicht klar gespiegelt, sondern diffus gebrochen. Sie erscheint nur noch als unscharfer Lichtbereich. Streichen Sie außerdem einmal leicht über die Glasoberfläche. Wenn Sie sich sehr fein aufgerauht anfühlt, liegen Sie bei diesem Gerät schon auf der sicheren Seite. Fragen Sie also den Verkäufer gezielt nach der Entspiegelung oder noch besser: Überzeugen Sie sich selbst!

7 Das leidige Problem des **Konvergenzfehlers** tritt leider immer wieder bei billigen Monitoren auf. Bei verstellter Konvergenz werden die Elektronenstrahlen für die drei Grundfarben Rot, Grün, Blau nicht mehr exakt auf einen Punkt fokussiert. Als Folge erscheint z. B. ein weißer Punkt nicht mehr rein weiß, sondern zeigt an den Rändern Farbsäume mit den drei Grundfarben (RGB). Dies ist besonders an Grenzflächen von hellen zu dunklen Bereichen, z. B. einer dünnen schwarzen Linie vor weißem Hintergrund, erkennbar. Die Folge eines Konvergenzfehlers: Feine Objekte werden unscharf und schlecht lesbar, was v. a. bei Text drastisch auffallen kann. Bei feinen Linien fällt auf, daß diese meist von einer blauen oder roten Parallellinie gesäumt werden. Bei einem guten Monitor sollten Konvergenzfehler ab Werk kaum oder nur gering in den Ecken auftreten. Streifenmasken-(Trinitron-)Monitore ganz ohne Konvergenzfehler sind jedoch quasi nicht herstellbar. Alle hochwertigen Monitore sollten außerdem eine Konvergenzkorrektur möglichst auf horizontaler und vertikaler Ebene anbieten. Zur Einstellung sollten Sie sich wieder an einer dünnen Linie vor einem weißen Hintergrund orientieren und die Regler so verstellen, daß die Linie keinen Farbsaum mehr hat.

8 Es ist bekannt, daß Monitore **Strahlung**, teilweise sogar im Röntgenbereich, erzeugen. Letztere wird zwar nahezu vollständig durch die Glasröhre abgefangen, aber das gilt nicht für die ebenfalls erzeugten, größtenteils niederfrequenten elektromagnetischen Felder, deren Wechselwirkung mit lebenden Organismen noch immer stark umstritten ist. Um auf der sichereren Seite zu sein, sollten Sie auf jeden Fall einen strahlungsarmen Monitor verwenden. Quasi als Gütesiegel dienen die schwe-

dischen Normen MPR II und TCO 95, neueste Monitore sind sogar schon mit dem TCO 95-Siegel ausgestattet. Die recht strenge MPR II-Norm garantiert schon einen guten Schutz; leicht spürbar ist dies etwa auch durch einen Kontakt mit der Bildschirmoberfläche: Das vom Fernsehern bekannte Knistern durch statische Aufladung fehlt hier völlig. Die TCO-Norm bringt für den Strahlenschutz nicht mehr viel, sondern schafft v. a. zusätzliche Auflagen für die Energieeinsparung.

9 Die Unterstützung eines guten **Energiesparmodus** ist mittlerweile eine allgemein anerkannte und in fast allen neuen Monitoren auch umgesetzte Forderung. Ihr Monitor sollte über eine eigene Stromsparfunktion verfügen, die ihn nach einer definierbaren Zeit in einen Sleep-Modus mit möglichst geringer Energieaufnahme versetzt. Damit dieser Modus auch durch den Computer gesteuert werden kann, sollte der Monitor möglichst allgemeine Standards wie DPMI oder wenigstens die alten VESA-Energiesparfunktionen unterstützen. Auf diese Weise kann das BIOS oder die Grafikkarte bzw. das Betriebssystem den Monitor gezielt schlafen schicken oder wieder aufwecken. Ihr Monitor unterstützt garantiert die neuesten Stromsparmodi, wenn er die TCO 99- (oder TCO 95-) Plakette trägt.

10 Dieser Punkt ist schon fast selbstverständlich, aber der Vollständigkeit halber darf er natürlich nicht fehlen: Ihr Monitor sollte unbedingt ein **Multisync-Gerät mit Speicherfunktion** für mindestens zehn Einstellungen sein. Das bedeutet zum einen, daß sich das Gerät an die von der Karte eingespeiste Einstellung automatisch anpaßt und bei Übersteuerung durch einen Schutz möglichst sofort ausschaltet. Gleichzeitig sollen sich die Geometrieeinstellungen wie Größe und Bildlage natürlich abspeichern lassen und bei Verwendung automatisch aktiviert werden. Beispiel: Sie wechseln unter Windows öfters die Auflösung von 1.024 x 768 auf 1.280 x 1.024. Der Monitor erkennt die Umstellung automatisch und aktiviert die passende, einmal gewählte Einstellung.

11 Wer jetzt einen neuen Monitor kauft, sollte unbedingt überlegen, wie wichtig **USB** für ihn in Zukunft ist. Denn wer auf USB setzt, braucht eigentlich auch einen USB-Monitor, weil dieser als zentraler Anschlußpunkt auf dem Schreibtisch für alle anderen USB-Geräte (Tastatur, Maus etc.) dienen wird. Ein solcher USB-Monitor könnte eine Überlegung wert sein, auch wenn es derzeit noch nicht viele Geräte für USB gibt und dies einen Aufpreis von rund 200 DM bedeutet. Bedenken Sie, daß Sie Ihr Monitor, wenn er etwas hochwertiger ist, mindestens die nächsten fünf Jahre begleiten wird. Bis dahin wird USB vermutlich längst Standard sein.

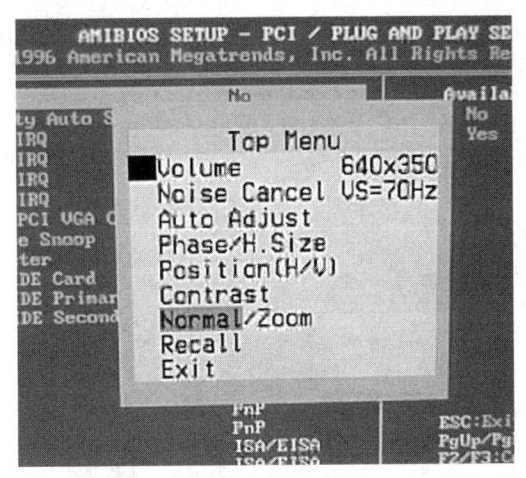

Der Monitor – Durchblick von der Technik bis zur Konfiguration

Ein solches OnScreen-Display erleichtert die Einstellung des Monitors und ist heute eigentlich Standard bei Monitoren

Monitore konkret

Wenn Sie sich nach der oberen Checkliste richten, werden Sie feststellen, daß nicht mehr viele Geräte übrigbleiben. Wenn dann noch der Preis als letztes Kriterium hinzukommt, sind es am Ende noch vier bis fünf Firmen und deren Geräte, die für einen Kauf in Frage kommen.

Hinsichtlich der Bildgröße sollten Sie sich für das Arbeiten mit Windows mindestens für einen 17-Zoll-Monitor entscheiden. 14-Zoll sind völlig indiskutabel, 15-Zoll auch nur für Gelegenheitsnutzer. Ein ideales Verhältnis von Preis, Leistung und Größe haben die derzeit relativ neu auf den Markt kommenden 19-Zoll-Geräte. Sie sind deutlich günstiger herzustellen als die bisherigen 20-21-Zöller und nehmen fast dieselbe Stellfläche wie ein 17-Zöller in Anspruch.

Ansonsten orientieren Sie sich am besten auch an den Firmen, von denen bekannt ist, daß Sie hervorragende Monitore herstellen. Hier sind v. a. Eizo, Nokia, ELSA, Sony und der iiyama zu nennen. Wenn Sie darauf achten, ein Modell mit den richtigen technischen Daten zu nehmen, können Sie bei diesen Firmen quasi nichts falsch machen. Nachfolgend noch einige konkrete Hinweise:

- iiyama, Marktführer in Japan, unterbietet die Konkurrenz bei nahezu gleicher Qualität immer deutlich im Preis. Außerdem bietet iiyama eine große Modellpalette, so daß man sich seinen Monitor genau nach den gewünschten Kriterien (Zeilenfrequenz, TCO-Norm, Garantiezeit, Service-Angebot) auswählen kann.

- Erstaunlicherweise bei vielen Anwendern noch nicht so bekannt sind die hervorragenden Monitore der Firma ELSA, die ansonsten für ihre Grafikkarten bekannt ist. ELSA-Monitore haben ein ausgezeichnetes Preis-

Der Monitor – Durchblick von der Technik bis zur Konfiguration

Leistungs-Verhältnis und sind außerdem auf die Grafikkarten des Herstellers abgestimmt. Bei entsprechender Kombination hochwertiger Geräte erhalten Sie eine exzellente Bildqualität. Interessant ist z. B. derzeit der 17-Zöller Ecomo Office, der dank Verwendung einer Diamondtron-Röhre recht preiswert ist.

Der Samsung 700p überzeugt durch schickes Design, leichte Bedienung und eine hohe Bildqualität. Das alles hat aber seinen Preis, der ein gutes Stück über dem der Konkurrenz liegt

Hinweis
Monitor und Fernseher in einem Gerät

Von vielen Anwendern immer wieder gewünscht, gibt es dennoch kaum Monitore, die gleichzeitig Fernseher sind. Das hat seinen Grund darin, daß eigentlich die Anforderungen grundverschieden sind. Daher ist die Umsetzung bisher immer nur ein Kompromiß. Kaufen Sie sich lieber eine Fernsehkarte für rund 200 DM (z. B. die WinTV von Hauppauge), dann können Sie auch am PC fernsehen.

Flaches Wunder: Die neuen LCD-Monitore

Die ersten Flachdisplay-Monitore für normale Desktop-PCs sind nun schon eine Weile lieferbar. Die Hersteller haben die Technik jetzt so weit im Griff, daß auch größere Formate von 14, 15 und 18 Zoll hergestellt werden können. Aktuell sind TFT-Modelle mit aktiver Matrix, im Gegensatz zu den alten, trägen und kontrastarmen Displays mit passiver Matrix, die nur noch in preisgünstigen Notebooks Verwendung finden.

Sie sollten bei der Wertung der Bildschirmgröße beachten, daß TFT-Displays im Gegensatz zu herkömmlichen Monitoren die gesamte Bildfläche zu 100 %

nutzen. Daher hat ein 15-Zoll-TFT-Display fast dieselbe Bildfläche wie ein klassischer 17-Zoll-Monitor. Ein 17-Zoll-TFT würde fast einem 20-Zöller entsprechen.

Vergleich von herkömmlichen und LCD-Monitoren

- Im Gegensatz zu den klassischen Röhren-Monitoren hat das Bild im LCD-Display eine fest vorgegebene **Auflösung**, mit der der Bildschirm optimal funktioniert, z. B. 1.024 x 768. Alle niedrigeren Auflösungen werden „simuliert", indem mehrere Bildpunkte zusammengefaßt werden, was aber zu einer geringeren Bildqualität mit Verzerrungen und Unschärfen führt. Die andere Methode, um kleinere Auflösungen anzuzeigen, ist die 1:1-Darstellung, bei der nur der Teil des Bildschirms ausgenutzt wird, der vom Bild benötigt wird. Ein Bild mit 800 x 600 Bildpunkten belegt dann nur eine kleinere Fläche in der Mitte des Monitors, die Ränder bleiben schwarz. Auflösungen, die höher als die „natürliche" Auflösung des Monitors gehen, können oft nicht dargestellt werden. Das bedeutet, daß sich LCD-Bildschirme besonders für Anwendungen eignen, die nicht auf unterschiedliche Auflösungen angewiesen sind, in der Regel sind das Programme aus dem Office-Bereich.

- LCD-Bildschirme sind fast völlig **flimmerfrei**. Die Flüssigkristalle werden z. B. auf ein Signal hin transparent und behalten diesen Zustand bei, bis ein anderes Signal erfolgt. Die Bildpunkte von Röhren-Monitoren werden abwechselnd beleuchtet und verdunkeln sich wieder, was bei einer zu niedrigen Frequenz als Flimmern wahrgenommen wird. Wo Röhren-Monitore eine Bildwiederholungsfrequenz von 80-100 Hz benötigen, kommen LCD-Bildschirme mit ca. 60 Hz aus.

- Zwischen den einzelnen Bildpunkten der LCD-Matrix gibt es keinen Abstand wie bei der Lochmaske des klassischen Monitors. Das sorgt für ein schärferes, solider wirkendes Bild.

- Konstruktionsbedingt ist es bei LCD-Monitoren schwieriger, eine Balance aus Helligkeit und Kontrast zu finden. Je heller das Bild ist, desto weniger Farbkontraste können dargestellt werden, und umgekehrt. Die Darstellung von Grauabstufungen ist davon ebenfalls betroffen. Röhren-Monitore sind in dieser Beziehung besser einstellbar und bieten eine bessere Darstellung von Farben und Kontrasten bei größerer Helligkeit.

- Brechung, Reflexion und Polarisation des Lichts an den Schichten des LCD-Displays sorgen dafür, daß der Monitor aus einem seitlichen Blickwinkel schwarz bleibt. Die Qualität des Bildschirms ist dafür ausschlaggebend, wie groß der Winkel ist, aus dem das Bild zu sehen ist. 120° sollten es mindestens sein.

- Bei der Erzeugung das Bildes in einem normalen Bildschirm werden beschleunigte, energiereiche Elektronen verwendet, die aus einem Glühdraht emittiert, mit Magnetfeldern beschleunigt und fokussiert werden. Dieses Verfahren ist ziemlich energieaufwendig und erzeugt jede Menge elektromagnetische Strahlung bis in den Röntgenbereich. LCD-Monitore kommen mit viel (bis zu 70 %) weniger Energie aus und erzeugen dabei so gut wie keine Strahlung.

- Durch die flache Bauweise benötigen LCD-Monitore viel weniger Stellfläche, was natürlich den Platzverhältnissen auf Ihrem Schreibtisch zugute kommt. Flachbildschirme sind zudem wesentlich leichter. Bei manchen Modellen kann die Bildfläche sogar senkrecht gedreht werden, was bei der Bearbeitung von Texten oder Formularen praktisch ist (Ganzseitendarstellung).

Die Qual der Wahl: Entscheidungshilfe

Was aber bringt es, sich so einen Monitor zu kaufen? Schwer zu sagen, viele der positiven Eigenschaften klassischer Monitore werden jedenfalls von aktuellen LCD-Monitoren auch schon fast erzielt. Zugegeben, der Designeffekt ist umwerfend, diese flachen Geräte sehen schon genial aus. Besonders in Bereichen, in denen Kunden- oder Publikumsverkehr herrscht, bietet sich ein solcher Augenschmaus natürlich an. Und die Bildruhe ist zugegebenermaßen bei TFTs besser, und das Bild ist gestochen scharf. Und moderne Displays sind auch nur unwesentlich träger im Aufbau, vertragen also auch mal das eine oder andere rasante Computerspiel.

In der Seitenansicht wird deutlich, wieviel flacher die neuen TFT-Monitore gegenüber den herkömmlichen Monitoren sind

Die Bildruhe und die hohe Schärfe sind es dann auch, die unserer Meinung nach für jeden interessant sind, der den ganzen Tag mit Office-Programmen arbeitet. Ihre Augen werden es Ihnen danken. Für alle, die mit Grafiken arbeiten, und die auf eine hohe Farbtreue und gute Kontrastdarstellung angewiesen sind, sind Röhren-Monitore sicher die bessere Wahl. Letztlich müssen Sie sich aber am besten vor Ort beim Händler ein Bild davon machen, ob ein Flachbildschirm Ihren Ansprüchen gerecht wird.

Für jeden gleichermaßen positiv sind natürlich der geringe Platzbedarf und das niedrige Gewicht ebenso wie der geringe Strombedarf und die nicht vorhandene Strahlung. Für jeden negativ wird der hohe Preis ins Gewicht fallen, denn ein guter 19-Zöller kostet nur ca. die Hälfte bis zwei Drittel des Preises für einen gleich großen LCD-Monitor.

Steckbrief: LCD-Monitore
+ keine Konvergenzfehler
+ absolut scharfes Bild
+ besonders ruhiges Bild
+ keinerlei Strahlung
+ geringer Platzbedarf, da sie sehr flach sind
- optimale Darstellung nur in einer Auflösung
- einzelne Pixelfehler möglich
- hoher Preis

Gekauft wie gesehen

Monitore unterliegen mitunter einer beeindruckenden Fertigungstoleranz. Deshalb gilt beim Monitorkauf: Wenn Sie die Möglichkeit dazu haben, dann schauen Sie sich genau Ihr Gerät vor dem Kauf an, vielleicht können Sie es sogar mit einem Monitortestprogramm testen. Wenn Sie zufrieden sind, dann nehmen Sie genau dieses Exemplar und nicht etwa das gleiche Modell verpackt vom Lager.

Oder vielleicht möchten Sie auch nur das heimische Gerät überprüfen? Die Sichtprüfung mit einem Monitor-Testprogramm ist in jedem Fall aufschlußreich, im folgenden finden Sie ein kurze Erläuterung der wichtigsten Tests.

Dieser Test wurde übrigens mit dem hervorragenden Testprogramm von Nokia durchgeführt, Sie erhalten es kostenlos im Internet direkt von Nokia unter _http://www.nokia.com/monitors/download/ntest.html_.

Vor dem Start sollten Sie sich mit Hilfe des Handbuchs mit den Einstellmöglichkeiten des Monitors vertraut machen. Denn neben den üblichen Einstellungen wie Bildlage, Helligkeit und Kontrast bieten viele Monitore noch weitergehende Korrekturoptionen wie Kissen- und Trapezentzerrung oder eine Konvergenzkorrektur.

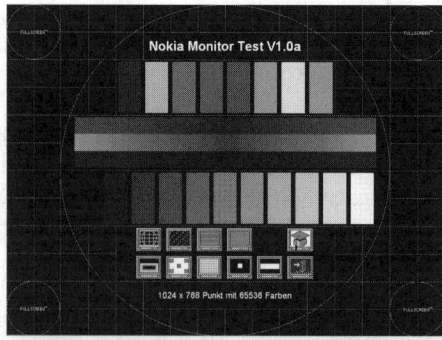

Der Monitor – Durchblick von der Technik bis zur Konfiguration

Eingangsbildschirm

Hier können Sie schon erste Einstellungen vornehmen, was Bildlage, Helligkeit und Kontrast angeht. Außerdem geht's von hier aus zu den einzelnen Testpunkten.

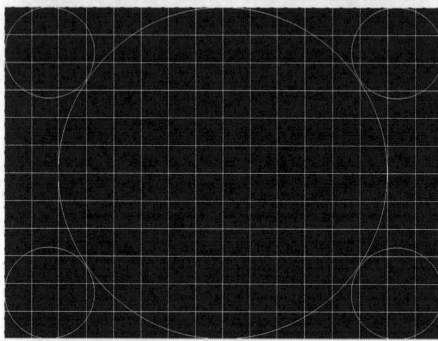

Bildgeometrie

Dieses gleichmäßige Muster aus Kreisen und Quadraten erleichtert die Einstellung der Bildgröße (die Kreise sollten wirklich rund sein) sowie der Bildlage, denn ungleichmäßige (keilförmige, gewölbte) Abstände zum Rand erkennen Sie so sofort.

Konvergenz

Bei diesem gleichmäßigen Rot/Grün/Blau-Muster sehen Sie sehr schön, ob die Bildpunkte der einzelnen Farben wirklich nebeneinander liegen, denn dann sollten die Linien ineinander übergehen und nicht gegeneinander versetzt sein.

Auflösung

Dieses Display zeigt ein extrem feines Linienmuster. Sie können so leicht feststellen, ob der Monitor die eingestellte Auflösung auch tatsächlich bewältigt und ob das Bild dabei noch scharf und deutlich ist.

Der Monitor – Durchblick von der Technik bis zur Konfiguration

Moiré

Bei dieser gleichmäßigen Fläche sehen Sie bei weniger guten Monitoren großflächige Schlieren oder Muster, die durch mangelnde Trennung des scharfen Musters entstehen.

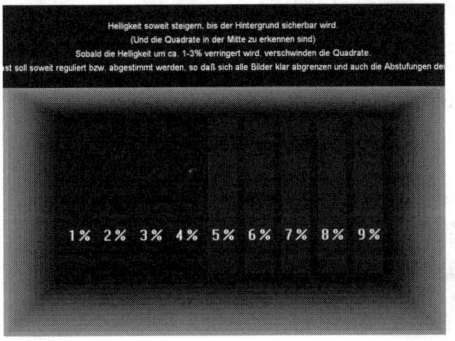

Helligkeit und Kontrast

Diese Seite ermöglicht es Ihnen, die genannten Punkte optimal für Ihren Monitor einzustellen.

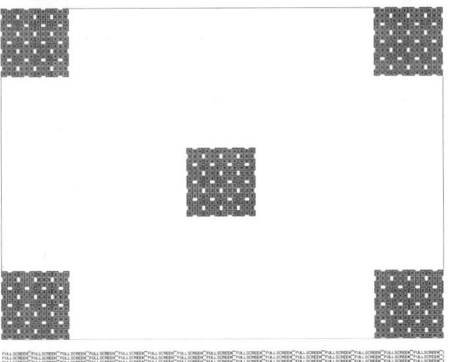

Fokus

Diese aus fünf Gruppen bestehende Ansicht macht noch einmal gut deutlich, ob Ihr Monitor auch in den Ecken Muster genauso scharf und klar definiert abbilden kann wie in dem mittleren Bereich.

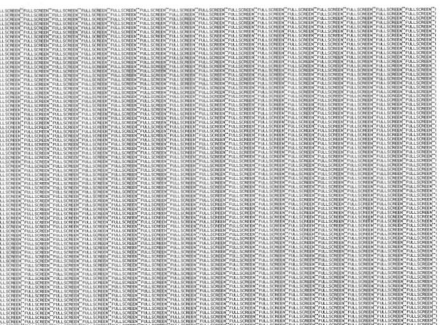

Lesbarkeit

Extrem kleine Schrift, wiederum über den gesamten Bildschirmbereich verteilt. So kleine Schrift sollte im täglichen Betrieb nicht vorkommen, aber es kann ja nicht schaden, wenn man auch das noch gut entziffern kann.

Der Monitor – Durchblick von der Technik bis zur Konfiguration

Gleichmäßige Farbflächen

Diese Flächen machen als Ausdruck natürlich nicht viel her, aber hier können Sie sehr gut sehen, ob Ihr Monitor an flächigen Farbverfälschungen in einer der Grundfarben leidet. Bei LCD-Displays ist dies eine gute Möglichkeit, Pixelfehler schnell zu entdecken.

Hochspannung

Diese Option zeigt Ihnen verschiedene großflächige, wechselnde Schwarzweißmuster. Ein solcher Wechsel belastet die Monitorelektronik stark, die Bildgröße (erkennbar am äußeren Rahmen) darf sich aber dennoch nicht verändern. Eine solche Größenänderung bei Lastwechsel nennt man „pumpen", weil das Bild sich bei manchen Monitoren aufbläht.

Besonderen Wert sollten Sie auf die Konvergenz-, Auflösungs-, Fokus- und Lesbarkeitstests legen, denn mangelnde Ergebnisse in diesen Bereichen münden in der normalen Benutzung meist in mangelnder Schärfe, was die Augen extrem belastet und ermüdet.

Fehler in der Bildgeometrie (etwa eine Auswölbung zu einer Seite oder Ecke hin) sehen zwar unter Umständen dramatisch aus, sind aber (bei ansonsten guten Ergebnissen) besser zu verschmerzen, da sie Ihre Augen nicht so anstrengen wie unscharfe Bilder.

Aus der Monitor-Praxis – Tips, damit sich Monitor und Mensch wohlfühlen

Es ist nicht damit getan, den Monitor zu kaufen und anzuschließen. Das dikke Ding will natürlich auch richtig genutzt werden. Da hätten wir noch einige Vorschläge für Sie, zu denen Sie natürlich auch unbedingt die entsprechenden Praxistips zu Grafikkarten weiter unten noch lesen sollten. Denn schließlich gehört beides ja eng zusammen bzw. beeinflußt sich. Jetzt aber zurück zu den speziellen Monitor-Tips:

- Achten Sie auf das Anschlußkabel. Durch ein hochwertiges, abgeschirmtes Kabel können Sie die Bildqualität positiv aufwerten. Dies ist insbesondere bei hohen Auflösungen und/oder großen Monitoren wichtig. Schlechte Kabel können zu Fehlern wie Schatten oder Unschärfe führen. Ab 17 Zoll verwenden viele Monitore fünfadrige sogenannte BNC-Kabel.

Der Monitor – Durchblick von der Technik bis zur Konfiguration

Hier werden die Signale für jede Farbe (RGB) sowie für Zeilen- und Bildschirmende (V- und H-sync) in getrennten, abgeschirmten Kabeln geführt und am Monitor angeschlossen. Das verhindert gegenseitige Störungen und verbessert merklich die Bildqualität. Wenn Ihr Monitor solche Anschlüsse besitzt (meist zusätzlich zum normalen 15poligen Stecker), sollten Sie dem unbedingt den Vorzug geben, auch wenn Sie für ein hochwertiges Kabel gut 100 DM ausgeben können.

- Aber auch fest mit dem Monitor verbundene Kabel müssen nicht unbedingt ein Zeichen mangelnder Qualität sein. Auch bei diesem System gibt es hochwertige Lösungen, die dem BNC-Anschluß kaum nachstehen. Sie erkennen solche Kabel meist an ihrer Dicke und Starre. Achten Sie also beim Monitorkauf auf die Kabelqualität. Ist dieses weich und flexibel und besitzt nicht diese kleinen Ferittbausteine am Ende des Kabels, macht dieses keinen guten Eindruck.

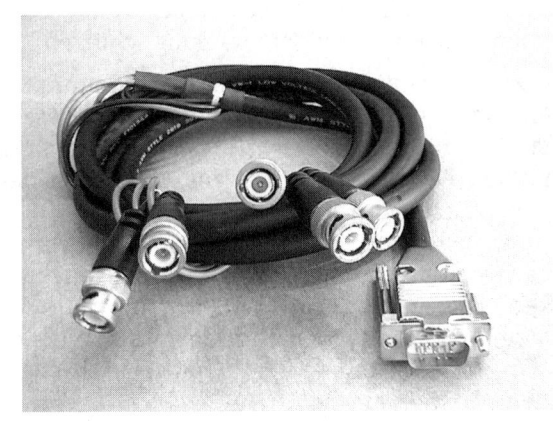

Hochwertiges Monitorkabel, erkennbar an der Aufteilung in fünf Einzelstecker (die aber nicht auf jeden Monitor passen)

- Durch die Einführung von Windows hat die Auflösungsfähigkeit von Grafikkarten und Monitoren eine hohe Bedeutung bekommen. Klar ist: Ein 14-Zoll-Monitor mit 640 x 480 Punkten ist für Windows viel zu klein. Ein 15-Zöller mit 800 x 600 Punkten ist die untere Grenze des Tragbaren. Höhere Auflösungen sollten Sie darauf aber nicht nutzen, die Darstellung wird viel zu klein, und die Augen werden überanstrengt. Das optimale Preis-Leistungs-Verhältnis stellt momentan ein 17-Zoll-Monitor dar. Mit 1.024 x 768 Punkten haben Sie fast die dreifache Darstellungsfläche gegenüber 640 x 480 Punkten. Eine höhere Auflösung macht sich bei allen Anwendungen positiv bemerkbar. So können Sie in einer Textverarbeitung den Text viel besser lesen. Zum Vergleich: Eine Auflösung von 1.024 x 768 entspricht dem vom Druck bekannten Maß von 120 dpi (= **d**ots **p**er **i**nch = Bildpunkte pro Zoll). 800 x 600 Punkte sind 96 dpi. Das zeigt, wie niedrig die Detailschärfe eigentlich ist. Besonders wichtig wird die höhere Auflösung bei der Grafikbearbeitung. Versprechen Sie sich aber nicht zuviel von Auflösungen jenseits von 1.024 x 768. Nur extrem hochwertige (und damit leider auch meist extrem teure) Monitor-

Grafikkarten-Gespanne liefern hier noch wirklich scharfe, gute Bilder. Für die Bearbeitungen von Grafiken sollte man durchaus (kurzfristig) auf höhere Auflösung umschalten. Aber zum normalen Arbeiten sind 1.024 x 768 meist ausreichend. Durch die große Darstellung bei dieser Kombination werden die Augen sehr stark entlastet, was sich deutlich nach mehreren Arbeitsstunden bemerkbar macht.

- Ein schlecht entspiegelter Monitor kann eine echte Qual sein. Aber es gibt Abhilfe: Verschaffen Sie sich einen hochwertigen Filter, den man vor den Monitor hängen kann. Diese gibt es von verschiedenen Herstellern in Computerläden oder per Versand zu kaufen. Achten Sie aber unbedingt auf Qualitätsprodukte namhafter Hersteller, denn gerade hier gibt es einen großen Markt an untauglichen Billigprodukten. Ein guter Filter ist nicht gerade billig, da auch hier mit aufwendigen Tricks wie z. B. Polarisationsfiltern gearbeitet werden muß. Durch einen guten Filter können Sie nicht nur die Bildqualität teilweise deutlich verbessern, sondern sich bei alten Geräten auch etwas vor der Strahlung schützen.

- Lautsprecher werden häufig direkt neben dem Monitor positioniert. Sind die Boxen allerdings magnetisch nicht genügend abgeschirmt (wie das bei normalen Hi-Fi-Boxen der Fall ist), beeinflußt das Magnetfeld die Elektronenstrahlen des Monitors, was zur Ablenkung des Strahls und damit zu Konvergenzfehlern in diesem Bereich führt. Häufig wird der Monitor dadurch sogar auf Dauer beeinflußt bzw. geschädigt, weil die Lochmaske dauerhaft magnetisiert wird. Wer keine effektive Entmagnetisierungsfunktion (Degaussing) am Monitor besitzt, muß diesen dann zur Entmagnetisierung in eine Werkstatt bringen. Also Vorsicht: Stellen Sie keine normalen, sondern nur spezielle, magnetisch abgeschirmte Modelle neben dem Monitor auf.

- Kein Witz: Monitore werden unter anderem nach regionalen Gesichtspunkten hergestellt. Ein Monitor, der für Kanada bestimmt ist, wird in Ihrem Wohnzimmer wahrscheinlich kein sehr gutes Bild machen. Schuld ist das Magnetfeld der Erde, das das Bild hinsichtlich der Konvergenz beeinflußt und schon bei der Herstellung berücksichtgt wird. Großflächige Konvergenzprobleme können an manchen Monitoren übrigens durch eine Entmagnetisierungstaste (Degaussing) abgeschwächt werden. Dieses drastische Beispiel gilt auch im kleinen. Der Aufstellungsplatz im Raum ist wichtig. Starke Magnetfelder (z. B. durch Lautsprecherboxen oder elektrische Anlagen) sollten unbedingt gemieden werden. Und die Position relativ zur nächsten Lampe bzw. dem Fenster sollte ebenfalls berücksichtigt werden. Vermeiden Sie unbedingt direkte Lichtreflexionen, Ihre Augen werden es Ihnen danken.

- Bei zu geringem Abstand zwischen Monitor und Augen wird die Bildschirmarbeit zur Qual. Es sollten mindestens 50 cm dazwischenliegen. So ein Bildschirm ist nämlich eine echte „Strahlenkanone". Um die Nackenmuskulatur zu entspannen, ist eine natürliche, leicht nach unten geneigte Kopfhaltung wichtig. Optimal ist es, wenn der Monitor einige Zentimeter unter Augenhöhe aufgestellt wird.

8.2 Monitor-Praxis – Anschließen und konfigurieren

Angeschlossen ist ein Monitor schnell: Stromkabel, Anschluß an die Grafikkarte, und das war's dann auch schon.

Aber auch da gibt es Unterschiede, und in der Praxis sollten Sie einige Punkte beachten. Außerdem gibt es immer ein paar Tricks, wie Sie die Qualität der Darstellung verbessern oder den täglichen Umgang mit dem Gerät vereinfachen können.

Die richtige Konfiguration

Bedenken Sie, daß bei dem oben angesprochen BNC-Anschluß ein Informationsaustausch zwischen Monitor, Grafikkarte und Betriebssytem per DDC nicht möglich ist. Sie müssen also dem Betriebssystem selbst mitteilen, um welchen Monitor es sich handelt und welche Bildwiederholfrequenzen er bei welcher Auflösung verkraftet. Vielen Monitoren liegt aber eine sog. *.inf*-Datei bei, die die genannten Informationen erhält. Bereits bei der Installation, aber auch jederzeit nachträglich über *Eigenschaften von Anzeige/Einstellungen/ weitere Optionen/Bildschirm/Ändern* können Sie den Monitor mit Hilfe einer *.inf* Datei genauer spezifizieren.

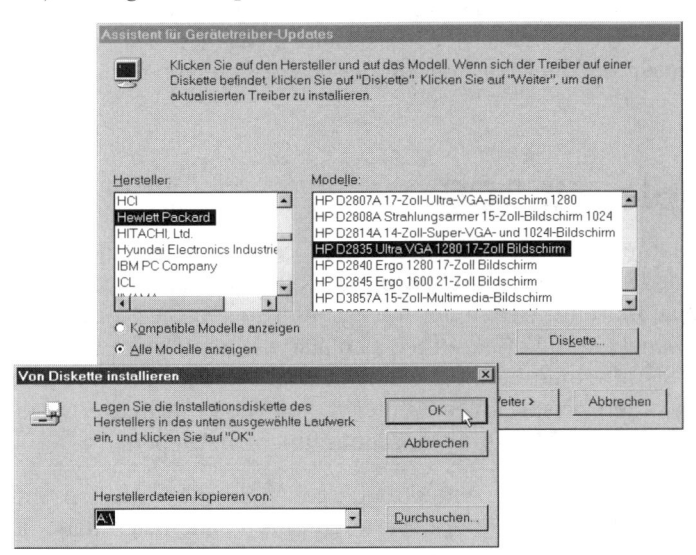

Dialogfelder zur Monitorkonfiguration

In dem Menü haben Sie die Möglichkeit, Ihren Monitortyp aus der Liste der angebotenen Monitore auszuwählen oder einen mitgelieferten Treiber von Diskette oder CD-ROM zu installieren. Auch wenn bei modernen Monitoren eigentlich nicht mehr die Gefahr besteht, diese durch zu hohe Anforderungen zu beschädigen, ist das Installieren der zum Monitor gehörigen Datei meist die beste Lösung. Sie können dann auch einigermaßen sicher sein, keine Leistungen zu verschenken, also etwa eine höhere Bildwiederholfrequenz nicht einstellen zu können, weil Ihr System denkt, der Monitor könne das nicht.

Wenn Ihr Monitor in der Liste nicht aufgeführt ist und Sie auch über keine spezielle Konfigurationsdatei verfügen, dann handelt es sich vielleicht um eine baugleiche oder sogar nur „umbenannte" Variante eines bekannteren Modells. Versuchen Sie dies bei Ihrem Händler zu erfahren, Sie können dann nämlich die Informationen des „Schwestermodells" verwenden.

Kleiner Trost, wenn Sie nicht fündig werden: Unter *(Standardtypen)* bei der Modellauswahl im Assistenten für die Hardwarekonfiguration finden Sie Standardtypen, die mit jedem Monitor funktionieren sollten. Leider sind diese für die unterste Leistungsgrenze spezifiziert, so daß Sie vermutlich Leistung verschenken.

Hinweis

Die Bildwiederholfrequenz unter DOS mit Hilfe von Display Doctor einstellen

Mit dem Programm Display Doctor der Firma SciTech (*http://www.scitechsoft.com*) läßt sich bei vielen Grafikkarten unter DOS beispielsweise die Bildwiederholfrequenz einstellen und noch eine Menge anderer Einstellungen vornehmen. Das gilt auch für 3-D-Karten mit Prozessoren wie dem Riva 128 oder Rage Pro. Da das Programm als Shareware gut drei Wochen getestet werden kann, sollten Sie das unbedingt ausprobieren, wenn Sie entsprechende Probleme haben. Einen Blick ist es allemal wert.

Trouble mit DCC

Viele Monitorhersteller scheinen ihren eigenen Geräten nicht so ganz zu trauen. Jedenfalls übermitteln Monitore oft falsche Daten über sich selbst, sie sind sogar extreme Tiefstapler: Meist untertreiben die Monitore mit ihren eigenen Fähigkeiten. Verlassen Sie sich also nicht auf diese Daten, denn so betreiben Sie oft einen Monitor weit unterhalb seiner Leistungsfähigkeit. Viele Geräte werden beispielsweise unter Windows, obwohl Sie wesentlich mehr können, nur mit 85 Hz Bildwiederholfrequenz betrieben.

Die Abhilfe ist aber ganz einfach, übergehen Sie die Vorgaben und stellen Sie testweise einfach mal höhere Werte ein, Sie können sich dabei ja ein wenig am Handbuch Ihres Monitors orientieren. Übrigens besitzen nahezu alle modernen Monitore die Eigenschaft, sich einfach abzuschalten, wenn Sie mit den Daten der Grafikkarte überfordert werden, es besteht also so gut wie keine Gefahr, einen Monitor mit überhöhten Werten zu beschädigen. (Bei alten Geräten war das durchaus möglich!)

9. SCSI ohne Frust – Controller und Konfiguration beherrschen

SCSI, das **S**mall **C**omputer **S**ystem **I**nterface, ist für viele ein Buch mit sieben Siegeln – erstaunlicherweise auch bei Wide-SCSI, da müssten es aber eigentlich 15 Siegel sein, aber dazu später mehr ... ;-).

Allgemein als Profi-System bekannt, winken viele bei SCSI (was übrigens Skasi ausgesprochen wird) direkt ab und sehen keine Notwendigkeit zum Einsatz in einem Privatsystem.

Aber SCSI birgt auch für den Privatanwender eine ganze Menge Vorteile, ja sogar viele Vereinfachungen im Vergleich zu EIDE, wenn das System einmal durchschaut ist.

Und genau dabei hilft Ihnen dieses Kapitel!

9.1 SCSI-Geheimnisse enthüllt – Standards, IDs und Terminatoren

Worum geht es bei dem vieldiskutierten und vielgelobten SCSI überhaupt? SCSI ist eine der leistungsfähigsten Möglichkeiten, vielseitige Geräte an den PC anzuschließen. Festplatten, CD-ROM-Laufwerke, Scanner oder anderes – mit SCSI betreiben Sie diese Geräte mit optimaler Leistung bei minimaler Belastung Ihres PCs. Wenn Geräte an einen sogenannten SCSI-Adapter angeschlossen wurden, teilen sie sich eine Datenleitung, die Bus genannt wird. Der Adapter überwacht den Bus und bestimmt, welches der angeschlossenen Geräte wann Daten schicken darf. Dies bedeutet eine „intelligente" Arbeitsteilung, die das Zusammenspiel der Komponenten beschleunigt.

Ein weiterer Punkt, der für SCSI spricht, ist der Umstand, daß man eine große Zahl von Geräten hintereinander anschließen kann, was mit anderen Anschlüssen nicht möglich ist.

Als wäre SCSI allein nicht kompliziert genug, gibt es jede Menge verschiedener Standards. Aber keine Sorge, wirklich wichtig sind nur die wenigsten davon.

Was es mit den verschiedenen IDs auf sich hat, ist auch schnell erklärt, und daß Sie sich bei den Terminatoren keine Roboter aus der Zukunft ins Haus holen müssen, dürft auch klar sein.

Ernsthaft: Was es mit diesen wichtigen SCSI-Details auf sich hat, sehen Sie in diesem Unterkapitel.

So finden Sie den richtigen SCSI-Standard

Obwohl die Bezeichnung Standard anderes suggeriert, gibt es mehrere Versionen des SCSI-Standards. Begriffe wie Fast, Ultra, Wide, SCSI-1, SCSI-2 oder SCSI-3 sorgen regelmäßig für Verwirrung. Das muß nicht sein, denn wirklich in Frage kommen davon nur wenige.

- Von allen Standards sind einige ganz alte (wie SCSI-1) immer noch im Einsatz. Allerdings sind derzeit nur noch drei Standards im Rennen: Fast-SCSI, Ultra-SCSI und Wide-SCSI. Da Wide-SCSI immer nur die auf 16-Bit-erweiterte Variante von Fast- bzw. Ultra-SCSI ist, kann es mit beiden kombiniert werden.

- **Fast-SCSI,** auch SCSI-2 genannt, ist das klassische Standard-SCSI und schon seit einigen Jahren auf dem Markt. Die normale Ausführung arbeitet mit 8-Bit-Datenbreite, erlaubt sieben Geräte am Controller und leistet bis zu 10 MByte/s. Beim bekannten SCSI-Controller-Hersteller Adaptec lautet die Bezeichnung des klassischen Fast-SCSI-Controllers für den PCI-Bus AHA 2940. Dieser Typ reicht für alle normalen Desktop-PCs mit zwei Festplatten und fünf weiteren Geräten vollkommen aus und ist vor allem äußerst praxisprobt und weit verbreitet, weshalb es für den 2940 jede Menge Unterstützung, beispielsweise im Internet, gibt. Dies bedeutet natürlich nicht, daß SCSI-Controller anderer Hersteller (etwa Symbios Logic) schlechter wären.

Ein typischer Fast-SCSI-Controller wie hier der AHA 2940 hat je einen 50poligen internen und externen Anschluß.

SCSI ohne Frust – Controller und Konfiguration beherrschen

- **Ultra-SCSI** (auch SCSI-3 genannt) ist eine neue Ausgabe von Fast-SCSI mit 20 MByte/s Datenbreite. Diese Geschwindigkeitssteigerung wurde hauptsächlich durch die Verdoppelung der Bustaktung erzielt. Der entsprechende Adaptec-Controller heißt AHA 2940**U**. In der Praxis hat die Verwendung von Ultra-SCSI bis auf die erhöhte Bandbreite kaum eine Auswirkung, von der erhöhten Störanfälligkeit einmal abgesehen. Die komplette Kabellänge darf nicht mehr als 150 cm betragen, und die Verwendung von aktiven Terminatoren ist unbedingt Pflicht. Ansonsten unterscheidet sich Ultra- nicht von Fast-SCSI. Auch hier gibt es 8- und 16-Bit-Ausführungen.

- **Wide-SCSI** ist dagegen eigentlich kein eigener Standard, sondern jeweils die 16-Bit-Variante der beiden anderen. Enstprechend gibt es Fast-Wide- und Ultra-Wide-Controller (bei Adaptec sind das die Controller AHA 2940W bzw. 2940UW). Da der Controller mit 16 Bit arbeitet, wird nicht nur jeweils die Datenbandbreite verdoppelt (von 10 auf 20 bzw. von 20 auf 40 MByte/s), sondern Sie können auch 15 statt sieben Geräte am Controller anschließen.

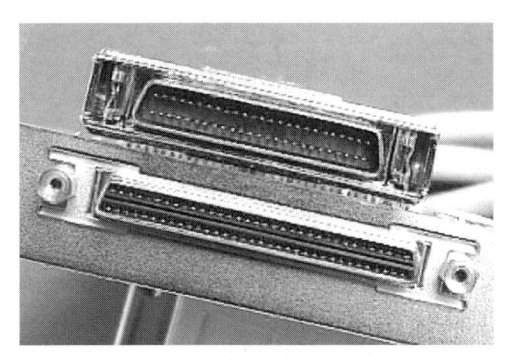

Wide-SCSI arbeitet mit 68poligen (unten) statt mit den üblichen 50poligen Anschlüssen von Fast-SCSI (oben)

- **Ultra2-SCSI** ist ein noch relativ junger Standard, der viele alte SCSI-Regeln wieder über den Haufen wirft: Ultra2 erlaubt Kabellängen von bis zu 12 m (!!) und sogar den sternförmigen Anschluß von Geräten an den verschiedenen Ports des Controllers, eine Maßnahme, die bei allen anderen Versionen streng verboten ist. Wichtig in diesem Zusammenhang ist, daß Sie an den Ultra2-Port des Controllers (z. B. dem Adaptec AHA-2940U2W) auch nur Ultra2-Geräte anschließen, sonst fällt der Controller sofort in den normalen Ultra-Modus mit allen beschriebenen Einschränkungen zurück. Außerdem ist Ultra2 noch recht teuer und ein Einsatz in Einzelplatzsystemen meist nicht gerechtfertigt. Wobei es natürlich schon verlockend wäre, die neuen, superschnellen und somit leider auch superlauten Festplatten in ein externes Gehäuse zu stecken und in einen anderen Raum auszulagern ...

Wirkliche verbreitet sind momentan nur die klassischen Fast-SCSI-Controller und Ultra-Wide-Controller. Der Preisunterschied zwischen einem Ultra- und Ultra-Wide-Controller beträgt nur rund 50 DM. Deshalb greifen die meisten Anwender dann direkt zu Ultra-Wide, wenn Sie eine höhere Bandbreite als die 10 MByte/s eines „normalen" Controllers zu benötigen. Aus diesem Grund finden sich in den Läden meistens nur diese beiden Typen. Und genau zwischen diesen beiden sollten auch Sie sich entscheiden.

Welchen SCSI-Controller soll man nun kaufen, und was gilt es zu beachten?

Sie sollten sich auch für eines der oben genannten Systeme entscheiden. Welcher Controller der bessere ist, muß für jeden spezifischen Fall neu entschieden werden.

Steckbrief: Standard-SCSI-Controller
+ sehr weit verbreitet
+ ausgesprochen praxiserprobt
+ günstiger Preis
+ weniger störanfällig
- niedrigere Datenübertragungsrate
- Leistung bricht unter Last teilweise ein
- Anschluß von nur sieben Geräten möglich

Der Einsatz eines Ultra-Wide-Controllers ist eigentlich nur für Anwender sinnvoll, die mindestens zwei sehr schnelle Festplatten verwenden, oder natürlich für Server und andere High-End-Rechner.

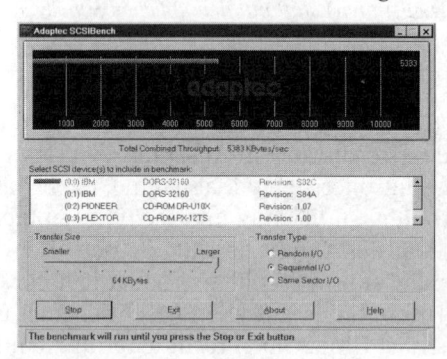

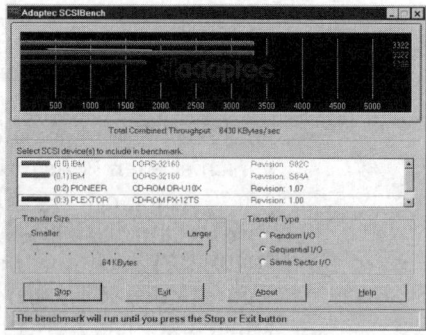

Mit dem Benchmark-Programm SCSIBench von Adaptec läßt sich messen, wie die Bandbreite eines Fast-SCSI-Controllers vom Typ 2940 durch die Nutzung mehrerer Geräte einbricht. Im linken Bild überträgt die erste Festplatte im PC allein rund 5,3 MByte/s. Im rechten Bild wurde eine zweite Festplatte und ein 12fach-CD-ROM-Laufwerk dazugeschaltet. Die Übertragungsrate der Festplatte(n) bricht auf rund 3,3 MByte/s ein. Dieser Leistungseinbruch tritt an einem Ultra-Wide-Contoller weniger heftig ein.

SCSI ohne Frust – Controller und Konfiguration beherrschen

> **Hinweis**
> **Folgekosten von Ultra-SCSI**
> Bedenken Sie bei Ihrer Entscheidung, daß Ultra-SCSI durch den höheren Takt störanfälliger ist und deshalb qualitativ hochwertigere Kabel verlangt. Diese Kabel sind natürlich entsprechend teuer. Außerdem werden generell aktive Terminatoren notwendig, die wiederum Geld kosten.

Ein normaler Fast-SCSI-Controller reicht für einen Einzelplatz-PC normalerweise völlig aus. Und vermutlich sparen Sie nicht nur Geld, sondern evtl. auch noch jede Menge Nerven. Denn Ultra-SCSI ist wegen der erhöhten Taktung ziemlich sensibel für Störungen.

Anzeige des Ultra-SCSI-Supports im BIOS

Die Ultra-SCSI-Unterstützung muß im Controller-BIOS extra aktiviert werden, was natürlich auch das Vorhandensein von Ultra-SCSI-Geräten voraussetzt.

Hier noch ein paar Entscheidungshilfen. Auch wenn Sie sonst ein Gegner von „Marken" sein sollten: Die Treiberunterstützung ist gerade bei SCSI lebenswichtig. Und Produkte von führenden Firmen wie Adaptec oder Symbios Logic (führt jetzt auch die früher unter NCR bekannten Produkte) werden vermutlich noch für lange Zeit unterstützt. Ein interessanter Tip ist auch der DAWI-Control DC 2974 PCI der deutschen Firma DAWICONTROL, der fast dem Adaptec 2940 entspricht, aber deutlich günstiger ist.

Ebenfalls günstig ist auch ein vom Mainboard-Hersteller unterstützter SCSI-Controller, für den im BIOS bereits die SCSI-Funktionen eingebaut sind. Die Firma Asus bietet für viele ihrer Mainboards solche „abgespeckte" Karten an. Der Klassiker ist und bleibt aber der Adaptec AHA 2940, der für Einzelplatz-PCs nach wie vor eine gute Wahl ist.

Adaptec-SCSI-Controller

Marktführer ist Adaptec mit den PCI-Controllern AHA 2940 (unten) und AHA-2940UW (oben). Und das nicht umsonst: Die Geräte können durch Qualität und guten Treiber-Support überzeugen. Außerdem werden sie von allen Betriebssystemen und Hardwareherstellern für SCSI-Geräte unterstützt.

Vorsicht bei Wide-SCSI

Eine Wide-SCSI-Spezialität führt immer wieder zu Mißverständnissen und Problemen: Die Anschlüsse an einem Wide-SCSI-Controller wie dem Adaptec 2940UW sind nicht wie gewöhnlich zu verwenden. Der Controller besitzt intern einen 50poligen Stecker für normale (meist ältere) SCSI-Geräte und einen 68poligen für die „neuen" Wide-SCSI. Das ist eigentlich logisch und lobenswert, aber die Sache hat auch einen großen Haken: Von den drei Anschlüssen dürfen immer nur zwei gleichzeitig belegt sein, damit sich der SCSI-Bus nicht T-förmig aufspaltet. Wenn also intern beide Anschlüsse belegt sind, wird der externe Anschluß sinnlos, da er nicht benutzt werden darf. Aber selbst, wenn Sie intern nur einen Anschluß benutzen, ist der externe 68polige Anschluß problematisch: Externe Wide-SCSI-Geräte gibt es nämlich nur selten (Festplatten in externen Gehäusen). Und es lassen sich zwar per speziellem Adapter normale SCSI-2-Geräte wie Scanner an den 68poligen externen Wide-Anschluß anschließen, aber erfahrungsgemäß wird der Bus dadurch instabil und gestört. Alles in allem nicht sehr sinnvoll also.

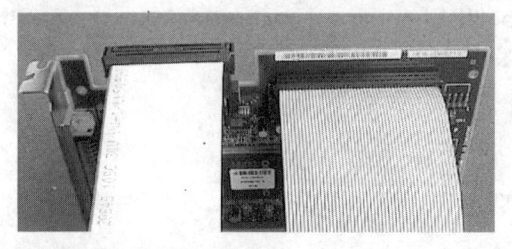

Adapter für Flachbandkabel

Eine Lösung gibt es jedoch auch für dieses Problem: Mit Hilfe eines Adapters (siehe Abbildung) können Sie das 50polige Flachbandkabel mit einem entsprechenden Stecker nach außen führen, an den Sie dann Ihre externen Geräte anschließen können. Einen solchen Adapter müßte Ihnen Ihr Händler eigentlich besorgen können. Ansonsten wenden Sie sich an die Firma DATEC in Aachen (*www.heimat.de/datec*).

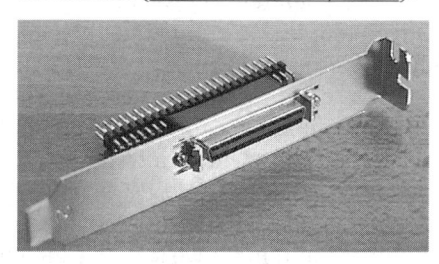

Mit einem solchen Adapter (linke Abbildung) können Sie ein 50poliges SCSI-Flachbandkabel für den Anschluß von externen Geräten nach außen führen. Entweder Sie verwenden das Slotblech, oder Sie schrauben den Adapter wie links direkt in die entsprechenden Aussparungen des Gehäuses ein.

SCSI für EIDE-Rechner – Preiswerte und praktische Lösungen

Diese Aussage hört man oft: SCSI und EIDE, das verträgt sich nicht! Dabei ist das eigentlich falsch. Sie können durchaus ein bestehendes EIDE-System mit einem SCSI-Controller aufrüsten und sich damit vielleicht sogar das Beste aus beiden Systemen holen. Es gibt jedenfalls auch preisgünstige Lösungen, mit denen Sie in die SCSI-Welt schnuppern können. Beim nächsten PC-Kauf können Sie ja dann komplett umsteigen, wenn Sie zufrieden sind. Nachfolgend einige Beispiele und Empfehlungen:

- Wenn Sie ein System mit EIDE-Festplatten haben und dieses auch zukünftig zum Booten verwenden wollen, brauchen Sie keinen SCSI-Controller mit eigenem BIOS, denn das ist nur zur automatischen Unterstützung von Festplatten und zum Booten notwendig. Dieser Verzicht macht den Controller deutlich günstiger, um 100 bis maximal 200 DM.

Der Adaptec AVA-1505 ist ein einfacher SCSI-Controller für den ISA-Bus, der ohne BIOS daherkommt und sehr preisgünstig ist. Er wird zum Anschluß von Scannern, Zip-Laufwerken usw. verwendet. Über einen Treiber (*Aspidisk.sys*) können Sie aber auch SCSI-Festplatten anschließen. Sie können von diesen allerdings nicht booten.

- Zum Anschluß von einigen SCSI-Geräten wie Scannern oder internen Zip-Laufwerken werden vom Hersteller ganz einfache, meist sogar nur 8-Bit-SCSI-Controller für den ISA-Bus mitgeliefert. Die Hersteller geben zwar an, daß diese nicht für andere SCSI-Geräte getestet wurden, aber oft läuft beispielsweise ein SCSI-Zip-Laufwerk ohne Probleme daran. Großer Vorteil der 8-Bit-Karten: Im Gegensatz zu den meisten 16-Bit-ISA- und 32-Bit-PCI-Karten können sie auch auf ganz tiefe IRQs (z. B. 3 oder 4 einer seriellen Schnittstelle) gelegt werden. Wenn Sie in einem EIDE-Rechner IRQ-Probleme bekommen und nicht wissen, wie Sie ein weiteres Gerät anschließen sollen, schafft diese Option ein wenig Spielraum. Legen Sie den 8-Bit-Controller auf den IRQ 3 (auf die serielle Schnittstelle müssen Sie dann allerdings verzichten) und schließen Sie daran ein SCSI-CD-ROM-, Wechselplatten-Laufwerk und/oder Scanner an. Anschließend können Sie Ihr ATAPI-CD-ROM-Laufwerk abschaffen und gewinnen so den IRQ15 des zweiten EIDE-Ports. Ganz schön um die Ecke gedacht, nicht wahr?

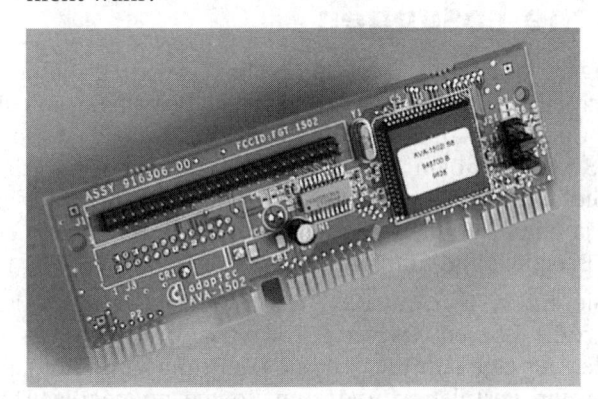

Auch bei den internen Zip-Laufwerken der Firma Iomega wird eine kleiner SCSI-Controller für den ISA-Bus mitgeliefert. Er besitzt nur einen internen Anschluß und braucht einen 16-Bit-Steckplatz.

- Ein gern zitiertes Argument für den Kauf eines Zip-Laufwerks mit Anschluß an den Drucker-Port ist, daß man die SCSI-Version ja an keinem anderen EIDE-Rechner anschließen kann und so ein großer Vorteil des Zip-Laufwerks (einfacher Datenaustausch) verlorengeht. Mit dem Parallel-Port-Zip geht das problemlos, weil jeder Rechner einen Drucker-Port hat. Dieses Argument ist nur teilweise richtig, denn auch für externe SCSI-Geräte gibt es die Möglichkeit, diese über den Drucker-Port an jeden Rechner anzuschließen. Dafür brauchen Sie allerdings einen Adapter oder genauer einen **Parallel-to-SCSI-Controller**. Einen solchen bekommen Sie beispielsweise von Adaptec, aber auch von anderen Firmen. Die

SCSI ohne Frust – Controller und Konfiguration beherrschen

Kosten liegen mit rund 400 DM zwar relativ hoch, aber bedenken Sie, daß Sie dafür die ganze Zeit an Ihrem Heim-SCSI-PC mit den wesentlich schnelleren SCSI-Geräten arbeiten können. Abgesehen davon gibt es einige Geräte, wie z. B. das Iomega JAZ oder andere externe Massenspeicher, von denen es überhaupt keine Parallel-Port-Ausführung gibt. Mit dem Adapter werden diese Geräte alle „transportabel". Übrigens ist ein solcher Adapter auch für den Anschluß der Geräte an Notebooks ideal. Natürlich bleiben die Geschwindigkeitsbeschränkungen der Druckerschnittstelle weiterhin bestehen.

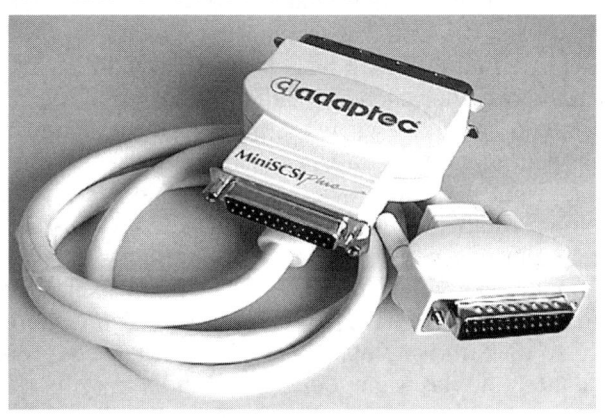

Der MiniSCSI-Plus-Adapter von Adaptec ist ein Parallel-to-SCSI-Controller, mit dem Sie externe SCSI-Geräte an jeden PC über die parallele Schnittstelle anschließen können.

Hinweis
Knifflig – Der richtige Windows-Treiber für Adaptecs Parallel to SCSI-Controller

Wenn Sie Adaptec-Parallel-to-SCSI-Controller unter Windows 95/98 einrichten und dafür den Windows eigenen Treiber verwenden wollen, werden Sie unter „Adaptec-Controller" in der Hardwareliste nicht fündig. Schauen Sie unter den Controllern der Firma Trantor nach, denn tatsächlich stellt diese Firma den Controller und damit auch die Treiber her, er wird nur von Adaptec vertrieben.

Natürlich besteht auch die Möglichkeit, einen „richtigen" vollwertigen PCI-SCSI-Controller mit eigenem BIOS zum Anschluß von Festplatten in ein EIDE-System einzubauen. Unterstützt Ihr BIOS nicht die Anpassung der Bootreihenfolge, dann wird weiterhin von EIDE gebootet.

Wichtige SCSI-Grundlagen

Wenn Sie ein SCSI-System aufbauen, ist es besonders wichtig, dabei Schritt für Schritt vorzugehen. Sie sollten zuerst Controller und Festplatten, dann CD-ROM-Laufwerk(e) und zum Schluß den Scanner oder Wechseldatenträger (Zip, JAZ usw.) anschließen. Das reduziert das Risiko von Fehlern und gibt Ihnen die Möglichkeit, Problemgeräte viel schneller zu erkennen. Einige wesentliche Grundlagen, die man zum Zusammenbau eines stabilen SCSI-Systems braucht, wurden schon mehrfach kurz angeschnitten. Hier noch einmal die wichtigsten Fakten in der Übersicht:

Hochwertige Kabel

- Seien Sie wählerisch beim Kauf eines SCSI-Kabels. Nehmen Sie nicht das erstbeste, besonders bei den hohen Frequenzen, mit denen der SCSI-Bus arbeitet, spielen die physikalischen Eigenschaften des Kabels eine große Rolle. Bei internen Flachbandkabeln ist die Gefahr geringer, aber bei externen Kabeln rächen sich ein Billigprodukt oder sogar Kabelverlängerungen mit Adaptern so gut wie immer. Gelegentliche Übertragungsfehler, nicht gefundene SCSI-Geräte, Abstürze und ähnliches sind die Folge. Allerdings sieht man den Kabeln ihre Qualität nicht unbedingt an. Alle besseren SCSI-Kabel sind vom Typ „twisted pair", das heißt, für jede Datenleitung gibt es eine eigene Masseleitung. Ein solches Kabel erkennen Sie an einer Dicke von mindestens 1 cm (inklusive Ummantelung) und daran, daß es sich nur schwer verbiegen läßt. Schlechtere Kabel sind oft nur halb so dick und so flexibel wie ein Drucker- oder Modemkabel. Am besten kaufen Sie das Kabel bei einer Firma, die selbst SCSI-Komponenten anbietet. Auch wenn ein gutes externes SCSI-Kabel je nach Steckerart 50 bis 100 DM kostet, das ist es allemal wert! Und benutzen Sie auf keinen Fall ein normales Modemkabel für den Anschluß eines externen Zip-Laufwerks.

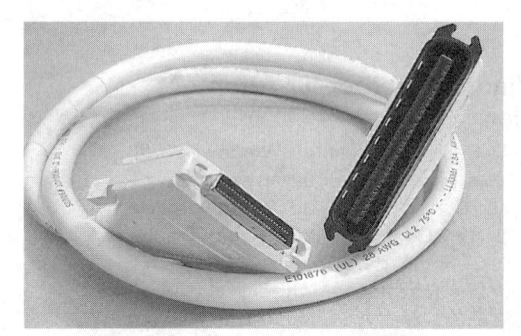

Ein solches hochwertiges Kabel ist vor allem bei Ultra-SCSI wichtig für die Stabilität des gesamten Systems

- Besonders kritisch sind qualitativ minderwertige Kabel bei Ultra-SCSI. Durch die doppelte Taktfrequenz reagiert der Ultra-SCSI-Bus sehr empfindlich auf Störungen und damit auf schlechte Kabel sowie Terminierung. Gehen Sie keine Risiken mit schlechten Kabeln und passiven Terminatoren ein! Zu beachten ist auch noch, daß die Gesamtkabellänge bei Ultra-SCSI auf 1,5 m beschränkt ist; interne und externe Kabel zusammengerechnet! Das kann schon mal sehr knapp werden, besonders in Tower-Gehäusen.

Verteilung der IDs

- Der Controller muß alle angeschlossenen Geräte auf dem Bus zweifelsfrei erkennen können, um einen reibungslosen Datenverkehr zu ermöglichen. Für 8-Bit-Systeme (Fast- und Ultra-SCSI ohne Wide) stehen die Nummern 0 bis 7 zur Verfügung, für Wide-SCSI 0-15. Diese werden auch als SCSI-IDs bezeichnet. Jede ID darf nur einmal vergeben werden.

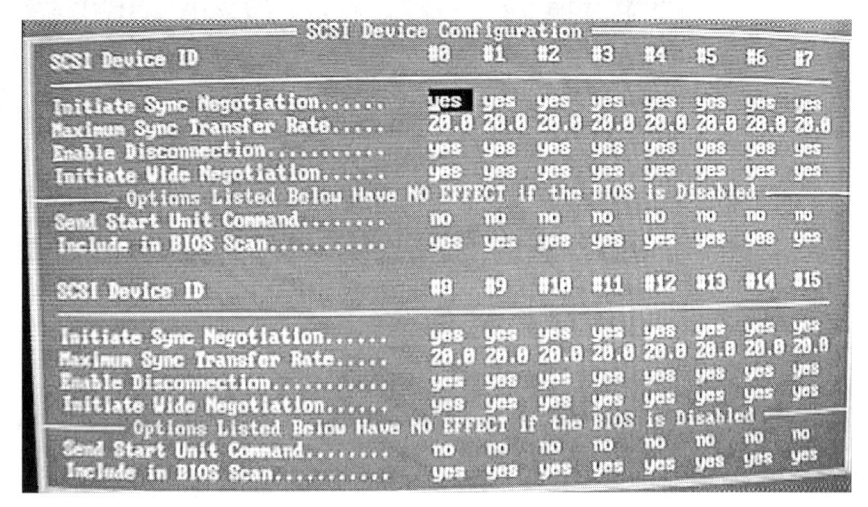

Konfiguration der IDs im Controller-BIOS

Die IDs selbst werden direkt an den Geräten eingestellt, Konfiguriert werden sie jedoch im BIOS des Controllers, was bei einem Wide-SCSI-Controller wie hier dem 2940UW eine ganze Menge Einstellungen umfaßt.

- Die ID regelt auch die Priorität bei gleichzeitigem Zugriff auf den SCSI-Bus. So fragt der Controller den Bus in absteigender Reihenfolge (von 7 bis 0) ab. Normalerweise werden die IDs folgendermaßen vergeben: Der Controller bekommt die 7, Bootfestplatten die ID 0 und 1, alle anderen Geräte die übrigen. Dies ist eigentlich nicht richtig, da so die schnellsten Geräte (Festplatten) die niedrigste Priorität haben. Alte, langsame oder selten benutzte Geräte sollte man eigentlich möglichst auf niedrige IDs konfigurieren.

- Ältere Controller konnten nur von ID 0 und 1 booten, das hat sich bei neuen Controllern mittlerweile geändert. Dennoch rührt daher die Angewohnheit vieler Nutzer, die Bootplatte auf ID 0 zu setzen. Unbedingt nötig ist das nicht.

SCSI ohne Frust – Controller und Konfiguration beherrschen

```
#401A0-0105

Award Plug and Play BIOS Extension v1.0A
Copyright (C) 1995, Award Software, Inc.

Initialize Plug and Play Cards...
Card-01: TerraTec Maestro 32/96
PNP Init Completed

Adaptec AHA-2940 BIOS v1.23
(c) 1996 Adaptec, Inc. All Rights Reserved.

◄◄◄ Press <Ctrl><A> for SCSISelect(TM) Utility! ►►►

   SCSI ID:LUN NUMBER #:# 0:0 - IBM       DORS-32160    - Drive D: (81h)
   SCSI ID:LUN NUMBER #:# 1:0 - IBM       DORS-32160    - Drive 82h
   SCSI ID:LUN NUMBER #:# 2:0 - PIONEER   CD-ROM DR-U10X
   SCSI ID:LUN NUMBER #:# 3:0 - PLEXTOR   CD-ROM PX-12TS
   SCSI ID:LUN NUMBER #:# 4:0 - HP        C2500A
   SCSI ID:LUN NUMBER #:# 5:0 - IOMEGA    ZIP 100

BIOS Installed Successfully!
```

Initialisierung der SCSI-Geräte beim Booten

Beim Booten werden alle angeschlossenen und eingeschalteten Geräte in der Reihenfolge Ihrer IDs vom Controller initialisiert.

- Die Einstellung der IDs wird mit Hilfe eines kleinen Wahl-Schalters oder über Steckbrücken (Jumper) vorgenommen. Diese Jumper werden übrigens bei internen Geräten (Festplatten, CD-ROM-Laufwerke etc.) fast ausschließlich verwendet.

Bei externen Geräten wie diesem Scanner werden die IDs bequem per Schalter eingestellt. Rechts ist ein kleiner, mit „+" gekennzeichneter Schalter für die Terminierung zu sehen

Terminierung der SCSI-Kette

- Stellen Sie sich den SCSI-Bus als Kette vor. Diese Kette hat genau zwei Enden, Abzweigungen, Aufteilungen oder T-Abzweige gibt es nicht. Dazu kommt noch, daß die Enden dieses System eindeutig „terminiert" werden müssen. Bevor Sie jetzt an amerikanisches Action-Kino denken: Ein Terminator schließt das System am Ende elektrisch ab, so daß es dort nicht zu Reflektionen der elektrischen Signale kommen kann, die den regen Datenverkehr behindern.

- **Term-power:** Einer der 50 bzw. 68 Leitungspole auf dem SCSI-Bus ist die sogenannte Term-Power-Versorgungsspannung für die Terminatoren. Umgekehrt ist es Aufgabe des Terminators, diese Term-Power-Spannung möglichst einheitlich zu stabilisieren. Passive erledigen dies nur in einem gewissen Toleranzbereich, aktive verwenden dagegen einen eigenen Schaltkreis zur Stabilisierung. Eventuell müssen Sie sich mit der Term-Power-Einstellung auseinandersetzen, da möglichst nur ein Gerät auf dem Bus diese Spannung liefern sollte (was normalerweise der SCSI-Controller selbst erledigt, aber es gibt auch etliche SCSI-Geräte, die eine Term-Power-Einstellung haben).

Verwendung mehrerer Controller

- SCSI ist wesentlich flexibler als man gemeinhin annimmt. Man kann ruhig mehrere SCSI-Controller in einem System einbauen. Sogar umgekehrt ist die Verwendung eines externen SCSI-Geräts an zwei Controllern möglich. Diese Überlegungen sind durchaus sinnvoll, beispielsweise um Fast- und Wide-SCSI-Geräte jeweils auf getrennten Bussen zu betreiben, oder, wenn man mehr als sieben Fast-SCSI-Geräte in einem PC betreiben will. So ist es bei manchen CD-Brennern ratsam, diese an einem eigenen SCSI-Controller parallel zu einem SCSI-System zu betreiben. Sie sehen, die Möglichkeiten sind vielfältig. Achten Sie bei der Installation nur auf die Vergabe unterschiedlicher Ressourcen (IRQ!) und installieren Sie evtl. die entsprechenden Treiber im Betriebssystem.

> **Hinweis**
>
> **Ein Gerät an zwei Controllern**
>
> Sie können ein SCSI-Gerät auch gleichzeitig an zwei SCSI-Controllern in verschiedenen Rechnern betreiben. Bei Massenspeichern, die sich auch beschreiben lassen, ist dies zwar nicht ratsam; da es hier keine Mechanismen gibt, sind Datenverluste vorprogrammiert. Wenn Sie aber z. B. einen SCSI-Scanner an zwei Rechnern betreiben möchten, funktioniert dieser Trick optimal. Dazu müssen Sie die beiden Anschlüsse des SCSI-Scanners jeweils mit dem externen SCSI-Anschluß der Controller verbinden; ferner muß die Terminierung auf dem Scanner abgeschaltet sein. Wenn Sie keine weiteren internen SCSI-Geräte an diesen Controllern betreiben, wird die Terminierung auf den beiden Controllern aktiviert, denn sie sind nun das Ende des SCSI-Bus. Wichtig ist nun, daß Sie einen der beiden Controller auf SCSI-ID 6 statt 7 einstellen.

Die richtige Terminierung des SCSI-Bus

In der überwiegenden Mehrheit der Fälle ist eine falsche Terminierung des SCSI-Bus Schuld an Problemen mit SCSI. Beliebte Fehlerquellen bei der Terminierung sind vergessene, zu viele oder falsch gepolte Terminatoren. (Offene Stecker innerhalb der Kette, wie sie z. B. bei Verwendung eines internen Flachbandkabels mit sieben Steckpfosten leicht entstehen, verursachen dagegen keine Probleme und dürfen natürlich auch nicht terminiert werden!)

Das muß aber nicht so sein, denn prinzipiell ist das richtige Terminieren gar nicht so kompliziert. Als Terminatoren dienen bei internen SCSI-Geräten häufig kleine, passive Widerstände. Wesentlich besser sind aber aktive Terminatoren, die ja, wie schon weiter oben erwähnt, bei Ultra-SCSI in jedem Fall zum Einsatz kommen sollten. Aber auch beim gewöhnlichen Fast-SCSI erhöhen Sie die Stabilität unter Umständen deutlich. Mittlerweile ist man auch dazu übergegangen, internen Geräten eine an- oder abschaltbare aktive Terminierung einzubauen.

> **Tip**
> **So geht's ohne zusätzlichen Terminator**
> Wenn Sie es kabeltechnisch einrichten können, dann sollten Sie die modernste Festplatte zum letzten Gerät am SCSI-Bus machen und dort die aktive Terminierung einschalten, so sparen Sie sich die Anschaffung eines zusätzlichen Terminators. Die Position auf dem Bus wirkt sich übrigens nicht auf die Leistung des Geräts aus, auch wenn man das spontan annehmen könnte.

Es muß immer am Anfang und am Ende des SCSI-Bus ein Abschlußwiderstand installiert sein. Für die verschiedenen Anschlußkombinationen aus internen und externen Geräten ergeben sich dabei folgende Möglichkeiten:

Nur interne SCSI-Geräte	das physikalisch letzte **interne Gerät und der Controller** müssen terminiert sein
Nur externe SCSI-Geräte	das physikalisch letzte **externe Gerät und der Controller** müssen terminiert sein
Interne und externe SCSI-Geräte	das **letzte externe Gerät und das letzte interne Gerät** müssen terminiert sein; die Terminatoren auf dem Controller müssen entfernt bzw. abgeschaltet werden.

- Etwas kompliziert verhält es sich mit der **Terminierung eines Wide-SCSI-Controllers**. Denn hier werden zwei Terminierungsleitungen (Low und High) in drei Einstellungskombinationen verwendet, weil jeweils der 8-Bit- und der 16-Bit-Bus terminiert werden müssen. Das hört sich komplizierter an, als es ist, entnehmen Sie die benötigten Einstellungen am Controller einfach der folgenden Tabelle. Außerdem haben neuere Controller eine sogenannte Auto-Terminierung, so daß Sie sich nur bei Problemen um die Einstellung kümmern müssen.

High-Terminierung	Low-Terminierung	Anschlußart an einem Wide-Controller
Aktiviert	Aktiviert	Wide intern allein
Aktiviert	Aktiviert	Wide extern allein
Deaktiviert	Deaktiviert	Wide intern und extern
Aktiviert	Aktiviert	Fast intern allein
Aktiviert	Deaktiviert	Fast und Wide intern
Aktiviert	Deaktiviert	Fast und Wide extern

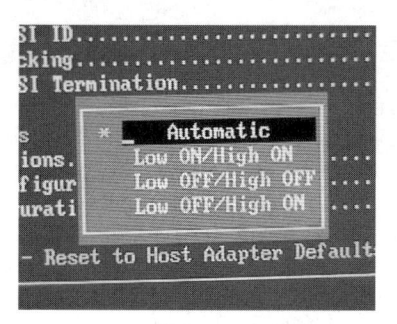

SCSI ohne Frust – Controller und Konfiguration beherrschen

Die Terminierung moderner SCSI-Controller erfolgt im BIOS. Leider gibt es keine einheitliche Tastenkombination, die während des Bootvorgangs ins SCSI-BIOS führt (bei Adaptec ist es beispielsweise [Strg]+[A]). Näheres dazu entnehmen Sie Ihrem Handbuch. Wie schon gesagt, wird die Terminierung auf modernen Controllern entweder per Umstellung im SCSI-BIOS durchgeführt oder vom Controller automatisch umgestellt. Einen Jumper oder Dip-Schalter findet man nur sehr selten. Anders bei SCSI-Geräten: Die meisten internen werden mittlerweile üblicherweise per Jumper aktiv terminiert (Abbildung links), aber auch passive Terminierung durch Aufstecker einer Steckbrücke kommt vereinzelt noch vor (Abbildung rechts).

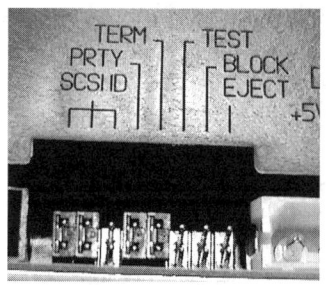

Bei den passiven Terminatoren in Steckbrückenform ist es wichtig, sie richtig gepolt in den Sockel einzusetzen. Die beiden äußeren Pins dienen zum Anschluß für Masse und Versorgungsspannung, wenn diese beiden vertauscht werden, arbeitet der SCSI-Bus unzuverlässig. Achten Sie auf die Markierungen der Widerstände (oft ein Punkt o. ä.) an der gleichen Seite wie die entsprechende Markierung am Sockel des Controllers.

> **Hinweis**
>
> **Automatische Terminierung mit dem Adaptec 2940-Controller**
>
> Um nicht ständig die Terminierung am Controller ändern zu müssen (je nachdem, ob Sie gerade externe Geräte angeschlossen haben oder nicht), bietet das Adaptec BIOS seit Version 1.20 eine automatische Terminierung. Der Controller erkennt selbst, ob Geräte an seinen Steckern angeschlossen sind.
>
> Was normalerweise zuverlässig funktioniert, kann aber auch eine sehr gut versteckte Quelle für Ärger sein: Bei Problemen mit dem SCSI-Bus können Sie die Terminierung immer noch wie gewohnt von Hand auf „enabled" oder „disabled" schalten.

Die Vorzüge der aktiven Terminierung

Die Qualität der eingebauten Terminatoren der meisten SCSI-Geräte ist sehr dürftig. Eine Ausnahme bilden neuere Festplattenmodelle. Desonders, wer einen Controller mit Ultra-SCSI-Unterstützung nutzt, ist quasi gezwungen, auf hochwertige, aktive Terminatoren umzusteigen. Ein typisches Beispiel für eine schlechte Terminierung sind externe Zip-Laufwerke. Ist dieses das letzte, externe Gerät und aktiviert man den Terminierungsschalter auf der Rückseite, so sind SCSI-Probleme vorprogrammiert. Unter Umständen kann es helfen, ein externes Zip-Laufwerk (auch bei Nichtnutzung) eingeschaltet zu lassen, um eine halbwegs vernünftige Terminierung zu ermöglichen. Ist das Zip ausgeschaltet, bleibt der Controller beim Booten oft einfach hängen. Leider kommen auch viele CD-ROM-Laufwerke und einige ältere Festplatten mit dürftigen, veralteten passiven Widerstandssteckbrücken daher.

Weniger Probleme gibt es mit aktiven Terminatoren. Sie bestehen aus einem Schaltkreis, der die Busspannung konstant auf 3,6 Volt hält. Passive Terminatoren erlauben dagegen eine Schwankung zwischen 1,2 und 3,6 Volt. Die Versorgungsspannung für die Terminatoren kommt über das SCSI-Kabel auf der Term-Power-Leitung (diese Spannung speist üblicherweise der Controller ein). Sie können hochwertige, externe Terminatoren mit allen gängigen Stekkertypen für 25- 30 DM pro Stück bei den meisten Händlern kaufen. Wenn Sie keine Bezugsquelle finden, versuchen Sie es bei der Firma INTOS Electronic Wolfgang Isenberg in Hüttenberg oder der Firma Datec in Aachen (*www.heimat.de/datec*).

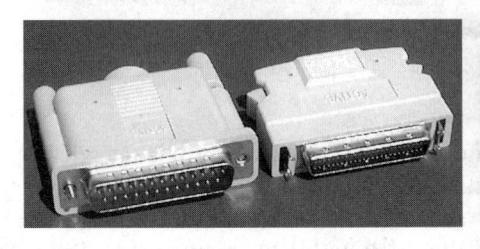

Terminatoren, ohne Arnold Schwarzenegger ;-)

Das letzte, externe Gerät sollte unbedingt mit einem solchen aktiven Terminator versehen sein, insbesondere ein Zip-Laufwerk. Besonders bei Ultra-SCSI ist dies zwingend notwendig. Das oben angesprochene Bootproblem ist übrigens nach dem Aufstecken eines solchen Terminators weg. Von da an muß das Zip beim Booten auch nicht mehr eingeschaltet sein. Der ganze Bus läuft außerdem stabiler.

Perfekt wird es aber erst, wenn Sie auch den internen Teil des SCSI-Bus aktiv terminieren. Die gezeigten Terminatoren können Sie allerdings nicht auf eine Festplatte, ein CD-ROM-Laufwerk oder das Flachbandkabel direkt aufsetzen, aber auch dafür gibt es Terminatoren. Stecken Sie Ihr Flachbandkabel einfach so auf die Geräte, daß der letzte Anschluß frei ist. Entweder kaufen Sie

SCSI ohne Frust – Controller und Konfiguration beherrschen

sich dann einen direkten Adapter zum internen Anschluß des Terminators, oder Sie verwenden noch besser (weil es ordentlicher verlegt ist) den einige Seiten weiter oben schon mal gezeigten Adapter für Wide-SCSI-Controller, mit dem man ein 50poliges Flachbandkabel nach außen führen kann. Auf den so erzeugten, zweiten externen Anschluß können Sie dann leicht einen aktiven Terminator mit SCSI-2-Minianschluß stecken. Natürlich muß bei dieser Version auf allen internen Geräten die Terminierung deaktiviert werden.

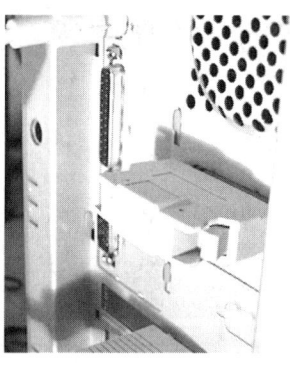

Noch mehr Terminatoren

Booten Sie von Zip, CD-ROM & Co.

Statt wie früher nur von ID 0 oder ID 1 können Sie mit modernen Controllern nun von jeder ID booten, z. B. vom Zip-Laufwerk oder vom CD-ROM-Laufwerk. Voraussetzung ist natürlich, daß Sie außerdem in den Laufwerken ein boofähiges Medium mit Betriebssystem haben. Die Adaptec-Controller der 2940-Reihe unterstützen die Funktion übrigens seit der BIOS-Version 1.20. Eine weitere Beschränkung bezieht sich noch auf die Sektorierung der Medien. Gebootet werden kann nur von solchen Medien, die DOS-konform mit 512 Byte großen Sektoren arbeiten. Gerade aber einige größere MO-Laufwerke (z. B. die 640 MByte 3,5-Zoll-Medien) sind werkseitig mit 2.048-Byte-Sektoren hardsektoriert. Von diesen kann daher nicht gebootet werden.

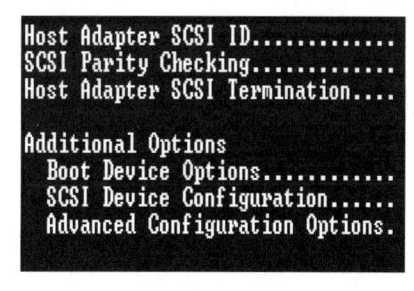

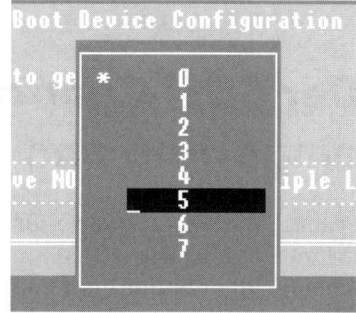

Einstellung des Bootmediums

Sehr praktisch ist die Möglichkeit, von einem SCSI-Zip-Laufwerk zu booten. Probleme mit der Sektorgröße gibt es hier nicht, denn Zip-Disketten sind mit den üblichen 512 Byte-Sektoren formatiert. Hierzu müssen Sie aber natürlich erst eine bootfähige Zip-Diskette mit Betriebssystem erstellen. Mit dem DOS-Befehl *Sys X:* (x = Laufwerkbuchstabe des Zips) ist das aber kein Problem. Anschließend können Sie Ihre eigenen Startkonfigurationsdateien auf der Zip-Diskette anlegen oder sogar Windows 95/98 auf dieser installieren.

Es geht: Windows auf einer Zip-Diskette eines SCSI-Zip-Laufwerks

Ein Spezialfall ist übrigens das Booten von CD-ROM. Dieses funktioniert nur, wenn im BIOS (PC-BIOS bei EIDE-CD-ROM-Laufwerk, SCSI-BIOS bei SCSI-CD-ROM-Laufwerk) die entsprechende Funktion aktiviert wurde. Und natürlich brauchen Sie noch eine spezielle bootfähige CD-ROM, die nach der sogenannten El-Torito-Spezifikation von IBM und Phoenix hergestellt wurde, was bisher aber recht selten ist. Bei einem Adaptec-Controller finden Sie die Einstellungen unter den *Advanced Configurations Options*. Für das Booten von CD-ROM oder einem Wechseldatenträger muß die Funktion *Support Removable Disks Under BIOS as Fixed Disks* eingeschaltet sein, also auf *All Disks* oder *Boot only* stehen. Dies ist aber die werkseitige Voreinstellung, so daß hier weiter nichts verändert werden muß.

9.2 Der SCSI-Controller – Adaptec & Co. eingebaut und konfiguriert

Prima, Sie haben sich also für einen SCSI-Controller entschieden. Wie bitte? Ihr alter Controller ist kaputtgegangen, und Sie möchten einen neuen einbauen? Oder Sie möchten von Fast-SCSI auf Wide- oder Ultra-Wide- umsteigen?

Das alles ist kein Problem, hier sehen Sie, wie Einbau und Konfiguration schnell und einfach erledigt sind.

Einbau des SCSI-Controllers

Der Einbau des eigentlichen Controllers stellt keine Schwierigkeit dar: Der Controller ist auch „nur" eine gewöhnliche Steckkarte, meist im PCI-Format, die (wie auf Seite 52 beschrieben) in einen Slot gesteckt wird.

In der Abbildung sehen Sie den beliebten Adaptec AHA-2940 (links) und den Adaptec AHA-2940UW (rechts)

Wie dann die Datenkabel angeschlossen werden, sehen Sie ab Seite 423 im Festplattenkapitel.

SCSI-Einstellung und -optimierung unter DOS und Windows 3.x

Zwar ist die Konfiguration von SCSI-Geräten unter DOS und Windows 3.x häufig etwas anspruchsvoller als das Arbeiten mit EIDE, denn die Mühen, die man mit EIDE im BIOS hat, muß man bei SCSI mit den Treibern auf sich nehmen. Seit Windows 95 ist das alles viel einfacher geworden, weil der dortige 32-Bit-Treiber automatisch CD-ROM-Laufwerke und Wechseldatenträger unterstützt. Außerdem werden die meisten SCSI-Controller per Plug & Play erkannt und jede Menge Treiber schon mitgliefert.

Doch erst einmal ein paar Tips für die DOS- und Windows-3.x-User:

- Wenn Sie SCSI unter DOS und Windows 3.x nutzen wollen, müssen Sie für jeden Gerätetyp (Typ, also nicht jedes Gerät einzeln, außer Festplatten) einen eigenen Treiber in der *Config.sys* einbinden (Beispiele weiter unten). Dazu gehört v. a. auch der Controller selbst. Festplatten und alle Grundfunktionen laufen auch ohne Treiber, weil Sie vom BIOS verwaltet werden. Die Verwendung von Aspi-Treibern ist mittlerweile wie z. B. auch bei Adaptec üblich. Sie garantieren die optimale Performance und Datensicherheit. Die nachfolgende Tabelle stellt die Bezeichnung der typischen Treiber und ihre Funktion zusammen.

Treiberbezeichnung	Gerätetyp
Aspixdos.sys (z. B. Aspi2dos, Apsi4dos, Apsi8dos)	SCSI-Controller. Die verschiedenen Zahlen kennzeichnen den Controller-Typ. Es wird aber immer nur einer gebraucht. Der Adaptec 2940 verwendet den *Aspi8dos.sys*-Treiber.

SCSI ohne Frust – Controller und Konfiguration beherrschen

Treiberbezeichnung	Gerätetyp
Aspicd.sys	Universeller Treiber für SCSI-CD-ROM-Geräte (egal welche Marke)
Aspidisk.sys	Universeller Treiber für Wechseldatenträger (Zip-Laufwerk & Co.) sowie auch Festplatten
Sjiix.sys	Scannertreiber für HP-Scanner, funktioniert aber mit fast allen anderen auch

- Die optimale Performance bekommt man nur, wenn man statt der BIOS-Funktionen die entsprechenden Treiber einsetzt. Da auf das langsame ROM-BIOS mit 8 Bit, auf die DOS-Treiber aber mit 16 Bit zugegriffen wird, sind diese deutlich schneller. Das trifft auch oder besonders auf Festplatten zu. Sie können diese ohne einen Treiber für den Controller (*Aspixdos.sys*) bzw. für die Platte (*Aspidisk.sys*) selbst betreiben. Wenn Sie aber beide in der *Config.sys* einbinden, steigt die Leistung unter DOS und Windows deutlich. Da Windows 95 seine eigenen 32-Bit-Treiber verwendet, wird auch nicht auf die BIOS-Funktionen zugegriffen, die Aspi-Treiber sind daher nicht mehr notwendig.

- Die Performanceeinbußen ohne Treiber für den Controller sind besonders drastisch bei Verwendung der einfachen NCR- bzw. SymbiosLogic-Controller für Mainboards mit SCSI-BIOS-Unterstützung. Ohne Einbindung des mitgelieferten CAM-Controller-Treibers in die *Config.sys* läuft dieser dann nur im sogenannten Asynchronmodus, wodurch die Datenübertragungsrate auf 5 MByte/s begrenzt ist.

- Viele Wechseldatenträger (z. B. von Iomega oder SyQuest) laufen auch ohne Treiber allein durch die BIOS-Funktionen. Neben den Performance-Gründen gibt es noch einen weiteren Grund, einen Treiber zu verwenden: Unter DOS und Windows 3.x kann es ohne Treibernutzung zu Problemen kommen, wenn Sie ein Medium im Laufwerk wechseln. Denn DOS und damit auch Windows 3.x kennen keine „wechselbaren Festplatten". Als Folge kann es passieren, daß das Betriebssystem bei Änderungen in der Dateistruktur die FAT vom alten auf das neue Medium überträgt. Dabei wird nicht nur die FAT des neuen Mediums zerstört und damit alle Daten darauf, sondern auch die Änderungen auf der alten Platte nicht korrekt eingetragen. Sie sollten also auf jeden Fall den *Aspidisk.sys* (bei Adaptec) in die *Config.sys* eintragen und gleichzeitig die Geräte auch nicht mit der ID 0 oder 1 als Bootfestplatten konfigurieren.

- Zumindest bei Adaptec-Controllern können Sie alle SCSI-Treiber in den hohen Speicher laden. Dies gilt auch für den Aspi-Manager des Controllers selbst. Die entsprechenden Zeilen einer auf Speicherbedarf optimierten *Config.sys* unter DOS bzw. Windows 3.x sehen z. B. wie unten aus. Eingebunden wurden ein SCSI-CD-ROM-Laufwerk und ein SCSI-Scanner-Treiber.

```
device=c:\windows\himem.sys /testmem:off
device=c:\windows\ifshlp.sys
device=c:\windows\emm386.exe noems ram
devicehigh=c:\scsi\aspi8dos.sys /d
```

SCSI ohne Frust – Controller und Konfiguration beherrschen

```
devicehigh=c:\scsi\aspicd.sys /d:aspicd0
devicehigh=c:\scsi\sjiix.sys
installhigh=c:\dos\mscdex.exe /d:aspicd0 /l:e /m:16
```

- Viele SCSI-Controller reservieren für jede angeschlossene Wechselplatte vier Laufwerknamen. Dies kann dann sehr ärgerlich sein, wenn sich dadurch die Namen anderer Laufwerke verschieben. Der Grund für dieses Verhalten ist, daß der Controller zum Zeitpunkt des Bootens nicht weiß, wie viele Partitionen ein später eingelegtes Wechselmedium haben wird. Da die Laufwerknamen bereits beim Booten vergeben werden, muß sich die Treibersoftware die benötigten Laufwerknamen freihalten; sonst könnte man auf die weiteren Partitionen eines später eingelegten Mediums nicht zugreifen. Wenn Sie jedoch nur Medien mit einer Partition verwenden, können Sie bei Adaptec-Controllern den Parameter /r<x> hinter dem Treiber *Aspidisk.sys* einfügen. Die Variable x steht dabei für die pro Wechselplatte zu reservierenden Laufwerknamen. Der komplette Eintrag für das Reservieren einer Partition würde also lauten: *Device=Aspidisk.sys /r1*.

- Per optimierter Treibereinstellung kann man so auch noch manch andere Geräte tunen. Ein Beispiel ist die Steuerung des Busmasterverhaltens von Adaptec-SCSI-Controllern für den ISA-Bus. Denn beispielsweise der 1542C-Controller von Adaptec bremst im Busmaster-Betrieb manchmal andere, gleichzeitig laufende Geräte aus. Das betrifft v. a. gleichzeitig laufende Floppystreamer, wie das etwa beim Durchführen eines Festplatten-Backups passiert. Abhilfe können die Parameter */n04 /f11* hinter dem Aspi-Manager in der Datei *Config.sys* schaffen. Der Eintrag für den 1524C lautet dann also: *Device=Aspi4dos.sys /n04 /f11*. Damit wird die Priorität bzw. das Zeitverhalten beim Busmastering etwas kulanter für die übrigen Geräte im PC gehandhabt.

- Die Anleitung zu DOS bzw. Windows 3.x sowie die vieler Hersteller sieht vor, daß wenn ein Software-Cachetreiber mit SCSI-Festplatten eingesetzt werden soll, dort eine sogenannte Doppelpufferung verwendet werden muß. Dieses Feature, das früher verwendet wurde, um Datenverluste beim Schreiben auf die Festplatte zu vermeiden, ist aber bei neuen Controllern mit Aspi-Treibern (z. B. alle Adaptec) nicht mehr notwendig. Sie brauchen daher die Doppelpufferung nicht zu aktivieren, zumal sie die Cacheleistung bremst und zusätzlichen Speicher verbraucht.

- Der Betrieb von zwei SCSI-CD-ROM-Laufwerken unter DOS und Windows 3.x ist mit Aspi-Treibern ein Kinderspiel. Im Gegensatz zu ATAPI-Geräten, bei denen Sie für jedes Gerät einen eigenen Treiber installieren und anschließend bei *Mscdex.exe* noch über Parameter anmelden müssen, ist bei mehreren SCSI-CD-ROM-Laufwerken lediglich der einmalige Aufruf von *Aspicd.sys* und *Mscdex.exe* notwendig. Das zweite CD-ROM-Laufwerk wird automatisch erkannt und erhält den um eins höheren Laufwerkbuchstaben als das erste Gerät.

SCSI unter Windows 95/98 – Tips und Tricks rund um Treiber und Anwendungen

Unter Windows 95/98 ist SCSI einfach geworden. Ihnen stehen stabile und schnelle 32-Bit-Treiber, die alle Funktionen des Controllers unterstützen und diesen unter Umgehung des BIOS mit voller Geschwindigkeit ansprechen, zur Verfügung. Sie brauchen daher normalerweise keine DOS-Aspi-Treiber mehr in der *Config.sys* zu installieren. Eine Ausnahme sind lediglich Scanner, die vom Hersteller nicht mit einem 32-Bit-Windows-Treiber ausgeliefert werden. CD-ROM-Laufwerke und Wechselplatten-Laufwerke werden automatisch ohne zusätzliche Treiber unterstützt. Nachfolgend wieder eine Zusammenstellung der besten Tips, Tricks und Infos zu diesem Thema.

- Wichtig ist die Aktualität der verwendeten Treiber. Nahezu alle Hersteller haben mittlerweile neuere Versionen nachgeliefert als die, die auf der Microsoft Windows 95- bzw. 98-CD-ROM vorhanden sind. Insbesondere Adaptec ist recht fleißig, was den Treibernachschub angeht. Einen neuen Treiber installieren Sie über den Hardware-Assistenten in der Systemsteuerung. Vorher sollten Sie aber die alten löschen, indem Sie den Eintrag des Controllers im Geräte-Manager löschen. Wenn Sie den Hardware-Assistenten der Systemsteuerung aufgerufen haben, müssen Sie dort die automatische Erkennung deaktivieren und anschließend manuell in der erscheinenden Geräteliste den Typ *SCSI-Controller* auswählen. Anschließend können Sie über die Schaltfläche *Diskette* den neuen Treiber auswählen und installieren lassen. Alternativ können Sie auch direkt im Geräte-Manager den Treiber aktualisieren. Lassen Sie sich dabei aber nicht von den neuen Dialogfenstern von Windows 95b (OSR2) abschrecken, auch hier ist eine Neuinstallation über das Register *Treiber* möglich. Sie müssen anschließend lediglich auf den Befehl *Treiber aktualisieren* klicken und dort die Option *Ja (empfohlen)* verwenden, um nach dem neuen Treiber suchen zu lassen bzw. das Zielverzeichnis manuell anzugeben.

- Nutzer von Windows 98 sollten streng darauf achten, daß die Treiber auch für Windows 98 gedacht sind, die „alten" Windows 95-Treiber funktionieren unter Umständen nicht richtig.

- Während (wie weiter oben schon erwähnt) CD-ROM-Laufwerke und Wechselplatten-Laufwerke (wozu z. B. auch Zip-Laufwerke zählen) automatisch vom Treiber unterstützt werden, muß man für **Scanner** einen weiteren, vom Hersteller gelieferten 32-Bit-Treiber einsetzen. Wenn dieser nicht vorhanden ist, können bzw. müssen die alten DOS-Treiber *Aspixdos.sys* und *Sjiix.sys* noch weiter in der *Config.sys* eingebunden werden. Normalerweise hat das allerdings keine negativen Auswirkungen, Ihr Rechner sollte anschließend definitiv nicht im MS-DOS-Kompatibilitätsmodus laufen oder ausgebremst werden. Wenn dies doch der Fall ist, besorgen Sie sich von allen Treibern die neueste Version und überprüfen Ihr ganzes SCSI-System auf Terminierungsfehler und schlechte Kabel.

SCSI ohne Frust – Controller und Konfiguration beherrschen

- Die bekannten Scanner von Hewlett Packard (HP-Scanjet) werden mit 32-Bit-Treibern für Windows ausgeliefert, allerdings ist die Installation nicht richtig dokumentiert und verläuft oft fehlerhaft. Sie sollten die Installation daher von Hand unterstützen. Die notwendigen Treiberdateien befinden sich auf den Datenträgern (meist Disketten) sowohl des Scanner-Hauptprogramms Deskscan (Version 2.31 und höher) wie auch des Kopierprogramms Scancopy (Version 2.0 und höher). Updates finden Sie im Internet übrigens unter der Adresse *hpcc887.external.hp.com:9000/cgi-bin/awss/awss.cgi*. Kopieren Sie von dem Datenträger, auf dem Sie die Programme haben, die folgenden Dateien in die angegebenen Verzeichnisse:

Treiberdateien für HP-Scanjet	Zielverzeichnis, Bemerkung
Alle *dll*-Dateien mit *Hpsc** oder *Hpsj** am Anfang	Windows\System-Verzeichnis
Hpscnmgr.hlp	Windows\Help-Verzeichnis
Scanjet.inf	Windows\Inf-Verzeichis
Vhpscand.vxd	Windows\System\Iosubsys

- Installieren Sie anschließend eines der oder beide Programme wie gewohnt über das vorhandene Setup-Programm. Beim nächsten Start von Windows wird der Scanner nun automatisch per Plug & Play erkannt. Außerdem fragt Windows nach dem Quellverzeichnis der zuvor schon von Hand kopierten Dateien bzw. des Treibers. Wenn Sie das Verzeichnis angeben, in dem sich die Datei *Scanjet.inf* befindet (Quellverzeichnis von Deskscan oder Scancopy), versucht Windows 95 diesmal selbst, die oben aufgelisteten Dateien zu installieren. Nur allzu häufig passiert dies aber, wie gesagt, fehlerhaft. Da Sie die Dateien aber schon per Hand in die richtigen Verzeichnisse kopiert haben, verläuft diesmal die Installation so oder so erfolgreich. Wenn Sie nun Windows noch mal starten, erscheint im Geräte-Manager ein neuer Eintrag für den Scanner und in der Systemsteuerung ein eigenes Symbol *HP Scanjet*, das hauptsächlich zum Testen der Einstellung dient (siehe Abbildung).

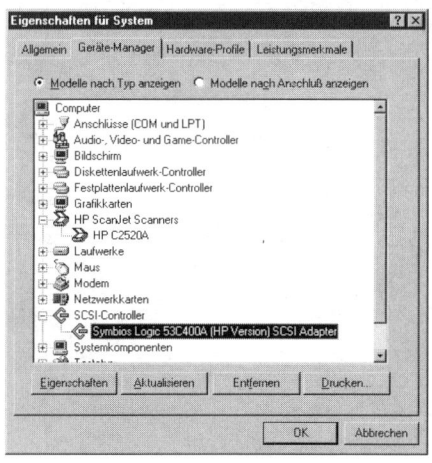

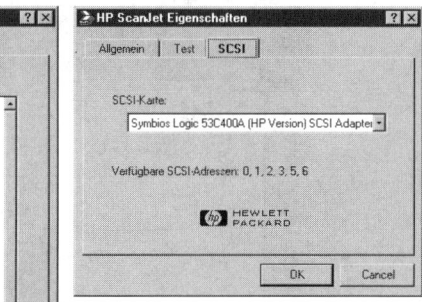

SCSI ohne Frust – Controller und Konfiguration beherrschen

- Besonders lästig ist unter Windows 95/98, daß nur solche SCSI-Geräte genutzt werden können, die beim Booten schon eingeschaltet waren. Da man aber gerade Scanner oder externe CD-Brenner häufig erst nachträglich einschaltet, booten viele Anwender ihr Windows anschließend neu. Das ist eigentlich nicht notwendig, denn die Geräte-Manager von Windows 95/98 besitzen eine Funktion, mit der neu angeschaltete Geräte auch nachträglich, also im laufenden Betrieb, angemeldet werden können. Das gilt insbesondere für SCSI-Geräte. Sie brauchen folglich nicht mehr neu zu booten, um Ihren Scanner nutzen zu können. Gehen Sie zum Ausführen der Funktion in den Geräte-Manager. Dort klicken Sie auf die Schaltfläche *Aktualisieren*. Ihr SCSI-Gerät sollte direkt anschließend aktiviert und in der Liste des Geräte-Manager aufgelistet werden.
- Effektives Tuning für SCSI-Festplatten durch Aktivierung des Schreibcaches: Viele Festplatten besitzen mittlerweile ihren eigenen Cachespeicher. Dieser kann, ganz wie man das auch von Cacheprogrammen (SmartDrive & Co) kennt, im Lese- und Schreibmodus arbeiten. Allerdings werden viele SCSI-Festplatten werkseitig mit deaktiviertem Schreibcache geliefert. Dies geschieht überwiegend aus Vorsichtsgründen der Hersteller. Ein eingeschalteter Schreibcache ist immer auch ein (geringes) Risiko für Datenverlust. Wer den Schreibcache nutzen will (was empfehlenswert ist), soll ihn auf eigenes Risiko aktivieren müssen.
- Ob Ihr Schreibcache aktiviert ist, sollten Sie in jedem Fall überprüfen.Wenn nicht, können Sie dies durch ein entsprechendes Utility nachholen. Ein solches Tool für die DOS-Ebene gibt es z. B. als Freeware von Seagate. Es heißt *Aspi-wd.exe* und wird mit dem Analyseprogramm *Aspi-id.exe* meistens zusammen vertrieben. Man bekommt es im Internet an verschiedenen Stellen, z. B. unter *http://ftp.uni-heidelberg.de/inline/index/ftp/pub/msdos/simtel/diskutil/aspiid15.zip*. Wesentlich komfortabler ist aber ein dem EZ-SCSI-Programmpaket von Adaptec beiliegendes Programm. Dort sind die Einstellmöglichkeiten im Programm SCSI Explorer eingebaut.

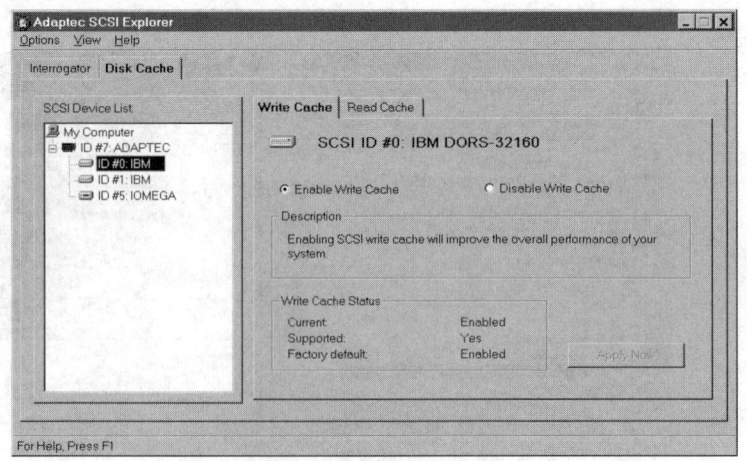

Schreibcache aktiviert? Hier können Sie es prüfen

9.3 SCSI-Tuning – Tips für mehr Speed und Stabilität

Trotz seines Rufes, so manchen Nutzern schlaflose Nächste bereitet zu haben, ist SCSI normalerweise recht unkompliziert, wenn man eben keine entscheidenden Fehler bei der Terminierung und Vergabe der IDs macht.

Das dahinterstehende Prinzip ist eigentlich ganz einfach und konsequent, aber es gibt doch so die eine oder andere Falle, in die man leicht hineintappt. Und wenn man dann den Fehler sucht, hat man leicht Tomaten auf den Augen.

Hier noch einmal ein paar wichtige Tips rund um SCSI-Hardware:

- Vorsicht, Tuning-Falle beim Adaptec 2940: Den beliebten Adaptec-Controller gibt es in zwei Ausführungen: der Bulk- und der Kit-Version. Der Hauptunterschied ist, daß nur bei der Kit-Version die volle Softwareunterstützung und Kabel mitgeliefert werden. Vereinzelt hat jedoch die Bulk-Version auch eine andere (ältere) BIOS-Version. Dieser fehlen unter Umständen erweiterte Optionen wie Auswahl der Boot-ID und der Auto-Terminierung. Überprüfen Sie dies unbedingt.

- Vermeiden Sie es, wo immer möglich, Wide- und Standard-SCSI-Geräte bzw. -Controller zu mischen. Schließen Sie keine normalen SCSI-Geräte per Adapter an den Wide-Bus an (oder umgekehrt). Leider verkaufen einige Händler ahnungslosen Kunden solche Kombinationen manchmal aus Restbeständen. Sie erhalten dann eine oft günstig zu erwerbende Wide-Platte mit einem Adapter (68- auf 50polig), als Krönung sogar mit der Bemerkung, alles würde „ganz genauso laufen". Manchmal mag das richtig sein, aber verallgemeinern läßt sich das nicht. Denn das Bus-Timing der meisten Wide-SCSI-Platten ist speziell auf 16 Bit ausgelegt. Wenn Sie eine solche Platte an einem 8-Bit-Controller betreiben, kann es unter Umständen zu Leistungseinbußen von bis zu 30 % kommen.

- Einige sehr wenige Geräte wie Wechselplatten und ältere Festplatten benötigen nach dem Einschalten eine gewisse Zeit, bis der Selbsttest abgeschlossen ist. Vorher reagieren sie nicht auf Anfragen des SCSI-Controllers, was dazu führen kann, daß diese Geräte erst nach einem erneuten Warmstart des Rechners erkannt werden. Abhilfe schaffen Sie, indem Sie die Zeit zwischen dem Einschalten des Rechners und dem Aufruf des SCSI-BIOS vergrößern (*Delay-Time*). Eine andere Art, den Bootvorgang zu verlangsamen, ist es, den mehrfachen Speichertest des BIOS durchlaufen zu lassen. Ab und zu findet sich auch ein extra hierfür vorgesehener Befehl wie etwa *Delay For SCSI/HDD (Secs)*, der im BIOS eine Verzögerungszeit in Sekunden einstellen läßt.

- SCSI-Controller haben übrigens schon seit Jahren keine Probleme mit großen Festplatten. Standardmäßig lassen sich Plattten bis 1 GByte sowieso direkt betreiben. Außerdem werden schon seit einigen Jahren durch spezielle Umrechnungsverfahren Festplatten bis 8 GByte über das SCSI-BIOS unterstützt. Die neueren Controller (Adaptec ab BIOS 1.24) haben außerdem erweiterte Funktionen, um auch Festplatten über 8 GByte verwalten zu können.

- Massiver Datenverlust droht, wenn Sie Festplatten über 1 GByte zwischen zwei verschiedenen Controllern austauschen, die unterschiedliche Translationsverfahren verwenden. Insbesondere die schon mehrfach erwähnten, kostengünstigen NCR- bzw. SymbiosLogic-Controller benutzen ein anderes Translationsverfahren als Adaptec-Controller. Haben Sie beispielsweise eine 2-GByte-Festplatte früher an einem NCR-Controller betrieben und möchten diese nun an einem Adaptec 2940 betreiben, sind Probleme vorprogrammiert. Beim Versuch, die alte Festplatte (natürlich noch mit gespeicherten Daten) an dem neuen Controller zu betreiben, kommt es aufgrund des anderen Umsetzungsverfahrens zur Zerstörung der FAT und aller Daten, auf die man versuchsweise zugegriffen hat. Danach hilft nur noch eine komplette Neuformatierung unter dem neuen Controller oder aber eine Datenrettung bei einem Spezialisten. Schließen Sie niemals ohne vorherige Prüfung mit unkritischen Daten Festplatten von einem Controller an einen anderen an, insbesondere nicht, wenn diese von verschiedenen Herstellern stammen. Übrigens kann es sogar zwischen Controllern des gleichen Herstellers zu Problemen kommen, denn die Controller AHA-2920 und AHA-2940(UW) von Adaptec nutzen beispielsweise ebenfalls unterschiedliche Verfahren, so daß auch hier kein sorgloses Aufrüsten möglich ist. Am besten fragen Sie beim Hersteller genau nach, bevor Sie die Controller austauschen.

- Sollten Sie an einem Controller keine Bootfestplatten angeschlossen haben, können Sie die BIOS-Unterstützung unter den *Advanced Configuration Options* selbst ausschalten. Das spart nicht nur etwas Speicher unter DOS, sondern erhöht gleichzeitig auch die Bootgeschwindigkeit. Festplatten können Sie trotzdem noch über einen Treiber (z. B. *Aspidisk.sys*) ansprechen. Wenn Sie gar keine Festplatten angeschlossen haben, erkennen das die meisten SCSI-Controller übrigens automatisch und laden das BIOS unter diesen Umständen von selbst nicht.

- Oft läßt sich im BIOS des Controllers noch für jedes SCSI-Gerät die maximale Datenbandbreite (*Maximum Sync Transfer Rate*) einstellen. Diese steht standardmäßig auf dem maximalen Wert, den der Controller unterstützt (10, 20 oder 40 MByte). Sie sollten diesen Wert nur verkleinern, wenn Sie Geräte haben, die mit hohen Transferraten nicht zurechtkommen. So kann es unter Umständen bei SCSI-Brennern ratsam sein, diese auf 5 MByte/s zu begrenzen, um Pufferüberläufe zu verhindern.

9.4 Troubleshooting: Wenn's hakt und hängt

Obwohl SCSI in der Regel eine gute Sicherheit im Betrieb bietet, kommt es doch hin und wieder zu unerklärlichen Aussetzern.

Der Controller erkennt die Geräte nicht

Wenn trotz scheinbar korrekter Terminierung SCSI-Geräte nicht mehr funktionieren und daher nicht vom Controller gefunden werden, kann das an zweierlei Dingen liegen.

Terminierung überprüfen

Manchmal stecken die Terminatoren nicht richtig in den Sockeln.

Lösung: Kontrollieren Sie den Sitz aller Terminatoren und stecken Sie ein loses Exemplar gegebenenfalls fest auf.

Die Sicherung auf dem Controller bzw. SCSI-Gerät ist defekt

Nahezu jedes SCSI-Gerät enthält eine normale Schmelzdrahtsicherung, über die die Versorgungsspannung zu den Terminatoren geführt wird. Es kommt vor, daß diese defekt ist; aus diesem Grund ist sie bei teuren Controllern (wie Adaptec) gesockelt und leicht auswechselbar.

Lösung: Sie finden die Sicherung auf jedem Controller, meist ist sie mit „F" oder „F1" für „fuse" (englisch: Sicherung) bezeichnet. Prüfen Sie im Zweifelsfall mit einem Multimeter, ob die Sicherung noch intakt ist (wobei man eine durchgeknallte Sicherung oft durch bloßes Anschauen identifizieren kann). Passende Sicherungen (der Sockeltyp bei Adaptec nennt sich TR5, die Sicherungen sind in der Regel mit 2 A belastbar) erhalten Sie eigentlich bei jedem einigermaßen gut sortierten Elektronikhändler.

Sollten Sie in Ihrer Nähe keinen finden, können Sie es z. B. bei der Firma Farnell in 82041 Deisenhofen probieren. Überbrücken Sie niemals eine solche defekte Sicherung mit einem Draht oder Alufolie – ein falsch eingestecktes SCSI-Kabel zerstört eventuell SCSI-Controller, Geräte, Netzteil und Mainboard.

Auch bei SCSI-Geräten gibt es Sicherungen, hier auf Sockeln

Der SCSI-Bus ist extrem instabil

Wenn der SCSI-Bus trotz aller Sorgfalt instabil ist, sollten Sie zuerst noch einmal die grundlegenden Fehlerquellen, nämlich Terminierung, ID-Vergabe und Kabelqualität, überprüfen.

Lösung: Nutzen Sie vom Hersteller mitgelieferte Analyse-Software (EZ-SCSI von Adaptec) zur Überprüfung der ID-Einstellung. Anschließend sollten Sie ins BIOS des SCSI-Controllers gehen und sämtliche Einstellungen für jedes Gerät testen. Haben Sie vielleicht Wide- und Standard-SCSI-Geräte bzw. -Anschlüsse gemischt? Als letzte Möglichkeit sollten Sie den Bus möglichst nur mit einer Festplatte und dem Controller betreiben. Danach bauen Sie Schritt für Schritt jedes Gerät einzeln ein und versuchen herauszubekommen, welches den Fehler verursacht. Liegt es an einem einzelnen Gerät, und alle anderen Fehlerquellen sind ausgeschlossen, ist der Grund oft eine defekten Sicherung. Was die Softwareseite angeht, sollten Sie natürlich immer die aktuellsten Treiber installieren, schauen Sie sich dazu am besten die Homepage Ihres Controller-Herstellers im Internet an. Windows 98-Nutzer sollten besonders auf Hinweise bezüglich der Kompatibilität der Treiber mit Windows 98 achten oder probehalber auf die von Windows 98 installierten Treiber zurückgreifen.

10. Die Festplatte – Mehr Speicher, Speed und Sicherheit

Der Einbau einer neuen Festplatte gehört zu den häufigsten Aufrüstungsmaßnahmen am PC. Früher oder später reicht bei den meisten Anwendern der Speicherplatz nicht mehr aus und/oder verstärkt sich der Wunsch nach einem neuen, besonders schnellen Modell.

Da die Prozessoren und Grafikkarten mittlerweile genügend Leistung haben, ist oft die Festplatte der geschwindigkeitsbegrenzende Faktor in modernen PCs. In diesem Kapitel erfahren Sie nicht nur, wie Sie EIDE- und SCSI-Festplatten einbauen, sondern auch den einen oder anderen Tuning-Tip, mit dem Sie auch aus Ihren alten Platten mehr herausholen können.

Grundlagen werden für den Einbau nicht vorausgesetzt. Sie werden nur gelegentlich an die vorherigen Kapitel zum BIOS und SCSI-Bus verwiesen, weil hier natürlich nicht alle zuvor schon mal beschriebenen Hintergrundinformationen wiederholt werden.

10.1 Der Festplatten-Führer – Wichtige Tips für die Auswahl Ihrer Platte

Eine ideale Festplatte sollte natürlich möglichst schnell, leise, preiswert, kompatibel (zur vorhandenen Hardware) und natürlich sicher sein. Bei der riesigen Anzahl an Modellen auf dem Markt ist es gar nicht einfach, die richtige auszusuchen.

Was die Kompatibilität angeht, gilt es besonders zu bedenken, zu welchem der zwei großen Standards Ihre Platte gehören muß. Also EIDE (auch unter der Bezeichnung Ultra-DMA zu finden) oder SCSI.

Entscheidend für die Performance der Festplatte sind dagegen folgende Faktoren:

- Die **Zugriffszeit**. Das ist die Zeit, die der Schreib-/Lesekopf im Durchschnitt braucht, um zu einer bestimmten Stelle auf der Festplattenoberfläche zu gelangen. Diese Zeit wird in Millisekunden angegeben und liegt im Moment zwischen 5 ms (bei schnellen SCSI-Platten) und 9 ms (bei „normalen" EIDE-Platten).

Die Festplatte – Mehr Speicher, Speed und Sicherheit

- Die **Umdrehungszahl**. Die Metallscheiben, auf denen die Daten gespeichert werden, drehen sich mit einer bestimmten Geschwindigkeit, was einen Einfluß darauf hat, wie schnell Daten eingelesen werden können. Mit der Umdrehungszahl wächst auch die maximale Transferrate. Dazu kommt, daß sich mit steigender Umdrehungszahl die Zeit reduziert, die verstreicht, bevor sich ein bestimmter Sektor wieder unter dem Schreib-/Lesekopf befindet. Gängige Geschwindigkeiten sind zur Zeit 4.200 U/min, 5.400 U/min (die allermeisten Festplatten), 7.200 U/min und 10.000 U/min (das sind zur Zeit noch die Spitzenmodelle mit Preisen über 1.000 DM).

- Die **Speicherkapazität**. Neben dem offensichtlichen Umstand, daß mit steigender Kapazität mehr Daten auf der Festplatte untergebracht werden können, geht mit der größeren Schreibdichte der Daten eine Steigerung der Geschwindigkeit einher. Dadurch, daß die Daten dichter gedrängt auf der Oberfläche sitzen, können pro Umdrehung mehr Daten eingelesen werden. Trotz gleicher Zugriffszeit und Umdrehungszahl ist die Performance bei größeren Festplatten im allgemeinen besser. Sie finden zur Zeit Festplatten mit Kapazitäten von 4,5 bis ca 25 GByte. Das beste Preis-Leistungs-Verhältnis finden Sie im Mittelfeld bei Platten zwischen 6,4 und 10 GByte. Je nachdem, wo Sie einkaufen, bekommen Sie für etwas mehr als 300 DM schon (EIDE-)Festplatten mit 10 GByte Kapazität.

In sämtlichen Anzeigen finden Sie diese drei Werte, um ein bestimmtes Festplattenmodell zu beschreiben. Damit ist aber nur die halbe Wahrheit gesagt, denn die Praxis sieht anders aus:

- Die Zugriffszeiten z. B. sind auf Wegen ermittelt, die im alltäglichen Betrieb kaum Bedeutung haben, so daß ein Test, der näher am Arbeitsbetrieb ausgerichtet ist, andere Ergebnisse zutage fördern kann.

- Genausowenig sagt die Umdrehungszahl etwas über die unmittelbare Leistungsfähigkeit aus. Das Modell mit der größeren Speicherkapazität kann die gleiche Leistung erzielen, obwohl es z. B. nur 5.400 U/min statt 7.200 U/min bietet. Dafür ist es in der Regel etwas preisgünstiger.

- Neben dem Vorteil, daß Platten mit größerer Umdrehungszahl mehr Geschwindigkeit bieten können, haben sie aber auch Nachteile: Sie sind laut und werden ziemlich heiß. So heiß, daß sie eventuell einen eigenen Lüfter brauchen.

Letztlich können wir Sie in dieser Beziehung nur an Testberichte in den bekannten Computerzeitschriften verweisen, denn die Vielzahl an angebotenen Platten ist unüberschaubar. Neben denen zur Performance finden Sie dort auch Informationen z. B. über die Lautstärke der Festplatten und das Verhalten beim Übertakten des PCI-Bus. Grundsätzlich gilt auch hier die Faustregel, daß Sie bei Festplatten der großen Markenhersteller (IBM, Maxtor, Seagate, Western Digital, Quantum) am besten bedient sind. Jede dieser Firmen bietet Modelle mit spezifischen Vor- und Nachteilen an. Wo z. B. Maxtor-Platten als besonders leise gelten, sind Seagate-Platten schnell. IBM hat in Profi-Kreisen einen besonders guten Ruf hinsichtlich der Performance und Zuverlässigkeit.

Man sollte bei der Auswahl außerdem auf Garantie und Support achten. Halten Sie sich an die bekannten Markenhersteller wie IBM, Maxtor, Seagate und Western Digital. IBM hat unter Experten auch einen guten Ruf, was die Zuverlässigkeit angeht. Und von Maxtor ist bekannt, daß Sie bei der Geschwindigkeit der Ultra-DMA-Platten sehr gut sind. Und dies gilt auch für die Garantieleistung.

Die wichtigsten Festplatten-Standards im Überblick

Für den späteren Einbau der Festplatte ist es wichtig, daß Sie die vorherrschenden Standards beachten. Denn hier obwaltet Inkompatibilität, weil es verschiedene Festplattentypen gibt, nämlich EIDE und SCSI. Und selbst innerhalb dieser großen „Familien" gibt es mehrere „Unterfamilien", die sich nicht immer vertragen.

Die wichtigsten Unterschiede zwischen EIDE und SCSI beim Einbau

Der wohl auffallendste Unterschied zwischen den beiden Hauptstandards ist: EIDE-Festplatten werden direkt auf dem Mainboard (der Hauptplatine) des Rechners angeschlossen. Von diesen 40poligen Anschlüssen gibt es zwei auf dem Mainboard, und sie liegen mit dem für das Diskettenlaufwerk zusammen (siehe Abbildung). Sie werden von jedem Computer ohne Mehrausgaben unterstützt.

Die EIDE- und Diskettenlaufwerk-Anschlüsse an einem modernen ATX-Mainboard

SCSI-Festplatten brauchen dagegen einen eigenen, zu EIDE inkompatiblen Anschluß. Und zwar an dem sogenannten SCSI-Host-Adapter, der zumeist aber einfach SCSI-Controller genannt wird. Bei einigen wenigen (teuren!) Mainboards gibt es zusätzliche SCSI-Anschlüsse auch direkt auf dem Board.

Über SCSI (Grundlagen und Geräte) wurde bereits im vorherigen Kapitel ausführlich gesprochen, so daß dies hier nicht noch mal wiederholt werden soll. Wenn Sie mit der SCSI-Materie beim Festplatteneinbau noch unsicher sind, können Sie das vorherige Kapitel ja noch einmal durchlesen.

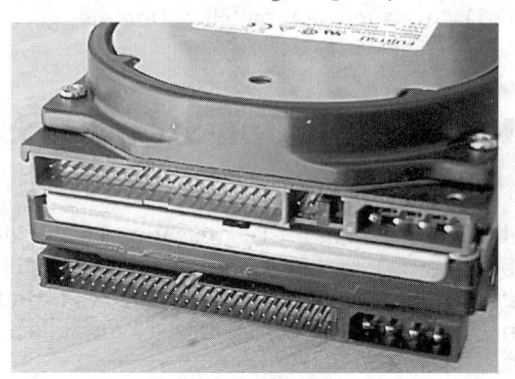

Die Anschlüsse einer SCSI-Platte (unten) und einer EIDE-Platte (oben) sind zueinander nicht kompatibel

Hinweis

Nur wichtig für Festplatten – SCSI-Controller mit BIOS

Bei der Nutzung von SCSI muß man eines beachten: Wenn man von SCSI-Festplatten booten will, muß der Controller ein eigenes BIOS haben. Festplatten lassen sich zwar auch an Controllern ohne BIOS betreiben; sie werden dann aber als nicht bootfähige Wechselfestplatten genutzt.

Die Vorteile von SCSI-Festplatten bzw. einem SCSI-System

Die Vorteile von SCSI wurden ja bereits im letzten Hauptkapitel ausführlich besprochen. Gerade bei Festplatten stellt sich die Entscheidung für oder wider SCSI natürlich noch mal besonders stark, zumal v. a. hier die Preisunterschiede sehr deutlich sind. Zum Überblick noch einmal die wichtigsten Argumente:

- Wie schon erwähnt, bietet der SCSI-Bus deutlich bessere Erweiterungsmöglichkeiten, da bis zu sieben (bei Wide-SCSI sogar 15) Geräte angeschlossen werden können. Und das können nicht nur Festplatten und CD-ROM-Laufwerke sein.

- Ein SCSI-Controller benötigt dennoch für alle Geräte nur einen einzigen Interrupt, bei EIDE benötigt dagegen jeder Port einen eigenen. Das kann bei stark ausgebauten PCs leicht zu Engpässen führen.

- Der Hauptprozessor wird bei der Datenübertragung in einem SCSI-System deutlich weniger belastet. Das ist gerade bei rechenintensiven Anwendungen wie Audio- oder Videoaufzeichnungen wichtig. Für Netzwerkserver ist SCSI eigentlich Pflicht.
- Die wirklich hochwertigen Geräte gibt es nur für SCSI. Das sind besonders schnelle Festplatten genauso wie hochwertige CD-Brenner oder Scanner.
- Der SCSI-Bus ist bei korrekter Konfiguration zumeist stabiler als EIDE. Das heißt, es kommt weniger zu Abstürzen und Datenverlusten. Das liegt an einer besseren elektrischen Abschirmung und besseren Fehlerkorrekturverfahren bei der Datenübertragung. Der neue Ultra-DMA-Standard hat hier bei den Festplatten zu einer deutlichen Verbesserung geführt.

Fazit: Für einfache PCs mit maximal vier Festplatten bzw. CD-ROM-Laufwerken ist Ultra-DMA völlig ausreichend. Wer aber schon mit hochwertigen Scannern und/oder CD-Brennern liebäugelt, sollte SCSI kaufen. Alle „Power-User", denen Performance und Stabilität wichtig ist, sollten unbedingt SCSI verwenden.

> **Hinweis**
> **Die unterschiedlichen Standards bei SCSI ...**
> ... wurden bereits im letzten Hauptkapitel besprochen bzw. vorgestellt. Wir gehen daher in diesem Kapitel davon aus, daß Sie die Unterschiede z. B. zwischen Ultra-SCSI und Wide-SCSI kennen bzw. im vorherigen Kapitel nachlesen, so daß wir hier nicht weiter darauf eingehen. Wichtig ist v. a., daß Sie beim Kauf einer SCSI-Festplatte auf die vorhandenen SCSI-Standards achten, da auch diese z. T. inkompatibel sind.

Notwendiges Hintergrundwissen über EIDE und Ultra-DMA

Wenn Sie sich für EIDE bzw. Ultra-DMA entscheiden, sollten Sie vor dem Einkauf bzw. Einbau wenigstens grundsätzlich die wichtigsten Unterstandards und Eigenschaften kennen. Denn nur so können Sie später die Platte problemlos selbst einbauen und konfigurieren.

EIDE ist die Abkürzung für **Enhanced-IDE**, die Erweiterung des alten IDE-Standards. Enhanced deswegen, weil damit die bis ca. 1993/94 geltende Festplatten-Grenze von 504 MByte überwunden wurde. Statt EIDE wird auch der Begriff ATA verwendet, der der offizielle Name für den Standard ist.

Ultra-DMA ist wiederum eine Erweiterung von EIDE, die 1997 mit neuen Festplatten und Mainboards eingeführt wurde. Dabei wurde die Geschwindigkeit der Schnittstelle von 16,6 auf 33 MByte/s verdoppelt. Das ist allerdings nicht wirklich relevant, denn es gibt kaum EIDE-Festplatten, die über

10 MByte Daten pro Sekunde liefern können. Interessanter an Ultra-DMA ist: Wie bei SCSI wurde eine bessere Terminierung und eine Fehlerkorrektur eingeführt. Das erhöht die Stabilität der Datenübertragung, allerdings nur mit maximal 45 cm langen Kabeln. Außerdem belasten im Ultra-DMA-Modus die Geräte den Prozessor bei der Datenübertragung weniger, weil der EIDE-Controller die Daten effektiver selbst in den Speicher kopieren kann. Dieses sogenannte Busmastering beherrscht SCSI aber schon lange und außerdem immer noch deutlich besser.

Von PIO-Mode bis Ultra-DMA – Der EIDE-Standard teilt sich noch auf

Ähnlich wie bei SCSI unterteilt sich EIDE auch in mehrere Unterstandards, die PIO- und Ultra-DMA-Modi, die sich an der maximalen Datenübertragungsrate orientieren. Diese Standards grob zu kennen ist wichtig, da Sie bei der Anmeldung der Festplatte im BIOS des PCs evtl. den korrekten Modus eintragen müssen. Die untere Tabelle gibt einen Überblick über die Übertragungsraten der verschiedenen EIDE-Modi.

Wichtig ist noch: Der aktuelle Standard, Ultra-DMA 33, ist nicht völlig auf- und abwärtskompatibel zu den bisherigen EIDE-Standards. Das heißt, man kann eine neue Ultra-DMA-Platte unter Umständen nicht an einem alten Mainboard anschließen, das nur die herkömmlichen EIDE-Standards unterstützt. Umgekehrt geht's: Eine alte EIDE-Festplatte kann auch an einem neuen Mainboard betrieben werden. Übrigens steht Ultra-DMA 66 (mit 66 MByte/s Datenübertragungsrate) bei den Herstellern sozusagen schon in den Startlöchern. Damit wird aber nur die Geschwindigkeit der Schnittstelle noch einmal gesteigert, die Festplatten kommen bei diesem Tempo gar nicht mehr hinterher. Der Sinn für diese Steigerung steht also noch in den Sternen.

EIDE-Modus	Transferrate MByte/s
PIO 0	3,3
PIO 1	5,2
PIO 2	8,3
PIO 3	11,1
PIO 4	16,6
DMA 0	4,16
DMA 1	13,33
DMA 2	16,66
Ultra-DMA 0	16,66
Ultra-DMA 1	25,00
Ultra-DMA 2	33,33

Größenprobleme mit modernen Festplatten

Im Laufe der letzten Jahre wurden zwei Größenbegrenzungen bei Festplatten durch technische Tricks überwunden: die 504-MByte- und die 8-GByte-Grenze. Eine weitere Größenbegrenzung von 2 GByte pro Partition (also nicht die physikalische Festplatte!) erfolgt außerdem durch das klassische FAT-Dateisystem von DOS und Windows 3.x bzw. Windows 95a (die frühen Versionen vor Einführung von FAT32). Beim Anschluß einer neuen, großen Festplatte an einem alten Controller (SCSI oder Mainboard bei EIDE) können diese Größenbegrenzungen leicht zu Problemen führen. Damit Ihnen das nicht passiert, sollten Sie die folgenden Abschnitte lesen.

Die 0,5-GByte-Grenze und das Mapping-Verfahren

Der Datenspeicher auf Festplatten wird zur Verwaltung in logische Teilstücke, die Sektoren, zerlegt, die die kleinsten Speichereinheiten darstellen. DOS und Windows „verpacken" diese Sektoren noch mal zu größeren Päckchen, den Clustern, weil die Betriebssysteme nicht die riesige Zahl von Sektoren moderner Festplatten verwalten können. Um einen bestimmten Sektor (bzw. Cluster) überhaupt ansprechen zu können, muß der PC wissen, wo dieser genau liegt. Dazu wurde die Festplatte früher vom BIOS in Zylinder und Köpfe unterteilt, über die ein Sektor numeriert bzw. lokalisiert werden konnte. Bei modernen großen Festplatten funktioniert dieses System aber nicht problemlos, denn DOS und Windows können nur mit einer begrenzten Zahl bzw. Kombination von Zylindern, Köpfen und Sektoren umgehen.

Das führte zur klassischen, ersten Größenbegrenzung von Festplatten auf 504 MByte. Denn die alten BIOS-Versionen bzw. DOS und Windows können nur maximal 1.024 Zylinder, 16 Köpfe und/oder 63 Sektoren verwalten. Da jeder Sektor genau 512 Byte groß ist, ergibt das 1.024 x 16 x 63 x 512 = 528.482.304 Byte = 504 MByte. Die Lösung des Problems sind moderne Mapping-Verfahren wie der LBA-Modus, die vom BIOS umgesetzt werden. Durch Rechentricks wird dem Betriebssystem eine kompatible Festplatte vorgegaukelt, das BIOS rechnet alle Anfragen nach bestimmten Sektoren automatisch um. Bei EIDE gibt es verschiedene Mapping-Verfahren, die CHS, Large (bzw. Normal) und LBA genannt werden. Letzteres ist das aktuelle Verfahren, mit dem Sie auch unter Windows arbeiten sollten. Dabei werden die Sektoren nicht mehr über kniffelig umgerechnete, veraltete Zylinder/Köpfe/Sektoren-Kombinationen (CHS-Verfahren = **C**ylinder, **H**eads, **S**ectors) angesprochen. Vielmehr werden sie einfach durchnumeriert und über den Controller bzw. das BIOS verwaltet. Anfragen des Betriebssystems werden automatisch so umgerechnet, daß es mit den Daten klarkommt. Windows 95/98 bzw. Windows NT benutzen sowieso spezielle 32-Bit-Treiber, die nach dem Booten nicht über das BIOS arbeiten und selbständig mit Festplatten im LBA-Modus klarkommen.

Bei SCSI gibt es ähnliche Mapping-Verfahren schon eine längere Zeit, die Controller erledigen das normalerweise automatisch, so daß man sich kaum darum kümmern muß. Lediglich der Austausch von Festplatten zwischen Controllern, die mit unterschiedlichen Mapping-Verfahren arbeiten, kann zu Datenverlusten führen. Daher sollte man bei einem solchen Austausch sehr vorsichtig sein.

Nach der 0,5-GByte-Schwelle kam die 8-GByte-Grenze

Die erste Generation der Mapping-Verfahren bzw. BIOS-Versionen, die über die 0,5-GByte-Marke rauskamen, hatten aber eine weitere Größenbegrenzung von 8 GByte eingebaut. Das reichte bis ca. 1997 aus, denn erst seitdem gibt es Platten mit mehr Speicher. Durch eine BIOS-Erweiterung, den erweiterten Int13-Befehlssatz (Int13 Extensions), konnte aber auch diese Grenze überwunden werden, was gleichermaßen für EIDE- wie auch SCSI-Systeme bzw. -Controller gilt.

```
Multiple LUN Support..............
BIOS Support for Bootable CD-ROM...
BIOS Support for Int13 Extensions..
Support for Ultra SCSI Speed.......
```

Im BIOS vieler SCSI-Controller kann man die Int13 Extensions an- bzw. ausschalten

Das veraltete FAT-Dateisystem begrenzt auf 2-GByte-Partitionen

Die bisherigen Größenprobleme wurden allein durch die Hardware Ihres PCs bestimmt. Wenn Sie jedoch DOS, Windows 3.x oder eine der ersten Versionen von Windows 95 (bis OSR 2.x bzw. Windows 95b) verwenden, dann unterliegen Sie außerdem der logischen Größenbegrenzung des veralteten FAT-Dateisystems von 2 GByte. Das betrifft jedoch nur die Partitionen auf einer Festplatte, nicht die gesamte Festplatte als solches. Was Partitionen sind, wird noch weiter unten in diesem Kapitel ausführlich besprochen. Partitionen sind, vereinfacht erklärt, logische Bereiche auf einer Festplatte, denen jeweils ein eigener Laufwerkbuchstabe zugewiesen wird. Im einfachsten Fall besteht eine Festplatte aus nur einer Partition, sie kann aber auch mehrere enthalten bzw. durch diese unterteilt werden. Bei Verwendung des veralteten FAT-Dateisystems von DOS, Windows 3.x und Windows 95a können dieses Partitionen also nicht größer als 2 GByte sein. Beim Einbau einer 6-GByte-Festplatte müssen Sie diese also in mindestens drei Partitionen à 2 GByte unterteilen. Das ergibt dann die Laufwerkbuchstaben C:, D: und E:. Erst die neuen FAT32-Dateisysteme von Windows 95b und Windows 98 bzw. NTFS von Windows NT können mit Partitionen im Terrabyte-Bereich umgehen.

Lösungen bei Größenproblemen mit modernen Platten

Wollen Sie vielleicht eine neue, große Festplatte in ein altes System einbauen? Welche Möglichkeiten Sie dann haben, ist in der folgenden Aufstellung noch einmal zusammengefaßt:

- Wenn Ihr BIOS die neue Festplatte nicht komplett unterstützt, können Sie versuchen, vom Hersteller der Festplatte einen sogenannten Disk-Manager zu bekommen. Häufig liegt er auf einer Diskette den Platten direkt bei oder kann im Internet heruntergeladen werden. Durch ein Software-Mapping übernimmt er die fehlende Umrechnung des veralteten BIOS. Je nach Typ bzw. Version des Disk-Managers gilt das gleichermaßen für das 0,5- wie auch 8-GByte-Problem. Jedoch bremst das Software-Mapping den PC meist aus und ist nur mit ganz bestimmten Betriebssystemen bzw. -Versionen kompatibel. Ärger ist auf Dauer vorprogrammiert.

- Je nach Mainboard können Sie versuchen, ein BIOS-Update durchzuführen (siehe Seite 89). Dadurch läßt sich manchmal auch ein neues Mapping-Verfahren aufspielen bzw. nutzen. Das hängt jedoch stark vom Mainboard ab und funktioniert meist nur mit ein bis zwei Jahre alten Modellen. Sie müssen sich zur Klärung an den Händler bzw. Hersteller wenden.

- Tauschen Sie das Mainboard bzw. den Controller (z. B. bei SCSI) aus. Sie finden in diesem Buch eine genaue Anleitung, wie z. B. ein Mainboard-Austausch funktioniert. Das ist immer noch die beste Lösung.

- Etwas preiswerter als ein neues Mainboard, aber nicht so aufwendig, ist bei EIDE die Möglichkeit, einen speziellen Controller, mit eingebauter BIOS-Unterstützung zu verwenden. Für den ISA-Bus (und damit langsam und veraltet) gibt es so etwas von Conrad Electronik (*www.conrad.de*). Interessanter ist der Promise-Ultra 33-Controller, der auch Ultra-DMA unterstützt und z. B. über die Firma Eventus (Telefon: +49-0 61 81-94 36 30) oder CTT in München (+490-89-420 9000) vertrieben wird. Damit kann man dann auch ältere PCs mit Ultra-DMA-Unterstützung aufrüsten. Außerdem ermöglicht der Controller den zusätzlichen (!) Anschluß der neuen EIDE-Platten zusätzlich zu denen, die am Mainboard angeschlossen sind. Preislich liegt er jedoch bei ca. 150 DM und damit fast auf der Höhe eines neuen, preiswerten Mainboards.

- Im Falle der 2-GByte-Grenze des FAT-Dateisystems: Hier müssen Sie entweder auf Windows 98 oder auf Windows NT umsteigen und deren neue Dateisysteme verwenden, die diese Problematik nicht mehr haben.

Weitere Tips, worauf Sie beim Kauf von Festplatten achten sollten

Die folgende Aufstellung soll Ihnen helfen, sich für eine für Sie optimale und zu Ihrem System passende Festplatte zu entscheiden:

- Beachten Sie bei Festplatten mit 7.200 U/min und mehr die erhöhte Lärmbelastung und mögliche Überhitzung der Festplatte. Diese brauchen fast immer einen eigenen Lüfter. Solche Platten sind bevorzugt für Server oder Arbeitsplatz-Rechner mit besonders hohen Anforderungen (z. B. Videoschnitt) gedacht.

- Achten Sie exakt auf die Typenbezeichnung, damit Sie keine „abgespeckte" Variante z. B. mit weniger Cachespeicher bekommen.

- Händler sind nur zu sechs Monaten Garantieleistung verpflichtet, viele Hersteller bieten aber drei, fünf oder mehr Jahre an. Lassen Sie sich die Weitergabe dieser Garantieleistung schriftlich bestätigen. Sonst gilt sie nicht.

- Kaufen Sie die Festplatte möglichst immer mit 2 GByte mehr, als Sie gerade brauchen. Sie werden sich wundern, wie schnell auch diese voll sind.

- Die Geschwindigkeit wird nicht allein durch die Umdrehung bestimmt. Die Speicherdichte, der Typ der Schreib-/Leseköpfe u. v. m. sind auch sehr entscheidend. Orientieren Sie sich an den aktuellen Tests renommierter Zeitschriften wie der c't, der PC-Professional oder der PC Intern.

- Die meisten Hersteller geben zu große Speichermengen an. Oft wird absichtlich dezimal umgerechnet, also 1 GByte => 1.000 MByte => 1.000 KByte => 1.000 Byte . Jedoch ist eine 10er Potenz im dualen System 1.024 (2 hoch 10). Zur Korrektur der zumeist falschen GByte-Werte der Hersteller müssen diese zweimal, oft sogar dreimal durch 1,024 dividiert werden.

- Bedenken Sie die beschränkte Anzahl an möglichen Festplatten bzw. Geräten in Ihrem System. Bei EIDE haben Sie nur vier Anschlüsse, von denen Sie zumeist welche für Ihre CD-ROM-Laufwerke brauchen. Da kommen leicht Engpässe auf.

- Beachten Sie die stark begrenzten Kabellängen bei Ultra-DMA und Ultra-SCSI, die den Einbau neuer Platten im Gehäuse unmöglich machen können. Bei Ultra-DMA sind maximal 45 cm pro Strang (Port) erlaubt, bei Ultra-SCSI ab vier Geräten nur 1,5 m (inklusive der Kabel für äußere Geräte).

- Risiko Datenverlust durch unterschiedliche Mapping-Verfahren: Wenn Sie Ihre alte Festplatte an einem neuen Controller betreiben wollen, kann ein unterschiedliches Mapping-Verfahren (siehe hierzu die Abschnitte weiter oben) zu Datenverlusten führen. Besonders kritisch kann dies bei SCSI-Controllern unterschiedlicher Hersteller sein. So sind z. B. SCSI-

Festplatten, die zuvor an einem alten NCR- bzw. SymbiosLogic-Controller betrieben wurden, nicht mit dem Mapping-Verfahren eines Adaptec-Controllers kompatibel. Beim Anschluß gehen meist alle Daten verloren. Bei EIDE unterstützen die aktuellen Mainboards hingegen meistens noch die alten Mapping-Verfahren alter Boards. Sie müssen diese im BIOS nur für die alte Platte auch entsprechend einstellen.

- Fallstricke bei der Nutzung von Wide-SCSI: Wie schon mal im SCSI-Kapitel beschrieben (Seite 344), beachten Sie bitte, daß Sie beim Umstieg auf einen Wide-SCSI-Controller immer nur zwei der drei vorhandenen Anschlüsse verwenden dürfen. Das sind meistens die beiden internen für die neuen Wide- (68polig) und die alten Fast-SCSI-Geräte (50polig). Da der externe Anschluß außerdem dem 68poligen Wide-Standard entspricht, kann man i. d. R. nicht mehr wie gewohnt seine externen Geräte (Scanner, Zip-Laufwerke etc.) anschließen. Die einzige Lösung ist ein spezieller Adapter, der das interne 50polige Kabel nach außen führt.

10.2 Festplatten einbauen und anschließen

In diesem Kapitel erfahren Sie alles rund um das eigentliche „Einschrauben" von Festplatten. Da sich hierbei EIDE- und SCSI-Platten kaum unterscheiden, gelten die Beschreibungen dieses Kapitels überwiegend für beide Festplattentypen. Der Schwerpunkt liegt jedoch auf den gängigeren EIDE-Platten, zumal die Konfiguration von SCSI-Platten eigentlich typisch für diese Geräte ist und im letzten Hauptkapitel grundsätzlich bereits besprochen wurde (ab Seite 339). Auf die paar Besonderheiten von SCSI-Festplatten gehen wir weiter unten aber doch noch einmal kurz ein. Bis auf die BIOS-Konfiguration der EIDE-Platten sollten also auch Besitzer von SCSI-Platten die nächsten Abschnitte lesen.

Checkliste: Voraussetzungen für Festplatten-Einbau
Sie müssen die wesentlichen technischen Daten Ihrer neuen Festplatte kennen.
Die Festplatte und der Controller müssen dieselben Standards unterstützen.
Sie müssen die passenden Kabel haben und die maximal erlaubten Kabellängen beachten.
Sie brauchen flache Schrauben und einen Kreuzschlitzschraubenzieher.
Für den Einbau einer 3,5-Zoll-Platte in einen 5,25-Zoll-Schacht brauchen Sie spezielle Adaptoren.
Überprüfen Sie, ob die Stromanschlüsse reichen, besorgen Sie sich evtl. einen Y-Adapter.
Für die anschließende Partitionierung und Formatierung der Platte brauchen Sie eine Bootdiskette.

Die Festplatte – Mehr Speicher, Speed und Sicherheit

Vorbereitungen für den Einbau

Bevor Sie mit dem Einbau beginnen, sorgen Sie erst einmal für den ausreichenden Arbeitsplatz und v. a. dafür, daß Sie nicht statisch aufgeladen sind. Wichtig ist auch, daß Sie die richtigen Schrauben (siehe untere Abbildung), Kabel und Werkzeuge (Schraubenzieher) haben. Bedenken Sie, daß EIDE-Geräte mit 40poligen, SCSI-Geräte dagegen mit 50- bzw. 68poligen Kabeln angeschlossen werden. Bei SCSI-Kabeln ist es auch wichtig, daß Sie auf dem Flachbandkabel überhaupt noch genügend freie Anschlüsse zur Verfügung haben, sonst müssen Sie sich noch ein neues, erweitertes Kabel kaufen.

Die Schrauben für Festplatten sind deutlich flacher als die anderen Schraubentypen am PC (siehe Pfeil)

Ermitteln Sie die technischen Daten Ihrer Platte

Für die Hardwarekonfiguration der Festplatte müssen Sie die wichtigsten technischen Daten ermitteln. Dazu gehören die Parameter über die Speichergröße und der maximale Betriebsmodus (PIO-Mode, Ultra-DMA, Ultra-SCSI etc.). Die meisten Platten werden nicht mehr mit einem eigenen Handbuch oder Datenblatt ausgestattet. Vielmehr finden Sie die notwendigen Informationen in Form von Aufklebern auf der Platte selbst. Bei EIDE-Festplatten sollten Sie zuerst nach einem Aufkleber suchen, der die Festplattengröße sowie die klassischen Größenparameter wie Zylinder, Köpfe und Sektoren angibt. Diese sind evtl. für das bereits beschriebene Mapping notwendig (Seite 373). Weiterhin wichtig sind die Angaben über die Konfiguration als sogenannter Master oder Slave. Was das genau ist, wird gleich im nächsten Abschnitt erklärt. Die Einstellungen werden zumeist über Jumper vorgenommen.

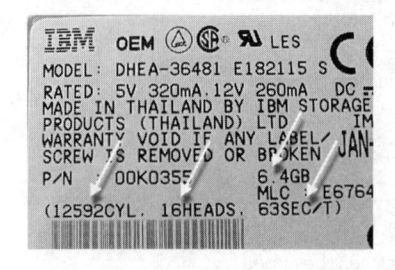

Die Größenangaben einer typischen EIDE-Festplatte

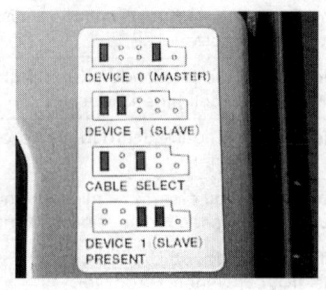

Aufkleber mit Master-Slave-Konfiguration einer EIDE-Platte

Bei SCSI-Festplatten erfolgt i. d. R. keine besondere Größenkonfiguration, so daß die Einstellungen zum Mapping nicht vorhanden bzw. unnötig sind. Das erledigt der Controller automatisch. Sie müssen hier nur nach den Jumper-Einstellungen zur Einstellung der SCSI-ID (Erklärung auf Seite 349) und -Terminierung (Erklärung auf Seite 350) suchen. Wie diese i. d. R. aussehen, werden wir dann weiter unten, in dem eigenen Unterkapitel zur SCSI-Festplatten-Konfiguration noch mal beschreiben. Wenn Sie eine SCSI-Festplatte haben, sollten Sie dort (Seite 423) oder im SCSI-Hauptkapitel (Seite 339) noch einmal nachschauen.

Nur bei EIDE-Platten – Die Master-Slave-Konfiguration

Da Sie ja an jeden der beiden EIDE-Ports eines Mainboards zwei Geräte anschließen können, muß deren Zusammenarbeit geregelt werden. Dazu hat man die Master-Slave-Konfiguration definiert. Hängen zwei Platten (oder auch eine Platte und ein CD-ROM-Laufwerk) an einem gemeinsamen Strang, übernimmt eine – der Master – die Steuerung des anderen, des Slave. Die Konfiguration erfolgt i. d. R. über Jumper auf der Rück- oder Unterseite der Platte. Die Position am Flachbandkabel ist eigentlich egal, normalerweise setzt man den Slave aber an das Ende. Einige EIDE-Geräte haben übrigens auch eine eigene Einstellung für den Single-Betrieb, wenn Sie allein an einem Port betrieben werden. Ansonsten wird hier auch die Master-Einstellung verwendet.

Hinweis

Vergessen Sie die anderen Einstellmöglichkeiten der Jumper

Lassen Sie sich nicht durch zusätzliche Jumper bzw. Beschriftungen verwirren, wie z. B. *Cable Select*. Das sind Optionen, die nur für Service-Techniker relevant sind. Manchmal ist ein Jumper-Steckpfosten auch zum Anschluß der LED-Gehäuseleuchte gedacht, die die Festplattenaktivität anzeigt. Auch die brauchen Sie normalerweise nicht, weil auf dem Mainboard ein Anschluß dafür ist.

Und so erfolgt die Master-Slave-Konfiguration in der Praxis

1. Suchen Sie nach einer Beschriftung auf der Festplatte oder einem beiliegenden Datenblatt, aus der oder dem die korrekte Jumper-Belegung hervorgeht. Beachten Sie dabei übrigens unbedingt die richtige Orientierung der Platte (oben bzw. unten), da sonst die Jumper-Belegung völlig falsch sein kann.

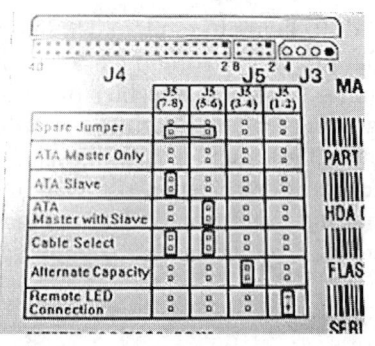

Die Festplatte – Mehr Speicher, Speed und Sicherheit

Ein typischer Aufkleber auf einer Seagate EIDE-Platte, der die korrekte Belegung der Jumper grafisch erklärt

2 Überlegen Sie sich nun, wie Sie Ihre neue Festplatte in das vorhandene System integrieren und damit konfigurieren wollen. Das hängt von den vorhandenen Geräten ab. In der Regel soll z. B. die neue Platte die neue Nummer Eins werden, weil sie die schnellste ist. Sie sollten diese dann als Master konfigurieren. Wenn möglich, gönnen Sie ihr auch von den zwei vorhandenen einen eigenen Anschluß (Port) auf dem Mainboard, dann kann sie auch keine alte Platte oder CD-ROM-Laufwerk ausbremsen (siehe unteren Infokasten). In dem Fall wird die neue auch als Master oder Single (soweit vorhanden) konfiguriert. Eventuell müssen Sie ein anderes, ebenfalls am selben Kabel befindliches Gerät noch als Slave umkonfigurieren.

Hinweis

Kann eine alte EIDE-Festplatte eine neue ausbremsen?

Bei älteren Boards kam es schon mal vor, daß sich die Geschwindigkeit an einem EIDE-Anschluß immer nach dem langsamsten Gerät richtete. Wenn man ein langsameres CD-ROM-Laufwerk mit einer Festplatte an einem Kabel betreibt, konnte das zum Ausbremsen der Platte führen. Die meisten neueren Mainboards können aber mit unterschiedlichen Geräten (also Master und Slave) an einem Port klarkommen.

3 Nun müssen Sie noch die Jumper setzen. Ein gesetzter Jumper wird als „geschlossen" bezeichnet und ist auf den Abbildungen durch einen dunklen Balken dargestellt.

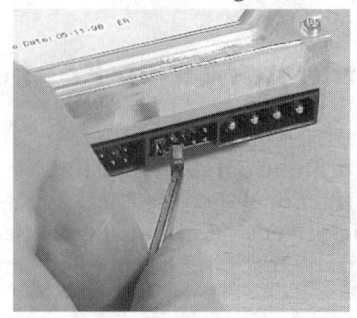

Jumper kann man am besten mit einer kräftigen Pinzette setzen. Achten Sie unbedingt auf die korrekte Lage der Festplatte bzw. Jumper

Die Festplatte im Gehäuse festschrauben

Das Einschrauben der Festplatten in das Gehäuse ist prinzipiell ein einfaches Unterfangen, müssen doch nur meist vier Schrauben angezogen sowie das Daten- und Stromkabel aufgesetzt werden. Das gilt für EIDE- wie SCSI-Festplatten gleichermaßen. Natürlich müssen Sie zum Einbauen Ihren PC vorher öffnen. Wie das geht und wie Sie sich im PC zurechtfinden, das wurde bereits in den ersten Kapiteln dieses Buchs besprochen (siehe Seite 21). Dennoch ist der korrekte Anschluß der Platten in einem PC-Gehäuse oft schwieriger, als man denkt. Zum einen sind die viele Gehäuse oft unhandlich, die Schlitze zum Festschrauben der Geräte nur schwer zugänglich. Problematisch wird es für Anfänger aber immer dann, wenn das neue Gerät mit bereits vorhandenen in einer bestehenden Kette integriert werden soll. Wie bereits oben beschrieben, müssen Sie bei EIDE dabei die Master-Slave-Konfiguration beachten. Bei SCSI-Platten sind dagegen die ID-Nummer und die Terminierung die wichtigen Punkte, die Sie an dieser Stelle aber schon geklärt haben sollten. Was Sie sich außerdem schon angeschaut haben sollten, sind die Anschlüsse auf der anderen Seite der Datenkabel, also am Mainboard bzw. SCSI-Controller. Die folgende Anleitung zeigt Ihnen noch mal die wichtigsten Schritte:

1 Suchen Sie einen freien Platz (Schacht) für Ihre Festplatte. Die allermeisten Festplatten sind im 3,5-Zoll-Format und in den meisten Gehäusen finden Sie dafür mindestens zwei passende Schächte bzw. Einschraubvorrichtungen. Hat Ihr Gehäuse spezielle „Käfige", die für den Einbau von 3,5-Zoll-Laufwerken vorgesehen sind, lassen sich diese meistens auch zur einfacheren Befestigung herausschrauben oder herausklappen.

Die meisten PC-Gehäuse haben spezielle Festplatten-Käfige bzw. Schächte, in die 3,5-Zoll-Platten einfach eingeschraubt werden können

2 Tower-Gehäuse haben zusätzlich noch mehrere 5,25-Zoll-Schächte, in die man Festplatten mit entsprechenden Abstandhaltern einbauen kann. Im PC-Handel gibt es auch komplette Adapterrahmen von 3,5-Zoll auf 5,25-Zoll-Format, die aber i. d. R. zu teuer sind.

Die Festplatte – Mehr Speicher, Speed und Sicherheit

Solche einfachen Abstandhalter reichen völlig aus, um eine 3,5-Zoll-Platte in einen 5,25-Zoll-Schacht einbauen zu können. Gleichzeitig verbessert das die Luftzirkulation

3 Bevor Sie mit dem eigentlichen Einschrauben beginnen, sollten Sie unbedingt den korrekten Typ und den Sitz der Schrauben überprüfen. Das empfindliche Gehäuse der Festplatten wird durch zu große Schrauben sehr leicht beschädigt. Diese dürfen v. a. nicht zu lang sein.

Am besten, Sie überprüfen das korrekte Maß der Schrauben zuvor per Hand an der noch ausgebauten Festplatte

4 Zum eigentlichen Einschrauben verwenden Sie einen üblichen Kreuzschlitzschraubenzieher. Wenn sich der Festplatten-Käfig aus dem Gehäuse entnehmen läßt, sollten Sie dies zum leichteren Einschrauben der Platte tun. Ansonsten müssen Sie zumeist etwas jonglieren, um die Festplatte mit einer Hand im freien Schacht des Gehäuses zu positionieren und mit der anderen Hand festzuschrauben. Sie müssen dazu nur die Löcher (Bohrungen) am Gehäuse und an der Festplatte für die Schrauben in Deckung bringen.

Die Festplatte – Mehr Speicher, Speed und Sicherheit

Einschrauben einer Festplatte in einen losen Festplatten-Käfig

Positionierung einer Festplatte direkt in dem 3,5-Zoll-Schacht eines PC-Gehäuses

5 Beachten Sie, daß Sie die Schrauben auf keinen Fall mit Gewalt festziehen, sonst könnten Sie das Gehäuse der Platte beschädigen. Vor allem bei Tower-Gehäusen gibt es oftmals noch ein kleines Problem, wenn Sie die Platten in einen speziellen 3,5-Zoll-Festplatten-Käfig eingeschraubt haben. Wenn sich der Käfig nicht zum Einschrauben der Platte aus dem Gehäuse herausnehmen läßt, müssen Sie zum Festschrauben der Platte auf der Rückseite meist knifflig die Schraube durch die andere Seite des PC-Gehäuses fummeln. Aber das ist von Gehäuse zu Gehäuse unterschiedlich und mit etwas Geduld auch lösbar.

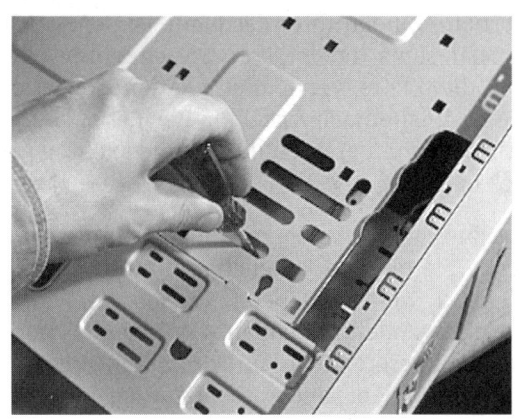

Um die Festplatten auf der Rückseite eines 3,5-Zoll-Festplatten-Käfigs festschrauben zu können, legen Sie das Tower-Gehäuse am besten auf die Seite und positionieren die Schraube zuvor mit einer Pinzette oder einem magnetischen Schraubenzieher

6 Sie sollten beim letztendlichen Einbau noch an zwei Dinge denken. Zum einen an einen ausreichenden Abstand zwischen den Geräten, damit die Kühlung bzw. Luftzirkulation garantiert ist. Das ist v. a. bei schnellen SCSI-Geräten sehr wichtig. Zum anderen ist die Lage (Orientierung) der Platte wichtig. Die meisten Platten können auch in anderen Orientierungen als der üblichen „Bauchlage" (Platine nach unten) betrieben werden.

Die Festplatte – Mehr Speicher, Speed und Sicherheit

Jedoch ist die Belastung für die Lager so am geringsten. Meist geben die Hersteller genau an, welche Orientierung erlaubt ist. Allgemein gilt: Die Platte sollte weder auf dem Rücken (Platine oben) noch auf dem Kopf (Stirn nach unten) oder schräg betrieben werden. Eine seitliche Lage ist aber meistens erlaubt, wenn auch häufig nur auf einer der beiden Seiten.

Zwei optimal eingebaute Festplatten haben mindestens diesen Abstand voneinander und werden in der Bauchlage betrieben

Daten- und Stromkabel anschließen

Der nächste Schritt beim Einbau Ihrer Festplatte ist der Anschluß des Daten- und Stromkabels. Spätestens hier müssen Sie endgültig überlegen, in welcher Konfiguration die Platte verwendet werden soll. Denn zum einen kommt man an die Festplatte nach Anschluß der Kabel kaum noch zur Konfiguration heran. Und zum anderen ergibt sich vielleicht je nach Konfiguration eine andere Verkabelung.

Der eigentliche Anschluß der Kabel ist wirklich furchtbar einfach, sie werden eben nur aufgesteckt. Sie müssen lediglich auf die Orientierung achten und darauf, welches Gerät an welches Kabel angeschlossen wird. In der nachfolgenden Schritt-für-Schritt-Anleitung haben wir Ihnen das noch mal im Detail zusammengestellt. Zur besseren Verdeutlichung sind die Festplatten dabei ausgebaut gelassen. Bei Ihnen sollten sie natürlich im Rahmen eingebaut sein, wie gerade zuvor ja beschrieben. Denken Sie also daran, wenn Sie die Bilder mit Ihrer Situation vergleichen.

1 Bei EIDE-Platten bestimmen Sie spätestens jetzt, welche Platte Master bzw. Slave wird. Einzelne Platten bzw. Slave-Laufwerke schließen Sie möglichst am Ende des EIDE-Kabels an. Bei SCSI-Geräten ist die Position innerhalb des Kabelstrangs völlig unrelevant.

Die Festplatte – Mehr Speicher, Speed und Sicherheit

Eine typische Verkabelung eines Master- (unten) und Slave-EIDE-Laufwerks (oben)

2 Wenn Sie eine EIDE-Festplatte haben, dann sollten Sie jetzt auf dem Mainboard nach den zwei Anschlüssen (Ports) suchen, an die die Flachbandkabel bzw. Festplatten angeschlossen werden. Sie sind i. d. R. als *Primary Port* und *Secondary Port* beschriftet. Statt Port wird auch oft EIDE verwendet. Die zwei Stecker liegen immer direkt mit dem Anschluß für das Diskettenlaufwerk (*Floppy*) zusammen. Bei den alten AT- bzw. BAT-Mainboards direkt hintereinander und in der Nähe der Speicherbänke (linke Abbildung). Bei den neuen ATX-Mainboards liegen die EIDE-Stecker neben dem Floppyanschluß (zweite Abbildung).

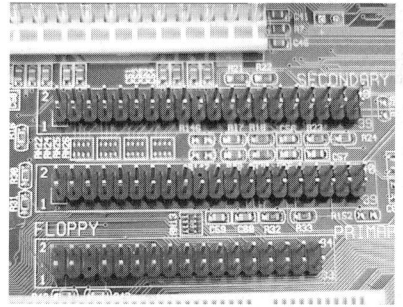

EIDE-Anschlüsse auf einem herkömmlichen BAT-Board (links) bzw. ATX-Board (rechts)

3 Die Stecker und Flachbandkabel haben eine eindeutige Orientierung (Polung). Sie dürfen daher nur in einer Richtung aufgesteckt werden. Um die richtige ermitteln zu können, sind Stecker und Kabel eindeutig gekennzeichnet. Am Flachbandkabel sehen Sie, daß eine Kante rot markiert ist. Diese muß auf den ersten Kontakt des Anschlusses gesetzt werden, der auf dem Mainboard ebenfalls gekennzeichnet sein muß. Dazu finden Sie fast immer eine entsprechende Beschriftung, meist *1* oder *2* (für die untere Reihe) oder einen Punkt direkt neben den Kontakten. Untersuchen Sie also jetzt einmal genau die Aufdrucke an den Steckern nach entsprechenden Beschriftungen wie in der Abbildung.

Die Festplatte – Mehr Speicher, Speed und Sicherheit

Die Beschriftung des EIDE-Ports auf dem Mainboard kennzeichnet den ersten Kontaktstift eindeutig als PIN 1

4 Stecken Sie nun zuerst das Flachbandkabel (Datenkabel) auf die Festplatte auf. Achten Sie wie gesagt auf die Polung. Faustregel: Die rote Markierung gehört fast immer in Richtung zum Stromanschluß. Es gibt nur wenige Geräte, bei denen das andersherum ist (zumeist keine Festplatten). Manchmal besitzen das Kabel und die Plastikummantelung des Steckers noch eine Führungsnase, die ein falsches Aufstecken sowieso verhindert.

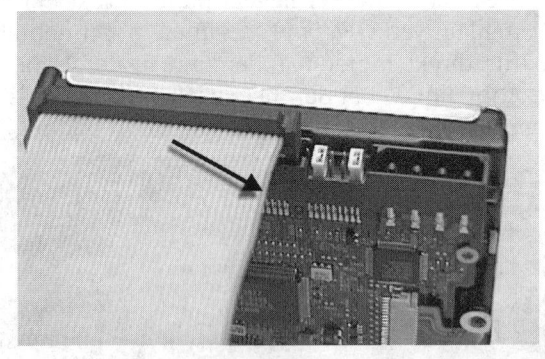

Die rote Markierung des Datenkabels muß bei der Festplatte und am Controller zum PIN 1 der Kontaktleiste zeigen. Bei Geräten liegt dieser meist zum Stromanschluß

5 Wenn Sie nun das Datenkabel an der Platte befestigt haben, können Sie das nun auch gleich am Mainboard vornehmen. Lokalisieren Sie den ersten Kontaktstift (Pin 1) und setzen Sie das andere Ende des Kabels vorsichtig so auf die Kontaktleiste, daß die rote Markierung zum Pin 1 zeigt. Auch hier helfen evtl. vorhandene Plastikumrahmungen, ein falsches Aufstecken zu verhindern. Ansonsten müssen Sie penibel nachschauen, daß der Stecker auch wirklich richtig sitzt. Es passiert leicht, daß man eine Reihe nach rechts oder nach hinten verrutscht, so daß nicht alle Kontakte Anschluß finden.

Die Festplatte – Mehr Speicher, Speed und Sicherheit

6 Je nachdem, ob Sie beide EIDE-Ports benutzen und wie der Anschluß für das Floppykabel liegt, müssen Sie sich etwas mit Kabelsalat herumschlagen. Gerade bei den alten BAT-Boards kann es schon mal eng zugehen. Bei ATX-Boards ist das besser, weil die Anordnung der Stecker günstiger ist. Außerdem sind die Kabelwege zu den Festplatten hier auch kürzer. Die erste Abbildung hierzu zeigt Ihnen noch mal, wie es bei einem herkömmlichen BAT-Board aussieht. Die Pfeile kennzeichnen noch mal die rote Markierung (zum Pin 1!). Die zweite Abbildung zeigt, wie es bei einem ATX-Mainboard aussieht. Zur Verdeutlichung der Verkabelung haben wir beim ATX-Board die zwei ausgebauten Festplatten je an einem Port und dazu ein (ebenfalls ausgebautes) Diskettenlaufwerk angeschlossen.

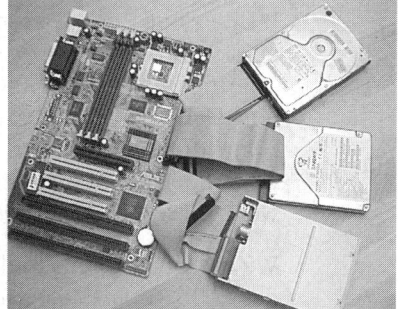

Die fertige Verkabelung der Festplatten-Kabel bei einem BAT-Board (links) und einem ATX-Board (rechts)

7 Nach dem Datenkabel fehlt jetzt nur noch das Stromkabel. Hier können Sie nichts falsch machen, denn es ist asymmetrisch und damit verpolungssicher. Wenn Sie nicht mehr genügend freie Stromanschlüsse im PC haben, kaufen Sie sich ein Y-Kabel und erweitern so Ihre Anschlüsse. Der Stromstecker wird auf den passenden, meist rechts gelegenen Anschluß der Festplatte aufgesteckt. Manchmal ist dafür etwas Kraft notwendig, meistens geht es aber relativ leicht.

Fertiger Anschluß von Daten- und Stromkabel bei zwei eingebauten Festplatten

10.3 Die Konfiguration von EIDE-Platten im BIOS

Dieses Kapitel handelt nur von EIDE-Festplatten, weil es die entsprechenden Funktionen bei SCSI so nicht gibt. Die Besitzer von SCSI-Platten können daher diesen Abschnitt überspringen und mit der Beschreibung der Partitionierung und Formatierung im nächsten Unterkapitel weitermachen.

EIDE-Festplatten müssen im BIOS des Mainboards angemeldet werden. Das heißt, dort muß ihre Größe, das notwendige Mapping-Verfahren und der Übertragungsmodus (PIO-Mode, Ultra-DMA) eingestellt werden. Das Ganze hört sich aber komplizierter an, als es ist. Denn das Zauberwort der BIOS-Anmeldung heißt „Auto-Detect". Mit dieser speziellen Funktion fragt das BIOS moderner Mainboards die Parameter der Festplatten automatisch ab, wenn diese sich korrekt an die Protokolle des EIDE-Standards halten.

Wir setzen übrigens in diesem Abschnitt die grundlegenden Kenntnisse über das BIOS voraus, die zu Anfang dieses Buchs in einem eigenen Kapitel besprochen wurden. Wenn Sie nicht mehr wissen, wie man in das BIOS kommt, wie die typischen Hauptmenüs heißen und wie man geänderte Einstellungen abspeichert, dann schlagen Sie doch jetzt noch einmal in dem Kapitel ab Seite 77 nach.

Mapping und BIOS-Modi – Das sollten Sie noch wissen

Wie auch bereits zu Anfang dieses Hauptkapitels beschrieben (siehe Seite 367), können die modernen, großen Festplatten nicht mehr mit Hilfe der herkömmlichen Verfahren über Zylinder, Köpfe und Sektoren-Nummern verwaltet werden. Erst neue, trickreiche Umrechnungs- bzw. Mapping-Ver-

Die Festplatte – Mehr Speicher, Speed und Sicherheit

fahren machen es möglich, die riesige Zahl an Sektoren auf einer Festplatte den Betriebssystemen zur Verfügung zu stellen. Das modernste Mapping-Verfahren ist der sogenannte LBA-Modus, ältere werden CHS oder Large bzw. Normal genannt. Sie werden eigentlich nur noch aus Kompatibilitätsgründen „mitgeschleppt", falls man also eine alte Platte mit diesem Verfahren an ein neues Board anschließen will.

Für den Betrieb unter DOS und Windows müssen Sie also die korrekte Größe und das optimale Mapping-Verfahren (normalerweise eben LBA) im BIOS einstellen. Und das, obwohl sowohl Windows 95/98 als auch Windows NT die Festplatten nicht mehr über die langsamen BIOS-Funktionen, sondern über eigene Treiber direkt ansprechen. Für den Bootvorgang des Rechners ist das BIOS aber nach wie vor notwendig. Und die Betriebssysteme holen sich natürlich die notwendigen Daten über die Größe und das Mapping-Verfahren aus dem BIOS.

Problematisch ist, daß nicht jedes Betriebssystem mit jedem Mapping-Verfahren klarkommt. Während Windows 95/98 und Windows NT zwingend LBA voraussetzen, können OS/2, Linux oder andere UNIX-Derivate auch mit dem Normal-Modus klarkommen. Ja, für einige UNIX-Systeme ist sogar der Normal-Modus zwingend notwendig. Damit wird aber auch das nachfolgende, ansonsten verwirrende Problem verständlich.

Die Angaben der Hersteller sind für Windows nicht immer optimal

Die meisten Hersteller geben auf ihren Festplattenaufklebern die Werte an, die eigentlich im BIOS eingetragen werden müssen. Gerade für Einsteiger ist es aber verwirrend, daß oftmals scheinbar nicht die „korrekten" Werte für den am häufigsten verwendete LBA-Modus angegeben werden.

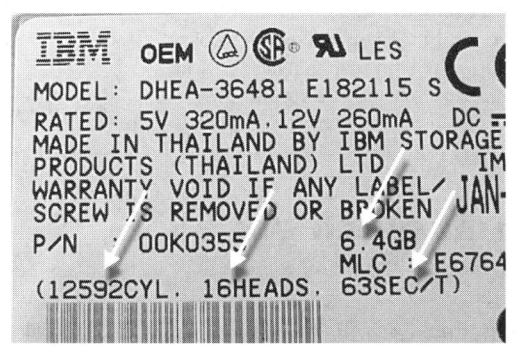

Die BIOS-Einstellungen für das Mapping einer 6,4 GByte EIDE-Festplatte: Vergleiche dazu die automatisch erkannten BIOS-Einstellungen auf der nächsten Abbildung

Vielmehr werden häufig die Einstellungen für den Normal-Modus angegeben. Dies geschieht aus Kompatibilitätsgründen mit allen möglichen, vorhandenen Betriebssystemen wie auch OS/2, Linux oder UNIX. Denn mit dem

Normal-Modus kommen die meisten Systeme klar, wenn er auch langsamer ist und gerade für Windows 95/98 und Windows NT nicht genommen werden sollte. Aber das muß man ja erst einmal wissen.

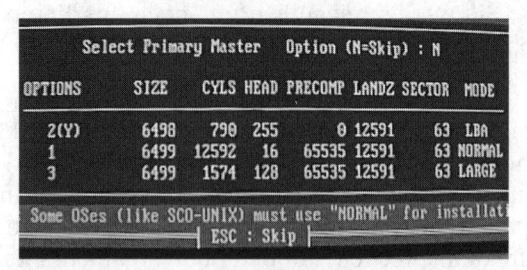

```
Select Primary Master    Option (N=Skip) : N
OPTIONS    SIZE    CYLS   HEAD  PRECOMP  LANDZ  SECTOR  MODE

  2(Y)     6498     790    255       0   12591      63  LBA
  1        6499   12592     16   65535   12591      63  NORMAL
  3        6499    1574    128   65535   12591      63  LARGE

Some OSes (like SCO-UNIX) must use "NORMAL" for installat
                       ESC : Skip
```

Die Auto-Detect-Funktion des BIOS hat die obere 6,4 GByte-Platte erkannt und stellt für den LBA-Modus aber andere Werte ein

Wenn man allerdings – wie gleich noch beschrieben – die Auto-Detection-Funktion des BIOS auf die Festplatte „ansetzt", sieht man jedoch zumeist, daß die vorgegebenen Festplattenwerte gar nicht vom BIOS übernommen werden, da hier zumeist die Aktivierung des LBA-Modus als Standardeinstellung vorgegeben ist. Mehr dazu gleich weiter unten.

Hinweis
Nochmals: Die Warnung vor den Disk-Managern

Wie auch bereits zu Anfang dieses Hauptkapitels einmal erwähnt, bieten viele Hersteller für ihre Festplatten spezielle Disk-Manager an, die die Festplatten über ein Software-Mapping verwalten können. Das ist immer dann eine mögliche Lösung, wenn man ein altes Mainboard bzw. BIOS besitzt, daß die neue, große Festplatte nicht unterstützt. Disk-Manager hängen sich in den Master-Bootsektor der Festplatte und übernehmen das fehlende Mapping des BIOS. Sie ermöglichen so die Überwindung der 0,5- und 8-GByte-Größenbegrenzung (siehe Seite 373). Wie schon mehrfach gesagt, raten wir aber vom Einsatz dieser Treiber dringend ab. Sie machen oft Probleme, bremsen das System aus und sind meist zu neuen Betriebssystemen inkompatibel. Kaufen Sie lieber ein neues, günstiges Mainboard. Der Einbau dürfte ja jetzt kein Problem mehr bereiten ;-).

Schritt für Schritt durch die BIOS-Konfiguration

Mit den zuvor beschriebenen Grundlagen können Sie jetzt direkt an die BIOS-Konfiguration herangehen. Wenn Sie im Umgang mit dem BIOS selbst noch unsicher sind, schauen Sie im BIOS-Kapitel ab Seite 77 noch einmal nach. Die nachfolgende Checkliste gibt Ihnen einen ersten Überblick über die wichtigsten Schritte, die Ihnen anschließend im Detail zeigen, wie die BIOS-Konfiguration durchgeführt werden muß.

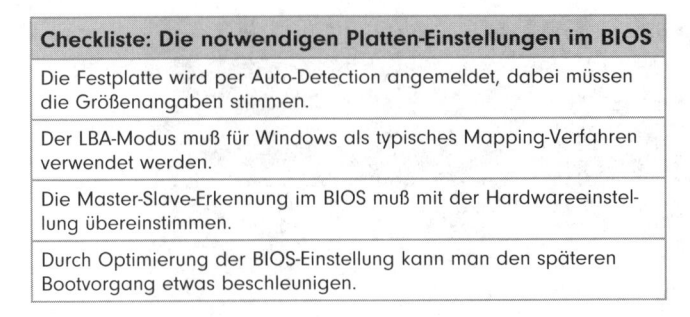

Die Festplatte – Mehr Speicher, Speed und Sicherheit

Checkliste: Die notwendigen Platten-Einstellungen im BIOS

Die Festplatte wird per Auto-Detection angemeldet, dabei müssen die Größenangaben stimmen.

Der LBA-Modus muß für Windows als typisches Mapping-Verfahren verwendet werden.

Die Master-Slave-Erkennung im BIOS muß mit der Hardwareeinstellung übereinstimmen.

Durch Optimierung der BIOS-Einstellung kann man den späteren Bootvorgang etwas beschleunigen.

1 Rufen Sie das Setup-Programm Ihres BIOS auf und suchen Sie nach den Menüs, die für die Konfiguration wichtig sind. Das sind im Award-BIOS zum einen der Unterpunkt *IDE HDD AUTO DETECTION* und der Punkt *STANDARD CMOS SETUP*. Die erste Funktion dient zur Erkennung, im zweiten Menü werden die Werte fest eingetragen, überprüft und ggf. korrigiert.

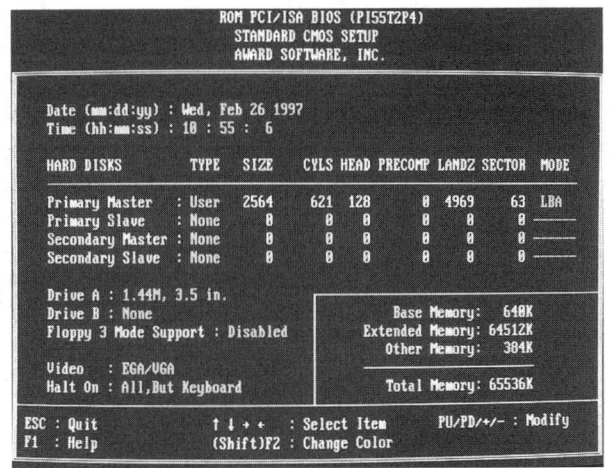

```
              ROM PCI/ISA BIOS (P155T2P4)
                 STANDARD CMOS SETUP
                 AWARD SOFTWARE, INC.

Date (mm:dd:yy) : Wed, Feb 26 1997
Time (hh:mm:ss) : 10 : 55 : 6

HARD DISKS       TYPE   SIZE   CYLS  HEAD  PRECOMP  LANDZ  SECTOR  MODE

Primary Master  : User   2564   621   128      0     4969     63    LBA
Primary Slave   : None      0     0     0      0        0      0   ----
Secondary Master: None      0     0     0      0        0      0   ----
Secondary Slave : None      0     0     0      0        0      0   ----

Drive A : 1.44M, 3.5 in.
Drive B : None                         Base Memory:     640K
Floppy 3 Mode Support : Disabled       Extended Memory: 64512K
                                       Other Memory:      384K
Video   : EGA/VGA
Halt On : All,But Keyboard             Total Memory:   65536K

ESC : Quit              ↑↓→← : Select Item     PU/PD/+/- : Modify
F1  : Help             (Shift)F2 : Change Color
```

2 Rufen Sie den Punkt *IDE HDD AUTO DETECTION* auf. Wenn die Festplatte(n) korrekt angeschlossen und konfiguriert wurden, dann sollte in wenigen Sekunden die Erkennung der ersten Platte starten. Die Abbildung zeigt den kompletten Eingangsbildschirm der Auto-Detection direkt nach dem Aufrufen. Als erstes wird das Master-Laufwerk am primären Port untersucht. In vorliegenden Beispiel ist es eine 2,5-GByte-EIDE-Platte.

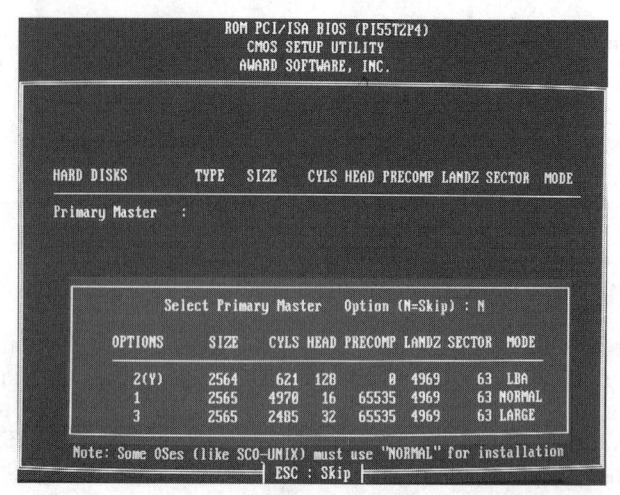

Die Festplatte – Mehr Speicher, Speed und Sicherheit

```
            ROM PCI/ISA BIOS (PI55T2P4)
                 CMOS SETUP UTILITY
                AWARD SOFTWARE, INC.


 HARD DISKS      TYPE  SIZE   CYLS HEAD PRECOMP LANDZ SECTOR  MODE
 Primary Master :



          Select Primary Master  Option (N=Skip) : N
    OPTIONS     SIZE    CYLS HEAD PRECOMP LANDZ SECTOR  MODE

     2(Y)      2564    621  128      0    4969    63   LBA
      1        2565    4970  16   65535   4969    63   NORMAL
      3        2565    2485  32   65535   4969    63   LARGE

   Note: Some OSes (like SCO-UNIX) must use "NORMAL" for installation
                        ESC : Skip
```

3 Im unteren Kasten werden die Ergebnisse der Festplatten-Abfrage angezeigt, im oberen Bereich übernommen. Unter *Options* bzw. *Mode* werden im unteren Kasten des Bildschirmmenüs die möglichen Mapping-Verfahren angezeigt. Die Spalte *Size* gibt für jedes Verfahren die resultierende Größe an, die normalerweise gleich sein sollte. Dazwischen liegen die unterschiedlichen Werte für Zylinder (*Cyls*), Köpfe (*Head*) und Sektoren (*Sector*); die übrigen Angaben sind unwichtig. Keine der Einstellungen muß übrigens den realen technischen Daten der Platte entsprechen, sondern alle sind in erster Linie dazu gedacht, dem Betriebssystem eine Platte vorzugaukeln, mit dem es zusammenarbeiten kann. Das empfohlene LBA-Verfahren wird in der Tabelle an die erste Stelle gesetzt und mit dem Buchstaben [Y] (für Yes) zur Auswahl vorgeschlagen. Wenn Sie DOS, Windows 3.x, Windows 95/98 und/oder NT nutzen, ist *LBA* korrekt. Bei OS/2, Linux oder UNIX ist dagegen *Normal* besser (auch CHS genannt). Das veraltete Large-Verfahren wird nur dann noch verwendet, wenn Sie eine alte, bereits verwendete Platte nutzen wollen, die früher an einem alten Mainboard im Large-Modus betrieben wurde. Die Abbildung zeigt diesmal die Anmeldung einer 6 GByte Festplatte.

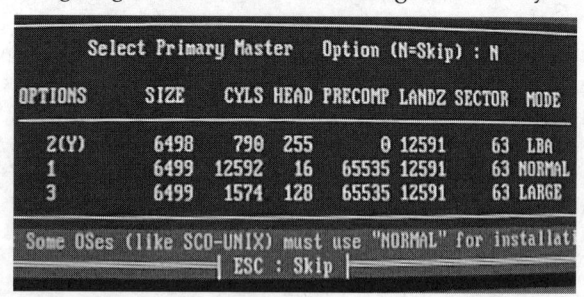

```
          Select Primary Master  Option (N=Skip) : N
  OPTIONS     SIZE    CYLS HEAD PRECOMP LANDZ SECTOR  MODE

   2(Y)      6498    790  255      0   12591    63   LBA
    1        6499   12592  16   65535  12591    63   NORMAL
    3        6499    1574 128   65535  12591    63   LARGE

  Some OSes (like SCO-UNIX) must use "NORMAL" for installati
                      ESC : Skip
```

4 Nachdem das erste Master-Laufwerk erkannt wurde, sucht das BIOS nach dem Slave-Laufwerk am primären Port. Wenn Sie hier ein CD-ROM-Laufwerk angeschlossen haben, sollte dieses von der Auto-Detection korrekterweise ignoriert werden. Der reduzierte ATAPI-Befehlssatz von CD-ROM-Laufwerken soll absichtlich bewirken, daß diese nicht vom BIOS

Die Festplatte – Mehr Speicher, Speed und Sicherheit

wie eine Festplatte erkannt werden. Allerdings kann die Suche nach einem nicht vorhandenen (oder nicht erkannten) Gerät schon mal ein paar Sekunden dauern. Wenn kein Gerät gefunden wird, erscheint die gezeigte Meldung mit lauter Nullen. Durch Drücken von [Y](es) können Sie den Vorschlag übernehmen. Mit [Esc], [Enter] oder [N](o) springen Sie normalerweise direkt zum nächsten Gerät, ohne etwas zu übernehmen. Abweichungen in der Bedienung sind natürlich je nach BIOS-Version möglich.

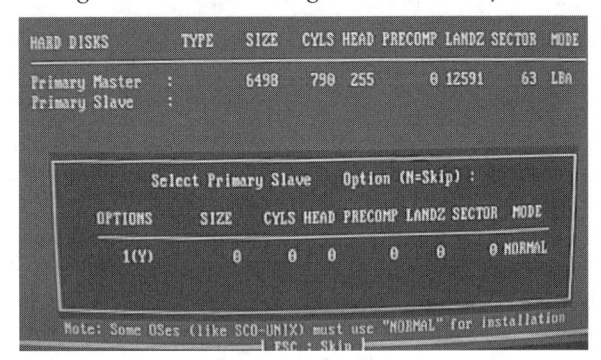

5 Nach den Master- und Slave-Laufwerken des primären Ports werden die Geräte des sekundären Ports untersucht. Auch erst wieder Master, dann Slave. Im vorliegenden Fall ist am sekundären Port noch eine 2,5-Gbyte-Platte als Master-Laufwerk angeschlossen. Ein zusätzliches CD-ROM-Laufwerk als Slave am sekundären Port wird korrekterweise nicht erkannt.

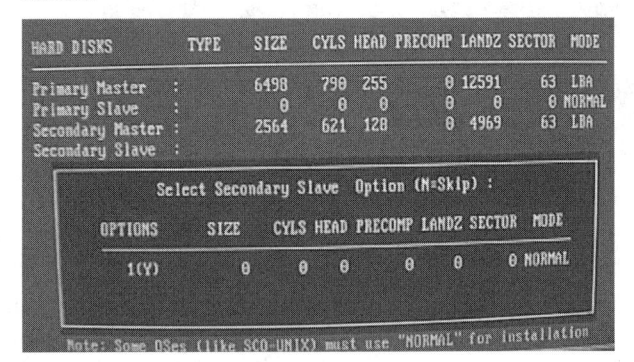

6 Nachdem der letzte Wert mit [Y] übernommen wurde, springt das BIOS automatisch aus dem Menü heraus und zurück in das Hauptmenü des Setup-Programms. Dort sollten Sie jetzt den Hauptbefehl *STANDARD CMOS SETUP* auswählen. Die Auto-Detection-Funktion übergibt die ermittelten Werte an das *STANDARD CMOS SETUP*. Wenn Fehler aufgetreten sind, können diese hier korrigiert werden. Man kann theoretisch auch direkt in das Menü gehen und die Festplatte anmelden. Vorausgesetzt natürlich, man kennt die korrekten Einstellungen. Die Abbildung zeigt nur den für die Festplatten relevanten Ausschnitt aus dem kompletten Menü.

Die Festplatte – Mehr Speicher, Speed und Sicherheit

```
Thu, Jul  2 1998
23 : 52 : 47

     TYPE    SIZE   CYLS  HEAD  PRECOMP  LANDZ  SECTOR  MODE
:    User    6498   790   255      0     12591   63     LBA
:    Auto       0     0     0      0         0    0     NORMAL
:    User    2564   621   128      0      4969   63     LBA
:    Auto       0     0     0      0         0    0     AUTO

3.5 in.
                              Base Memory:      640K
                          Extended Memory:   130048K
```

7 Zum Feintuning werfen Sie noch einen Blick auf die Einstellungen in der Spalte *Type* und *Mode*. Vor allem auf die zwei nicht erkannten Slave-Laufwerke, bei denen es sich um CD-ROM-Laufwerke handeln kann (Slave 2 war hier ein CD-ROM-Laufwerk). Wenn Sie die obere und die untere Abbildung vergleichen, sehen Sie, daß die beiden Slave-Einstellungen von *Auto* auf *None* geändert wurden. Dadurch verschwinden unter *Mode* auch die Einträge. Die Geräte werden also komplett aus der BIOS-Kontrolle gestrichen. Das hat einen konkreten Vorteil: Bleibt die Einstellung *Auto*, sucht das BIOS bei jedem Start nach einem vielleicht neu installierten Slave-Gerät. Dadurch verzögert sich der Start um einige Sekunden. In der *None*-Einstellung bootet der PC ohne Verzögerung. Sie sollten alle Ports auf *None* stellen, an denen keine Geräte hängen.

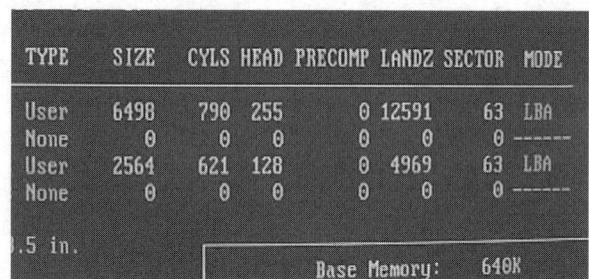

```
TYPE    SIZE   CYLS  HEAD  PRECOMP  LANDZ  SECTOR  MODE
User    6498   790   255      0     12591   63     LBA
None       0     0     0      0         0    0     ----
User    2564   621   128      0      4969   63     LBA
None       0     0     0      0         0    0     ----

3.5 in.
                              Base Memory:      640K
```

8 Beenden Sie nun das *STANDARD CMOS SETUP*, indem Sie auf die [Esc]-Taste drücken und ins Hauptmenü des BIOS-Setup-Programms zurückkehren, um dort die Einstellungen dann abzuspeichern. Damit wäre der notwendige Teil der BIOS-Konfiguration schon beendet.

Überprüfung und Feineinstellung der BIOS-Konfiguration

Sie können den Rechner nun nach der BIOS-Anmeldung das erste Mal probeweise booten. Die meisten BIOS-Versionen melden bei jedem Bootvorgang, ob und welche Festplatten und z. T. CD-ROM-Laufwerke erkannt wurden. Vor allem zum Abschluß des Bootvorgangs wird eine Übersicht der Hardwarekonfiguration gezeigt.

```
CPU Type            : PENTIUM-S           Base
Co-Processor        : Installed           Exte
CPU Speed           : 133MHz              Cach

Diskette Drive A : 1.44M, 3.5 in.         Disp
Diskette Drive B : None                   Seri
Pri. Master  Disk : LBA ,UDMA 2, 6499MB   Para
Pri. Slave   Disk : None                  EDO
Sec. Master  Disk : LBA ,Mode 4, 2565MB   SDRAM
Sec. Slave   Disk : CDROM,UDMA 2          Data
```

In dieser Übersichtstabelle zeigt das BIOS am Ende des Bootvorgangs alle erkannten Geräte und Konfigurationsparameter genau an

Hinweis

Wenn's zu schnell geht – Bootvorgang auf Pause stellen

Wenn Ihnen die Bootmeldungen zu schnell gehen, dann drücken Sie die [Pause]-Taste (oben rechts auf der Tastatur). Dadurch hält der PC an, bis Sie eine neue Taste, z. B. die [Leertaste], drücken.

BIOS-Feintuning der EIDE-Konfiguration

Um den Bootvorgang auf jeden Fall zu beschleunigen, sollten Sie evtl. im *CHIPSET FEATURES SETUP* des BIOS ebenfalls die Auto-Funktionen ausschalten. Bei Verwendung von Ultra-DMA-Festplatten sollte außerdem der Ultra-DMA-Modus aktiviert werden. Die Abbildung zeigt die Einstellmöglichkeiten eines Award-BIOS. Die korrekten Werte für Ihre Geräte sollten Sie dem Datenblatt bzw. Geräte-Aufkleber entnehmen können.

```
Onboard FDC Controller      : Enabled
Onboard FDC Swap A & B      : No Swap
Onboard Serial Port 1       : 3F8H/IRQ4
Onboard Serial Port 2       : 2F8H/IRQ3
Onboard Parallel Port       : 378H/IRQ7
Parallel Port Mode          : ECP+EPP
ECP DMA Select              : 3
UART2 Use Infrared          : Disabled
Onboard PCI IDE Enable      : Both
IDE Ultra DMA Mode          : Auto
IDE0 Master PIO/DMA Mode    : Auto
IDE0 Slave  PIO/DMA Mode    : 0/0
IDE1 Master PIO/DMA Mode    : 4/2
IDE1 Slave  PIO/DMA Mode    : Auto
```

Die typischen Konfigurationsmöglichkeiten für EIDE-Geräte bzw. -Ports im CHIPSET FEATURES SETUP eines Award-BIOS

10.4 Festplatten partitionieren und formatieren

Die nachfolgend beschriebenen Funktionen betreffen Benutzer von EIDE und SCSI wieder gleichermaßen, denn jede Festplatte muß für die Nutzung mit einem Betriebssystem partitioniert und formatiert werden. Bevor wir Ihnen beschreiben, wie das geht, jedoch noch einige wichtige Hintergrundinformationen zu der Thematik.

Ein paar Grundlagen zur Partitionierung und Formatierung

Unter Partitionierung versteht man die logische Einteilung von Festplatten in feste Bereiche, die jeweils einen Laufwerkbuchstaben zugewiesen bekommen. Im einfachsten Fall wird der gesamte Festplattenplatz durch eine einzige Partition belegt. Gerade bei großen Festplatten bietet es sich aber an, die Platte in mehrere Partitionen zu unterteilen.

Durch das Formatieren hingegen werden die Partitionen erst für die verschiedenen Betriebssysteme nutzbar gemacht. Dabei wird der Speicherplatz in kleine Speichersegmente, die Cluster, unterteilt, um so die Daten besser organisieren zu können.

Die verschiedenen Typen von Partitionen

Man unterscheidet mehrere Typen von Partitionen:

- **Die primären Partitionen:** DOS, das ursprüngliche Betriebssystem des PCs konnte nur von einer primären Partition booten. Sie dient(e) also als „erster" Bereich v. a. zum Booten des PCs. Moderne Betriebssysteme können auch von anderen Partitionen booten, brauchen aber immer noch mindestens eine primäre Partition auf der Festplatte zum Starten. Primäre Partitionen erfahren eine bevorzugte Behandlung. Sie bekommen z. B. als erstes, vor allen anderen einen Laufwerkbuchstaben zugewiesen und können nicht in mehrere Laufwerke unterteilt werden. Außerdem: Obwohl theoretisch bis zu vier primäre Partitionen auf einer Festplatte vorhanden sein können, darf immer nur eine davon aktiv sein. Das bedeutet umgekehrt aber auch, daß die anderen deaktiviert bzw. versteckt werden können.

Die Festplatte – Mehr Speicher, Speed und Sicherheit

> **Hinweis**
>
> **Der Sinn von mehreren primären Partitionen ...**
>
> ... liegt darin, mehrere Betriebssysteme auf einem PC nutzen zu können. Auf einer 8-GByte-Festplatte ließen sich z. B. vier verschiedene Betriebssysteme wie DOS, Windows NT, OS/2 und Linux jeweils in einer bootbaren, primären 2-GByte-Partition installieren. Durch Verstecken bzw. Aktivieren je einer gewünschten Partition, kann dann mit einem gewünschten Betriebssystem gebootet werden, die anderen sind unsichtbar. Jedoch akzeptieren nicht alle Betriebssysteme mehrere primäre Partitionen. Und fdisk kann diese leider auch nicht anlegen, höchstens vorhandene verstecken bzw. aktivieren. Mit Spezialprogrammen wie PartitionMagic ist das jedoch einfacher zu lösen.

- **Die erweiterten Partitionen** wurden eingeführt, um neben primären Partitionen noch weitere Unterteilungen in Laufwerkbuchstaben einführen zu können. Von erweiterten Partitionen kann normalerweise nicht gebootet werden. Aber sie dienen z. B. dazu, zusätzlichen Platz in mehrere Laufwerkbuchstaben zu unterteilen, um so die Daten besser verwalten zu können. Im Gegensatz zu primären Partitionen können erweiterte in logische Laufwerke unterteilt werden.

- Erweiterte Partitionen allein bekommen noch keinen Laufwerkbuchstaben, sondern müssen noch in **logische Laufwerke** unterteilt werden. Sie dienen der Zuweisung von Laufwerkbuchstaben zu einer erweiterten Partition. Im einfachsten Fall erhält eine erweiterte Partition genau ein logisches Laufwerk; mehrfache Unterteilungen sind aber auch möglich. Wichtig ist außerdem, daß bei der Vergabe der Laufwerkbuchstaben primäre Partitionen vor logischen Laufwerken immer Vorrang haben. Es werden also immer erst alle primären Laufwerke numeriert bzw. zugewiesen, dann erst kommen die logischen Laufwerke.

Auf einer Festplatte sind übrigens maximal vier echte Partitionen erlaubt. Also z. B. vier primäre oder nur eine. Oder drei primäre und eine erweiterte. Oder zwei primäre und eine erweiterte. Mehrere erweiterte Partitionen auf einer Platte sind nicht möglich, das ist nur den primären erlaubt. Logische Laufwerke sind für diese Limitierung unerheblich, da sie ja keine echten Partitionen sind.

Partitionieren ist zwingend notwendig

Leider müssen Sie sich vor Inbetriebnahme der Festplatte wirklich mit dieser Thematik zumindest grob auseinandersetzen. Denn jede Festplatte muß mindestens eine Partition besitzen. Bei den heutigen, großen Platten ist eine mehrfache Partitionierung jedoch sehr ratsam. Und bei Verwendung des alten FAT-Dateisystems sind Sie bei Platten über 2 GByte sogar gezwungen, mehrere Partitionen anzulegen. Eine Alternative ist da nur die Verwendung moderner Dateisysteme wie FAT32 oder NTFS, die auch Partitionen über 2 GByte nutzen können.

> **Tip**
> **Diese Partitionierung hat sich in der Praxis bewährt**
> Auch wenn Sie theoretisch mit einer Partition auf der Platte klarkommen, eine Unterteilung in drei Partitionen (C:, D: und E:) ist wirklich sinnvoll. Sie können so nämlich Ihr System (Windows, auf C:), Ihre Dokumente (auf D:) und Ihre Anwendungsprogramme (auf E:) getrennt verwalten, was v. a. ein Backup bzw. eine Systemherstellung deutlich erleichtert.

Partitionieren mit fdisk von DOS bzw. Windows

Die eigentliche Partitionierung von Festplatten wird normalerweise mit dem Microsoft-Programm fdisk durchgeführt, das bei MS-DOS und Windows mitgeliefert wird. Wie später noch besprochen, gibt es aber auch professionelle Hilfsprogramme, die Ihnen diese Arbeit deutlich erleichtern. Das beste und bekannteste ist PartitionMagic von PowerQuest (Seite 420). fdisk selbst ist ein kleines Programm (*Fdisk.exe*), das entweder im Verzeichnis von DOS oder im Ordner *C:\Windows\Command* von Windows 95/98 zu finden ist. Sie führen es am besten von einer DOS-Ebene aus, evtl. von einer Bootdiskette. Es läuft aber auch in einem DOS-Fenster von Windows. Natürlich können Sie fdisk nicht von einer Festplatte aufrufen, die Sie damit bearbeiten wollen. Durch die Eingabe von „fdisk /?" am DOS-Prompt bekommen Sie eine Auflistung der möglichen Befehlsparameter, die Sie aber selten brauchen. Wichtig: Wenn Sie DOS, Windows 3.x oder eine der ersten Versionen von Windows 95 haben, dann besitzen Sie eine fdisk-Version, die mit nur maximal 2 GByte großen Partitionen umgehen kann. Mit Windows 95b (OSR 2.x) und dann Windows 98 wurde das Dateisystem FAT32 eingeführt, das wie NTFS von Windows NT keine Größenbegrenzung auf 2-GByte-Partitionen hat. Bei der Handhabung von fdisk muß dieser Umstand beachtet werden.

> **Achtung**
> **Datenverlust-Risiko durch fdisk**
> Beachten Sie aber, daß jede Änderung einer Partition mit fdisk zum totalen Datenverlust führt. Größenänderungen von Partitionen sind z. B. nur durch Löschen und Neuanlegen möglich.

Die Partitionierung mit fdisk und dem FAT-Dateisystem

Die nachfolgende Schritt-für-Schritt-Anleitung führt Sie durch die klassische Partitionierung unter Verwendung des am weitesten verbreiteten FAT-Dateisystems, das also noch die Größenbegrenzung von 2 GByte eingebaut hat. Im Anschluß an diese Anleitung finden Sie dann noch eine Beschreibung für die Partitionierung mit FAT32 bzw. dem neuen fdisk von Windows 95b/98. Aufgeführt werden dann aber nur noch die Unterschiede zur hier vollständig beschriebenen Prozedur.

Die Festplatte – Mehr Speicher, Speed und Sicherheit

Zur Vorbereitung sollte die neue Festplatte natürlich korrekt eingebaut und hardwaremäßig konfiguriert sein.

1 Vorbereitung: Wenn die neue Festplatte Ihre einzige oder neue Bootfestplatte ist, erstellen Sie sich eine Boot- bzw. Startdiskette, auf der das Programm *Fdisk.exe* enthalten ist (Seite 38). Sie können sich das Programm auch von der Windows 95- oder Windows 98-CD holen (vorausgesetzt, Sie haben unter DOS Zugriff aus die CD, Sie müssen also die DOS-CD-Treiber eingebunden haben). Es befindet sich dort in einer der sogenannten CAB-Dateien komprimiert. Mit dem Programm Extract, ebenfalls auf der CD vorhanden, können Sie es dort herausholen und auf die Bootdiskette extrahieren lassen. Die CAB-Datei von *Fdisk.exe* heißt bei Windows 95 *Win95_02.cab*, bei Windows 98 dagegen *Base5.cab*. Beide liegen im Programmverzeichnis von Windows auf der CD (also *\Win95* bzw. *\Win98*). Der Befehl, um *Fdisk.exe* von der CD auf die Diskette zu extrahieren, heißt *extract /L a:\ base5.cab fdisk.exe*.

2 Booten Sie Ihren PC mit Hilfe der Bootdiskette im DOS-Modus oder von einem anderem Laufwerk, z. B. Ihrer alten Festplatte (falls diese weiterhin die Bootfestplatte ist). Rufen Sie dann fdisk auf, das sich anschließend mit einem Eingangsbildschirm aus fünf Hauptmenüs präsentiert, die Sie durch Eingabe der vorstehenden Nummern aktivieren können. Durch Drücken der [Esc]-Taste können Sie das Programm oder die Untermenüs wieder verlassen.

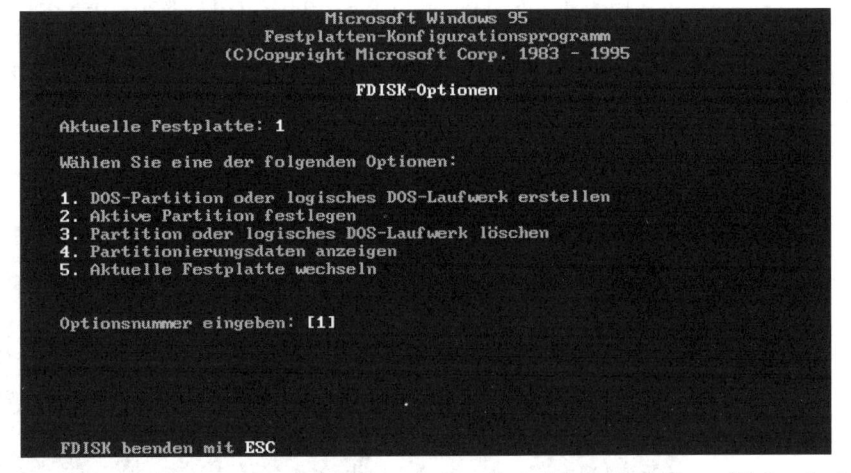

```
               Microsoft Windows 95
            Festplatten-Konfigurationsprogramm
            (C)Copyright Microsoft Corp. 1983 - 1995

                      FDISK-Optionen

Aktuelle Festplatte: 1

Wählen Sie eine der folgenden Optionen:

    1. DOS-Partition oder logisches DOS-Laufwerk erstellen
    2. Aktive Partition festlegen
    3. Partition oder logisches DOS-Laufwerk löschen
    4. Partitionierungsdaten anzeigen
    5. Aktuelle Festplatte wechseln

Optionsnummer eingeben: [1]




FDISK beenden mit ESC
```

3 Wichtig ist, daß Sie direkt überprüfen, mit welcher Festplatte fdisk arbeitet, falls mehrere eingebaut sind. Welche Platte gerade verwendet wird, können Sie der Zeile *Aktuelle Festplatte* entnehmen, denn fdisk numeriert die Festplatten. Die erste Masterplatte (Master 1) erhält die Nummer 1 usw. Über die Punkte 4 (*Partitionierungsdaten anzeigen*) und 5 (*Aktuelle Festplatte wechseln*) können Sie das noch mal überprüfen bzw. die bearbeitete Platte wechseln.

4 Um die erste Partition zu erstellen, wählen Sie im Hauptmenü den Punkt 1 (*DOS-Partition oder logisches DOS-Laufwerk erstellen*). Anschließend

399

Die Festplatte – Mehr Speicher, Speed und Sicherheit

wird ein Untermenü aufgerufen, in dem Sie primäre und erweiterte Partitionen sowie logische Laufwerke anlegen können.

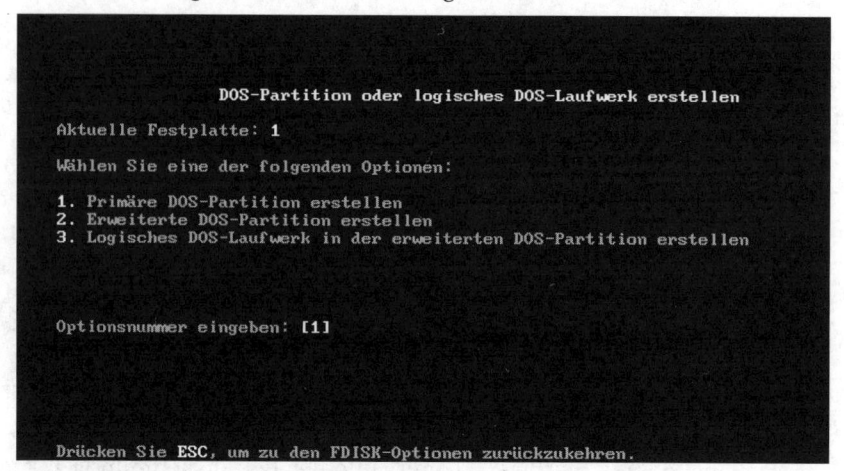

```
             DOS-Partition oder logisches DOS-Laufwerk erstellen

Aktuelle Festplatte: 1

Wählen Sie eine der folgenden Optionen:

1. Primäre DOS-Partition erstellen
2. Erweiterte DOS-Partition erstellen
3. Logisches DOS-Laufwerk in der erweiterten DOS-Partition erstellen



Optionsnummer eingeben: [1]




Drücken Sie ESC, um zu den FDISK-Optionen zurückzukehren.
```

5 Wenn Sie die neue Festplatte als Bootfestplatte verwenden wollen, müssen Sie mindestens eine primäre Partition einrichten. Diese wird dann das spätere Laufwerk C:. Wählen Sie hierzu den Punkt 1 im Untermenü (*Primäre DOS-Partition erstellen*). Anschließend überprüft fdisk die Integrität der Festplatte und fragt Sie nach der Größe der neuen Partition. Im ersten Schritt bietet fdisk Ihnen dazu eine kleine Erleichterung an, nämlich die Möglichkeit, den maximal verfügbaren Speicherplatz direkt für diese erste, primäre Partition zu verwenden (siehe Abbildung). Aber Achtung! Das ist mißverständlich. Wenn Sie ein altes fdisk haben, das nur bis 2 GByte große Partitionen unterstützt, dann ist mit „maximal verfügbarer Speicherplatz" eben nicht wirklich der gesamte Speicherplatz Ihrer möglicherweise 6 oder 8 GByte großen Platte gemeint, sondern eben die maximale Obergrenze von 2 GByte.

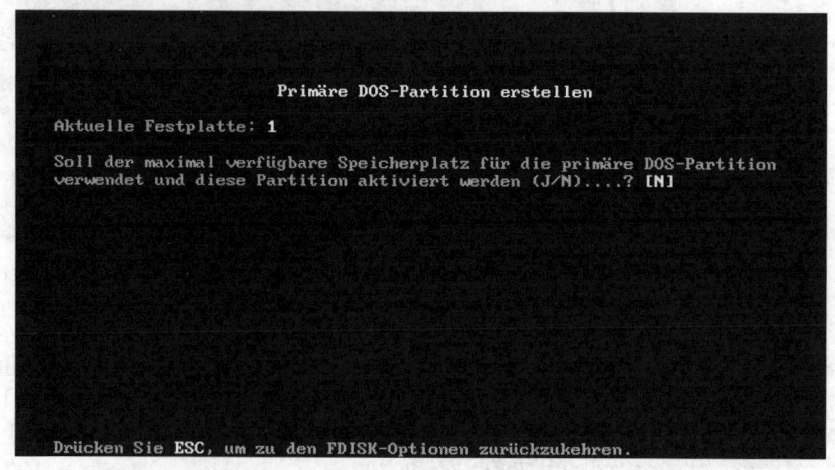

```
                    Primäre DOS-Partition erstellen

Aktuelle Festplatte: 1

Soll der maximal verfügbare Speicherplatz für die primäre DOS-Partition
verwendet und diese Partition aktiviert werden (J/N)....? [N]











Drücken Sie ESC, um zu den FDISK-Optionen zurückzukehren.
```

6 Wenn Sie die Abfrage mit [N]ein beantworten, können Sie anschließend die Größe der primären Partition bestimmen. Bei einer Festplatte mit

Die Festplatte – Mehr Speicher, Speed und Sicherheit

6 GByte ist es sowieso ratsam, die Platte in mehrere erweiterte Partitionen zu unterteilen und Windows auf einer kleinen, primären Partition (Laufwerk C:) allein auszulagern. Wir empfehlen Ihnen daher, die Größe der primären Bootpartition für Windows auf 500 MByte zu begrenzen. Sie müssen dazu nur wie in der Abbildung gezeigt, die Zahl 500 eintippen. Sie können hier auch sehen, daß die maximale Größe einer FAT-Partition auf 2 GByte (2.047 MByte laut fdisk) beschränkt ist.

```
                    Primäre DOS-Partition erstellen

Aktuelle Festplatte: 1




Speicherplatz auf Festplatte insgesamt:   6197 MB (1 MB = 1.048.576 Bytes)
Maximal verfügbarer Speicherplatz für die Partition:  2047 MB ( 33% )

Partitionsgröße in MB oder Prozentsatz des verfügbaren Platzes für
die primäre DOS-Partition angeben............................: [ 500]


Drücken Sie ESC, um zu den FDISK-Optionen zurückzukehren.
```

7 Nachdem Sie den Befehl mit [Enter] bestätigt haben, erstellt fdisk die Partition und zeigt Ihnen das Ergebnis an. Durch Drücken der [Esc]-Taste kommen Sie zurück in das letzte Menü, in dem Sie eine weitere Partition anlegen können. Denken Sie daran, daß fdisk nur Partitionen anlegt, aber nicht formatiert. Das müssen Sie mit dem *Format*-Befehl noch nachholen.

```
                    Primäre DOS-Partition erstellen

Aktuelle Festplatte: 1

Partition   Status    Typ      Bezeichnung      MB      System    Belegung
  C: 1                PRI DOS                   502     UNKNOWN      8%





Primäre DOS-Partition erstellt, Laufwerkbuchstaben geändert/hinzugefügt

Weiter mit ESC
```

Erweiterte Partitionen und logische Laufwerke erstellen

Bei der Nutzung großer Festplatten mit FAT-Partitionen müssen Sie zur Möglichkeit der erweiterten Partition greifen, um den restlichen Speicherplatz in mehrere logische Laufwerke (jedes mit maximal 2 GByte) zu unterteilen.

1. Erweiterte Partitionen werden wie primäre im ersten Untermenü von fdisk angelegt. Dort richten Sie diese über den Menüpunkt 2 ein (*Erweiterte DOS-Partition erstellen*).

```
              DOS-Partition oder logisches DOS-Laufwerk erstellen

Aktuelle Festplatte: 1

Wählen Sie eine der folgenden Optionen:

1. Primäre DOS-Partition erstellen
2. Erweiterte DOS-Partition erstellen
3. Logisches DOS-Laufwerk in der erweiterten DOS-Partition erstellen


Optionsnummer eingeben: [1]




Drücken Sie ESC, um zu den FDISK-Optionen zurückzukehren.
```

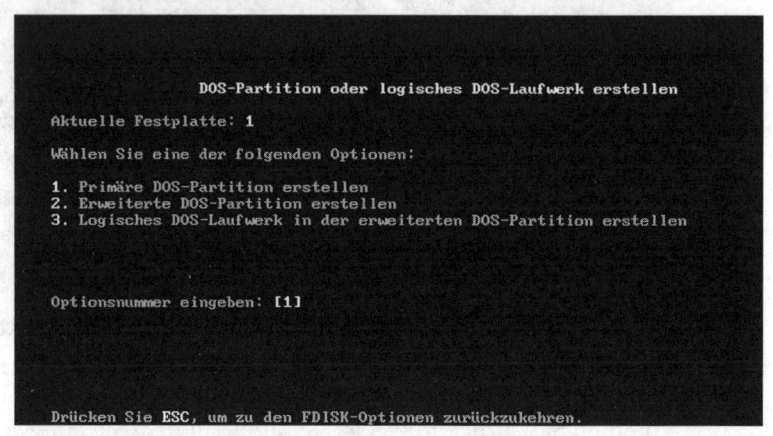

2. Da erweiterte Partitionen ja nicht direkt einem Laufwerk entsprechen, unterliegen sie auch nicht der Größenbegrenzung von 2 GByte des FAT-Dateisystems. Das heißt, im Falle einer 6-GByte-Festplatte können Sie nun die ganzen restlichen ca. 5,5 GByte unseres Beispiels in einer einzigen erweiterten Partition definieren. Theoretisch könnten Sie auch eine zweite primäre Partition einrichten, aber das unterstützt fdisk nicht (sondern nur PartitionMagic, siehe Seite 420). Bestätigen Sie also, wie in der Abbildung gezeigt, die Vorgabe, den kompletten Speicherplatz für die erweiterte Partition zu verwenden.

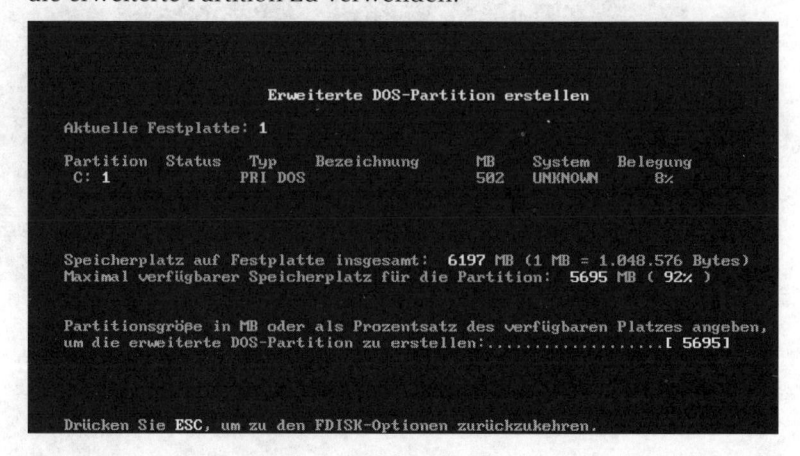

```
                     Erweiterte DOS-Partition erstellen

Aktuelle Festplatte: 1

Partition  Status   Typ       Bezeichnung      MB    System    Belegung
C: 1                PRI DOS                    502   UNKNOWN    8%


Speicherplatz auf Festplatte insgesamt:  6197 MB (1 MB = 1.048.576 Bytes)
Maximal verfügbarer Speicherplatz für die Partition:  5695 MB ( 92% )

Partitionsgröße in MB oder als Prozentsatz des verfügbaren Platzes angeben,
um die erweiterte DOS-Partition zu erstellen:................[ 5695]



Drücken Sie ESC, um zu den FDISK-Optionen zurückzukehren.
```

3 Sie bekommen anschließend eine Ergebnisübersicht angezeigt. Dort ist auch eine zuvor erzeugte primäre Partition aufgelistet. Mit der [Esc]-Taste kommen Sie wieder zurück in das vorherige Menü, das jetzt zur Erstellung der logischen Laufwerke dienen soll.

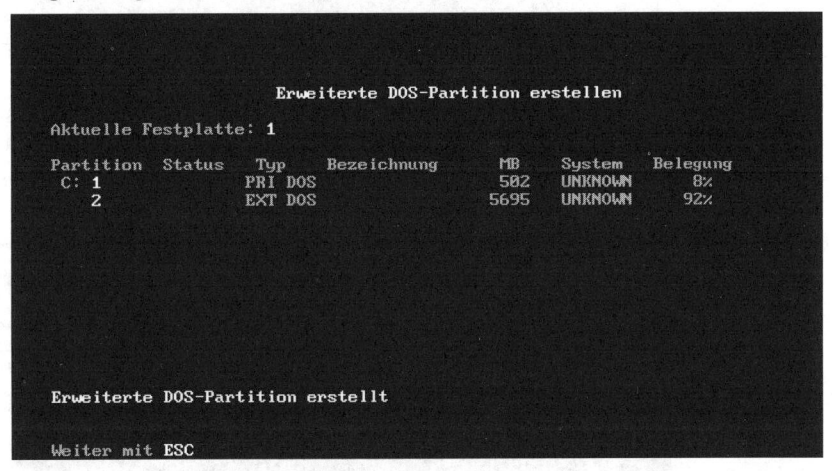

```
                    Erweiterte DOS-Partition erstellen
Aktuelle Festplatte: 1

Partition   Status   Typ       Bezeichnung    MB      System    Belegung
 C: 1                PRI DOS                  502     UNKNOWN     8%
    2                EXT DOS                  5695    UNKNOWN    92%




Erweiterte DOS-Partition erstellt

Weiter mit ESC
```

4 Wechseln Sie zur Erstellung der logischen Laufwerke zurück in das unter Schritt 1 gezeigte erste Untermenü von fdisk. Wählen Sie dort den Punkt 3 (*Logisches DOS-Laufwerk in der erweiterten DOS-Partition erstellen*). Anschließend erscheint eine Abfrage, in der Sie die Größe des logischen Laufwerks angeben müssen. fdisk erkennt sofort, ob bereits logische Laufwerke vorhanden sind oder nicht, und meldet Ihnen das. Genau hier stoßen Sie außerdem wieder auf die Größenbegrenzung des FAT-Dateisystems von 2 GByte. Korrigieren Sie die Größe nach unten, wenn Sie wollen, oder bestätigen Sie die maximale Vorgabe mit [Enter].

```
      Logische DOS-Laufwerke in der erweiterten DOS-Partition erstellen




  Keine logischen Laufwerke definiert




  Gesamtgröße der erweiterten DOS-Partition:  5695 MB (1 MB = 1.048.576 Bytes)
  Für logische Laufwerke stehen maximal  2047 MB zur Verfügung ( 36% ).
  Größe des log. Laufwerks in MB oder in % des verfügbaren Platzes: [ 2047]

  Drücken Sie ESC, um zu den FDISK-Optionen zurückzukehren.
```

5 Auch hier bekommen Sie als Ergebnis wieder eine Übersicht angezeigt. Dort sehen Sie den neuen Laufwerkbuchstaben für das logische Laufwerk. Wenn Sie aufmerksam waren, sollte Ihnen auffallen sein, daß der Buchstabe E: statt, wie vielleicht zu erwarten, D: vergeben wurde. Denn

schließlich war dieses neue logische Laufwerk nach der primären Partition (Laufwerk C:) erst das zweite Laufwerk auf dieser Festplatte. Die Lösung zeigt aber noch einmal gut, wie die Laufwerkbuchstaben auf die Partitionen verteilt werden. Im vorliegenden Fall befand sich im Rechner noch eine alte 2-GByte-Festplatte als Slave-Laufwerk, die mit einer einzigen primären Partition eingerichtet war. Bei der Vergabe der Laufwerkbuchstaben werden aber erst alle primären Partitionen berücksichtigt. Die primäre Partition der alten Festplatte bekommt also nach der primären auf der neuen Platte den Buchstaben D:. Erst danach werden die logischen Laufwerke in den erweiterten Partitionen zugewiesen, wobei zuerst die Laufwerke der ersten, dann der zweiten Platte berücksichtigt werden.

```
Logische DOS-Laufwerke in der erweiterten DOS-Partition erstellen

Lw. Bezeichnung      MB    System    Belegung
E:                   2047  UNKNOWN   36%




Gesamtgröße der erweiterten DOS-Partition:  5695 MB (1 MB = 1.048.576 Bytes)
Für logische Laufwerke stehen maximal  2047 MB zur Verfügung ( 36% ).
Größe des log. Laufwerks in MB oder in % des verfügbaren Platzes: [ 2047]
Logisches DOS-Laufwerk erstellt, Laufwerknamen geändert/hinzugefügt.
Drücken Sie ESC, um zu den FDISK-Optionen zurückzukehren.
```

6 Um den kompletten Speicherplatz der 6-GByte-Festplatte nutzen zu können, müssen Sie den gesamten restlichen Speicherplatz auf weitere logische Laufwerke aufteilen. Sie wiederholen dazu die beiden letzten Schritte zur Erstellung eines logischen Laufwerks. Nach dem zweiten Laufwerk F: mit noch mal 2.047 MByte bleiben noch 1.600 MByte für das letzte Laufwerk G:.

```
Logische DOS-Laufwerke in der erweiterten DOS-Partition erstellen

Lw. Bezeichnung      MB    System    Belegung
E:                   2047  UNKNOWN   36%
F:                   2047  UNKNOWN   36%




Gesamtgröße der erweiterten DOS-Partition:  5695 MB (1 MB = 1.048.576 Bytes)
Für logische Laufwerke stehen maximal  1600 MB zur Verfügung ( 28% ).
Größe des log. Laufwerks in MB oder in % des verfügbaren Platzes: [ 1600]
Logisches DOS-Laufwerk erstellt, Laufwerknamen geändert/hinzugefügt.
Drücken Sie ESC, um zu den FDISK-Optionen zurückzukehren.
```

Die aktive Partition zum Booten festlegen

Was im Zuge der Partitionierung am Ende noch fehlt, ist die Aktivierung einer der vorhandenen primären Partitionen als sogenannte aktive Partition. fdisk sollte dies eigentlich automatisch tun, zumal es sowieso nur immer eine primäre Partition pro Platte erzeugen kann. Aber aus unerfindlichen Gründen tut es das nicht.

Wenn Sie nach der Erstellung der Partitionen fdisk beenden wollen, erkennt es jedoch normalerweise automatisch, daß Sie noch keine aktive Partition gekennzeichnet haben, und fordert Sie auf, das noch zu tun. Hierzu müssen Sie nur einfach im Hauptmenü von fdisk den Befehl des Punkts 2 (*Aktive Partition festlegen*) auswählen. Anschließend sehen Sie das in der Abbildung gezeigte Menü, in dem die vorhandenen primären und erweiterten Partitionen aufgelistet sind. Über die Partitionsnummer können Sie die gewünschte primäre Partition als aktiv auswählen, von der später gebootet werden soll. Anschließend wird die aktivierte Partition in derselben Anzeige mit einem *A* unter *Status* gekennzeichnet.

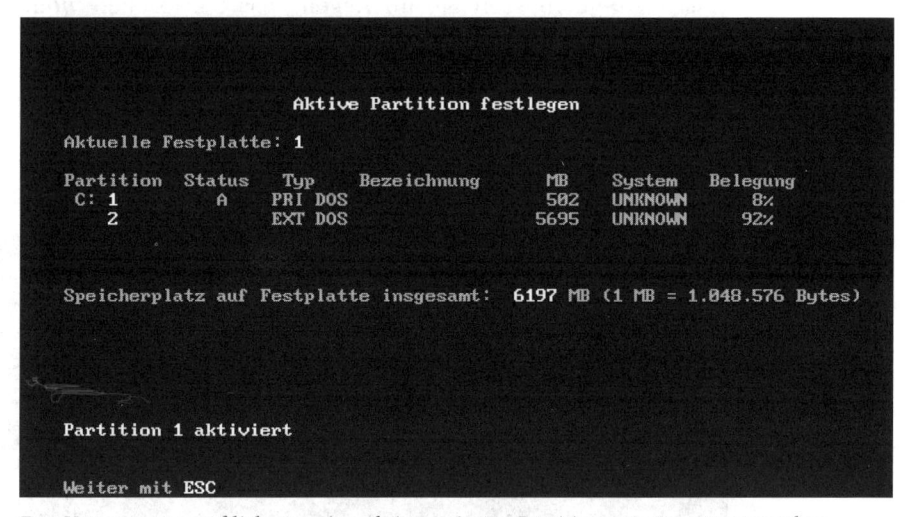

```
                  Aktive Partition festlegen

Aktuelle Festplatte: 1

Partition  Status   Typ    Bezeichnung      MB    System    Belegung
 C: 1        A      PRI DOS                 502   UNKNOWN     8%
    2               EXT DOS                5695   UNKNOWN    92%


Speicherplatz auf Festplatte insgesamt:  6197 MB (1 MB = 1.048.576 Bytes)




Partition 1 aktiviert

Weiter mit ESC
```

Das Untermenü von fdisk, um eine aktive, primäre Partition zum Booten anzugeben

Partitionen wieder löschen

Partitionen wieder zu löschen ist dann angebracht, wenn Sie versehentlich eine falsche Aufteilung vorgenommen haben. Oder wenn Sie vielleicht Ihre alte Festplatte durch den Einbau der neuen anders nutzen wollen. Zum Beispiel wenn Sie statt einer primären Partition, die ja dann den Laufwerkbuchstaben D: erhält, lieber die zweite Festplatte über eine erweiterte Partition ansprechen wollen. Bedenken Sie aber, daß bei jeder Löschung einer Partition unweigerlich auch alle darin evtl. vorhandenen Daten verlorengehen.

Die Befehle zum Löschen einer Partition bzw. eines logischen Laufwerks sind sehr einfach.

Die Festplatte – Mehr Speicher, Speed und Sicherheit

1 Wählen Sie den Befehl Nr. 3 des Hauptmenüs von fdisk. Daraufhin bekommen Sie das in der Abbildung gezeigte Untermenü.

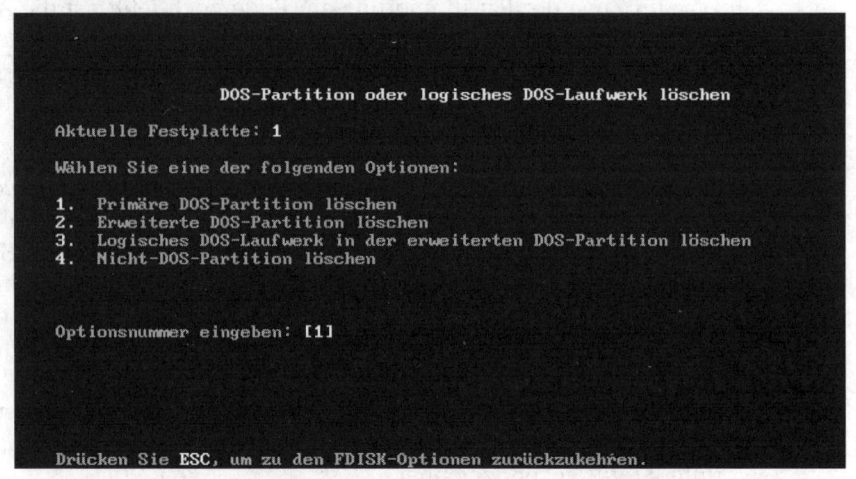

```
              DOS-Partition oder logisches DOS-Laufwerk löschen

Aktuelle Festplatte: 1

Wählen Sie eine der folgenden Optionen:

   1. Primäre DOS-Partition löschen
   2. Erweiterte DOS-Partition löschen
   3. Logisches DOS-Laufwerk in der erweiterten DOS-Partition löschen
   4. Nicht-DOS-Partition löschen


Optionsnummer eingeben: [1]




Drücken Sie ESC, um zu den FDISK-Optionen zurückzukehren.
```

2 Anschließend müssen Sie überlegen, was Sie löschen wollen. Primäre Partitionen können direkt gelöscht werden. Erweiterte aber nur dann, wenn zuvor schon die darin enthaltenen logischen Laufwerke gelöscht wurden. Wählen Sie wie gewohnt die gewünschten Befehle über ihre Nummer aus. Vor der Ausführung werden Sie noch einmal mit einer Sicherheitsabfrage auf das Risiko Ihrer Aktion hingewiesen und müssen zusätzlich eine evtl. vorhandene Bezeichnung der Partition angeben.

```
                        Primäre Partition löschen

Aktuelle Festplatte: 1

Partition   Status    Typ      Bezeichnung      MB      System     Belegung
  C: 1        A       PRI DOS                   502     UNKNOWN       8%
     2                EXT DOS                  5695     UNKNOWN      92%

Speicherplatz auf Festplatte insgesamt:  6197 MB (1 MB = 1.048.576 Bytes)


WARNUNG! Daten der gelöschten primären DOS-Partition gehen verloren.
Welche primäre Partition möchten Sie löschen? [1]
Datenträgerbezeichnung eingeben.................? [            ]
Sind Sie sicher (J/N)...........................? [J]

Drücken Sie ESC, um zu den FDISK-Optionen zurückzukehren.
```

3 Wurde die Löschaktion durchgeführt, bekommen Sie anschließend eine Bestätigung angezeigt (siehe Abbildung).

Die Festplatte – Mehr Speicher, Speed und Sicherheit

```
                    Primäre Partition löschen
Aktuelle Festplatte: 1

Partition  Status    Typ      Bezeichnung     MB     System    Belegung
    1                EXT DOS                  5695   UNKNOWN     92%


Speicherplatz auf Festplatte insgesamt:   6197 MB (1 MB = 1.048.576 Bytes)



Primäre DOS-Partition gelöscht

Weiter mit ESC
```

4 Um eine erweiterte Partition zu löschen, müssen Sie, wie schon angedeutet, zuerst Schritt für Schritt alle darin enthaltenen logischen Laufwerke entfernen. Das geht wie in den letzten zwei beschriebenen Schritten. Sie müssen nur im entsprechenden Menü von Schritt 1 den Befehl 3 (*Logisches DOS-Laufwerk in der erweiterten DOS-Partition löschen*) ausführen. Jede Löschung wird Ihnen einzeln bestätigt.

> **Hinweis**
>
> **Alle Partitionen löschen – Letzte Rettung bei Problemen**
>
> Das Löschen aller Partitionen und damit auch aller Daten auf der Festplatte kann eine wichtige Rettungsmaßnahme sein, wenn es mit der Festplatte große Probleme gibt. Zum Beispiel, wenn Sie von einem besonders hartnäckigen Bootsektor-Virus befallen ist. Oder wenn im BIOS bei der ersten Einrichtung aus Versehen ein falsches Mapping (z. B. Normal statt LBA) eingestellt und die Platte damit schon in Betrieb genommen wurde. Durch das Löschen aller Partitionen werden nicht nur alle Bootsektoren, sondern auch die Partitionstabelle der Festplatte gelöscht. Danach ist sie sozusagen neu wie aus dem Herstellerwerk.

Wechseln der aktiven Platte

Wenn Sie die oberen Anleitungen bis hier verfolgt haben, haben Sie alle wichtigen Befehle von fdisk kennengelernt und die neue Festplatte, die jetzt wahrscheinlich Ihre Nummer 1 ist, dürfte fertig partitioniert sein. Wenn Sie jetzt möglicherweise noch an der alten, ebenfalls noch vorhandenen Festplatte Veränderungen vornehmen wollen, müssen Sie das aktuelle Festplattenlaufwerk wechseln. Dazu ist der letzte Befehl im Hauptmenü von fdisk zuständig, der Punkt 5 (*Aktuelle Festplatte wechseln*). Wenn Sie diesen aufrufen, werden Ihnen alle im System installierten Festplatten angezeigt. Und zwar unabhängig davon, ob es sich um EIDE- oder SCSI-Festplatten handelt. Die Laufwerke werden mit Nummern versehen (siehe Abbildung, links oben) und können über diese im unteren Bereich des Bildschirms ausgewählt werden.

Die Festplatte – Mehr Speicher, Speed und Sicherheit

```
                    Aktuelle Festplatte wechseln
  Festpl. Lw.     MB       Frei    Belegung
    1             6197     6197       %
    2             2445        4     100%
            C:    2441










    (1 MB = 1.048.576 Bytes)
    Geben Sie die Nummer der Festplatte ein (1-2)............[1]

    Drücken Sie ESC, um zu den FDISK-Optionen zurückzukehren.
```

> **Hinweis**
>
> **Problemlösung mit einem undokumentierten fdisk-Befehl**
>
> Mit dem undokumentierten Befehl *Fdisk /mbr* (**M**aster **B**oot **R**ecord) kann man den Teil der Festplatte, der noch vor den Bootsektoren gelesen wird, neu schreiben. In diesem Master Boot Record verstecken sich z. B. Bootsektor-Viren oder installieren sich Software-Mapping-Programme (Disk-Manager), die man auf diese Art wieder loswerden kann.

fdisk und FAT32 für Partitionen über 2 GByte

Es wurde schon mehrfach erwähnt, daß ab dem Service Pack 2 (OSR2) von Windows 95 (auch Windows 95b genannt) ein neues Dateisystem namens FAT32 von Microsoft zusätzlich zum alten FAT eingeführt wurde. Dieses Dateisystem hat gegenüber seinen Vorläufern zwei Vorteile: erstens können damit Partitionen größer als 2 GByte eingerichtet werden. Und zweitens verringert sich die sogenannte Cluster-Größe der Partitionen, was dafür sorgt, daß der Speicherplatz effizienter genutzt wird.

Weniger Speicherplatzverlust bei FAT32 durch kleinere Cluster

Festplatten bzw. Partitionen sind in lauter kleine und kleinste Häppchen, den Sektoren und Clustern aufgeteilt. Sektoren sind die kleinste physikalische Speichereinheit, sie werden von der Festplatte selbst verwaltet. Bei Festplatten haben Sie eine einheitliche Größe von 512 Byte. Und das muß auch so sein, weil die meisten Betriebssysteme nur von Speichermedien booten, die

Sektoren mit dieser Größe haben. Da eine Festplatte von mehreren GByte aber eine extrem hohe Zahl von Sektoren hat, ist der Aufwand für das Betriebssystem viel zu hoch, diese alle direkt anzusprechen. Also „packt" es wiederum mehrere Sektoren zu einem Cluster zusammen. Der Cluster ist daher die kleinste Speichereinheit, die das Dateisystem (z. B. FAT) verwaltet.

Nun ist bei FAT aber wiederum die maximale Zahl der Cluster auf 65.000 begrenzt. Diese Menge wird aber schon benötigt, um kleinere Partitionen zu verwalten. Umgekehrt bedeutet dies, daß auf verschieden großen Partitionen die Cluster auch unterschiedlich groß sein müssen (der Speicherplatz verteilt sich ja immer auf dieselben Menge an Clustern). Grob gerechnet ergibt sich die resultierende Cluster-Größe, indem man die Partitionsgröße (in KByte) durch 65.000 teilt. Jedoch ändert sich die Größe nicht kontinuierlich, sondern sprunghaft z. B. bei 512 oder 1.024 MByte. Die Konsequenz: Jeder Sektor einer z. B. 2 GByte großen Partition belegt bei Verwendung von FAT genau 32 KByte. Beim Speichern von Dateien werden diese auf die Cluster häppchenweise verteilt. Oder anders gesagt: Beim Speichern werden immer ganze Cluster belegt. Wenn eine Datei kleiner als 32 KByte ist, belegt sie trotzdem einen ganzen Cluster, auch wenn dessen Restspeicher nicht belegt ist. Das hat einen großen Nachteil: Liegen auf einer Festplatte viele kleine Dateien (z. B. die Favoriten oder Verknüpfungen von Windows), dann kann sich dies zu einer Platzverschwendung von vielen MByte aufsummieren. FAT32 und NTFS reduzieren das Problem, weil sie wesentlich mehr Cluster mit deutlich kleinerer Größe (z. B. 4 oder 8 KByte) verwalten können.

Was Sie für FAT32-Partitionen über 2 GByte brauchen

Um FAT32 nutzen zu können, müssen Sie Windows 95b (OSR2), 95c (OSR 2.5) oder Windows 98 haben. FAT32 ist aber nur über Windows 98 frei für jedermann käuflich zu erwerben. Mit den neuen Windows-Versionen wurde/wird auch eine neue fdisk-Version ausgeliefert, die beim Partitionieren folglich auch Laufwerke mit mehr als 2 GByte anlegen kann. Allerdings sind auch diese dann noch nicht formatiert, sondern nur für die Formatierung mit FAT32 vorbereitet.

Beachten Sie auch, daß FAT32-formatierte Laufwerke offiziell nur von Windows 95b/c/98 genutzt werden können. Windows NT 4.x kann z. B. von Haus aus nicht auf FAT32-Festplatten zugreifen. Es gibt allerdings im Internet Treiber für Windows NT (und auch Linux), mit denen ein Lese-, teilweise auch Schreibzugriff auf FAT32-Laufwerke möglich ist. Die DOS-Version 7.1, die mit Windows 95b/98 ausgeliefert wird, ermöglicht ebenfalls den Zugriff auf ein FAT32-Laufwerk, z. B. über eine Bootdiskette.

Die Festplatte – Mehr Speicher, Speed und Sicherheit

> **Tip**
>
> **FAT32 mit Windows NT nutzen**
>
> Auf der Seite *www.sysinternals.com/fat32.htm* im Internet finden Sie einen kostenlosen FAT32-Treiber für Windows NT, mit dem aber nur ein reiner Lesezugriff auf FAT32-Laufwerke möglich ist. Eine erweiterte Version derselben Programmierer, die auch den Schreibzugriff von NT aus erlaubt, finden Sie für ca. 40 $ unter *www.winternals.com*.

Praxis-Anleitung – Die Partitionierung mit fdisk und FAT32

Die nachfolgende Anleitung zeigt Ihnen, wie Sie mit fdisk von Windows 95b/98 die besprochenen, großen FAT32-Partitionen einrichten können. Dabei wird aber nicht die ganze, bereits oben beschriebene Prozedur der Partitionierung mit fdisk besprochen, sondern lediglich auf die Unterschiede zum „normalen" fdisk eingegangen. Bitte lesen Sie bei Unklarheiten also zuerst noch einmal die obere Anleitung von fdisk.

1. Erstellen Sie sich – wie oben schon für das „klassische" fdisk besprochen – eine Startdiskette mit Hilfe von Windows 95b, 95c oder Windows 98, auf der *Fdisk.exe* enthalten sein muß. Wenn Windows noch nicht installiert ist, können Sie sich fdisk (wie auf Seite 399 beschrieben) aus den CAB-Dateien auf der Windows-Installations-CD extrahieren.

2. Booten Sie Ihren PC mit Hilfe der Startdiskette und rufen Sie fdisk auf. Die neue Version untersucht jetzt die vorhandenen Festplatten und meldet sich anschließend mit einer ersten, neuen Abfrage, wenn eine Festplatte größer als 512 MByte ist. In dieser Abfrage können Sie die FAT32-Unterstützung durch Eingabe von „J" aktivieren.

```
Die Kapazität der Festplatte dieses Computers übersteigt 512 MB.
Für solche Datenträger bietet diese Windows-Version eine erweiterte
Unterstützung, die eine effizientere Nutzung des Speicherplatzes ermöglicht.
Außerdem ermöglicht sie die Formatierung von Datenträgern mir mehr als
2 GB Speicherkapazität als einzelnes Laufwerk.

WICHTIG: Wenn Sie die Unterstützung aktivieren und neue Laufwerke auf der
Festplatte erstellen, ist es nicht möglich, auf diese mit anderen
Betriebssystemen zuzugreifen. Dies betrifft einige Versionen von Windows 95
und Windows NT sowie frühere Versionen von Windows und DOS. Außerdem
können Datenträgerprogramme, die nicht speziell für FAT32 ausgelegt
wurden, diesen Datenträger dann nicht verwenden. Aktivieren Sie die
Unterstützung für Datenträger mit hoher Speicherkapazität nicht,
wenn Sie darauf mit anderen Betriebssystemen oder älteren
Datenträgerprogrammen zugreifen möchten.

Unterstützung aktivieren (J/N)..........................? [N]
```

Durch Bestätigung dieser Abfrage mit Ja können Sie die FAT32-Unterstützung von fdisk aktivieren

Die Festplatte – Mehr Speicher, Speed und Sicherheit

3 Die übrige Bedienung von fdisk verläuft nahezu identisch zu der klassischen FAT-Version. Sie können sich also ansonsten an der vorherigen Anleitung orientieren. Lediglich bei der Abfrage nach der Größe eine neuen Partition bekommen Sie jetzt die Möglichkeit, Werte größer als 2.047 MByte anzugeben. Die Abbildung zeigt, daß es ohne Probleme möglich ist, eine primäre Partition von 6.197 MByte zu erstellen, was hier dem kompletten Festplattenplatz entspricht.

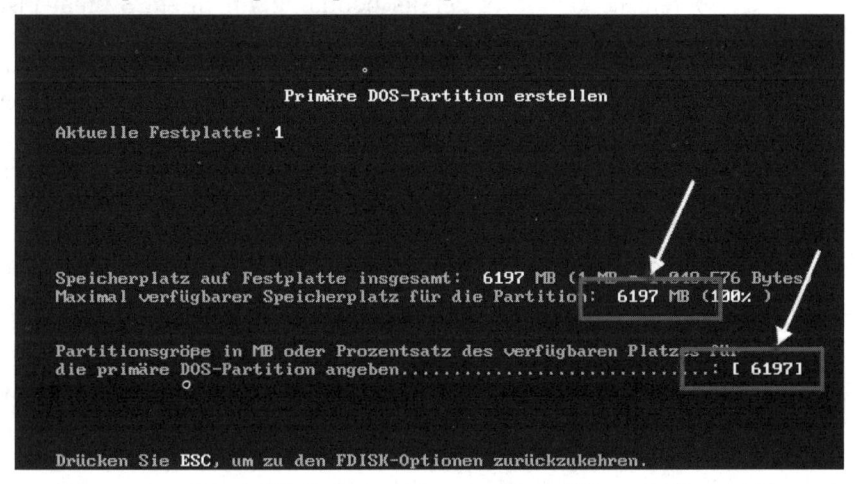

4 Entsprechend den Möglichkeiten bei primären Partitionen entfällt auch bei logischen Laufwerken die Größenbegrenzung. Wie Sie der Abbildung entnehmen können, ist es ohne Probleme möglich, eine erweiterte Partition von ca. 5,5 GByte in ein entsprechend großes, logisches Laufwerk umzuwandeln.

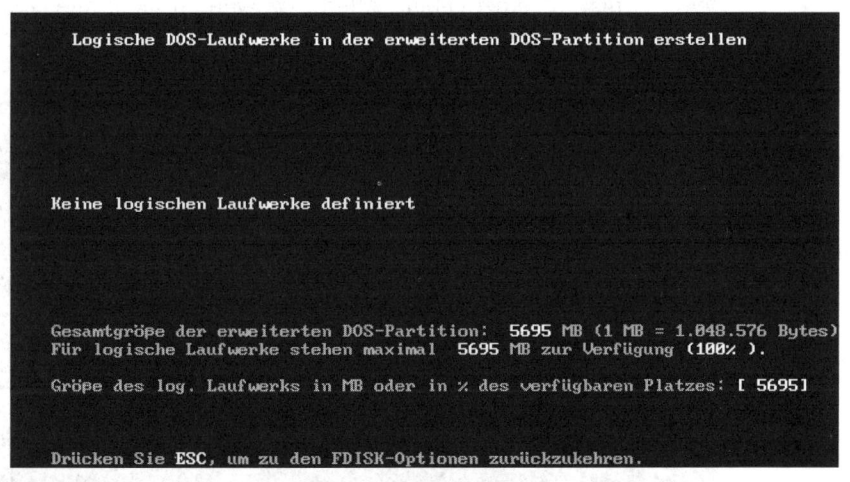

5 FAT32 bedeutet aber kein Muß, den kompletten Speicherplatz mit einer Partition zu verwenden. Sie können auch wie bisher kleinere Partitionen anlegen. Aber auch diese werden dennoch im FAT32-Format erstellt, sobald Sie anschließend die Formatierung mit dem Befehl *format* durchführen.

Die Platte unter DOS formatieren und bootfähig machen

Wenn Sie Ihre Festplatte, wie zuvor beschrieben, mit fdisk partitioniert haben, müssen Sie jetzt die Partitionen nur noch formatieren und evtl. bootfähig machen. Unter DOS sind dafür die Programme format und sys zuständig. Sollten Sie Windows bereits bootfähig auf Ihrem System installiert haben, können Sie die neue Platte auch mit Hilfe des Arbeitsplatzes formatieren, was etwas bequemer ist. Die notwendigen Befehle finden sich direkt im Kontextmenü der Laufwerkbuchstaben im Arbeitsplatz von Windows 95/98.

Formatieren mit dem Befehl format von DOS bzw. Windows

Die Formatierung einer Festplatte ist genauso kinderleicht wie die einer Diskette. Sie müssen nur das Programm *Format.com* mit Angabe des Laufwerkbuchstabens auf der DOS-Ebene oder in einem DOS-Fenster unter Windows aufrufen. Sie finden das Programm auf den Startdisketten von Windows 95/98 (siehe Seite 38), wobei die Datei bei der Windows 98-Diskette aus Platzgründen in der Datei *Ebd.cab* enthalten ist und nach dem Starten in eine Ramdisk kopiert wird. Dort stehen die Programme dann sofort zur Verfügung. Wenn Sie Windows bereits irgendwo auf einer Festplatte eingerichtet haben, dann liegt es im Unterverzeichnis *X:\Windows\Command*. Ansonsten finden Sie es auch im Unterverzeichnis *\Win95* bzw. *\Win98* der Windows-Installations-CD. Um sich die verschiedenen Befehlsoptionen von *format* anzeigen zu lassen, brauchen Sie nur in der DOS-Eingabeaufforderung den Befehl „format /?" einzugeben. Allerdings werden nicht alle Optionen wirklich aufgeführt, wie z. B. die im unteren Tipkasten gezeigte Möglichkeit, die Cluster-Größe bei FAT32 einzustellen.

Mit dem Befehl format /? kann man sich die Optionen zur Feineinstellung des Formatbefehls auf der DOS-Ebene anzeigen lassen

Die Festplatte – Mehr Speicher, Speed und Sicherheit

Die eigentliche Formatierung erfolgt wie gesagt schlicht durch die Eingabe des Befehls *format x:*, wobei *x:* der Laufwerkbuchstabe der jeweiligen Festplatte bzw. Partition ist. Natürlich sollten Sie sehr genau darauf achten, keinen falschen Buchstaben einzugeben, weil die Formatierung zum totalen Datenverlust führt. Sie werden aber noch mal mit einer Sicherheitsabfrage von *format* konfrontiert. Danach werden Sie grob in Prozenten über den Verlauf unterrichtet.

Nach Beendigung der Formatierung, die bei einer großen Festplatte schon einige Minuten dauern kann, werden Sie noch nach einer Bezeichnung für die Partition (Label) gefragt. Diese kann maximal elf Buchstaben lang sein. Sie können darauf aber auch verzichten.

```
A:\>format c: /s

WARNUNG: Alle Daten auf der Festplatte
in Laufwerk C: werden gelöscht!
Formatierung durchführen (J/N)?j

Formatierung 2.690,54 MB
Formatierung beendet.
Systemdateien wurden übertragen

Datenträgerbezeichnung (11 Zeichen, EINGABETASTE für keine)? Programme
```

Die Rückmeldungen des Format-Programms sind recht dürftig, aber ausreichend

> **Hinweis**
>
> **Legen Sie die Cluster-Größe bei FAT32 fest**
>
> Sie können direkt bei der Formatierung die Cluster-Größe von FAT32 festlegen. Da die meistens verwendeten 4-KByte-Cluster zuviel Verwaltungsaufwand bedeuten, sind 8 KByte große Cluster empfehlenswerter. Man kann sie über den Befehl *format x: /z:16* einstellen. Dabei steht *x:* für das Laufwerk, und *z:##* steht für das ganzzahlige Vielfache der Standardsektorgröße von 512 Byte. Im Beispiel sind das 512 Byte x 16 = 8 KByte.

Und so machen Sie Ihre Platte bootfähig

Wenn Sie von der Festplatte in Zukunft DOS bzw. Windows booten wollen, ist es sinnvoll, diese direkt auch bootfähig zu machen. Das heißt, daß die Boottreiber des jeweiligen Betriebssystems (bei Windows die Dateien *Io.sys* und *Msdos.sys*) auf die Bootsektoren der Platte überspielt werden müssen. Allerdings wird dies auch bei der Installation von Windows 95/98 und/oder

NT von den jeweiligen Setup-Programmen nachgeholt. Für den reinen DOS-Zugriff ist es aber praktisch, wenn Sie dies schon vorher erledigen. Die einfachste Möglichkeit, die Festplatte bootfähig zu machen, ist es, direkt bei der Formatierung mit *format* den Schalter */s* zu verwenden (*format x: /s*). Jedoch müssen Sie dann aber am besten den PC auch von einer Startdiskette aus gestartet haben, damit die Boottreiber von dort auf die Platte kopiert werden können. Nachträglich können Sie die Bootdateien jedoch immer noch mit dem Befehl *sys* auf die Festplatte übertragen. Die Syntax lautet ganz einfach *sys x:*, wobei *x:* wieder für den Laufwerkbuchstaben der Zielplatte steht.

Festplatten partitionieren mit Windows NT und NTFS

Wenn Sie Ihre neue Festplatte einzig und allein mit Windows NT nutzen wollen, bietet es sich natürlich an, diese auch mit einer oder mehreren NTFS-Partition(en) einzurichten. NTFS ist das spezielle, fortschrittliche Dateisystem von Windows NT und bietet einige Vorteile gegenüber FAT bzw. FAT32. Da NTFS zumindest theoretisch ohne Probleme alle gängigen Festplattengrößen unterstützen sollte, sollte man eigentlich auch keine Probleme bei der Einrichtung einer neuen Festplatte speziell für NT erwarten. Aber es gibt dennoch einige Stolperfallen. So ist es mit den Hausmitteln von Microsoft nicht möglich, eine ganz neue, leere, unpartitionierte Festplatte von mehr als 4 GByte in einem Stück als NTFS-Partition einzurichten. Das Problem ist das DOS-kompatible Installationsprogramm von NT. Wenn Sie sich entschließen, eine neue Festplatte nur mit Windows NT zu nutzen, und noch eine alte DOS-Bootdiskette mit fdisk haben, dann ist es ratsam, die Festplatte so vorzubereiten, daß Sie erst einmal eine 500 MByte große FAT-Partition nur für die Windows NT-Systemdateien einrichten. Den Rest des Festplattenplatzes können Sie dann später unter Windows NT mit dem dort mitgelieferten Festplatten-Manager einrichten und mit NTFS formatieren. Auf der Windows NT-CD bzw. den mitgelieferten Setup-Disketten wird kein eigenständiges fdisk mitgeliefert. Dafür sind die wichtigsten Partitionierungsfunktionen im NT-Setup-Programm enthalten. Die Ersteinrichtung einer ganz neuen, „nackten" Festplatte funktioniert aber dennoch häufig nicht, weil die Festplatte einfach nicht erkannt wird. Dann helfen nur mehrere Versuche oder doch die Verwendung eines DOS-/Windows 9x-fdisk-Programms.

> **Hinweis**
>
> **Skurril – Die NT-Installation sprengt die 2-GByte-Grenze von FAT**
> Eine interessante Besonderheit des Setup-Programms von NT ist seine Fähigkeit, FAT-Partitionen mit bis zu 4 GByte einzurichten. Allerdings nur temporär während der Installation eines NTFS-Laufwerks. Der Trick liegt wohl darin, daß statt der sonst maximal erlaubten 32 KByte großen Cluster, solche mit 64 KByte verwendet werden. Die maximal damit einrichtbare Partition (FAT bzw. nach der Konvertierung auch NTFS) beträgt 4.095 MByte.

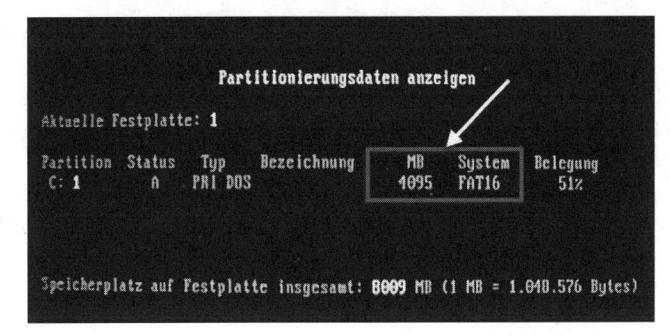

fdisk von Windows 95/98 bringt es an den Tag: Das Windows NT-Setup-Programm richtet NTFS-Partitionen bis 4 GByte zuerst als spezielle FAT-Partitionen ein

Hinweis

Hintergrundinfos zu NTFS, Treiber für DOS und Windows 98

Das **N**ew **T**echnology **F**ile **S**ystem von Windows NT ist leistungsfähiger als FAT und sollte möglichst verwendet werden, wenn man mit NT arbeitet. So sind z. B. die erweiterten Sicherheitseinstellungen für Dateien und Verzeichnisse nur mit NTFS nutzbar. Sehr angenehm ist auch eine eingebaute Verzeichniskompression; komprimierte Dateien bleiben aber wie gewohnt nutzbar. Die theoretisch maximale Größe von NTFS-Partitionen ist 2 hoch 64 Byte, das entspricht 16 Trillionen Byte (EByte). Problematisch ist, daß auf NTFS-Laufwerken normalerweise nur mit NT zugegriffen werden kann. Im Internet gibt es jedoch Treiber für den Zugriff von DOS und damit auch Windows 3.x/95/98. Die Adresse lautet *www.sysinternals.com/ntfs20. htm*. Dabei handelt es sich um einen kostenlosen Nur-Lese-Treiber. Informationen über einen schreibfähigen, dann aber kostenpflichtigen Treiber gibt es auf der Seite ebenfalls.

Eine neue Festplatte mit Windows NT und NTFS einrichten

Nachfolgend finden Sie eine Beschreibung, wie Sie allein mit dem Windows NT-Setup-Programm eine neue Festplatte am besten unter Verwendung von NTFS einrichten. Um die oben aufgeführten Probleme zu umgehen, empfehlen wir Ihnen, sich auf dieser untersten Ebene zuerst nur eine 500-MByte-NTFS-Partition allein für Windows NT selbst einzurichten. Die Einteilung bzw. Nutzung des weiteren Speicherplatzes auf der Platte können Sie dann später unter Windows NT selbst mit dem mitgelieferten Festplatten-Manager vornehmen.

Hinweis

Festplatten über 4 GByte nur mit einer großen NTFS-Partition?

Das ist mit dem Windows NT-Setup-Programm, wie oben schon mal gesagt, nicht möglich. Bei 4 GByte ist Schluß, weil das Setup-Programm die Partitionen zuerst über FAT anlegt und dann in NTFS konvertiert. Wenn Sie z. B. PartitionMagic von PowerQuest besitzen (siehe Seite 420), können Sie nachträglich kleinere NTFS-Partitionen auf die Größe der Festplatte erweitern. Ansonsten müssen Sie mit einer Einteilung in mehrere Partitionen leben.

Die Festplatte – Mehr Speicher, Speed und Sicherheit

1 Booten Sie den Rechner am besten unter Verwendung der bootfähigen Windows NT-CD neu. Dazu muß das BIOS Ihres PCs das Booten von CDs unterstützen und die Bootreihenfolge auf *A, CD-ROM; C* eingestellt sein. Wenn Sie ein ATAPI-CD-ROM-Laufwerk haben, sollte das Booten von CD auf modernen PCs ohne Probleme funktionieren. Bei SCSI-CD-ROM-Laufwerken müssen Sie die Bootfähigkeit im SCSI-Controller-BIOS aktivieren (siehe Seite 355). Wenn das Booten von CD nicht funktioniert, verwenden Sie die mitgelieferten Bootdisketten von NT. Das Setup-Programm wird immer automatisch gestartet.

> **Tip**
> **Probleme mit dem SCSI-Controller**
> Aus irgendeinem unerfindlichen Grund gibt es beim Booten von CD immer dann ein Problem, wenn NT den SCSI-Controller nicht erkennt. Das ist z. B. bei sehr neuen Geräten der Fall. Der Installationsvorgang wird dann mit einer Fehlermeldung abgebrochen. In diesem Fall brauchen Sie aber nur den Rechner von der mitgelieferten Bootdiskette aus zu starten. Bei dieser Vorgehensweise gibt Ihnen Windows NT die Gelegenheit, eine Treiberdiskette des Herstellers „nachzureichen".

2 Nach der Lizenzierung und Hardwareerkennung kommt ein Abfrage-Bildschirm, in dem Sie das Laufwerk auswählen müssen, auf dem Windows NT installiert werden soll. In seltenen Fällen kommt es jedoch vor, daß NT die neue Festplatte einfach nicht erkennt. Dann bricht das Setup-Programm mit einer Fehlermeldung ab. In dem Fall sollten Sie den Vorgang wiederholen und/oder auf fdisk von Windows 95/98 bzw. auf PartitionMagic zurückgreifen.

3 Wenn das Setup-Programm die leere Festplatte (im Beispiel eine 8 GByte große EIDE-Platte) erkennt, wird Ihnen eine Übersicht der Laufwerke und Partitionen angezeigt. Die leere Festplatte wird als *Unpartitionierter Bereich* aufgeführt. Im oberen Bereich sehen Sie die Grundbefehle zum Erzeugen bzw. Löschen von Partitionen (über die [E]- und [L]-Taste).

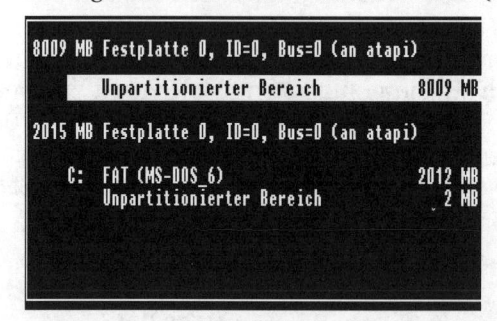

```
8009 MB Festplatte 0, ID=0, Bus=0 (an atapi)
    Unpartitionierter Bereich              8009 MB
2015 MB Festplatte 0, ID=0, Bus=0 (an atapi)
 C: FAT (MS-DOS_6)                         2012 MB
    Unpartitionierter Bereich                 2 MB
```

4 Bedenken Sie, daß Sie für die Installation von NT mindestens ein bootfähiges Laufwerk C: mit 124 MByte Größe brauchen. Es hat sich in der Praxis jedoch bewährt, NT auf einer 500 MByte großen, primären Partition einzurichten. Diese können Sie durch Drücken der [E]-Taste erzeugen und im anschließend gezeigten Abfragemenü die entsprechende Größe eintragen.

Die Festplatte – Mehr Speicher, Speed und Sicherheit

```
Windows NT Workstation-Installation

    Sie haben das Setup-Programm angewiesen, eine neue Partition
    8009 MB Festplatte 0, ID=0, Bus=0 (an atapi)
    zu erstellen.

        • Geben Sie unten die gewünschte Größe ein, und drücken Si
        • EINGABETASTE, um eine neue Partition zu erstellen.

          Drücken Sie die ESC-Taste, um zur vorherigen Anzeige zur
          ohne die Partition zu erstellen.

    Die minimale Größe der neuen Partition ist      8 MB.
    Die maximale Größe der neuen Partition ist   8009 MB.
    Partition in folgender Größe (in MB) erstellen:  500
```

5 In die Festplatten-Übersicht zurückgelangt, wird die neue Partition angezeigt. Der restliche Platz auf der Platte bleibt unpartitioniert und wird später mit dem NT-Festplatten-Manager eingerichtet.

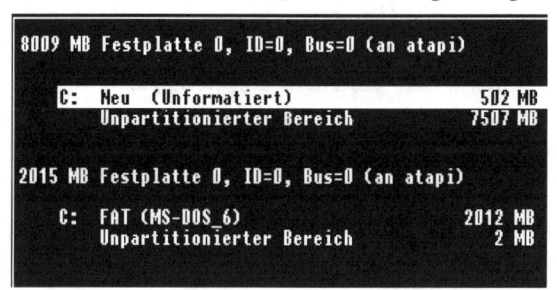

```
8009 MB Festplatte 0, ID=0, Bus=0 (an atapi)

    C:   Neu   (Unformatiert)                    502 MB
         Unpartitionierter Bereich              7507 MB

2015 MB Festplatte 0, ID=0, Bus=0 (an atapi)

    C:   FAT (MS-DOS_6)                         2012 MB
         Unpartitionierter Bereich                 2 MB
```

6 Nach Auswahl der neuen C:-Partition als Bootlaufwerk gelangen Sie in ein Menü, in dem Sie das Dateisystem (möglichst NFTS) auswählen können. NTFS wird jedoch auch erst als FAT angelegt und beim ersten Start von Windows NT dann automatisch in NTFS konvertiert. Die Formatierung mit FAT erfolgt nach Beendigung des Setup-Programms automatisch. Sie müssen danach nur noch neu booten, um die Installation zu beenden. Achten Sie dabei aber darauf, die Windows NT-CD aus dem CD-Laufwerk zu entnehmen.

```
Windows NT Workstation-Installation

    Die von Ihnen gewählte Partition wurde neu erstellt und ist
    formatiert. Diese Partition wird jetzt formatiert.

    Wählen Sie ein Dateisystem für die Partition aus der unten
    Liste. Drücken Sie die NACH-OBEN- oder die NACH-UNTEN-TASTE
    Dateisystem in der Liste zu markieren, und drücken Sie ansc
    die EINGABETASTE.

    Drücken Sie die ESC-Taste, falls Sie eine andere Partition
    verwenden möchten.

    Partition mit dem FAT-Dateisystem formatieren
    Partition mit dem NTFS-Dateisystem formatieren
```

Die Festplatte – Mehr Speicher, Speed und Sicherheit

> **Hinweis**
>
> **Vorhandene FAT-Partitionen in NTFS umwandeln**
>
> Mit dem NT-Programm convert können vorhandene FAT-Partitionen (z. B. auf Ihrer alten Festplatte) jederzeit in NTFS konvertiert werden. Das erfolgt ohne Datenverluste, ein Backup ist aber ratsam. Eine Rückkonvertierung ist auch nicht möglich. Der *convert*-Befehl wird in das DOS-Befehlsfenster von NT eingeben, ist also kein grafisches Programm. Die Syntax lautet *convert x: /fs:ntfs*, wobei *x* für den Laufwerkbuchstaben steht.

Komfortabel partitionieren mit dem Windows NT-Festplatten-Manager

Wenn Windows NT eingerichtet ist, finden Sie im *Start*-Menü unter *Programme/Verwaltung (Allgemein)* den Festplatten-Manager. Man kann mit dem Programm Partitionen erstellen, löschen, formatieren und Laufwerkbuchstaben zuweisen bzw. deaktivieren. Unter Windows 95/98 gibt es kein entsprechendes Pendant dazu.

Die eigentliche Bedienung ist sehr einfach, das Programm ist überwiegend selbsterklärend zu bedienen. Die wichtigsten Befehle finden Sie in der Menüleiste bzw. in den Kontextmenüs der grafisch angezeigten Partitionen bzw. freien Speicherbereiche.

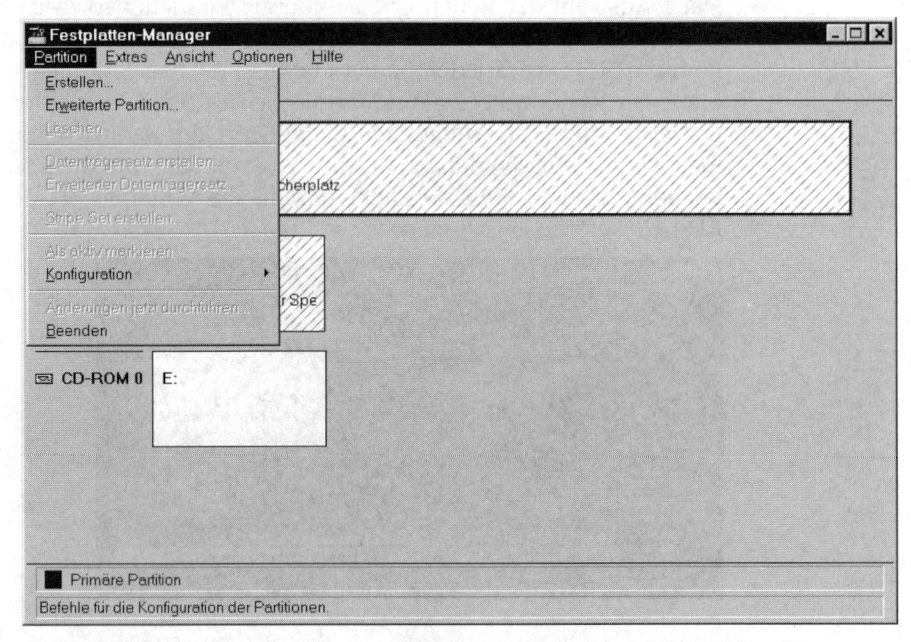

Der Festplatten-Manager von Windows NT zeigt Partitionen und freie Speicherplätze grafisch an

418

Die Festplatte – Mehr Speicher, Speed und Sicherheit

Wenn Sie, wie oben empfohlen, Ihre neue, große Festplatte zuerst nur mit einer 500 MByte großen NTFS-Partition (Laufwerk C:) eingerichtet haben, dann können Sie nun den restlichen Speicherplatz einfach mit Hilfe des Festplatten-Managers konfigurieren. Am leichtesten erzeugen Sie neue Partitionen über das Kontextmenü des freien Speicherplatzes (siehe Abbildung). Den restlichen Speicherplatz nutzen Sie am besten über eine erweiterte Partition, die Sie u. U. noch in mehrere logische Laufwerke unterteilen können, wie dies für fdisk schon besprochen wurde (siehe Seite 398).

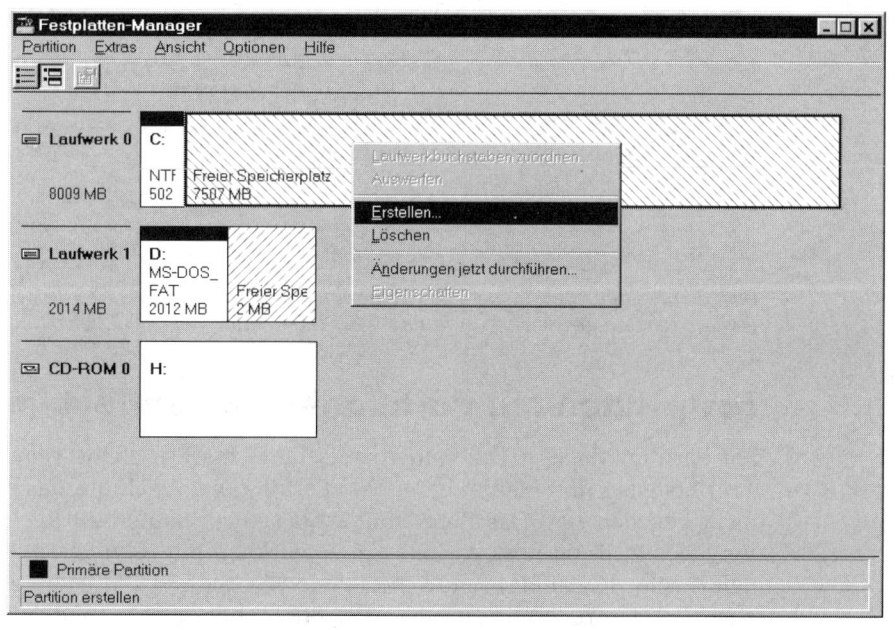

Die wichtigsten Befehle zur Bearbeitung von Partitionen und freiem Speicherplatz finden sich im Kontextmenü

Auch ähnlich wie bei fdisk werden Partitionen zuerst nur angelegt, Sie müssen Sie anschließend noch mit dem gewünschten Dateisystem formatieren. Außerdem können Sie, das ist eine Besonderheit bei NT, einer Partition einen beliebigen Laufwerkbuchstaben zuordnen. Alle Befehle finden Sie weiterhin in den Kontextmenüs. Wichtig ist nur, daß Sie am Ende der Aktionen den Befehl *Änderungen jetzt durchführen* wählen, weil sonst die neuen Einstellungen nicht direkt übernommen werden. Eventuell müssen Sie auch einmal neu booten.

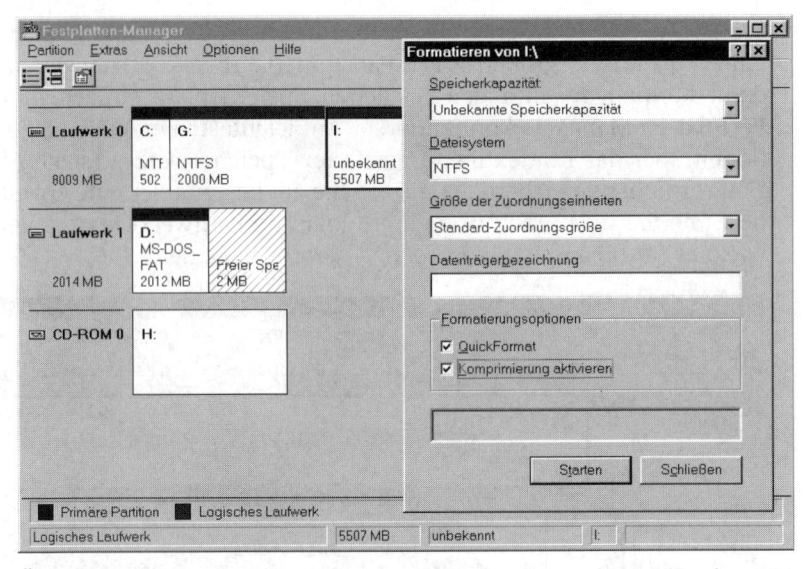

Die Festplatte – Mehr Speicher, Speed und Sicherheit

Über den Festplatten-Manager können Sie eine neue Partition mit FAT oder NFTS formatieren und gleichzeitig auch noch die NTFS-Komprimierung aktivieren

Festplatten mit PartitionMagic perfekt im Griff

Mit PartitionMagic hat die amerikanische Firma PowerQuest ein Programm zum Erstellen und Manipulieren von Partitionen eingeführt, das es vorher so nicht gegeben hat. Das Programm trägt seinen Namen zu Recht, denn im Vergleich z. B. zu fdisk & Co. kann es wirklich mit Festplatten und Partitionen regelrecht zaubern. Für einen Preis von ca. 150 DM sollte es eigentlich zum Standardrepertoire eines jeden PCs gehören. Wir möchten Ihnen die neue Version 4.0 kurz vorstellen, weil es alle Arbeiten rund um die Einstellung bzw. Konfiguration von Festplatten extrem erleichtert bzw. im Vergleich zu fdisk & Co. ganz neue Möglichkeiten bietet. Weitere Infos zu dem Programm finden Sie im Internet unter *www.powerquest.com*.

Was ist PartitionMagic, was kann man damit machen?

Aus PartitionMagic ist in der neuen Version 4.x eine ganze Sammlung an Tools geworden, mit denen Sie die Nutzung bzw. Konfiguration von Festplatten stark vereinfachen und erweitern können. Das eigentliche Kernprogramm, PartitionMagic, wird in der neuen Version jetzt sowohl als DOS- also auch als 32-Bit-Windows-Version ausgeliefert (früher gab's nur eine DOS-Version). Beide haben jedoch eine nahezu identische, Windows-konforme Oberfläche, Bedienung und Funktionsumfang sind auch gleich. Mit der Windows-Version können Sie nur keine Partitionen ändern, von denen Dateien gerade geladen wurden.

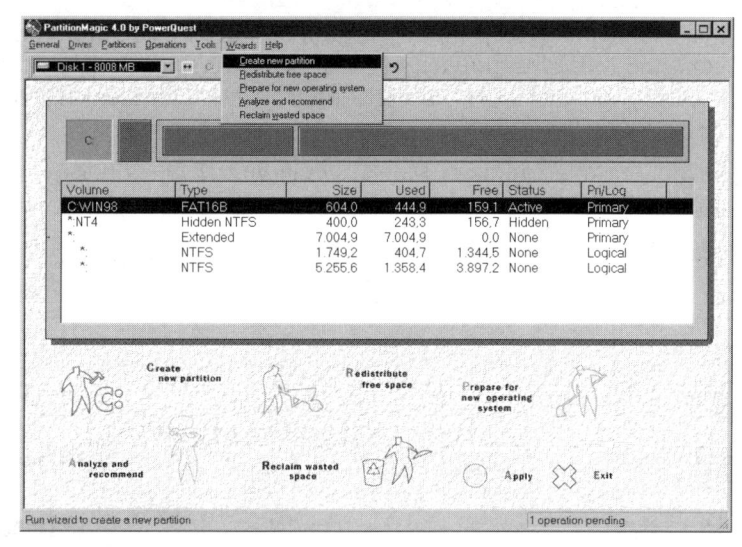

Die Festplatte – Mehr Speicher, Speed und Sicherheit

Die Partitionierung von Festplatten wird bei PartitionMagic grafisch angezeigt. Die wichtigsten Befehle sind über große Symbole oder Assistenten zugänglich

Die Besonderheiten von PartitionMagic

Die folgende Aufstellung gibt Ihnen einen Überblick über die wichtigsten Funktionen rund um Festplatten und Partitionen, die das Programm so interessant machen.

- Partitionen können nicht nur simpel angelegt und gelöscht, sondern auch vergrößert, verkleinert und verschoben werden. Und das ohne Datenverlust!

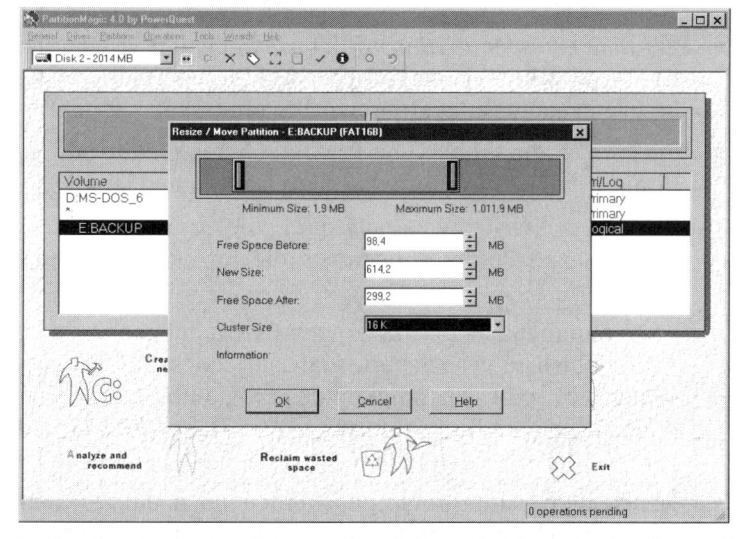

Vorhandene Partitionen können ohne Datenverlust in einem Arbeitsgang in der Größe und Lage auf der Festplatte manipuliert werden

421

Die Festplatte – Mehr Speicher, Speed und Sicherheit

- Man kann mehrere primäre Partitionen auf einer Platte einrichten und gezielt jeweils eine aktivieren, die anderen verstecken. Das ist die Grundlage, um mit mehreren Betriebs- und/oder Dateisystemen auf einem PC zu arbeiten.
- Es werden alle gängigen Dateisysteme von DOS, Windows, OS/2, Windows NT und sogar Linux unterstützt.

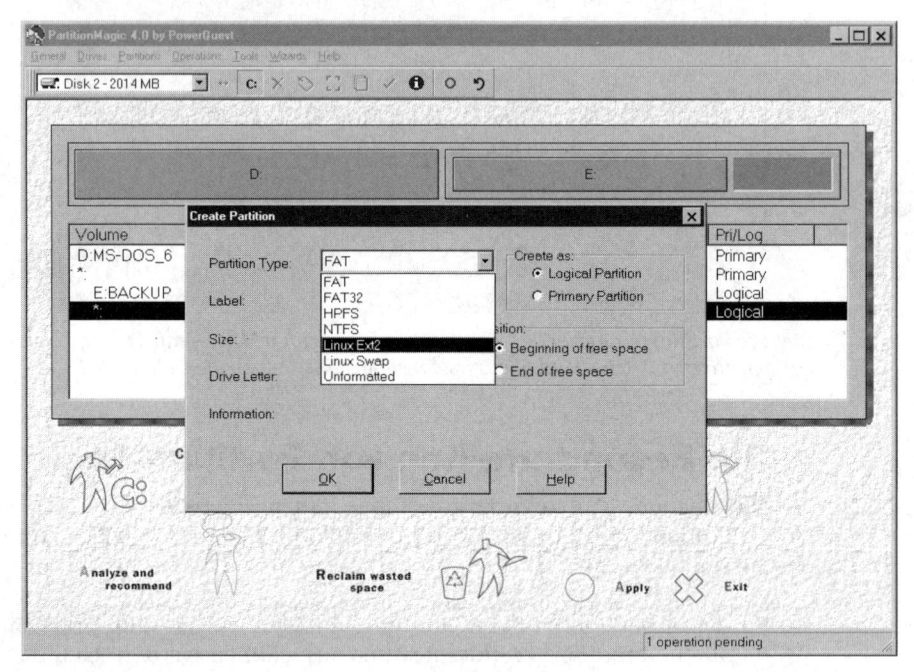

Neue Partitionen können direkt mit jedem gängigen Dateisystem erzeugt werden. Neue logische Laufwerke können in einem Arbeitsgang erstellt werden

- Sie können in den Grenzen des verwendeten Dateisystems die Cluster-Größe umwandeln und in diesem Rahmen auch von FAT nach FAT32 bzw. umgekehrt konvertieren. Alles ohne Datenverlust!
- Sie können die Inhalte von Partitionen kopieren, wodurch sich z. B. eine primäre in eine erweiterte Partition umwandeln läßt (bzw. umgekehrt).
- Vielfältige Assistenten analysieren die Konfiguration Ihrer Festplatten und schlagen Optimierungen vor, die auf Wunsch direkt ausgeführt werden.
- Vorgenommene Änderungen bzw. Einstellungen werden zuerst in einer Art Befehlsliste gespeichert, grafisch jedoch korrekt angezeigt. Erst auf Wunsch bzw. bei Beendigung des Programms werden dann alle Einstellungen in einem Rutsch durchgeführt. Das spart Zeit und Arbeit und erleichtert das Experimentieren mit verschiedenen Einstellungen.
- Neben dem Hauptprogramm werden noch einige interessante Zusatz-Tools mitgeliefert. Damit lassen sich z. B. fehlerhafte Verweise bei Programmen, die durch geänderte Laufwerkbuchstaben entstanden sind,

korrigieren. Oder aber komplett installierte Anwendungen auf andere Partitionen verschieben. Das vielleicht interessanteste Zusatzprogramm ist aber der neue Boot-Manager BootMagic. Damit kann man spielend leicht mehrere Betriebssysteme parallel auf einer Platte verwalten, indem man beim Booten zwischen diesen umschaltet.

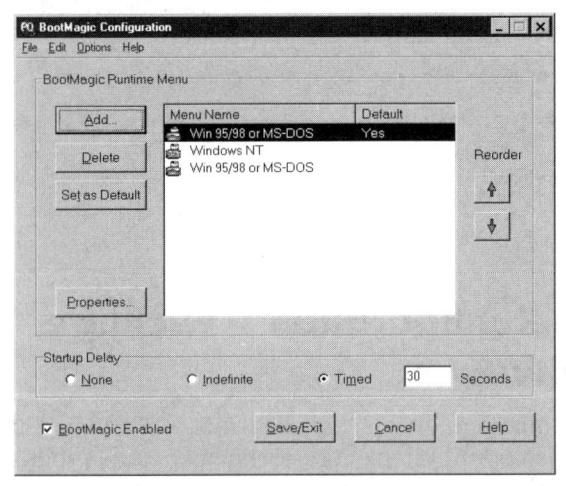

Der Boot-Manager BootMagic läßt sich komfortabel von Windows aus konfigurieren. Er startet per Hand oder automatisch das gewünschte Betriebssystem, indem er die dazugehörigen Partitionen aktiviert und andere versteckt

10.5 Der Einbau von SCSI-Festplatten

In diesem Unterkapitel finden Sie noch einmal in einer kurzen Übersicht die entscheidenden Punkte zusammengefaßt, in denen sich der Einbau einer SCSI-Festplatte von dem einer EIDE-Platte unterscheidet. Da bereits im vorherigen Hauptkapitel (siehe Seite 339) alle wichtigen Grundlagen zu SCSI im allgemeinen besprochen wurden, werden auch diese hier vorausgesetzt bzw. nur noch kurz in der Übersicht angeschnitten. Vom Prinzip her unterscheidet sich der Einbau von EIDE- und SCSI-Festplatten nur im Detail. Was bei EIDE die Master-Slave-Konfiguration, ist bei SCSI die Einstellung der SCSI-ID-Nummer und der Terminierung. Dafür entfällt die BIOS-Konfiguration, denn alle gängigen SCSI-Controller ermitteln die Daten einer SCSI-Festplatte selbst. Lediglich beim Überschreiten der 8 GByte Speichermenge muß man darauf achten, daß der Controller die Int13-Extension unterstützt (siehe Seite 374). Die nachfolgende Checkliste faßt die wesentlichen Punkte, die Sie beim Einbau einer SCSI-Festplatte beachten müssen bzw. brauchen, noch einmal zusammen. Anschließend finden Sie noch eine Schritt-für-Schritt-Anleitung, die Sie wiederum durch die wesentlichen Punkte führt. Dabei werden, wie gesagt, die in den vorherigen Kapiteln besprochenen Grundlagen über SCSI und den Festplatten-Einbau im allgemeinen vorausgesetzt.

Die Festplatte – Mehr Speicher, Speed und Sicherheit

Checkliste: Voraussetzungen für den Einbau einer SCSI-Platte
Sie brauchen neben der Platte einen SCSI-Controller mit BIOS, der denselben SCSI-Standard unterstützt.
Das Datenkabel muß von der Datenbreite und der Anzahl an Anschlüssen den Einbau der Platte zulassen. Bei Ultra-SCSI sind nur 1,5 m erlaubt.
Die Festplatte muß vor dem Einbau auf eine eigene SCSI-ID-Nummer konfiguriert werden.
Nur wenn die Festplatte am Ende der SCSI-Kette eingebaut wird, muß sie terminiert werden.
Sie müssen für ausreichend Kühlung bzw. Lüftung beim Einbau sorgen.
Eine BIOS-Konfiguration des SCSI-Controllers ist meist nicht notwendig, gelegentlich muß die Ultra-SCSI-Unterstützung aktiviert werden.
Die Partitionierung und Formatierung erfolgt bei SCSI wie bei EIDE.

Die SCSI-Konfiguration – Wichtige Vorbereitungen

Bevor Sie also mit dem Einbau Ihrer neuen SCSI-Platte beginnen, sollten Sie unbedingt erst eine Art Systemcheck vornehmen. Dabei sollten Sie ermitteln, wie Ihr SCSI-Bus bisher konfiguriert ist, welche SCSI-Nummern bereits vergeben sind, wie die Terminierung eingestellt ist und welche Freiräume damit für Ihre neue Festplatte bleiben. Im einzelnen sollten Sie folgende Punkte beachten:

- Sie sollten insbesondere vor dem Kauf Ihrer SCSI-Platte den genauen Typ Ihres Controllers (Fast-, Ultra- und/oder Wide-SCSI) kennen, damit die neue Platte dazu kompatibel ist. Wichtig ist v. a. auch, daß der Controller ein bootfähiges BIOS besitzt, damit Sie später von der SCSI-Platte booten können.

```
#401A0-0105

Award Plug and Play BIOS Extension v1.0A
Copyright (C) 1995, Award Software, Inc.

Initialize Plug and Play Cards...
Card-01: TerraTec Maestro 32/96
PNP Init Completed

Adaptec AHA-2940 BIOS v1.23
(c) 1996 Adaptec, Inc. All Rights Reserved.

◄◄◄ Press <Ctrl><A> for SCSISelect(TM) Utility! ►►►

   SCSI ID:LUN NUMBER #:# 0:0 - IBM      DORS-32160    - Drive D: (81h)
   SCSI ID:LUN NUMBER #:# 1:0 - IBM      DORS-32160    - Drive 82h
   SCSI ID:LUN NUMBER #:# 2:0 - PIONEER  CD-ROM DR-U10X
   SCSI ID:LUN NUMBER #:# 3:0 - PLEXTOR  CD-ROM PX-12TS
   SCSI ID:LUN NUMBER #:# 4:0 - HP       C2500A
   SCSI ID:LUN NUMBER #:# 5:0 - IOMEGA   ZIP 100

BIOS Installed Successfully!
```

Bootfähige SCSI-Controller mit eigenem BIOS geben normalerweise beim Booten immer eine genaue Meldung über die angeschlossenen Geräte aus

Die Festplatte – Mehr Speicher, Speed und Sicherheit

- Ermitteln Sie die bereits vergebenen SCSI-ID-Nummern in Ihrem System, damit es zu keiner „Kollision" mit der neuen Platte kommt. Sie können die vergebenen ID-Nummern auf verschiedene Arten ermitteln. Entweder (etwas umständlich) über die Jumper-Stellungen der angeschlossenen Geräte. Oder (leichter) über die Bootmeldung des SCSI-Controllers (siehe letzte Abbildung). Manche Hersteller liefern auch Softwareprogramme mit, die die ID-Nummern angeben. Ein solches Tool mit Namen SCSI Explorer ist im Programmpaket EZ-SCSI von Adaptec enthalten, das den Controllern der Firma oft beigelegt wird.

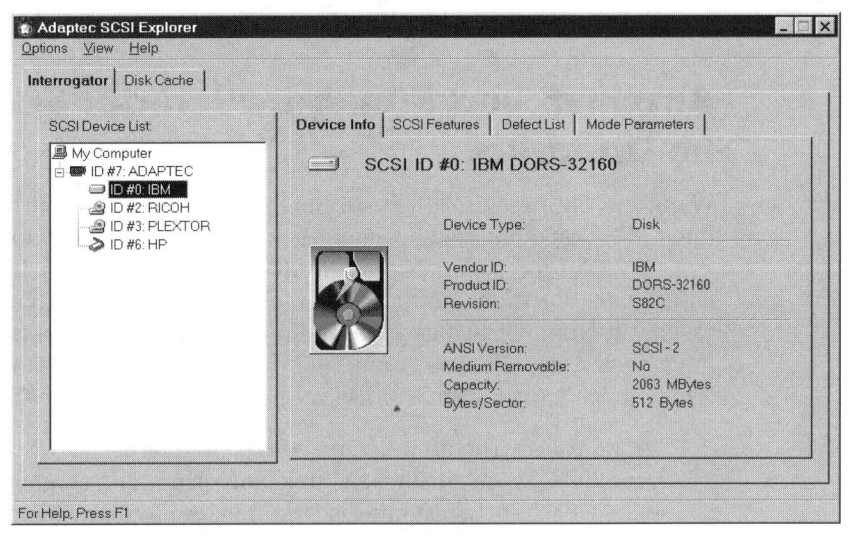

Mit dem SCSI Explorer von Adaptec können Sie die Konfiguration Ihres SCSI-Bus, wie z. B. die vergebenen SCSI-ID-Nummern, leicht überprüfen

- Überlegen Sie, welche möglichst optimale ID-Nummer die neue Platte bekommen kann (in Abhängigkeit von der Konfiguration des Gesamtsystems und den Fähigkeiten des Controllers). SCSI-IDs sind nicht alle gleich, sondern haben eine Rangreihenfolge. Wenn mehrere Geräte gleichzeitig aktiv sind, muß der SCSI-Controller wissen, wer zuerst an der Reihe ist. Und das sind immer die Geräte mit der höchsten Nummer. Darum hat der Controller auch i. d. R. die ID 7. Bei Wide-SCSI-Controllern sollte das sogar 15 sein, aber aus Gewohnheit behält man auch dort die 7 bei. Sie sollten, wenn möglich, Ihrer neuen Festplatte die nächstbeste Nummer, nämlich die 6 gönnen. Früher konnten viele Controller nur von der ID 0 oder 1 booten, daher werden Festplatten auch heute oft noch auf diese IDs konfiguriert. Aber die meisten aktuellen Controller können von einer beliebigen ID booten, die man im BIOS einstellt. Wenn Ihrer das auch kann, sollten Sie daher lieber auf die 6 setzen.

- Ermitteln Sie die aktuelle Terminierung Ihres SCSI-Bus und überlegen Sie, wie Ihre neue Festplatte sich darin integriert. Um die Terminierung zu bestimmen, suchen Sie die jeweils letzten Geräte an beiden Enden der Kette und überprüfen deren Einstellungen (evtl. mit Hilfe des Geräte-

Handbuchs). Lesen Sie sich auch genau die Aufkleber und Unterlagen zu Ihrer Festplatte durch, damit Sie wissen, wie diese (falls notwendig) terminiert werden müßte.

- Beachten Sie die maximale Länge sowie die Zahl der freien Anschlüsse auf dem SCSI-Kabel. Das SCSI-Flachbandkabel gibt es meist mit zwei oder sieben Anschlüssen. Die Länge ist meistens 1 bis 1,5 m. Bei der Verwendung von Ultra-SCSI dürfen Sie ab vier Geräten insgesamt (mit Kabeln für externe Geräte) nicht über 1,5 m kommen! Messen Sie also schon vor dem Einbau grob nach, ob Ihre neue Festplatte überhaupt auch problemlos eingebaut werden kann.

Anschluß und Konfiguration der SCSI-Platte im Überblick

Wenn Sie die beschriebenen Vorbereitungen durchgeführt haben und sich im SCSI-Hauptkapitel (siehe Seite 339) vielleicht noch mal über die Grundlagen von SCSI informiert haben, können Sie nun mit dem Einbau loslegen. Diese Anleitung dient wirklich nur noch mal zum Überblick, damit Sie sozusagen auf Nummer Sicher gehen können. Wenn Sie einzelne Punkte vertiefen wollen, lesen Sie, wie gesagt, in den oberen Abschnitten bzw. dem SCSI-Kapitel noch einmal nach. Und so geht der Einbau bzw. die Konfiguration:

1 Die Hardwarevorbereitungen: Packen Sie die Festplatte aus, achten Sie darauf, daß Sie nicht statisch aufgeladen sind, und sorgen Sie für die passenden flachen Befestigungsschrauben. Außerdem brauchen Sie natürlich die passenden Daten- und Stromkabel sowie einen freien Einbauschacht im geöffneten PC.

2 Wie im vorherigen Abschnitt beschrieben, sollten Sie die Konfiguration Ihres SCSI-Bus in bezug auf die vergebenen ID-Nummern und die Terminierung genau kennen. Bestimmen Sie so schon einmal die freie ID-Nummer für die neue Platte. Diese sollte eine möglichst hohe Nummer haben (z. B. ID 6), allerdings muß der Controller dann auch von dieser ID booten können.

3 Ermitteln Sie mit Hilfe der Aufkleber auf der Festplatte und/oder dem beiliegenden Datenblatt, wie und wo auf der Festplatte die SCSI-ID und Terminierung eingestellt wird. Normalerweise findet man eine Kontaktleiste für vier bis zwölf Jumper, die sowohl für die SCSI-ID-Festlegung, Terminierung wie auch einige weitere, normalerweise aber nicht wichtige SCSI-Einstellungen zuständig ist. Wichtig ist, daß Sie die korrekte Orientierung der Steckleiste beachten. Entweder ist die Orientierung auf dem Aufkleber/Datenblatt aufgedruckt oder aber an der Jumper-Leiste durch eine Nummer (zumeist steht eine „1" am Anfang) gekennzeichnet.

Die Festplatte – Mehr Speicher, Speed und Sicherheit

Aufkleber (rechts unten) und dazugehörige Jumper-Leiste (links oben) auf der Unterseite einer SCSI-Festplatte

4 Legen Sie die gewünschte, korrekte ID-Nummer und Terminierung auf der Platte durch Setzen der Jumper fest. Normalerweise handelt es sich dabei um die drei (Fast-SCSI) bzw. vier (Wide-SCSI) üblichen SCSI-Bits, deren Kombination die acht bzw. 16 möglichen ID-Nummern ergeben. Die untere Tabelle gibt noch einmal die wichtigsten Jumper-Kombinationen an, mit denen man die jeweiligen IDs einstellen kann.

Die Jumper auf der Kontaktleiste zur Konfiguration von ID-Nummer und Terminierung setzt man am leichtesten mit einer Pinzette

SCSI-ID	Position der Steckbrücken (Jumper) auf der Festplatte
ID 0	keine Brücke gesetzt
ID 1	Brücke 1 allein
ID 2	Brücke 2 allein
ID 3	Brücke 1+2 gleichzeitig

427

Die Festplatte – Mehr Speicher, Speed und Sicherheit

SCSI-ID	Position der Steckbrücken (Jumper) auf der Festplatte
ID 4	Brücke 3 allein
ID 5	Brücke 1+3 gleichzeitig
ID 6	Brücke 2+3 gleichzeitig
Für die Wide-IDs 8-15 kommt ein vierter Jumper hinzu. Ist er zusätzlich geschlossen, erhält man bei denselben oberen Kombinationen jeweils einen um 8 höheren Wert.	

5 Bauen Sie nun, wie für die EIDE-Festplatten beschrieben, die Platte in das Gehäuse ein und schließen Sie das Daten- und Stromkabel an. Gerade bei SCSI-Festplatten ist es wichtig, auf eine ausreichende Kühlung (Luftzirkulation) zu achten.

Achten Sie auch bei SCSI-Festplatten auf den korrekten Anschluß des Datenkabels. Dieses muß mit der farbigen Markierung zum Pin 1 zeigen (Richtung Stromkabel)

6 Die Softwarekonfiguration: Machen Sie einen ersten Bootversuch und achten Sie dabei besonders auf die korrekte Meldung des BIOS vom SCSI-Controller. Die neue Platte muß ohne Konflikte erkannt und gemeldet werden. Danach müssen Sie die Platte nur noch wie gewohnt (und beschrieben, siehe Seite 398) partitionieren und formatieren. Eine besondere BIOS-Konfiguration ist nicht notwendig. Auch für die meisten Betriebssysteme brauchen Sie keine speziellen Treiber, da die Festplatten-Unterstützung so gut wie immer in der Grundfunktionalität des Treibers für den SCSI-Controller enthalten ist.

7 Wenn Sie in Ihrem PC sowohl SCSI- als auch EIDE-Festplatten betreiben, ist die Bootreihenfolge ein Problem. Bei älteren Mainboards haben EIDE-Festplatten bei der Zuweisung von Laufwerkbuchstaben immer vor SCSI-Geräten den Vorrang. Seit einigen Jahren haben aber fast alle BIOS-Versionen eine Einstellung, mit der die Bootreihenfolge geregelt werden kann. Sie finden diese im Award-BIOS unter dem Hauptmenü *BIOS FEATURES SETUP* (siehe Seite 82). Wenn Sie die Einstellung wie in der Abbildung auf *SCSI* ändern, können Sie von der (oft schnelleren) SCSI-Festplatte booten.

```
Virus Warning             : Disabled
CPU Internal Cache        : Enabled
External Cache            : Enabled
Quick Power On Self Test  : Enabled
HDD Sequence SCSI/IDE First: SCSI
Boot Sequence             : A,C
Swap Floppy Drive         : Disabled
Boot Up Floppy Seek       : Disabled
Floppy Disk Access Control: R/W
Boot Up NumLock Status    : On
Boot Up System Speed      : High
```

Im BIOS-Setup-Programm der meisten neuen Mainboards kann die Bootreihenfolge beim Mischbetrieb von EIDE und SCSI zugunsten von SCSI umgestellt werden

10.6 Festplatten kopieren und sichern mit DriveCopy und Drive Image

Wenn Sie das System bzw. die Daten auf Ihrer alten Festplatte perfekt und einfach von der alten auf die neue Festplatte übertragen wollen, dann sollten Sie einen Blick auf zwei Spezialprogramme werfen: DriveCopy und Drive Image von der Firma PowerQuest, die auch PartitionMagic herstellt. Beide Programme kosten so um die 100 DM und erleichtern die systemunabhängige Datenübertragung zwischen Festplatten unter DOS. Beide laufen zwar unter DOS, haben aber eine Windows 95/98-konforme Bedienung und sind sehr einfach zu benutzen.

Drive Image – Festplatten kopieren, sichern und wiederherstellen

Drive Image 2.0 ist die optimale Ergänzung zu PartitionMagic. Da es die wichtigsten Grundfunktionen von PartitionMagic selbst auch beherrscht, kann man es sogar teilweise als Ersatz und damit fast universelles Werkzeug für die Manipulation und Pflege von Festplatten verwenden. Das Programm ist sehr nützlich und sollte eigentlich zu jedem PC gehören.

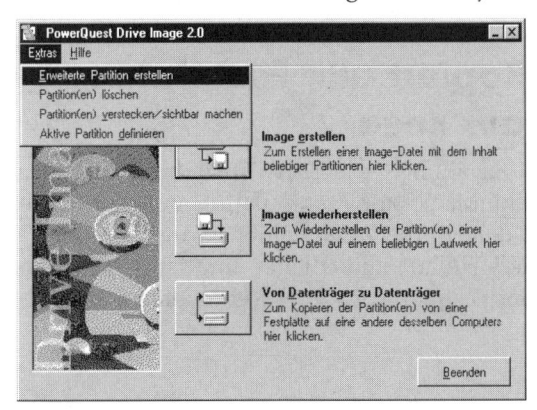

Drive Image bietet Ihnen alle wichtigen Funktionen zum Manipulieren von Partitionen im Hauptmenü übersichtlich an

Die Festplatte – Mehr Speicher, Speed und Sicherheit

Die Hauptfunktion des Programms ist aber das Erstellen von Image-Dateien, in die der komplette Inhalt einer oder mehrerer Partitionen kopiert wird. Aus diesen Image-Dateien kann man später die Partitionen mit allen Daten wiederherstellen. Es handelt sich also um eine Art Backup-Programm. Diese Funktionen ermöglichen natürlich auch direkt das Übertragen (Kopieren) von Partitionen einer Festplatte zur nächsten. Da Drive Image rein über Sektoren arbeitet, ist es völlig unabhängig vom verwendeten Dateisystem.

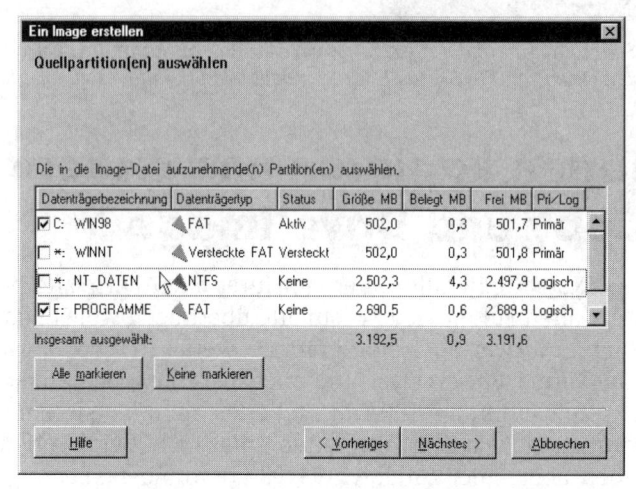

Drive Image kann Partitionen oder ganze Platten in eine Image-Datei sichern und an dieselbe oder andere Stellen zurückspielen. Die Bedienung ist dabei spielend einfach, die Oberfläche Windows-konform

Besonders wichtig bzw. interessant sind auch die Fähigkeiten von Drive Image, Image-Dateien nicht nur beim Sichern zu komprimieren, sondern auch durch Größenaufteilung auf mehrere Datenträger zu verteilen. Der erzielte Kompressionsgrad hängt natürlich von den Daten ab. Durch die Aufteilungsfunktion kann man die Images z. B. in 650 MByte große „Häppchen" verteilen, die jeweils auf einen CD-R-Rohling passen. So lassen sich selbst große Festplatten problemlos unter DOS sichern und wiederherstellen.

DriveCopy – Kopiert alte Festplatten automatisch auf neue

Auch DriveCopy besitzt, ähnlich wie Drive Image, die wichtigsten Grundfunktionen von PartitionMagic zur Manipulation von Partitionen. Es dient ansonsten aber allein dem Kopieren einzelner Partitionen oder ganzer Festplatten. Es ist besonders einfach zu bedienen und läuft komplett unter DOS, wo es von Diskette oder Festplatte gestartet werden kann.

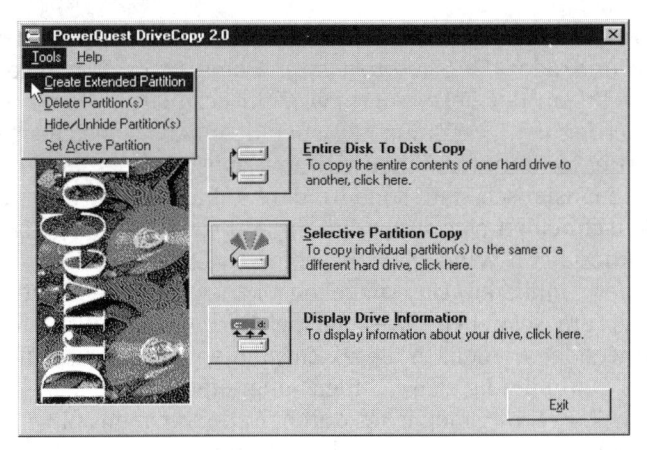

Die Festplatte – Mehr Speicher, Speed und Sicherheit

Seit der neuen Version 2.0 ist auch die Bedienung von DriveCopy wie das der anderen PowerQuest-Programme Windows-konform

Die neue Version 2.0 von DriveCopy bietet jetzt auch die Möglichkeit, Quell- und Ziellaufwerk beliebig auszuwählen. Zusätzlich lassen sich jetzt auch ganz gezielt nur einzelne Partitionen kopieren. Haben Quell- und Ziellaufwerk dabei unterschiedliche Größen, können die Partitionen manuell oder automatisch beim Kopieren angepaßt werden.

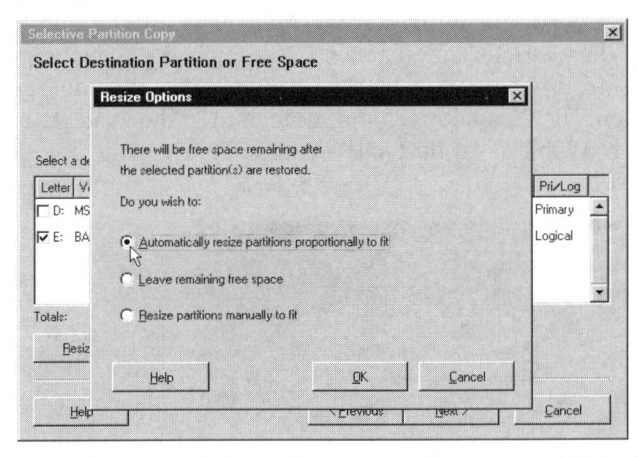

Durch die automatische Größenanpassung kann man mit DriveCopy das System einer alten, kleinen Festplatte in einem Rutsch auf eine neue, große übertragen

10.7 Festplatten-Betrieb optimal – Tuning-Tricks unter Windows

Nach dem erfolgreichen Einbau der neuen Festplatte liegt die alltägliche Arbeit unter Windows vor Ihnen, die im allgemeinen ja auch völlig problemlos läuft. Die Zeiten, in denen man sich über Festplatten und deren Nutzung noch Gedanken machen mußte, sind zum Glück vorbei. Es gibt jedoch einige

Die Festplatte – Mehr Speicher, Speed und Sicherheit

Tips und Tricks, die ein Quentchen mehr Geschwindigkeit aus dem System herausholen und/oder die Sicherheit Ihrer Daten verbessern. Diese hängen entweder direkt mit der Festplatte bzw. dem Festplatten-Controller zusammen oder aber mit der Interaktion zwischen dem Arbeitsspeicher (RAM) und Ihrer Festplatte. Denn unter Windows findet zwischen den beiden nicht nur ein reger Datenaustausch statt, sondern die Funktionen der beiden Speichersysteme überschneiden sich unter Windows sogar. Mit Hilfe der virtuellen Speicherfunktion kann Windows z. B. fehlenden Arbeitsspeicher durch Festplattenspeicher simulieren. Und umgekehrt kann ein ausreichend großer Arbeitsspeicher zum schnellen Zwischenspeichern häufig genutzter Festplattendaten verwendet werden. In dieses Zusammenspiel kann man an einigen Punkten mit Optimierungsmaßnahmen eingreifen. Denn in seinen Bemühungen, dem Anwender möglichst durch Automatismen alle Arbeit abzunehmen, trifft Windows nicht immer das Optimum.

Die Auslagerungsdatei optimieren

Windows ist in der Lage, fehlenden Arbeits- durch Festplattenspeicher zu simulieren bzw. zu ergänzen. Dazu wird eine sogenannte Auslagerungsdatei auf die Festplatte geschrieben, die aber nur verwendet wird, wenn der Arbeitsspeicher knapp wird (z. B. wenn mehrere Programme geladen werden). Standardmäßig verwaltet Windows das Anlegen, Löschen und die Größenveränderung dieser Datei automatisch. Und auch die Speicherposition. Sie erzielen bessere Ergebnisse, wenn Sie die Parameter der Auslagerungsdatei selbst festlegen. Die Einstellungen nimmt man über die Systemsteuerung von Windows vor. Wählen Sie dort das Symbol *System* und das Register *Leistungsmerkmale*.

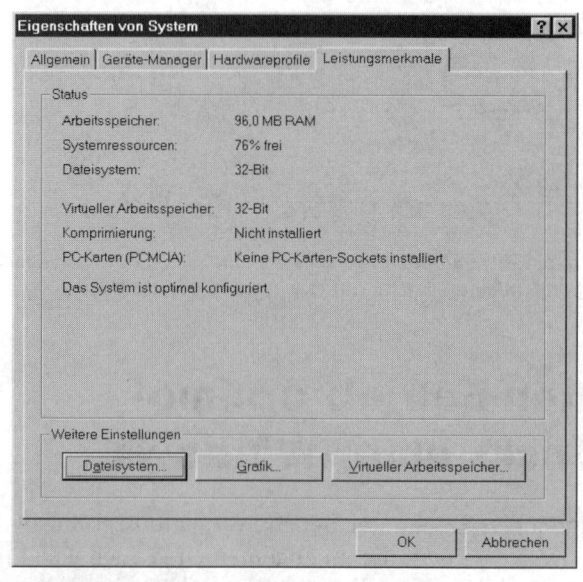

Über dieses Dialogfenster gelangen Sie zur Konfigurationseinstellung der Auslagerungsdatei und des Festplattencaches

Die Festplatte – Mehr Speicher, Speed und Sicherheit

Über die Schaltfläche *Virtueller Arbeitsspeicher* haben Sie nun Zugriff auf die Einstellungen der Auslagerungsdatei. Wenn Sie zwei Festplatten in Ihrem System eingebaut haben, sollten Sie die Auslagerungsdatei mit einer festen Minimum- und Maximumgröße auf der zweiten Platte erstellen lassen, die nicht dem System-Laufwerk von Windows entspricht. Dadurch kann Windows gleichzeitig auf seine Dateien und die Auslagerungsdatei zugreifen. Eine feste minimale Größe von z. B. 60 MByte bewirkt, daß Windows die Datei nicht immer wieder neu bei jedem Start anlegen muß. Eine maximale Größe braucht man nicht unbedingt anzulegen, wenn, muß sie aber mindestens 1 MByte unter dem angegebenen freien Speicherplatz sein, sonst verwirft Windows die Einstellungen wieder.

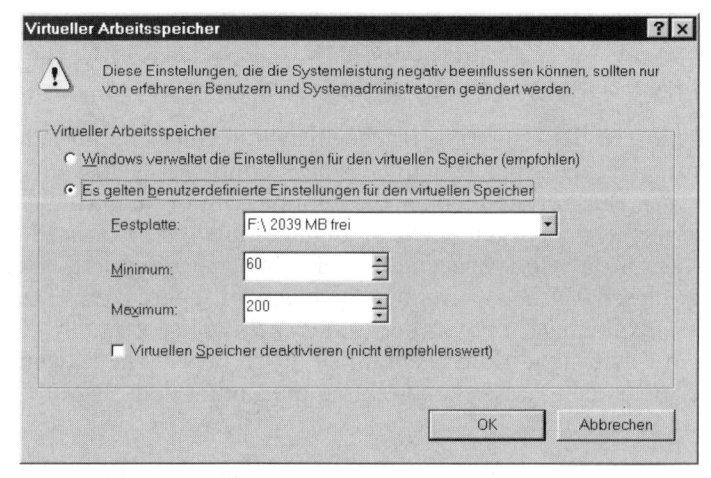

Bei zwei Festplatten im System ist das eine erprobt positive Konfiguration für die Auslagerungsdatei

Tuning des Datenträgercache

Wie eine Art umgekehrtes Gegenstück zur Auslagerungsdatei kann man den Datenträgercache verstehen. Hier wird Arbeitsspeicher verwendet, um häufig genutzte Dateien zwischenzuspeichern und schneller aufzurufen. Auch hier übernimmt Windows normalerweise die Verwaltung, die leider manchmal etwas zuviel Arbeitsspeicher für den Cache reserviert. Versuchen Sie einmal, Ihr System mit folgenden Einstellungen zu optimieren:

Sie müssen wieder das Dialogfenster *Eigenschaften von System* aktivieren. Wenn Sie dort auf die Schaltfläche *Dateisystem* klicken, gelangen Sie in das hier gezeigte Dialogfenster. Im ersten der fünf Register (*Festplatte*) können Sie im Listenfeld *Standardnutzung dieses Computers* die Einstellung *Netzwerkserver* auswählen, wenn Ihr Rechner mindestens 32 MByte RAM hat (was heute eigentlich Standard sein sollte). Dadurch wird ein kleiner, aber wichtiger Speicherteil vergrößert, der Datei- und Verzeichnisnamen zwischenspeichert.

433

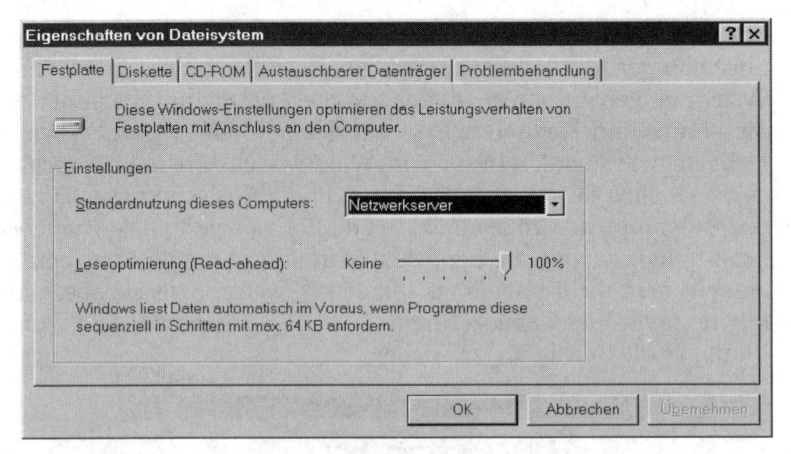

Die Festplatte – Mehr Speicher, Speed und Sicherheit

Die Einstellungen für den Datenträgercache von Windows

Der zweite Teil der Datenträgercacheeinstellungen erfolgt über die Textdatei *System.ini* im Hauptverzeichnis von Windows selbst (*C:\Windows\ System.ini*). Nur dort können Sie die minimale und v. a. maximale Größe des Arbeitsspeichers festlegen, der für den kompletten Datenträgercache verwendet wird. Da Windows sich oft zuviel Speicher reserviert, ist es meistens günstig, diesen auf ein Viertel des Speichers zu begrenzen. Dazu dient der Eintrag *maxfilecache=xxxx* in der *System.ini*; wobei *xxxx* für die Speichermenge in KByte steht. Die *System.ini* ist durch Begriffe in eckigen Klammern in Bereiche eingeteilt. Der neue Eintrag muß unter dem Begriff *[vcache]* eingetragen werden.

1. Rufen Sie das *Start*-Menü von Windows auf, dann den Unterpunkt *Ausführen*. In der Eingabezeile geben Sie den Befehl „system.ini" ein. Sollte nichts passieren oder eine Fehlermeldung erscheinen, versuchen Sie *notepad system.ini* oder *wordpad system.ini*, damit die Textdatei in Note-Pad oder WordPad zur Bearbeitung geladen wird.

2. Blättern Sie in der Datei nach unten, bis Sie den Abschnitt *[vcache]* finden. Tragen Sie direkt darunter den Befehl „maxfilecache=8192" ein, wenn Sie 32 MByte RAM haben. Bei 64 MByte verwenden Sie *16384* usw. Jeweils ein Viertel Ihres Arbeitsspeichers. Das reicht zum normalen Arbeiten bei weitem aus, gibt aber den restlichen Arbeitsspeicher leichter für die Anwendungen frei.

Mehr Sicherheit mit ScanDisk und Defrag

Ihre Festplatten bzw. die Daten darauf müssen auch regelmäßig überprüft, gepflegt und bei Fehlern auch schon mal korrigiert werden. Dazu dienen v. a. die Programme ScanDisk und Defrag, die im selben Teil des *Start*-Menüs zu finden sind wie der eben beschriebene Systemmonitor. ScanDisk überprüft Ihr Dateisystem auf Fehler. Es kommt in einer Windows- und in einer DOS-Variante vor, die letztere wird seit Windows 95b (OSR2) automatisch geladen, wenn Windows mal abgestürzt ist oder nicht richtig starten konnte. Sie sollten die Windows-Variante aber auch immer dann per Hand aufrufen, wenn es zu möglichen Fehlern auf der Platte gekommen ist, es Probleme mit dem Lesen oder Schreiben gibt oder nach einem Absturz die DOS-Version doch nicht automatisch ausgeführt wurde. Das Programm ScanDisk selbst dürfte den meisten Windows-Anwendern ohnehin bekannt sein. Was Ihnen vielleicht aber bisher nicht bewußt war, ist, daß Sie ScanDisk über die Schaltfläche *Erweitert* noch im Detail konfigurieren können. Die Abbildung zeigt die verschiedenen Optionseinstellungen, wobei wir die unserer Meinung nach optimalen Einstellungen schon vorgenommen haben. Es liegt letztendlich an Ihnen, ob Sie unsere Vorschläge übernehmen, oder selbst mal mit ein paar verschiedenen Einstellungen experimentieren wollen.

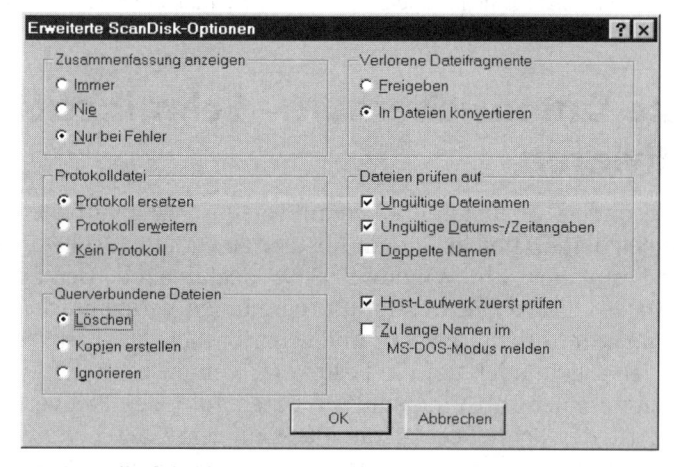

Die Einstellmöglichkeiten von ScanDisk

Tips zu Defrag, dem Festplatten-Optimierer

Ähnlich wie ScanDisk gehört auch Defrag zur alten Garde der Festplatten-Tools von Windows. Das Programm ordnet Dateien und Verzeichnisse auf der Festplatte neu, und zwar, indem es zusammengehörende Daten (bzw. Dateien) auch in hintereinanderliegende Cluster speichert. Es behebt damit ein Problem des FAT-Dateisystems, das Dateien eben fragmentiert auf der Festplatte in verstreut liegenden Clustern abspeichert. Beim späteren Einlesen solcher fragmentierter Dateien kommt es verständlicherweise zu unnötigen Verzögerungen, weil die Festplatte zuviel hin und her springen muß.

Ähnlich wie bei ScanDisk sind die Grundfunktionen von Defrag einfach und problemlos zu bedienen. Es gibt auch kaum Optionseinstellungen. Lediglich bei Windows 98 ist eine interessante Zusatzfunktion hinzugekommen. In den erweiterten Einstellmöglichkeiten des Programms können Sie nun den Befehl *Programme neu anordnen, um diese schneller zu starten* wählen. Dies bewirkt, daß Defrag die am häufigsten verwendeten Programmdateien an den schnellen Anfang der Festplatte verschiebt. Allerdings dauert diese Prozedur recht lange, weshalb Sie das über Nacht ablaufen lassen sollten.

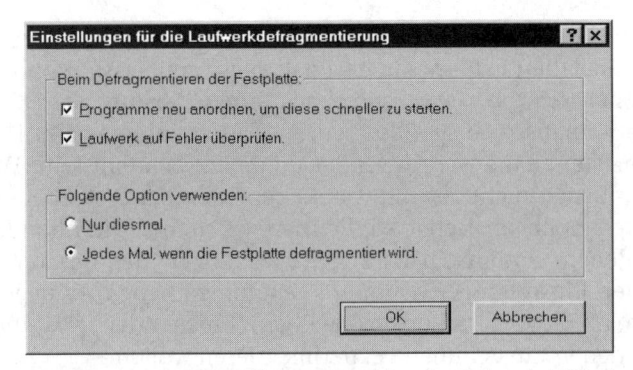

Mit diesen neuen Einstellungen beschleunigt Defrag bei Windows 98 das Starten von Anwendungsprogrammen

Erhöhte Datensicherheit – Schreibcache deaktivieren

Wer mit besonders wichtigen Dateien auf seinem System arbeitet und Angst hat, ungespeicherte Daten bei einem Absturz zu verlieren, sollte den Schreibcache für Festplatten von Windows 95/98 deaktivieren. Der Schreibcache sammelt Daten, die von Anwendungsprogrammen vermeintlich gespeichert wurden, zuerst im Arbeitsspeicher und schreibt diese dann etwas zeitverzögert, dafür aber gebündelt auf die Festplatte. Kommt es in dieser Zwischenspeicherzeit zu einem Absturz, sind die Daten auf jeden Fall verloren. Standardmäßig ist der Schreibcache für alle Laufwerke aktiviert, was die Geschwindigkeit beim Speichern etwas erhöht. Wenn Sie auf Nummer Sicher gehen wollen, dann deaktivieren Sie die Funktion in der Systemsteuerng. Wählen Sie hierzu das Symbol *System* und dort das Register *Leistungsmerkmale* (wurde zu Beginn dieses Kapitels schon gezeigt). Über die Schaltfläche *Eigenschaften* kommen Sie zu dem hier gezeigten Dialogfenster, in dem Sie die letzte Option *Verzögertes Schreiben für alle Laufwerke deaktivieren* anwählen müssen.

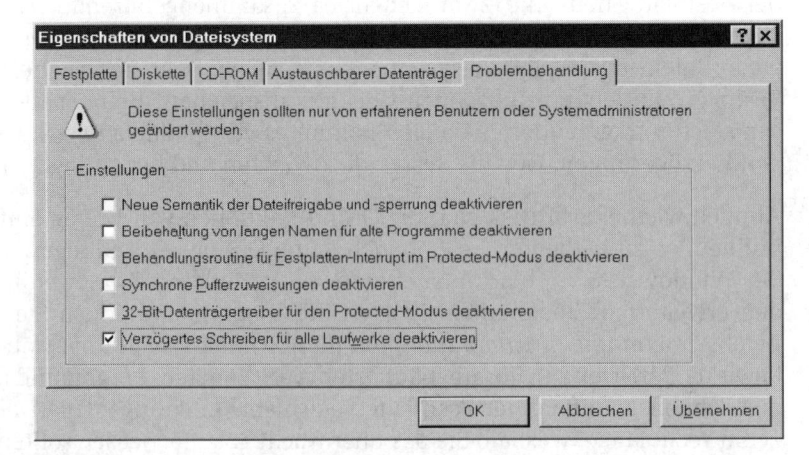

Die Festplatte im Geräte-Manager konfigurieren

Im Geräte-Manager von Windows 95/98 verbergen sich wichtige Funktionen für die optimale Konfiguration von Festplatten.

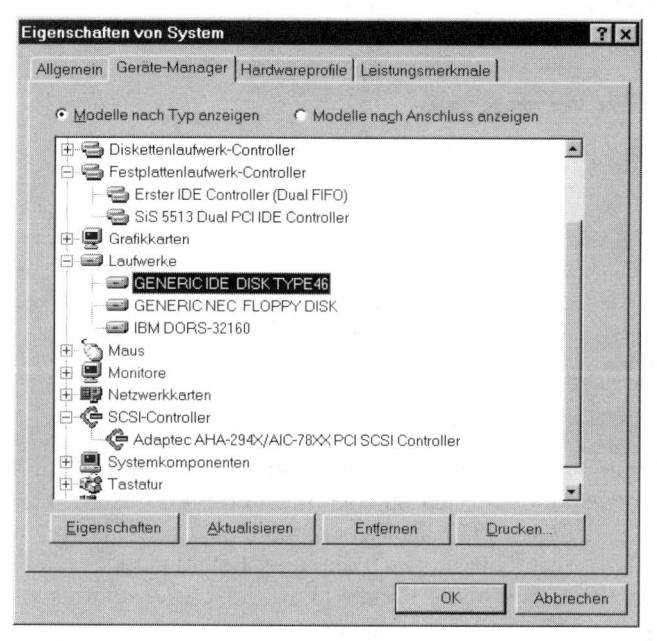

Die für Festplatten relevanten Einträge verbergen sich hinter den Ästen Festplattenlaufwerk-Controller, Laufwerke und SCSI-Controller

Interessant ist z. B. die Möglichkeit, die Anzahl der verwendeten IDE-Controller über die Eigenschaften des jeweiligen Eintrags zu bestimmen. Wenn Sie den Laufwerk-Controller auswählen und auf die Schaltfläche *Eigenschaften* klicken, bekommen Sie das hier gezeigte Dialogfenster zu sehen. Im zweiten Register *Einstellungen* können Sie im Listenfeld *Dual-IDE-Kanaleinstellungen* wählen, welcher der beiden IDE-Kanäle überhaupt aktiv ist.

Nicht verwendete Kanäle sollten deaktiviert werden, um die ansonsten reservierten Interrupts freizubekommen. Gerade Nutzer von SCSI-Systemen sollten hier beide Kanäle ausschalten.

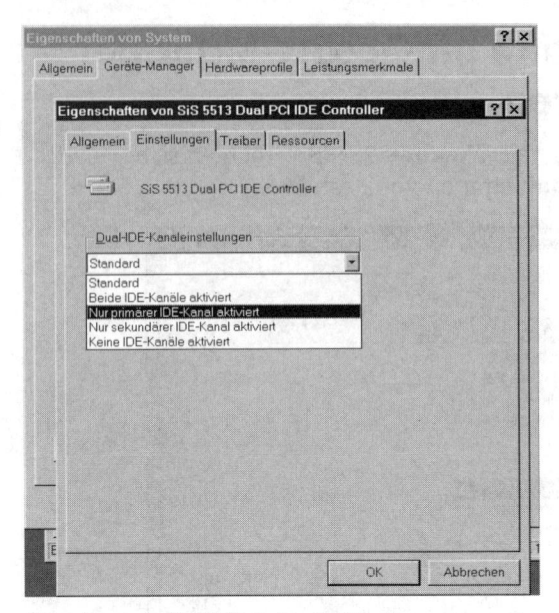

Einstellung der EIDE-Ports im Geräte-Manager

Die Einstellungen im abgebildeten Dialogfenster sollten allerdings eng mit den dazu korrespondierenden Einstellungen im BIOS des PCs korrelieren. Im *CHIPSET FEATURES SETUP* des BIOS können Sie ebenfalls die nicht verwendeten IDE-Ports deaktivieren. Dazu dient der Befehl *Onboard PCI IDE Enable*. Steht er auf *Both*, sind beide Kanäle aktiv. Ansonsten gibt es noch die Einstellungen *Primary*, *Secundary* und *None*.

Einstellung der EIDE-Ports im BIOS

Busmaster- bzw. DMA-Betrieb bei EIDE-Festplatten

Wer eine EIDE-Festplatte benutzt, sollte daran denken, daß diese zumeist in verschiedenen Übertragungsmodi arbeiten können. Dabei unterscheidet man die veralteten PIO- und die neuen DMA-Modi. Im DMA-Modus (**D**irect **M**emory **A**ccess), auch Busmaster-Betrieb genannt, wird die Festplatte nicht direkt schneller, sondern die Belastung des Prozessors sinkt beim Übertragen der Daten von der Festplatte in den Arbeitsspeicher. Der EIDE-Controller kann normalerweise diese Daten durch die Busmastering-Funktion des PCI-Bus selbsttätig, also ohne Kontrolle des Prozessors in den Arbeitsspeicher schreiben. Wird der Controller bzw. die Platte aber im herkömmlichen PIO-

Die Festplatte – Mehr Speicher, Speed und Sicherheit

Mode betrieben, übernimmt der Prozessor die Steuerung dieser Übertragung, was ihn natürlich für andere Aufgaben ausbremst. Alle modernen Festplatten und Controller unterstützen mittlerweile die DMA-Funktion, lediglich einige ältere EIDE-Platten kennen nur einen der fünf PIO-Modi (0-4). Was nur fehlt, ist ein Treiber im Betriebssystem, der den DMA-Modus auch aktiviert. Standardmäßig arbeiten Windows 95 und 98 aus Kompatibilitätsgründen mit dem langsamen PIO-Mode 2, was die Platte schon ausbremsen kann. Windows NT sogar nur im PIO-Mode 1. Seit Windows 95b und dann auch bei Windows 98 wurde aber eine DMA-Unterstützung direkt mit in den Windows-Standard-Treiber für die Festplatten eingebaut. Als Alternative kann man auch den Busmaster-Treiber des Mainboard-Herstellers einbinden, der bei fast allen Mainboards auf Diskette oder CD mitgeliefert wird.

Die DMA-Funktion des Windows-Standard-Treibers wird im Geräte-Manager aktiviert. Sie müssen hier nur die gewünschte EIDE-Festplatte auswählen und über die Schaltfläche *Eigenschaften* das hier gezeigte Dialogfenster aufrufen. Dort finden Sie rechts in der Mitte den Befehl *DMA*, den Sie aktivieren müssen. Beachten Sie jedoch, daß dies mit älteren Laufwerken oder auch einigen Nicht-Intel-Chipsätzen Probleme verursachen kann. Dann sollten Sie die Option wieder deaktivieren. Bei Mainboards mit Nicht-Intel-Chipsätzen (SIS, ALI etc.) kann es auch sein, daß der Windows-Standard-Treiber den DMA-Modus nicht aktiviert. In dem Fall ist es ratsam, den mitgelieferten Busmaster-Treiber des Mainboard-Herstellers einzubinden. Achten Sie aber darauf, daß dieser auch für Windows 98 speziell zugelassen wurde. Ähnliches gilt für Windows NT, wo der Busmaster-Treiber auf jeden Fall eingebunden werden sollte. Jedem Treiber liegt eine Beschreibung zur Installation bzw. ein Setup-Programm bei.

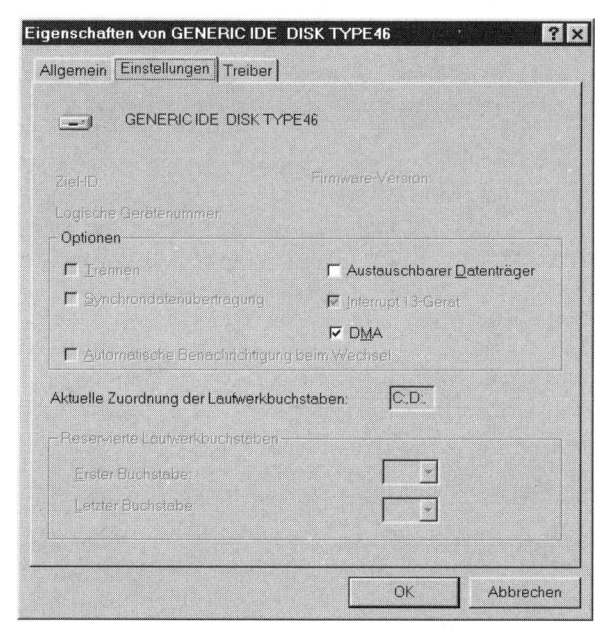

Übrigens: Der Busmaster-Treiber macht auch schon mal Ärger. Am besten, Sie erstellen sich vorher ein komplettes Backup Ihres Systems, bevor Sie einen Busmaster-Treiber installieren. Danach kann das ganze System instabil sein. Beim Update von Windows 95 auf Windows 98 sollte ein alter Busmaster-Treiber auf jeden Fall vor dem Update deinstalliert werden, sonst läuft Windows 98 instabil. Benutzen Sie bei Problemen Ihr Backup zur Wiederherstellung.

11. CD-ROM-Laufwerk, CD-Brenner und DVD – Vom Installieren bis zum Optimieren

Die CD hat einen unglaublichen Boom in den letzten Jahren erlebt und ist heute vom PC nicht mehr wegzudenken. Ein Großteil der neuen Softwarepakete wird nur noch auf CD-ROM ausgeliefert. Und seitdem der Anwender für deutlich unter 1.000 DM CD-Brenner kaufen kann, ist der langgehegte Traum von der eigenen Audio- oder Foto-CD Wirklichkeit geworden. Zur Zeit jagt eine neue Technik und Entwicklung beim CD-Standard die nächste. Die wiederbeschreibbare CD-RW beispielsweise ist verhältnismäßig neu und wird der CD helfen, den Sprung ins DVD-Zeitalter zu schaffen. Im Zusammenhang mit CDs wird meist zuerst die Rotationsgeschwindigkeit der Laufwerke genannt, wobei der Faktor (32fach, 36fach, 40fach, ja sogar 50fach) die Geschwindigkeit relativ zu den allerersten CD-ROM-Laufwerken angibt. Und die CD-RW-Brenner waren kaum eingeführt, da tauchte schon die neue Generation namens DVD auf. Schwierig, da den Überblick zu bewahren und noch zu wissen, was eigentlich nützlich und vor allem sinnvoll ist und was nicht. Wer sein CD-ROM-Laufwerk nur zum Software Installieren benutzt, dem können neue Standards und wahnwitzige Geschwindigkeiten egal sein. Aber wer Multimedia-CDs, Datenbanken und sogar Anwendungssoftware direkt von der CD aus betreiben will, dem kann es normalerweise nicht schnell genug gehen. Zum Glück hat das CD-ROM-Laufwerk noch ein großes Tuning-Potential. Die nachfolgende Tip-Sammlung ist daher für alle nützlich, denen es mal wieder nicht schnell genug gehen kann. Aber natürlich geht's hier nicht nur um die teilweise wirklich blödsinnige Angelegenheit mit der Rotationsgeschwindigkeit, sondern auch um alle anderen Aspekte eines optimalen CD-ROM-Laufwerks.

11.1 Der CD-Ratgeber – Was man beim Kauf und Einbau wissen muß

Sie haben kein CD-ROM-Laufwerk? Oder wollen ein neues, schnelleres? Der Markt ist voll davon, aber die richtigen Sachen herauszupicken kann schon in eine echte Sucherei ausarten. Es hängt unter anderem wesentlich davon ab, was für Ziele Sie damit verfolgen. Soll es für Multimedia-CDs mit vielen

Videos dienen? Oder zur Datenbank-Abfrage? Oder doch nur zur einfachen Programminstallation und als Audio-CD-Player? Moderne CD-ROM-Laufwerke strotzen mittlerweile nur so vor Funktionen, da muß man aufpassen, welche wirklich wichtig sind und wo Unterschiede bei den Geräten vorliegen. Dieses Kapitel wird Ihnen den entsprechenden Durchblick verschaffen.

Immer schneller – Der Rotationswahn bei CD-ROMs

Die Hersteller überbieten sich andauernd mit weiteren Beschleunigungen. So richtig sinnvoll und spürbar ist das oft leider nicht mehr, dafür oft aber laut. Die neuen Laufwerke drehen 40-50fach (!!) schneller als die erste Generation, die dabei produzierten Geräusche können schon wirklich beängstigend sein.

Und damit ist auch schon das Hauptdilemma der hochdrehenden CD-ROM-Laufwerke da: Vibrationen durch nicht perfekt runde CD-ROMs. Und von denen gibt es jede Menge. Was bei alten CD-ROM-Laufwerken niemandem auffällt, macht sich jetzt deutlich bemerkbar. Kleinste Unwuchten auf CDs schlagen sofort in Form von starken Vibrationen zu Buche, die nicht nur störend sind, sondern auch auf Kosten der Lesegenauigkeit sowie Laufwerkstabilität gehen.

Bei 32- oder 40fach-Geräten kann das sogar extrem kritisch werden. Daß Ihnen dabei (wie es uns einmal passiert ist!) eine CD regelrecht um die Ohren fliegt und Bruchstücke später in der Rigips-Wand stecken (wirklich kein Witz!), mag ja noch wirklich die Ausnahme sein, aber ohne entscheidende Maßnahmen zum Vibrationsschutz sind solche Geräte nahezu wertlos. Am besten, Sie schnappen sich eine der zahlreichen Wegwerf-CDs und testen das neue Gerät damit einfach, falls der Händler das mitmacht.

Ansonsten sollten Sie sich darüber im klaren sein, daß die erhöhte Rotationsgeschwindigkeit nur für wenige Anwendungszwecke deutliche Vorteile bringt. Gleichzeitig sollten Sie auch darauf achten, daß die verwendete Schnittstelle (ATAPI oder SCSI) durchaus bei Datenraten über 3 MByte/s ein Faktor ist, der berücksichtigt werden will. Ein ATAPI-CD-ROM-Laufwerk im gleichzeitigen Betrieb mit einer Festplatte kann bei EIDE dann schon mal zum Flaschenhals werden. Und wenn das BIOS nicht mitspielt, läuft so manches ATAPI-CD-ROM-Laufwerk unter bestimmten Bedingungen auch nicht mit voller Leistung.

Dazu kommt noch, daß die erhöhte Rotationsgeschwindigkeit Probleme bei der Fehlerkorrektur verursacht. Die Geräte kommen bei hohen Geschwindigkeiten viel schneller aus dem Tritt, und wenn dann mal ein Fehler auftritt, muß direkt abgebremst und runtergefahren werden.

> **Hinweis**
>
> **CLV oder CAV – Was ist was?**
>
> Noch aus den Zeiten der Audio-CDs stammt die Auflage, daß sich eine CD immer so zu drehen hat, daß eine konstante Datentransferrate erreicht wird. Da außen aber mehr Daten als innen liegen (durch den größeren Umfang), muß die Drehzahl einer CD-ROM über die Längsachse variiert werden, damit der Datenstrom stehts gleichbleibt. Dieses alte CLV-Verfahren (**C**onstant **L**inear **V**elocity) wurde auch bei allen CD-ROMs verwendet. Einige Hersteller kamen auf die Idee, Daten-CD-ROMs wie Festplatten mit konstanter Drehzahl zu betreiben, was allerdings je nach Position andere Datenraten erzeugt. Die gleichbleibende Drehzahl beschleunigt aber den Zugriff. Das neue Verfahren heißt CAV (**C**onstant **A**ngular **V**elocity) und wird neuerdings von fast allen Herstellern eingesetzt. Meist wird jedoch ein Gemisch aus CLV und CAV verwendet, um je nach Anwendung und Spur die optimale Leistung herauszukitzeln. CAV verbessert also den Zugriff und den schnellen Sprung zwischen verschiedenen Positionen. Damit ist es optimal für die schnelle Suche nach Daten. Beim Einlesen von Multimedia-Dateien (z. B. Videos) kommt es aber wieder auf eine konstante Transferrate an, da wirkt reines CAV störend.

Wichtige Unterschiede bei CD-ROM-Laufwerken

Feature-Protzerei dominiert die Werbung bei CD-ROM-Laufwerken. Ein Standard und eine Erweiterung jagt die andere. Wenn dann noch die ganzen Spezifikationen der sogenannten Industriestandards dazu kommen, wird es ganz schön kompliziert.

Dabei ist die Unterstützung der verschiedenen Standards bei aktuellen Geräten eigentlich mittlerweile Pflicht. Interessanter sind da schon neuere und in der Praxis sinnvollere Features, wie z. B. ein digitaler Ausgang oder die Unterstützung der neuen CD-RW-Medien. Hier haben Sie eine Zusammenstellung der wichtigsten Punkte, auf die Sie bei der Auswahl eines neuen Geräts achten sollten:

- Es kommt eigentlich kaum noch vor, daß CD-ROM-Laufwerke nicht die ganze Latte der **CD-ROM-Formate** unterstützen. Dennoch kann es nicht schaden, dies anhand des Handbuchs zu überprüfen. Die Grundlage aller CD-ROM-Formate ist das sogenannte Red Book, das bereits 1982 von den Erfindern der Audio-CD, Sony und Philips, definiert wurde. Hierin wird festgelegt, wie die Dateien auf der CD abgelegt werden sollen. Diese Nomenklatur wurde mit dem Yellow Book fortgesetzt, anschließend kam noch das Green Book für das von Philips erdachte CDi-Format hinzu. Die aktuellste Ergänzung ist das Orange Book mit den Festlegungen für CD-Rs, CD-RW und die Foto-CD. Es ist damit allerdings nur den CD-Brennern vorbehalten.

Daneben sollte Ihr CD-ROM-Laufwerk auch das XA-Label tragen, das die Kompatibilität zu einem erweiterten Aufzeichnungsformat kennzeichnet. Bei modernen Multimedia-Anwendungen erscheint ein Text auf dem Monitor, irgendwo läuft ein Video, und im Hintergrund spielt ein Musikstück. Damit all diese Datenströme nun auch rechtzeitig beim Prozessor eintreffen und aus den verschiedenen Dateien nahezu gleichzeitig gelesen werden kann, wurde CD-ROM XA entwickelt. Mit bestimmten Techniken werden diese Daten direkt auf der CD ineinander geschachtelt, gerade so, wie es die Vorführung verlangt.

- Besonders wichtig und kritisch ist die Qualität der **Fehlerkorrektur**. Denn die meisten CDs sind zumindest leicht fehlerhaft, was für CD-Rs sogar noch stärker gilt. Ein Gerät mit schlechter Fehlerkorrektur kann u. U. das Einlesen komplett verweigern oder zumindest unerträglich langsam vornehmen, wenn es auf fehlerhafte Stellen trifft. Gerade hinsichtlich der Fehlerkorrektur unterscheiden sich die Geräte gewaltig. Was die Bewertung einzelner Geräte in bezug auf diese Eigenschaft angeht, sind Sie leider auf Testberichte in den aktuellen Fachzeitschriften angewiesen, denn auch verschiedene Geräte des gleichen Herstellers unterscheiden sich manchmal gewaltig.

- Wenn Sie das CD-ROM-Laufwerk als Audiogerät in Ihrem PC verwenden wollen, achten Sie auf **CD-Player-Tasten**. Wollen Sie es nur als Audiogerät verwenden, sollte das sogar das wichtigste Feature für Sie sein. Denn ein solches Gerät brauchen Sie nicht an den Bus anzuschließen, sondern nur an die Soundkarte. Damit belastet es den PC beim Abspielen der CDs nicht.

- Zum Thema „**Prozessorbelastung**": ATAPI-CD-ROM-Laufwerke beanspruchen je nach Treiberqualität des Herstellers zwischen 70 und 95 % Prozessorkapazität im Betrieb. Bei SCSI-CD-ROM-Geräten ist es dagegen ganz anders. Diese brauchen sehr viel weniger (5-10 %). Bei CD-ROMs ist SCSI also die wesentlich bessere Lösung. Bei der Verwendung der Audio-CD-Funktion ist die Prozessorbelastung zwar nicht so gravierend, aber Sie sollten diese auch hier soweit wie möglich vermeiden.

- Es ist leider immer noch nicht unbedingt üblich, daß Hersteller ihren CD-ROM-Laufwerken ein passendes Audiokabel zum Anschluß an die Soundkarte beilegen. So wird es manchmal schwer, ein passendes bei Ihrem Händler zu finden. Sollten Sie dort kein Glück haben, versuchen Sie es mal bei der Firma DATEC in Aachen (*www.heimat.de/datec*). Das Audiokabel dient übrigens nur zur analogen (!) Übertragung des Audioklangs auf die Soundkarte und hat letztendlich nur einen Zweck: die Lautstärke über die Soundkarte regeln zu können. Außerdem kann man (je nach Soundkarte) auch über diesen Anschluß aufnehmen, was bedeutet: analog in digital verwandeln. Wenn Sie keinen Anschluß über dieses interne Kabel herstellen können, können Sie auch den Köpfhörerausgang Ihres CD-ROM-Laufwerks mit dem Line-Eingang Ihrer Soundkarte über ein Kabel verbinden. Das funktioniert genauso, sieht aber unschön aus.

- Einige neue CD-ROM-Laufwerke haben erstmals einen **digitalen Ausgang,** um die einmal digital vorliegenden Daten direkt an andere digitale Geräte wie einen DAT-Recorder weitergeben zu können. Wirklich notwendig ist das aber nicht, denn eine Alternative ist das digitale Auslesen der Audiodaten von der CD per spezieller Software über den normalen PC-Bus. Dies funktioniert allerdings leider nicht mit allen Geräten. Sie brauchen dafür außerdem ein spezielles Programm, das wiederum mit Ihrem CD-ROM-Laufwerk klarkommen muß. Gerade dann, wenn Sie einen CD-Brenner haben und eigene Audio-CDs erstellen wollen, ist die Unterstützung dieser Funktion absolut wichtig.

> **Hinweis**
>
> **Von der CD auf die Festplatte – Audiodaten auslesen**
>
> Mittlerweile unterstützen viele CD-ROM-Laufwerke das digitale Auslesen. Interessant ist dies meist in Verbindung mit einem CD-Brenner oder zur Umwandlung in das geniale MP3-Format. Wenn Ihre Brennersoftware das Auslesen nicht vornehmen kann (WinOnCD kann es beispielsweise), dann gibt es einige Sharewareprogramme (CD-Worx95, CD-Grab Audio, WinDAC (**D**igital **A**udio **C**opy) und CDT (**CD-T**ools) oder CDDA), die dies ermöglichen.

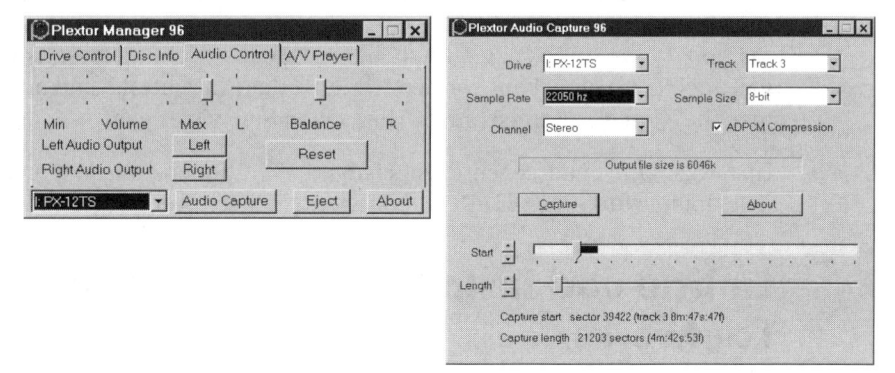

Der Plextor Manager 96, ein Utility der Firma Plextor für Audio Capture und das Bedien-Panel für Audio Capture

Ob ein Gerät mit oder ohne Caddy, also eine kleine Box, in der die CD verbleiben kann, auch wenn Sie sie aus dem Gerät nehmen, vorliegen soll, ist kaum noch eine Frage, denn es werden immer weniger Caddy-Geräte hergestellt. Dabei haben sie zwei entscheidende Vorteile. Zum ersten schützen sie die CD und das Gerät vor Staub. Zum zweiten stabilisieren sie die CD beim Abspielen, was sich gerade bei den hochdrehenden Geräten in einer deutlich verbesserten Laufruhe äußert. Nachteilig ist die umständlichere Handhabung, wenn man nur ein Caddy für alle CDs verwendet. Oder man muß für rund 10-15 DM für jede CD ein Caddy kaufen. Wenn man aber nur wenige, wichtige CDs hat, auf die man immer zugreift (z. B. Datenbanken), ist ein Caddy-Gerät nach wie vor eine gute Wahl.

- Für eine Unsitte halten wir dagegen Geräte mit automatischem Einzug. Diese Methode bietet zwar kaum Vorteile, zerkratzt CDs dafür bei häufiger Benutzung aber stärker. Finger weg!

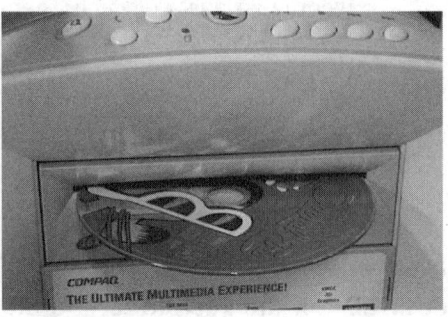

CD-ROM im Caddy
CD-ROM-Laufwerk mit automatischem Einzug

11.2 Der Hardwareeinbau von CD-ROM-Laufwerk, CD-Brenner und DVD

Tja, mit Auswahl und Einkauf allein ist es leider nicht getan. Das gute Stück will auch noch eingebaut werden. Und bei der Einrichtung sind auch noch so manche Klippen zu umschiffen. Hier sehen Sie, wie es geht.

Und was kann man gegen diese lästigen Vibrationen tun? Wie bedient man den Notauswurf eines CD-ROM-Laufwerks? Gleich werden Sie es wissen ...

Einbau und Installation des CD-ROM-Laufwerks

Das Einbauprinzip eines CD-ROM-Laufwerks ist wirklich denkbar einfach, vergessen Sie nur nicht, vor Einbau eines SCSI-Laufwerks die ID-Einstellung und Terminierung vorzunehmen (siehe Seite 349 ff.), das kann hinterher nämlich eine ganz schöne Fummelei werden. Übrigens unterscheidet sich der Einbau und Anschluß von CD-ROM-Laufwerken, CD-Recordern und DVD-Geräten nicht. Aber nun zum Einbau:

1 Entfernen Sie eine Frontblende eines 5,25-Zoll-Schachts und auch ein evtl. direkt dahinter liegendes Abdeckblech. (Wie das geht, lesen Sie genauer ab Seite 43.) Wenn Sie genug Platz haben, sollten Sie immer einen Schacht zwischen den einzelnen Geräten frei lassen, da die Gefahr der Überhitzung so geringer wird.

2 Schieben Sie das Gerät von vorn in den Schacht, bis es bündig mit der Front abschließt.

CD-ROM-Laufwerk, CD-Brenner und DVD

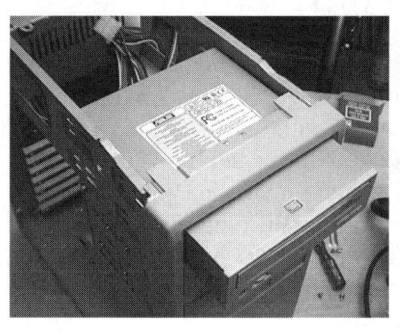

3 Schrauben Sie das Gerät mit den (hoffentlich) mitgelieferten vier Schrauben im Rahmen ein.

4 Schließen Sie Stromkabel, Datenkabel und u. a. noch das Verbindungskabel von Soundkarte zu CD-ROM-Laufwerk an. Strom- und Datenkabel werden genau wie bei Festplatten angeschlossen. Genaueres über das Kabel zur Soundkarte sollten Sie den Unterlagen der Soundkarte entnehmen können (siehe Abbildung).

- Gegen lästige Vibrationen: Schon beim Einbauen können Sie lästigen Vibrationen entgegenwirken, indem Sie das Gerät auf der Außenseite mit mehreren Lagen Klebeband bekleben (z. B. Tesa Crepp). Und zwar so viel, daß es gerade noch unter Druck in den Gehäuseschacht eingebaut werden kann. Der erhöhte Gegendruck und die puffernde Wirkung der Klebestreifen bewirken eine bemerkenswerte Dämpfung der auftretenden Vibrationen. Ihr CD-ROM-Laufwerk, Ihre Festplatten und besonders Ihre Nerven werden es Ihnen danken. Aber Vorsicht: Die Gewinde für die Schrauben sollten Sie aussparen!

Eine Möglichkeit, um Vibrationen zu dämpfen: Klebeband

CD-ROM-Laufwerk, CD-Brenner und DVD

- Auch wenn es selten vorkommt: Ihr CD-ROM-Laufwerk hat eine CD geschluckt und will sie nicht mehr hergeben. Meist befindet sich irgendwo auf der Frontseite des Gehäuses ein kleines Loch für die manuelle Entriegelung des Laufwerks, auch Notauswurf genannt. Hierfür müssen Sie nun eine Büroklammer zurechtbiegen und damit den Mechanismus auslösen. Aber Vorsicht: Beachten Sie die Hinweise des Herstellers. Nicht alle Löcher in Gehäusen sind für Büroklammern geeignet. Wenn Sie dort rumstochern, können Sie vielleicht Schaden in Ihrem Laufwerk anrichten. Ein Blick ins Handbuch kann jedenfalls nicht schaden.

Einfaches Mittel gegen gefräßige Laufwerke

- Nach dem Hardwareeinbau kommt der Anschluß an den Datenbus (SCSI oder ATAPI). SCSI ist dabei total unkompliziert. Sie müssen eigentlich nur auf die ID-Einstellung und Terminierung achten (siehe Seite 349 ff.). Bei einem ATAPI-CD-ROM-Laufwerk kann es bis auf die Verschwendung des IRQ15 nichts schaden, dieses allein am Secondary EIDE-Port des Mainboards anzuschließen. Genauso wie die (normalerweise nicht notwendige) BIOS-Anmeldung, die im Festplattenkapitel ab Seite 388 beschrieben wird. Beachten Sie an dieser Stelle, daß die EIDE-Controller aller aktuellen Mainboards sehr wohl ein langsames CD-ROM-Laufwerk mit einer schnellen Festplatte am selben Port mischen können. Die häufig genannte Empfehlung, ein CD-ROM-Gerät möglichst allein zu betreiben, weil es sonst die Festplatte ausbremst, gilt nur für alte Mainboards, die die PIO-Modi von Master und Slave nicht einzeln einstellen können.

Hinweis
Zahnpasta als Fehler-Ex

Kratzer in der Schutzschicht können eine CD-ROM unbrauchbar machen. Wenn die Kratzer nicht so tief sind, daß sie bis an die Datenschicht heranreichen, können Sie Ihre CD aber oft noch retten. Versuchen Sie es zuerst mit einer normalen Reinigung mit Wasser und einem Reinigungsmittel, das kein Plastik angreift. Auf keinen Fall Alkohol, Benzin oder Verdünnung! Wenn dies nichts hilft, kann ein leichtes Abschleifen der Schutzschicht an der kritischen Stelle oft Wunder wirken. Denn die Unleserlichkeit liegt oft nur an einer Streuung des Laserstrahls. Wenn Sie den Kratzer beischleifen, ohne eine neue Streuung zu erzeugen und die Datenschicht zu verletzen, wird der Laserstrahl ohne Streuung zurückgeworfen. Sie finden im Fachhandel entsprechende Politursets. Alternativ und billiger: Versuchen Sie es mit Zahnpasta! Wichtig ist, daß Sie immer von innen nach außen (oder umgekehrt) und nicht konzentrisch in Richtung der Datenspuren reiben, um nicht noch mehr zusammenhängende Daten zu beschädigen.

- Alle anderen Varianten wie CD-Brenner, CD-RW-Laufwerke oder DVD-Geräte werden prinzipiell ganz genauso eingebaut und angeschlossen. Bei den heißen Teilen (also gewöhnlich Brenner und CD-RWs) sollten Sie aber vielleicht die Anschaffung eine externen Geräts oder zumindest eines externen Gehäuses mit eigenem Lüfter in Erwägung ziehen. So vermeiden Sie den Hitzetod für den Brenner und schützen noch dazu ihr restliches System vor der schädlichen Wärmeentwicklung vom Brenner (Festplatten haben es nämlich auch nicht so gern warm!).

11.3 Die Konfiguration von CD-ROM-Laufwerken

Wie wird das CD-ROM-Laufwerk vom Betriebssystem unterstützt? Und warum ist es mal da und mal auch wieder nicht? Hier lesen Sie, wie Sie Ihr Gerät zu einer zuverlässigen Zusammenarbeit bewegen.

CD-Treiber-Wirrwarr unter DOS beheben

Außer der reinen Hardwareinstallation ist noch das Einbinden des Treibers zu erledigen. Was bei Windows 95/98 schon fast automatisch geht, hat unter DOS so seine Tücken. Aber selbst, wer nur oder hauptsächlich Windows 95/98 einsetzt, kommt eigentlich nicht darum herum, sich immer noch mit den DOS-Treibern herumzuschlagen. Denn schließlich muß Windows ja auch von DOS installiert werden, und auf die automatisch erstellte oder mitgelieferte Bootdiskette mit CD-ROM-Unterstützung sollte man sich nicht unbedingt verlassen.

- Die eigentliche Einbindung des Treibers unter DOS und/oder Windows ist genaugenommen ein Kinderspiel. Sie brauchen lediglich einen Hardwaretreiber des Herstellers bzw. bei einem SCSI-CD-ROM-Laufwerk den universellen CD-Treiber des SCSI-Controllers (z. B. *Aspicd.sys*). Der Hardwaretreiber des ATAPI-CD-ROM-Geräts sollte dem Gerät auf einer Diskette beiliegen. Der Treiber wird zusammen mit dem DOS-Softwaretreiber *Mscdex.exe* am besten zusammen in der *Config.sys* eingebunden (siehe dazu auch Seite 38) Bei der Einbindung der Treiber in der *Config.sys* gibt es einige Dinge zu optimieren bzw. zu beachten:

    1. Von *Mscdex.exe* gibt es verschiedene Versionen, 2.95 ist beispielsweise recht aktuell, aber es kann nicht schaden, dies im Internet auf der Microsoft-Homepage zu überprüfen. Sie sollten jedenfalls möglichst die neueste Version verwenden, die Ihr DOS akzeptiert.

    2. Wenn Sie das DOS-Cacheprogramm *Smartdrv.exe* verwenden, denken Sie daran, daß dieses auch Ihr CD-ROM-Laufwerk cachen kann, dazu müssen Sie nur sicherstellen, daß *Smartdrv.exe* nach den beiden CD-ROM-Treibern aufgerufen wird.

CD-ROM-Laufwerk, CD-Brenner und DVD

3 Wenn Sie Windows 95/98 verwenden, aber unter DOS auch ständig das CD-ROM automatisch auf DOS-Ebene aktiviert haben müssen, dann tragen Sie nur die Hardwaretreiber in der *Config.sys* ein, aber nicht *Mscdex.exe*. Das Laden des 16-Bit-Treibers ohne das DOS-Programm stört Windows 95/98 nicht weiter im Betrieb, und so wird auch nicht das CD-ROM zweimal unter Windows 95/98 eingebunden. Anschließend binden Sie den Treiber *Mscdex.exe* mit allen notwendigen Parametern in die Batch-Datei *Dosstart.bat* ein. Diese wird immer automatisch beim Verlassen von Windows 95/98 und beim Aufrufen von DOS ausgeführt. Ein bißchen kritisch könnte diese Lösung für SCSI-User sein, denn neben dem SCSI-CD-ROM-Treiber muß auch der 16-Bit-DOS-Treiber des Controllers (z. B. *Aspi8dos.sys*) in der *Config.sys* geladen werden. Aber auch der stört normalerweise Windows 95/98 nicht im Betrieb. Allerdings kann es, abhängig von SCSI-Controller und -Treiber, schon mal vorkommen, daß Windows 95/98 beim Laden des DOS-Treibers anschließend im MS-DOS-Kompatibilitätsmodus arbeitet, dies sollten Sie unbedingt überprüfen.

4 Die Befehlsschalter von *Mscdex.exe* */L:x* und */M:yy* bieten unter Umständen noch Möglichkeiten zur Optimierung. Während */L:x* den Laufwerkbuchstaben des CD-ROM-Laufwerks festlegt (z. B. */L:G*), kann man mit */M:yy* einen Pufferspeicher wie eine Art kleinen Cache reservieren lassen, was die Performance verbessert. Bei Verwendung von *Smartdrv.exe* ist die Funktion aber relativ unwichtig, so daß man sie gar nicht zu nutzen braucht. Ansonsten hat sich */M:16* als ein Wert erwiesen, der in der Praxis ganz gute Ergebnisse erzielt.

- Wenn man zwei (oder sogar mehr) CD-ROM-Laufwerke per Treiber über die *Config.sys* einbinden will, wird es ein wenig komplizierter. Richtig problematisch ist dies jedoch nicht, Sie können Ihr altes Gerät also ruhig z. B. als Audio-Player oder für die permanente Aufnahme einer Lexikon-CD-ROM weiterverwenden. Unter Windows 95/98 funktioniert die Anmeldung ganz leicht über den Hardware-Assistenten, den Sie nur aufzurufen brauchen, und der Rest geht fast von allein. Anschließend sollten Sie nur die Laufwerkbuchstabenzuweisung im Geräte-Manager überprüfen bzw. steuern. Unter DOS bzw. Windows 3.x müssen Sie jedem CD-ROM-Laufwerk beim Aufruf der Treiber einen eigenen Namen geben. Eine *Config.sys* für ATAPI-Geräte könnte z. B. so aussehen (ersetzen Sie die Treibernamen durch die Ihrer Geräte):

```
device=c:\treiber\atapi1.sys /d:cdlw0
device=c:\treiber\atapi2.sys /d:cdlw1
install=c:\dos\mscdex.exe /d:cdlw0 /d:cdlw1 /L:g /L:h /M:16
```

- Bei zwei SCSI-CD-ROM-Laufwerken brauchen Sie übrigens den Hardware-CD-Treiber (*Aspicd.sys*) nur einmal, statt wie bei den ATAPI-Geräten zweimal, aufzurufen. Die Geräte werden automatisch vom Controller erkannt, und ihnen wird über die am Gerät definierte SCSI-ID-Nummer ein Laufwerkbuchstabe zugewiesen. Mit anderen Worten: Für ein zweites SCSI-CD-ROM-Laufwerk brauchen Sie keine weiteren Trei-

CD-ROM-Laufwerk, CD-Brenner und DVD

beraufrufe oder Modifikationen, die Einstellungen für das erste Gerät reichen aus. Nur wenn Sie explizit dem zweiten CD-ROM-Gerät nicht den Laufwerkbuchstaben zuweisen wollen, der direkt nach dem ersten kommt, müssen Sie den Treiber wie oben zweimal aufrufen.

CD-ROM-Laufwerke unter Windows 95/98 – Mehr Speed, weniger Probleme

Unter Windows wird das Gerät normalerweise per Plug & Play erkannt und auch fehlerfrei eingebunden. Leider gibt es auch dort immer noch Fallen und Probleme, besonders mit ATAPI-Geräten. Häufigstes Ärgernis: Windows 95/98 erkennt das Gerät einfach nicht! Aber auch dafür gibt es Lösungen:

- Windows 95/98 erkennt ATAPI-Geräte normalerweise beim Setup per Plug & Play. SCSI-CD-ROM-Laufwerk werden über den Treiber für den SCSI-Controller direkt unterstützt, hier ist der geringste Aufwand nötig. Etwas problematisch ist es mit alten CD-ROM-Geräten mit spezieller Schnittstelle (z. B. alte 2fach-Laufwerke von Sony oder Panasonic). Bei diesen funktioniert die Plug & Play-Erkennung nicht, so daß man Windows beim Setup sagen muß, daß so ein Gerät vorhanden ist (und auch genau welches Gerät). Verwechseln Sie diese Nachfrage nach einem CD-ROM-Laufwerk während des Setups (siehe Abbildung) nicht mit einer allgemeinen Frage nach einem solchen Gerät und klicken Sie die Option auch an, wenn ein SCSI- oder ATAPI-Gerät vorhanden ist. Dabei sind wirklich nur jene Uralt-CD-ROM-Geräte gemeint.

- Ein vertrakter Fehler bei der Installation sind die DOS-CD-ROM-Treiber, die man ja verwenden muß, um Windows 95/98 erst einmal von CD zu installieren. Leider veranlaßt die Anwesenheit dieses Treibers Windows manchmal bei ATAPI- und alten Geräten mit eigener Schnittstelle dazu, für diese anschließend keinen Windows-Treiber einzubinden. Mit SCSI ist dies übrigens kein Problem, weil die CD-ROM-Laufwerke vom Controller-Treiber angesteuert werden. Wenn Sie genug Platz auf einer Fest-

CD-ROM-Laufwerk, CD-Brenner und DVD

platte haben, dann kopieren Sie die Windows-CD auf die Festplatte (mit Hilfe der eingebundenen DOS-Treiber). Danach deaktivieren Sie die DOS-Treiber in der *Config.sys*, indem Sie *rem* am Anfang der Zeilen einfügen, starten neu und installieren Windows 95/98 von der Festplatte aus. Nur so können Sie sicher sein, daß alle 32-Bit-Treiber auch richtig eingebunden werden.

- Ist das Gerät unter Windows 95/98 korrekt angemeldet, sollten Sie die Cacheeinstellungen in der Systemsteuerung überprüfen. Denn das Software-Caching von Windows 95/98 unterstützt auch CD-ROM-Laufwerke. Die entsprechende Einstellung finden Sie im Dialogfenster *Eigenschaften von System*, das Sie durch das Aufrufen des Symbols *System* in der Systemsteuerung oder über die *Eigenschaften* des Arbeitsplatzes aufrufen können. Wählen Sie dort im Register *Leistungsmerkmale* den Punkt *Dateisystem*. Im dort vorhandenen Register *CD-ROM* können Sie die reservierte Speichergröße per Schieberegler in Stufen von 214 KByte auf 1.238 KByte einstellen. Im Kombinationsfeld *Zugriff optimieren für* können Sie außerdem noch den Zugriff durch Auswahl der Umdrehungsgeschwindigkeit Ihres CD-Laufwerks optimieren. Bei der Optimierung unterscheidet Windows 95/98 aber maximal bis zum 4fach-Laufwerk.

> **Hinweis**
>
> **CD-ROM-Caching unter Windows 95/98**
>
> Wenn Sie beim CD-ROM-Caching von Windows 95/98 die höchste Einstellung wählen, werden weit über 1 MByte Speicher für die CD-ROM-Optimierung reserviert. Wer nur selten mit CDs arbeitet und von diesen dann auch hauptsächlich installiert, sollte die Speicherreservierung lieber zugunsten des allgemeinen Systems reduzieren. CD-Caching bringt sowieso nur etwas, wenn Daten mehrfach eingelesen werden, also z. B. bei Datenbanken. Installationen und auch Multimedia-CDs profitieren davon kaum. Eher im Gegenteil, beim Abspielen von Videos kann es sogar zu ruckelnden Bildern kommen. In diesen Fällen sollte man das Caching reduzieren.

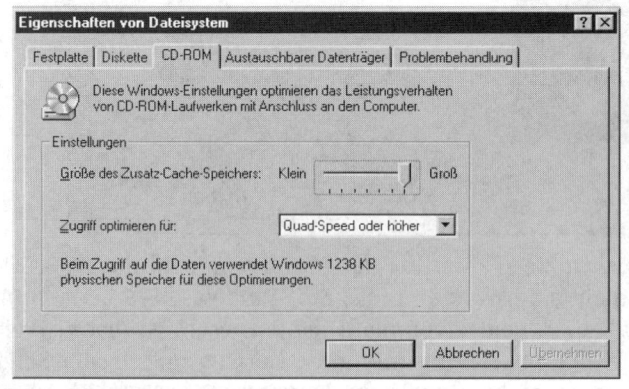

- Wie gesagt, belasten ATAPI-CD-ROM-Laufwerke die PC-Leistung. Kritisch ist aber auch das Abhören von Audio-CDs, wiederum bei ATAPI wesentlich schlimmer als bei SCSI-Geräten, denn je nach Typ des Geräts wird der Prozessor mit 10-50 % dabei belastet. Erstaunlicherweise fressen die neuen, schnellen Geräte dabei mehr Ressourcen als die alten 2fach- oder 4fach-CD-ROMs. Darüber hinaus haben einige CD-ROM-Laufwerke die unangenehme Eigenart, nach dem Abspielen der Audio-CD nicht wieder von der einmal aktivierten einfachen Geschwindigkeit hochzuschalten. Da hilft dann nur der Neustart.

Hinweis
CD-ROM-Probleme nach Abhören von Audio-CDs unter Windows 95/98

Sehr mysteriös ist folgendes Problem: Sie hören eine Audio-CD und wechseln diese dann gegen eine Daten-CD aus, auf die Sie dann auch problemlos zugreifen können. Wenn Sie diese jedoch gegen eine weitere Daten-CD austauschen, erkennt Windows 95/98 diese nicht. Ständig wird im Laufwerkfenster der Inhalt der ersten Daten-CD angezeigt. Auch das Aktualisieren oder das nochmalige Wechseln der CD hilft nicht. Erst ein Neustart von Windows schafft Abhilfe. Der Grund: Sie haben die automatische Benachrichtigung für den CD-Wechsel im Geräte-Manager deaktiviert, die den komischen Fehler verursacht. Schalten Sie also für CD-Player, mit denen Sie gelegentlich Audio-CDs hören, diese Funktion besser wieder an. Übrigens hilft hier auch das Tool Tweak UI (siehe Seite 960).

- Für alle Besitzer von CD-Wechslern: Diese sind eigentlich ja eine bequeme Sache, hat man doch permanent ein großes Repertoire an CDs zur Verfügung. Leider machen manche dieser Geräte permanent Ärger. Wird unter Windows 95/98 der Arbeitsplatz geöffnet oder gar der Explorer aufgerufen, dann hat das System nichts anderes mehr zu tun, als den Benutzer über alle vorhandenen CDs zu informieren, was natürlich immens aufhält. Diese Unart können Sie beenden, indem Sie *Automatische Benachrichtigung beim Wechsel* unter *Systemsteuerung/System/Geräte-Manager/CD-ROM* abschalten. Jetzt wird zwar weiterhin einmal beim Starten das gesamte Magazin durchgelesen, aber danach können Sie unbehelligt arbeiten. Mittlerweile haben übrigens viele Hersteller dieses Problem erkannt und bieten spezielle Geräte bzw. Treiber an, mit denen das Problem auch bei Aktivierung der automatischen Benachrichtigung nicht mehr auftritt.

CD-ROM-Laufwerk, CD-Brenner und DVD

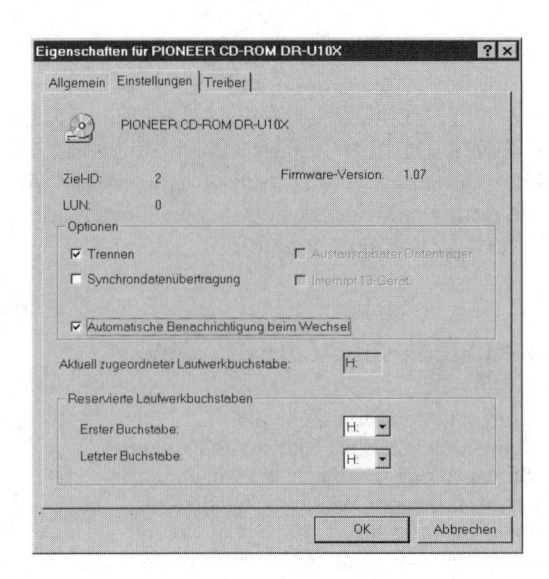

Hinweis

Was ist von Turbo-Software für CDs zu halten?

Eine ganze Menge fragwürdiger Programme mit Bezeichnungen wie Speedy-ROM machen auf sich aufmerksam, indem Sie sich als Turbo-Beschleuniger für CD-ROM-Laufwerke ausgeben. Dahinter stecken nichts anderes als Cacheprogramme, die die Festplatte nutzen, um häufig genutzte Daten der CD zwischen- bzw. auszulagern. Beim nächsten Zugriff auf diese gecachten Daten geht dieser dann auch tatsächlich deutlich flotter vonstatten. Wirklich Vorteile bringen solche Programme nur in den seltensten Fällen, meistens bremsen sie das CD-ROM-Laufwerk sogar aus. Bei normalen CD-Zugriffen (Installation, Multimedia-Dateien) nutzt ein Caching nichts (wie oben bereits erwähnt), hier stört es sogar, wenn die Daten teilweise erst mal auf die Festplatte kopiert werden. Wer häufig mit den gleichen Daten arbeitet, sollte lieber (besonders angesichts der drastisch gefallenen Festplattenpreise) die CD komplett auf Platte kopieren und so von einer wirklich dramatischen Beschleunigung profitieren!

11.4 Die Konfiguration von CD-Brennern

CD-Brenner erfreuen sich allgemein großer Beliebtheit. Sie sind ja auch extrem praktisch: zum Brennen eigener Audio-CDs, als preiswertes und einfaches Backup-Medium und für viele andere Anwendungen, alles begünstigt durch den stark gefallenen Preis des Mediums auf knapp 3 DM. Besonderes Schmankerl für die Hi-Fi-Fans: Ganz leicht können Sie jetzt auch Ihre Vinyl-Schätzchen auf CD verewigen.

Relativ neu ist die wiederbeschreibare CD, kurz CD-RW. Diese Technik ist faszinierend, ermöglicht sie doch tatsächlich, spezielle Rohlinge bis zu

1.000fach zu löschen und neu zu beschreiben. Durch eine kleine werkseitige Anpassung (einen Lichtverstärker) sind die üblichen CD-ROM-Laufwerke in der Lage, die Medien problemlos zu lesen. Leider wird es keine Aufrüstmöglichkeit für alte CD-ROM-Laufwerke geben.

Tücken beim Kauf des CD-Brenners sicher umgehen

Alle namhaften Hersteller wie Teac, Sony, Philips, Mitsumi und andere haben mindestens ein Modell auf dem Markt. Die Preise beginnen für einfache Geräte (2fache Brenn- und 4- oder 6fache Lesegeschwindigkeit) bei mittlerweile deutlich unter 500 DM und reichen bis zu knapp 1.000 DM für 8fach-Brenner wie den FastX820S von That's Write (8fach Brennen und 20fach Lesen). Die ganzen Geräte unterscheiden sich nach außen natürlich kaum, und wer nicht weiß, nach welchen technischen Kriterien er seine Auswahl treffen soll, hat es schon schwer. Während alle Geräte das Grundrepertoire beherrschen, unterscheiden sie sich doch teilweise erheblich in speziellen Leistungen. Wenn Sie auf einige wenige, typische Punkte achten, können Sie nicht viel falsch machen:

- Es ist gerade bei CD-Brennern üblich, daß viele Hersteller diese nicht selbst produzieren, sondern **OEM-Geräte** von wenigen Erstherstellern unter eigenem Label herausbringen. Greifen Sie lieber zum Original, dieses ist nicht nur technisch identisch, sondern bietet oft sogar noch den besseren Support. So beispielsweise bei den Geräten der Philips CDD-Reihe, die ebenfalls von HP, Plasmon, Grundig und noch anderen Anbietern verkauft werden. Das Original von Philips ist aber seltsamerweise einige Hundert DM günstiger, und Philips bietet sogar einen sehr guten Support, was man von manchen anderen Herstellern nicht unbedingt sagen kann. Allerdings wird der niedrigere Preis manchmal auch durch den Wegfall eines SCSI-Controllers und einer Brennsoftware erkauft.

- **Achten Sie auf ausreichenden Cachespeicher,** da ein solcher für CD-Brenner enorm wichtig ist, je mehr, desto besser. Denn die Geräte sind beim Brennen unbedingt auf einen kontinuierlichen Datenstrom angewiesen. Sollten aber die Daten einmal nicht schnell genug von der Festplatte angeliefert werden, käme es ohne einen Cache als Zwischenspeicher zu Datenverlusten (dem gefürchteten Buffer underrun). 1 MByte Cachespeicher reichen z. B. bei zweifacher Geschwindigkeit gerade mal für rund drei Sekunden Pufferung aus. Bei 4fach-Geräten entsprechend halb so lange. Sie sollten kein Gerät kaufen, das nicht mindestens 1 MByte bei zweifacher und 2 MByte bei vierfacher Schreibgeschwindigkeit mitbringt.

- **Was bringen schnelle Brenner wirklich**? Rechnen Sie einmal aus, wie lange das Duplizieren einer Audio-CD mit 74 Minuten dauert. Bei den meisten CD-Playern können Sie die Audio-CDs nur mit einfacher Geschwindigkeit auslesen. Wenn Sie dann noch ein 2fach-Gerät zum

Schreiben einsetzen, braucht die ganze Aktion mit Arbeitszeit gerechnet rund zwei Stunden. Die derzeitige Spitzenlösung läge dagegen im Einsatz eines 12fach-Grabbers und einem 8fach-Brenner im On the fly-Betrieb. Dies bedeutet, daß Daten von einer CD gelesen werden, während der Brenner sie direkt auf die neue CD schreibt. Die oben geschilderte Kopieraktion würde also weniger als zehn Minuten dauern. Bisher wird nur von einem Pioneer-ATAPI von einer 12fach Grab-Performance berichtet, bei dem weiter oben erwähnten TEAC-Laufwerk handelt es sich ebenfalls um einen Brenner.

- Der On the fly-Betrieb ist natürlich auch mit 2- oder 4fach-Brennern und einem normalen CD-ROM-Laufwerk möglich. Generell sollte aber das lesende Gerät mindestens doppelt so schnell sein wie das schreibende, und selbst dann bleibt es eine heikle Angelegenheit. Im Einzelfall kommt es jedenfalls auf einen Test an, denn auch diese Faustregel bietet einen gewissen Spielraum: So ist beispielsweise das On the fly-Brennen beim 8fachen Schreiben und 12fachen Lesen durchaus möglich. Und arbeiten sollten Sie ja während des Brennens an einem Rechner sowieso nicht.

Front eines handelsüblichen Brenners – sieht aus wie ein normales CD-ROM-Laufwerk, oder?

Vorsicht vor einem Hitzestau. Beim Brennen einer CD entsteht durch den Schreiblaser relativ viel Wärme. Je nach Verarbeitung reagieren die Geräte schon merklich während des Betriebs und leider garantiert auf Dauer darauf mit thermisch bedingten leichten Deformierungen und Dejustierungen. Die Geräte von Philips (dazu gehören auch OEM-Brenner von HP, Plasmon, Grundig u. a.) sind dafür besonders berüchtigt, was auch die relativ hohen Ausfälle erklärt. Das können Sie vermeiden, wenn Sie ein externes Gehäuse verwenden. Beachten Sie, daß die vom Hersteller angegebene, maximale Umgebungstemperatur meist bei nur 30-40°C liegt. Das überschreiten Sie in einem PC locker schon nach mehreren Minuten.

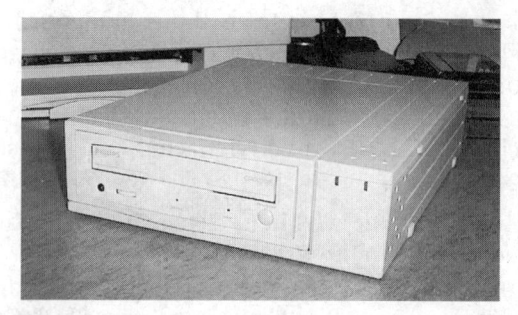

Ein Brenner im externen Gehäuse

- Ein Unterscheidungsmerkmal, an dem sich auch heute noch die Spreu vom CD-Brenner-Weizen trennt, ist die Unterstützung von besonderen Brennformaten bzw. -standards. Hier ist v. a. die Unterstützung von CDs mit **variablen Sektorgrößen** sowie die Fähigkeit zum sogenannten **Pakket Writing** (auch inkrementelles Schreiben genannt) zu nennen. Zum Packet Writing siehe den dazugehörigen Abschnitt weiter unten. An dieser Stelle nur soviel: Ihr zukünftiger Brenner sollte Packet Writing auf jeden Fall unterstützen. Es gibt bestimmte CDs (oft Spiele-CDs), die mit unterschiedlichen Sektorgrößen beschrieben sind. Wollen Sie von diesen eine Backup-Kopie erstellen (was erlaubt ist, solange das Original Ihnen gehört und Sie die Kopie nicht weiterverkaufen), dann streiken viele Brenner. Ausschlaggebend ist, ob Ihr CD-Brenner in der Lage ist, alle möglichen Sektorformate zu schreiben (CD-ROM-Sektor-Mode 1 und 2 sowie CD-XA-Sektor-Mode 1 und 2). Sektoren im Modus 1 enthalten immer zusätzliche Bytes zur Fehlerkorrektur, die bei Mode-2-Sektoren nicht vorhanden sind. Deshalb kann auf letztere auch eine größere Datenmenge gespeichert werden. Bei CD-XA-CDs ist es möglich, daß Mode-1- und -2-Sektoren auf einer CD gemischt werden, was an den Brenner hohe Anforderungen stellt. Für die weitverbreiteten Brenner der Philips CDD-Reihe gibt es ein Firmware-Update, das das Brennen mit variabler Sektorgröße unterstützt. Ein anderes Gerät, das auf jeden Fall alle diese Funktionen beherrscht, ist der 4fach-Brenner von Yamaha.

- Zur **Firmware**: Es ist zwar bei fast allen Geräten mittlerweile üblich, aber Sie sollten dennoch unbedingt darauf achten, daß Ihr zukünftiger CD-Brenner per Flash-ROM Update-fähig ist (vergleiche das BIOS-Kapitel). Denn kein Gerät, das auf den Markt kommt, arbeitet ohne Fehler, die aber durch eine neue Firmware dann korrigiert werden können.

- Eine weitere, sehr wichtige Funktion, die sowohl vom CD-Brenner als auch von der Brennersoftware unterstützt werden sollte, ist **Disc at Once**. Das Verfahren ist für die Erstellung von Audio-CDs wichtig, da im Gegensatz zu **Track at Once** so mehr Daten auf eine CD passen. Die Grundlage: CD-Brenner schreiben die Daten sequentiell auf den Rohling. Eine lückenlose Aufzeichnung ist daher schwierig, ja sogar nur möglich, wenn die CD per Disc at Once in einem Durchgang gebrannt werden kann. Im Gegensatz dazu wird bei der üblichen Track at Once-Methode nach jedem Track eine kurze Zwei-Sekunden-Pause eingefügt. Bei Daten-CDs ist das egal, aber bei Audio-CDs entspricht jeder Song einem Track, so daß zwischen den Liedern Zwangspausen von eben zwei Sekunden eingeführt werden. Dies ist bei durchgehenden Aufnahmen nicht zu tolerieren, außerdem verringern die Pausen die Datenmenge für die eigentliche Musik. Beim Kopieren einer CD mit bereits vorhandenen Pausen werden die Pausen sogar noch vergrößert. Nicht jeder CD-Brenner und auch nicht jede Brennsoftware unterstützen Disc at Once. Aber mit Easy-CD-Pro, GEAR, WinOnCD, Nero oder ähnlich modernen Programmen können Sie auf diese Zwangspausen verzichten. Vorausgesetzt natürlich, Sie haben beim Kauf auf die Unterstützung von Disc at Once geachtet.

CD-ROM-Laufwerk, CD-Brenner und DVD

- Für alle, die Audio-CDs mit ihrem Brenner erstellen wollen, ist es vielleicht noch interessant, darauf zu achten, daß auch der CD-Brenner (wie einige CD-ROM-Player) das **digitale Auslesen von Audiodaten** von einer CD auf die Festplatte erlaubt. Viele CD-Brennerprogramme bringen eine solche Funktion mit. Sollten Sie kein anderes CD-ROM-Laufwerk haben oder dieses die Funktion selbst nicht unterstützen, ist es wichtig, daß wenigstens der neue CD-Brenner die Möglichkeit bietet.

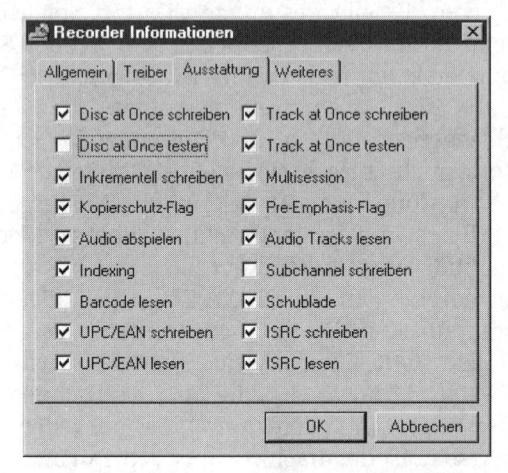

Auswahlmöglichkeiten der Brennereigenschaften

- Einige Geräte (u. a. die Philips CDD-Serie) melden sich unter Windows 95/98 nicht wie ein normales CD-ROM-Laufwerk, sondern als **WORM** an (**W**rite **O**nce **R**ead **M**any). Folglich können Sie ohne Einbindung eines speziellen Treibers von dem Gerät nicht wie von einem normalen CD-ROM-Laufwerk lesen. Für die Philips-Geräte wird der Treiber (*Cdd2000.vxd*) aber nahezu von jeder Brennersoftware mitgeliefert. Dennoch ist diese Funktion nicht sonderlich glücklich gelöst. Andere Hersteller wie z. B. Ricoh haben diese Probleme nicht, sondern das Gerät wird sofort als CD-ROM-Player von Windows erkannt und ihm wird ein Laufwerkbuchstabe zugewiesen.

- Neu ist die Unterstützung von **CD-RW-Medien**. Da diese eine für normale CD-Laufwerke zu geringe Lichtreflektion haben, können sie nur von Laufwerken mit einem eingebauten Verstärker (AGC genannt) gelesen werden. Solche Laufwerke werden auch Multiread-fähig genannt. Dieses Feature wird seit Mitte 1997 verbaut und ist nicht immer selbstverständlich. Bei Geräten, die vorher oder in diesem Zeitraum gekauft wurden, ist die Multiread-Fähigkeit meistens nicht vorhanden.

Die genialen CD-RW-Brenner

Lange wurde damals über sie geredet und spekuliert, seit einiger Zeit sind die Geräte erhältlich: Brenner bzw. Laufwerke für die wiederbeschreibbare CD, kurz CD-RW (für **Re**writable, also wiederbeschreibbar). Gleichzeitig kann sie auch als Übergangsmedium zu DVD gesehen werden, denn im Gegensatz zu herkömmlichen CD-Rs, die DVD-Player nur mit einem zusätzlichen Laser lesen können, werden CD-RWs von DVDs sofort erkannt.

Über die CD-RW wird immer noch viel geredet und spekuliert. Manches davon ist momentan nicht möglich, wie etwa das freie, beliebige Schreiben und Löschen auf den Medien. Hier einige Fakten rund um CD-RW:

- Alle CD-RW-Laufwerke können nicht nur die neuen Medien verarbeiten, sondern gleichzeitig auch normale CD-Rs brennen und natürlich auch CD-ROMs lesen. Das macht sie zu universellen Geräten.
- Die silbernen Medien unterscheiden sich bis auf die Farbe äußerlich wenig von herkömmlichen CD-Rs. Sie wirken allerdings deutlich kratzsicherer, weil die Datenschichten auf beiden Seiten mit Schutzschichten bedeckt sind. Die Preise für die Medien liegen um 20 DM, Tendenz auch hier noch weiter fallend.

Die CD-RW-Medien machen nicht nur optisch was her, sondern sind auch deutlich kratzsicherer als normale CD-Rs

Die Technik der CD-RW und des PD-Verfahrens beruht auf der gezielten Wandlung einer Legierung zwischen zwei Phasenzuständen, die jeweils unterschiedlich das Licht brechen.

- Wie im nächsten Abschnitt ausführlicher beschrieben wird, bietet sich die neue Technik des Packet Writings für CD-RW-Laufwerke geradezu an, es ist aber kein spezielles CD-RW-Feature. Mit Hilfe eines speziellen Treibers können beim Packet Writing die Daten in kleineren Blöcken übertragen und zu beliebigen Zeiten auf das Medium geschrieben werden. Es ist ansonsten keine Brennersoftware mehr notwendig, zum Schreiben wird das Gerät einfach über den Laufwerkbuchstaben wie ein Wechselmedium angesprochen.
- Ein Löschen der CD-RW ist derzeit nur nachträglich und auch nur in größeren Blöcken möglich. Es ist im Augenblick nur machbar, entweder eine Session, einen Track oder die ganze CD zu löschen. Erst die neue 2.0-Version von UDF (siehe nächster Abschnitt) bzw. Adaptecs DirectCD wird es möglich machen, direkt beim Packet Writing Daten auch wirklich physikalisch zu überschreiben.

CD-ROM-Laufwerk, CD-Brenner und DVD

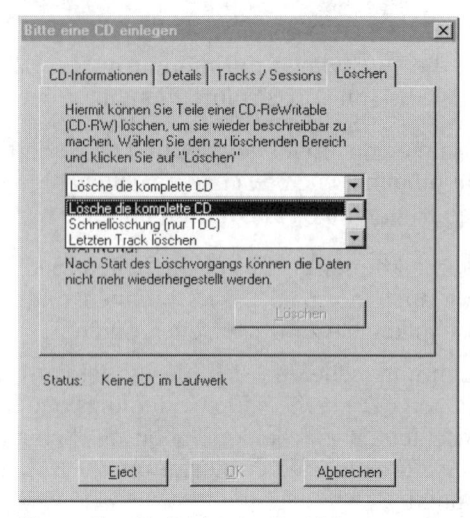

Was wollen Sie löschen? – die Abfrage vor dem Löschvorgang

Packet Writing und UDF – CDs sicher und bequem brennen

Wenn Sie sich nicht mit komplizierten Brennerprogrammen auseinandersetzen wollen, dann sollten Sie vielleicht auf Packet Writing umsteigen. Mit einem speziellen Treiber wird der CD-Brenner (CD-R und CD-RW!) wie ein normaler Wechseldatenträger ansprechbar: Sie können Dateien einfach über den Explorer per Drag & Drop kopieren oder verschieben. Ein weiterer Vorteil liegt in der verwendeten Datenübertragungsmethode, die eben, wie der Name schon sagt, mit kleinen Paketen einheitlicher oder variabler Größe arbeitet. Der entscheidende Vorteil dieser Methode: Die Gefahr eines Buffer underrun-Fehlers ist so gut wie gebannt. Sie können per Packet Writing Dateien sogar aus dem Netzwerk oder von einem komprimierten Laufwerk auf die CD-R(W) übertragen.

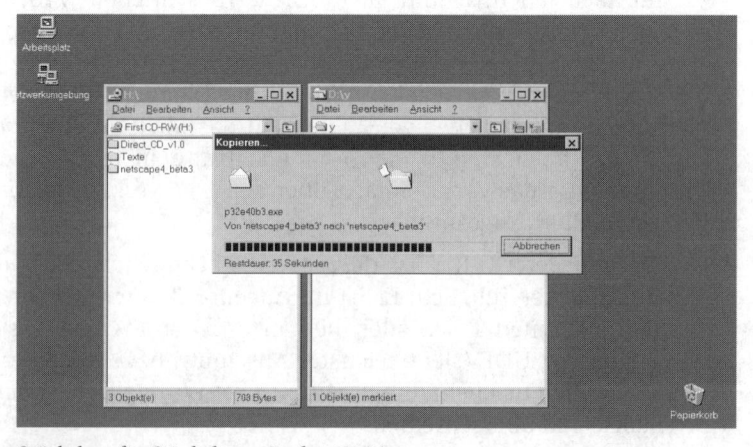

Stückchen für Stückchen – Packet Writing

Dank Packet Writing kann man einen CD-Brenner wie ein normales Laufwerk (links) ansprechen und Dateien per Drag & Drop darauf zum Schreiben ziehen.

Angefangen hatte Sony mit seinem CD-R-FS, das es aber nur für die Sony eigenen Geräte gab. Außerdem konnten die mit CD-R-FS beschriebenen CD-ROMs nur über einen ebenfalls auf der CD-R zu integrierenden Treiber gelesen werden. Erst nachdem sich die Hersteller nun auf ein neues, universelles Dateiformat UDF (**U**niversal **D**isc **F**ormat) geeinigt haben, konnte es richtig losgehen mit Packet Writing. Als erstes hat Adaptec mit DirectCD ein entsprechendes Programm im Frühjahr 1997 auf den Markt gebracht. Anschließend kam CeQuadrat, bekannt für ihre CD-Brennersoftware WinOnCD mit Packet CD hinterher. Im Gegensatz zu Packet CD erschien DirectCD 1.0 aber noch recht fehlerhaft und machte öfter schon mal Probleme. Allerdings bietet Adaptec bereits ein Update an, bei dem einige Fehler bereinigt wurden (*http://www.adaptec.com/support/files/drivers.html*).

Hinweis
Probleme mit DirectCD

Wer übrigens Probleme mit DirectCD hat, sollte unbedingt beachten, daß die automatische Benachrichtigung für den CD-Wechsel aktiviert (!) ist. Ansonsten werden z. B. häufig lange Dateinamen nicht zum Schreiben aktiviert. Und noch ein letzter Tip: Deaktivieren Sie den DirectCD-Task, wenn Sie mit einem normalen CD-Brennerprogramm eine CD-R beschreiben. Wenn Sie dies alles beachten und die neueste Version der Programme verwenden, funktioniert es aber recht zufriedenstellend.

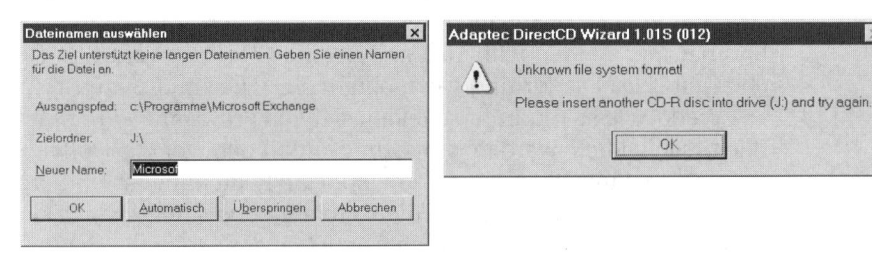

Aktivieren Sie die automatische Benachrichtigung, ...
... sonst passiert dies

Beide Programme gleichen sich jedoch darin, daß sie sich unsichtbar ins System einbinden und den Recorder wie ein normales Laufwerk schreibfähig machen. Assistenten helfen bei der Formatierung in das UDF-Format. Soll eine UDF-CD später in einem normalen CD-Player gelesen werden, muß sie nur von der Software in das übliche ISO- bzw. Joliet-Format umgewandelt werden. Auch ein späteres Weiterbeschreiben mit Packet Writing auf noch freien Bereichen der CD ist möglich, hierzu werden einfach die Inhaltsverzeichnisse der Daten aus der letzten Session in die neue gemeinsame Verzeichnistabelle (TOC) übernommen.

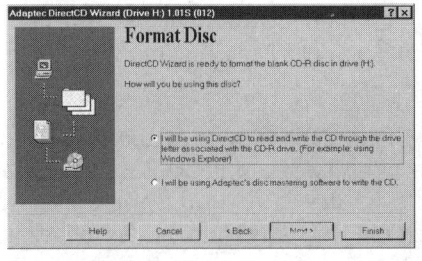

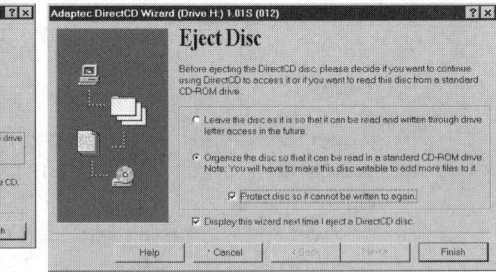

Direct CD fragt nach der Nutzung der CD
In diesem Dialog entscheiden Sie über die Umwandlung der CD

Übrigens unterstützt DirectCD erst seit Version 2.0 (aktuell ist 2.5) die Möglichkeit, Dateien völlig frei (vergleichbar der Arbeit mit einer Diskette) zu löschen. Die neue Version 2.5 soll sogar vereinzelt bis zu 60 % schneller sein und bietet Funktionen wie das Verteilen von Daten über die gesamte CD, so daß nicht immer wieder die gleichen Bereiche beschrieben und wieder gelöscht werden, während Teile der CD-RW noch gar nicht benutzt wurden. Das Update gibt es natürlich auch im Internet unter http://www.adaptec.com/support/files/dcd.html.

Die optimale Software zum Brenner

Ohne eine gute Brennersoftware kann man mit seinem Recorder nicht viel anfangen. Schließlich lassen sich CD-Rohlinge meist nicht wie normale Wechseldatenmedien über die üblichen Systemfunktionen beschreiben. Einen ersten Ansatz zur (praktischen) Angleichung der beiden Verfahren liefert zwar Packet Writing (siehe oben), aber damit lassen sich auch nur einfache Daten-CDs erstellen. Wer weitreichendere Funktionen seines CD-Brenners verwenden will, also z. B. Audio-CDs oder Foto-CDs erstellen will, dem nutzt Packet Writing gar nichts mehr. Hier muß eine Brennersoftware ans Werk. Wie so oft, unterscheiden sich die Programme nur auf den zweiten Blick, schließlich werden die Grundfunktionen von fast allen beherrscht. Während bei manchen die extrem einfache Bedienung im Vordergrund steht, konzentrieren andere sich auf die Unterstützung sämtlicher CD-Formate und aller möglichen Extras. Natürlich versuchen aber auch die Hersteller von Profisoftware, wie z. B. CeQuadrat, eine möglichst einfache Benutzerführung zu ermöglichen. Meine Empfehlung lautet wie die so vieler anderer Anwender aber ganz klar: WinOnCD von CeQuadrat. Hier erst einmal eine Übersicht der verschiedenen Programme:

- Während es vor kurzem noch sehr wenige und meistens recht teure Brennersoftware gab (Corel CD-Creator, Easy CD, GEAR und wenige andere), kommen seit einiger Zeit alle paar Wochen neue Anbieter mit teilweise regelrechten Dumpingpreisen auf den Markt. Überhaupt sind die Preise drastisch in den Keller gefallen, selbst die Profiprogramme wie WinOnCD sind recht erschwinglich geworden. Sie sollten daher beim Kauf eines Recorders nicht auf die Bundle-Software achten, sondern allein auf den Recorder.

CD-ROM-Laufwerk, CD-Brenner und DVD

- Achten Sie bei der Auswahl Ihres Programms auf die Unterstützung folgende **Features**, die unbedingt vorhanden sein sollten und im Laufe dieses Unterkapitels erklärt werden: Disc at Once, Multisession-Unterstützung mit Übernahme der Daten aus der letzten Session, Joliet-Format für lange Dateinamen und die Fähigkeit, Audiodaten aus einer Audio-CD digital auszulesen. Fehlt eine dieser Funktionen, sollten Sie sich für eine andere Software entscheiden.

- Die eigentlich für SCSI-Controller bekannte Firma Adaptec hat verschiedene CD-Brennerprogramme aufgekauft (u. a. Corel CD-Creator), und daraus sein eigenes Produkt, den **Easy CD-Creator Deluxe**, herausgebracht. Genau wie CeQuadrat rundet man das Angebot nach unten auch durch eine Packet Writing-Software (DirectCD, siehe weiter oben) ab. Der CD-Creator ermöglicht wie WinOnCD das Zusammenstellen von CDs aller Formate über ein zweigeteiltes Fenster mit Hilfe von Drag & Drop-Aktionen: In einem Bereich erfolgt die Datenauswahl, im anderen die Zusammenstellung der zukünftigen CD. Als Besonderheit werden einige Zusatz-Tools für die Erstellung von Audio-CDs mitgeliefert, wie z. B. der **CD Spin Doctor**, der Tonstörungen aus alten Vinyl-Schallplatten bei der Aufnahme auf CD entfernen soll, und natürlich darf auch der obligatorische CD-Hüllen-Assistent nicht fehlen.

- Es gibt aber auch viele Anwender, denen eine absolut kinderleichte und schnelle Bedienung besonders wichtig ist. Für diese bieten sich die beiden Programme **CD Wizard** (von VOB, Dortmund) und **Nero Burning** (von Ahead Software, Karlsruhe) an, die sich durch die Beschränkung auf die wesentlichen Grundfunktionen für Anfänger leichter bedienen lassen. Der CD Wizard setzt dabei voll auf das Assistenten-Konzept und führt mit Schritt-für-Schritt-Abfragen durch die CD-Zusammenstellung. Das Konzept ist aber für Umsteiger von anderen CD-Brennerprogrammen etwas gewöhnungsbedürftig. Außerdem ist die Hilfe sehr dürftig, und es wird kein Disc at Once unterstützt. Nero Burning läßt sich dagegen genau wie zwei Explorer-Fenster unter Windows 95/98 bedienen. Im linken Ausschnitt wird die CD aus den Daten des rechten Ausschnitts per Drag & Drop zusammengestellt. Übersichtliche Dialoge mit auf die Grundfunktionen beschränkten Optionen erleichtern die Konfiguration.

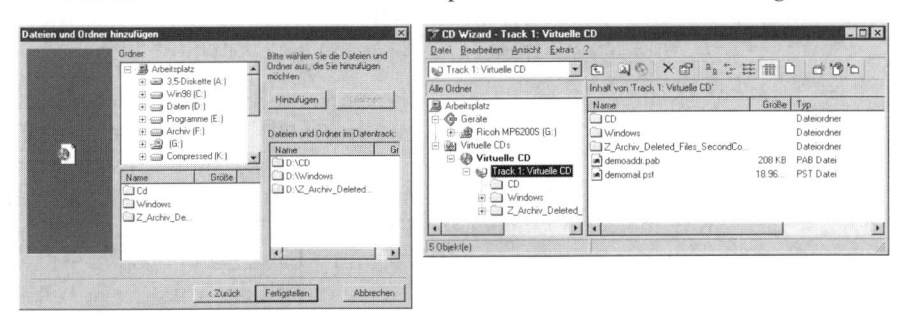

Links: Auswahl der Dateien für den Brennvorgang
Rechts: Eine virtuelle CD wird erstellt

CD-ROM-Laufwerk, CD-Brenner und DVD

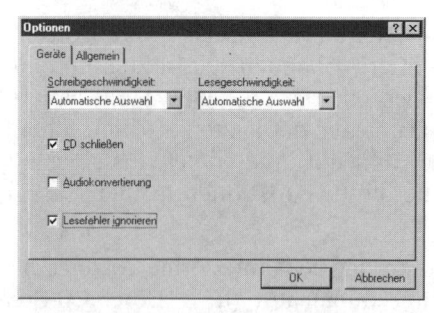

Eine Besonderheit des CD Wizard ist die Option, beim Einlesen von Audio-CDs mögliche Lesefehler zu ignorieren. Wo andere Programme abbrechen, macht der CD Wizard noch weiter. Die Verwendung eines CD-Players mit guter Fehlerkorrektur ist allerdings sinnvoller.

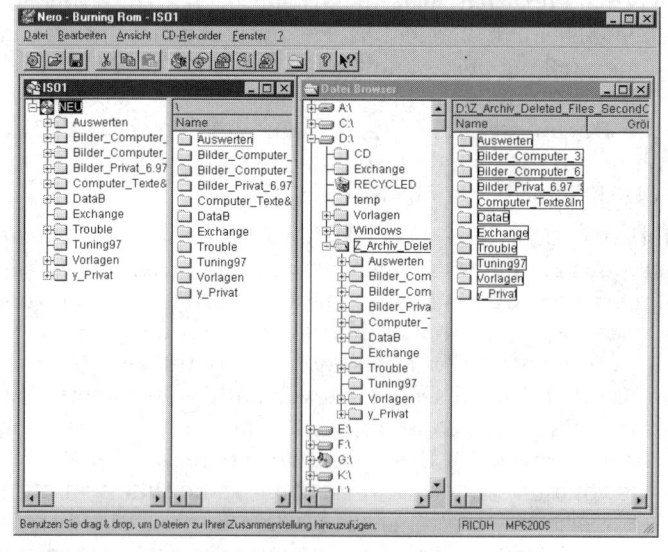

„Burn, Baby, burn!" – Nero in Aktion

Nero Burning setzt bei der Bedienung ganz auf bekannte Konzepte: Mit Hilfe zweier sehr übersichtlicher Explorer-Fenster werden die Daten für Ihre CD per Drag & Drop zusammengestellt. Ansonsten werden alle wichtigen Funktionen wie auch Audio-CDs mit Disc at Once unterstützt.

- Wer die richtige Kombination aus Profisoftware und guter Bedienung sucht, sollte auf jeden Fall zu **WinOnCD 3.5** der Aachener Firma CeQuadrat greifen, das nicht nur unter Insidern als bestes Brennerprogramm überhaupt bekannt ist. WinOnCD verfügt über eine vollständige Unterstützung aller möglichen CD-Formate. Und auch das praktische Bedienungskonzept mit vier Verzeichnis- bzw. Dateifenstern ist recht einfach erlernbar, schließlich wurde es nicht ohne Grund z. B. von Adaptec für den CD-Creator und auch von anderen Firmen „übernommen". Geschätzt wird WinOnCD v. a. auch wegen der erstklassigen, integrierten Audiofunktionen. Es ist schon beeindruckend, wenn man sieht, was bei

Audio-CDs eigentlich alles möglich ist und was man vorher gar nicht wußte. WinOnCD erlaubt selbst das Umgehen mit Extras wie Pre-Emphasis oder dem CD-Kopierschutz. Genial ist außerdem der integrierte Audio-Editor, mit dem man die Lautstärke von Musikstücken angleichen oder diese auch automatisch ein- bzw. ausblenden kann. Musikliebhaber, die ihren Brenner v. a. zur Erstellung von Audio-CDs einsetzen, haben zu WinOnCD eigentlich keine Alternative.

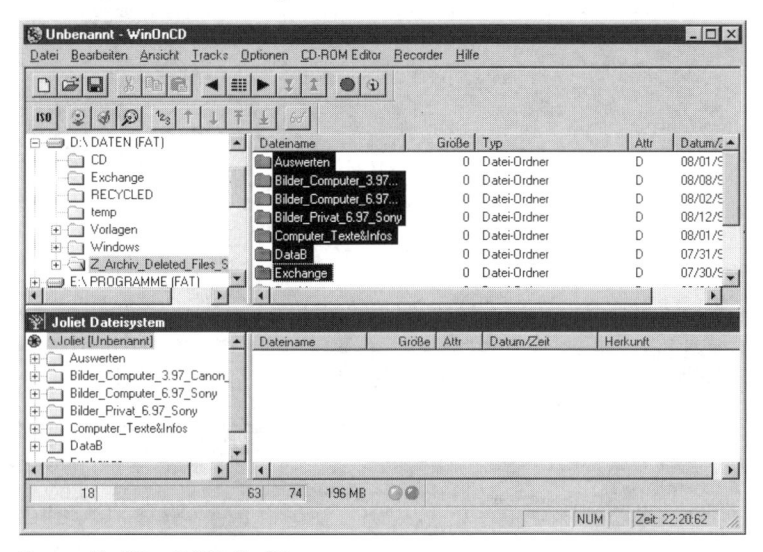

Brenn die CD mit WinOnCD

- Die Version 3.6 bietet neben einer überarbeiteten Oberfläche etliche neue, interessante Features wie einen Booklet-Editor (erstellt CD-Hüllen), ein Tool zum Reduzieren von Rauschen und Knacksern in Aufnahmen von analogen Schallplatten (wie beim Adaptecs CD-Creator), eine optimierte Geschwindigkeit durch spezielle Unterstützung der vorhandenen SCSI-Hardware sowie eine Auto-Erkennung vorhandener CD-Recorder. Praktisch ist auch die Möglichkeit, ein bereits angelegtes Projekt in ein anderes Format zu konvertieren (z. B. eine ISO-CD zu einer bootfähigen CD). Genial ist die Plug-In-Funktion, die eine nachträgliche Funktionserweiterung erlaubt. Demnächst werden z. B. Multirecorder-Support und verschiedene DVD-Funktionen als Plug-Ins nachgeliefert. Überhaupt ist WinOnCD bei der Feature-Liste nicht zu schlagen, selbst die Umwandlung von AVI- zu MPEG-Videos oder die Erstellung von ISO/Mac HFS Hybrid-CDs wird in der Vollversion ermöglicht. Voller Windows NT-Support ist natürlich ebenfalls vorhanden.

CD-ROM-Laufwerk, CD-Brenner und DVD

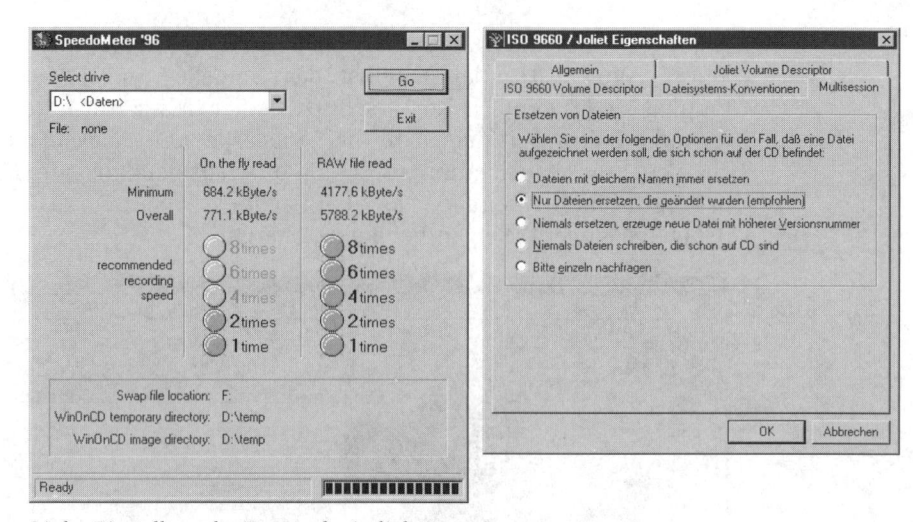

Links: Einstellung der Lesegeschwindigkeit
Rechts: Mögliche Einstellungen bei Multisession-CDs

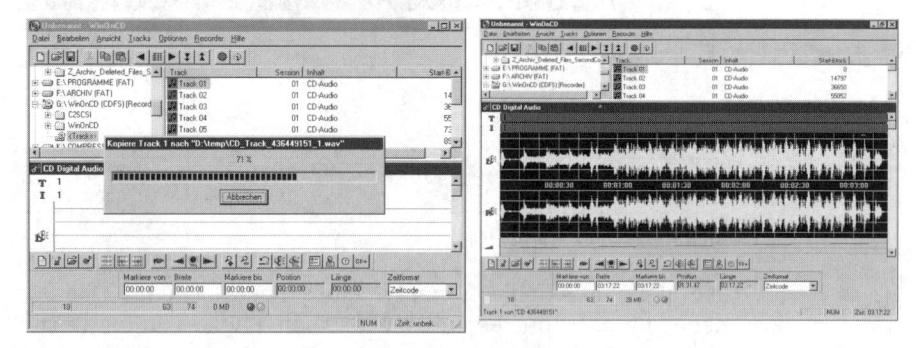

Links: Kopieren als erster Schritt vor dem Brennen
Rechts: Darstellung von Digital Audio-Sounds

11.5 Praxistips für CD-Brenner

Dank der letzten Abschnitte sollten Sie jetzt hoffentlich mit dem richtigen Recorder und der passenden Software ausgestattet sein. Das häufigste Problem beim CD-Brennen ist der sogenannte Buffer underrun-Fehler, der immer dann auftritt, wenn beim Brennen der Datenstrom abbricht. Anschließend ist leider der CD-Rohling verloren (und mit ihm die darauf gespeicherten Daten).

Autsch!! – Ein Fall für den Sondermüll

Besser brennen – Checkliste für den Brennerfolg

Bevor Sie so richtig loslegen mit der Brennerei oder immer dann, wenn Probleme auftreten, sollten Sie die nachfolgende Checkliste durchgehen. Sie listet die wichtigsten Grundvoraussetzungen für eine erfolgreiche CD-Erstellung auf.

1. Im **Hintergrund laufende Programme** sollten prinzipiell ausgeschaltet sein. Ein automatisch während des Brennens gestarteter Defragmentierungsvorgang führt z. B. garantiert zum Buffer underrun. Vergessen Sie dabei nicht Programme, die plötzlich aktiv werden können, wie Faxprogramme, diverse Serverdienste oder, gern vergessen: Bildschirmschoner!

2. Beachten Sie die **Performance-Voraussetzungen** fürs CD-Brennen. Mit einem langsamen 486er ist das kaum drin. 4fach-Brenner brauchen zwingend ein schnelles Pentium-System. Wenn vorhanden, sollten Sie die Brennersoftware die Performance und damit die empfohlene Brenngeschwindigkeit testen lassen.

3. Deaktivieren bzw. berücksichtigen Sie mögliche Performance-Bremsen wie die Verwendung von mit DriveSpace **komprimierten Laufwerken** oder auch den **Netzwerkanschluß**. Beide können den Brennvorgang empfindlich stören. Von einem komprimierten Laufwerk sollten Sie keine Daten On the fly einlesen lassen, denn das führt bei langsameren Rechnern garantiert auch zu einem Buffer underrun.

4. Wer mit vierfacher (oder noch höherer) Geschwindigkeit brennt, gelangt an die obere Leistungsgrenze vieler Rechner. Unter Umständen kann es notwendig sein, dann auf besonders hochwertige Komponenten zurückzugreifen. Die Verwendung eines **Wide-SCSI-Controllers** zum Anschluß der zuliefernden Festplatte ermöglicht z. B. eine maximale Datenübertragung, zumal hier auch gleichzeitig gelesen und geschrieben werden kann.

5. Die Geschwindigkeit eines **zuliefernden CD-ROM-Laufwerks** beim direkten Kopieren von CD zu CD ist dagegen bei aktuellen CD-ROM-Geräten kein Problem. Sie sollte aber sicherheitshalber doppelt so hoch wie die Schreibgeschwindigkeit liegen. 4fach- bzw. 8fach-CD-Player reichen dann völlig aus. Allerdings sollten Sie einen besonders hohen Wert auf die Fehlerkorrektur legen. Denn kommt es bei Fehlern zu Verzögerungen, dann haben Sie als Folge sofort einen ... genau.

6. Die **automatische Benachrichtigung** beim CD-Wechsel muß für CD-Brenner deaktiviert sein. Viele Brennerprogramme (hier auch wieder WinOnCD) überprüfen dies z. B. beim Start und bieten eine Deaktivierung an. Ansonsten sollten Sie dies per Hand machen (Geräte-Manager, *Eigenschaften* des CD-Brenners wählen und die Option *Benachrichtigung beim Wechsel* deaktivieren, siehe Seite 453). Übrigens, wer seine CDs mit Packet Writing z. B. über Adaptecs DirectCD beschreibt (siehe Seite 460),

muß (!) dagegen die automatische Benachrichtigung angeschaltet lassen, damit es nicht zu Fehlern beim Betrieb kommt.

7 Der **SCSI-Bus** sollte optimal für den Brennvorgang konfiguriert werden. Natürlich sollten alle Einstellungen der IDs und Terminierung stimmen; außerdem sollte nur der SCSI-Controller das Term-Power-Signal liefern. Einige Hersteller empfehlen, den Brenner an einen **eigenen SCSI-Controller** (zusätzlich zum vorhandenen) zu hängen. Ansonsten schließen Sie den Brenner am besten an einen PCI-Controller an. Von vielen wird auch empfohlen, im BIOS des SCSI-Controllers die maximale Übertragungsrate auf 5 MByte/s zu begrenzen. Das liegt immer noch Dimensionen über den tatsächlichen Leistungen des Recorders. Aber auch hier gilt: bei Problemen einfach ausprobieren.

Welche Rolle spielt der CD-Rohling?

Nachdem die meisten Startschwierigkeiten der CD-Recorder behoben scheinen, stürzt sich die optimierungssüchtige Computergemeinde derzeit auf den Einfluß der verschiedenen CD-Rohlinge. Ja, selbst bekannte Audio-Zeitschriften testen mit High-End-Anlagen und wollen dabei herausfinden, daß grüne Rohlinge besser klingen als blaue. Oder war es umgekehrt? Nun ja, wollen wir es ihnen glauben.

Im Prinzip scheint zwischen den verschiedenen Rohlingen kein wesentlicher Unterschied zu bestehen. Außerdem sind die drei Grundtypen (Cyanin = grünblau, Phtahalocyanin = gold und Metallkomplex-Azo-Farbstoff = blau) sowieso kaum noch eindeutig zu unterscheiden. Immer mehr Hersteller verwenden eigene Mischkombinationen, bei denen fast keiner mehr durchblickt. Viel wichtiger erscheint mir die Qualitätskontrolle des Herstellers. Sie sollten daher lieber darauf achten, Marken-Rohlinge statt billige No-name-Produkte zu kaufen.

Auf einen Punkt müssen Sie jedoch achten: Es gibt spezielle Rohlinge, die für vierfache oder sogar für achtfache Geschwindigkeit getestet und zertifiziert sind. Diese haben grundsätzlich eine höhere Qualität als die 2fach-Rohlinge, kosten aber nicht unbedingt mehr. Greifen Sie also, wenn möglich, zu diesen, 8fach-Brenner schalten im übrigen bei „den falschen" Medien auf langsameres „nur" vierfaches Brennen zurück.

Die Hersteller geben übrigens an, daß ihre Rohlinge garantiert 50, wahrscheinlich aber locker sogar 200 Jahre halten würden. Richtig testen kann das natürlich keiner. Die Stabilität hängt natürlich auch extrem von den Lagerungsbedingungen ab, denn besonders Temperaturschwankungen setzen dem Material zu. Chemische Reaktionen z. B. mit den aufgetragenen Lacken können die Daten zumindest partiell zerstören.

CDs mit langen Dateinamen – Das Joliet-Format

Das übliche CD-Format, ISO 9660, gewährleistet die Kompatibilität einer CD mit nahezu allen Computersystemen. Das hat allerdings auch seinen Preis, denn Datei und Verzeichnisnamen dürfen nur aus den ersten 128 ASCII-Zeichen mit maximal acht Buchstaben Länge und drei Buchstaben Dateierweiterung (8+3-Regel) zusammengesetzt werden. Außerdem ist die maximale Verzeichnistiefe auf acht Ebenen beschränkt. Das ist eine extreme Einschränkung, wenn man eine CD-R als Backup-Medium eines Datenträgers mit langen Dateinamen verwenden will. Bei Verwendung des ISO-Formats werden die Dateinamen gnadenlos zusammengekürzt (wie unter DOS mit Hilfe der Tilde ~).

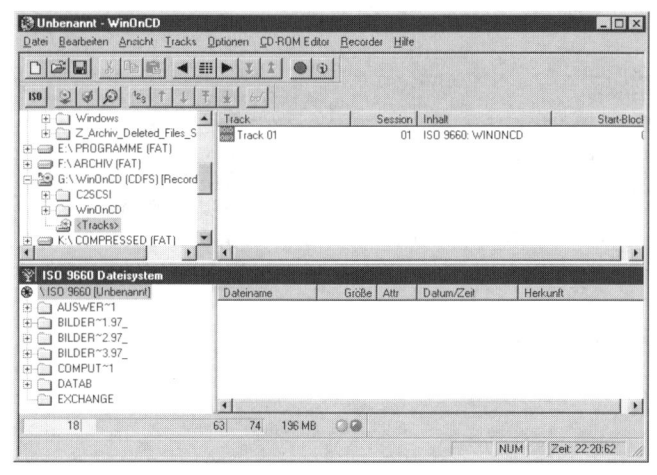

ISO 9660-Format bei WinOnCD

Im unteren Fenster ist deutlich zu sehen, wie bei einer CD im ISO-Format die langen Dateinamen einer Festplatte abgeschnitten werden.

Als Lösung gibt es verschiedene Varianten bzw. Erweiterungen des ISO-Formats, die aber nicht standardisiert sind. Die derzeit beste Lösung, leider nur unter Windows 95/98, ist die Verwendung des sogenannten Joliet-Formats. Dieses erlaubt Datei- und Verzeichnisnamen mit bis zu 64 Zeichen Länge, außerdem dürfen Verzeichnisnamen Erweiterungen enthalten.

CDs, die mit dem Joliet-Format gebrannt werden, sind allerdings nur unter Windows 95/98 mit den langen Dateinamen auch einlesbar. Da gleichzeitig aber auch eine Inhaltstabelle nach dem ISO-Format erstellt wird, können theoretisch andere Systeme wie z. B. DOS zumindest die Kurznamen-Versionen der Dateien einlesen.

Leider hält sich nicht jede Software an die genaue Spezifikationen des Joliet-Formats und legt z. B. keine ISO 9660-Kopie der Dateien an. So z. B. beim bekannten Corel CD-Creator, dessen Joliet-CDs unter DOS nur eine Readme-

Datei mit dem Verweis auf ein „veraltetes Betriebssystem" zeigen. Sie sollten Ihr CD-Brennerprogramm daraufhin überprüfen, inwieweit das Joliet-Format mit anderen Betriebssystemen kompatibel ist.

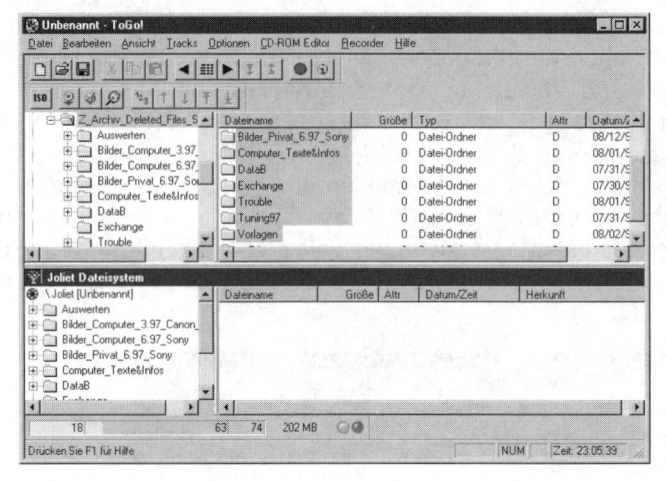

Joliet erlaubt lange Dateinamen unter Windows 95/98

WinOnCD von CeQuadrat unterstützt wie fast alle anderen Brennerprogramme das Joliet-Format. Deutlich ist im Vergleich zum oberen Bild zu erkennen, daß die langen Datei- bzw. Verzeichnisnamen auf der CD erhalten bleiben.

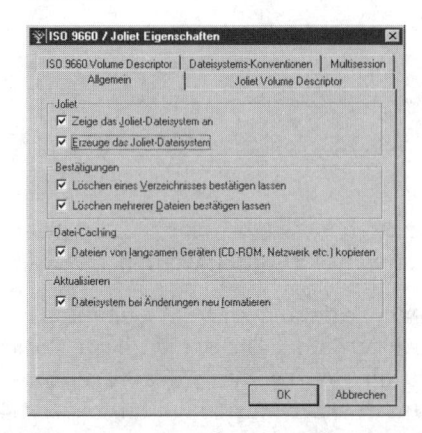

Lange Dateinamen bzw. das Joliet-Format zu nutzen muß vorher eingestellt werden

Die Verwendung des Joliet-Formats wird meistens durch entsprechende Dialogfenster in der Brennersoftware aktiviert.

Multisession-/Multivolume-Wirrungen

Unter Multisession versteht man ein Verfahren beim CD-Brennen, mit dem eine CD in mehreren Teilen erstellt werden kann. Dies ermöglicht es Ihnen, Ihre Daten in getrennten Brennvorgängen nacheinander auf den CD-Rohling zu bringen. Auf der fertigen CD befinden sich anschließend mehrere Sessions, die quasi jeweils eine in sich geschlossene CD auf der CD darstellen. Die Vorteile liegen auf der Hand, allerdings gehen je Session etwa 15 MByte auf der CD verloren.

Wichtig ist, daß es zwei verschiedene Arten gibt, Multisession-CDs zu erstellen. Beim sogenannten Incremental Multisession-Verfahren wird der Übergang von einer zur nächsten Session durch Verweise vom alten auf das neue Dateisystem erstellt. Hierzu werden beim Erstellen einer neuen Session die Inhalte aus der vorherigen in die neue TOC (**T**able **of C**ontent) importiert.

Beim Multivolume-Verfahren sind die einzelnen Sessions dagegen getrennt und werden ganz wie eigene CDs behandelt. Solche CDs können entstehen, wenn Sie zum einen beim Erstellen einer neuen Session vergessen haben, die Daten der letzten Session zu importieren, oder wenn zum anderen ein Programm verwenden, das nur Multivolume, aber nicht das Incremental Multisession-Verfahren beherrscht. Sie sollten daher beim Kauf einer Software unbedingt darauf achten, daß diese das Multisession-Verfahren vollständig unterstützt.

Wenn Sie eine Multivolume-CD in ein Laufwerk einlegen, sehen Sie zuerst immer nur die letzte der vorhandenen Sessions. Um auf die anderen zugreifen zu können, brauchen Sie einen speziellen Treiber, manchmal auch Multivolume-Mounter genannt. Mit diesem können Sie zwischen den verschiedenen Sessions umschalten, aber immer nur eine gleichzeitig sehen, was sehr lästig ist.

Der El-Torito-Standard – Bootfähige CD-ROMs, so geht's

Ja, das Booten von CD ist wirklich möglich und wäre ja auch manchmal ungeheuer praktisch, so könnte man bei der Installation eines Betriebssystems direkt von der bootfähigen Installations-CD starten, ohne sich erst um Treiber im DOS-Modus oder ähnliches zu kümmern.

Die alles geht aber nur, wenn mindestens zwei Voraussetzungen erfüllt sind:

- Das BIOS des PCs muß die Funktion unterstützen und eingeschaltet haben.
- Sie müssen eine bootfähige CD-ROM nach dem sogenannten El-Torito-Verfahren haben.

Voraussetzung für das Booten von CD ist also der El-Torito-Standard, benannt nach dem Restaurant El Torito-Grill in Irvine, Kalifornien, in dem angeblich auf einer Serviette das Verfahren von einigen hier jetzt nicht näher gewürdigten Technikern entworfen wurde.

Zur Erstellung einer bootfähigen CD nach eben diesem El-Torito-Verfahren müssen Sie mit Hilfe einer Brennersoftware, die diesen Standard unterstützt, eine bootfähige Partition der Festplatte (nur DOS mit evtl. Windows 3.x) komplett auf die CD-R übertragen. Sie können auch noch in einer weiteren Session Dateien nach dem ISO-Format auf der CD aufnehmen, aber diese sind nur sichtbar, wenn nicht von der CD gebootet wurde. Umgekehrt: Wenn von der CD gebootet wird, ist nur die Bootsession sichtbar. So geht's also.

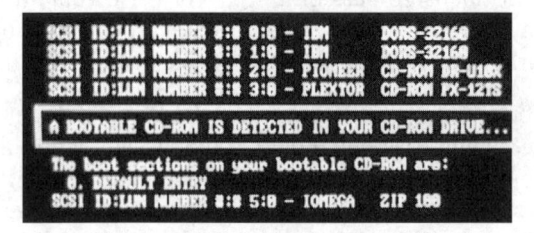

```
SCSI ID:LUN NUMBER #:# 0:0 - IBM       DORS-32160
SCSI ID:LUN NUMBER #:# 1:0 - IBM       DORS-32160
SCSI ID:LUN NUMBER #:# 2:0 - PIONEER   CD-ROM DR-U16X
SCSI ID:LUN NUMBER #:# 3:0 - PLEXTOR   CD-ROM PX-12TS

A BOOTABLE CD-ROM IS DETECTED IN YOUR CD-ROM DRIVE...

The boot sections on your bootable CD-ROM are:
   0. DEFAULT ENTRY
SCSI ID:LUN NUMBER #:# 5:0 - IOMEGA    ZIP 100
```

Die wahrscheinlich erste, bootfähige kommerzielle CD-ROM war die CD von Windows NT 4.0, die sich beim Booten mit einer enstprechenden Meldung bemerkbar macht. Gebootet werden kann allerdings nicht Windows NT selbst, sondern nur eine DOS-Partition auf der CD. Eine Kleinigkeit vielleicht noch: Sie können einstellen, ob die CD wie eine Diskette als Laufwerk A: oder wie eine Festplatte (Laufwerk C:) angesprochen werden soll. Normalerweise sollten Sie die letzte Option verwenden, denn als Diskette „maskiert" darf die Spiegelung der Bootpartition auf der CD nicht größer als 1,44 bzw. 2,88 MByte sein (je nach Einstellung der Diskettengröße im BIOS).

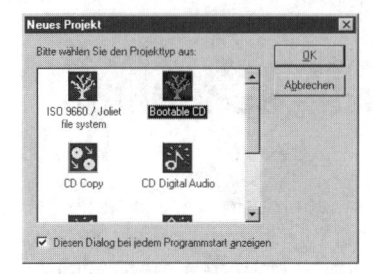

Nur die Profi-Brennerprogramme, wie hier WinOnCD oder auch GEAR, unterstützen die Erstellung von bootfähigen CDs.

Druck für die CD – Label beschriften und ausdrucken

Es gibt mittlerweile eine Reihe von Möglichkeiten, CDs professionell zu beschriften bzw. mit einem selbstklebenden Label zu versehen. Wenn Sie die CDs selbst per Hand beschriften wollen, sollten Sie übrigens nur mit weichen Filzschreibern auf der Rückseite wenige Bemerkungen aufschreiben. Wird die Lackschicht angegriffen, zerstören Sie die Daten. Übrigens dürfen Sie auf keinen Fall Aufkleber verwenden, denn deren Klebstoff kann nicht nur auf Dauer die CD angreifen, sondern verursacht in schnellen CD-Playern auch eine starke Unwucht (siehe Seite 442).

Doch zurück zu den richtigen Labels. Für professionelle Anwender gibt es spezielle Drucker, die per Thermotransfer CDs richtig professionell beschriften können. Diese kosten jedoch einige Tausend DM. Man legt einfach die CD ein, entwirft in einem Programm das Label und druckt. Das war's (bis auf die hohen Kosten). Das kommt für den Privatanwender allerdings kaum in Frage. Für den gibt es aber mittlerweile auch eine ganze Latte an vorgefertigten Klebeetiketten, die über ein mitgeliefertes Spezialwerkzeug genau zentrisch aufgesetzt werden können. Sie können die Etiketten zuvor mit jedem üblichen Drucker (Tintenstrahl oder Laser) z. B. unter Verwendung von CorelDRAW beschriften.

Ein solches Kit aus 99 Etiketten inklusive einer Vorlagedatei für gängige Grafikprogramme (CorelDRAW, Illustrator, QuarkXpress) vertreibt z. B. Kronenberg Art in Bad Homburg. In allen größeren Computerläden bekommt man mittlerweile solche Etiketten aber auch von anderen Herstellern.

Auch aus dem Hause DATA BECKER sind im Rahmen der bekannten Goldenen Serie verschiedene Programme auf dem Markt.

Harddisk-Recording – Die selbstgemachte Audio-CD

Selber Audio-CDs zu erstellen ist für viele ein richtiges Hobby geworden. Natürlich gehen die Wünsche dabei schnell über das einfache Kopieren oder Zusammenstellen von Stücken aus einer vorhandenen CD hinaus. Am liebsten würde man natürlich gern die digitalen Daten eines DAT- oder MD-Recorders übernehmen. Und natürlich auch seine alten, heißgeliebten Vinyl-Scheiben auf CD bannen. Aber dazwischen haben die Hersteller z. T. absichtlich viele Hürden gestellt.

Um eine vorhandene Audio-CD komplett oder in einzelnen Stücken on-the-fly zu kopieren, genügt die meistens vorhandene CD-Kopierfunktion von Brennerprogrammen. Hier werden die Daten einfach Sektor für Sektor übertragen. Schwieriger wird es, wenn man einzelne Songs digital auf die Festplatte und von dort auf eine CD-R übertragen will. Dies geht unter folgenden Bedingungen:

1 Ihr CD-ROM-Laufwerk hat einen Digital-Ausgang und übergibt die Daten an eine Spezialkarte mit Digital-Eingang in Ihrem Computer. Mehr zu dieser Möglichkeit gleich weiter unten.

2 Sie können mit einigen CD-ROM-Laufwerken (fast nur SCSI-Geräte) per Software die Songs als Wave-Dateien digital auslesen. Diese Möglichkeit wurde bereits auf Seite 445 besprochen.

3 Sie leiten die analogen Daten vom Line-Out-Anschluß des CD-ROM-Laufwerks an den Line-In-Anschluß der Soundkarte und digitalisieren über den dort vorhandenen A/D-Wandler die Daten noch mal alle neu.

Die Möglichkeit von Punkt 2 ist von allen die beste und bequemste, funktioniert aber leider nicht mit allen Laufwerken. Wenn diese nicht möglich ist, greifen die meisten Anwender zu Punkt 3, was allerdings fast immer zu deutlichen Klangeinbußen führt, weil Soundkarten einfach nicht so hochwertige und störsichere A/D-Wandler wie gute Hi-Fi-Geräte haben. Außerdem bringt die mehrfache D/A-A/D-Wandlung natürlich weitere Verluste mit sich.

Bleibt nur noch Lösung 1, die gleichzeitig auch für alle interessant ist, die Audiodaten digital von einem DAT- oder MD-Recorder übernehmen wollen. Da normale Soundkarten aber leider bisher keine Digital-Ein-/Ausgänge besitzen, muß man auf Spezialkarten zurückgreifen, die entsprechende Anschlüsse haben. Allerdings kommen derzeit auch die ersten Soundkarten mit Digital-Ein-/Ausgängen auf den Markt. Die heißeste von allen ist die Terra-Tec EWS-64, die optische und koaxiale Anschlüsse auf einem Frontpanel besitzt und nur rund 800 DM kostet. Die neue Sound Blaster AWE 64 Gold hat übrigens auch erstmals einen Digital-Anschluß, aber leider nur einen Digital-Ausgang, was Sie für Harddisk-Recording unbrauchbar macht.

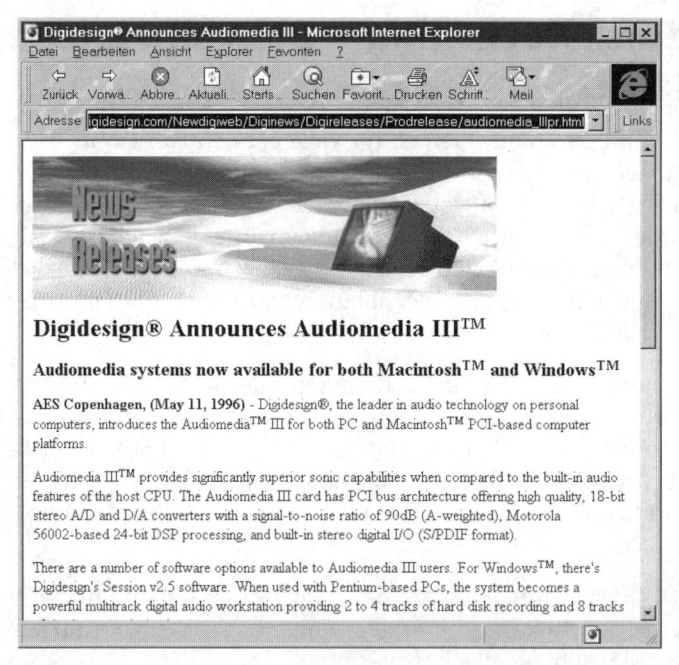

Der wohl bekannteste Anbieter einer reinen Digital-I/O-Karte mit Ein-/Ausgängen für Audiodateien ist Digidesign mit der Audiomedia III-Karte. Diese gibt es sowohl für den Macintosh als auch für den PC. Mehr Informationen finden Sie im Internet unter der Adresse *http://www.digidesign.com/Newdigiweb/Diginews/Digireleases/Prodrelease/audiomedia IIIpr.html*.

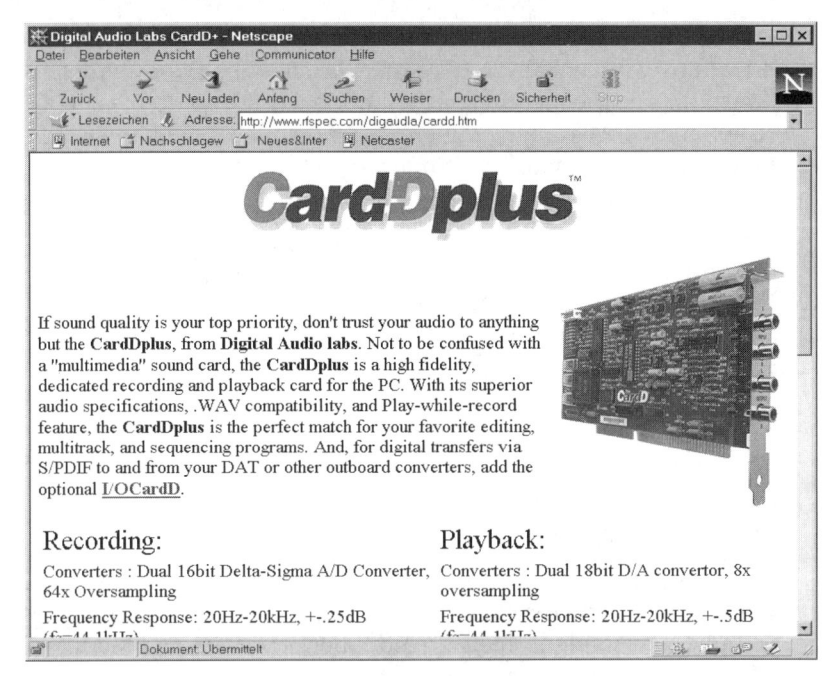

> **CardDplus**
>
> If sound quality is your top priority, don't trust your audio to anything but the **CardDplus**, from **Digital Audio labs**. Not to be confused with a "multimedia" sound card, the **CardDplus** is a high fidelity, dedicated recording and playback card for the PC. With its superior audio specifications, .WAV compatibility, and Play-while-record feature, the **CardDplus** is the perfect match for your favorite editing, multitrack, and sequencing programs. And, for digital transfers via S/PDIF to and from your DAT or other outboard converters, add the optional I/OCardD.
>
> Recording:
> Converters : Dual 16bit Delta-Sigma A/D Converter, 64x Oversampling
> Frequency Response: 20Hz-20kHz, +-.25dB
>
> Playback:
> Converters : Dual 18bit D/A convertor, 8x oversampling
> Frequency Response: 20Hz-20kHz, +-.5dB

Der zweite, bekannte Anbieter einer Digital-I/O-Karte ist die Firma Digital Audio Labs mit der Digital Only CardD. Passend zu dieser wird auch eine spezielle Digitalisierungskarte, die CardDplus, angeboten. Eine Besonderheit der Digital Only Card ist die automatische Abtastraten-Wandlung von DAT-Recorder-Aufnahmen mit 48 kHz. Mehr Infos finden Sie wieder im Web unter *http://www.rfspec.com/digaudla/cardd.htm*.

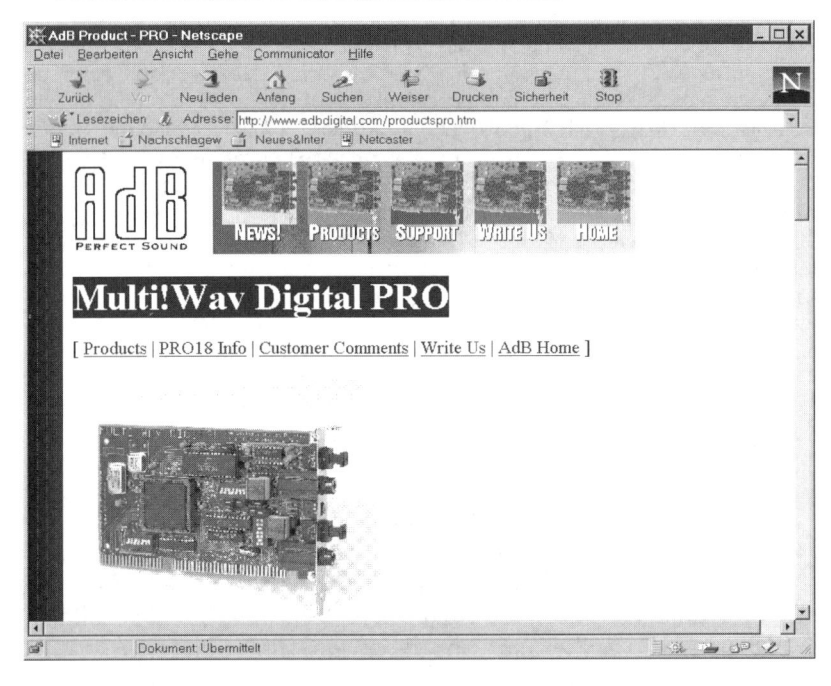

> **Multi!Wav Digital PRO**
>
> [Products | PRO18 Info | Customer Comments | Write Us | AdB Home]

CD-ROM-Laufwerk, CD-Brenner und DVD

Eine absolut hochwertige, aber auch entsprechend teure-Digital I/O-Karte ist die Multi!Wav Digital PRO von der Firma AdB. Diese wird z. B. auch von Tonstudios verwendet und besitzt im Gegensatz zu den anderen Karten optische Ein- und Ausgänge. Weitere Informationen auch hier wieder im Internet unter http://www.adbdigital.com/productspro.htm.

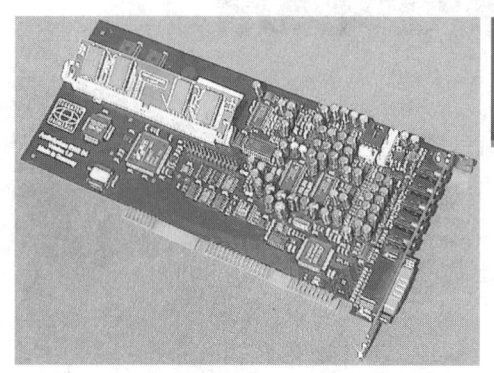

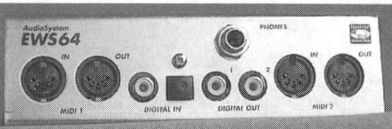

Wer Geld, aber nicht an der Leistung sparen will, kauft am besten direkt die EWS 64 von TerraTec (linkes Bild). Diese ist nicht nur eine alles könnende Soundkarte, sondern bietet auch über ein 5,25-Zoll-Modul digitale Ein-/Ausgänge in Coax- und optischer Form. Die Karte hat leider keinen Abtastraten-Wandler, was aber durch eine nachträgliche Softwarebearbeitung der Aufnahmen ausgeglichen werden kann.

> **Hinweis**
>
> **Digitale Hindernisse – Kopierschutz und Sampling-Raten**
>
> Beim digitalen Kopieren tauchen immer wieder zwei Probleme auf: erstens das sogenannte Kopierschutz-Bit, das von allen digitalen Hi-Fi-Geräten (DAT, MD) bei der Erstkopie einer CD der Aufnahme hinzugefügt wird. Dieses blockiert einen erneuten Kopierversuch. Zweitens die unterschiedlichen Abtastraten, die eine direkte Überspielung von DAT (48 kHz) und digitalem Radio (32 kHz) verhindern. Gegen das Kopier-Bit gibt es einen sogenannten Copyschutz-Knacker zu kaufen, von denen der Hucht ICP 1 CE der gleichnamigen Berliner Firma der beste ist, weil er dabei nicht wie alle anderen Geräte die Titelmarken einer Digital-Aufnahme zerstört. Und gegen die unterschiedlichen Abtastraten hilft ein Abtastraten-Wandler, der allerdings bei digitalen I/O-Karten für den PC nicht wirklich notwendig ist. Denn nahezu jede bessere Soundbearbeitungssoftware (z. B. Cool Edit) kann auf andere Sampling-Frequenzen umrechnen. Das Hucht-Gerät hat übrigens noch den Vorteil, ein Wandler zwischen optischen und elektrischen Digital-Anschlüssen zu sein. Die Kosten für das Gerät liegen bei knapp 300 DM. Übrigens: Die meisten PC-Karten, wie z. B. auch die EWS-64 von TerraTec, ignorieren das Kopierschutz-Bit. Fragt sich nur, wie lange die Musikindustrie dies akzeptieren wird.

Fazit: Durch endlich zur Verfügung stehende und relativ preiswerte Karten mit digitalen Ein- und Ausgängen sowie den deutlich gesunkenen Preisen für CD-Brenner und Medien ist der PC zu einer echten, hochwertigen Hi-Fi-Aufnahme-Maschine geworden. Wer seine analogen Schallplatten auf CD bannen will, sollte aber unbedingt ein Hi-Fi-Gerät (DAT, MD) oder eine hochwertige Soundkarte wie die EWS64XL zum Digitalisieren verwenden, denn die Qualität und Störfestigkeit der A/D-Chips auf gewöhnlichen Soundkarten reicht nicht an diese heran. Spezialprogramme wie DART Pro oder Sound Forge 4.5 ermöglichen anschließend die besondere Bearbeitung wie die Entfernung von Rauschen oder Knacksern. Und mit Hilfe üblicher Soundeditoren (z. B. der Shareware Cool Edit 96) können Sie sonstige Bearbeitungen wie eine Sampling-Raten-Umwandlung vornehmen. Teilweise bieten auch manche CD-Brennerprogramme wie WinOnCD interessante Funktionen, mit denen z. B. Songs nachträglich digital weich ein- und ausgeblendet werden können oder die unterschiedliche Lautstärke von Stücken angeglichen werden kann. Das Endprodukt, die selbstgebrannte Audio-CD, ist dann tatsächlich teilweise hochwertiger als das Schallplattenoriginal.

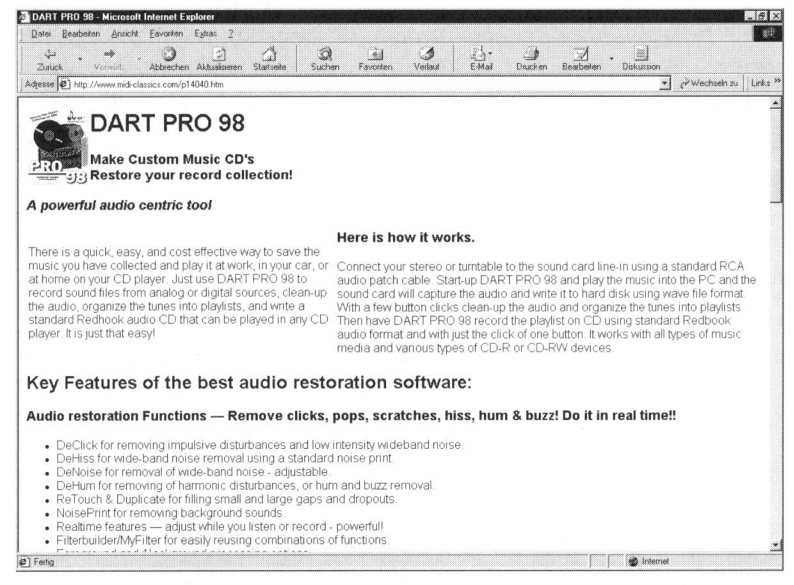

DART Pro und Sound Forge werden in Deutschland ausschließlich über die Firma M3C in Berlin (*www.m3c-berlin.de*) vertrieben. Weitere Infos über DART finden Sie im Internet auch unter der gezeigten Adresse *http://www.midi-classics.com/p14040.htm*.

Die besonderen Anforderungen an Glasmaster-CDs

Falls Sie, aus welchen Gründen auch immer, Ihre selbsterstellte CD anschließend in einer richtigen CD-Fabrik in Form normaler CD-ROMs vervielfältigen lassen wollen, gilt es, noch ein paar Dinge zu beachten:

Die CD-Fabrik braucht für die CD-Pressung eine andere, hochwertige CD-R als Vorlage, den sogenannten Glasmaster. Diesen dürfen Sie z. B. nur mit der Disc at Once-Methode erstellen, da per Track at Once erzeugte CD-Rs im Preßwerk Fehler verursachen. Außerdem sollten Sie unbedingt mit dem

Preßwerk über mögliche Medientypen und weitere, z. T. nur dort bekannte Probleme sprechen. In letzter Zeit wurde etwa berichtet, daß z. B. der bekannte 4fach-Brenner von Teac mit bestimmten Rohlingen offenbar für Preßwerke unbrauchbare Glasmaster erstellt. Sie sehen also, daß es manchmal gerade bei solchen Spezialfällen unvorhersehbare Probleme gibt.

11.6 Alles über DVD-Laufwerke

Als Digital Video Disc angekündigt, machte man später aus der DVD die **D**igital **V**ersatile **D**isc, also die digitale, vielseitige Scheibe. Die DVD wird wohl früher oder später die gute alte CD nach über zehn Jahren Markterfolg ablösen. Das Erfolgsrezept heißt in erster Linie mehr Datenkapazität. Dies wird durch zwei neue Konzepte erreicht: Erstens konnte die Aufzeichnungsdichte durch Verwendung eines kurzwelligeren Lasers (650 statt 780 nm) erhöht werden. Gleichzeitig wurde jede Seite durch eine halbdurchlässige Grenzschicht im Daten-Doppelpack ausgelegt.

Hinweis
Technisches zu DVD

Diese Steigerung wurde maßgeblich dadurch erreicht, daß die Informationen auf der Scheibe (eigentlich besteht eine DVD übrigens aus zwei einzelnen, jeweils 0,6 mm starken Scheiben, die gleichsam Rücken an Rücken aufeinandergeklebt sind) enger gepackt wurden. Zum Vergleich: Betrug der Spurabstand bei der CD noch 1,1 µm wurde dieser bei der DVD auf 0,74 µm reduziert. Die einzelnen Pits, die letzlich die Informationen tragen, wurden von 0,83 µm bei der CD auf 0,4 µm bei der DVD verkleinert.

Und wem das nicht reicht, der kann die DVD auch gleichsam 4fach haben: Es werden einfach beide Seiten als Doppelschicht für Daten verwendet. Macht insgesamt bis zu 17 GByte Datenspeicher. Auf eine Einzelschicht passen bis zu 4,7 GByte, also rund siebenmal mehr als auf eine herkömmliche CD. Die technischen Daten können also wirklich überzeugen.

Achtung
Vorsicht beim DVD-Kauf – Inkompatibilität mit CD-Rs

Wer sich ein DVD-Gerät kaufen möchte, sollte unbedingt darauf achten, daß dieses CD-Rs, also die normalen CD-Brenner-Rohlinge, lesen kann. Denn normalerweise ist ein DVD-Player aufgrund des veränderten Abtast-Lasers dazu nicht in der Lage. Nur wenn ein zweiter Laser extra für CD-Rs eingebaut wurde, ist das Gerät zum Lesen beider Formate in der Lage (= Multiread). Aber Vorsicht, bei weitem nicht alle Geräte haben diese Dual-Laser-Ausführung. Übrigens sind solche Multiread fähigen Geräte meist etwas langsamer als reine DVD-Lösungen, was wohl an dem (durch die beiden Laser) schwereren Lesekopf liegt. Moderne DVD-Laufwerke wie das Toshiba SD-M1202 sind allerdings ein nahezu vollwertiger Ersatz für ein CD-ROM-Laufwerk. Neben der Verwendung als DVD-Gerät lesen sie CD-ROMs, CD-Rs, CD-RWs, spielen und grabben Audio-CDs, wenngleich sie in allen Disziplinen ein wenig langsamer sind als echte CD-ROM-Laufwerke.

DVD – Wirrungen ohne Ende

Die Geschichte der DVD ist ungefähr das Verwirrendste, was wir in Sachen Markteinführung eines Produkts bisher gesehen haben. Von zahllosen Rangeleien zwischen einzelnen Firmen, Interessengruppen und Zusammenschlüssen geprägt wurde die endgültige Verabschiedung eines einheitlichen Standards immer wieder verschoben. Um die momentane Marktsituation ein wenig beurteilen zu können, hier ein kurzer Abriß:

- Philips und Sony halten die Patentrechte an der CD, sie verdienen also an jeder verkauften Audio-CD, an jedem CD-ROM, CD-Brenner und herkömmlichen CD-Player. Als diese beiden Firmen 1994 beschlossen, einen Nachfolger zu entwickeln, entbrannte zwischen ihnen und den konkurrierenden Unternehmen ein erster Streit um das neue Format.

- In diese Querelen wird auch die gesamte Hollywood-Industrie hineingezogen, denn Spielfilme sollen eine Hauptanwendung für die zukünftige „Super-CD" sein. Man einigte sich schließlich bei einem Zusammenschluß auf die DVD.

- Ein Gremium legte dann, analog zur Produktserie der CD, eine ganze Reihe von DVD-Standards vor: die nur lesbare DVD-ROM für Daten oder Filme, die einmal beschreibbare DVD-R, die hauptsächlich (schon durch den Preis des Recorders von über 10.000 DM und einem Medienpreis von 100 DM) für den Herstellungsprozeß der DVD-ROM gedacht war, und die DVD-RAM, ein frei lösch- und wiederbeschreibbares Format.

- Damit wäre alles einfach und schön strukturiert gewesen, wesentlich besser sogar als bei der herkömmlichen CD und ihren unterschiedlichen Formaten. Bei der Spezifizierung der DVD-RAM kam es aber dann erneut zum Streit zwischen den beteiligten Firmen, die unterschiedliche Formate mit den verschiedensten Argumenten forderten. Und in der Beziehung ist immer noch kein Ende in Sicht. Folgende Formate wurden bislang vorgestellt, wobei wohl nicht extra erwähnt werden muß, daß diese Verfahren untereinander nicht kompatibel sind:

Bezeichnung	Anbieter	Kapazität
DVD-RAM	Panasonic, JVC, Toshiba, Hitachi	2,6 GByte
DVD+RW	Sony, Philips, HP, Yama, Ricoh, Mitsubishi	3,0 GByte
DVD/RW	Pioneer	3,95 GByte
MMVF	NEC	5,2 GByte

Region-Codes der DVD

Um was geht es dabei überhaupt? Jede DVD soll mit einem Code versehen werden, die von dem Player (der selbst auch einen Code trägt) abgefragt werden muß. Stimmen Code von DVD und Player nicht überein, soll der Player die Wiedergabe verweigern.

Was die Firmen damit bezwecken wollen, ist eigentlich schnell erraten: die Verkleinerung und Kontrolle der Zielmärkte für DVDs. Denn diese Kontrolle schwächt den natürlichen Preisverfall durch konkurrierende Anbieter auf einem großen, offenen Markt.

DVD-Länder-Code	Gültig für Region
1	USA und Kanada
2	Europa, Japan, Mittlerer Osten, Südafrika
3	Südostasien, Taiwan
4	Australien, Neuseeland, Mittel- und Südamerika
5	Afrika, Indien, GUS, Pakistan
6	China

Einige Computerlösungen zum Abspielen erfordern ein kompliziertes Umschalten zwischen den einzelnen Region-Codes, manche Geräte erlauben dies allerdings nur wenige Male, danach sind sie quasi auf die Region „geeicht".

Hinweis
Regional-Code-Details

Man unterscheidet bei DVD-Playern RPC-Phase-1-Geräte und RPC-Phase-2-Geräte, RPC steht dabei für **R**egional **P**layback **C**ode. Während RPC1-Geräte die Informationen über den Regional-Code softwareseitig speichern, wird bei RPC2 die Information in einem Chip im Gerät abgelegt.

RPC1 erlaubt – zumindest theoretisch – ein Zurücksetzen in den Urzustand, indem die Software des DVD-Players de- und dann neuinstalliert wird. Wenn die Daten außerhalb des eigenen Programmverzeichnisses „versteckt" sind oder ein Eintrag in die Registry in der Form eines Schlüssels erfolgt, müssen die Informationen aber oft mühselig von Hand entfernt werden. Immerhin ist es überhaupt möglich, im Gegensatz zu RPC2. Viele Hersteller bieten aber mittlerweile Umrüstmöglichkeiten an, mit denen RPC2-Firmware auf RPC1 umgestrickt werden kann.

Die Regionalisierung der DVD-ROMs ist natürlich völlig blödsinnig, da auf dem Medium mehr als genug Platz ist, um beispielsweise zu einem Spielfilm die Tonspuren in mehreren Sprachen zu speichern, die dann eigentlich bei Bedarf ausgewählt werden sollten.

Auf eins ist allerdings Verlaß: die Neugier der weltweiten Computergemeinde. So wird sich sicher zu einer Computerlösung zum Abspielen von DVD-Filmen schnell jemand finden, der weiß, wie man diesen Abspielschutz umgeht. Meist verfügen solche selbsternannten „Forscher" auch über ein unbändiges Mitteilungsbedürfnis im Internet. Sollten Sie einen Mechanismus finden, der die Abspielsperre aushebelt, müssen Sie mit dem Hersteller des Geräts abklären, ob er legal ist.

Kopierschutzmaßnahmen von DVD

Wenn Sie sich schon auf kristallklare Kopien des neuesten DVD-Videos auf eine normale VHS-Cassette freuen: Daraus wird wohl nichts, denn die Filme werden (aus Angst der Copyright-Hüter) mit CSS (**C**ontent **S**crambling **S**ystem) von Matsushita verschlüsselt, das das Anfertigen von Kopien verhindert.

Schuld ist hauptsächlich die Medienindustrie aus dem Film- und Musiksektor, die auf wirksame Kopierschutzmechanismen drängt, ja sogar die Kriminalisierung des Umgehens eines solchen Kopierschutzes fordert. Wie auch schon bei der Einführung von digitalen Aufzeichnungsgeräten für den Hi-Fi-Markt (DAT, MD) werden die technischen Möglichkeiten für den Anwender mit zahlreichen Tricks kastriert, um Raubkopierern das Handwerk zu legen und das von den Firmen verkaufte Original gegenüber der Kopie immer ein wenig attraktiver zu halten.

Während im Hi-Fi-Bereich mittlerweile die halbwegs zufriedenstellende Lösung gefunden wurde, daß eine digitale Kopie der ersten Generation möglich ist, stellt man sich für die DVD wohl eher einen kompletten Kopierschutz vor.

Das Content Scrambling-Verfahren wurde von der Filmindustrie zwar vorerst akzeptiert, aber gleichzeitig fürchtet man schon mögliche Kopierschutz-Knacker, wie es sie für herkömmliche Videos und digitale Audiogeräte ja auch schon gibt. Deshalb ist jetzt schon eine neues Verfahren in aller Munde: das noch sicherere Divx-Verfahren. Solche DVDs könnten nur für einen kurzen Zeitraum nach Erwerb angeschaut werden, für jedes weitere Ansehen müßte die Scheibe erneut freigeschaltet werden (Pay per View). Abgesehen von den hohen Kosten wäre das der Alptraum für jeden Datenschützer. Bleibt nur zu hoffen, daß sich ein solches System gar nicht erst durchsetzt ...

AC3 gegen MPEG2 – Streit um den Surround-Sound

Als hätte das alles noch nicht ausgereicht, kam es noch zusätzlich zu Streitereien um die verschiedenen Normen zum Surround-Soundstandard. Hier hat v. a. Philips in Deutschland einen Heidenaufstand gemacht, weil nach ihrer Meinung der DVD-Standard für den hiesigen Markt mit PAL-Fernseh-Norm zwingend MPEG2-Audio als digitalen Surround-Sound vorsieht (siehe Info-Kasten zum Hintergrund).

Um es zu verdeutlichen: Es geht hier um den digitalen Nachfolger von Dolby Prologic, also den Surround-Sound, der erst das richtige, im Soundbereich dreidimensionale Kino-Feeling aufkommen läßt, und nicht den eigentlichen Zweikanalton des Films. Dennoch wird Surround-Sound immer wichtiger für den Erfolg von Filmen (privat und im Kino).

> **Hinweis**
>
> **AC3 oder MPEG2, welcher 3-D-Sound soll's denn sein?**
> Auf der DVD ist neben der normalen Bild- und Toninformation auch noch Platz für Surround-Soundinformation. Der analoge, veraltete Dolby Prologic-Standard soll hier durch neue, digitale Verfahren mit höherer Qualität abgelöst werden. Zur Konkurrenz stehen (wen wundert das?) mehrere Verfahren: AC3 (von den Dolby Laboratories) und MPEG2-Audio (von Philips). MPEG2-Audio ist eine Untermenge des MPEG2-Kompressionsstandards. Gut, daß wenigstens die Bildinformationen auf einer DVD einheitlich nach MPEG2 komprimiert sind. Darüber hinaus ist der normale Audio-Stereoton im unkomprimierten 16-Bit-CD-Standard vorhanden (evtl. mit integriertem Prologic-Sound). Für die europäische DVD-Norm wollte Philips MPEG2 auch für den Surround-Sound durchsetzen. Daß AC3 sich für den Rest der Welt schon etabliert hat, interessiert die Holländer nicht; obwohl MPEG2 keine deutlichen Vorteile bietet. Dummerweise ist die europäische DVD-PAL-Norm schwammig ausgedrückt, da Typ und Anzahl von MPEG-Audiokanälen nicht klar festgelegt ist. So haben findige Hersteller jetzt die ersten DVD-PAL-Filme doch mit AC-3 und zusätzlichen MPEG-Audioinformationen herausgebracht.

Der amerikanische Konkurrenzstandard AC3 von Dolby hat sich weltweit schon viel stärker durchsetzen können. Insbesondere produziert und verkauft die Elektronikindustrie schon kräftig (auch in Deutschland) Verstärker und Dekoder für AC3. MPEG2-Geräte sind aber weit und breit nicht zu sehen, weil Philips als Vorreiter von MPEG2 die Entwicklung verpennt hat. Dennoch bestand man bis vor kurzem weiter darauf, daß in Deutschland MPEG2-Surround-Sound auf DVDs zwingend sei. AC3 dürfe höchstens optional vorhanden sein. Hersteller bzw. Anbieter von ersten DVD-Filmen mit AC3 (aber ohne MPEG2-Audio) hat Philips kräftig attackiert. Seit einiger Zeit scheint sich jedoch eine vernünftigere Haltung in den Köpfen der Philips-Manager durchgesetzt zu haben, denn man hat den Kampf aufgegeben und zugunsten von AC3 eingelenkt, was dem Markt für DVDs sicher nicht gerade geschadet hat.

Kein Audiostandard für DVD

Man mag es kaum glauben: Es gibt derzeit keinen DVD-Audiostandard, und den wird es wohl auch so schnell nicht geben. Mit anderen Worten: Wer jetzt einen DVD-Player kauft, kann nicht sicher sein, daß er den DVD-Audiostandard von morgen unterstützt. Die Geräte taugen dann vermutlich nur zum Betrachten von Videos. Aufgrund ihrer größeren Speichermenge ist die DVD ja eigentlich optimal geeignet, deutlich mehr Audioinformationen z. B. für höhere Qualität und/oder Spiellänge aufzunehmen. Neben einer reinen Qualitäts- und Spielzeitverbesserung sind auch zusätzliche Informationen (Texte, Bilder) oder Surround-Sounddaten möglich. Jedoch können sich die Hersteller, hauptsächlich aufgrund der Bedenken der Musikindustrie, nicht auf einen verbesserten Standard einigen. Zu gut läuft auch noch das Geschäft mit der normalen Audio-CD, zu groß ist die Angst vor Raubkopien ohne Qualitätsverlust. Wünschenswert wäre, daß die mittlerweile sicherlich nicht mehr tolle Auflösung der alten Audio-CD von 16 Bit und 44,1 kHz deutlich verbessert werden würde. Im Gespräch sind z. B. 24 Bit mit 96 kHz, was in etwa eine Verdreifachung der Datenmenge ausmachen würde. Philips und Sony wollen aber weg von den herkömmlichen PCM-Verfahren, bei denen die Daten in solchen, einzelnen Paketen (Bitmengen, also z. B. 16 Bit oder 24 Bit) kodiert werden. Statt dessen favorisieren sie kontinuierliche Bit-Strom-Verfahren, wie sie auch schon bei hochwertigen DAT-Recordern oder CD-Playern verwendet werden. Diese würden einen Frequenzumfang von 100 kHz bei 120 dB Dynamik erlauben. Also auch hier wieder viele Optionen und wenig Aussicht auf eine schnelle, kundenfreundliche Einigung.

11.7 DVD in der Praxis

Ganz so düster, wie es nach der Lektüre des letzten Abschnitts aussieht, ist es aber dennoch nicht: Bis auf 20th Century Fox haben sich alle großen Filmstudios mittlerweile für die DVD ausgesprochen, und auch die Computerindustrie ist gegenüber einem Medium mit der (für momentane Verhältnisse) gigantischen Speicherkapazität der DVD prinzipiell nicht abgeneigt. Wie sieht es also mit Praxislösungen aus?

DVD-ROM-Laufwerke als CD-ROM-Laufwerke-Ersatz

Zu Preisen von unter 400 DM werden mittlerweile DVD-Laufwerke angeboten, die ein gewöhnliches CD-ROM-Laufwerk in allen Belangen ersetzen können. Wie schon in dem Tip auf Seite 478 erwähnt, können die meisten sogar Audio-Tracks von CDs digital auslesen (grabben), eine Funktion, die nicht einmal alle CD-ROM-Laufwerke beherrschen. Lediglich die Preise dieser Laufwerke liegen mit 250 bis 400 DM deutlich über denen herkömmlicher CD-ROM-Laufwerke. Allerdings sei auch in diesem Zusammenhang noch einmal auf das Studium aktueller Test- und Kaufberichte hingewiesen. Gängige Geschwindigkeiten bei der DVD-Wiedergabe sind zur Zeit 4fach - 6fach. In diesem Fall steht das „x" jedoch nicht für 150 KByte/s wie bei den CD-ROMLaufwerken, sondern für 1,35 MByte/s. DVDs sind beim Datendurchsatz also (zwangsweise) keine lahmen Gäule. Im CD-ROM-Betrieb sind ungefähr 24fach -32fach (150 KByte/s) möglich. Besonders wichtig: Fallen Sie nicht auf „Schnäppchen" herein, hinter denen sich DVD-Laufwerke der allerersten Generation verbergen, denn diese können weder CD-Rs noch CD-RWs lesen! Ein Punkt, den Sie mit dem Händler vor dem Kauf unbedingt klären sollten.

Videowiedergaben über den PC

Sie haben sich also für ein DVD-Laufwerk entschieden, einen der mittlerweile auch in Deutschland recht zahlreich vorhandenen DVD-Titel erworben und möchten sich das Ganze nun zu Hause ansehen. Dann bleibt noch zu hoffen, daß Ihr Rechner die nicht gerade geringen Systemanforderungen erfüllt:

Checkliste: DVD-Wiedergabe per Computer
Für eine flüssige Wiedergabe über den Computer auf einem Fernseher benötigen Sie mindestens einen:
300 MHz Pentium II/AMD K6-2
eine hochwertige AGP-Grafikkkarte mit Videoausgang
eine hochwertige Soundkarte

Da die Filme auf der DVD MPEG-kodiert vorliegen, fällt für den Prozessor eine ganz schöne Arbeit an, um die Daten flüssig dekodieren zu können und die gewaltige Datenmenge zur Grafikkarte zu schaufeln. Mit so einem Rechner können Sie dann aber auch auf einen Hardware-MPEG-Dekoder auf einer eigenen Karte verzichten und auf einen Softwaredecoder zurückgreifen. Diese haben den Vorteil der wesentlich besseren Bildqualität, weil zusätzliche Kabel und Signalwege entfallen (siehe nächster Abschnitt).

> **Hinweis**
> **Grafikchips mit DVD-Unterstützung**
> Eine relativ neue Sache sind Grafikchips moderner Grafikkarten (beispielsweise die Miro Crystal DVD mit dem SiS 6326), die neben Funktionen zur Motion Compensation noch weitere Teile der Dekodierung hardwaremäßig ausführen können. Je mehr Arbeit die Grafikkarte dem Prozessor abnehmen kann, um so langsamer darf dieser ruhig sein, ohne daß die Bildqualität darunter leidet. Voraussetzung ist natürlich eine Abspielsoftware, die diese Funktionen vollständig unterstützt und koordiniert, aber hier bringt Windows 98 von Hause aus schon eine gute Unterstützung mit, denn prinzipiell sind alle nötigen Mechanismen, um DVD ins System einzubinden, bei Windows 98 schon vorgesehen.

DVD-Komplettpakete

Eine wirklich befriedigende Alternative zu Stand Alone-Playern mit Softwaredecodern bieten momentan DVD-Komplettpakete wie das Creative PC-DVD Encore 5X (siehe Abbildung), einem aus DVD-Laufwerk und einer PCI-Dekoderkarte bestehendem Set. Besonders bei nicht so ganz potenten Rechnersystemen brauchen Sie damit nicht auf den DVD-Genuß zu verzichten.

Andere Anbieter solcher bestehenden Sets sind Philips mit dem PCA424 DK in Verbindung mit einem Real-Magic Hollywood+ MPEG-Dekoder von Sigma Designs oder die Maxi DVD Theater Lösung von Guillemot. Allen Lösungen (auch DVD Kits genannt) ist gemein, daß die Dekodierung der Audio-/Videodaten nicht vom Prozessor, sondern von einer eigenen Karte übernommen wird. So bietet sich diese Lösung auch für Besitzer schwächerer Systeme an, da sie nicht nach so viel Rechenleistung verlangt.

Komplettangebot: PCI-Dekoderkarte und DVD-Laufwerk

Einen Haken hat aber auch dieses System: die Ankopplung an die Grafikkarte wird mit einem Loop-Through-Kabel vorgenommen. Das heißt, die bisherige Grafikkarte wird mit einem kurzen VGA-Kabel mit der Dekoderkarte verbunden, die dann ihrerseits das Signal an den nun dort angeschlossenen Monitor weiterleitet. Darunter kann das Videosignal leiden, die Darstellung auf dem Monitor ist also auch im normalen Betrieb immer etwas unschärfer.

Hinweis
DVD ohne Loop-Through

Die Qualitätsverluste können Sie übrigens umgehen, indem Sie einfach auf das Loop-Through-Kabel (und damit allerdings auch auf eine Darstellung auf dem Computermonitor) verzichten und lediglich einen Fernseher an dem Videoausgang der Karte anschließen. Das empfiehlt sich übrigens auch dann, wenn Sie bereits eine Add-On-Karte per Loop-Through verwenden, wie dies z. B. bei 3-D-Beschleuniger-Karten mit Voodoo- oder -2-Chipsatz gemacht wird. Ob es möglich ist, das Videosignal über Grafikkarte, 3-D-Beschleuniger und dann noch DVD-Dekoder zu loopen, bleibt also eine eher theoretische Frage, besser wird die Bildqualität dadurch jedoch sicherlich nicht.

Die Einbindung in Windows 95/98 überrascht übrigens auch bei DVD-Laufwerken oder bei kompletten Kits wie dem Encore von Creative nicht mit Besonderheiten: Windows klassifiziert das DVD als eine Art CD-ROM-Laufwerk, und die Dekoderkarte wird als *Audio-, Video- und Gamecontroller* zur Kenntnis genommen. Klar, daß beide Geräte normalerweise direkt beim ersten Booten nach dem Einbau per Plug & Play erkannt werden und nach den entsprechenden, beiliegenden Treibern verlangen. Für einige Geräte (wie die DVD-Dekoderkarte von Toshiba) bringt Windows 98 sogar schon eigene Treiber mit, wobei es natürlich generell empfehlenswert ist, auf die Treiber des Herstellers zurückzugreifen, da diese meist aktueller sind.

CD-ROM-Laufwerk, CD-Brenner und DVD

Eintrag des DVD-Laufwerks im System

Die Lösung von Creative überzeugt außerdem noch dadurch, daß sie das Dolby Digital (AC-3) Signal nach außen leitet und so die Voraussetzungen für ein digitales Suround-Soundsystem schafft, das auch zu Hause für ein Klangerlebnis wie im Kino sorgt (6-Kanal-Ton). Um in diesen Genuß zu kommen, benötigen Sie allerdings noch einen entsprechenden Audiodecoder und natürlich mehr als die bei Stereo üblichen zwei Lautsprecher. Und am besten noch ein alleinstehendes Haus oder zumindest sehr tolerante Nachbarn.;-)

Zukunftsausblicke – Möglichkeiten für DVD am PC

Einige bisher selten verwendete oder sehr neue Möglichkeiten möchten wir Ihnen nicht vorenthalten, deshalb hier eine kleine Übersicht in aller Kürze:

- Dekoderboards (wie das CineMaster von Quadrant International) schreiben den dekodierten Datenstrom über den PCI-Bus in den Speicher der Grafikkarte (PCI Video Inlay). Dieses Verfahren belegt mit den ca. anfallenden 20 MByte/s einen großen Teil der OCI-Bandbreite, vermeidet aber die Qualitätsverluste durch zusätzliche Kabelverbindungen.

- Dekoderboards, die den Datenstrom direkt über ein Kabel zu einem speziellen Video-Port auf der Grafikkarte leiten (VMI oder VIP). Bei diesen Verfahren müssen beide Karten gut aufeinander abgestimmt sein. ATI entwickelte einen eigenen Standard (AMC), der aber vermutlich zugunsten von VIP aufgegeben wird. Lediglich Matrox kocht noch ein eigenes Süppchen und bleibt bei seinem Format.

12. Soundkarten, Boxen und Mikro – Den PC zur Soundmaschine aufrüsten

Für immer mehr PC-Anwendungen wird inzwischen eine Soundkarte benötigt. Aktuelle Betriebssysteme wie Windows 95/98/NT unterstützen die Soundkarte standardmäßig und stellen relevante Programme sowie Klänge zur Verdeutlichung von Systemereignissen zur Verfügung.

Möchten Sie Ihren Rechner mit einer Soundkarte ausstatten oder die alte Soundkarte durch einen Typ der neuen Generation ersetzen, finden Sie in diesem Abschnitt die notwendige Hilfe. Zudem wird beschrieben, wie Soundkarten grundsätzlich arbeiten und worauf beim Kauf von neuen Karten zu achten ist.

Zur konkreten Auswahl „Ihrer" Soundkarte bekommen Sie ab Seite 488 Tips für die Auswahl des Soundkartentyps. Ab Seite 498 zeigen wir Ihnen den grundlegenden Einbau der Soundkarte und die notwendigen Arbeitsschritte zur Installation und Konfiguration der notwendigen Treiberprogramme bzw. der Anwendungssoftware und geben Ihnen Hilfestellung beim Anschluß von Boxen, Kopfhörern und Mikrofonen.

Der nächste Abschnitt (ab Seite 515) stellt Ihnen die generellen Basiskomponenten von Soundkarten vor. Außerdem besprechen wir die Möglichkeiten, die Ihnen höherwertige (und höherpreisige) Systeme bieten.

Wir zeigen Ihnen, welche Anschlußmöglichkeiten Soundkarten bieten, und erklären, welche Standards Ihre Karte im Umgang mit Anwendungsprogrammen und Spielen einhalten muß. Zum aktuellen Thema „3-D-Sound" stellen wir Ihnen eine Übersicht über die verschiedenen Verfahren der Soundkartenhersteller zur Stereo- und Raumklangwiedergabe vor.

Sollte es Probleme mit der Soundkarte bzw. der Ein- und Ausgabe des Sounds geben, unterstützen wir Sie dabei, die Fehlerquelle ausfindig zu machen und zu beheben. Im letzten Abschnitt des Kapitels finden Sie ab Seite 528 die Lösungen zu häufigen Problemen rund um das Soundsystem.

12.1 Soundkarten-Ratgeber – Welcher Sound für wen?

Die verwendeten Begriffe der Soundkartenhersteller sind meist sehr stark von Marketing-Gesichtspunkten geprägt, was den Vergleich zwischen einzelnen Angeboten erheblich erschwert. Dieses Unterkapitel hilft Ihnen, eine Soundkarte auszuwählen, die Ihren Anforderungen entspricht, und sorgt dafür, daß Sie nicht mehr Geld ausgeben, als unbedingt nötig. Bevor auf die verschiedenen Einzelfälle näher eingegangen wird, erst einmal ein paar grundsätzliche Informationen.

Markenware oder Schnäppchen?

Soundkarten sind mittlerweile ab einem Preis von knapp 20 Mark erhältlich. An solchen Soundkarten werden Sie in der Regel aber kaum Freude haben, da sie häufig einige grundsätzliche Anforderungen nicht erfüllen. Von Karten unter 50 DM ist im Regelfall aus den folgenden Gründen abzuraten:

- Die Kompatibilitätsstandards werden oft nicht eingehalten. In den meisten Fällen sind sie nur „fast kompatibel", was dazu führt, daß die Soundunterstützung nicht einwandfrei arbeitet.

- Auf die Beigabe spezieller Zusatzsoftware wird häufig verzichtet. Mitunter wird z. B. auf Standardtreiber von Windows verwiesen. Wenn Sie ohnehin nur mit Windows arbeiten, ist dies zwar kein Problem, weitere Funktionalität bleibt Ihnen dann aber verwehrt.

- Ist ein Treiber fehlerhaft, was bei der schnellen Entwicklung von Hard- und Software nicht selten vorkommt, läßt sich ein aktueller Treiber nur schwer oder gar nicht beschaffen.

Können Sie das Haupteinsatzgebiet auf Windows 95/98 einschränken, benötigen Sie keine speziellen Treiber für andere Betriebssysteme. Setzen Sie ausschließlich Standardanwendungen zur Soundkartenunterstützung ein, werden Sie auch mit günstigen Lösungen ausreichend bedient werden. Achten Sie allerdings auf die entsprechende Treiberunterstützung und, wenn es geht, auf Plug & Play-Tauglichkeit, um den späteren Einbau zu erleichtern.

Die wichtigsten Hersteller von Soundkarten mit der Adresse im Internet finden Sie hier:

Hersteller	Internetadresse
Aztech	http://www.aztech.com.sg
Creative Labs	http://www.soundblaster.com
Diamond	http://www.diamond.de
Elito	http://www.elito.com
Guillmot	http://www.guillmot.com

Soundkarte, Boxen und Mikro – Den PC zur Soundmaschine aufrüsten

Hersteller	Internetadresse
Pearl	http://www.pearl.de
Turtle Beach	http://www.tbeach.com
TerraTec	http://www.terratec.net
Yamaha	http://www.yamaha.de

Grundsätzliche Anforderungen an eine Soundkarte

Auch die Garantie kann ein Auswahlkriterium sein, da die gewährten Garantiezeiten der Hersteller sehr unterschiedlich sind. Sie beginnen bei einem Jahr, mehrere Hersteller leisten zwei Jahre, die Firma Aztech sogar fünf Jahre Garantie auf ihre Produkte.

> **Hinweis**
> **Bulkware – Sonderangebote der Soundkarten**
> Der Handel, insbesondere der Versandhandel, bietet Soundkarten als sogenannte Bulkware. Sie erhalten nur die „nackte" Karte und können so Geld sparen. Um die Karte nutzen zu können, müssen Sie aber die Treiber, Hilfsprogramme und die Dokumentation aus anderen Quelle besorgen.

Neben den speziellen Wünschen, die Sie an eine Soundkarte stellen, sollte eine aktuelle Karte noch die folgenden Mindestanforderungen erfüllen:

Eigenschaft	Wert/Funktion	Beschreibung
Abtastrate	44,1 kHz	Stereotauglichkeit.
Auflösung	16 Bit	Auflösung der Analog-/Digital-Wandlung.
Zahl der Stimmen	32	Zahl der gleichzeitig abspielbaren Stimmen der Synthesizer, die unmittelbar von der Soundkarte unterstützt werden (Polyphonie).
DOS-Kompatibilität	Adlib, Sound Blaster und Sound Blaster Pro	Für den Einsatz von DOS-Spielen muß die Soundkarte durch die Hardware direkt angesprochen werden, Softwareemulationen bringen meist nicht den gewünschten Erfolg.
Windows-Kompatibilität	DirectX-fähig (Version 6)	Ohne DirectX-Unterstützung laufen Spiele für Windows 95/98 oder Windows NT nicht.
Treiberaktualisierung per Internet	Ja	Neue Treiber sollten für Ihre Karte im Internet verfügbar sein, die Treiber auf dem mitgelieferten Installationsmedium sind oft veraltet.

Soundkarte, Boxen und Mikro – Den PC zur Soundmaschine aufrüsten

Eigenschaft	Wert/Funktion	Beschreibung
Wavetable-Funktionen	Ja	Ein kleiner Wavetable-ROM (0,5 MByte) für guten Sound oder zumindest eine Erweiterungsmöglichkeit für ein Wavetable-ROM ist vorhanden.
Plug & Play-Unterstützung (PnP)	Ja	Ihre Soundkarte sollte für eine weitgehend automatische Konfiguration für das Betriebssystem Plug & Play-fähig sein. Sie ersparen sich so viele Probleme bei der Installation der Karte, da die Karte dann von Windows 95/98 automatisch erkannt wird.
Duplex-fähigkeit	Vollduplex	Vollduplex-fähige Soundkarten können gleichzeitig aufnehmen und wiedergeben. Anwendungen wie Telefonieren übers Internet benötigen diese Funktion.

Auswahl der Karten nach Anwendungsprofilen

Wenn Sie sich für einen Soundkartentyp entscheiden wollen, sollten Sie überlegen, für welchen Einsatzbereich Sie das fertige Soundsystem nutzen möchten. Bei den Einsatzbereichen kann man grundsätzlich drei Bereiche voneinander unterscheiden.

Soundkarte Sound Blaster AWE 64 (Creative Labs)

Der Business-PC – Büro- und Multimedia-Anwendungen

Der wohl häufigste Einsatzzweck von PCs stellt keine speziellen Anforderungen an die Funktionen der Soundkarte: Anwendungsprogramme aus dem Office-Bereich wie Textverarbeitung oder Tabellenkalkulation, Programme zur Kommunikation (z. B. Internetanwendungen) oder Multimedia-Systeme wie Lexika und Lernprogramme stellen die geringsten Anforderungen an das Soundsystem und nutzen im wesentlichen die Ausgabefähigkeiten der Soundkarte.

> **Hinweis**
>
> **Internettelefonie – Guter Ton aus dem Netz**
>
> Weltweit zum Ortstarif per Internet zu telefonieren oder Videokonferenzen abzuhalten, sind attraktive neue Dienste im Netz und sicherlich der Trend der nächsten Jahre. Doch was muß das Soundsystem können, um diese Kommunikationsmöglichkeiten zu nutzen? Zwei Merkmale der Soundkarte sind für den guten Ton entscheidend: ein rauscharmer Mikrofoneingang und volle Duplex-fähigkeit der Soundkarte (gleichzeitige Aufnahme und Wiedergabe). Soundsysteme von 50-100 DM für den Busineß-Bereich bieten die benötigten Leistungen.

Für die Aufnahme von Musik in hochwertiger CD-Qualität benötigen Sie Soundkarten der gehobenen Preisklassen. Soundkarten unter 100 DM sind vor allem für die Ausgabe von Sound ausgelegt, nicht dagegen für die Aufnahme. Ursache dafür ist die Qualität der Analog-/Digital-Wandler, die keine Aufnahmen in CD-Qualität erlauben.

Für die Ausgabe von Sound sind Sie mit Soundkarten in der Preislage von 50-100 DM gut beraten. Alle aktuellen Karten dieser Preisklasse sind heute durchgängig 16-Bit-Stereokarten und für die Wiedergabe von Musik-CDs bzw. Audiodateien aus dem Internet sowie für die Unterstützung von Computerspielen mit Stereosound geeignet. Für einen realistischen Klang sollten Sie aber nicht auf die Wavetable-Funktionen verzichten. Alle modernen Spiele unterstützen Wavetable-Sounds, die deutlich besser klingen als die rein synthetischen Sounds, die mit den FM-Synthesizern erzeugt werden können.

Der Wavetable-ROM preiswerter Karten ist typbedingt recht klein (0,5 MByte) bzw. wird von den Gerätetreibern der Soundkarte gleich im Arbeitsspeicher (RAM) des PCs abgelegt. Die meisten Karten dieser Klasse (ab ca. 70 DM) besitzen jedoch einen Wavetable-Connector. Bei Bedarf können Sie also noch ROM-Bausteine für die Erweiterung der Wavetable-Funktion ergänzen oder mit zusätzlichem Speicher erweitern (siehe Seite 517 ff.). Auch bei den zusätzlichen Wavetable-ROMs lohnt die Anschaffung von Markenprodukten. Am besten klingen unserer Meinung nach die Wavetable-ROMs der Firmen Yamaha, Roland oder TerraTec.

Soundkarte, Boxen und Mikro – Den PC zur Soundmaschine aufrüsten

> **Hinweis**
>
> **Spracherkennung – Der Computer hört aufs Wort**
>
> Die hohe Leistung der heutigen Prozessoren macht es möglich, Ihren Computer per Sprache zu steuern oder durch natürliche Sprache einen Text in die Textverarbeitung einzugeben. Wichtig für die Spracherkennung ist neben einem rauscharmen Mikrofoneingang der Soundkarte eine gute Kopfgarnitur (Headset = Kopfhörer mit Mikrofon). Geeignete Headsets sind die Typen Labtec C324 (ca. 50 DM), Labtec C-350 (ca. 70 DM), AKG HSC 100 PC (ca. 65 DM), AKG HSC 150 (ca. 85 DM) oder Shure VR 230/250 B (ca. 200 DM). Als Komplettsystem zur Spracherkennung bietet die Firma TerraTec ein Bundle mit Soundkarte Voice System Gold, Spracherkennungssoftware IBM Via Voice und Headset für insgesamt 150 DM. Leistungsfähige Spracherkennungsprogramme für den Office-Bereich sind die Softwarepakete Dragon Naturally Speaking 3.5 und ViaVoice 98 Executive der Firma IBM (um 300 DM). Ein preiswertes Programm ist Power Dictate 2002 der Firma GData für ca. 100 DM.

Ein gutes Angebot für den Büro- und Multimedia-Bereich ist die Soundkarte Miss Melody Maestro von der Firma Elito (ca. 50-60 DM). Die Elektronik der Karte liefert eine gute Soundausgabe und belastet die CPU kaum. Die Wavetable-Sounds klingen gut, werden allerdings in den Arbeitsspeicher des Rechners geladen. Die Karte läßt sich jedoch alternativ mit bis zu 8 MByte Wavetable-ROM aufrüsten. Die Karte unterstützt alle wichtigen Standards, sogar räumlichen Klang. Die Soundkarte enthält jedoch keinen Endverstärker, so daß aktive Boxen mit eigenem Verstärker verwendet werden müssen. Da die meisten PC-Boxen aber ohnehin mit einem Verstärker ausgestattet sind, dürfte dies kein Problem darstellen. Möchten Sie mehr Soundqualität, dann ist Ihnen die Soundkarte PCI Galaxy von der Firma Aztech für ca. 100 DM zu empfehlen. Sie bietet einen gut klingenden Wavetable-ROM sowie einen integrierten Endverstärker, der auch den Anschluß von passiven Boxen erlaubt. Dazu erzeugt die Karte einen zufriedenstellenden Raumklang nach dem Q3D-Verfahren. Besonders zu erwähnen ist die Herstellergarantie von fünf Jahren.

Checkliste: Büro und Multimedia
Soundkarte ca. 50-100 DM
32 Stimmen
3-D-Stereounterstützung
rauscharmer Mikrofoneingang
gute Soundausgabe
Line-Out-Ausgang
Aufnahme/Wiedergabe Vollduplex
Wavetable-Synthesizer
kleines Wavetable-ROM (0,5 MByte) über RAM
Boxen ca. 40-70 DM
aktive Boxen empfohlen
Musikleistung 50-100 W
ggf. Kopfgarnitur (Headset) ca. 40 DM

Der Spiele-PC – Computerspiele und Entertainment

Die höchsten Anforderungen an die Rechnerhardware stellt der Bereich Entertainment. Haben Sie sich zu diesem Vergnügen durchgerungen, sollten Sie sich für ein hochwertiges Soundsystem entscheiden. Leistungsfähige Stereosysteme bekommen Sie schon ab 150 DM, einfache 4-Boxen-Systeme ab ca. 200 DM. Alle Karten dieser Kategorie unterstützen Wavetable-Sounds und überzeugen durch realistische Klänge, die den Spielspaß erhablich steigern.

Im durchaus erschwinglichen Bereich liegen 3-D-/Wide-Stereosysteme mit leistungsfähigen Effektprozessoren für guten 3-D-Stereoklang. Ein gutes Preis-Leistungs-Verhältnis bietet die Soundkarte PCI 338-A3D Super der Firma Aztech. Bei einem Preis von ca. 150 DM wird ein fast so guter Raumklang erreicht wie bei der Technik mit vier Boxen.

Die besten Ergebnisse für realistischen Raumklang erreichen Sie zur Zeit mit der Soundkarte Sound Blaster Live! der Firma Creative Labs. Diese Karte kostet allerdings zwischen 350 und 400 DM. Jedoch ist alternativ eine sogenannte Value-Version für ca. 200 DM zu bekommen, die für die Soundausgabe mit der gleichen Elektronik ausgestattet ist. Beide Karten erzeugten echten Raumklang nach dem EAX-Verfahren, jedes Geräusch kann sehr gut geortet werden. Zufriedenstellende Ergebnisse bringt aber auch bereits die Sound Blaster PCI 128, ebenfalls von Creative Labs, für ca. 120 DM.

Checkliste: Spiele und Entertainment
Soundkarte ca. 150-400 DM
64 Stimmen
keine Belastung der CPU durch Soundverarbeitung
rauscharmer Mikrofoneingang
guter Effektprozessor
sehr gute Soundausgabe mit 3-D-Sound
Line-In-Eingang
Line-Out-Ausgang
Aufnahme/Wiedergabe Vollduplex
Wavetable-Synthesizer
erweiterbares Wavetable-ROM (2-8 MByte)
Unterstützung der DLS-Technologie (**D**ownloadbarer **S**ample **S**upport)
Boxen ca. 40-70 DM
aktive Boxen mit Klangregulierung
Musikleistung 100-250 W
ggf. Subwoofer-System

Die Soundmaschine – Amateur- und Profimusiker

Amateur- und Profimusiker stellen sicher die höchsten Anforderungen an die Qualität der Soundkarten. Neben einer guten Ausgabe von Sound müssen die Komponenten für die Aufnahme ebenfalls höchsten Anforderungen genügen. Kostete früher eine Karte für Musikanwendungen über 1.000 DM, lassen sich heute schon mit Karten im mittleren Preissegment ab 250 DM, für den engagierten Anwender im oberen Preissegment von 500-600 DM sehr gute Ergebnisse erreichen. Die Ausstattung des Soundsystems mit zusätzlicher Software der Hersteller ist bei der Musikanwendung ein wichtiger Aspekt. Leistungsfähige Software mit Studio-Charakter ist kostspielig. Bei guten Soundkarten sollten die mitgelieferten Anwendungsprogramme den Amateurbereich abdecken können, damit Sie nicht sofort für die benötigte Software gleich die nächste Investition tätigen müssen. Ein für die Musikanwendung gut geeignetes Soundsystem bietet die Firma TerraTec mit der Soundkarte EWS-64 L/XL (ca. 700 bzw. 1.000 DM). Diese Soundkarte bietet hervorragende Eigenschaften für Aufnahme und Wiedergabe, eine erstklassige Wavetable-Synthese und alle benötigten Schnittstellen für die hochwertige Musikanwendung.

Checkliste: Amateur- und Profimusiker
128 Stimmen
keine Belastung der CPU durch Soundverarbeitung
Linearer Frequenzgang der A/D-Wandlung im Bereich zwischen 5 Hz und 20 kHz
Signal/Rauschabstand von mindestens 90dB
ein oder zwei vollständige externe MIDI-Schnittstellen
leistungsfähiger Wavetable-Synthesizer
erweiterbares Wavetable-ROM (2-8 MByte)
Unterstützung der DLS-Technologie (**D**ownloadbarer **S**ample **S**upport)
kompletter Satz an hochwertigen Audio-Anschlüssen für analoge Signale
digitale Schnittstelle zum Anschluß externer digitaler Klangquellen (S-P/DIF)
gute Softwareaustattung für die Soundverarbeitung

Soundrecording

Damit ist das Aufnehmen von Klängen in hoher Qualität gemeint, z. B. wenn Sie Ihre analogen Schallplatten oder andere analoge Signale auf einen DAT-Recorder oder auf einen externen CD-Brenner aufzeichnen wollen.

Digitale Ein-/Ausgänge sind hier sehr zu empfehlen, da beim Anschluß von digitalen Signalquellen die Signalumwandlung (A/D-Wandlung) entfällt und Qualitätsverluste bei der Aufnahme vermieden werden. Der Wavetable-Sound bzw. der 3-D-Raumklang ist für diese Aufgabe vollkommen uninteressant, da er bei der Bearbeitung externer Klänge nicht benutzt wird. Eine sehr gute und preiswerte Karte für diesen Zweck ist die Soundkarte PCI 338-A3D Super der Firma Aztech.

PCI oder ISA? – Busanschluß der Soundkarte

Bevor Sie jetzt auf die Suche nach der optimalen Soundkarte für Ihren Sound gehen, muß abschließend noch eine Frage geklärt werden: Mit welchem Busanschluß, PCI oder ISA, soll die Soundkarte ausgerüstet sein? Der Trend bei den Erweiterungskarten hinsichtlich der Busanschlüsse geht eindeutig zum PCI-Bus. Die Vorteile liegen auf der Hand: Der Datenbus gewährleistet eine deutlich höhere Datenübertragungsrate, bietet moderne Zugriffsverfahren wie das sogenannte Busmastering und das Burst-Verfahren. Gerade für Systeme mit hohem Datenaufkommen wie SCSI-Adapter und moderne Netzwerkkarten ist dies eine wichtige Voraussetzung. Darüber hinaus schont das PCI-Bussystem Systemressourcen, da PCI-Karten Interrupts gemeinsam nutzen können.

> **Hinweis**
>
> **DOS-Spiele und moderne PCI-Soundkarten**
>
> Stehen Ihnen beide Steckplätze zur Verfügung und möchten Sie gerade auf ältere DOS-Spiele nicht verzichten, können ISA-Karten Vorteile bieten. Welchen Busanschluß eine Soundkarte benutzt, ist zwar grundsätzlich für Anwendungsprogramme ohne Belang, aber gerade ältere Programme haben ihre eigenen Vorstellungen, unter welchen Systemressourcen die Soundsysteme anzusprechen sind. DOS-Spiele erwarten die Ressourcen der Soundkarte häufig unter dem Interrupt 5 oder 7. Die meisten automatischen Konfigurationen von Plug & Play-Karten verwenden jedoch im allgemeinen den Interrupt 9 oder teilen sich die Ressource mit anderen Karten im PC. Ältere DOS-Spiele lassen sich dagegen meist nicht dazu bewegen, andere Einstellungen des IRQ als 5 oder 7 zu akzeptieren. ISA-Karten lassen sich aber in den meisten Fällen problemlos manuell einstellen, so daß auch die neue Soundkarte mit den Einstellungen der alten Karten arbeiten kann. Bei preiswerten Plug & Play-Systemen ist dies häufig nicht der Fall, was bedeutet, daß ältere Programme dann nicht mehr verwendet werden können.

Eine der Hauptforderungen an Soundkarten ist, daß sie die Verarbeitung im wesentlichen durch die eigene Hardware durchführen und damit die Leistung der CPU nicht in Anspruch nehmen. Bei den meisten Karten ist dies auch der Fall, so daß für die Verarbeitung des Sounds keine hohen Datenmengen im Computer ausgetauscht werden müssen. Damit reicht im Grunde der Einsatz von ISA-Systemen völlig aus. Nur wenn hochwertige Soundsysteme mit digitalen Schnittstellen zum Einsatz kommen, kann der PCI-Bus durch die höheren Übertragungsraten Vorteile bieten. Weiter spricht bei Soundkarten für den ISA-Bus, daß sie meist etwas billiger sind als die entsprechenden PCI-Karten, aber selbst hochwertige Soundsysteme werden bis heute als ISA-Karten angeboten und arbeiten perfekt. Die Frage ist nur, wie lange das noch der Fall sein wird.

Nicht vergessen: Die Kontrolle der verfügbaren Steckplätze

Ein ganz anderer Aspekt bei der Auswahl des Busanschlusses kann die Zahl der freien Erweiterungsplätze Ihres Motherboards sein. Zur Zeit bieten alle Hauptplatinen sowohl ISA- als auch PCI-Steckplätze am Erweiterungsbus. Durch den derzeitigen Übergang von ISA- zu PCI-Anschlüssen kann bei den üblichen drei oder vier PCI-Steckplätzen schnell ein Engpaß entstehen. Planen Sie den Ausbau Ihres Rechners mit weiteren PCI-Systemen, können Sie mit einer ISA-Karte einen PCI-Steckplatz für zukünftige Erweiterungen freihalten.

Hinweis
Passende Karte – falsches Gehäuse?
Achten Sie darauf, daß nicht nur der passende Steckplatz am Erweiterungsbus frei ist, sondern die Karte im Gehäuse Platz hat. Je nach Bauform des Motherboards werden Schnittstellen als Slotbleche nach außen geführt. Damit ist der davor liegende Steckplatz am Erweiterungsbus zwar frei, kann jedoch nicht für die Soundkarte genutzt werden. Oder der Übergang von PCI- zu ISA-Steckplätzen ist so dicht, daß an dieser Stelle entweder eine ISA- oder eine PCI-Karte gesteckt werden kann. Weitere „beliebte" Engpässe sind die Montagekörbe für die Festplatten. Prüfen Sie vor dem Kauf einer neuen Soundkarte, ob am gewünschten Steckplatz der Einbau der neuen Komponente möglich ist.

Lautsprecher – Guter Klang nach außen gebracht

Die Leistungsangaben für Boxen sind leider in vielen Fällen unseriös. Zum Vergleich der Lautsprecherleistungen verschiedener Hersteller eignet sich nur die Angabe der Sinusleistung der Boxen, die besagt, welche Leistung ein Lautsprecher dauerhaft abgeben kann. In der Regel finden Sie die Angabe der „Musikleistung" oder andere werbewirksame Bezeichnungen. Darunter ist die Leistung zu verstehen, die eine Box kurzzeitig abgeben kann, meist jedoch nur einen Bruchteil einer Sekunde. So garantiert man Ihnen Leistungen von 300 oder gar 1.000 Watt, die tatsächlich nur bescheidene 10 bis 50 Watt Sinusleistung bedeuten.

> **Hinweis**
>
> **Subwoofer – Trickreiche Bässe für satten Sound**
>
> Das Subwoofer-Verfahren nutzt die Schwäche des menschlichen Ohrs, daß Baßtöne nicht genau geortet werden können. Die Baßtöne des linken und rechten Stereokanals werden bei Subwoofer-Systemen gemeinsam durch einen großen Lautsprecher, dem „Subwoofer", abgespielt. Da keine Richtung benötigt wird, kann diese Box an fast jeder beliebigen Stelle, z. B. unter dem Schreibtisch, stehen. Den Stereoeindruck liefern zusätzliche „Satellitenboxen" für die Mittel- und Hochtöne. Die Lautsprecher für diesen Tonbereich benötigen jedoch kaum Platz (Würfel mit Kantenlängen unter 10 cm) und können dann ohne großen Platzbedarf aufgestellt werden.

Boxen für den Bereich Büro und Multimedia

Die Boxen sollten Sie passend zu der Leistung Ihrer Soundkarte aussuchen. Es ist nicht sinnvoll, gute Boxen mit einfachen Soundkarten oder umgekehrt zu kombinieren.

> **Hinweis**
>
> **Zwei unverträgliche Gesellen – Boxen und Monitor**
>
> Achten Sie beim Kauf von Lautsprechern auf eine gute magnetische Abschirmung der Boxen. Lautsprecher werden häufig in der Nähe des Bildschirms aufgestellt. Die Lautsprecher verwenden aber recht starke Magneten, deren Magnetfelder die Darstellung auf dem Monitor stören können. Monitore, in denen Boxen bereits eingebaut sind, sind so abgeschirmt, daß das Bild nicht gestört wird.

Für den Einsatz bei Busineß-PCs reichen einfache Boxen zwischen 40 bis 80 DM völlig aus. Bietet Ihre Soundkarte einen Endverstärker mit mehr als 2 Watt, können Sie auch passive Boxen ohne eigenen Verstärker einsetzen. Wegen der größeren Leistungen, die mit aktiven Boxen erreicht werden können, sollten Sie dennoch zu Aktivboxen greifen.

Boxen für die Spieleanwendung

Für gute Spiele-Lautsprecher ist mit einem Preis von 150 bis 250 DM je Boxenpaar zu rechnen. Entscheiden Sie sich für ein Subwoofer-System, achten Sie darauf, daß die Bedienelemente (Lautstärkeregler, Ein-/Ausschalter etc.) leicht erreichbar sind. Ein preiswertes und schon recht gut klingendes Subwoofer-System bietet die Firma Interact mit dem System SV-860 SL für ca. 140 DM. Bei Soundkarten für echten Raumklang brauchen Sie zwei Boxensysteme. Optimaler Raumklang ist dann garantiert, wenn beide Systeme vom gleichen Typ sind. Gute Boxensysteme (keine Subwoofer) erhalten Sie z. B. von der Firma Trust. Möchten Sie eine Soundqualität, die so manche Stereoanlage in den Schatten stellt, bietet das deutsche Unternehmen Quadral (*http://www.quadral.com*) Systeme, die richtig gut klingen. Ein interessantes System ist die Subwoofer-Kombination SAM mit den Satellitenboxen SAM41 und dem Subwoofer SAM Sub 100. Allerdings kostet das Ganze bereits stolze 400 DM.

12.2 Soundkartenpraxis – Soundkarte einbauen und konfigurieren

Wie einfach die Installation und Konfiguration abläuft, hängt davon ab, ob Ihre Soundkarte das Plug & Play-Verfahren (PnP) für die automatische Hardwareerkennung unterstützt. Ältere ISA-Systeme unterstützen noch kein Plug & Play und müssen manuell konfiguriert werden. Zwar ist dieser Typ bei aktuellen Soundkarten fast nicht mehr zu finden, wir werden Ihnen die Anpassung aber unten erklären. Sie können drei Kartentypen voneinander unterscheiden:

Kartentyp	Beschreibung
PCI mit Plug & Play	Plug & Play-Karten (PnP) erkennt das Betriebssystem Windows 95/98 selbständig. Neben der Auswahl des richtigen Typs kann die Auswahl der richtigen Treiber und die Konfigurierung der Ressourcen automatisch durch das Betriebssystem vorgenommen werden. Voraussetzungen sind jedoch ein Rechner mit aktuellem BIOS, das Plug & Play-Funktionen unterstützt, und freie Ressourcen. Ist Ihr System nicht älter als ca. drei Jahre, können Sie davon ausgehen, daß dies der Fall ist.
ISA mit Plug & Play	Die Konfiguration der Karte erfolgt meistens ebenfalls vollautomatisch. Lediglich der Steckplatz am Erweiterungsbus ist vom Typ ISA. Auch hier gilt: Das BIOS Ihres Rechners muß Plug & Play-Funktionen unterstützen. Dieser Typ bereitet allerdings erfahrungsgemäß mehr Probleme bei der Erkennung.
ISA ohne Plug & Play	Ältere ISA-Systeme unterstützen kein Plug & Play. Die Einstellungen der Karte bzw. der Treiber und Ressourcen lassen sich nur manuell durchführen. Bei Karten dieses Typs müssen Sie Ressourcen über verschiedene Jumper vor dem Einbau der Karte in den PC von Hand einstellen.

Für alle Karten gilt, daß im System Ressourcen benötigt werden. Die notwendigen Schritte zur manuellen Konfiguration finden Sie im folgenden Abschnitt beschrieben. Verwenden Sie eine der aktuellen Soundkarten mit Plug & Play-Unterstützung, können Sie sofort zum Einbau der Karte auf Seite 500 weitergehen.

Einrichten von Soundkarten ohne Plug & Play-Unterstützung unter Windows 95/98

Vor dem Einbau der Karte sollten Sie die Einstellungen für die Systemressourcen überprüfen. Damit es bei der Vergabe der Ressourcen nicht zu Konflikten mit den bereits installierten Systemen kommt, ist es sinnvoll, vor der eigentlichen Installation der Soundkarte die bereits verbrauchten Ressourcen festzustellen. Wie Sie die Ressourcen feststellen können, zeigen wir Ihnen ab Seite 64.

Soundkarte, Boxen und Mikro – Den PC zur Soundmaschine aufrüsten

Alte Soundkarte Sound Blaster von Creative Labs ohne

Manuelle Einstellung der Ressourcen auf der Soundkarte

Die Einstellungen der Ressourcen werden auf der Platine der Karte durch Steckbrücken (Jumper) eingestellt. Welche davon verwendet werden und wo sie sich befinden, können Sie der Beschreibung der Karte entnehmen. In den meisten Fallen sind die Jumper zusätzlich auf der Platine der Karte beschriftet, so daß Sie meist auch ohne ein Handbuch die Einstellungen vornehmen können. Soundkarten verwenden für den Datenaustausch die Ressourcen:

- Interrupt-Anforderung (IRQ)
- Ein-/Ausgabe-Adressen (E/A)
- DMA-Kanal (DMA)

Die folgende Tabelle zeigt die möglichen Einstellungen der Ressourcen, die Sie üblicherweise bei älteren ISA-Typen finden. Notieren Sie sich am besten Ihre Einstellungen, bevor Sie die Karten tauschen bzw. einbauen.

Ressource	Bemerkungen
Interrupt	
IRQ 3	zweite serielle Schnittstelle (COM2): ist als alternative Adresse durch die Soundkarte benutzbar, wenn COM2 nicht durch andere Geräte genutzt wird
IRQ 5	zweite Druckerschnittstelle (LPT2): Voreinstellung der meisten Soundkarten; kann ohne Probleme genutzt werden, wenn kein Gerät die zweite parallele Schnittstelle benutzt
IRQ 7	erste Druckerschnittstelle (LPT1): kann verwendet werden, wenn kein Gerät an der ersten parallelen Schnittstelle angeschlossen ist

DMA-Kanal	
0	mögliche alternative Adresse bei Ressourcenkonflikten
1	Voreinstellung vieler Soundkarten
E/A-Adresse	
220	Voreinstellung vieler Soundkarten
240	mögliche alternative Adresse bei Ressourcenkonflikten

Einbau der Soundkarte in den Rechner

Beim Einbau der Soundkarte in den Rechner sind zwei Situationen möglich: der Austausch einer Soundkarte oder der erste Einbau in einen Rechner. Haben Sie bereits eine Karte, sollten Sie die bisherigen Treiber für die alte Soundkarte vor dem Einbau der neuen entfernen. Verwenden Sie bislang keine Soundkarte, können sie die weiteren Schritte sofort mit dem Abschnitt „Einbau bzw. Austausch der Soundkarte" auf der Seite 500 fortsetzen.

Entfernen der Treiber für die alte Soundkarte

1 Rufen Sie über *Start/Einstellungen/Systemsteuerung/System* die Systemeigenschaften auf und markieren Sie die Registerkarte *Geräte-Manager*.

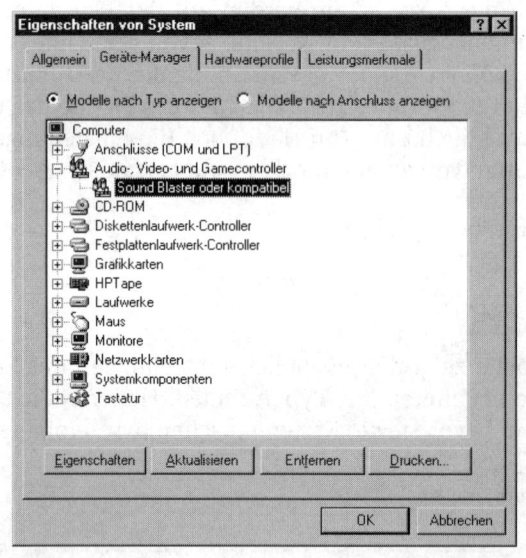

2 Öffnen Sie die Geräteklasse *Audio-, Video- und Gamecontroller*. Markieren Sie die Einträge für die Treiber der Soundkarte nacheinander und entfernen Sie die Einträge durch einen Klick auf die Schaltfläche *Entfernen*.

> **Hinweis**
>
> **Mehrere Treiber für das Soundsystem**
>
> Unter einem Gerät können sich durchaus mehrere Einträge befinden. Jeder Eintrag ist ein separater Treiber für eine Komponente der Soundkarte. Je nach Typ der Soundkarte können Sie bis zu vier Treibereinträge finden. (Teil-)Geräte der Soundkarte wie die MIDI-Schnittstelle oder der Wavetable-Synthesizer werden als eigenständige Geräte im System behandelt. Aber Vorsicht: Auch spezielle Grafikkarten wie z. B. die Voodoo-3-D-Zusatzkarten der Firma 3dfx und andere Geräte sind hier eingetragen. Löschen Sie daher nicht den ganzen Eintrag, ohne genau zu prüfen, was sich auf die Soundkarte bezieht. Grundsätzlich sind die Bezeichnungen aber unmißverständlich.

3 Schließen Sie anschließend das Fenster des Geräte-Managers. Beantworten Sie die anschließende Frage des Betriebssystems nach einem Neustart mit *Nein*. Beenden Sie statt dessen Windows über *Start/Beenden/Herunterfahren* und schalten Sie den Computer aus.

Einbau bzw. Austausch der Soundkarte

Vor dem Einbau der Karte müssen Sie den PC ausschalten und vom Stromnetz trennen.

Als Werkzeug benötigen Sie normalerweise nur einen Kreuzschraubenzieher und evtl. eine Zange, falls Sie das Slotblech der Soundkarte für den Einbau etwas nachbiegen müssen.

Vermeiden Sie bei geöffnetem Computer Berührungen der elektronischen Bauteile, da durch elektrostatische Aufladung Ihrer Kleidung unter Umständen Bauteile beschädigt werden können. Fassen Sie deshalb die Soundkarte nur an den Rändern der Platine und am Slotblech an.

> **Hinweis**
>
> **Abstand wahren – Welcher Steckplatz für die Soundkarte**
>
> Welchen Steckplatz Sie am ISA- oder PCI-Bus für die Soundkarte wählen, ist für die Busverbindung mit dem Motherboard ohne Belang. Damit jedoch möglichst keine elektromagnetischen Störungen anderer Bauteile den Betrieb der Soundkarte stören, sollte der Steckplatz möglichst weit vom Netzteil und der Grafikkarte entfernt sein.

Ausbau einer vorhandenen Soundkarte

1 Öffnen Sie das Gehäuse des Rechners. Lösen Sie die eventuell vorhandenen Kabelverbindungen zur Soundkarte, z. B. zu einem CD-ROM-Laufwerk. Entfernen Sie dann die Schraube am Slotblech, das die Karte stabilisiert, und ziehen Sie sie vorsichtig heraus.

2 Verwendet die neue Karte das gleiche Bussystem wie die bisherige (PCI oder ISA), können Sie die neue an der gleichen Stelle wieder einsetzen.

Ist das nicht möglich, müssen Sie einen geeigneten freien Steckplatz wählen. Entfernen Sie in diesem Fall das Slotblech vor dem neuen Buseinschub und montieren Sie es an die Stelle, an der die alte Karte eingebaut war. Nun bauen Sie entsprechend dem nächsten Absatz Ihre neue Karte in den PC ein.

Ersteinbau der Soundkarte

1   Wählen Sie einen freien Steckplatz (ISA oder PCI) aus. Entfernen Sie das Slotblech vor dem Steckplatz an der Rückwand des Gehäuses.

2   Stecken Sie die Karte mit etwas Druck in den Buseinschub und verschrauben Sie das Slotblech wieder mit dem Gehäuse. Setzen Sie die Karte jedoch nicht mit Gewalt ein. Häufig paßt das Slotblech der Karte nicht in die vorgesehene Nut der Seitenwand des Gehäuses. In diesem Fall können Sie das Slotblech der Soundkarte vorsichtig etwas nach außen biegen. Die Karte muß vollständig im Einschub sitzen, da sonst Kontaktprobleme vorprogrammiert sind, die im laufenden Betrieb zu spontanen Ausfällen führen können.

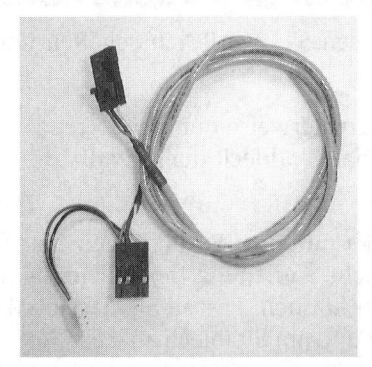

3   Ist bei Ihrem PC ein CD-ROM-Laufwerk eingebaut, können Sie Musik-CDs unmittelbar über die Soundkarte abspielen. Dazu müssen Sie die Soundkarte und das CD-ROM-Laufwerk mit einem passenden Audiokabel verbinden. Verbinden Sie das Ende mit dem zusätzlichen kleinen weißen Kabelschuh mit der Soundkarte, das andere Ende mit Ihrem CD-ROM-Laufwerk.

Hinweis
Richtig gesteckt – Audioverbindung von CD-ROM und Soundkarte
In den meisten Fällen sind die Kabel verpolungssicher ausgeführt. Nasen an den Steckern verhindern dabei ein falsches Aufstecken der Kabelschuhe. Sollte das nicht der Fall sein, ist die meistens rot markierte Ader des Kabels jeweils mit dem Pin 1 der Buchse zu verbinden. Der Pin 1 ist im allgemeinen auf der Platine der Soundkarte mit einer kleinen 1 oberhalb oder unterhalb der Buchsen gekennzeichnet.

Damit haben Sie den Einbau der Karte erfolgreich beendet. Damit die Soundkarte vom Betriebssystem unterstützt wird, müssen Sie zum Abschluß die Betriebssoftware mit den Treibern für die Karte installieren. Diese abschließenden Arbeitsschritte werden Ihnen im folgenden Abschnitt für Windows 95/98 erläutert. Eine Anleitung für die Installation unter DOS finden Sie im anschließenden Abschnitt ab Seite 511.

Installation der Software unter Windows 95/98

Damit die Anwendungsprogramme die Soundkarte nutzen können, müssen die passenden Treiber zur Verfügung gestellt werden. Die folgenden Abschnitte helfen Ihnen bei der Installation der Software, der Anpassung der Einstellungen der Treibersoftware und dem Update von Treibern für die Soundkarte.

Treiberinstallation per Plug & Play

Bei Windows 95/98 wird eine neue Hardwarekomponente in der Regel beim Start des Betriebssystems automatisch erkannt. Sie werden aufgefordert, die mitgelieferte CD (oder Diskette) des entsprechenden Herstellers einzulegen und den Abläufen des Hardware-Assistenten zu folgen. Legen Sie einfach die CD oder Diskette in das Laufwerk und bestätigen Sie durch Klicken auf die Schaltfläche *OK*. Manche Hersteller liefern Ihnen ein eigenes Installationsprogramm mit der Soundkarte mit. Nutzen Sie dann dieses und brechen Sie den Windows-eigenen Vorgang ab.

Hinweis
Neustart nach einer Installation
Einige Plug & Play-Soundkarten haben das Verlangen, nach jeder Installation einer Treiberkomponente (DA/AD-Wandler, MIDI usw.) den Rechner neu zu starten. Sie müssen dieser nervtötenden Aufforderung nicht unbedingt nachkommen. Möchten Sie weitere Installationsschritte durchführen, beantworten Sie die Frage nach dem Neustart einfach mit *Nein*. Es ist völlig ausreichend, wenn Sie am Ende der kompletten Installation einmal den Rechner neu starten.

Zum Abschluß fordert Sie der Hardware-Assistent dann automatisch zum Neustart auf. Bestätigen Sie den Neustart.

Soundkarte, Boxen und Mikro – Den PC zur Soundmaschine aufrüsten

> **Hinweis**
> **Lösungshilfen bei Fehlfunktionen**
> Wird die Plug & Play-Karte nicht korrekt erkannt, sollten Sie die Karte noch einmal aus- und wieder einbauen und ggf. den Steckplatz wechseln. Werden später lediglich Teilfunktionen nicht unterstützt, kontrollieren Sie, ob sämtliche Treiber- und Dienstprogramme korrekt eingerichtet wurden, und nehmen Sie erforderliche Anpassungen vor.

Hardware-Assistent findet keine Treiberdateien?

Falls Sie bei der Installation den Hinweis bekommen, daß der Treiber nicht gefunden werden konnte, bedeutet das in den meisten Fällen, daß die Informationsdatei (mit der Endung *.inf*) zur Steuerung der Installation nicht gefunden wurde. In diesem Fall müssen Sie die Position dieser Datei selbst angeben. Wählen Sie im Dialogfenster des Assistenten die Schaltfläche *Durchsuchen* oder *Diskette*. Wechseln Sie in der Verzeichnisanzeige auf das Laufwerk, in dem sich Ihr Installationsmedium befindet.

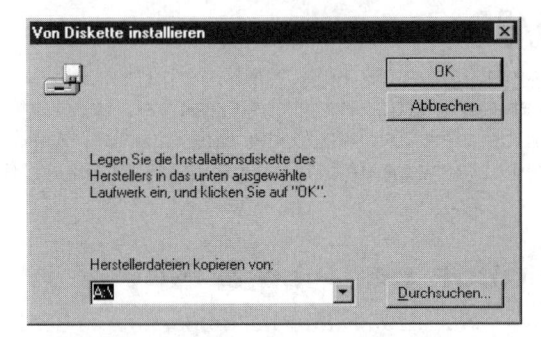

Wählen Sie das Verzeichnis für Ihr Betriebssystem (z. B. *Win98*) und Ihre Landessprache (*Deutsch* oder *German*) aus. Häufig finden Sie auch Hinweise zur manuellen Auswahl der Treiber im Installationshandbuch des Hersteller.

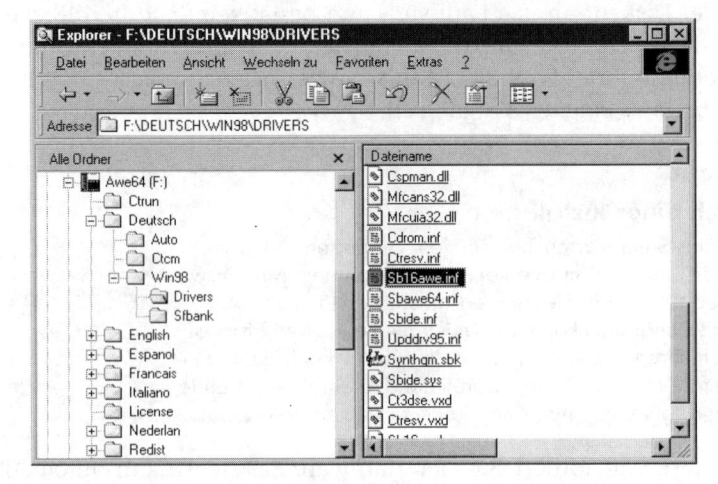

Soundkarte, Boxen und Mikro – Den PC zur Soundmaschine aufrüsten

Haben Sie das richtige Verzeichnis und die richtigen Treiber für Ihre Soundkarte gewählt, bestätigen Sie die Auswahl durch Klicken auf die Schaltflächen *OK*, und die automatische Installation der Treiber durch den Hardware-Assistenten wird fortgesetzt.

> **Hinweis**
> **Vorsicht bei Treibervielfalt**
> Beachten Sie, daß manche Treiber-CDs oder -disketten Treiber für unterschiedliche Soundkarten enthalten können. Stellen Sie sicher, daß Sie tatsächlich die korrekten Treiber gewählt haben. Kontrollieren Sie bei Fehlfunktionen daher auch in jedem Fall über den Geräte-Manager die aktuell eingerichteten Gerätetreiber und nehmen Sie unter Umständen einen Austausch oder eine Aktualisierung vor.

Manuelle Installation der Treibersoftware ohne Plug & Play

ISA-Systeme der Soundkarten ohne werden in der Regel von der automatischen Hardwareerkennung von Windows nicht erkannt. Dann bleibt nur der Weg der manuellen Installation der Treiber für diese Komponente.

1 Rufen Sie dazu den Hardware-Assistenten der Systemsteuerung mit *Start/Einstellungen/Systemsteuerung/Hardware* auf.

2 Starten Sie die Hardwareerkennung durch einen Klick auf die Schaltfläche *Weiter*. Beantworten Sie im folgenden Dialog die Frage nach der automatischen Erkennung mit *Nein, Hardware in der Liste wählen* und klicken Sie für den nächsten Schritt auf die Schaltfläche *Weiter*.

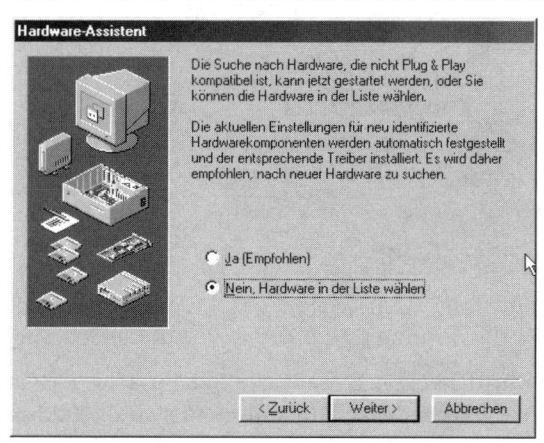

3 Wählen Sie im folgenden Dialog den Typ der zu installierenden Hardware als *Audio-, Video- und Gamecontroller*. Markieren Sie den entsprechenden Eintrag mit der Maus und klicken Sie auf die Schaltfläche *Weiter*.

Soundkarte, Boxen und Mikro – Den PC zur Soundmaschine aufrüsten

> **Hinweis**
> **Genauer Typ der Soundkarte für die manuelle Installation der Treiber**
> Die Hersteller liefern häufig die Treiber für alle von ihnen produzierten Karten aus Kostengründen auf einer CD-ROM. Verwenden Sie für die manuelle Installation diese Treibersammlung, werden Sie häufig aufgefordert, die gewünschten Treiber für Ihre Karte auszuwählen. Dazu müssen Sie die genaue Typbezeichnung Ihrer Karte kennen. Die Bezeichnung finden Sie entweder auf der Verpackung oder in den meisten Fällen auch auf der Karte selbst. Bei moderner Hardware liefert jedoch auch die automatische Hardwareerkennung von Windows in vielen Fällen den genauen Hardwaretyp mit der richtigen Bezeichnung.

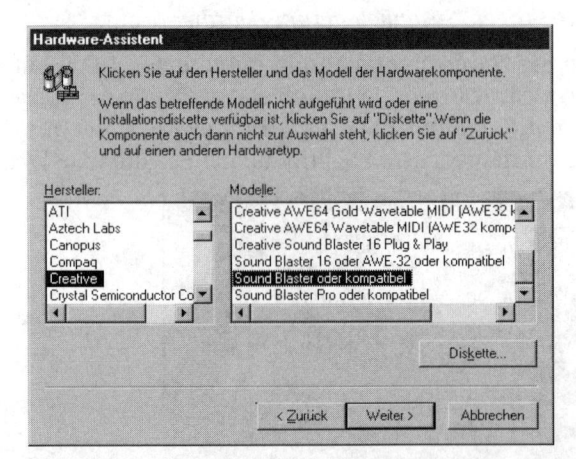

4 Wählen Sie im folgenden Dialog das Modell Ihrer neuen Soundkarte. Markieren Sie den Eintrag und klicken Sie auf die Schaltfläche *Weiter*.

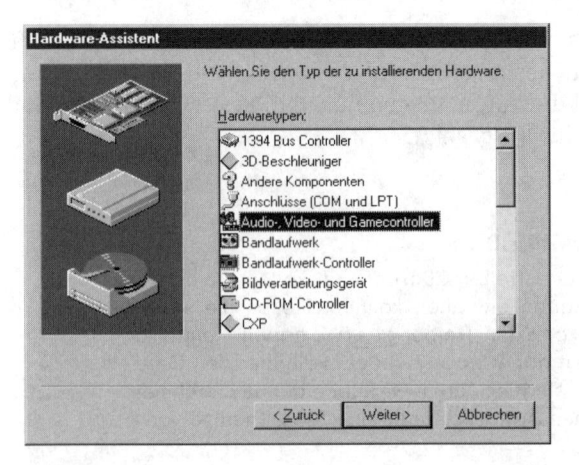

5 Im letzten Schritt klicken Sie auf die Schaltfläche *Diskette*. Wählen Sie das Laufwerk und das Verzeichnis, in dem sich die Software für die Treiber der Soundkarte befindet. Zum Start der eigentlichen Installation klicken Sie anschließend auf die Schaltfläche *OK*.

Nach dem erforderlichen Neustart des Systems steht Ihnen die Soundkarte zur Verfügung.

Anpassung der Ressourcen von Soundkartentreibern

Haben Sie bei der Konfiguration der Soundkarte die Einstellungen der Ressourcen durch Jumper ändern müssen, sind diese Änderungen in den Treibereinstellungen entsprechend zu ändern.

1. Rufen Sie über *Start/Einstellungen/Systemsteuerung/System* den Geräte-Manager auf.

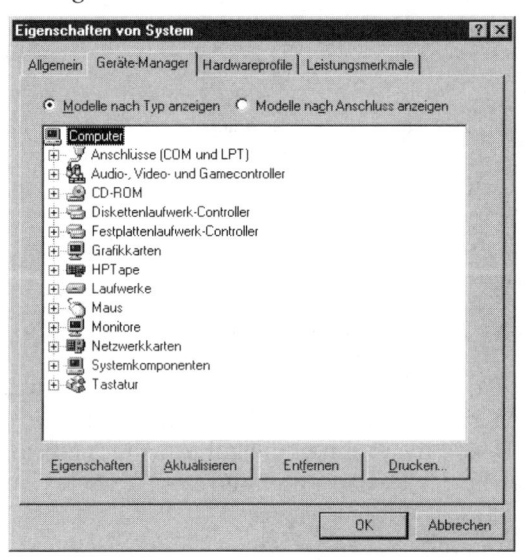

2. Die Soundkarte befindet sich in der Geräteklasse *Audio-, Video- und Gamecontroller*. Öffnen Sie die Geräteklasse am vorangestellten Pluszeichen und markieren Sie den Treiber für die Soundkarte.

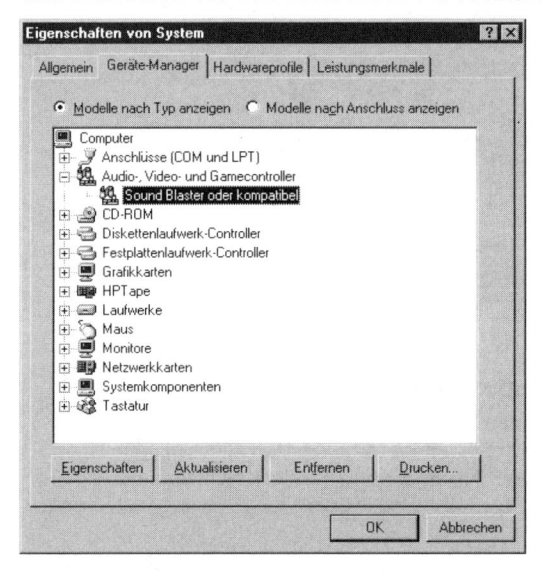

Soundkarte, Boxen und Mikro – Den PC zur Soundmaschine aufrüsten

3 Die Einstellungen der einzelnen Ressourcen erreichen Sie über die Schaltfläche *Eigenschaften*. Wechseln Sie dort zur Registerkarte *Ressourcen*.

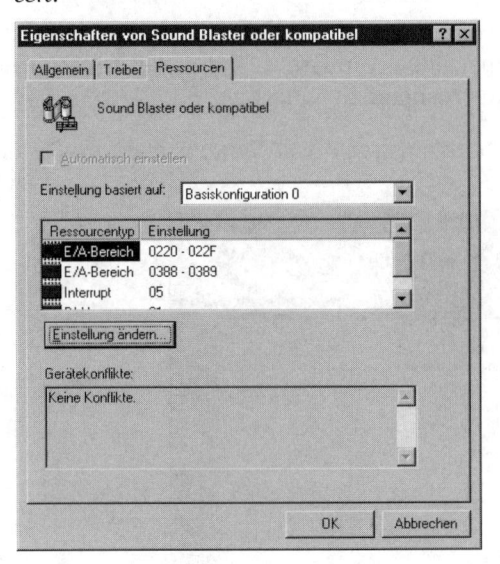

4 Markieren Sie die gewünschte Ressource in der Auswahlliste *Ressourcentyp* und klicken Sie anschließend auf die Schaltfläche *Einstellung ändern*. Der folgende Dialog bietet Ihnen diejenigen Alternativen zur Einstellung der Ressource, die der Treiber unterstützt.

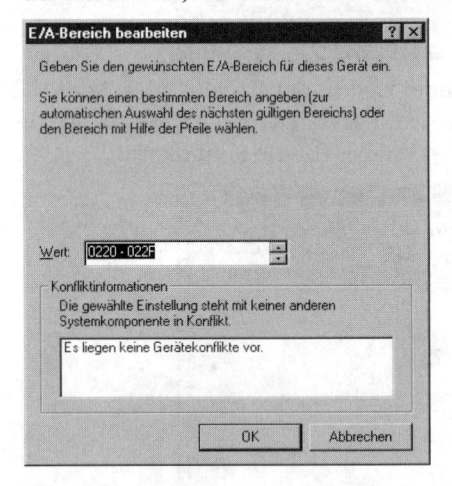

> **Hinweis**
>
> **Anzeige von Gerätekonflikten im Geräte-Manager**
>
> Ein Ressourcenkonflikt wird meist bereits bei der Auswahl der Einstellung im Feld *Konfliktinformation* angezeigt. Lassen Sie sich jedoch nicht verschrecken: Diese Anzeigen sind (leider) nicht immer zutreffend.

5 Ändern Sie die Einstellungen entsprechend der Jumper-Einstellungen, die Sie auf der Soundkarte vorgenommen haben. Bestätigen Sie die Änderungen durch einen Klick auf die Schaltfläche *OK* und verlassen Sie den Geräte-Manager. Zum Abschluß der Änderungen wird ein Neustart des Betriebssystems erforderlich.

Mit der Anpassung der Ressourcen haben Sie den schwierigsten Teil der Installation überstanden, und Ihrem Sound sollte nichts mehr im Wege stehen. Die weiteren Schritte beim Umgang mit der Soundkarte sind gleich, egal, ob die Karte -fähig ist oder nicht, beschrieben. Den Anschluß von Boxen, Mikrofon und Co. finden Sie ab Seite 514.

Aktualisierung von Treibern

Treiberdateien aus dem Internet oder von CD-ROM liegen häufig als komprimierte Archive vor. Bevor Sie die eigentliche Aktualisierung durchführen können, müssen Sie die benötigten Softwareteile aus den Archiven entpakken.

Extraktion von Treiberarchiven

Bei den Archivdateien sind zwei Formen gängig: selbstentpackende Archive (Endung *.exe*, nicht zu verwechseln mit Anwendungen) oder Archive, die mit geeigneten Programmen bearbeitet werden müssen (Endung *.zip*). Handelt es sich bei dem Archiv um eine Programmdatei (Endung *.exe*), können Sie dieses Archiv wie gewohnt starten. Sie werden dann im allgemeinen nach einem Zielverzeichnis gefragt, das die einzelnen Dateien zur Installation der Treiber aufnehmen soll.

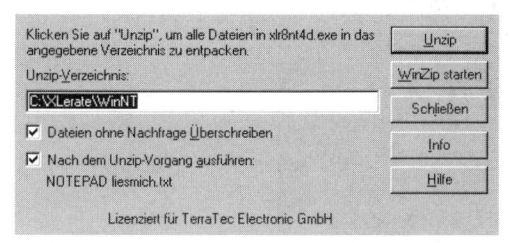

Dialog eines selbstentpackenden Archivs nach dem Start

Handelt es sich dagegen um ein Archiv, das nicht als Programmdatei ausgeführt wird, müssen Sie ein entsprechendes Programm zur Extraktion der Treiberdateien verwenden. Ein beliebtes und nutzerfreundliches Programm zur Bearbeitung von Archivdateien ist WinZip von Nico Mak Computing Inc. Für die eigentliche Installation des Treibers unter Windows sind zwei Wege möglich: die manuelle Installation über den Hardware-Assistenten oder die Aktualisierung der bestehenden Soundkartentreiber über den Geräte-Manager. Die Arbeitsschritte zur manuellen Installation über den Hardware-Assistenten finden Sie ab Seite 505. Eine Anleitung für die Aktualisierung über den Geräte-Manager des Betriebssystems finden Sie im folgenden Abschnitt.

> **Hinweis**
>
> **Probleme unter DOS – Die Umgebungsvariablen**
> Einige Soundkarten verwalten Angaben zu IRQ, DMA-Kanal und E/A-Port insbesondere für DOS-Anwendungen über spezielle Umgebungsvariablen, bei den Produkten von Creative Labs in der Regel unter dem Namen *BLASTER*. Treten ausschließlich bei DOS-Programmen Probleme auf, sollten Sie die Angaben mit den internen Windows-Einstellungen vergleichen und bei Bedarf entsprechend ändern (siehe Seite 511).

Aktualisierung von Treibern über den Geräte-Manager

Möchten Sie einzelne Treiber durch entsprechende neue ersetzen, können Sie unter Windows 98 eine Aktualisierung unmittelbar über den Geräte-Manager durchführen.

1 Starten Sie über *Start/Einstellungen/Systemsteuerung/System* die Eigenschaften für Ihr System und wählen Sie die Registerkarte *Geräte-Manager*. Öffnen Sie die Geräteklasse *Audio-, Video- und Gamecontroller* und markieren Sie den Treiber, der aktualisiert werden soll.

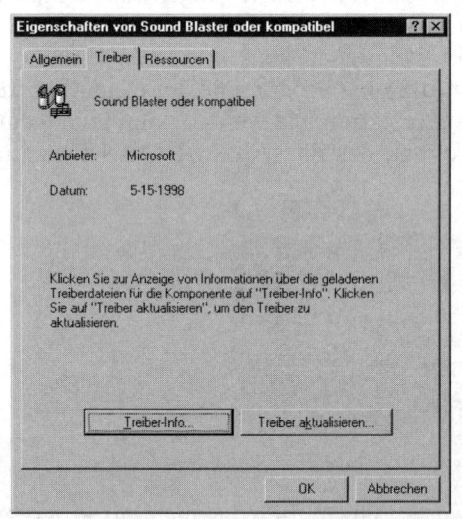

2 Klicken Sie auf die Schaltfläche *Treiber aktualisieren*. Beantworten Sie die Frage, ob nach einem aktuellen Treiber gesucht werden soll, mit *Nein*.

3 Im nächsten Schritt geben Sie das Verzeichnis an, in dem die neuen Treiber liegen. Klicken Sie dazu auf die Schaltfläche *Diskette* und wechseln Sie in das entsprechende Verzeichnis.

Zum Abschluß der Aktualisierung wird ebenfalls ein Neustart des Rechners erforderlich.

> **Hinweis**
>
> **Treiberwahl übersteuern**
>
> Windows 95/98 wählt mitunter automatisch einen Soundkartentreiber aus, der bereits Bestandteil des Betriebssystems ist. Um den Treiber gegen den Treiber der Soundkarte zu ersetzen, können Sie die zugehörigen Treiber zunächst löschen und anschließend über den Hardware-Assistenten eine manuelle Einrichtung vornehmen. Verzichten Sie dabei auf eine automatische Erkennung der neuen Hardware und wählen Sie statt dessen bei der manuellen Einrichtung den Eintrag *Andere Komponenten* (!). Anschließend läßt sich dann der Treiber durch Anwahl der Schaltfläche *Diskette* gezielt festlegen.

Installation von Treibern für DOS

Zur Installation der Soundkartentreiber für DOS ist der Rechner zunächst im DOS-Modus zu starten. Dies können Sie auf zwei Wegen erreichen:

- Haben Sie bereits Windows gestartet, beenden Sie es über das *Start*-Menü und wählen *Im MS-DOS-Modus neu starten*.
- Ist Ihr PC noch nicht gestartet, können Sie den DOS-Modus ebenfalls über das *Start*-Menü vor dem eigentlichen Start von Windows erreichen. Starten Sie den Rechner und drücken Sie die Funktionstaste [F8], direkt nachdem die Startmeldung *Windows 95/98 wird gestartet* auf dem Monitor ausgegeben wird. Im *Startmenü* wählen Sie mit den Pfeiltasten den Eintrag *Nur Eingabeaufforderung* aus.

Die einzelnen Abläufe der Installation sind je nach verwendeter Soundkarte bzw. Hersteller verschieden. Generell werden von allen Installationsprogrammen jedoch die folgenden Schritte vorgenommen:

- Kopieren der Treiberdateien in ein Verzeichnis der Festplatte
- Abfrage der Einstellungen der Ressourcen, die auf der Soundkarte eingestellt sind
- Sicherung der Systemdateien *Config.sys* und *Autoexec.bat* und Ergänzung um die notwendigen Einträge für die Treiberdateien bzw. um Umgebungsvariablen für das Soundsystem

Damit die neue Konfiguration des Betriebssystems wirksam wird, müssen Sie den Rechner zum Abschluß erneut starten.

Installationsbeispiel Creative Sound Blaster

Das folgende Beispiel zeigt die Abläufe für die Installation der Treiber für die Soundkarte Sound Blaster von Creative Labs. Die Sound Blaster-Karten gelten übrigens praktisch als Standard.

Soundkarte, Boxen und Mikro – Den PC zur Soundmaschine aufrüsten

1 Legen Sie die Installationsdiskette in das Diskettenlaufwerk und wechseln Sie vom aktuellen Laufwerk auf die Diskette durch die Eingabe von „A:" an der Kommandozeile:

```
C:\>A:
```

2 Je nach Hersteller der Soundkarte heißt das Installationsprogramm *Setup.exe* oder *Install.exe*. Starten Sie das Installationsprogramm für die Sound Blaster durch Eingabe von „INSTALL.EXE":

```
A:\>INSTALL.EXE
```

3 Wählen Sie im Hauptmenü (*Main Menu*) den Eintrag *Begin Installation* mit den Pfeiltasten.

4 Bei den folgenden Schritten werden die Einstellungen abgefragt, die Sie für die Ressourcen E/A-Adresse (*I/O Address*), Interrupt (*IRQ*) und DMA-Kanal (*DMA*) auf der Karte eingestellt haben.

5 Für die Installation der Treiberdateien und der Sicherheitskopien der Systemdateien des Betriebssystems ist ein Verzeichnisname anzugeben. Alle Dateien werden vom Installationsprogramm unter diesem Verzeichnis abgelegt.

Soundkarte, Boxen und Mikro – Den PC zur Soundmaschine aufrüsten

6 Zum Abschluß der Installationsarbeiten werden die Konfigurationsdateien *Config.sys* und *Autoexec.bat* bearbeitet.

Dazu ist der Laufwerkbuchstabe des Startlaufwerks von DOS bzw. Windows anzugeben. Die Voreinstellung des Laufwerkbuchstaben *C* ist in den meisten Fällen korrekt und kann übernommen werden.

7 Die restliche Installation läuft automatisch ab. Das Installationsprogramm führt die Änderungen an den Systemdateien durch und legt Sicherheitskopien der ursprünglichen Dateien an.

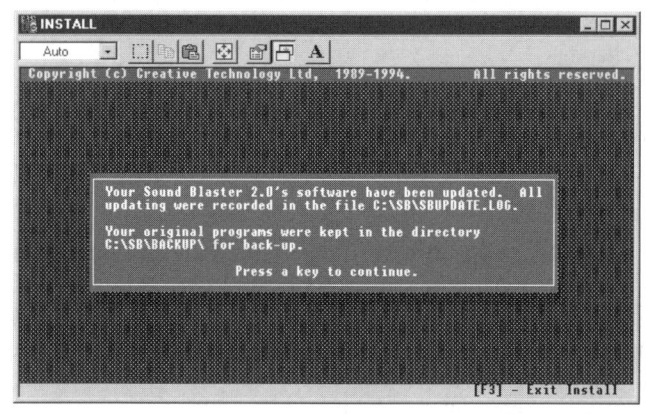

Die automatischen Änderungen der Datei *Config.sys* lauten in diesem Fall:

```
DEVICE=C:\SB\DRV\CTSB2.SYS /UNIT=0 /BLASTER=A:220 I:5 D:1
DEVICE=C:\SB\DRV\CTMMSYS.SYS
FILES=40
```

Die Änderungen der Datei *Autoexec.bat* lauten:

```
SET MIDI=SYNTH:1 MAP:E
```

Die hier zugewiesenen Hardwareeinstellungen werden vorwiegend von DOS-Programmen für die Soundausgabe genutzt. Die Einrichtung der Umgebungsvariablen erfolgt erneut mit Hilfe der *Set*-Anweisung. *A220* bezeichnet hier exemplarisch den E/A-Port, *I5* den Interrupt und *D1* den DMA-Kanal. Unter Windows erscheinen diese Einstellungen häufig über den Gerätetreiber verwaltet, in dessen Namen *Soundblaster Compatible Device* erscheint.

```
SET BLASTER=A220 I5 D1
```

Damit die Änderungen des Betriebssystems wirksam werden können, müssen Sie den Rechner neu starten.

Anschluß der Soundkarte an die Außenwelt – Boxen, Mikrofon und Co.

Nachdem Sie Ihre Soundkarte erfolgreich installiert haben, ist es nun an der Zeit, Ihren Rechner Laut geben zu lassen. Für die Verbindung sind lediglich die richtigen Anschlüsse an der Soundkarte bzw. die richtigen Kabelverbindungen zu beachten.

Kopfhörer und Boxen anschließen

Bei Anschluß von Boxen mit eigenem Endverstärker (aktive Boxen) stehen Ihnen zwei Möglichkeiten zur Verfügung. Sie können sie am eigentlichen Lautsprecherausgang (*Spk*), aber auch am (unverstärkten) Ausgang *Line-Out* der Soundkarte anschließen. Boxen ohne eigenen Endverstärker (passive Boxen) können dagegen nur am Lautsprecherausgang angeschlossen werden.

Das gleiche gilt für Kopfhörer, die ebenfalls nur am Lautsprecherausgang angeschlossen werden können. Verwenden Sie aktive Lautsprecher, können Sie den Kopfhörer und die Boxen gleichzeitig betreiben. Bei passiven Boxen müssen Sie die Kabelverbindung für Kopfhörer und Lautsprecher bei Bedarf wechseln.

Möchten Sie den Kopfhörer Ihrer Stereoanlage für die Soundkarte verwenden, benötigen Sie einen Adapterstecker. Der Adapter paßt die größeren Klinkenstecker von 9 bzw. 5 mm auf die 3,5 mm Klinkenstecker der Soundkarte an. Geeignete Adapter bekommen Sie im Computer- und Elektronikfachhandel für wenig Geld.

Mikrofon anschließen

Alle Karten bieten einen Eingang für ein Mikrofon (Mic/Mik). Mikrofone benutzen den gleichen Stecker wie die Lautsprecher. Sie dürfen das Mikrofon jedoch nicht versehentlich an den Anschluß für die Lautsprecher anschließen. In einem solchen Fall betreiben Sie Ihr Mikrofon dann als Lautsprecher, was einen ernsthaften Schaden des Mikrofons zur Folge haben kann.

Sound-Duo – Stereoanlage und Soundkarte

Zum Abspielen des Sounds über die Hi-Fi-Anlage dient der Ausgang *Line-Out*. Für den Anschluß der Stereoanlage benötigen Sie ein Adapterkabel, das für die Soundkarte einen Klinkenstecker, für die Stereoanlage zwei Cinchstecker bietet. Wollen Sie umgekehrt von der Stereoanlage Musik in die Soundkarte einspeisen, verbinden Sie die Stereoanlage über das Adapterkabel mit der Buchse Line-In der Soundkarte. Über diese Verbindung können Sie Musikstücke digitalisieren und auf der Festplatte Ihres Rechners ablegen, weiter bearbeiten oder auf CD-R brennen.

12.3 Funktionen des Soundsystems vorgestellt

Einfache Soundkarten sind schon für unter 50 DM zu haben, die Typen der Oberklasse kosten dagegen einige Hundert Mark bis hin zum Bereich des High-End, wo einige Tausend Mark durchaus üblich sind. Die Leistungsmerkmale der Karten sind ebenso verschieden wie der Preis. Um die richtige Wahl treffen zu können, wollen wir Ihnen die Komponenten des Soundsystems einmal etwas näher zeigen. Der folgende Abschnitt zeigt Ihnen, was Soundkarten im einzelnen leisten und welche qualitativen Unterschiede bei den Funktionen des Soundsystems für die Erzeugung und Wiedergabe des Sounds zu finden sind.

Klänge aufgelöst – Die Digital-/Analog-Wandlung

Die analogen Tonsignale von Lautsprecher oder Mikrofon müssen, bevor sie bearbeitet werden können, durch den Analog-/Digital-Wandler (A/D-Wandler) in digitale Information umgewandelt werden. Die digitalisierten Töne können dann als Dateien, z. B. als Wave-Datei (Dateiendung *.wav*) abgespeichert werden. Im umgekehrten Fall sind zur Ausgabe von Tönen über die angeschlossenen Boxen, die digitalen Informationen des PCs in entsprechende analoge Signale umzuwandeln (D/A-Wandler). Für die Güte von Aufnahmen und Wiedergaben von analogen Signalen ist die Qualität der Wandlung von entscheidender Bedeutung.

Durch die Ein-/Ausgabemöglichkeiten von analogen Signalen können bereits existierende Klänge wiedergegeben bzw. aufgenommen werden. Doch die Soundkarte kann auch selbst als „Musikinstrument" arbeiten und eigene Klänge erzeugen. Welche Methoden heutige Soundkarten für die Sounderzeugung bieten, zeigt Ihnen der folgende Abschnitt.

Sound aus der Retorte – Der FM-Synthesizer

Neue Klänge lassen sich mit dem sogenannten FM-Syntheziser der Soundkarte erzeugen. Dabei werden auf elektronischem Weg natürliche Musikinstrumente wie Geige, Flöte, Piano usw. nachgebildet. Diese künstlichen Instrumente klingen allerdings genauso, eben künstlich. Ein wesentlich realistischeres Klangbild liefern Syntheseverfahren auf Basis natürlicher Klänge, wie sie im folgenden Abschnitt vorgestellt werden. Der entscheidende Vorteil von synthetischen Verfahren zur Klangerzeugung liegt beim geringen Datenaufkommen für die Erzeugung der Klänge. Bei Aufnahmen mit dem Analog-/Digital-Wandler werden im Gegensatz sehr große Datenmengen erzeugt. Deutlich wird dieser Umstand, wenn man sich die Speicherkapazität einer Audio-CD verdeutlicht: Hier braucht man 650 MByte für 74 Minuten Musik. Zum Erzeugen von synthetischen Tönen mit der FM-Synthese werden dagegen lediglich kleine Steuerdateien benutzt. Diese sind gegenüber den Audiodateien sehr klein (einige KByte), da sie nur Informationen für die Erzeugung der Töne, nicht aber die Klänge selbst enthalten.

> **Hinweis**
>
> **Das Tor zum Klang – Die MIDI-Schnittstelle**
>
> Die Steuerung der Tonerzeugung über die Klangsynthese (FM-Synthesizer und Wavetable-Funktionen) arbeitet nicht unmittelbar mit den Synthesizern der Soundkarte, sondern wird über eine spezielle Programm- und Geräteschnittstelle auf der Soundkarte abgewickelt: die MIDI-Schnittstelle (MIDI = **M**usic **I**nterchange **D**igital **I**nterface). Die Schnittstelle dient einerseits dem Anschluß von externen (MIDI-tauglichen) Musikinstrumenten an den PC und zum anderen als Programmschnittstelle für „künstliche" Instrumente, die durch die Synthesizer der Soundkarte bereitgestellt werden. Die MIDI-Schnittstelle gehört zu den Standardkomponenten einer Soundkarte. Der MIDI-Standard kann gleichermaßen von DOS- und Windows-Programmen unterstützt werden, obgleich DOS selbst keine unmittelbare Unterstützung bietet.
>
> Möchten Sie externe Musikinstrumente an die Soundkarte anschließen, muß die Elektronik für den externen MIDI-Anschluß korrekt arbeiten. Dies ist insbesondere bei preiswerten Soundkarten häufig nicht der Fall. Den Hobbymusikern unter Ihnen raten wir, sich für Soundkarten der Markenhersteller im einer mittleren Preislage ab 150 DM zu entscheiden, den engagierten Anwendern seien solche ab ca. 250 DM empfohlen.

Der bekannteste Baustein für die Tonerzeugung durch FM-Synthese ist der Chip OPL3 von Yamaha. Die Ausstattung einer Soundkarte mit OPL3 ist heute die Mindestanforderung, die eine Soundkarte erfüllen muß. Die Syntheziser der Soundkarten können gleichzeitig mehrere künstliche Instrumente abspielen. Die Zahl der (gleichzeitig) abspielbaren Instrumente wird als Stimmen bezeichnet, deren Anzahl als ein Qualitätsmerkmal von Soundkarten gilt. Der mittlerweile recht betagte Chip OPL3 kann gleichzeitig 18 Stimmen in Stereoqualität abspielen.

Hinweis
Stimmwunder bei preiswerten Soundkarten?

Die Soundkartenhersteller verwenden hier zwei unterschiedliche Angaben zur Anzahl der Stimmen. Die korrekte Angabe „Stimmenzahl" wäre die durch die „Hardware" gleichzeitig abspielbaren Stimmen. Teilweise werden diese Angaben jedoch dadurch aufgebessert, daß man zusätzliche Stimmen hinzurechnet, die lediglich über Softwareverfahren der Treiber erzeugt werden. Der wesentliche Nachteil von Softwareverfahren zur Sounderzeugung ist die zusätzliche Belastung der CPU durch die dafür benötigte Rechenleistung.

Bereits einfache Soundkarten unter 100 DM sind in der Lage, 32, mittlere Qualitäten 64 und gute mittlerweile über 200 Stimmen abzuspielen. Diese hohe Zahl der Stimmem kann allerdings nicht mit der FM-Synthese, sondern nur über die Wavetable-Synthese ausgeschöpft werden.

Musikbaukasten – Reale Klänge durch Wavetable-Funktionen

Die Qualität der FM-Synthese wird entscheidend verbessert, wenn statt der elektronisch erzeugten Charakteristiken Grundtöne echter Instrumente für die Klangsynthese verwendet werden. Die echten Grundtöne der Instrumente werden aufgenommen und in einem speziellen Speicher der Soundkarte, dem Wavetable-ROM, abgelegt. Die Klänge der Instrumente lassen sich aus gespeicherten Grundtönen erzeugen und durch Variation von Abspielgeschwindigkeit, Tonhöhe usw. verändern.

Hinweis
Trickreiche Angaben zur Größe des Wavetable-ROMs

Leider „tricksen" die Hersteller auch hier mit den Angaben. So kann die Angabe der Größe des Wavetable-ROMs von 4 MByte auch 4 MBit (Megabit) bedeuten, was jedoch nur 0,5 MByte (Megabyte) entspricht. Die Größe des Wavetable-ROMs ist zwar ein entscheidendes Merkmal und gibt Auskunft über die „Zahl" der verschiedenen Klänge, die auf dem Speicherbaustein gespeichert sind. Die Größe sagt aber nicht unbedingt etwas über die „Qualität" der gespeicherten Klänge aus. Bei gleicher Größe können die Samples hinsichtlich der Aufnahmequalität durchaus sehr verschieden sein. Legen Sie Wert auf eine gute Klangqualität der Wavetable-Funktion, sollten Sie entsprechende Soundkarten von Markenherstellern wählen.

Preiswerte Karten oder Soundkarten von PC-Komplettsystemen sind im allgemeinen für die Wavetable-Funktion vorbereitet, aber der entsprechende Speicherbaustein fehlt häufig. Aktuelle Soundkarten ohne Wavetable-ROM lassen sich aber in den meisten Fällen nachrüsten, so daß Sie auch in diesen Fällen durch Nachrüsten geeigneter Bausteine in den Genuß eines „echten Orchesters" kommen können.

Wavetable-ROM mit Erweiterungsanschluß (Wavetable-Connector)

Neben der unveränderlichen Speicherung der Klangtabellen in einem ROM-Speicher der Soundkarte, werden bei Soundsystemen der neuesten Generation ladbare Wavetables unterstützt, die in den RAM der Soundkarte oder in den Arbeitsspeicher des PCs geladen werden können. Dieses Verfahren heißt DLS (**D**ownloadbarer **S**ample **S**upport).

Hinweis

Ladbare Klangtabellen – Neue Klänge für die PC-Soundmaschine

Die Hersteller von Markenprodukten im Bereich Sound, wie z. B. Creative Labs, TerraTec, Guillemont usw., bieten über das Internet regelmäßige Updates und neue Klangtabellen an. Karten die das DLS-Verfahren unterstützen (z. B. die Sound Blaster AWE-Familie, Sound Blaster Live!) können durch zusätzliche bzw. neue Klangtabellen erweitert werden. Bei Creative Labs heißen die ladbaren Soundtabellen Soundfonts und können über die Internetseite

http://www.sblive.com/liveware/goodies/soundfonts/emu/welcome.html

kostenlos abgerufen werden. Auch der Liebhaber von irischer Harfenmusik bekommt damit die Möglichkeit, sein Lieblingsinstrument vom PC abzuspielen.

Wavetable-Funktionalität nachrüsten

Viele Soundkarten unterstützen eine nachträgliche Aufrüstung, sofern Sie ein entsprechendes Wavetable-Modul über Ihren Hardwarehändler bzw. den Hersteller der jeweiligen Soundkarte beziehen können. Vergleichen Sie vor einer entsprechenden Aufrüstung in jedem Fall die Kosten. Mitunter ist es nämlich preisgünstiger, eine neue Soundkarte zu erwerben, als eine bereits vorhandene Soundkarte aufzurüsten.

Erweiterbarkeit einer Soundkarte prüfen

Beachten Sie bei einer Aufrüstung, daß das verwendete Wavetable-Modul außerdem an die Hardware der bereits vorhandenen Soundkarte angepaßt sein muß. Dies liegt daran, daß das Wavetable-Modul als Zusatzplatine über einen speziellen Verbindungsstecker, den sogenannten Wavetable-Connector, auf die Soundkarte aufgesteckt werden muß. Nachfolgend beschreiben wir, wie Sie eine ältere ISA-Soundkarte um ein Wavetable-Modul erweitern.

1. In einem ersten Schritt sollten Sie einen Blick in das Handbuch zur verwendeten Soundkarte werfen. Darin finden Sie bereits Angaben zum Wavetable-Modul, wie Sie dieses beziehen können, und mitunter auch weitere Angaben zum Aufrüsten selbst.

2. Finden Sie die Angaben nicht, können Sie die Soundkarte auch aus dem Rechner ausbauen und selbst einmal unter die Lupe nehmen. In der Abbildung sehen Sie auf der Soundkarte zwei Steckbrücken. Die lange Steckleiste im unteren Bereich ist ein Anschluß für ein CD-ROM-Laufwerk und hier nicht von Bedeutung. Die im oberen linken Bereich vorhandene Steckbrücke ist die gesuchte, die aus 13 Pin-Paaren besteht und das Wavetable-Modul aufnehmen soll. In der Regel ist diese Steckbrücke auch mit *Wave-Connector* oder *Wavetable-Connector* beschriftet.

3. Damit ist die Soundkarte bereits als erweiterbar eingestuft. Wie die Soundkarte mit aufgesetztem Wavetable-Modul aussieht, werden Sie später noch sehen. Einziger Nachteil für eine Aufrüstung: Weder der Soundkartenaufbau noch die Anordnung des Connectors ist bei allen Karten identisch. Ein weiterer Grund, daß das Wavetable-Modul hundertprozentig passen muß, liegt darin, daß es über Abstandhalter auf der Soundkarte positioniert wird. Für die Abstandhalter sind in der Soundkarte bereits Bohrungen enthalten. Diese Bohrungen müssen auch identisch auf der Platine des Wavetable-Moduls vorhanden sein.

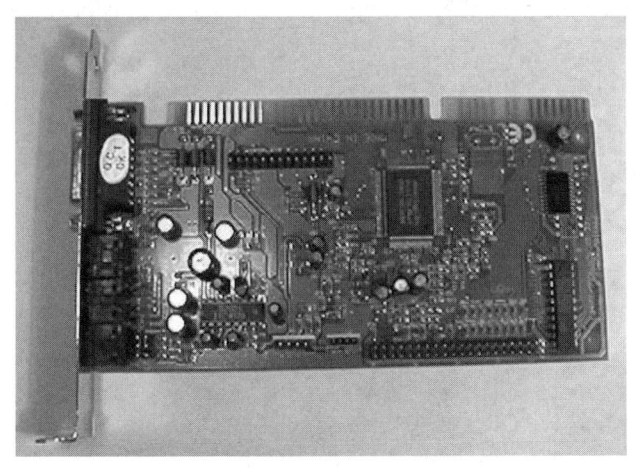

Der Wavetable-Connector ist als Steckbrücke mit 13 Pin-Paaren erkennbar

Wavetable-Modul-Erweiterung vornehmen

Nachdem Sie die Erweiterbarkeit Ihrer Soundkarte überprüft haben, können Sie darangehen, das Erweiterungsmodul zu besorgen. Für den Einbau sind vier Schritte notwendig:

1 Setzen Sie in die vier Bohrungen der Soundkarte die Abstandhalter ein.

2 Stecken Sie im Anschluß daran das Wavetable-Modul auf die Soundkarte auf. Verbinden Sie dazu den Wavetable-Connector mit dem Anschlußstecker des Wavetable-Moduls. Drücken Sie das Wavetable-Modul auf die Steckbrücke und gleichzeitig in die Enden der Abstandhalter.

Die Verbindung zwischen Soundkarte und Wavetable-Modul erfolgt mittels Connector unter Verwendung von Abstandhaltern

3 Nachdem die Soundkarte erweitert ist, können Sie die Karte wieder in ihren ursprünglichen Steckplatz einbauen und das Rechnergehäuse schließen.

4 Nehmen Sie abschließend ggf. eine Treiberaktualisierung vor.

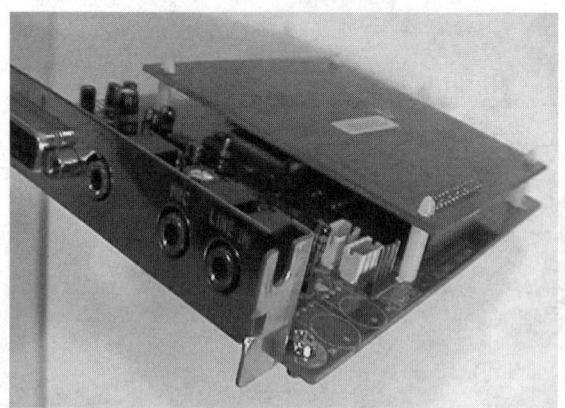

Soundkarte mit aufgesetztem Wavetable-Modul

Der Endverstärker – Power für den Boxenanschluß

Damit die Lautsprecher hörbare Töne abgeben können, muß das Ausgangssignal verstärkt werden. Soundkarten verwenden dazu einen kleinen integrierten Endverstärker. Verwenden Sie Lautsprecher ohne zusätzlichen Verstärker, sind Sie auf die Leistung der Soundkarte beschränkt. Wegen der geringen Leistung der Soundkartenverstärker sind dann aber nur geringe Lautstärken möglich, zum anderen neigen sie im Maximalbereich ihrer Leistung zu starken Verzerrungen.

Eine weit größere Ausgangsleistung und bessere Klangqualität erreichen Sie mit aktiven Lautsprechern, die einen zusätzlichen eigenen Verstärker verwenden.

Mehrdimensional – Effektprozessoren, Stereo- und Surround-Sound

Durch die rasche Entwicklungsgeschwindigkeit der letzten Jahre stehen Ihnen im Bereich der Soundkarten heute preiswerte und leistungsfähige Systeme zur Verfügung. Die neue Klangwelt der aktuellen Soundkarten heißt 3-D-Stereo- und 3-D-Surround-Sound. Damit sind Verfahren gemeint, die den räumlichen Eindruck der Tonausgabe unterstützen.

Bei den Hi-Fi-Verfahren werden die Rauminformationen bereits bei der Aufnahme der Musikstücke gespeichert. Damit ist die räumliche Information unveränderlich festgelegt, was aber für die Anwendung beim PC nicht geeignet ist. Bei Computerspielen ändert sich der Spielverlauf ständig bzw. der Ablauf des Spiels ist nicht vorhersagbar. Damit muß sich bei räumlichem Klang auch die Rauminformation des Sounds ändern können und an die jeweilige Situation anpassen.

> **Hinweis**
>
> **Die Notlösung: Kein 3-D-Sound, was tun?**
> Unterstützt die in Ihren Rechner eingebaute Soundkarte keinen 3-D- bzw. 3-D-Surround-Sound, müssen Sie nicht gleich die Soundkarte wechseln. 3-D-Surround-Prozessoren werden heutzutage zunehmend auch in herkömmlichen Stereoanlagen eingesetzt. Verfügen Sie über eine entsprechende Stereoanlage, können Sie den Stereosound der Soundkarte auch in diese Stereoanlage einspielen. Beachten Sie aber, daß die Boxen der Stereoanlage anders als spezielle PC-Boxen nicht gesondert abgeschirmt sind und durch ihre elektromagnetische Strahlung den Monitor stören können. Halten Sie dann einigen Abstand.

3-D-Stereosound/Wide-Stereo (2 Boxen-Sound)

Moderne Soundkarten ab ca. 70 DM sind mit einem Effektprozessor, dem **D**igital **S**ound **P**rozessor (DSP), ausgestattet. Der Vorteil dieser erweiterten Stereoverfahren ist, daß Sie keine zusätzlichen Boxenpaare benötigen. Je nach Preislage der Soundkarte und der Qualität der verwendeten Lautsprecher ist der Effekt mehr oder weniger deutlich. Eine Soundkarte um 150 DM bietet neben einer soliden Wavetable-Synthese im allgemeinen eine ordentliche Verbesserung des Stereosounds für den Raumklang und läßt viele Spiele nicht nur gut aussehen, sondern auch gut klingen. Um in den vollen Genuß der Soundkarte zu kommen, sind gute Lautsprecher ebenso wichtig. Ab ca. 80 DM bekommen Sie aktive Boxenpaare mit Musikleistungen zwischen 120-150 Watt, die den Sound der Karte auch angemessen herüberbringen können.

Der Effektprozessor

Die Hauptaufgabe des Effektprozessors besteht darin, die Sounds bereits während des Abspielens für den Raumklang nachzubearbeiten. Dadurch wird die ursprüngliche Stereoinformation künstlich um weitere räumliche Effekte wie Hall-, Chor- oder Vibrato-Effekte ergänzt. Die Bearbeitung in Echtzeit erfordert hohe Rechenleistung. Bei guten Karten reicht deshalb die Rechenleistung des Effektprozessors bis an die Leistung des Coprozessors der CPU heran. Hochwertige Soundkarten, z. B. EWS64 von TerraTec, haben sogar ein eigenes Update-fähiges Betriebssystem auf der Soundkarte.

> **Hinweis**
>
> **Effektprozessor (DSP) als Helferlein**
>
> Eine weitere wichtige Aufgabe des Effektprozessors ist die Entlastung der CPU des PCs bei der Soundverarbeitung. Gerade preiswerte Soundkarten mit billigen Effektprozessoren belasten die CPU und verlangsamen den Ablauf der Programme. Spielabläufe fangen an zu ruckeln, oder der Sound stockt oder leiert. Am besten ist es, wenn eine Soundkarte den Computer nicht mit der Soundverarbeitung belastet, sondern die Soundbearbeitung vollständig über die eigene Hardware abwickeln kann.

3-D-Sound oder V-Sound

Die einfachste Veränderung des Sounds durch den Effektprozessor wird unter dem Begriff „3-D-Sound" gehandelt. Im Audiobereich sind diese Verfahren als Wide-Stereo bekannt. Sie basieren auf dem üblichen Stereoprinzip und verwenden damit zwei Boxen. Die Tonsignale werden durch zeitliche Verzögerungen so verändert, daß der Eindruck vermittelt wird, daß die Abstände der Boxen zum Zuhörer verändert werden, also einmal weiter auseinander stehen oder näher heranrücken. Das Ergebnis wird als Räumlichkeit empfunden. Bei Systemen unter 100 DM reicht die Leistungsfähigkeit der Effektprozessoren meist nicht aus und führt zu deutlichen Verfälschungen des originalen Sounds.

Aureals A3D

Die Soundkarten des Herstellers Aureal arbeiten mit einem speziellen Verfahren. Über komplizierte mathematische Berechnungen wird ein gutes dreidimensionales Klangbild erzeugt, das eine erstaunlich gute Räumlichkeit nachbildet. Es gibt leider einen Haken: Man muß genau in der Mitte zwischen den Boxen sitzen, sonst geht der gute Raumklang wieder verloren.

3-D-Surround-Sound/Quadrophonie (vier Boxen-Sound)

Echter Raumklang kann nur mit zwei Boxenpaaren erzeugt werden, die um den Zuhörer herum angeordnet sind.

Die Preise für diese Karten liegen durchweg im obersten Preissegment. Rechnet man die zusätzlichen Kosten für eine weiteres gutes Boxenpaar hinzu, wird dieser Genuß leider ein recht kostspieliges Vergnügen.

Environmental Audio (EAX)

Für das von der Firma Creative Labs entwickelte Verfahren sind vier Boxen erforderlich, damit ein wirklich perfekter Raumklang entsteht. Klangereignisse können jederzeit hinzugefügt und exakt positioniert werden, was bei Soundausgaben für Computerspiele wichtig ist. Sie hören z. B. ein Auto oder einen Gegner wirklich von hinten kommen, bevor er noch auf dem Bildschirm erscheint.

Anschluß gesucht – Anschlußmöglichkeiten einer Soundkarte

Alle Soundkarten verfügen über mehrere Anschlüsse, die zur Ein- und Ausgabe von Klängen für externe Geräte wie Boxen, Mikrofon usw. erforderlich sind. Leider gibt es aber keine einheitlichen Bezeichnungen für Anschlüsse von Soundkarten. Die Anordnung der Anschlüsse am Slotblech sind zudem von Hersteller zu Hersteller verschieden, häufig fehlt eine entsprechende Beschriftung auf der Soundkarte gänzlich. Verfügt die Soundkarte selbst über keine Beschriftung der Anschlüsse, ist es sinnvoll, kleine Aufkleber mit den Beschriftungen anzubringen.

Klinkenstecker und MIDI/Game-Port-Stecker für die Soundkarte

Für die äußeren Anschlüsse der Soundkarte werden zwei Steckertypen verwendet: Klinkenstecker (3,5 mm/Stereo) für die Audiosignale zum Anschluß von Boxen oder Mikrofon. Der MIDI/Game-Port zum Anschluß von externen Musikinstrumenten und dem Joystick/Joypad ist als 15poliger Stecker ausgeführt. Die folgenden Tabellen zeigen Ihnen die gängigen Anschlüsse der Soundkarten und deren Bedeutung.

Externe Ausgänge

Anschluß	Beschreibung
Lautsprecher	Der Lautsprecheranschluß wird auf der Karte oft mit „Spk" gekennzeichnet und für PC-Lautsprecher eingesetzt. Das Ausgangssignal wird vom Endverstärker der Soundkarte verstärkt, so daß der Anschluß von Boxen ohne eigenen Verstärker (passive Boxen) möglich ist. Die Leistung des Verstärkers auf der Soundkarte liegt jedoch nur im Bereich von 0,5-5 Watt. Um höhere Leistungen zu erreichen, können aktive Boxen mit einem eingebauten Endverstärker verwendet werden. Die PC-Lautsprecher können wahlweise extern vorhanden oder bereits in den Monitor eingebaut sein.
Raumklang	Soundkarten, die echten Raumklang erzeugen können, besitzen meistens einen zweiten Lautsprecheranschluß. Dieser zweite Lautsprecheranschluß wird häufig mit „Srd" gekennzeichnet. Die Anschlußvarianten für Raumklangsysteme unterscheiden sich allerdings sehr von Hersteller zu Hersteller. Manche Systeme haben auch bei der Unterstützung von Raumklang lediglich einen Lautsprecheranschluß. Die daran angeschlossene Box stellt dann die Anschlüsse für weitere Boxen zur Verfügung.
Line-Out	An diesem Ausgang liegt das gleiche Ausgangssignal wie am Lautsprecheranschluß an, jedoch wird das Signal nicht über den Endverstärker der Karte verstärkt (die Größe des Ausgangssignals läßt sich damit nicht über Mischerprogramme des PCs verändern). Der Ausgang dient dem Anschluß von Geräten, die über einen eigenen Verstärker verfügen, wie beispielsweise Ihre Stereoanlage. Dieser Anschluß kann dann dazu genutzt werden, ein Stereosignal mit einer 3-D-Surround-Stereoanlage in 3-D-Sound umzuwandeln.
S-P/DIF	Hochwertige Soundkarten bieten neben der Ein-/Ausgabe von analogen Signalen für Mikrofon oder Lautsprecher noch eine digitale Schnittstelle (S-P/DIF) als Anschlußmöglichkeit für externe digitale Audiogeräte wie (Audio-)DAT-Recorder oder CD-Spieler mit einer digitalen Schnittstelle.

Hinweis

Kabelverbindung für die S-P/DIF-Schnittstelle

Die meisten Soundkarten und Audiogeräte mit S-P/DIF-Schnittstelle verwenden für die Eingangs- bzw. Ausgangsverbindungen gewöhnliche Cinchbuchsen/Cinchstecker. Bei Kabellängen bis zu 1,50 m können Sie die normalen Cinchkabel verwenden, die auch für Hi-Fi-Anlagen angeboten werden. Für größere Kabellängen an der S-P/DIF-Schnittstelle sollten Sie jedoch Koaxialkabel für die Verbindung verwenden. Sie können beliebige Kabel aus der Netzwerktechnik oder die Kabel aus der Meß- oder Antennentechnik verwenden.

Externe Eingänge

Anschluß	Beschreibung
Mic/Mik	An diesen Eingang läßt sich ein Mikrofon anschließen. Sie können Sprache aufzeichnen oder Ihren PC durch Sprachbefehle steuern. Dazu ist jedoch eine geeignete Spracherkennungssoftware notwendig. Einige speziellere Soundkarten sind bereits mit einer Modemfunktion kombiniert. In diesem Fall können Sie das Mikrofon bei vorhandenem Telefonanschluß zum Telefonieren verwenden. Wollen Sie mit dem PC telefonieren, ohne eine kombinierte Modem-/Soundkarte zu haben, können Sie das Modem auch getrennt als eigenständige Zusatzkarte nachrüsten und in Verbindung mit der Soundkarte einsetzen.
Line-In	Ähnlich wie der unverstärkte Ausgang Line-Out, dient dieser Eingang zum Anschluß von analogen Audioquellen wie der Stereoanlage oder einem CD-Player für die Aufnahme von Musik über externe (analoge) Geräte. Die aufgenommenen Daten können auf der Festplatte zwischengespeichert und später z. B. auf CD-Rs geschrieben werden. Auf diesem Wege können Sie auch Ihre alten Langspielplatten auf CDs archivieren. Sie benötigen allerdings neben einem CD-Brenner auch spezielle Software, die das Rauschen herausfiltern kann. Auch externe CD-ROM-Laufwerke können durch diesen Anschluß mit der Soundkarte verbunden und anschließend als Audio-CD-Player eingesetzt werden.
S-P/DIF	Die digitale Schnittstelle läßt sich als Ausgang wie Eingang verwenden. Als Eingang eignet sich der S-P/DIF-Port zur Aufnahme von Musik aus digitalen Geräten (u. a. digitales Radio) in DDD-Qualität (digitale Tonquelle, digitale Aufnahme, digitale Wiedergabe).
MIDI/Game-Port	An den MIDI-Anschluß können Sie MIDI-Geräte anschließen, z. B. geeignete Musikinstrumente (z. B. MIDI-Keyboard), aber auch einen weiteren PC zur Musikbearbeitung. Daneben dient diese Schnittstelle zum Anschluß des Joysticks bzw. des Joypads. Möchten Sie zwei Joysticks anschließen, benötigen Sie ein sogenanntes Y-Kabel, das den Game-Port-Anschluß auf zwei Anschlußbuchsen erweitert. Soundkarten älterer Bauart sind nicht zwangsläufig mit einem Game-Port ausgestattet. In diesem Fall sind im Fachhandel spezielle Game-Port-Zusatzkarten erhältlich. Der Austausch der Soundkarte ist zur Nachrüstung eines Game-Ports also nicht unbedingt erforderlich.

Interne Eingänge

Anschluß	Beschreibung
CD-ROM-Anschluß	Wenn Sie Ihre Audio-CDs unmittelbar über die Soundkarte des PCs abspielen möchten, ist das CD-ROM-Laufwerk über ein spezielles Audiokabel mit der Soundkarte verbunden. Das Audiokabel und dessen Anschlüsse variieren und können, sofern nicht in Verbindung mit der Soundkarte bzw. dem CD-ROM-Laufwerk ausgeliefert, getrennt über den Fachhandel bezogen werden. Alternativ zu einem CD-ROM-Laufwerk können Sie auch CD-Brenner, DVD-RAM- und DVD-ROM-Laufwerke mit einer Soundkarte verbinden. Sind in Ihrem Rechner mehrere Geräte zum Abspielen von Audio-CDs enthalten, müssen Sie sich entscheiden, welches Gerät für die Wiedergabe genutzt werden soll (siehe unten). Der Anschluß mehrerer Wiedergabegeräte an eine Soundkarte wird leider nicht unterstützt.
Wavetable-Connector	Besitzen Sie eine preiswerte Soundkarte ohne Wavetable-ROM, dann läßt sich durch den Wavetable-Connector nachträglich ein Wavetable-ROM oder bei bereits vorhandenem ROM-Baustein eine Speichererweiterung anschließen.

Soundkarte, Boxen und Mikro – Den PC zur Soundmaschine aufrüsten

Radioerweiterung	Bei Soundkarten von der Firma TerraTec kann auf den internen Eingang eine Radioerweiterung (RDS-Empfänger) gesteckt werden. Wollen Sie Ihren Rechner als Radio nutzen, ohne daß Ihre Soundkarte eine entsprechende Funktionalität unterstützt, so erhalten Sie im Fachhandel auch hierfür eigenständige Zusatzkarten.
IDE-Schnittstelle	Mainboards der älteren 486er-Generation waren nur mit einem IDE-Anschluß ausgerüstet. Um neben zwei Festplatten ein CD-ROM-Laufwerk nutzen zu können, boten die Soundkarten einen zusätzlichen IDE-Port. Auch Soundkarten mit mehreren unterschiedlichen IDE-Schnittstellen wurden zum Teil ausgeliefert. Bei modernen PCs mit EIDE-Schnittstellen ist diese Schnittstelle überflüssig und sollte nicht verwendet werden. Bei aktuellen Soundkarten ist dieser Anschluß auch nicht mehr zu finden.

Festlegung des Abspielgeräts für Audio-CDs unter Windows 95/98

Wenn Sie neben dem CD-ROM-Laufwerk auch noch einen Brenner besitzen, müssen Sie festlegen, mit welchem Gerät Audio-CDs abgespielt werden.

1 Verbinden Sie zunächst das Wiedergabegerät für die Audio-CDs (also wahlweise CD-ROM, CD-R, CD-RW, DVD oder DVD-RAM) über ein Audiokabel mit der Soundkarte.

2 Nun können Sie durch Einlegen einer Audio-CD prüfen, ob die aktuellen Einstellungen korrekt sind. Wenn Sie Ihre Lieblingsmusik hören, ist alles bestens und Sie können hier aufhören.

3 Hören Sie hingegen nichts, müssen Sie das Audio-Laufwerk wechseln, indem Sie zunächst den *Start*-Menübefehl *Start/Einstellungen/Systemsteuerung* abrufen.

4 Doppelklicken Sie auf das Modul *Multimedia* und wechseln Sie auf die Registerkarte *Musik-CD*.

5 Legen Sie über das Kombinationsfeld den Laufwerkbuchstaben fest, der von Windows den Geräten zugewiesen wurde, die zum Abspielen von Musik-CDs geeignet sind. Wenn Laufwerk G: z. B. ein CD-ROM-Laufwerk und Laufwerk H: ein DVD-Laufwerk ist, müssen Sie den Laufwerkbuchstaben G: wählen.

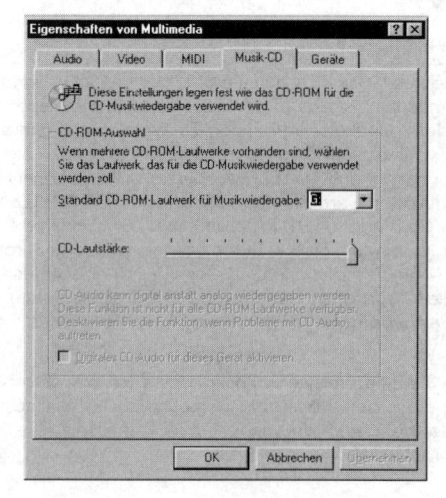

Soundkarte, Boxen und Mikro – Den PC zur Soundmaschine aufrüsten

6 Bestätigen Sie mit *OK*.

Durch eine Änderung der Audiokabelverbindung und den Wechsel der Laufwerkangabe in diesen Dialogfeldern können Sie sehr schnell das Abspielgerät wechseln.

Hinweis
Audio-Wiedergabegerätewahl für Spiele

Wählen Sie für die Audio-CD-Wiedergabe am besten das Gerät, das höhere Lesegeschwindigkeiten bietet und das Sie auch zum Lesen von Spiele-CDs verwenden wollen, da auch bei Spielen häufig Audiosequenzen verwendet werden.

Wichtige Standards für die Soundkarte

Trotz der teilweise sehr unterschiedlichen Technik der Soundkarten der verschiedenen Hersteller haben sich Industriestandards entwickelt. Achten Sie beim Kauf einer neuen Soundkarte auf die Eigenschaften der Kompatibilität. Die folgende Tabelle zeigt Ihnen die wichtigsten Standards, die Soundkarten für die reibungslose Zusammenarbeit mit der Software des Rechners unterstützen müssen.

Standard	Beschreibung
Adlib, Sound Blaster und Sound Blaster Pro	Mit diesen Standards arbeiten die alten DOS-Spiele. Wollen Sie diese auch weiterhin benutzen, dann sollte Ihre neue Karte hardwarekompatibel zu diesen Standards sein. Viele Karten emulieren die Funktionen über Softwaretreiber, was leider nicht immer den gewünschten Erfolg bringt.
Sound Blaster 16	Ähnlich den „alten" Sound Blaster/Sound Blaster Pro-Karten von Creative Labs sollten moderne Systeme die Funktionen der Sound Blaster 16 unterstützen. Die Kompatibilität ist für alle diejenigen Anwendungen wichtig, die unter Windows laufen, aber noch nicht DirectX unterstützen.
DirectX, DirectSound und DirectSound 3D	Das DirectX-System ist das neue Standardverfahren zum Zugriff auf die Hardware des Grafik- und Soundsystems unter Windows 95/98 und Windows NT. Ihre neue Soundkarte muß diesen Standard auf jeden Fall unterstützen, um aktuelle Spiele und Multimedia-Anwendungen unter Windows ablaufen lassen zu können.
MIDI	Die Schnittstelle wird intern als Programmschnittstelle zur Ansteuerung des Wavetable-Synthesizers und als Schnittstelle für externe Geräte verwendet.

Hinweis
Sonderlinge bei DirectX-Treibern

Bei der Unterstützung von DirectX gibt es leider feine Unterschiede. Auch hier liegt die Tücke im Detail. Einfache Soundkarten unterstützen nicht alle Funktionen direkt über die Hardware, sondern realisieren Teile der Funktionen über die Software der Kartentreiber. Das kann teilweise zu einer erheblichen Belastung der CPU des PCs führen. Bessere Soundkarten unterstützen alle Funktionen von DirectX unmittelbar über ihre Hardware, ohne die CPU Ihres PCs zu belasten.

12.4 Tonstörung? – Problemlösungen für das Soundsystem

Arbeitet Ihr Soundsystem nicht wie gewünscht und gibt keinen Ton von sich? Dann möchten wir Ihnen mit den Lösungen des folgenden Abschnitts bei der Fehlerbehebung behilflich sein. Bevor Sie den Rechner öffnen, prüfen Sie die folgenden Punkte der Checkliste:

Checkliste: Kein Sound ?
Sind die Boxen am richtigen Ausgang (Spk) angeschlossen?
Bei Aktivboxen: Sind die Boxen eingeschaltet bzw. mit der Stromversorgung verbunden ? Haben Sie den Lautstärkeregler der Boxen hoch geregelt?
Befindet sich auf der Soundkarte ein zusätzlicher Lautstärkeregler. Ist der Regler eventuell auf 0 gestellt?
Rufen Sie das Mischpultprogramm des Betriebssystems auf. Wie stehen die Regler am Mischpult, bzw. wie sind die Schalter „Ton ein/aus" an den Soundquellen und am Hauptregler geschaltet?

Kein Ton? – Ressourcenkonflikte beseitigen

Überprüfen Sie, wenn alle Punkte der Checkliste kein Ergebnis gebracht haben, als nächstes die Kabelverbindungen der Soundkarte. Bleibt sie trotz richtiger Verbindungen völlig stumm, sollten Sie die Einstellungen der vom Treiber verwendeten Ressourcen überprüfen. Unter Windows finden Sie die Konfiguration der Treiber in der Systemsteuerung des Betriebssystems. Öffnen Sie zur Kontrolle die Systemeigenschaften Ihres Windows-Systems mit *Start/Einstellungen/Systemsteuerung/System* und wählen Sie die Registerkarte *Geräte-Manager*. Liegt ein Gerätekonflikt im Bereich der Soundkarte vor, kennzeichnet das Betriebssystem die davon betroffenen Treiber mit einem gelben Ausrufezeichen im Symbol des betroffenen Treibers.

Verwenden Sie einen ISA-Typ der Soundkarte ohne Plug & Play, können falsche Einstellungen im Geräte-Manager unbemerkt bleiben. Kontrollieren Sie in diesen Fällen die Einstellungen der Jumper auf der Platine der Soundkarte mit den entsprechenden Einträgen zum Treiber im Geräte-Manager.

Abstürze und Aussetzer – Störenfried Soundkarte?

Undefinierbare Abstürze des Betriebssystems haben nicht selten ihre Ursache in veralteten Treibern für das Betriebssystem. Gute Sammlungen aktueller Treiber und Verweise auf die Hersteller der Produkte finden Sie auf den Internetseiten von:

Soundkarte, Boxen und Mikro – Den PC zur Soundmaschine aufrüsten

DriverCity	http://top-download.de/treiber
Treiber.de	http://www.treiber.de/index0.htm

oder auf den Herstellerseiten, siehe Seite 488.

Alternativ dazu bieten einige Computerhändler einen Update-Service für die von ihnen vertriebenen Produkte an. Eine weitere Möglichkeit, zu aktuellen Treiberversionen zu kommen, sind Treiber-CD-ROMs, z. B. als Beilage zu Computerzeitschriften.

Einzelheiten zur Installation eines neuen Treibers für die Soundkarte finden Sie ab Seite 500 bzw. 511.

Aussetzer der Soundkarte und Programmabstürze

Dieses Verhalten weist ebenfalls auf Ressourcenkonflikte hin. In solchen Fällen überlappen sich vielfach die E/A-Adressen zweier Hardwarekomponenten, so daß beide Komponenten auf denselben Adreßbereichen eingestellt sind. Damit verwenden beide Karten zum Teil einen gemeinsamen Datenbereich und überschreiben ihre Daten gegenseitig. Damit können Teile der Sounddaten im laufenden Betrieb fehlen oder im ungünstigen Fall die Anwendung bzw. das ganze System abstürzen.

Überprüfen Sie dann die Adressen für den E/A-Bereich aller installierten Karten. Die Vorgehensweise wird ab Seite 64 beschrieben.

Probleme mit der MIDI-Schnittstelle

Die MIDI-Schnittstelle wird seitens des Betriebssystems als eigenständiges Gerät behandelt. Dazu wird neben der korrekten Installation eines Treibers die Konfiguration der angeschlossenen MIDI-Geräte für das Betriebssystem notwendig.

Keine MIDI-Wiedergabe unter Windows 95/98

Für die Unterstützung der MIDI-Schnittstelle durch das Betriebssystem müssen Sie einen passenden Treiber der Soundkartensoftware installieren. Das Gerät MIDI verwendet zwar keinen eigenen Interrupt, jedoch separate E/A-Adressen zum Datenaustausch. Überprüfen Sie die Installation des Treibers mit dem Geräte-Manager des Windows-Systems. Fehlt der entsprechende Eintrag, können Sie den Treiber nachträglich installieren.

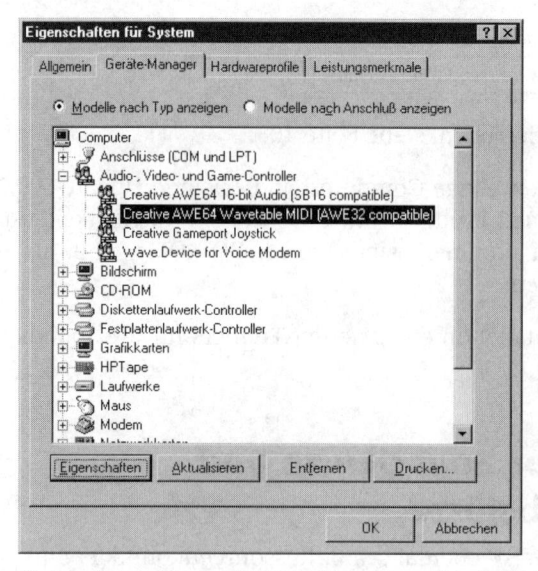

Soundkarte, Boxen und Mikro – Den PC zur Soundmaschine aufrüsten

Treibereintrag für das MIDI-Gerät der Soundkarte SB AWE 64

Überprüfen Sie die Einstellungen der MIDI-Konfiguration. Für jedes unterstützte MIDI-Gerät wird ein Eintrag in der Konfiguration der Schnittstelle benötigt. Die Einstellungen zum Gerät MIDI finden Sie in der Systemsteuerung unter *Start/Einstellungen/Systemsteuerung/Multimedia*.

Öffnen Sie die Registerkarte *MIDI*. Überprüfen Sie, ob das gewünschte Instrument bereits konfiguriert ist, und ergänzen Sie ggf. den benötigten Eintrag der MIDI-Konfiguration. Neue Instrumente lassen sich über die Schaltfläche *Neues Instrument hinzufügen* nachträglich einrichten.

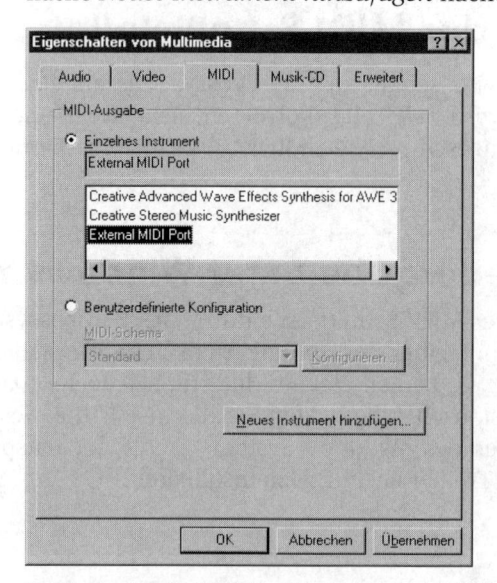

Konfiguration der Multimedia-Komponente MIDI

Schlechter Klang von MIDI-Dateien und Wavetable-Sounds

Trotz Wavetable-Sounds klingt die Soundausgabe von Spielen oder von MIDI-Dateien schlecht? Die Ursache liegt häufig in der Voreinstellung des bevorzugten Geräts. Bei schlechtem Sound arbeitet das Soundsystem wahrscheinlich gar nicht mit der Wavetable-Synthese, sondern mit der viel schlechter klingenden FM-Synthese.

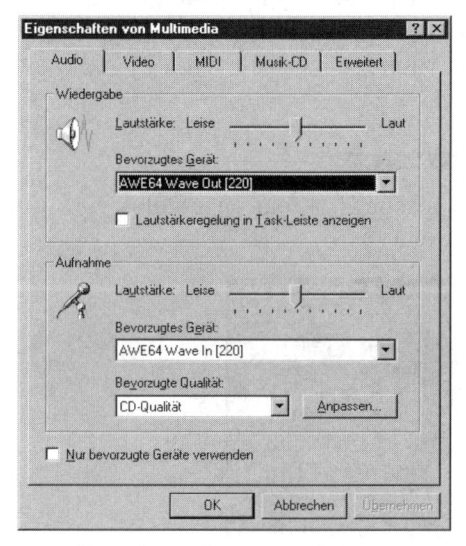

Einstellung der Audiogeräte

Starten Sie dazu mit *Start/Einstellungen/Systemsteuerung/Multimedia* die Multimedia-Konfiguration, wählen Sie die Registerkarte *Audio* und korrigieren Sie ggf. die Einstellung für die Wavetable-Synthese.

Nach Anschluß des Joysticks kommen keine MIDI-Sounds mehr

Joystick und MIDI teilen sich gemeinsame Datenleitungen auf der Soundkarte. Einige Joysticks schließen jedoch die MIDI-Leitungen kurz, wenn sie direkt an die Soundkarte angeschlossen werden. Abhilfe schafft ein MIDI-Adapterkabel, das Sie im Computerfachhandel erhalten.

Knacksen und Rauschen – Störgeräusche bei der Aus- und Wiedergabe

Knackser und andere Störgeräusche können durch schlechte Abschirmung der Soundkarte im PC entstehen. Die Karte sollte möglichst weit vom Netzteil und der Grafikkarte entfernt eingebaut sein. Die Geräusche können aber auch durch andere Karten in der Nachbarschaft der Soundkarte im PC ausgelöst werden.

Stark verzerrter Klang bei der Soundausgabe

Der Klang ist total verzerrt und die Lautstärke viel zu hoch, obwohl die Einstellung der Lautstärke ganz niedrig steht? Viele Soundkarten besitzen einen Endverstärker, der das Signal für passive Boxen, also solche ohne eigenen Verstärker verstärkt. Schließen Sie Boxen mit eingebautem Verstärker an, kann der Verstärker der Boxen das Ausgangssignal übersteuern. In diesem Fall schließen Sie die Lautsprecher an den Line-Out-Anschluß an. Da dieser unverstärkt arbeitet, tritt die Übersteuerung nicht mehr auf. Eine andere Möglichkeit ist, die Leistung des Speaker-Ausgangs mit Hilfe der Lautstärkeregelung auf ein erträgliches Minimum zu reduzieren.

Die Soundkarte rauscht

Eine häufige Ursache des Rauschens ist ein angeschlossenes Mikrofon mit aktiviertem Eingang der Soundkarte.

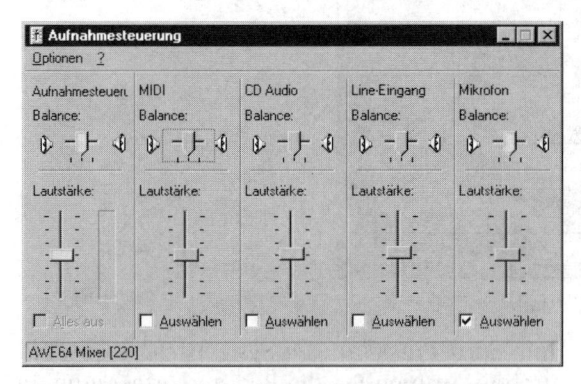

Soundquellen für die Aufnahme im Mixer (Deaktiviert)

Stört ein dauerhaft eingeschaltetes Mikrofon, dann schalten Sie den Eingang über das Mischpult solange ab, wie Sie keine Aufnahmen per Mikrofon wünschen. Besonders bei einfachen Soundkarten vermeiden Sie das Rauschen, indem Sie generell nur diejenigen Eingänge der Soundkarte dauerhaft aktivieren, die Sie wirklich benutzen.

Brummen beim Anschluß an einen (Hi-Fi-)-Verstärker

Häufig wird ein Brummen durch doppelte Erdung von Hi-Fi-Anlage und Computer verursacht. Im vielen Fällen muß in die Verbindung von PC und Stereoanlage ein sogenannter Trennübertrager eingefügt werden, der das Übertragen dieses lästigen Brummens verhindert. In einigen Fällen hilft aber auch schon das Umdrehen des Netzsteckers der Stereoanlage oder des PCs. Eine weitere Quelle des Brummens kann der Antennenanschluß des Radios sein. Überprüfen Sie einfach diese Brummquelle durch das Abziehen des Antennensteckers. Brummt die Soundausgabe munter weiter, hilft in diesem

Fall das Einfügen eines Mantelstromfilters in der Antennenleitung. Solche Filter bekommen Sie im Elektronikhandel schon für ca. 10 DM. Brummen kann jedoch auch durch äußere elektromagnetische Felder „eingefangen" werden. Falsch gelötete, zu lange oder schlecht abgeschirmte Kabel übertragen die Brummeinstreuungen elektrischer Geräte in der Nähe des Rechners. Laufen parallel neben dem Audiokabel Netzkabel mit 220 V, sind Übertragungen des Brummens ebenfalls recht wahrscheinlich.

Aufnahmen von der Stereoanlage klingen verzerrt

Verwechseln Sie den Eingang Line-In für den Anschluß der Hi-Fi-Anlage mit dem Mikrofoneingang der Soundkarte, führt das zu starken Übersteuerungen. Im Gegensatz zu den Line-Kanälen wird das Signal des Mikrofoneingangs durch die Soundkarte verstärkt. Der Mikrofoneingang ist dadurch sehr empfindlich und übersteuert schnell. Verwenden Sie für Aufnahmen von der Stereoanlage immer den Eingang Line-In Ihrer Soundkarte.

Keine Musik vom CD-ROM-Laufwerk

Die häufigste Ursache liegt in der Verbindung von CD-ROM-Laufwerk und der Soundkarte per Audiokabel. Ist das Kabel falsch angeschlossen oder nicht für das CD-ROM-Laufwerk geeignet, funktioniert das Abspielen über die Soundkarte nicht. Dann müssen Sie leider die Rechner noch einmal öffnen und die Verbindung von CD-ROM-Laufwerk und Soundkarte überprüfen.

Bei ISA-Karten leiert der Sound

Neue Mainboards bedienen ISA-Karten mit sehr niedriger Priorität und behandeln die Interrupt-Anforderungen der PCI-Karten nur zweitrangig. Verwenden Sie neben einer ISA-Soundkarte zusätzlich Netzwerkkarten mit ISA-Anschluß, kann die Belastung auf dem ISA-Bus stark ansteigen. Häufige Folge ist, daß die Daten zur Soundkarte verzögert werden.

Probleme bei der Lautstärkeeinstellung unter Windows?

Über die Windows-Mixerfunktionen können Sie die Lautstärke der Soundkarte getrennt für die MIDI-Ausgabe, das Abspielen von Klangdateien und Audio-CDs mitunter auch für DOS-Soundausgaben oder auch den Line-In-Kanal getrennt regeln. Ob innerhalb der Lautstärkeregelung allerdings tatsächlich Schieberegler für alle Teilbereiche angeboten werden, ist abhängig von den jeweils aktuellen Einstellungen. Kontrollieren Sie also die Einstellungen, wenn Teilregler nicht wie gewünscht erscheinen.

Soundkarte, Boxen und Mikro – Den PC zur Soundmaschine aufrüsten

1. Rufen Sie den Befehl *Start/Programme/Zubehör/Multimedia/Lautstärkeregelung* auf, oder doppelklicken Sie auf das Symbol *Lautstärke* der Task-Leiste.
2. Rufen Sie den Befehl *Optionen/Eigenschaften* auf.
3. Wählen Sie nun an, wofür Sie die Lautstärke regeln wollen und welche Schieberegler Sie angezeigt haben möchten (*Speaker Mixer*, *Midi Play Out* etc.).

4. Bestätigen Sie die Änderungen mit *OK*.

Sonderfunktionen inklusive?

Sonderfunktionen von 3-D-Soundkarten können häufig gesetzt werden, indem Sie innerhalb der Lautstärkeregelung den Befehl *Optionen/Erweiterte Einstellungen* abrufen. Es wird dann ein gesondertes Dialogfeld angezeigt, über das Sie beispielsweise die Klangcharakteristik festlegen und Sonderfunktionen, wie beispielsweise den 3-D-Sound, aktivieren. Es sei allerdings darauf hingewiesen, daß nicht sämtliche Soundkarten mit erweiterten Fähigkeiten Gebrauch davon machen, diese Sonderfunktionen auch per Dialogfeld bereitzustellen.

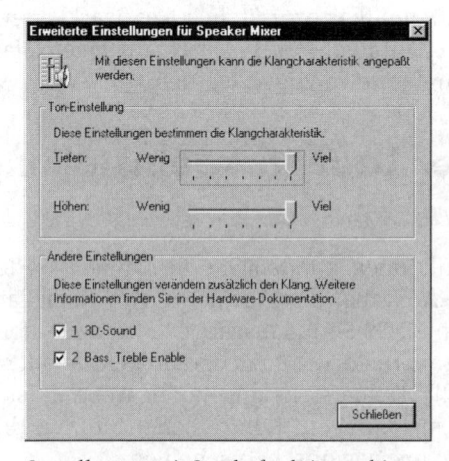

Soundkarten mit Sonderfunktionen bieten erweiterte Einstellmöglichkeiten

Sind Soundkarten-Teilfunktionen unter Windows 95/98 inaktiv geschaltet?

Sind lediglich einzelne Teilfunktionen unter Windows 95/98 der Soundkarte nicht verfügbar, sollten Sie überprüfen, ob diese gezielt deaktiviert wurden.

1 Rufen Sie den Befehl *Start/Einstellungen/Systemsteuerung* auf.

2 Doppelklicken Sie auf das Modul *Multimedia*.

3 Wechseln Sie auf die Registerkarte *Erweitert*. Es wird eine Liste der verfügbaren Multimedia-Treiber angezeigt.

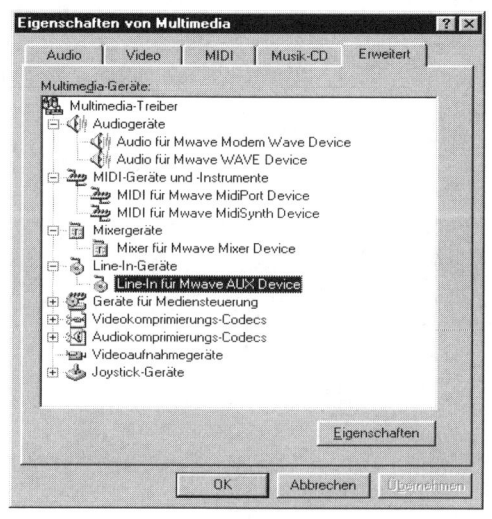

4 Markieren Sie den Treiber, dessen Funktion fehlt (z. B. *Line-In für Mwave AUX Device* – Eingabeanschluß), und klicken Sie anschließend die Schaltfläche *Eigenschaften* an.

5 Es wird angezeigt, ob die Funktionalität im Moment aktiv geschaltet ist. Markieren Sie nun unter Umständen das Kontrollfeld zur Aktivierung und bestätigen Sie mit *OK*.

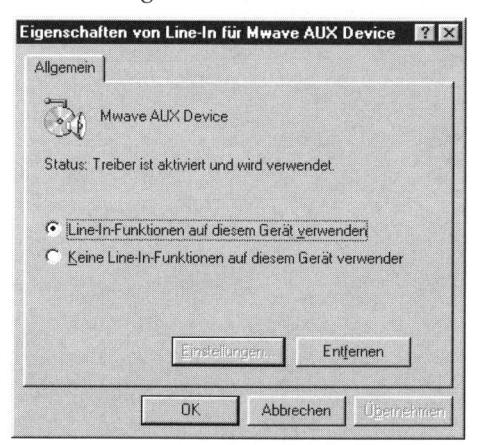

Einzelne Gerätetreiber erlauben mitunter auch das Setzen von Einstellungen, die das Leistungsverhalten oder auch die Klangwiedergabe beeinflussen können. Diese Einstellungen können Sie einsehen und ggf. bearbeiten, wenn Sie die Schaltfläche *Einstellungen* anwählen. Für viele der Multimedia-Treiber ist diese Schaltfläche jedoch deaktiviert, da die zugehörigen Treiber keine gesonderten Einstellungen zulassen.

13. Eingabegeräte und Schnittstellen

Schnittstellen verbinden die internen Geräte des PCs wie Festplatten oder CD-ROM-Laufwerke und die Peripherie des Computers wie Tastatur, Maus, Modem usw. mit dem Motherboard.

In den ersten Abschnitten dieses Kapitels ab Seite 538 geben wir Ihnen grundsätzliche Informationen zu den Typen der gängigen Schnittstellen. Sie lernen die Schnittstellenausstattung eines PCs kennen und, welche Möglichkeiten der Erweiterung mit zusätzlichen Schnittstellen es gibt.

Zur Kontaktaufnahme mit dem PC werden geeignete Eingabegeräte benötigt. Die ersten beiden Abschnitte zu den Eingabegeräten befassen sich mit den wichtigsten Geräten für die Dateneingabe und Steuerung des Computers, die Tastatur und die Maus. Bei beiden Geräten haben sich im Laufe der Zeit zwar keine erheblichen Änderungen in der Funktion der Geräte ergeben, jedoch sind auch hier Weiterentwicklungen erfolgt, die im täglichen Gebrauch sehr nützlich sind.

Der Abschnitt ab Seite 566 befaßt sich mit den verschiedenen Typen und Bauweisen der Tastaturen bietet Ihnen einen Überblick über die am Markt verfügbaren Typen und hilft Ihnen dabei, die richtige Tastaturauswahl zu treffen.

Im Bereich der Zeigegeräte nimmt die Computermaus heute den größten Stellenwert ein. Mit den modernen, grafischen Oberflächen der Betriebssysteme ist heutzutage eine Bedienung des Betriebssystems bzw. eine Steuerung der Anwendungsprogramme ohne Maus kaum noch denkbar. Bei Computermäusen ist daher eine Vielfalt an verschiedenen Typen erhältlich. Um Ihnen auch hier einen Überblick zu verschaffen, werden die verschiedenen Modelle vorgestellt und die wesentlichen Unterschiede in der Bauform, der Funktion und den Anwendungsbereichen beschrieben.

In diesem Zusammenhang werden auch weitere Zeigegeräte wie der Trackball, das Grafiktablett und das Touchpad, vorgestellt, bevor abschließend spezielle Eingabegeräte beschrieben werden die speziell für den Spielebereich entworfen wurden, wie der Joystick, das Gamepad und das Lenkrad mit Pedalen.

13.1 Der richtige Anschluß – Was Sie vorher wissen sollten

Jeder Rechner ist bereits mit verschiedenen Schnittstellen ausgerüstet. Welche Schnittstellentypen unmittelbar von Ihrem Rechner unterstützt werden (Standardschnittstellen), hängt von dem verwendeten Motherboard des Rechners bzw. der jeweiligen Rechnergeneration ab.

Bei den heute handelsüblichen PCs ist das Motherboard im allgemeinen mit sogenannten Super-I/O-Chips ausgestattet, die serielle Schnittstellen, eine Druckerschnittstelle und den Anschluß für die Tastatur enthalten. Moderne ATX-Boards der Pentium-, Pentium-II- bzw. Pentium-III-Klasse bieten darüber hinaus die Schnittstellen zum Anschluß von USB-Geräten und eine PS/2-Schnittstelle für den Anschluß einer Maus.

Schnittstelle	Anzahl (Standard)	486	Pentium I	Pentium II	Pentium III
Tastatur	1	Ja	Ja	Ja	Ja
Serielle Schnittstelle	2	Ja	Ja	Ja	Ja
Parallele Schnittstelle	1	Ja	Ja	Ja	Ja
PS/2-Maus	1	Nein	Teilweise	Ja	Ja
USB-Schnittstelle	2	Nein	Teilweise	Ja	Ja

Schnittstellenausstattung von ATX-Boards

13.2 Die serielle Schnittstelle

Die serielle Schnittstelle dient dem Anschluß von langsamen Peripheriegeräten, die nur relativ geringe Datenmengen übertragen müssen. Dazu zählen Geräte wie die Maus oder das Modem. Die Daten werden auf nur einer Datenleitung bitweise nacheinander übertragen. Unter DOS und Windows werden die Schnittstellen COM1 und COM2 genannt. Der Standard-PC sieht maximal vier serielle Schnittstellen (COM1-COM4) vor, die unmittelbar über das BIOS des Rechners verwaltet werden können.

Pinbelegungen der seriellen Schnittstelle

Die Anschlußverbindungen für die serielle Schnittstelle können als 9polige oder 25polige Buchse (Steckertyp männlich) am PC ausgeführt sein. Die Anschlußkabel für die Verbindung mit der Schnittstelle sind als weibliche Stecker ausgeführt. Wenn Sie wissen wollen, warum die Stecker männlich und weiblich genannt werden, betrachten Sie sie genau und schauen dann in ein Anatomiebuch ;-).

Anschluß am PC

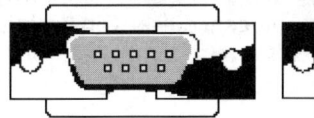

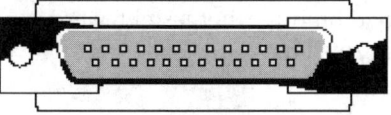

9poliger und 25poliger Sub-D-Stecker (männlich) am Rechner

Belegung für 9polige Steckverbindungen

Pin	Funktion	Richtung	Bedeutung
1	CD	Eingang	Carrier detect
2	RxD	Eingang	Receive Data
3	TxD	Ausgang	Transmit Data
4	DTR	Ausgang	Data terminal ready
5	GND	-	Ground
6	DSR	Eingang	Data set ready
7	RTS	Ausgang	Request to send
8	CTS	Eingang	Clear to send
9	RI	Eingang	Ring Indicator

Belegung für 25polige Steckverbindungen

Pin	Funktion	In/Out	Bedeutung
1	CGND	-	Chassis-Ground
2	TxD	Ausgang	Transmit Data (Senden)
3	RxD	Eingang	Receive Data (Empfangen)
4	RTS	Ausgang	Request to send
5	CTS	Eingang	Clear to send
6	DSR	Eingang	Data set ready
7	GND	-	Signal Ground
8	CD	Eingang	Carrier detect
9-19	N.C.	-	frei
20	DTR	Ausgang	Data terminal ready
21	N.C.	-	frei
22	RI	Eingang	Ring Indicator
23-25	N.C.	-	frei

Adapter für die serielle Schnittstelle

Zum Anschluß von 9poligen Steckern auf einen 25poligen Anschluß der seriellen Schnittstelle können Sie einen Adapter verwenden. Der Computer- oder Elektronikhandel bietet entsprechende Adapter zur Umsetzung der Anschlüsse an. Achten Sie beim Kauf der Adapter auf stabile Schraubanschlüsse für den Anschluß an den Rechner bzw. der Kabel. Kann keine richtige Schraubverbindung hergestellt werden, neigen diese Konstruktionen dazu, wackelig zu sein.

Adapter für die serielle Schnittstelle vom 9poligen auf den 25poligen Anschluß

Hinweis
Schnittstellenadapter für serielle Mäuse

Die bei Mäusen für die serielle Schnittstelle beigelegten Adapter sehen äußerlich wie die Standardadapter aus, die Sie im Handel bekommen können. In den meisten Fällen jedoch sind die Belegungen der Pins nicht vollständig ausgeführt. Das bedeutet, daß Sie diese Adapter nur für den Betrieb mit der Maus verwenden können. Möchten Sie eine Umsetzung der Anschlüsse für z. B. eine PC-Direktverbindung o. ä., müssen Sie leider auf die Standardadapter des Handels zurückgreifen. Ob alle elektrischen Verbindungen an einem Adapter übersetzt werden, können Sie leicht am 9poligen Anschluß des Adapters erkennen. Fehlen dort Pins, ist dieser Adapter nur für den Mausanschluß geeignet.

Interrupts und Adressen der seriellen Schnittstellen

Die Standardschnittstellen COM1 bis COM4 werden, wie gesagt, unmittelbar durch das BIOS des Rechners bzw. des Motherboards verwaltet. In der Grundausstattung stellt das Motherboard die Schnittstellen COM1 und COM2 zur Verfügung. Das BIOS des Rechners reserviert zur Kommunikation der Schnittstellen COM1/3 und COM2/4 jeweils einen Interrupt und E/A-Adressen zum Datenaustausch. Die Zuordnung der Ressourcen zu diesen Schnittstellen ist vorgegeben und kann nicht geändert werden.

Die Schnittstellen COM1 und COM2 werden unmittelbar vom Motherboard zur Verfügung gestellt. Die Schnittstellen COM3 und COM4 hingegen sind im allgemeinen nicht installiert und können durch eine zusätzliche Schnittstellenkarte nachträglich eingebaut werden.

Sind bei Ihrem System bislang keine zusätzlichen seriellen Schnittstellen in Gebrauch, können Sie die nicht verwendeten Systemressourcen jedoch für andere Komponenten, z. B. Sound- oder Netzwerkkarte, verwenden.

Schnittstelle	E/A-Adresse	Interrupt (IRQ)
COM1	3F8-3FFh	4
COM2	2F8-2FFh	3
COM3	3F8-3FFh	4
COM4	2F8-2FFh	3

UART – Steuerbaustein der seriellen Schnittstelle

Die seriellen Schnittstellen verwenden zur Übertragung der Daten den Schnittstellenbaustein UART (**U**niversal **A**synchronous **R**eceiver-**T**ransmitter). Die UART-Chips sind in verschiedenen Versionen gängig.

> **Hinweis**
>
> **Asynchrone Datenübertragung**
>
> Die an der seriellen Schnittstelle ankommenden Daten bilden keinen kontinuierlichen Datenstrom. Bei der Verbindung via Modem mit dem Internet entstehen längere Übertragungspausen, in denen keine Daten versandt oder empfangen werden müssen. Ein ähnliches Verhalten im Datenstrom zeigt z. B. die Arbeit mit der Maus. Wird die Maus nicht bewegt, werden auch keine Daten zur Schnittstelle übertragen. Um nicht ständig Steuerdaten mit der Gegenstelle der Kommunikation austauschen zu müssen, werden für jedes zu übertragende Datenbyte die notwendigen Steuerdaten mit übertragen. Diese, hinsichtlich der Steuerdaten für den Datenfluß vom Sender unabhängige, Datenübertragung wird als asynchrone Datenübertragung bezeichnet.
>
> Die ankommenden Daten werden in Bitgruppen verarbeitet. Jedes übertragene Byte wird dabei von einer Start- und Stoppinformation umschlossen. Der UART-Baustein verarbeitet jedes Datenbyte nacheinander, wobei die Start- oder Stoppinformation den Anfang bzw. das Ende eines solchen Datenwortes markiert. Damit synchronisiert sich der UART über die zusätzlichen Informationen im Datenstrom und benötigt keine zusätzlichen Steuerinformationen des Senders zur Kontrolle des Datenflusses.

Die heutigen seriellen Schnittstellen, die bereits auf dem Motherboard integriert sind, sind High-Speed-Schnittstellen. Sie erlauben eine maximale Datenübertragung von 115.200 Bit/s. Diese UART-Typen der Serie 16550 bieten zusätzlich einen 16 Byte großen Zwischenpuffer (Cachespeicher), der die Daten für die hohe Übertragungsrate auf der Schnittstelle zwischenpuffert. Mit diesen Schnittstellenbausteinen können die hohen Transferraten moderner DFÜ-Geräte wie 33k- und 56k-Modems betrieben werden.

Serielle Ultra High-Speed-Schnittstellen

Die neueste Generation von High-Speed-Modems ermöglicht noch höhere Übertragungsraten zwischen Modem und Rechner. Die nächst höhere Stufe der neuen seriellen Schnittstellen erlaubt Übertragungsraten von bis zu 230,4 und 460,8 kBit/s. Ultra-High-Speedkarten werden von der Firma Chase, z. B. das Modell Chase IOXtra, angeboten:

Chase IOXTRA - Leistungsumfang

- Erweiterungsbus ISA
- 2 Schnittstellen RS-232
- Anschluß Sub-D, 9polig
- Übertragungsraten 50 Baud-460.8 kBaud
- Treiber für Windows 3.1x/95/NT, UNIX

Weitere Informationen zu Ultra-High-Speed-Karten des Unternehmens finden Sie im Internet unter der Adresse *http://www.chaser.com/products/multipor/ioxtra.htm*.

UART-Typ festellen – Welcher Chip arbeitet bei Ihrem System?

Arbeiten Sie bereits mit einem Modem unter Windows 95/98, können Sie die Diagnosefunktion des Assistenten der Systemsteuerung für das Modem dazu verwenden, den genauen Typ des verwendeten UART festzustellen.

> **Hinweis**
>
> **Aktuelle Versionen des UART 16550**
>
> Serielle Schnittstellen sind mit verschiedenen Hardwareversionen des UART-Chips 16550 ausgerüstet. Inzwischen existieren drei verschiedene Typen, die sich in der Bezeichnung A, AN und AFN unterscheiden. Der aktuelle Typ des Bausteins trägt die Bezeichnung AFN und ist von Fehlern der Vorgängerversion befreit. Beim Kauf von zusätzlichen Schnittstellenkarten sollten Sie darauf achten, daß die neuen seriellen Schnittstellen mit dem UART 16550 AFN ausgerüstet sind.

Haben Sie eine solche Möglichkeit nicht, müssen Sie auf geeignete Anwendungsprogramme, z. B. Diagnose-Tools, zurückgreifen, um an die Informationen zu kommen.

Verfügen Sie noch über eine ältere DOS-Version, können Sie ebenfalls den UART mit dem Diagnose-Tool *Mcd.exe* unter dem Betriebssystem DOS feststellen.

Feststellen des UART mit der Modemdiagnose

Für den Aufruf der Diagnosefunktion können Sie den Modem-Assistenten der Systemsteuerung verwenden.

1 Rufen Sie dazu den Assistenten *Modem* der Systemsteuerung über die Task-Leiste mit *Start/Einstellungen/Systemsteuerung/Modem* auf.

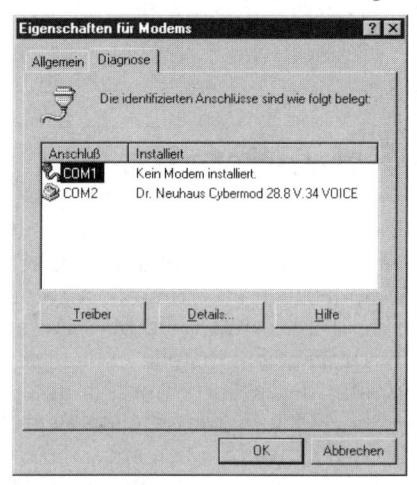

Assistent für Modems der Systemsteuerung

2 Wählen Sie die Registerkarte *Diagnose* und markieren Sie eine der seriellen Schnittstellen mit der Maus. Klicken Sie anschließend auf die Schaltfläche *Details*. Der anschließende Test des Modems bzw. der Schnittstelle zeigt den Typ des verwendeten UART an.

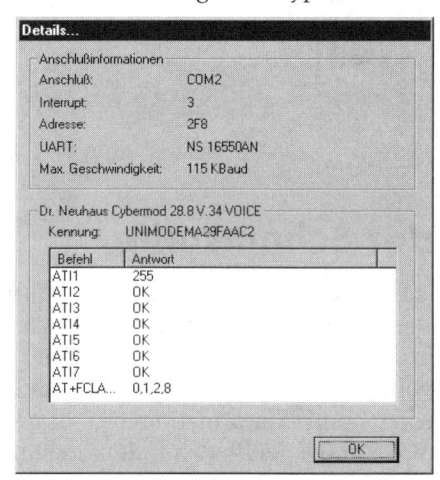

Ergebnis des Tests des Modems im Assistenten

In dem Fensterteil *Anschlußinformationen* werden Ihnen die Details der Schnittstelle angezeigt. Die hier gebrauchte Hardware der seriellen Schnittstellen verwendet in diesem Fall den Typ *16550AN*.

Eingabegeräte und Schnittstellen

> **Hinweis**
>
> **Ultra-High-Speed-Schnittstellen**
>
> Um die erweiterten Übertragungsraten moderner Modems über 115 MBit/s nutzen zu können, sind zusätzliche Schnittstellenkarten als Erweiterungskarten für den ISA-Bus mit sogenannten Ultra-High-Speed-Controllern zu bekommen. Für den normalen Betrieb von 56k-Modems sind jedoch die üblichen High-Speed-UART völlig ausreichend.

13.3 Die parallele Schnittstelle

Die parallele Schnittstelle bzw. die Druckerschnittstelle gehört wie die seriellen Anschlüsse zur Standardausstattung des PCs. Damit gehört dieser Port zu den Dinosauriern der Computertechnik, zumindest wenn man die sehr kurzen Entwicklungszyklen der PC-Hardware als Maßstab anlegt. Dennoch hat sich auch im Bereich der Druckerschnittstelle einiges getan. In den Anfängen des PCs war der Einsatz dieses Ports nur für den Anschluß eines Druckers geplant, daher der noch häufig verwendete Begriff der Druckerschnittstelle, denn diese Schnittstelle war ähnlich spezialisiert wie der Tastatur-Port des PCs für die Verbindung mit dem Keyboard. IBM verwendete in der Anfangszeit des PCs eine eigene Variante der Druckerschnittstelle von der Firma Centronics für die eigenen Belange. Wohl aus Platzgründen reduzierte man die ursprünglichen 36 auf 25 Pole und konnte damit eine einfache 25polige Buchse als Verbindung verwenden.

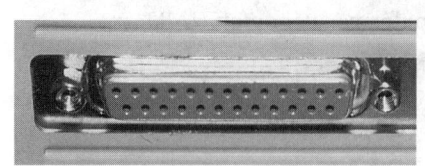

Anschlußbuchse der parallelen Schnittstelle

Betriebsarten der Schnittstelle

Da die Schnittstelle nur als Druckeranschluß geplant war, wurde der Port nur für den Datentransport in einer Richtung ausgelegt, nämlich vom Computer zum Drucker. Neben den acht parallelen Datenleitungen, daher parallele (Drucker-)Schnittstelle, wurden vier Steuer- und fünf Statusleitungen verwendet, über die der Drucker Kontrollinformationen über den Druckbetrieb und Zustände wie „kein Papier" oder „Fehler" mit dem Rechner austauschen konnte. Eine vollständige Schnittstelle im eigentlichen Sinn ist mit diesem Verfahren nicht möglich. Um eine vollständige Schnittstelle zu erhalten, muß der Port Daten in beide Richtungen übertragen können. Findige Entwickler haben in dieser Erkenntnis eine besondere Betriebsart der Druckerschnittstelle entwickelt, die trotz unveränderter Hardware der Schnittstelle, einen bidirektionalen Betrieb, also die Datenübertragung in beide Richtungen, erlaubt: den Nibble-Modus (ähnlich wie die Bezeichnung Byte für eine Gruppe von 8 Bit, nennt man 4-Bit-Gruppen ein Nibble).

Der Nibble-Mode – Drucker-Port als Schnittstelle

Im Nibble-Modus werden vier der Steuerleitungen zur Datenübertragung zum Rechner verwendet, jedoch sind jeweils zwei Übertragungen für die gleiche Datenmenge (8 Bit) wie auf den eigentlichen Datenleitungen notwendig. Dieses Verfahren erlaubt immerhin eine Übertragungsrate von etwa 100 KByte/s und lag damit deutlich über den Transferraten, die mit seriellen Schnittstellen möglich waren. Eine Reihe von Peripheriegeräten wie Netzwerkadapter, Massenspeicher usw., die relativ hohes Datenaufkommen erzeugen, konnten auf diese Weise mit einfachsten Mitteln an einen Standard-PC angeschlossen werden. Lediglich bei älteren Systemen findet sich noch diese Betriebsart mit der Bezeichnung Nibble(-Mode), die auf den Umstand der 4-Bit-Übertragungen hinweist.

Drucker-Port als Schnittstelle dank SPP

Eine erste „echte" Weiterentwicklung erfuhr die Schnittstelle durch die neue Rechnergeneration der PS/2-Modelle von IBM. Bei diesen Modellen wurde die Schnittstelle gleich für den bidirektionalen Betrieb ausgelegt. Damit wurde die Zweckentfremdung der Steuerleitungen für die Datenübertragung überflüssig, und es konnte in beide Richtungen mit der gleichen Datenübertragungsrate gearbeitet werden. Diese neue Betriebsart der Schnittstelle erlaubt Übertragungsraten zwischen 150 und 200 KByte/s. Die gebräuchlichste Bezeichnung für diese Betriebsart der Schnittstelle ist heute SPP (**S**tandard **P**arallel **P**ort).

Schneller Port durch EPP und ECP

Vor dem Hintergrund der ständig wachsenden Anforderungen an die Datenübertragung der Schnittstelle von Peripherie mit hohem Datenaufkommen wie Scanner, externe Massenspeicher, moderne Laserdrucker usw. folgten weitere Entwicklungsschritte der Schnittstelle. Die Firmen Intel, Xircom und Zenith entwickelten eine neue Spezifikation diese Ports, der seit 1994 offizieller IEEE-Standard IEEE-1284 ist: EPP (**E**nhanced **P**arallel **P**ort). Diese Spezifikation verwendet nach wie vor die gleiche Steckverbindung, legt jedoch ein neues Übertragungsprotokoll auf den Status-, Steuer- und Datenleitungen der Schnittstelle fest. Mit diesem neuen Modus sind (theoretisch) bis zu 2,3 MByte/s möglich. In der Praxis jedoch werden kaum Transferraten über 1 MByte/s erreicht. Dauertransferraten von 900 KByte und Spitzenwerte von 1,5 MByte/s sind in der Praxis jedoch möglich.

Einen anderen Weg sind die Firmen Microsoft und Hewlett Packard gegangen. Die Unternehmen entwickelten eine weitere Betriebsart, die heute ebenfalls im offiziellen IEEE-Standard IEEE-1284 aufgenommen ist: den ECP-

Modus (**E**nhanced **C**apability **P**ort). Ziel der neuen Spezifikation war die Entwicklung einer vollständigen und leistungsfähigen Schnittstelle. Neben den erweiterten Fähigkeiten des Ports durch die EPP-Betriebsart verwendet der ECP-Modus zusätzlich einen DMA-Kanal sowie einen schnellen Zwischenspeicher (16 Byte FIFO, **F**irst **I**n-**F**irst **O**ut) zur Beschleunigung der Datenübertragung. Zusätzlich wurde das Übertragungsprotokoll um ein Komprimierungsverfahren (RLE, **R**un **L**enght **E**ncoding) erweitert. Die in der Praxis erreichbaren Übertragungsraten liegen mit einer Dauertransferrate von ca. 1 MByte etwas über denen der EPP-Betriebsart, die theoretisch erreichbaren 2,3 MByte/s werden jedoch ebenfalls nicht erreicht. Die Hardware der auf dem Motherboard integrierten Schnittstellen kann sowohl im ECP- als auch im EPP-Modus betrieben werden.

Hinweis

Parallel-Port als Mehrgeräteschnittstelle?

Mehr und mehr externe Geräte wie Scanner, CD-Brenner, Wechselplatten usw. werden zur Verbindung mit dem PC für den Anschluß an die parallele Schnittstelle angeboten. Im EPP-Modus können die Geräte jedoch nicht gleichzeitig, z. B.Drucker und Scanner, betrieben werden. Darüber hinaus treten häufig Schwierigkeiten bei den Treibern von z. B. Druckern auf, wenn die bidirektionalen Möglichkeiten der Datenübertragung für die Steuerung der Geräte verwendet werden. Verwenden die Geräte dagegen ECP-Schnittstellen, ist ein ungestörter Mehrgerätebetrieb an der parallelen Schnittstelle möglich. Beim Kauf von Geräten für die parallele Schnittstelle kann es sich daher lohnen, auf den Typ der parallelen Schnittstelle (ECP statt EPP) im Mehrgerätebetrieb zu achten.

Die EPP- und ECP-Verfahren schließen die älteren Betriebsarten der Schnittstelle ein. Alle Schnittstellen, die den ECP- oder EPP-Modus beherrschen, können bei Bedarf auf die alten Betriebsarten SPP bzw. Nibble umgeschaltet werden.

Pinbelegungen der parallelen Schnittstelle

Der Anschluß der parallelen Schnittstelle hat am PC eine 25polige sogenannte Sub-D-Buchse (Steckertyp weiblich). Die Anschlußkabel für die Verbindung mit der Schnittstelle sind dementsprechend als männliche Stecker ausgeführt.

Anschluß am PC

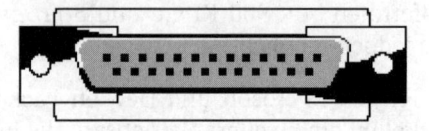

25poliger Sub-D-Stecker (weiblich) am Rechner

Eingabegeräte und Schnittstellen

Pin	Funktion	Richtung	Bedeutung
1	/STROBE	Ausgang	Strobe (Startimpuls)
2-9	D0	Ausgang	Datenbit 1-8
10	/ACK	Eingang	Acknowledge (Bestätigung)
11	BUSY	Eingang	Busy (erfolgreich)
12	PE	Eingang	Paper end
13	SELECT	Eingang	Select out
14	/AUTOFD	Ausgang	Autofeed
15	/ERROR	Eingang	Error (Fehler)
16	/INIT	Ausgang	Initialisierung und Reset
17	/SELECT	Ausgang	Select in
18-25	GND	-	Ground (Masse)

Anschluß am Drucker

Der Anschluß am Drucker ist als Centronics-Buchse ausgeführt (Steckertyp weiblich). Die Anschlußkabel für die Verbindung mit dem Drucker sind als männliche Stecker ausgeführt.

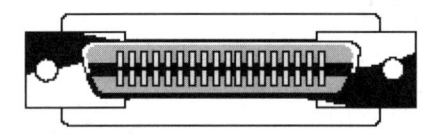

36polige Centronics-Buchse (weiblich) am Drucker

Pin	Funktion	Eingang/Ausgang	Bedeutung
1	STROBE	Eingang	Strobe (Startimpuls)
2-9	D0	E/A	Datenbit 1-8
10	ACK	Ausgang	Acknowledge (Bestätigung)
11	BUSY	Ausgang	Busy (erfolgreich)
12	PE	Ausgang	Paper end
13	SELECT	Ausgang	Select out
14	AUTOFD	Eingang	Autofeed
15	N.C.	-	frei
16	GND	-	Signal-Masse
17	CGND	-	Ground (Masse)
18	+5V	-	+5V (max. 50mA)
19-29	GND	-	Signal-Masse
30	GNDRESET	-	Reset-Masse
31	RESET	Eingang	Reset
32	FAULT	Ausgang	Lowpegel wenn offline
33	GND	-	Signal-Masse

34	N.C.	-	frei
35	+5V	-	+5V
36	SLCT	-	Select in (Online/Offline)

Interrupt und Adressen der parallelen Schnittstelle

Das BIOS des Rechners stellt die Funktionen für die Standardschnittstellen LPT1 und LPT2 zur Verfügung. Das System reserviert zur Kommunikation der Schnittstelle jeweils einen Interrupt und E/A-Adressen zum Datenaustausch. Die Zuordnung zu diesen Schnittstellen ist vorgegeben und kann nicht geändert werden. Die erste Druckerschnittstelle wird unmittelbar vom Motherboard zur Verfügung gestellt. Die zweite Schnittstelle hingegen ist im allgemeinen nicht verfügbar, kann jedoch durch eine zusätzliche Schnittstellenkarte nachträglich eingebaut werden. Ist bei Ihrem System bislang keine zweite parallele Schnittstelle in Gebrauch, können Sie die nicht verwendeten Systemressourcen jedoch für andere Komponenten, z. B. Sound- oder Netzwerkkarte, verwenden.

Schnittstelle	E/A-Adressen	Interrupt
LPT1	378-37Fh	7
LPT2	278-27Fh	5

Turboschalter – Optimale BIOS-Einstellungen

Die Arbeitsgeschwindigkeit der Schnittstelle wird durch die Betriebsart bestimmt, in der der Port betrieben wird bzw. in welchen Betriebsarten die Schnittstelle arbeiten kann. Moderne Motherboards bieten parallele Schnittstellen, die alle heute gebräuchlichen Betriebsarten (SPP, EPP, EPP) unterstützen. Die folgende Tabelle zeigt im Überblick, welche Transferraten in den verschiedenen Modi in der Praxis üblicher Weise erreicht werden.

Betriebsart	Übertragungsgeschwindigkeit (max. Dauertransferraten)
Nibble/SPP	200 KByte/s
EPP	900 KByte/s
ECP	1 MByte/s

Die Betriebsart der parallelen Schnittstellen LPT1 und LPT2 werden über das BIOS-Setup eingestellt. Da die beiden Standardschnittstellen über das BIOS des Rechners kontrolliert werden, gelten die Einstellungen für Schnittstellen, die auf dem Motherboard integriert sind, sowie für die Ports, die von einer Erweiterungskarte zur Verfügung gestellt werden.

Eingabegeräte und Schnittstellen

Die folgenden Beschreibungen beziehen sich auf das BIOS des Herstellers Award Software Inc., das sehr weit verbreitet ist. Bei einem BIOS eines anderen Herstellers, z. B. AMI, sind die Einstellungen sehr ähnlich. Um die Einstellung der Betriebsart der Schnittstelle im BIOS Ihres Rechners vorzunehmen, gehen Sie folgendermaßen vor:

1 Führen Sie einen Neustart des Rechners durch. Beim Hochfahren des Rechners drücken Sie während der Startmeldung des BIOS die Taste [Entf]. Durch das Drücken der Taste [Entf] erscheint das BIOS-Hauptmenü auf dem Bildschirm.

2 Im BIOS-Hauptmenü wählen Sie den Menüpunkt *I/O Configuration Setup*. Gehen Sie im darauf folgenden Menü mit den Pfeiltasten zum Eintrag *Parallel Port Modes*.

3 Unter den Betriebsarten können Sie mit den [Bild↑]- und [Bild↓]-Tasten unter verschiedenen Einstellungen wählen. Sie finden dort:

```
SPP (bzw. Nibble)
ECP
EPP
EPP+ECP
```

Wählen Sie zunächst *ECP+EPP* als schnellste und flexibelste Betriebsart der Schnittstelle.

4 Verlassen Sie das Untermenü mit der Taste [Esc]. Sie gelangen wieder in das Hauptmenü und speichern die neue Einstellung mit dem Menüpunkt *SAVE & EXIT SETUP*.

Die Nachfrage des Setup-Programms *SAVE to CMOS and EXIT* beantworten Sie mit *Ja*. Dazu drücken Sie die Taste [Z] auf Ihrer Tastatur. Wie bitte? Keine Angst, das BIOS-Setup verwendet die amerikanische Tastaturbelegung und damit sind die Tasten [Z] und [Y] bei einer deutschen Tastatur vertauscht.

Der Rechner führt im Anschluß daran einen Neustart des Systems durch. Testen Sie danach am besten direkt Ihre neue Konfiguration, um evtl. Fehler schnell zu bemerken.

13.4 Einbau und Konfiguration weiterer Schnittstellen

Reichen die seriellen oder parallelen Schnittstellen der Grundausstattung des Rechners nicht aus, können weitere Schnittstellen nachgerüstet werden. Die Erweiterung um eine zusätzliche Schnittstellenkarte lohnt sich dann, wenn Sie neben einem Drucker weitere externe Geräte nutzen wollen, die an einer parallelen Schnittstelle angeschlossen werden. Entsprechende Erweiterungskarten mit High-Speed-Controllern (UART 16550) und parallelen Schnittstellen für den EPP-/ECP-Modus sind bereits ab ca. 30 DM erhältlich.

Zusätzliche serielle und parallele Schnittstellen installieren

Vor der Installation der zusätzlichen Schnittstellen sollten Sie die aktuelle Konfiguration Ihres Rechners bzw. des Betriebssystems hinsichtlich der verwendeten Systemressourcen überprüfen. Die zusätzlichen seriellen Schnittstellen COM 3/4 und die zweite parallele Schnittstelle LPT2 belegen die in der folgenden Tabelle gezeigten Systemressourcen.

Schnittstelle	E/A-Adresse	Interrupt (IRQ)
LPT2	278-27Fh	5
COM3	3F8-3FFh	4
COM4	2F8-2FFh	3

Die zusätzlichen seriellen Schnittstellen verwenden ebenfalls die von den Schnittstellen COM1/2 bereits verwendeten Interrupts und benötigen lediglich zusätzliche E/A-Adressen zum Datenaustausch. Die benötigten E/A-Adressen für die seriellen Schnittstellen werden in der überwiegenden Zahl der Fälle von keinem anderen System des Rechners verwendet und sollten zur Verfügung stehen.

Anders sieht es bei den Ressourcen für die zweite Druckerschnittstelle aus. Der verwendete Interrupt wird in vielen Fällen von Sound- oder Netzwerkkarten als Voreinstellung verwendet, da die Ressourcen in der Standardausstattung des Rechners nicht benötigt werden. Wird jedoch die zusätzliche parallele Schnittstelle eingesetzt, kommt es häufig zu Konflikten mit bereits verwendeten Komponenten.

Um Ressourcenkonflikte und die damit einhergehenden Fehler von vornherein auszuschließen, sollten Sie die aktuellen Systemressourcen auf ihre Verfügbarkeit hin überprüfen und ggf. betroffene Erweiterungskarte auf andere Systemressourcen einzustellen.

Überprüfen der Belegung der Systemressourcen unter Windows 95/98

1 Rufen Sie zur Überprüfung der Systemressourcen den Geräte-Manager der Systemsteuerung mit *Start/Einstellungen/Systemsteuerung/System/ Geräte-Manager* auf und markieren Sie den Eintrag *Computer*. Zur Anzeige der Eigenschaften klicken Sie auf die Schaltfläche *Eigenschaften*.

Eingabegeräte und Schnittstellen

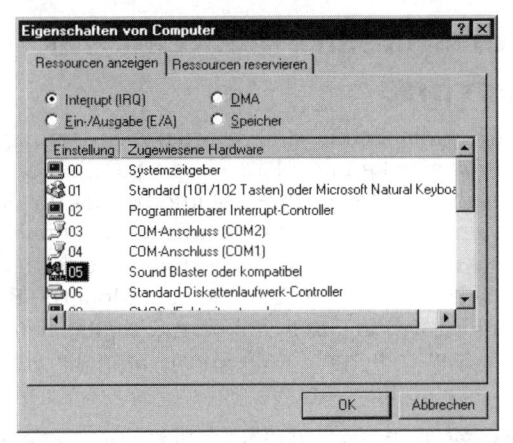

In der Voreinstellung ist die Auswahl *Interrupt (IRQ)* markiert. Die Darstellung zeigt alle eingesetzten Systemkomponenten und deren verwendete Interrupts. Im Beispiel ist eine Soundkarte eingesetzt, die den Interrupt für die zweite Druckerschnittstelle bereits verwendet.

Ist bei Ihrem Rechner ebenfalls der benötigte Interrupt in Gebrauch, sind die Einstellungen für diese Erweiterungskarte so zu ändern, daß ein anderer Interrupt verwendet wird.

Hinweise für die Änderung der Systemressourcen finden Sie in dem Kapitel zu der betroffenen Komponente.

2 Kontrollieren Sie die Verwendung der E/A-Adressen für die zusätzlichen Schnittstellen. Markieren Sie dazu die Auswahl *Ein-/Ausgabe (E/A)* und überprüfen Sie, ob die benötigten Adressen zur Verfügung stehen.

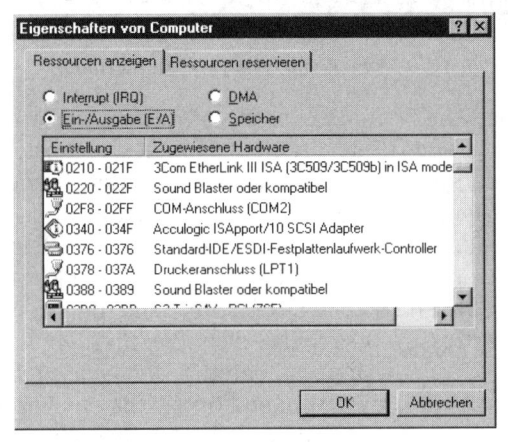

In den allermeisten Fällen sollten die Adressen für die zusätzlichen Schnittstellen unbenutzt sein, da diese Adressen von anderen Erweiterungskarten nicht verwendet werden. Sollten dennoch die benötigten Adressen schon in Gebrauch sein, sind die Einstellungen der betroffenen Erweiterungskarte hinsichtlich der E/A-Adressen ebenfalls zu ändern, um die benötigten Ressourcen freizugeben.

Einstellen der Systemressourcen der Schnittstellenkarte

Die Standardeinstellung der Schnittstellenkarten sieht im allgemeinen den Einsatz als COM3/4 für serielle und LPT2 für die parallele Schnittstelle vor. Parallel dazu sind die Schnittstellen Ihres Motherboards für den Einsatz als COM1/2 und LPT1 eingestellt. In dieser Konfiguration brauchen Sie keine Änderungen der Systemressourcen auf der Schnittstellenkarte vorzunehmen und können mit dem Einbau der Karte fortsetzen. Moderne BIOS-Versionen erlauben jedoch die Einstellung der Onboard-Schnittstellen alternativ als COM 3/4 bzw. LPT2. Kontrollieren Sie die Einstellung der Schnittstellen der Hauptplatine im BIOS-Setup Ihres Rechners.

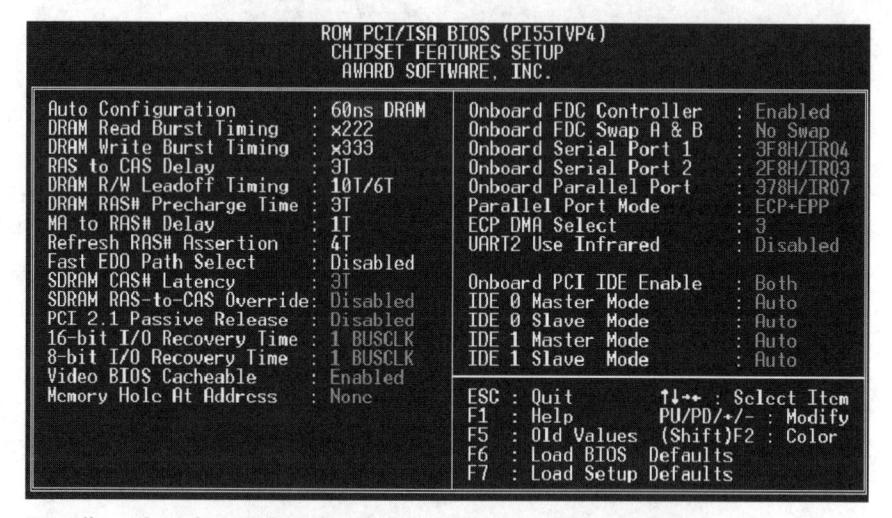

```
            ROM PCI/ISA BIOS (PI55TVP4)
               CHIPSET FEATURES SETUP
                 AWARD SOFTWARE, INC.

 Auto Configuration      : 60ns DRAM    Onboard FDC Controller  : Enabled
 DRAM Read Burst Timing  : x222         Onboard FDC Swap A & B  : No Swap
 DRAM Write Burst Timing : x333         Onboard Serial Port 1   : 3F8H/IRQ4
 RAS to CAS Delay        : 3T           Onboard Serial Port 2   : 2F8H/IRQ3
 DRAM R/W Leadoff Timing : 10T/6T       Onboard Parallel Port   : 378H/IRQ7
 DRAM RAS# Precharge Time: 3T           Parallel Port Mode      : ECP+EPP
 MA to RAS# Delay        : 1T           ECP DMA Select          : 3
 Refresh RAS# Assertion  : 4T           UART2 Use Infrared      : Disabled
 Fast EDO Path Select    : Disabled
 SDRAM CAS# Latency      : 3T           Onboard PCI IDE Enable  : Both
 SDRAM RAS-to-CAS Override: Disabled    IDE 0 Master Mode       : Auto
 PCI 2.1 Passive Release : Disabled    IDE 0 Slave  Mode       : Auto
 16-bit I/O Recovery Time: 1 BUSCLK     IDE 1 Master Mode       : Auto
 8-bit I/O Recovery Time : 1 BUSCLK     IDE 1 Slave  Mode       : Auto
 Video BIOS Cacheable    : Enabled
 Memory Hole At Address  : None         ESC : Quit          ↑↓→← : Select Item
                                        F1  : Help          PU/PD/+/- : Modify
                                        F5  : Old Values    (Shift)F2 : Color
                                        F6  : Load BIOS Defaults
                                        F7  : Load Setup Defaults
```

Einstellung der Schnittstellen des Motherboards im BIOS des Rechners

Sie können bei Bedarf die Schnittstellen der Erweiterungskarte so einstellen, daß sie als COM1/2 und LPT1 arbeiten. In dieser Einstellung sind die Schnittstellen des Motherboards entsprechend auf den Betrieb als COM3/4 bzw. LPT2 umzustellen. Die Zuordnung von Interrupt und E/A-Adresse ist bei der Einstellung der Ressourcen nicht beliebig. Zum Beispiel ist für die Einstellung der ersten seriellen Schnittstelle (COM1) die Kombination IRQ 4 und E/A-Adresse 3F8h einzustellen. Entsprechend diesen Kombinationen von IRQ und E/A-Adresse entscheidet sich die für den Port verwendete Schnittstellennummer. Die weiteren Schnittstellen sind gemäß ihrer Ressourcenpaare einzustellen. Die Paarungen können Sie den vorausgegangenen Tabellen entnehmen. Die Einstellung der Schnittstellen der Erweiterungskarte wird mit Jumpern (Steckbrücken) vorgenommen. Auf der Platine der Schnittstellenkarte finden Sie Pinreihen, die die Einstellung der Schnittstellen erlauben. Die Jumper sind meist auf der Platine mit den Werten für Interrupt und E/A-Adressen bezeichnet. Die Einstellungen der Jumper sind ebenfalls entsprechend der Paarungen vorzunehmen.

Einbau der Schnittstellenkarte in den Rechner

1. Entfernen Sie den Netzanschluß wie alle Geräteverbindungen am Rechner und öffnen Sie das Gehäuse.

2. Da nicht alle Anschlüsse der Schnittstellen auf der Platine Platz finden, befinden sich die weiteren Anschlüsse auf separaten Slotblechen. Die Anschlüsse der Schnittstellen werden mit Flachbandkabeln mit der Erweiterungsplatine verbunden. Dazu sind die Stecker der Kabel auf die entsprechenden Platinenanschlüsse aufzustecken. Die Anschlüsse sind im allgemeinen mit COM1/COM2 und LPT bezeichnet. Achten Sie beim Aufstecken auf die richtige Orientierung der Stecker. Die Stecker sind so auf den Platinenanschluß zu stecken, daß die meist rot oder grau markierte Ader des Flachbandkabels mit dem Pin 1 auf der Platine verbunden wird. Der Pin 1 ist am Platinenanschluß mit einer kleinen 1 auf der Platine markiert.

3. Für den Busanschluß der Schnittstellenkarte benötigen Sie einen beliebigen freien Buseinschub am ISA-Bus des Motherboards. Wählen Sie einen Steckplatz, der für die Montage der Platine und der weiteren Schnittstellenanschlüsse geeignet ist. Entfernen Sie die Slotbleche am Gehäuse des Rechners. Setzen Sie die Schnittstellenkarte mit leichtem Druck in den Steckplatz. Läßt sich die Karte nicht richtig in den Steckplatz einschieben, greift häufig die Slotblende nicht richtig in den zugehörigen Schlitz des Gehäuses. Biegen Sie in diesem Fall die Slotblende mit einer Zange am unteren Teil des Blechs leicht nach außen. Sitzt die Karte fest im Buseinschub, sind das Slotblech der Platine sowie die Slotbleche der separaten Schnittstellenanschlüsse mit dem Gehäuse zu verschrauben.

4. Schließen Sie das Gehäuse des Rechners, verbinden Sie den PC wieder mit den Kabeln der Peripheriegeräte und des Netzanschlusses und schalten Sie anschließend den Rechner ein.

5 Verwenden Sie Windows 95/98, startet automatisch die Hardwareerkennung des Betriebssystems und richtet die hinzugekommenen zusätzlichen Schnittstellen für Ihr System ein. Im Anschluß an die Erkennung der neuen Hardware erhalten Sie eine Liste der identifizierten Geräte. Zur abschließenden Einrichtung bestätigen Sie die Installation der Anschlüsse durch einen Klick auf die Schaltfläche *Weiter*.

Konfiguration der seriellen Schnittstellen unter Windows 95/98

Bei Windows 95/98 wird die Konfiguration der Hardware automatisch geregelt und auf Werte eingerichtet, die für die Geräte generell funktionsfähig sind. Diese Verfahren bieten für den Anwender viele Vorteile, nutzen jedoch nicht die optimalen Einstellungen der jeweiligen Hardware. Die Einstellungen der seriellen Schnittstellen lassen sich jedoch sehr leicht nachträglich durch den Benutzer ändern:

1 Rufen Sie dazu den Geräte-Manager der Systemsteuerung mit *Start/Einstellungen/Systemsteuerung/System/Geräte-Manager* auf und öffnen Sie die Geräteklasse *Anschlüsse COM und LPT* am vorangestellten Pluszeichen. Markieren Sie die gewünschte serielle Schnittstelle mit der Maus, klicken Sie anschließend auf die Schaltfläche *Eigenschaften* und wählen Sie die Registerkarte *Anschlußeinstellungen*.

2 Bei den heutigen seriellen Schnittstellen der High-Speed-UARTs 16550 können Sie für die Übertragungsrate im Feld *Bits pro Sekunde* die Voreinstellung von 9.600 auf 115.200 Bits/s ändern. Markieren Sie dazu den Pfeil an dem Auswahlfeld und markieren Sie in der Auswahlliste den Eintrag *115200*. Verwenden Sie bereits Hochgeschwindigkeitskarten mit Ultra-High-Speed-UART (*16650*), können auch höhere Werte für die Übertragungsgeschwindigkeiten von *230400*, *460800* usw. verwendet werden. Prüfen Sie in der Beschreibung Ihrer Schnittstellenkarte, welche maximale Übertragungsgeschwindigkeit möglich ist.

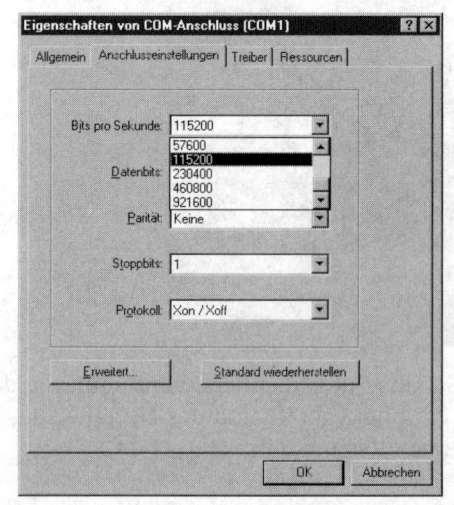

3 Für die hohen Übertragungsraten bieten die heutigen seriellen Schnittstellen mit dem UART 16550 zusätzlich Ein- und Ausgangspuffer. Die Einstellung der Puffer erreichen Sie über die Schaltfläche *Erweitert*.

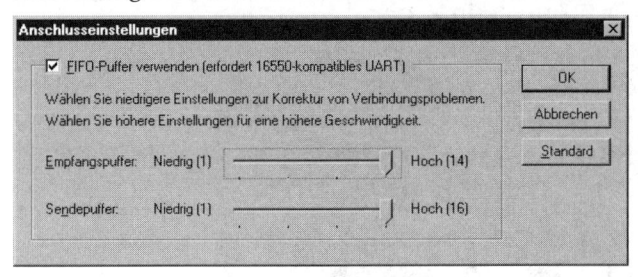

Wählen Sie zunächst die höchsten Einstellungen (*Hoch*) für die Sende- und Empfangspuffer. Nur wenn Verbindungsprobleme, z. B. beim Anschluß eines Modems, auftreten, sollten diese Werte heruntergestellt werden.

Alternativlösungen: Umschalter und Autoswitch

Benötigen Sie eine zusätzliche Anschlußmöglichkeit einer seriellen oder parallelen Schnittstelle, dann können Sie im Fachhandel auch spezielle Umschalter erwerben, die an die vorhandene Schnittstelle (seriell oder parallel) eines Rechners angeschlossen werden und ihrerseits zwei oder auch mehr Anschlußmöglichkeiten bieten. Automatische Umschalter, sogenannte Autoswitches, sind im Anschaffungspreis erheblich teurer und zumeist nicht hundertprozentig zuverlässig. Der Umschalter nimmt Ihnen die Arbeit ab, Anschlußverbindungen zu ändern, läßt es jedoch nicht zu, daß die angeschlossenen Geräte parallel betrieben werden.

1 An dieser Stelle wird exemplarisch davon ausgegangen, daß Sie einen seriellen Umschalter verwenden. Im Fachhandel können Sie jedoch ggf. auch parallele Umschalter erhalten. Kaufen Sie für die Verbindung mit den Umschaltern auch die nötige Verkabelung. Mitunter können Standardverbindungskabel nämlich nicht unmittelbar genutzt werden oder benötigen spezielle Adapterstecker.

Eingabegeräte und Schnittstellen

2 Nachdem Sie das Verbindungskabel am seriellen Anschluß des Rechners angeschlossen haben, verbinden Sie es mit der Rückseite des Umschalters. Der Eingabe-Port ist hier in der Regel mittig angeordnet und entsprechend beschriftet.

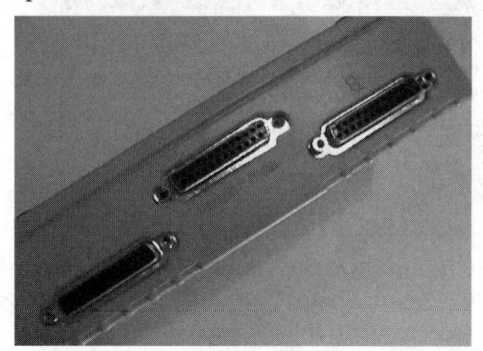

3 Auf der Rückseite können Sie nun die hier an den äußeren Rändern angeordneten Ausgabe-Ports verwenden und mit den gewünschten Peripheriegeräten verbinden.

4 Während des Betriebs können Sie nun die jeweiligen, an den Umschalter angeschlossenen Geräte per Tastaturwahl aktivieren. Innerhalb des Systems sind die Geräte demnach immer der gleichen Rechner-Schnittstelle zugeordnet (z. B. COM2 oder LPT1). So lassen sich ggf. auch Konflikte umgehen, die ansonsten beim Einbau zusätzlicher Schnittstellen und bereits vorhandener Ressourcenknappheit auftreten könnten.

13.5 USB – Der Universal Serial Bus

Der **U**niversal **S**erial **B**us (USB) ist ein neuer Standard zum Anschluß externer Geräte an den PC. Ziel der Einführung von USB ist das Ablösen der bisherigen unterschiedlichen Schnittstellentechniken der Peripheriegeräte, um eine einheitliche, vereinfachte und ressourcensparende Anschlußtechnik aller externen Geräte am PC zur Verfügung zu stellen. Aktuell ausgelieferte Rechnersysteme werden bereits standardmäßig mit zwei USB-Ports ausgeliefert.

> **Hinweis**
>
> **Die Ursprünge des USB**
>
> USB ist ein sogenannter offener Industriestandard, der von allen Herstellern externer Geräte verwendet werden kann und soll. Im Herbst 1995 wurde die USB-Spezifikation von einem Konsortium der Unternehmen Compaq, DEC, IBM, Intel, Microsoft, NEC und Northern Telecom verabschiedet. Heute gehören dem Konsortium bereits über 250 verschiedene Firmen an, die ihre Geräte zukünftig mit der Anschlußtechnik für den USB ausstatten wollen. Die Entwicklung des technischen Standards ist abgeschlossen und wird heute mehr und mehr als alternative Anschlußtechnik angeboten. Jetzt sind bereits fast alle Gerätetypen, Computermäuse, Audiogeräte, Scanner, Bildschirme, Digitalkameras usw. alternativ mit der neuen USB-Schnittstellentechnik erhältlich. Von einem generellen Durchbruch kann jedoch zur Zeit noch nicht gesprochen werden. Die USB-Typen werden bislang als Alternative zu den Geräten mit den bisherigen Schnittstellen angeboten.

Der USB-Anschluß

Rein äußerlich betrachtet bietet die USB-Technik dem Anwender schon deutliche Vorteile durch die einheitliche Anschlußtechnik. Verbindungskabel und Stecker sind für alle Geräte identisch. Diese Vereinfachung kann das bisherige Schnittstellen- und Kabelwirrwarr am PC um einiges reduzieren.

Symbol für die Anschlüsse am USB

Die eigentlichen Vorteile dieses Anschlußverfahrens liegen jedoch eher im Bereich der technischen Aspekte des USB. Als echtes Bussystem erlaubt USB den Anschluß von bis zu 127 Geräten, verwendet jedoch nur einen Controller und damit deutlich weniger Ressourcen (Interrupts, E/A-Adressen), als es bei der bisherigen Lösung mit verschiedenen unabhängigen Schnittstellen (serielle/parallele Schnittstelle, SCSI-Adapter usw.) möglich ist.

Ressourcenverwaltung

Der USB verwendet lediglich einen Satz an Systemressourcen (E/A-Adressen, Interrupt) für alle anschließbaren Geräte und bietet damit deutliche Erweiterungsmöglichkeiten, ohne durch zusätzliche Geräte auf weitere Ressourcen des PCs zurückgreifen zu müssen. Der USB beherrscht das Hot-Plug & Play-Verfahren bzw. Hot Connect. Sie können ein Gerät bei eingeschaltetem PC bzw. laufendem Betriebssystem ein- und ausstecken. Das Betriebssystem erkennt Geräte am USB nachträglich und kann die Hardware registrieren bzw. aus der Systemkonfiguration entfernen lassen.

> **Hinweis**
>
> **Armer Bill!**
>
> Daß auch Hot- noch mit Kinderkrankheiten behaftet ist, erfuhr Bill Gates im April 1998 heftig und unerwartet während einer Präsentation des (besonders von ihm) mit viel Vorschußlorbeeren bedachten Windows 98. Als ein Mitarbeiter versuchte, einen USB-Scanner im laufenden Betrieb anzuschließen, verabschiedete sich Windows mit einem „Blue Screen of Death" und stellte sich auch danach zickig an.

Technik und Anschlußverfahren des USB

Die Verbindung der USB-Geräte mit dem Bussystem wird mit kleinen vierpoligen Steckern hergestellt. Am Rechner werden zwei USB-Schnittstellen angeboten, an denen unmittelbar USB-Geräte angeschlossen werden können. Wie jedoch sollen bis zu 127 Geräte ihren Anschluß finden?

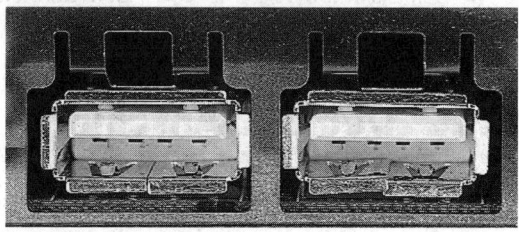

Verbindungskabel (links) und Anschlüsse des USB am PC (rechts)

USB-Geräte werden untereinander verkabelt, so daß auf diese Weise der Bus von Gerät zu Gerät fortgesetzt werden kann. Diejenigen Geräte, die auf diese Weise als Zwischenstation dienen, wie z. B. Tastatur oder Monitor, werden als Hubs bezeichnet. Der Controller des USB im PC stellt einen sogenannten Root-Hub zur Verfügung, der zwei Anschlußmöglichkeiten für weitere USB-Geräte bietet. Von diesem Root-Hub ausgehend werden die Geräte angeschlossen. Größere Geräte wie Tastaturen und Monitore bieten ebenfalls Abgänge für den USB.

Hardware und Software für den USB – Gerüstet für die Zukunft?

Alle aktuellen Chipsätze (und damit in den allermeisten Fällen ebenfalls die damit ausgerüsteten Motherboards) verfügen bereits über integrierte USB-Controller. Alle ATX-Varianten der aktuellen Motherboards bieten einen Root-Hub für den Anschluß von zwei USB-Geräten.

USB und Windows 95

Allerdings nützt Ihnen der integrierte USB-Controller nur dann etwas, wenn das verwendete Betriebssystem das „Gerät" USB ebenfalls unterstützt. Da die komplette Technik des USB auf Plug & Play ausgerichtet ist, sind es vor allem die Betriebssysteme im Desktop-Bereich, die den Einsatz des USB ermöglichen. Windows 95 und Windows 95A bieten keine unmittelbare Unterstützung des USB. Bei diesen Systemen sind zusätzliche Treiber zu installieren, die eine Nutzung des USB möglich machen. Ohne USB-Treiber ignoriert Windows 95 die Hardware des USB-Controllers. Um unter Windows 95 den USB nutzen zu können, benötigen Sie eine Betriebssystemversion Windows 95B mit Service Pack 2 (OSR2). Windows NT 3.5 und 4.0 (inklusive Service Pack 4) unterstützen ebenfalls kein USB.

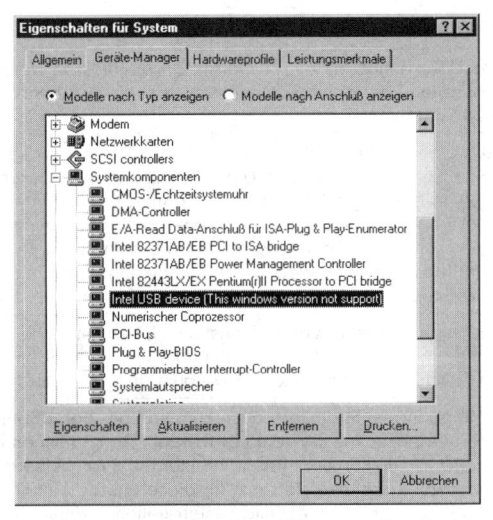

Windows 95 ignoriert den USB-Controller des Motherboards

USB und Windows 98

Anwender, die Windows 98 verwenden, können den USB nutzen. Das Betriebssystem bietet bereits die volle Unterstützung und zeigt den Controller und den Root-Hub mit den zwei Schnittstellen im Geräte-Manager des Systems an.

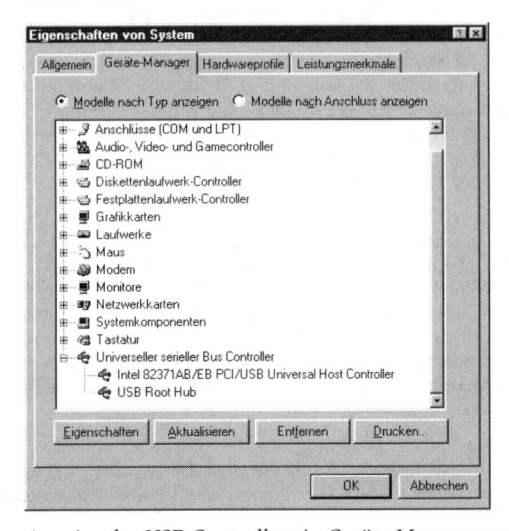

Anzeige des USB-Controllers in Geräte-Manager von Windows 98

Pro und Contra für den USB

Bei der heutigen Situation um die USB-Technik ist genau zu prüfen, ob sich der Einsatz lohnt. Auf den ersten Blick ist USB (**U**niversal **S**erial **B**us) die perfekte Schnittstelle für externe Geräte. Argumente die für und gegen den Einsatz von USB-Geräten sprechen, zeigt die folgende Tabelle.

Pro/Contra	Bemerkung
Pro, geringer Ressourcenverbrauch des PCs	Über den USB können bis zu 127 Geräte angeschlossen werden. Alle Geräte arbeiten über den USB-Controller des PCs und benötigen keine separaten Systemressourcen.
Pro, Einfache Handhabung externer Geräte	Der USB bietet die Unterstützung von Hot-Plug & Play, das sogenannte Hot Connect, und erleichtert den Umgang mit externen Geräten, die nicht dauernd eingeschaltet sind (z. B. Scanner, Digitalkameras usw.). Alle USB-Geräte werden im laufenden Betrieb automatisch von der Betriebssystemsoftware erkannt und entsprechend in die Systemkonfiguration des Betriebssystems für das Gerät nachgetragen. Ein manuelles Erkennen (wie beispielsweise beim SCSI-Bus) entfällt.
Pro, Verbindungstechnik	Durch die vereinheitlichte Verbindungstechnik können keine Anschlüsse der Geräte am PC verwechselt werden. Alle Geräte werden über die gleichen Anschlußkabel miteinander verbunden.
Pro, Stromversorgung über den USB	Geräte mit geringem Stromverbrauch können über den USB mit der notwendigen Betriebsspannung versorgt werden. Damit können bei Geräten wie Modems, Digitalkameras usw. die externen Stromversorgungen, also die zusätzlichen Kabel und Netzteile für diese Geräte entfallen. Da die Netzteile wegfallen, werden potentielle Fehlerquellen vermieden, Anschlüsse vereinfacht, und Hersteller können die Geräte billiger anbieten.
Contra	Bei der Grundausstattung des PCs ist bei zwei Geräten Schluß. Damit mehr Geräte angeschlossen werden können, sind Geräte einzusetzen, die einen zusätzlichen USB-Ausgang bieten (USB-Hub). Lediglich die teuren USB-Geräte wie Tastatur, Monitor, Scanner usw. sind als Hubs zu bekommen und erweitern damit die Anschlußmöglichkeiten für weitere USB-Geräte. Alternativ können separate USB-Hubs verwendet werden (ab rund 180 Mark), die einen USB-Eingang und mehrere -Ausgänge für den Anschluß weiterer Geräte bieten.
Contra	Die USB-Schnittstelle ist bei Geräten mit höherem Stromverbrauch schnell überlastet. Nach der USB-Spezifikation versorgen die USB-Anschlüsse die Geräte mit 5 Volt Betriebsspannung, wobei die angeschlossenen Geräte zusammen maximal 500 Milliampere Strom entnehmen dürfen. Das ist bei Kleinverbrauchern wie Tastatur oder Maus kein Problem. Doch bei Geräten, die mehr Strom aufnehmen, ist die USB-Schnittstelle schnell überlastet. Der Einzugsscanner PageScan USB von Logitech verwendet kein eigenes Netzteil und bedient sich am USB mit bereits 300 Milliampere.
Contra	Bei großen Datenmengen können Engpässe in der Bandbreite des Bus auftreten. Die Bandbreite für Geräte mit hohem Datenaufkommen beträgt 14 MBit/s (entspricht 1,5 MByte/s). Schon die parallele Schnittstelle schafft gut 0,8-1 MByte/s im ECP-Modus (**E**nhanced **C**apability **P**ort). Beim Anschluß mehrerer Geräte mit hohem Datenaufkommen (Monitor, Scanner, externe Wechselplatten) können Engpässe auftreten, da alle angeschlossenen Geräte sich die zur Verfügung stehende Bandbreite teilen müssen.
Contra	Die Geräte sind bis heute noch ca. 10-20 % teurer als die vergleichbaren Geräte mit den bisherigen Schnittstellen. Es ist jedoch bei zunehmender Verbreitung dieser Geräte mit einem hohen Preisverfall zu rechnen.

Pro/Contra	Bemerkung
Contra	Die üblichen Schnittstellen brauchen Sie bislang weiter. Schließlich gibt es unzählige Geräte mit seriellem oder parallelem Anschluß, von Computermäusen über Modems bis zum CD-Brenner, die gut funktionieren und zudem preiswert zu bekommen sind. Außerdem werden einzelne Geräte wie CD-Brenner und DVD-RAM-Laufwerke ausschließlich der SCSI-Schnittstelle vorbehalten sein.

Zur Zeit sind USB-Geräte nur bedingt zu empfehlen. Ein genereller Umstieg auf diese Schnitstellentechnik lohnt sich momentan nicht. Dennoch kann die Verwendung der bereits bestehenden Anschlüsse gerade im Bereich Multimedia nützlich sein. Ein Scanner für den USB-Anschluß ist zwar zur Zeit noch etwas teurer als die entsprechenden Geräte für die parallele Schnittstelle, rechnet sich jedoch bei häufigem Gebrauch auf jeden Fall.

Der USB-Scanner muß sich bei nur einer parallelen Schnittstelle nicht den Anschluß mit anderen Geräten teilen und kann damit problemlos gleichzeitig mit anderen Geräten betrieben werden. Gleiches gilt für Digitalkameras mit USB-Anschluß. Sie sind darüber hinaus deutlich schneller als vergleichbare Typen mit einer seriellen Schnittstelle.

Zum Anschluß einer Maus oder einer Tastatur mit USB-Anschluß kann nicht generell geraten werden. Die Standardausführung des Rechners bietet bereits einen Anschluß für die Tastatur und Schnittstellen zur Verbindung für serielle Mäuse oder einem PS/2-Anschluß. Bislang sind diese Geräte dazu noch um einiges teurer. So kostet etwa eine Tastatur in der USB-Version rund 10-15 DM mehr, ein Monitor mit USB-Anschluß schon zwischen 150-200 DM Aufpreis.

Erst wenn es preiswerte USB-Geräte gibt, kann ein genereller Wechsel der häufigsten Peripheriegeräte auf den USB lohnen. Bislang bleibt diese Schnittstelle noch den genannten Sonderfällen vorbehalten.

Übersicht über aktuell verfügbare USB-Geräte

Die wichtigsten Geräte, die derzeit bereits als USB-Varianten verfügbar sind, können Sie der nachfolgenden Tabelle entnehmen. Sie sehen, daß die USB-Schnittstelle derzeit vorwiegend für einfache Drucker und Scanner sowie Eingabegeräte (Tastatur und Maus) genutzt wird. Auch Boxen mit USB-Anschlußmöglichkeiten gibt es bereits.

Auf deren Aufnahme in die nachfolgende Tabelle wurde jedoch verzichtet. Ansonsten werden derzeit hauptsächlich einfache Videokameras für Videokonferenzen sowie kleinere Wechselmedien unterstützt.

Eingabegeräte und Schnittstellen

Gerätetyp	Bezeichnung	Beschreibung/Preis
Drucker	Hewlett Packard 880C	Tintenstrahldrucker ca. 500 DM
	Hewlett Packard 895Cxi	Tintenstrahldrucker ca. 590 DM
	Epson Color 740	Tintenstrahldrucker 430 DM
	Epson Color 750	Tintenstrahldrucker 530 DM
Wechselplatten	LS120 SuperDisk	120 MByte-Diskettenlaufwerk (derzeit für iMac-PC verfügbar) ca. 300 DM
	Zip100-Drive	100 MByte-Diskettenlaufwerk ca. 270 DM
Digitalkamera	Kodak DVC323	Digitale Videokamera ca. 340 DM
	QuickCam Pro USB	Digitale Videokamera ca. 260 DM
	LogiTech QuickCam Home	Digitale Videokamera ca. 175 DM
	iFive	Digitale Videokamera (z. B. f. Videokonferenzen) ca. 250 DM
Scanner	Hewlett Packard 6200C	Flachbettscanner 740 DM
	Hewlett Packard 6250C	Flachbettscanner 900 DM
	Hewlett Packard 4100C	Flachbettscanner 280 DM
	Hewlett Packard 5200C	Flachbettscanner 500 DM
	Agfa 1212u	Flachbettscanner 350 DM
Maus	Logitech Pilot Wheel Mouse	Maus ca. 60 DM
	Logitech MouseMan Wheel	Maus ca. 65 DM
	Microsoft IntelliMouse	Maus ca. 89 DM
	Mouse in a Box Scroll	Maus ca. 49 DM
Tastatur	Cherry G80-1800	Tastatur (USB-Version des Typs G80-3000 bzw. G81-3000) ca. 150 DM
	Cherry G81-3504	Tastatur ca. 170 DM
	Microsoft Natural Keyboard	Ergonomische Tastatur ca. 100 DM

Schnittstellen im Wandel – USB für alle

Natürlich läßt sich trotz der Flexibilität nicht immer sicherstellen, daß Sie mehrere Geräte an einem USB-Port unterbringen können. Dies ist in erheblichem Maße davon abhängig, ob die jeweils angeschlossenen USB-Geräte ihrerseits Anschlußmöglichkeiten bieten. Und was tun, wenn der vorhandene Rechner gar keine USB-Unterstützung bietet? Und wenn schon wieder alles von der neuen Anschlußtechnologie redet, was mache ich mit meinen alten seriellen und parallelen Endgeräten?

Die Lösung ist denkbar einfach: Genauso, wie Sie Ihren Rechner mit zusätzlichen seriellen oder parallelen Schnittstellen ausrüsten können, gibt es USB-Zusatzkarten bzw. Adapter, die Ihren Rechner für diese Anschlüsse fit machen. Wir haben einige Möglichkeiten der Erweiterung mit ihren Vor- und Nachteilen in einer Tabelle zusammengefaßt:

Komponente	Beschreibung	Typ
4 Port USB Hub	Diese Komponente bietet Anschlußmöglichkeiten für bis zu vier Peripheriegeräte an einem einzelnen USB-Port. Bei diesem Gerät handelt es sich um eine Zwischenkomponente, die eine Erweiterung einer USB-Gerätekette erlaubt, wenn die angeschlossenen USB-Geräte selbst keine Erweiterungsmöglichkeiten bieten. Achten Sie beim Kauf von USB-Geräten daher immer peinlichst darauf, daß die jeweiligen Geräte bereits weitere USB-Anschlußmöglichkeiten bieten, da der Aufbau einer längeren Gerätekette sonst zu einem teuren Vergnügen werden kann. Es sind zusätzlich Hubs mit zwei oder auch vier Anschlußmöglichkeiten verfügbar. Der Anschluß einer USB-Gerätekette erfolgt demnach sternförmig.	USB-Hub
USB Seriell Konverter	Mit Hilfe dieser Komponente können Sie neue oder bereits vorhandene serielle Endgeräte mit einem USB-Port verbinden. Diese Lösungsvariante bietet sich aus Kostengründen allerdings nur dann an, wenn die seriellen Schnittstellen des Rechners bereits belegt sind und eine herkömmliche Schnittstellenerweiterung aus Gründen aktuell nicht verfügbarer, freier Ressourcen problematisch wäre.	Schnittstellenumwandlung
PCI zu USB-Konverter	Um einen PC, der selbst standardmäßig keine USB-Ports bereitstellt, mit den entsprechenden Anschlußmöglichkeiten auszustatten, setzen Sie einen PCI zu USB-Konverter ein. Dabei handelt es sich um eine PCI-Schnittstellenkarte, die ersatzweise zum belegten PCI-Anschluß zwei USB-Anschlußmöglichkeiten bietet. Um die Karte einsetzen zu können, benötigen Sie also einen freien PCI-Steckplatz. Sie können die Karte auch dazu verwenden, einen PC mit zwei vorhandenen USB-Anschlüssen um zwei weitere USB-Anschlußmöglichkeiten aufzurüsten. Die Erweiterungsmöglichkeit stellt eine günstige Lösungsvariante dar, um Hardwareengpässe zu umgehen.	Schnittstellenumwandlung

Eingabegeräte und Schnittstellen

Komponente	Beschreibung	Typ
USB zu Parallel Konverter	Nutzen Sie einen USB zu Parallel-Konverter mit Ihrem Rechner, dann kann auch der Drucker für die parallele Schnittstelle am USB-Port betrieben werden. Diese Lösungsvariante dürfte jedoch nur selten sinnvoll sein, da die Druckerschnittstelle in den meisten Fällen auch ohne Probleme kombiniert mit Wechselplattensystemen für die parallele Schnittstelle eingesetzt werden kann bzw. ohnehin nicht durch andere Geräte belegt ist.	Schnittstellenumwandlung
USB-Direct-Anschluß	Besonders interessant dürfte hingegen der USB-Direct-Anschluß sein. Mit dessen Hilfe stellen Sie eine Verbindung zwischen zwei Rechnern mit vorhandenem USB-Port über eine Direktverbindung her und haben im Anschluß daran ein vollwertiges Ethernet-Netzwerk verfügbar. In der Netzwerkeinrichtung im Privatbereich gibt es derzeit keine einfachere Lösung, um ein Netzwerk aufzubauen. Besitzen Sie also bereits zwei Rechner mit USB-Ports, sollten Sie bereits jetzt überlegen, ob Sie nicht besser das Netzwerk über eine USB-Direktverbindung als über ein Thin Ethernet-Netzwerk aufbauen. Über das USB-Ethernet-Netzwerk können Sie entsprechend herkömmlichen Netzwerken Ressourcen freigeben und geräteübergreifend nutzen. Ist einer der zu verbindenen Rechner noch nicht mit einer USB-Schnittstelle ausgestattet, so lohnt der USB-Direct-Anschluß weniger, da Sie dann zunächst den zweiten Rechner über den PCI zu USB-Konverter mit einem USB-Port ausstatten müßten. Dies wäre mit herheblich höheren Kosten verbunden, als wenn Sie statt dessen auf Starter-Kits für ein Thin Ethernet-Netzwerk zurückgreifen.	Netzwerkeinrichtung
USB Ethernet Konverter	Der USB Ethernet Konverter erlaubt es Ihnen, einen Rechner mit USB-Port in ein vorhandenes Ethernet-Netzwerk einzubinden. Sie ersparen sich damit also den Einbau einer Netzwerkkarte. Stellen mobile Computer USB-Ports bereit, können Sie demnach ebenfalls sehr einfach einen Ethernet-Netzwerkzugang erreichen. Diese Lösung kann demnach ersatzweise und bei entsprechender USB-Port-Ausstattung ersatzweise zu PCMCIA-Netzwerkkarten eingesetzt werden. Preislich hat die USB-Lösungsvariante durchaus Vorteile, zumal Sie den USB Ethernet Konverter anders als eine eingebaute Netzwerkkarte sehr schnell zwischen unterschiedlichen Rechnern tauschen können.	Netzwerkanbindung für Windows 98

Sämtliche der vorangehenden Komponenten und USB-Geräte können Sie über den Computerfachhandel beziehen. Dazu sind auch spezielle Verlängerungskabel und spezielle Verbindungskabel für Hubs erhältlich. Da mit einer wahren Flut neuer USB-Geräte in den kommenden Monaten und ebenso mit sinkenden Preisen zu rechnen ist, sollten Sie die USB-Geräte auch in Zukunft im Auge behalten. Im Moment sehen Sie, daß die Erweiterungsmöglichkeiten zwar bereits vielversprechend, aber im Vergleich zu Geräten mit anderen Anschlußtypen auch noch sehr teuer sind. Dennoch stellt die USB-Technologie insbesondere bei scheinbar unlösbaren Hardwarekonflikten bereits jetzt die Weichen für spätere Systemerweiterungen und bietet dem Anwender einen

Komfort der Geräteeinrichtung, den man sich auch für andere Anschlußtypen wünschen würde.

Daß einige Geräte nicht in USB-Versionen verfügbar sind, ist durchaus zu verschmerzen, zumal alle anderen Schnittstellen durch die USB-Ports immerhin stark entlastet werden. Und da zusätzliche Konverter für den USB-Port außerdem die Weiterverwendung auch älterer serieller und paralleler Geräte ermöglichen und auch eine Netzwerkanbindung ohne Netzwerkkarte möglich ist, werden unlösbare Hardwarekonflikte wieder lösbar.

13.6 Die Infrarot-Schnittstelle (IRDa)

Viele Geräte der Unterhaltungselektronik wie Fernseher, Videorecorder und Hi-Fi-Anlagen können mit Hilfe einer kabellosen Fernbedienung in Infrarot-Technik bequem bedient werden. Ein ähnlicher Ansatz wird bei der PC-Technik mit der Infrarot-Schnittstelle verfolgt.

Die Entwicklung der kabellosen Infrarot-Schnittstelle wurde speziell auf die Bedürfnisse der Anwender von mobilen PCs wie Laptops oder Notebooks ausgerichtet, die nur sehr begrenzte Anschlußmöglichkeiten für externe Peripheriegeräte bieten. IRDa-Controller bieten den kabellosen Anschluß mehrerer Geräte (Multipoint-Controller) und können auf diese Weise gleich mehrere Anschlüsse ersetzen.

Die Infrarot-Schnittstelle dient bei der PC-Technik sowohl als Schnittstelle zur Übertragung von Steuersignalen wie auch als Datenverbindung zur kabellosen Übertragung zwischen (intelligenten) Peripheriegeräten wie Tastaturen, Computermäusen, Joysticks und dem Computer. Die Standard-IRDa-Schnittstelle orientiert sich an den bisherigen seriellen Schnittstellen des PCs. Diese Schnittstellen ersetzen den seriellen Anschluß und unterstützen Übertragungsraten von 9.600 bis 115 kBit/s und sind damit mit den Übertragungsraten vergleichbarer serieller Schnittstellen identisch. Zum Anschluß von Geräten mit hohem Datenaufkommen, wie Digitalkameras, Datenerfassungsgeräte usw. sind spezielle High-Speed-Systeme verfügbar, die Übertragungsraten bis zu 4 MBit/s erlauben.

Bei Desktop-Systemen ist die Anwendung der Infrarot-Schnittstelle eher die Ausnahme. Dennoch bieten einige Hersteller von Motherboards (z. B. Asus PI55TVP4, P55T2P4) einen Anschluß eines optionalen IRDa-Controllers unmittelbar auf der Hauptplatine. Durch ein entsprechendes Erweiterungsmodul kann über diesen Anschluß der IRDa-Controller leicht nachgerüstet werden.

Hinweis

Herstellerspezifische Infrarot-Lösungen

Einige Rechnerhersteller bieten spezielle Infrarot-Lösungen an und erlauben es beispielsweise, die Maus oder auch CD-Funktionen per Fernbedienung zu bedienen (z. B. diverse Rechner von Packard Bell). Da diese speziellen Lösungen zumeist auf Windows abgestimmt sind, können Sie die Funktionen in der Regel bei einem Systemwechsel (z. B. zu Windows NT oder Linux) nicht mehr weiterverwenden. Kaufen Sie einen Rechner mit speziellen Zusatzfunktionen, sollten Sie daher immer erst überprüfen, ob dies gegenüber anderen Rechnern ohne Zusatzfunktionen mit zusätzlichen Kosten verbunden ist.

13.7 Die Tastatur

Die Tastatur ist bis heute das wichtigste und universellste Eingabegerät eines Computers. Da bis heute ein erheblicher Teil der Eingaben nach wie vor über die Tastatur erfolgt, sollten Sie bei diesem Gerät nicht sparen.

Die meisten Kompaktrechner heutiger Machart bieten als Tastaturen Geräte, die im besten Fall als „Hackbretter" bezeichnet werden können. In vielen Fällen sollte gleich beim Kauf eines Rechners die beigefügte Tastatur gegen ein Modell guter Qualität getauscht werden.

Die einfache AT-Tastatur

Die Anordnung der Tasten, also das Layout der Tastatur, ist bei allen IBM-kompatiblen AT-PCs gleich (die uralten XT-Typen der Computer gehören zum Urgestein dieser Rechnerfamilie und sind nur noch in Ausnahmefällen anzutreffen). Lediglich die Zahl der Tasten ist seit der Einführung der Sondertasten für das Betriebssystem Windows von 102 oder 103 auf 105 gestiegen.

Das wichtigste Merkmal der Tastatur ist ein prellfreier Anschlag mit einem sogenannten Druckpunkt, der eine exakte Bedienung der Tasten ermöglicht. Erst wenn der Druckpunkt der Taste erreicht wird, wird das entsprechende

Zeichen erzeugt. Gerade billige Tastaturen bieten keinen oder einen zu „weichen" Druckpunkt, so daß die Häufigkeit von Tippfehlern stark zunimmt. Je ungeübter Sie bei der Bedienung der Tastatur sind, um so wichtiger ist ein exakter Druckpunkt für eine sichere Tastatureingabe.

Nach Möglichkeit sollten Sie vor dem Kauf einer Tastatur einige Sätze tippen, um ein Gefühl für den Anschlag der Tasten zu bekommen. Empfehlenswerte Geräte sind beispielsweise von den Herstellern Cherry und Keytronic zu bekommen. Die preise für die Tastaturen liegen im Bereich von ca. 60-130 DM.

Bauformen von Tastaturen

Einige Hersteller, wie beispielsweise Microsoft oder Logitech, bieten neben den Tastaturen herkömmlicher Bauweise besonders ergonomische Tastaturen, die sich dem Bedienfeld des Anwenders anpassen lassen. Das Tastenfeld dieser Modelle ist geteilt und läßt sich v-förmig auf der Arbeitsfläche anordnen.

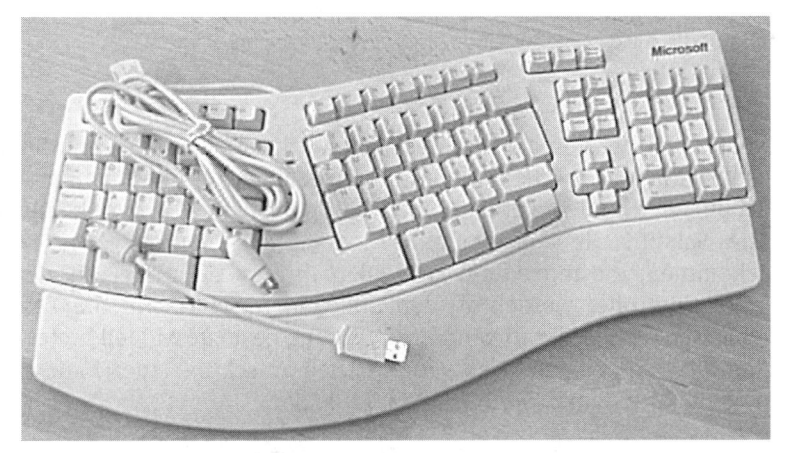

Spezielle ergonomische Tastaturen sind nicht jedermanns Sache

Diese Anordnung der Tastatur kommt der natürlichen Haltung der Arme bzw. Hände beim Schreiben näher. Microsoft vermarketet daher diesen Tasturtyp unter dem Namen Natural Keyboard.

Hinweis
Tastaturwechsel
Haben Sie bereits sehr lange mit Standard-AT-Tastaturen gearbeitet und planen den Wechsel zu einer ergonomisch geformten Tastatur, sollten Sie noch vor dem Kauf prüfen, ob Sie mit der neuen Handhaltung klarkommen. Nicht immer fällt der Wechsel so leicht, wie es die Werbung suggeriert.

Anschlüsse von Tastaturen

Der Anschluß der Tastatur wird durch das verwendete Motherboard des Rechners bestimmt. Bei den bisherigen AT-Formaten der Motherboards wird ein 5poliger DIN-Stecker verwendet. Bei den modernen ATX-Boards wird statt des DIN-Steckers ein Anschluß mit PS/2-Stecker verwendet. Beim Kauf einer Tastatur müssen Sie auf den verwendeten Anschluß achten. Jedoch besteht über einen entsprechenden Adapter die Möglichkeit, die bisherigen Tastaturen mit DIN-Steckern ebenfalls an den Anschluß für PS/2-Tastaturen anzuschließen.

Hinweis
Tastaturen mit Mausanschluß

Einige Tastaturen stellen zusätzlich zu dem Tastaturanschluß einen seriellen Anschluß bereit. Schließen Sie den Tastaturstecker und das serielle Anschlußkabel dieser Tastaturen an Ihren Rechner an, haben Sie anschließend die Möglichkeit, die Maus direkt mit der Tastatur selbst zu verbinden. Damit einhergehend wird das Problem umgangen, daß die Anschlußkabel einer Maus mitunter zu kurz sind.

Neben den herkömmlichen Tastaturen mit einer Kabelverbindung sind kabellose Modelle zu bekommen, die über eine Infrarot-Schnittstelle mit dem Rechner verbunden werden. Für Desktop-Systeme, die über keine eingebaute IRDa-Schnittstelle verfügen, sind Modelle (z. B. von der Firma Logitech) zu bekommen, die mit einem speziellen Infrarot-Controller ausgestattet sind. Diese Controller werden an den üblichen Anschluß für die Tastatur angeschlossen. Das in der folgenden Abbildung gezeigte Modell bietet neben dem Anschluß einer kabellosen Tastatur den Anschluß einer Maus, so daß die „Kabelei" auf dem Schreibtisch ein Ende hat.

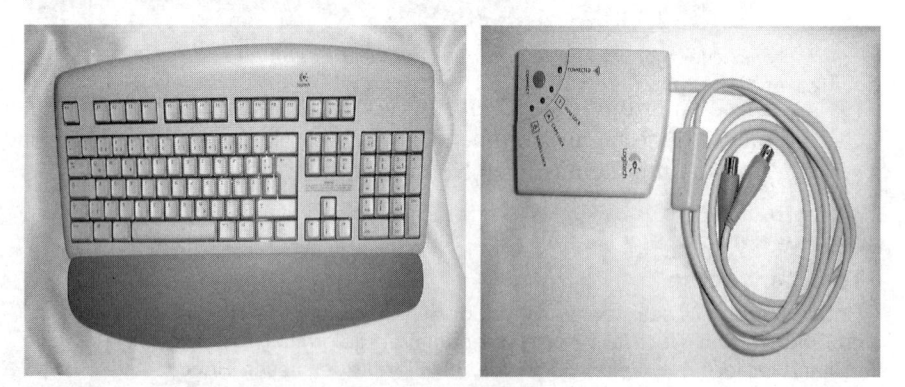

Kabellose Tastatur und Infrarotanschluß (rechts) der Firma Logitech

Der Haken an den kabellosen Geräten ist leider der Preis. Die kabellosen Modelle von Logitech kosten schon rund 200 DM und sind damit gut doppelt so teuer wie die herkömmlichen Modelle.

Eingabegeräte und Schnittstellen

Hinweis
Tastaturverlängerungen

Ist das Tastaturkabel einmal zum Erreichen des Rechneranschlusses zu kurz, können Sie Verlängerungskabel im Fachhandel beziehen. Entsprechende Verlängerungskabel sind auch für Maus-, Monitor-, serielle und auch parallele Verbindungen verfügbar. Benötigen Sie ein Tastaturverlängerungskabel und haben ein 5poliges Audioverbindungskabel verfügbar, können Sie dies aufgrund einer entsprechenden Pinbelegung ersatzweise als Verlängerungskabel verwenden und sich somit den Weg zu einem Fachhändler sparen.

Mehrere Rechner über eine einzelne Tastatur, Maus und Monitor bedienen

Wollen Sie mehrere Rechner betreiben und haben keinen Platz, um mehrere Monitore, Tastaturen und auch Mäuse auf Ihrem Schreibtisch unterzubringen, dann können Sie auf sogenannte Keyboard-Video-Maus-Umschalter zurückgreifen, die entsprechend den Umschaltern für serielle und parallele Schnittstellen gehandhabt werden. Zwei oder mehrere Rechner werden an den Umschalter angeschlossen. Der Monitor, die Tastatur und die Maus, über die die einheitliche Bedienung erfolgen soll, werden wiederum mit dem Umschalter selbst verbunden. Über gesonderte Tasten können Sie jeden Rechner nach Bedarf auf den Monitor, die Tastatur und die Maus schalten. Der Umschalter sichert die jeweiligen Einstellungen. So bleiben Videoeinstellungen, Tastatureinstellungen und auch die Mausposition beim Rechnerwechsel erhalten. Sie können Rechner mit unterschiedlichen Grafikkarten und unterschiedlich genutzten Auflösungen also problemlos verbinden.

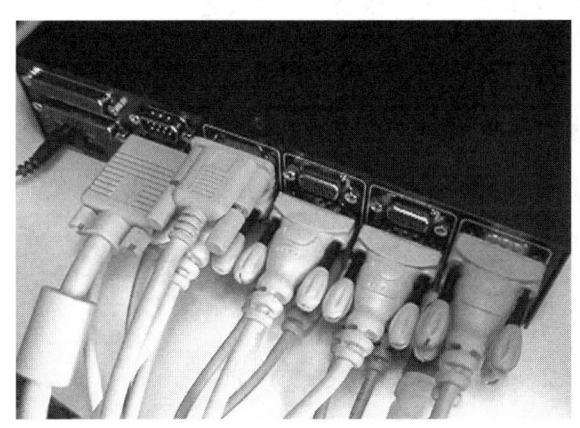

OmniView – platzsparende Rechnerbedienung

Befinden sich die verbundenen Rechner im Netzwerk, können Sie auf sämtliche der freigegebenen Ressourcen zugreifen, auch wenn die jeweiligen Rechner aktuell nicht für eine Eingabe aktiviert sind. Umschaltlösungen sind bereits für ca. 150 DM erhältlich, womit Sie sich gegebenenfalls den Kauf zu-

Eingabegeräte und Schnittstellen

sätzlicher Tastaturen, Monitore oder auch Mäuse ersparen können. Geräte für den semiprofessionellen und professionellen Gebrauch sind erweiterbar, können mitunter in Serie geschaltet werden und erlauben das Steuern von bis zu 64 Rechnern über dieselben Peripheriegeräte. Um die Rechneranschlüsse eines einzelnen Rechners mit dem Umschalter zu verbinden, sind jeweils drei getrennte Verbindungskabel erforderlich.

13.8 Konstruktiv – Das Grafiktablett

Das Grafiktablett, auch als Digitizer bezeichnet, wird vor allem im Bereich des technischen Zeichnens, also beispielsweise in Grafikstudios und Konstruktionsbüros, eingesetzt. Die Preise für diese Geräte sind jedoch so weit gesunken, daß auch ein Einsatz im Heimbereich oder in kleineren Büros interessant sein kann. Einfache, aber brauchbare Grafiktabletts sind mittlerweile bereits für unter 300 DM zu haben. Die Qualität und der Nutzen, den Sie aus einem Grafiktablett ziehen können, ist abhängig von den Spezialanwendungen, die es unterstützt (z. B. CAD-Programme (CAD = **C**omputer **A**ided **D**esign = computergestützter Entwurf Grafikanwendungen).

Grafiktabletts werden als Eingabegeräte für CAD- und Grafikprogramme verwendet. Über eine druckempfindliche Oberfläche können Zeichnungen unmittelbar zum Zeichenprogramm übertragen werden. Damit dienen sie einerseits als elektronische Zeichenstifte, andererseits können durch das Abtasten von Vorlagen bestehende Zeichnungen digitalisiert und unmittelbar von den Zeichenprogrammen übernommen werden.

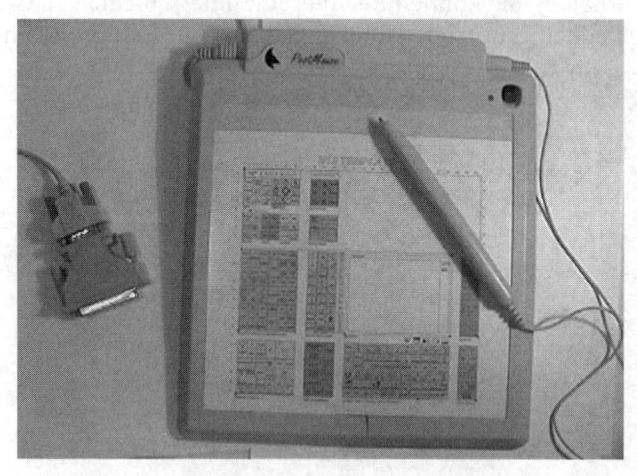

Ein Grafiktablett – Zeichenfläche, Menübereiche und Zeichenstift in einem

Die Arbeit mit CAD-Programmen kann durch Grafiktabletts deutlich erleichtet werden. Neben dem vereinfachten Verfahren des Zeichnens können Befehlsmenüs, Befehle und Makros auf Funktionsleisten abgelegt werden. Auf diesem Weg lassen sich häufig verwendete Operationen ohne zusätzliche Maus oder Tastatur bedienen.

Grafiktabletts werden in verschiedenen Größen angeboten. Die Zeichenflächen der Geräte orientieren sich an den üblichen Blattgrößen und sind im Bereich von DIN A2 bis herunter zu DIN A5 erhältlich. Im professionellen Einsatz kommen jedoch nur Geräte ab DIN A3 in Frage, da kleinere Blattgrößen für CAD-Zwecke nicht geeignet sind.

Der Anschluß der Grafiktabletts erfolgt über die serielle Schnittstelle und damit häufig ersatzweise alternativ zu einer Maus. In Verbindung mit dem Grafiktablett erhalten Sie jedoch ein gesondertes Zeigegerät, z. B. einen Zeichenstift und/oder eine Fadenkreuzmaus. Mit diesen speziellen, an das Grafiktablett angepaßten Eingabegeräten wird das Digitalisieren von Vorlagen und das Zeichnen erheblich vereinfacht. Ob Sie eine Maus parallel zu einem Grafiktablett einsetzen können, ist abhängig davon, ob die benötigten Anschlußmöglichkeiten vorhanden sind und die jeweiligen Programme den parallelen Einsatz vorsehen. Dies ist jedoch zumeist nur bei professionellen CAD-Anwendungen der Fall.

13.9 Zeigegeräte – Mäuse, Trackball und Touchpad

Mit den grafischen Oberflächen hat die Maus den Siegeszug als Eingabegerät zur Bedienung des Betriebssystems und der Anwendungsprogramme angetreten. Heute ist eine Bedienung ohne das Zeigegerät Maus kaum noch praktikabel.

Bauformen von Mäusen

Ähnlich wie bei den Tastaturen finden sich bei Mäusen große Unterschiede in der Qualität, die sich in der Präzision, der Handhabung und nicht zuletzt in der Lebensdauer der Geräte widerspiegeln. Da die Maus neben der Tastatur das häufigste Eingabegerät ist, empfiehlt es sich auch hier, für bequemes und ergonomisches Arbeiten ein qualitativ hochwertiges Gerät auszuwählen.

Merkmale von Computermäusen

Wichtig für eine gute Handhabung der Maus ist ein ergonomisch geformtes Gehäuse. Kurz und gut: Die Maus muß gut in der Hand liegen. Die Bauformen der Gehäuse, die relativ gerade geschnitten sind, eignen sich für rechts- oder linkshändiges Arbeiten. Linkshänder sollten unbedingt darauf achten, daß die zugehörige Software eine umgekehrte Belegung der Tasten an der Maus erlaubt.

Eingabegeräte und Schnittstellen

Ein wichtiges technisches Merkmal der Maus ist deren Auflösung. Die Auflösung bestimmt die Genauigkeit, in der die Bewegung der Maus umgesetzt wird. Bei heutigen Modellen sollte die Auflösung 400 dpi (**D**ots **P**er **I**nch, Punkte pro Zoll) betragen. Je höher die Auflösung, um so genauer läßt sich die Maus auf dem Bildschirm bewegen.

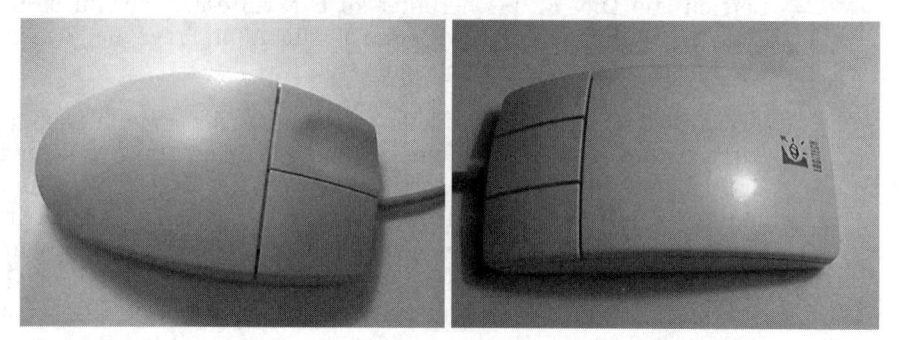

Aus zwei mach drei – Mäuse sind je nach Typ mit einer unterschiedlichen Anzahl an Tasten ausgestattet

Tastenanzahl

Hinsichtlich der Zahl der Tasten von Computermäusen gibt es Modelle mit zwei und drei Tasten. Für den Bereich der Windows-Systeme sind zwei Tasten an der Maus ausreichend. Für die Bedienung des Betriebssystems oder der Anwendungen wird die dritte (mittlere) Taste kaum verwendet. Lediglich einige Anwendungen und die beigefügte Maussoftware erlauben die Belegung der dritten Taste mit Zusatzfunktionen, die ein Bedienen erleichtern können.

Verwenden Sie jedoch das Betriebssystem UNIX/Linux mit der grafischen Oberfläche X-Window, empfiehlt sich der Einsatz von Drei-Tasten-Modellen. Die dritte Taste wird von der Oberfläche in jedem Fall verwendet und ist für eine Bedienung notwendig.

IntelliMouse – Rädchen inklusive

Der neueste Clou bei den Computermäusen sind die Rädchen-Mäuse, bei denen zwischen den Tasten der Maus ein kleines Rad eingebaut ist. Über die Maussoftware kann dieses Rädchen die Rollbalken z. B. der Textverarbeitung oder des Webbrowsers bedienen und damit ein Blättern sehr vereinfachen. Wer also häufiger mit Textverarbeitungen oder mit dem Internet zu tun hat, dem kann das Rädchen eine wertvolle Hilfe sein. Neben dem zuvor genannten Maustyp gibt es auch noch andere Varianten. So sind beispielsweise auch Mäuse verfügbar, die alternativ zu einem Rädchen mit einem Mini-Stick ausgestattet sind. Der Stick übernimmt in diesem Fall die Rädchen-Funktionen.

Bei der Anschaffung einer neuen Maus kann man nur die Geräte der Markenhersteller empfehlen. Gute Geräte sind von den Herstellern Microsoft

Eingabegeräte und Schnittstellen

oder Logitech zu bekommen. Die Preise für die Geräte liegen zwischen 50 und 70 DM für Mäuse zum Anschluß an die serielle Schnittstelle bzw. für den PS/2-Anschluß. Häufig erhalten Sie Maus und Tastatur bereits beim Erstkauf eines Rechners ohne zusätzliche Kosten mit ausgeliefert, oder besser gesagt: Diese Peripheriegeräte sind standardmäßig im Rechnerpreis enthalten.

Mechanische Mäuse

Der Standardtyp der Computermäuse ist die mechanische Maus. Dieser Maustyp ist an der Rollkugel auf der Unterseite des Geräts zu erkennen. Die Bewegungen der Maus übertragen sich auf die Kugel, und eine innere Mechanik bzw. Elektronik registriert die Bewegungen und gibt sie an den Computer weiter.

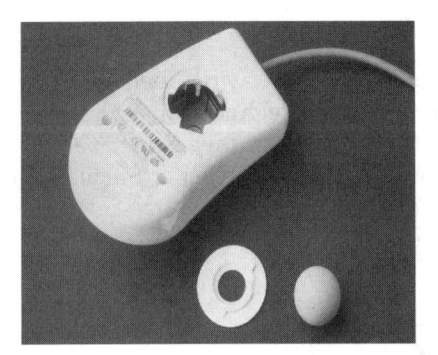

Mechanische Maus mit herausgenommener Rollkugel

Der größte Nachteil mechanischer Mäuse ist die „Vorliebe" für Staub und Fussel auf der Unterlage, auf der die Maus bewegt wird. Durch die Rollbewegung der Maus werden kleine Schmutzteilchen in das Innere der Maus bewegt und lagern sich auf den Andruckrollen ab, die die Bewegung der Maus aufnehmen. Sollte sich die Maus nicht mehr richtig bewegen lassen, muß die Mechanik der Maus gereinigt werden.

Reinigung von mechanischen Mäusen

Lösen Sie den Sicherungsring an der Unterseite und nehmen Sie die Kugel aus dem Gerät. Auf der Innenseite der Maus finden Sie zwei oder drei Andruckrollen, die die Kugel führen und die Bewegung aufnehmen. Auf diesen Rollen sammelt sich im Laufe der Zeit eine Schicht, die das präzise Drehen der Rollen verhindert. Entfernen Sie diese Schmutzringe auf den Rollen vorsichtig mit dem Fingernagel. Benutzen Sie möglichst keinen scharfen Gegenstand, da ein Verkratzen der Kunststoffrollen zu noch schnellerem Verschmutzen führt.

Haben Sie die Rollen gereinigt, drehen Sie einfach die Maus herum und klopfen Sie die abgelösten Schmutzpartikel aus dem Gehäuse. Nach dem Einsetzen der Kugel sollte Ihr Nagetier wieder einwandfrei arbeiten.

Optische Mäuse

Im Gegensatz zu den mechanischen Mäusen sind optische Mäuse unempfindlich gegen Schmutz und mechanischen Verschleiß. Diese Modelle verwenden ein Verfahren, das die Bewegungsinformation durch Licht berührungslos überträgt. Eine Leuchtdiode und ein lichtempfindlicher Transistor im Inneren der Maus tasten eine spezielle Unterlage ab, die Markierungen für die Position der Maus enthält. Damit läßt sich diese Maus nur auf speziellen Unterlagen einsetzen und wäre auf den normalen Mousepads quasi „blind". Wegen der deutlich höheren Präzision der Maus war in der Vergangenheit der Einsatz von optischen Mäusen bei CAD- und Grafikanwendungen sehr beliebt. Heutige mechanische Mäuse erreichen jedoch vergleichbare Auflösungen und sind zudem deutlich preiswerter.

Anschlüsse von Mäusen

Der überwiegende Teil der Computermäuse wird über die serielle Schnittstelle oder über den PS/2-Anschluß des Rechners angeschlossen. Lediglich ältere Typen, sogenannte Busmäuse, werden über eine separate Schnittstellenkarte mit dem Rechner verbunden. Die Modelle der Busmäuse verwenden ebenfalls einen PS/2-Stecker, der jedoch einen völlig anderen Aufbau der Kontakte am Stecker hat und damit nicht an die heutigen PS/2-Anschlüsse der Rechner paßt.

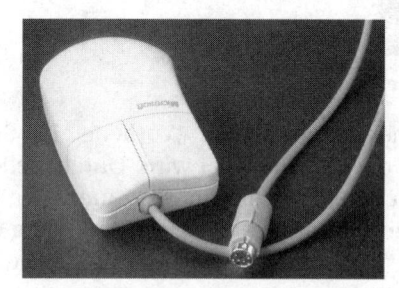

Maus mit PS/2-Anschluß

Aktuelle Motherboards bieten zusätzlich die Möglichkeit, die Maus an einem PS/2-Anschluß anzuschließen. Im Grunde lohnt sich diese Anschlußmöglichkeit nur in Sonderfällen. Die Zahl der Geräte, die an der seriellen Schnittstelle angeschlossen werden, übersteigt nur in Ausnahmefällen die Zahl der verfügbaren Schnittstellen COM1 und COM2. Verwenden Sie mehr als zwei serielle Geräte, kann der Anschluß am PS/2-Port sinnvoll sein. Jedoch verwendet der PS/2-Maus-Port einen der kostbaren Interrupts (IRQ 12) und schränkt unter Umständen den Einsatz zusätzlicher Erweiterungskarten im PC ein. Reicht die Zahl der Schnittstellen zum Anschluß der Maus nicht, besteht noch die Möglichkeit, eine zusätzliche Schnittstellenkarte nachzurüsten. Bei dieser Variante benötigen Sie zwar ebenfalls einen Interrupt (IRQ 5 für die parallele Schnittstelle), bekommen jedoch gleich zwei zusätzliche Anschlußmöglichkeiten für serielle Geräte und eine weitere parallele Schnittstelle für den Anschluß eines weiteren Druckers, Scanners usw.

Eingabegeräte und Schnittstellen

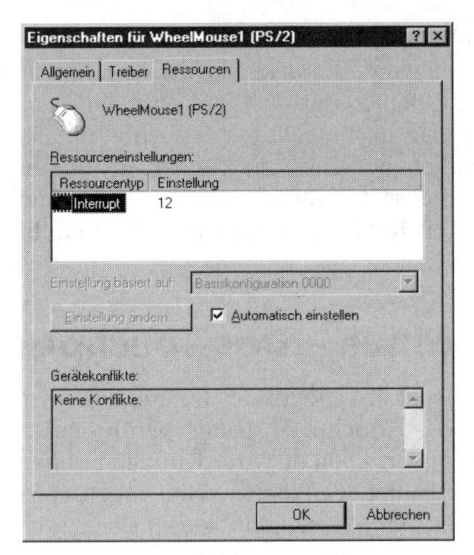

Verwendeter Interrupt (IRQ 12) für den PS/2-Anschluß der Maus

Rechner, die noch nicht über einen PS/2-Anschluß verfügen, können häufig mit einem entsprechenden Anschluß nachgerüstet werden. Für die Erweiterung um den PS/2-Anschluß muß sich auf dem Motherboard des Rechners eine entsprechende Anschlußmöglichkeit befinden.

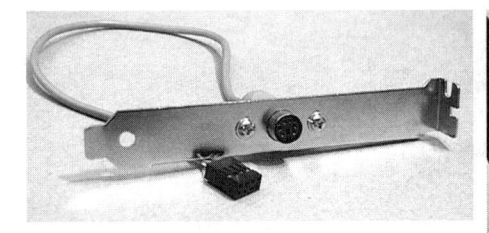

Adapter zum Nachrüsten eines PS/2-Anschlusses der Maus

Ob im speziellen Fall Ihrer Hauptplatine eine solche Möglichkeit besteht, läßt sich durch das Handbuch des Motherboards klären, in dem alle Erweiterungsmöglichkeiten der Hauptplatine beschrieben sind.

Maus mal anders herum – Der Trackball

Trackballs arbeiten ähnlich wie eine Maus, die auf den Rücken gelegt ist. Statt die Maus zu bewegen, bedient man die Rollkugel des Geräts. Die Rollkugel ist entsprechend groß ausgelegt, so daß ein präzises Bedienen möglich ist. Bei Personalcomputern hat sich diese Technik bislang nicht durchgesetzt. Bei Spielgeräten in Spielhallen werden Trackballs hingegen häufig eingesetzt, da wenig Platzbedarf für die Bedienung notwendig ist. Eine Sonderanwendung des Trackballs findet man im Bereich der Industrie, um Terminals für Rechnersysteme in Werkhallen bedienen zu können. In diesen Bereichen kann der Trackball gut eingesetzt werden, da er unempfindlich gegen Schmutz ist und bei größeren Rollkugeln auch mit Handschuhen o. ä. bedient werden kann.

Mauspad ohne Maus – Das Touchpad

Touchpads werden in der Regel als integrierte Bestandteile in mobilen PCs als Mausersatz eingesetzt. Das Touchpad ist eine berührungsempfindliche Fläche, die mit den Fingerspitzen bedient wird. Fährt man über die Fläche des Touchpads, wird die Bewegung des Fingers von den Sensoren erfaßt und an den Rechner weitergeleitet. Der Mauscursor bewegt sich dadurch auf dem Bildschirm entsprechend der Fingerspitze auf dem Touchpad.

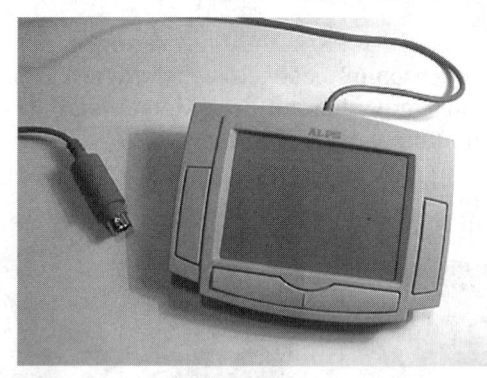

Sind Sie Touchpad-Liebhaber, können Sie ein externes Touchpad auch bei einem herkömmlichen PC nachrüsten

Die Bedienung des Touchpads ist bei weitem nicht so präzise und komfortabel wie die Bedienung mit einer Maus und ist als Mausersatz daher nur bedingt sinnvoll. Zudem ist der Umstieg auf ein Touchpad sehr gewöhnungsbedürftig, insbesondere dann, wenn man die Handhabung einer Maus gewöhnt ist. Das Touchpad kommt daher in der Regel ebenso wie der Trackball nur in Sonderfällen, hier also in mobilen Rechnern, zum Einsatz. Dennoch gibt es auch externe Touchpads, die Sie über die seriellen Schnittstellen mit einem Desktop-PC verbinden können. Insbesondere der Einsatz der externen Touchpads mit älteren PCs, die standardmäßig noch nicht mit einem Touchpad ausgerüstet sind, ist durchaus sinnvoll. Anders als bei der Maus können Sie nämlich auf eine glatte Unterlage für das Touchpad verzichten.

13.10 Spielewelt – Joystick, Gamepad und Lenkrad

Neben den universellen Eingabegeräten Maus und Tastatur sind spezielle Eingabegeräte für die Bedienung von Anwendungsprogrammen für den PC erhältlich. Ein großer Teil dieser „Spezialisten" ist für den Bereich der Unterhaltung, also für Computerspiele konzipiert. Der Anschluß der Spielegeräte erfolgt über einen gesonderten Verbindungsstecker am Game-Port, der sich üblicherweise auf der Rückseite der Soundkarte befindet. Ist die Soundkarte bereits als Onboard-Komponente auf dem Motherboard enthalten, ist der Game-Port ebenfalls Bestandteil des Motherboards.

Der Anschlußstecker für den Game-Port

Klassischer Steuerknüppel – Der Joystick

Für die Spieleanwendung sind Joysticks nach wie vor die beliebtesten Eingabegeräte. Die Zeiten, in denen der Joystick nur aus dem Steuerknuppel plus zwei Tasten bestand, sind lange vorbei. Mittlerweile sind sehr viele verschiedene Varianten der Joysticks verfügbar, die wegen der unterschiedlichen Bauweisen schon als völlig verschiedene Geräte bezeichnet werden müssen.

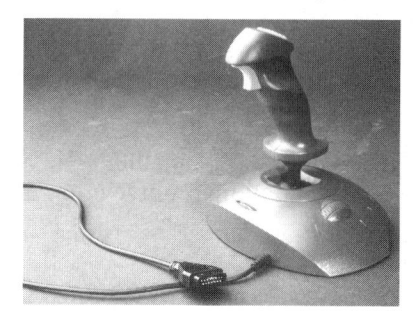

Ein Klassiker unter den Joysticks: der Wingman von Logitech

Analog contra Digital

Ein wesentlicher Unterschied in der Technik der verschiedenen Modelle liegt in der Konzeption der Geräte: analog oder digital. Zu den Urgesteinen der Gerätetechnik gehören die einfachen digitalen Steuerknüppel, die wie ihre

Vorfahren aus der Zeit der Homecomputer Atari und Amiga mit (vier) Mikrotastern arbeiten, die die jeweilige Richtung steuern. Je nachdem, welcher der Taster durch die Knüppelbewegung gerade gedrückt wird, ermittelt der Joystick die jeweilige Richtung. Mit den vier Tastern sind neben der Ruhelage acht Positionen (oben, oben-rechts, rechts usw.) möglich. Analoge Steuerknüppel verwenden hingegen statt der Mikroschalter Potentiometer zur Richtungssteuerung. Über die Bewegung der Potentiometer können die zwei Achsen (x- und y-Achse) erkannt werden. Vorteil dieser Technik ist, daß die Stärke der Eingabe gesehen werden kann. Bei einem Autorennen ist es damit möglich zu bestimmen, wie stark eine Kurve gefahren wird. Bei den einfachen Typen mit Mikroschaltern ist dagegen vom Prinzip her nur eine Unterscheidung von „Kurve" oder „nicht Kurve" möglich. Die Präzision und die erweiterten Eigenschaften analoger Joysticks sind für moderne Spiele unverzichtbar. Leider ist diese Technik deutlich teurer und nicht so robust wie ihre Vorgänger mit den Mikroschaltern. Aktuelle Joysticks arbeiten wieder digital, jedoch ohne Potentiometer. Die Position wird ähnlich den Computermäusen durch ein optisches Verfahren ermittelt.

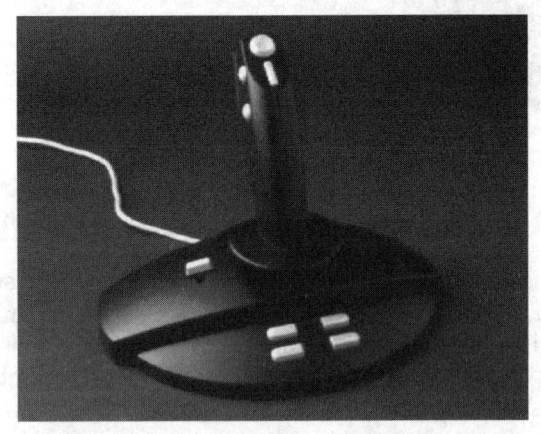

Digitaler Joystick mit optischer Steuerung: der Microsoft Sidewinder 3-D Pro

Features moderner Joysticks

Heutige Joysticks bieten deutlich erweiterte Funktionalität. Die Anforderungen komplexer Spiele machen weitere Funktionen notwendig, die den Verlauf des Spiels steuern.

Tastenfelder

Neben den eigentlichen Feuerknöpfen bieten die aktuellen Modelle zusätzliche Knöpfe, die je nach Spiel mit zusätzlichen Funktionen des Spiels belegt werden können. Die Zahl der Knöpfe variiert zwischen vier und acht Knöpfen, wobei manche Modelle die Zahl der möglichen Funktionen durch Shift-Tasten noch einmal verdoppeln können.

Zusätzliche Achsen

Zusätzlich zu den bisherigen x- und y-Achsen wurden weitere Achsen hinzugefügt. Mittlerweile sind vier Achsen üblich, wobei eine Achse zur räumlichen Bewegung dient (z-Achse). Die vierte Achse dient zur sogenannten Schubkontrolle, mit der das Beschleunigungsverhalten der Spielfiguren oder dem Strafing, einer Seitwärtsbewegung ohne Drehung, dient. Die Steuerung der zusätzlichen dritten Achse wird durch Druck bzw. Zug oder durch Drehen des Knüppels erzeugt. Die Schubkontrolle wird in den meisten Fällen durch zusätzliche Knöpfe oder ein Rädchen am Joystick ermöglicht.

CoolieHat

Als zusätzliche Minitastatur findet sich auf den Steuerknüppeln der neueren Modelle immer häufiger der sogenannte CoolieHat. Diese, auf der Kopffläche des Steuerknüppels angebrachten Minitaster erlauben bei der Verwendung von nur zwei Achsen z. B. das Umherblicken der Spielfiguren bei Actionspielen.

ForceFeedback

Eine der neuesten Techniken ist das **ForceFeedb**ack (Kraftrückmeldung, auch FFB abgekürzt), das durch Vorgaben des Spiels über den Steuerknüppel Kräfte zurückmeldet. Der Joystick oder das Lenkrad verfügen über eingebaute Motoren, die Bewegungen und Bewegungswiderstände im Knüppel des Joysticks bzw. im Lenkrad erzeugen können. Damit können z. B. bei Rennspielen Kollisionen oder Fahrten über unebenes Gelände oder bei Flugsimulatoren der Widerstand bei riskanten Flugmanövern angedeutet werden. Die Kraftimpulse werden situationsbedingt an den Anwender weitergegeben. Fahren Sie vor eine Wand oder stürzen Sie ab, wird diese Erfahrung sehr viel realistischer, als Sie es bisher gewohnt waren. Nehmen Sie sich in acht ;-). Aber keine Bange, der Joystick schlägt nicht unkontrolliert um sich, und auch das Lenkrad wirbelt nicht von allein: Eingebaute Lichtschranken in den Griffen fungieren als Totmann-Schaltung, das heißt, daß die Krafteffekte beim Loslassen sofort deaktiviert werden.

Die ForceFeedback-Steuerungen gehören auch preislich zur Oberklasse und sind durch die zusätzlichen Motoren wesentlich klobiger und schwerer, zumindest, was die frühesten Modelle betrifft. Zudem benötigen sie eine eigene Stromversorgung und einen Anschluß an die MIDI- oder serielle Schnittstelle. Die Effekte können jedoch nur dann genutzt werden, wenn das verwendete Computerspiel diese neuen Features ebenfalls unterstützt. Zudem funktionieren sie nur unter Windows 95/98 mit allen Features, bei alten, aber vor allen Dingen im Online-Spielebereich immer noch beliebten Titeln wie Descent II, die nativ unter DOS laufen, müssen Emulationen verwendet werden.

Eingabegeräte und Schnittstellen

Weitere Informationen finden Sie u. a. unter folgenden Adressen:

http://www.microsoft.com/products/hardware/sidewinder/force/default.htm
http://www.logitech.com
http://www.thrustmaster.com
http://www.chproducts.com/index.html
http://www.guillemot.com

Allgemeine, aber sehr umfassende Informationen, Tests, Links und vieles mehr finden Sie unter:

http://www.force-1.com/

Spielend in die Zukunft

Mit den traditionellen Eingabegeräten, die Computerspieler seit Jahren benutzen, Tastatur/Maus, Gamepads und Joystick, wollen sich die Hersteller nicht mehr zufriedengeben. Die Firma Saitek war der Vorreiter im Design von innovativen Spielsteuerungen. Vor ca. zwei Jahren führte sie den PC Dash ein, der das langwierige Konfigurieren von Tastaturen erleichtern sollte. Das Gerät wird zwischen Tastatur und PC geschaltet und ersetzt, über die mitgelieferte Steuersoftware bereits voll konfiguriert, bei Bedarf die Tastatur.

Weitere Infos gibt's unter: *http://www.saitek.de/saitekde/home.html*.

Aber auch der Softwareriese Microsoft, der sich bereits mit seinen Sidewinder-Joysticks und -Gamepads eine Referenz in der Spielergemeinde erworben hat, plant verschiedene neue Geräte, die noch in diesem Jahr erscheinen sollen.

So sind für den Herbst zwei neue Gamepads, das Sidewinder Gamepad Pro und das Sidewinder Zulu, geplant, die schon durch ihr auffälliges Design Interesse wecken werden. Erste Infos gab Microsoft auf seiner traditionellen „Gamestock"-Veranstaltung bekannt, bei der alljährlich neue Projekte in diesem Bereich vorgestellt werden.

Genaueres unter *http://www.microsoft.com/games/gamestock99/*.

Anschluß von Joysticks an den Rechner

Im allgemeinen wird der Joystick an den Game-Port der Soundkarte angeschlossen. Für den Betrieb der Geräte unter DOS oder Windows werden normalerweise keine speziellen Treiber benötigt. Diese Geräte können unmittelbar am Game-Port betrieben werden.

Eingabegeräte und Schnittstellen

> **Hinweis**
>
> **Zwei Joysticks an der Soundkarte**
>
> Obwohl im allgemeinen nur ein Anschluß für den Joystick an der Soundkarte verfügbar ist, können bei allen Karten zwei Geräte angeschlossen werden. Dazu ist ein sogenanntes Y-Kabel für den Game-Port notwendig, das den einen Anschluß auf zwei Anschlußmöglichkeiten erweitert. Auf diese Weise können zwei Spieler gleichzeitig gegeneinander antreten, sofern das Computerspiel diese Möglichkeit bietet. Verwenden Sie zwei Joysticks gleichzeitig, können zwar mit beiden Knüppeln alle Richtungen erreicht werden, jedoch sinkt die Zahl der verwendbaren Knöpfe auf zwei (Modus 8+2). Verwenden Sie nur einen Joystick, können vier Knöpfe eingesetzt werden (Modus 8+4).

Diejenigen Joysticks, die mit Sonderfunktionen ausgestattet sind, die über die Game-Port-Spezifikation hinausgehen, verwenden dagegen zusätzliche Treiber bzw. ein Konfigurationsprogramm. Bei komplexen Modellen ziehen Sie bei der Installation die Beschreibung zum jeweiligen Joystick zu Rate, da jedes Produkt sich in weiten Teilen in der Installation unterscheidet. Eine generelle Erklärung ist daher leider nicht möglich.

Einrichten und Kalibrieren des Joysticks unter Windows 95/98

Um den Joystick unter Windows aus einem Spiel heraus ansprechen zu können, ist das Gerät über die Systemsteuerung als Spielgerät anzumelden. Gehen Sie dazu folgendermaßen vor:

1 Rufen Sie über die Systemsteuerung den Assistenten für die Einrichtung von Spielesteuerungen (Windows 95 *Spielesteuerung*, Windows 98 *Gamecontroller*) mit *Start/Einstellungen/Systemsteuerung/Spielesteuerung* oder *Start/Einstellungen/Systemsteuerung/Gamecontroller* auf.

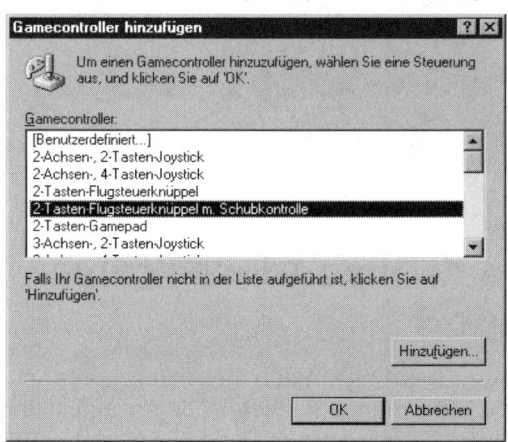

581

2 Klicken Sie zur Auswahl des Typs für den Joystick auf die Schaltfläche *Hinzufügen*. Wählen Sie aus der Liste der verfügbaren Geräte den Typ aus, der für Ihren Joystick zutreffend ist. Lesen Sie ggf. in der Beschreibung zum Joystick nach, welcher Typ für das Gerät verwendet werden soll. Klicken Sie anschließend auf die Schaltfläche *OK*, um den Gerätetyp zu übernehmen.

3 Verwenden Sie einen analogen Typ eines Joysticks, sind die Potentiometer des Geräts vor dem Gebrauch zu kalibrieren. Die Eigenschaften dieser Widerstände gehen maßgeblich in die Steuerung der Bewegung ein und müssen vorab für den Bewegungsbereich abgeglichen werden. Öffnen Sie in der Registerkarte *Allgemein* über die Schaltfläche *Eigenschaften* die Einstellungen des Joysticks. Öffnen Sie anschließend durch Klicken auf die Schaltfläche *Kalibrieren* das *Kalibrier*fenster und richten Sie die Maximalbewegungen des Steuerknüppels und den Mittelpunkt ein.

Notlösung

Verfügt Ihr Rechner nicht über eine Anschlußmöglichkeit für einen Joystick, müssen Sie eine gesonderte Game-Port-Karte nachrüsten. Als Notlösung sind auch Miniaturjoysticks erhältlich, die auf die Mauscursortasten aufgesetzt werden und deren Bedienung per Stick ermöglichen (vgl. nachfolgende Abbildung). In Verbindung mit Spielen ist die Steuerungsempfindlichkeit mit Hilfe dieses aufgesetzten Sticks jedoch sehr ungenau, da das Spiel per Konfiguration im Tastaturmodus betrieben werden muß.

Bringt kaum Spaß - der einfachste Joystick-Ersatz mit Ungenauigkeiten

Bewegliche Kommandozentrale – Das Gamepad

Gamepads haben ihre Ursprünge in den Steuerungen der Spielekonsolen. Da diese weder eine Tastatur noch eine Stellfläche für einen Joystick bieten, ist ein Steuergerät entwickelt worden, das keinen Standplatz benötigt und alle notwendigen Funktionen über die Tasten des Geräts ermöglicht.

Einfaches Gamepad der Firma Medion

Im PC-Bereich sind Gamepads noch nicht sehr weit verbreitet, hingegen bei den Spielekonsolen heute das Standardgerät für die Spielsteuerung. Die Vorteile des Geräts liegen sozusagen auf der Hand: Ein Gamepad benötigt keinen Stellplatz, kann bequem mit beiden Händen bedient werden und ermöglich damit eine beliebige Sitzposition des Spielers. Da jedoch das Gamepad mit beiden Händen bedient werden muß, können gleichzeitig keine anderen Eingabegeräte wie Tastatur oder Maus bedient werden. Gamepads können als Ersatz für die einfachen Joysticks dienen, reichen durch ihre einfache Bauweise jedoch nicht an die Funktionen moderner Joysticks heran. Für komplexe Computerspiele oder Flugsimulationen lassen sich Gamepads nicht sinnvoll einsetzen.

Anschluß und Installation

Der Anschluß und die Installation des Gamepads erfolgen wie bei einem Joystick. Die Verbindung mit dem Computer wird ebenfalls über den Game-Port der Soundkarte hergestellt. Die Einrichtung für das Betriebssystem Windows 95/98 wird auf die gleiche Weise durchgeführt wie für einen Joystick. Eine Beschreibung dazu finden Sie im vorangegangenen Abschnitt.

Eine *Kalibrier*ung des Gamepads ist nicht notwendig, da das Gerät digital über Mikroschalter arbeitet, die nicht abgeglichen werden müssen.

Heiße Rennen – Lenkräder und Pedale

Klar eingegrenzt ist das Einsatzgebiet von Lenkrädern und Pedalen. Sie finden nur bei Computerspielen Anwendung, die eine Fahrsimulation verwenden, wie beispielsweise Autorennen. Diese sehr spezialisierten Spielesteuerungen sind schon wegen ihres Preises auf einen engeren Kreis von spielbegeisterten Anwendern eingeschränkt, die sich vorzugsweise für Fahrsimulationen interessieren.

Eingabegeräte und Schnittstellen

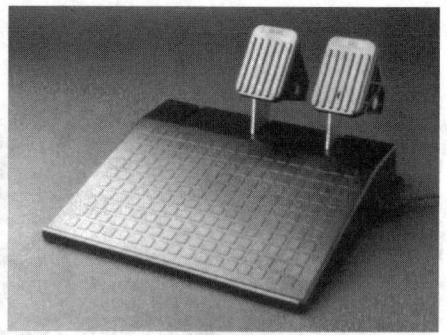

Lenkrad-/Pedal-Kombination

Bei diesen Geräten sind Preisunterschiede und Qualitäten recht unterschiedlich. Bei einfachen Modellen wird das Lenkrad zwischen den Oberschenkeln eingeklemmt. Dadurch ist es sehr nah am Körper und in keiner besonders „natürlichen" Position. Diese Modelle lassen sich nur mühsam bedienen und machen dadurch den Aufwand des komplizierten Spielgeräts im Grunde zunichte.

Die besseren Modelle können mit Saugnäpfen oder speziellen Klemmen am Tisch befestigt werden und bieten damit eine wesentliche bessere Stabilität und Körperhaltung.

14. MBytes mobil – Backup und Sicherungen

Platz ist wie Zeit und Geld – davon kann man eigentlich nie genug haben. Wenn moderne Spiele bis zu 2,5 GByte (!) Festplattenspeicher für sich in Anspruch nehmen, ist Speichermangel eigentlich schon chronisch.

> **Hinweis**
>
> **Die Windows 95/98-Systeminstallation überprüfen – So können Sie Platz schaffen**
>
> Bei den meisten Rechnern wird das gewählte Betriebssystem bereits vorinstalliert, d. h., es befindet sich unmittelbar nach dem Kauf auf der Festplatte und muß nur noch in wenigen Schritten lizenziert und in wenigen Teilbereichen konfiguriert werden. Neben den vorinstallierten Dateien werden in der Regel auch sämtliche Installationsdateien samt Kabinettarchiven (Dateikürzel *cab*) auf die Festplatte, in der Regel in das Verzeichnis *C:\Windows\Options\Cabs*, übernommen. Zusätzliche Gerätetreiber und auch Dienstprogramme werden häufig in das Verzeichnis *C:\Windows\Options* eingespielt. Diese Dateien werden Ihnen üblicherweise zusätzlich auf Installations- und Treiber-CDs ausgeliefert, so daß Sie die Installationsdateien bei Platzmangel von der Festplatte löschen können. Einziger Nachteil: Bei Aktualisierungen des Betriebssystems, beispielsweise bei einer nachträglichen Netzwerkeinrichtung, wird das ursprüngliche Installationsverzeichnis nicht mehr gefunden und Sie müssen das CD-Verzeichnis mit den Installationsdateien bei eingelegter Windows-Einrichtungs-CD nun manuell festlegen. Verfügt Ihr Rechner nicht über ein CD-ROM-Laufwerk für die Installation, finden Sie in der Regel Dienstprogramme in einem der oben genannten Verzeichnisse, die die Anlage von Start- und Installationsdisketten erlauben (z. B. *Mscsd.exe*). Durch das Löschen der Einrichtungsdateien können Sie unter Windows 98 ca. 100 und unter Windows 95 ca. 50 MByte zusätzlichen Festplattenspeicher freigeben.

Wechselplattensysteme – Laufwerke für die Datensicherung

Abhilfe schaffen hier Wechselplattenlaufwerke, zu denen auch die in die Tage gekommenen Disketten gehören. Moderne Wechselmedien, wie beispielsweise das Zip- und Jaz-Laufwerk, können durch ihre austauschbaren Medien alle diejenigen Daten aufnehmen, die nicht jeden Tag benötigt werden. Abgeschlossene Projekte, wie z. B. die bearbeiteten Urlaubsfotos, können von der Festplatte verbannt und auf ein Wechselmedium gesichert werden und kommen erst wieder bei Bedarf zum Einsatz. Ein in den letzten Jahren leider mehr und mehr in Vergessenheit geratenes Thema ist die Datensicherung. Je mehr Arbeiten mit dem PC erledigt werden, um so wichtiger wird die Sicherung des funktionsfähigen Betriebssystems und vor allem der persönlichen Daten. Bei einem Festplattendefekt kann das Fehlen einer Sicherung nicht nur ärgerlich, sondern existenzbedrohend werden. Die folgenden Abschnitte helfen Ihnen, Ihren persönlichen Weg zu finden, um dem Kapazitätsproblem Herr zu werden und Ihr System gegen Datenverlust zu sichern.

Und das erwartet Sie ...

Ab Seite 586 liefern wir Ihnen die Grundlage rund um die Datensicherung. Das Unterkapitel bietet Ihnen das Basiswissen zur Entscheidung, welche Geräteklasse hinsichtlich der Speicherkapazität für Sie in Frage kommt.

Der Abschnitt „Medienberater – Wie Sie das richtige Medium für Ihren Zweck finden" ab Seite 595 hilft Ihnen bei der Entscheidung, welcher Gerätetyp für Ihre Anforderungen am besten geeignet ist.

Die anschließenden Abschnitte ab dem Unterkapitel 14.3 stellen die Gerätetypen ab Seite 618 im einzelnen vor. Die Einbauanleitungen unterstützen Sie bei der Montage der Hardware und der Konfiguration der Geräte für das Betriebssystem.

Das Unterkapitel „Backup-Praxis – Software und Anwendung der Datensicherung" ab Seite 634 beschreibt die Anwendung der Geräte in der Praxis.

Hilfestellung bei anfallenden Problemen bekommen Sie schließlich im letzten Kapitel ab Seite 655.

14.1 Der Backup-Leitfaden – Wissenswertes rund ums Backup

Festplatten sind und bleiben aus datentechnischer Sicht unsichere Medien, obwohl die heutige Technik und die modernen Fertigungsverfahren in der Regel den ungestörten Betrieb von Festplatten über viele Monate bis zu mehreren Jahren ermöglichen.

Systemsicherheit tut not: Änderungen überwachen und rückgängig machen

Ein weiterer wichtiger Aspekt ist die Betriebssicherheit der modernen Betriebssysteme wie beispielsweise der Windows-Systeme. Die Komplexität der Systeme bedeutet nicht nur den vereinfachten Umgang mit Hard- und Software, sondern gleichzeitig einen enormen Anstieg von möglichen Fehlerquellen. Um ein korrekt arbeitendes Betriebssystem dauerhaft zu erhalten, ist es sinnvoll, die zentralen Einstellungen des Betriebssystems und die verwendeten Treiber durch eine Systemsicherung zu archivieren. Da sowohl an

Systemkonfigurationsdaten, Systemdateien, Komponenten von Anwendungsprogrammen, aber auch Dokumentendateien permanent Änderungen und Aktualisierungen vorgenommen werden, sind nachfolgende Sicherungen in regelmäßigen Abständen ratsam:

- Extrem auf der sicheren Seite sind Sie, wenn Sie vor der Installation eines neuen Programms sämtliche Windows- und DOS-Konfigurationsdateien (z. B. *Config.sys*, *Autoexec.bat*, die INI-Dateien, Registrierdatenbank) sichern, um bei Problemen die jeweils vorhergehenden Einstellungen wiederherstellen zu können. Installationsprogramme stellen zwar auch entsprechende Funktionen bereit, sind jedoch nicht in jedem Fall dazu in der Lage, das ursprüngliche System wiederherzustellen. Zusatzprogramme wie Norton Uninstall stellen beispielsweise gesonderte Funktionen bereit, die die Programmeinrichtung überwachen und bei Bedarf automatisch den ursprünglichen Zustand wiederherstellen.

- Sichern Sie in jedem Fall alle Dokumentdateien. Werden sie beschädigt, ohne daß Datensicherungen vorliegen, gehen die Änderungen unwiderruflich verloren.

- Sichern Sie lediglich Daten und Systemkonfigurationsdateien, ist eine Sicherung auch auf kleineren Medien, beispielsweise auch auf einfachen Diskettenlaufwerken möglich. Die Datensicherung selbst wird üblicherweise mit einem gesonderten Datensicherungsprogramm wie MS-Backup vorgenommen, doch dazu später mehr.

- Verfügen Sie über ausreichend große Backup-Medien sollten Sie sich auch vor einer Gesamtsicherung der Festplatten nicht scheuen. Nur dann können Sie das gesamte System bei Problemen sehr schnell automatisch wiederherstellen lassen.

Welche Daten sind unsicher? – Bestimmen Sie Ihr Sicherungsvolumen

Die folgende Abbildung zeigt die durchschnittliche Verteilung der belegten Daten auf einer Festplatte. Ähnliche Verteilungen dürften bei privaten PC-Anwendungen zu finden sein, wenn der Rechner für Hobbyzwecke und den privaten Bedarf genutzt wird.

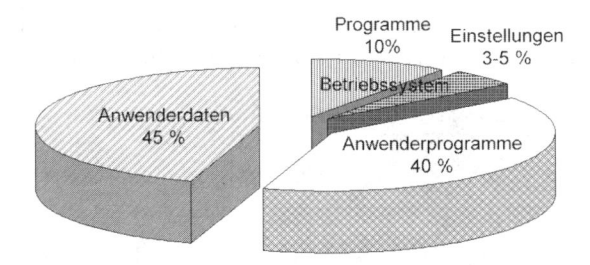

Verteilung der Daten einer Festplatte (4 GByte) bei einer Büroanwendung

Bei der Verteilung der Daten sollen drei Eigenschaften näher betrachtet werden:

- die Veränderlichkeit der Daten
- das Volumen der Datenbereiche
- die Rekonstruierbarkeit der Daten

Welche Daten sind rekonstruierbar?

Würden Sie die Daten des Betriebssystems oder der Programme verlieren, müßten Sie die Programme ein weiteres Mal installieren. Je nach Softwareausstattung ist das eine Aufgabe, die einige Stunden in Anspruch nehmen kann. Letztlich können Sie aber jedes Programm wiederherstellen, und ein Verlust an Daten ist kaum zu erwarten.

Das Betriebssystem besteht aber nicht nur aus unveränderlichen Programmen, sondern zu einem Teil aus veränderlichen Dateien - den individuellen Einstellungen.

Bei einem über Jahre genutzten Rechner entstehen eine Vielzahl von individuellen Einstellungen, deren Verlust sehr unangenehm ist und deren Wiederherstellung deutlich mehr Zeit kostet, als die Installation des Betriebssystems. Je nach Erinnerungsvermögen kann eine vollständige Wiederherstellung erreicht werden, in der Regel wird das neue System jedoch im besten Fall ähnlich.

Der Anteil der veränderlichen Daten des Betriebssystems ist jedoch vergleichsweise gering, sie halten sich im Bereich vom 3-5 % der Plattenkapazität auf. Damit kann gesagt werden, daß die veränderlichen Teile des Betriebssystems gesichert werden sollten. Das Volumen beträgt zwischen ca. 100-150 MByte, der Sicherungszyklus einige Male im Jahr, je nachdem, wie oft das System sich in Hardware und Software ändert.

Datenvolumen der Anwenderdaten

Die noch verbleibenden Bereiche der Festplatte nehmen die Anwenderdaten, also Ihre persönlichen Arbeitsergebnisse auf. Der Ursprung dieser Daten sind also Sie selbst, und eine Wiederherstellung ist bei Datenverlust nur dann möglich, wenn Sie auf Sicherungsmedien zurückgreifen können.

Anwendungstyp	Durchschnittliche Größe
Briefe, Texte	0,1 MByte
Rechenblätter (z. B. Excel)	0,1 MByte
Bilder, Grafik	1-3 MByte
Sound	5-8 MByte/min

Durchschnittliche Dateigrößen von Anwendungsdaten

Das Volumen der Daten hängt mit der Art der Anwendung zusammen, die Sie mit Ihrem PC erledigen. Mit den Tabellenwerten möchten wir Profile von Rechneranwendungen als Beispiel zeigen, mit deren Hilfe Sie Ihren eigenen Bedarf bestimmen können. Als Zeitraum für das Entstehen der Daten wird ein Monat zugrunde gelegt.

Profil 1 – Freizeitanwender

Der Freizeitanwender nutzt den PC zur Unterhaltung und für einfache Schreibarbeiten. Die veränderlichen persönlichen Daten sind im Volumen gering. Den größten Raum nimmt beim Freizeitanwender die Sicherung seines Betriebssystems ein.

Anwendungen:

- Spiele
- private Korrespondenz, einfache Kalkulationen

Anwendungstyp	Durchschnittl. Größe (MByte)	Anzahl/Monat	Volumen (MByte/Monat)
Briefe, Texte	0,1	10-20	1-2
Rechenblätter (z. B. Excel)	0,1	5-10	0,5-1
Bilder, Grafik	1-3	0	0
Sound	8/min	0	0
Systemdaten	100	1	100
Summe			ca. 100

Profil 2 – Hobbyanwender

Der Hobbyanwender nutzt den PC zur Unterhaltung und für die Gestaltung seines Hobbys. Die Hobbyanwendungen können z. B. die Bearbeitungen von Fotos oder von selbst kreierten Musik-CDs sein. Die veränderlichen persönlichen Daten sind im Volumen deutlich höher als im Profil 1.

Den größten Raum nimmt beim Hobbyanwender die Sicherung der Arbeitsergebnisse und die Sicherung seines Betriebssystems ein.

Anwendungen:

- Spiele
- private Korrespondenz, einfache Kalkulationen
- Multimedia-Anwendungen (Grafik/Sound)

Anwendungstyp	Durchschnittl. Größe (MByte)	Anzahl/Monat	Volumen (MByte/Monat)
Briefe, Texte	0,1	10-20	1-2
Rechenblätter (z. B. Excel)	0,1	5-10	0.5-1
Bilder, Grafik	1-3	20	20-60
Sound	8/min	30 min	240
Systemdaten	100	1	100
Summe			ca. 400

Profil 3 – berufliche Anwender

Der berufliche Anwender nutzt den PC neben privaten Interessen vor allen Dingen beruflich. Dabei ist mit generell sehr hohem Volumen veränderlicher Daten zu rechnen, besonders, wenn in einem Netzwerk bzw. wenn mit Mehrplatzanwendungen gearbeitet wird.

Ableitung von Volumenklassen

Bei der Berechnung des Datenvolumens der verschiedensten Profile lassen sich drei verschiedene Volumenklassen finden, in denen sich die Profile grundsätzlich wiederfinden lassen.

Anwendungstyp	Klasse	Volumen (GByte/Monat)
Freizeit, einfache Büroanwendung	1	≤ 0,1
Hobby und Multimedia	2	0,1-2
Netzwerk, Mehrplatzanwendungen	3	> 2

Für die Bestimmung Ihres Bedarfs sollten Sie Ihr persönliches Profil der Anwendung des Rechners und damit Ihr Datenaufkommen für einen Monat bestimmen. Für die Auswahl des geeigneten Wechselmediums suchen Sie die Volumenklasse 1, 2 oder 3, die Ihrem Datenaufkommen entspricht. Im folgenden Unterkapitel „Medienberater – Wie Sie das richtige Medium für Ihren Zweck finden" benötigen Sie die Volumenklasse als Grundlage Ihrer Entscheidung.

Daten sichern – aber wie? – Sicherungsverfahren vorgestellt

Eine angemessene Sicherung bedeutet, daß Aufwand und Kosten in einem sinnvollen Verhältnis zueinander stehen. Unregelmäßige oder unvollständige Datensicherungen bieten keinerlei Sicherheit.

Welcher Aufwand ist bei einem Arbeitsplatzrechner unter Windows 95/98 zu betreiben, um die meisten Fehlersituationen zu beherrschen? Zur Sicherung Ihres Rechners sind zwei Sicherungsverfahren anzuwenden:

1 Sicherung durch Rettungssysteme oder Startdisketten
2 Sicherung durch Backup der Anwenderdaten

Im Umgang mit dem Betriebssystem wird jeder Anwender über kurz oder lang einige Fehltritte erleben. Unvorsichtigkeiten beim Umgang mit sensiblen Einstellungen, fehlgeschlagene Installation von System- oder Anwendungssoftware oder ein versehentlich ausgeschalteter Rechner können der Beginn einer Odyssee sein.

Verfügen Sie über aktuelle Datensicherungen Ihrer persönlichen Daten und Ihres Betriebssystems können Sie dieser Situation gelassen entgegensehen. Welche Möglichkeiten Ihnen das Betriebssystem und die am Markt verfügbaren Hilfsprogramme bieten, stellt Ihnen der folgende Abschnitt vor.

Startdisketten von Windows 95/98

Windows 95/98 bietet die Möglichkeit, Startdisketten als Rettungssystem zu erstellen. Sollte der reguläre Start des Rechners fehlschlagen, können Sie über die Startdisketten den Rechner im DOS-Modus starten. Eine Auswahl an Systemprogrammen bietet die Möglichkeit, Fehler auf der Festplatte zu erkennen und die Integrität des Dateisystems wiederherzustellen.

Rettungssysteme

Mit Rettungsdisketten kann man auf Basis der gespeicherten Informationen die Konfiguration des Betriebssystem in den Ursprungszustand zurückversetzen. Je nach verwendetem Software-Tool können Sie mit den Rettungsdisketten

- die Einstellungen des BIOS und des CMOS-RAMs,
- die Parameter der Festplatten und deren Integrität,
- die Einstellungen des Betriebssystems und
- gelöschte oder beschädigte Dateien

rekonstruieren und das Festplattensystem auf Virenbefall untersuchen bzw. bereinigen.

Rettungssysteme bieten dem Anwender kompetente Hilfe bei der Reparatur seines Systems. Der Pflegeaufwand für Rettungsdisketten ist relativ gering. Nur wenn Änderungen am Betriebssystem vorgenommen werden, müssen die Disketten durch eine Aktualisierung auf den neuesten Stand gebracht werden. Werden die Rettungsdisketten regelmäßig nach Systemänderungen aktualisiert, können die meisten Fehlersituationen des Betriebssystems erkannt und korrigiert werden.

Sicherung der Anwenderdaten

Um den Aufwand für die Sicherung hinsichtlich der benötigten Zeit und der benötigten Datenträger möglichst klein zu halten, sind zwei Sicherungsverfahren anzuwenden:

- die Vollsicherung der Daten in größeren Abständen
- die Teilsicherung der Daten in kleinen Abständen

Vollsicherung der Anwenderdaten

Die Vollsicherung Ihrer Anwendungsdaten bietet Ihnen den einfachsten, aber langwierigsten Weg, verlorene Daten wiederherzustellen. Als tägliche Datensicherung ist sie daher nicht geeignet. Für tägliche Sicherungen sollte die Methode der Teilsicherung angewendet werden, die nur diejenigen Daten berücksichtigt, die neu angelegt bzw. verändert wurden.

Teilsicherung der Anwenderdaten

Beim Anlegen und Ändern von Dateien wird die Änderung durch ein Dateiattribut angezeigt. Das Dateisystem verwaltet für jede Datei die Attribute:

- *Archiv*
- *Schreibgeschützt*
- *Versteckt*
- *System*

Beim Anlegen und Ändern wird bei der Speicherung das Archivattribut für die Datei gesetzt.

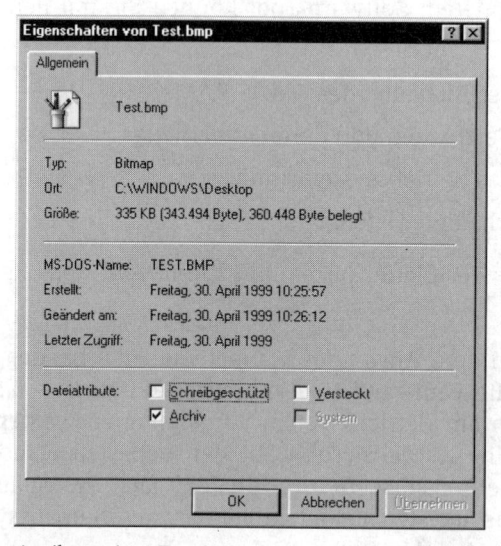

Attribute einer Datei

Bei Teilsicherungen werden nur diejenigen Dateien gesichert, deren Archivattribute gesetzt sind.

Datensicherungskonzept mit Methode

Sie sehen also, daß Sie das Risiko des Datenverlusts minimieren können, indem Sie die Datensicherung in regelmäßigen Abständen vornehmen. Zwar ist die Wahrscheinlichkeit nicht sehr groß, daß eine Festplatte beim normalen Betrieb „den Geist" aufgibt, da diese Bauteile heutzutage eine enorm lange Lebensdauer haben. Doch was tun, wenn in einer Ausnahmesituation, wie beispielsweise einem Stromausfall, die Festplatte oder zumindest Teile davon dauerhaft ins Nirwana befördert werden?

Dann können Sie nur darauf hoffen, daß die zerstörten Daten auf einem alternativen Medium in möglichst aktuellem Zustand noch einmal vorliegen. Kein Wunder also, daß es durchaus empfehlenswert ist, wichtige Arbeiten im Tagesrhythmus zu sichern. Vermeiden Sie es, für jede Sicherung dasselbe Medium zu verwenden, da ja auch dieses von einem Defekt betroffen sein kann. Sie können diesem Extremfall jedoch vorbeugen, indem Sie die Datensicherung nach einem bestimmten Datensicherungsmodell vornehmen.

Einstieg in eine risikofreie Datensicherung

Bevor Sie in den Wochenrhythmus zur Datensicherung einsteigen können, sollten Sie zunächst einmal mit einer Gesamtsicherung sämtlicher Festplattenlaufwerke beginnen. Nutzen Sie dazu beispielsweise die Optionen *„Arbeitsplatz" sichern* und *Markierten Dateien, Ordner und Laufwerke sichern* innerhalb des Microsoft-Backup-Programms. Eine Gesamtsicherung auf einer alternativen Festplatte oder aber auf Disketten ist allerdings nicht zu empfehlen. Besitzen Sie kein Bandlaufwerk (Streamer) oder kein Wechselplattensystem (Zip-Drive, Jaz-Drive), sollten Sie lediglich sämtliche Dokument- und Arbeitsdateien sichern.

Hier ein Beispiel, wie eine Sicherungsroutine, z. B. in einem kleinen Betrieb, aussehen könnte:

- **Montag:** Mit Hilfe des Datensicherungs-Assistenten sichern Sie am Abend zunächst alle wichtigen Datendateien zum jeweils aktuellen Projekt bzw. weitere ausgewählte Dateien. Legen Sie sich dazu einen oder mehrere Datensicherungssätze an und wählen Sie innerhalb des Programms MS-Backup die Sicherungsoption *Alle markierten Dateien*.

- **Dienstag:** Aktualisieren Sie das Montags-Backup am Abend unter Zuhilfenahme des Speichermediums vom Montag mit Hilfe der automatisch gesicherten Datensicherungssätze. Um lediglich die auf ein Projekt bezogenen Änderungen, die sich seit der letzten Komplettsicherung ergeben haben, zu berücksichtigen, wählen Sie die Sicherungsoption *Nur neue und geänderte Dateien* innerhalb von MS-Backup. Damit können Sie den Zeitaufwand für die Datensicherung erheblich reduzieren.

- **Mittwoch:** Verfahren Sie wie am Montag und legen Sie erneut eine Komplettsicherung an. Nutzen Sie jedoch nicht die Speichermedien vom Montag, sondern legen Sie sich nun eine zweite Sicherung mit aktuellerem Arbeitsstand an.
- **Donnerstag:** Verfahren Sie entsprechend dem Dienstag, nutzen Sie jedoch zur Aktualisierung der Daten die Komplettsicherung, die Sie am Dienstag erstellt haben.
- **Freitag:** Nehmen Sie auf einem dritten Speichermedium erneut eine Komplettsicherung vor. Somit haben Sie am Ende der ersten Woche drei unterschiedliche Arbeitsstände gesichert, auf die Sie jeweils zurückgreifen können. Ist die Sicherung vom Freitag einmal defekt, können Sie auf die Donnerstagssicherung und im Zweifelsfall auch auf die Dienstagssicherung zurückgreifen.

Andere Datensicherungsprogramme stellen in der Regel gleiche Funktionalitäten zur Verfügung, lediglich die Bezeichnungen der Programmoptionen lauten mitunter anders, als dies beim hier beschriebenen MS-Backup der Fall ist.

Der Wochenrhythmus

Nach dem vorliegenden Schema können Sie Speichermedium 1 jeweils am Montag und Dienstag, Medium 2 am Mittwoch und Donnerstag und Medium 3 am Freitag verwenden. Bei Projektabschluß oder endgültiger Sicherung von Daten zur dauerhaften Lagerung nutzen Sie gesonderte Datenträger und nehmen die jeweiligen Sicherungen doppelt vor. Anschließend können Sie die Daten bei Platzmangel vom Festspeicher löschen. Die Sicherung im Wochenzyklus der endgültig gesicherten Daten ist nicht mehr zwingend erforderlich.

Dauerhafte Datensicherungen

Die Gesamtsicherung aller Laufwerke sollten Sie monatlich aktualisieren. Treten vermehrt Schreib- oder Lesefehler auf den Speichermedien auf, sollten Sie diese, insbesondere wenn Sie sie zur Sicherung sehr wichtiger Daten verwenden, rechtzeitig durch neue Medien austauschen. Löschen Sie Daten von der Festplatte und haben diese lediglich als Backup-Datensicherung vorliegen, sollten Sie die Datensicherung selbst in jedem Fall auf zwei Datenträgern (z. B. zwei unterschiedlichen Streamer-Bändern) vorliegen haben. Ist ein Sicherungsmedium einmal defekt, können Sie dann immer noch auf die zweite Sicherung zurückgreifen.

14.2 Medienberater – Wie Sie das richtige Medium für Ihren Zweck finden

Welches Wechselmedium für Sie das richtige ist, hängt wesentlich vom Datenvolumen der zu sichernden Daten ab. Die beiden folgenden Abschnitte stellen Ihnen die Eigenschaften der Geräteklassen vor. Innerhalb einer Geräteklasse können Sie unter verschiedenen Modellen wählen, die für den speziellen Einsatzzweck Ihrer Anwendung besonders gut geeignet sind.

Wechselplattenlaufwerke – Plattenspeicher mobil

Wechselplattenlaufwerke haben ihren Schwerpunkt in der Sicherung von kleinen und mittleren Datenmengen, wie sie bei einer Einzelplatzanwendung des PCs anfallen. Sie bieten Speicherkapazitäten im Bereich von 0,1-2 GByte.

Wechselplattensysteme, wie hier ein externes SyQuest 270-Laufwerk, sind Laufwerkmedien, bei denen der Datenträger ausgewechselt werden kann

Wechselmedien verhalten sich hinsichtlich des Betriebssystems wie zusätzliche Festplatten, jedoch kann der eigentliche Datenträger beliebig ausgetauscht werden. Wechselmedien werden wie Festplatten durch eine Formatierung durch das Betriebssystem vorbereitet und bieten das gleiche Dateisystem zur Ablage von Daten. Die große Verwandtschaft mit Festplatten macht den Umgang mit den Medien besonders einfach. Sie benötigen außer den Treibern für das Betriebssystem keine zusätzlichen Programme, um Ihre Daten auf dem Wechselmedium abzulegen.

Interne und externe Laufwerke

Bei den Wechselplattensystemen wird zwischen internen und externen Laufwerken unterschieden. Ferner werden die Geräte zumeist für unterschiedliche Anschlußtypen bereitgestellt, also beispielsweise für den Anschluß an einer parallelen Schnittstelle, einer SCSI- oder auch einer EIDE-Schnittstelle.

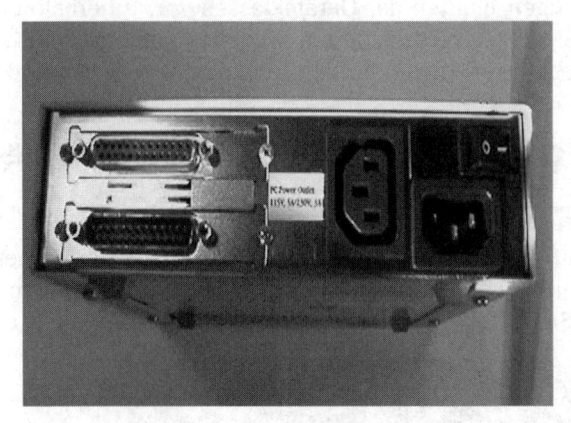

Externes Laufwerk mit integriertem Netzteil und SCSI- und Netzanschlußmöglichkeiten

- **Intern:** Interne Geräte sind immer fest an einen bestimmten Rechner gebunden. Nutzen Sie mehrere Rechner, sollten Sie ein internes Gerät, das von allen Rechnern genutzt werden soll, nur dann verwenden, wenn sich die Rechner innerhalb eines Netzwerks befinden und das Laufwerk auch anderen Rechnern zur Verfügung gestellt werden kann.

- **Extern:** Externe Geräte haben den Vorteil, daß sie an unterschiedlichen Rechnern, also beispielsweise auch an mobilen Computern, nutzbar sind. Externe Lösungen sind teurer, da Sie unter Umständen zuerst Anschlußmöglichkeiten schaffen müssen und zudem ein externes Netzteil für das Laufwerk benötigen.

> **Hinweis**
>
> **Der neue Trend: CD-RWs und DVD-RAMs**
>
> Derzeit gewinnen CD-RW- bzw. wiederbeschreibbare CD-Laufwerkmedien (ca. 400 DM) und DVD-RAM-Laufwerke mit beschreibbaren DVD-Medien (ca. 1.300 DM) zunehmend an Bedeutung. Dies liegt daran, daß die Medien im CD-Format mittlerweile mehrfach beschrieben werden können und im Vergleich zu herkömmlichen Wechselplattenmedien (z. B. Zip-Disketten oder Jaz-Drive-Wechselplatten) erheblich günstiger sind. So ist eine günstige, wiederbeschreibbare CD bereits für 2,50 DM und eine 5,2-Gbyte-DVD-RAM für ca. 90 DM erhältlich. Mit zunehmender Verbreitung dieser Geräte und insbesondere der DVD-RAM-Laufwerke ist mit einem weiteren Preisverfall zu rechnen.

Bandlaufwerke – Archive für die Masse

Liegt der Schwerpunkt auf der Sicherung von großen Datenbeständen, wie sie bei Serversystemen in Netzwerken anfallen, sind Bandlaufwerke besonders gut geeignet. Bandlaufwerke bedienen die Volumenklasse 3 im Bereich von 2-48 GByte und sind damit in der Lage, komplette Festplattensysteme zu sichern, wie sie bei Fileservern im Netzwerkbetrieb verwendet werden.

Datenzugriff durch Dearchivierung

Im Gegensatz zu den Wechselplattenspeichern kann auf Bandlaufwerke nur mit geeigneten Sicherungsprogrammen zugegriffen werden. Bandaufzeichnungen verfügen über kein Dateisystem, wie Sie es von Festplatten her gewohnt sind. Damit sind Bandsicherungen nur dann austauschbar, wenn das gleiche Programm bzw. das gleiche Aufzeichnungsverfahren angewendet wird. Die Aufzeichnung auf einem Band ist darüber hinaus an den Aufzeichnungsverlauf des Bands gebunden. Die Ablage der einzelnen Dateien erfolgt hintereinander, so wie Perlen auf einer Kette aneinandergereiht sind. Das Band muß jeweils zu der Position gespult werden, um auf die gespeicherten Daten zuzugreifen.

Damit ist der Zugriff auf die Daten deutlich langsamer als bei Wechselplatten. Bandlaufwerke eignen sich daher nicht zur Auslagerung von Daten mit häufigem Zugriff, sondern nur für die Auslagerung im Sinne der Archivierung und Datensicherung großer Datenbestände.

Der Zugriff auf einzelne Daten kommt bei Verwendung von Bandlaufwerken eher selten vor. Sie dienen der Sicherung von kompletten Festplattenbereichen und werden ggf. auch komplett wiederhergestellt. Werden die Daten wie bei der Speicherung der Reihe nach wieder zurück gespeichert, arbeitet der Streamer mit seiner größten Geschwindigkeit.

Intern oder extern: Geht ein Laufwerk auf Reisen?

Eine grundsätzliche Entscheidung wird durch die Wahl zwischen internen und externen Laufwerken getroffen. Liegt der Schwerpunkt Ihres Einsatzes bei der größtmöglichen Mobilität, empfiehlt sich ein externes Gerät, denn so kann auch das Laufwerk gegebenenfalls an verschiedenen Rechnersystemen betrieben werden.

Zur externen Datenverbindung zwischen Rechner und dem Laufwerk stehen zwei Schnittstellentypen zur Verfügung. Sie haben die Wahl zwischen den Geräten mit

- einer parallelen Schnittstelle (Druckerschnittstelle) und
- einer SCSI-Schnittstelle.

Die Druckerschnittstelle steht bei praktisch jedem Rechnersystem zur Verfügung, damit sind Geräte mit dieser Schnittstelle theoretisch an jedem Rechner anschließbar. SCSI-Anschlüsse sind nicht die Regel und eher bei höherwertigen Systemen im Bereich der professionellen Anwendung anzutreffen.

Hinweis
Probleme mit der parallelen Schnittstelle

Wollen Sie einen älteren Rechner mit einem Zusatzlaufwerk für die parallele Schnittstelle aufrüsten, ist äußerste Vorsicht geboten. Ältere parallele Schnittstellen sind häufig nicht zum Anschluß eines externen Laufwerks geeignet, da sie keine bidirektionale Datenübertragung zulassen. Häufig fordert ein Laufwerk explizit eine EPP-Schnittstelle (**E**nhanced **P**arallel **P**ort). Bevor Sie also ein paralleles Laufwerk ordern, sollten Sie zunächst die Fähigkeiten der Rechnerschnittstelle überprüfen. Aktuelle Rechner werden heute standardmäßig mit einem EPP-Port ausgestattet. Informationen entnehmen Sie der Dokumentation, die Sie mit Ihrem Rechner erhalten haben. Angaben zur parallelen Schnittstelle können Sie sich auch über das CMOS-Setup-Programm abrufen.

Welcher Anschluß für wen? – USB, SCSI, ATAPI oder parallel

Die Geschwindigkeit der Laufwerke wird wesentlich durch den Schnittstellentyp bestimmt. Bei externen Geräten bestimmt die Ausstattung der „Gastrechner" den Schnittstellentyp: SCSI oder parallel. Verfügt Ihr Computer bereits über einen SCSI-Adapter, empfiehlt sich wegen der deutlich höheren Geschwindigkeit die SCSI-Variante der Laufwerke.

Hinweis
Preiswertes SCSI

Planen Sie den Kauf eines Scanners, kommt eine Überlegung hinsichtlich des Schnittstellentyps ins Spiel. Auch bei Scannern können Sie zwischen einer SCSI- und einer Parallel-Port-Variante wählen. SCSI-Scanner werden mit einem (abgemagerten) SCSI-Adapter ausgeliefert und bieten die Möglichkeit, weitere externe SCSI-Geräte zu betreiben. Auf diese Weise können Sie die Grundlage für eine professionelle Lösung für externe Wechselmedien mit SCSI-Unterstützung schaffen. Einige Geräte erfordern standardmäßig den Anschluß an einer SCSI-Schnittstelle und sind nicht für unterschiedliche Anschlußtypen verfügbar (z. B. DVD-RAM-Laufwerke, Jaz-Drives).

Möchten Sie keinen SCSI-Adapter verwenden, stehen bei internen Geräten alternativ EIDE-Versionen zur Verfügung. Bei moderneren Rechnersystemen (seit ca. 1993) werden bis zu vier Geräte am IDE-Bus unterstützt. Im allgemeinen sind am IDE-Bus nicht alle Anschlüsse belegt, so daß das Wechselplattenlaufwerk seinen Platz findet.

Bei der Anwendung von Wechselplattenlaufwerken mit mehr als 1 GByte Speicherkapazität und bei digitalen Bandlaufwerken sind Sie auf den Einsatz einer SCSI-Schnittstelle eingeschränkt, da diese Geräte ausschließlich als SCSI-Variante angeboten werden.

> **Hinweis**
>
> **Vorteile von SCSI**
>
> Die SCSI-Schnittstelle ist meist die erste Wahl, wenn es um Erweiterbarkeit und Schnelligkeit von Zusatzlaufwerken geht. An eine SCSI-Schnittstelle können Sie neben Wechselplattenlaufwerken auch SCSI-Festplatten, -Scanner, CD-ROM-, CD-R-, CD-RW- oder auch DVD- und DVD-RAM-Laufwerke anschließen. Anders als beim EIDE-Controller ist die Anzahl der Geräte nicht auf vier beschränkt (vgl. Seite 339 ff.) und außerdem können über die meisten SCSI-Schnittstellenkarten sowohl interne als auch externe Geräte angeschlossen werden. Zudem kann die SCSI-Schnittstelle parallel zum EIDE-Controller eingesetzt werden.
>
> SCSI-Schnittstellenkarten, die bereits mit Geräten ausgeliefert werden, sind häufig jedoch aus Kostengründen im Leistungsumfang eingeschränkt und stellen je nach erworbenem Gerätetyp entweder nur einen internen oder einen externen Bus zur Verfügung. Bei einer späteren Systemerweiterung müssen Sie bei solchen Schnittstellenkarten davon ausgehen, daß Sie eine derartige SCSI-Karte gegen eine leistungsfähigere austauschen müssen.

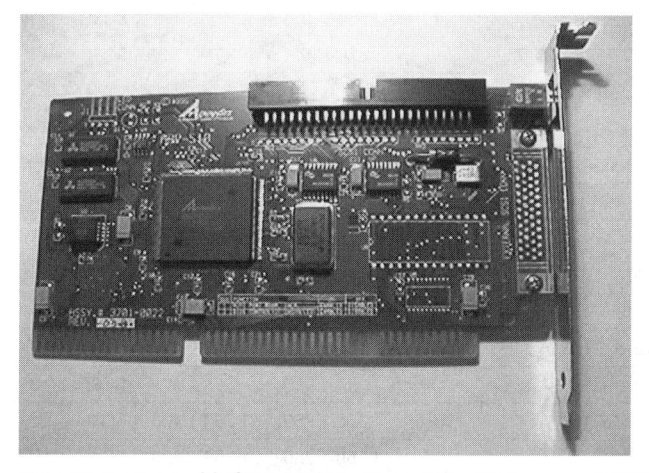

Kein externer Anschluß? Verzichten Sie auf den Einbau von SCSI-Schnittstellenkarten, die über keinen internen und externen Bus verfügen

USB-Geräte

Eine neue Anschlußmöglichkeit für Backup-Medien bietet sich über die neuen USB-Ports. Auch wenn das Angebot für Datensicherungsmedien derzeit für diese Anschlußvariante noch stark eingeschränkt ist, sind bereits LS120- und auch Zip 100-Laufwerke verfügbar. Der Vorteil dieser Anschlußmöglichkeit liegt im sogenannten Hot Connect, bei dem ein Neustart des Rechners nach Anschluß eines weiteren Geräts nicht erforderlich ist.

Kosten und Anschlußvarianten bei gängigen Wechselmedien

Ein wichtiger Aspekt für den Anwender ist neben der Anschlußvariante der Preis.

Laufwerktyp	Preis/DM* Intern	Preis/DM* Extern	Schnittstellen Varianten
Wechselplatten/Diskettenformat			
Floppy	35-45	-	Floppy
	160-220	190-250	Parallel, ATAPI, SCSI, 100 MByte-Zip ist auch als USB-Variante erhältlich
	150-170	180-200	Parallel, ATAPI, USB-Variante ist bereits für iMac verfügbar
Wechselplatten/Wechselplattenformat			
PD	300-700	600-850	Parallel, SCSI
MO	450-650	500-800	Parallel, SCSI
SyQuest SparQ	360-400	-	SCSI
SyQuest SyJet	550-600	-	SCSI
Iomega Jaz	670-750	-	SCSI
Bandlaufwerke/analoge Aufzeichnung			
Iomega Ditto 2GB	200-220	-	Floppy
Iomega Ditto Max Professionell	380-400	490-530	Floppy, Parallel
Bandlaufwerke/digitale Aufzeichnung			
Seagate 24000	550-630	650-700	SCSI
Seagate 28000			SCSI
Seagate 224000	1.600-1700	1.700-1800	SCSI
Hewlett Packard C1536A	780-850	900-970	SCSI
Hewlett Packard C1539A			SCSI
Hewlett Packard C1537A	1.650-1.750	1.800-1.900	SCSI
Sony 7000	1.150-1.250	1.300-1.400	SCSI
Sony 9000	1.700-1.800	1.850-1.950	SCSI

* *Sämtliche in diesem Buch genannten Preisangaben sind unverbindliche Preisempfehlungen zum Zeitpunkt der Drucklegung. Abweichungen zu aktuellen Preisen sind daher durchaus möglich.*

Wechselplattenlaufwerke im Diskettenformat

In diesem Kapitel werden Ihnen die aktuellen Diskettenlaufwerke mit hoher Laufwerkkapazität vorgestellt, die Sie wahlweise als interne oder auch externe Varianten erwerben können und die mitunter sogar als Bootlaufwerk konfigurierbar sind.

Das Zip-Laufwerk

Das Aufzeichnungsverfahren bei Zip-Laufwerken hat keinerlei Verwandtschaft mit dem Komprimierungsverfahren Zip. Die Datenspeicherung auf die Medien erfolgt, falls nicht zusätzliche Programme benutz werden, unkomprimiert.

Zip-Medien werden mit der zehnfachen Drehgeschwindigkeit betrieben. Eine höhere Schreibdichte und ein Hilfsverfahren zur Positionierung der Schreib-/Lese-Köpfe ermöglichen den deutlich höheren Datendurchsatz und eine wesentlich kürzere Zugriffszeit auf das Speichermedium im Bereich um 30 ms. Die Übertragungsgeschwindigkeit der Laufwerke wird im wesentlichen durch den verwendeten Schnittstellentyp bestimmt und liegt im Bereich von 0,42-1,0 MByte/s.

Laufwerkvarianten des Zip-Laufwerks

Die Familie der Zip-Laufwerke bietet heute eine große Vielfalt an Laufwerk- und Anschlußvarianten.

Laufwerktyp	Extern	Intern	Mittlerer Datendurchsatz (MByte/s)[**]	Preis DM
Parallel-Port-Laufwerk	X		0,42	190-230
ATAPI-Laufwerk		X	0,79-1,4	160-180
SCSI-Laufwerk	X	X	0,79-1,4	220-250
USB-Laufwerk	X		0,79-1,4	275
ZipPlus-Laufwerk[*]	X		0,79-1,4	270-290

[*] *Das ZipPlus-Laufwerk unterstützt die Druckerschnittstelle und den Anschluß an den SCSI-Bus*

[**] *Angaben des Herstellers*

Medienlandschaft: Was Sie über Zip-Disketten wissen sollten

Zip-Medien sind trotz ihres Diskettenformats robuste Datenträger. Sie sind auf eine Lebensdauer von zehn Jahren ausgelegt, gegen Stöße recht unempfindlich und überstehen einen Fall aus 2 m Höhe ohne Schaden.

Neben den Originaldisketten, auf die Iomega zehn Jahre Garantie gibt, bietet seit 1997 die Firma Nomai kompatible, deutlich billigere Datenträger unter der Bezeichnung XHD-100 an. Nach anfänglicher Verwirrung um die Verträglichkeit der XHD-Medien und einem Rechtsstreit, wurde Anfang 1998 die Kompatibilität auch per Gerichtsbeschluß bestätigt.

XHD100-Diskette von Nomai im Vertrieb der Firma boeder

Zip mit 250 MByte und Zip mit USB: Die neuesten Kinder der Zip-Familie

Iomega ergänzt derzeit die Produktlinie der externen Zip-Laufwerke um zwei weitere Laufwerktypen: das Zip® 250 MByte-Laufwerk und das Zip-Laufwerk mit USB-Unterstützung zum Anschluß an den Universal Serial Bus.

Externe Zip-Laufwerke mit 250 MByte

Die Zip-250-MByte-Laufwerke bieten zweieinhalbmal so viel Kapazität als die bisherigen Zip-Laufwerke und können neben den neuen Medien auch die bisherigen Zip®-100-MByte-Disketten lesen und beschreiben. Nutzer des neuen Zip-Laufwerks haben also weiterhin die Möglichkeit, die 100-Mbyte-Disketten zu verwenden.

Externes Zip 250-MByte-Laufwerk

Diese Abwärtskompatibilität wird allerdings mit schwerwiegenden Einbußen in der Performance des Geräts erkauft. Wenn Sie versuchen, mit dem Zip® 250 z. B. ein 100-MByte-Medium zur Hälfte zu beschreiben, dauert das etwa dreimal länger, als wenn Sie die gleiche Datenmenge auf ein 250 MByte-Medium schreiben. Zudem belastet dies Ihr gesamtes System so stark, daß Sie kaum noch andere Anwendungen nebenher laufen lassen können.

Die neuen Zip®-250-MByte-Laufwerke und -Disketten bieten dem Nutzer also folgende Eigenschaften:

- kompatibel mit Zip®-100-MByte-Disketten
- 175mal mehr Speicherkapazität als eine herkömmliche Floppydiskette
- bis zu 56mal schneller als ein herkömmliches Floppylaufwerk (lt. Hersteller)

Die Preise für die Zip®-250-MByte-Laufwerke bzw. die Medien liegen bei ca. 350-400 DM für das Laufwerk und ca. 50 DM für die dazugehörigen Disketten.

Zip mit USB – Schneller Kontakt für Mac- und Windows-Systeme

Neben der bisherigen Parallel-Port-Variante des Laufwerks ist seit neuestem das Zip-100-MByte-Laufwerk auch als USB-Variante verfügbar. Diese neue, auch optisch getunte Variante des herkömmlichen Laufwerks arbeitet ca. 20mal schneller als herkömmliche Diskettenlaufwerke und erreicht dabei (bei optimalen Bedingungen) eine Datentransferrate von ca. 60 MByte in der Minute. Auch hier ist die volle Kompatibilität zu den herkömmlichen Medien gegeben, allerdings nicht zu den neuen 250-MByte-Disketten.

Das LS120-Laufwerk – Nachfolger des Floppylaufwerks?

Die Nachfolge des herkömmlichen Floppylaufwerks sollte das LS120-Laufwerk antreten. Das Laufwerk bietet mit 120 MByte je Diskette eine wesentliche Verbesserung der Speicherkapazität im Vergleich zu den herkömmlichen 1,44-MByte-Floppydisketten.

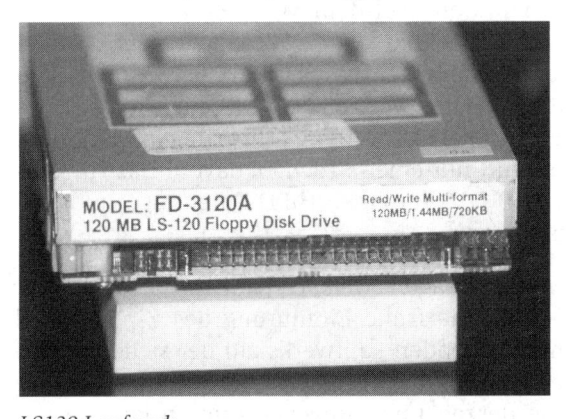

LS120-Laufwerk

LS120-Geräte sind als interne und externe Laufwerke erhältlich. Interne Laufwerke werden am IDE-Bus, die externen am Parallel-Port (Druckerschnittstelle) betrieben.

Das LS120-Laufwerk liest und schreibt herkömmliche 3,5-Zoll-Disketten (1,44-MByte und 720-KByte-Formate) sowie spezielle 120-MByte-Disketten, damit kann es bei modernen BIOS-Versionen (ab Mitte 1997) als Ersatz für das 1,44-MByte-Diskettenlaufwerk dienen. Dazu wurden gleich zwei Techniken in das Gerät integriert. Die herkömmliche Technik der Floppy und eine moderne Technik mit **m**agneto-**o**ptischem (MO) Aufzeichnungsverfahren.

Diskettenmedium des LS120

Der Vorteil der Verträglichkeit mit den alten Diskettenmedien wird jedoch mit einem Nachteil erkauft: Die Arbeitsgeschwindigkeit dieser Laufwerke liegt nur drei-fünfmal höher als bei den herkömmlichen Floppylaufwerken.

HiFD – Die schnellen 200 MByte

Seit kurzer Zeit ist ein weiteres Laufwerk mit dem Namen HiFD (**H**igh **C**apacity **F**loppy **D**isk) von Sony auf dem Markt erhältlich. Es ist ähnlich den LS120-Laufwerke kompatibel zu den 3,5-Zoll-Standard-Diskettenformaten, bietet jedoch bei Verwendung von HiFD-Datenträgern eine maximale Kapazität von 200 MByte. Die Daten werden von diesem Laufwerk mit einer Geschwindigkeit von maximal 3,6 MByte/s übertragen. Ein herkömmliches Diskettenlaufwerk schafft nur einen Bruchteil davon. Das HiFD-Laufwerk kostet im Moment ca. 350 DM, für einen HiFD-Datenträger müssen Sie derzeit ca. 25-30 DM veranschlagen.

Es ist nur schwer vorherzusagen, welches Laufwerk zum Standard avancieren wird. Bedingt durch die frühe Einführung des Zip-Laufwerks sind Sie beim Kauf eines entsprechenden Laufwerks auf der sicheren Seite. Mit einer Kapazität von bis zu 250 MByte beim Zip-250-Drive erreichen Sie zudem die größte Kapazität, die derzeit für Laufwerke zum Diskettenersatz verfügbar ist. Im Vergleich zu den LS120- und HiFD-Laufwerken ergibt sich lediglich der Nachteil, daß Zip-Laufwerke weder Standarddisketten im 3,5-Zoll-Format lesen, noch als Bootlaufwerk eingesetzt werden können.

Wechselplattenlaufwerke im Wechselplattenformat

Die leistungsfähigeren Varianten der Wechselplatten sind Laufwerke im Wechselplattenformat. Zum einen sind sie den Diskettenformaten in der Speicherkapazität überlegen, zum anderen bieten sie, insbesondere bei den Laufwerken mit einem magnetischen Aufzeichnungsverfahren, Leistungsmerkmale die auch bei „normalen" Festplatten anzutreffen sind.

Laufwerke mit optischer Aufzeichnung

CD-R-Laufwerke

In den letzten zwei Jahren sind seit der Einführung von ATAPI-Varianten der internen Laufwerke die Preise für CD-Brenner deutlich gesunken. CD-Brenner bieten grundsätzlich ebenfalls die Möglichkeit, die eigenen Daten auf ein austauschbares Medium zu sichern. Die CD-R kann eine Datenmenge zwischen 650 und 700 MByte, je nach Typ, aufnehmen. Ein Nachteil der Sicherung der Daten auf eine CD-R ist zum einen, daß Sie die Daten nicht nachträglich verändern und eventuelle Fehler nicht mehr korrigieren können. CD-Rs sind durch die offene Handhabung schlecht geschützt und relativ empfindlich gegen Verkratzen oder Staub und Fettschmutz.

Ein weiterer Nachteil ist die geringe Aufzeichnungsgeschwindigkeit der Laufwerke. Die Aufzeichnung einer kompletten CD im Datenmodus benötigt bei CD-Brennern mit 2facher Aufzeichnungsgeschwindigkeit ca. 40 Minuten, bei den teureren Geräten mit 4facher Geschwindigkeit immerhin noch ca. 20 Minuten. Veranschlagen Sie für die Vorbereitung der Aufzeichnung noch einmal die gleiche Zeit, wie Sie für die reine Aufzeichnung benötigt wird, benötigen Sie für das Backup zwischen 40 und 80 Minuten, wobei auch während der Aufzeichnungszeit am Rechner in der Regel nicht weitergearbeitet werden kann.

CD-Brenner sind damit als Backup-Geräte nur bedingt geeignet. Besitzen Sie jedoch bereits einen CD-Brenner, ist der Kauf eines zusätzlichen Backup-Geräts nicht unbedingt nötig, wenn Sie die Einschränkungen in Kauf nehmen. Außerdem kommen Sie mittlerweile in den Genuß der folgenden Vorteile:

- **Kostenfaktor:** CD-Rs kosten derzeit teilweise schon weniger als 2 DM pro Stück und sind damit nahezu die günstigsten Backup-Medien überhaupt.

- **Packet Writing:** Durch aktuelle Softwarelösungen und dem sogenannten Packet Writing ist es heutzutage nicht mehr erforderlich, die Daten in einem Rutsch auf eine CD-R zu brennen. Die Daten werden statt dessen als Pakete mit zusätzlichen Verwaltungsinformationen geschrieben. Damit wird auch vermieden, daß Abbrüche und Fehler im Brennvorgang die CD-R beschädigen und unbrauchbar machen.

CD-Brenner und CD-Rohling

CD-RW-Laufwerke

Den Nachteil der unveränderlichen Sicherung der Daten von reinen CD-R-Laufwerken hebt das CD-RW-Laufwerk auf. Planen Sie den Kauf eines CD-Brenners, können Sie mit einem CD-RW-fähigen Laufwerk gleichzeitig zu einem mächtigen Backup-Gerät kommen. Die Medien nehmen ebenfalls bis zu 650 bzw. 700 MByte Daten auf. Die Verarbeitungsgeschwindigkeit liegt jedoch auch im Bereich der CD-R-Laufwerke; dies sollte jedoch bei der Nutzung im Bereich unter 1 GByte keine entscheidende Rolle spielen.

Ein entscheidender Nachteil der CD-RW-Technik ist das Aufzeichnungsformat der Medien. Um mit einem gewöhnlichen CD-ROM-Laufwerk ein CD-RW-Medium zu lesen, muß das CD-Laufwerk das spezielle CD-RW-Format verarbeiten können. Erst die neueren CD-Laufwerke unterstützen dieses Format, so daß der Austausch der Medien mit anderen Rechnersystemen zur Zeit noch eingeschränkt ist.

Die Varianten bieten externe wie interne Laufwerke, so daß dieser Laufwerktyp eine Alternative in der Familie der Wechselplattenlaufwerke darstellt. Die Kosten der Laufwerke mit CD-RW-Unterstützung liegen zwischen 200-300 DM über den reinen CD-Brennern und sind damit eine interessante Alternative.

Grundsätzlich ist aber beim Vergleich zwischen CD-R und CD-RW zu bedenken, daß die wiederbeschreibbaren CD-RWs ein Mehrfaches der CD-Rohlinge kosten können. Welche Technik Sie im Endeffekt benutzen, hängt entscheidend von Ihren Vorlieben und speziellen Wünschen ab. Eine klare Empfehlung können wir Ihnen hier nicht geben.

MO-Laufwerke

Magneto-**o**ptische Laufwerke (MO) sind eine alternative Technik zu den wiederbeschreibbaren Medien der CD-RW-Laufwerke bei den CD-Brennern. Die typischen Kapazitäten liegen heute im Bereich zwischen 540 und 640 MByte, reichen jedoch bei professionellen in den Bereich mit mehreren GByte.

Die Lesegeschwindigkeit der MO-Laufwerke liegt heute im Bereich von 4 MByte/s und die mittlere Zugriffszeit auf das Medium bei ca. 40 Millisekunden (ms). Damit sind MO-Laufwerke deutlich schneller als vergleichbare CD-Laufwerke und -Brenner. Die Schreibvorgänge auf die Medien sind jedoch bis zu dreimal länger als der Lesevorgang. Die Ursache dafür liegt in der Arbeitsweise der Laufwerke. Standardlaufwerke benötigen zwei Schreibvorgänge zur Speicherung der Daten und einen dritten zur abschließenden Überprüfung (Verifying).

Neuere MO-Laufwerke erlauben jedoch das Schreiben der Daten in einem Durchgang. Der Nachteil dieser Technik ist jedoch, daß nur entsprechend geeignete Medien für die Limdow-Technik verwendet werden können.

Legen Sie aber besonderen Wert auf gute Archivierbarkeit, hohe Speicherkapazität und einfaches Wiedereinlagern der gesicherten Daten, bieten Ihnen MO-Laufwerke die gesuchten Eigenschaften.

PD-Laufwerke

Eine weniger bekannte Laufwerktechnik sind Phase-Change-Laufwerke, die, ähnlich der CD-RW-Technik, ebenfalls wiederbeschreibbare Medien unterstützen. Das Laufwerk integriert jedoch in einem CD-ROM-Laufwerk die Technik für die wiederbeschreibbaren PD-Medien. Die Aufzeichnung der Daten erfolgt rein optisch mit einem Laserstrahl, der bewirkt, daß sich beim Schreibvorgang Kristallstrukturen auf dem Datenträger bilden bzw. keine Änderung des Datenträgermaterials erfolgt. Durch die unterschiedlichen Kristallstrukturen wird der Laserstrahl beim Lesevorgang mehr oder weniger stark reflektiert.

Der Vorteil der PD-Technik ist ähnlich dem der MO-Laufwerke zum einen in der Speicherkapazität, vor allem jedoch in der Lebensdauer der Medien begründet. PD-Medien können bis zu 500.000mal beschrieben werden. Die übliche Kapazität der Datenträger ist mit 650 MByte mit CD-RW-Medien vergleichbar.

Für die Datenaufzeichnung wird ein recht starker Laserstrahl benötigt, so daß während des Betriebs die Wärmeentwicklung im Gerät recht hoch werden kann. Je nach Standort des Rechners kann sich deshalb eine externe Version der Laufwerke empfehlen. Bei einem möglichen Einsatz der Geräte sollten Sie bedenken, daß es sich zwar um CD-ROM-kompatible Laufwerke handelt, die PD-Medien aber nur von PD-/CD-ROM-Laufwerken unterstützt werden. Ein Austausch mit anderen Rechnersystemen ist wegen der geringen Verbreitung und des unverträglichen Formats mit herkömmlichen CD-ROM-Laufwerken kaum möglich. Der Haupteinsatz liegt damit in der Archivierung bzw. dem Einsatz vor Ort.

> **Hinweis**
> **DVD-RAM mit PD-Kompatibilität**
> Aktuelle DVD-RAM-Laufwerke wie das Panasonic DVD-RAM-Laufwerk LF-D101U/LF-D101E unterstützen neben unterschiedlichen DVD- und CD-Formaten auch das PD-Format und erlauben das Beschreiben und Auslesen von PD-Medien.

Laufwerke mit magnetischer Aufzeichnung

Wechselplattenlaufwerke mit magnetischer Aufzeichnung bieten sehr ähnliche Eigenschaften, wie sie von durchschnittlichen Festplattenlaufwerken geboten werden. Ihre Speicherkapazität liegt im Bereich von 1-2 Gbyte, und das Verarbeitungsverhalten hinsichtlich des Speicherverfahrens, der Datenübertragung und der Zugriffszeit mit 12-15 ms mittlerer Zugriffszeit und 5-7 MByte/s durchschnittlicher Datenübertragung sind ähnlich vergleichbar. Alle Laufwerke dieser Klasse werden ausschließlich mit SCSI-Schnittstelle angeboten und sind damit auf den Einsatz bei Rechnersystemen eingeschränkt, die bereits über ein SCSI-Adapter verfügen. Durch die große Verwandtschaft mit den Festplatten sind diese Laufwerke bei modernen Rechnersystemen bzw. SCSI-Adaptern auch als Startlaufwerke zum Booten des Betriebssystems geeignet. Wegen der großen Speicherkapazität können fast vollständige Festplatten als Datenabbilder (Images) auf den Wechselmedien gespeichert werden. Die relativ empfindlichen Datenträger sind vor magnetischen Fremdeinflüssen, starken Temperaturwechseln (z. B. Lagerung im PKW im Sommer oder Winter) und mechanischen Belastungen zu schützen. Ein weitgehend mobiler Einsatz wie bei den Laufwerken und Medien im Diskettenformat ist damit nicht möglich, sondern richtet sich im wesentlichen auf den Gebrauch vor Ort.

Iomega Jaz-Laufwerk

Der „große Bruder" des Zip-Laufwerks von der Firma Iomega ist das Jaz-Laufwerk. Die neue Laufwerkgeneration Jaz 2 GB unterstützt die herkömmlichen Medien mit einer Kapazität von 1 GByte und die neuen 2-GByte-Datenträger. Das zuerst eingeführte 1-GByte-Jaz-Drive kann hingegen die 2-

MBytes mobil – Backup und Sicherungen

GByte-Medien nicht verarbeiten. Das Laufwerk wird sowohl als externes als auch als internes Laufwerk angeboten und eignet sich damit zum mobilen Einsatz an verschiedenen Rechnersystemen mit einer Ultra-SCSI-Schnittstelle.

Externes Jaz 2GB-Laufwerk von Iomega

Die durchschnittliche Übertragungsrate liegt bei 7,35 MByte/s, maximal bei 20 MByte/s. Die mittleren Suchzeiten beim Lesen und Schreiben werden vom Hersteller mit 10/12 Millisekunden, die mittlere Zugriffszeit mit 16 Millisekunden angegeben und liegen damit durchaus im Bereich der Leistung von durchschnittlichen Festplatten.

Laufwerktyp	Extern	Intern	Kapazität (GByte)	Schnittstelle
Jaz 2 GB, Laufwerk	X	X	1 und 2	SCSI-2
Jaz, Medium 1GB	-	-	1	-
Jaz, Medium 2GB	-	-	2	-

Das Laufwerk wird durch die Treiber des Herstellers und durch die PC-Betriebssysteme DOS, Windows 3.1x, Windows 95/98 und Windows NT unterstützt. Anwender von Macintosh-Systemen können das Jaz-Laufwerk am Betriebssystem MacOS 7.0 einsetzen.

Externe Jaz-Drives können aufgrund ihrer Anschlußmöglichkeiten in Serie verbunden und aufgrund der Wahl unterschiedlicher SCSI-IDs (Kennungen) sehr leicht in Betrieb genommen werden

Im Vergleich zu CD-RW- und auch DVD-RAM-Laufwerken sind die Kosten des Jaz-Drives und insbesondere der zugehörigen Laufwerkmedien vergleichsweise hoch. Vor einem Kauf sollten Sie sich daher über die aktuellen Preise der Laufwerke und auch der Medien informieren, da hier mit weiteren Preissenkungen gerechnet werden kann.

SyQuest SparQ-Laufwerk, SyJet-Laufwerk

Beliebte Vertreter der Gerätefamilie der Wechselplatten kamen von der Firma SyQuest Technology Inc. Das Unternehmen existiert seit Ende 1998 leider nicht mehr, nur noch Restbestände der Gerätetypen sind im Handel erhältlich.

Für den Einsatz der Laufwerke muß auf jeden Fall die Versorgung mit Medien gesichert sein. Da dies aufgrund der Firmensituation keinesfalls mehr gegeben ist, können wir von dem Kauf der Geräte nur abraten.

Anwender, die bereits Geräte verwenden und auch noch vorerst weiter verwenden möchten, können aktuelle Informationen „zur Lage" unter den Webadressen *www.syquest.de* oder *www.syquest.de/userclub* bekommen.

Bandlaufwerke mit analoger Aufzeichnung

Die analoge Aufzeichnung auf magnetischen Bändern ist die klassische Methode der Datenaufzeichnung. Im Zuge der Miniaturisierung der Bandlaufwerke hat sich die Familie der QIC-Laufwerke (**Q**uarter **I**nch **C**artridge/Viertelzoll-Kassetten) entwickelt. QIC ist ein anerkannter Standard für Laufwerke und Medien, so daß grundsätzlich die Bandkassetten bei den Laufwerken untereinander ausgetauscht werden können. Voraussetzung dafür ist jedoch eine Aufzeichnung der Daten im gleichen Aufzeichnungsformat bzw. mit dem gleichen Archivierungsprogramm.

Eine breite Anwendung in der Vergangenheit haben die Geräte im Bereich der mittleren Datentechnik, z. B. bei den UNIX-Systemen gefunden. Im Bereich der PC-Technik haben sich die Laufwerke beim Anschluß an die Floppyschnittstelle durchgesetzt, die unter dem Begriff „Floppystreamer" bekannt geworden ist.

Iomega Ditto-Streamer

Unter den Bandlaufwerken sind die Floppystreamer wie der Ditto von der Firma Iomega nach wie vor die günstigsten Geräte, zumindest was den Anschaffungspreis der Laufwerke betrifft. Die Medien der Floppystreamer sind im Vergleich zu den Bandkassetten der DAT-Streamer leider deutlich teurer.

Hinsichtlich der Kompatibilität zu den älteren Bandkassetten im QIC-Format sind Floppystreamer jedoch wahre Meister ihrer Klasse. Floppystreamer bieten zumindest Lesekompatibilität hinsichtlich der gängigen Bandkassetten

MBytes mobil – Backup und Sicherungen

bis hin zu den ältesten Medien wie den QIC-80-Bändern mit 80 MByte Speicherkapazität. Floppystreamer benötigen keinen separaten Controller, sondern werden über die Floppyschnittstelle an Stelle eines zweiten Floppylaufwerks (Laufwerk B:) betrieben. Damit ist jedoch die mögliche Übertragungsgeschwindigkeit der Laufwerke durch die Floppyschnittstelle stark eingeschränkt.

Neben den internen Geräten für die Floppyschnittstelle werden in der gleichen Typklasse externe Varianten der Bandlaufwerke angeboten, die über die Druckerschnittstelle mit dem Rechner verbunden werden.

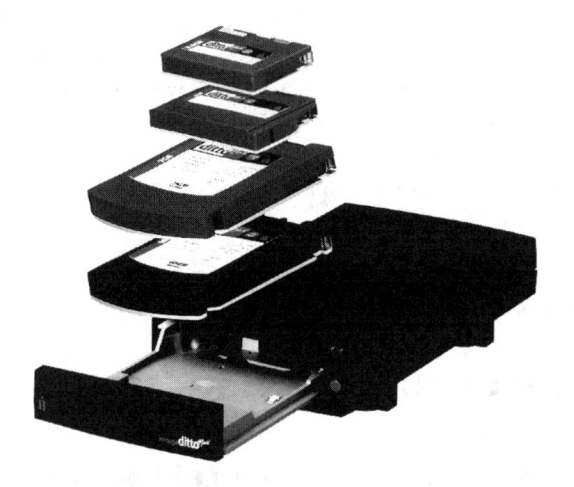

Externes Ditto-Laufwerk mit Medien von 2-10 GByte

Bei Ditto-Streamern können Sie unter drei Modellen auswählen.

Laufwerktyp	Speicherkapazität	Extern	Intern	Datendurchsatz (MByte/s), max
Ditto 2 GB	2 GByte		X	0.32/0,17
Ditto Max	2-7 GByte	X	X	0,6*/0,32**
Ditto Max Pro	2-10 GByte	X	X	0,6*/0,32**

* *internes Laufwerk*

** *externes Laufwerk*

Die Laufwerke arbeiten ähnlich wie die digitalen Laufwerke mit einer Datenkompression von 2:1. Die Speicherkapazität von 2-GByte-Bändern beträgt damit unkomprimiert eigentlich nur 1 GByte. Die Angaben der Speicherkapazitäten der Medien und der Übertragungsraten der Laufwerke sind jeweils mit Datenkompression zu verstehen.

Zur Beschleunigung der Datenübertragung an der Floppyschnittstelle wird eine Beschleunigerkarte, die Ditto Dash Accelerator-Karte, angeboten. Nur mit Unterstützung der Beschleunigerkarte können die angegebenen maximalen Übertragungsraten erreicht werden. Möchten Sie eine Beschleunigerkarte einsetzen, müssen Sie einkalkulieren, daß die Karte einen freien ISA-Steckplatz, einen Hardware-Interrupt und einen DMA-Kanal benötigt. Verwenden Sie bereits mehrere Zusatzkarten (Netzwerkkarte, Soundkarte, SCSI-Adapter usw.) bei Ihrem PC, kann es damit zu Engpässen in der Vergabe von freien Systemressourcen kommen.

Durch die geringe Datenübertragung können damit Backups im GByte-Bereich bis zu mehrere Stunden dauern. Da ein Arbeiten am Rechner während der Datensicherung nicht zu empfehlen ist, können die Sicherungen nur sinnvoll zu einer Zeit durchgeführt werden, in der der Rechner nicht für die eigene Arbeit benötigt wird.

Die externen Modelle der Laufwerke werden über die parallele Schnittstelle des Computers betrieben. Jedoch können Sie diese Laufwerke nicht zwischen Rechner und Drucker einbinden („durchschleifen"), so daß Sie beim gleichzeitigen Betrieb mit einem Drucker auf jeden Fall eine zweite parallele Schnittstelle für den Anschluß des Druckers benötigen.

Floppystreamer werden von allen Backup-Programmen unterstützt, so daß Sie auch unter Windows das Laufwerk mit dem mitgelieferten Backup-Programm Microsoft Backup unmittelbar verwenden können.

Bandlaufwerke mit digitaler Aufzeichnung

DAT- und DDS- Standard bei DAT-Streamern?

Die Abkürzung DAT steht für **D**igital **A**udio **T**ape (digitales Audioband).

Die für die Datenaufzeichnung bei Computern verwendeten Bänder haben das DDS-Format. DDS steht für **D**igital **D**ata **S**torage, also digitale Datenaufzeichnung. Bänder für die Datenaufzeichnung durch den Computer benötigen eine besonders hohe Qualität, die durch das Format DDS gewährleistet wird. DDS-Bänder besitzen am Anfang des Bandmaterials einen Markierungsstreifen, der das Medium als DDS-Kassette kennzeichnet. Der DDS-Standard kennt zur Zeit drei verschiedene Formate:

DDS-Format	Kapazität*/GByte	Bandlänge/m
DDS-1	1 und 2	60 und 90
DDS-2	4 GByte	120
DDS-3	6 GByte	125

unkomprimiert

Je nach verwendetem Medium können auf den kleinen Bandkassetten zwischen 1 GByte und 6 GByte umkomprimiert gespeichert werden. Wie die analogen Bandlaufwerke können bei den digitalen Laufwerken Komprimierverfahren eingesetzt werden. Die Speicherkapazität kann im Durchschnitt durch die Komprimierung der Daten um den Faktor 2-4 erhöht werden. Damit liegen DAT-Laufwerke hinsichtlich der Kosten pro GByte gespeicherter Daten beim Preis-Leistungs-Verhältnis auf den vordersten Plätzen.

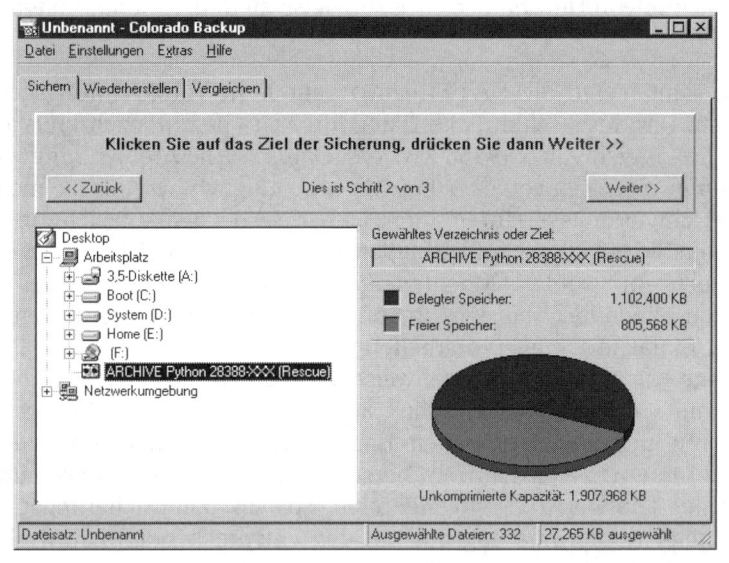

Anzeige eines DAT-Bands mit 90m Länge (DDS-1) mit Colorado Backup

Die beliebige Austauschbarkeit der Bänder, wie sie bei den meisten QIC-Kassetten möglich ist, ist bei DAT-Bändern nur mit Einschränkung zu finden. Ein Austausch der Bänder ist erst ab dem DDS-2-Format möglich. Die wesentlich weiter verbreiteten und auch vom Preis her günstigeren 90-m-Bänder können damit nicht unter den Laufwerken der verschiedenen Hersteller von DAT-Streamern ausgetauscht werden.

DAT-Laufwerke – Datensicherung für den Power-User

Zur Speicherung von umfangreichen Datenbeständen bei niedrigen Kosten und hoher Verabeitungsgeschwindigkeit haben sich bei den Bandlaufwerken DAT-Streamer durchgesetzt. Um einen DAT-Streamer einsetzen zu können, muß das Rechnersystem auf jeden Fall über einen SCSI-Adapter mit SCSI-2-Technik verfügen. Externe wie interne Geräte werden ausschließlich mit SCSI-Schnittstelle angeboten. Die Leistungsmerkmale der Laufwerke unterscheiden sich im wesentlichen in der Aufzeichnungsgeschwindigkeit, in der Leistungsfähigkeit des Komprimierungsverfahrens und in der Softwareausstattung. Die preiswertesten Geräte werden von der Firma Seagate angeboten. Die Modelle der Firma Hewlett Packard liegen im mittleren Segment bis hin zum Hochleistungsbereich, der ebenfalls von den Geräten der Firma Sony bedient wird. Nachteil der preiswerten Seagate-Laufwerke ist die „nicht vorhandene" Softwareausstattung im Lieferumfang der Geräte. Möchten Sie das Laufwerk unter Windows einsetzen, müssen Sie auf eine geeignete Backup-Software zurückgreifen. Das Systemprogramm Microsoft Backup unter Windows unterstützt leider keine Bandlaufwerke mit SCSI-Schnittstelle. Eine mögliches kostenloses Tool bietet Ihnen das Backup-Programm Colorado Backup von Hewlett Packard. Hinweise zu dem Produkt finden Sie ab Seite 639.

Insgesamt bieten die DAT-Streamer sehr hohe Aufzeichnungsgeschwindigkeiten. Der durchschnittliche Datendurchsatz liegt je nach Preislage der Geräte im Bereich von 300-750 KByte/s. Damit ist die Archivierung von 1 GByte Daten in einer Zeit von ca. 20-60 Minuten möglich, was für die meisten anderen Archivierungsverfahren unerreichbar ist. Bei der Aufzeichnung der Daten können Sie bei allen Laufwerktypen zwischen der Speicherung mit und ohne Kompression wählen. Möchten Sie die Datenkompression der Laufwerke nutzen, sind über die Backup-Software geeignete Einstellungen vorzunehmen. Einfache Laufwerke arbeiten mit einer Kompression von 2 : 1, höherwertige von 4 : 1 und noch teilweise darüber. Grundsätzlich ist die Kompression mit einem kritischen Blick zu sehen, denn diese Kompressionsraten sind nur im Mittel zu erreichen. Dabei ist zu beachten, daß die Verfahren zur Komprimierung von Laufwerkhersteller zu Laufwerkhersteller und je nach Typ des Laufwerks verschieden sind, so daß Datensicherungen mit eingeschalteter Komprimierung nur mit den entsprechenden Laufwerken wieder gelesen und bearbeitet werden können.

Kosten und Standzeiten bei gängigen Wechselmedien

Neben den entstehenden Kosten für die Laufwerke und Medien spielt die Lagerungsfähigkeit für die Archivierung unter Umständen eine große Rolle. Sollen, oder müssen die Daten über viele Jahre hinweg aufgehoben werden, sind die Standzeiten der Medien bei der Auswahl des Laufwerks zu berücksichtigen. Die Standzeit für ein Medium gibt an, über welchen Zeitraum ein Medium aufbewahrt werden kann, ohne daß durch die Lagerung ein Datenverlust zu erwarten ist.

Medien	Kapazität	Preis/DM	Standzeit/Jahre
Wechselplatten/Diskettenformat			
Floppydiskette	1,44 MByte	6-12 (10er Pack)	
Zip-Diskette	100 MByte/250 MByte	23-25/50	10
Superdisk (LS 120)	120 MByte	19-23	10
Wechselplatten/Wechselplattenformat			
PD	650 MByte	50-70	
MO	540-640 MByte	30-50	30
CD-R	650 MByte ca. 490 MByte im Packet Writing-Format	3-5, in Ausnahmen auch < 2	10

Medien	Kapazität	Preis/DM	Standzeit/Jahre
CD-RW	650 MByte ca. 490 MByte im Packet Writing-Format	18-25 in Ausnahmen auch <= 2,50	10
SyQuest SparQ	1,0 GByte	80-95	
SyQuest SyJet	1,5 GByte	130-145	
Iomega Jaz	1 GByte	170	
	2 GByte	220	
CD-R	650 MByte	3-5	10
CD-RW	650 MByte	18-25	10
SyQuest SparQ	1,0 GByte	80-95	
SyQuest SyJet	1,5 GByte	130-145	
Iomega Jaz	1-2 GByte	170-280	
Bandlaufwerke/analoge Aufzeichnung			
Travan für Iomega Ditto 2000	2 GByte	30-35	
Travan für Iomega Ditto Max	10 GByte	60-75	
Bandlaufwerke/digitale Aufzeichnung			
DDS-1, 90 m	2-4 GByte	8-10	
DDS-2, 120 m	4-16 GByte	21-27	
DDS-3, 125 m	12-48 GByte	45-50	

CD-Brenner und DVD-RAM: Datensicherung der neuen Art

CD-RW – Wiederbeschreibbare CD-Medien

CD-RW-Laufwerke sind CD-Brenner, die CD-R- und CD-RW-Medien, also einfach und mehrfach beschreibbare CD-Rohlinge verwenden können. Sie können zwar CD-R-Medien anderer Laufwerke lesen und beschreiben, CD-RW-Medien sind bei ihrem Einsatz allerdings in der Regel auf CD-RW-Laufwerke beschränkt, sofern die Kompatibilität nicht durch ein neues CD-ROM-Laufwerk explizit hergestellt wird. Die Weitergabe von CD-RW-Medien an andere CD-ROM-Laufwerke kann sich demnach als sehr problematisch erweisen. In einem Netzwerk oder im privaten Bereich können Sie CD-RW-Laufwerke dank der aktuellen Packet Writing-Technologie dennoch sehr komfortabel nutzen, im Netzwerk freigeben und darauf wie mit herkömmlichen Festplatten arbeiten (also Dateien schreiben, löschen, verschieben usw.). Lediglich die Lese- und Schreibgeschwindigkeiten sind mitunter sehr gering in der Leistung, zumindest im Vergleich zu anderen CD-ROM-Laufwerken, Backup-Medien oder gar Festplatten. Herkömmliche CD-RW-Laufwerke erlauben eine 2fache Schreib- und eine 6fache-Lesegeschwindigkweit. Aktuelle CD-ROM-Laufwerke stellen hingegen bereits 32- oder auch 48fache Lesegeschwindigkeiten zur Verfügung. Sofern Sie die Medien nicht direkter Sonnenstrahlung oder Gewalt aussetzen, sind die Medien relativ robust und vor allen Dingen, ebenso wie das CD-RW-Laufwerk selbst, sehr günstig. Im Privatbereich ist das CD-RW-Laufwerk daher mit Kapazitäten von bis zu 640 MByte ein ideales Backup-Medium.

Geschwindigkeitsprobleme mit CD-RW-Laufwerken lassen sich lösen, wenn Sie außerdem ein schnelles CD-ROM-Laufwerk in Ihren Rechner einbauen

Wesentlicher Nachteil ist in erster Linie die Lesegeschwindigkeit der aktuellen CD-RW-Laufwerke. Zwar können Sie mit einem CD-RW-Laufwerk CD-ROMs lesen, die Geschwindigkeit bei Spiele-CDs ist jedoch in vielen Fällen bereits zu gering. Engpässe können Sie hier umgehen, indem Sie in Ihren Rechner zusätzlich ein schnelles CD-ROM-Laufwerk einbauen. In diesem Fall ist es auch leichter, vorhandene Daten von CD-ROMs umzukopieren.

Hinweis
Packet Writing contra Laufwerkkomprimierung

Obgleich Sie mit Hilfe der Packet Writing-Technologie auf CD-RW aber auch auf CD-R-Laufwerke wie auf herkömmliche Laufwerke zugreifen können, wird das jeweilige Laufwerk weiterhin als CD verwaltet. Mit CD-Laufwerken können Sie prinzipiell keine Laufwerkkomprimierungsprogramme, wie beispielsweise DoubleSpace, DriveSpace oder Superstore, einsetzen. Es spricht jedoch nichts dagegen, die Daten auf eine entsprechende CD mit komprimierenden Datensicherungsprogrammen (z. B. MS-Backup) zu schreiben oder manuell komprimierte Archive (z. B. mit WinZip) zu erzeugen und anschließend auf den CD-Datenträger zu kopieren, um einhergehend damit die Kapazitäten der CD-Medien zu erhöhen.

DVD-RAM – Medien mit GByte-Kapazitäten

Bei den DVD-Laufwerken wird zwischen den DVD-ROM- (ROM = **R**ead **O**nly **M**emory = Nur-Lese-Speicher) und den DVD-RAM-Laufwerken (RAM = **R**andom **A**ccess **M**emory = freier Zugriffsspeicher) unterschieden. Wie die Namen bereits ergeben, können Sie Laufwerke zum Abspielen von DVDs, aber auch Laufwerke, mit deren Hilfe Sie selbst DVD-Medien beschreiben, aber auch lesen können, erwerben. Der Preis für ein DVD-ROM-Laufwerk liegt derzeit bei ca. 400 bis 500 DM und der für ein DVD-RAM-Laufwerk bei ca. 1.100 bis 1.300 DM. Entsprechend dem Siegeszug der CD-ROM-, CD-R- und CD-RW-Laufwerke ist auch bei den DVD-Laufwerken mit einem Siegeszug und einhergehendem Preisverfall zu rechnen.

Für die Datensicherung hat sich das DVD-RAM bereits jetzt zu einem ernstzunehmenden Konkurrenten entwickelt. Datenträgerkapazitäten von 2,6 GByte bei einseitig und 5,2 GByte bei zweiseitig beschreibbaren Medien erlauben bereits die Datensicherung von größeren Festplatten auch in der Gesamtheit. 5,2-GByte-Medien müssen dabei allerdings, ähnlich einer Audiokassette, gewechselt werden. Ein beidseitiges Lesen ohne Mediumswechsel wird derzeit noch nicht unterstützt. Eines der bekanntesten DVD-RAM-Laufwerke ist das Panasonic DVD-RAM-Drive LF-D101U/LF-D101E, das auch in den nachfolgenden Erläuterungen als Beispiel herangezogen wird. Mit weiteren Modellen und auch Herstellern, die in Kürze auf den Markt kommen, ist allerdings zu rechnen.

Leistungsdaten eines DVD-RAM-Laufwerks

Ein DVD-RAM-Laufwerk wird standardmäßig über eine Fast-SCSI-Schnittstelle (SCSI 2) mit dem Rechner verbunden. Dabei ergeben sich die folgenden Leistungsdaten:

Merkmal	Medium	Kennwert
Zugriffszeit (Panasonic-Meßverfahren)	DVD-RAM	120 ms
	DVD-ROM	85 ms
	PD	85 ms
	CD-ROM	85 ms
Datentransferrate im Dauerbetrieb	DVD-RAM	1385 KByte/s
	DVD-ROM	2770 KByte/s (2facher Modus)
	PD	518-1141 KByte/s
	CD-ROM	3000 KByte/s max. (20facher Modus)
Internes Cache		2 MByte
Gewicht		1 kg
Kompatible Datenträger: Lesen	DVD-ROM DVD-R CD-DA CD-ROM (einschl. XA) Foto-CD (einschl. Multisession) Video-CD CD-Extra CD-R/RW (einschl. Multiread)	120 mm-Discs Hinweis: DVD-RAM mit 5,2 GByte (double-sided) und 2,6 GByte (single sided)
Kompatible Datenträger: Schreiben	DVD-RAM PD	120 mm-Discs

CD-Wechsler – Datenzugriff leichtgemacht

CD-Medien eignen sich also mittlerweile sehr gut zur Datensicherung. Datenarchive lassen sich mit geringem Platzbedarf lagern und jederzeit wieder einlegen und abrufen. Wollen Sie mehrere Archive parallel im Zugriff halten, können Sie sich auch sogenannte CD-Wechsler zulegen. Bei diesen Medien legen Sie mehrere CDs ein. Jedem Medium wird ein eigener Laufwerkbuchstabe zugeordnet. Greifen Sie beispielsweise über den Windows-Explorer auf ein Laufwerk des CD-Wechslers zu, so wird, sofern erforderlich, unmittelbar die CD gewechselt. Für den Wechsel ergeben sich lediglich geringe Verzögerungszeiten. Das manuelle Wechseln einer CD per Knopfdruck ist zwar möglich, in der Praxis aber nicht zwingend erforderlich.

CD-Wechsler, wie hier der Nakamichi MBR-7, erlauben den schnellen und einfachen Zugriff auf CD-Archive

14.3 Medienpraxis – Einbau und Konfiguration der Laufwerke

Der Einbau der internen bzw. der Anschluß der externen Geräte ist bei gleichem Anschlußtyp sehr ähnlich.

Allgemeine Hinweise zum Einbau der Geräte

Die folgende Tabelle zeigt die Einbauanleitungen für die Schnittstellen- und Anschlußtypen des Zip-Laufwerks, die Sie für die vergleichbaren Typen anderer Geräte anwenden können.

Laufwerktyp	Intern	Extern	Beschreibung/Seite
Parallel-Port		X	619
SCSI		X	621
SCSI	X		627
ATAPI	X		624
Floppyschnittstelle	X		629

Externe Zip-Laufwerke anschließen

Externe Zip-Laufwerke werden entweder an die parallele Schnittstelle oder an die SCSI-Schnittstelle angeschlossen. Nur im Sonderfall des ZipPlus-Laufwerks können Sie zwischen den Anschlüssen wählen. Die „normalen" Geräte sind entweder für die Druckerschnittstelle oder für den SCSI-Bus ausgelegt. In den folgenden Abschnitten finden Sie die Anleitungen für diese beiden Typen in separaten Teilen.

Checkliste: Externe Zip-Laufwerke
Umschlag der Betriebssoftware (jeweils eine 3,5"'- Floppy- und Zip-Diskette oder eine CD-ROM) vorhanden?
Handbücher für den richtigen Laufwerktyp vorhanden?
Datenkabel zum Rechner verfügbar?
Bei SCSI: Ist das mitgelieferte Datenkabel zum Anschluß geeignet?
Reicht die Länge des Kabels für Ihren Standort?
Netzteil für das Zip-Laufwerk vorhanden?
Ist die Drucker- oder SCSI-Schnittstelle an der Rückseite des Rechners erreichbar?
Kann das Laufwerk stabil auf seinen Gummifüßen aufgestellt werden?
Ist ein Netzanschluß (220 V) für das Netzteil des Zip in erreichbarer Nähe des Computers vorhanden?

Externes Zip-Laufwerk für die Druckerschnittstelle anschließen

Der Anschluß des Zip-Laufwerks an die parallele Schnittstelle ist sehr einfach. Das Laufwerk wird einfach von außen mit dem Anschluß für den Drucker (parallele Schnittstelle) verbunden.

Das Zip-Laufwerk bietet neben dem Anschluß an den Rechner eine Anschlußmöglichkeit für einen Drucker. Verfügt Ihr Rechnersystem nur über eine einzige parallele Schnittstelle, wird der Drucker über das Zip-Laufwerk angeschlossen.

MBytes mobil – Backup und Sicherungen

Das Zip-Laufwerk verfügt über einen durchgeschleiften Druckeranschluß, an dem ein Drucker angeschlossen werden kann. Um den Drucker mit diesem durchgeschleiften Anschluß korrekt ansprechen zu können, müssen Sie jedoch das Zip-Laufwerk eingeschaltet haben.

> **Hinweis**
> **Verwendung des Drucker-Ports mit mehreren Geräten**
> Die parallele Schnittstelle ist kein Bussystem und eigentlich nur für den Anschluß eines Geräts gedacht. Externe Zusatzgeräte wie das Zip-Laufwerk enthalten eine Elektronik, die zusätzlich den Betrieb eines Druckers möglich macht. Verwenden Sie darüber hinaus einen Scanner mit paralleler Schnittstelle, benötigen Sie eine zweite parallele Schnittstelle. Die Verwendung des Zip-Laufwerks mit Drucker und Scanner ist am durchgeschleiften Drucker-Port nicht vorgesehen.

1. Drehen Sie das Laufwerk mit der Rückseite zu sich. An der Rückseite befinden sich zwei Anschlußmöglichkeiten. Verbinden Sie das Datenkabel mit dem Stecker am Zip-Laufwerk (Bezeichnung *Zip*).

2. Verwenden Sie zusätzlich einen Drucker, ziehen Sie das Druckerkabel an der Schnittstelle des Rechners ab und verbinden es mit der freien Buchse am Zip-Laufwerk (Druckersymbol).

3. Verbinden Sie das freie Ende des Datenkabels mit der Druckerschnittstelle an der Rückseite Ihres Computers.

Rückseite des Zip für den Parallel-Port

4. Verbinden Sie zur Stromversorgung das Netzgerät mit dem Zip-Laufwerk. Bei korrektem Netzanschluß sollte die grüne Kontrolleuchte des Zip-Laufwerks leuchten.

> **Hinweis**
> **Schnelle parallele Zip-Laufwerke**
> Ein Zip-Laufwerk am parallelen Drucker-Port läßt sich mit einer einzigen Einstellung im BIOS Ihres Rechners deutlich beschleunigen. Entscheidend für ein schnelles Zip am parallelen Port ist die richtige Einstellung der Betriebsart der parallelen Schnittstelle im BIOS. Unter den Betriebsarten SPP, ECP EPP, EPP+ECP wählen Sie ECP+EPP als schnellste und flexibelste Betriebsart der Schnittstelle.

Damit haben Sie schon alle notwendigen Schritte zum Anschluß Ihres Zip-Laufwerks an Ihren Computer erledigt und können zur Installation der Zip-Software wechseln. Für DOS und Windows finden Sie die Anleitung dazu in der mitgelieferten Dokumentation.

Externes Zip-Laufwerk am SCSI-Bus anschließen

1 Drehen Sie das Laufwerk mit der Rückseite zu sich und verbinden Sie ein Ende des Zip-Datenkabels mit der Buchse *Zip* am Laufwerk.

2 Stellen Sie die SCSI-ID des Zip-Laufwerks auf eine freie ID Ihres Systems. Wählen Sie dazu eine SCSI-ID für das Zip-Laufwerk von 5 oder 6. Stellen Sie dazu den Schalter zwischen den Kabelanschlüssen mit der Bezeichnung *SCSI ID* auf die entsprechende Position, also 5 oder 6.

Rückseite des Zip-Laufwerks für den SCSI-Bus

3 Ist das Zip-Laufwerk das einzige externe SCSI-Gerät, müssen Sie das Datenkabel am Zip-Laufwerk abschließen. Dazu stellen Sie den Schalter zwischen den Kabelanschlüssen mit der Bezeichnung *Termination* auf die Position *On*. Verbinden Sie das freie Ende des Datenkabels am Anschluß *Zip* mit dem SCSI-Adapter Ihres Computers. Sind weitere externe SCSI-Geräte angeschlossen, lösen Sie das Datenkabel des bisherigen Geräts vom Anschluß des Adapters. Verbinden Sie dieses Datenkabel mit der freien Buchse (Raute) am Zip-Laufwerk. Das freie Ende des Zip-Datenkabels wird mit dem Anschluß am SCSI-Adapter verbunden. Schieben Sie den Schalter *Termination* an der Rückseite des Zip auf die Stellung *Off*.

4 Verbinden Sie zur Stromversorgung das Netzgerät mit dem Zip-Laufwerk. Bei korrektem Netzanschluß sollte die grüne Kontrolleuchte des Zip-Laufwerks leuchten.

Damit sind die notwendigen Schritte zur Installation des Laufwerks abgeschlossen. Zum Abschluß wird die Betriebssoftware zum Zip-Laufwerk benötigt.

Kabelverbindungen zum Anschluß externer SCSI-Laufwerke

Die Anschlüsse des externen Geräts und des im Rechner eingebauten SCSI-Adapters bestimmen die Art des Verbindungskabels. Im allgemeinen finden sich an den beiden Komponenten entweder Anschlüsse in SCSI-1- oder in SCSI-2-Technik. Unangenehmer Weise unterscheiden sich auch die Anschlußtechniken der beiden SCSI-Varianten. Die SCSI-Adapter in SCSI-1-Technik bieten zum Anschluß des Datenkabels zur Verbindung mit den externen Geräten eine 25polige Sub-D-Buchse, Host-Adapter in SCSI-2-Technik dagegen eine 50polige Miniatur-Centronics-Buchse.

Externer 50poliger Anschluß eines SCSI-Adapters in SCSI-2-Technik

Bei Verwendung von SCSI-1-Adaptern ist besondere Vorsicht bei der Verbindung mit dem Datenkabel geboten, da die Anschlußbuchse mit einer parallelen Schnittstelle zum Betrieb eines Druckers verwechselt werden kann. Beide Schnittstellen verwenden den gleichen Steckertyp 25polig Sub-D.

Kabeltyp Verbindung Adapter/externes Gerät	Anwendung
20polig Mini-Centronics auf 25polig Sub-D	Notebook
20polig Mini-Centronics auf 36polig Centronics	Notebook
25polig Sub-D auf 25polig Sub-D	PC, SCSI-1
25polig Sub-D auf 50polig Centronics	PC, SCSI-1
50polig Mini-Centronics auf 50polig Centronics	PC, SCSI-2
68polig Mini-Centronics auf 50polig Centronics	PC, SCSI-2

Der externe Anschluß der Adapter und Geräte ist im allgemeinen als Buchse ausgeführt. Entsprechend müssen die Kabel mit Steckern versehen sein. Häufig werden Sie die Bezeichnungen männlich (male) für Stecker und weiblich (female) für die Buchsen finden.

MBytes mobil – Backup und Sicherungen

Externes SCSI-1-Datenkabel 25polig Sub-D/Sub-D im Lieferumfang des SCSI-Zip-Laufwerks

Achten Sie beim Kauf darauf, daß Sie zur Verbindung der externen Geräte das richtige Kabel erwerben. Liegen die Verbindungskabel schon beim externen Gerät bei, können Sie durch entsprechende Adapter ebenfalls den richtigen Steckertyp erreichen.

Bei den SCSI-Zip-Laufwerken wird ein Datenkabel beigelegt, das zum einen recht kurz geraten ist zum anderen für den Anschluß an die SCSI-1-Adaptertechnik ausgelegt ist. Verwenden Sie einen handelsüblichen Host-Adapter in SCSI-2-Technik, paßt das Datenkabel nicht für die externe Verbindungsbuchse am SCSI-Adapter. Entweder verwenden Sie ein neues passendes Kabel, oder Sie kaufen einen Verbindungsadapter, der die Stecker entsprechend anpaßt.

Geeignete Kabel und Adapter sind im Computerfachhandel oder in Elektronikläden zu bekommen. Die Preise für die Verbindungskabel reichen je nach Qualität oder Kabellänge von 30-70 DM, die Adapter kosten jeweils um die 10 DM.

Interne Zip-Laufwerke anschließen

Entfernen Sie an der Vorderseite des Rechners die Schachtabdeckung des Schachts, in den Sie das Zip-Laufwerk einbauen möchten. Unter Umständen ist der Schacht mit einem Blech abgedeckt. Die Bleche der bislang unbenutzten Schächte sind so ausgestanzt, das Sie durch Biegen das Blech entfernen können.

Checkliste: Interne Zip-Laufwerke
Umschlag der Betriebssoftware (jeweils eine 3,5"- Floppy- und Zip-Diskette oder eine CD-ROM) vorhanden?
Handbücher für den richtigen Laufwerktyp vorhanden?
Verfügt Ihr Rechner über einen freien Einbauschacht im Rechnergehäuse?
Beim Einbau in einen 5,25"-Schacht: Ist der Montagesatz (Blende, Schienen, Schrauben) vorhanden?

> Ist ein freier Stromanschluß für das Laufwerk am Netzteil Ihres Computers vorhanden?
>
> Ist beim Anschluß an den SCSI-Adapter/den IDE-Bus ein freier Anschluß am Flachbandkabel vorhanden?

Montage des Einbaurahmens für den Einbau in den 5,25-Zoll-Schacht

Möchten Sie einen 5,25-Zoll-Schacht zum Einbau des Laufwerks verwenden, benötigen Sie den Montagesatz für den Einbaurahmen. Vor dem Einbau des Geräts müssen Sie den Rahmen mit der Frontblende verschrauben. Das Laufwerk wird in den Rahmen eingehängt und von vorn in den Laufwerkschacht eingeführt.

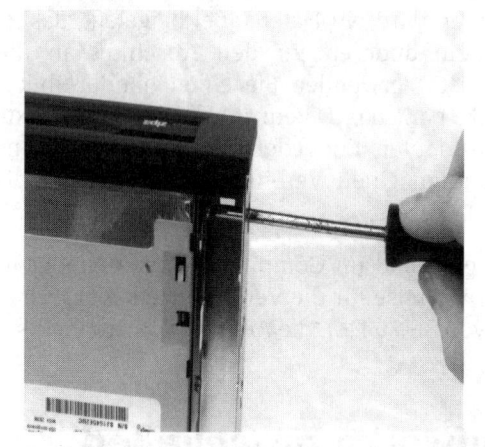

Laufwerk mit Frontblende und Einschubrahmen

Anschluß des ATAPI-Zip-Laufwerks für den IDE-Bus

1 Entfernen Sie den Netzstecker sowie die Kabelverbindungen zur Tastatur, Maus usw. und öffnen Sie das Gehäuse des Rechners.

2 Zum Anschluß des Laufwerks an den IDE-Bus suchen Sie einen freien Anschluß am Buskabel. Dazu verfolgen Sie den Weg des breiten Flachbandkabels (40polig) von einer Festplatte in Richtung zur Hauptplatine des Computers. Im allgemeinen sollte das der primäre Datenkanal (Primary IDE) des AT-Bus sein. Das Kabel endet auf einer Stiftleiste. Entweder befindet sich eine weitere unbenutzte Stiftleiste unter oder neben dem primären Anschluß, oder Sie sehen ein zweites Flachbandkabel. Dann ist auch der sekundäre IDE-Kanal (Secundary IDE) bei Ihrem System belegt (z. B. durch ein CD-ROM-Laufwerk).

MBytes mobil – Backup und Sicherungen

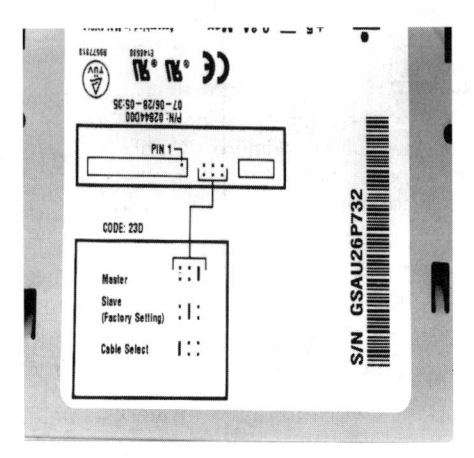

Einstellung der Jumper für das interne ATAPI-Zip-Laufwerk

Hinweis
Buskennung – Master oder Slave ?

Möchten Sie das Zip-Laufwerk als Floppyersatz betreiben, müssen Sie das Laufwerk als Master konfigurieren. Um von einem ATAPI-Laufwerk zu booten, muß das Gerät als Master am Bus eingestellt sein. Verwenden Sie das Laufwerk als Ergänzung zu einem Floppylaufwerk, ist die Einstellung beliebig, und Sie können das Laufwerk sowohl als Master oder als Slave einstellen.

Befindet sich ein freier zweiter Anschluß am primären Kanal, verwenden Sie diesen Anschluß für das Zip-Laufwerk, sonst einen freien Anschluß am sekundären Kanal. Stehen keine freien Anschlüsse an den Datenkabeln zur Verfügung, benötigen Sie ein neues Datenkabel. Geeignete Kabel sind im Computer- oder Elektronikfachhandel erhältlich. Die Installation des Laufwerks können Sie nur mit einem geeigneten Datenkabel bzw. mit einem freien Abzweig fortsetzen.

Buskabel zum Anschluß an den IDE-Bus

> **Hinweis**
>
> **IDE-Kanal – primär oder sekundär ?**
>
> Grundsätzlich spielt es keine Rolle, an welchem Kanal Sie das Zip anschließen. Besteht ein freier zweiter Anschluß am primären Kanal, betreiben Sie es am besten mit der Festplatte. Besteht die Möglichkeit nicht, schließen Sie das Zip am sekundären Kanal an.

3   Nachdem Sie den Anschluß am Bus geklärt haben, ist die Gerätekennung festzulegen. Verwenden Sie das Zip-Laufwerk als zweites Gerät an einem Kanal, konfigurieren Sie das Zip als Slave. Beim Anschluß als einzelnes Device an einem IDE-Kanal müssen Sie das Zip als Master einstellen.

4   Schieben das Laufwerk von vorn in den Laufwerkschacht. Befestigen Sie das Laufwerk mit den vier Schrauben am Einschubkorb des Gehäuses.

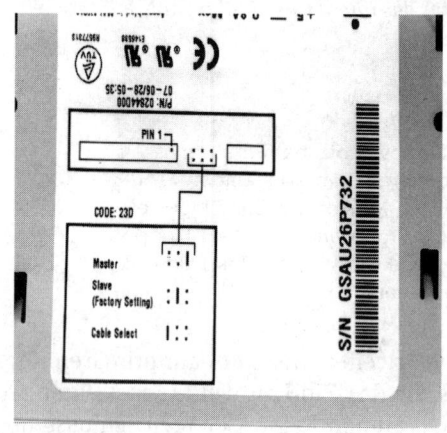

Rückseite des internen ATAPI-Zip-Laufwerks

5   Zur Datenverbindung ist das Laufwerk mit dem IDE-Buskabel zu verbinden. Der freie Abzweig des IDE-Kabels wird an der Rückseite des Zip-Laufwerks in die Stiftbuchse eingesteckt. Das Flachbandkabel hat an einer Seite eine besonders markierte Ader (Ader 1). Der Abzweig ist so in die Buchse des Zip einzustecken, daß die markierte Ader in die Richtung der Stromversorgung des Laufwerks zeigt.

> **Hinweis**
>
> **Keine freien Netzteilanschlüsse?**
>
> Sind bei Ihrem Rechnerausbau bereits alle Verbindungen für die Stromversorgung belegt, können Sie mit einem Y-Kabel eine zusätzliche Anschlußmöglichkeit schaffen. Y-Kabel sind im Computer- oder Elektronikhandel erhältlich.

6   Zur Stromversorgung des Laufwerks wird die schwarze Buchse (4polig) des Zip mit einem freien Strang des Netzteils verbunden. An der Rückseite des Netzteils befindet sich ein Kabelbaum mit jeweils vieradrigen Kabelsträngen. Zum Anschluß benötigen Sie einen freien Kabelstrang mit

einem breiten weißen Kabelschuh. Stecken Sie den Kabelschuh mit der Flachseite nach unten in die Buchse am Laufwerk.

7 Schließen Sie das Gehäuse des Rechners und verbinden Sie wieder Ihre Geräte wie Tastatur, Monitor, Maus usw. mit dem Rechner.

Sie haben jetzt den kompliziertesten Teil der Installation des Zip-Laufwerks überstanden und können die Zip-Software installieren.

Internes Zip-Laufwerk für den SCSI-Bus anschließen

SCSI-ID bestehender Geräte feststellen

Wenn Sie bereits SCSI-Geräte verwenden, müssen Sie die SCSI-ID Ihrer bisherigen SCSI-Geräte ausfindig machen. Beim Start des Rechners meldet sich das SCSI-BIOS Ihres Host-Adapters und zeigt die SCSI-Geräte mit ihrer Nummer an. Der einfachste Weg ist der folgende:

1 Starten Sie Ihren Recher und notieren Sie sich die SCSI-IDs der bisherigen Geräte. Durch Drücken der Taste [Pause] können Sie den Ablauf des Rechnerstarts anhalten. Durch ein erneutes Drücken einer beliebigen Taste wird der Rechnerstart fortgesetzt.

2 Entfernen Sie den Netzstecker sowie die Kabelverbindungen zur Tastatur, Maus usw. und öffnen Sie das Gehäuse des Rechners.

> **Hinweis**
>
> **SCSI-Buskabel gekauft**
>
> Achten Sie beim Kauf eines neuen SCSI-Kabels auf die Zahl der Abzweigungen. Am Kabel sollten mindestens drei Geräte anzuschließen sein. Das Kabel muß ausreichend lang sein (ca. 40-50 cm), um alle Geräte ohne Zugbelastung miteinander verbinden zu können.

3 Zur Datenverbindung zum Rechner benötigen Sie einen freien Anschluß am SCSI-Bus. Öffnen Sie das Gehäuse des Rechners und verfolgen Sie den Weg des breiten Flachbandkabels (50polig) von einer Festplatte in Richtung zur Hauptplatine des Computers.

Im Kabelweg sind Buchsenleisten angebracht, an denen die Geräte angeschlossen werden. Finden Sie keinen freien Anschluß, benötigen Sie entweder ein neues Kabel oder müssen bei ausreichender Länge des Kabels eine zusätzliche Buchse (aus dem Elektronikhandel) auf das Kabel „aufquetschen".

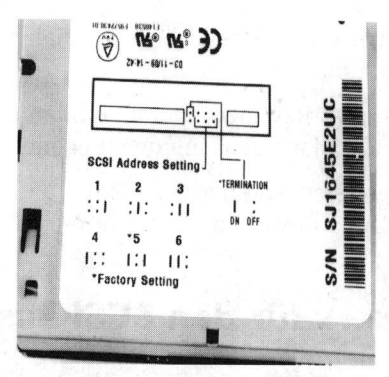

Beschreibung der Jumper-Einstellung des internen SCSI-Zip-Laufwerks

4 Jumpern Sie die SCSI-ID des Laufwerks entsprechend Ihrer Konfiguration auf eine unbelegte SCSI-ID. Verwenden Sie das Zip-Laufwerk als erstes Gerät am Bus, können Sie die Werkseinstellung der Terminierung übernehmen, ansonsten schalten Sie den Abschluß durch den Jumper *Termination* ab (Position *Off*). Schieben Sie anschließend das Laufwerk von vorn in den Laufwerkschacht.

Hinweis
Übliche SCSI-IDs

Interne Geräte verwenden üblicher Weise die IDs 0-4. Für Festplatten werden meist die IDs 0-1 für die erste und zweite Platte verwendet, weitere interne Laufwerke erhalten die folgenden IDs 2-4. Externe Geräte verwenden im allgemeinen die SCSI-ID 5 oder 6.

5 Zur Datenverbindung ist das Laufwerk mit dem SCSI-Bus zu verbinden. Der freie Abzweig am Flachbandkabel wird an der Rückseite des Zip-Laufwerks in die Stiftbuchse eingesteckt. Das Flachbandkabel hat an einer Seite eine besonders markierte Ader (Adernummer 1). Der Abzweig ist so in die Buchse des Zip-Laufwerks einzustecken, daß die markierte Ader in Richtung der Stromversorgung des Laufwerks zeigt.

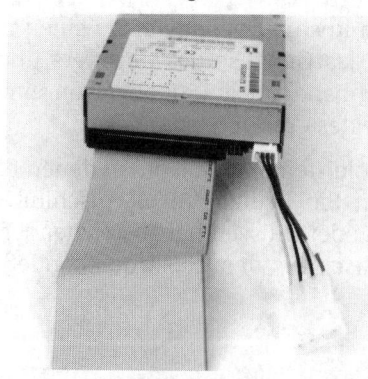

Laufwerk mit angeschlossenem Buskabel und Stromversorgung

6 Zur Stromversorgung des Laufwerks wird die schwarze Buchse (4polig) des Zip-Laufwerks mit einem freien Strang des Netzteils verbunden. An der Rückseite des Netzteils befindet sich ein Kabelbaum mit jeweils vieradrigen Kabelsträngen.

7 Befestigen Sie das Laufwerk am Einschubkorb des Gehäuses.

8 Schließen Sie das Gehäuse des Rechners und verbinden Sie wieder Ihre Geräte wie Tastatur, Monitor, Maus usw. mit dem Rechner.

Damit haben Sie den kompliziertesten Teil der Arbeiten zum Zip-Laufwerk geschafft. Sie können jetzt zur Installation der Zip-Software wechseln. Für DOS und Windows finden Sie die Anleitung dazu in der mitgelieferten Dokumentation.

Einbau des Ditto-3200-Streamers von Iomega

Das Laufwerk kann unmittelbar in einen freien 3,5-Zoll-Schacht des Gehäuses eingebaut werden. Alternativ können Sie das Laufwerk in einen der breiteren 5,25-Zoll-Schächte einbauen. Für den Einbau in die 5,25-Zoll-Schächte benötigen Sie den Montagesatz mit der Frontblende.

Checkliste: Ditto-Streamer
Installations- und Benutzerhandbuch (Floppydisketten oder eine CD-ROM) vorhanden?
Verfügt Ihr Rechner über einen freien Einbauschacht im Rechnergehäuse?
Beim Einbau in einen 5,25"-Schacht: Ist der Montagesatz (Blende, Schienen, Schrauben, Erdungskabel) vorhanden?
Ist das Flachbandkabel zum Anschluß an die Floppyschnittstelle vorhanden?
Ist ein freier Stromanschluß für das Laufwerk am Netzteil Ihres Computers vorhanden?

Ditto-Streamer der Firma iomega

Entfernen Sie an der Vorderseite des Rechners die Schachtabdeckung des Schachts, in den Sie den Streamer einbauen möchten. Unter Umständen ist der Schacht mit einem Blech abgedeckt. Die Bleche der bislang unbenutzten Schächte sind so ausgestanzt, das Sie durch Biegen das Blech entfernen können.

Montage des Einbaurahmens für den Einbau in den 5,25-Zoll-Schacht

Möchten Sie einen 5,25-Zoll-Schacht zum Einbau des Laufwerks verwenden, benötigen Sie den Montagesatz für den Einbaurahmen. Vor dem Einbau des Geräts müssen Sie den Rahmen mit der Frontblende verschrauben. Anschließend wird das Laufwerk mit dem Rahmen verschraubt.

Einbau und Anschluß des Laufwerks

1 Entfernen Sie den Netzstecker sowie die Kabelverbindungen zur Tastatur, Maus usw. und öffnen Sie das Gehäuse des Rechners.

2 Schließen Sie die Kabel für die Erdung und die Stromversorgung an das Laufwerk an. Verbinden Sie das mitgelieferte Flachbandkabel mit dem Laufwerk. Die gekennzeichnete Ader (Ader 1) zeigt in Richtung der Stromversorgung. Schieben Sie das Laufwerk von vorn in den Laufwerkschacht des Gehäuses.

3 Verschrauben Sie das Laufwerk mit dem Gehäuse. Zur Erdung des Laufwerks muß das y-förmige Ende des Erdungskabels mit dem Gehäuse so verbunden werden, daß es unmittelbaren Kontakt mit dem Metall hat. Am einfachsten entfernen Sie mit dem Schraubenzieher den Lack am Laufwerkkorb an einer der Stellen, an denen Sie das Laufwerk mit dem Gehäuse verschrauben möchten. Schieben Sie das y-förmige Ende des Erdungskabels beim Verschrauben unter die entsprechende Befestigungsschraube.

4 Verfolgen Sie den Weg des Flachbandkabels vom Floppylaufwerk in Richtung zur Hauptplatine des Computers. Das Kabel endet auf zwei Pinreihen bzw. einem Buchsenanschluß – dem Anschluß des Floppy-Controllers. Ziehen Sie das Ende des Floppydatenkabels vorsichtig von dem Anschluß des Floppy-Controllers ab. Achten Sie darauf, keinen der Pins zu verbiegen.

5 Verbinden Sie das Datenkabel der Floppy mit der Anschlußbuchse am Datenkabel des Streamers. Achten Sie auch hier auf die richtige Lage der gekennzeichneten Ader 1.

6 Zur Stromversorgung ist das Laufwerk mit einem Abzweig des Netzteils zu verbinden. Am Netzteil befindet sich ein Kabelbaum mit 4poligen Abzweigen für die Stromversorgung der internen Geräte. Verbinden Sie einen der Abzweige mit dem weißen Kabelschuh des Streamers.

DVD-RAM – Backup-Laufwerke mit Zukunft

DVD-Laufwerke werden entsprechend anderen internen Laufwerken mit SCSI-Anschluß eingebaut. Aus diesem Grund soll der Einbau des Panasonic DVD-RAM-Laufwerks LF-D101 hier nur kurz zusammenfassend beschrieben werden. In diesem Zusammenhang werden insbesondere die Besonderheiten dieses Laufwerks erläutert. Da das Laufwerk ohne Schnittstellenkarte ausgeliefert wird, müssen Sie sich zunächst eine Fast-SCSI-Karte besorgen. Das 50polige SCSI-Anschlußkabel liegt dem DVD-RAM-Laufwerk jedoch ebenso wie die Befestigungsschrauben bereits bei.

1. Trennen Sie den Rechner vom Stromnetz und öffnen Sie das Gehäuse.
2. Nehmen Sie vom Gehäuse an der Stelle, an der das DVD-RAM-Laufwerk eingebaut werden soll, die Frontblende ab.
3. Bauen Sie nun die SCSI-Schnittstellenkarte in einen freien Steckplatz ein.
4. Nehmen Sie das DVD-Laufwerk und setzen Sie auf der Rückseite die Jumper 2, 3 und 4 zur Festlegung der SCSI-ID (Kennung 0 bis 6). Setzen Sie zusätzlich den Jumper 6, um das Laufwerk bei Bedarf zu terminieren. Sie terminieren das Laufwerk immer dann, wenn es sich um ein abschließendes Gerät einer SCSI-Kette handelt. Welche SCSI-Kennung Sie vergeben, ist abhängig davon, wie viele Geräte Sie bereits an der Schnittstellenkarte angeschlossen haben und welche Kennungen bereits vergeben sind.
5. Schieben Sie nun das Laufwerk in den Laufwerkschacht des PCs und befestigen Sie es mit den Befestigungsschrauben. Das DVD-Laufwerk ist relativ groß, so daß Sie beim Einbau sehr vorsichtig sein müssen. Dies gilt insbesondere dann, wenn aufgrund des eingebauten Motherboards kaum Platz für den Einbau verfügbar ist.
6. Schließen Sie nun ein 4poliges Netzanschlußkabel des Netzteils sowie das SCSI-Schnittstellenkabel an der Rückseite des Laufwerks an.
7. Ist in Ihrem Rechner eine Soundkarte angeschlossen, können Sie ggf. eine Audiokabelverbindung zwischen dem DVD-RAM-Laufwerk und der Soundkarte herstellen und das Laufwerk anschließend zum Abspielen von Audio-CDs einsetzen.

Auch DVD-RAM-Laufwerke lassen sich problemlos mit herkömmlichen CD-ROM-Laufwerken kombinieren

8 Nun können Sie das Gehäuse wieder auf den Rechner setzen, alle Anschlüsse wiederherstellen und das Betriebssystem starten. Anschließend legen Sie die Treiber-CD ein und führen das zugehörige Einrichtungsprogramm über den Namen *Setup.Exe* aus dem CD-Wurzelverzeichnis aus. Ist das automatische Starten der CDs aktiv geschaltet, startet die CD nach dem Einlegen bereits automatisch. Das Installationsprogramm richtet den Treiber für das Laufwerk sowie für das UDF-Format ein.

DVD-RAM-Medien sind gegen äußere Umwelteinflüsse durch eine Cartridge geschützt

Hinweis

Das UDF-Format

DVD-RAM-Medien können mit dem FAT16- oder UDF-Format formatiert werden. Das UDF-Format wurde speziell für DVD-Laufwerke entwickelt und ist für besonders große Dateien optimiert worden (Audio- und Videodateien), um eine gleichbleibend hohe Übertragungsgeschwindigkeit zu erzielen. Aufgrund der relativ hohen Dateisteuerstruktur eignet sich das Format nicht zur Verwaltung einer hohen Anzahl kleiner Dateien. Auch die Anzeige der Dateien innerhalb des Windows-Explorer ist zeitaufwendiger. Jede DVD-RAM muß vor dem ersten Gebrauch formatiert werden. Das Formatierformat legen Sie gezielt über das Dienstprogramm Format UDF! fest.

Laufwerküberprüfung

Damit ist die Einrichtung bereits abgeschlossen. Ob sämtliche Komponenten korrekt arbeiten und überhaupt eingerichtet wurden, überprüfen Sie mit Hilfe des Geräte-Managers.

1 Rufen Sie den Befehl *Start/Einstellungen/Systemsteuerung* auf.

2 Doppelklicken Sie auf das Modul *System*.

3 Wechseln Sie auf die Registerkarte *Geräte-Manager*.

4 Kontrollieren Sie nun die Einträge in den Hierarchiezweigen *CD-ROM*, *Laufwerke* und *SCSI-Controller* und überprüfen Sie nach Anwahl der Schaltfläche *Eigenschaften*, ob die Geräte betriebsbereit sind oder eventuelle Gerätekonflikte auslösen.

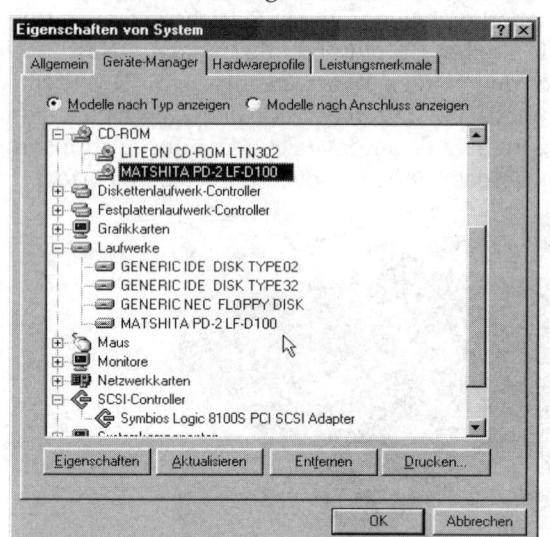

5 Beenden Sie den Dialog, indem Sie auf *OK* klicken.

Das DVD-RAM-Laufwerk wird systemintern als CD-ROM- und Wechselplattenlaufwerk verwaltet und erhält dementsprechend zwei unterschiedliche Laufwerkbuchstaben zugeordnet

Das DVD-RAM-Laufwerk wird über einen SCSI-Controller angesprochen. Nur wenn dieser konfliktfrei arbeitet, ist auch der fehlerfreie Zugriff auf das DVD-RAM-Laufwerk möglich. Eine Besonderheit ist, daß das Laufwerk als CD-ROM-Laufwerk funktionieren kann (Read Only- bzw. Nur-Lesen-Modus) oder aber als wiederbeschreibbares Sicherungsmedium (RAM-Modus). Für beide Modi werden spezielle Gerätetypen verwaltet, nämlich in der jeweiligen Strukturebene unter dem einheitlichen Namen Matshita PD-2 LF-D100. Dies hat zur Folge, daß später innerhalb des Explorer ebenso zwei Laufwerkbuchstaben erscheinen, auch wenn es sich um ein- und dasselbe Laufwerk handelt. Je nachdem, welches Medium eingelegt ist, wählen Sie also auch im Explorer das Laufwerk an. Das Laufwerk, das jeweils nicht unterstützt wird, löst bei Anwahl einen Fehler aus. Sie erhalten dann einen Hinweis, daß auf das entsprechende Laufwerk nicht zugegriffen werden kann.

14.4 Backup-Praxis – Software und Anwendung der Datensicherung

Auch der private Anwender muß sein Rechnersystem in gewissem Umfang pflegen und Datensicherung betreiben. Im beruflichen Umfeld bzw. bei größeren Firmen sind Mitarbeiter des jeweiligen Unternehmens damit betraut, zu Hause oder in einem Einzelbüro kann nicht auf solche Hilfe zurückgegriffen werden.

In den folgenden Abschnitten stellen wir Ihnen die Sicherungsprogramme von Windows 95/98 und weitere gängige Programme und deren Anwendung zur Datensicherung und Rekonstruktion vor.

Software zur Systemreparatur – Start- und Rettungsdisketten

Für die Wartung und Reparatur von Windows 95/98 sind Programme zur automatischen Rekonstruktion eine große Hilfe. Rekonstruktionsprogramme sichern die wichtigsten Daten zum Betriebssystem und stellen Werkzeuge bereit, mit deren Hilfe die ursprünglichen Einstellungen des Systems wiederhergestellt werden können.

Norton Zip Rescue – Werkzeug zur Wiederherstellung des Betriebssystems

Die Vielzahl an möglichen Fehlerquellen und die Komplexität der Einstellungen im Betriebssystem erfordern eine große Erfahrung im Umgang mit gestörten Systemen. Da man als Anwender der Rechner im allgemeinen mit lauffähigen Systemen zu tun hat, muß diese Erfahrung zwangsläufig fehlen. Eigene „Experimente" führen oft nur zur x-ten Neuinstallation des Betriebssystems oder der Anwendungssoftware und kosten viel Zeit, Mühe und Nerven. Holen Sie statt dessen lieber einen (Software-)Spezialisten ins Haus – kostenlos. Das Tool Norton Zip Rescue können Sie als kostenloses freies Programm von Iomegas FTP-Server unter der Adresse *ftp://ftp.iomega.com/pub/english/prenzr.exe* herunterladen. Das Programm ist eine Softwareprobe aus Symantecs Norton Utilities und bietet den vollständigen Funktionsumfang. Sie erhalten eine zeitlich unbegrenzte Lizenz zur Anwendung des Programms für einen Rechner.

Systemvoraussetzungen und Kompatibilität

Norton Zip Rescue 1.0 ist ein unabhängiges Programmpaket und kann ohne die Programme der Norton Utilities eingesetzt werden. Die Rettungsdisketten der aktuellen Version Norton Zip Rescue 1.0 sind nicht kompatibel mit den alten Diskettensätzen von Norton Rescue der bisherigen Norton Utilities.

> **Hinweis**
> **Einsatz von Norton Zip Rescue**
> Die Anwendung von Norton Zip Rescue 1.0 ist für Windows 95 und Windows 98 gleichermaßen geeignet. Die Programmversion für Windows 95/98 kann jedoch nicht unter Windows NT eingesetzt werden.

Für den Diskettensatz werden ein 1,44-MByte 3,5-Zoll-Floppylaufwerk und ein Zip-Laufwerk benötigt. Der Diskettensatz besteht aus jeweils einer Floppy und einer Zip-Diskette.

Arbeitsweise der Rettungsdisketten

Die Rettungsdisketten sind ein unabhängiges Startsystem für das Betriebssystem Windows 95/98. Das Betriebssystem Windows wird nicht von der Festplatte, sondern von der Zip-Diskette gestartet. Als Bootdiskette dient die 3,5-Zoll-Floppy. Die Floppydiskette enthält die zum Start notwendigen DOS-Startdateien und einen kompletten Satz an Treibern für die verschiedenen Typen der Zip-Laufwerke. Die Zip-Diskette trägt das Betriebssystem Windows 95 oder 98, einen kompletten Satz der Konfigurationsdateien des Betriebssystems und die Werkzeuge zur Reparatur des Systems.

Da das komplette Betriebssystem Windows nicht vollständig auf eine Zip-Diskette kopiert werden kann, wird eine Auswahl an Dateien verwendet, die für den Reparaturbetrieb zwingend notwendig sind. Damit ist der zur Verfügung stehende Funktionsumfang des Betriebssystems im Reparaturbetrieb eingeschränkt. Wird das Betriebssystem von den Rettungsdisketten gestartet, sind die auf der Festplatte installierten Programme grundsätzlich zu erreichen. Der Start der Programme schlägt jedoch in vielen Fällen fehl. Die Ursache dafür ist, daß die benötigten Programmbibliotheken auf der Zip-Diskette fehlen. Die Auswahl der Dateien, die auf die Zip-Diskette kopiert werden, kann bei der Erstellung des Diskettensatzes eingestellt werden. Wegen der Größe des Betriebssystems Windows 95/98 steht jedoch kaum noch freie Speicherkapazität auf dem Zip-Medium zur Verfügung. Möchten Sie zusätzliche Funktionen zum Rettungssatz hinzufügen, sind bestehende Komponenten zu entfernen. Auch für Sachkundige bedeutet das eine ziemliche Arbeit und lohnt den Aufwand nur in sehr speziellen Fällen.

Software zur Datensicherung - Microsoft Backup & Co.

Die Unterstützung von DAT-Laufwerken bzw. die Unterstützung von Bandlaufwerken mit SCSI-Schnittstelle wird bei den PC-Betriebssystemen sehr unterschiedlich behandelt. Die Arbeitsplatzbetriebssysteme wie DOS, Windows 3.1x und Windows 95 bieten unmittelbar keine Möglichkeit, DAT- und SCSI-Streamer einzusetzen. Bei diesen Betriebssystemen sind Sie grundsätzlich auf zusätzliche freie oder kommerzielle Programme oder auf Tools aus dem Bereich der Shareware zur Datensicherung angewiesen.

Serverbetriebssysteme wie Windows NT, Novell Netware oder Linux aus dem Bereich der UNIX-Systeme unterstützen die Laufwerke unmittelbar. Damit ist es bei diesen Systemen gewährleistet, daß Datensicherungen auf anderen PCs mit dem jeweils gleichen Betriebssystem untereinander ausgetauscht werden können. Grundsätzlich verwendet jede Archivierungssoftware zur Aufzeichnung ein eigenes Format. Dabei ist es erforderlich, daß zum Austausch der Daten zwischen verschiedenen PCs die Aufzeichnungsformate der Backup-Programme miteinander kompatibel sind. Um beispielsweise Daten zwischen einem Grafikbüro und dessen Auftraggeber austauschen zu können, müssen in der Praxis die gleichen Archivierungsprogramme verwendet werden. Wenn eine Backup-Software unter mehreren Betriebssystemen oder in verschiedenen Programmversionen verfügbar ist, bedeutet das nicht zwangsläufig, daß die verwendeten Datenformate für die Bandaufzeichnungen identisch sind. Vor dem Kauf einer Backup-Software zum Datenaustausch zwischen verschiedenen Rechner- und/oder Betriebssystemen sollten Sie prüfen, ob in der gewünschten Konstellation ein gemeinsames Datenformat verwendet wird.

Hersteller	Programmname	Betriebssystem(e)
Arcada	Backup Exec	DOS, Windows, Novell
Cheyenne	ArcServe	DOS, Windows, Novell, UNIX
Colorado Memory Systems (HP)	Colorado Backup	DOS, Windows
Legato Systems	Legato Networker	DOS, Windows, Novell, UNIX
Performance Technology	Powersave	DOS, Novell

Auswahl an gängigen Backup-Programmen für verschiedene Betriebssysteme

Microsoft Backup 95/98

Das Programm Microsoft Backup stammt aus dem Hause Seagate.

Für die Verwendung von Zip-Disketten als Wechselmedien sind die Versionen des Programms unter Windows 95 und 98 zur Datensicherung gleichermaßen gut geeignet. Die Version von Microsoft Backup unter Windows 95 bietet einen etwas geringeren Leistungsumfang als unter der neueren Version für Windows 98.

Der wesentliche Unterschied der beiden Programme betrifft jedoch den Einsatz von SCSI-Geräten. In der älteren Version von Windows 95 werden keine Bandlaufwerke unterstützt, die an einer SCSI-Schnittstelle angeschlossen sind. Das Backup-Programm von Windows 95 unterstützt nur Bandlaufwerke, die an der Floppyschnittstelle angeschlossen sind. Möchten Sie Bandlaufwerke mit SCSI-Schnittstelle verwenden, können Sie das kostenlose Programm Colorado Backup von Hewlett Packard verwenden. Entsprechende Hinweise zum Gebrauch des Programms finden Sie ab Seite 639.

Das Datenformat der Sicherungssätze beider Versionen sind miteinander verträglich. Das bedeutet, daß Anwendersicherungen, die mit der Programmversion von Windows 95 erstellt wurden, unter Windows 98 weiterverwendet werden können.

Microsoft Backup installieren

Die Software für Microsoft Backup wird nicht im Grundpaket zum Betriebssystem installiert. Die benötigte Software läßt sich jedoch leicht nachträglich installieren.

MBytes mobil – Backup und Sicherungen

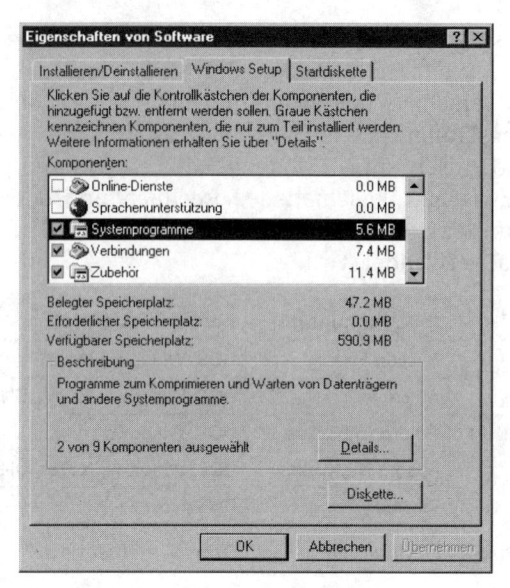

Das Programm gehört zu den Systemprogrammen des Betriebssystems und wird über die Systemsteuerung mit der Softwareverwaltung installiert.

1 Rufen Sie die Softwareverwaltung aus der Systemsteuerung auf. Wählen Sie dazu *Start/Einstellungen/Systemsteuerung/Software*.

2 Wählen Sie die Registerkarte *Windows Setup*. Markieren Sie den Eintrag *Systemprogramme* mit der Maus und klicken Sie auf die Schaltfläche *Details*. In der Anzeige *Details* sind alle Programme aufgelistet, die zu den Systemprogrammen von Windows gehören.

3 Markieren Sie das Kontrollkästchen für den Eintrag *Backup* und klicken Sie anschließend zur Installation auf die Schaltfläche *OK*. Sie gelangen wieder in die Softwareverwaltung zurück. Zum Start der Installation klicken Sie auf die Schaltfläche *Übernehmen*.

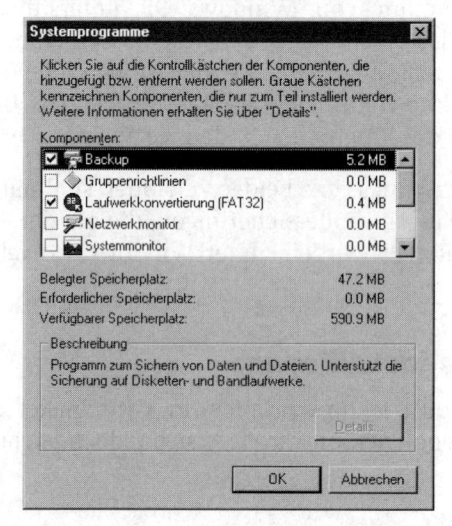

4. Legen Sie die Windows-CD-ROM in das Laufwerk und folgen Sie den weiteren Anweisungen des Installationsprogramms. Nach Abschluß der Installation ist der Rechner neu zu starten. Nach dem Neustart steht Ihnen das Programm Backup unter der Programmgruppe *Programme/Zubehör/Systemprogramme* zur Verfügung.

Hewlett Packard Colorado Backup

Das Backup-Programm Colorado Backup wird von Hewlett Packard in der Version 1.51 zum freien Download angeboten. In dieser Version (*95ger151.exe*) ist das Programm bei verschiedenen Free- und Sharewareanbietern zu finden.

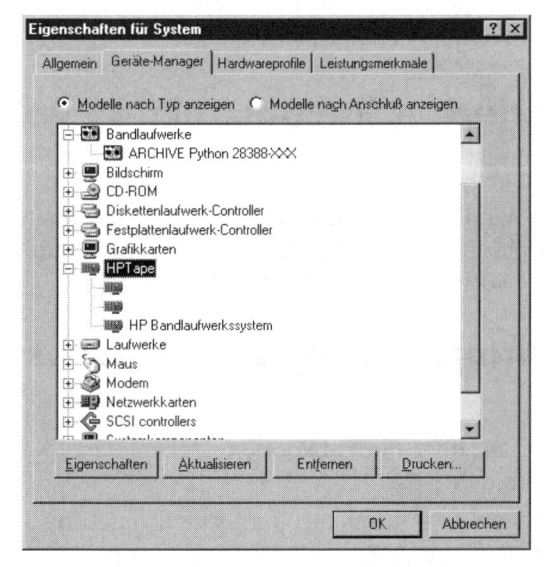

Neue Geräteklassen für SCSI-Laufwerke nach der Installation von Colorado Backup

Das Paket ist ein selbstextrahierendes Archiv und kann unmittelbar zur Installation verwendet werden. Die Installation wird durch einen Assistenten geführt und ist selbsterklärend. Die Version 1.51 bietet neben der Unterstützung von SCSI-Bandlaufwerken die Unterstützung von Bandlaufwerken an der Floppy- und Parallelschnittstelle sowie einen Terminplaner zur automatischen Durchführung von Datensicherungen. Nach der Installation des Programms steht Ihnen eine neue Geräteklasse *HPTape* zur Verfügung. Die neue Geräteklasse unterstützt neben den Floppystreamern auch Bandlaufwerke mit einer SCSI-Schnittstelle, wie sie bei DAT-Laufwerken üblich ist.

Colorado Backup, Version 3.22

Die neueste Version von Colorado Backup ist kein kostenloses Produkt, kann jedoch als Probeversion direkt vom FTP-Server von Hewlett Packard unter *ftp.hp.com/pub/information_storage/hp-colorado/win95* bezogen werden. Das Paket kommt jedoch mit 5,78 MByte in einer recht stattlichen Größe daher und besteht aus fünf Dateien (*95ger322_1.exe* bis *95ger322_5.exe*), die für die Installation benötigt werden. Die Version 3.22 wird ebenfalls als CD-ROM-Version von Hewlett Packard angeboten und kann übers Internet bestellt werden. Die jeweils neueste Version von Colorado Backup ist Teil des Lieferumfangs der HP-Bandlaufwerke und liegt beim Kauf eines DAT-Streamers als Softwarebeigabe mit einer Einzelplatzlizenz bei. Die neue Version von Colorado Backup ergänzt die Funktionen der Version 1.51 um ein Recovery-System für die Bandgeräte von Hewlett Packard und von Colorado selbst. Verwenden Sie eines dieser Bandlaufwerke, können Sie mit dem Programmpaket zusätzlich ein Rettungssystem herstellen. Die Rettungsdisketten starten den Rechner im Betriebssystem DOS und unterstützen zur Wiederherstellung eine DOS-Version des Backup-Programms. Mit Hilfe einer Komplettsicherung auf einem DAT-Band ist dann eine umfassende Wiederherstellung eines fehlerhaften Festplattensystems möglich.

System repariert! – Rekonstruktion von Windows

Für den Fall, daß Ihr Windows-System nicht mehr korrekt arbeitet, zeigt Ihnen der folgende Abschnitt, wie Sie die Startdisketten für Windows und die Rettungsdisketten von Norton Zip Rescue herstellen können.

Hausmittel – Startdisketten von Windows 95/98 erstellen

Die Startdisketten werden über die Funktionen der Softwareverwaltung aus der Systemsteuerung erstellt.

1. Rufen Sie die Softwareverwaltung aus der Systemsteuerung auf. Wählen Sie dazu *Start/Einstellungen/Systemsteuerung/Software*.

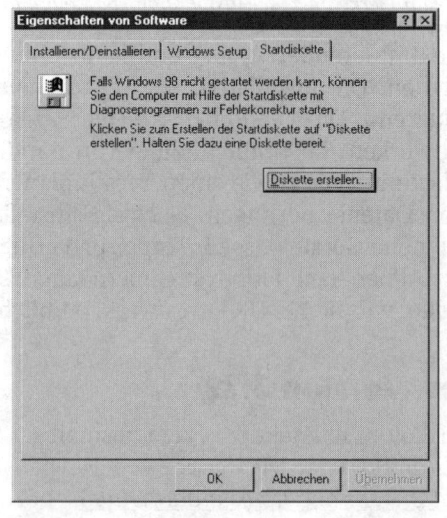

Softwareverwaltung in der Systemsteuerung von Windows 95/98

2 Wählen Sie die Registerkarte *Startdiskette*. Legen Sie eine formatierte Floppydiskette in das Laufwerk ein. Zur Erstellung der Disketten klicken Sie auf die Schaltfläche *Diskette erstellen*.

Rettungsdisketten von Norton Zip Rescue erstellen

Bei der Installation wurde eine Programmgruppe *Norton Zip Rescue* im Menü *Programme* angelegt.

1 Zur Erstellung des Diskettensatzes rufen Sie das Programm Norton Zip Rescue über die Startleiste von Windows *Start/Programme/Norton Zip Rescue/Norton Zip Rescue* auf.

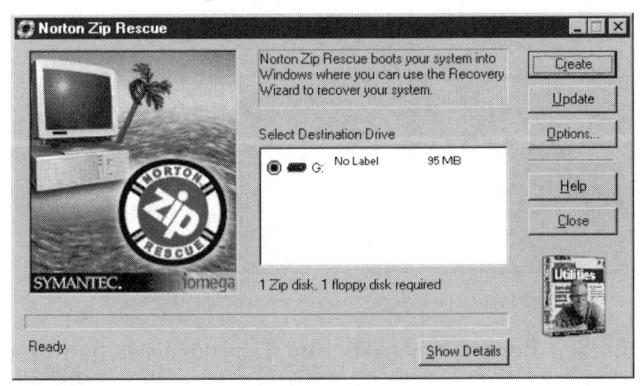

2 Sie benötigen je eine Floppy- und eine Zip-Diskette. Beschriften Sie die Floppydiskette mit „Norton Zip Rescue – Startdiskette" und die Zip-Diskette mit „Norton Zip Rescue – Systemdiskette".

3 Legen Sie die Disketten in das Floppy- und Zip-Laufwerk und klicken Sie zum Erstellen des Diskettensatzes auf die Schaltfläche *Create*. Die Erstellung der Disketten läuft automatisch. Ist das Kopieren der Dateien beendet, können Sie die Rettungsdisketten testen.

4 Zum Testen des Diskettensatzes ist der Rechner mit den Rettungsdisketten neu zu starten. Zum sofortigen Testen der Disketten klicken Sie auf die Schaltfläche *Restart*. Der Rechner wird dadurch neu gestartet und bootet von den Rettungsdisketten.

5 Möchten Sie die Diskette nicht sofort testen, nehmen Sie die Disketten aus den Laufwerken und klicken auf die Schaltfläche *Continue*. Das Programm wird beendet, und Sie können die Arbeit fortsetzen.

Starten von Rettungsdisketten

Zum Start legen Sie die Disketten in die Laufwerke und schalten den Rechner ein. Der Start des Systems wird mit den Rettungsdisketten deutlich länger dauern als gewöhnlich.

Startet der Rechner nicht von der Floppydiskette, sondern von der Festplatte, muß die Startreihenfolge für die Startlaufwerke im BIOS Ihres Rechners geändert werden. Nähere Hinweise finden Sie im Handbuch zu Ihrem Rechner bzw. in der Beschreibung des verwendeten Motherboards. Ist das System gestartet, zeigt ein neues Hintergrundbild den Reparaturbetrieb des Betriebssystems an. Über die Autostart-Datei wird der Reparatur-Assistent *Rescue Recovery Wizard* zur Wiederherstellung automatisch gestartet.

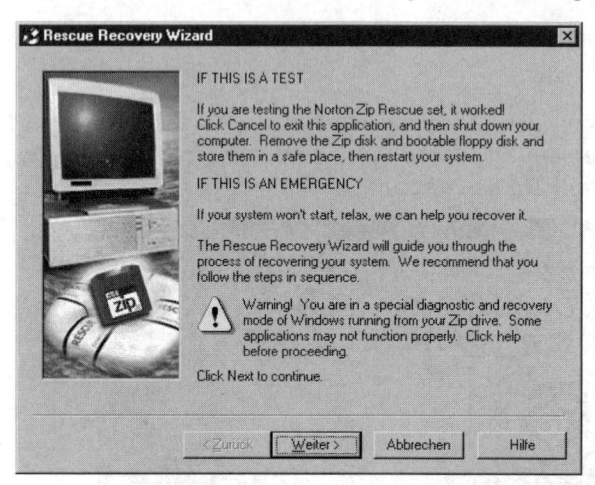

Startfenster des Reparatur-Assistenten Rescue Recovery Wizard

Haben Sie den Reparaturbetrieb zum Test der Disketten gestartet, zeigt der Start des Programms, daß die Rettungsdisketten einwandfrei arbeiten.

Um den Rechner wieder im normalen Betrieb zu starten, schließen Sie das Fenster des Reparatur-Assistenten und beenden Windows. Vor dem Neustart müssen Sie die Startdiskette aus dem Floppylaufwerk nehmen.

Zum Start der Systemüberprüfung und Reparatur klicken Sie auf die Schaltfläche *Weiter*. Die Überprüfung und Korrektur Ihres Rechnersystems durchläuft die folgenden Arbeitsschritte:

1 **BIOS-Einstellungen:** Neben den Einstellungen des Betriebssystems, die sich in Datendateien auf der Festplatte befinden, speichert das Rettungsprogramm die Informationen aus dem BIOS. In einem speziellen Datenspeicher, dem CMOS-Speicher, werden die BIOS-Informationen abgelegt.

   Im ersten Schritt der Systemprüfung werden die Informationen des CMOS-Speichers mit denen der Rettungsdiskette verglichen. Sollten beispielsweise die BIOS-Informationen zur eingebauten Festplatte verfälscht worden sein, kann der Reparatur-Assistent die Einträge wieder korrigieren. Hat der Reparatur-Assistent Abweichungen festgestellt, ist die Schaltfläche *Restore* aktiviert. Zur Wiederherstellung der alten Informationen klicken Sie auf die Schaltfläche *Restore* und gehen zum nächsten Schritt weiter.

2 Virenbefall: Der Reparatur-Assistent unterstützt einen integrierten Virenscanner. Der Virenscanner untersucht den Arbeitsspeicher und die Festplatten Ihres Systems nach Viren. Um Ihr System auf bekannte Viren zu untersuchen, klicken Sie auf die Schaltfläche *Scan* und gehen dann zum nächsten Schritt weiter.

> **Hinweis**
>
> **Aktuelle Virenbeschreibungen**
>
> Die Qualität der Desinfektion von Virenscannern wird durch die Aktualität der Virenbeschreibungen bestimmt. Die Beschreibungen sind die Grundlage zum Erkennen der verschiedenen Virentypen und deren Beseitigung. Ob ein Virus erkannt wird, hängt von der Aktualität der Beschreibung ab. Um hinsichtlich der bekannten Viren auf dem neuestem Stand zu bleiben, bietet der Hersteller Symantec für das Produkt Norton Utilities einen Service zur Aktualisierung via Internet an.

3 Startbereiche: Das Programm untersucht die Startbereiche Ihrer Festplatte auf ungültige Informationen. Durch fehlerhafte Festplattenzugriffe kann der Starbereich der Festplatte beschädigt werden. Konnten Sie wegen eines Fehlers nicht mehr von der Festplatte starten, könnte ein Fehler in diesem Bereich vorliegen.

Sind vom Assistenten Veränderungen der Startinformationen festgestellt worden, ist die Schaltfläche *Restore* aktiviert. Zur Wiederherstellung der Information klicken Sie auf die Schaltfläche *Restore* und gehen dann zum nächsten Schritt weiter.

4 Partitionstabelle: Das Programm untersucht die Angaben der Laufwerkinformationen in der Partitionstabelle Ihrer Festplatte.

Ihre Festplatte kann in bis zu vier unabhängige Teile eingeteilt werden. Die Partitionstabelle der Festplatte gibt Auskunft über die Lage der einzelnen „Plattenteile", deren Größe und über das verwendete Betriebssystem.

Konnten Sie wegen eines Fehlers nicht mehr von der Festplatte starten, könnte der Fehler durch fehlerhafte Informationen der Partitionstabelle verursacht worden sein. Unvollständige Installationen von Betriebssystemen oder betriebssystemnaher Software wie Programme zur Bearbeitung von Festplatten können zu Veränderungen der Tabelle führen.

Wurden Abweichungen in der Partitionstabelle festgestellt, ist die Schaltfläche *Restore* aktiviert. Zur Wiederherstellung der alten Tabelle klicken Sie auf die Schaltfläche *Restore* und gehen dann zum nächsten Schritt weiter.

5 Dateisystem: Das Programm untersucht die Angaben zur Verwaltung der Dateien Ihrer Festplatte.

Die Verwaltungsdaten werden in einem Bereich mit dem Namen **F**ile **A**llocation **T**able (FAT) gespeichert. Die Verwaltungsinformationen der

FAT geben Auskunft darüber, in welchem Bereich der Festplatte die Daten abgespeichert sind. Die Tabelle dient dem Betriebssystem zum Zugriff auf die physikalischen Speicherblöcke der Festplatte.

Durch versehentliches Ausschalten oder durch Programmabbrüche kann diese Tabelle verfälscht oder zerstört werden. Ein Betriebssystem verwaltet jedoch mehrere Kopien der FAT auf der Festplatte, so daß die Haupttabelle aus einer der Kopien wieder rekonstruiert werden kann.

Verfälschungen der FAT können im normalen Betrieb unter Umständen nicht erkannt werden. Zur Untersuchung der Tabelle sollten Sie den **Nor**ton **D**isc **D**octor (NDD) aufrufen. Das Programm untersucht die Haupttabelle und restauriert gegebenenfalls die Tabelle aus den Kopien.

Klicken Sie zum Start des NDD auf die Schaltfläche *Run NDD* und gehen Sie dann zum nächsten Schritt weiter.

6 Gelöschte Dateien: Das Programm untersucht die Angaben zu kürzlich gelöschten Dateien auf Ihrer Festplatte.

Werden Dateien auf der Festplatte gelöscht, werden die bisher belegten Datenblöcke der Datei auf der Festplatte wieder freigegeben. Liegt der Zeitpunkt des Löschens nicht sehr weit zurück, bestehen gute Aussichten, die Freigabe wieder zurückzunehmen. Gelingt die Rücknahme, steht die gelöschte Datei wieder zur Verfügung.

Je länger das Löschen zurückliegt, desto höher ist die Wahrscheinlichkeit, daß die Datei nicht wiederhergestellt werden kann. Die freigegebenen Blöcke können in dieser Zeit bereits schon für die Speicherung anderer Dateien vom Betriebssystem verwendet worden sein. In diesem Fall sind die Daten nicht mehr zu reparieren.

Haben Sie wegen eines Fehlers den Reparaturbetrieb gestartet, könnte eine Wiederherstellung das Problem lösen. Starten Sie die Wiederherstellung durch Klicken auf die Schaltfläche *Run UnErase Wizard* und gehen Sie dann zum nächsten Schritt weiter.

7 Veränderte Startdateien: Das Programm vergleicht die Inhalte der Startdateien des Betriebssystems mit den Dateien auf Ihrer Festplatte.

Nach dem Einbau von neuer Hardware sind in der Regel Installationen der Systemsoftware vorzunehmen. Programme zur Installation der Treibersoftware verändern in den meisten Fällen die Startdateien des Betriebssystems. Bei ungültigen Änderungen der Startdateien kann der Start des Betriebssystem fehlschlagen oder das System arbeitet nicht richtig.

Haben Sie wegen eines Fehlers den Reparaturbetrieb gestartet, könnte eine Wiederherstellung der alten Startdateien das Problem lösen. Um die Kopien auf den Rettungsdisketten auf die Festplatte zu kopieren, klicken Sie auf die Schaltfläche *Restore* und gehen dann zum nächsten Schritt weiter.

8 Veränderte Konfiguration des Betriebssystems: Das Programm tauscht die zentrale Konfiguration des Betriebssystems (Registrierung) auf Ihrer Festplatte gegen die Kopie auf der Rettungsdiskette.

Die Rücksicherung der Registrierung ist nur dann anzuraten, wenn die Sicherungsdisketten auf einem aktuellen Stand sind. Die Informationen in der Registrierung betreffen nicht nur das Betriebssystem, sondern alle installierten Programme.

Kopieren Sie eine veraltete Konfigurationsdatei auf die Festplatte, können Sie auf keine Geräte und Programme zugreifen, die nach der Sicherungsdiskette installiert wurden.

Haben Sie wegen eines Fehlers, der durch Windows gemeldet wurde, den Reparaturbetrieb gestartet, könnte eine Wiederherstellung der alten Registrierung das Problem lösen. Um die Kopie von den Rettungsdisketten auf die Festplatte zu kopieren, klicken Sie auf die Schaltfläche *Restore* und gehen dann zum letzten Schritt weiter.

9 Ende der Reparatur: Zum Abschluß der Reparatur ist das System wieder im normalen Betrieb mit der Festplatte zu starten. Entnehmen Sie die Startdiskette aus dem Floppylaufwerk und klicken Sie für den Neustart auf die Schaltfläche *Fertig stellen*.

Daten gesichert! – Anwendung der Backup-Programme

Für die folgenden Beispiele zeigen wir die Verwendung der Programmversion von Windows 98. Für diejenigen Anwender, die ein Bandlaufwerk mit einer SCSI-Schnittstelle unter Windows 95 einsetzen möchten, stellen wir das Programm Colorado Backup in der Version 1.51 von Hewlett Packard vor.

Das Tool ergänzt das Betriebssystem Windows 95 um die fehlenden Treiber zur Unterstützung der SCSI-Bandlaufwerke. Hinweise zum Programm Colorado Backup finden Sie ab Seite 651.

Grundlage der Sicherung der Anwenderdaten ist die regelmäßige Vollsicherung des Datenbestands in größeren Abständen und die Teilsicherung der geänderten Dateien in kurzen Abständen jeweils für die Zeiträume zwischen den Vollsicherungen. Darüber hinaus sollten Sie die Teile Ihres Datenbestands auf Wechselmedien auslagern, die als Arbeit abgeschlossen sind und nur noch bei Bedarf benötigt werden.

Unabhängig von dem Sicherungsintervall, das heißt den Abständen von Voll- und Teilsicherungen, sollten Sie mindestens zwei Sätze für die jeweiligen Sicherungen anlegen. Verwenden Sie zwei Sicherungssätze jeweils abwechselnd, sind Sie darüber hinaus zusätzlich vor dem Verlust des Sicherungssatzes geschützt, denn auch Wechselmedien können letzten Endes beschädigt werden.

Das Sicherungsintervall bei kleinem und mittlerem Datenaufkommen wird im wesentlichen durch das Datenvolumen bestimmt, das sich bequem und sicher als Teilsicherung auf ein Wechselmedium speichern läßt. Können Sie die sich ändernden Daten beispielsweise im Laufe eines Monats auf ein Medium speichern, können Sie bei Verwendung von zwei Sätzen zwei Monate als Teilsicherungen abdecken. Nach dieser Zeit sollten Sie wieder eine Vollsicherung durchführen. Vollsicherungen sind die sicherste und schnellste Methode der Wiederherstellung. Da die Medien nur in sehr großen Abständen verwendet werden, sind sie auch im Sinne des Datenträgers als besonders sicher einzustufen. Je seltener ein Datenträger verwendet wird, um so weniger wahrscheinlich ist ein Defekt durch Lesen oder Beschreiben.

In den folgenden Beschreibungen wird davon ausgegangen, daß sich Ihre persönlichen Daten im Verzeichnis *Eigene Dateien* befinden, so wie es von Windows vorgeschlagen wird.

Microsoft Backup – Sicherung mit Bordmitteln

Im folgenden Beispiel wird die Datensicherung auf eine Wechselplatte vorgestellt. Zur Sicherung auf der Wechselplatte wird eine Sicherungsdatei auf dem Wechseldatenträger als Ziel der Datensicherung verwendet. Der Name der Vollsicherung im Beispiel heißt *Voll-03-99.qic* für eine Sicherung im März 1999. Alle Sicherungsdateien enden mit der Dateinamenserweiterung *.qic* und kennzeichnen damit die Datei als Sicherungsarchiv einer Datensicherung von Microsoft Backup.

Vollsicherung der Anwenderdaten

1   Starten Sie das Programm Backup über das *Start*-Menü. Das Programm finden Sie unter dem Eintrag *Systemprogramme/Backup*.

Der Hauptbereich des Programmfensters besteht aus zwei Registerkarten *Datensicherung* und *Wiederherstellen*. Beim Start des Programms ist die Registerkarte *Datensicherung* aktiviert.

MBytes mobil – Backup und Sicherungen

Auf der Registerkarte finden Sie die Einstellmöglichkeiten für die häufigsten Einstellungen des jeweiligen Programmschritts wieder. Eine Bedienung des Programms über die Menüzeile wird damit in den meisten Fällen überflüssig.

2 Markieren Sie den Ordner *Eigene Dateien* der Festplatte als Quellordner der Sicherung mit der Maus. Wählen Sie als Sicherungsziel im Auswahlbereich *Sicherungsziel* das Wechselplattenlaufwerk aus. Klicken Sie dazu auf das Ordnersymbol am Eingabefeld.

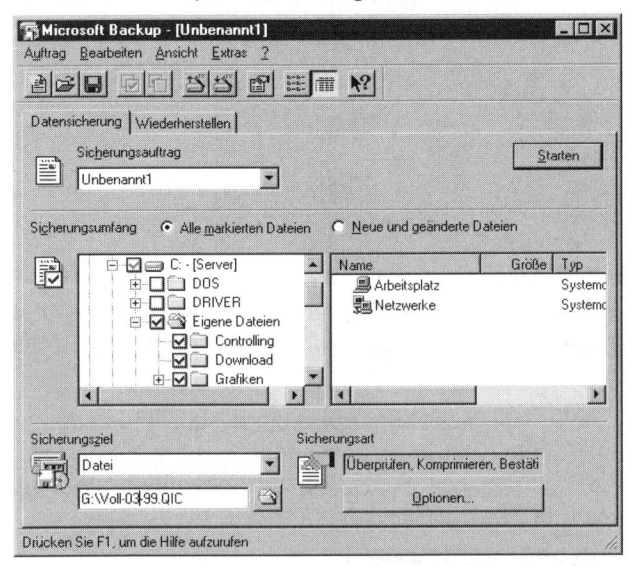

Wählen Sie im folgenden Fenster *Sicherungsziel* einen Dateinamen für die Backup-Datei. Für die Vollsicherung verwenden wir im Beispiel den Namen *Voll-03-99.qic*.

3 Die Eigenschaften zum Ablauf der Datensicherung können Sie über die Schaltfläche *Optionen* im Bereich *Sicherungsart* erreichen. Sind die zu sichernden Daten als „sensibel" einzustufen, wie z. B. Buchhaltungsdaten, persönliche Korrespondenz oder Personaldaten, können Sie die Datensicherung mit einem Kennwortschutz belegen. Bedenken Sie jedoch, daß ein vergessenes Kennwort den Verlust der Datensicherung bedeutet!

647

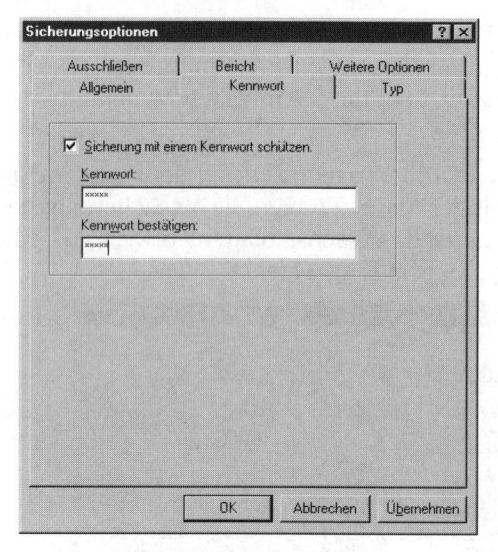

4 Legen Sie einen Auftrag für die Vollsicherung an. Unter dem Auftragsnamen können alle Einstellungen der Sicherung, wie z. B. die Auswahl der Dateien, der Kennwortschutz usw., unter einem Namen abgespeichert werden.

Möchten Sie die Sicherung mit den gleichen Einstellungen wiederholen, können Sie über den entsprechenden Auftragsnamen auf die Einstellungen einer vorherigen Sicherung zurückgreifen. Wählen Sie dazu den Menüeintrag *Auftrag/Speichern unter*.

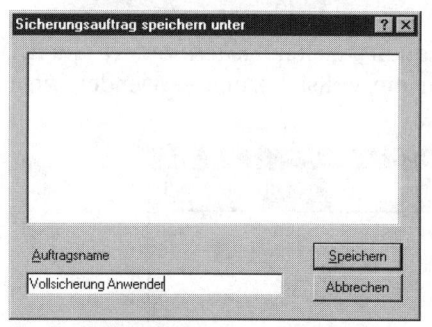

5 Starten Sie die Datensicherung. Der Verlauf der Datensicherung wird in einem Fenster mit detaillierten Angaben zur Sicherung angezeigt.

Teilsicherung der Anwenderdaten

Unter Windows 98 haben Sie zwei Möglichkeiten, die Teilsicherung durchzuführen. Die Untertypen unterscheiden sich in der Behandlung der Archivattribute. Die Archivflaggen zur Anzeige von Dateiänderungen werden beim Untertyp

- differentielle Sicherung nicht verändert
- inkrementelle Sicherung zurückgesetzt

Bei der differentiellen Sicherung laufen die gesicherten Dateien in der Teilsicherung auf. Verwenden Sie diese Sicherungsmethode, dürfen Sie nur einen Teilsicherungsauftrag je Sicherungsintervall anlegen. Für die tägliche Sicherung verwenden Sie immer diese Datei.

Bei den täglichen Sicherungen werden im Laufe der Zeit immer mehr Dateien berücksichtigt werden müssen, da die Archivattribute der geänderten Dateien erhalten bleiben. Damit nimmt die Zeit für die Sicherungen im Laufe des Sicherungsintervalls zu. Der Vorteil ist, daß Sie nur eine Vollsicherung und eine Teilsicherung verwalten müssen. Die Wiederherstellung kann damit schneller durchgeführt werden als bei dem inkrementellen Sicherungstyp.

Als Alternative steht Ihnen der Sicherungstyp der inkrementellen Sicherung zur Verfügung. Die Methode hat den Vorteil, daß nur diejenigen Daten gesichert werden müssen, die seit der letzten inkrementellen Teilsicherung verändert wurden. Nachteilig ist, daß Sie für jede Teilsicherung einen separaten Auftrag verwalten müssen. Bei der Wiederherstellung müssen Sie neben der Vollsicherung unter Umständen alle inkrementellen Teilsicherungen berücksichtigen, um einen komplette Wiederherstellung der Dateien zu erreichen.

Für die meisten Anwender ist die differentielle Teilsicherung die einfachste Variante der Teilsicherung und damit die bevorzugte Methode für die Datensicherung. Im folgenden verwenden wir die Methode der differentiellen Teilsicherung.

1 Starten Sie das Programm Backup über das *Start*-Menü. Das Programm finden Sie unter dem Eintrag *Systemprogramme/Backup*.

2 Zur Auswahl der Sicherungsdaten gehen Sie vor wie bei der Vollsicherung. Markieren Sie den Ordner *Eigene Dateien* als Quellordner der Sicherung mit der Maus. Wählen Sie als Sicherungsziel im Auswahlbereich *Sicherungsziel* das Wechselplattenlaufwerk aus. Klicken Sie dazu auf das Ordnersymbol am Eingabefeld.

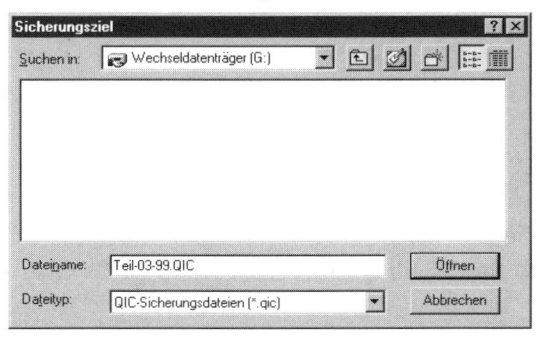

3 Zur Änderung des Sicherungstyps markieren Sie in der Auswahl *Sicherungsumfang* die Einstellung *Nur neue und geänderte Dateien*. Die Voreinstellung für die Sicherungsmethode ist die differentielle Sicherung.

Über die Schaltfläche *Optionen* erreichen Sie die Registerkarte *Typ* und können den Sicherungstyp ggf. auf die inkrementelle Sicherung umschalten.

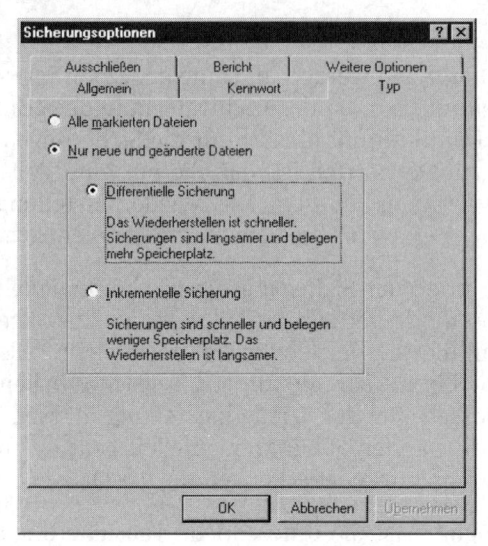

4 Legen Sie einen Auftrag für die Teilsicherung an. Unter dem Auftragsnamen können alle Einstellungen der Sicherung, wie z. B. die Auswahl der Dateien, die Sicherungsmethode usw. unter einem Namen abgespeichert werden.

Zur Sicherung der Einstellungen, können Sie über den Auftragsnamen auf die Einstellungen einer vorherigen Sicherung zurückgreifen. Wählen Sie dazu den Menüeintrag *Auftrag/Speichern unter*.

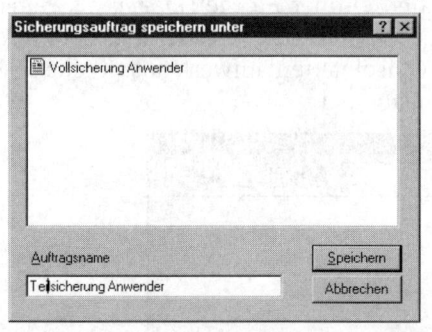

5 Starten Sie die Datensicherung. Der Verlauf der Datensicherung wird in einem Fenster mit detaillierten Angaben zur Sicherung angezeigt.

Teilsicherung der Anwenderdaten mit Colorado Backup

Das folgende Beispiel zeigt eine Teilsicherung der Anwenderdaten mit einem DAT-Streamer. Für die Sicherung wird ein 90-m-Band verwendet.

Der Ablauf der Datensicherung wird schrittweise durch einen integrierten Assistenten geführt. Die Sicherung erfolgt, neben den Einstellungen der Eigenschaften der Bandsicherung, in drei Schritten, die nacheinander abgearbeitet werden.

1 Starten Sie das Programm Backup über das *Start*-Menü. Das Programm finden Sie unter dem Eintrag *Programme/Colorado Backup/Colorado Backup*.

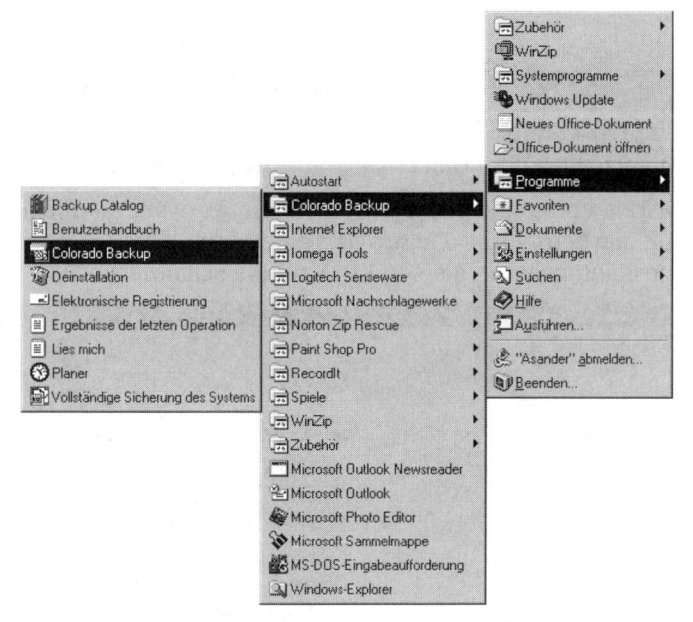

2 Der Hauptbereich des Programmfensters besteht aus den drei Registerkarten *Sichern*, *Wiederherstellen* und *Vergleichen*. Durch den Programmschritt *Vergleichen* können Sie den Ausgabestand einer Bandsicherung mit den entsprechenden Dateien auf der Festplatte durchführen. Beim Start des Programms ist die Registerkarte *Sichern* aktiviert.

3 In der Registerkarte finden Sie die Auswahlmöglichkeiten für die zu sichernden Laufwerke bzw. Verzeichnisse und Dateien. Markieren Sie mit der Maus diejenigen Verzeichnisse, die Ihre Anwenderdaten enthalten. Der im Beispiel betrachtete Serverrechner verfügt über zwei Verzeichnisse, *Eigene Dateien* und *Öffentliche Dateien*, die Anwenderdaten enthalten können.

MBytes mobil – Backup und Sicherungen

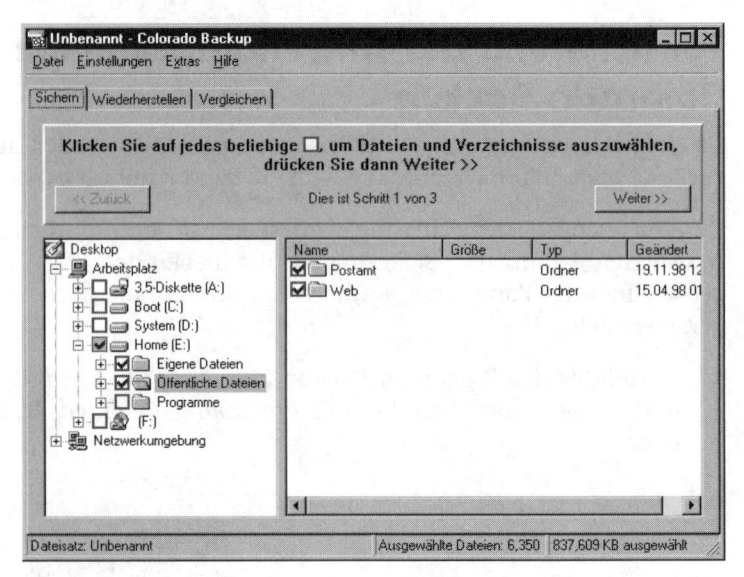

4 Zur Einstellung der Eigenschaften der Sicherung wählen Sie über die Menüzeile den Eintrag *Einstellungen/Optionen/Sichern*.

5 Markieren Sie in der Registerkarte die Auswahl *Modifiziert-Sicherung ...* für die Betriebsart *Teilsicherung* des Programms. Übernehmen Sie die Einstellungen durch einen Klick auf die Schaltfläche *OK*.

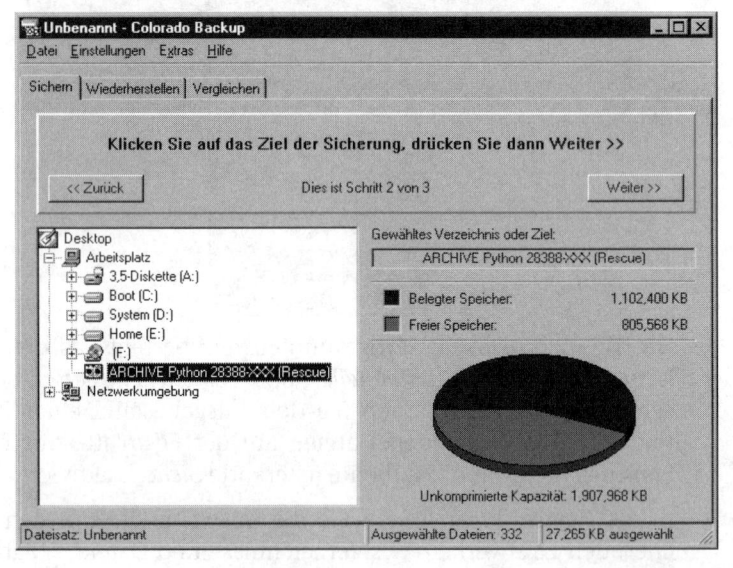

MBytes mobil – Backup und Sicherungen

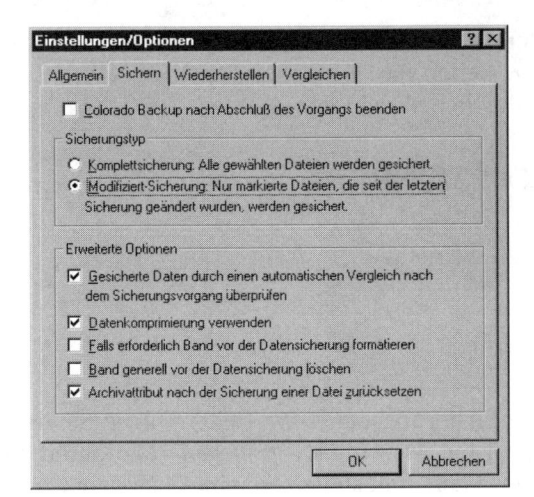

6 Für den zweiten Arbeitsschritt klicken Sie im Hauptfenster des Programms auf die Schaltfläche *Weiter* an der rechten Seite der Registerkarte. Wählen Sie das Bandlaufwerk als Sicherungsziel aus.

7 Gehen Sie zum letzten Arbeitsschritt der Sicherung. Klicken Sie dazu auf die Schaltfläche *Weiter* auf der Registerkarte.

Sie haben jetzt die Möglichkeit, die Sicherung mit einem Kennwortschutz zu belegen, wie er im Beispiel von Microsoft Backup vorgestellt wurde. Darüber hinaus können Sie an dieser Stelle Ihre regelmäßige Teilsicherung für den Terminplaner des Programmpakets einrichten.

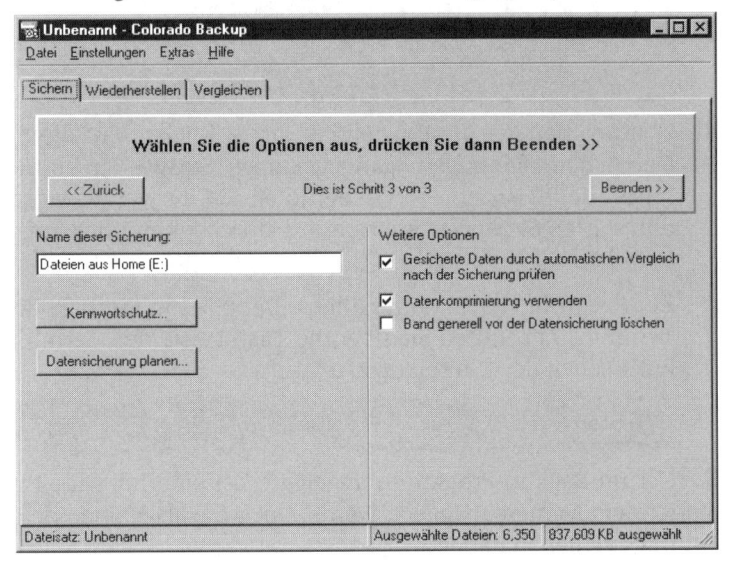

Möchten Sie keine weiteren Einstellungen vornehmen, starten Sie die Datensicherung durch Klicken auf die Schaltfläche *Beenden*. Für die Terminplanung der täglichen Teilsicherung folgen Sie den weiteren Schritten des Beispiels.

1 Zur Planung der Tagessicherung klicken Sie auf die Schaltfläche *Datensicherung planen*. Geben Sie der Sicherung einen Namen. Im Beispiel für die Teilsicherung haben wir den Namen *TeilsicherungAnwender* verwendet.

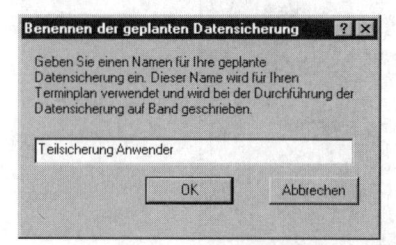

2 Zur Planung der Sicherungstage bzw. Zeiten folgen Sie den Dialogen bis zum Planungsfenster *Terminplan festlegen*. Markieren Sie die Sicherungstage mit der Maus und stellen Sie eine geeignete Uhrzeit für den Sicherungszeitpunkt ein.

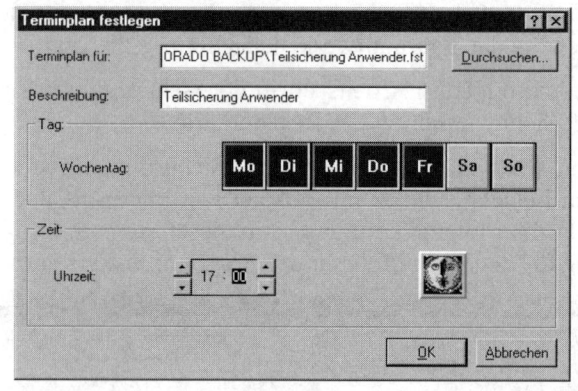

3 Übernehmen Sie die Einstellung durch Klicken auf die Schaltfläche *OK*. Durch den Planungsvorgang gelangen Sie wieder zum ersten Arbeitsschritt des Assistenten. Wiederholen Sie die vorausgegangenen Schritte und starten Sie die Datensicherung durch einen Klick auf die Schaltfläche *Beenden*.

4 Zur Kontrolle der Planung überprüfen Sie die Einträge der Sicherung im Terminplaner. Rufen Sie über die Task-Leiste den Terminplaner (Symbol links neben der Uhrzeitanzeige) auf.

5 Der im Backup-Programm angelegte Zeitplan muß im Terminplaner unter dem Namen angezeigt werden, den Sie als Namen des Sicherungsauftrags vergeben haben.

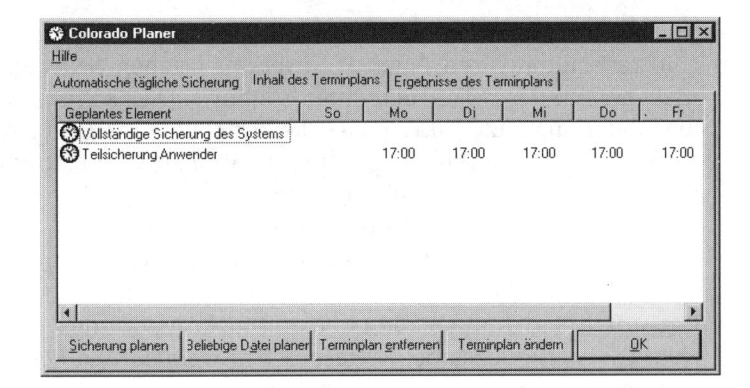

14.5 Hilfe bei Problemen mit Festplatten und Backup-Geräten

Die häufigsten Fehler treten bei diesen Geräten typischerweise bei der Installation auf. Die folgenden Abschnitte zeigen Ihnen Lösungen zur Beseitigung von häufigen Fehlersituationen.

Störenfried Zip? – Lösungen beim Einsatz der Zip-Laufwerke

> **Hinweis**
>
> **Verwandlungskünstler – Der Diskettensatz der Installation**
>
> Der Diskettensatz für die Zip-Software ist für Macintosh- bzw. DOS- und Windows-Systeme gleichermaßen geeignet. Wie das? Der Diskettensatz ist quasi ein kleiner Verwandlungskünstler. Das Format der Zip-Diskette *Tools* wird beim ersten Start der Installation festgelegt. Starten Sie Ihre Installation von der 3,5"-Floppy unter DOS oder Windows, verwandelt sich die Zip-Diskette in ein DOS-Format. Starten Sie die Installation mit der Zip-Diskette am Mac, verwandelt sich die *Tools*-Diskette in ein Macintosh-Format. Der Haken: Die Geschichte funktioniert nur einmal. Das jeweils erkannte Format bleibt dann dauerhaft erhalten, und Sie können nur noch diesen Systemtyp mit dem Diskettensatz installieren. Möchten Sie den Systemtyp wechseln, benötigen Sie eine unbearbeitete *Tools*-Diskette. Tip von Iomega: Beim Wechsel des Systemtyps müssen Sie eine neue *Tools*-Diskette im Fachhandel erwerben.

Booten mit eingelegter Diskette bei SCSI-Zip

Ein unangenehmer Effekt zeigt sich beim Rechnerstart von DOS und Windows bei eingelegter Zip-Diskette bei SCSI-Laufwerken. Bei eingelegtem Medium wird über das SCSI-BIOS das Laufwerk als Festplatte in die Verwaltung der Massenspeicher eingebunden.

1. Da das Medium über eine primäre Partition verfügt, erhält das Zip-Laufwerk automatisch einen Laufwerkbuchstaben beim Start von DOS und damit in der Folge auch unter Windows. Dies kann je nach Festplattenausstattung dazu führen, daß die Festplatte als eigentliches Startlaufwerk einen Laufwerkbuchstaben oberhalb von C: erhält und damit der Start des Betriebssystems abgebrochen wird.

2. Ein weiterer Fehlerfall kann dadurch entstehen, daß sich das Zip-Laufwerk zwischen die Laufwerkbuchstaben zweier Festplatten drängelt. Damit erhalten die Festplatten andere Laufwerkbuchstaben zugewiesen. Registrierte Programme können damit nicht mehr unter den ursprünglichen Laufwerkbuchstaben angesprochen werden, und der Start der Programme wird mit einer Fehlermeldung abgebrochen. Um einen Start mit eingelegter Diskette zu verhindern, sollte beim Beenden des Systems die Zip-Diskette ausgeworfen werden.

Rechnerabsturz nach dem Start des Programms Guest?

Verwenden Sie eine Netzwerkkarte vom Type NE2000 oder eine kompatible, müssen Sie vor der eigentlichen Installation die Netzwerkkarte vorübergehend deaktivieren. Die Dienstprogramme *Guest.exe* für DOS und *Guest95.exe* für Windows führen zur Erkennung von Zip-Laufwerken eine „Probe" durch. Ein unangenehmer Effekt führt beim „Proben" des Programms Guest bei der Verwendung von NE2000-Netzwerkkarten zum Absturz des Betriebssystems. Beim „Proben" der verschiedenen Laufwerktypen wird an den Anschlüssen zum E/A-System ein SCSI-Adapter gesucht. In den möglichen Bereichen der Ein-/Ausgabe-Adressen für einen SCSI-Adapter kann sich ebenfalls eine NE2000-Karte befinden. Wird die Netzwerkkarte auf diese Weise als SCSI-Adapter angesprochen, reagiert sie derart falsch, daß das Betriebssystem zum Absturz gebracht wird.

Netzwerkkarte unter Windows 95/98 deaktivieren

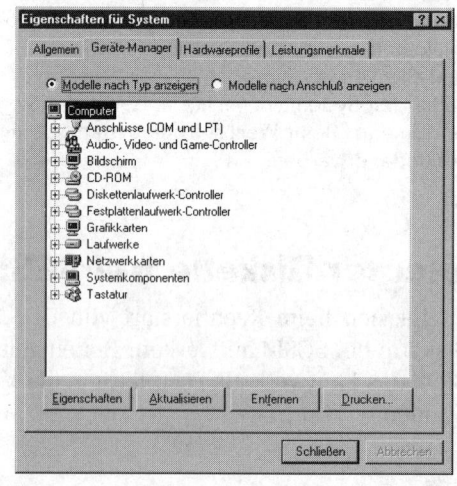

MBytes mobil – Backup und Sicherungen

1 Rufen Sie den Geräte-Manager mit dem Kommando *Start/Einstellungen/ Systemsteuerung/System/Geräte-Manager* auf. Der Geräte-Manager meldet sich als Fenster und zeigt Ihnen die verwendeten Geräteklassen Ihres Rechners an.

2 Im folgenden Schritt sind die Einstellungen der NE2000-Netzwerkkarte festzustellen. Öffnen Sie die Geräteklasse *Netzwerkkarten* am Pluszeichen und markieren Sie die Netzwerkkarte NE2000. Klicken Sie auf die Schaltfläche *Einstellungen*. Notieren Sie sich die gültigen Einstellungen der Ressourcen *Interrupt* und *E/A-Bereich*, um die Netzwerkkarte später wieder ordnungsgemäß in Betrieb zu nehmen.

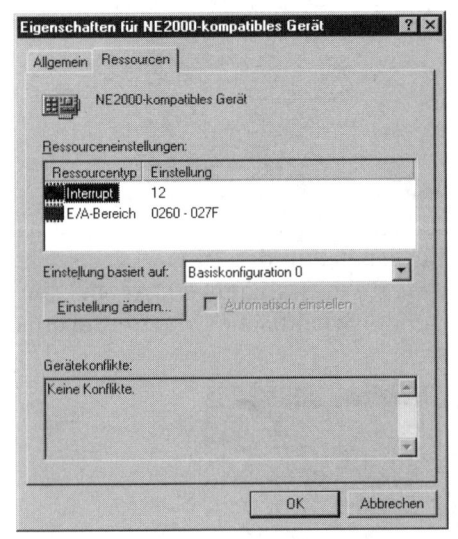

3 Schließen Sie das Fenster *Eigenschaften*, markieren Sie den Eintrag für die Netzwerkkarte NE2000 im Geräte-Manager per Mausklick und drücken Sie die [Entf]-Taste. Sie erhalten die Nachfrage, ob das Gerät wirklich entfernt werden soll. Bestätigen Sie das Entfernen und führen Sie einen Neustart des Rechners durch.

4 Nach dem Neustart beginnen Sie mit der Installation der Zip-Software. Im Anschluß an die Installation kehren Sie wieder zum folgenden Arbeitsschritt 6 zurück.

5 Nachdem Sie die Zip-Software installiert haben, ist jetzt die Netzwerkkarte wieder in das Betriebssystem einzubinden. Zur Einbindung der Netzwerkkarte wird die erneute Installation der Netzwerkkarte mit dem Hardware-Assistenten von Windows erforderlich. Verwenden Sie eine ISA-Version der Netzwerkkarte, die nicht Plug & Play-fähig ist, benötigen Sie dazu die Installationsdiskette der Netzwerkkarte zur Auswahl der geeigneten Treiber.

6 Rufen Sie zur Einbindung der Netzwerkkarte den Hardware-Assistenten von Windows aus der Systemsteuerung auf. Verwenden Sie dazu das Kommando *Start/Ausführen/Einstellungen/Systemsteuerung /Hardware*.

MBytes mobil – Backup und Sicherungen

Zur Installation klicken Sie auf die Schaltfläche *Weiter*. Die folgende Frage zur Suche der neuen Hardware beantworten Sie per Mausklick auf die Auswahl *Nein*.

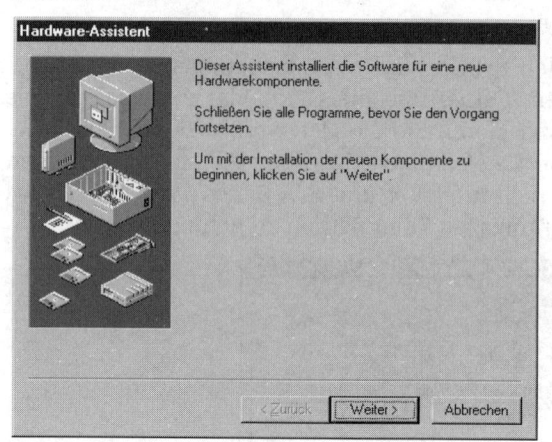

7 Klicken Sie auf die Geräteklasse *Netzwerkkarten*. Sie erhalten den Dialog *Modell auswählen* zur Installation der Treiber. Legen Sie die Treiberdiskette für die Netzwerkkarte in das Laufwerk A: ein. Zur Installation des Treibers klicken Sie auf die Schaltfläche *Diskette*. Sie erhalten den Dialog *Von Diskette installieren*.

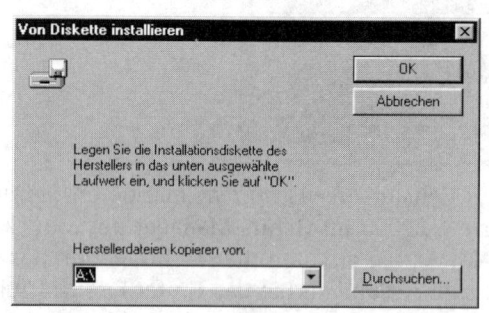

8 Zum Laden des Treibers von der Diskette klicken Sie auf die Schaltfläche *Durchsuchen*. Im folgenden Dialog wird die Gerätebeschreibung der Netzwerkkarte gesucht. Der exakte Name der Datei hängt von dem Typ der Karte ab, die Sie tatsächlich verwenden. Gerätebeschreibungen haben die Dateiendung *.inf*. Ein möglicher Name der Gerätebeschreibung wäre *ne2000.inf*.

Die Datei der Gerätebeschreibung befindet sich entweder unmittelbar im Wurzelverzeichnis der Treiberdiskette oder in einem der Windows-Verzeichnisse auf der Treiberdiskette.

9 Haben Sie die geeignete Gerätedatei auf der Treiberdiskette gefunden, klicken Sie auf den Dateinamen und bestätigen die folgenden Dialoge jeweils durch Anklicken der Schaltfläche *OK*. Zum Abschluß der Installation wird der Rechner neu gestartet. Nach dem Neustart des Rechners sind wieder die alten Einstellungen zu den Ressourcen der Karte herzustellen.

10 Zur Einstellung der Ressourcen verfahren Sie wie in den Schritten 1 und 2. Im Fenster *Eigenschaften für NE2000-kompatibles Gerät* ändern Sie über die Auswahl *Einstellungen ändern* die Einstellungen für IRQ und E/A auf die alten Werte. Zum endgültigen Abschluß der Installation wird wieder ein Neustart erforderlich. Auf die Frage, ob das System neu gestartet werden soll, antworten Sie mit *Ja*.

Damit ist für Sie die Installation beendet. Wird diese Prozedur immer wieder notwendig?

Im allgemeinen wird dieser Weg nur einmal nötig sein. Die Prozedur des Entfernens der Netzwerkkarte ist lediglich zum korrekten Ablauf des Programms Guest erforderlich. Haben Sie die Zip-Software einmal erfolgreich installiert, wird kein weiterer Aufruf von Guest erforderlich, und die Netzwerkkarte kann damit in Frieden arbeiten.

NE2000 unter Windows 3.1x deaktivieren

Verwenden Sie eine Netzwerkkarte vom Typ NE2000 oder eine kompatible, müssen Sie vor der eigentlichen Installation der Zip-Software die Netzwerkkarte vorübergehend deaktivieren. Verwenden Sie eine Netzwerkkarte, die nicht von den Standardtreibern von Windows unterstützt wird, benötigen Sie für die Neuinstallation der Netzwerkkarte die entsprechende Treiberdiskette.

1 Rufen Sie den Programm-Manager auf. Öffnen Sie die Programmgruppe *Netzwerk*, indem Sie auf das Symbol *Netzwerk* doppelklicken.

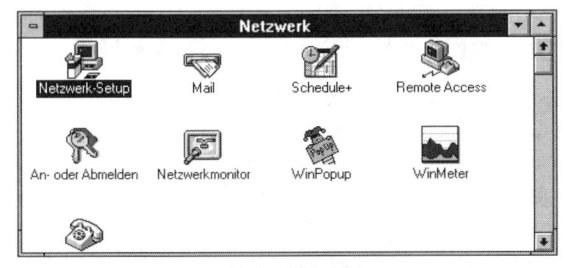

2 Öffnen Sie das Netzwerk-Setup durch Doppelklicken auf das Symbol *Netzwerk-Setup*.

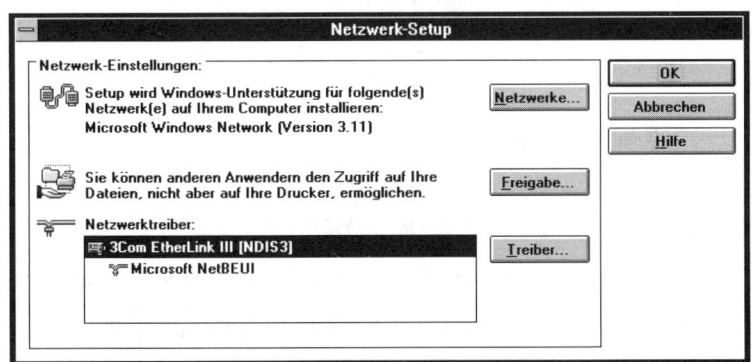

3 Notieren Sie sich die Einstellungen zur Netzwerkkarte und der verwendeten Protokolltreiber, die im Feld *Netzwerktreiber* angegeben sind. Sie benötigen die Angaben, um die Netzwerkkarte nach der Installation der Zip-Software wieder einbinden zu können.

4 Klicken Sie auf die Schaltfläche *Treiber* und entfernen Sie die Netzwerkkarte. Beenden Sie das Netzwerk-Setup. Im Anschluß wird ein Neustart des Rechners erforderlich.

5 Nach dem Neustart des Rechners können Sie zur Installation der Zip-Software weitergehen. Im Anschluß an die Installation setzen Sie den Abschluß der Arbeiten mit dem Einbinden der Netzwerkkarte fort.

6 Nach der Installation der Zip-Software ist die Netzwerkkarte wieder in das System einzubinden. Rufen Sie dazu wieder das Netzwerk-Setup aus dem Programm-Manager auf.

7 Klicken Sie auf die Schaltfläche *Treiber*. Ergänzen Sie im Dialog *Treiber* die Netzwerkkarte und die Protokolle über die Punkte *Adapter hinzufügen* bzw. *Protokolle hinzufügen* entsprechend der ursprünglichen Konfiguration.

Zum Abschluß der Netzwerkkonfiguration wird der Rechner erneut gestartet. Die Prozedur des Entfernens der Netzwerkkarte wird nur bei der Installation der Zip-Software bzw. für den korrekten Ablauf des Programms Guest erforderlich. Beim normalen Betrieb der Zip-Laufwerke wird die Arbeit der Netzwerkkarte nicht gestört.

ATAPI-Laufwerk als Floppydiskette

Unter Windows NT wird das ATAPI-Zip-Laufwerk unter einem falschen Laufwerkbuchstaben eingebunden. Das Laufwerk wird zwar als Wechseldatenträger erkannt, jedoch vom Betriebssystem als Diskettenlaufwerk identifiziert. In der Folge erhält das Zip-Laufwerk den falschen Laufwerkbuchstaben B:.

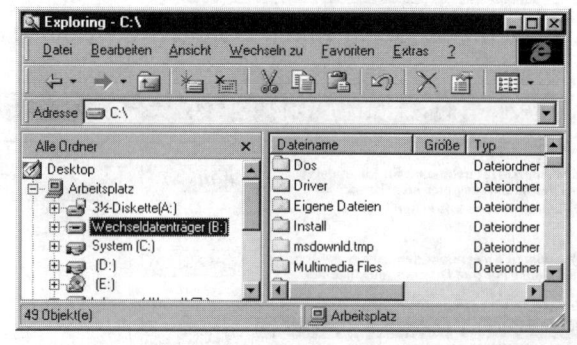

Fehlerhaftes Zip-Laufwerk in der Darstellung des Windows NT-Explorer

Um den Fehler zu beheben, ist eine Korrektur der Treibersoftware notwendig. Zur Korrektur können Sie einen Hotfix von Microsoft oder die aktuali-

MBytes mobil – Backup und Sicherungen

sierten Treiber von Iomega verwenden. In beiden Fällen ist der Download über das Internet der schnellste Weg, um zu der benötigten Software zu kommen.

Korrektur durch Treiber-Update von Iomega

Sie können das Update der Treibersoftware vom Fileserver von Iomega per FTP beziehen. Die entsprechende Datei steht zum Download unter *ftp://ftp.iomega.com/pub/english/ioware.exe* bereit. Die Treiberdatei *Ioware.exe* ist ein selbstentpackendes Archiv im Format des Archivierungsprogramms WinZip. Zur Installation der Treiber gehen Sie folgendermaßen vor:

1 Kopieren Sie die Archivdatei in ein temporäres Verzeichnis, z. B. *C:\Tmp*.

2 Starten Sie das Programm durch Doppelklicken auf die Datei. Das Programm fügt die neuen Zip-Treiber hinzu und aktualisiert automatisch die Treiberdatenbank.

3 Starten Sie die Systemsteuerung mit *Start/Einstellungen/Systemsteuerung* und klicken Sie auf das Symbol *SCSI-Adapter zur Installation der Treiber*. Klicken Sie dann auf die Registerkarte *Treiber*.

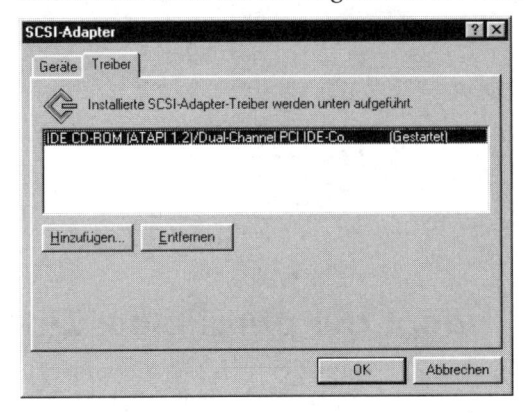

4 Klicken Sie auf die Schaltfläche *Hinzufügen* und dann im Feld *Hersteller* auf den Eintrag *Zusätzliche Modelle*.

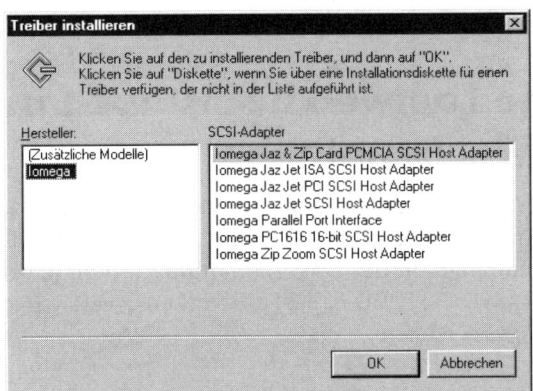

661

5 Wählen Sie für das ATAPI-Laufwerk den Eintrag *Iomega Zip IDE/ATAPI* mit der Maus aus. Zum Abschluß der Treiberinstallation muß das System neu gestartet werden. Zum Neustart des Rechners klicken Sie auf die Schaltfläche *Ja*.

Nach dem Neustart steht das Zip-Laufwerk unter einem Laufwerkbuchstaben oberhalb des Laufwerkbuchstabens *C:* zur Verfügung. Der Laufwerkbuchstabe des Zip schließt sich dem Buchstaben der letzten Festplatte an. Die Verwaltung der IDE-Geräte wird jetzt vom Zip-Treiber *Imgatapi.sys* übernommen.

Durch einen erneuten Aufruf der Systemsteuerung/SCSI-Adapter nach der Installation können Sie die neuen Iomega-Treiber anzeigen. Hinsichtlich der IDE-Geräte zeigt sich folgendes Bild:

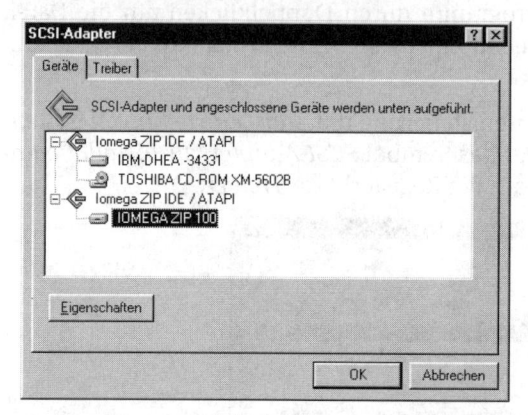

Konfiguration des SCSI-Adapters nach der Installation der Treiber

Windows NT hängt bei parallelem Zip-Laufwerk

Beim Start von Windows NT kann bei ausgeschaltetem externen Zip-Laufwerk das Betriebssystem hängenbleiben oder den Fehler *Stop 0X1E Error* im Startbildschirm anzeigen. Die Ursache liegt im allgemeinen an den älteren Versionen der Treiber für das parallele Zip-Laufwerk. Sie müssen die verwendeten Treiber durch aktuelle Versionen ersetzen.

Mehrfache Laufwerkbuchstaben bei internen Wechselplatten

Falls im Ordner *Arbeitsplatz* oder in der Anzeige der Laufwerke im Windows-Explorer für das Laufwerk mehr als ein Buchstabe anzeigt wird und dies nicht entsprechend auch in der Dokumentation zu dem jeweiligen Laufwerk vorgesehen ist (z. B. bei DVD-RAM-Laufwerken), versuchen Sie einen der folgenden Lösungsvorschläge.

Beachten Sie, daß die Verwendung von Laufwerken mit mehreren Laufwerkbuchstaben unter Umständen zum Datenverlust auf dem betroffenen Datenträger führen kann.

Fehlerfall 1: SCSI-Laufwerke unter Windows 95/98

Entfernen Sie alle Realmode-Treiber für SCSI-Adapter, z. B. *Aspidisk.sys* von Adaptec usw., aus der Datei *Config.sys* und starten Sie den Computer erneut.

Für den Betrieb unter Windows 95/98 werden keine Treiber aus der Systemkonfigurationsdatei *Config.sys* für DOS benötigt. Im Idealfall können für den Betrieb von Windows 95/98 die Systemkonfigurationsdateien *Config.sys* und *Autoexec.bat* des Betriebssystems DOS gelöscht werden. Einträge in den Dateien werden lediglich für alte 16-Bit-Treiber benötigt, für die es keine entsprechenden 32-Bit-Treiber von Windows 95/98 gibt.

Fehlerfall 2: ATAPI-Laufwerke unter DOS und Windows 95/98

Tritt das Laufwerk unter einem zusätzlichen Laufwerkbuchstaben für ein Diskettenlaufwerk in Erscheinung, ist in vielen Fällen eine fehlerhafte Version der BIOS-Software die Ursache. Moderne BIOS-Versionen, ca. ab Mitte 1997, unterstützen das LS120-Laufwerk über das ATAPI-Protokoll und binden ein ATAPI-Wechselmedium grundsätzlich als Diskette in das System ein. Damit erhalten Sie einmal einen Laufwerkbuchstaben über das BIOS und zum zweitenmal über die Treibersoftware des Laufwerks. Bekannt sind fehlerhafte BIOS-Versionen für Pentium-I- und Pentium-II-Systeme der Firma Gigabyte wie die Motherboards der Familien GA-586 und GA-686.

In einem solchen Fall bleibt Ihnen nichts anderen übrig, als eine korrigierte Version der BIOS-Software für das Motherboard zu verwenden. Die BIOS-Software heutiger Hauptplatinen befindet sich in einem EEPROM. Ein EEPROM ist ein programmierbarer ROM-Baustein, dessen Inhalt Sie mit einem Programmierprogramm des Boardherstellers bearbeiten können. Entsprechende Programme und geeignete BIOS-Updates werden von den Herstellern angeboten. Bei der Suche nach einem geeigneten Update für das BIOS Ihres Computers kann Ihnen die Homepage Wim's BIOS Page unter *http://www.ping.be/bios* behilflich sein.

Probleme mit Druckern und Wechselplatten an der Druckerschnittstelle

Moderne Drucker nutzen die erweiterten Möglichkeiten der parallelen Schnittstelle zur Kommunikation. Hochwertige Drucker arbeiten mit einer Zwei-Wege-Kommunikation und tauschen Daten zwischen Drucker und PC in beide Richtungen aus. Das heißt, der Computer kann mit dem Drucker in Kontakt treten und umgekehrt.

Der Dialog zwischen Drucker und Rechner dient der Ausgabe von Meldungen, die den aktuellen Zustand des Druckers näher beschreiben. Durch diese Rückmeldungen vom Drucker kann der Anwender genau über die Aktivität des Druckers oder bei Störungen über die Art der Störung des Druckbetriebs informiert werden.

Allgemeine Störungen beim Drucken

Ein gleichzeitiger Betrieb des Druckers und des Zip-Laufwerks ist in den meisten Fällen nicht möglich. Ein Drucken mit gleichzeitigem Zugriff auf das Laufwerk führt wegen der Zwei-Wege-Kommunikation des Zip-Laufwerks zu einem Signalsalat in der Kommunikation auf der Schnittstelle.

Im allgemeinen wird der Drucker bei dieser Situation gestört, das heißt, entweder bleibt der Drucker stehen, oder es gehen Druckaufträge verloren. In der Praxis bedeutet das für Sie, daß Sie zwar beide Geräte mit dem Rechner verbinden, jedoch nur entweder drucken oder auf das Zip-Laufwerk zugreifen können.

Unverträgliche Einstellungen der Druckersoftware

Canon-Drucker der Typen BJ 610, BJC 610, BJC 620

Die von Druckern der Firma Canon verwendeten Druckertreiber beanspruchen die Druckerschnittstelle exklusiv. Damit kann bei diesen Modellen, wie z. B. Canon BJ 610, BJC 610, BJC 620, der Drucker nicht über die durchgeschleifte Druckerschnittstelle am Zip-Laufwerk betrieben werden.

Zum Betrieb beider Geräte müssen Sie einen geänderten Druckertreiber für die Geräte installieren. Passende Druckertreiber erhalten Sie über die Support-Seiten der Homepage von Canon unter *http://support.canon.de*.

Mit den geänderten Druckertreibern können beide Geräte unabhängig voneinander betrieben werden, und ein Konflikt der Geräte ist damit behoben.

Bidirektionale Druckertypen, z. B. Lexmark-Drucker, HP-Drucker

Bei den Druckertypen von der Firma Lexmark, die eine Zwei-Wege-Kommunikation (bidirektionale Unterstützung) zwischen Drucker und Rechner verwenden, ist diese Option abzuwählen. Zur Kontrolle der Geräteeigenschaften gehen Sie folgendermaßen vor:

1   Rufen Sie die Druckerkonfiguration der Systemsteuerung über *Start/ Einstellungen/Drucker* auf.

2 Klicken Sie mit der rechten Maustaste auf den Eintrag für den verwendeten Drucker und wählen Sie in dem folgenden Menü den Eintrag *Eigenschaften*.

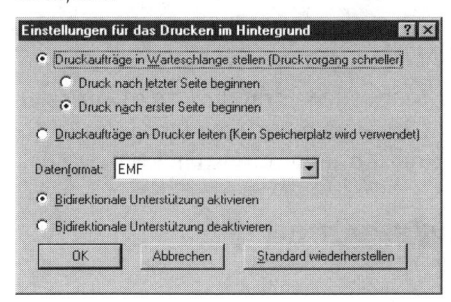

3 Wählen Sie die Registerkarte *Details*. Auf der Registerkarte *Details* klikken Sie auf die Schaltfläche *Spool-Einstellungen*. Sie erhalten das Fenster zur Einstellung des Druckens im Hintergrund.

4 Markieren Sie die Option *Bidirektionale Unterstützung deaktivieren*. Beenden Sie den Dialog durch Klicken auf die Schaltfläche *OK*. Durch das Deaktivieren ist jetzt ein ungestörter Betrieb beider Geräte möglich.

HP-Drucker der Typen 4s, 4+, 4v, 4si, 4l, 4p, 5p

Die Druckersoftware der Druckertypen der HP Laserjet-Serie 4 verwendet ein Überwachungsprogramm für den Druckbetrieb bzw. für die parallele Schnittstelle und verhindert damit ein korrektes Arbeiten der Laufwerke an der parallelen Schnittstelle. Wenn Sie auf dieses Monitorprogramm für den Drukker verzichten, können Sie beide Geräte ungestört betreiben. Der Drucker-Monitor *Hpsw.exe* wird automatisch beim Systemstart gestartet. Die Einstellung des automatischen Starts muß in der Konfigurationsdatei *Win.ini* abgeschaltet werden.

Windows 3.1x

1 Wählen Sie im Programm-Manager das Menü *Datei/Ausführen*. Rufen Sie den Editor NotePad zur Bearbeitung der Konfigurationsdatei *Win.ini* auf.

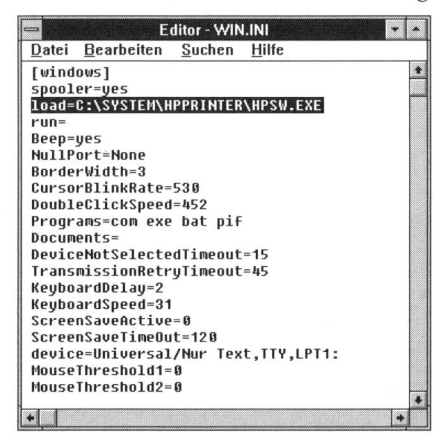

2 Suchen Sie den Eintrag *Load=HPSW.EXE* und ergänzen Sie am Anfang der Zeile ein Semikolon:

`;Load=HPSW.EXE`

Windows 95/98 und NT

1 Wählen Sie im *Start*-Menü den Eintrag *Start/Ausführen* und rufen Sie über die Befehlszeile *Öffnen* den Systemeditor SYSEDIT auf. Wählen Sie dann zur Bearbeitung der Konfigurationsdatei *Win.ini* das entsprechende Textfenster.

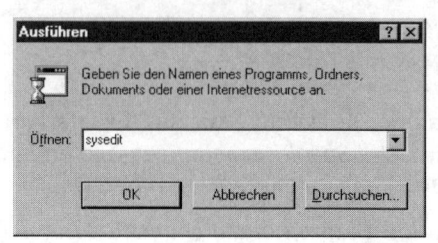

2 Suchen Sie den Eintrag *Load=HPSW.EXE* und ergänzen Sie am Anfang der Zeile ein Semikolon.

Damit wird der Aufruf *Load* bzw. der Start des Monitors beim Systemstart deaktiviert. Beenden Sie die Editoren und bestätigen Sie das Speichern der Änderungen. Starten Sie dann Windows neu.

15. Scanner – So lernt Ihr PC sehen

Zu den Hauptanwendungsbereichen moderner PC-Systeme gehört die Grafik- und Bildbearbeitung. Trotz der Flut an Bildern in rein visuellen Medien wie Film, Video und Fernsehen sind heute kaum noch Medien vorstellbar, die ihre Informationen nicht „bildhaft" darstellen. Die Quellen der Bilder sind dabei sehr unterschiedlich. Liegen die Bildinformationen bereits vor, z. B. in Form von Fotos, Dias, Printmedien oder anderem, bieten Scanner die Möglichkeit, sie in eine digitale Form zu wandeln, um sie per Computer zu verarbeiten, zu archivieren und in neuer Form weiterzuverwenden. Scanner sind damit Digitalisierungsgeräte für optische Informationen, ähnlich wie Soundkarten akustische Informationen für die Bearbeitung im Rechner digital aufbereiten können.

In diesem Kapitel zeigen wir Ihnen, welche Typen von Scannern am Markt gängig sind bzw. welche Typen für die Digitalisierung der verschiedenen Vorlagentypen geeignet sind. Der erste Abschnitt „Scannertypen – Modelle für jeden Einsatz?" auf Seite 668 stellt Ihnen dabei die verschiedenen Modelle vor und zeigt deren Stärken und Schwächen beim Einsatz in der täglichen Praxis.

Neben den Scannern sind auch die Weiterverarbeitungs- und Ausgabegeräte von Bedeutung. Je nach Haupteinsatz ist neben einem guten Monitor auch ein Drucker wichtig, der gute Ergebnisse auch optimal darstellt. Matschige Bildschirmausgaben oder Klötzchengrafik des Druckers vernichten jeden guten Scan schon im Ansatz. Welche Gerätschaften zum erfolgreichen Scannen dazugehören, zeigen wir Ihnen im Abschnitt „Scharfe Bilder – Was bei Scannern zu beachten ist" ab Seite 674.

Mit dem Unterkapitel „Scanner-Praxis – Vom Anschluß bis zur Konfiguration" möchten wir Ihnen Hilfestellung für die Installation Ihres neuen Geräts geben. Wie Sie Ihren neuen Scanner anschließen und den Rechner mit der notwendigen Software versorgen, zeigen Ihnen die Abschnitte ab Seite 681.

15.1 Der Scanner – Modelle und Typen

Waren noch vor wenigen Jahren Scanner kaum unter 1.000 DM zu bekommen, sind heute bereits für knapp 100 DM Geräte erhältlich, die für den Hobbybereich gebrauchsfähige Ergebnisse liefern. Vor allem die rasante Entwicklung der letzten zwei Jahre bietet dem Anwender interessante Möglichkeiten in guter Qualität zu niedrigen Preisen.

Neben den populären und für den Bürobereich gut geeigneten sogenannten Flachbettscannern teilen sich weitere Bauformen den Markt. Welche Typen im einzelnen bei Scannern zu finden sind, erfahren Sie im folgenden Abschnitt.

Scannertypen – Modelle für jeden Einsatz

Heutige Scanner sind unabhängig von ihrer Bauart bis auf wenige Ausnahmen Farbscanner. Sie werden für die unterschiedlichsten Anwendungen in verschiedenen Bauformen hergestellt.

Neben der Bildqualität (Auflösung und Farbtiefe) trägt auch optionales Zubehör (Durchlichtaufsätze für Fotonegative und Dias) und besonders die mitgelieferte Software zu den enormen Preis- und Qualitätsunterschieden bei. Bei der Wahl des Scanners lohnt es sich deshalb, auch einen Blick auf das Zubehörangebot des Herstellers zu werfen. Für den Heimnutzer, der seine Bilder in Textdokumenten oder als Illustrationen für Internetpräsenzen verwenden will und nur auf dem Heimdrucker ausgeben möchte, wird eine Bildbearbeitungs- und Scannersoftware mit überzogenen Einstellmöglichkeiten oft eher hinderlich sein. Für den professionellen Anwender können dagegen gerade diese zusätzlichen Möglichkeiten ausschlaggebend werden.

> **Hinweis**
>
> **Vorsicht Copyright!**
>
> Beachten Sie, daß Sie beim Einscannen und Weiterverarbeiten von Vorlagen mitunter Urheberrechte berücksichtigen müssen. Immer wenn Sie eine nicht selbsterstellte Vorlage einscannen, eventuell weiterverarbeiten und beispielsweise in das Internet stellen, verletzen Sie bereits das geltende Urheberrecht und können unter Umständen strafrechtlich verfolgt werden. Es kann daher sinnvoller sein, Bilder und Grafiken, die Sie veröffentlichen möchten, aus kommerziellen Sammlungen, z. B. auf CD-ROM zu beziehen, bei denen Sie auch bei Veröffentlichung nicht das Copyright verletzen. Das Einscannen fremder Vorlagen für den Privatgebrauch ist hingegen unproblematisch. Ansonsten erfreut sich das Einscannen von privaten Fotos und Dias zunehmender Beliebtheit.

Die richtige Gerätewahl fällt bei der Vielfalt der Gerätetypen, den optischen Qualitäten und Austattungsmerkmalen nicht leicht, gerade wenn der Einsatz des Scanners im beruflichen Umfeld oder für das engagierte Hobby geplant ist. Der folgende Abschnitt möchte Ihnen zuerst einen Überblick über die verschiedenen Typen und Einsatzgebiete geben.

Handscanner

Unter Handscanner versteht man zwei sehr verschiedene Typen, deren Einsatzzweck unterschiedlicher nicht sein könnte. In der Industrie werden unter Handscannern oder besser „mobilen Laserscannern" Geräte verstanden, die Strichcodes von Etiketten, Waren usw. lesen können. Sie sind die mobilen

Vertreter der fest eingebauten Laserscanner, die in Computerkassen z. B. im Lebensmittelhandel verwendet werden. Diese Geräte gehören nicht zum Thema dieses Kapitels, sie können aber wegen der Namensgleichheit mit den Handscannern für die Bildverarbeitung verwechselt werden.

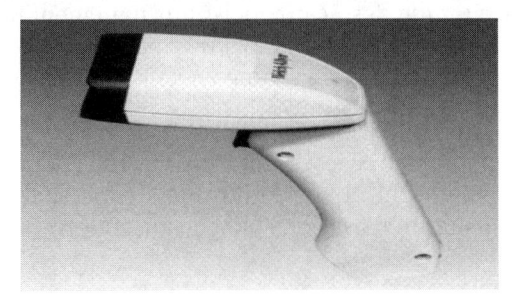

Handscanner (Laserscanner) für das Aufnehmen/Lesen von Strichcodes

Die mobilen Handscanner für die Bildverarbeitung gehören heute zu den Dinosauriern der Scannertechnik. Konzipiert waren Handscanner ursprünglich für den mobilen Einsatz, später waren sie die Einsteigermodelle für den Consumer-Markt.

Diese Scanner werden wie eine Maus mit der Hand über die zu verarbeitende Vorlage geführt und tasten die Bilder abschnittsweise ab. Größere Vorlagen übernimmt man durch mehrmaliges Abtasten der Vorlage. Eine sichere, ruhige Hand, gleichmäßige Geschwindigkeit und eine Kante zum Anlegen des Scanners sind die Voraussetzungen, um brauchbare Ergebnisse zu erzielen. Der Vorteil der Handscanner liegt in der Mobilität und den damit sich ergebenden Einsatzmöglichkeiten. Sie werden allerdings nie ein dauerhafter Ersatz für ein Tischgerät sein.

Anbieter der Geräte waren Hersteller wie Mustek oder Logitech. Heute werden von den meisten Herstellern allerdings keine Handscanner mehr angeboten. Im Bürobereich und anderen Einsatzgebieten wurden die Handscanner durch die wesentlich präziseren Flachbettscanner verdrängt. Lediglich in den Handelsangeboten des Internet und des Secondhandbereichs und in den Kleinanzeigen von Zeitschriften finden sich diese Geräte noch relativ häufig.

Flachbettscanner

Neben dem Einsatz für Büroanwendungen wie Faxverarbeitung oder der optischen Texterfassung werden Flachbettscanner für das Erfassen von Vorlagen aller Art verwendet. Entsprechend groß ist heute das Angebot, wobei in dieser Kategorie enorme Unterschiede in der Qualität und natürlich auch im Preis bestehen. Die preisgünstigsten Modelle sind bereits für ca. 100 DM zu haben, während Geräte für die Industrie mehrere Zehntausend Mark kosten können. Zwischen diesen Extremen hat sich eine breite Mittelklasse etabliert, die innerhalb gewisser Grenzen durchaus professionelle Bildqualität liefert.

Zu vielen Flachbettscannern gibt es zusätzliche oder integrierte Durchlichtaufsätze, mit denen auch Dias und Negative eingescannt werden können. Die zusätzlichen Durchlichteinheiten bestehen aus einem motorgetriebenen Leuchtschlitten, der synchron mit dem Scannerschlitten das Vorlagenfenster abfährt. Eine solche Erweiterung des Scanners ist nur mit einem hohen feinmechanischen Aufwand möglich, der seinen Preis hat. Je nach Hersteller sind rund 1.000 DM für eine solche Erweiterung zu kalkulieren.

Wer aber häufig Dias oder Negative einscannen muß, dem ist der Kauf eines Film- oder Diascanners empfohlen. Diese Bauformen tasten die relativ kleine Fläche der Vorlagen mit einer sehr hohen Auflösung ab und sind für die Bearbeitung transparenter, lichtdurchlässiger Vorlagen ausgelegt.

Hinweis
Preiswerte Durchlichterweiterung für Flachbettscanner

Eine preiswerte Alternative zur teuren mechanischen Durchlichteinheit bietet die Firma Mustek mit der Hintergrundbeleuchtung TA IV (**T**ransparency **A**dapter) für ca. 130 DM an. Bei dem Gerät handelt es sich um eine Hintergrundbeleuchtung, wie sie auch bei LCD-Displays angewandt wird. Die zusätzliche Beleuchtungseinheit im DIN-A4-Format sorgt bei Dias und Negativen für das notwendige Licht. Die Handhabung dieser Erweiterung ist sehr einfach. Die Leuchteinheit benötigt keine Verbindung zum Scanner, sondern lediglich einen Netzanschluß für die Netzversorgung des Geräts. Die Vorlagen werden einfach mit transparentem Klebefilm auf die Leuchtfläche aufgeklebt und dann samt der Einheit auf die Vorlagenfläche des Scanners aufgelegt. Im Vergleich zu den üblichen Durchlichtadaptern bietet die „Lichtplatte" eine etwas geringere Helligkeit, die jedoch bei guten Vorlagen durch entsprechende Einstellungen weitgehend im Scanmodul wieder ausgeglichen werden können. Ein Nachteil dieses Geräts ist leider die ungleichmäßige Lichtverteilung über die Gesamtfläche der Auflage. Bei Negativen, Dias und Vorlagen, die kleiner als DIN A4 sind, läßt sich jedoch eine genügend große Fläche auf der Vorlage finden, die eine ausreichende und gleichmäßige Helligkeit bietet. Für den Hobby-Scanner ist das Gerät eine sinnvolle Alternative zu den deutlich teureren Durchlichtoptionen.

Der Großteil der Scanner am Markt bedient den unteren und mittleren Qualitätsbereich. Scanner dieser Kategorie kosten zwischen 100 und 1.000 DM. Flachbettscanner der gehobenen Qualitätsstufe kosten jedoch heute nach wie vor einige Tausend Mark und reichen bis über die Grenze von 20.000 DM.

An dieser Stelle zu einem bestimmten Typ zu raten ist angesichts der Vielfalt der Eigenschaften kaum möglich. Hunderte von Modellen kämen in Betracht, die jedoch sehr unterschiedliche Eigenschaften haben. „Eierlegende Wollmilchsäue" sind leider auch in diesem Bereich der Gerätetechnik nicht zu finden. Vorteile eines Geräts können bei einem anderen Verwendungszweck überflüssiges Zeugs oder gar ein Nachteil sein.

Flachbettscanner

Seien Sie aber nicht enttäuscht. Die anschließenden Abschnitte beschäftigen sich intensiv mit der Technik der Scanner, insbesondere von Flachbettscannern, so daß Sie ausreichend Material an die Hand bekommen, um Ihr Modell ausfindig zu machen.

Einzugsscanner

Dieser Scannertyp arbeitet präziser als die Handscanner, da er mit einem Einzugsgerät (Feeder) ausgestattet ist und die Vorlagen selbsttätig in das Gerät einführt. Die Größe der Vorlagen kann bis zum DIN-A4-Format betragen. Die Vorlagen werden wie beim Faxgerät durch den Papiereinzug eingezogen und eingescannt. Die Einzüge erlauben im allgemeinen eine Vorlagenbreite von maximal 25 cm. Damit können DIN-A4-Vorlagen im Hochformat mit einer Auflösung von 200-800 dpi bearbeitet werden. Die Anschaffungspreise liegen bei etwa bei 300 bis 700 DM.

Kombigeräte mit Druck-, Fax- und Scan-Funktion

Das Unternehmen Hewlett Packard bietet mit der Reihe OfficeJet All-in-one-Geräte, die vor allem für den Einsatz im Büro geeignet sind. Die Geräte kombinieren einen Tintenstrahldrucker mit einer Scannereinheit für einfache Scans und dem Versand von Faxnachrichten. Die Kombigeräte können sowohl in Verbindung mit dem Rechner oder unabhängig betrieben werden. Ohne PC-Anbindung bieten die Geräte ein vollwertiges Faxgerät. Die Preislage der Geräte variiert zwischen 1.100 und 1.500 DM, damit sind sie schon etwas teurer.

Die Vorteile der Kombinationsgeräte liegen in der kompakten Bauweise. Bei geringstem Platzbedarf stellen die Geräte für einen Büroalltag mit geringem bis mittlerem Druckaufkommen (800-1.400 Druckseiten/Monat) die beste Lösung dar.

Fotoscanner

Bei diesen Geräten handelt es sich um Einzugscanner, sie werden jedoch ausschließlich für das Einlesen von Fotos von der Größe einer Visitenkarte bis zum Panoramaformat 10 x 29 cm (Kodak) sowie bei 35-mm-Filmen wie Dias und Negativstreifen eingesetzt. Die Kosten für diese Geräte liegen zwischen 500 und 800 DM.

Dia- und Filmscanner

Dia- und Filmscanner bieten gegenüber dem Flachbettscanner mit einem zusätzlichen Durchlichtaufsatz eine deutlich bessere Qualität der Scanergebnisse. Mit den neuen sogenannten Multiformatscannern ist das Einlesen von Positiv- und Negativfilmen verschiedener Formate möglich. So können Kosten und Zeit für teure Fotoabzüge eingespart werden. Eingesetzt werden diese Scanner deshalb besonders von Zeitungs- und Fotojournalisten, bei denen die Zeitersparnis von entscheidender Bedeutung ist. Die optische Auflösung der Filmscanner kann 2.000 dpi und mehr betragen.

Die Preise der Geräte für Hobbyfotografen liegen bei ca. 500-700 DM, die teureren für den beruflichen Einsatz kosten jedoch bereits einige Tausend Mark. Je nach Qualität der Geräte sind bis zu 4.000 DM üblich.

Eine günstige Alternative zur digitalen Nachbearbeitung via Scanner von Fotomaterial bietet das FotoCD-Verfahren von Kodak. Sie können statt des Negativmaterials der Filme die Entwicklungsergebnisse auf CD-ROM im FotoCD-Format ausgeben lassen. Bei diesem Verfahren werden bereits im Fotolabor die Negative von speziellen Hochleistungsscannern bearbeitet und auf eine CD gebrannt, die mit den gängigen CD-ROM-Laufwerken des PCs gelesen werden kann.

Spezialgeräte – Der Trommelscanner

Bei Trommelscannern handelt es sich um Hochleistungsscanner, die, nicht zuletzt wegen des hohen Preises, nur in der professionellen Reproduktionstechnik für die digitale Bilderfassung von Farbfotos eingesetzt werden. Sie besitzen anstelle von CCD-Sensoren hochempfindliche **P**hoto **M**ultiplier **T**ubes (PMT, Fotoverstärker) zur Erfassung und Verstärkung der optischen Information.

Die Vorlage wird auf einer rotierenden Trommel befestigt, an der ein Abtastkopf zeilenweise vorbeifährt. Dank einer sehr präzisen Mechanik lassen sich mit diesen Geräten enorm hohe Auflösungen erreichen. Der Nachteil der Trommeltechnik ist die relativ aufwendige Vorbereitung der Vorlagen. Die Vorlagen müssen absolut plan auf die Trommel montiert werden. Für Durchsichtvorlagen ist dabei die Verwendung von speziellen Kontaktsprays wie Antinewton-Spray oder Ölen unerläßlich.

Trommelscanner sind ausschließlich für die optischen Industrie und Unternehmen der Reprotechnik interessant. Die Preise für diese Scannertypen liegen etwa zwischen 40.000 und 100.000 DM.

Wichtige Adressen rund ums Scannen

Die folgende Tabelle zeigt in der Übersicht einige Hersteller von Hard- und Software, die für den Bereich der Scanner am Markt gängig sind. Diese Aufstellung ist beileibe nicht vollständig, sollte Ihnen jedoch helfen, sich bei den „Großen" des Marktes einmal selbst umzuschauen.

Klasse	Produkt	Hersteller	Internetadresse
Hardware	Scanner	Agfa	http://www.agfahome.com
	Scanner	Artec	http://www.artec-electronics.com
	Scanner	Canon	http://www.canon.de
	Scanner	Logitech	http://www.logitech.com
	Scanner	Mustek	http://www.mustek.de
	Scanner	Minolta	http://www.minolta.de
	Scanner	Microtek	http://www.microtek.de
	Scanner	Nikon	http://www.nikon.de
	Scanner	Primax	http://www.primax.nl
	Scanner	Teco	http://www.teco-info.com.tw
Software	Bildbearbeitung	Adobe	http://www.adobe.de
	Bildbearbeitung	Corel Corporation	http://www.corel.de
	Bildbearbeitung	JASC (Paint Shop)	http://www.jasc.de
	Bildbearbeitung	Kai Krause	http://www.metacreations.de
	Bildbearbeitung	MetaTools	http://www.metatools.com
	Bildbearbeitung	Micrografx	http://www.micrografx.com
	Bildbearbeitung	Microsoft	http://www.microsoft.de
	Bildbearbeitung	ULead	http://www.ulead.de
	Bildbearbeitung	QFX	http://www.qfx.com
	OCR	Caere	http://www.caere.com
	OCR	Xerox	http://www.xerox.de

Scharfe Bilder – Was bei Scannern zu beachten ist

Das optische Prinzip, nach dem ein Scanner arbeitet, ähnelt dem eines Fotokopierers. Am ähnlichsten ist der Bearbeitungsvorgang bei Flachbettscannern. Bei diesen Typen wird die zu bearbeitende Vorlage mit dem Motiv nach unten auf eine Glasscheibe gelegt. Unterhalb der Scheibe fährt ein Schlitten schrittweise die Vorlage ab. Am Schlitten befindet sich eine Beleuchtungsquelle, die das einzulesende Motiv ableuchtet. Das Motiv reflektiert das Licht auf Umlenkspiegel, die ihrerseits das Licht auf die Leseeinheit des Scanners lenken.

Die lichtempfindliche Leseeinheit bei den meisten Scannern besteht aus sogenannten CCD-Sensoren, die das auftreffende Licht in elektrische Signale umwandeln. Auf diese Weise wird die analoge (Licht-)Information in digitale (elektrische) Informationen umgewandelt, die vom Computer verarbeitet werden können. Diese digitalen Daten werden vom Scanner an den Computer übergeben und dort zu einem Bild aus einzelnen Punkten zusammengesetzt.

Die lichtempfindlichen CCD-Sensoren sind allerdings farbenblind. Sie messen lediglich die Intensität des auftreffenden Lichts. Für die Farbempfindung verwendet die Sensoreinheit des Scanners einen optischen Trick: Statt eines Sensors je Bildpunkt, der abgetastet werden kann, verwendet die Leseeinheit gleich drei dicht hintereinande liegender Sensoren. Jeder ist mit einer Farbfolie als Filter überzogen. Die Filter trennen das auftreffende Licht in die Farbkanäle **R**ot, **G**rün und **B**lau (RGB).

> **Hinweis**
>
> **Versteckte Qualitäten – Güte der CCD-Sensoren**
>
> Sozusagen als „innerer Wert" kann man die Güte der Sensoreinheit bezeichnen. Neben der eigentlichen Meßgenauigkeit des einzelnen Sensors spielt die Gleichmäßigkeit der Empfindlichkeit der Sensoren eine bedeutende Rolle. Alle Sensoren müssen eine identische Lichtempfindlichkeit zeigen. Sonst kann es zu einer Streifenbildung kommen, die auch von den besten Bildverarbeitungsprogrammen nicht korrigiert werden kann. Mit steigender Auflösung wächst die Zahl der Sensoren und damit die Gefahr der Unregelmäßigkeiten bei der Lichtempfindlichkeit der CCD. Gerade preiswerte und hochauflösende Scanner bieten da leider so manche Überraschung. Sind Sie an hochauflösenden Scannern interessiert, sollten Sie nicht zu den allergünstigsten Geräten greifen, da sich diese „inneren Werte" nur in der Praxis, also nach dem Kauf zeigen.

Zur Erklärung: Das Spektrum aller Farben des Lichts kann durch die drei Farbanteile Rot, Grün und Blau vollständig abgebildet werden. Dieses sogenannte additive Farbmodell erzeugt die Farben durch die Überlagerung der drei Grundfarbenanteile Rot, Grün und Blau. Nach dem gleichen Farbprinzip arbeitet im übrigen auch Ihr Monitor. Bei den älteren Scannermodellen bestand die lichtempfindliche Sensoreinheit aus nur einem Sensor je Bildpunkt. Damit mußte für einen farbigen Scan die Vorlage jeweils dreimal abgefahren werden: Für jede Grundfarbe einmal. Diese Technik wird heute aber nicht mehr angewandt. Alle Scanner arbeiten mit drei Sensoren je Bildpunkt und können durch einmaliges Scannen der Vorlage das Motiv farbig abbilden (Single-Pass-Technik).

Horizontale, vertikale und optische Auflösung

Die Anzahl der verwendeten Sensoren auf der Leseeinheit des Scanners bestimmt die Auflösung. Jeder Sensor der Leseeinheit ist für das Scannen eines Bildpunkts verantwortlich. Je mehr CCD-Sensoren in einer Reihe verwendet werden, um so feiner wird das Bild in einzelne Bildpunkte aufgelöst. Diese Dichte der Sensoren wird als optische Auflösung bezeichnet.

Die Angaben zur Auflösung beschreiben die Zahl der Pixel einer Zeile, die vom Motiv aufgenommen werden kann. Um eine Fläche abzutasten, wird der Schlitten mit der Beleuchtung Schritt für Schritt unter der Vorlage vorbeigeführt. Jeder Schritt führt damit zu einer neuen Zeile für die Digitalisierung des Motivs. Je kleiner diese Schritte ausgeführt werden können, um so dichter liegen die Zeilen des Scans untereinander.

Damit ergeben sich Auflösungen in der horizontalen Richtung (horizontale Auflösung) durch die optische Auflösung und in der Vertikalen durch die Feinheit der Schritte, die der Schlitten des Scanners ausführen kann (vertikale Auflösung).

Hinweis

Werbewirksame Angaben der Auflösung des Scanners

Neben der optischen Auflösung bzw. der horizontalen/vertikalen Rasterung ist die Angabe der interpolierten Auflösung sehr beliebt. Interpolation bedeutet nichts anderes als die Berechnung neuer, zusätzlicher Bildpunkte durch „geschickten" Vergleich der tatsächlich gemessenen Werte der Vorlage. Auf diese Weise kann man mit einer gewissen Treffergenauigkeit weitere Bildpunkte errechnen und zu den gemessenen hinzufügen. Dadurch läßt sich fast beliebig die „interpolierte" Auflösung erhöhen. Typische Angaben dieser Auflösung, auch häufig als maximale Auflösung bezeichnet, erreichen damit erstaunliche Werte von 2.400, 4.800 oder 9.600 dpi. Einen tatsächlichen Vorteil dieser „geratenen" Bildpunkte hat der Anwender jedoch kaum. Jedes Bildverarbeitungsprogramm ist heute in der Lage, diese Interpolation durchzuführen.

Typische Auflösungen von Flachbettscannern der Mittelklasse

Die Auflösung ist zwar nicht das alleinige Merkmal eines Scanners, sie gibt jedoch Aufschluß über die grundsätzliche Klasse des jeweiligen Scanners. Als Richtlinienwerte können die folgenden Auflösungen dienen:

- Hobbyanwendungen: 300 x 600, 600 x 1.200 dpi
- Büroanwendungen: 600 x 1.200, 1.000 x 2.000, 1.200 x 2.400 dpi
- Reprotechnik: 2.000 x 2.000, 2.500 x 2.500, 5.000 x 5.000 dpi

Neben der Auflösung spielt die Arbeitsgeschwindigkeit des Scanners, gerade bei höheren Auflösungen, eine große Rolle. Großen Einfluß auf die Verarbeitungsgeschwindigkeit hat dabei die verwendete Schnittstelle des Scanners bzw. des Computers. Hinweise dazu finden Sie im Abschnitt „Kontakt mit dem PC – Schnittstellenvarianten bei Scannern" auf der Seite 677.

Hohe Farbtiefen der Auflösung – Sind 30/36 Bit wirklich mehr?

Übliche (Farb-)Scanner arbeiten mit einer Farbtiefe von 24 Bit. Was bedeutet das? Jeder Farbkanal Rot, Grün und Blau wird in 256 Abstufungen unterschieden. Dazu sind jeweils 8 Bit je Kanal nötig: insgesamt also 3 x 8 Bit = 24 Bit. Durch die Mischung der drei Kanäle und die Abstufungen können bis zu 16,7 Millionen Farben hergestellt werden. Bei der Monitordarstellung bezeichnet man diese Obergrenze als TrueColor (Echtfarben). Eine reduzierte Darstellung der Farben auf 65.000 Farbnuancen sind im Modus HighColor der Grafikkarte möglich.

Wozu bieten dann etliche Hersteller eine Farbtiefe von 30 Bit und mehr an? Man muß an dieser Stelle zwischen externer und interner Darstellung der Farbwerte unterscheiden. Bei der Monitorausgabe ist durch den TrueColor-Modus die größtmögliche Farbpalette erreicht. Innerhalb des Scanners können die Kanäle extern mit höherer Auflösung aufgenommen werden. Letztlich bedeutet dies nur, daß der Scanner mit einer höheren Graustufenabtastung (CCD-Sensoren sind farbenblind) arbeiten kann.

Dieses mehr an Information dient als Reserve für die Umwandlung in die 8- bzw. 24-Bit-Darstellung. Im Inneren des Scanners arbeitet eine Elektronik, die in der Lage ist, aus den erweiterten Rohinformationen verbesserte Werte für den Scan zu berechnen. Auf diese Weise können bei „problematischen" Vorlagen homogene und stimmige Werte für die Graustufen- und Farbwerte berechnet werden. Werden die Daten zum Computer übertragen, muß die externe Farbtiefe wieder auf die interne Farbtiefe von 8 bzw. 24 Bit umgerechnet werden. Durch die Anpassung der ermittelten Werte über die Reserveinformationen werden die Bereiche für die Farb- und Graustufendarstellung bestmöglichst ausgenutzt.

Kontakt mit dem PC – Schnittstellenvarianten bei Scannern

Je nach Anwendungszweck werden Scanner mit unterschiedlichen Anschlußvarianten angeboten:

- Druckerschnittstelle/Parallel-Port
- USB-Schnittstelle
- SCSI-Schnittstelle

Die Verarbeitungsgeschwindigkeit des Scanvorgangs wird seitens des Scanners erheblich durch die verwendete Schnittstelle beeinflußt. Gerade bei Scannern mit hoher Auflösung sind große Datenmengen zum Computer zu übertragen. Scannen Sie beispielswiese eine DIN-A4-Vorlage farbig mit einer Auflösung von 1.200 dpi (= **d**ots **p**er **i**nch = Bildpunkte pro Zoll), ergibt sich eine Datenmenge von ca. 380 MByte. Allerdings können Sie durch Änderung der Skalierung und der Auflösung den Platzbedarf erheblich reduzieren. Gute Bilder belegen im komprimierten JPEG-Format daher selten mehr als 250 KByte.

> **Hinweis**
>
> **Verborgene Hemmschuhe der Scanverarbeitung**
>
> Tastet der Scanner eine Vorlage im Schwarzweißmodus (200 dpi) mit mehr als zwei Seiten pro Minute ab, ist in Deutschland eine Abgabe an die Verwertungsgesellschaft für Druckschriften, VG Wort, fällig. Um die zusätzlichen Kosten einzusparen, werden vor allem bei preiswerten Scannern „künstliche Bremsen" für den Scanvorgang eingebaut. Arbeiten Sie häufig mit Textvorlagen, z. B. für die Umwandlung per OCR-Programmen, kann es sich lohnen, z. B. im Internet nach englischen Treibern für den Scanner Ausschau zu halten. Diese Treiber kennen diesen „Bremsklotz" nicht und verbessern zum Teil die Verarbeitungsgeschwindigkeit erheblich.

Im Hobbybereich sind Scanner für die parallele Schnittstelle (Druckerschnittstelle) beliebt. Da jeder Computer mit einer solchen Schnittstelle ausgestattet ist, ist ein unmittelbarer Anschluß an den Rechner möglich, ohne zusätzliche Hardware installieren zu müssen. Ohne das Öffnen des Rechners kann der Scanner mit dem Rechner verbunden werden. Gleichzeitig sind diese Typen auch die preiswertesten Varianten, da sie auf zusätzliche Hardware für den Rechneranschluß verzichten können.

Ein Nachteil der Scanner für die parallele Schnittstelle ist die relativ geringe Übertragungsgeschwindigkeit am Drucker-Port. Bei Auflösungen von 300 x 600 dpi reicht die Übertragungsgeschwindigkeit der Schnittstelle noch für zügiges Arbeiten. Bei höheren Auflösungen sind jedoch schon längere Wartezeiten einzuplanen.

Eine interessante Alternative für den Hobbybereich sind die USB-Varianten. Besitzen Sie einen modernen PC, der bereits über USB-Schnittstellen verfügt, und ein Betriebssystem mit USB-Unterstützung, können Sie ebenfalls ohne Einbau zusätzlicher Hardware bzw. das Öffnen des Rechners den Scanner betreiben. Der schnelle Transfermodus des USB mit 12 MBit/s erlaubt deutlich höhere Übertragungsraten als die parallele Schnittstelle und gestattet ein schnelles Arbeiten auch bei hohen Auflösungen der Scanner.

Die höchsten Übertragungsraten werden mit Scannern erreicht, die über eine SCSI-Schnittstelle mit dem Rechner verbunden werden. Die meisten Scanner der gehobenen Preisklassen werden inklusive einer SCSI-Schnittstelle ausgeliefert. Diese SCSI-Karten sind für den Anschluß von externen SCSI-Geräten ausgelegt, an dem auch neben dem Scanner weitere externe Geräte wie Bandlaufwerke, Wechselplatten usw. betrieben werden können.

Nachteil dieser Geräte ist einerseits der höhere Preis, aber auch die Tatsache, daß Sie vor dem Gebrauch des Scanners die zusätzliche Hardware für die SCSI-Schnittstelle installieren müssen. Tips und Hinweise zu diesem Themenkreis bietet Ihnen das Kapitel „SCSI ohne Frust - Controller und Konfiguration beherrschen" und die Abschnitte dieses Kapitels zum Anschluß von SCSI-Scannern ab der Seite 685.

Bedeutung und Aufgabe des TWAIN-Treibers

Mit der sogenannten TWAIN-Schnittstelle wurde vor einigen Jahren eine Programmschnittstelle geschaffen, die es Programmen für die Bildbearbeitung erlaubt, über eine einheitliche Schnittstelle auf die Scannersoftware, das Scanmodul, der jeweiligen Geräte zuzugreifen.

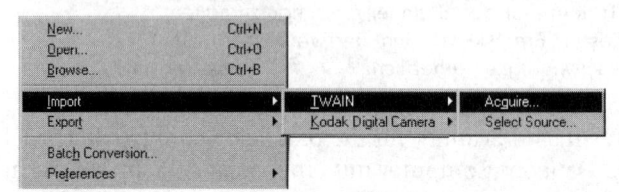

Zugriff auf das Scanmodul über die TWAIN-Schnittstelle aus der Bildbearbeitung

Die Normung der eigentlichen Funktionen der Scanmodule ist leider darunter nicht zu verstehen. Die von den Scanmodulen der Hersteller der Scanner zur Verfügung gestellten Funktionen, Bezeichnungen wie die Bedienfunktionalität, sind jeweils von Gerät zu Gerät völlig verschieden.

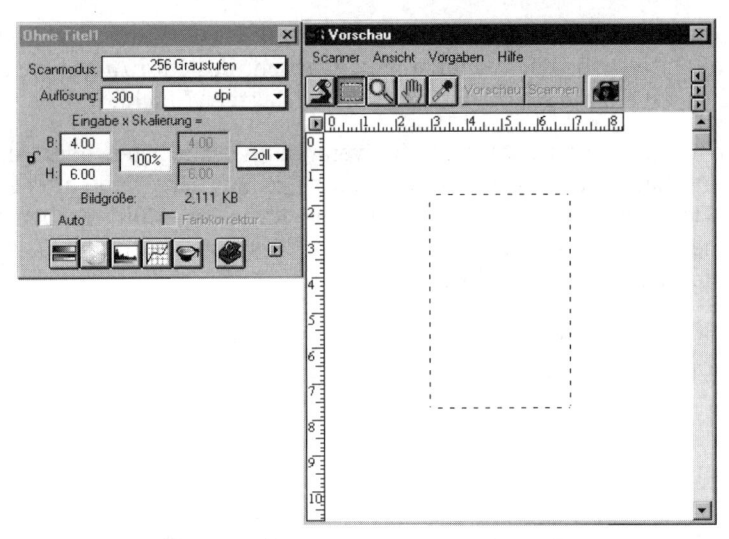

Scanmodul des Scanners Microtek ScanMaker E3

Die eigentliche Aufgabe der TWAIN-Schnittstelle ist der Aufruf des gewünschten Scanmoduls und der Übertragung der Bilddaten unmittelbar an die jeweilige Bildverarbeitung. Damit wird der Umgang mit den Bildquellen sehr erleichtert.

Arbeitstier – Wie der PC für den Betrieb eines Scanners ausgerüstet sein sollte

Die Bildverarbeitung am PC stellt relativ hohe Ansprüche an die Ausstattung des Rechners. Hinsichtlich der Datenverarbeitungseigenschaften benötigen Sie eine schnelle CPU, ausreichend Arbeitsspeicher und genügend freien Festplattenspeicher zur Ablage der Bilddaten. Zu empfehlen ist daher eine Ausstattung mit

- 200 MHz Pentium-I-CPU oder besser
- 32 MByte Arbeitsspeicher oder mehr
- mindestens 250 MByte freie Festplattenspeicher für die Bilddaten

für die reinen Datenverarbeitungsleistungen des PCs. Natürlich können Sie auch mit einer Ausstattung, die darunterliegt, Bilder scannen und bearbeiten. Es kann jedoch vorkommen, daß Sie Abstriche bei der Geschwindigkeit machen müssen.

Die wichtigsten Hardwarekomponenten für die Arbeit mit dem Scanner sind für die Darstellung der Bilddaten der Monitor bzw. die Grafikkarte. Ideal für die Bildbearbeitung sind Monitoren der 17- und 19-Zoll-Klasse. 15-Zoll-Monitoren können wegen der begrenzten Darstellungsfläche oft zu wenig Raum für die effiziente Arbeit mit den Anwendungsprogrammen bieten.

Arbeiten Sie nur gelegentlich mit einer Bildverarbeitung, mag ein 15-Zoll-Monitor reichen. Für regelmäßiges Arbeiten, das Ihre Augen nicht überanstrengt, ist ein Monitor der 17-Zoll-Klasse dagegen Pflicht.

Möchten Sie Ihren PC für die Bildverarbeitung aufrüsten oder einen neuen PC anschaffen, achten Sie auf eine gute Qualität der Grafikkarte. Zur perfekten Darstellung der Grafiken sollte die Karte TrueColor-Farben darstellen können. Bei verschiedenen Größen der Monitore muß eine Darstellung in Echtfarben mit einer Auflösung von

- 800 x 600 Bildpunkten bei 15-Zoll-
- 1.024 x 768 Bildpunkten bei 17-Zoll-
- 1.280 x 1.024 Bildpunkten bei 1-Zoll-

Monitoren möglich sein.

Aufgestellt – Der beste Platz für Ihren Scanner

Nicht ganz unwichtig ist der richtige Aufstellungsort für Ihren Scanner. Achten Sie darauf, daß Ihr Scanner nicht dauernder Sonneneinstrahlung ausgesetzt ist. Dabei spielt eine mögliche Überhitzung keine Rolle. Die Sonneneinstrahlung oder starke Lichtquellen können aber Ihre Scanergebnisse deutlich verschlechtern, wenn durch die Vorlage die Klappe des Scanners nicht vollständig geschlossen werden kann, wie es bei Buchvorlagen oder Zeitschriften der Fall ist.

Achten Sie auf eine ebene Abstellfläche des Scanners. Durch ein schiefes Abstellen des Geräts muß der Schlitten zur Abtastung der Vorlage sozusagen einen „Berg" herauf- bzw. herunterfahren. Darunter kann die Mechanik des Scanners stark leiden, und die Präzision der Abtastschritte ist nicht mehr gewährleistet.

Wegen der recht kurzen Datenkabel müssen Sie den Scanner in der unmittelbaren Nähe des Computers aufstellen. Achten Sie schon vor dem Kauf des Scanners darauf, daß Sie bequem die Vorlagen in den Scanner einlegen können. Bei der Bauweise der Geräte finden Sie zwei verschiedene Typen, die sich in der Beschickung mit den Vorlagen unterscheiden.

Die Mehrzahl der Scanner arbeitet hinsichtlich der Auflage mit einem Längsformat. Unter Umständen kann es jedoch günstiger sein, den zweiten Typ zu wählen, der die Vorlagen im Querformat aufnimmt.

Scanner zur Aufnahme der Vorlagen im Querformat (Firma Agfa)

Für gute Scanergebnisse ist eine präzise Ausrichtung der Vorlagen besonders wichtig. Kaum ein Fehler macht einen schlechteren Eindruck als schiefe Bilder und Texte. Zwar können die Bildverarbeitungsprogramme leichte Fehlstellungen wieder korrigieren, doch gerade beim Scannen gilt: Was beim erstem Arbeitsschritt nicht richtig ist, wird durch Nachbearbeitung kaum richtiger – vielleicht weniger falsch.

15.2 Scanner-Praxis – Vom Anschluß bis zur Konfiguration

In diesem Kapitel beschäftigen wir uns intensiv mit der Installation und Inbetriebnahme des Scanners. Im ersten Abschnitt möchten wir Ihnen die notwendigen Vorbereitungen, in den weiteren Abschnitten den Anschluß der jeweiligen Geräte vorstellen.

Vorarbeiten für die Installation

Vor der eigentlichen Installation sollten Sie überprüfen, ob alle Teile zur Installation des Scanners wirklich vorhanden sind. Neben der Dokumentation finden Sie auch eine Beschreibung derjenigen Teile, die zu Ihrem Gerät gehören.

Checkliste: Lieferumfang für Scanner
Scanner und ggf. Netzteil
Datenkabel für die Verbindung mit dem Rechner (Drucker-Port, USB oder SCSI)
Handbuch und aktuelle Informationen
Installationsdisketten bzw. CD-ROM
bei SCSI ggf. Schnittstellenkarte

Scanner – So lernt Ihr PC sehen

Scanner und Zubehör für Installation und Anschluß

1. Lesen Sie zuerst die Hinweisblätter mit den aktuellen Informationen zu Ihrem Gerät. Alle wichtigen Neuerungen bzw. Korrekturen, die noch nicht in das Handbuch aufgenommen werden konnten, finden Sie als lose Blattbeilagen.

2. In vielen Fällen ist vor dem ersten Einschalten des Scanners die Transportsicherung zu entfernen, die den Schlitten des Scanners für den Transport fixiert.

3. Stellen Sie den Scanner so in die Nähe des Rechners, daß Sie bequem an die Klappe des Geräts kommen und das Datenkabel für den Anschluß von der Länge her ausreicht.

4. Bei Scannern für die Druckerschnittstelle werden für den Netzanschluß häufig externe Netzteile verwendet. Verbinden Sie den Scanner mit dem Netzteil und schalten Sie das Gerät ein. Während eines kurzen Selbsttests sollte der Schlitten im Scanner positioniert werden und das Gerät in Betriebsbereitschaft gehen.

Hinweis
Wo mache ich den Scanner an?

Diese Frage klingt vielleicht albern, ist aber gerade bei Scannern der unteren Preisklasse oft wichtig, da die meisten dieser Modelle aus Kostengründen keinen Netzschalter haben (!) und somit immer laufen, solange sie am Strom hängen. Das ist grundsätzlich nicht weiter tragisch, es gibt allerdings Modelle, bei denen, wenn sie zwischen Drucker und PC hängen, der Drucker nicht funktioniert, wenn der Scanner vom Stromnetz getrennt ist. Es bleibt Ihnen überlassen, ob Sie diese kleine Unannehmlichkeit zugunsten eines niedrigeren Preises auf sich nehmen wollen.

Damit sind die vorbereitenden Schritte bereits abgeschlossen. Für das weitere Vorgehen bei der Installation folgen Sie den Anleitungen der folgenden Abschnitte über die Verbindung des Scanners mit dem Rechner und die Installation der benötigten Software für den Betrieb des Scanners.

Angeschlossen – Die richtige Verbindung von Scanner und PC

In den folgenden Abschnitten möchten wir Ihnen behilflich sein, Ihren Scanner mit dem Rechner zu verbinden und die zugehörige Software zu installieren. Wir zeigen für die Installation die Wege für Scanner für die Druckerschnittstelle und für den Anschluß an ein SCSI-Adapter.

Scanner über die Druckerschnittstelle anschließen

Auf der Rückseite des Scanners befinden sich zwei Anschlußbuchsen für den Anschluß von 25poligen Sub D-Steckern. Ein Anschluß ist im allgemeinen mit „Computer", der andere mit „Printer" bezeichnet.

Scanneranschlüsse für die parallele Schnittstelle mit durchgeschleiftem Drucker-Port

Neben Ihrem Scanner können Sie einen Drucker über den zweiten Anschluß des Scanners betreiben. Auf diese Weise können Drucker und Scanner an einer parallelen Schnittstelle angeschlossen werden.

Scanner – So lernt Ihr PC sehen

> **Hinweis**
> **Drucken über die Druckerschnittstelle des Scanners**
> Die zusätzliche Druckerschnittstelle an Ihrem Scanner wird in den meisten Fällen durch eine elektronische Schaltung im Gerät zur Verfügung gestellt. Diese „durchgeschleifte" Druckerschnittstelle ist nur dann funktionsfähig, wenn der Scanner eingeschaltet ist. Um auf den Drucker zugreifen zu können, ist daher vorher der Scanner einzuschalten. Um den Drucker über die zusätzliche Druckerschnittstelle am Scanner verwenden zu können, müssen Sie den Scanner eingeschaltet lassen. Möchten Sie beide Geräte unabhängig voneinander betreiben, können Sie eine weitere parallele Schnittstelle (LPT2) für Ihren Rechner installieren. Auf diese Weise steht jedem Gerät exklusiv eine Schnittstelle zur Verfügung. Nähere Informationen zur parallelen Schnittstelle finden Sie ab Seite 544.

1 Verbinden Sie das Datenkabel des Scanners mit der Buchse „Computer" an der Rückseite des Scanners. Entfernen Sie ggf. das Druckerkabel am Anschluß der Druckerschnittstelle des PCs.

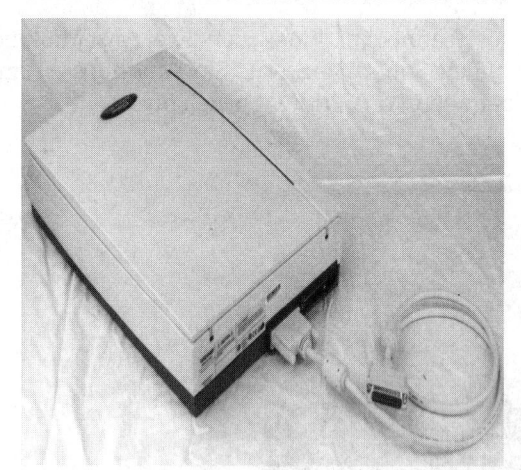

Scanner mit verbundenem Datenkabel zur Verbindung mit dem Computer

2 Schließen Sie das Datenkabel des Scanners am Anschluß der Druckerschnittstelle des PCs an. Verbinden Sie anschließend, falls vorhanden, das gelöste Ende des Druckerkabels mit der Buchse „Printer" an Ihrem Scanner.

Mit diesen beiden Schritten ist der Anschluß des Scanners schon erledigt. Für die Installation der Betriebssoftware setzen Sie die Installation mit dem Abschnitt „Installiert – Softwareinstallation für Ihren Scanner" auf der Seite 687 fort.

Schnelle Datenübertragung an der parallelen Schnittstelle

Geräte, die an der parallelen Schnittstelle angeschlossen werden, lassen sich mit einer einzigen Einstellung im BIOS Ihres Rechners deutlich beschleunigen. Entscheidend für ein schnelles Arbeiten am parallelen Port ist die richtige Einstellung der Betriebsart der parallelen Schnittstelle im BIOS des Rechners bzw. des Motherboards.

Die modernen Betriebsarten ECP und EPP erlauben die höchste Transferrate der Schnittstelle. Häufig ist jedoch die Voreinstellung der Betriebsart auf „SPP" eingestellt, die leider die langsamste der Betriebsarten ist. Ändern Sie den Modus der Schnittstelle auf die Einstellung, die die höchste Übertragungsgeschwindigkeit erlaubt. Eine Anleitung zur Einstellung der Betriebsart finden Sie ab der Seite 544.

Verwenden Sie zusätzlich einen Drucker, der über die „durchgeschleifte" Druckerschnittstelle am Scanner betrieben wird, führen Sie zum Test der neuen Einstellungen am besten einen Probedruck durch. Arbeitet der Drucker wie gewohnt, können Sie die Betriebsart in der neuen Einstellung belassen. Ihr Scanner wird ab sofort deutlich schneller arbeiten. Arbeitet der Drucker dagegen nicht richtig, müssen Sie die einzelnen Einstellungen der Betriebsarten nacheinander ausprobieren und die Schritte zur Einstellung der Betriebsart jeweils wiederholen.

Scanner über die SCSI-Schnittstelle anschließen

Verfügt Ihr Rechner noch über keine SCSI-Schnittstelle bzw. möchten Sie die beim Scanner mitgelieferte Schnittstellenkarte einbauen, müssen Sie vor dem Anschluß des Scanners an den Rechner die mitgelieferte Karte einbauen und die zugehörigen Treiber für das Betriebssystem installieren.

Weiterführende Hinweise zum Umgang mit den SCSI-Adaptern finden Sie ab Seite 339. Die Installation der üblichen ISA-Adapter, die vielen SCSI-Scannern beiliegen, beschreibt der folgende Abschnitt.

SCSI-Adapter einbauen

Vor dem Einbau des Adapters ist zuerst festzustellen, wie die Adapterhardware bei Ihrer Rechnerkonfiguration hinsichtlich der Systemressourcen einzustellen ist. Der Adapter benötigt zum Betrieb eine freie Unterbrechungsanforderung (Hardwareinterrupt, IRQ) sowie unbelegte Speicheradressen (E/A-Adressen) zum Datenaustausch. Damit der SCSI-Adapter nicht mit bereits eingebauten Erweiterungskarten (Soundkarten, Netzwerkkarten usw.) in Konflikt gerät, ist festzustellen, welche Ressourcen bei Ihrem System zur Verfügung stehen. Unter Windows 95/98 lassen sich die Belegungen der

Scanner – So lernt Ihr PC sehen

Ressourcen mit dem Geräte-Manager feststellen und für eine neue Hardware reservieren. Eine Anleitung für die Reservierung von Systemressourcen unter Windows 95/98 finden Sie ab Seite 66.

1. Beenden Sie Windows und schalten Sie das Gerät aus. Entfernen Sie den Netzstecker sowie die Kabelverbindungen zur Tastatur, Maus usw. und öffnen Sie das Gehäuse des Rechners.

2. Die Adapterplatine ist zum Anschluß an den ISA-Bus ausgelegt. Die ISA-Slots (breite schwarze Einschübe) befinden sich im unteren Teil der Hauptplatine. Entfernen Sie die Abdeckung der Rückwand des Gehäuses vor dem Slot des ISA-Bus, in dem Sie die SCSI-Karte einbauen möchten.

Einbau des Adapters in einen ISA-Slot (Busanschluß) des Motherboards

3. Zum Abschluß des Einbaus der Karte ist das Slotblech des Adapters mit dem Gehäuse des PCs zu verschrauben. Schließen Sie das Gehäuse des Rechners und stellen Sie die Verbindungen für Maus, Tastatur, Monitor usw. wieder her.

Um die neue Schnittstellenkarte unter Ihrem Betriebssystem nutzen zu können, sind die passenden Treiber für das Betriebssystem zu installieren. Anleitungen zur Installation der Treiber für den SCSI-Adapter finden Sie für das Betriebssystem Windows im Abschnitt „SCSI unter Windows 95/98 – Tips und Tricks rund um Treiber und Anwendungen" ab Seite 360.

SCSI-Scanner anschließen

1. An der Rückseite des Scanners finden Sie zwei Anschlüsse für die Verbindung mit dem SCSI-Adapter. Verwenden Sie die mitgelieferte Adapterkarte des Scanners, verbinden Sie ein Ende des Datenkabels mit der 25poligen Sub D-Buchse am Scanner, das andere Ende mit dem externen Anschluß der Adapterkarte im PC.

2 Stellen Sie die SCSI-ID des Scanners auf eine freie ID Ihres Systems. Wählen Sie eine SCSI-ID von 5 oder 6. Stellen Sie dazu den Schalter an der Rückseite des Scanners mit der Bezeichnung „SCSI ID" auf die entsprechende Position, also 5 oder 6.

3 Verbinden Sie zur Stromversorgung den Scanner mit dem Netzanschluß und schalten Sie das Gerät ein. Nach einem kurzen Selbsttest und der Positionierung des Schlittens im Scanner ist das Gerät betriebsbereit.

Damit sind die notwendigen Schritte zur Installation abgeschlossen. Zum Abschluß wird die Betriebssoftware für den Scanner bzw. zusätzliche Anwendungsprogramme für die Bildbearbeitung benötigt. Die nötigen Schritte zur Installation der Software finden Sie in den folgenden Abschnitten.

Installiert – Softwareinstallation für Ihren Scanner

Für den Betrieb des Scanners sind zwei Softwareanteile zu installieren. Zur Durchführung und Steuerung des eigentlichen Scanvorgangs benötigen Sie das Scanmodul bzw. den TWAIN-Treiber des Herstellers und ggf. Treiber für die Anpassung der Druckerschnittstelle für den Betrieb des Scanners.

Für die Arbeit mit dem Scanner bieten die Hersteller neben der eigentlichen Betriebssoftware (Scanmodul, TWAIN-Schnittstelle, Treiber) für das Betriebssystem Anwendungsprogramme für die Bildverarbeitung und Texterkennung (OCR) und verschiedene Tools für die Integration des Scanners in die Büroarbeit.

Vor der Installation der Anwendungsprogramme ist die Betriebssoftware zu installieren. Im Anschluß daran können Sie die zusätzlichen Anwendungen des Installationsmediums installieren oder über die bereits verfügbaren Anwendungsprogramme auf Ihren Scanner zugreifen.

Installation der Betriebssoftware für den Scanner

Die Software für Ihren Scanner wird in den allermeisten Fällen auf einer CD-ROM ausgeliefert. Auf der CD finden sich neben der Betriebssoftware weitere Programme zur Bildverarbeitung. Alle Programme befinden sich in separaten Unterverzeichnissen und können im allgemeinen unabhängig voneinander installiert werden.

Je nach „Machart" der Installations-CD wird die Installation der Software über einen gemeinsamen Assistenten der Installation geführt oder es sind zu den jeweiligen Softwareteilen die entsprechenden Assistenten der Installation manuell aufzurufen.

Scanner – So lernt Ihr PC sehen

Der Weg über die manuelle Installation sollte für jede Installations-CD möglich sein und wird im folgenden vorgestellt.

1. Legen Sie die Installations-CD in das Laufwerk. Starten Sie den Windows-Explorer und wechseln Sie zum Laufwerkbuchstaben des CD-ROM-Laufwerks.

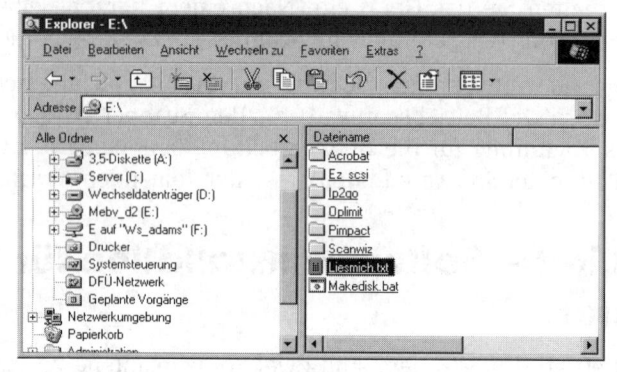

Blick auf die Installations-CD für den Scanner Microtek ScanMaker E3

Wichtige Informationen für die Softwareinstallation finden Sie im allgemeinen in den Informationsdateien (*Read.me*, *Liesmich.txt*, *Setup.txt* usw.) auf dem Hauptverzeichnis der CD-ROM. Bevor Sie die eigentliche Installation durchführen, ist es empfehlenswert, die entsprechenden Dateien vorab zu lesen.

2. Wechseln Sie in das Verzeichnis, in dem sich die Scannersoftware des Herstellers befindet. Im Falle des verwendeten Scanners ScanMaker E3 finden sich entsprechende Hinweise in der Informationsdatei *Liesmich.txt*. Die verwendete Software (ScanWizard) befindet sich im Verzeichnis *ScanWiz* der Landessprache Deutsch. Im Unterverzeichnis *Deutsch* befinden sich Verzeichnisse, die mehreren Installationsdisketten entsprechen. Auf der jeweils ersten „Diskette" sollte sich der Setup-Assistent für die geführte Installation der Software befinden.

3. Wechseln Sie in das jeweilige Verzeichnis und rufen Sie das Installationsprogramm (*Setup.exe*, *Install.exe* etc.) auf.

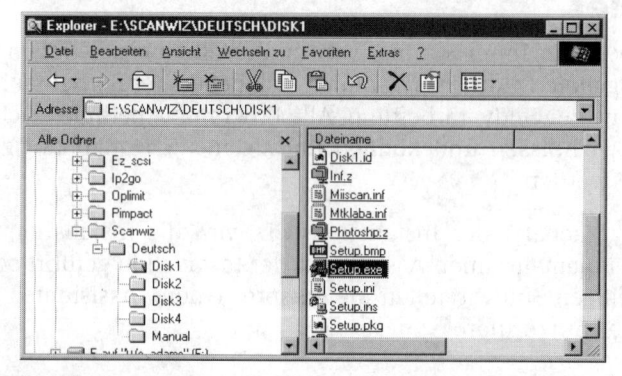

Installationsprogramm für die Scannersoftware von Microtek

Scanner – So lernt Ihr PC sehen

Die Installation der Scannersoftware läuft weitgehend automatisch ab und benötigt kaum Angaben Ihrerseits. Folgen Sie den Anweisungen des Assistenten und ändern Sie ggf. die Namen für die Programmgruppe oder den Programmstandort für die Betriebssoftware des Scanners.

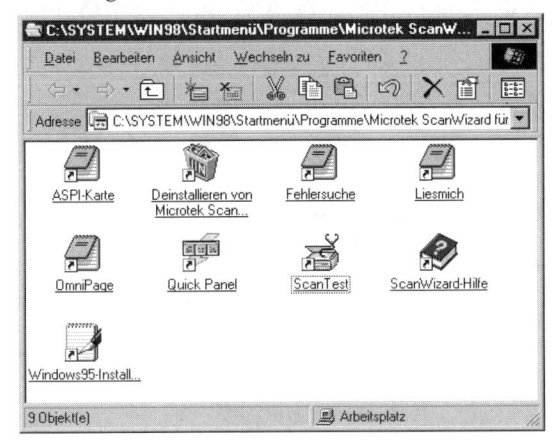

Im Anschluß an die Installation stehen Ihnen die Dienstprogramme der Betriebssoftware des Scanners in einer Programmgruppe zur Verfügung, die Sie über die *Start*-Schaltfläche im Menü *Programme* erreichen können.

Installation der Anwendungssoftware für den Scanner

Bei praktisch allen Scannern werden neben der reinen Treibersoftware zusätzliche Anwendungsprogramme fremder (Software-)Hersteller angeboten. Je nach Preisklasse des Scanners finden Sie mehr oder weniger aufwendige Programme für den Bürobereich, die Bildverarbeitung oder die Texterkennung.

Bei preiswerten Geräten handelt es sich in den meisten Fällen bei der zusätzlichen Software um Light-Versionen professioneller Programme. Bei diesen Programmen sind die wichtigsten Funktionen vorhanden, auf weiterführende Funktionen und Luxus müssen Sie bei den Versionen der Programme jedoch verzichten. Der Vorteil gegenüber den sonst üblichen Softwareproben ist jedoch, daß Ihnen gültige Lizenzen der Produkte zur Verfügung stehen. Damit sind diese Produkte weder zeitlich begrenzt noch hinsichtlich der zur Verfügung stehenden Funktion in der Anwendung eingeschränkt.

Mit Hilfe der Bildverarbeitungsprogramme können Sie Ihre gescannten Bilder nachbearbeiten, korrigieren oder verfremden. Die kreativen Möglichkeiten, die selbst preiswerte Programme bieten, sind sehr vielfältig. Zur Umwandlung von gescannten Textvorlagen in Dateiformate, die wieder in Textverarbeitungen weiterverarbeitet werden können, dienen OCR-Programme. Auf diese Weise können Sie Texte mit Ihrer Textverarbeitung, ohne etwas einzutippen, weiterverarbeiten, die nicht in Form von Datendateien vorliegen.

689

In den weiteren Unterverzeichnissen der Installations-CD finden Sie Anwendungsprogramme für die Bildverarbeitung und Texterkennung. Jedes Unterverzeichnis, respektive jedes Anwendungsprogramm sollte über einen eigenen Setup-Assistenten verfügen. Wechseln Sie in das jeweilige Verzeichnis und rufen Sie das Installationsprogramm (*Setup.exe*, *Install.exe* etc.) auf.

Hinweis
Zusatzprogramme

Weisen die Bildverarbeitungsprogramme Ihres Scanners Schwächen auf, erhalten Sie mittlerweile auch sehr hochwertige Anwendungen, in der Regel allerdings in 16-Bit-Varianten (z. B. Picture Publisher 4.0 für ca. 20 DM), zu einem Spottpreis. Zum Teil werden diese Programme bereits Fachzeitschriften als Zugabe beigelegt, also halten Sie ruhig einmal die Augen offen.

16. DFÜ traditionell: Modems

Die Datenübertragung via Modem gibt es bereits eine ganze Zeit: Schon 1984 hat John Badham in seinem Film „Wargames" die Abenteuer eines Jungen geschildert, der sich mit einem Akustikkoppler (einem einfachen Modem, das an den Telefonhörer geklemmt wird) in einen Militärcomputer einwählt und beinahe den dritten Weltkrieg auslöst.

Sicherlich hat der Film nicht die Bedeutung der Datenübertragung vorhersehen können, die sich durch den Ausbau des Internet und dessen Verfügbarkeit für jeden PC-Anwender ergeben hat. Kaum jemand, der mit seinem PC auf der Höhe der Zeit bleiben möchte oder einfach nur auf Hardwareinformationen aus ist, kann auf einen Internetzugang und damit auf die Datenübertragung via Modem verzichten.

Auch wenn hierzulande die digitale Datenübertragung via ISDN immer größere Marktanteile erobert, hat die „alte" analoge Übertragung über eine Telefonleitung nicht an Bedeutung verloren. Der Anteil der Benutzer, die noch nicht auf ISDN umgestiegen sind, ist überwältigend. Das gilt besonders in den USA, wo in vielen Gegenden überhaupt noch keine Möglichkeit besteht, einen digitalen Anschluß zu bekommen.

Die Anschaffung und der Anschluß eines Modems ist leichter, als Sie denken, weil seit langem die wichtigsten Funktionen aller Modems nach einem einheitlichen Befehlssatz gesteuert werden. Das hat zu einer großen Ähnlichkeit aller Produkte am Markt geführt, die im wesentlichen gleich bedient werden und in den gleichen Leistungsklassen ungefähr gleich leistungsfähig sind. Daran ist auch der Umstand schuld, daß sich alle Modems untereinander verstehen müssen, damit überhaupt eine Kommunikation möglich ist.

Dieses Kapitel ist in die folgenden Abschnitte eingeteilt, die Ihnen den Einstieg in die Welt der Datenübertragung und des Internet erleichtern:

- Der erste Abschnitt sagt Ihnen, was Sie am besten kaufen, um schnell und unkompliziert im Internet surfen zu können. Was kann was, und wovon lassen Sie lieber die Finger?
- Danach geht's los mit dem Anschließen externer Modems. Obwohl es sich dabei um eine einfache Übung handelt, gibt es doch ein oder zwei Klippen zu umschiffen – wir sagen Ihnen welche.
- Wie interne Modems eingebaut und konfiguriert werden, erfahren Sie im nächsten Abschnitt. Dies hilft Ihnen, die nicht ganz leichte Aufgabe zu bewältigen.
- Nach dem Anschließen/Einbau muß das Modem unter Windows 95/98 angemeldet werden. Wie das geht, erfahren Sie im vierten Abschnitt.

- Obwohl das Modem jetzt schon ordentlich funktionieren sollte, gibt es einige Einstellungen, die ihm erst seine volle Leistung entlocken. Der letzte Abschnitt zeigt Ihnen, welche das sind und wo sie sich verbergen.

16.1 Kaufberatung: Spaß von Anfang an

Wie immer im Computerbereich ist eine geschickte Kaufentscheidung bei Modems dafür ausschlaggebend, wie einfach sich der Einstieg in die Welt der Webseiten und Hyperlinks gestaltet. Dabei geht es im Gegensatz zu anderen Hardwarekomponenten weniger darum, die Vorteile bestimmter Geräte zu nutzen, die brandneu auf dem Markt sind und die besten Leistungen versprechen.

Dadurch, daß seit Jahren Modems im wesentlichen mit dem gleichen Befehlssatz gesteuert werden und sich alle mit Hilfe der gleichen Standards verständigen, gibt es kaum Unterschiede in der Funktionalität. Lediglich über die Übertragungsgeschwindigkeit sind verschiedene Leistungsklassen definiert, dazu später mehr.

Viel mehr steht beim Kauf in erster Linie im Mittelpunkt, für welche Bauform Sie sich entscheiden möchten: für ein internes Modem, ein externes Modem oder für ein Hybrid-Modem, das sowohl analoge als auch digitale Übertragung bietet.

Je nachdem, wie Ihre Entscheidung ausfällt, gestaltet sich später die Installation mehr oder weniger schwierig, bieten sich Vor- und Nachteile, die jede Bauform mit sich bringt.

Einbauen oder danebenstellen?

Das ist die zentrale Frage, die sich beim Kauf stellt, denn Modems werden in zwei verschiedenen Bauformen angeboten: als externes (Tisch-)Gerät und als Steckkarte, die in den PC eingebaut wird. Das hat Konsequenzen für die Installation und den Platzbedarf, später ergeben sich im Betrieb kaum noch Unterschiede.

Externe Modems – Die flexible Lösung

Diese Bauform ist sicherlich am häufigsten anzutreffen: ein Kästchen, das einige LEDs aufweist und das mit einem Modemkabel an die serielle Schnittstelle des PCs und mit einem Telefonkabel an die Telefondose angeschlossen wird.

DFÜ traditionell: Modems

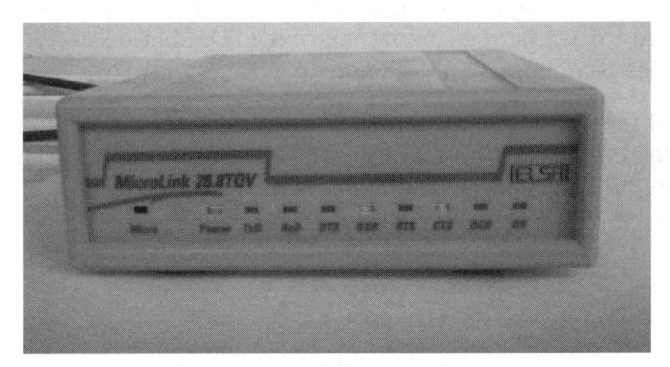

Externes Modem, hier das Microlink 28.8TQV von ELSA

Genauso einfach, wie es sich anhört, ist der Anschluß eines externen Modems dann auch. Dies ist der größte Vorteil. In der Regel ohne große Vorbereitungen können Sie das Gerät aus der Verpackung nehmen, anschließen und loslegen. Während der Besitzer eines internen Modems noch seinen Computer zuschraubt, surfen Sie schon munter drauflos. Alles, was Sie brauchen, ist eine Steckdose für das Netzgerät, eine freie TAE-N-Telefonsteckdose und ein bißchen Platz auf Ihrem Schreibtisch.

Hier liegt auch der Nachteil von externen Modems verborgen: Sie brauchen Platz. Darüber hinaus verursachen sie einen nicht unbeträchtlichen Kabelsalat an Ihrem PC-Arbeitsplatz, der sowieso nicht gerade wenige Kabel und Geräte enthält.

Dadurch, daß externe Modems eine separate Stromversorgung brauchen und außerdem ein zusätzliches Kabel, um an den PC angeschlossen zu werden, sind sie außerdem ein bißchen teurer (ca. 20 DM) als ihre internen Verwandten.

Hinweis
Die richtige Schnittstelle fürs Modem

Bei älteren Computern gibt es das Problem, daß diese eventuell nur mit einer langsamen COM-Schnittstelle ausgestattet sind. Mit einer solchen langsamen Schnittstelle sind Übertragungsgeschwindigkeiten nur bis 14.400 bps möglich.

Im Handbuch zum Mainboard sollte dokumentiert sein, mit welcher Art von Schnittstellenbausteinen, den sogenannten UARTs, Ihr Computer ausgerüstet ist. Für Geschwindigkeiten oberhalb von 14.400 bps sollte es ein gepufferter UART mit der Bezeichnung 16550 sein. Manchmal werden diese Bausteine auch FIFO (nach der Arbeitsweise **f**irst-**i**n-**f**irst-**o**ut) genannt.

Wenn Ihr Computer nicht mit einer schnellen Schnittstelle ausgestattet ist, ist es sinnvoll, direkt auf ein internes Modem zurückzugreifen, denn das bringt seinen eigenen schnellen Schnittstellenbaustein mit.

Ein weiterer Vorteil ist die Ausstattung mit LEDs. Mit deren Hilfe läßt sich der Betriebszustand des Modems immer genau verfolgen.

Unbeabsichtigte Verbindungen, die Sie viel Geld kosten können, sind so fast ausgeschlossen. Ebenso lassen sich z. B. bei einem Programmabsturz Verbindungen, die „steckengeblieben" sind, einfach durch Ausschalten des Modems beenden. Ein Neubooten des Rechners ist dabei nicht notwendig.

Interne Modems

Der größte Vorteil von internen Modems ist, daß man sie nicht sieht. Kein Modemkabel, kein Netzgerätekabel sorgt an Ihrem Arbeitsplatz für Unordnung. Eine Steckdose, die an einem PC-Arbeitsplatz manchmal Mangelware sind, wird auch nicht benötigt. Lediglich das Kabel zur Telefondose ist nach außen sichtbar. Wenn das interne Modem eingebaut und ins System eingebunden ist, ist diese Lösung sicher die eleganteste – und die preiswertere.

Besonders bei älteren Computern fällt außerdem folgender Vorteil ins Gewicht: Oft ist hier die serielle Schnittstelle, an die das externe Modem angeschlossen werden soll, zu langsam, um die volle Übertragungsgeschwindigkeit ausnutzen zu können. Interne Modems bringen ihre eigene Schnittstelle mit, so daß Ihnen diese Sorge genommen wird.

Aber bis ein internes Modem betriebsbereit ist, liegen einige Stolpersteine im Weg, die leicht einen Abend mit einer langen Bastelstunde vergehen lassen können. Nicht, daß es unüberwindliche Schwierigkeiten gäbe (wir zeigen Ihnen später, wie Sie ein internes Modem sicher einbauen), aber mit der Leichtigkeit, mit der ein externes Modem angeschlossen wird, kann ein internes nicht mithalten.

Ein weiterer Nachteil, der nicht unterbewertet werden sollte, ist die Tatsache, daß der Betriebszustand des Modems nicht so leicht überwacht werden kann, weil man es ja nicht sieht (und hört). Sollte es mal zu Verbindungsschwierigkeiten kommen, ist es mit dem externen Modem leichter, dem Fehler auf die Spur zu kommen, weil Sie sofort sehen und hören können, inwieweit Ihr Modem abhebt, einen Wählton bekommt usw. Ebenso verhält es sich mit der Verbindung, die Sie vielleicht vergessen haben, und die beim externen Modem per LED angezeigt wird.

Unter dem Strich erkauft man den niedrigeren Preis und die Ordnung unter dem Schreibtisch mit einem höheren Aufwand beim Einbau und mit einem größeren Bedarf an Aufmerksamkeit während des Betriebs.

Hybrid-Modems

Hybrid-Modems bieten den großen Vorteil, daß sie sowohl die analoge als auch die digitale Übertragung via ISDN beherrschen. Sie sind besonders für diejenigen interessant, die häufig Daten sowohl an digitale wie an analoge

Gegenstellen übertragen müssen. Auf direktem Wege ist die Verbindung von analogen mit ISDN-Modems nämlich nicht möglich. Im Grunde handelt es sich bei einem Hybrid-Modem um eine ISDN-Karte mit Modemchip oder auch umgekehrt, und man erhält sie sowohl in externer als auch in interner Bauweise. Das hört sich zunächst einmal gut an, aber der Nachteil dieser Geräte liegt in ihrem Preis verborgen: Hybrid-Modems kosten mehr Geld als eine ISDN-Karte und ein analoges Modem zusammen, deswegen müssen Sie schon wirklich auf diesen Gerätetyp angewiesen sein, damit sich die Anschaffung lohnt.

Fazit: Das sind alle Vor- und Nachteile

Bauform	Vorteile	Nachteile
Extern	leichte und flexible Installation	teurer als interne Modems
	einsetzbar an mehreren Computern	benötigt eine Steckdose und Stellfläche am Arbeitsplatz
	verbraucht keine Ressourcen des PCs	verursacht Kabelsalat
	Ablesen des Verbindungszustands möglich	die COM-Schnittstelle muß schnell genug sein
	leichtes Trennen einer bestehenden Verbindung	
Intern	billiger als externe Modems	relativ schwieriger Einbau/Installation
	verbraucht keinen Platz	keine direkte Möglichkeit, den Betriebszustand zu überwachen
	bringt eine eigene schnelle Schnittstelle mit	Trennen einer Leitung erfordert u. U. Booten des Rechners
		verbraucht einen (oft knappen) ISA-Steckplatz
		benötigt mindestens einen eigenen IRQ
Hybrid-Modems	vereinigt die Vorteile eines Modems und einer ISDN-Karte	hoher Preis
	direkte Verbindung sowohl mit analogen als auch mit digitalen Gegenstellen möglich	stößt mit seiner Leistung an die Grenzen der COM-Schnittstelle

Alles in allem sehen wir persönlich ein externes Modem als die beste Lösung an. Besonders, wenn in Ihrem PC schon einige Erweiterungskarten stecken und die Steckplätze und Ressourcen bereits knapp sind, ersparen Sie sich damit unter Umständen eine Menge Ärger. Normalerweise können Sie mit einem externen Modem eine halbe Stunde nach dem Auspacken bereits im Internet surfen, die 20 DM (oder so) mehr sind in diesen Komfort wirklich gut investiert.

(Und spätestens beim dritten Absturz, der wegen des internen Modems einen Neustart erforderlich macht, damit die Verbindung beendet wird, ärgern Sie sich schwarz.)

> **Hinweis**
>
> **Brandheiß: USB-Modems**
>
> Ganz neu am Markt sind externe Modems mit einem USB-Anschluß. Sie sind während des Betriebs anschließbar, danach wird automatisch der Installationsprozeß gestartet. Leider sind diese Geräte noch ziemlich teuer, ansonsten haben sie die gleichen Vor- und Nachteile wie alle anderen externen Modems.

Hybrid-Modems sind wegen ihres hohen Preises wirklich nur für diejenigen interessant, die ständig darauf angewiesen sind. Aber selbst in diesem Fall ist der kombinierte Einsatz eines externen Modems und einer ISDN-Karte wesentlich preisgünstiger.

Geschwindigkeit: Sind 56k notwendig?

Diese Frage läßt sich gleich zu Anfang des Abschnitts laut und deutlich mit Ja beantworten. Selbstverständlich: Nicht immer wird so eine hohe Kapazität benötigt, wer nur E-Mails verschicken möchte, ist rein theoretisch selbst mit einem 14.400er Modem gut bedient. Dennoch geht der Trend immer zum schnelleren, was sich in umfangreichen Webseiten, großen Grafikdateien und dicken Treiberpaketen auf den Seiten der Hardwarefirmen niederschlägt. Über die Telefonkosten sind die 50-70 DM, die ein 33.6er Modem billiger ist als ein 56.6er, schnell wieder ausgegeben.

Kanalbündelung

In letzter Zeit sind einige Modems auf den Markt gekommen, die ähnlich wie ein ISDN-Adapter Kanalbündelung beherrschen, d. h., sie können sich mit zwei Verbindungen gleichzeitig einwählen und so die Übertragungsrate theoeretisch bis auf 112.000 bps hochbringen. Dazu gibt es aber einen Pferdefuß: Sie müssen natürlich zwei Telefonleitungen von der Telekom gemietet haben, was im Grundpreis teurer ist als ein ISDN-Anschluß. Sollten Sie keine zwei Leitungen liegen haben, lohnt sich die Anschaffung eines solchen Modems also nicht.

Der Provider muß mitspielen

Das beste 56k-Modem nutzt nichts, wenn Ihr Internetzugang diese Geschwindigkeit nicht unterstützt. Bevor Sie ein Modem kaufen, sollten Sie sich also erkundigen, wie schnell der Einwählknoten Ihres Providers ist. Wenn nicht, ist die Umrüstung ja möglicherweise in absehbarer Zeit geplant.

Wenn Ihr Provider bereits mit 56k-Technik ausgestattet ist, gibt es einen weiteren Punkt zu klären.

Verschiedene Standards

Bis vor kurzem gab es im Bereich der 56k-Modems zwei unterschiedliche Standards, die nicht miteinander kompatibel waren: x2, der von den Firmen 3COM und US-Robotics entwickelt wurde, und K56Flex von den Firmen Hayes und Lucent. Seit etwas mehr als einem halben Jahr gibt es aber den V.90-Standard, der von der ITU (**I**nternational **T**elecommunication **U**nion) festgelegt worden ist und an dem sich alle neueren Modems orientieren. Beim Kauf eines 56k-Modems sollten Sie also unbedingt darauf achten, daß Ihr Modem diesen Standard beherrscht.

> **Hinweis**
> **Die Geschwindigkeit hängt von der Leitung ab**
> V.90 (und die anderen 56k-Standards) ist eine Technologie, die darauf angewiesen ist, daß Sie an eine digitale Vermittlungsstelle angeschlossen sind. Bei der digitalen Vermittlung entfällt nämlich das sogenannte „Quantisierungsrauschen", das bei analoger Technik die Übertragungsgeschwindigkeit auf 33.600 bps begrenzt.
>
> Selbst dann ist es meistens so, daß nicht die vollen 56 k bei der Übertragung erreicht werden. Typisch sind Verbindungsgeschwindigkeiten zwischen 43 k und 53 k.
>
> Außerdem ist V.90 asymmetrisch, d. h., die volle Übertragungsrate wird nur in einer Richtung erreicht, nämlich beim Download. Der Upload ins Internet findet nach wie vor bei einer Geschwindigkeit von 33.600 bps statt, die Datenmengen in diese Richtung betragen allerdings nur einen Bruchteil des Downloads.
>
> Falls Sie noch nicht an eine digitale Vermittlungsstelle angeschlossen sind, können Sie aber damit rechnen, daß dies in absehbarer Zeit passieren wird, denn das Telefonnetz wird insgesamt auf Digitaltechnik umgerüstet. Die Anschaffung eines schnellen Modems lohnt sich früher oder später also auf jeden Fall.

An dieser Stelle kommt wieder Ihr Provider ins Spiel: Sollte sein Einwählknoten bereits seit längerer Zeit mit 56k-Technik ausgestattet sein, müssen Sie unbedingt nachfragen, ob es sich um Modems handelt, die V.90 unterstützen oder einen der anderen beiden Standards. Meistens ist es so, daß ein Modem sowohl V.90 beherrscht als auch eine der beiden herstellerspezifischen Normen. Bei der Wahl Ihres Modems müssen Sie im Zweifelsfall auf ein Gerät zurückgreifen, das neben V.90 den Standard Ihres Providers beherrscht.

Kostenfrage: Preis-Leistung vergleichen

Beim Modemkauf ist es sehr schwierig, auf Vor- und Nachteile einzelner Geräte zu verweisen, weil alle Geräte einer Leistungsklasse die gleichen Standards für Übertragungsgeschwindigkeit, Fehlerkorrektur, Datenkompression und Faxversand beherrschen. Unterschiede gibt es in der Beziehung kaum. (Ausnahme ist natürlich die Situation mit den 56k-Standards, siehe oben.)

DFÜ traditionell: Modems

Ein Ansatzpunkt ist – ähnlich wie bei CD-ROM-Laufwerken – die Fehlerkorrektur. Gute Modems zeichnen sich besonders dadurch aus, wie gut sie Leitungsstörungen ausbügeln und wie oft sie die maximal mögliche Übertragungsgeschwindigkeit erreichen. Aussagen, welche Geräte in dieser Disziplin gut oder weniger gut abschneiden, können Sie den Computerzeitschriften entnehmen. Die Wahrscheinlichkeit, aktuelle Tests zu finden, ist in den Magazinen am größten, die sich speziell mit dem Thema Internet und Telekommunikation beschäftigen.

Ein weiterer Punkt ist die Ausstattung mit Software. Viele Hersteller legen ihren Modems üppige Softwarepakete mit Faxsoftware, Anrufbeantwortern usw. bei. Dazu gehört oft auch ein Headset mit Kopfhörern und Mikrofon, um mit dem Modem ganz normale Telefonate führen zu können.

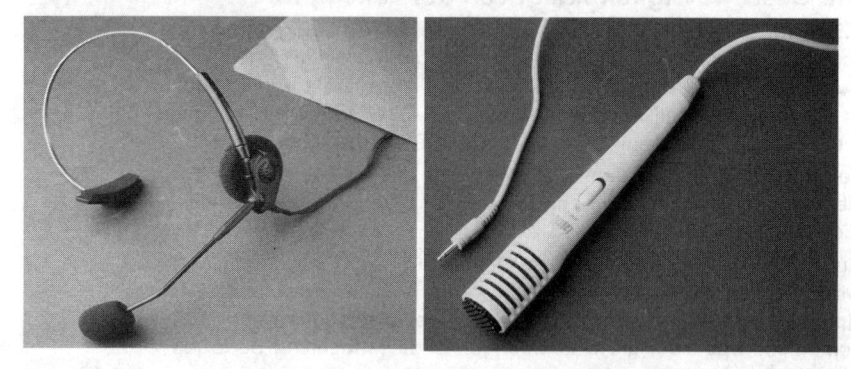

Das wichtigste Entscheidungskriterium ist in erster Linie, was Sie mit dem Modem anfangen möchten: Wenn Sie ausschließlich im Internet surfen und ansonsten mit Anrufbeantworter, Faxgerät usw. ausgestattet sind, reicht Ihnen vielleicht das preiswerte Modell mit weniger Schnickschnack. Muß das Modem mehr Aufgaben übernehmen, sollte es dann eher das üppiger ausgestattete Modell sein.

Was Sie fürs Geld geboten bekommen, ist aber von Fall zu Fall verschieden, das müssen Sie vor Ort bei Ihrem Händler erfragen.

Langfristig unverzichtbar: Hersteller-Support

Weil die Funktionalität der verschiedenen Modems sich nicht so gravierend unterscheidet, finden wir diesen Aspekt besonders wichtig. Neben dem Modem sollte in der Packung eine Menge Hilfe von der Seite des Herstellers zu finden sein. Zu dieser „Sonderausstattung" gehören z. B. ein Modemkabel, das an beide Steckervarianten der seriellen Schnittstelle paßt (mehr dazu weiter unten) oder ein ausreichend langes Telefonkabel. Ein ordentliches Handbuch, das Ihnen hilft, die Geräusche und Signale des Modems zu entschlüsseln, und das die wichtigsten Funktionen verständlich erklärt, ist ebenfalls ein Anhaltspunkt dafür, daß sich der Hersteller Mühe gibt.

Die Treiber für Windows 95/98 sollten dabei sein

Ganz wichtig für einen reibungslosen Betrieb unter Windows 95/98 ist eine Diskette mit den Informationen über Ihr Modem. Anders als bei „normaler" Hardware ist eigentlich kein Treiber notwendig, damit Windows mit einem Modem umgehen kann, denn alle Modems beherrschen im Kern den gleichen (Hayes-)Befehlssatz.

In Details unterscheiden sich die unterschiedlichen Modems dann doch, so daß Windows die genauen Informationen, welche Funktionen mit welchem Befehl gesteuert werden, braucht. Um alle Möglichkeiten Ihres Modems optimal auszunutzen, ist eine Treiberdiskette also unbedingt erforderlich.

Upgrade-Möglichkeiten beachten

Oft bieten Modems, wie z. B. auch Grafikkarten oder Mainboards, die Möglichkeit, das enthaltene BIOS auszutauschen. Im Gegensatz zu den anderen Geräten ist bei einem Modem aber durch diese Maßnahme mehr zu erreichen: Manchmal ist es sogar möglich, auf diesem Weg auf eine höhere Übertragungsgeschwindigkeit „aufzurüsten" oder einen bestimmten Übertragungsstandard einzubauen.

Es ist sicher ein gutes Zeichen, wenn ein Modemhersteller seinen Kunden Weiterentwicklungen dieser Art kostengünstig (oder gratis) zur Verfügung stellt.

Der Austausch des BIOS erfolgt in der Praxis entweder durch das Aufstecken eines anderen BIOS-Chip oder den Austausch via Software. Dazu ist es erforderlich, daß das Modem über ein sogenanntes Flash-BIOS verfügt (was das ist, wird auf Seite 89 genauer erklärt). Oft sind diese Software und die neuen BIOS-Versionen auf den Internetseiten der Hersteller verfügbar.

Hier finden Sie die Hersteller im Internet

Hersteller	Internetadresse
3COM	www.3com.com
ELSA	www.elsa.de
Dr. Neuhaus	www.neuhaus.de
US-Robotics	www.3com.com
Hayes	www.hayes.co.uk
Diamond	www.diamondmm.de
Creatix	www.creatix.de

BZT-Zulassung

Eigentlich sind die Zeiten, in denen die von der BZT (**B**undesprüfstelle für die **Z**ulassung von **T**elekommunikationsgeräten oder so) zugelassenen Modems wesentlich teurer waren als nicht zugelassene Importe, ja vorbei, aber wir wollen es trotzdem noch einmal erwähnen: Lassen Sie sich nicht auf so ein vermeintliches Schnäppchen ein. Kaufen Sie nur ein zugelassenes Gerät. Auf diese Weise können Sie sicher sein, daß alle Komponenten einwandfrei mit dem Telefonnetz und dem Anschluß zusammenarbeiten. Besonders im Bereich der Anschlußkabel gibt es nationale Besonderheiten, die unter Umständen den Anschluß eines ausländischen Geräts unmöglich machen. Lesen Sie mehr dazu unter „Achtung Stolperfalle: Kabel" auf Seite 703.

Fazit: Ungetrübter Modem-Spaß – So geht's

- Im Lieferumfang des (externen) Modems sind alle notwendigen Kabel und Adapter enthalten. Insbesondere muß das Modemkabel an beide Anschlußvarianten der COM-Schnittstelle passen.
- Das Modem beherrscht V.90, die einheitliche Übertragungsnorm für 56k-Modems.
- Der Chipsatz des Modems kommt von einem Markenhersteller und kann über ein Flash-BIOS aufgewertet oder aktualisiert werden.
- In Tests hat sich genau dieses Modem als besonders zuverlässig in bezug auf Verbindungsaufbau und -geschwindigkeit erwiesen.
- Neben einer Treiberdiskette liegen der Packung ein ordentliches Handbuch und zusätzliche Software (Faxsoftware, Anrufbeantworter o. ä.) bei.
- Das Modem ist von der BZT zugelassen.

16.2 Einstöpseln und loslegen: Externe Modems anschließen

Das Anschließen eines externen Modems ist wirklich eine einfache Sache, bei der (fast) nichts schiefgehen kann. Es werden nacheinander die unterschiedlichen Kabelverbindungen hergestellt, und das war's. Na ja, nicht ganz. Ein paar Dinge gibt es dann doch zu beachten. Wir sagen Ihnen in diesem Abschnitt, welche das sind.

Verbindung zum Computer

Stecken Sie das Modemkabel zuerst mit der passenden Seite an den Anschluß an der Rückseite des Modems und ziehen Sie die Befestigungsschrauben an (evtl. mit einem Schraubenzieher). Verbinden Sie dann die andere

DFÜ traditionell: Modems

Seite des Kabels mit dem Anschluß einer freien (seriellen) COM-Schnittstelle, in der Regel ist das COM2. COM1 ist oft durch die Maus belegt.

An einigen Rechnern finden Sie sogar nur noch eine serielle Schnittstelle, weil sich für Mäuse ohnehin der PS/2-Standard mit einer eigenen Schnittstelle durchgesetzt hat. In dem Fall haben Sie natürlich keine Auswahl.

Achtung Stolperfalle: COM-Anschluß

Hier lauert ein lästiges kleines Problem: Den Anschluß für die serielle Schnittstelle gibt es in zwei unterschiedlichen Größen: 9- und 25polig.

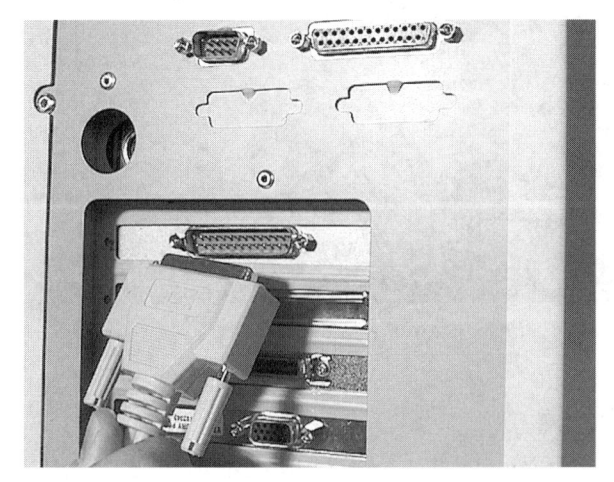

Serielle Schnittstelle mit 25poligem Anschluß

Bei einem guten Modem sollte ein Kabel beiliegen, das auf der Computer-Seite zwei Stecker für jede der möglichen Ausführungen hat. Oder manchmal auch einen Adapter.

Wenn das nicht der Fall ist und an Ihrem Computer nur eine COM-Schnittstelle mit der falschen Größe frei ist, müssen Sie sich notgedrungen einen Adapter kaufen, der die Verbindung ermöglicht.

Adapter für die serielle Schnittstelle

DFÜ traditionell: Modems

Achten Sie beim Kauf darauf, daß der Adapter in die richtige Richtung zeigt, d. h., daß die Ausrichtung der Stecker (männlich oder weiblich) korrekt ist. Die Seite, die an den Computer angesteckt wird, muß weiblich, also als Buchse ausgeführt sein.

Verbindung zur Telefondose

Stecken Sie das Telefonkabel mit der passenden Seite in das Modem und mit der anderen Seite in einen TAE-N-Anschluß an Ihrer Telefondose.

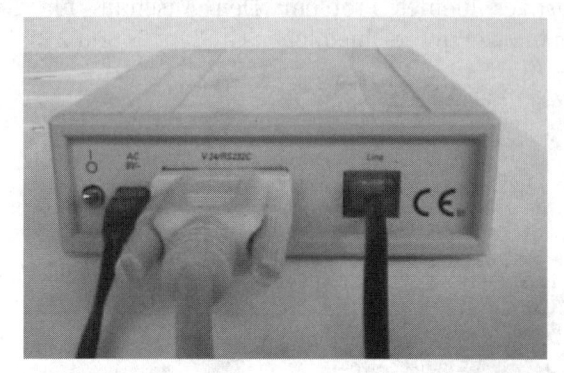

Anschlüsse auf der Rückseite eines externen Modems

Die TAE-Dose

Seit langer Zeit wird von der Telekom als Anschluß für Telefone und Nebenstellengeräte (Anrufbeantworter, Faxgeräte etc.) standardmäßig eine TAE-Dose installiert (TAE steht für **T**elefon-**A**nschluß-**E**inheit).

Diese Dose enthält meistens drei Anschlüsse, von denen der mittlere für Telefone vorgesehen ist, man spricht dabei von einer F-Codierung (F = Fernsprechgerät). Die beiden äußeren Anschlüsse sind N-kodiert (N = Nebenstellengerät) und nehmen nur entsprechend kodierte Stecker auf. Im Fachjargon heißt eine solche Telefondose auch NFN-Dose.

Ihr Modem muß also in eine der beiden äußeren Buchsen gesteckt werden, in die mittlere paßt der Stecker des Kabels erst gar nicht.

Sollte bei Ihnen eine TAE-Dose installiert sein, die nur einen einzigen (Telefon-)Anschluß besitzt, können Sie sich preiswert in jedem Baumarkt einen Adapter kaufen, der den einen F-Anschluß auf zwei oder drei N- und F-Anschlüsse erweitert.

Achtung Stolperfalle: Kabel

Wie immer steckt der Teufel im Detail. Hier ist es die Tatsache, daß sich in den seltensten Fällen die Telefondose direkt am Arbeitsplatz befindet. Also muß eine Verlängerung für das „Telefonkabel" her, das eigentlich gar kein Telefonkabel ist: Wie Sie bei der Beschreibung der TAE-Dose gesehen haben, unterscheiden sich Anschlußkabel für Telefone und Nebenstellengeräte in der Codierung der Stecker.

Der erste Punkt, der beim Kauf einer Verlängerung beachtet werden will, ist also die richtige Codierung des TAE-Steckers. Es muß sich ausdrücklich um ein Kabel für Nebenstellengeräte handeln.

Aber es kommt noch dicker: In Europa existieren eine Vielzahl von Standards für den Anschluß von Fernmeldegeräten, die bei der Massenproduktion von Modems nicht alle einzeln berücksichtigt werden können. Viele Hersteller in Fernost passen Ihre Produkte deshalb mit dem Anschlußkabel an die jeweiligen nationalen Gegebenheiten an, d. h., Modem und Kabel sind untrennbar miteinander verbunden.

Das Kabel, das dem Modem beilag, kann also nicht einfach durch eine längere Version aus dem Baumarkt ersetzt werden kann. Das wird zwar oft funktionieren, aber hier und da funktioniert es eben nicht, und Telefonkabel in ausreichender Länge sind relativ teuer.

Wenn Sie ein längeres Kabel kaufen, sollte es also unbedingt eine Verlängerung sein, die das Originalkabel mit einbezieht. Das heißt, die Verlängerung muß an einer Seite eine TAE-N-Buchse und an der anderen Seite einen TAE-N-Stecker besitzen.

Das Netzgerät anschließen

Zum Schluß brauchen Sie jetzt nur noch das Kabel des Netzgeräts in die passende Buchse am Modem zu stecken und das Netzgerät selbst in eine freie Steckdose. Schalten Sie das Modem einmal kurz ein, um zu sehen, ob es funktioniert.

Jetzt ist der Anschluß des externen Modems komplett.

16.3 Einbau und Konfiguration interner Modems

Im Gegensatz zum Anschluß eines externen Modems ist der Einbau eines internen Geräts deutlich komplizierter – aber in jedem Fall zu schaffen, wenn man den Stolperfallen geschickt ausweicht. Wir zeigen Ihnen, wie es geht, und danach haben Sie die Lacher auf Ihrer Seite, denn Ihr Modem verrichtet unsichtbar seinen Dienst.

Wenn Sie einen älteren Computer besitzen, brauchen Sie sich außerdem nicht um die Geschwindigkeit der COM-Schnittstelle zu kümmern, denn das Modem bringt seine eigene direkt mit.

Problemlos: Plug & Play-fähige Modems

Der etwas komplizierte Teil bei der Einrichtung eines internen Modems ist die Einbindung der zusätzlichen COM-Schnittstelle mit den zugehörigen Port-Adressen und IRQs. Wenn Ihr Modem Plug & Play-fähig ist (und Ihr Rechner mit Windows 95/98 ausgestattet ist), sollten aber die wenigsten

Schwierigkeiten zu erwarten sein. Nach dem Einbau müßten die zusätzliche COM-Schnittstelle und das Modem automatisch erkannt werden.

Um unnötige Schwierigkeiten zu umgehen, werden wir die Modem-Schnittstelle so konfigurieren, daß sie an die Stelle des COM2-Ports auf dem Mainboard tritt. Sie können dann dessen Ressourcen (die beim Deaktivieren frei werden) nutzen. Diese Entscheidung wird dadurch begünstigt, daß Kommunikationssoftware das Modem meistens an COM2 erwartet und dort zuerst nachschaut. Später wird die Installation von Faxprogrammen o. ä. also deutlich erleichtert.

Vorbereitung: Entfernen der COM2-Schnittstelle

Bevor es an den Einbau des Modems geht, müssen wir zunächst die Grundlage für die Einbindung ins System legen: Entfernen Sie im Geräte-Manager die COM2-Schnittstelle aus Ihrem System. Dazu klappen Sie die Liste *Anschlüsse (COM und LPT)* auf, markieren den COM2-Eintrag und klicken dann auf *Entfernen*. Die Warnmeldung bestätigen Sie mit einem Klick auf *OK*.

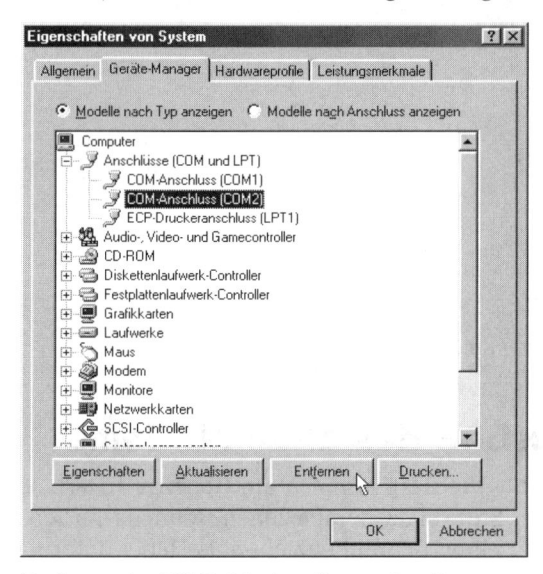

Entfernen der COM2-Schnittstelle aus dem System

Schließen Sie den Geräte-Manager, fahren Sie den Rechner mit *Start/Beenden* herunter und schalten Sie ihn aus.

Der Einbau des Modems (und eventuell das Entfernen eines alten Modems) vollzieht sich dann wie der Einbau jeder anderen Erweiterungskarte auch.

Einbau des Modems

Sie brauchen folgendes Werkzeug:

- einen Schraubenzieher mit Kreuzkopf und
- eine Pinzette oder Spitzzange, um eventuell Jumper zu setzen.

Gehäuse öffnen

Damit Sie an alles herankommen, müssen Sie das PC-Gehäuse öffnen. Die Schrauben befinden sich meist auf der Gehäuserückseite, aber das ist in Einzelfällen auch anders gelöst. Manchmal muß erst eine Kunststoffblende abgenommen werden, mit der die Gehäuserückseite verkleidet ist. Sind die Schrauben entfernt, muß in der Regel nur noch der Gehäusedeckel nach hinten weggezogen und abgenommen werden.

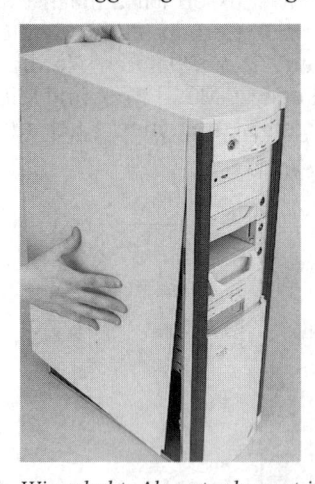

Wie gehabt: Als erstes kommt immer das Öffnen des Gehäuses

Eventuell: Ausbau des alten Modems

Lösen Sie die Schraube, die das Slotblech am Gehäuse fixiert. Jetzt können Sie die Karte aus dem Steckplatz herausziehen. Manche Karten sitzen sehr fest, da ist es hilfreich, einen Schraubenzieher als Hebel unter das Slotblech zu setzen.

Benutzen Sie keine Gewalt, um Erweiterungskarten zu entfernen oder in einen Steckplatz hineinzustecken. Mit „Schaukelbewegungen", bei denen Sie die Karte hin und her bewegen, lassen sich festsitzende Steckkarten fast immer problemlos lösen. Bei zuviel Kraftaufwand drohen Schäden am Motherboard, weil Haarrisse entstehen könnten.

Einbau des Plug & Play-Modems

Nehmen Sie das neue Modem aus der Verpackung. Innerhalb des Kartons ist jede Steckkarte in einen antistatischen Plastikbeutel eingepackt. Dieser eignet sich natürlich bestens als Verpackung für eine ausgebaute Karte. Suchen Sie einen freien Steckplatz und entfernen Sie das Slotblech, das die Öffnung in der Gehäuserückseite verschließt.

Stecken Sie das Modem in den freien Steckplatz. Das Einstecken der Karte erfordert kaum Kraft. Wenn sich die Karte trotzdem nicht einstecken läßt, setzen Sie – wie erwähnt – auf keinen Fall Gewalt ein. Prüfen Sie, ob sich die Karte verkantet hat und ob Sie den Steckplatz richtig getroffen haben. Manchmal gibt es auch Schwierigkeiten, weil sich das Slotblech am Gehäuse verhakt. Dann ist es am besten, die Karte noch einmal anzuheben und neu anzusetzen. Wichtig ist, daß die Karte über die gesamte Länge des Steckplatzes fest und bis zum Anschlag eingesteckt ist.

Wenn die Karte korrekt sitzt, können Sie sie wieder mit der Schraube am Gehäuse fixieren. Achten Sie beim Anziehen der Schraube darauf, daß sich die Karte nicht wieder aus dem Steckplatz herausbewegt. Im Zweifelsfall müssen Sie das Slotblech ein wenig zurechtbiegen.

Schließen des Gehäuses und Anschluß des Modems

Schließen Sie jetzt wieder Ihr PC-Gehäuse. Wenn Sie alle Kabel an der Rückseite des Computers wieder verbunden haben, können Sie auch das Kabel für den Anschluß an die Telefondose in das Modem einstecken. Der eckige „Western-Plug"-Stecker ist nicht zu verwechseln – aber eventuell die Karte, in die er eingesteckt werden soll. Die gleiche Steckernorm wird nämlich für Netzwerkkarten, ISDN-Karten und Modems verwendet. Achten Sie also darauf, daß Sie das Telefonkabel wirklich ins Modem stecken. Der Stecker kann nur richtig herum eingesteckt werden und rastet mit einem hörbaren Klick ein. Stecken Sie das Kabel mit dem anderen Ende in Ihre TAE-N-Telefondose. Was es dabei zu beachten gibt, finden Sie im Abschnitt über externe Modems unter „Verbindung zur Telefondose".

Ist nötig: Ressourcen freigeben und COM2 deaktivieren

Nachdem alles fertig ist, schalten Sie den Rechner an. Bevor Sie Windows starten, müssen Sie die COM2-Schnittstelle des Mainboards im BIOS ausschalten, damit ihre Adresse und ihr IRQ dem Modem zur Verfügung stehen. Sie finden diese Einstellung im Menü mit den Chipsatz-Einstellungen (*Chipset Features* o. ä.). Setzen Sie den Eintrag für die COM2-Schnittstelle auf *disabled*. Genauere Hinweise zum Umgang mit dem BIOS lesen Sie auch ab Seite 77.

```
Onboard FDC Controller    : Enabled
Onboard FDC Swap A & B    : No Swap
Onboard Serial Port 1     : 3F8H/IRQ4
Onboard Serial Port 2     : 2F8H/IRQ3
Onboard Parallel Port     : 378H/IRQ7
Parallel Port Mode        : ECP+EPP
ECP DMA Select            : 3
UART2 Use Infrared        : Disabled
Onboard PCI IDE Enable    : Both
IDE Ultra DMA Mode        : Auto
IDE0 Master PIO/DMA Mode  : Auto
IDE0 Slave  PIO/DMA Mode  : 0/0
IDE1 Master PIO/DMA Mode  : 4/2
IDE1 Slave  PIO/DMA Mode  : Auto
```

Zusätzlich müssen die Ressourcen, die eventuell von Ihrem alten Modem belegt wurden, wieder freigegeben werden. Das ist nötig, damit Windows während der Plug & Play-Konfiguration darauf zurückgreifen kann.

Wechseln Sie also in das Menü zur Plug & Play/PCI-Konfiguration und stellen Sie den Interrupt Ihres alten Modems wieder auf *PnP/ICU* (oder die Entsprechung Ihres BIOS) ein.

```
PNP OS Installed      : Yes
Slot 1 (RIGHT) IRQ    : NA
Slot 2 IRQ            : NA
Slot 3 IRQ            : 11
Slot 4 (LEFT) IRQ     : NA
PCI Latency Timer     : 32 PCI Clock

IRQ  3 Used By ISA    : No/ICU
IRQ  4 Used By ISA    : No/ICU
IRQ  5 Used By ISA    : No/ICU
IRQ  7 Used By ISA    : No/ICU
IRQ  9 Used By ISA    : No/ICU
IRQ 10 Used By ISA    : Yes
IRQ 11 Used By ISA    : No/ICU
IRQ 12 Used By ISA    : No/ICU
IRQ 14 Used By ISA    : No/ICU
IRQ 15 Used By ISA    : No/ICU
```

Speichern Sie die Änderung ab und booten Sie den Rechner neu.

Geht automatisch: Treibereinrichtung

Windows sollte beim Start das Plug & Play-Modem automatisch erkennen und nacheinander seine eigene Installations-CD und die Treiber-CD des Modemherstellers anfordern. Die Installation der neuen COM-Schnittstelle und des Modems sollte automatisch richtig vonstatten gehen. Um sicher zu sein, kontrollieren Sie im Geräte-Manager, ob alles richtig funktioniert und keine Konflikte vorliegen. Wenn Windows Ihnen ein gelbes Ausrufezeichen vor einer der neuen Schnittstellen anzeigt, müssen Sie die Ressourcen von Hand einstellen. Wie Sie so einen Ressourcenkonflikt beseitigen, lesen Sie unter „Die Ressourcen von Hand einstellen" auf Seite 714. Im Zweifelsfall finden Sie aber auch im Handbuch des Modems Hinweise, wie Sie Abhilfe schaffen können.

Schnittstellensalat: Nicht-Plug & Play-fähiges Modem konfigurieren

Grundsätzlich unterscheidet sich die Installation eines nicht Plug & Play-fähigen Modems kaum von der Einrichtung eines Plug & Play-Geräts. Lediglich die Werte für Port-Adresse und Interrupt der COM-Schnittstelle müssen von Hand auf der Karte eingestellt und später im BIOS dem ISA-Bus zugeteilt werden.

Die alten Werte: Notieren ist angesagt

1 Der erste Schritt ist, sich die Werte zu notieren, die für die COM2-Schnittstelle in Ihrem System eingestellt sind. Klappen Sie im Geräte-Manager die Liste *Anschlüsse (COM und LPT)* auf, wählen Sie den Eintrag für COM2 aus und klicken Sie auf *Eigenschaften*.

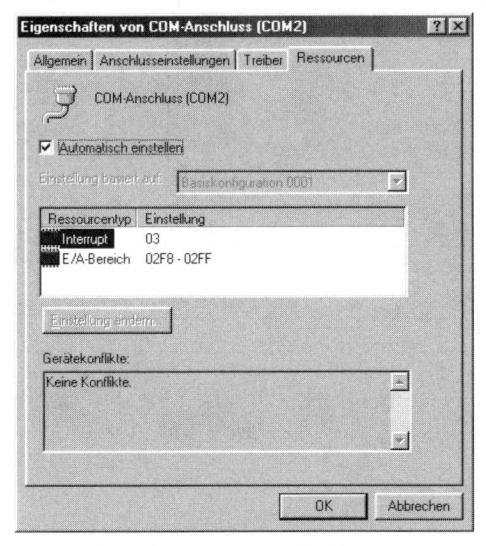

Anzeige der Ressourcen von COM2

2 Auf der Registerkarte *Ressourcen* finden Sie die Werte für den Interrupt und die Port-Adresse (*E/A-Bereich*), die der Schnittstelle momentan zugeordnet sind. Notieren Sie sie für die Konfiguration des Modems.

Meistens werden Sie bei den seriellen Schnittstellen folgende Werte vorfinden.

Schnittstelle	Port-Adresse	IRQ
COM1	03F8-03FF	4
COM2	02F8-02FF	3
COM3	03E8-03EF	10
COM4	02E8-02EF	11

Sollten Sie bereits ein internes Modem in Ihr System eingebunden haben, übernehmen Sie natürlich dessen Werte, um sich unnötige Anpassungsarbeiten zu ersparen. Nach dem Einbau können Sie dann auch im BIOS alles beim alten lassen.

COM2 aus dem System entfernen

3 Wenn Sie die Werte notiert haben, entfernen Sie die COM2-Schnittstelle aus Ihrer Systemkonfiguration, indem Sie auf *Entfernen* klicken.

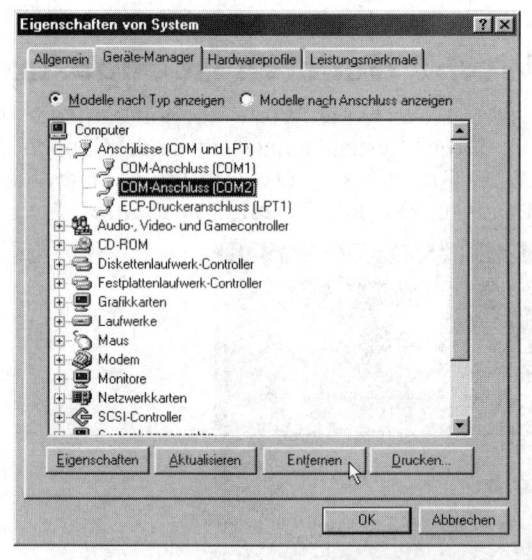

Entfernen von COM2 aus der Systemkonfiguration

4 Bestätigen Sie die Warnmeldung, schließen Sie den Geräte-Manager, fahren Sie den Rechner mit *Start/Beenden* herunter und schalten Sie ihn aus.

DFÜ traditionell: Modems

Das Modem auf die Werte von COM2 konfigurieren

5 Auf der Modemkarte müssen Sie jetzt von Hand die Werte für Port-Adresse und IRQ einstellen, wie Sie sie gerade notiert haben. In der Regel müssen dazu Jumper oder DIP-Schalter gesetzt werden. Wie das bei Ihrem Modem gemacht wird, müssen Sie dessen Handbuch entnehmen.

Einbau des Modems

Wie die Modemkarte in den PC eingebaut wir, unterscheidet sich nicht vom Einbau einer Plug & Play-fähigen Karte, ab Seite 704 haben wir den Vorgang ganz genau beschrieben.

Die wichtigsten Schritte hier noch einmal in Kürze:

1 Öffnen des Gehäuses

2 Eventuell ein altes Modem herausnehmen

3 Einsetzen des neuen Modems in einen freien ISA-Slot

4 Befestigen des Slotblechs

5 Schließen des Gehäuses

6 Anschließen des Telefonkabels

Die BIOS-Einstellungen anpassen

Nach dem Einschalten des Rechners müssen vor dem Start von Windows im BIOS die nötigen Veränderungen für den Betrieb des Modems vorgenommen werden. Die erste Maßnahme ist das Ausschalten der seriellen Schnittstelle auf dem Mainboard. Im Menü mit den Chipsatzeinstellungen (*Chipset-Features* o. ä.) findet sich ein Eintrag mit der Möglichkeit, COM1 und COM2 auf verschiedene Ressourcen zu konfigurieren oder aus dem Rennen zu nehmen. Wählen Sie die Einstellung *disabled*, um COM2 abzuschalten.

```
Onboard FDC Controller    : Enabled
Onboard FDC Swap A & B    : No Swap
Onboard Serial Port 1     : 3F8H/IRQ4
Onboard Serial Port 2     : 2F8H/IRQ3
Onboard Parallel Port     : 378H/IRQ7
Parallel Port Mode        : ECP+EPP
ECP DMA Select            : 3
UART2 Use Infrared        : Disabled
Onboard PCI IDE Enable    : Both
IDE Ultra DMA Mode        : Auto
IDE0 Master PIO/DMA Mode  : Auto
IDE0 Slave  PIO/DMA Mode  : 0/0
IDE1 Master PIO/DMA Mode  : 4/2
IDE1 Slave  PIO/DMA Mode  : Auto
```

Danach müssen Sie den Interrupt, der vorher von der Schnittstelle genutzt wurde, Ihrem Modem bzw. dem ISA-Bus zur Verfügung stellen. Natürlich brauchen Sie diesen Schritt nicht auszuführen, wenn Ihr Modem eine PCI-Schnittstelle hat.

Wechseln Sie in das Menü für die Plug & Play/PCI-Konfiguration und weisen Sie den IRQ Ihres Modems (hier sollte das in der Regel IRQ 3 sein) dem ISA-Bus zur Verwaltung zu.

```
PNP OS Installed      : Yes
Slot 1 (RIGHT) IRQ    : NA
Slot 2 IRQ            : NA
Slot 3 IRQ            : 11
Slot 4 (LEFT) IRQ     : NA
PCI Latency Timer     : 32 PCI Clock


IRQ  3 Used By ISA   : No/ICU
IRQ  4 Used By ISA   : No/ICU
IRQ  5 Used By ISA   : No/ICU
IRQ  7 Used By ISA   : No/ICU
IRQ  9 Used By ISA   : No/ICU
IRQ 10 Used By ISA   : Yes
IRQ 11 Used By ISA   : No/ICU
IRQ 12 Used By ISA   : No/ICU
IRQ 14 Used By ISA   : No/ICU
IRQ 15 Used By ISA   : No/ICU
```

Speichern Sie die Änderungen und booten Sie den Rechner neu.

Eine neue COM-Schnittstelle hinzufügen

Beim ersten Start sollte Windows die neue COM-Schnittstelle automatisch erkennen und anhand der zugewiesenen Ressourcen als COM2 erkennen und einrichten. Nach einer kurzen Identifikationsphase fordert Windows seine eigene CD zur Installation der notwendigen Treiber an, danach steht die neue Schnittstelle zur Verfügung. Anschließend sollten Sie im Geräte-Manager kontrollieren, ob die Schnittstelle mit den korrekten Ressourcen in Ihr System eingebunden wurde. Wenn Windows Ihnen ein gelbes Ausrufungszeichen anzeigt, müssen Sie eventuell die Ressourcen von Hand einstellen. (Wie das geht, lesen Sie im Anschluß an die Beschreibung der manuellen Installation.)

Manchmal kann es aber auch vorkommen, daß Windows die neue Schnittstelle nicht sofort erkennt. In dem Fall müssen Sie den neuen COM-Anschluß von Hand in das System integrieren. Starten Sie dafür in der Systemsteuerung den Assistenten für die Hardwareinstallation.

1 Das erste Fenster informiert Sie über den Start des Assistenten. Klicken Sie einfach auf *Weiter*.

DFÜ traditionell: Modems

2 Lassen Sie Windows 98 nach Plug & Play-kompatiblen Geräten suchen, danach steht die Suche nach nicht Plug & Play-fähigen Komponenten an. (Windows 95 führt Sie sofort in dieses Fenster.)

3 Wählen Sie die Option, daß Sie ein neues Gerät von Hand eintragen möchten, und klicken Sie auf *Weiter*.

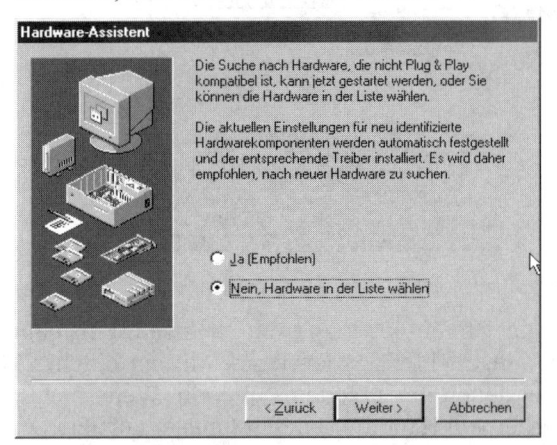

Auswahl zur Nutzung des Hardware-Assistenten

4 Wählen Sie in der Liste den Eintrag *Anschlüsse (COM und LPT)* und klikken Sie auf *Weiter*.

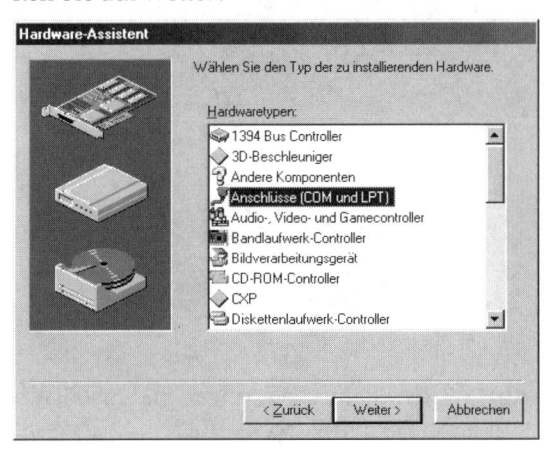

Markieren des Eintrags Anschlüsse

5 Im nächsten Dialogfenster ist bereits auf der linken Seite der Eintrag *(Standardanschlusstypen)* und auf der rechten Seite der Eintrag *COM-Anschluss* ausgewählt. Klicken Sie einfach auf *Weiter*.

DFÜ traditionell: Modems

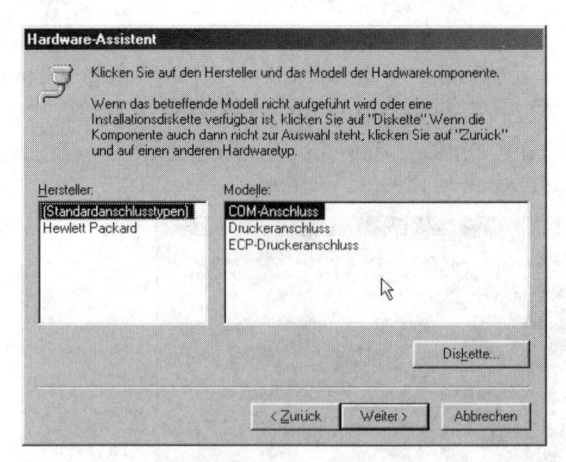

Vorstellung der möglichen Anschlüsse

6 Windows zeigt Ihnen jetzt an, mit welchen Einstellungen die neue Schnittstelle eingerichtet werden kann. Mit ein bißchen Glück stimmen die Werte mit denen Ihres Modems überein. Wenn nicht, müssen Sie die Werte hinterher von Hand im Geräte-Manager korrigieren.

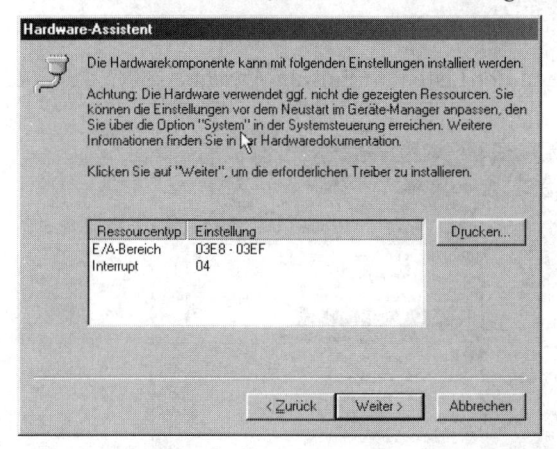

Anzeige der möglichen Einstellungen

7 Klicken Sie auf *Weiter*, damit Windows die Installation durchführen kann. Danach müssen Sie den Vorgang noch mit *Fertig stellen* beenden.

Die Ressourcen von Hand einstellen

Um gegebenenfalls die Ressourcen von Hand einzustellen, müssen Sie den Eintrag für die neue Schnittstelle im Geräte-Manager auswählen und auf *Eigenschaften* klicken. Das kennen Sie ja noch vom Notieren der Werte der alten Schnittstelle.

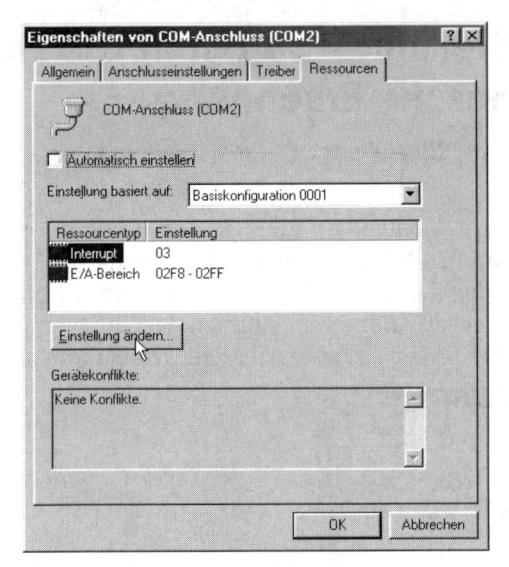

Änderung der Ressourcen-Einstellung

Wechseln Sie in das Register *Ressourcen* und deaktivieren Sie die Option *Automatisch einstellen*. Jetzt können Sie die Ressource, die nicht Ihren alten Werten entspricht, auswählen und danach mit einem Klick auf *Einstellung ändern* den richtigen Wert einstellen.

Schließen Sie alle Fenster jeweils mit einem Klick auf *OK* und starten Sie den Rechner neu, um die Änderungen wirksam werden zu lassen.

16.4 Einrichten eines Modems unter Windows 95/98

Wie bei jeder neu eingebauten Hardware müssen unter Windows 95/98 Treiber eingerichtet werden, damit das Betriebssystem korrekt auf Ihr Modem zugreifen kann. Im Gegensatz zu den Treibern anderer Geräte handelt es sich hierbei aber nur um eine **.inf*-Datei, die Informationen über spezielle Fähigkeiten und Einstellungen des betreffenden Modems enthält.

Stärker noch als z. B. bei den Grafikkarten haben alle Modems übereinstimmende Funktionen, die sich nur in speziellen Einstellungen voneinander unterscheiden. Deswegen ist es auch möglich, alle Geräte mit einem Standardbefehlssatz zu betreiben, der aber meistens nicht den vollen Leistungsumfang ausnutzt. So kann z. B. mit einem Standardmodemtreiber die Lautstärke des Modemlautsprechers nicht eingestellt werden.

Für einen optimalen Betrieb ist es also trotzdem notwendig, Windows mit den richtigen Informationen über Ihr Modem zu versorgen.

Nehmen Sie die Dinge selbst in die Hand: Keine automatische Erkennung

1 Klicken Sie unter *Start/Einstellungen/Systemsteuerung* auf das Symbol *Modems*.

2 Wenn Sie noch nie ein Modem installiert hatten, wird automatisch der Installations-Assistent für Modems aufgerufen. Sollten Sie bereits ein Modem installiert haben, landen Sie im Fenster *Eigenschaften von Modems*. Mit einem Klick auf *Entfernen* können Sie Ihr altes Modem löschen, und ein Klick auf *Hinzufügen* startet den Installations-Assistenten.

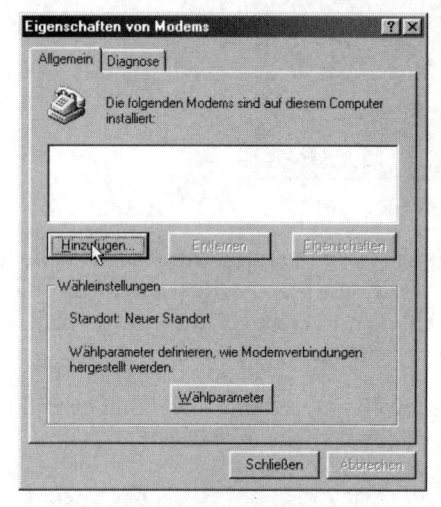

3 Das erste Fenster des Assistenten fragt Sie, ob Sie das angeschlossene Modem automatisch erkennen lassen wollen. Leider ist Windows in dieser Disziplin nicht sehr versiert, weswegen es sich empfiehlt, das Modem von Hand einzustellen. Aktivieren Sie also die Option *Modem wählen (keine automatische Erkennung)* und klicken Sie auf Weiter.

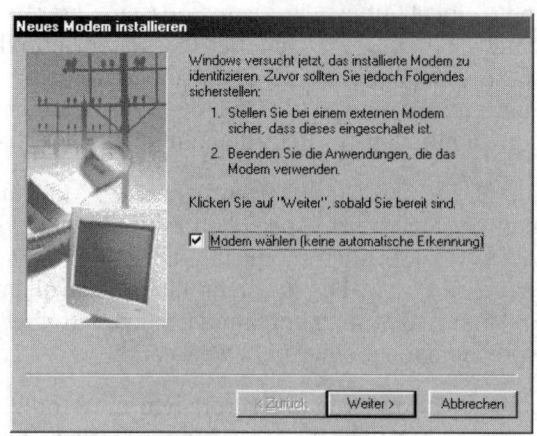

DFÜ traditionell: Modems

4 Jetzt müssen Sie Hersteller und Modell Ihres Modems angeben. Am besten ist es, Sie verwenden dazu den Treiber, der Ihrem Gerät beigelegen hat. Legen Sie die Diskette oder CD ein und klicken Sie danach auf *Diskette*. Windows durchsucht daraufhin Ihr Diskettenlaufwerk nach der *.inf*-Datei des Herstellers. Wenn sich die Datei in einem Unterverzeichnis oder auf einem anderen Datenträger befinden sollte, müssen Sie Windows den richtigen Ort mit einem Klick auf *Durchsuchen* angeben.

5 Sollte unglücklicherweise Ihrem Modem keine Treiberdiskette oder -CD beigelegen haben, finden Sie mit ein bißchen Glück das richtige Modell in der Liste, die Windows selbst mitbringt. Suchen Sie in der linken Spalte den Hersteller und danach in der rechten Spalte das richtige Modell aus. Sie sollten aber peinlich genau darauf achten, daß die Modellbezeichnungen übereinstimmen, damit es später nicht zu Schwierigkeiten kommt.

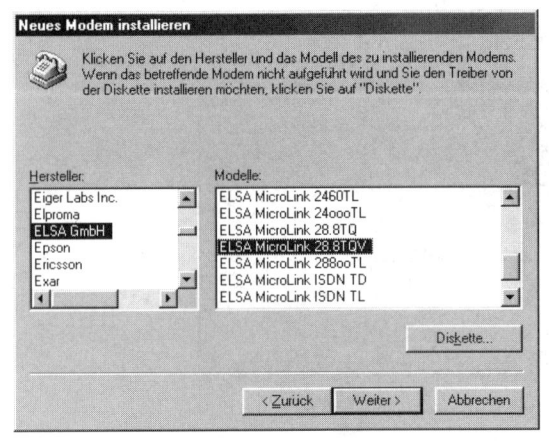

6 Wenn alle Stricke reißen, benutzen Sie einen der angegebenen Standardmodemtypen. Nehmen Sie das Modell mit der richtigen Übertragungsgeschwindigkeit und klicken Sie auf *Weiter*.

7 Jetzt müssen Sie nur noch die Schnittstelle auswählen, an die Ihr Modem angeschlossen ist.

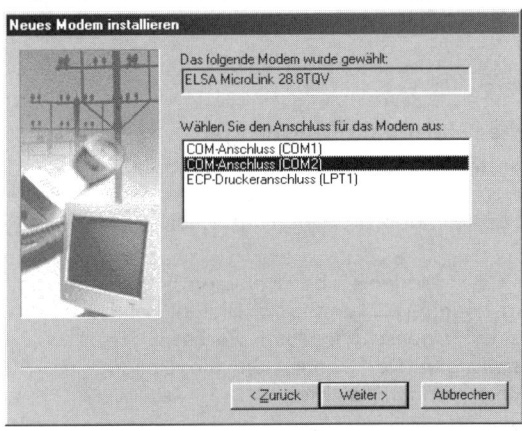

DFÜ traditionell: Modems

8 Wenn Sie Ihre Wahl getroffen haben (in den meisten Fällen hängt das Modem an COM1 oder COM2), klicken Sie auf *Weiter*.

Das war der letzte Schritt der eigentlichen Modeminstallation. Sollten Sie bereits einmal ein Modem in Ihrem System gehabt haben, genügt jetzt ein Klick auf *Fertig stellen*, um die Installation abzuschließen. Bei der allerersten Einrichtung gibt sich der Assistent aber nicht mit den bisherigen Angaben zufrieden, sondern will noch mehr wissen.

Die Wahlparameter einstellen

Im nächsten Fenster machen Sie Angaben über den Standort Ihres PCs. Tragen Sie die aktuelle Vorwahl ein und, in welchem Land Sie sich befinden. Wenn Sie Ihr Modem an einer Nebenstellenanlage betreiben, ist meistens eine Kennzahl notwendig, um eine Amtsleitung zu bekommen. In der Regel ist das die Null. Wenn Sie Ihr Modem direkt ans Telefonnetz angeschlossen haben, muß dieses Feld unbedingt leer bleiben.

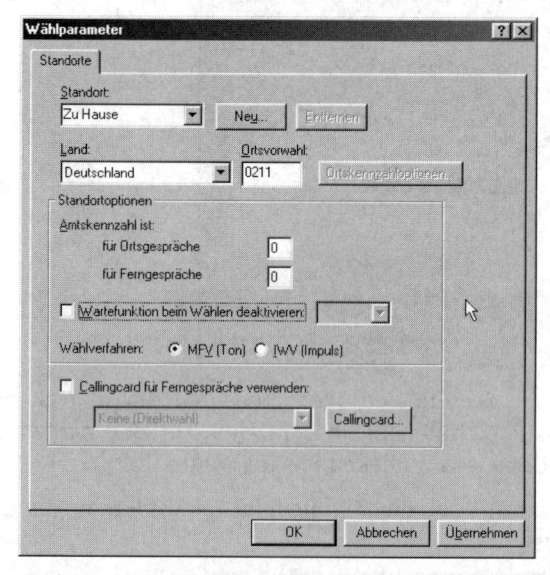

Festlegung der Wahlparameter

Hinweis

Kein Freizeichen an einer Nebenstellenanlage

Beim Betrieb an einer Nebenstellenanlage findet das Modem meistens kein Freizeichen vor, wenn es den Hörer abhebt. Leider sind alle Modems aber so voreingestellt, daß sie ohne Freizeichen nicht anfangen zu wählen.

Nachdem Sie die Einrichtung des Modems abgeschlossen haben, müssen Sie diese Einstellung ändern. Klicken Sie im Dialogfenster *Eigenschaften von Modems* auf *Eigenschaften* und wechseln Sie dann zur Registerkarte *Einstellungen*. Dort können Sie die Option *Vor dem Wählen auf Freizeichen warten* deaktivieren.

Im untersten Teil des Dialogfensters müssen Sie noch das Wahlverfahren einstellen. Tonwahl (MFV) ist das modernere und schnellere Verfahren, aber nicht alle Vermittlungsstellen unterstützen es. Wenn Sie sich unschlüssig sind, wählen Sie das Pulswahlverfahren, um auf Nummer Sicher zu gehen. Klicken Sie auf *OK*, um die Modeminstallation abzuschließen.

Klappt's? – Die Diagnose

Nachdem Sie alles eingestellt haben, landen Sie (wieder) im Fenster *Eigenschaften von Modems*, der Windows-Schaltzentrale für die Modemeinrichtung.

Sie finden im Register *Allgemein* neben der Übersicht über die angeschlossenen Modems hinter den Schaltflächen *Eigenschaften* und *Wählparameter* alle wichtigen Einstellungen für die Feinabstimmung. Dazu gibt's aber mehr im nächsten Abschnitt.

Im Register *Diagnose* findet sich die Übersicht über die seriellen Schnittstellen Ihres Computers und die daran angeschlossenen Geräte. Mit der Schaltfläche *Details* haben Sie die Möglichkeit zu überprüfen, ob die Kommunikation zwischen Ihrem Computer und dem Modem einwandfrei funktioniert.

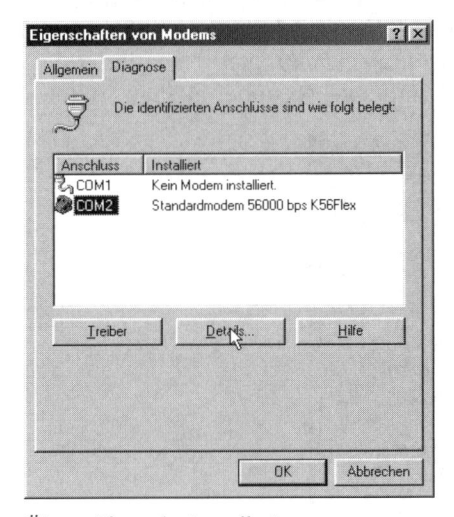

Überprüfung der Installation

Bei einem Klick auf *Diagnose* beginnt Windows, Befehle und Signale an das Modem zu senden und wartet auf eine Antwort. Das Ganze dauert ein paar Sekunden. Wenn Sie alles richtig gemacht haben, werden Sie im Anschluß darüber informiert, daß alles klappt. Sollten Sie keine Erfolgsmeldung erhalten, kann das z. B. an einer losen Kabelverbindung liegen oder daran, daß Sie das Modem nicht eingeschaltet haben. Wenn Sie alle offensichtlichen Fehlerquellen untersucht haben und es immer noch nicht klappt, müssen Sie gegebenenfalls im Register *Allgemein* das Modem noch einmal löschen und den Installationsvorgang wiederholen.

16.5 Tuning: Die richtigen Einstellungen für optimalen Spaß

Im Normalfall funktioniert der Modembetrieb mit den Standardeinstellungen schon recht gut. Wenn Sie wissen, wozu die einzelnen Einstellungen dienen, können Sie das Ganze mit ein bißchen Fingerspitzengefühl noch optimieren, um das volle Potential Ihres Modems und Ihres Computers auszunutzen.

Die Übertragungsrate – Nur nicht knausern

Damit ist – wie Sie vielleicht denken – nicht die Übertragungsrate des Modems gemeint. Die läßt sich zwar auch einstellen, aber hier ist standardmäßig schon die schnellste Einstellung gewählt.

Es geht vielmehr um die Geschwindigkeit der seriellen Schnittstelle. Auf dem Weg der Daten vom Modem zum Computer darf kein Stau herrschen, sonst kann Ihr Modem seine Fähigkeiten nicht ausspielen.

Sie finden die Einstellmöglichkeiten der Schnittstelle im Geräte-Manager unter *Anschlüsse (COM und LPT)*. Wählen Sie den Eintrag für die COM-Schnittstelle, an der Ihr Modem hängt. Klicken Sie auf *Eigenschaften* und aktivieren Sie das Register *Anschlusseinstellungen*. Hier finden Sie eine Reihe von Einstellungen, die aber bis auf zwei so stehenbleiben sollten.

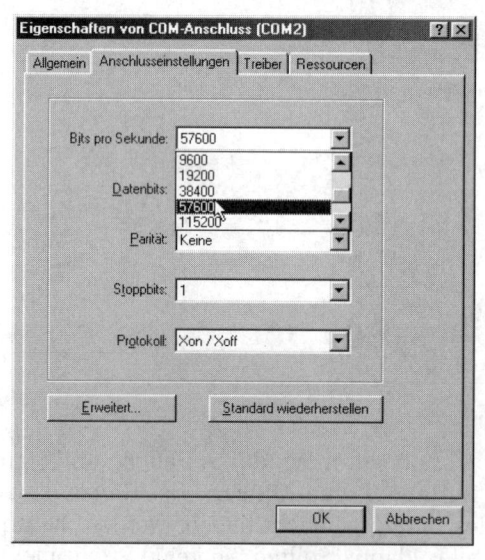

Festlegung der Übertragungsrate Ihres Modems

Interessant ist vor allem die Einstellung für die Übertragungsrate: Die ist nämlich auf 9.600 bps voreingestellt und damit viel langsamer als Ihr Modem. Setzen Sie den Eintrag auf einen Wert, der mindestens so hoch ist, wie die Geschwindigkeit Ihres Modems oder eine Stufe darüber.

Datenflußkontrolle

Unter Datenflußkontrolle versteht man die Verständigung zwischen Computer und Modem darüber, wann Daten gesendet werden können und wann nicht. Früher wurde diese Verständigung auf dem Umweg über ein Modemkommando (*Xon/Xoff*) getroffen, aber modernere Geräte haben diese Funktion fest verdrahtet, was den Betrieb schneller und sicherer macht.

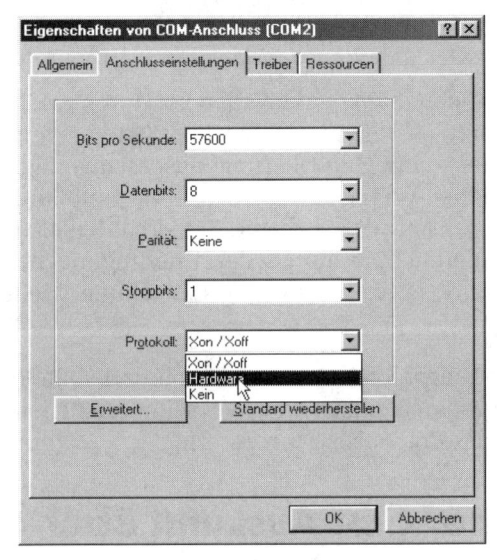

Setzen Sie den Eintrag unter *Protokoll* für die optimale Einstellung also auf *Hardware*.

Wenn Sie sich Ihrer Sache nicht sicher sind, weil Ihr Modem schon ein paar Jahre auf dem Buckel hat, sollten Sie vielleicht vorher das Handbuch zu Rate ziehen, welche Datenflußkontrolle möglich ist.

Die FIFO-Einstellungen

Ein Klick auf die Schaltfläche *Erweitert* bringt Sie in das Dialogfenster mit den Einstellungen für den FIFO-Baustein der seriellen Schnittstelle.

Als erstes finden Sie die Option, um die Unterstützung für den FIFO-Baustein auszuschalten. Das ist aber eigentlich nur interessant, wenn Ihr Computer nicht über einen solchen Schnittstellenbaustein (UART 16550) verfügt.

Im unteren Teil des Fensters können Sie die Größe von Sende- und Empfangspuffer verstellen. Ein größerer Puffer ermöglicht höhere Übertragungsgeschwindigkeiten, macht das System aber anfälliger für Übertragungsfehler. Eine geringere Größe hat den umgekehrten Effekt, d. h., die Geschwindigkeit sinkt, aber die Sicherheit wird besser.

DFÜ traditionell: Modems

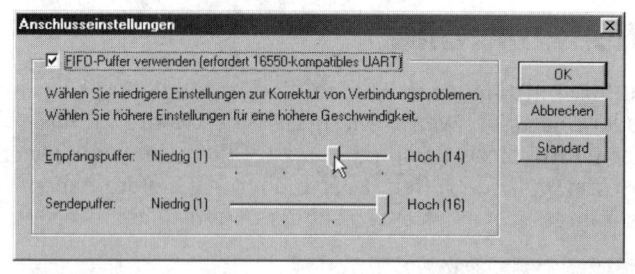

Einstellung des FIFO-Puffers

Welche Einstellung Sie wählen, hängt ein bißchen von Ihren Erfahrungen ab. Wenn Sie das Gefühl haben, daß Sie in der Regel vor Ort eine gute Leitungsqualität haben, die meistens eine gute Übertragungsgeschwindigkeit ermöglicht, dann können Sie einmal versuchen, die Größe des Empfangspuffers zu erhöhen. Bemerken Sie danach, daß sich die Fehlerhäufigkeit erhöht (die Übertragungsrate sinkt merklich, während der Übertragung beginnen die LEDs aufgeregt zu blinken), ist es ratsam, die Einstellung wieder auf den Standardwert zu setzen.

Sollten Sie häufig Verbindungsschwierigkeiten haben und sollte oft nur eine langsame Übertragungsgeschwindigkeit möglich sein, versuchen Sie durch Verkleinern des Puffers, das Ergebnis zu verbessern.

Der Lautsprecher gibt Auskunft über die Verbindung

Die nächsten Einstellmöglichkeiten finden Sie wieder im Fenster *Eigenschaften von Modems*, das Sie aufrufen, indem Sie in der Systemsteuerung auf *Modems* klicken. Danach klicken Sie auf *Eigenschaften*, um die Betriebsparameter Ihres Modems anzuschauen und einzustellen.

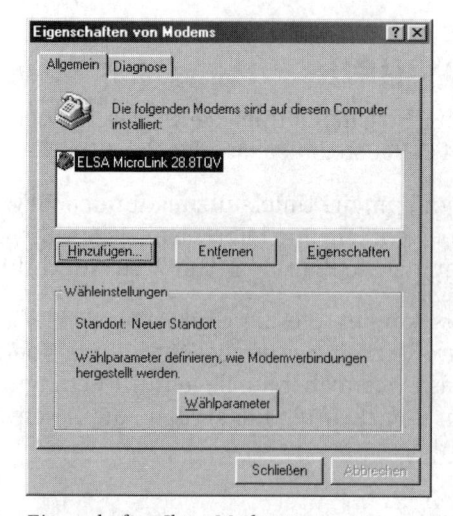

Eigenschaften Ihres Modems

Zunächst landen Sie in der Registerkarte *Allgemein,* in der Sie grundlegende Einstellungen vornehmen können. Neben der gewählten Schnittstelle und der Übertragungsgeschwindigkeit (die auf den höchstmöglichen Wert Ihres Modems eingestellt sein sollte), findet sich ein Schieberegler, mit dem die Lautstärke des Modemlautsprechers eingestellt werden kann. Diese Funktion sollte (gerade bei internen Modems) nicht unterschätzt werden, denn der Lautsprecher ist neben den LEDs eines der wichtigen Instrumente, um Auskunft über den Verbindungszustand des Modems zu erhalten. Um die richtige Lautstärke einzustellen, sollten Sie ein bißchen herumprobieren. Sie darf nicht zu leise sein, damit Sie im Zweifelsfall hören, ob es Verbindungsprobleme gibt, aber auch nicht zu laut, weil der Verbindungsaufbau dann zur nervtötenden Prozedur wird.

Hardwarekompression

Haben Sie schon mit Pack- oder Archivierungsprogrammen gearbeitet? Diese Programme (wie ARJ, PKZip, LHARC) ermöglichen es, überflüssige („redundante") Daten aus einer Datei zu entfernen und so Speicherplatz auf der Festplatte zu sparen. Mit diesem Verfahren läßt sich aber auch die Online-Zeit verkürzen, indem man alle Daten komprimiert, bevor man sie versendet.

Diese Funktion ist in modernen Modems fest verdrahtet, d. h., vor der Übertragung werden alle Dateien automatisch geschrumpft. Für einen optimalen Betrieb sollte sie unbedingt eingeschaltet sein. (Die Norm, die diesen Vorgang regelt, heißt übrigens V.42bis.) Die Hardwarekompression ist sogar so intelligent, daß sie vorher (per Software) komprimierte Dateien erkennt und nicht noch einmal versucht, sie zu schrumpfen.

Sie finden die entsprechende Einstellung, wenn Sie im Fenster *Eigenschaften von Modems* auf *Eigenschaften* klicken, dann das Register *Einstellungen* auswählen und auf *Erweitert* klicken.

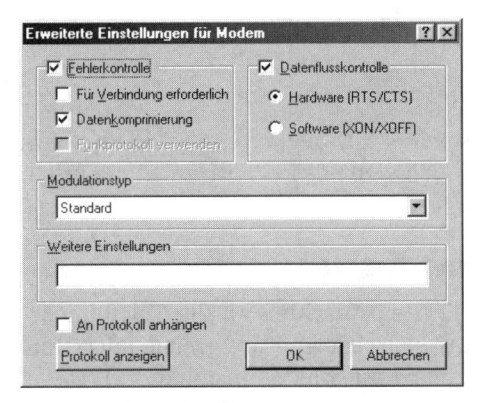

Gepackt geht's schneller

Links oben finden Sie die Option *Fehlerkontrolle*, die aktiviert sein muß, und zwei Zeilen darunter *Datenkomprimierung*. Wenn die Option nicht aktiviert ist, schalten Sie sie an.

16.6 Troubleshooting

Trotz aller Umsicht kann es mit einem Modem immer zu Problemen kommen. Das liegt daran, daß es eine Vielzahl theoretischer Ursachen gibt, die dafür sorgen können, daß irgendwo eine Lücke in der Verbindung entsteht.

Unter dem Strich sind es aber (besonders im Internetbereich) immer die gleichen Fehler, die auftreten. Wir zählen hier die häufigsten Fehlerquellen auf, mit denen Sie den allergrößten Teil der Probleme beseitigen können.

Das Modem wählt nicht

Oft ist schon alles vorbei, bevor es überhaupt losgeht: Das Modem hebt zwar ab, aber es beginnt nicht zu wählen. Meistens liegt das daran, daß das Modem kein Freizeichen hört. Folgende Ursachen sind denkbar:

Nebenstellenanlage

Das Modem ist an eine Nebenstellenanlage angeschlossen, die kein normales Freizeichen abgibt.

Lösung:

1 Öffnen Sie in der Systemsteuerung das Fenster *Eigenschaften von Modems*, indem Sie auf das Symbol *Modems* klicken.

2 Klicken Sie auf die Schaltfläche *Eigenschaften*.

3 Wählen Sie das Register *Einstellungen* und deaktivieren Sie dort die Option *Vor dem Wählen auf Freizeichen warten*.

Wenn diese Option ausgeschaltet ist, beginnt das Modem sofort nach dem Abheben mit dem Wählen, auch wenn es kein Freizeichen hört.

Probleme mit dem Kabel

Möglicherweise haben Sie für den Anschluß an die Telefondose ein Verlängerungskabel verwendet, das nicht geeignet ist. (Siehe auch unter „Achtung Stolperfalle: Kabel" im Kapitel zur Modeminstallation.) Das Modem bekommt kein Freizeichen und wählt nicht. Hier schafft das Deaktivieren der Wartefunktion natürlich keine Abhilfe, denn es besteht kein elektrischer Kontakt zum Telefonnetz.

Lösung:

Testen Sie, ob das Problem ohne Verlängerungskabel immer noch besteht. Dazu schließen Sie das Modem nur mit dem Originalkabel an die Telefondose an.

Wenn das Problem dadurch behoben ist, tauschen Sie die Verlängerung gegen ein geeigneteres Kabel aus. Notfalls finden Sie ein solches Kabel im Computerfachhandel.

Es kommt keine Verbindung zustande

Das Modem hebt zwar ab und wählt, aber danach passiert nicht mehr viel. Entweder erreichen Sie niemanden oder nach dem Abheben der Gegenseite legt das Modem nach kurzer Zeit wieder auf. Folgende Fehler könnten vorliegen:

Wieder Schuld: Die Nebenstellenanlage

Nach dem Wählen hören Sie weder Klingel- noch Besetztzeichen oder die Meldung „Kein Anschluß unter dieser Nummer".

Wahrscheinlich haben Sie vergessen, die Amtsholziffer einzutragen.

Lösung:

1. Öffnen Sie in der Systemsteuerung das Fenster *Eigenschaften von Modems*, indem Sie auf das Symbol *Modems* klicken.

2. Klicken Sie auf *Wählparameter* und tragen Sie die Amtsholziffer ein. Jetzt wählt das Modem automatisch vor jeder Telefonnummer zuerst die eingetragene Ziffer (meistens die Null), um eine Amtsleitung zu holen.

Falsches Wahlverfahren

Das Modem wählt mit dem Tonwahlverfahren (unterschiedlich hohe Pieptöne), und danach passiert nichts.

Die lokale Vermittlungsstelle unterstützt wahrscheinlich nur das ältere Pulswahlverfahren.

Lösung:

1. Öffnen Sie in der Systemsteuerung das Fenster *Eigenschaften von Modems*, indem Sie auf das Symbol *Modems* klicken.

2. Klicken Sie auf *Wählparameter* und ändern Sie das Wählverfahren von *MFV (Ton)* in *IWV (Impuls)*.

Falsche Anwahlnummer

Möglicherweise haben Sie sich bei der Angabe der Telefonnummer vertippt oder eine Ziffer ausgelassen.

Lösung:
Überprüfen und korrigieren Sie Ihre Angaben.

Probleme mit dem Kabel

Auch das Kabel kann schuld sein: Wenn Sie eine ungeeignete Verlängerung benutzen, könnte es sein, daß kein elektrischer Kontakt zum Telefonnetz besteht.

Wenn Sie die Option *Vor dem Wählen auf Freizeichen warten* ausgeschaltet haben (siehe unter „Das Modem wählt nicht"), wählt das Modem, auch wenn es kein Freizeichen hört.

Lösung:
Testen Sie, ob das Problem ohne Verlängerungskabel immer noch besteht. Dazu schließen Sie das Modem nur mit dem Originalkabel an die Telefondose an.

Wenn das Problem dadurch behoben ist, tauschen Sie die Verlängerung gegen ein geeigneteres Kabel aus. Notfalls finden Sie ein solches Kabel im Computerfachhandel.

Geschwindigkeit einstellen

Eine andere Möglichkeit ist der Umstand, daß Sie ein 56k-Modem benutzen, dessen Standard nicht vom Provider unterstützt wird.

Lösung:
Reduzieren Sie unter *Eigenschaften von Modems/Eigenschaften* die Verbindungsgeschwindigkeit auf 28.800 bps. Diese Geschwindigkeit wird mittlerweile von nahezu jedem Anbieter unterstützt. Wenn diese Verbindungsgeschwindigkeit klappt, versuchen Sie eine Erhöhung auf 33.600 bps.

Stimmen Name und Kennwort?

Manchmal ist ein ganz banaler Fehler der Grund für das Übel: Sie haben sich bei der Angabe von Benutzername und Kennwort vertippt oder die Groß-/Kleinschreibung nicht beachtet.

Lösung:

Überprüfen und korrigieren Sie Ihre Angaben im DFÜ-Netzwerk oder der Zugangssoftware.

Die Verbindung steht, aber der Browser findet keine Webseiten

Okay, soweit sind Sie gekommen: Das Modem hebt ab, wählt, eine Verbindung kommt zustande, aber danach meldet der Browser nur, daß die aufgerufene Webseite nicht gefunden wird.

DNS-Einstellungen korrekt?

Bei einigen Providern muß ein DNS (**D**omain **N**ame **S**erver, Domain-Namensserver) angegeben werden, der die Klarnamen der Webseiten in IP-Adressen übersetzt.

Lösung:

Überprüfen Sie, ob Sie die IP-Adresse des DNS korrekt angegeben haben. Dazu klicken Sie im Fenster des DFÜ-Netzwerks mit der rechten Maustaste auf Ihre Verbindung, klicken im Kontextmenü auf Eigenschaften, wechseln zur Registerkarte *Servertypen* und klicken dann auf *TCP/IP-Einstellungen*.

Langsame Übertragungsgeschwindigkeiten

Leider gibt es einige Ursachen für langsame Übertragungen, die Sie nicht direkt beeinflussen können, wie z. B. die Überlastung des Providers zu Stoßzeiten oder eine schlechte Qualität der Telefonleitung. Eine schlechte Leitung erkennen Sie daran, daß beim Download, z. B. einer größeren Datei, der Datenfluß immer wieder unterbrochen wird. Aus dem dauerhaften Leuchten der Receive Data-LED wird dann ein hektisches Blinken von Receive Data und Transmit Data. Um dieses Problem zu lösen, hilft manchmal ein Trennen der Verbindung und die erneute Anwahl. Mit ein bißchen Glück kommt auf anderen Schaltwegen eine bessere Leitung zustande – möglicherweise.

Falsche Schnittstellenparameter

Wenn die Übertragungsgeschwindigkeit immer im Keller ist, können aber auch falsche Schnittstellenparameter daran schuld sein.

Lösung:

Kontrollieren Sie im Geräte-Manager unter den Eigenschaften der COM-Schnittstelle, ob alles optimal eingestellt ist. Welches die richtigen Werte sind, erfahren Sie ab Seite 720.

17. Digital ins Netz: ISDN-Karten

Jeder, der regelmäßig via Modem Daten überträgt, kennt das: Ab und zu kommt es zu Verbindungsproblemen zwischen den Modems, die Anschlüsse beim Provider sind besetzt, oder eine schlechte Telefonleitung bringt jede längere Übertragung zum Erliegen. Und vor allem kostet jede zusätzliche Verzögerung bares Geld.

ISDN ist dagegen die schnelle und komfortable Art, Daten zu übertragen, denn am besten können sich Computer untereinander natürlich digital verständigen. Alle Unsicherheiten, die bei der Datenübertragung per Modem auftreten, existieren beim digitalen Datenaustausch nicht, und das Ergebnis ist eine schnelle und sichere Verbindung.

Besonders für Internetjunkies ist ISDN eine interessante Alternative, denn neben der größeren Geschwindigkeit bietet ein ISDN-Anschluß zwei Telefonleitungen, die gleichzeitig benutzt werden können. Während Sie sich im Chat tummeln oder die letzten Börsenkurse anschauen, sind Sie immer noch telefonisch erreichbar. Oder Sie nutzen über die Bündelung der beiden Kanäle die doppelte Übertragungsgeschwindigkeit, wenn ein größerer Download ansteht.

Wenn Sie Ihren Rechner für die digitale Kommunikation fit machen wollen, steht Ihnen (neben der Beantragung eines ISDN-Anschlusses) der Kauf und Einbau einer ISDN-Karte bevor. Wir führen Sie in diesem Kapitel Schritt für Schritt vom Kauf über den Einbau bis zur Benutzung des DFÜ-Netzwerks. Dabei helfen wir Ihnen wie immer, Stolperfallen aus dem Weg zu gehen, oder zeigen Ihnen, wie diese von vornherein vermieden werden können.

- Der erste Abschnitt berät Sie beim Kauf einer ISDN-Karte. Worauf müssen Sie achten, damit Sie schnell und problemlos lossurfen können? Wir sagen's Ihnen.
- Danach befaßt sich der nächste Abschnitt mit den notwendigen Vorbereitungen, die Sie vor dem Einbau treffen sollten. Hiermit legen Sie den Grundstein für die problemlose Installation.
- Im dritten Teil geht's zur Sache: Einbau und Installation der Karte. Wir beschreiben dort, wie es geht und was Sie beachten müssen.
- Im letzten Abschnitt zeigen wir Ihnen, wie Sie das DFÜ-Netzwerk für die zentrale Benutzung unter Windows einrichten. Am Ende wird's dann richtig interessant: Nutzen Sie die Multilink-Option für maximale Geschwindigkeiten.

17.1 Damit alles glattgeht: Kaufberatung

Dank der aggressiven Vermarktung hat ISDN hierzulande eine relativ starke Verbreitung gefunden, und am Markt steht eine Vielzahl von Geräten und Karten zur Verfügung. Genau wie bei den analogen Modems unterscheiden sich die unterschiedlichen Geräte in der Leistungsfähigkeit nur wenig, denn im Bereich der Datenübertragung sind schon lange alle (Kommunikations-) Funktionen genormt und aufeinander abgestimmt.

Vielmehr steht beim Kauf einer ISDN-Karte die problemlose Installation und sichere Zusammenarbeit mit allen anderen Komponenten im Vordergrund. Diesem Aspekt widmen wir die wichtigsten Überlegungen in diesem Abschnitt.

Extern oder intern?

Genau wie bei den analogen Modems gibt es ISDN-Adapter in der Form interner Steckkarten und externer „ISDN-Modems".

Externe ISDN-Adapter

Der große Vorteil externer ISDN-Adapter ist natürlich der einfache Anschluß und die problemlose Installation. Sie werden mit einem Kabel an die serielle Schnittstelle des PCs angeschlossen und mit einem Telefonkabel an den ISDN-Netzabschluß (NTBA). Die weitere Installation der Treiber funktioniert wie bei einem analogen Modem und ist genauso einfach. Ebenso werden ISDN-Modems mit dem gleichen Befehlssatz gesteuert, so daß jede Kommunikationssoftware, die für Modems geeignet ist, ebenso mit einem ISDN-Modem genutzt werden kann. Lediglich die Umwandlung der Daten von digital zu analog im Gerät selbst entfällt.

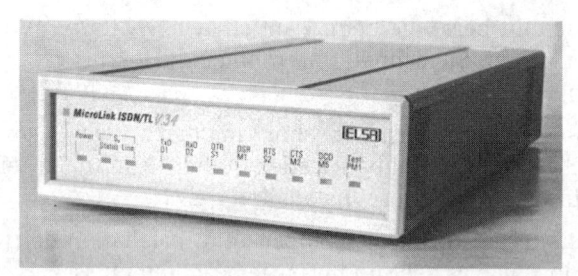

Dennoch gibt es einen Haken bei der Sache: ISDN-Modems sind so schnell, daß sie (zumindest bei Kanalbündelung) die maximale Übertragungsrate der seriellen Schnittstelle überschreiten. So können nur maximal 115.000 bps anstelle von 128.000 bps genutzt werden.

Wenn Ihnen dieser Pferdefuß nichts ausmacht und Sie vor allem Wert auf die einfache Installation legen, ist ein ISDN-Modem sicher die richtige Wahl für Sie. Das gilt ganz besonders dann, wenn Sie sowieso schon Mühe haben, zwischen den anderen Erweiterungskarten einen freien Steckplatz zu finden, und schon viele Ressourcen des Computers vergeben sind. Wo andere noch mit der Installation einer internen Karte kämpfen, haben Sie in dem Fall gut lachen, weil Sie bereits fröhlich Faxe verschicken.

Im weiteren Verlauf des Kapitels befassen wir uns aber mit internen ISDN-Karten, die weitaus verbreiteter und beliebter auf dem Markt sind. Wenn Sie eine genauere Gegenüberstellung der Vor- und Nachteile von internen und externen Geräten sehen wollen, können Sie im Kapitel über Modems ab Seite 691 nachlesen. Im wesentlichen gelten alle dort beschriebenen Pros und Contras für ISDN-Karten und -Modems ganz genauso.

Preis-Leistung: Aktiv oder passiv

Ähnlich wie bei Grafikkarten gibt es ISDN-Karten zu kaufen, die einen „Beschleuniger" an Bord haben, d. h. einen Chipsatz, der die Kommunikation eigenständig steuern kann und somit die CPU entlastet. Ob Sie eine solche Karte benötigen, hängt stark von den Aufgaben ab, die Sie damit bewältigen wollen. In der maximalen Übertragungsrate unterscheiden sich aktive und passive Karten nicht, lediglich in der Prozessorauslastung.

Reichen in der Regel aus: Passive Karten

Alle ISDN-Karten, die im „unteren" Preissegment angesiedelt sind, also etwa zwischen 100 und 200 DM kosten, sind passive Karten. Für jeden Rechner ab der Pentium-Klasse sind diese Karten absolut ausreichend, um die üblichen Aufgaben wie Internetsurfen, Faxen oder Datenübertragung durchzuführen. Sofern Sie nichts Spezielles (siehe nächster Abschnitt) vorhaben, sind Sie mit einer solchen Karte gut bedient.

Hinweis
Faxen mit passiven Karten

Ursprünglich gab es Probleme damit, Faxprogramme über passive ISDN-Karten laufen zu lassen, denn die Emulation eines analogen Faxgeräts belastet den Prozessor immens. Die Prozessorleistung ist in den letzten Jahren jedoch so weit gestiegen, daß dieser Anwendungsbereich auch für passive Karten zugänglich ist.

Wenn Rechnerleistung gefordert ist: Aktive Karten

Immer dann, wenn Sie Ihrem Rechner neben der reinen Übertragung das letzte bißchen Leistung abverlangen, wie z. B. bei einer Videokonferenz, sind aktive Karten gefordert.

Kamera für Videokonferenzen

Das ist auch der Fall, wenn ständig eine ISDN-Verbindung im Hintergrund neben anderen leistungshungrigen Anwendungen laufen soll. Hier ist eine aktive ISDN-Karte vielleicht ebenfalls die bessere Wahl. Sie entlastet durch ihre eigenständige Funktion den Prozessor, so daß für die anderen Programme oder für die Aufbereitung eines Videobilds die dringend benötigten Ressourcen frei werden.

Mit dieser Lösung sind aber auch erhebliche Mehrkosten verbunden, denn eine aktive Karte (wie z. B. die B1 von AVM) kann locker zwischen 800 und 1.000 DM kosten. Bei diesem großen Preisunterschied ist es eher sinnvoll, zunächst mit einer passiven Karte sein Glück zu versuchen. Sollte das nicht ausreichen, lassen sich die Kosten für die passive Karte eher verschmerzen, als wenn Sie unnötigerweise sofort für teures Geld eine aktive Karte kaufen.

Auf Treiber und Ausstattung kommt es an

Wie angekündigt, sollte die problemlose Installation im Zentrum Ihrer Kaufentscheidung liegen, denn kaum eine andere Art von Erweiterungskarten kann bei der Installation so zickig sein wie ISDN-Karten. Damit ist nicht gemeint, daß das Einbauen besonders schwierig wäre, ganz im Gegenteil.

Es ist die Einbindung der Gerätetreiber, die in einigen Fällen Probleme bereitet, sogar so weit, daß Windows hinterher nur noch im abgesicherten Modus läuft. Erst vor kurzem haben wir die Erfahrung gemacht, daß eine mißlungene Installation der CAPI-Treiber ein System so sehr durcheinanderbringen kann, daß eine komplette Neuinstallation von Windows & Co. notwendig wird.

> **Hinweis**
>
> **CAPI-Treiber**
>
> Die unterste Ebene bei der Vermittlung zwischen ISDN-Karte und Kommunikationssoftware ist der CAPI-Treiber. CAPI steht für **C**ommon **A**pplication **P**rogramming **I**nterface (allgemeine Programmierschnittstelle), auf diesen Treiber setzen alle Kommunikationsprotokolle und -programme auf.
>
> Zur „Softwareseite" hin ist jede CAPI-Schnittstelle identisch, so daß theoretisch jede Kommunikationssoftware auf jeden CAPI-Treiber aufsetzen kann. Das bietet den Vorteil, daß Sie jedes (frei erhältliche) Utility unabhängig vom Hersteller für Ihre ISDN-Karte einsetzen können.

Lassen Sie sich nicht verunsichern: In den allermeisten Fällen funktionieren Einbau und Installation ziemlich problemlos. Wenn aber Probleme auftreten, können sie sehr gravierende oder knifflig zu beseitigende Folgen haben. Deswegen sind bei der Auswahl der richtigen ISDN-Karte Themen wie Plug & Play-Fähigkeit und Treiber-Support am wichtigsten. Hinterher haben Sie einfach die Lacher auf Ihrer Seite.

Plug & Play-Fähigkeit

Probleme sind ganz besonders dann zu erwarten, wenn Sie schon einige Zusatzkarten in Ihrem PC haben, und die üblichen Standardkombinationen von IRQ und Port-Adresse schon belegt sind. So eine Betriebsumgebung stellt an Erweiterungskarten die höchsten Anforderungen in bezug auf die Flexibilität bei den Konfigurationsmöglichkeiten.

Nicht Plug & Play-fähige Karten stellen meistens nur eine begrenzte Anzahl von Einstellungen zur Verfügung, so daß hier u. U. gar keine Installation möglich ist, ohne ein anderes Gerät aus dem System zu entfernen. Sie sollten sich nur für eine solche Karte entscheiden, wenn Ihr Computer ebenfalls kein Plug & Play-System ist. Dann läßt sich allerdings unter Umständen noch etwas Geld beim Kauf einsparen.

Die bessere Wahl stellen also in jedem Fall Plug & Play-fähige Karten dar, die Ihnen einen Teil der Konfigurationsentscheidungen abnehmen.

> **Hinweis**
>
> **Windows NT**
>
> Hier sei der Hinweis erlaubt, daß Windows NT 4.0 kein Plug & Play-fähiges Betriebssystem ist. Es ist besonders wichtig, für den Einsatz unter NT einen funktionierenden Treiber zu haben, damit die Einbindung der ISDN-Karte klappt. Für NT-Benutzer gilt das in diesem Abschnitt Gesagte also in besonderer Weise.

Hierbei sind nach Möglichkeit Karten mit PCI-Schnittstelle vorzuziehen. Das hat zum einen den Hintergrund, daß in normalen PCs nur noch sehr wenige ISA-Schnittstellen vorhanden sind (oft sogar nur 1-2), zum anderen können PCI-Karten besser durch ein Plug & Play-BIOS und das Betriebssystem erkannt bzw. konfiguriert werden. Aber auch moderne ISA-Karten bringen ausreichend gute Plug & Play-Fähigkeiten mit.

In seriösen Computerzeitschriften finden Sie als Entscheidungshilfe ab und zu detaillierte Testberichte, in denen auch auf die Installationseigenschaften eingegangen wird.

Hersteller-Support

Wegen der angesprochenen Probleme ist es natürlich besonders wichtig, daß Sie sich auf die Qualität der mitgelieferten Treiber verlassen können. Der ISDN-Karte sollten also individuelle Treiber für jedes übliche Betriebssystem (Windows 95, Windows 98, Windows NT) beiliegen. Zumindest sollte eine kostenlose Möglichkeit geboten sein, Treiber, die nicht standardmäßig beigepackt sind, nachgeliefert zu bekommen (per Telefonbestellung oder übers Internet).

> **Hinweis**
>
> **Treiberversionen für Windows 95 und 98**
>
> Da sich in bezug auf die Kommunikationsfähigkeiten zwischen Windows 95 und Windows 98 einiges geändert hat, kann es bei der Treiberinstallation zu versionsbedingten Problemen kommen – je nachdem, für welches der beiden Betriebssysteme die Treiber optimiert sind. Fragen Sie also gezielt, ob es separate Treiber für die beiden Windows-Versionen gibt.

Sie werden jetzt sicher denken, daß das doch sowieso selbstverständlich sei. Wir weisen deswegen noch einmal gesondert darauf hin, weil ISDN-Karten in Einzelfällen wirklich äußerst empfindlich auf schlecht programmierte Treiber reagieren.

Eine Grafikkarte arbeitet notfalls noch mit dem VGA-Treiber (oder einem der vielen anderen generischen Treiber), der Windows beiliegt, aber ein mangelhafter ISDN-Treiber kann unter Umständen jegliche Installation unmöglich machen. Und leider liegen Windows nur sehr wenige eigene ISDN-Karten-Treiber bei. Dabei einen zu finden, der mit Ihrer Karte zusammenarbeitet, grenzt an schieres Glück.

Finger weg also von Billigprodukten, bei denen eine ordentliche Treiberversorgung von seiten des Herstellers nicht gewährleistet ist. Hier finden Sie eine Aufstellung von Adressen einiger Hersteller von ISDN-Karten im Internet.

Hersteller	WWW-Adresse
3COM	www.3Com.de
ELSA	www.elsa.de
Sedlbauer	www.sedlbauer-ag.de
Siemens	www.siemens.de
Acer	www.acer.de
AVM	www.avm.de
Teles	www.teles.de
Trust	www.trust.com
Eicon Diehl	www.diehl.de
Creatix	www.creatix.de

Ausstattung

Darin unterscheiden sich die unterschiedlichen ISDN-Karten am Markt erheblich: Bei Karte A sind lediglich die Treiber für Windows 95/98 beigelegt, bei Karte B gibt es ein komplettes Softwarepaket, mit dem Sie die Karte als Anrufbeantworter nutzen können, Karte C liefert obendrein noch ein 6 m langes Anschlußkabel mit.

Wenn eine ISDN-Karte mit dazugehörender Software geliefert wird, haben Sie den Vorteil, daß Software, Hardware und Treiber aufeinander abgestimmt sind. Rein theoretisch sollte zwar jede Kommunikationssoftware, die auf den CAPI-Treibern aufsetzt, mit jeder ISDN-Karte zurechtkommen, aber oft klappt das eben nur in der Theorie. Wenn Sie sich umschauen, werden Sie bemerken, daß viele Hersteller zwar ähnliche oder gleiche Softwarepakete verwenden (recht verbreitet ist z. B. RVS-Com), aber bei genauem Hinsehen ergeben sich geringe Unterschiede, die darauf hindeuten, daß oft doch ein paar Anpassungen nötig sind.

Die ISDN-Karte mit der beigepackten Software ist hier also eindeutig die bessere Wahl. Neben dem Mehrwert, den die mitgelieferte Software darstellt, haben Sie einigermaßen die Gewißheit, daß Sie die Möglichkeiten der Karte auch nutzen können.

Ebenfalls gehört zu einer gut ausgestatteten Karte ein ausführliches und verständliches Handbuch, das alle Schritte der Installation gut erklärt. Häufig wird hier gespart, und ein gutes Handbuch ist immer ein Anzeichen dafür, daß der Hersteller ein gutes Produkt verkaufen möchte.

Geschwindigkeit – (K)Ein Thema

Ausgerechnet der Aspekt, der eigentlich für den Einbau einer ISDN-Karte ausschlaggebend ist, nämlich der mögliche Geschwindigkeitsgewinn, ist beim Kauf einer Karte kaum von Bedeutung. Ähnlich wie bei den Modems sind alle Funktionen (was die Kommunikation betrifft) genormt, und die Geschwindigkeit der Übertragungskanäle wird ohnehin vom ISDN-Netz bestimmt.

Marginale Unterschiede

Tests von Karten der verschiedensten Hersteller zeigen immer wieder, daß sich preisgünstige Karten in der Übertragungsgeschwindigkeit kaum von ihren edlen, doppelt so teuren Schwestern unterscheiden. Je nach Betriebsumgebung ergeben sich Übertragungsraten, die alle in etwa der technischen Obergrenze von 7.600-7.900 bps entsprechen. Nur selten einmal findet man ein Produkt, das diese Grenzen nicht erreicht, und nicht zuletzt ist dann möglicherweise ein schlecht programmierter Treiber schuld.

Fazit: So sieht eine gute ISDN-Karte aus

- Die Karte ist unbedingt Plug & Play-fähig, damit eine möglichst problemlose Installation gewährleistet ist.
- Sie stammt von einem namhaften Hersteller (siehe Tabelle auf Seite 734), der für einen soliden Treiber-Support bekannt ist.
- Neben den Treibern liegen der Packung ein ordentliches Handbuch und zusätzliche Software (Faxsoftware, Anrufbeantworter o. ä.) bei.

Wundern Sie sich nicht, wenn wir keine konkrete Empfehlung für ein bestimmtes Produkt geben, denn dies ist nicht leicht möglich. Selbst so verbreitete und bewährte Produkte wie die FRITZ!-Card von AVM können auf manchen Systemen arge Probleme bereiten. Die in der Einleitung geschilderte Anekdote mit dem zerschossenen Rechner passierte mit eben einer solchen Karte, die in 100 anderen Fällen schon völlig problemlos installiert worden war.

Ebenso ist es schon passiert, daß bei der Zusammenarbeit mit einem bestimmten Mainboard eben dieser Karte absolut kein Piep mehr zu entlocken war. Diese Unverträglichkeit hat sich aber auch erst nach einem Anruf beim Hersteller herausgestellt. Nichtsdestotrotz würden wir aufgrund des guten Treiber-Supports am ehesten diese Karte empfehlen. Andere Produkte sind aber auch nicht schlechter.

Sie sehen: Welche Schwierigkeiten auf Sie zukommen, ist von Karte zu Karte und von System zu System unterschiedlich. Fragen Sie im Zweifelsfall lieber einmal öfter nach, bevor Sie sich für einen Kauf entscheiden. In den gängigen Computerzeitschriften befinden sich auch immer wieder Testberichte mit detaillierten Angaben, welche Probleme die unterschiedlichen Karten bzw. deren Treiber gemacht haben.

17.2 Bevor es losgeht: Vorbereitungen

Bevor es an den Einbau der ISDN-Karte geht, sollten Sie einige Vorbereitungen treffen, die dafür sorgen, daß möglichst wenige Stolpersteine für die Installation übrigbleiben. Insbesondere das Entfernen alter CAPI-Treiber und ein Rundblick über die freien Ressourcen des Systems sind dabei hilfreich.

Reinen Tisch: Entfernen der alten Treiber

Wenn Sie eine ältere ISDN-Karte gegen ein neueres Modell austauschen wollen, ist es unbedingt nötig, die alten CAPI-Treiber zu entfernen. Windows unterstützt nur eine ISDN-Karte im System, so daß es zur Kollision zwischen Treiberdateien der alten Karte und der neuen Karte kommen könnte.

Deinstallation der Software in der Systemsteuerung

Die einfachste und sicherste Methode, Treiber oder umfangreichere Treiberpakete aus dem System zu entfernen, ist der Weg über die Systemsteuerung. Schauen Sie also nach, ob Sie unter *Start/Einstellungen/Systemsteuerung/Software* einen Eintrag für die Treiber Ihrer alten ISDN-Karte finden. Wählen Sie den richtigen Eintrag aus und starten Sie die Deinstallation mit einem Klick auf *Hinzufügen/Entfernen*. Danach müssen Sie den Anweisungen des Deinstallationsprogramms folgen. Achten Sie darauf, daß wirklich alle Treiber aus dem System entfernt werden. Eventuell auftretende Sicherheitsabfragen sollten sie immer dahingehend beantworten, daß die betreffenden Dateien gelöscht werden.

Entfernen der Treiber im Geräte-Manager

Wenn Sie in der Systemsteuerung unter *Software* nicht fündig geworden sind, können Sie alternativ dazu die Treiber im Geräte-Manager löschen. Sie finden den Geräte-Manager, wenn Sie (ebenfalls in der Systemsteuerung) auf das Symbol *System* doppelklicken und die entsprechende Registerkarte aktivieren. Wählen Sie den Eintrag für Ihre ISDN-Karte aus und klicken Sie danach auf *Entfernen*.

Sicher ist sicher: Backup der Systemkonfiguration

Normalerweise würden wir Sie vor der einfachen Installation einer Erweiterungskarte nicht unbedingt dazu auffordern, vorsichtshalber ein Backup anzufertigen. Aus leidvoller Erfahrung muß jedoch gesagt werden, daß bei der Installation einer ISDN-Karte dieser Schritt keinesfalls übertrieben scheint.

Digital ins Netz: ISDN-Karten

Mittlerweile haben sich die Plug & Play-Fähigkeiten von Windows und ISDN-Karten sicher weiterentwickelt, so daß aller Wahrscheinlichkeit nach selten Schwierigkeiten zu erwarten sind, aber wie heißt es so schön: Vorsicht ist die Mutter der Porzellankiste.

Windows 95: Backup mit dem ERU

Auf Seite 35 ist schon einmal genau beschrieben worden, wie unter Windows 95 das ERU benutzt wird. Dieses Programm befindet sich auf der Windows-95-CD im Verzeichnis \Other\Misc\Eru.

1 Kopieren Sie die Dateien in diesem Verzeichnis in ein Verzeichnis auf der Festplatte.

2 Rufen Sie die Datei *Eru.exe* auf, wählen Sie alle Optionen aus und führen Sie das Programm aus. ERU kopiert daraufhin alle wichtigen Dateien in *C:\Erd.*

Um die Daten im Zweifelsfall rückzusichern, müssen Sie unter DOS die Datei *Erd_e.exe* aufrufen und den Kopiervorgang in die andere Richtung starten.

Windows 98: Backup in der Systeminformation

Windows 98 hat die Sicherheitskopie der Systemregistrierung fest integriert.

1 Starten Sie das Hilfsprogramm Systeminformationen, das sich im Menü *Start/Programme/Zubehör/Systemprogramme* befindet.

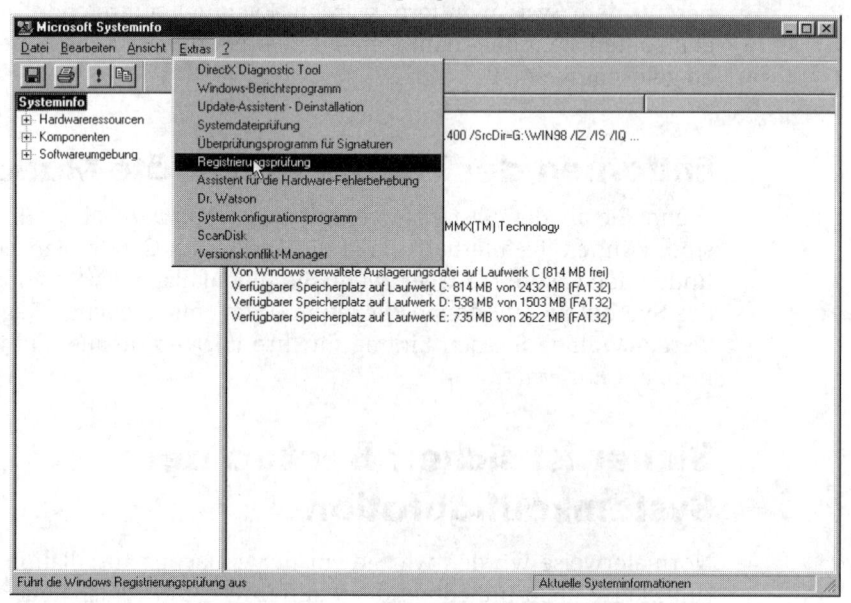

2 Führen Sie den Befehl *Registrierungsprüfung* im Menü *Extras* aus.

3 Nach der Prüfung werden Sie gefragt, ob Sie eine Sicherheitskopie der Systemregistrierung anlegen möchten. Antworten Sie mit *Ja*.

Wenn bei der Installation etwas schiefgegangen ist (oder auch in jedem anderen Störungsfall), können Sie unter DOS (!) die Registrierungsdateien mit dem Befehl *scanreg /restore* wiederherstellen. Dazu starten Sie den Rechner am besten von einer Bootdiskette. Eine andere Möglichkeit ist es, während der Meldung *Windows 9X wird gestartet* die Taste F8 gedrückt zu halten. Danach bekommen Sie das Windows-Bootmenü mit der Option *Nur Eingabeaufforderung* angezeigt, die einen Start nur bis zur DOS-Ebene erlaubt.

Platz da! – Systemressourcen bereitstellen

Die letzte Stufe der Vorbereitungen – danach dürfen Sie endlich mit dem Einbau loslegen – ist ein Überblick über die Konfigurationsmöglichkeiten, die Ihnen für die ISDN-Karte offenstehen. Dieser Schritt ist wichtig, damit Sie nicht erst nach der Installation bemerken, an welcher Stelle Konflikte mit anderen Erweiterungskarten entstehen. So können Sie alle richtigen Einstellungen von vornherein durchführen, damit die Installation sofort beim ersten Versuch klappt. Natürlich ist dieser Schritt ganz besonders dann entscheidend, wenn Sie keine Plug & Play-fähige Karte haben. In diesem Fall ist es meistens notwendig, alle Ressourcen, die der Karte zugewiesen werden sollen, vorher zu kennen und von Hand einzustellen. Plug & Play-Karten sind natürlich flexibler und werden automatisch auf die richtigen Werte eingestellt. Wenn trotzdem etwas schiefgeht, ist es natürlich besser zu wissen, wo der Fehler liegen könnte.

Die möglichen Einstellungen der Karte

Informieren Sie sich mit Hilfe des Handbuchs der ISDN-Karte, welche Kombinationen von IRQ und Port-Adresse möglich sind. Meistens wird eine bestimmte Einstellung als Standard bevorzugt. Nach Möglichkeit sollten Sie diese Standardeinstellung beibehalten. Das bedeutet in der Regel den geringsten Ärger bei der Erkennung der Karte, weil die Gerätetreiber zuerst unter dieser Adresse und diesem IRQ nach der Karte suchen.

Vergleich mit Ihrem System

Nachdem Sie die Ressourcen kennen, die die ISDN-Karte normalerweise belegt, schauen Sie im Geräte-Manager nach, ob Sie die Standardeinstellung verwenden können.

Wählen Sie den obersten Eintrag *Computer* aus und klicken Sie danach auf *Eigenschaften*. Jetzt können Sie sich wahlweise die Belegung der IRQs, der Ein- und Ausgabeadressen, der DMA-Kanäle und der Speicheradressen anschauen. Interessant sind für uns im Moment *Interrupt (IRQ)* und *Ein-/Ausgabe (E/A)*.

Digital ins Netz: ISDN-Karten

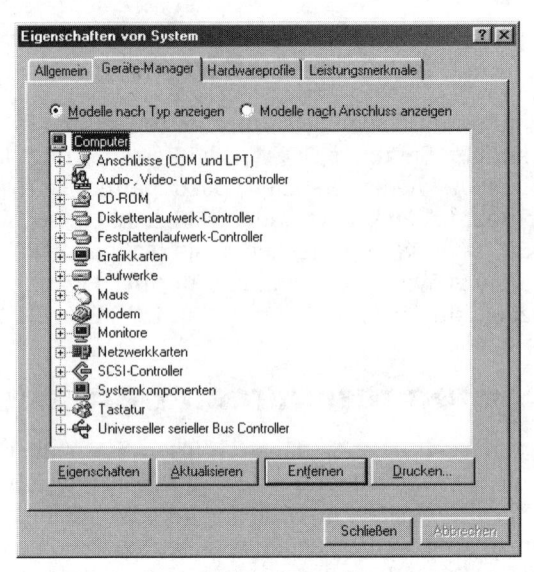

Schauen Sie zuerst in der IRQ-Belegung nach, ob Sie eine Nummer finden, die noch nicht vergeben ist; 5, 9, 10 und 11 sind beliebte Kandidaten. Mit ein bißchen Glück stimmt einer dieser (freien) Werte mit einer möglichen Einstellung Ihrer Karte überein.

Optimal ist natürlich, wenn der Standard-IRQ der ISDN-Karte noch nicht belegt ist.

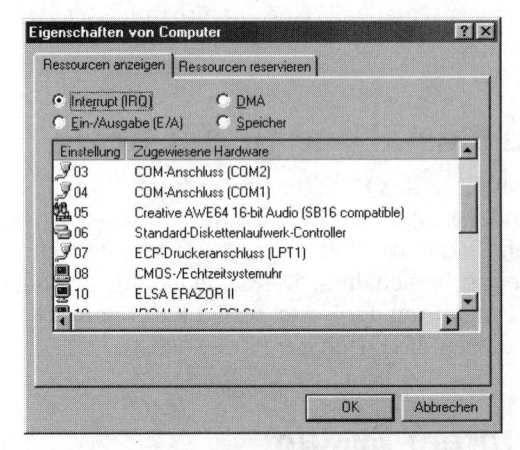

Den gleichen Vorgang wiederholen Sie noch einmal mit der Ein-/Ausgabeadresse. Hier sollte es aber relativ selten vorkommen, daß die Standardadresse der ISDN-Karte bereits vergeben ist. Sollte das doch der Fall sein, suchen Sie eine freie Adresse, die einem der möglichen Werte der Karte entspricht.

17.3 Einbau und Installation

Mit den getroffenen Vorbereitungen kann beim Einbau und bei der Installation der Karte kaum noch etwas schiefgehen. Sie wissen, welche Ressourcen frei sind? Sie haben das Werkzeug da und den Arbeitsplatz vorbereitet? Dann kann's losgehen.

Plug & Play-fähige Karten

Hier beschränkt sich der Ablauf auf den Einbau und die anschließende Softwareinstallation. Bei der Installation von nicht Plug & Play-fähigen Karten kommen noch ein paar Schritte dazu, die Sie weiter unten nachlesen können.

Einbau

Bevor Sie daran gehen, Ihren Computer aufzuschrauben, sei noch einmal der Hinweis auf Seite 43 ff. erlaubt, denn dort können Sie alle Vorsichtsmaßnahmen nachlesen, die Sie ergreifen sollten, wenn Sie am offenen Rechner arbeiten. Sie brauchen folgendes Werkzeug:

- einen Schraubenzieher mit Kreuzkopf
- eine Spitzzange, um eventuell Jumper zu setzen

Gehäuse öffnen

Damit Sie an alles herankommen, müssen Sie das PC-Gehäuse öffnen. Die Schrauben befinden sich meist auf der Gehäuserückseite, aber in bestimmten Fällen kann das auch anders gelöst worden sein. Manchmal muß erst eine Kunststoffblende abgenommen werden, mit der die Gehäuserückseite verkleidet ist. Sind die Schrauben entfernt, muß in der Regel nur noch der Gehäusedeckel nach hinten weggezogen und abgenommen werden.

Eventuell: Ausbau einer anderen Karte

Lösen Sie die Schraube, die das Slotblech am Gehäuse fixiert. Jetzt können Sie die Karte aus dem Steckplatz herausziehen. Manche Karten sitzen sehr fest, da ist es hilfreich, einen Schraubenzieher als Hebel unter das Slotblech zu setzen. Benutzen Sie keinesfalls Gewalt, um Erweiterungskarten zu entfernen oder in einen Steckplatz hineinzustecken. Mit „Schaukelbewegungen", bei denen Sie die Karte hin und her bewegen, lassen sich festsitzende Steckkarten fast immer problemlos lösen. Bei zuviel Kraftaufwand drohen Schäden am Motherboard, weil Haarrisse entstehen könnten.

Einsetzen der Karte

Nehmen Sie die ISDN-Karte aus der Verpackung. Innerhalb des Kartons ist jede Steckkarte in einen antistatischen Plastikbeutel eingepackt. Dieser eignet sich natürlich auch bestens als Verpackung für eine ausgebaute Karte.

Suchen Sie einen freien Steckplatz und entfernen Sie das Slotblech, das die Öffnung in der Gehäuserückseite verschließt.

Wenn Sie eine ISA-Karte gegen eine PCI-Karte tauschen, können Sie die Öffnung, die bisher von der ISA-Karte benutzt wurde, mit dem Slotblech verschließen, das bis jetzt am PCI-Slot befestigt war.

Stecken Sie die ISDN-Karte in den freien Steckplatz. Das Einstecken erfordert kaum Kraft. Wenn sich die Karte trotzdem nicht einstecken läßt, setzen Sie – wie erwähnt – auf keinen Fall Gewalt ein. Prüfen Sie, ob sich die Karte verkantet hat und ob Sie den Steckplatz richtig getroffen haben. Manchmal gibt es auch Schwierigkeiten, weil sich das Slotblech am Gehäuse verhakt. Dann ist es am besten, die Karte noch einmal anzuheben und neu anzusetzen.

Wichtig ist, daß die Karte am Ende über die gesamte Länge des Steckplatzes fest und bis zum Anschlag eingesteckt ist.

Wenn die Karte korrekt sitzt, können Sie sie wieder mit der Schraube am Gehäuse fixieren. Achten Sie beim Anziehen der Schraube darauf, daß sich die Karte nicht wieder aus dem Steckplatz herausbewegt. Im Zweifelsfall müssen Sie das Slotblech ein wenig zurechtbiegen.

Schließen des Gehäuses und Anschluß an den NTBA

Schließen Sie jetzt wieder Ihr PC-Gehäuse. Wenn Sie alle Kabel an der Rückseite des Computers wieder verbunden haben, können Sie auch das Kabel für den Anschluß an den ISDN-Netzabschluß einstecken.

Der eckige „Western-Plug"-Stecker ist nicht zu verwechseln – aber eventuell die Karte, in die er eingesteckt werden soll. Die gleiche Steckernorm wird nämlich für Netzwerkkarten, ISDN-Karten und Modems verwendet.

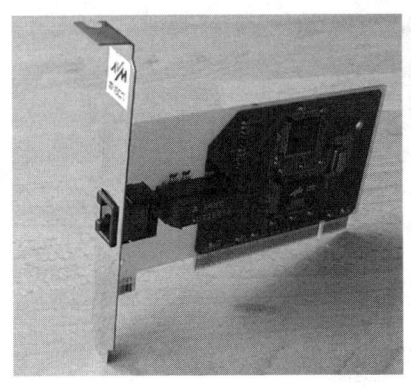

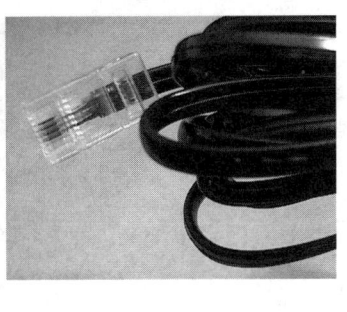

Achten Sie also darauf, daß Sie das Telefonkabel wirklich in die ISDN-Karte stecken. Die ISDN-Karte ist leicht am Aufkleber mit der BZT-Prüfnummer zu erkennen. Der Stecker kann nur richtig herum eingesteckt werden und rastet mit einem hörbaren Klick ein. Stecken Sie das Kabel mit dem anderen Ende in den ISDN-Netzabschluß (NTBA) oder an eine geeignete Telefonanlage. Jetzt ist es fast soweit, daß Sie den Rechner wieder einschalten können.

> **Hinweis**
>
> **Telefonanlage mit internem S0-Bus**
>
> Wenn Sie eine Telefonanlage verwenden, um Ihre ISDN-Karte anzuschließen, sollte diese Anlage einen sogenannten internen S0-Bus besitzen. Damit gehen Sie sicher, daß eine direkte Verbindung zum ISDN-Netzabschluß besteht, ohne daß ein Geschwindigkeitsverlust zu befürchten ist.

Ist eventuell nötig: Einstellungen im BIOS

Nachdem alles fertig ist, schalten Sie den Rechner an. Bevor Sie Windows starten, müssen Sie Ressourcen, die eventuell von einer alten ISDN-Karte belegt wurden, wieder freigeben. Das ist nötig, damit Windows während der Plug & Play-Konfiguration darauf zurückgreifen kann.

Wechseln Sie also in das Menü zur Plug & Play/PCI-Konfiguration und stellen Sie den Interrupt Ihrer alten Karte wieder auf *PnP/ICU* (oder die Entsprechung Ihres BIOS) ein. Über den Umgang mit dem BIOS des Mainboards lesen Sie mehr ab Seite 77. Speichern Sie die Änderung ab und booten Sie den Rechner neu.

Erkennung und Softwareinstallation

Windows sollte beim Start eine Plug & Play-fähige ISDN-Karte automatisch erkennen und und die Treiber-CD des Kartenherstellers anfordern. Bei der Installation der CAPI-Treiber und der Software, die außerdem mitgeliefert wurde, folgen Sie den Anweisungen des Installationsprogramms.

Digital ins Netz: ISDN-Karten

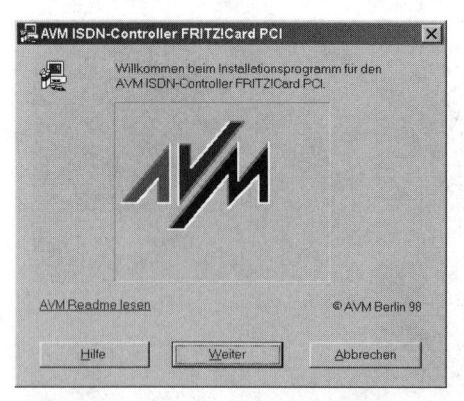

Wenn die Karte nicht automatisch erkannt wurde, legen Sie nach dem Windows-Start die Treiber-CD oder -Diskette ein und starten das Installationsprogramm von Hand.

In beiden Fällen müssen Sie den Computer noch einmal neu starten, damit der Vorgang abgeschlossen wird.

> **Hinweis**
>
> **Welche CAPI und welches Protokoll sind richtig?**
>
> Während der Installation der Treibersoftware müssen Sie möglicherweise Angaben darüber machen, welche Art von CAPI-Schnittstelle Sie verwenden möchten. Zur Auswahl stehen CAPI 1.1 und CAPI 2.0, die beide nicht miteinander kompatibel sind.
>
> CAPI 2.0 ist die modernere (32-Bit-)Version, die für den Einsatz unter Windows 9x konzipiert ist und die Sie aller Wahrscheinlichkeit nach brauchen. Manchmal benötigen Fax- oder Dateitransferprogramme aber noch die „alte" CAPI 1.1.
>
> Meistens müssen Sie vorher wissen, welche der beiden Schnittstellen Ihre Software benötigt, denn es kann bei vielen Herstellern nur eine der beiden Versionen gleichzeitig installiert und benutzt werden. Der Trend geht aber in die Richtung von Dual-CAPI-Treibern (wie z. B. der von Teles), die beide Standards unterstützen.
>
> Als ISDN-Protokoll müssen Sie mit ganz wenigen Ausnahmen das modernere Euro-ISDN DSS1 verwenden, denn das hat seit längerer Zeit das ältere 1TR6-Protokoll abgelöst. Nur ganz wenige Programme, wie z. B. das DFÜ-Modul der Datev-Steuersoftware, benötigen 1TR6.

Um sicher zu sein, kontrollieren Sie trotzdem im Geräte-Manager, ob alles richtig funktioniert und keine Konflikte vorliegen. Wenn Windows Ihnen ein gelbes Ausrufezeichen vor der neuen ISDN-Karte anzeigt, müssen Sie die Ressourcen von Hand einstellen. Wie das geht, lesen Sie weiter unten.

Nicht-Plug & Play-Karten

Hierbei ist die Installation um einen Schritt umfangreicher, weil Sie die Einstellungen auf der Karte von Hand vornehmen müssen.

Grundsätzlich sind zwei Installationsvarianten denkbar: Bei der ersten Variante werden zuerst die Treiber für die Karte installiert. Windows führt die Installation durch, ohne daß die Hardware eingebaut ist. Beim Abschluß des Installationsvorgangs erfahren Sie, welche Konfigurationsmöglichkeiten für die Karte offenstehen. Sie stellen die angegebenen Werte ein, und danach wird die Karte eingebaut.

Die zweite Möglichkeit ist sozusagen der klassische Weg: Sie ermitteln (wie in den Vorbereitungen erwähnt) eine mögliche Konfiguration, stellen die Werte auf der Karte ein und bauen sie dann ein. Die Treiberinstallation findet als letztes statt.

In welcher Reihenfolge die Schritte abgearbeitet werden, müssen Sie im einzelnen dem Handbuch Ihrer Karte entnehmen. Wir beschreiben hier den zweiten Weg, weil er häufiger vorkommt und sich als erfolgreicher herausgestellt hat.

Konfiguration auf der Karte einstellen

Wenn Sie, wie in der Vorbereitung beschrieben, ermittelt haben, welche der Einstellmöglichkeiten für Ihre ISDN-Karte frei ist, stellen Sie vor dem Einbau die entsprechenden Werte auf der Karte ein. Manchmal können sowohl IRQ als auch Port-Adresse, manchmal nur einer der beiden Werte verstellt werden, in der Regel müssen Sie dazu einen Jumper oder Dip-Schalter setzen.

Wenn Sie Glück haben, kann die Karte auch komplett über die Installationssoftware konfiguriert werden. Dann brauchen Sie gar nichts zu tun, bevor Sie die Karte einbauen.

Einbau der Hardware

Der Einbau unterscheidet sich nicht von dem einer Plug & Play-Karte. Dort haben wir alles genau beschrieben. Trotzdem noch einmal die wichtigsten Schritte in Kürze:

1. Trennen Sie den Rechner vom Stromnetz.
2. Öffnen Sie das Gehäuse.
3. Entfernen Sie das Slotblech von einem freien Steckplatz.
4. Setzen Sie die neue Karte ein und befestigen Sie das Slotblech am Gehäuse.
5. Schließen Sie das Gehäuse.
6. Verbinden Sie die Karte mit dem ISDN-Netzabschluß (NTBA).

Einstellungen im BIOS

Wenn alles fertig ist, können Sie den Rechner wieder einschalten. Wechseln Sie sofort ins BIOS, damit Sie dort die (eventuell) notwendigen Änderungen vornehmen können.

Damit der Interrupt, der auf der ISDN-Karte eingestellt ist, nicht mehr für Plug & Play-fähige Karten verwendet wird, müssen Sie im Menü für die Plug & Play/ISA-Konfiguration diesen Wert für den ISA-Bus reservieren. Hinter dem Zahlenwert des IRQ wird der Eintrag *PnP/ICU* (oder die Entsprechung in Ihrem BIOS) auf *ISA* gesetzt. Genaueres zum Umgang mit dem BIOS erfahren Sie ab Seite 77.

Speichern Sie die Änderungen ab und booten Sie den Rechner neu.

Softwareinstallation

Sollte Windows erkennen, daß eine neue Komponente in den Computer eingebaut worden ist, dann wird es automatisch den Assistenten für die Hardwareinstallation starten. Sie können dem Assistenten folgen (wie das geht, wird weiter unten beschrieben), aber der beste Weg, die ISDN-Karte in Ihr System zu integrieren, ist sicher das zugehörige Installationsprogramm. Das gilt insbesondere dann, wenn zu den Treibern zusätzliche Software installiert werden soll. Folgen Sie am besten den Anweisungen im Handbuch der ISDN-Karte.

Starten Sie, nachdem Windows vollständig hochgefahren ist, das Installationsprogramm auf der CD, die Ihrer ISDN-Karte beigelegen hat, und folgen Sie den Anweisungen. Zur Einstellung der richtigen CAPI-Schnittstelle und des richtigen ISDN-Protokolls lesen Sie bitte auch den Hinweis auf Seite 744.

Wenn Windows die neue Karte andererseits nicht erkannt hat oder kein Installationsprogramm existiert, müssen Sie die Installation doch von Hand vornehmen.

1. Starten Sie in der Systemsteuerung den Assistenten für die Hardwareinstallation.

Digital ins Netz: ISDN-Karten

2 Das erste Fenster informiert Sie über den Start des Assistenten. Klicken Sie einfach auf *Weiter*.

3 Lassen Sie Windows 98 nach Plug & Play-kompatiblen Geräten suchen, danach steht die Suche nach nicht Plug & Play-fähigen Komponenten an. (Windows 95 führt Sie sofort in dieses Fenster.)

4 Wählen Sie die Option, daß Sie ein neues Gerät von Hand eintragen möchten, und klicken Sie auf *Weiter*.

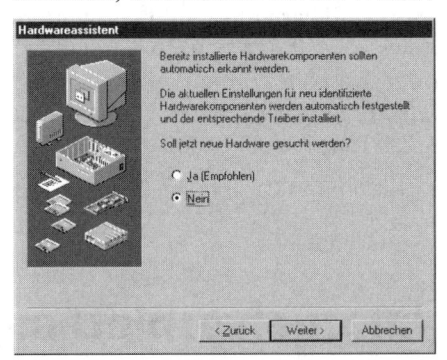

5 Wählen Sie in der Liste den Eintrag *Andere Komponenten* (Windows kennt keine eigene Geräteklasse für ISDN-Karten) und klicken Sie auf *Weiter*.

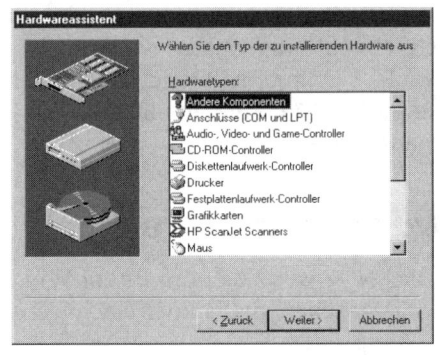

6 Im nächsten Dialogfenster finden Sie die Liste mit allen Hardwareherstellern, die Windows schon bekannt sind, und in der rechten Hälfte die verschiedenen Geräte der jeweiligen Firma. Sie können aber getrost alle Einträge ignorieren. Legen Sie die Diskette oder CD mit den Treiberdateien ein und klicken Sie unten rechts auf *Diskette*.

7 Zunächst sucht Windows auf Ihrem Diskettenlaufwerk nach Treiberdateien. Sollte es im Stammverzeichnis der Diskette nichts vorfinden, können Sie danach mit einem Klick auf *Durchsuchen* den genauen Speicherort angeben.

747

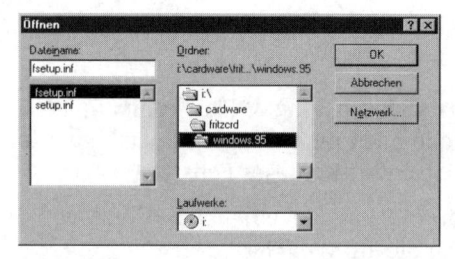

8 Wenn die Datei mit den Hardwareinformationen gefunden wurde, klicken Sie auf *OK*. Windows zeigt Ihnen danach an, daß es den Treiber für Ihre ISDN-Karte (mit der Typenbezeichnung) installieren kann. Klicken Sie auf *Weiter*, um den Vorgang zu starten. Danach müssen Sie die Installation mit *Fertig stellen* nur noch beenden.

9 Ein Neustart, bei dem die neuen Treiber im System registriert werden, schließt alles ab.

17.4 Ab ins Netz: Internetverbindung mit dem DFÜ-Netzwerk

Glücklicherweise ist die Verbindung zum Internet bei Windows 95/98 von vornherein vorgesehen, so daß eine Wählverbindung allen Programmen zur Verfügung steht, wenn sie einmal eingerichtet ist. Außer der Software der großen Internetprovider (z. B. T-Online, AOL oder CompuServe), die ihre eigenen Einwahlprogramme mitbringen, können alle anderen Programme den zentral eingerichteten Zugang nutzen.

Das DFÜ-Netzwerk installieren

Wenn die Elemente des DFÜ-Netzwerks nicht in Ihrem Windows-System installiert sind, müssen Sie das gegebenenfalls noch nachholen. Sie finden die Option dazu im Windows-Setup.

1 Öffnen Sie unter *Start/Einstellungen* die Systemsteuerung und öffnen Sie das Dialogfenster *Software*.

2 Wechseln Sie zur Registerkarte *Windows Setup*.

3 In der Liste mit den Windows-Komponenten finden Sie den Eintrag *Verbindungen*. Markieren Sie ihn und klicken Sie auf *Details*.

Digital ins Netz: ISDN-Karten

4 Markieren Sie das Kästchen vor dem Eintrag *DFÜ-Netzwerk* und bestätigen Sie Ihre Eingabe mit *OK*.

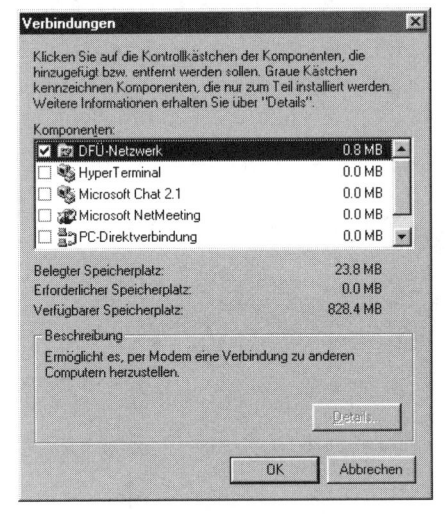

5 Windows ist jetzt bereit, alle nötigen Dateien auf die Festplatte zu kopieren, und dazu benötigt es seine Installations-CD. Legen Sie sie ein und klicken Sie noch einmal auf *OK*. Gegebenenfalls müssen Sie den Computer im Anschluß daran neu starten.

Mit dem DFÜ-Netzwerk werden alle Komponenten installiert, die Windows für die Verbindung mit einem anderen Computer via Modem benötigt. Dazu gehört der DFÜ-Adapter, der in diesem „Netzwerk" die Rolle der Netzwerkkarte übernimmt, ein Client für Microsoft-Netzwerke und TCP/IP als Netzwerkprotokoll.

Das ist an zusätzlicher Software nötig: Mini-Port & Co.

Leider ist Windows nicht so ohne weiteres dazu in der Lage, eine installierte ISDN-Karte für die Verbindung zum Internet zu nutzen. Es ist ein zusätzlicher Treiber erforderlich, der Windows dazu befähigt, auf eine ISDN-Karte wie auf eine Netzwerkkarte zuzugreifen. Dieser NDIS-WAN-Treiber wird zusammen mit dem Microsoft ISDN-Accelerator-Pack 1.1 installiert. Normalerweise sollten der NDIS-WAN-Treiber und das ISDN-Accelerator-Pack schon bei der Treibersoftware enthalten gewesen sein, aber einige Karten (z. B. die Teledat 100 der Telekom) bringen wirklich nur die CAPI-Treiber mit.

Das Microsoft ISDN-Accelerator-Pack und den NDIS-WAN-Treiber müssen Sie dann aus dem Internet herunterladen, z. B. unter *ftp://ftp.uni-duesseldorf.de/pub/win95/net/isdn/msisdn11.exe* oder direkt beim Hersteller. Was diese Einrichtung soll, ist uns allerdings schleierhaft, denn nicht jeder hat nebenbei ein Modem zur Verfügung, um darüber auf das Internet zugreifen zu können. Das ISDN-Accelerator-Pack wird einfach durch den Aufruf der *.exe*-Datei installiert.

Andere Firmen (wie z. B. AVM) richten bei der Softwareinstallation direkt „virtuelle Modems" ein, d. h., jede Kommunikationssoftware kann auf die ISDN-Karte wie auf ein Modem zugreifen. Je nach Anforderung stehen eine ganze Reihe von „Modems" zur Verfügung, die mit verschiedenen Voreinstellungen entweder zum Faxen oder für die Verbindung zum Internet usw. genutzt werden können.

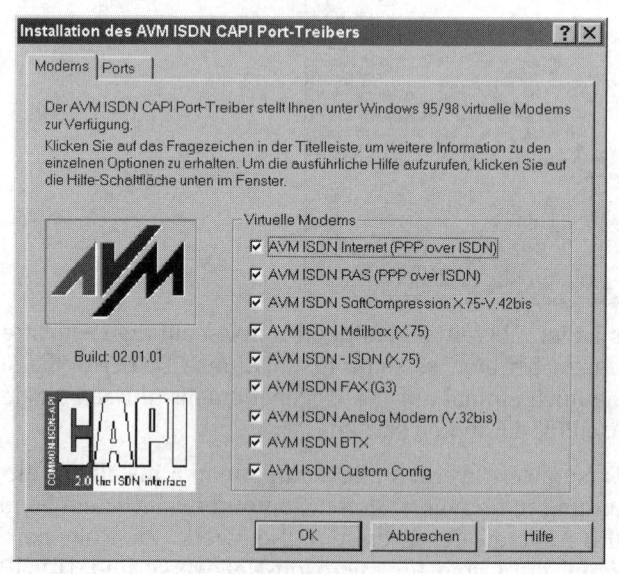

Windows 98 benötigt das ISDN-Accelerator-Pack übrigens nicht, hier ist es bereits fest implementiert.

Den NDIS-WAN-Treiber von Hand einrichten

Wenn die Einrichtung nicht schon mit dem Installationsprogramm passiert ist, können Sie den NDIS-WAN-Treiber nachträglich von Hand dem DFÜ-Netzwerk hinzufügen. Bei CAPI-Port-Treibern ist dies nicht notwendig, denn diese werden auf jeden Fall mit einem Setup-Programm eingerichtet.

1 Öffnen Sie in der Systemsteuerung die Netzwerkumgebung.

2 In der Liste sollten sich drei Einträge befinden: *Client für Microsoft-Netzwerke* bzw. *Micosoft Family-Logon*, *DFÜ-Treiber* und das Protokoll *TCP/IP*. Klicken Sie auf *Hinzufügen*.

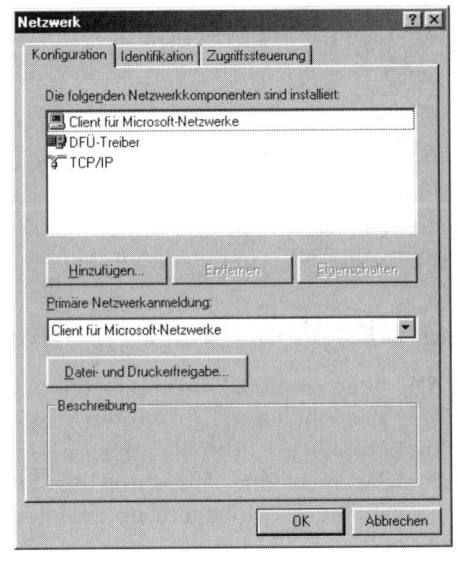

3 Wählen Sie in der Liste den Eintrag *Netzwerkkarte* aus und klicken Sie noch einmal auf *Hinzufügen*.

4 Klicken Sie auf *Diskette* und danach auf *Durchsuchen*, damit Sie den Speicherort mit dem NDIS-WAN-Treiber angeben können. Gegebenenfalls müssen Sie die Diskette oder CD einlegen.

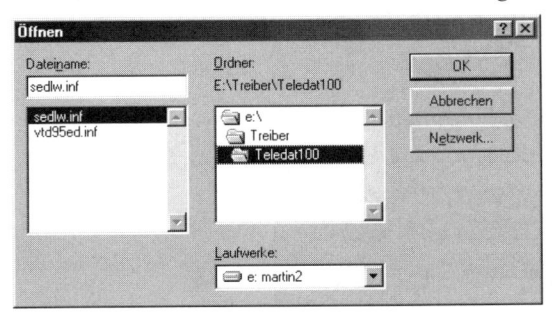

5 Wenn Sie den Treiber gefunden haben, klicken Sie so oft auf *OK*, bis Windows den Treiber einrichtet.

Digital ins Netz: ISDN-Karten

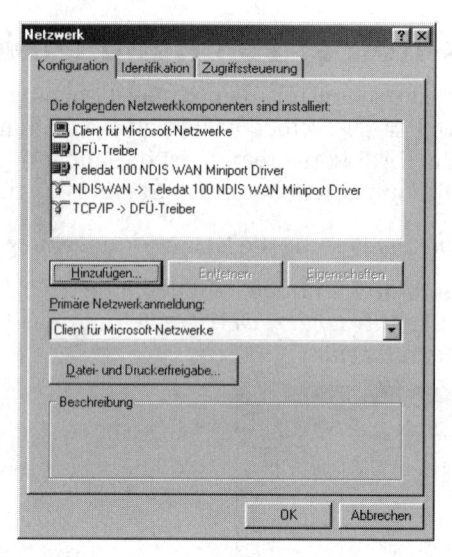

6 Schließen Sie die Netzwerkumgebung ebenfalls mit *OK*. Windows fordert jetzt noch seine eigene Installations-CD an, um einige Dateien zu kopieren. Wenn alles fertig ist, starten Sie den Rechner neu.

Die Einrichtung der Wählverbindung

Wenn Sie den NDIS-WAN- oder einen CAPI-Port-Treiber installiert haben, unterscheidet sich die Einrichtung nicht mehr von dem Vorgang, wie wir ihn im Modem-Kapitel beschrieben haben. Lesen Sie ab Seite 691 nach, wie alles gemacht wird. Dort finden Sie auch eine Auflistung der zusätzlichen Einstellungen, die für eine optimale Verbindung getroffen werden müssen.

Die erste Einwahl ins Netz

Wenn Sie die Verbindung fertig erstellt haben, können Sie es ja einmal versuchen. Doppelklicken Sie im Fenster des DFÜ-Netzwerks auf das Symbol Ihrer Verbindung.

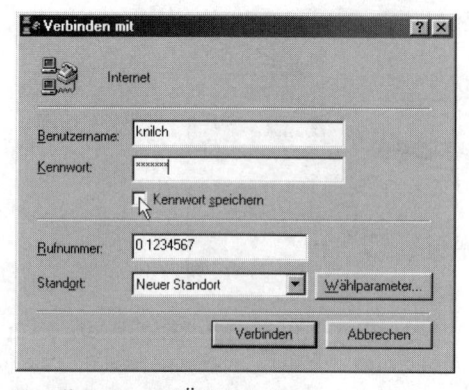

Erstellen einer DFÜ-Verbindung

Digital ins Netz: ISDN-Karten

> **Hinweis**
>
> **Kennwort speichern?**
>
> Sie haben die Möglichkeit, durch Aktivieren der entsprechenden Option das Kennwort zu speichern, dann müssen Sie es nicht jedesmal von neuem eingeben. Diese Bequemlichkeit hat aber zur Folge, daß jederzeit eine Verbindung zum Internet unter Ihrem Namen hergestellt werden kann, weil das Kennwort ja vorhanden ist. Neben dem Sicherheitsaspekt, daß jeder unter Ihrem Namen Unheil anrichten kann, können vor allem unerwartete Kosten entstehen, wenn Programme sich unbemerkt oder ungefragt ins Internet einwählen. Sie sollten also zuerst die Umgebung und die Software Ihres Arbeitsplatzes checken, bevor Sie das Kennwort unbewacht zurücklassen.

1. Geben Sie Ihren Benutzernamen und Ihr Kennwort an und klicken Sie auf *Verbinden*.

   Jetzt sollte es losgehen: Die ISDN-Karte wählt in einem Sekundenbruchteil die Nummer des Providers an. Auf dem Bildschirm wird Ihnen dies mit der Meldung *Wahlvorgang* angezeigt.

2. Kurz danach steht die Verbindung, und die Anmeldeprozedur beginnt (*Benutzername und Kennwort werden überprüft*). Gegebenenfalls – wenn das bei Ihrem Provider notwendig ist – müssen Sie sich an dieser Stelle manuell in den Server einloggen.

3. Wenn alle Angaben korrekt waren, werden Sie im Netzwerk akzeptiert (*Netzwerkanmeldung erfolgt*). Wenn dieses Fenster verschwindet, haben Sie's geschafft, und Ihr Browser oder Ihr E-Mail-Programm hat Zugriff aufs Internet.

In der Task-Leiste ist bei einer bestehenden Verbindung unten rechts ein kleines Symbol mit zwei Monitoren zu sehen. Diese beiden Monitore repräsentieren die beiden LEDs TxD („Transmit Data", „Daten senden") und RxD („Receive Data", „Daten empfangen"), die Sie sonst an einem Modem finden. Mit deren Hilfe können Sie sehen, wann und ob Daten über die Telefonleitung geschickt werden. Dies ist besonders bei einem internen Modem hilfreich.

Die Verbindung beenden

Wenn Sie genug gesurft haben, müssen Sie die Verbindung trennen. Dazu klicken Sie doppelt auf das Symbol mit den beiden kleinen Monitoren rechts unten in der Task-Leiste. Ein Klick auf *Trennen* im daraufhin angezeigten Dialogfenster beendet die Internetsitzung.

Power für den Surfer: Multilink-Verbindung einrichten

Soweit haben Sie Ihr System eingerichtet, daß Sie mit beinahe jedem Kommunikationsprogramm auf die ISDN-Karte zugreifen und sich ins Internet einwählen können. Aber wozu haben Sie sich ISDN angeschafft, wenn Sie dessen Fähigkeiten nicht voll ausschöpfen? Erst mit der Kanalbündelung kommt richtig Schwung in die Bude.

> **Hinweis**
>
> **Multilink mit Konsequenzen**
>
> Auch wenn die Multilink-Verbindung die doppelte Geschwindigkeit bietet, tut sie das nicht umsonst, weil die zusätzliche Verbindung mit dem zweiten Kanal natürlich ebenfalls Telefongebühren kostet. Unter dem Strich bleiben die Kosten nur im Idealfall gleich, wenn Sie eine große Datei in der halben Zeit (zu den doppelten Gebühren) herunterladen.
>
> Aber in der Praxis erreicht und braucht man nicht immer die volle Geschwindigkeit. Deswegen ist ein ständiger Zugang mit Kanalbündelung auf Dauer ziemlich teuer – die Zeit, die Sie im Netz verbringen, halbiert sich ja nicht automatisch. Richten Sie sich also lieber eine Standardverbindung mit nur einem Kanal ein, und nutzen Sie eine zusätzliche Verbindung, wenn Sie große Dateien übertragen wollen.

Um eine Multilink-Verbindung einzurichten, klicken Sie im Fenster des DFÜ-Netzwerks mit der rechten Maustaste auf Ihre Verbindung und wählen im Kontextmenü den Eintrag *Eigenschaften*.

Wechseln Sie danach zur Registerkarte *Multilink*.

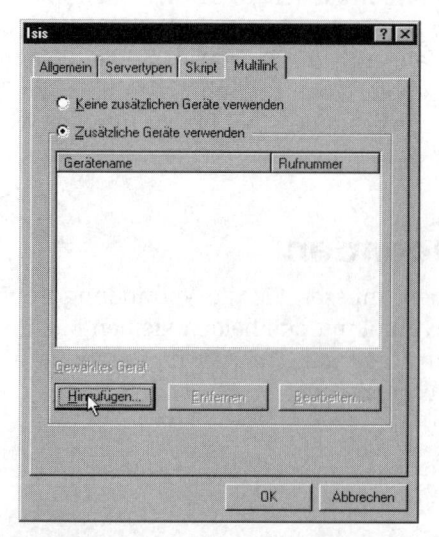

Erstellen einer Multilink-Verbindung

Digital ins Netz: ISDN-Karten

Aktivieren Sie die Option *Zusätzliche Geräte verwenden* und klicken Sie danach auf *Hinzufügen*. Wählen Sie den zweiten Kanal Ihrer ISDN-Karte aus. Im unteren Feld steht bereits die Telefonnummer Ihres Providers, die im Regelfall so stehenbleibt, denn beide Leitungen wählen sich über den gleichen Zugang ein.

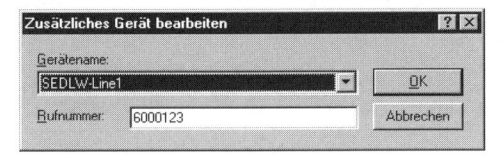

Eigenschaften des zweiten Kanals der ISDN-Karte

Klicken Sie zum Abschluß zweimal hintereinander auf *OK*, um die Eingabe zu vollenden.

Jetzt wird bei der nächsten Anwahl automatisch eine zweite Leitung zum Internetzugang geschaltet. Nach etwa 10-15 Sekunden hat sich auch der zweite Kanal angemeldet, und danach stehen 128.000 bps zur Verfügung. Viel Spaß ;-)

Hinweis

Provider muß Multilink unterstützen

Selbstverständlich muß Ihr Provider die gleichzeitige Nutzung von mehreren Kanälen zulassen, was durchaus nicht immer der Fall ist. Wenn Sie bei der Anwahl bemerken, daß Ihre zweite Leitung keine Verbindung aufbaut (es werden nur 64.000 bps erreicht), müssen Sie sich wohl oder übel mit einer Leitung begnügen. :-(

Digital ins Netz: ISDN-Karten

18. Kleine Netze unter Windows erfolgreich aufbauen

Der Einsatz von Netzwerken ist heute nicht mehr nur großen Unternehmen vorbehalten. Durch den rapiden Preisverfall der notwendigen Komponenten für ein Netzwerk und durch die breite Unterstützung von Netzwerkfunktionen der heutigen Betriebssysteme stehen kleineren Unternehmen und dem privaten Anwender ebenfalls die Möglichkeiten der Vernetzung zur Verfügung.

Netzwerkeln im Privateinsatz?

Für den Netzwerk-Neuling stellt sich häufig die Frage, ob für den privaten Gebrauch ein Netzwerk überhaupt sinnvoll ist. Die Frage beantwortet sich sehr schnell, wenn beispielsweise Daten komfortabel zwischen unterschiedlichen Rechnern ausgetauscht werden müssen oder aber Netzwerkfunktionen von Programmen eingesetzt werden sollen. Besonders Spiele entfalten für viele Nutzer ihren Reiz erst dann, wenn sie nicht nur allein, sondern mit mehreren „echten" Teilnehmern spielen. Mit 50-60 DM für die Netzwerkaustattung eines PCs und ein wenig Aufwand können auch Sie sich den vollen Spielspaß mit Ihren Freunden gönnen.

Im privaten Umfeld sollten Sie also immer dann über den Aufbau eines Netzwerks nachdenken, wenn Sie bereits zwei Rechner zur Verfügung haben und keinen neuen Rechner zum Aufbau des Netzwerks anschaffen müssen. Auch ein Laptop oder Notebook läßt sich heute problemlos in ein Netzwerk einbinden und erleichtert damit den wechselseitigen Austausch von Daten zwischen den Rechnern.

Sie können den Netzwerkaufbau besonders einfach vornehmen, wenn auf beiden Rechnern bereits netzwerkfähige Betriebssysteme wie Windows für Workgroups 3.11 oder Windows 95/98/NT installiert sind. In diesem Fall ist nicht nur die Herstellung der späteren Verbindung auf Softwareebene ein Kinderspiel, es muß auch keine zusätzliche Software erworben werden.

Die Hardware zum Aufbau eines Netzwerks liegt bei zwei zu verbindenen Desktop-PCs in einem Bereich von 100 DM. Zum Teil werden sogenannte Netzwerk- oder Einsteiger-Kits angeboten, die bereits sämtliche Hardware, also Netzwerkkarten, Verbindungskabel, Anschluß- und Abschlußstecker sowie Treiberdisketten, enthalten und den Netzwerkaufbau enorm vereinfachen. Hierbei müssen Sie lediglich berücksichtigen, daß die Netzwerkkarten wahlweise mit PCI- oder ISA-Bus versehen sind. Sie benötigen also freie Steckplätze mit dem entsprechenden Verbindungstyp, um den Einbau vornehmen zu können. Lediglich bei Laptops wird die ganze Sache ein wenig teurer, da Sie spezielle, teurere PCMCIA-Netzwerkkarten für den Anschluß benötigen.

Die Verbindung der Rechner erfolgt in der Regel durch ein Verbindungskabel. Das Netzwerk kann nachträglich ohne weiteres vergrößert werden. Haben Sie zuerst nur zwei Rechner verbunden, spricht nichts dagegen, später weitere Rechner in das Netzwerk aufzunehmen.

Aktuell bietet sich das Windows-Netzwerk als einfaches Netzwerkbetriebssystem an. Aber auch DOS- (z. B. mit Novell Netware Lite) oder auch Linux-Rechner können in ein Netzwerk eingebunden werden. In den weiteren Ausführungen wird davon ausgegangen, daß Sie ein Windows-Netzwerk aufbauen ...

Die wichtigsten Vorteile bei einem eingerichteten Netzwerk

Die Rechner werden, sofern deren Anzahl die Zahl 20 nicht überschreitet, in der Regel in einem Peer-to-Peer-Netzwerk verwaltet, d. h., jeder Rechner tritt gleichberechtigt auf und kann sowohl Ressourcen (insbesondere Laufwerke und Drucker) eines anderen Rechners nutzen als auch Ressourcen anderen Rechnern zur Verfügung stellen. Das Peer-to-Peer-Netzwerk hat verschiedene Vorteile:

- Sie können im Netzwerk so auf Laufwerke anderer Netzwerkrechner zugreifen, als ob diese lokal in den Rechner eingebaut wären. Voraussetzung dazu ist, daß die rechnerfernen Laufwerke für den Netzwerkbetrieb freigegeben wurden. Jedes freigegebene Laufwerk kann optional mit einem Kennwort gesichert werden, um einen ungewünschten Zugriff zu vermeiden.

- Gleichermaßen können Sie Laufwerke des eigenen Rechners wahlweise anderen Rechnern im Netzwerk bekanntmachen und zur Verfügung stellen. Zum Datenaustausch sind keine gesonderten Laufwerkmedien mehr erforderlich, da das Umkopieren von Daten von Festplatte zu Festplatte unterschiedlicher Rechner direkt erfolgt.

- Ein Drucker, der an einem bestimmten Rechner angeschlossen ist, kann von allen anderen Rechnern des Netzwerks genutzt werden, ohne den Drucker selbst umstecken zu müssen.

- Zusatzgeräte (Wechselplatten, Streamer, CD-Brenner etc.) brauchen lediglich einmal angeschafft zu werden und können anschließend netzwerkübergreifend eingesetzt werden.

- Zwischen den Rechnern innerhalb des Netzwerks kann kommuniziert werden: Dies ist natürlich immer dann sinnvoll, wenn die Rechner räumlich voneinander getrennt sind. Sie können also Nachrichten von einem Rechner zu einem anderen Rechner verschicken.

Kleine Netze unter Windows erfolgreich aufbauen

- Programme mit Netzwerkfunktionen entfalten ihre volle Funktionalität logischerweise erst bei eingerichtetem Netzwerk. Beachten Sie allerdings, daß Netzwerkprogramme in der Regel für jeden Netzwerkrechner gesondert erworben und eingerichtet werden müssen. Ausnahme sind lediglich einzelne Netzwerkspiele, bei denen die Programmeinrichtung wahlweise als Client oder Server erfolgt. Der Server startet jeweils das Spiel und legt sämtliche Optionen fest, und der Client kann sich in das so gestartete Spiel als Spieler einloggen. Der Clientrechner kann jedoch nicht selbst ein Spiel starten. Ob der Einsatz eines Programms im Netzwerk zulässig ist oder aber für jeden Netzwerkrechner eine gesonderte Lizenz zu erwerben ist, entnehmen Sie den Dokumentationen der jeweiligen Programme.

Im Bereich des „Small Business" ist die Beauftragung eines Unternehmens zum Aufbau eines Netzwerks eine recht teure Angelegenheit. Im privaten Arbeitszimmer lohnt sich diese professionelle Hilfe in den seltensten Fällen. Kleine Netzwerke bis zu zehn PCs können ohne großen Aufwand in Eigenregie aufgebaut werden. Nehmen Sie sich ein wenig Zeit und lassen Sie sich mit den folgenden Unterkapiteln in die „Welt der Netze" bringen.

Im Abschnitt „Was für Ihr Netzwerk wichtig ist" (ab Seite 760) lernen Sie die grundlegenden Begriffe rund ums Netzwerk kennen. Das Kapitel erklärt das notwendige Grundwissen über PC-Netzwerke, Netzwerkkarten und der Software zum Betrieb des Netzwerks. Mit diesem Wissen gerüstet, können Sie sich den weiteren Abschnitten zum Aufbau Ihres eigenen lokalen Netzwerks (= **L**ocal **A**rea **N**etwork = LAN) widmen.

Das Unterkapitel „Hardwarepraxis – Netzwerkkarte einbauen, Kabel anschließen" ab Seite 783 zeigt die notwendigen Schritte zur Hardwareinstallation für den Netzwerk-PC und das Einbinden des Netzwerkadapters in Windows im Detail. Sie werden sehen, daß es leicht ist, ohne Umwege ans Ziel zu kommen.

Mit dem letzen Teil „Vernetzt! Netzwerk unter Windows 95/98 konfigurieren" ab Seite 797 zeigen wir Ihnen, wie Sie Ihr Netzwerk als „Windows-Netzwerk" nutzen können. Dabei wird Ihnen vorgestellt, welche Netzwerkfunktionen von Windows angeboten werden und wie Sie die Leistungen für Ihren persönlichen Bedarf nutzen können.

Abschließend finden Sie in Abschnitt „Kein Kontakt? Hilfe bei Problemen rund ums Netzwerk" ab Seite 833 Hilfe und Unterstützung bei Problemen bei der Installation und dem Betrieb Ihres Netzes.

Bevor Sie sich an die praktische Arbeit zum Aufbau des Netzwerks begeben, sind Sie eingeladen, ein wenig Grundsätzliches zur Netzwerktechnik kennenzulernen. Damit soll Ihnen der Netzwerkeinstieg so leicht wie möglich gemacht werden.

18.1 Was für Ihr Netzwerk wichtig ist

Statt Ihren alten Rechner in einer Ecke Ihres Arbeitszimmers als Erinnerungsstück an alte Zeiten verstauben zu lassen, kann ein solcher Computer beispielsweise als Druckerserver dienen, womit der Drucker von Ihrem Arbeitsplatz verschwindet und an geeigneter Stelle im Raum seinen Platz findet. Ist in das gute alte Stück noch ein CD-ROM-Laufwerk eingebaut, können Sie auch dies leicht im Netzwerk zur Verfügung stellen. Wie wäre es beispielsweise damit, eine Telefon-CD dauerhaft per Netzwerk zur Verfügung zu stellen, ohne die CD bei Bedarf immer lokal einlegen zu müssen. Gleiches gilt selbstverständlich auch für die Festplatten eines Rechners. Sind die Massenspeicher des Computers im Netzwerk verfügbar, können selten verwendete Daten bequem ausgelagert werden und schonen den dauerhaft knappen Speicherplatz am Arbeitsplatzsystem.

Grundbegriffe zum Netzwerk

Beim Durchsehen spezieller Fachliteratur zu heutigen Netzen drängt sich die Vermutung auf: Die Netzwerktechnik heutiger Machart ist eine Wissenschaft für sich. Ist das wirklich so?

Im Bereich unternehmensweiter oder gar weltumspannender Netzwerke ist das sicher richtig. Eine verwirrende Vielfalt an Techniken und Verfahren versperrt jedoch nur den Blick aufs Wesentliche: Die lange Erfahrung der Hersteller von Hardware und Software im Umgang mit diesen Verfahren bietet heute dem Anwender leicht zu bedienende (Software-)Instrumente zum Aufbau von kleinen Netzen. Einige Grundbegriffe, die zum Verständnis vor allem der Netzwerksoftware notwendig sind, stellen wir Ihnen in den folgenden Abschnitten vor.

Client, Server und (Netzwerk-)Betriebssysteme

Das Verfahren, nach denen (PC)-Netzwerke heutiger Machart arbeiten, heißt Client/Server. Im Gegensatz zum Konzept der Zentralrechner soll nicht ein einzelner Großrechner die Leistungen für die Benutzer erbringen, sondern beliebig viele kleinere Rechnersysteme. Dieses Konzept bietet im Gegensatz zu zentralen Systemen die Möglichkeit, die benötigten Dienstleistungen in einem Rechnerverbund leicht zu erweitern und auf den jeweiligen Bedarf hinsichtlich der Leistungsfähigkeit anzupassen. Diejenigen Rechner, die Dienstleistungen im Netzwerk zur Verfügung stellen, werden als Server, die Nutzer der Dienste als Client bezeichnet. Dieses Verfahren macht im Sinne der Software ebenfalls zwei verschiedene Dienstprogramme notwendig. Ein Dienstprogramm übernimmt die Aufgabe des Anbieters der Dienstleistung (Serverprogramm), das andere dient der Nutzung der angebotenen Dienstleistung (Clientprogramm).

Hinsichtlich der Betriebssoftware für die heutige Anwendung von Computersystemen haben sich ebenfalls zwei „Lager" herausgebildet: Netzwerkbetriebssysteme und Arbeitsplatzbetriebssysteme. Beide Varianten sind mit Softwarekomponenten ausgestattet, die es den Rechnern erlauben, netzwerkorientiert zu arbeiten. Netzwerkbetriebssysteme wie Windows NT Server oder Novell Netware sind jedoch speziell für den Einsatz als Serverrechner konzipiert. Neben der allgemeinen Verwaltung des Computersystems hinsichtlich der verwendeten Hardware bieten Netzwerkbetriebssysteme darüber hinaus leistungsfähige Mechanismen zur Verwaltung der Serverdienstleistungen. Eine Beschreibung des Einsatzes von Serverbetriebssystemen finden Sie im Abschnitt „Dezidierte Client-/Server-Netzwerke" ab Seite 764.

Arbeitsplatzbetriebssysteme wie Windows 95/98 legen hinsichtlich der Netzwerkfähigkeit den Schwerpunkt auf die Nutzung von Dienstleistungen in einem Netzwerk. Die Betriebssysteme unterstützen die benötigte Hardware zum Netzwerkzugang (Netzwerkkarten) und stellen die notwendigen Kommunikationsverfahren zur Verfügung, um die angebotenen Leistungen von Serverbetriebssystemen nutzen zu können. Das Betriebssystem Windows 95/98 bietet neben der Unterstützung des Serversystems Windows NT den Zugriff auf Server unter dem Betriebssystem Novell Netware (Novell-Netzwerke) und die Nutzung der Dienstleistungen, die über eine Verbindung mit dem Internet (TCP/IP-Netzwerke) zur Verfügung gestellt werden.

Neben der reinen Nutzung von Netzwerkleistungen bieten Arbeitsplatzbetriebssysteme (Windows für Workgroups, Windows 95/98) jedoch die Möglichkeit, eine spezielle Variante von Netzwerken aufzubauen, die unmittelbar mit den Möglichkeiten des Betriebssystems realisiert werden können: Peer-to-Peer-Netzwerke (siehe Abschnitt „Peer-to-Peer-Netzwerke" auf Seite 763).

Dienste und Ressourcen

Bei der Nutzung der Rechner in einem Netzwerk werden zwei verschiedene Typen von Leistungen voneinander unterschieden: Dienste und Ressourcen.

Stellt ein Serverrechner die verfügbare Systemhardware des Computers zur Nutzung im Netzwerk zur Verfügung, bezeichnet man die angebotenen Hardwarekomponenten als Ressourcen. Als Ressource kann ein Serversystem Geräte wie Festplatten oder CD-ROMs, Drucker, Bandlaufwerke etc. anbieten, um allen Teilnehmern in einem Netzwerk hochwertige Gerätetechnik zentral zur Verfügung zu stellen (Ressourcen-Sharing). Damit ist es nicht mehr notwendig, daß jeder einzelne Rechner mit teurer Gerätetechnik ausgestattet wird.

Neben dem Ressourcen-Sharing, spielt die gemeinsame Nutzung von Anwendungsprogrammen bzw. zentralen Daten eine bedeutende Rolle. Netzwerkorientierte Anwendungen wie Datenbanken, elektronische Post(-Ämter) oder das aus dem Internet bekannte World Wide Web (WWW) bieten allen

Benutzern des Netzwerks einen gemeinsamen Dienst und können auf die zur Verfügung gestellten Daten individuell zugreifen bzw. auf diese Weise Daten untereinander austauschen.

Netzwerkprotokolle – Transporteure im Netz

Neben der verwendeten Netzwerkhardware bzw. Verbindungstechnik bestimmt vor allem die Netzwerksoftware die bereitgestellten Funktionen und den Umgang mit dem Netzwerk. Windows 95/98 unterstützt ohne zusätzliche Softwarekomponenten die Netzwerktypen

- Microsoft-Netzwerk (Windows-Netzwerk),
- Novell-Netzwerk und
- TCP/IP-Netzwerk.

Gemeinsam ist diesen Netzwerktypen im lokalen Netzwerk die verwendete Netzwerktechnik. Die Netzwerke verwenden die gleiche Hardware wie Netzwerkkarten und Verbindungstechnik: das Ethernet (siehe Seite 767). Doch worin unterscheiden sich die Netzwerktypen?

Jedes Netzwerk verwendet die eigene Netzwerksoftware mit spezieller Serversoftware und eigenen Übertragungsprotokollen zum Transport der Daten über das Netz. Damit das Betriebssystem Windows die verschiedenen Netzwerkverfahren unterstützen kann, sind je nach Bedarf die notwendigen Protokolle über die Netzwerkkonfiguration von Windows hinzuzufügen.

SPX/IPX – Transporteure bei Novell-Netzwerken

Um in einem Windows-Netzwerk auf einen Novell-Server zugreifen zu können, ist die Installation des Netzwerkprotokolls SPX/IPX (**S**ervice **P**acket **Ex**change/**I**nternet **P**acket **Ex**change) notwendig.

Trotz der Ähnlichkeit der Namen mit dem Internetprotokoll TCP/IP hat das Protokoll für NetWare-Netze nichts mit dem Internetprotokoll zu tun und wird ausschließlich bei Netzen von Novell (und der Netzwerkfirma Banyan) verwendet. Für ein Microsoft Windows-Netzwerk, das in diesem Kapitel vorgestellt wird, wird dieses Protokoll zwar nicht benötigt, kann jedoch alternativ zum TCP/IP-Netzwerkprotokoll eingesetzt werden.

NetBIOS/NetBEUI – Netzwerksprache von Microsoft

NetBIOS (**Net**work **B**asic **I**nput/**O**utput **S**ystem) wird von der Netzwerksoftware von Microsoft (Windows) und IBM (OS/2) als Programmschnittstelle für die Netzwerkanwendungen verwendet. Die Programmschnittstelle ist unabhängig von einem speziellen Netzwerkprotokoll und kann grundsätzlich jedes Netzwerkprotokoll zur Übertragung der Daten verwenden.

Bei Microsoft-Netzwerken wurde für NetBIOS-Anwendungen lange Zeit das Protokoll NetBEUI (**NetB**IOS **E**nhanced **U**ser **I**nterface) verwendet. Bei den modernen Windows-Systemen Windows 95/98 und Windows NT verwendet man heute dagegen das Internetprotokoll TCP/IP als Netzwerkprotokoll für NetBIOS. Alternativ kann jedoch weiterhin das Protokoll NetBEUI verwendet werden, falls keine Anwendung von Internetdiensten benötigt wird.

TCP/IP – Die Sprache des Internet

Das Protokoll TCP/IP (**T**ransmission **C**ontrol **P**rotocol/**I**nternet **P**rotocol) ist eine ganze Familie von Netzwerkprotokollen zur Kommunikation in lokalen Netzwerken (LAN) und in öffentlichen Netzen (Internet). Das Protokoll ist die „Standardsprache" im Internet und hat sich aufgrund seiner Universalität heute weitgehend auch bei lokalen Netzen als Standardprotokoll durchgesetzt. Für Verbindungen mit dem Internet ist das Protokoll zwingend notwendig. Neben dem Datenaustausch für Internetdienste kann das Protokoll ebenfalls als Netzwerkprotokoll für das Windows-Netzwerk verwendet werden (NetBIOS über TCP/IP).

Netzwerktypologie – LAN-Varianten und deren Einsatz in der Praxis

Man unterscheidet bei heutigen Client-/Server-Netzwerken grundsätzlich zwei verschiedene Typen, die auf verschiedene Weise die Dienstleistungen im Netzwerk zur Verfügung stellen: das Peer-to-Peer-Netzwerk und das Client-/Server-Netzwerk mit dezidierten Server- und Clientrechnern.

Peer-to-Peer-Netzwerke

Bei Peer-to-Peer-Netzwerken sind alle angeschlossenen Rechner als gleichberechtigte Systeme im Netzverbund zu sehen. Der Begriff „Peer-to-Peer" bedeutet soviel wie Gleicher unter Gleichen. Jeder Rechner bietet neben der individuellen Nutzung als Arbeitsplatzrechner die Möglichkeit, im Netz sowohl Anbieter als auch Nutzer von Netzwerkdienstleistungen zu sein.

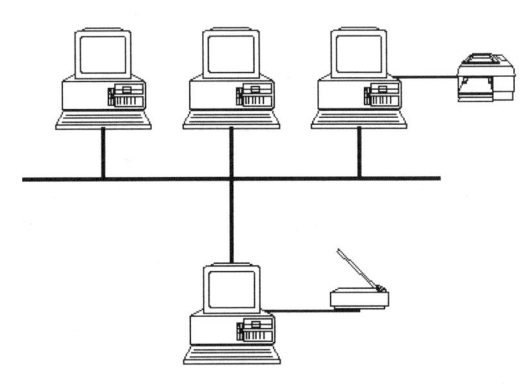

Client-/Server-Netzwerk als Peer-to-Peer-Netzwerk

Jeder Rechner im Netzwerk kann die vorhandenen Hardware- und Softwarekomponenten im Netzwerk anbieten und im Verbund zur Nutzung zur Verfügung stellen. In dieser Netzwerkvariante wird damit nicht zwischen expliziten Serverrechnern und Arbeitsstationen (Clients) unterschieden.

Peer-to-Peer-Netzwerke sind bei einfachen Anwendungen in kleinen Netzen verbreitet, da die notwendige Netzwerksoftware von den modernen Betriebssystemen wie Windows 95/98 bereits mitgeliefert wird, leicht zu installieren und zu verwalten. Für den Aufbau dieser Netze fallen nur Kosten für die Netzwerkkarten und die Kabelverbindung der Rechner untereinander an.

Peer-to-Peer-Netzwerke werden in der Regel bei Netzwerkgrößen mit 10-20 Computern aufgebaut. Für viele Einsatzgebiete reicht die Funktionalität völlig aus, wobei darüber hinaus auch noch die Möglichkeit besteht, das Peer-to-Peer- mit einem dezidierten Client-/Server-Netzwerk zu verbinden bzw. zu kombinieren.

Im Gegensatz zu den Netzwerkbetriebssystem wie Novell Netware oder Windows NT sind jedoch die Einstellmöglichkeiten für die Benutzerverwaltung und die Zahl der verschiedenen Dienstleistungen eingeschränkt. Für den Einsatz im Heimbereich oder im Arbeitszimmer und in kleineren Büros von Freiberuflern, in Arztpraxen usw. werden die vielfältigen Einstellmöglichkeiten allerdings nur in seltenen Fällen benötigt und sind ohne Einschränkungen der Netzwerkfunktionalität verzichtbar.

Dezidierte Client-/Server-Netzwerke

Im Bereich der Anwendung von Netzwerken in Unternehmen sind Client-/Server-Netzwerke mit dezidierten Serverrechnern weit verbreitet. Im Gegensatz zum Peer-to-Peer-Netzwerk unterscheidet man bei den Aufgaben von Server- und Clientrechnern.

Bei dieser Netzwerkvariante werden gemeinsame Dienstleistungen ausschließlich von den Servern angeboten. Der Server wird explizit auf die Aufgabe des Anbietens von Dienstleistungen, die Clientrechner auf die Nutzung der Dienste eingeschränkt. Dieses Einschränken auf die Aufgaben wird als „Dezidieren" bezeichnet.

Beim Einsatz in großen Netzen müssen die Netzwerkbetriebssysteme in der Lage sein, eine Vielzahl an Netzwerkdiensten anzubieten und Hunderte von Benutzern individuell zu verwalten. Die damit verbundenen Aufgaben erfordern erhebliches technisches Wissen hinsichtlich der eingesetzten Netzwerkbetriebssysteme und der verwendeten Hardwarekomponenten des Netzes.

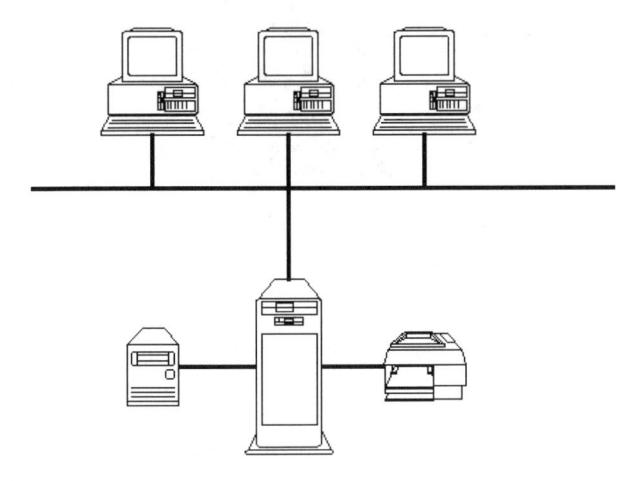

Client-/Server-Netzwerk mit dezidierten Netzwerkrechnern

Da Sie zu Hause, in Ihrem Arbeitszimmer oder in einem kleinen Unternehmen weder eine große Zahl an Benutzern noch eine große Vielfalt an Netzwerkdiensten und Einstellmöglichkeiten benötigen, wird innerhalb dieses Buchs ausschließlich auf den Einsatz von Peer-to-Peer-Netzwerken unter dem Betriebssystem Windows näher eingegangen.

Netzstrukturen – Topologie von Netzwerken

Die Struktur der Verkabelung der Stationen in Netzwerken wird als Netzwerktopologie bezeichnet. Sie bestimmt den organisatorischen Aufbau des Netzes, also die Art und Weise, wie die einzelnen Computer miteinander verbunden sind. Bei PC-Netzwerken sind zwei Topologien sehr häufig vertreten:

- die Strang- oder Bus-Topologie
- die Stern-Topologie

Die Bus-Topologie

Bei der Bus-Topologie sind alle Stationen nacheinander an einer gemeinsamen Verbindungsleitung angeschlossen. Der gemeinsame Bus wird von Station zu Station weitergeführt und erlaubt damit ein leichtes Erweitern des Netzwerks um weitere Stationen. Alle Rechner können leicht untereinander ausgetauscht werden, das heißt, sie dürfen ihre Position im Netzwerk beliebig wechseln.

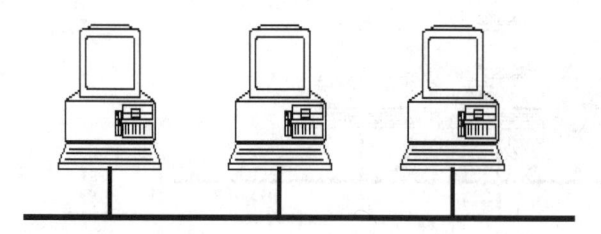

Kleine Netze unter Windows erfolgreich aufbauen

Netzwerk in Bus(Strang)-Topologie

Die Vorteile dieser Verkabelung liegen in der einfachen Verbindungstechnik, die eine sehr preiswerte Verkabelung ermöglicht. Der entscheidende Nachteil dieser Topologie ist im Fehlerfall des Netzes zu sehen. Treten nämlich an einem einzelnen Rechner innerhalb des Strangs Probleme auf und ist die Kette der verbundenen Rechner damit nicht mehr korrekt geschlossen, bricht die gesamte Netzwerkfunktionalität zusammen. Es muß nicht gesondert darauf hingewiesen werden, daß die Fehlersuche sich dadurch sehr schwierig gestaltet, daß bei Netzwerkausfällen der Punkt, der für den Zusammenbruch verantwortlich ist, gesondert ermittelt werden muß. In der Regel wird der Strang in einem solchen Fall von Rechner zu Rechner neu aufgebaut, um die Problemstelle aufzufinden.

Bei kleineren Netzwerken ist eine Anwendung der Bus-Topologie eine preiswerte Möglichkeit um ein Netzwerk aufzubauen. Durch die wenigen angeschlossenen Rechner bleibt die Verkabelung überschaubar, und Fehler sind relativ schnell aufzufinden und zu beheben.

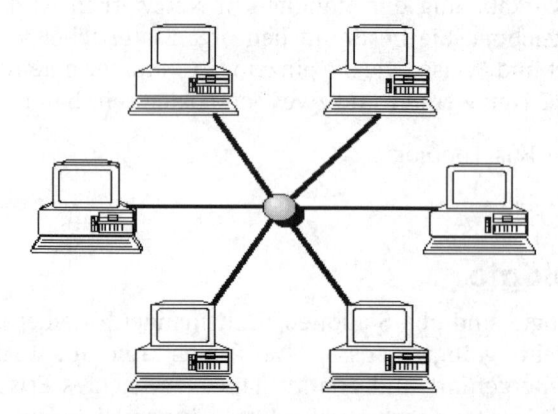

Netzwerk in Stern-Topologie

Der Vorteil der erhöhten Netzwerksicherheit wird jedoch mit einem deutlich höheren Aufwand in der Verbindungstechnik bezahlt. Neben den höheren Kosten für die Netzwerkkabel, wird der Sternverteiler (Hub) als zusätzliche Komponente im Netzwerk notwendig.

Die Erweiterungsfähigkeit des Netzwerks ist nicht so flexibel wie bei Netzen in Bus-Topologie. Die Sternverteiler sind jeweils mit einer festen Zahl von Anschlüssen ausgestattet, so daß die Erweiterung des Netzwerks von der

Zahl der freien Anschlüsse bzw. der Zahl der Sternverteiler begrenzt wird. Wegen dieser Beschränkungen kommt bei sternförmigen Netzwerken der Planung des Netzes eine große Bedeutung zu. Bedenkt man weiter die höheren Kosten für den Aufbau des Netzes, sind für kleine Netzwerke in Eigenregie Stern-Topologien weniger gut geeignet.

LANs auf Ethernet-Basis

Die am weitesten verbreitete LAN-Technologie bei PC-Netzwerken ist das Ethernet. Das Ethernet wurde Anfang der 70er von der Firma XEROX entwickelt. Anfang der 80er wurde in Zusammenarbeit mit den Unternehmen DEC und INTEL das Ethernet zu einem Industriestandard entwickelt und ist heute ein internationaler Standard mit der Bezeichnung IEEE 802.3.

Die Qual der Wahl: Ethernet und Fast-Ethernet

Mittlerweile stehen zwei Typen des Ethernet zur Auswahl: das Standard-Ethernet mit einer Bandbreite von 10 MBit/s und das Fast-Ethernet mit 100 MBit/s. Der Einsatz von Fast-Ethernet lohnt sich mittlerweile auch für kleinere Netzwerke, da die Hardware nur noch unerheblich teurer ist als beim Standard-Ethernet und Sie zudem eine erhebliche Leistungsbeschleunigung im Netzwerk erzielen. Betreiben Sie nicht gerade eine Werbeagentur, die intensive Multimedia-Anwendungen per Netzwerk einsetzt, sind Sie jedoch auch mit dem normalen Standard-Ethernet immer noch gut bedient. Für günstige Fast-Ethernet-Netzwerkkarten müssen Sie lediglich um die 25 bis 30 DM mehr bezahlen, als dies für Standard-Ethernet-Netzwerkkarten der Fall ist.

Hinweis

Zugriffsverfahren des Ethernet

Das Netzwerksystem verwendet ein gemeinsames Medium zur Datenübertragung. Das heißt, alle am Netzwerk angeschlossenen Rechner arbeiten auf demselben Kabel und teilen sich damit die maximal mögliche Bandbreite zur Übertragung von Daten. Da alle am Netzwerkstrang angeschlossenen Rechner gleichzeitig auf das Netz zugreifen können, wird ein Zugriffsverfahren verwendet, um ein geordnetes Übertragen der Daten zu ermöglichen.

Ethernet verwendet als Zugriffsverfahren die Methode CSMA/CD (**C**arrier **S**ense **M**ultiple **A**ccess/**C**ollision **D**etection), was soviel bedeutet wie gleichzeitiger Zugriff mit Überwachung von Kollisionen. Jeder Rechner überwacht, ob Daten auf dem Netzwerk übertragen werden. Ist dies nicht der Fall, beginnt der Rechner sofort mit dem Senden der Daten (CSMA). Versucht ein weiterer Rechner gleichzeitig auf das Netz zuzugreifen, wird dieser Konflikt von den Netzwerkkarten als Kollision erkannt (CD). Die sendenden Rechner brechen daraufhin ihre Datenübertragung ab und berechnen eine Zufallszahl, die für eine Wartezeit bis zum nächsten Zugriff verwendet wird. Da die Zufallszahlen der beiden Rechner mit hoher Wahrscheinlichkeit unterschiedlich ausfallen, können die Rechner nach der Wartezeit nacheinander auf das Netz zugreifen, ohne sich gegenseitig zu behindern.

Anschlußtechniken: Thin Ethernet contra Twisted-Pair

Für kleine und mittlere Netzwerke sind heute zwei verschiedene Anschlußtechniken für das Ethernet üblich: das dünne Ethernet (Thin Ethernet/ Cheapernet), das als Netzwerkverbindung ein flexibles Koaxialkabel verwendet, und das Ethernet auf Basis einer verdrillten Zweidrahtleitung (Twisted-Pair). Beide Techniken verwenden das gleiche Datenübertragungsprotokoll, unterscheiden sich jedoch im elektrischen Anschlußverfahren. Das Standard-Ethernet kann mit beiden Anschlußtechniken betrieben werden, das Fast-Ethernet muß jedoch als Twisted-Pair-Ethernet ausgeführt sein.

Thin Ethernet (10Base2)

Das dünne Ethernet ist für kleine Netzwerke die einfachste und preiswerteste Verkabelungstechnik. Als Netzwerkverbindung werden Koaxialkabel vom Typ RG-58 verwendet.

Koaxialkabel RG-58 des dünnen Ethernet

Wegen der Verbindungstechnik über BNC-Steckverbindungen werden diese Kabel auch als BNC-Kabel bezeichnet.

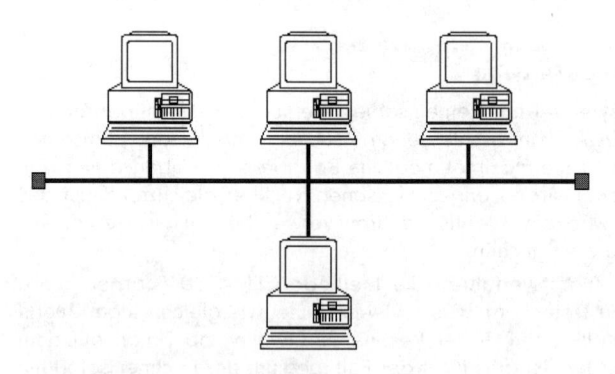

Bus-Topologie – Netzwerk mit dünnem Ethernet

Für den Aufbau des Netzes benötigen Sie eine Netzwerkkarte mit BNC-Ausgang. Die Verbindung mit dem Netzwerkkabel wird mit t-förmigen Verbindungsstücken hergestellt. Die Koaxialkabel werden von Rechner zu Rechner weitergeführt und mit dem freien Anschluß mit der Netzwerkkarte verbunden.

Die beiden Enden des Buskabels am ersten und letzten Rechner müssen mit Abschlußwiderständen, den Terminatoren, abgeschlossen werden. Als Abschlußwiderstände werden Terminatoren verwendet, die den gleichen Wellenwiderstand (RG-58, 50 Ohm) wie das verwendete Kabel haben.

Hinweis
Warum der Abschluß des Buskabels wichtig ist

Eine saubere Übertragung der elektrischen Signale auf dem Buskabel ist (theoretisch) nur dann möglich, wenn das Buskabel unendlich lang ist. Damit ist gewährleistet, daß die elektrischen Signale nicht von den (offenen) Enden des Kabels reflektiert werden und sich mit der ursprünglichen Information überlagern und sie damit verändern. Mit Hilfe der Terminatoren wird dem Signal auf dem Netzwerk ein unendlich langes Kabel vorgegaukelt. Das Buskabel endet nicht an einem „offenen" Kabelende, sondern wird im Abschlußwiderstand unendlich lang fortgesetzt. Damit dieser Trick funktioniert, muß der Wellenwiderstand von Kabel und Terminator jeweils gleich sein bzw. das Buskabel an beiden Enden abgeschlossen werden.

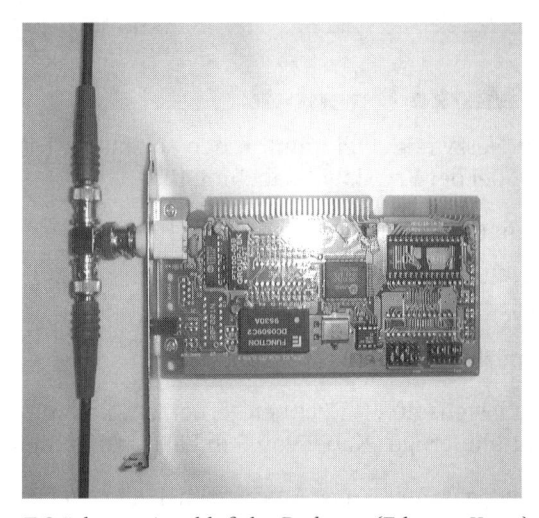

T-Stück zum Anschluß des Rechners (Ethernet-Karte) an das Buskabel

Die Größe eines solchen Netzwerks bzw. wie viele Rechner am Netz angeschlossen werden können, wird durch die Netzwerkspezifikation des 10Base2 beschrieben. An einem Netzwerkstrang können bis zu 30 Rechner angeschlossen werden, wobei die Gesamtlänge der verwendeten Netzwerkkabel eine Länge von 185 m nicht überschreiten darf. Sollen bei größeren Netzen mehr als 30 Rechner angeschlossen werden bzw. werden längere Kabelwege notwendig, müssen Verstärker in den Netzwerkstrang eingefügt werden. Jeder Teilstrang, auch als Segment bezeichnet, wird über einen Verstärker, sogenannte Repeater, miteinander verbunden.

Beim dünnen Ethernet können insgesamt fünf Segmente gebildet werden, die mit Repeatern miteinander verbunden werden. Auf diese Weise können bis zu 150 Rechner an das Netzwerk angeschlossen werden, wobei die maximale Länge des Netzwerks bis zu 925 m erreichen darf.

Netzwerkspezifikation (Auswahl)	10Base2
Kabeltype(n)	
Koaxialkabel	RG-58, 50 Ohm
Steckverbinder	BNC
Minimale Kabellänge (je Teilstück)	0,5 m
Maximale Kabellänge je Segment	185 m
Maximale Gesamtlänge des Netzes	925 m
Maximale Anzahl an Segmenten	5
Repeater (Verstärker)	bei Bedarf
Maximale Anzahl an Repeatern	4
Abschlußwiderstände	erforderlich, 50 Ohm
Maximale Anzahl an Rechnern je Segment	30
Maximale Anzahl an Rechnern je Netz	150

Netzwerkkabel Marke Eigenbau?

Das Herstellen eigener Netzwerkkabel lohnt in den seltensten Fällen. Veranschlagen Sie als Kosten bei der Koaxialverkabelung für

- die Crimpzange zum Quetschen der Stecker mit 100 DM,
- das Abisoliergerät mit ca. 25 DM,
- Stecker und Knickschutztüllen ca. 2,50 DM und
- das Koaxialkabel mit 1 DM je Meter,

müßten Sie schon mindestens 20-30 Rechner vernetzen, um auf den Ladenpreis von ca. 15 DM für ein fertiges Kabel von 5 m Länge zu kommen.

Das Crimpen der Kabel, das heißt das Aufquetschen der Stecker bzw. die Abisolierung der Kabel, bedarf einiger Übung, um zu einer funktionsfähigen Leitung für das Netzwerk zu kommen. Einer der häufigsten Ursachen von Fehlern im Netzwerk ist bei der Verkabelung zu suchen. Schlecht gequetschte Stecker haben uns schon Tage „auf die Knie" gezwungen, um die Verbindungskabel durchzutesten. Ersparen Sie sich diese Kniefälle und verwenden Sie konfektionierte Kabel, die Sie im Falle eines Falles auch wieder zum Händler zurückbringen können.

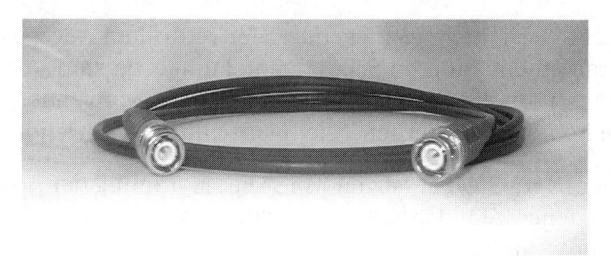

Konfektioniertes Ethernet-Kabel aus dem Handel

Hinweis
Worauf bei Netzwerkabeln zu achten ist
Die größte Schwachstelle bei Netzwerkkabeln sind die Steckverbindungen. Um die aufgequetschten Stecker gegen mechanische Belastungen zu schützen, sollten die Stecker immer mit Knickschutztüllen versehen sein. Achten Sie beim Kauf fertiger Kabel auf diesen Schutz an den Steckverbindungen der Kabel.

Twisted-Pair-Ethernet (10BaseT/100BaseT)

Durch die neue Technik des Fast-Ethernet ist die Twisted-Pair-Verkabelung in das Blickfeld größeren Interesses gerückt. Dieser Netzwerktyp des Ethernet bildet eine Stern-Topologie. Alle Rechner des Netzwerks werden mit einem separaten Kabel mit einem Hub, dem Sternverteiler verbunden. Der Hub ist ein spezieller Repeater, der alle angeschlossenen Netzwerkkabel in einem gemeinsamen Sternpunkt konzentriert. Dadurch bildet der Hub ebenfalls eine gemeinsame Busleitung. Die Sternverteiler bieten jeweils eine feste Anzahl an Netzwerkverbindungen für die Rechner. Je nach Typ des Hubs werden 8, 16, 32 oder mehr Anschlüsse bereitgestellt. Um die Zahl der Netzwerkanschlüsse zu vergrößern, können die Sternverteiler kaskadiert, also untereinander verbunden werden.

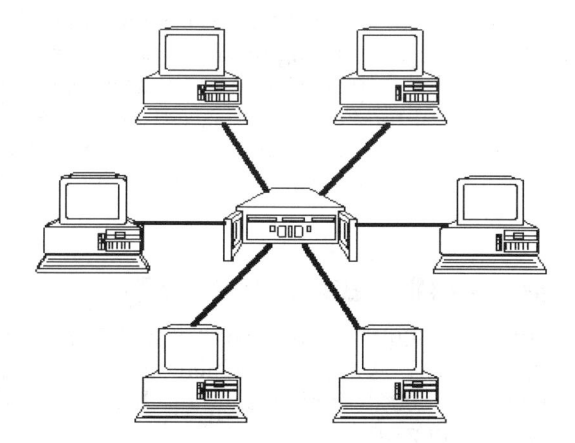

Stern-Topologie – Netzwerk mit Twisted-Pair-Ethernet und Hub (Sternverteiler)

Die Netzwerkkabel bestehen aus zwei oder vier verdrillten Aderpaaren (Twisted-Pair), die mit einem äußeren Schutzmantel umgeben sind. Als Steckverbindungen werden 8polige Westernstecker (RJ-45) verwendet. Ähnliche Stecker werden heute bei modernen Telefonanschlüssen verwendet.

Die Belegung der RJ-45-Stecker ist genormt. Die Zuordnung der Aderpaare ist bei den verschiedenen Standards gleich, jedoch unterscheiden sich die Farben der Aderzuordnungen.

Aderpaar	Pin	EIA/TIA	IEC	DIN
1	4,5	blau, weiß	weiß, blau	weiß, braun
2	3,6	weiß, grün	rot, orange	grün, gelb
3	1,2	weiß, orange	schwarz, grün	grau, rosa
4	7,8	weiß, braun	gelb, braun	blau, rot

Für die Kabelverbindungen des Twisted-Pair finden Sie zwei verschiedene Typen:

- UTP – Unshielted Twisted Pair und
- STP – Shielted Twisted Pair,

die sich durch die Schirmung gegen störende Einstrahlung durch elektromagnetische Strahlung unterscheiden.

UTP-Kabel verzichten völlig auf eine zusätzliche Schirmung und sind gegen äußere Störeinflüsse relativ empfindlich. Ein größeres Netzteil oder eine Beleuchtung mit Neonröhren in unmittelbarer Nähe können zu Übertragungsfehlern und damit zur Verminderung der Übertragungsgeschwindigkeit führen. Besser sind STP-Kabel, die für jedes Aderpaar über eine separate Schirmung verfügen. Allerdings sind die Kabel teurer als die einfachen UTP-Typen.

UTP- und STP-Kabel können im Mischbetrieb betrieben werden. Dadurch wird jedoch die Wirkung der Schirmung der STP-Kabel aufgehoben. UTP-Kabel führen keine elektrische Verbindung für die Abschirmung und machen damit die STP-Kabel ebenfalls zu UTP-Typen und führen die teuren Kabelverbindungen damit ad absurdum. Für eine preiswerte Verkabelung für Twisted-Pair empfehlen sich S/UTP-Typen, die zumindest eine Gesamtschirmung der Aderpaare bieten. Kabel dieses Typs sind bei einer Länge von 5 m ab ca. 20 DM zu bekommen.

Standard-Ethernet (10 MBit/s, 10BaseT)

Alternativ können für das Standard-Ethernet Twisted-Pair-Verkabelungen verwendet werden. Die UTP/STP-Verkabelung bietet durch ihre sternförmige Netzwerkstruktur eine deutlich höhere Sicherheit bei Netzwerkausfällen durch defekte Kabelverbindungen.

Netzwerkspezifikation (Auswahl)	10BaseT
Kabeltypen	UTP, STP
Steckverbinder	RJ-45
Maximale Kabellänge je Rechner	100 m
Repeater/Sternverteiler	benötigt
Rechneranschlüsse je Sternverteiler	8, 16, 32 ...
Repeater kaskadierbar	ja
Abschlußwiderstände	nein

Fast-Ethernet (100 MBit/s)

Für das Fast-Ethernet sind Verkabelungen mit Twisted-Pair vorgeschrieben. Neben dem höheren Preis für die Netzwerkadapter macht das Fast-Ethernet die teurere Verkabelung mit Twisted-Pair zwingend notwendig. die zudem schwieriger zu handhaben ist als das einfache Koaxialkabel beim Standard-Ethernet. Bei einfachen Anwendungen im Bürobereich, im privaten Arbeitszimmer oder der Heimanwendung bietet das Fast-Ethernet jedoch bislang kaum deutliche Vorteile.

Netzwerkspezifikation (Auswahl)	10BaseT4	10BaseTx (Standard)
Kabeltypen		
Aderpaare	4	2
Kabeltyp UTP	Typ 3	Typ 5
Kabeltyp STP	-	Typ 1
Kabeltyp S/STP	-	Typ 5
Steckverbinder	RJ-45	RJ-45
Maximale Kabellänge je Rechner	100 m	100 m
Repeater/Sternverteiler	benötigt	benötigt
Rechneranschlüsse je Sternverteiler	8, 16, 32 ...	8, 16, 32 ...
Repeater kaskadierbar	ja	ja
Abschlußwiderstände	nein	nein

Netzwerkadapter – Das ist bei Netzwerkkarten zu beachten

Der Blick auf das Angebot für Netzwerkkarten beim Händler oder auf die Anzeigen in den Computerzeitschriften ist verwirrend vielfältig. Die Spannweite der Preise für Netzwerkkarten startet bei erstaunlichen 35 DM und kann bis zu 200 DM nach oben gehen. Kaum eine Hardwarekomponente wird mit solchen Preisunterschieden angeboten. Wie erklären sich solche Unterschiede im Preis? Grundsätzlich sind zwei Dinge im Auge zu behalten: einmal die Merkmale der Hardwarekomponente, aber auch die Ausstattung mit geeigneter Betriebssoftware für Ihr Betriebssystem.

Unterstützung zugesichert? – Passende Treiber fürs Betriebssystem

Zu allererst ist darauf zu achten, ob das gewünschte Betriebssystem durch passende Treiber unterstützt wird. Setzen Sie bereits Windows 98 als Betriebssystem ein, sollten aktuelle Treiber für das Betriebssystem zur Verfügung stehen. Möchten Sie andere Betriebssysteme (Windows NT, Novell usw.) oder das ältere Windows 3.11 verwenden, lassen Sie sich ggf. die Unterstützung für das eingesetzte Betriebssystem durch den Händler garantieren.

No name-Produkt oder Markenartikel ?

Billige Netzwerkkarten „glänzen" nicht mit guter Softwareausstattung. Die Installation der Betriebssoftware ist häufig schwierig, schlecht dokumentiert, und die Treibersoftware ist von zweifelhafter Qualität. Das größte Übel für jedes Betriebssystem sind schlecht programmierte Treiber, da sie unmittelbar die Performance und Stabilität des gesamten Rechnersystems negativ beeinflussen. Unser Rat: Lassen Sie Netzwerkkarten für 35 DM beim Händler.

> **Hinweis**
>
> **Wer verträgt sich mit Windows 98?**
>
> Einen Überblick über die von Windows 98 unterstützte Hardware gibt die Kompatibilitätsliste für Windows 98. Diese Liste finden Sie in Form einer Hilfedatei auf der Windows 98-CD im Ordner der Treiber-Suite unter \Drivers\Driver98.chm. Die Kompatibilitätsliste ist ganz grundsätzlich eine hilfreiche Informationsquelle bei der Auswahl von Systemhardware. Alle in der Liste aufgeführten Geräte haben sozusagen den „Segen" Microsofts als Hersteller und gelten damit als geeignet für den Einsatz unter Windows 98.

Busanschluß der Netzwerkkarte – ISA oder PCI?

Sollten Sie Fast-Ethernet-Karten einsetzen wollen, brauchen Sie sich darüber keine Gedanken zu machen. Netzwerkkarten für das Ethernet mit 100 MBit/s sind nur als PCI-Versionen erhältlich. Bei den Karten für das Standard-Ethernet können Sie jedoch zwischen ISA- und PCI-Bus-Varianten wählen. Für die Anwendung als Clientrechner im Netzwerk reichen ISA-Karten durchaus aus und sind zudem die preiswertesten Vertreter der Netzwerkkarten. Unter Windows 95/98 sollte die Karte jedoch ISA-Plug & Play-fähig sein, um eine möglichst problemlose Installation zu ermöglichen.

Entsprechende PCI-Versionen sind rund ein Viertel teurer, bringen jedoch kaum höhere Übertragungsraten zustande als die ISA-Varianten. Zudem belegen sie einen „kostbaren" PCI-Steckplatz, den Sie unter Umständen für eine andere Komponente benötigen. Kaufen Sie also ruhig die 16-Bit-ISA-Versionen, da sie billiger sind und in der Leistung eine fast identische Performance liefern. Bietet Ihr Motherboard genügend freie PCI-Steckplätze, können Sie jedoch auch zu einer PCI-Version greifen.

> **Hinweis**
>
> **Mengenrabatte nutzen!**
> Gerade Netzwerkkarten und Zubehör wie Kabel, T-Stücke usw. werden häufig in größeren Stückzahlen benötigt. Beim Kauf von mehreren Karten werden durchaus deutliche Preisnachlässe von den Händlern gewährt. Stehen Sie nicht gerade vor dem Aufbau eines Netzwerks mit fünf oder zehn Rechnern, kann sich eine Sammelbestellung mehrerer Interessenten für alle Beteiligten lohnen.

Netzanschluß für alle – Typen von Netzwerkkarten

Nicht alle Computer erfüllen die Voraussetzungen zum Einbau von Standardadaptern. Neben den Standardtypen finden Sie Netzwerkkarten für den Einsatz bei mobilen Computern oder für den Anschluß an externe Schnittstellen.

Standardnetzwerkkarte

Standardadapter für den Einsatz als interne Netzwerkkarte für den ISA- oder PCI-Bus sind die günstigsten Typen der Netzwerkkarten. Wie jede Erweiterungskarte benötigen allerdings auch sie einen geeigneten Steckplatz im Gerät bzw. erfordern Hardwareeinstellungen, die für die Karte im System reserviert werden müssen, beispielsweise ein Interrupt-Kanal (IRQ) oder E/A-Adressen zum Datenaustausch.

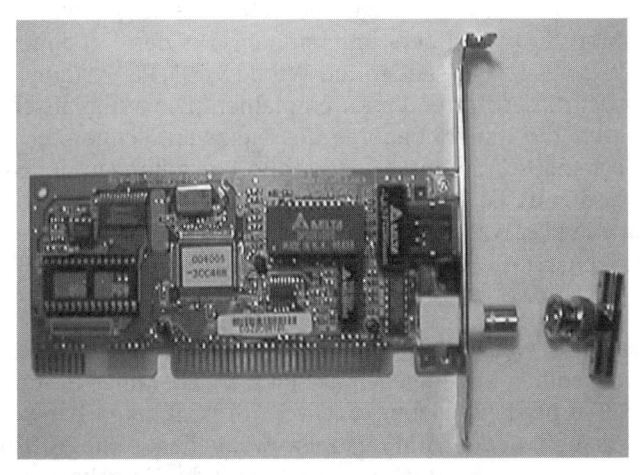

Klein, aber oho – ISA-Netzwerkkarte und T-Stecker

Hinsichtlich der Art und Weise, wie die Netzwerkkarten konfiguriert werden, finden sich grundsätzlich drei verschiedene Typen:

Kartentyp	Beschreibung
Plug & Play	Plug & Play-Karten (PnP) erkennt das Betriebssystem Windows 95/98 selbständig. Neben der Auswahl des richtigen Typs, kann die Auswahl der richtigen Treiber und die Konfigurierung der Ressourcen automatisch durch das Betriebssystem vorgenommen werden. Voraussetzung ist jedoch ein Rechner mit aktuellem BIOS, das Plug & Play-Funktionen unterstützt. Hinweis: Treten bei der automatischen Konfiguration Probleme auf, können Sie die Konfiguration zur Problembeseitigung über den Geräte-Manager auch manuell ändern.
Softwarekonfigurierbar	Die Konfiguration der Karte erfolgt durch ein Konfigurationsprogramm der Betriebssoftware des Netzwerkadapters. Mit dem Konfigurationsprogramm können Sie alle notwendigen Parameter und Ressourcen der Karte abfragen und einstellen. Die Parameter der Treiber für das verwendete Betriebssystem müssen entsprechend der eingestellten Werte manuell angepaßt werden. Hinweis: Plug & Play- und softwarekonfigurierbare Netzwerkkarten brauchen auch dann nicht ausgebaut zu werden, wenn Sie die Hardwareeinstellungen später einmal ändern müssen.
Hardwarekonfigurierbar	Ältere ISA-Systeme unterstützen kein Plug & Play. Die Einstellungen der Karte bzw. der Treiber und Ressourcen lassen sich nur manuell durchführen. Bei Karten dieses Typs müssen Sie alle Arbeitsschritte zu Ressourcen über verschiedene Steckbrücken (Jumper) vor dem Einbau der Karte in den PC von Hand einstellen. Die Parameter der Treiber für das verwendete Betriebssystem müssen entsprechend der eingestellten Werte manuell angepaßt werden. Hinweis: Müssen Sie Änderungen an den Hardwareeinstellungen vornehmen, müssen Sie in jedem Fall die Karte zunächst wieder ausbauen, Jumper neu setzen und anschließend die Karte neu einbauen.

Plug & Play-Karten

Plug & Play-Karten sind für diejenigen Betriebssysteme geeignet, die das Plug & Play-Verfahren Ihres Rechners unterstützen. Bei den Versionen Windows 95/98 ist dies der Fall. Verwenden Sie Windows 95/98-Systeme als Arbeitsplatzrechner, ist dieser Kartentyp zu empfehlen. Die automatische Konfiguration erleichtert die Inbetriebnahme des Netzwerkrechners erheblich und verhindert Systemabstürze durch fehlerhafte Einstellungen der Systemparameter. Voraussetzung ist jedoch, daß Ihr PC über ein BIOS verfügt, das die Verwendung von Plug & Play-Systemen erlaubt. Bei Rechnern, die über einen PCI-Bus verfügen, ist die Plug & Play-Unterstützung durch das BIOS die Regel.

Möchten Sie ein Serverbetriebssystem wie Novell NetWare oder Windows NT verwenden, sollten Sie hingegen auf Plug & Play-fähige Systeme generell verzichten. Serverbetriebssysteme sind von ihrer „inneren Bauweise" so angelegt, daß der betreuende Administrator weitgehende Eingriffsmöglichkeiten in die Konfiguration des Rechners und damit der Vergabe von Systemeinstellungen erhält. Durch eine automatische Vergabe können Überschneidungen in den Systemeinstellungen zu schweren Gerätekonflikten führen, die eine aufwendige Reparatur des Betriebssystems nach sich ziehen können.

Softwarekonfigurierbare Karten

Der hinsichtlich der Konfiguration flexibelste Typ sind Netzwerkkarten, die sich per Software einstellen lassen. Die Betriebssoftware dieser Netzwerkadapter bietet Konfigurationsprogramme, im allgemeinen für das Betriebssystem DOS, mit deren Hilfe sich alle Einstellungen bequem ohne erneutes Öffnen des Rechners ändern lassen. Nachteilig ist bei diesem Verfahren allerdings, daß die Einstellungen für die Treiber des Betriebssystems manuell geändert werden müssen, wenn von der Standardeinstellung für die Karte abgewichen werden mußte. Für Serverbetriebssysteme wie Windows NT ist dieser Typ der Netzwerkkarte zu empfehlen. Durch die manuelle Vorgabe der verwendeten Systemeinstellungen sind Gerätekonflikte vollständig auszuschließen.

Hardwarekonfigurierbare Karten

Karten der älteren Generation können noch nicht per Programm konfiguriert werden. Statt dessen werden die notwendigen Einstellungen durch Steckbrücken auf der Platine der Netzwerkkarte eingestellt. Die Verfahren der Konfiguration sind mit den Typen vergleichbar, die per Software einstellbar sind. Jedoch muß für die Änderung der Parameter der Rechner geöffnet und die Netzwerkkarte für die Änderung der Steckbrücken ausgebaut werden. Dieser Typ der Netzwerkkarten ist jedoch heute kaum noch zu finden.

PCMCIA-Netzwerkkarten

Mobile Computer bieten spezielle Schnittstellen im Scheckkartenformat: die PC Card- bzw. PCMCIA-Schnittstelle. Mit Hilfe der Schnittstelle lassen sich mobile PCs um zusätzliche Funktionen erweitern – wie Soundkarten, externe Massenspeicher, Faxmodems oder Netzwerkkarten. Der praktische Einbau einer PCMCIA-Netzwerkkarte wird später noch gesondert gezeigt.

Gravierender Nachteil der Erweiterungskarten im Scheckkartenformat ist der deutlich höhere Preis. Sind neben einer Netzwerkkarte weitere Funktionen für den stationären Betrieb des Laptops/Notebooks für die Anwendung im Büro nachzurüsten, empfiehlt sich unter Umständen eine Docking-Station. Geeignete Geräte werden von den Herstellern der mobilen Computer als Zusatzgeräte angeboten.

Die Docking-Station bietet zwei bis drei Steckplätze für „normale" PC-Steckkarten. Der mobile Computer wird auf die Station aufgedockt und kann die zusätzlichen Erweiterungskarten nutzen. Die Docking-Station bietet darüber hinaus die Möglichkeit zum Anschluß von handelsüblicher Peripherie wie Maus, Monitor, Tastatur, Drucker usw. Auf diesem Wege können Sie unterwegs Daten aufnehmen und mit der gleichen Bequemlichkeit im Büro auswerten und weiterverarbeiten, wie Sie es von Arbeitsplatzrechnern her gewohnt sind.

Netzwerkkarten für die parallele Schnittstelle

Der Anschluß an die parallele Schnittstelle (Druckerschnittstelle) bietet einige Vorteile. Mit einem Handgriff läßt sich die Netzwerkkarte an fast jeden beliebigen Rechner anschließen, da von den meisten Systemen eine Druckerschnittstelle zur Verfügung gestellt wird. Lediglich der notwendige Treiber für die Umsetzung der Druckerschnittstelle als Netzwerkverbindung muß installiert sein. Das einziges Problem, was sich mitunter ergibt, ist, daß die parallele Schnittstelle auch in Verbindung mit anderen Geräten (z. B. Drucker, Backup-Medien, Wechselplatten, Zip-Laufwerke etc.) belegt ist.

Netzwerkkarten für die Druckerschnittstelle benötigen keine zusätzlichen Systemressourcen wie Interrupt (IRQ) oder E/A-Adressen. Die Ressourcen sind bereits durch die parallele Schnittstelle im System vergeben. Ein Öffnen des Rechners entfällt, da keine internen Verbindungen zum Rechner verwendet werden.

Ein Manko der Netzwerkkarten an der parallelen Schnittstelle ist die maximal erzielbare Geschwindigkeit. Unterstützt Ihr Rechnersystem die modernen Betriebsarten der Druckerschnittstelle EPP oder SPP, erlaubt dieser Anschluß jedoch ebenfalls ein zügiges Arbeiten und kann dann eine interessante Alternative zur Docking-Station oder PCMCIA-Netzwerkkarte sein.

Kabellose Netzwerkkarten

Eine spezielle Art von Netzwerkkarten benötigt keine Verkabelung mit dem übrigen Netzwerk, sondern überträgt die Information per Infrarot-Schnittstelle bzw. Funk.

Netzwerkkarten per IrDA

Hewlett Packard bietet mit dem HP NetBeamIR ein Gerät, das portablen Rechnern den einfachen Zugang zu LANs ermöglicht. Eine Beschreibung auf den Seiten von Hewlett Packard finden Sie im Internet unter *http://www.hp.com/cposupport/networking/support_doc/bpe01147.html*.

Die Anbindung erfolgt kabellos über die Infrarot-Schnittstelle des mobilen PCs. Damit erhalten die Anwender mobiler Rechner den schnellen und zuverlässigen Zugang zu allen Ressourcen unternehmensweiter Netze. Dies bietet sich beispielsweise für Außendienstmitarbeiter an, die auf diese Weise ohne großen Aufwand Daten im Netz austauschen können.

Der HP NetBeamIR verbindet direkt mit jedem 10-BaseT- oder 10-Base2-Ethernet-Netzwerk, wobei die Übertragungsgeschwindigkeit der des jeweiligen Netzes entspricht. Die Software für die Verbindung zwischen Notebook und dem HP NetBeamIR gehört bereits zum Funktionsumfang von Windows 95/98. Unterstützt werden alle zu Windows kompatiblen Netzwerkbetriebssysteme, darunter Novell Netware, Windows NT und LAN Manager sowie IBM LAN Server.

Neben dem kabellosen Zugang zum Netz bieten Infrarot-Verbindungen noch eine Reihe weiterer Vorteile: So benötigt die Schnittstelle kaum Strom, was die Akkus des Notebooks entlastet. Zudem wird kein PCMCIA-Steckplatz belegt und bleibt für andere Erweiterungen des Rechners frei.

Der HP NetBeamIR entspricht dem Standard der IrDA (**I**nfrared **D**ata **A**ssociation), kann also zusammen mit jedem Notebook eingesetzt werden, das diesen anerkannten Standard unterstützt. Nach IrDA überträgt das Gerät Daten mit 4 Mbps, 1 Mbps oder 115 Kbps. Vergleichbar mit einem Modem überträgt der HP NetBeamIR Daten mit der jeweils höchstmöglichen Geschwindigkeit, die das angeschlossene Notebook erlaubt.

Netzwerkkarten per Funk

Die drahtlosen Netzwerkadapter, z. B. der Firma Xircom (siehe unter _http://www.xircom.com_), übertragen die Daten zum Netzwerk per Funk. Diese Netzwerkadapter sind besonders da geeignet, wo die übliche Verkabelung zu schwierig oder zu teuer wäre.

Die Reichweite der Funkadapter liegt ähnlich wie bei kabellosen Telefonen bei ca. 300 m, wobei Stahlbetondecken oder andere Hindernisse des Funksignals die Distanz einschränken können.

Standard- oder Fast-Ethernet – Was bringt der Faktor 10?

Rechnet man nach dem „kleinen Einmaleins", sollte das Fast-Ethernet auch zehnmal höhere Übertragungsraten auf dem Netz erlauben als die herkömmliche Technik – weit gefehlt. Zwei Eigenschaften des Netzwerks bestimmen letztlich die tatsächliche Übertragungsrate auf dem Netz: die Zahl der angeschlossenen Rechner und das eingesetzte Betriebssystem.

In das Übertragungsverfahren des Ethernet ist das Zufallsprinzip „eingebaut". Alle Stationen am Netz dürfen, falls kein Netzwerkverkehr festgestellt wird, gleichzeitig auf das Netzwerk zugreifen. Je mehr Rechner dies versuchen, desto mehr Kollisionen werden produziert, die durch Wartezeiten aufgelöst werden. Sind auch nur zwei Stationen ans Netz angeschlossen, die regelmäßig auf das Netz zugreifen, wird zwangsläufig ein Teil der Übertragungszeit mit Warten verbracht. Je mehr Stationen, um so mehr Kollisionen und Warterei. Zusätzlich zu den reinen Anwendungsdaten vergrößern die jeweils verwendeten Protokolle die zu übertragenden Daten um die organisatorischen Informationen zum Transport. Insgesamt weicht damit die tatsächlich übertragene Datenmenge deutlich von der Bandbreite des Netzes ab.

Übertragungsraten im Vergleich

Die effektive Übertragungsrate beim Ethernet läßt sich damit „rein mathematisch" nicht bestimmen. Bei kleineren Netzen liegt beim Standard-Ethernet die Übertragungsrate bei ca. 400-800 KByte/s, beim Fast-Ethernet etwa zwei- bis viermal höher bei etwa 2-3 MByte/s. Die folgende Tabelle zeigt im Vergleich die Übertragungszeiten einer Datei von 10 MByte bei den üblichen Geräten eines PCs.

Übertragungsart	Übertragungszeit
Modem (33k)	1 Stunde
Diskettenlaufwerk	8 Minuten
24fach-CD-ROM-Laufwerk	1,2 Minuten
Netzwerk, 10 MBit/s	25 Sekunden
Netzwerk, 100 MBit/s	9 Sekunden

Verbindung mit dem Netz – Anschlußarten der Netzwerkkarten

Durch die verwendeten Netzwerkkabel bzw. den Anschluß der Netzwerkkarte wird die Topologie des Netzes bestimmt (siehe den Abschnitt „LANs auf Ethernet-Basis" ab Seite 767). Netzwerkkarten werden mit bis zu drei verschiedenen Anschlußarten angeboten:

- BNC-Buchse für den Anschluß von Koaxialkabeln (RG-58)
- RJ-45-Buchse für den Anschluß von Twisted-Pair-Kabeln (UTP/STP)
- AUI-Buchse für den Anschluß am Transceiver des dicken Ethernet (Thick Ethernet)

Der gebräuchlichste Anschluß bei kleinen Netzwerken ist der BNC-Anschluß für die Verkabelung mit dem Koaxialkabel in der Bus-Topologie des Ethernet. Preiswerte Netzadapter bieten meist nur den Anschluß für BNC-Kabel. Möchten Sie Ihr Netzwerk in der Stern-Topologie aufbauen, benötigen Sie Netzwerkkarten, die zusätzlich einen RJ-45-Anschluß bieten.

Teurere Netzwerkkarten (oder ältere Modelle) bieten zusätzlich den AUI-Anschluß für das sogenannte dicke Ethernet. Die 15poligen AUI-Anschlüsse verbinden den Rechner wie beim RJ-45-Anschluß nicht unmittelbar mit dem Netzwerk, sondern mit einem separaten Anschlußverstärker, dem Transceiver. Dieser Anschluß ist heute nur noch selten anzutreffen und wird bei kleinen Netzwerken nie verwendet.

Der Preis der Netzwerkkarten hängt auch von der Ausstattung der Karte mit den benötigten Anschlüssen zusammen. Die teureren COMBO-Karten bieten mehrere Anschlußtechniken, die wahlweise genutzt werden können. Wenn sich jedoch die Verkabelungstechnik im Netzwerk voraussichtlich nicht ändert (z. B. im privaten Bereich), reicht grundsätzlich ein Anschluß vom benötigten Typ. Bei heutigen Netzwerken sind dies entweder die Anschlüsse BNC oder RJ-45.

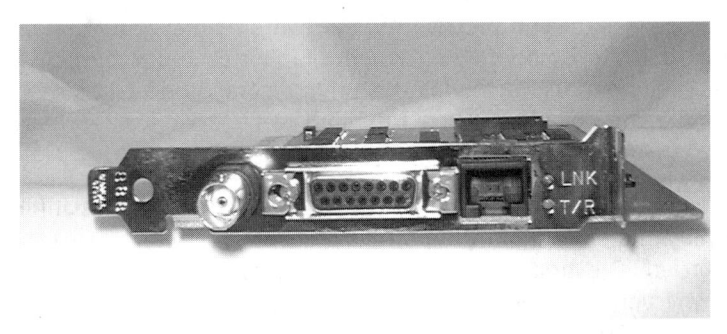

Netzwerkkarte in COMBO-Ausführung (Kombikarte)

Sollen jedoch Änderungen in der Verkabelungstechnik möglich sein, empfiehlt sich die Anschaffung von Kombikarten. Heutige Kombikarten bieten meist nur noch die Anschlüsse für BNC und RJ-45, da der AUI-Anschluß nur noch in Sonderfällen von Bedeutung ist.

Hinweis

Verwechslungsgefahr – Westernstecker für Netz oder Telefon

Verwenden Sie für das Netzwerk eine Twisted-Pair-Verkabelung, können Sie die Anschlüsse bei Verwendung von internen Modems oder ISDN-Karten mit den Anschlüssen der Netzwerkkarte verwechseln. Achten Sie bei mehreren Karten mit gleichen Anschlüssen auf die richtige Verbindung.

Anschlußdiagnose am Rechner – Leuchtdioden der Netzwerkkarte

Für die Diagnose bei Netzwerkproblemen können sich Netzwerkadapter als hilfreich erweisen, die mit Leuchtanzeigen (LEDs) ausgestattet sind. An Hand der Anzeige sind der Status der Netzwerkverbindung und zahlreiche Fehlerarten der Karte unmittelbar ablesbar. Bei Adaptern der mittleren und oberen Preisklasse sind die LED-Anzeigen üblich.

Sollten Sie allerdings die Rückseite des PCs nicht einsehen können, helfen Ihnen diese Anzeigen wenig. Sie sparen für diese Fälle ein paar Mark, wenn Sie bei der Auswahl der Karte auf Typen mit LED-Anzeigen verzichten.

NE2000-Kompatibilität – Etablierter Standard gegen Unverträglichkeiten

Gerade beim Kauf von preiswerter Hardware ist man gut beraten, darauf zu achten, daß die Komponenten einem etablierten Industriestandard entsprechen. Sozusagen das Urmodell der Ethernet-Adapter für PCs ist die NE2000-Karte, die von der Firma Novell für ihre Netzwerke auf den Markt gebracht wurde.

Alle Netzwerkbetriebssysteme unterstützen NE2000-kompatible Netzwerkadapter und sind damit die problemlosesten Vertreter gerade bei preiswerten Karten. Die ursprünglichen Typen waren 16-Bit-ISA-Adapter und sind nach wie vor ab ca. 35 DM zu bekommen. Darüber hinaus bekommen Sie heute ab ca. 50 DM ebenfalls PCI-Versionen dieses Typs.

Die NE2000-Kompatibilität bedeutet jedoch nicht, daß die verschiedenen Hersteller die identische Hardware verwenden würden. Beim Kauf der Karte sollten Sie darauf achten, daß sich der Adapter hinsichtlich der verwendeten Systemeinstellungen (IRQ, E/A-Adresse) flexibel konfigurieren läßt.

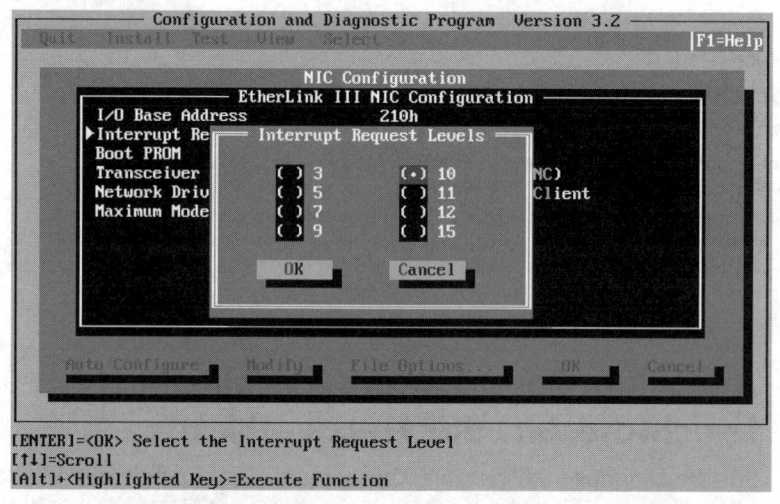

Verwendbare Interrupts des Ethernet-Adapters EtherLink III (3C509) von 3Com

Zu empfehlen sind Modelle, die die häufig freien Interrupts 7, 10, 11, 12 und 15 sowie eine große Auswahl an E/A-Adressen zur Verfügung stellen. Die Kompatibilität zum NE2000-Adapter ist nur eine Basiseigenschaft, die Konfigurationsmöglichkeiten und die Leistungsfähigkeit gehen darüber hinaus.

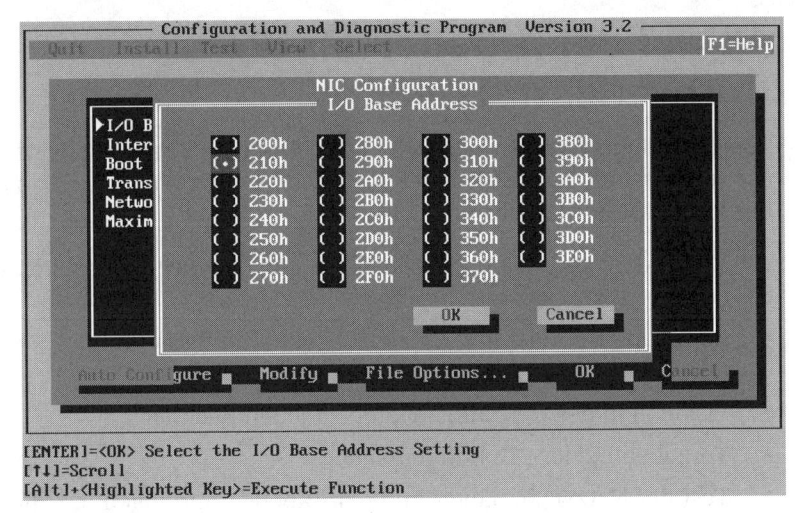

Verwendbare E/A-Adressen des Ethernet-Adapters EtherLink III (3C509) von 3Com

Bis vor einigen Jahren gab es jedoch Probleme beim Betrieb der NE2000-kompatiblen Netzwerkkarten. Wurde die Netzwerkkarte bei automatischen Erkennungsverfahren der Betriebssysteme nicht korrekt als Netzwerkkarte angesprochen, sondern beispielsweise als SCSI-Adapter, kam es immer wieder zu Abstürzen des Betriebssystems.

Dieser Fehler von NE2000-kompatiblen Netzwerkadaptern gehört im allgemeinen heute der Vergangenheit an. Sollten Sie dennoch Probleme bei der Konfiguration der Karte durch das Betriebssystem haben, finden Sie Hilfe ab Seite 833.

18.2 Hardwarepraxis – Netzwerkkarte einbauen, Kabel anschließen

Der preiswerteste und von der Verkabelungstechnik her einfachste Typ eines PC-Netzwerks ist die Bus-Topologie (siehe auch Seite 768), die alle Netzwerkrechner durch einen gemeinsamen Strang verbindet. Von allen netzwerkfähigen Betriebssystemen wird das Ethernet unterstützt. Als Verkabelung für die Bus-Topologie werden beim Ethernet die weitverbreiteten und preiswerten BNC-Kabel (Koaxialkabel vom Typ RG-58) verwendet. Jede Netzwerkkarte bietet einen entsprechenden Anschluß für die Anbindung per Koaxialkabel (dünnes Ethernet, Thin Ethernet), so daß hinsichtlich der Anschlußtechnik jeder beliebige Ethernet-Adapter verwendet werden kann.

Im folgenden wird beschrieben, wie Sie ein solches Netzwerk aufbauen und mit dem Betriebssystem Windows 95/98 als Peer-to-Peer-Netzwerk (siehe Seite 763) betreiben.

Ablauf der Arbeiten für die Netzwerkinstallation

Zur Herstellung der physikalischen Verbindungen mit dem Netzwerk, also der technischen Installation der Netzwerkkomponenten, sind folgende Arbeitsschritte erforderlich:

- Vorbereitungen wie das Ausmessen der Kabelwege, Erstellen der Materialliste usw.
- Bei Adaptern ohne Plug & Play: korrekte Konfiguration der Netzwerkkarte
- Installation des Netzwerkadapters in jeden Rechner
- Verkabelung der PCs untereinander
- Test der Netzwerkadapter und der Kabelverbindungen mit Hilfe der Diagnoseprogramme der Installationssoftware

Nach Abschluß der technischen Installation und des Tests der Netzwerkverbindungen mit den Diagnoseprogrammen der Installationssoftware sind die Rechner im Netzwerk zur Installation eines Netzwerkbetriebssystems bzw. der Netzwerksoftware des jeweils verwendeten Betriebssystems vorbereitet.

Die Installation der Netzwerkhardware ist unabhängig von der später verwendeten Netzwerksoftware. Sollten sich künftig das verwendete Betriebssystem oder die Art der Nutzung des Netzwerks ändern, bleibt die technische Installation des Netzwerks voll erhalten. Für die Netzwerkkarten und die Verkabelung ist es völlig gleichgültig, ob beispielsweise Novell NetWare oder ein Windows-Netzwerk damit arbeitet.

Auch die Rolle, die die Rechner im Netzwerk spielen, Client/Server- oder Peer-to-Peer-Rechner sowie die verwendeten Protokolle NetBEUI, SPX/IPX oder TCP/IP setzen gleichermaßen auf die Netzwerktechnik auf, ohne daß Änderungen notwendig wären.

Vorbereitungsarbeiten zur Vernetzung

Zur Verbindung der Rechner benötigen Sie je Netzwerkrechner einen Ethernet-Adapter und ein T-Stück zum Einbinden des Rechners in den Netzwerkstrang. Bei den meisten Netzwerkkarten ist bereits ein passendes T-Stück im Lieferumfang enthalten.

Als Kabelverbindung sollten Sie fertige Koaxialkabel aus dem Handel verwenden. Von den Netzwerkkabeln benötigen Sie jeweils ein Kabel weniger, als Sie Rechner miteinander vernetzen wollen. Die nachfolgende Tabelle zeigt die Hardwareerfordernisse bei einer bestimmten Anzahl von Rechnern.

Rechneranzahl	Netzwerkkarten/-T-Stecker	Verbindungs-kabel	Abschlußwider-stände
2	2	1	2
3	3	2	2
4	4	3	2
5	5	4	2

Verschiedene T-Stücke zur Verkabelung mit BNC-Kabeln

Schon vor dem Kauf der benötigten Kabel sollten Sie die Länge der benötigten Kabel ausmessen. Rechnen Sie jeweils einen halben Meter Reserve je Rechner hinzu, damit sich die Rechner für z. B. Umbaumaßnahmen noch bequem bewegen lassen, ohne daß die Kabel von den Anschlüssen entfernt werden müssen. Für den Kabelweg innerhalb eines Raums oder bei benachbarten Räumen sind die üblichen Längen von 5 oder 10 m ausreichend. Bei Verkabelung mit dünnem Ethernet darf die Gesamtlänge aller verwendeten Netzwerkkabel im einem Segment 185 m nicht überschreiten. Wenn nicht mehr als 10-15 Rechner in räumlicher Nähe zu vernetzen sind, reicht diese Kabellänge völlig aus. Haben Sie größere Distanzen zu überbrücken, müssen Signalverstärker, sogenannte Repeater, in den Kabelweg eingeschleift werden. Nach einem Repeater können wieder 185 m Kabelweg verwendet werden. Insgesamt können auf diese Weise bis zu fünf Segmente gebildet werden, so daß Sie eine Gesamtlänge des Netzes von 925 m erreichen können.

Verschiedene Typen von Terminatoren zum Abschluß des Netzwerkstrangs

Der Netzwerkstrang ist jeweils an den Enden mit Abschlußwiderständen zu terminieren, um Signalreflexionen an den Enden des Strangs zu verhindern. Für den Abschluß benötigen Sie zwei Abschlußwiderstände (Terminatoren) mit einem Wellenwiderstand von 50 Ohm (für den Kabeltyp RG-58).

Ethernet – Einkaufsliste für BNC-Verkabelung
1 Ethernet-Netzwerkkarte mit BNC-Anschluß je Rechner
1 T-Verbindungsstück je Rechner
2 Abschlußwiderstände, 50 Ohm
Koaxialkabel RG-58 (50 Ohm), ein Kabel weniger als Rechner vernetzt werden
ggf. Verlängerungsstücke/T-Stücke und zusätzliche Koaxialkabel zur Verlängerung des Kabelwegs
ggf. Repeater, falls mehr als 185 m Kabelweg verwendet werden sollen

Einbau und Konfiguration des Netzwerkadapters

Vor der eigentlichen Installation der Netzwerkkarte in den Rechner sind bei Adaptern, die manuell einzustellen sind, die Systemressourcen wie IRQ oder E/A-Adresse zu konfigurieren bzw. diejenigen Einstellungen ausfindig zu machen, mit denen Ihr Netzwerkadapter im Rechner korrekt arbeitet.

Verwenden Sie dagegen Plug & Play-fähige Adapter und Betriebssysteme, werden die notwendigen Konfigurationsschritte durch das BIOS des Rechners bzw. durch das Betriebssystem vorgenommen, und Sie können sofort zum Einbau der Karte weitergehen.

Installation der Betriebssoftware (Treiber und Tools)

Je nach Hersteller der Netzwerkkarte können Sie die Betriebssoftware auf den Installationsmedien, im allgemeinen 1-2 Floppydisketten (3,5 Zoll/1,44 MByte) mit Hilfe eines Hilfsprogramms (*Setup.exe*, *Install.exe* o. ä.) auf ein Arbeitsverzeichnis der Festplatte installieren und verwenden dann zur weiteren Installation bzw. Konfiguration statt der Disketten die Daten im Arbeitsverzeichnis der Festplatte. Notieren Sie sich zur Vereinfachung diese Installationsverzeichnisse in das Handbuch der Karte, ersparen Sie sich so unnötige Sucherei.

Häufig erfolgt die Installation unmittelbar von den mitgelieferten Medien. Die Disketten werden bei den Installationsschritten, z. B. der Installation der Betriebssystemtreiber, vom Installations-Assistenten des Betriebssystems angefordert.

Kleine Netze unter Windows erfolgreich aufbauen

> **Hinweis**
> **Wohin mit den Installationsmedien der Hardware?**
> Installationsdisketten für Ihre Hardware gehören in den Schrank. Dort sind sie sicher aufgehoben und dienen als Sicherheitskopie für Ihre Betriebssoftware. Das heutige Windows 98 macht sich, wenn es gebrauchsfähig konfiguriert ist, mit rund 250 MByte auf Ihrer Festplatte breit. Ohne ein modernes Festplattensystem (heute zwischen 4-6 GByte) wäre das kaum akzeptabel. Wenn Sie über einen aktuellen Rechner verfügen, sollten Sie die Installationsdisketten Ihrer Hardware ebenfalls, z. B. im Windows-Verzeichnis in einem separaten Unterverzeichnis *Treiberdisketten*, auf die Festplatte kopieren. Bei zehn Disketten wären das nur 15 MByte zusätzlicher Speicherplatzverbrauch, und Sie haben zwei Fliegen mit einer Klappe geschlagen. Die ewige Sucherei nach dem „Lagerort" der Disketten hat ein Ende, und wichtige Daten bleiben geschützt an einem „sicheren" Ort. Verfügen Sie über ein spezielles Backup-Medium, sollten Sie sich einen Datenträger mit allen wichtigen Treibern zusammenstellen.

Benötigen Sie bei den folgenden Installationsschritten die Betriebssoftware:

- Tools wie Konfigurationsprogramme, Diagnoseprogramme und
- Treiber für das Betriebssystem,

finden Sie im ersten Fall die notwendigen Daten auf Ihrer Festplatte, im anderen Fall müssen Sie die Installationsdisketten immer zur Hand haben. Bei der Installation der Netzwerkkarte werden Dienstprogramme benötigt, die sich ebenfalls auf den Installationsmedien befinden. Diese benötigen Sie auch für die vom Betriebssystem unabhängigen Arbeiten zur Konfiguration der Installationsmedien des Herstellers.

Einfacher und sicherer ist es jedoch, wenn Sie die Disketten für die Installationsarbeiten auf die Festplatte Ihres Rechners kopieren (siehe vorangegangenen Tip „Wohin mit den Installationsmedien der Hardware?"). Damit stehen die benötigten Daten unmittelbar zur Verfügung.

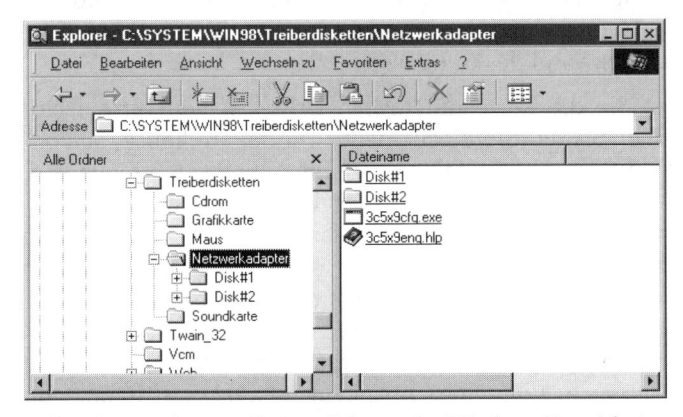

Arbeitskopien der Installationsdisketten im Windows-Verzeichnis

In allen Fällen benötigen Sie die Dokumentation bzw. die Installationsanleitung vom Hersteller Ihrer Netzwerkkarte. Die Vielfalt verschiedener Installationswege und der Besonderheiten für die Installation der Hardware kann nur den Hinweisen des Herstellers entnommen werden. Im Zuge von „Sparmaßnahmen" befinden sich diese Texte nur zum Teil auf den Installationsmedien in Form von Textdateien. Wenn Sie die Möglichkeit haben, drukken Sie sich vor Ihrer Arbeit die Dateien (*Info.txt, Read.me, Install.doc, Setup.doc, Liesmich.txt* etc.) aus, um bei eventuellen Störungen des regulären Rechnerbetriebs auf die Informationen aus den Hilfetexten zurückgreifen zu können.

Feststellen und Konfiguration geeigneter Systemressourcen

Vor dem Einbau der Karte in den Rechner ist festzustellen, unter welchen Werten für die Systemparameter Ihre Netzwerkadapter korrekt arbeitet. Netzwerkadapter verwenden in der Regel die Ressourcen Interrupt (IRQ) und E/A-Adressen zum Datenaustausch im Computer. Welche Systemparameter von Ihrer Netzwerkkarte konkret verwendet werden bzw. welche exakten Werte der Parameter möglich sind, entnehmen Sie der Dokumentation zur Netzwerkkarte. Hintergrundinformation zu den Aufgaben der Systemressourcen finden Sie im Kapitel 2 ab der Seite 43. Tips, Hinweise und eine Arbeitsanleitung zur Konfiguration finden Sie im gleichen Kapitel ab Seite 64.

Einbau der Karte in den Rechner

Haben Sie die Arbeiten zur Einstellung Ihrer neuen Hardware durchgeführt, können Sie mit dem Einbau der Karte beginnen. Beenden Sie alle Programme und schalten Sie den Rechner aus. Entfernen Sie vor dem Öffnen des Gehäuses immer die Netzstecker am Computer, um zu vermeiden, mit tödlicher Netzspannung in Berührung zu kommen.

1 Öffnen Sie das Gehäuse des Rechners und wählen Sie einen freien Steckplatz (ISA oder PCI) aus. Entfernen Sie das Slotblech vor dem Steckplatz an der Rückwand des Gehäuses.

2 Stecken Sie die Karte mit festem Druck in den Buseinschub und verschrauben Sie das Slotblech wieder mit dem Gehäuse. Setzen Sie die Karte jedoch nicht mit Gewalt ein. Häufig paßt das Slotblech von neuen Karten nicht unmittelbar in die vorgesehene Nut der Seitenwand des Gehäuses. In diesen Fällen müssen Sie das Slotblech der Erweiterungskarte an dem gerundeten unteren Teil vorsichtig etwas nach außen biegen. Die Karte muß vollständig im Einschub sitzen, da sonst Kontaktprobleme vorprogrammiert sind, die im laufenden Betrieb zu spontanen Ausfällen führen können oder aber dafür verantwortlich sind, daß die Netzwerkkarte gar nicht vom Betriebssystem erkannt und damit auch nicht genutzt werden kann.

Blick in das geöffnete Gehäuse des PCs auf die Hauptplatine des Rechners

3 Schließen Sie das Gehäuse des Rechners und stellen Sie wieder alle Verbindungen für Maus, Tastatur und Monitor her.

Starten Sie den Rechner und überprüfen Sie die korrekte Funktion des Betriebssystems. Kontrollieren Sie ggf. im Geräte-Manager der Systemsteuerung die richtige Funktion der Hardware und, ob bereits Gerätekonflikte erkennbar sind. Erst wenn im Geräte-Manager keine Fehler in der Konfiguration der Hardware angezeigt werden, können Sie die letzten Schritte der Vernetzung durchführen.

Der letze Installationsschritt ist die Verkabelung der Netzwerkrechner mit den BNC-Kabeln. Tips und Hinweise dazu gibt Ihnen der folgende Abschnitt.

Notebooks und Laptops: PCMCIA-Netzwerkkarteneinbau für mobile Computer

Nachdem Sie damit erfahren haben, wie Sie eine Netzwerkkarte in einen PC einbauen, soll anschließend kurz der entsprechende Einbau einer PCMCIA-Netzwerkkarte in einen mobilen Computer beschrieben werden. PCMCIA-Netzwerkkarten werden speziell für Laptop- und Notebook-Computer verwendet, in die aufgrund ihrer Größe keine normalen Zusatzkarten eingebaut werden können. PCMCIA-Karten sind erheblich kleiner als PC-Zusatzkarten (etwas über Scheckkartengröße) und werden über eine spezielle Kupplung mit anderen Rechnern verkabelt (siehe unten). Für den Einbau der PCMCIA-Netzwerkkarte wird ein freier PCMCIA-Schacht benötigt.

Kleine Netze unter Windows erfolgreich aufbauen

Verbindung gesucht – die PCMCIA-Zusatzkarte kann über eine Steckerverbindung mit einem Kupplungsstück verbunden werden

1 Öffnen Sie die Abdeckung zu einem PCMCIA-Schacht Ihres mobilen Computers.

2 Stecken Sie die PCMCIA-Karte in den PCMCIA-Schacht Ihres Laptops.

Mit einer PCMCIA-Netzwerkkarte nehmen Sie auch Ihren Laptop in das Windows-Netzwerk auf

3 Verbinden Sie die PCMCIA-Karte mit dem Ethernet PC Card Media Coupler. Letztgenanntes Element beinhaltet den Anschluß für einen T-Stecker sowie Leuchtdioden, die das Versenden und Erhalten von Daten veranschaulichen.

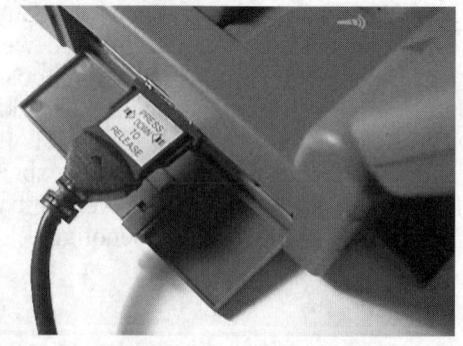

Das Kupplungsstück wird auf die PCMCIA-Karte aufgesteckt und verbindet den Laptop mit dem T-Stück

4 Nach dem Einbau verbinden Sie die Kupplung des Laptops mit einem T-Stecker.

Mit dem T-Stecker verbinden Sie das Kupplungsstück der PCMCIA-Netzwerkkarte mit dem Netzwerkstrang

5 Stecken Sie das Verbindungskabel auf einen Anschluß des T-Stücks.

6 Auf den freien Anschluß des T-Steckers stecken Sie einen Abschlußwiderstand. Alternativ dazu können Sie an den zweiten Anschluß auch ein weiteres Verbindungskabel zu einem weiteren Netzwerkrechner aufstecken.

Angedockt: Der Laptop ist mit dem Netzwerk verbunden

Die Hardwarekonfiguration der Plug & Play-Netzwerkkarte innerhalb eines Laptops erfolgt automatisch. Hardwarekonflikte sind nicht zu erwarten, da die Rechnerressourcen in einem mobilen Computer anders als bei einem PC nur selten ausgelastet sind. Die Treibereinrichtung sowie die Installation der Netzwerksoftware erfolgt bei einem mobilen Computer genauso wie bei einem PC.

Verbindung mit dem Netz – Verkabelung der Netzwerkrechner

Nachdem alle zu vernetzenden Rechner mit Netzwerkkarten versorgt sind und die Rechner korrekt arbeiten, können Sie mit der Verkabelung beginnen.

1 Zur Herstellung der Kabelverbindungen ist jede Netzwerkkarte mit einem T-Stück zu versehen. Stecken Sie das T-Stück vorsichtig auf den BNC-Ausgang der Netzwerkkarte und fixieren Sie den Abgang durch eine leichte Drehung am Rändel des T-Stücks.

2 Die Anschlüsse der T-Stücke zwischen den Rechnern bzw. der Netzwerkkarten werden mit den BNC-Kabeln verbunden. Die Verbindung wird auf die gleiche Weise hergestellt wie das Aufstecken der T-Stücke auf die Netzwerkkarte.

> **Hinweis**
>
> **Koaxialkabel – Der richtige Typ ist entscheidend**
>
> Die Kabel des dünnen Ethernet ähneln äußerlich denen, die beim Kabelfernsehen oder Satellitenempfang eingesetzt werden. Netzwerkkabel haben jedoch andere elektrische Eigenschaften. Koaxialkabel unterscheiden sich in ihrem Wellenwiderstand, der das Übertragungsverhalten auf dem Kabel entscheidend beeinflußt. Netzwerkkabel haben einen Wellenwiderstand von 50 Ohm, Kabel für den Antennenempfang jedoch 75 Ohm.

3 An den beiden Enden des kompletten Netzwerkstrangs ist jeweils ein Ende am T-Stück offen. Zum korrekten (elektrischen) Abschluß des Kabelwegs sind als letzter Schritt der Verkabelung die Abschlußwiderstände (Terminatoren) anzubringen.

> **Hinweis**
>
> **BNC-Kabel zu kurz? – So können Sie Ihre Netzkabel verlängern**
>
> Wenn Sie fertige (konfektionierte) Koaxialkabel verwenden, kann es vorkommen, daß ein 5 oder 10 m langes Kabel gerade zu kurz ist, um den Rechner ohne Zugbelastung an das Netzwerk anzuschließen. Das Verlängern des Kabelwegs ist jedoch sehr leicht zu machen. Entweder setzen Sie ein zusätzliches T-Stück zur Verbindung eines weiteren Koaxialkabels ein, oder Sie verwenden spezielle Verlängerungsstücke.

Die schwierigsten Arbeiten der Vernetzung haben Sie mit der Verkabelung der Rechner abgeschlossen. Als letzter Schritt sind die Netzwerkverbindungen mit den Diagnoseprogrammen der Netzwerkadapter zu testen. Hilfestellung für die Durchführung dieser Tests gibt Ihnen der folgende Abschnitt.

Netzwerktest – Diagnose der Netzwerkinstallation

Zum Abschluß der Installation und zur Überprüfung der korrekten Funktion der Netzwerkverbindungen dienen die Testprogramme der Betriebssoftware der Adapter. Im allgemeinen bietet das Setup-Programm für die Konfiguration der Adapter Funktionen zum Test des Netzwerks bzw. der Netzwerkverbindung des Rechners.

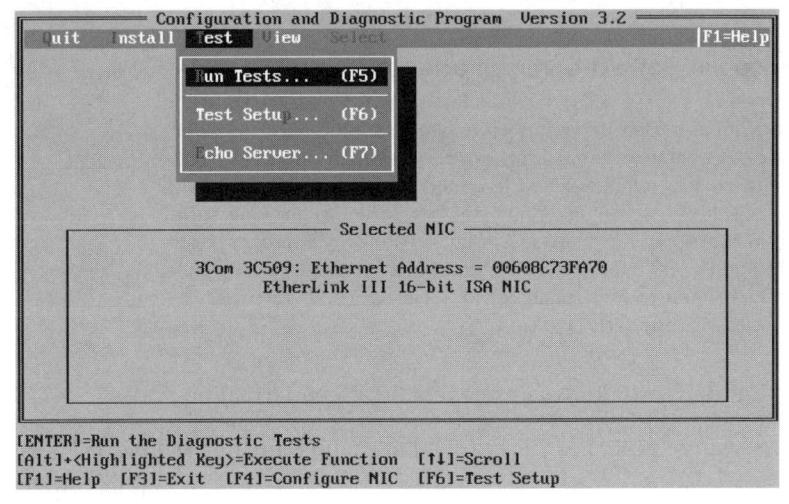

Setup- und Diagnoseprogramm der Firma 3Com für den Adapter EtherLink III

Im folgenden wird der Ablauf der Netzwerküberprüfung anhand der Software für die Netzwerkkarten des Herstellers 3Com vorgestellt. Dazu wird das Setup- und Diagnoseprogramm *3c5x9cfg.exe* der Betriebssoftware zu den EtherLink III-Adaptern verwendet. Das Programm arbeitet unter dem Betriebssystem DOS und steht auf den Installationsmedien (Diskette 2) der Betriebssoftware zur Verfügung. Verwenden Sie einen anderen Typ, gibt die Dokumentation der Karte Auskunft über den Namen des benötigten Programms bzw. darüber, an welcher Stelle das Tool bei den Installationsmedien ihres Herstellers zu finden ist.

Hardwarediagnosefunktionen

Unabhängig vom verwendeten Typ der Netzwerkkarte bieten alle Hersteller drei Funktionen zur Diagnose des Netzwerks:

- Selbsttestfunktion zur Überprüfung der Adapterhardware
- Initiator-Funktionen zum Senden von Testdaten über das Netzwerk
- Responder-Funktionen zum Empfang der Testdaten und deren Bestätigung

Der Selbsttest untersucht lediglich die Hardware der Platine auf die korrekte Funktion. Auf diese Weise können jedoch keine Verbindungen bzw. korrekte Kabelwege im Netzwerk untersucht werden. Um die Netzwerkverbindungen testen zu können, sind Testdatenpakete über das Netzwerk zu senden bzw. zu empfangen und zu bestätigen. Dazu bieten die Diagnoseprogramme Initiator- und Responder-Funktionen. Je ein Rechner im Netzwerk arbeitet mittels des Diagnoseprogramms als Initiator und sendet Testdaten in das Netzwerk. Alle anderen Rechner im zu testenden Netz verwenden die Responder-Funktion und zeigen den korrekten Empfang der Testdaten an.

Kleine Netze unter Windows erfolgreich aufbauen

> **Hinweis**
>
> **Diagnose mit Software verschiedener Hersteller**
>
> Im allgemeinen kann die Diagnosefunktion für das Netzwerk nur mit den Programmen des gleichen Herstellers durchgeführt werden. Verwenden Sie verschiedene Adaptertypen ist meist keine Netzwerkverbindung zwischen Initiator und Responder möglich, da häufig adapterspezifische Protokollfunktionen der Testdatenpakete verwendet werden. In diesen Fällen müssen Sie leider auf den betriebssystemunabhängigen Test der Netzwerkhardware verzichten. Ähnliche Funktionen können jedoch auch mit der Netzwerksoftware der Betriebssysteme nachgebildet werden.

Für den Test des Netzes gehen Sie folgendermaßen vor:

- Selbsttest aller Netzwerkadapter mit Hilfe des Diagnose-Tools
- Konfiguration eines Rechners als Initiator zum Senden der Testdaten im Diagnoseprogramm
- Konfiguration der restlichen Netzwerkpartner/Diagnoseprogramme als Responder.

Starten Sie alle zu überprüfenden Rechner im DOS-Modus und die Diagnoseprogramme der Betriebssoftware für die verwendeten Adapter. Bei der Testsoftware des EtherLink III-Adapters sind die Testläufe konfigurierbar, das heißt, sie können zu- bzw. abgeschaltet werden. In der Standardeinstellung sind die netzwerkorientierten Testfunktionen deaktiviert.

1 Zur Einstellung des Selbsttests ist der Menüpunkt *Test Setup* der Diagnosefunktionen auszuwählen. Alle internen Testfunktionen sollten aktiviert (*Enabled*) sein.

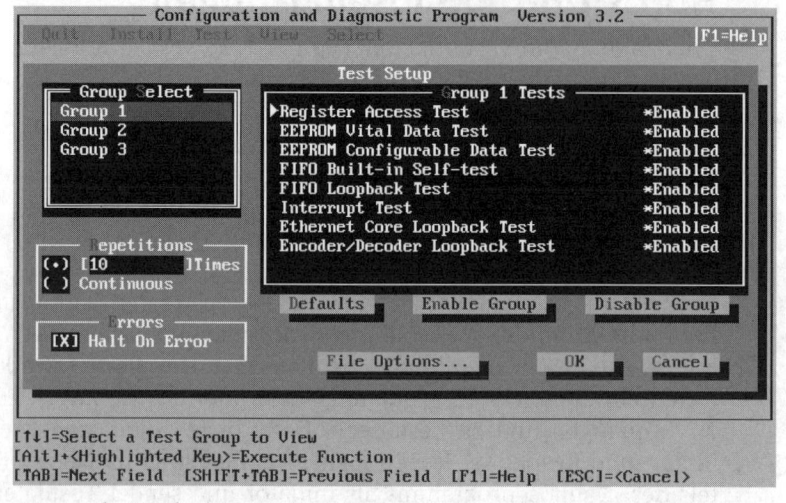

Anzeige der Testfunktionen des Selbsttests im Setup der Diagnosefunktion

2 Starten Sie den Testlauf. Alle Funktionen der Karte müssen den Test einwandfrei bestehen können.

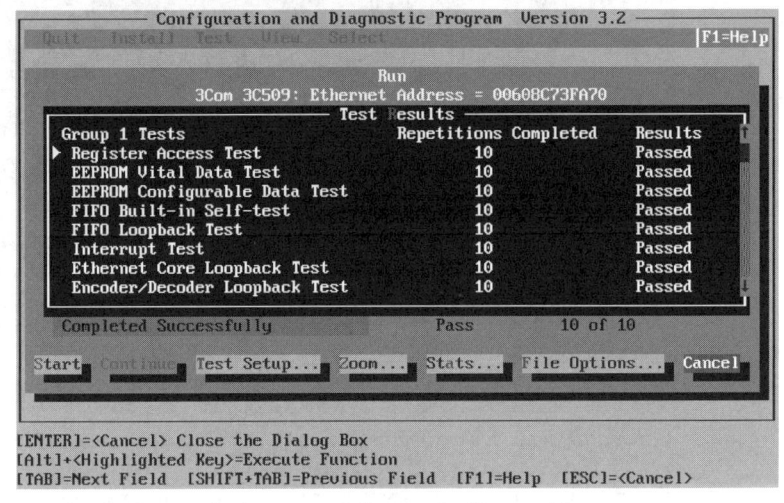

Anzeige des Testergebnisses vom Selbsttest der Netzwerkkarte

3 Für den Netzwerktest ist ein beliebiger Rechner im Netz als Initiator auszuwählen. Starten Sie die Initiator-Funktion des Diagnoseprogramms.

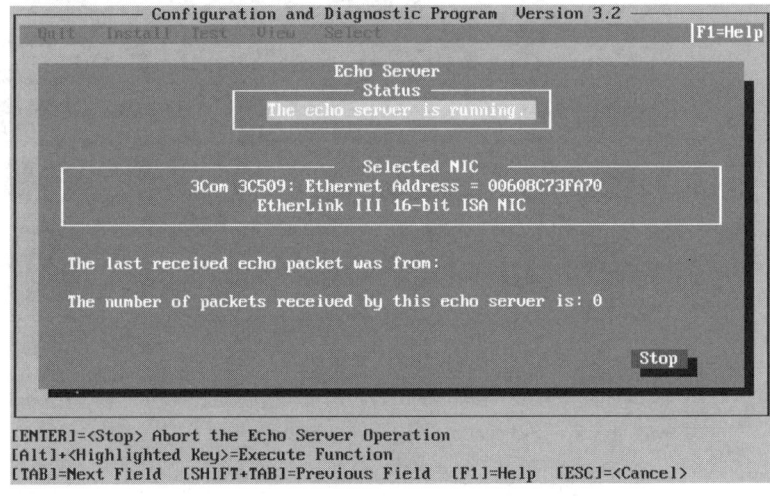

Anzeige der Initiator-Funktion der Testsoftware der Firma 3Com

4 Alle anderen Rechner im Netz arbeiten als Responder und sind im Setup der Diagnosefunktion entsprechend zu ändern. Aktivieren Sie die Netzwerküberprüfung nacheinander für jeden Rechner. Die lokalen Funktionen (Selbsttest) können für die Überprüfung der Netzwerkverbindungen abgeschaltet werden (*Disabled*).

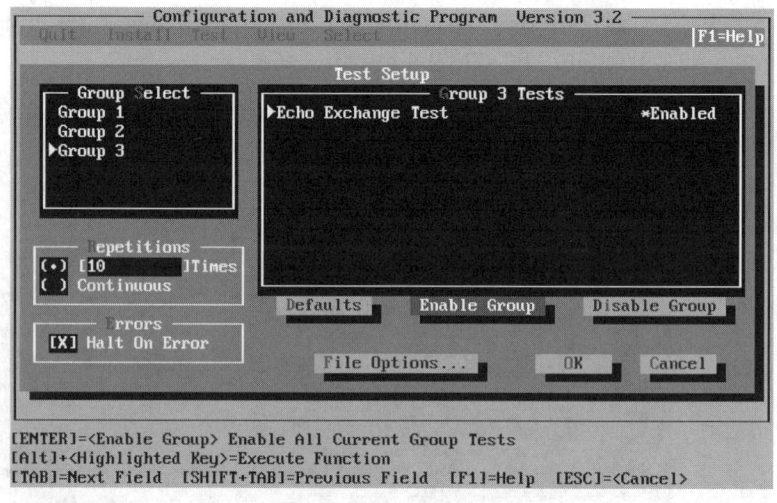

Aktivierung der Netzwerküberprüfung beim Diagnosewerkzeug 3c5x9cfg.exe

5 Starten Sie den Netzwerktest der Rechner im Netz. Alle Funktionen des Netzwerktests müssen von den Adaptern einwandfrei bestanden werden.

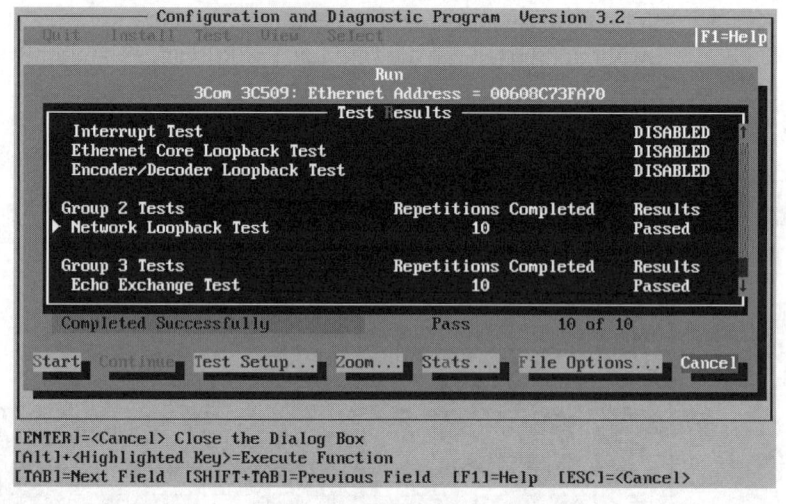

Anzeige des Testergebnisses beim Netzwerktest

Kam es bei den Funktionen zu Fehlern, müssen die Fehlerquellen beseitigt werden, bevor weitere Arbeiten im Sinne der Betriebssystemsoftware erfolgen können. Um ein korrekt arbeitendes Netzwerk zu gewährleisten, darf keiner der Tests im Diagnoseprogramm fehlschlagen.

Vorgehen bei fehlerhaftem Netzwerktest

Bei den vorbereiteten Tests mit Hilfe der Diagnosesoftware gilt leider: kein Mut zur Lücke. Sollten sich bei der Diagnose bereits Fehler zeigen, müssen Sie, bevor Sie die Netzwerkfunktionen des Betriebssystems nutzen können, alle Fehler beseitigen.

Zeigen sich beim Selbsttest bereits Fehler, weist das häufig auf eine Beschädigung der Hardware des Adapters hin. Überprüfen Sie noch einmal die Einstellungen hinsichtlich der Systemressourcen und wiederholen Sie den Test. Sollten dennoch weiterhin Fehler auftreten, ist es sehr wahrscheinlich, daß ein Hardwarefehler vorliegt. In diesem Fall müssen Sie eine neue Netzwerkkarte verwenden. Zeigen sich beim Netzwerktest Fehler, liegt die Ursache häufig in der Verkabelung bzw. Terminierung des Netzwerks. Überprüfen Sie die Kabelverbindungen der Netzwerkrechner, indem Sie das Netzwerk an dem Rechner öffnen, der dem Initiator-Rechner am nächsten gelegen ist, und terminieren Sie das Netzwerk wieder.

Durch dieses Verfahren können Sie die Teilkabel des Netzes überprüfen und ggf. gegen andere austauschen. Schleifen Sie dann in der Folge der weiteren Tests weitere Rechner in das Netzwerk ein, bis die Fehlersituation wieder eintritt. Auf diese Weise können Sie relativ leicht defekte Netzwerkkabel ausmachen. Seltene Fälle sind defekte T-Stücke und Abschlußwiderstände. Dennoch können auch diese Bauteile zu Fehlern führen. Sollte die Überprüfung der Kabel zu keinem positiven Ergebnis führen, sind analog die T-Stücke auszuwechseln oder andere Abschlußwiderstände zu verwenden.

18.3 Vernetzt! – Netzwerke unter Windows 95/98 konfigurieren

Vor dem „Auftritt" von Windows 95 war es noch eine recht mühselige und wenig überschaubare Angelegenheit, die Netzwerksoftware für Windows-Systeme zu installieren und die entsprechenden Freigabe- und Zugriffsmodalitäten zu regeln. Seit den modernen 32-Bit-Systemen von Windows können Sie alle Arbeiten bequem und einheitlich mit Hilfe der grafischen Oberfläche durchführen und kontrollieren.

Hinweis
Die 32-Bit-Windows-Netzwerkarchitektur
Die 32-Bit-Netzwerkarchitektur von Windows 98 stellt 32-Bit-Client-, Sharing-, Protokoll- und Treibersoftware zur Verfügung. Netzwerktreiber werden im erweiterten Windows-Modus geladen, so daß durch Netzwerktreiber nicht unnötig Speicher für DOS-Anwendungen in DOS-Fenstern verlorengeht. So ist es unter Windows 95/98 keine Besonderheit mehr, wenn Sie trotz eingerichtetem CD-ROM-Laufwerk und Netzwerk mehr als 600 KByte konventionellen Speicher für DOS-Anwendungen zur Verfügung haben. Anders als unter Windows für Workgroups können unter Windows 95/98 mehrere Netzwerkprotokolle, Redirectors und Netzwerkkartentreiber parallel eingerichtet, verwaltet und simultan eingesetzt werden. Die parallele Anbindung an Rechner, die ihrerseits unter Windows für Workgroups, Novell NetWare, Windows NT oder einem Netzwerkbetriebssystem eines Drittherstellers wie Banyan, Artisoft oder DEC betrieben werden, stellt damit nicht länger ein Problem dar. Das gemeinsame Verwenden von Datei- und Druckerressourcen ist zudem NetWare-kompatibel.

Das folgende Unterkapitel begleitet Sie bei der Installation und Konfiguration der Betriebssystemsoftware sowie der Netzwerkdienste. Nach der korrekten Installation der Netzwerkhardware und dem erfolgreichen Test der Verbindungen im Netz können Sie mit der Installation der benötigten Software für die Netzwerkfähigkeiten Ihres Betriebssystem Windows 95/98 beginnen.

Der erste Abschnitt widmet sich der Installation der Kartentreiber zur Anbindung an das Netzwerk für das Betriebssystem. Im Anschluß an die Anbindung wird gezeigt, wie Sie die Netzwerkfähigkeiten von Windows innerhalb des Peer-to-Peer-Netzes nutzen. Es wird gezeigt, wie Sie die Konfiguration der Netzwerkeigenschaften der Rechner vornehmen und wie die Ressourcenfreigabe erfolgt.

Installation und Konfiguration der Treibersoftware

Das grundlegende Betriebssystem der folgenden Arbeitsschritte ist Windows 95/98. Damit jedoch auch die Anwender anderer netzwerkfähiger Versionen von Windows (Windows 3.11, Windows NT) oder Benutzer ganz anderer Betriebssysteme die Arbeitsschritte sinngemäß nachvollziehen können, werden alle Arbeitsschritte manuell durchgeführt.

Wir verzichten an dieser Stelle auf alle automatischen Konfigurationsfähigkeiten von Windows 95/98, da die prinzipiellen Abläufe für alle Betriebssysteme gelten.

Für die Installation benötigen Sie die Installations-CD des Betriebssystems, die Installationsmedien der Netzwerkkarte bzw. eine Arbeitskopie der Dateien auf Ihrer Festplatte. Für die Installationsarbeiten der Treiber für das Betriebssystem benötigen Sie darüber hinaus die Installationsanleitungen und Hilfetexte des jeweiligen Herstellers der Karte, um spezifische Besonderheiten im Ablauf berücksichtigen zu können.

Vorab stellen wir noch einmal die Konfiguration „unserer" Netzwerkkarte mit dem Konfigurationsprogramm des Herstellers 3Com vor. Dabei sei allerdings gesondert darauf hingewiesen, daß die Einstellungen für Ihren Rechner entsprechend den dort vorhandenen freien Ressourcen gesetzt werden müssen. Eine direkte Übernahme der hier verwendeten Beispielkonfiguration ist daher nicht in jedem Fall möglich:

```
┌──────── Configuration and Diagnostic Program  Version 3.2 ────────┐
│ Quit  Install  Test  View  Select                         F1=Help │
│            3Com 3C509: Ethernet Address = 00608C73FA70            │
│           ┌──────────────── NIC Information ────────────────┐     │
│           │ Ethernet address:              00608C73FA70     │↑    │
│           │ NIC type:                      coax             │     │
│           │ Date of manufacture:           8/19/93          │     │
│           │ Division code:                 1                │     │
│           │ Product code:                  XA               │     │
│           │ ASIC revision:                 1                │     │
│           │ Software compatibility failure level:   0       │     │
│           │ Software compatibility warning level:   0       │     │
│           │ I/O base address:              210H             │     │
│           │ Interrupt request level:       10               │     │
│           │ Boot PROM size:                disabled         │     │
│           │ Transceiver type:              on-board coax    │↓    │
│           │                                                 │     │
│           │                                     ┌────────┐  │     │
│           │                                     │ Cancel │  │     │
│           │                                     └────────┘  │     │
│           └─────────────────────────────────────────────────┘     │
└───────────────────────────────────────────────────────────────────┘
[ENTER]=<Cancel>   [↑↓]=Scroll    [PgDn]=Page Down   [PgUp]=Page Up
[Alt]+<Highlighted Key>=Execute Function
[TAB]=Next Field   [SHIFT+TAB]=Previous Field   [F1]=Help   [ESC]=<Cancel>
```

Zusammenfassung der Karteneinstellungen der Netzwerkkarte EtherLink III

Parameter der Hardwarekonfiguration für die weiteren Schritte
Systemressource Interrupt-Anforderung = IRQ 10 (Interrupt request level)
Systemressource E/A-Adresse = 210H (I/O base address)
Adaptertyp = coax, dünnes Ethernet (NIC-Type)
Netzwerkanschluß = on board coax, BNC-Ausgang (Transceiver type)

Konfiguration der Treiber bei Plug & Play-fähigen Netzwerkkarten

Verwenden Sie als Netzwerkkarte einen Plug & Play-Typ, wird nach dem Einbau der Karte und dem Systemstart von Windows die Installation der Treiber für das Betriebssystem sowie die Konfiguration der Systemparameter vom Betriebssystem gesteuert.

Nach dem Start des Betriebssystems wird die neue Komponente automatisch erkannt und der Assistent für die Integration der neuen Hardware gestartet.

Sie können den geführten Installationsschritten des Assistenten folgen und sich vom Betriebssystem bei der korrekten Inbetriebnahme der Karte unterstützen lassen. Für die geführte Installation benötigen Sie jedoch ebenfalls die Treiberdisketten des Herstellers. Im Verlauf der Installation werden Sie aufgefordert, diese Medien im Diskettenlaufwerk zur Verfügung zu stellen.

Alternativ können Sie diese automatische Installation jedoch abbrechen und den Schritten des folgenden Abschnitts folgen, um Ihre Hardware manuell zu installieren. Welcher Weg Ihnen der sympatischere ist, bleibt Ihnen überlassen. Möchten Sie jedoch Erfahrung im Umgang mit solchen Installationsarbeiten sammeln, ist die manuelle Installation eine Möglichkeit dazu.

Manuelle Konfiguration der Netzwerkkartentreiber

Die hier verwandte Netzwerkkarte 3Com EtherLink III ist eine per Software konfigurierbare Netzwerkkarte als ISA-Typ ohne Plug & Play. Für die manuelle Installation ist diese Zusatzkarte damit ein idealer Kandidat, um diesen Weg vorzustellen.

Der Hardware-Assistent der Systemsteuerung von Windows dient der Installation neuer Hardware im Sinne des Betriebssystems. Auch bei der manuellen Installation werden Sie als Benutzer durch die Installation geführt, lediglich die Angaben, die vom Betriebssystem für die korrekte Einbindung benötigt werden, sind von Ihnen anzugeben.

1. Rufen Sie den Hardware-Assistenten der Systemsteuerung über *Start/Einstellungen/Systemsteuerung/Hardware* auf.

   Starten Sie die Installation durch einen Klick auf die Schaltfläche *Weiter*. Im ersten Schritt werden Plug & Play-Geräte erkannt.

2. Für die manuelle Bearbeitung von Plug & Play-Geräten müssen diese automatischen Funktionen ggf. übersprungen werden. Verwenden Sie Plug & Play-Geräte, ist nach der Erkennung die automatische Bearbeitung abzubrechen. Klicken Sie dazu auf die Schaltfläche *Manuell installieren*. Die folgenden Schritte sind dann identisch mit der Installation von Komponenten ohne Plug & Play-Funktion.

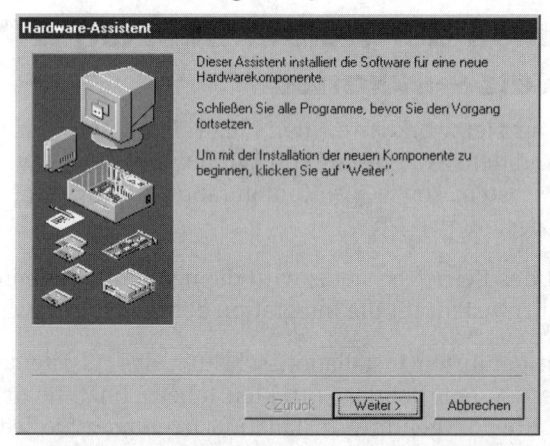

3. Geräte ohne Plug & Play-Funktionen werden beim ersten Schritt der Geräteerkennung nicht identifiziert. Um dennoch das Gerät automatisch zu erkennen, unterstützt der Assistent spezielle Probeverfahren, die eine Erkennung möglich machen. Für die manuelle Installation wählen Sie jedoch die Auswahl *Nein, Hardware in der Liste wählen* und bestätigen dies durch einen Klick auf die Schaltfläche *Weiter*.

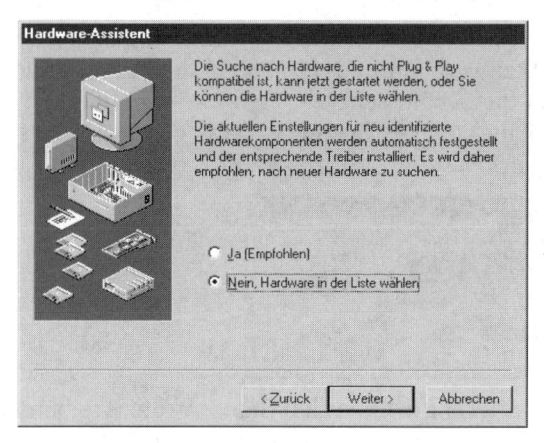

Kleine Netze unter Windows erfolgreich aufbauen

4 Zur Auswahl der zu installierenden Hardware erhalten Sie einen Dialog, der den Typ der zu installierenden Hardware bestimmt. Wählen Sie in der Liste der zur Verfügung stehenden Geräteklassen den Typ *Netzwerkkarten* und klicken Sie auf die Schaltfläche *Weiter*.

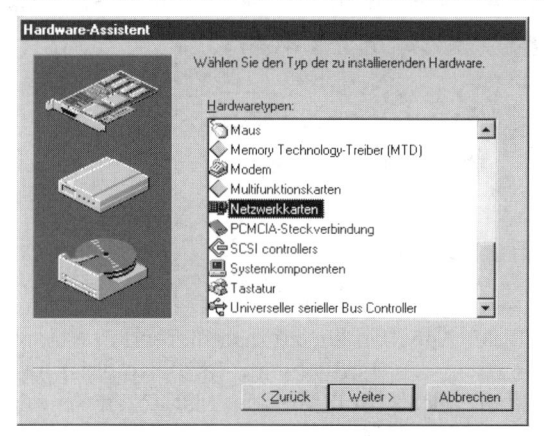

5 Mit dem folgenden Dialog wählen Sie den Typ der zu installierenden Netzwerkkarte bzw. den geeigneten Treiber für das Betriebssystem. Klicken Sie auf die Schaltfläche *Diskette*, um den Standort der Daten für die Installation der Treiber anzugeben.

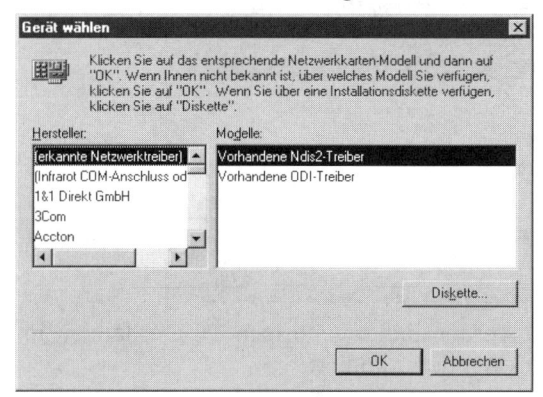

Kleine Netze unter Windows erfolgreich aufbauen

6 Installieren Sie von den Installationsdisketten, legen Sie die Treiberdiskette in das Laufwerk ein und bestätigen Sie dies anschließend durch einen Klick auf die Schaltfläche *OK*. Befinden sich die Installationsdateien auf der Festplatte, klicken Sie zur Angabe des Standortes auf die Schaltfläche *Durchsuchen*.

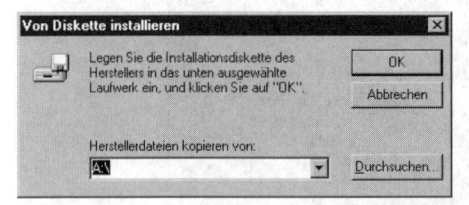

7 Wählen Sie im Dialog *Öffnen* den Standort der Treiberdateien z. B. auf der Festplatte. Im Beispiel wurden die Treiberdisketten in das Verzeichnis *Treiberdisketten\Netzwerkadapter* im Windows-Verzeichnis kopiert. Die Treiberdaten befinden sich bei der Netzwerkkarte des Beispiels auf der ersten Diskette. Wählen Sie analog den Standort Ihrer Daten und bestätigen Sie die Auswahl durch einen Klick auf die Schaltfläche *OK*.

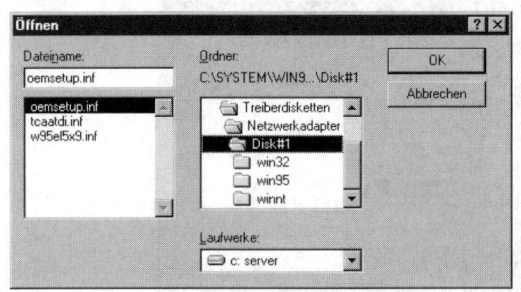

8 Zum Abschluß der Angaben zur zu installierenden Netzwerkkarte geben Sie den exakten Typ der Hardware an. Im Beispiel ist das die Netzwerkkarte 3Com EtherLink III im ISA-Mode. Markieren Sie mit der Maus den passenden Eintrag in der Auswahlliste und bestätigen Sie die Auswahl durch einen Klick auf die Schaltfläche *OK*.

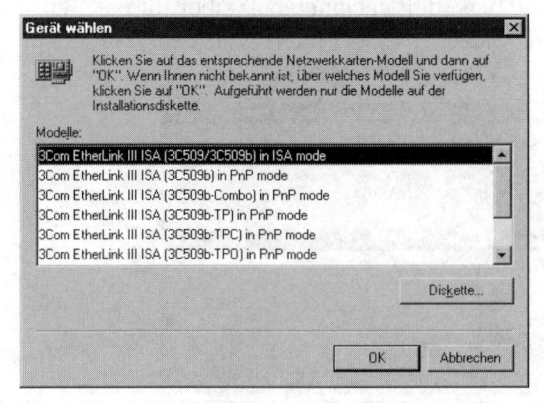

Im Anschluß werden die zugehörigen Treiberdateien in die Systemverzeichnisse von Windows kopiert.

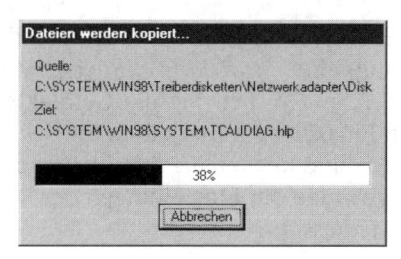

Kleine Netze unter Windows erfolgreich aufbauen

Nach Abschluß des Kopiervorgangs bindet der Hardware-Assistent die Treiber in die Konfigurationsdateien des Betriebssystems ein und zeigt diejenigen Systemparameter an, die für die Komponenten in der Voreinstellung des Betriebssystems verwendet werden. In vielen Fällen können diese Einstellungen bereits richtig sein, häufig sind jedoch bestimmte Einstellungen in den Werten der Parameter nicht korrekt.

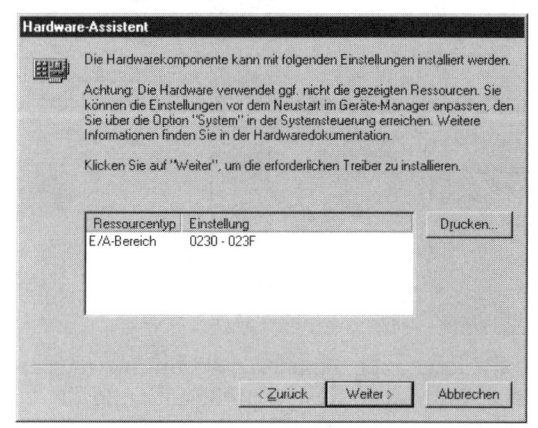

Im vorliegenden Beispiel stimmt die E/A-Adresse der Voreinstellung mit dem tatsächlichen Wert 210-21F nicht überein. Damit muß nach der erfolgreichen Installation der Treiberdaten eine Korrektur der Werte für die Systemressourcen erfolgen. Dieser Schritt wird im nachfolgenden Abschnitt „Manuelle Anpassung der Netzwerkkartentreiber" gesondert beschrieben. Bestätigen Sie zum Abschluß der Treiberinstallation den Fortgang, indem Sie auf die Schaltfläche *Weiter* klicken. Beenden Sie den Harware-Assistenten im letzten Dialog durch einen Klick auf die Schaltfläche *Fertig stellen*. Zur Aktivierung der Treiber in der neuen Konfiguration des Betriebssystems ist der Rechner erneut zu starten. Klicken Sie zur Bestätigung der entsprechenden Aufforderung auf die Schaltfläche *Ja*.

Manuelle Anpassung der Netzwerkkartentreiber

Nach der Integration der Netzwerkkarte in das Betriebssystem finden Sie die neue Hardware im Geräte-Manager der Systemsteuerung wieder. Haben Sie von der Voreinstellung abweichende Werte der Systemeinstellungen verwenden müssen, sind zur Korrektur die Eigenschaften der Netzwerkkarte entsprechend anzupassen.

Kleine Netze unter Windows erfolgreich aufbauen

1 Rufen Sie für die manuelle Anpassung der Eigenschaften den Geräte-Manager der Systemsteuerung über *Start/Einstellungen/Systemsteuerung/ System/Geräte-Manager* auf, und öffnen Sie die Geräteklasse *Netzwerkkarten* am vorangestellten Pluszeichen. Markieren Sie den Eintrag für die Netzwerkkarte mit der Maus und klicken Sie anschließend auf die Schaltfläche *Eigenschaften*. Zur Anzeige der Einstellungen der Ressourcen klicken Sie auf die Registerkarte *Ressourcen*.

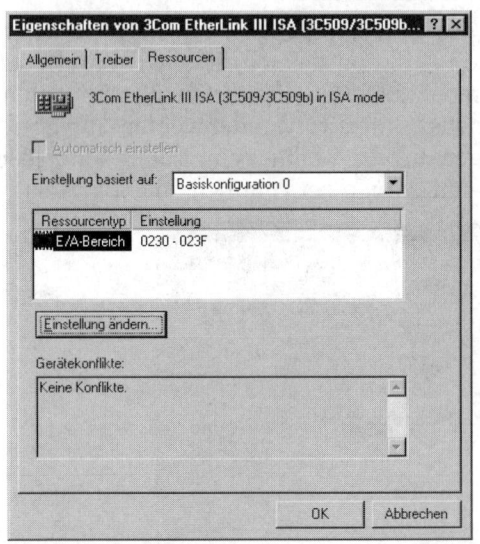

2 Markieren Sie im folgenden Fenster die Einträge nacheinander, die Sie ändern möchten, und klicken Sie zur Bestätigung der Auswahl auf die Schaltfläche *Einstellung ändern*.

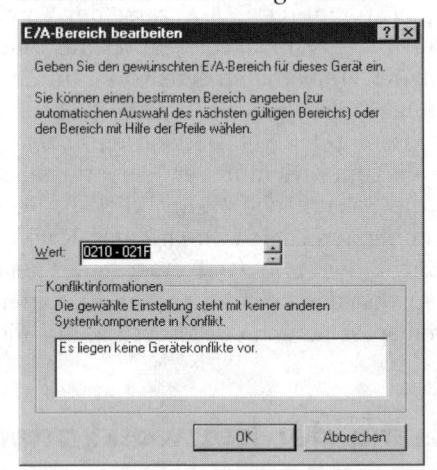

Im Beispiel lautet die richtige E/A-Adresse der Karte 210h (Startbereich). Ändern Sie in der Auswahlliste die Werte für die Systemressourcen entsprechend Ihrer Konfiguration und klicken Sie zur Bestätigung auf die Schaltfläche *OK*.

3 Zum Abschluß der Änderungen beenden Sie den Geräte-Manager, indem Sie auf die Schaltfläche *OK* klicken. Anschließend werden Sie zum Neustart des Rechners aufgefordert. Beantworten Sie in diesem Fall die Frage *Soll das System neu gestartet werden?* mit *Nein*, um die folgenden Arbeiten für die Einstellung der Netzwerksoftware fortsetzen zu können.

Die erste Hürde der Softwarekonfiguration haben Sie erfolgreich genommen. Nach der Einbindung der Netzwerkkarte müssen die Eigenschaften des Betriebssystems für das Windows-Netzwerk eingestellt werden. Die Beschreibung der notwendigen Schritte finden Sie im folgenden Abschnitt.

Konfiguration der Netzwerksoftware von Windows 95/98

Um die Netzwerkfähigkeiten des Betriebssystems Windows nutzen zu können, ist die Netzwerksoftware zu installieren bzw. zu konfigurieren. Als Grundlage der Kommunikation via Netz wird zuerst die Installation eines Netzwerkprotokolls notwendig, über das der Datenverkehr der Netzwerkdienste abgewickelt werden soll.

Im Zuge der Installation des Netzwerkprotokolls werden neben der protokollspezifischen Software alle notwendigen Softwareanteile installiert, die für die Netzwerkdienste des Ressourcen-Sharings (File- und Printerserver) benötigt werden. Für das Windows-Netzwerk können prinzipiell zwei verschiedene (Netzwerk-)Protokolle zum Datenaustausch verwendet werden:

- NetBEUI (NetBIOS)
- TCP/IP

Beide Protokolle erlauben den Datentransport für die zentralen Client-/Serverdienste des Windows-Netzwerks auf der Basis von SMB (**S**erver **M**essage **B**lock). Verwenden Sie das Protokoll NetBEUI von Microsoft, sind Sie im Netzwerk auf diejenigen Dienste eingeschränkt, die vom Hersteller Microsoft angeboten werden. Möchten Sie weitere Dienste im Netzwerk nutzen, empfiehlt sich das herstellerunabhängige Internetprotokoll TCP/IP.

Möchten Sie beispielsweise einen kleinen Webserver im Netzwerk betreiben, Entwicklungsprogramme für das Internet wie Microsoft FrontPage 98 einsetzen oder einen Zugang zum Internet herstellen, müssen Sie das Internetprotokoll einsetzen. Das Internetprotokoll macht einige zusätzliche Konfigurationen notwendig, die bei einem reinen PC-Netzwerk mit dem Protokoll NetBEUI nicht nötig wären. Diese „Klippen" lassen sich jedoch für kleinere Netze leicht „umschiffen", und der zusätzliche Aufwand ist gering.

Da das Internetprotokoll insgesamt die flexiblere Lösung für die Kommunikation in Ihrem Netz darstellt, wird hier für die Konfiguration des Netzes das TCP/IP-Protokoll eingesetzt und die notwendigen Arbeiten zur Einrichtung der Rechner daran vorgestellt.

Konfiguration des Netzwerkprotokolls (TCP/IP)

Nachdem Ihre Netzwerkkarte auch dem Betriebssystem Windows zugänglich ist, verfügen Sie über ein neues Symbol auf dem Desktop des Bildschirms. Für die Konfiguration der Netzwerkeigenschaften des Rechners spielt dieses Symbol eine zentrale Rolle.

In den folgenden Schritten wird das Netzwerkprotokoll installiert und auf die Netzwerkkarte gebunden.

1 Zeigen Sie mit der Maus auf das Symbol *Netzwerkumgebung* auf dem Desktop. Zum Aufruf der Eigenschaften des Netzwerks klicken Sie jetzt mit der rechten Maustaste auf das Netzwerksymbol. Der Dialog *Netzwerk* erlaubt die Konfiguration aller Eigenschaften Ihres Rechners für den Netzwerkbetrieb.

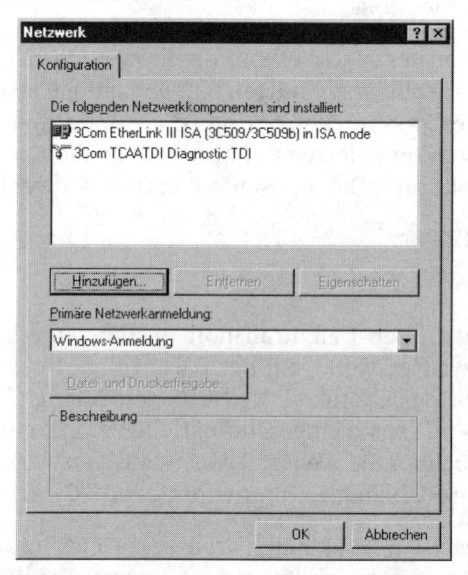

2 Um das Netzwerkprotokoll für das Windows-Netzwerk zu installieren, klicken Sie auf die Schaltfläche *Hinzufügen*. Die folgende Auswahl bietet Ihnen die Möglichkeit, verschiedene Netzwerkkomponenten der Netzwerksoftware für die Installation auszuwählen. Markieren Sie für die Installation des Protokolls den Eintrag *Protokoll* mit der Maus und klicken Sie anschließend auf die Schaltfläche *Hinzufügen*.

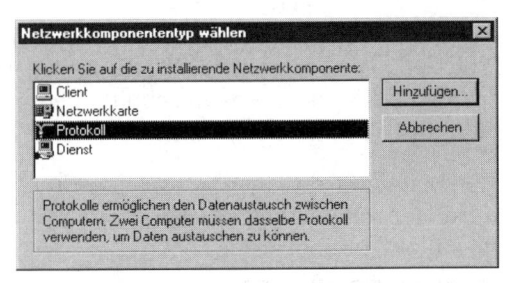

Kleine Netze unter Windows erfolgreich aufbauen

3 Das gewünschte Protokoll TCP/IP für das Windows-Netzwerk finden Sie unter den Einträgen des Herstellers Microsoft. Markieren Sie in der linken Hälfte der Auswahlliste den Hersteller *Microsoft* und in der rechten Liste den Eintrag *TCP/IP*.

Legen Sie die Installations-CD von Windows in das CD-ROM-Laufwerk und klicken Sie zur Installation auf die Schaltfläche *OK*.

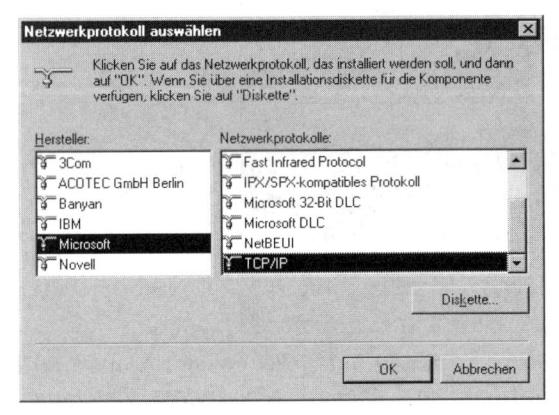

4 Das gewünschte Protokoll TCP/IP wird von der Windows-CD installiert. Sollte die Quelle nicht sofort gefunden werden, klicken Sie im folgenden Dialog auf die Schaltfläche *Durchsuchen* und geben das CD-ROM-Laufwerk explizit als Installationsquelle an. Die notwendigen Dateien befinden sich im Verzeichnis *Win98* bzw. *Win95* auf dem Datenträger.

Nach dem Abschluß der Installation werden Sie zum Neustart des Rechners aufgefordert. Beantworten Sie die Frage danach mit *Nein*, um mit den weiteren Konfigurationsschritten für die Einrichtung des Protokolls bzw. der Rechnereigenschaften für das Netzwerk fortfahren zu können.

Konfiguration der Netzwerkeigenschaften des TCP/IP-Netzwerks

Durch die Installation des Netzwerkprotokolls TCP/IP haben Sie quasi zwei Netzwerkwelten unter einem Dach vereint: das Windows-Netzwerk und das TCP/IP-Netzwerk. Beide „Welten" verwenden das gleiche Kommunikationsprotokoll, bieten jedoch unterschiedliche Dienste, die völlig unabhängig voneinander arbeiten bzw. verwendet werden können.

Kleine Netze unter Windows erfolgreich aufbauen

Grundlage für beide ist jedoch ein korrekt konfiguriertes TCP/IP-Netzwerk, respektive TCP/IP-Protokoll. Die folgenden Schritte zeigen Ihnen die notwendigen Abläufe dazu. Die Kästen dieses Abschnitts liefern die dazu notwendigen Hintergrundinformationen.

1 Zeigen Sie mit der Maus auf das Symbol *Netzwerkumgebung* auf dem Desktop. Zum Aufruf der Netzwerkeigenschaften klicken Sie jetzt mit der rechten Maustaste auf das Symbol *Netzwerk*.

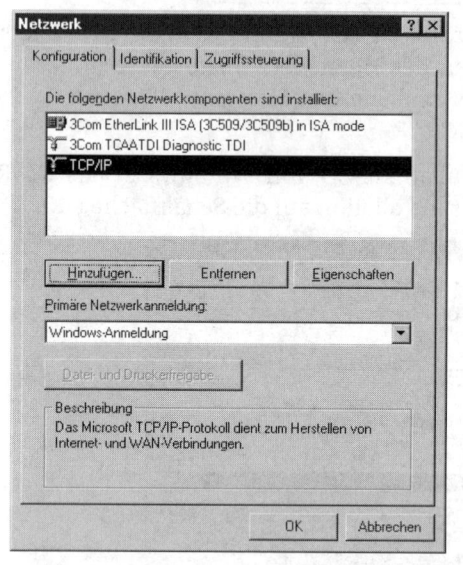

2 Markieren Sie das Protokoll *TCP/IP* mit der Maus und klicken Sie anschließend auf die Schaltfläche *Eigenschaften*. Zur Eingabe der Internetadresse und der Netzwerkmaske wählen Sie die Registerkarte *IP-Adresse*. Jeder Rechner bekommt eine individuelle IP-Adresse. Wir verwenden lokale IP-Adressen der Klasse C aus dem Bereich:

`192.168.13.1 bis 192.168.13.254`

Als Netzwerkmaske ist für Netze der Klasse C die Maske

`255.255.255.0`

zu verwenden. Markieren Sie zur Eingabe der Werte die Auswahl *IP-Adresse festlegen* mit der Maus. Tragen Sie für jeden Rechner im Netz eine individuelle IP-Adresse im Feld *IP-Adresse* und für alle Rechner die gleiche Netzwerkmaske „255.255.255.0" in das Feld *Subnet Mask* ein.

> **Hinweis**
>
> **TCP/IP-Netze – Adressen im LAN und WAN (Internet)**
>
> *Netzwerk- und Rechneradressen*
>
> Jeder Rechner im TCP/IP-Netzwerk benötigt eine eindeutige Adresse: die IP-Adresse oder auch Internetadresse genannt. Das Internet stellt im Grunde nichts anderes dar als die Vernetzung von lokalen Netzwerken. Es werden damit nicht einzelne Rechner im Internet miteinander verbunden, sondern komplette Netzwerke, die dann ihrerseits einzelne Rechner verbinden.
>
> Da lokale Netzwerke sehr unterschiedliche Größen zeigen, werden Internetadressen in Klassen aufgeteilt, je nachdem, wie viele Rechner in einem lokalen Netzwerk (LAN) angesprochen werden müssen. Für kleine Netzwerke werden Adressen der Klasse C verwendet, mit denen sich bis zu 254 Rechner im Netzwerk adressieren lassen.
>
> Eine Internetadresse baut sich aus einem Netzwerkanteil und einem Rechneranteil auf. Für ein Klasse C-Netz könnte eine Adresse lauten
>
> > **Netzwerkanteil.**Rechneranteil
> > **192.168.13.**1
>
> wobei der Anteil **192.168.13** das Netzwerk adressiert und die letzte der vier Stellen den jeweiligen Rechner im Netz kennzeichnet.
>
> Internetadressen müssen weltweit eindeutige Bezeichnungen für Netze bzw. Rechner für die globale Vernetzung im Internet liefern. Daher werden normalerweise Internetadressen von einer übergeordneten Instanz vergeben. Für Internetadressen ist das die **I**nternet **A**ssigned **N**umbers **A**uthority (IANA). Offizielle Adressen werden jedoch nur dann notwendig, wenn Sie unter diesen Adressen im Sinne des Internet erreichbar sein sollen. Für lokale Netze, die nicht im Internet „sichtbar" sein sollen, sind von der IANA sogenannte lokale Internetadressen herausgegeben worden. Für die Klasse C stehen die Netzwerkadressen
>
> > **192.168.0** bis **192.168.255**
>
> zur Verfügung. Sie können damit aus diesem Bereich für Ihr Netzwerk frei wählen. Wir verwenden, hoffentlich als gutes Omen, die Netzwerkadresse 192.168.**13,** mit den Adressen
>
> > **192.168.13.1** bis **192.168.13.254**
>
> Sie können diese Adressen ebenfalls für „Ihr" Netzwerk verwenden, da sie ja nur lokal bei Ihnen (und lokal bei uns:)) sichtbar sind. Ein Transport lokaler Internetadressen über das Internet ist nicht möglich und bietet damit gleichzeitig die Sicherheit gegen unerwünschte „Besucher", selbst wenn Sie mit dem Internet verbunden wären.

> **Hinweis**
>
> **Besondere Rechneradressen im TCP/IP-Netzwerk**
>
> Wir haben Ihnen klammheimlich untergeschoben, daß Sie nur Rechneradressen im Bereich 1-254 bilden können. Was ist also mit den Rechneradressen 0 und 255?
>
> Diese „besonderen Adressen" sind in jedem Netzwerk bereits verwendet. Bezogen auf unser Beispiel bedeutet die Adresse 192.168.13.0 das Netzwerk selbst, und die Adresse 192.168.13.255 steht für alle Rechner im Netz, die sogenannte Broadcast-Adresse (Rundruf).
>
> Über das Broadcasting werden alle Rechner im Netz angesprochen, um organisatorische Informationen für den Netzwerkverkehr an alle Teilnehmer im Netz zu versenden. Damit dürfen Sie diese beiden Adressen nicht verwenden, und der Bereich der nutzbaren Adressen reduziert sich auf 254 Adressen des Bereichs
>
> **192.168.13.1** bis **192.168.13.254**

> **Hinweis**
>
> **Netzwerkmasken bei TCP/IP-Netzwerken**
>
> Sie haben gerade erfahren, daß Netzwerkadressen in Klassen vergeben werden und aus zwei Anteilen bestehen: dem Netzwerkanteil und dem Rechneranteil. Wie aber kann die Netzwerksoftware erkennen, wo der Netzwerkanteil endet bzw. der Rechneranteil beginnt?
>
> Neben der Adresse ist die Angabe einer sogenannten Netzwerkmaske notwendig, die der Netzwerksoftware eine Trennung der Anteile ermöglicht. In unserem Beispiel bekämen alle Rechner die Netzwerkmaske:
>
> **255.255.255**.0
>
> **192.168.13.**10
>
> Überall da, wo die Zahl 0 einem Teil der Adresse gegenübersteht, überdeckt dieser Ausdruck die Internetadresse so, daß dieser Anteil entfällt. Im Beispiel blieben dann nur die Anteile übrig, an denen die Zahl 255 steht. Damit ist eine eindeutige Trennung der Anteile möglich.
>
> Das Verfahren zur Nutzung von Netzwerkmasken ist weitgehender als hier beschrieben. An dieser Stelle soll lediglich das Prinzip verdeutlicht werden.

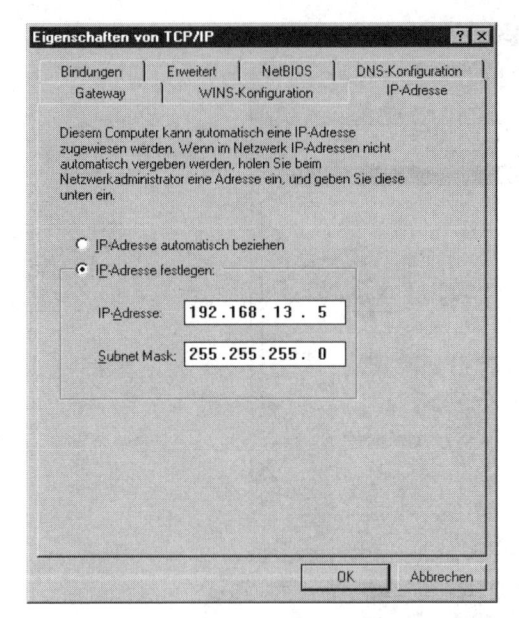

3 Die Abbildung zeigt die Konfiguration für den Rechner Nummer 5. Übernehmen Sie die Einstellungen für den Rechner, indem Sie auf die Schaltfläche *OK* klicken.

Mit der Angabe von Rechneradresse und Netzwerkmaske sind die Grundeinstellungen des Rechners für den Netzwerkbetrieb per TCP/IP im Peer-to-Peer-Netzwerk schon abgeschlossen. Die weiteren Register sind dann von Bedeutung, wenn Sie ein Netzwerkbetriebssystem wie Windows NT einsetzen. Für die Belange im „einfachen" Windows-Netzwerk genügen dagegen diese Angaben.

Durch die Konfiguration kann Ihr Rechner jetzt mit diesem Protokoll kommunizieren und ist als Netzwerkrechner im Verbund ansprechbar. Im nächsten Schritt sind die Netzwerkdienste des Betriebssystems zu installieren bzw. zu konfigurieren. Die dazu notwendigen Schritte finden Sie im anschließenden Abschnitt.

Konfiguration des Netzwerkeigenschaften von Windows-Rechnern

Um im Netzwerk Dienste anbieten und nutzen zu können, muß das Betriebssystem um die entsprechende Software ergänzt werden. Damit jeder Rechner im Netzwerk Dienste nutzen und anbieten kann, werden in den folgenden Schritten die Client- und Serveranteile für das Betriebssystem installiert.

1 Zur Installation der Netzwerkdienste (Serveranteil) klicken Sie auf die Schaltfläche *Hinzufügen*.

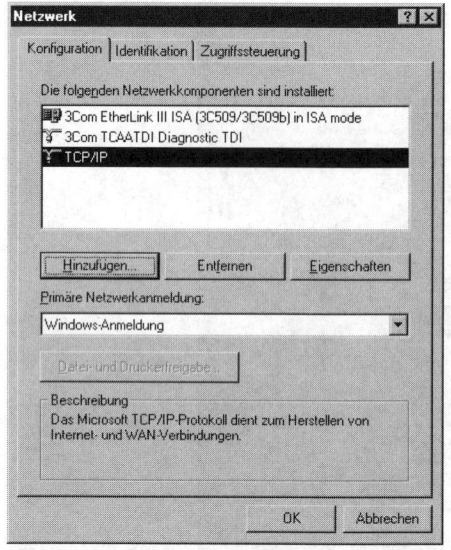

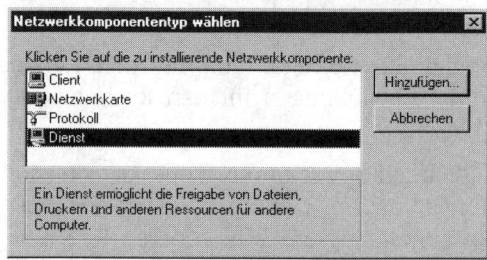

2 Markieren Sie zur Installation der Serverkomponente für die Freigabe von Festplatten und Druckern im Netzwerk den Eintrag *Dienst* mit der Maus und klicken Sie anschließend auf die Schaltfläche *Hinzufügen*.

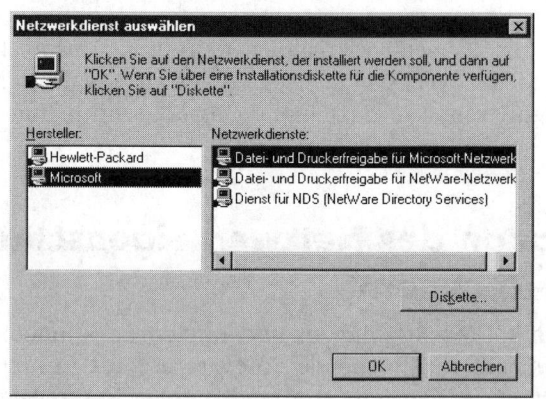

Markieren Sie in der linken Hälfte der Auswahlliste den Hersteller *Microsoft* und in der rechten Liste den Eintrag *Datei- und Druckerfreigabe für Microsoft-Netzwerke* und klicken Sie anschließend auf die Schaltfläche *OK*.

Kleine Netze unter Windows erfolgreich aufbauen

3 Sollen andere Benutzer Zugriff auf die Ressourcen Ihres Rechners bekommen, aktivieren Sie jetzt im Anschluß die Freigabe der Datei- und Druckdienste. Klicken Sie dazu im Fenster *Netzwerk* auf der Registerkarte *Konfiguration* auf die Schaltfläche *Datei- und Druckerfreigabe*.

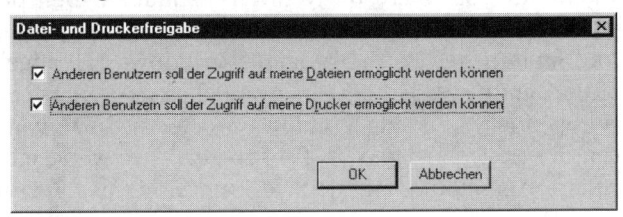

Markieren Sie die Optionen *Anderen Benutzern ...* für die Freigabe von Druckern und Dateien auf den Festplatte(n) des betroffenen Rechners. Durch das Einschalten der Freigabeebene werden noch keine Ressourcen im Netzwerk zur Verfügung gestellt. Lediglich der Serverdienst wird dadurch aktiv geschaltet.

4 Damit Sie als Teilnehmer im Netzwerk Zugriff auf die Ressourcen anderer Rechner bekommen können, ist analog zur Serverkomponente eine Zugriffskomponente für die Serverdienste zu installieren. Der zugehörige Client für die Freigabeeben, wird ebenfalls als Netzwerkkomponente installiert.

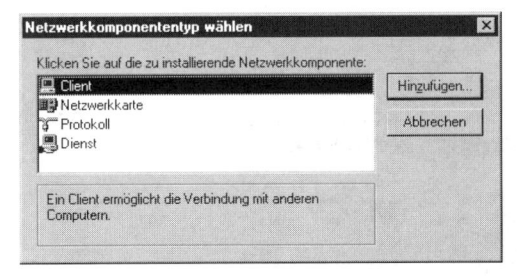

Klicken Sie zur Installation auf der Registerkarte *Konfiguration* der Netzwerkeigenschaften auf die Schaltfläche *Hinzufügen*. Wählen Sie in der Liste der Netzwerkkomponenten den Eintrag *Client* und klicken Sie anschließend auf die Schaltfläche *Hinzufügen*.

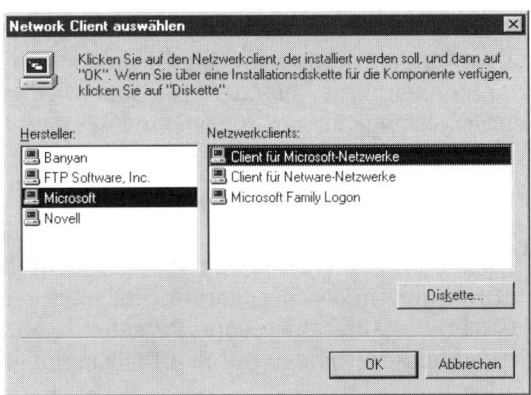

Markieren Sie in der linken Hälfte der Auswahlliste den Hersteller *Microsoft* und in der rechten Liste den Eintrag *Client für Microsoft-Netzwerke* und klicken Sie anschließend auf die Schaltfläche *OK*.

5 Der Client für das Microsoft-Netzwerk erlaubt neben dem Zugriff auf Freigaben in Peer-to-Peer-Netzen ebenfalls den Zugriff auf Ressourcen, die von Servern des Betriebssystems Windows NT angeboten werden. Für diese Zugriffe ist jedoch ein Anmeldeverfahren am Server erforderlich. Verwenden Sie keine Windows NT-Server bzw. vorzugsweise Ressourcen der Freigabeebene im Peer-to-Peer-Netzwerk, empfiehlt sich eine primäre Anmeldung am Netzwerk im Sinne des Peer-to-Peer-Netzes. Damit wird bei der Anmeldung am Rechner keine Authentifizierung im Sinne einer Benutzeranmeldung am Netzwerk notwendig. Der Anmeldevorgang bezieht sich lediglich auf die Benutzerkennung am lokalen Rechner und läuft wesentlich schneller ab.

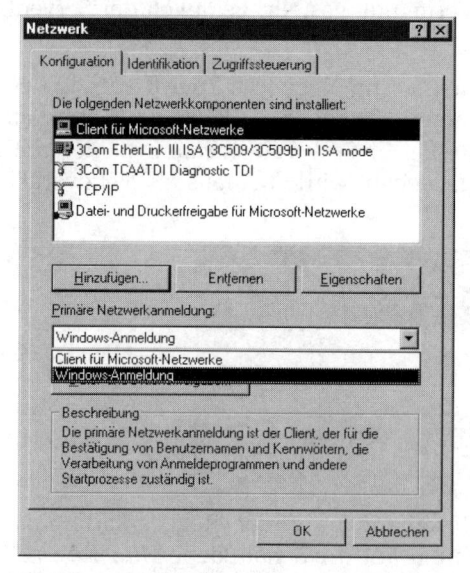

Wählen Sie zur Einstellung in der Liste *Primäre Netzwerkanmeldung* den Eintrag *Windows-Anmeldung*.

6 Als nächsten Schritt der Konfiguration sind die Eigenschaften des Clients für die Freigabeebene zu bestimmen. Sind Netzwerkverbindungen hergestellt worden, können diese bei jedem Neustart wiederhergestellt werden. In reinen Serverumgebungen ist die Anwesenheit des Servers und damit der Ressourcen weitgehend sichergestellt. In Peer-to-Peer-Netzen muß das längst nicht der Fall sein.

Verwenden Sie Ressourcen auf Rechnern, die nicht ständig laufen, können Zugriffe auf deren Ressourcen zu unangenehmen Zeitverzögerungen führen. Um zu verhindern, daß der Start der Rechner dadurch verzögert wird, daß versucht wird, auf abwesende Ressourcen zuzugreifen, sollte in diesen Fällen auf das Verbinden mit den Freigaben beim Rechnerstart verzichtet werden.

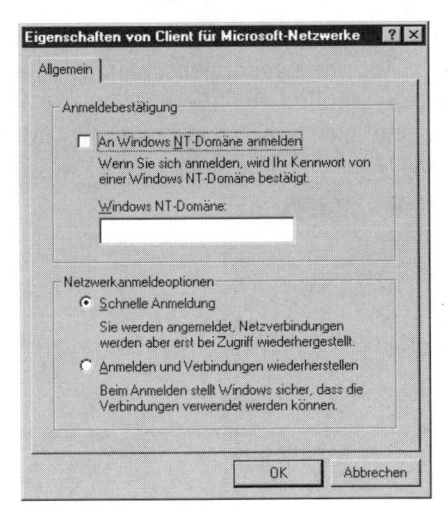

Kleine Netze unter Windows erfolgreich aufbauen

Markieren Sie auf der Registerkarte *Konfiguration* den Eintrag *Client für Microsoft-Netzwerke* in den Netzwerkkomponenten mit der Maus. Klicken Sie anschließend auf die Schaltfläche *Eigenschaften*. Wählen Sie unter *Netzwerkanmeldeoptionen* die Auswahl *Schnelle Anmeldung*.

7 Jeder Rechner im Windows-Netzwerk wird über symbolische Namen angesprochen, die jeweils nur einmal vergeben werden dürfen. Zusätzlich gehört jeder Rechner einer sogenannten Arbeitsgruppe an. Die Arbeitsgruppe faßt eine Gruppe von Rechnern zu einer organisatorischen Einheit zusammen. Einerseits werden vom Betriebssystem die Rechner im Sinne dieser Gruppen dargestellt, andererseits dient diese Organisationsform Anwendungsprogrammen zur Unterscheidung hinsichtlich der Zugehörigkeit. Netzwerkorientierte Programme können so eingestellt werden, daß sie ihre Dienste nur den Mitgliedern bestimmter Arbeitsgruppen zur Verfügung stellen.

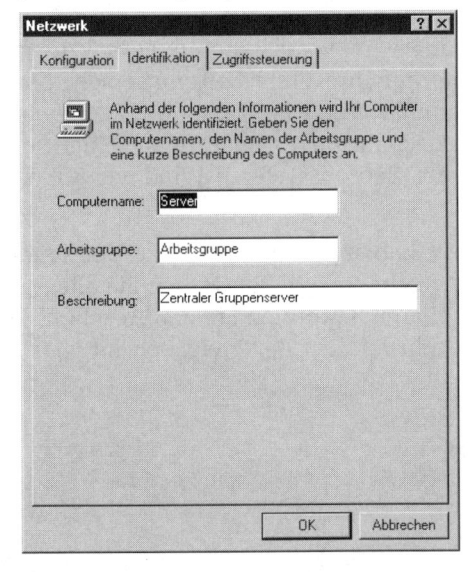

Klicken Sie zur Angabe von Rechner- und Gruppenname auf die Registerkarte *Identifikation* der Netzwerkeigenschaften. Beachten Sie, daß jeder Rechner einen individuellen Rechnernamen, die Mitglieder einer Arbeitsgruppe jedoch den gleichen Namen für die Arbeitsgruppe bekommen.

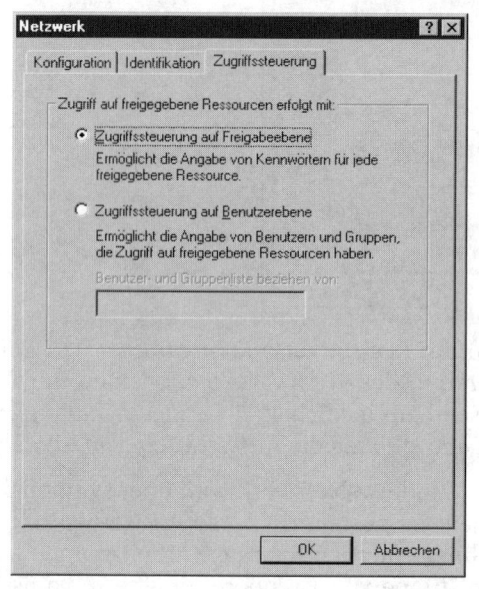

8 Über die Zugriffsteuerung wird festgelegt, auf welche Weise sich die Nutzer der von Ihnen freigegebenen Ressourcen identifizieren. Für die Anwendung als Peer-to-Peer-Netzwerk ist die Voreinstellung *Zugriffssteuerung auf Freigabeebene* bereits korrekt eingestellt. Verwenden Sie keine Serverbetriebssysteme ist die zweite Einstellmöglichkeit uninteressant.

Verfügt Ihr Netzwerk jedoch über einen dezidierten Server mit den Betriebssystemen Windows NT/Workstation oder Novell Netware, können Sie die Zugriffsrechte auf Ihre Freigaben von einem der Serverrechner verwalten lassen. Damit werden Freigaben auf Ihrem Rechner mit den gleichen Sicherheitsmechanismen gegen fremde Zugriffe geschützt, wie es auf den Servern der Betriebssysteme Windows NT oder Novell NetWare üblich ist.

Mit diesem letzten Schritt haben Sie die komplette Konfiguration der Netzwerkeigenschaften eines Rechners erledigt. Haben Sie alle Rechner im Netzwerk auf diese Weise vorbereitet, können Sie den Abschluß der Konfiguration der Netzwerkdienste hinsichtlich der Freigaben im Netzwerk durchführen.

Benutzerverwaltung unter Windows 95/98

(Netzwerk-)Betriebssysteme, die den Zugriff auf fremde Rechner bzw. deren Ressourcen in Netzwerken ermöglichen, stellen dem eigentlichen Zugang zum System eine Anmeldeprozedur (Authentifizierung) voran. Die Auswertung des Benutzernamens ermöglicht den Netzwerkrechnern die Identifizierung des Benutzers und die Zuweisung entsprechender Rechte zum Zugriff auf die Freigaben des Netzes.

Windows-Systeme, die für den Zugang zum Netzwerk konfiguriert sind, stellen dem Zugang zur Oberfläche ebenfalls eine Anmeldeprozedur voran. Diese Anmeldung dient der Authentifizierung für die Zugriffe auf das Netzwerk bzw. der im Netz befindlichen (Server-)Rechner.

Im Gegensatz zu reinen Netzwerkbetriebssystemen, die einen Zugang zum Rechner nur nach einer gültigen Anmeldung zulassen, lassen die Arbeitsplatzbetriebssysteme Windows 95/98 einen Zugang auch ohne Anmeldeprozedur für die Arbeit auf dem lokalen Rechner zu. Ohne eine gültige Anmeldung sind jedoch keine Zugriffe auf das Netzwerk bzw. die Netzwerkressourcen möglich.

Windows 95/98 verwaltet die Benutzerinformationen in Form von Benutzerprofilen. Die Benutzerprofile erlauben die individuelle Konfiguration der Betriebssystemoberfläche wie der Verwaltung von Benutzername und Kennwort zum Zugriff auf das Netzwerk. Pro Rechner können mehrere solcher Benutzerprofile verwaltet werden. Damit besteht die Möglichkeit, daß mehrere Benutzer nacheinander unter persönlichen Einstellungen an einem Rechner arbeiten und auf das Netzwerk zugreifen können.

Verwaltung von Benutzerprofilen unter Windows 95/98

Zur Benutzerverwaltung bietet die Systemsteuerung von Windows 95/98 einen Assistenten zur Konfiguration der individuellen Einstellungen der Anwender. Den Assistenten der Benutzerverwaltung erreichen Sie über die Systemsteuerung über das Symbol *Benutzer*.

1 Starten Sie den Assistenten *Start/Einstellungen/Systemsteuerung/Benutzer*.

   Der Assistent zeigt alle Benutzerprofile an, die für den Arbeitsplatz bereits konfiguriert sind.

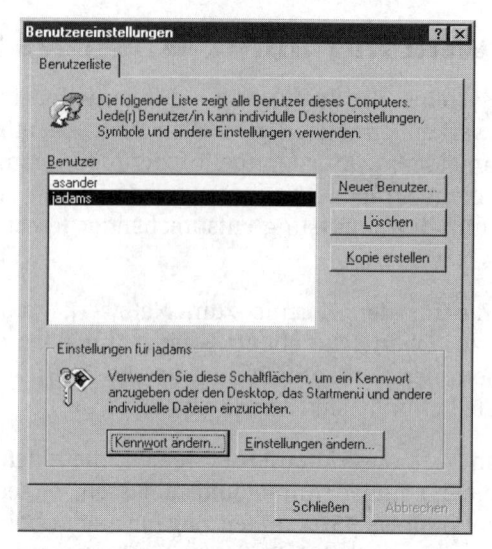

Kleine Netze unter Windows erfolgreich aufbauen

2 Markieren Sie den betreffenden Eintrag mit der Maus, den Sie bearbeiten möchten.

3 Zur Änderung des Kennwortes für den Zugriff auf das Netzwerk klicken Sie auf die Schaltfläche *Kennwort ändern*.

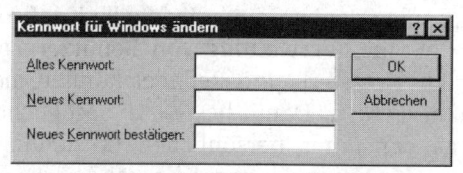

4 Um das Kennwort des betreffenden Benutzers ändern zu können, ist das vorherige Kennwort im Feld *Altes Kennwort* einzutragen. Ohne die Kenntnis des alten Kennwortes können keine Änderungen vorgenommen werden.

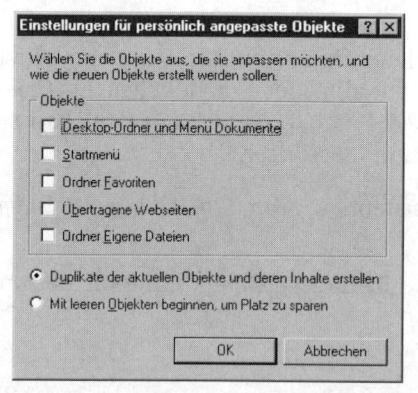

5 Die persönlichen Einstellungen zu den Objekten und Eigenschaften der Oberfläche für den Anwender erreichen Sie über die Schaltfläche *Einstellungen ändern*. Zum Verhalten der Oberfläche stehen zwei Möglichkeiten für die persönlichen Einstellungen zur Verfügung. Verwenden Sie die

Auswahl *Mit leeren Objekten beginnen ...*, werden keine der bereits vorliegenden Einstellungen der Oberfläche übernommen und mit leeren Einstellungen für den Benutzer begonnen. Sollen dagegen die Einstellungen übernommen werden, wählen Sie die Auswahl *Duplikate der aktuellen Objekte und deren Inhalte erstellen*, (Voreinstellung).

Nachdem Sie die Benutzereinstellungen konfiguriert habe,n sind alle Schritte zur Einstellung der Netzwerkeigenschaften des Rechners abgeschlossen. Die folgenden Abschnitte zeigen Ihnen, wie Sie auf Basis der Netzwerkdienste die Rechner als File- und Printerserver einrichten bzw. auf die Freigaben im Netzwerk zugreifen können.

Netzwerkdienste nutzen – Biete Drucker, suche Platte

Damit die Teilnehmer des Netzwerks Zugang zu den Ressourcen der Rechner im Netzwerk erhalten, sind die gewünschten Ressourcen explizit im Netzwerk freizugeben. Die Verfahren der Freigabe und deren Nutzung möchten wir Ihnen im diesem abschließenden Unterkapitel zum Netzwerk zeigen. In den folgenden Beispielen verwenden wir im Peer-to-Peer-Netzwerk einen expliziten Gruppenserver. Darunter ist ein gewöhnlicher Windows-Rechner zu verstehen, der im Sinne der Netzwerkaufgabe „dezidiert" ist. Dieser Rechner kann zwar als Arbeitsplatzrechner verwendet werden, dient aber im betrachteten Netzwerk als zentraler File- und Printerserver für die Mitglieder der Arbeitsgruppe im Netzwerk. Vorteil dieser Vorgehensweise ist, daß, ähnlich wie bei Netzen mit dezidierten Servern, davon ausgegangen werden kann, daß der Serverrechner und die damit verbundenen Netzwerkressourcen dauernd verfügbar sind.

Für diesen Rechner haben wir einen Benutzer „Administrator" angelegt, der für die Verwaltung des Rechners zuständig sein soll. In den folgenden Abschnitten werden die Verwaltungsaufgaben unter der Benutzerkennung „Administrator" vorgestellt. Für die Nutzung der sonstigen Dienste und Ressourcen verwenden wir die Benutzerkennungen der „normalen" Anwender des Netzwerks.

Netzwerkkonfiguration unter Windows 95/98 feststellen

Zur Information über die aktuelle Konfiguration der Netzwerkeigenschaften des Rechners stehen unter Windows 95/98 verschiedenen Programme zur Verfügung. Für die Anzeige der Konfiguration für das Windows-Netzwerk können Sie das DOS-Programm *Net.exe* verwenden, das Ihnen verschiedene Informationen über den Rechner hinsichtlich des NetBIOS- bzw. SMB-Protokolls anzeigt. Für die Anzeige der Daten für das TCP/IP-Protokoll bzw. dessen Konfiguration eignet sich das Programm *Winipcfg.exe*.

Kleine Netze unter Windows erfolgreich aufbauen

Die Programme liefern Ihnen alle notwendigen Informationen der Netzwerkeinstellungen des Rechners, ohne die einzelnen Parameter umständlich über die Systemsteuerung ausfindig zu machen.

1. Starten Sie ein DOS-Fenster. Geben Sie an der Kommandozeile den Befehl

   NET CONFIG

   ein. Sie erhalten eine Zusammenfassung aller wichtigen Einstellungen des Rechners für die Arbeit im Windows-Netzwerk wie

   Computername
   Benutzername
   Arbeitsgruppe

   und einige zusätzliche Informationen zum verwendeten Betriebssystem.

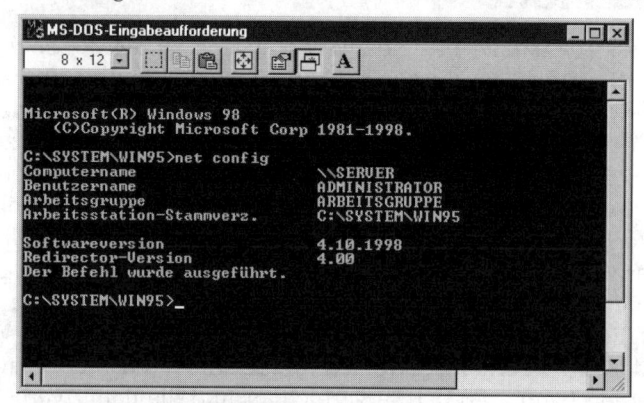

2. Starten Sie über die Start-Schaltfläche das Fenster *Ausführen* und das Programm *Winipcfg.exe* mit *Start/Ausführen/winipcfg*.

   Das Fenster zeigt eine kurze Zusammenfassung der Parameter der verwendeten Netzwerkkarte (Adaptername, Ethernet-Adresse) und zum Internetprotokoll TCP/IP (IP-Adresse, Netzwerkmaske).

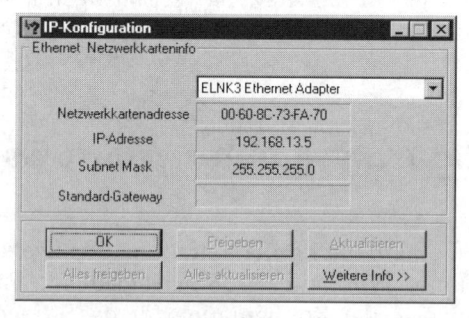

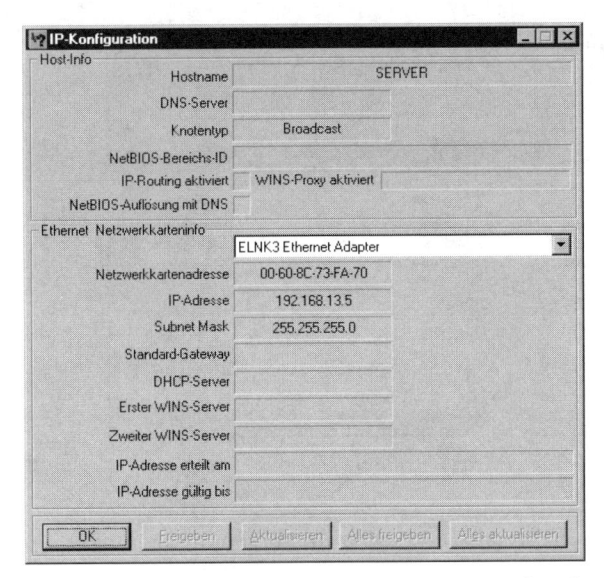

Kleine Netze unter Windows erfolgreich aufbauen

Die erweiterte Anzeige aller Einstellungen für das TCP/IP-Netzwerk, respektive TCP/IP-Protokoll, erreichen Sie über die Schaltfläche *Weitere Info*. Die erweiterten Informationen sind bei Peer-to-Peer-Netzwerken ohne Rechner mit Serverbetriebssystemen wie Windows NT weitgehend uninteressant.

Die meisten der Werte sind bei einfachen Windows-Netzwerken nicht eingestellt, da Sie nur bei Verwendung von dezidierten Servern mit erweiterten Diensten für das TCP/IP-Netzwerk von Bedeutung sind.

Fileserver unter Windows 95/98 – Festplatten im Netz freigeben

Dateien und Verzeichnisse der lokalen Festplatten der Rechner werden dadurch zu Netzwerkressourcen, indem Sie den gewünschten Dateien die sogenannte Freigabe im Netzwerk erteilen.

Im folgenden Beispiel wurde auf dem Gruppenserver für die Mitglieder der Gruppe unter dem Verzeichnis *Persönliche Dateien* jeweils ein Verzeichnis angelegt. Zukünftig soll jeder Benutzer der Gruppe auf ein eigenes Netzwerklaufwerk zur Ablage der persönlichen Daten zugreifen können.

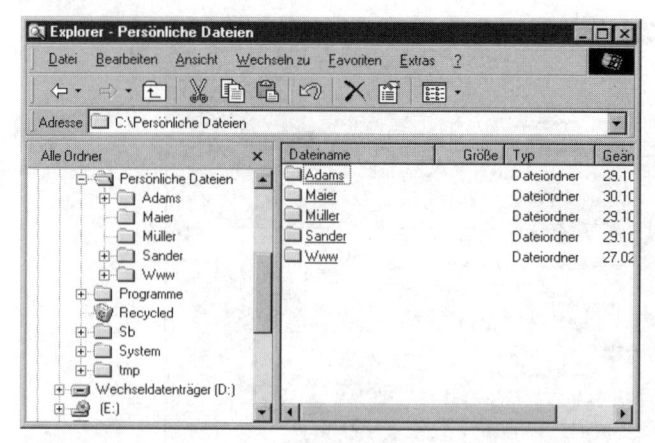

Kleine Netze unter Windows erfolgreich aufbauen

Blick auf die zukünftigen Netzwerklaufwerke des (Gruppen-)Servers mit dem Windows-Explorer

Zur Anlage und Freigabe der Ressourcen gehen Sie folgendermaßen vor:

1 Rufen Sie den Windows-Explorer auf und wechseln Sie zu dem Verzeichnis, ab dem die Freigaben erfolgen sollen. Legen Sie ggf. die Verzeichnisse an, auf die per Netzwerk zugegriffen werden soll. Markieren Sie das freizugebende Verzeichnis mit der Maus und klicken Sie zum Aufruf des Kontextmenüs mit der rechten Maustaste auf das zu bearbeitende Verzeichnis.

2 Wählen Sie im Kontextmenü den Eintrag *Freigabe* für die Freigabe des markierten Verzeichnisses.

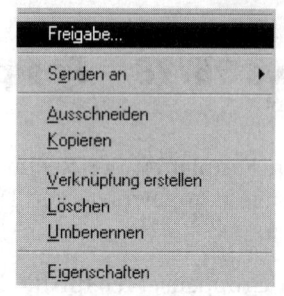

3 Im folgenden Dialog können Sie bestimmen, unter welchem Namen und mit welchem Zugriff für andere Anwender die Ressourcen im Netzwerk zur Verfügung stehen soll. Sollen die Laufwerke als persönliche Laufwerke freigegeben werden, sollte der Lese- und Schreibzugriff mit einem Kennwort belegt werden. Am besten verwendet man als Kennwort zum Zugriff das Kennwort, das der Anwender beim Anmelden am Rechner verwendet. Damit kann der jeweilige Benutzer unmittelbar auf das Laufwerk zugreifen, ohne das Kennwort erneut eingeben zu müssen, da das Anmeldekennwort mit dem Kennwort des Zugriffs übereinstimmt. Nachteil dieses Verfahrens ist, daß der Administrator sämtliche Paßwörter der Anwender kennen und verwalten muß, da ohne einen dezidierten Server keine zentrale Benutzerverwaltung möglich ist.

Alternativ dazu können Sie auch das Feld für das Kennwort frei lassen. Damit wird keine Angabe eines Kennwortes zum Zugriff erforderlich. Jedoch kann jeder Anwender im Netzwerk auf diese Ressource zugreifen.

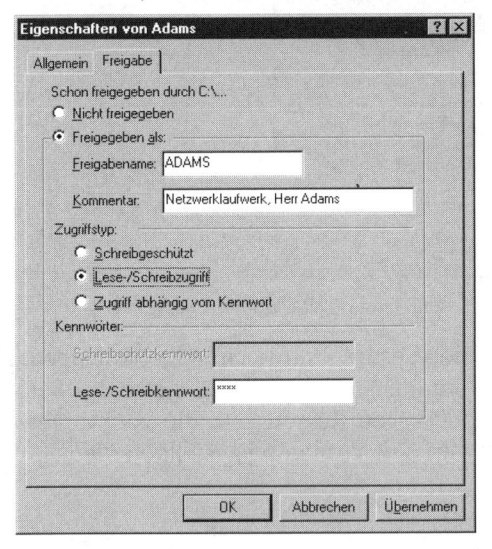

Arbeiten mit der Netzwerkumgebung – Freigaben im Netz suchen

Ob und welche Freigaben im Netzwerk verfügbar sind, läßt sich über die Netzwerkumgebung feststellen. Klicken Sie auf das Symbol für die Netzwerkumgebung mit der Maus.

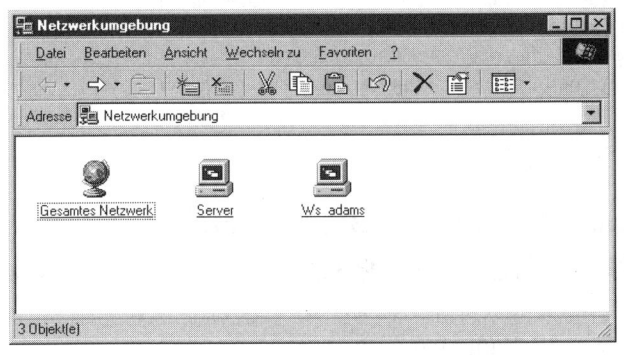

Die Netzwerkumgebung zeigt Ihnen unmittelbar alle Rechner Ihrer Arbeitsgruppe, die Ressourcen im Netzwerk zur Verfügung stellen. Rechner, die nicht zu Ihrer Arbeitsgruppe gehören, können über das Symbol *Gesamtes Netzwerk* erreicht und angezeigt werden.

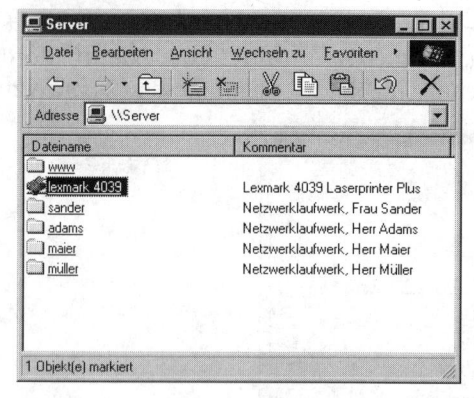

Anzeige der verfügbaren Ressourcen eines Rechners (Server) im Netz

Um die Ressourcen eines bestimmten Rechners anzuzeigen, klicken Sie auf das Symbol des betreffenden Rechners. Die Anzeige des Fensters zeigt dann in detaillierter Form diejenigen Ressourcen, die vom angewählten Rechner als Freigaben im Netzwerk zur Verfügung gestellt werden.

> **Hinweis**
>
> **Versteckte Freigaben im Netz**
>
> Üblicher Weise sind alle Freigaben im Netzwerk der Arbeitsgruppe in den Netzwerkumgebungen der Rechner sichtbar. Sie können jedoch die Sichtbarkeit der Ressourcen dadurch verhindern, indem Sie Freigabenamen ein Dollarzeichen anfügen. Alle Ressourcen, die mit einem Dollarzeichen enden, werden in der Anzeige der Netzwerkumgebung nicht angezeigt. Dennoch ist ein Zugriff auf diese Ressourcen möglich. Die Freigabe wird lediglich nicht allen Teilnehmern im Netz mitgeteilt. Um auf diese Ressourcen zugreifen zu können, ist der genaue Freigabename der Ressource zu kennen und beim Zugriff anzugeben. Auf diese Weise können Sie z. B. diejenigen Freigaben zum allgemeinen Zugriff „verstecken", die nicht mit Kennwörtern belegt sind.

Freigaben nutzen – Zugriff auf Netzwerklaufwerke über die Netzwerkumgebung

Möchten Sie eine Netzwerkressource als Netzwerklaufwerk nutzen, können Sie über die Netzwerkumgebung die Freigaben mit einem Laufwerkbuchstaben verbinden. Damit erhalten Sie Zugriff auf die Freigaben über Laufwerkbuchstaben, wie Sie es von den lokalen Festplatten gewohnt sind.

Diese Vorgehensweise ist dann nötig, wenn Sie mit DOS-Anwendungen oder aber älteren 16-Bit-Windows-Applikationen arbeiten, die keine UNC-Pfadnamen unterstützen (UNC = **U**niversal **N**aming **C**onvention).

Unter Windows 98 selbst können Netzwerkressourcen direkt als UNC-Pfad angegeben werden (z. B. *\\Rechnername\Laufwerk\Pfad*), und auf eine Laufwerkanbindung kann verzichtet werden.

1. Klicken Sie in der Netzwerkumgebung mit der rechten Maustaste auf die gewünschte Ressource im Netz. Sie erhalten das Kontextmenü für die Netzwerkfreigaben.

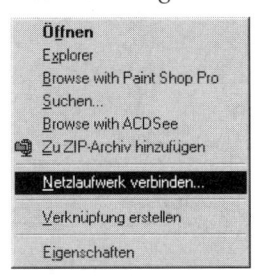

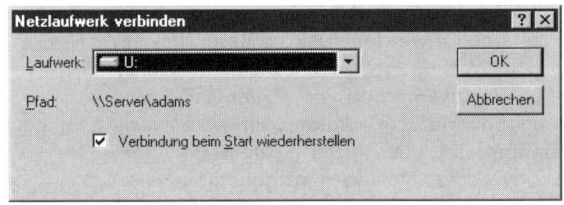

2. Wählen Sie den Eintrag *Netzlaufwerk verbinden* mit der Maus. Über den folgenden Dialog können Sie die Freigabe mit einem Laufwerkbuchstaben verbinden, den Sie über die Auswahl im Feld *Laufwerk* bestimmen können.

   Möchten Sie bei jedem Start des Betriebssystems automatisch mit dieser Ressource verbunden werden, z. B. bei einem Gruppenserver, markieren Sie die Auswahl *Verbindung beim Start wiederherstellen*. Möchten Sie nur für die aktuelle Sitzung mit dem Laufwerk verbunden sein, deaktivieren Sie diese Auswahl.

UNC-Pfadnamen unter Windows 95/98 und NT

Windows 95/98 arbeitet standardmäßig mit UNC-Pfadnamen und erfordert nicht die Zuweisung eines Laufwerkbuchstabens, um auf eine bestimmte Ressource zuzugreifen.

Dies bedeutet, daß die Anzahl der anbindbaren Laufwerke und Verzeichnisse nicht mehr auf die maximale Anzahl von 26 Laufwerkbuchstaben minus der Anzahl der lokalen Laufwerke (A bis Z = 26 Laufwerkbuchstaben) begrenzt ist. Ein Laufwerk C:\ das auf dem Rechner mit dem Namen AMP200 freigegeben wurde, wird damit auf dem lokalen Rechner beispielsweise nicht unter dem Laufwerkbuchstaben E:, sondern unter

```
\\Amp200\C
```

verwaltet. Achten Sie darauf, daß jeder Netzwerkpfad durch einen doppelten Backslash eingeleitet wird. Gleiches gilt unter Windows 95/98 auch für Drucker. Ein Drucker, der beispielsweise auf dem lokalen Rechner AMP200 unter dem Namen HPLJ freigegeben wurde, wird unter

```
\\Amp200\Hplj
```

im Netzwerk verwaltet.

> **Hinweis**
> **Laufwerkbuchstaben contra UNC-Pfadnamen**
> Der Nachteil der Laufwerkbuchstaben soll an dieser Stelle noch einmal betont werden: Unter DOS und Windows 95/98 sind maximal 26 Laufwerkbuchstaben verfügbar. Das heißt, daß somit auch maximal 26 Laufwerke mit Hilfe gesonderter Laufwerkbuchstaben parallel unter Windows verwaltet werden können.
>
> Bei Netzwerkpfaden, die üblicherweise mit Hilfe von Windows 95/98 für freigegebene Ressourcen genutzt werden, fällt die Beschränkung auf die maximale Anzahl von 26 freigegebenen Dateien, Verzeichnissen und Laufwerken weg. Netzwerkpfade wie *\\Amp200\C* sind auf beliebigen Rechnern unabhängig von lokalen Laufwerkbezeichnungen. Deren Namen ändern sich auch dann nicht, wenn Änderungen an den lokalen Laufwerkbezeichnungen vorgenommen werden. Aktive Verbindungen können jedoch verlorengehen, wenn logische Laufwerkbezeichnungen geändert werden oder nachträglich logische Laufwerke, wie beispielsweise CD-ROM-Laufwerke, eingerichtet werden. In diesen Fällen ist es mitunter erforderlich, Laufwerkverbindungen zunächst zu lösen und im Anschluß daran neu aufzubauen. Die Laufwerkanbindung und Zuweisung von Laufwerkbuchstaben für Netzwerklaufwerke ist für 32-Bit-Windows-Anwendungen nicht erforderlich. Demnach nutzen Sie die Laufwerkanbindung in der Regel nur, wenn Sie mit DOS- oder älteren 16-Bit-Windows-Anwendungen arbeiten.

Gemeinsames Drucken – Drucker im Netzwerk freigeben

Neben Festplatten können Sie mit den Möglichkeiten von Windows 95/98 lokale Drucker Ihres Rechners zur allgemeinen Verwendung im Netzwerk zur Verfügung stellen. Die Druckerressourcen können auf die gleiche Art und Weise wie Festplatten freigegeben werden, wie es im vorigen Abschnitt beschrieben wurde.

Zum Zugriff auf diese Drucker ist jedoch ein anderes Verfahren anzuwenden als bei der Nutzung der Festplattenressourcen. Um einen im Netz freigegebenen Drucker nutzen zu können, ist zuvor eine Druckerinstallation erforderlich, wie sie auch bei lokalen Druckern notwendig ist. Für die korrekte Installation der Netzwerkdrucker sind damit die Treiberdisketten für den jeweilige Druckertyp notwendig.

Kleine Netze unter Windows erfolgreich aufbauen

Im Unterschied zu lokalen Druckern wird lediglich im Ablauf der Druckerinstallation über den Installations-Assistenten statt eines lokalen Druckers ein Netzwerkdrucker angegeben. Während der Installation des Druckers werden Sie gefragt, ob es sich bei dem neuen Drucker um lokale Drucker oder um Drucker im Netzwerk handelt.

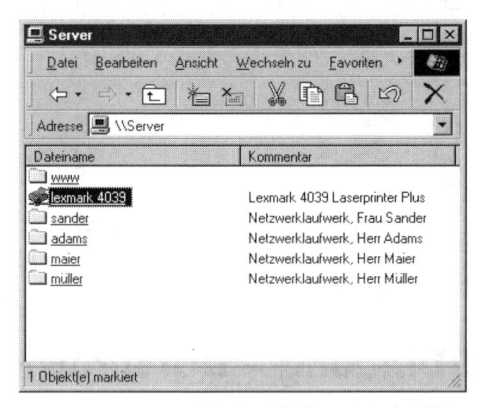

Auswahl eines Netzwerkdruckers über die Netzwerkumgebung

Im darauf folgenden Fenster können Sie über die Schaltfläche *Durchsuchen* Ihr Netzwerk nach freigegebenen Druckern absuchen. Nachdem Sie den gewünschten Drucker im Netz angegeben haben, entsprechen die folgenden Installationsschritte denen bei einem gewöhnlichen lokalen Drucker.

Nach Abschluß der Druckerinstallation ist der Netzwerkdrucker wie die lokalen Geräte in der Druckerverwaltung verfügbar und kann wie ein lokaler Drucker verwendet werden. Lediglich das Druckersymbol veranschaulicht den Umstand, daß es sich um einen Drucker im Netz handelt.

Netzwerklaufwerke verstecken

Netzwerklaufwerke werden dann nicht in der Netzwerkumgebung angezeigt, wenn der Freigabename mit einem Dollarzeichen endet. Auf diese Weise können Ressourcen vor unbefugten Zugriffen geschützt werden. Um auf diese Ressourcen zugreifen zu können, muß die Netzwerkverbindung manuell aufgebaut und der Name der Ressource per Hand angegeben werden.

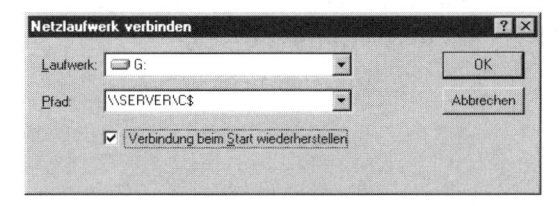

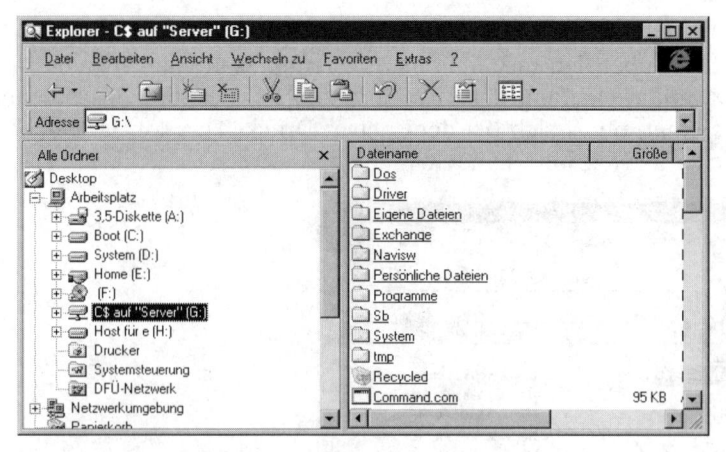

Kleine Netze unter Windows erfolgreich aufbauen

Mit dem Dollarzeichen werden Netzlaufwerke versteckt

Die PC-Direktverbindung – Datenaustausch ohne Netzwerk leichtgemacht

Sie möchten (noch) kein PC-Netzwerk aufbauen, aber dennoch bequem größere Datenmengen zwischen zwei Rechnern austauschen? – Kein Problem, wenn Sie lediglich zwei Rechner miteinander verbinden möchten. Seit der Version Windows 3.11 (Windows für Workgroups) steht Ihnen für den Datentransfer eine Möglichkeit seitens des Betriebssystems zur Verfügung: die PC-Direktverbindung.

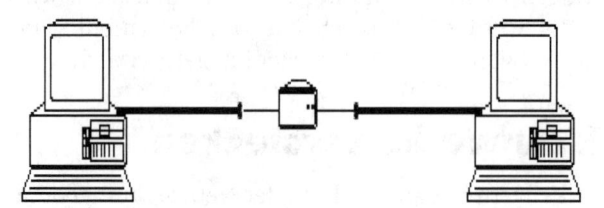

Direktverbindung von zwei PCs

Die PC-Direktverbindung ist kein Netzwerk im eigentlichen Sinn. Die direkte Verbindung von PCs bildet eine Punkt-zu-Punkt-Verbindung, die entweder über die serielle oder über die parallele Schnittstelle (Druckeranschluß) über sogenannte Nullmodemkabel hergestellt werden kann.

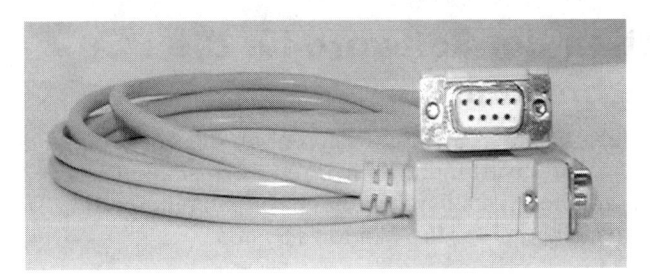

Kleine Netze unter Windows erfolgreich aufbauen

Serielles Nullmodemkabel

Mit Hilfe der Direktverbindung können Sie lediglich zwei PCs miteinander verbinden, um Daten zwischen den Rechnern auszutauschen. Für den Austausch von Daten zwischen einem mobilen Computer (Laptops o. ä.) und einem stationären PC reicht diese einfache Verbindung durchaus aus.

> **Hinweis**
>
> **Nullmodemkabel**
>
> Nullmodemkabel sind einfache Verbindungskabel für die serielle oder parallele Schnittstelle, wobei die Pinbelegung der Kabel an den Steckern bzw. die Ausführung der Stecker von den üblichen Datenkabeln der entsprechenden Schnittstellen abweicht.
>
> Bei seriellen Nullmodemkabeln sind die Adern an den Enden des Kabels 1 : 1 aufgelötet. Damit können die üblichen seriellen Datenkabel nicht verwendet werden. Bei den Kabeln für die Druckerschnittstelle werden an den Enden identische Stecker (25polige Stecker/männlich) benötigt. Das übliche Druckerkabel verwendet jedoch für den Anschluß an den Drucker einen sogenannten Centronics-Stecker (siehe Seite 544) und ist damit ebenfalls nicht geeignet.
>
> Geeignete Kabel sind im Elektronik- oder Computerhandel oder in einem Fachgeschäft für Computerbedarf zu bekommen. Man sollte die Länge der Kabel recht kurz halten (nicht über 2-3 m), da bei langen Kabeln deutlich häufiger Übertragungsfehler auftreten.
>
> Wegen der höheren Übertragungsrate empfiehlt sich die Verwendung von Nullmodemkabeln für die Druckerschnittstelle. Bauen Sie die Verbindung über die serielle Schnittstelle auf, haben Sie den Vorteil, die Geräte wie Drucker oder Scanner an der parallelen Schnittstelle weiterhin betreiben zu können.

Netzwerkspiele ohne Netz?

Bei Netzwerkspielen kann statt eines Netzwerks ebenfalls häufig eine PC-Direktverbindung für den Mehrspielermodus verwendet werden. Bei den meisten Spielen werden serielle Direktverbindungen verwendet. Auf diese Weise können zwei Spieler gleichzeitig am Spiel teilnehmen. Netzwerkspiele bieten unter Umständen eigene Software für den Datenaustausch per Nullmodemkabel. Die genaue Vorgehensweise für den Aufbau der Verbindung hängt jedoch von dem jeweiligen Spiel ab und ist in den Booklets des jeweiligen Spiels nachzulesen.

Installation der Software für die PC-Direktverbindung

Bevor Sie loslegen, sollten Sie kontrollieren, ob die notwendige Betriebssoftware für die PC-Direktverbindung für Ihren PC installiert ist. Sollten Sie die Software nachträglich installieren müssen, benötigen Sie die CD-ROM bzw. die Installationsdisketten für Ihr Windows-System.

Im folgenden Beispiel wird die Installation unter Windows 95/98 vorgestellt.

1 Öffnen Sie die Systemsteuerung von Windows über *Start/Einstellungen/Systemsteuerung* und wählen Sie das Symbol *Software*.

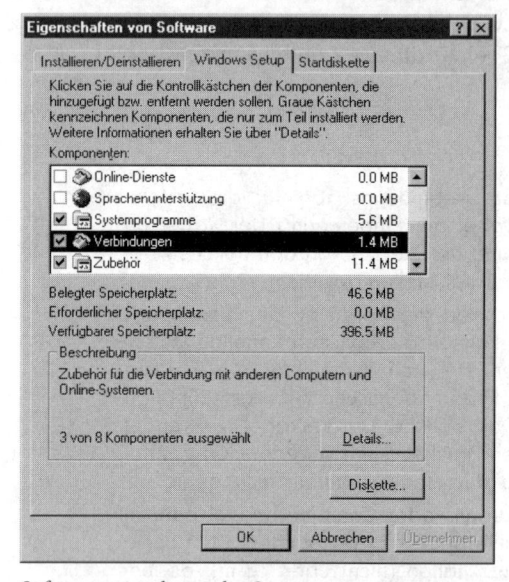

Softwareverwaltung der Systemsteuerung

2 Markieren Sie die Registerkarte *Windows Setup* mit der Maus und öffnen Sie den Eintrag *Verbindungen* durch einen Doppelklick.

3 Ist bei Ihrem System die benötigte Software bereits installiert, ist der Eintrag *PC-Direktverbindung* bereits abgehakt. Ist das nicht der Fall, markieren Sie die Auswahl mit der Maus und starten die Installation, indem Sie auf die Schaltfläche *OK* klicken.

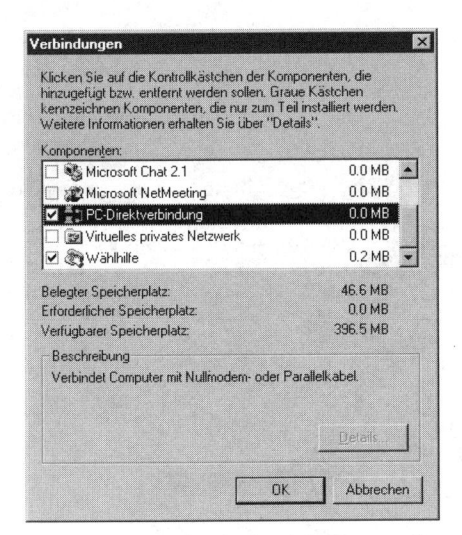

Auswahlfenster für die Betriebssystemsoftware für Rechnerverbindungen

Herstellen einer PC-Direktverbindung

Die PC-Direktverbindung arbeitet nach einem ähnlichen Prinzip wie das Client-/Serververfahren bei PC-Netzwerken. Ein Rechnersystem übernimmt die Rolle des Dienstanbieters und wird als Host-Computer bezeichnet. Der Host-PC bietet die Daten, die beim Dateitransfer auf den anderen PC übertragen werden sollen. Der Rechner, der auf die Daten des Host-Computers zugreift, wird als Gast-Computer bezeichnet.

Beachten Sie beim Datenaustauch die unterschiedlichen Aufgaben der PCs und konfigurieren Sie die PC-Direktverbindung entsprechend. Das folgende Beispiel zeigt den Aufbau der Verbindung unter Windows 98.

1 Verbinden Sie die beiden Rechner mit dem Nullmodemkabel. Merken Sie sich, welche Schnittstellen Sie für die Verbindungen der Rechner verwendet haben, also bei serieller Verbindung entweder COM1 oder COM2, bei paralleler Verbindung LPT1 oder LPT2.

2 Das Kommunikationsprogramm für die PC-Direktverbindung finden Sie in den Tiefen des *Start*-Menüs unter dem Eintrag *Programme/Zubehör/Kommunikation/PC-Direktverbindung*.

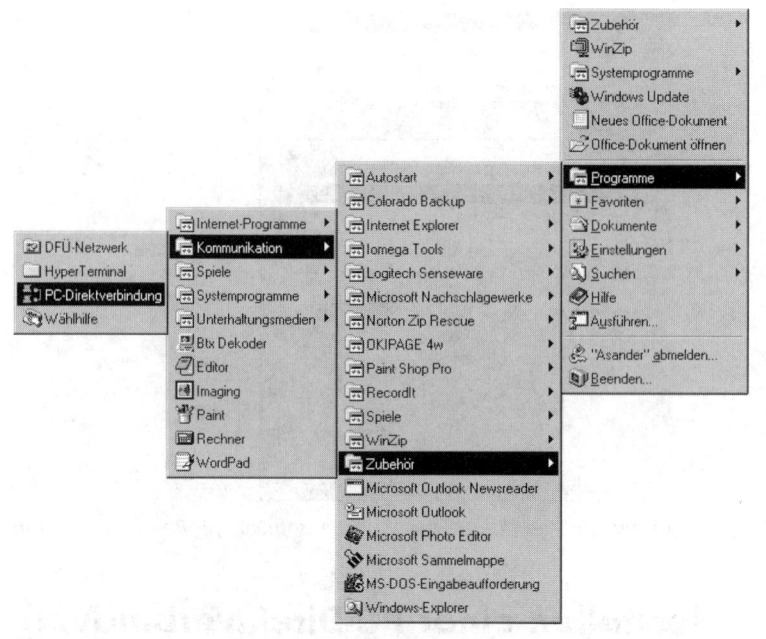

Kleine Netze unter Windows erfolgreich aufbauen

3 Über das erste Programmfenster legen Sie fest, über welche Schnittstellen die Datenübertragung durchgeführt werden soll. Sollte die Voreinstellung nicht korrekt sein, klicken Sie auf die Schaltfläche *Ändern* entsprechend Ihrer Konfiguration, ändern Sie damit die Schnittstelle und klicken Sie anschließend auf die Schaltfläche *Weiter*.

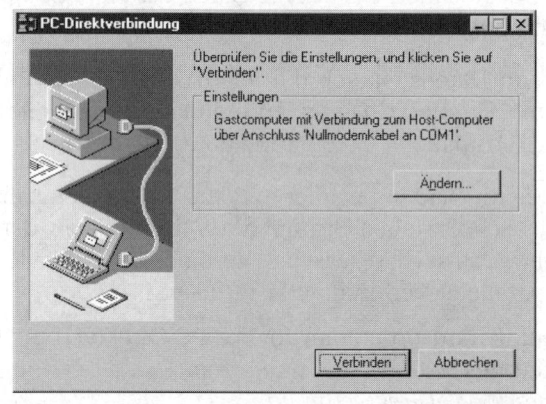

Auswahl der Kommunikationsschnittstelle für die PC-Direktverbindung

4 Über das folgende Programmfenster legen Sie fest, welche Aufgabe der PC übernehmen soll. Soll der Rechner, an dem Sie das Programm aufrufen, Daten anbieten, markieren Sie die Option *Host-Computer*, anderenfalls *Gastcomputer*.

Auswahl des Rechnertyps für die PC-Direktverbindung

18.4 Kein Kontakt? – Hilfe bei Problemen rund ums Netzwerk

Hersteller preiswerter Hardwarekomponenten „sparen" häufig an einer vernünftigen Beschreibung zur Installation der Komponenten. Gerade preiswerte Netzwerkkarten sind häufig Vertreter dieser Spezies. Ein Mini-Faltblatt in unverständlichem Englisch und eine einsame Diskette sind häufig die gesamte Mitgift. Der folgende Abschnitt soll Ihnen dabei helfen, die häufigsten „Untiefen zu umschiffen".

Kein Installationsprogramm? – So kommen Sie zu Ihren Treibern

Häufig werden Netzwerkkarten, PCI- wie ISA-Karten, ohne ein separates Installationsprogramm ausgeliefert. Die Hersteller bieten lediglich eine Treiberdiskette, die eine Vielzahl von Treibern für alle unterstützten Betriebssysteme enthält. Die Auswahl bzw. die Installation der Treiber muß in diesen Fällen mit den Mitteln des Betriebssystems, also des Hardware-Managers der Systemsteuerung, durchgeführt werden.

Auf der Installationsdiskette sind im allgemeinen die Treiberdateien nach Betriebssystemen geordnet. Um die richtigen Treiber für das betreffende Betriebssystem bei der Installation zur Verfügung zu stellen, verwenden Sie den Dialog *Diskette* oder *Durchsuchen*, wenn der Installations-Assistent die benötigten Treiberdateien nicht unmittelbar findet.

Für das Betriebssystem Windows 95 oder Windows 98 sind die Unterverzeichnisse der Installationsdiskette häufig mit *Win95* bzw. *Win98* bezeichnet. Die folgende Abbildung zeigt den Inhalt einer Installationsdiskette mit den Unterverzeichnissen für verschiedene Betriebssysteme.

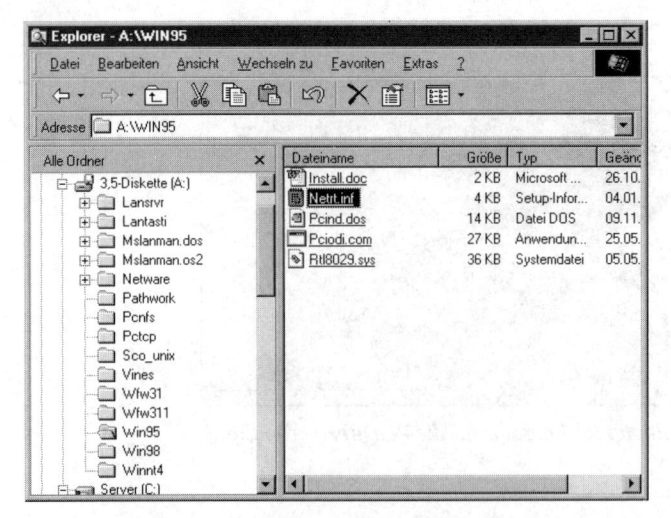

1   Klicken Sie im Installationsdialog auf die Schaltfläche *Diskette* und anschließend auf die Schaltfläche *Durchsuchen*.

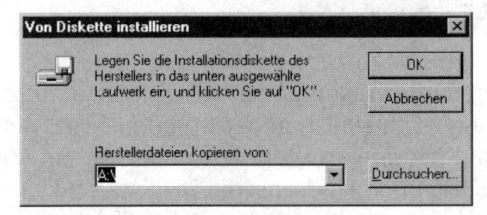

2   Wählen Sie im anschließenden Browser-Fenster das Verzeichnis auf der Installationsdiskette aus, das die Treiber für Ihr Betriebssystem enthält. Im Fall von Windows 98 kann dieses Verzeichnis zum Beispiel *Win98* heißen.

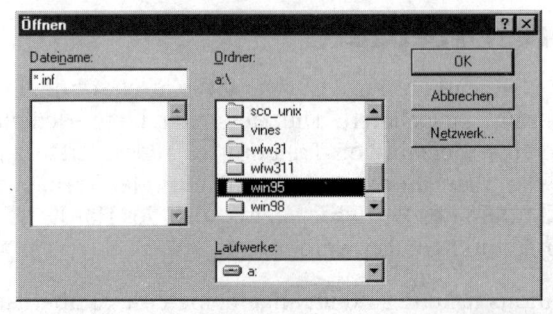

3   Der gewünschte Dateityp wird bereits vom Assistenten der Installation vorgeschlagen. Öffnen Sie durch Anklicken mit der Maus den Ordner und bestätigen Sie die Auswahl mit der Schaltfläche *OK*.

Kartenklemmer? – Wenn die Netzwerkkarte nicht reagiert

Moderne Netzwerkkarten mit mehreren Möglichkeiten für den Netzwerkanschluß (BNC, RJ-45) können den benutzten Anschluß automatisch erkennen. In der Konfiguration der Netzwerkkarte ist für die automatische Erkennung des Netzwerkanschlusses die Einstellung *Auto* zu wählen.

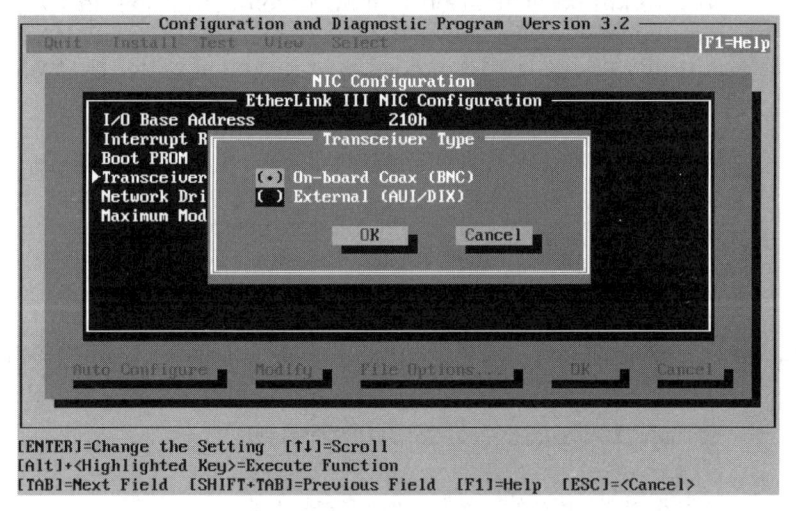

Auswahl des verwendeten Netzwerkanschlusses mit dem Konfigurationsprogramm der Netzwerkkarte

Ist dagegen ein Anschluß manuell ausgewählt worden, ist dann eine Fehlfunktion der Netzwerkkarte möglich, wenn der falsche Netzwerkanschluß eingestellt ist. Überprüfen Sie mit dem Konfigurationsprogramm, ob die automatische Erkennung aktiviert ist bzw. welcher Netzwerkanschluß manuell ausgewählt wurde.

Netzwerkausfälle und Kabelsalat – Überprüfen der Netzwerkverbindungen

Treten nach Installationsarbeiten in den Netzwerkverbindungen Probleme auf, sind diese in sehr vielen Fällen auf nicht korrekte Hardware, also Kabel, Abschlußwiderstände, fehlerhafte oder falsch konfigurierte Netzwerkkarten usw., zurückzuführen.

Rechner mit Fehlfunktion

- Ist von dem Fehler nur ein Rechner betroffen, oder sind es gar mehrere bzw. alle? Treten die Fehler nur bei einem Rechner auf, können Sie die Diagnose auf den betroffenen Rechner einschränken. Nutzen Sie ggf. die vorhandenen Diagnoseprogramme für die Netzwerkkarte des betroffenen

Rechners. Um etwaige Konflikte mit installierten Treibern des verwendeten Betriebssystems zu umgehen, starten Sie den Rechner am besten über eine Bootdiskette und rufen anschließend das zugehörige Diagnoseprogramm auf.

- Treten die Probleme mit einem bestimmten Rechner erst nach dem Einbau einer zusätzlichen Hardwarekomponente auf, überprüfen Sie über den Geräte-Manager, ob diese Hardwarekonflikte auslöst und damit die Netzwerkfunktionalität beeinflußt. Lösen Sie in diesem Fall die Probleme, indem Sie die zugewiesenen Ressourcen (IRQ, DMA-Kanal, E/A-Port) der neuen Hardwarekomponente oder aber der Netzwerkkarte manuell korrigieren. Eine Kontrolle der Betriebsbereitschaft führen Sie durch, indem Sie die Netzwerkeigenschaften über den Geräte-Manager abrufen. In einem zusätzlichen Dialog werden die Treibereigenschaften auf den Registerkarten *Allgemein* und *Ressourcen* verwaltet. Auf dem Register *Allgemein* finden Sie im unteren Bereich zur Gerätenutzung einen Eintrag, ob der Treiber in der aktuellen Windows-Arbeitssitzung verwendet wird, und im Rahmenfeld *Gerätestatus* Hinweise darauf, welchen Status Windows 98 der Netzwerkkarte zuordnet. Erscheint hier der Text *Dieses Gerät ist betriebsbereit*, liegen voraussichtlich keine Fehler an den Netzwerkkarteneinstellungen vor.

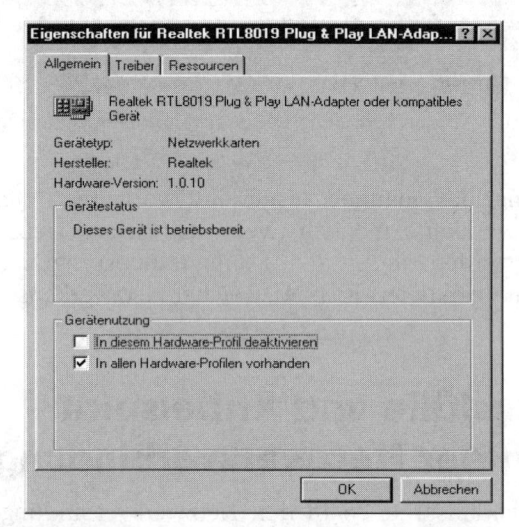

Die Netzwerkeigenschaften geben an, ob eine Netzwerkkarte betriebsbereit und aktiviert ist

- Haben Sie unterschiedliche Hardwareprofile eingerichtet, sollten Sie auch überprüfen, ob Sie die Netzwerkkarte im aktuellen Profil deaktiviert haben. Dann ist in der genannten Registerkarte im Rahmenfeld *Gerätenutzung* die Einstellung *In allen Hardware-Profilen vorhanden* zu aktivieren und mit *OK* zu bestätigen.

- Überprüfen Sie auch die Steckverbindung des PCs an dem Netzwerkstrang. Ist die Fehlfunktion bei allen Rechnern vorhanden, ist unter Umständen auch die Verbindung des Verbindungsstrangs selbst an einer Stelle abgerissen bzw. versehentlich gelöst worden.

- In sehr seltenen Fällen kann es natürlich sein, daß die Netzwerkkarte einen Defekt hat. In diesem Fall müssen Sie die Karte gegen eine andere Karte austauschen. In der Praxis wird dies allerdings eine sehr seltene Ausnahmesituation sein. Wahrscheinlicher sind Gerätekonflikte und Verbindungsfehler.

- Einige Funktionen wie diverse Kommunikationsfunktionen können nur dann parallel von mehreren Rechnern ausgeführt werden, wenn sich deren Namen im Netz unterscheiden. In Peer-to-Peer-Netzwerken kann es allerdings durchaus vorkommen, daß ein Anwender parallel an zwei oder mehr vernetzten Rechnern arbeitet. Daher sollten Sie versuchen, einzigartige Namen zu wählen.

Ausfall der Netzwerkfunktionen bei mehreren Rechnern

- Treten die Fehler bei mehreren, jedoch nicht bei allen Rechnern auf, sind alle Kabelverbindungen der betroffenen Systeme zu überprüfen und bei Bedarf gegen andere Netzwerkkabel auszutauschen. Innerhalb des in diesem Buch beschriebenen Thin Ethernet-Netzwerks werden Netzwerausfälle nur in sehr seltenen Ausnahmefällen auf mehrere, aber nicht alle Rechner beschränkt sein.

- Manche Netzwerkkarten können über einen internen Abschlußwiderstand terminiert werden, der per Software oder durch Jumper auf der Platine der Netzwerkkarte eingeschaltet werden kann. Sind solche Abschlußwiderstände bei den Netzwerkkarten der Rechner aktiviert, die nicht an den Enden eines Netzwerkstrangs arbeiten, führt diese Einstellung zu einer Unterbrechung des Netzes. Alle nachfolgenden Systeme arbeiten nicht mehr korrekt, da sie durch die Terminierung vom Netzwerkbetrieb abgekoppelt sind.

Fehlfunktionen bei allen Rechnern

- Sind alle Rechner von dem Fehler betroffen, liegen die Ursachen sehr häufig in der Verkabelung bzw. Terminierung des Netzes. Verwenden Sie die passenden Abschlußwiderstände (korrekte Ohmzahl). Überprüfen Sie alle Anschlüsse auf korrekte Verbindung. Lose oder offene Anschlüsse können für erhebliche Störungen in der Datenübertragung sorgen.

- Schlecht gequetschte Kabel oder defekte Abschlußwiderstände können zu Kurzschlüssen im Leitungsweg und damit zum Totalausfall des Netzes führen. Um diesen Fehlerfällen auf die Schliche zu kommen, sind, ohne entsprechende Meßgeräte, Kabel, T-Stücke und Abschlußwiderstände auszutauschen.

- Sind mehrere zusätzliche Rechner in das Netz aufgenommen worden? Überprüfen Sie in diesen Fällen, ob die Gesamtlänge eines Netzwerkstrangs nicht überschritten wurde. Bei Verkabelung mit BNC-Kabeln darf die Gesamtlänge alle Verbindungen im Segment eine Länge von 185 m nicht überschreiten.

- Nicht in jedem Fall sollten Sie gleich in Panik verfallen. Kontrollieren Sie auch, ob Sie sich korrekt im Netz angemeldet haben. Beenden Sie die Arbeitssitzung und melden Sie sich ggf. erneut im Netzwerk an.

19. Der Drucker – So machen Sie den besten (Ein-)Druck

Noch vor einigen Jahren war es kaum möglich, einen wirklich druckreifen Ausdruck mit dem PC hinzubekommen, zu teuer und qualitativ schlecht waren die üblichen Drucker. Über die Leistungen früher Nadeldrucker lächelt man heute nur noch, denn die Leistungsfähigkeit von PC-Druckern hat sich drastisch verbessert.

Aber durch den PC kann jeder jetzt vollständig selbständig sein, wenn es um die Produktion von Drucksachen und sogar Fotos in hoher Qualität geht. Für Visitenkarten, Skripte und Broschüren in niedriger Auflage braucht niemand mehr in die Druckerei zu gehen. Alles läßt sich digital am Schreibtisch erzeugen. Mit der Leistungsfähigkeit ist aber auch die Komplexität gestiegen, und das sowohl bei der Auswahl des richtigen Druckertyps wie auch bei der Nutzung aller Funktionen. So ein 1.400-dpi-Tintenstrahldrucker oder ein 1.200-dpi-PostScript-Laserdrucker ist ein wahres Meisterwerk der Ingenieurskunst. Diese in allen ihren Funktionen auszureizen, ist schon gar nicht so einfach. Wir werden Ihnen natürlich kräftig dabei helfen. Sie finden in diesem Kapitel daher nicht einfach nur eine Anleitung zum Anschluß eines Druckers, sondern auch wichtige Hintergrundinformationen zum Kauf eines Druckers sowie Tips und Tricks zur richtigen Konfiguration und Wartung.

19.1 Anleitung zum besten Drucker

Die nachfolgenden Hintergrundinformationen sollen Ihnen helfen, mehr Durchblick durch den Angebotsdschungel zu bekommen und die richtige Wahl für Ihre Bedürfnisse zu treffen.

Die erste Frage – Welchen Druckertyp brauche ich?

Derzeit bestimmen zwei Druckertypen den Markt: Tintenstrahl- und Laserdrucker. Die früher so beliebten Nadeldrucker werden nur noch für spezielle Fälle benötigt, z. B. für bestimmte Büroarbeiten, bei denen Durchschlagpapier bedruckt werden muß. Natürlich gibt es auch für den oberen Bereich teure Spezialdrucker wie Thermosublimations- oder Farblaserdrucker, die aber aufgrund ihrer hohen Anschaffungs- und meist auch hohen Unterhaltskosten nur für wenige Berufsgruppen interessant sind.

Der Drucker – So machen Sie den besten (Ein-)Druck

Privatanwender entscheiden sich sehr häufig für Tintenstrahldrucker, während im Bürobereich Laserdrucker eindeutig den Ton angeben. Ein Tintenstrahldrucker hat zwei Vorteile, nämlich die meist niedrigeren Anschaffungskosten sowie die mittlerweile gleichzeitig vorhandene Farbdruckmöglichkeit. Doch es gibt auch Nachteile.

Checkliste: Tintenstrahldrucker
Vorteile
geringere Anschaffungskosten
Farbdruck möglich
meist weniger Stellfläche benötigt
Nachteile
höhere Betriebskosten als Laserdrucker durch die teuren Tintenpatronen und evtl. notwendiges Spezialpapier
langsamere Druckgeschwindigkeit
immer etwas unscharfes, nicht ganz tiefschwarzes Schriftbild
auf Dauer verblassende Farben
feuchtigkeitsempfindlich, Gefahr der Verwischung direkt nach dem Druck
fehleranfälligere, aufwendigere Mechanik
höhere Betriebsgeräusche

Allen Fortschritten zum Trotz und der wirklich mittlerweile beachtlich guten Druckqualität der Tintenstrahldrucker – man kann einen solchen Ausdruck immer noch von dem eines 600 dpi-Laserdruckers unterscheiden.

Besonders kritisch sind aber die Druckkosten. Einsparungen bei der Anschaffung rächen sich hinterher in höheren Betriebskosten. Gerade hochwertige Farbausdrucke mit einem Tintenstrahler können mit 2-3 DM oder sogar mehr pro DIN-A4-Seite schnell ins Geld gehen. Die aufwendige Mechanik macht diese Drucker außerdem fast ungeeignet für den Einsatz im Büro, wo manchmal Hunderte von Seiten ausgegeben werden müssen.

Wer nicht unbedingt Farbe benötigt – so verlockend es sich auch anhört, man druckt ausgesprochen selten mit Farbe –, der sollte immer zu einem Laserdrucker greifen. Allein schon wegen der deutlich geringeren Folgekosten. Die Mehrausgaben werden sich meistens schon im ersten Jahr ausgleichen. Außerdem gibt es bereits gute Laserdrucker mit 600 dpi, die weit unter 1.000 DM kosten.

Für Büros lohnt sich ein Tintenstrahler nur als Zusatzdrucker, aber auf keinen Fall als Hauptgerät.

Der perfekte Tintenstrahldrucker

Die Qualität von Tintenstrahlern ist mit der Einführung des Epson Stylus und seinen 720 dpi vor über zwei Jahren sprunghaft angestiegen. Bis dahin dümpelten die Geräte bei physikalischen 300 dpi herum und machten verhältnismäßig grauenvolle Ausdrucke. Gewelltes Papier und grob gerasterte Bilder mit verlaufender Tinte, die nach einiger Zeit unweigerlich zu verblassen anfangen. Mittlerweile hat sich das aber drastisch geändert, die neuesten Modelle von HP und Epson können sich wirklich sehen lassen. Allerdings wurde an den zwei wesentlichen Problemen, der Papierabhängigkeit und den hohen Druckkosten, bis jetzt nichts geändert.

Bis auf Canon arbeiten alle Hersteller mit kombinierten Farbpatronen, die meist mit den drei Grundfarben (Cyan, Magenta und Gelb) und einer zusätzlichen schwarzen Patrone arbeiten. Foto-Modelle (etwa von HP oder Epson) verwenden noch zusätzliche (meist zwei oder drei) Pastellfarben, um besonders Hauttöne besser wiedergeben zu können. Das bringt eine ganze Menge, besonders in Verbindung mit der Heraufsetzung der Auflösung bzw. Verkleinerung der Tröpfchengröße. Die kombinierten Farbpatronen haben den großen Nachteil, daß nach dem Verbrauch einer bestimmten Tinte die komplette Patrone gewechselt werden muß. Einige Geräte besitzen für jede Farbe (auch Schwarz) einen eigenen Tintenvorratsbehälter, die problemlos und kostengünstig ausgetauscht werden können. Das schont außerdem nicht nur den Geldbeutel, sondern auch die Umwelt.

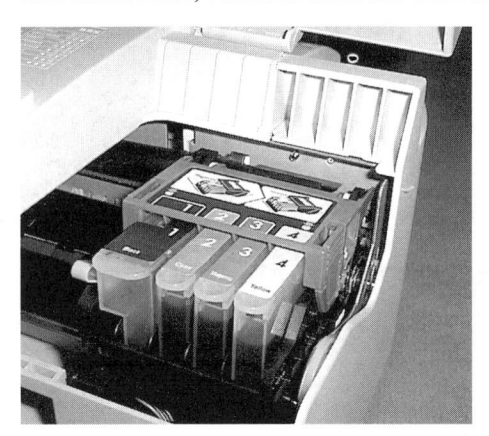

Die vier Patronen mit Schwarz, Cyan, Magenta und Gelb in einem Farbdrucker

Neben Epson, HP und Canon versucht sich auch Lexmark in letzter Zeit verstärkt auf dem Tintenstrahlermarkt zu profilieren. Die Modelle sind durchaus gut und preiswert. Allerdings können diese, was die Druck- und Treiberqualität angeht, nicht mit HP oder Epson mithalten. Letzterer war lange eigentlich unangefochtener Tintenstrahl-Meister, das Epson Stylus-Modell Photo 750 mit einer physikalischen Auflösung von 1.440 dpi stellt immer noch die Spitze dar und erreicht (wie allerdings die aktuellen Modelle von HP, Canon und Lexmark auch) tatsächlich nahezu Fotoqualität.

Der Drucker – So machen Sie den besten (Ein-)Druck

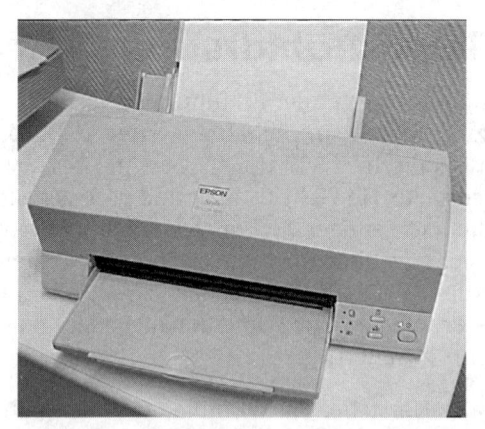

Ein Epson-Farb-Tintenstrahldrucker ...

Die aktuellen Spitzenmodelle der vier Hersteller wechseln sich an der Spitze momentan derartig schnell ab, daß eine Kaufempfehlung nahezu sinnlos ist. Richten Sie sich hier nach den aktuellen Testergebnissen renommierter Computerzeitschriften.

Lediglich von den absoluten Super-Sonderangeboten mit Marken, die niemand kennt, sollten Sie die Finger lassen. Zu ärgerlich wäre es, wenn Sie schon nach kurzer Zeit keine neuen Tintenpatronen mehr erhalten würden, von dem meist schlechten Support (Treiber usw.) einmal ganz zu schweigen.

... und einer von Canon

Schwarz, scharf, schnell – Der perfekte Laserdrucker

Laserdrucker sind nach wie vor die beste Wahl für alle, die auf Farbe verzichten können. Sie haben das beste Druckbild in bezug auf die Texte, und Strichzeichnungen und Fotos werden von 600-dpi-Druckern mit beachtlicher Graustufen-Qualität ausgegeben. Zusätzlich erreichen auch nur Laserdrucker wirklich hohe Druckgeschwindigkeiten von acht, zwölf oder mehr Seiten pro Minute. Ein weiterer und durchaus entscheidender Vorteil: Die laufenden

Der Drucker – So machen Sie den besten (Ein-)Druck

Druckkosten sind gerade gegenüber Tintenstrahlern deutlich geringer, selbst wenn wie bei vielen Modellen die Tonerkartusche gleichzeitig auch immer die Bildtrommel enthält (wie z. B. bei HP-Modellen).

HP Laserjet

Bei der Entscheidung für ein bestimmtes Modell sollten Sie sich von folgenden Eigenschaften bzw. Fragen leiten lassen:

- Welche Auflösung? 300 dpi ist ausreichend für gute Textqualität und auch für die meisten Strichzeichnungen bzw. Diagramme. 600 dpi sind jedoch notwendig, um Fotos in akzeptabler Graustufen-Qualität auszugeben.
- Drucken Sie nur mit Windows 95/98? Dann können Sie sich ein sogenanntes GDI-Modell kaufen (mehr dazu weiter unten).
- Brauchen Sie PostScript?
- Wie schnell soll der Drucker sein? Sechs Seiten pro Minute sind schon Standard, werden aber auch nur anhand von Standardtexten gemessen. Richtig schnell ist eigentlich erst ein zwölf-Seiten-Drucker.
- Brauchen Sie mehrere Papiersorten, z. B. normales DIN A4 und gleichzeitig auch noch einen Einzug für Briefumschläge? Dann achten Sie auf die Papierkassetten bzw. Zuführungen.
- Wie hoch sind die Betriebskosten, was kostet insbesondere eine Tonerkartusche?
- Wie sieht es mit der Treiberversorgung und dem Support (inklusive Gewährleistung aus)?
- Und zu guter Letzt zählt natürlich auch der Preis, der sich allerdings zwangsläufig nach den gewählten Eigenschaften richtet. Die gängigen Modelle kosten im Durchschnitt zwischen 600-3.000 DM, Preis nach oben natürlich offen.

Kommen ohne viel Speicher aus: GDI-Drucker

Viele Laserdruckermodelle sind mittlerweile auf dem Markt deutlich unter 1.000 DM gefallen und machen so den Tintenstrahlern Konkurrenz. Möglich wurde dies auch durch die Einführung der sogenannten GDI-Drucker (**G**raphics **D**evice Interface, z. B. von NEC, Canon oder Minolta).

Bei diesen erfolgt die Berechnung bzw. Aufbereitung des Druckbildes durch die entsprechende Software-GDI-Schnittstelle von Windows, die auch für die Ausgabe des Bildschirmbildes verantwortlich ist. Der große Vorteil: Eigentlich braucht der Drucker keinen eigenen Prozessor und auch keinen großen Arbeitsspeicher mehr, höchstens einige KByte, um ein paar Befehle zwischenzuspeichern. Das reduziert die Kosten solcher Drucker deutlich, die an einem schnellen PC (mit viel Speicher und schneller CPU) auch durchaus sehr flott sein können.

Der Nachteil liegt aber auf der Hand, zum Drucken ist man an die GDI-Schnittstelle von Windows gebunden, Ausdrucke mit DOS-Programmen funktionieren noch, wenn diese in einem Windows-Fenster ablaufen. Darüber hinaus ist kaum etwas zu machen, unter Betriebssystemen wie Linux bringen solche Geräte eigentlich nur jede Menge Ärger.

Ein guter GDI-Drucker wie der NEC Superscript bringt es auf sechs bis acht Seiten pro Minute mit einer hohen Druckqualität von 600 dpi und kostet rund 500-800 DM weniger als ein vergleichbares Modell anderer Hersteller mit eigenem Prozessor und Arbeitsspeicher. Die Anschaffung eines solchen Druckers ist also durchaus eine Überlegung wert. Sie müssen sich aber über die Beschränkung im klaren sein.

Ausreichend Speicher für den Rest

Die übrigen Drucker haben wie gesagt einen eigenen Prozessor (meist ein schneller RISC-Typ) und Arbeitsspeicher von 2-8 MByte als Standard. Bei der Größe des Druckerspeichers sollten Sie bedenken, daß ein Laserdrucker das komplette DIN-A4-Bild in seinem Speicher Bildpunkt für Bildpunkt aufbereiten muß und dann erst die Seite „auf einmal" druckt. Damit wird verständlich, warum für einen großflächigen Grafikdruck mit 600 x 600 dpi unkomprimiert mindestens 4, besser 6 MByte Druckerspeicher notwendig sind.

Immer mehr Hersteller verwenden allerdings eine Art Datenkompressionsverfahren, womit sich die Speichermenge unter diesen Bedingungen bis auf ca. 2,5 MByte reduzieren läßt. Achten Sie darauf, denn die Standardbestückung der meisten Modelle ist vom Hersteller so gewählt, daß Sie für den Druck komplexer Seiten mit voller Auflösung Speicher noch nachrüsten müssen. Wie das geht, ist weiter unten beschrieben.

Modelle mit mehr als 600 dpi gibt es derzeit übrigens fast nicht. Lediglich Lexmark verwendet eine höhere Auflösung bei seinen Modellen der Optra-Reihe, die übrigens auch ansonsten hervorragend sind. Sie sollten sich von den angegebenen 1.200 x 1.200 dpi aber nicht zuviel versprechen. Lediglich beim Ausdruck von Fotos erhalten Sie weichere Graustufen-Verläufe; allerdings braucht man auch hier wieder unter Umständen eine Speichererweiterung. Gleichzeitig wird durch die hohe Auflösung die Druckgeschwindigkeit reduziert, obwohl dies natürlich im Druckertreiber eingestellt werden kann.

Die Betriebskosten

Besonders wichtig sind die Druckkosten eines Laserdruckers, die sich nicht nur aus den Anschaffungkosten, sondern v. a. auch aus den Kosten für die Tonerkassette ergeben.

Und da ergeben sich recht große Preisunterschiede zwischen den verschiedenen Herstellern. Bei den meisten Modellen ist es außerdem üblich, die Bildtrommel mitsamt dem eigentlichen Tonerpulver in eine Kassette zu packen, wie es z. B. bei HP üblich ist. Das erhöht natürlich die Kosten. Aber aufgrund der normalerweise nicht sehr hohen Lebensdauer einer normalen Bildtrommel wird so garantiert, daß das Druckbild auch gut bleibt.

Der Hersteller Kyocera ist hier eine große Ausnahme, denn diesr verwendet eine extrem langlebige Silizium-Bildtrommel, die quasi während des gesamten Druckerlebens nicht ausgetauscht werden muß. Daher muß hier, übrigens ähnlich wie bei den meisten Fotokopierern, nur das eigentliche Tonerharz ausgetauscht werden, was die Druckkosten von den sonst üblichen 6-10 Pfennigen pro Seite auf unter einen Pfennig (!) senkt.

Wer also wirklich viele Seiten über einen langen Zeitraum druckt, sollte sich einen Kyocera-Drucker anschaffen, weil dies nicht nur das Portemonnaie, sondern auch die Umwelt schont.

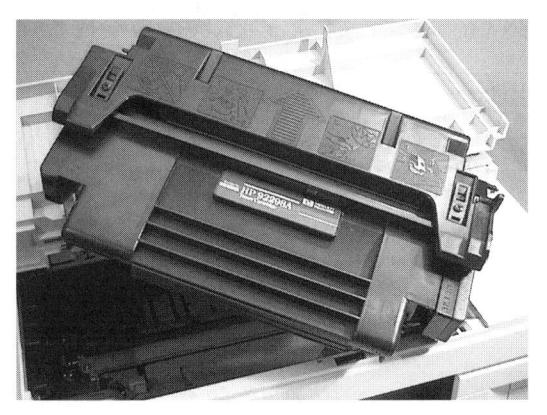

HP-Tonerkassetten werden bei den meisten Modellen zusammen mit der Bildtrommel ausgewechselt

PostScript: Druckersprache nicht nur für Profis

Ein wichtiger Punkt wäre weiterhin die Unterstützung der Druckersprache PostScript. Dieses von Adobe standardisierte Verfahren ist eine vom Gerät unabhängige Druckersprache, mit der eine hohe Druckqualität genauso wie eine Kompatibilität zwischen verschiedenen Geräten gewährleistet wird.

Aber was bringt einem PostScript, wenn man nicht mit Druckereien zusammenarbeitet, werden Sie fragen?

Steckbrief: PostScript
Vorteile
Eine höhere Druckqualität bzw. Flexibilität bei der Einstellung der Druckparameter, gerade was die Rasterung von Bildern angeht.
Sie können PostScript-Druckdateien, die es z. B. im Internet häufig als Dokumente von Handbüchern und ähnlichem gibt, auf Ihrem Drucker ausgeben.
Sie können Grafiken im PostScript-Format (EPS) zwischen Programmen austauschen und auf dem PostScript-Drucker ausgeben. Dies ist vielleicht der größte Vorteil, denn PostScript als Grafikaustauschformat gewährleistet bei allen Programmen die besten Ergebnisse. Wenn Sie z. B. Grafiken von CorelDRAW nach Word importieren wollen, können Sie nur mit PostScript als Export-Format sicher sein, daß auch tatsächlich alle Eigenschaften der Grafik fehlerfrei übernommen werden.
Sie können anderen Personen Ihr Dokument (z. B. ein Buch) als elektronischen Ausdruck in exakt dem Layout (inklusive Schrifttyp) zukommen lassen, wie es bei Ihnen vorliegt. Dabei handelt es sich aber wirklich nur um die Druckdaten, also eine PostScript-Druckdatei, dadurch bewahren Sie Ihr geistiges Eigentum (den Text) und müssen der Kontaktperson nicht das Originaldokument schicken. Einzige Voraussetzung: Die Kontaktperson muß auch einen PostScript-Drucker für die Ausgabe Ihrer Druckdatei haben.
Sie können die PostScript-Modelle auch mit dem normalen PCL-Druckertreiber des Standardmodells ansprechen, der Drucker kann also beides.
Der PostScript-Druckertreiber bietet Ihnen gegenüber dem PCL-Treiber einige wichtige, zusätzliche Einstellmöglichkeiten. Am bemerkenswertesten sind die Optionen für die Rasterweite bei Grafiken sowie die Möglichkeit, zwei oder vier Seiten auf eine DIN-A4-Druckseite verkleinert zu bekommen. Die verkleinerten Seiten werden dabei korrekt gedreht angeordnet und mit einer automatischen Zeile (Seite 1, 2 etc.) beschriftet. Das ist ungemein praktisch, für alle Dokumente, die auch verkleinert zum Papiersparen archiviert werden können.
Einzelne Seiten lassen sich auch prozentual skalieren oder invertiert drucken.
Nachteile
Die Mehrkosten in der Anschaffung liegen bei ca. 300-700 DM (je nach Modell).
Für die Verwendung von PostScript brauchen Sie noch etwas mehr Arbeitsspeicher, 6-7 MByte sind für 600 dpi aber ausreichend.
Die Druckgeschwindigkeit mit PostScript ist etwas geringer als mit der üblichen HP-Druckersprache (PCL).

Der Drucker – So machen Sie den besten (Ein-)Druck

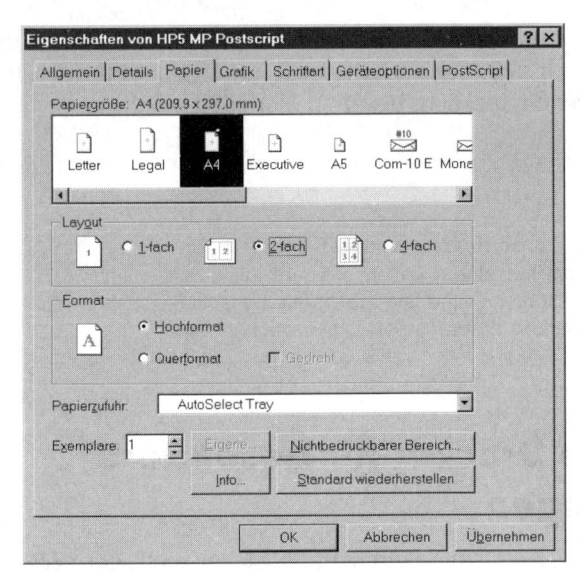

Einstellungen eines HP-PostScript-Druckers

Und welcher Laserdrucker ist der richtige?

Wie der Tintenstrahler-Markt ist auch der Laserdrucker-Markt so schnellebig, daß einzelne Modelle viel zu schnell wieder vom Markt verschwinden. Besser ist es da schon, sich auf bestimmte Firmen zu konzentrieren. Wobei der frühere Marktführer HP längst nicht mehr die besten Modelle baut, obwohl Sie mit einem HP-Drucker bis auf die recht hohen Unterhaltkosten (die Toner sind sehr teuer) nicht viel falsch machen können.

Wer möglichst hohe Grafikqualität will, sollte zu einem der Optra-Modelle mit 1.200 dpi von Lexmark greifen. Überhaupt baut Lexmark sehr robuste und gute Drucker für einen vernünftigen Preis, der unter dem eines vergleichbaren HP liegt.

Wer möglichst unter 1.000 DM ausgeben will, sollte einen GDI-Drucker von NEC, Canon oder Minolta kaufen. Der Superscript-Drucker von NEC ist auch mit einer PostScript-Emulation erhältlich und kostet trotzdem noch unter 1.000 DM. Aber zu Minolta: Diese haben sich in letzter Zeit erfolgreich bemüht, mit sehr guten Druckern in den Markt einzudringen. Werfen Sie mal einen Blick auf deren aktuellen Modelle.

Canon bietet derzeit ein tolles 600-dpi-GDI-Modell an, das nur noch rund 600 DM kostet. Highlight des kleinen, Sechs-Seiten-flotten Druckers ist seine geringe Vorwärmzeit. Einschalten und (fast) direkt losdrucken ist hier möglich. Außerdem verbraucht er im Stand-by-Modus nur 3 Watt Strom. Der optimale Einstiegsdrucker bzw. für Privatanwender, die keine Farbe brauchen.

Drucker von Kyocera sind, wie oben schon mal erwähnt, unschlagbar, wenn es um hohe Druckvolumen und niedrige Druckosten geht. Ansonsten liegen die Ausgabequalität und sonstige Features im guten Mittelfeld. Günstige und je nach Modell auch z. T. sehr gute Drucker baut übrigens auch Brother, allerdings ist hier PostScript nicht bei allen Modellen möglich.

> **Hinweis**
>
> **Laser oder LED**
>
> Technisch unterscheiden sich Laserdrucker von LED-Druckern dadurch, daß das Druckbild nicht mit einem Laser, sondern mit einer Zeile LEDs belichtet wird. Ansonsten sind sie aber durchaus vergleichbar und hier der Einfachheit halber unter „Laserdrucker" eingeordnet.

Besondere Drucker für besondere Anwendungen

Daß die normalen Laser- und Tintenstrahldrucker nicht der Weisheit letzter Schluß sind, dürfte klar sein, vor allem dann, wenn es um wirklich hochwertigen Farbdruck bzw. Fotodruck geht.

Farbe für Vieldrucker: Farblaserdrucker

Wer größere Mengen von Farbbildern drucken muß, der sollte die Anschaffung eines Farblaserdruckers erwägen. Die Preise sind mittlerweile auf unter 10.000 DM gefallen, das neue Modell von Minolta ist hier z. B. sehr interessant. Farblaser erzeugen nicht unbedingt perfekt fotorealistische Ergebnisse (mit 600 dpi für jede der drei echten Grundfarben plus Schwarz ist dies auch nicht möglich), aber die Ergebnisse sind schon beachtlich. Außerdem sind die Druckzeit und v. a. die Verbrauchskosten recht niedrig, insbesondere, da man direkt auf Normalpapier drucken kann.

Leuchtende Farben: Thermosublimationsdrucker

Wer wirklich leuchtende, realistisch nach Fotoabzug aussehende Ausdrücke braucht, der muß zu einem Thermosublimationsdrucker greifen. Diese gibt es in allen möglichen Größen und Formen, gemein ist ihnen allen, daß sie teuer in der Anschaffung und im Ausdruck sind. Unter Sublimation versteht man den direkten Phasenübergang von fest zu gasförmig, denn hier werden Wachsfarben von einem Farbband direkt mit Hilfe eines feinregulierbaren Heizelements auf ein spezielles Druckpapier aufgedampft. Dabei wird keine oder nur eine geringe Rasterung verwendet, denn das Thermosublimationsverfahren kann im Gegensatz zu allen anderen echte Farbabstufungen erzeugen (wie z. B. ein Monitor). Daher erzeugt schon ein solcher Drucker mit 200 x 200 dpi physikalischer Auflösung Ergebnisse, an die ein 1.440 x 720 dpi Tintenstrahldrucker nicht heranreicht. Während Thermosublimationsdrucker für DIN A4 oder noch größere Formate 2.000 DM und mehr kosten, erfreuen sich kleinere Modelle, die vorgeschnittenes Papier im Fotoformat (8 x 12 oder 9 x 13 cm) bedrucken, als Ausgabegeräte für die neuen digitalen Fotokameras zunehmender Beliebtheit.

Diese arbeiten meistens mit Auflösungen von 100-200 dpi und bringen recht beachtliche Ergebnisse, erreichen allerdings nicht die Qualität der großen Profi-Geräte, z. B. von Kodak, deren Preise allerdings bei über rund 10.000 DM liegen. Wenn Sie erwägen, einen dieser preisgünstigen Thermosublimationsfotodrucker zu kaufen, sollten Sie auf jeden Fall einen Probeausdruck machen und die Preise für die Spezialfolien und das Druckpapier vergleichen.

Farbe für Profis: Festwachs-Drucker

Eine weitere, interessante Alternative allerdings mehr für professionelle Anwendungen sind die sogenannten Festwachs-Drucker wie die Phaser-Modelle von Tektronic. Hier wird festes Wachs aus einem Block mit Hilfe von Heizelementen verflüssigt und in hoher Qualität auf normales Papier gedruckt.

Die Ergebnisse erreichen fast das Niveau der Thermosublimation und zeichnen sich v. a. durch das Leuchten und die Intensität der Farben aus. Außerdem sind die Druckkosten sehr gering, denn die Wachsblöcke kosten verhältnismäßig wenig. Ja, Tektronik verschenkt die Blöcke für schwarze Farbe sogar beim Kauf eines Druckers, Sie müssen also in Zukunft nur die farbigen Wachsblöcke nachkaufen. Die Preise für die Geräte liegen allerdings immer noch bei deutlich über 5.000 DM, also weniger etwas für Privatanwender.

Hinweis

Und wie sieht's mit Nadeldruckern aus?

Nadeldrucker werden eigentlich nur noch für die Erstellung von Durchschlag-Drucken verwendet. Typischer Einsatzort sind z. B. Arztpraxen. Allerdings bedeutet dies auch, daß z. T. extrem hohe Anforderungen an die Zuverlässigkeit und Robustheit der Geräte gestellt werden. Daher und aufgrund der nur noch geringen Verkaufszahlen sind die Preise für solche Geräte recht hoch. 1.000-1.500 DM sind für einen guten 24-Nadeldrucker durchaus üblich.

19.2 Jetzt wird's richtig bunt – Farbdruck optimiert

Das optimale Resultat ist auch beim Farbdruck Einstellungssache und verlangt auch vom Benutzer, daß er die Möglichkeiten seines Druckers kennt und richtig ausnutzt. Anhand eines 1.440-dpi-Druckers von Epson (der A3-Version des Epson 1520) sehen Sie hier stellvertretend, auf was Sie zur Optimierung eines Ausdrucks alles achten müssen. Zwar unterscheiden sich die Einstellungs-Dialogfenster von Drucker zu Drucker, aber die hier vorgestellten Prinzipien gelten auch dort.

Die Druckereigenschaften einstellen

Die Druckerkonfiguration erfolgt bei fast allen Modellen Windows-konform über das Symbol *Drucker* in der Systemsteuerung. Unterschiedlich sind dann aber die dort gegebenen Einstellmöglichkeiten. Es ist bei modernen Druckern mittlerweile üblich, die verschiedenen Optionen über Register thematisch zu ordnen.

Das Register Details

Das erste Register, auf das Sie Ihr Augenmerk richten sollten, sind die Einstellungen unter *Details*, über die der Anschluß des Druckers an den PC konfiguriert wird. Schon bei der Installation des Druckertreibers dürfte bei Ihnen der Anschluß (meistens *LPT1*, also der Parallel-Port bzw. im Netzwerk ein Netzwerkpfad) korrekt konfiguriert worden sein, das ist nicht weiter interessant. Wichtiger und kritischer für die Funktion sind da schon die Einstellungen im Bereich *Zeitlimit*. Denn hiermit bestimmen Sie den zeitlichen Reaktionsrahmen beim Dialog zwischen Drucker und PC.

Gerade bei Farbdruckern, die bei komplexen Grafiken recht langsam sein können, kann die Heraufsetzung der angegebenen Zeitwerte so manche Fehlermeldung beim Druck unterdrücken. Mit *Nicht gewählt* wird die Zeit angegeben, die Windows wartet, bis sich der Drucker als angeschaltet (online) zurückmeldet. Das verursacht selten Probleme. Aber die *Übertragungswiederholung* von *45 Sekunden* ist häufig gerade bei größeren oder komplexen Dokumenten zu niedrig eingestellt. Sie bestimmt die Zeit, die Windows dem Drucker gibt, um sich druckbereit zurückzumelden. Wenn Sie also beim Drucken solcher Dokumente schon mal Probleme haben, setzen Sie den Wert auf 60 oder sogar 120 Sekunden herauf.

Der Drucker – So machen Sie den besten (Ein-)Druck

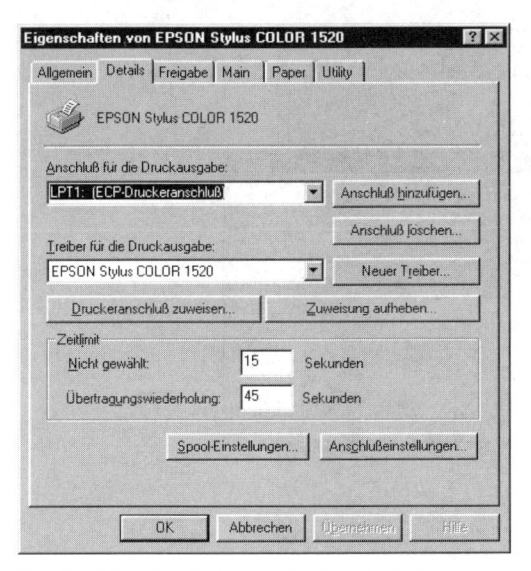

Das Register Details in der Druckereinstellung

Eine gute Möglichkeit zur Optimierung verbirgt sich auch hinter der Schaltfläche *Spool-Einstellungen*. Hier können Sie beeinflussen, wie und ob Windows die Druckdaten zuerst auf der Platte zwischenpuffert und wie diese dann an den Drucker weitergeschickt werden. Normalerweise sollte die Funktion *Druck nach erster Seite beginnen* (siehe Abbildung) gewählt werden, weil dies am schnellsten geht und die Daten auf der Platte zwischengepuffert werden.

Je nach Drucker haben Sie die Möglichkeit, unter *Datenformat* zwischen dem Typ *RAW* und *EMF* zu wählen. Wenn möglich, sollten Sie die Einstellung *EMF* ausprobieren, dann werden die Daten nämlich in einer Art standardisierten Format an den Drucker geschickt, so daß der PC schneller wieder von der Druckberechnung befreit ist. Das RAW-Format schickt nur druckerspezifische Informationen raus, die dann natürlich vom Treiber entsprechend langwierig umgerechnet werden müssen.

Ach ja, und sollte Ihr Drucker auch die bidirektionale Kommunikation mit dem PC verstehen, dann ist es natürlich sinnvoll, die Option *Bidirektionale Unterstützung aktivieren* anzuwählen (für den Epson ist diese Einstellung nicht möglich). Das verlangt natürlich auch ein entsprechendes Druckerkabel, bei dem alle Leitungen korrekt belegt sind. Alle aktuellen Druckerkabel sollten aber bidirektionales Drucken unterstützen.

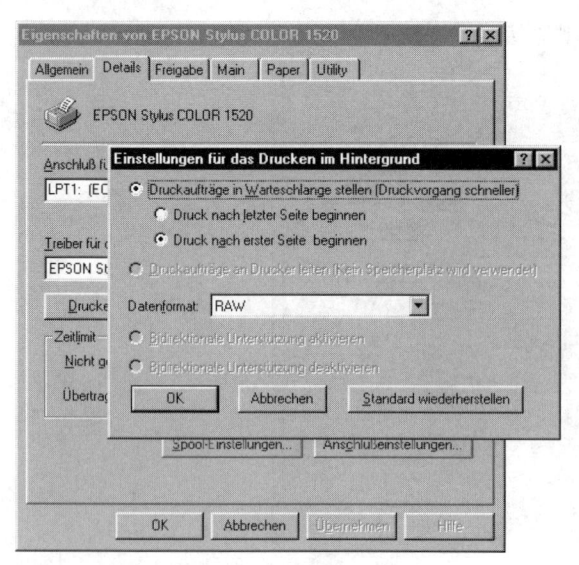

Einige Drucker-Grundeinstellungen

Die Farbeinstellungen

Dann geht's zum eigentlichen Farbdruck. Das Geheimnis eines optimalen Ergebnisses mit einem Tintenstrahldrucker ist immer noch in erster Linie das Papier und dann in zweiter Linie der Druckertreiber. Bei letzterem sind Sie natürlich dem Hersteller ausgeliefert, die aber mittlerweile recht vernünftige Produkte ausliefern.

Den Herstellern ist auch bekannt, daß die meisten Käufer von Tintenstrahldruckern nicht gerade ausgebildete Druckspezialisten sind, und sie haben sich daher bemüht, schon die Grundeinstellungen des Treibers auf eine optimale, automatische Ausgabe zu trimmen. Tatsächlich können Sie meistens ohne weitere Änderungen und Einstellungen auf den Treiber vertrauen und einen Ausdruck wagen.

Jedoch ist eine Anpassung manchmal schon notwendig, natürlich gerade in Abhängigkeit vom zu druckenden Objekt. Besonders wichtig ist es allerdings immer, daß Sie die richtige Papiersorte einstellen. Beim Epson-Drucker finden Sie diese Konfigurationsmöglichkeiten im Register *Main*.

Spezielle Einstellmöglichkeiten

Hardcore: Hintergrundinfos zur Farbrasterung

Vielleicht zuvor noch ein paar Worte zur Rasterung, die auch als Halbton-Verfahren bezeichnet wird. Viele Anwender haben ein Problem mit der Definition dpi, lpi (**d**ots respektive **l**ines **p**er **i**nch) und der Rasterweite. Außerdem werden häufig falsche Vergleiche zwischen der Auflösung von Scannern und Farbbildern im PC und dem Drucker gemacht. Dabei ist alles gar nicht so schwer, wenn Sie sich erst einmal vor Augen halten, daß Auflösung nicht alles ist, denn weitere Informationen liegen auch in der Farbtiefe eines Bildes.

Konkret an einem Beispiel bedeutet das folgendes: Wenn Sie mit einem Scanner ein Bild mit 200 dpi und 24 Bit Farbtiefe (16,7 Millionen Farben) einscannen, wird jeder Zoll (ca. 2,54 cm) erst einmal mit 200 Punkten abgetastet. Bei einer höheren Auflösung werden die Bildpunkte dünner, so daß mehr auf ein Zoll passen.

Vorsicht: dpi-Falle. Bei normalen Bildgrößen, z. B. Fotos, reichen 200, maximal 300 dpi vollkommen aus. Es ist völlig unnötig, Bilder mit 600 oder noch mehr dpi zu scannen. Solche Auflösungen sind nur bei Strichzeichnungen im 1-Bit-Modus bzw. bei OCR sinnvoll bzw., wenn man Objekte hat, die man später (ausschnittsweise?) vergrößern will.

Jeder der Bildpunkte besteht aus drei Farbinformationen zu Rot, Grün und Blau (RGB), und jede dieser Farbtöne kann in 256 Nuancen (Helligkeitsabstufungen) vorkommen.

Das Problem ist aber, daß normale Drucker bis jetzt nicht in der Lage sind, diese Farbnuancen auch wirklich wieder auszugeben. Sie sind im Grund alle 1-Bit-Drucker, können also nur entweder einen Druckpunkt in einer Farbe

(z. B. Schwarz oder Rot) setzen oder eben nicht. Zwar werden bei manchen Farbtintenstrahldruckern derzeit schon sieben Farben (Schwarz und sechs echte Farben) verwendet, aber selbst daß kann bei weitem nicht die notwendigen Farbnuancen erzeugen, um ein Foto richtig auszugeben. Ideal wäre ein Drucker, der genau wie ein Bildschirm jeden Druckpunkt mit seinen 16,7 Millionen Farben (bzw. jeweils 256 Helligkeitsstufen für jede Grundfarbe) darstellen kann, aber so etwas gibt es nur bei teuren Thermosublimationsdruckern.

Bei Laser- oder Tintenstrahldruckern muß man sich dagegen mit der Rasterung behelfen, bei der verschiedene Helligkeiten durch die Dichte der Druckpunkte simuliert werden (Halbton-Verfahren). Viele enge Punkte wirken auf den Menschen eben aus der Entfernung wie eine dunkle Fläche, wenige weit entfernte Punkte dagegen wie ein heller Farbton. Je weiter die Druckpunkte gespreizt bzw. gestreut werden können, desto mehr Farbnuancen sind darstellbar. Aber: Leider geht beim Rastern auch die Bildschärfe verloren. Es gilt also immer einen Kompromiß zwischen Bildschärfe bzw. Detailinformation und Farbreichtum beim Rastern zu finden.

Ein Laserdrucker, der mit 600 dpi entweder schwarz oder weiß drucken kann, ist absolut nicht in der Lage, ein 200-dpi-Graustufen-Bild aus dem Computer in derselben Qualität auszugeben. Je höher die Auflösung des Druckers, desto feiner sind die Punkte und damit die Rasterungsmöglichkeit, aber an einen Farbdrucker, der tatsächlich echte Farbnuancen wie auf einem Fotofilm erzeugen kann, kommt das dennoch nicht heran. Ja, es ist sogar gerade erst mit einem 600-dpi-Drucker möglich, mehr als 64 Graustufen durch Rasterung zu simulieren, das absolute Minimum, damit ein Bild halbwegs natürlich aussieht.

Die Rasterweite, meistens angegeben in lpi, ist gegenüber der physikalischen Auflösung (in dpi) eines Druckers ein Maß für die Streuweite der Druckpunkte beim Drucken. Und die kann eben variieren. Die Rasterweite läßt sich entweder in einer geeigneten Software, z. B. einer Bildverarbeitung, einstellen oder aber auch im Druckertreiber definieren. Viele Drucker arbeiten aber mit einer fest vorgegebenen Rasterweite, die meistens 85-100 lpi beträgt. Wählt man eine höhere Rasterweite, wird das Bild zwar schärfer, aber die Farbnuancen geringer und umgekehrt.

Nochmal zum Vergleich: ein Monitor mit 1.024 x 768 Punkten Bilddarstellung arbeitet mit einer Auflösung von nur 120 dpi. Jetzt vergleichen Sie mal ein auf dem Monitor dargestelltes TrueColor-Bild mit dem Ausdruck auf einem 720 dpi Tintenstrahldrucker. Und schon merken Sie, daß es durchaus wünschenswert wäre, weniger Auflösung, aber dafür mehr Farbnuancen zu haben. Die höhere Auflösung von Druckern kommt also nur einer feineren Rasterung zugute, hat aber bei weitem noch nichts mit der tatsächlichen Auflösung, z. B. eines Scanners, zu tun.

Ein zweiter, wichtiger Punkt, der über die Ausgabequalität beim Fotodruck entscheidet, ist die Art der Rasterung. Für eine natürliche Darstellung von

Fotos hat sich die sogenannte Diffusions- oder Streurasterung bewährt, bei der die Druckpunkte nicht nach einem bestimmten Raster bzw. Muster, sondern möglichst gleichmäßig verstreut gesetzt werden.

Die konkreten Farbeinstellungen am Drucker

Zurück zu den entsprechenden Einstellungen im Druckertreiber des Epsons. Wenn Sie auf die Schaltfläche *More Options* klicken, können Sie z. B. die zur Rasterung verwendete Auflösung (360, 720 oder 1.440 dpi) einstellen. Über die Optionen unter *Halftoning* wird dann das besagte Rasterverfahren gewählt. *Fine Dithering* entspricht der zuvor erwähnten Diffusionsrasterung. Auf der rechten Seite des Dialogfensters schließlich können Sie noch über Schieberegeler die Farbmischung, die Helligkeit und den Kontrast anpassen. Jedoch dürfte dies nur in wenigen Ausnahmefällen günstig sein, denn die Grundeinstellungen sind schon ab Werk optimal konfiguriert. Sollte bei einem einzelnen Bild z. B. mal ein Rotstich vorhanden sein, korrigieren Sie diesen besser in einem Bildbearbeitungsprogramm und nicht in dem Druckertreiber. Das führt nämlich zu besseren Ergebnissen.

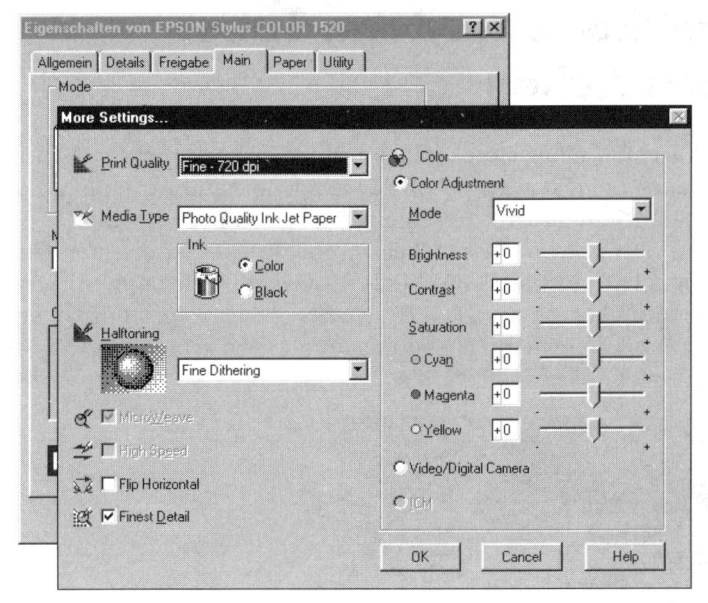

Damit hätten Sie eigentlich die wichtigsten Druckparameter im Griff

Was hat es mit Farbprofilen auf sich?

Beliebtes Schlagwort zu diesem Thema ist ICC. Das steht für **I**nternational **C**olor **C**onsortium, einem Fachgremium, das 1994 von Adobe und Apple gegründet wurde und sich mit der farbgetreuen Reproduktion befaßt.

Windows 98 bringt das Farbmanagement-System ICM 2.0 mit, Ein- und Ausgabegeräte sollen damit sog. ICC-Profile erhalten (Dateiendung *.icm*), die die farbgetreue Eingabe, Bearbeitung und Ausgabe von Bilddateien ermöglichen soll. ICM wurde von Linotype-Hell in Kiel entwickelt und sorgt dafür, daß die Farbinformationen, die ein Gerät wie Scanner, Bildschirm oder Drucker verarbeiten kann, in einen universellen, geräteunabhängigen Farbraum (CIELAB) übersetzt werden. So soll für den Datenaustausch zwischen den Geräten sichergestellt werden, daß die Farbwiedergabe (etwa beim Betrachten am Bildschirm oder beim Ausdruck) originalgetreu ist.

Damit dieses Prinzip reibungslos funktioniert, müssen alle beteiligten Geräte über eigene ICM-Profile verfügen, was besonders bei Druckern (aufgrund der Fertigungstoleranzen) extrem schwierig ist. Leider hat ICM in der Praxis durch fehlende Unterstützung momentan kaum eine Relevanz, Sie sind also selbst auf ein gewisses Fingerspitzengefühl bei der Anpassung angewiesen. Sollten Sie sich für Details dieser Form des Farbmanagements interessieren, schauen Sie sich einfach im Internet die Seiten von *http://www.color.org* an.

19.3 Die Drucker-Praxis – Anschließen, Speicher erweitern, Toner austauschen

Beim Anschluß eines Druckers kann man wirklich nicht viel falsch machen, gibt es doch bei fast allen PCs nur einen genormten Anschluß, den 25poligen Parallel-Port (auch Drucker-Port, Druckerschnittstelle oder LPT-Anschluß genannt). Der entsprechende Stecker am Drucker ist dagegen fast immer als sogenannter Centronics-Anschluß ausgelegt (Ausnahmen können z. B. Netzwerkdrucker sein). Das Druckerkabel zur Verbindung von PC und Drucker muß dementsprechend unsymmetrisch sein, also zwei verschiedene Stecker haben.

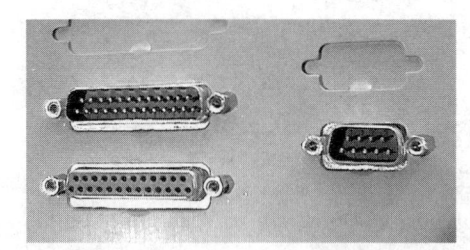

Schnittstellen auf der Gehäuse-Rückseite mit seriellen Schnittstellen und Druckeranschluß (unten links)

Der Druckeranschluß (LPT-Port) am PC findet sich meistens in der Nähe der zwei seriellen Schnittstellen (oberer 25poliger und rechter 9poliger Anschluß). Im Gegensatz zu diesen ist der LPT-Port weiblich, d. h., die Kontaktstifte befinden sich am männlichen Druckerkabel.

Der Drucker – So machen Sie den besten (Ein-)Druck

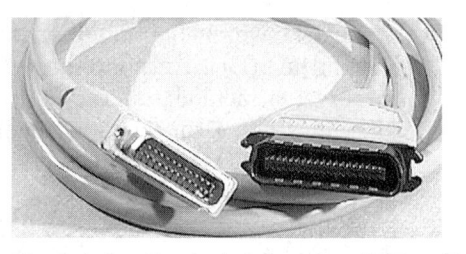

Der 36polige Centronics-Anschluß auf der Rückseite eines Laserdruckers

Ein typisches Druckerkabel mit Parallel-Port (links) und Centronics-Stecker (rechts)

Es ist durchaus auch möglich, einen PC mit einer zweiten parallelen Schnittstelle auszurüsten, hierfür gibt es kleine Steckkarten, die deutlich unter 50 DM kosten. Daher werden die LPT-Ports auch durchnumeriert (LPT1, LPT2). Man muß bei der Installation lediglich darauf achten, daß die zweite Schnittstelle eigene Ressourcen zugewiesen bekommt. Allein zum Drucken wird normalerweise kein Interrupt benötigt, dennoch weisen das BIOS und Windows normalerweise den IRQ 7 fest dem eingebauten LPT1-Port zu, da dieser ja bekanntlich auch für andere Geräte wie Scanner oder Zip-Laufwerke verwendet werden kann, die nur vernünftig über eine IRQ-Steuerung arbeiten. Eine zweite Schnittstellenkarte, die nur zum Drucken verwendet wird, braucht allerdings normalerweise keinen weiteren Interrupt, so daß die Verwendung in der Regel keine Probleme macht.

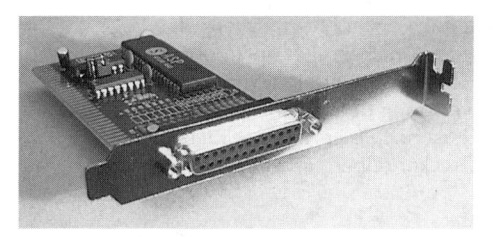

Steckkarte zur Ergänzung des PCs mit einer zusätzlichen parallelen Schnittstelle

Beim Anschluß eines Druckers verbindet man den Drucker mit dem LPT-Anschluß am PC.

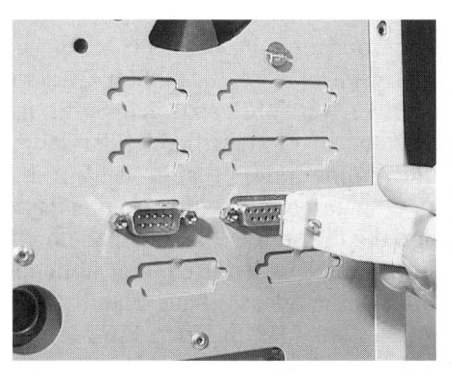

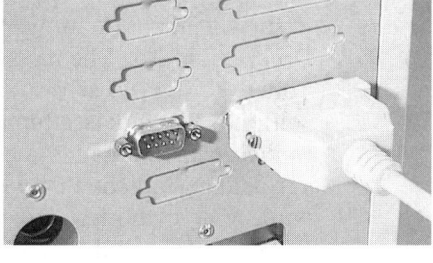

Anschließen des Druckerkabels an der Schnittstelle des Rechners

857

Lediglich, wenn Sie einen zusätzlichen, einfachen SCSI-Controller mit 25poligem SCSI-1-Anschluß haben, müssen Sie höllisch vorsichtig sein. Denn dieser ist tatsächlich von der Form her identisch mit dem des LPT-Ports. Wer allerdings den Drucker tatsächlich an so einem SCSI-Controller anschließt, zerstört meistens den Controller direkt anschließend. Also vorsichtig!

Hinweis
Achten Sie auf ein bidirektionales Druckerkabel

Der Datenaustausch über die parallele Schnittstelle kann in beide Richtungen gehen, d. h., der Drucker kann auch Daten (z. B. Zustands-Meldungen) an den PC übermitteln. Dafür muß allerdings ein Druckerkabel verwendet werden, bei dem alle Anschlüsse belegt sind, was früher durchaus unüblich war. Beim Kauf eines Druckerkabels, das übrigens merkwürdigerweise so gut wie nie einem Drucker beiliegt, sollten Sie daher zur Sicherheit noch einmal nachfragen, ob das Kabel auch bidirektional ist. Ein gutes Druckerkabel sollte übrigens nicht mehr als 10-15 DM kosten, denn es handelt sich um einen echten Massenartikel. Ob Ihr Drucker dann auch tatsächlich die Möglichkeiten der Bidirektionalität nutzt, ist noch eine andere Sache und läßt sich in den Einstellungen des Druckertreibers erkennen.

Alle Monate wieder – Der ungeliebte Tonertausch

Wahrscheinlich die aufwendigste und unbeliebteste Prozedur rund um den Drucker ist das Thema „Tonerwechsel". Bei fast allen Geräten wird der Toner, ein feines, schwarzes Pulver (das übrigens nicht giftig ist bzw. sein soll), über Tonerkassetten ausgetauscht. Unterschiedlich ist dabei jedoch, ob in dieser Kassette auch die Bildtrommel mit enthalten ist, auf die der Toner vor dem eigentlichen Druckvorgang aufgetragen und auf das Papier abgerollt wird. Aber auch hier verwenden die meisten Drucker ein solches integriertes Paket aus Tonerpulver und Bildtrommel, weil diese in der üblichen Bauweise sowieso keine allzugroße Lebensdauer hat. Auf die Handhabung beim eigentlichen Austausch hat dies allerdings kaum einen Einfluß, die Kassetten mit Bildtrommel sind lediglich etwas größer.

Nun, ob eine Tonerkassette ausgetauscht werden muß, erkennen Sie am deutlichen Nachlassen der Druckqualität. Auf den Druckseiten fehlen zunehmend meist im mittleren oder linken Bereich Farbpartikel.

> **Hinweis**
>
> **Noch ein paar Seiten rauskitzeln**
>
> Übrigens bringt es eine ganze Menge, wenn Sie die Tonerkartusche entnehmen und ein wenig durchschütteln, sobald Sie die Verblassungserscheinungen bemerken. So verteilt sich der restliche Toner wieder, und es reicht (je nach Modell) durchaus noch für eine stattliche Anzahl von Seiten. Sie können diesen Vorgang öfter durchführen, aber die Intervalle werden immer kürzer, und Sie sollten sich bereits eine neue Kartusche besorgen, denn es geht nun unweigerlich dem Ende entgegen.

Der erste Akt des Austauschs beginnt immer mit dem Öffnen des Geräts. Die Tonerkassette wird fast immer über eine Klappe von oben eingeführt. Und die Klappe läßt sich meistens durch Druckknöpfe an der Seite des Geräts öffnen. Schauen Sie unbedingt in Ihr Handbuch bzw. sich Ihren Drucker genau an, denn jedes Modell funktioniert in dieser Beziehung unterschiedlich.

Geöffneter Drucker mit Sicht auf die Tonerkassette

Sie können nun die alte Kassette durch eine Zugbewegung nach oben entfernen, nur in den allerwenigsten Fällen dürfte ein Arretierungsmechanismus vorhanden sein, den Sie lösen müssen.

Der Drucker – So machen Sie den besten (Ein-)Druck

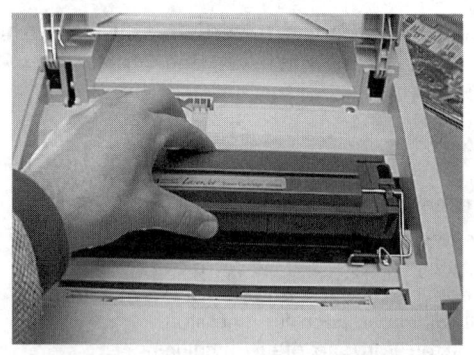

Der nächste Schritt ist das Öffen der neuen Tonerkassette. Wenn diese gleichzeitig auch noch die Bildtrommel enthält, ist diese lichtempfindlich und sollte so schnell wie möglich ins Dunkel des Druckergehäuses eingesetzt werden. Daher überlegen Sie sich die Handlungsschritte vorher, lesen Sie die beiliegende Anleitung, üben Sie den Einbau mit der alten Kassette und nehmen Sie den Austausch dann zügig vor.

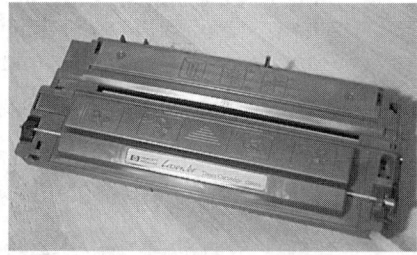

Der letztendlich einzige, noch ausstehende und kritische Schritt ist die Entfernung des Sicherheitsbands (Verschlußband), das bei neuen Kassetten verhindert, daß das Tonerpulver beim Transport durch Schütteln aus der Kassette austreten kann. Sie finden seitlich an der Kassette einen kleinen Zipfel des Bands, den Sie einfach langsam und vorsichtig (aber durchaus mit Kraft) in der Längsrichtung aus der Kassette herausziehen müssen. Dabei wird auch schon mal öfter etwas Tonerpulver durch die Gegend gebröselt; aber keine Panik, der Toner ist nicht giftig, am besten entfernen Sie das Pulver durch Absaugen, besser nicht durch feuchtes Abwischen, das führt zu einer furchtbaren Schmiererei.

Anschließend müssen Sie die Kassette noch ein paar Mal in Längsrichtung auf und ab schütteln, um das Tonerpulver möglichst gleichmäßig in der Kassette zu verteilen. Schließlich dürfte es sich durch die lange Lagerung beim Händler oder Hersteller einseitig in der Kassette angehäuft haben. Das Ganze sollte möglichst in ein bis zwei Minuten erledigt sein. Danach stecken Sie die neue Kassette auf den umgekehrten Weg so rein, wie Sie die alte aus dem Drucker herausgeholt haben. Klappe zu und fertig!

Softwareanschluß und -konfiguration – Von Druckertreibern & Co.

Die Installation und Konfiguration eines Druckers unter Windows 95/98 ist ein Kinderspiel geworden. Alle in den letzten ein bis zwei Jahren gebauten Drucker sind auch Plug & Play-fähig, d. h., beim ersten Anschluß wird der Drucker direkt erkannt und der Treiber angefordert.

Wenn Ihnen keine Treiberdiskette zur Verfügung steht (gebrauchtes Modell, Diskette verloren oder beschädigt), dann können Sie auf einen der vielen, bei Windows mitgelieferten Treiber zurückgreifen, die Ihrem Modell am ähnlichsten sind. Außerdem erhalten Sie die meisten Treiber auch auf der Herstellerseite des Druckers im Internet.

Je nach Drucktertreiber verfügt dieser über ein eigenes Setup-Programm oder wird über eine mitgelieferte *inf*-Datei vom Hardware- bzw. Drucker-Assistenten der Systemsteuerung aus installiert. Ersteres dürfte selbsterklärend und unkompliziert sein (Setup-Programm einfach aufrufen). Für die zweite Variante klicken Sie in der Systemsteuerung das Symbol *Drucker* an und wählen dort *Neuer Drucker*.

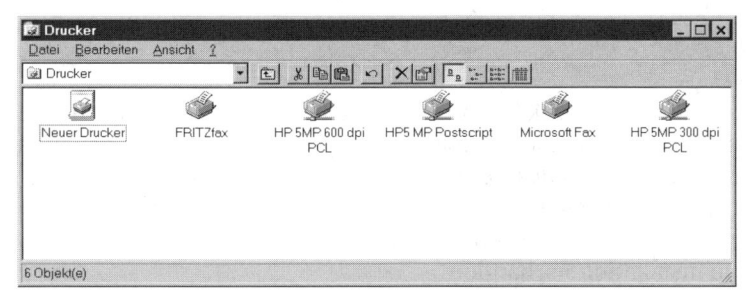

Anschließend stehen Sie schon vor der ersten Frage, ob es sich um einen lokalen Drucker (der also an die eigene LPT-Schnittstelle angeschlossen wird) handelt oder ob der Drucker über ein Netzwerk angesprochen wird. Wählen Sie den passenden Eintrag.

Der Drucker – So machen Sie den besten (Ein-)Druck

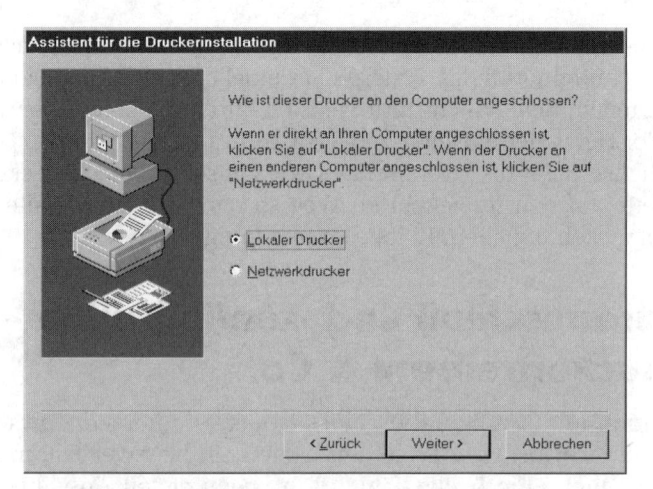

[Screenshot: Assistent für die Druckerinstallation – Auswahl "Lokaler Drucker" oder "Netzwerkdrucker"]

Haben Sie einen Netzwerkdrucker gewählt, müssen Sie noch angeben, über welchen Pfad der Drucker angesprochen werden soll.

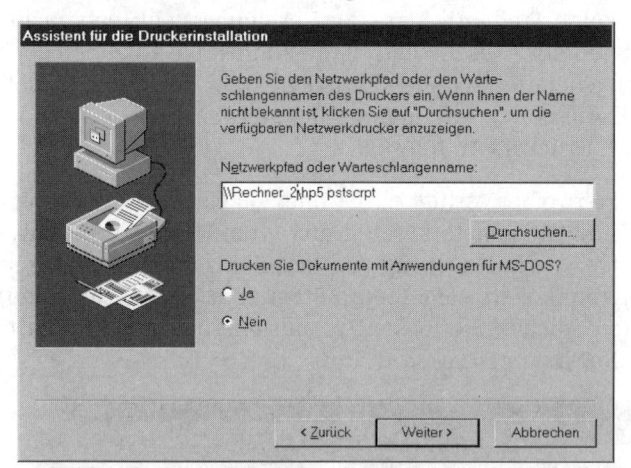

[Screenshot: Assistent für die Druckerinstallation – Eingabe des Netzwerkpfads oder Warteschlangennamens, hier "\\Rechner_2\hp5 pstscrpt"; Frage "Drucken Sie Dokumente mit Anwendungen für MS-DOS?" – "Nein" gewählt]

Im nächsten Schritt können Sie entweder einen Treiber aus der Liste der vorhandenen von Windows 95/98 auswählen oder über die Schaltfläche *Diskette* das Verzeichnis des neuen speziellen Treibers angeben. Dabei müssen Sie den Ordner auswählen, der die Installationsdatei (*inf*-Datei, normalerweise *Oemsetup.inf* genannt) enthält, denn dort sind alle Anweisungen für die korrekte Installation vorhanden.

Der Drucker – So machen Sie den besten (Ein-)Druck

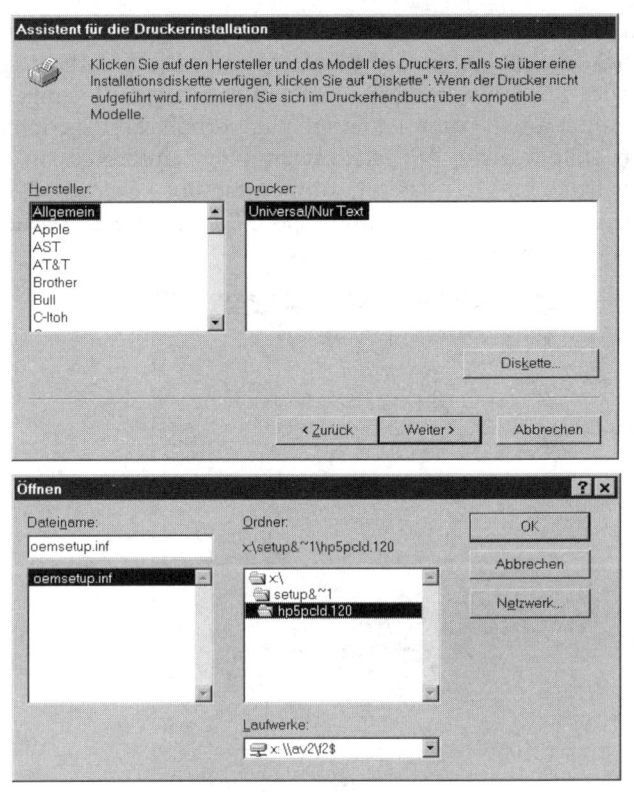

Danach müssen Sie nur noch aus einer Liste Ihr spezielles Modell auswählen, falls der Treiber mehr als nur einen Typ unterstützt (was durchaus vorkommt). Mit *OK* ist die Installation abgeschlossen, und Sie sollten, wie in der ersten Abbildung oben gezeigt, im Systemordner *Drucker* ein neues Symbol für diesen Treiber haben.

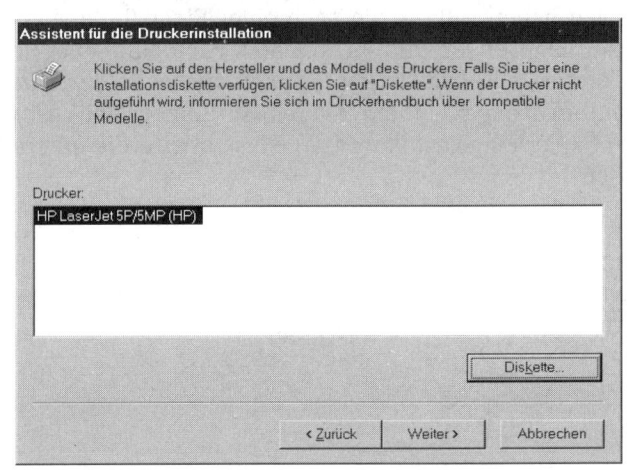

Um den Treiber nun noch zu konfigurieren, müssen Sie im Systemordner *Drucker* mit der rechten Maustaste auf das entsprechende Druckersymbol

Der Drucker – So machen Sie den besten (Ein-)Druck

klicken und dort im Kontextmenü den Punkt *Eigenschaften* wählen. Anschließend bekommen Sie ein mit Registern thematisch sortiertes Dialogfenster, in dem Sie alle notwendigen Einstellungen zur Auflösung, zum Druckeranschluß oder auch zum Papierfach dauerhaft konfigurieren können. Während das erste Register *Allgemein* noch relativ uninteressant ist (es dient nur zum Ausdruck einer Testseite), können Sie über *Details* alle Einstellungen zum Anschluß (LPT-Port) und Spool-Einstellungen (Drucker-Warteschlange, siehe weiter oben) vornehmen.

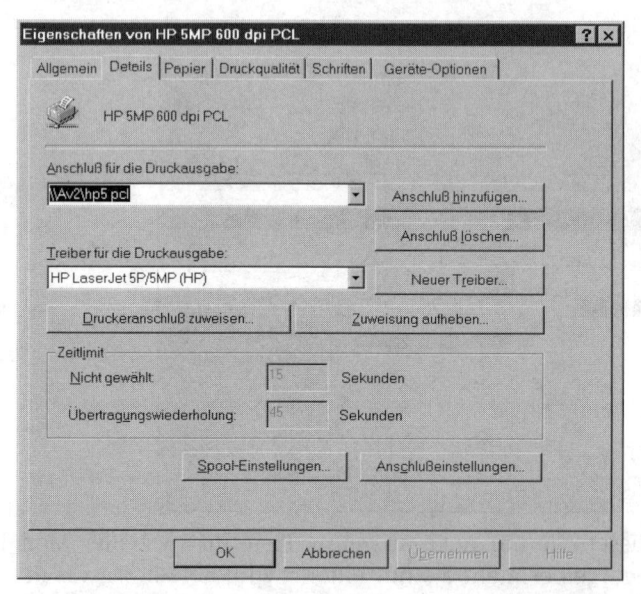

Weiterhin einen Blick wert sind die Einstellungen im Register *Papier* und *Druckqualität* (oft auch *Grafik* genannt). Wenn Sie einen Drucker, wie normalerweise üblich, mit einem Papierfach und einem automatischen Einzelblatt-Einzugsfach haben, sollten Sie nach einer Einstellung suchen, mit der der Drucker automatisch erkennt, in welchem Fach ein Papier liegt. Bei den HP-Laserjets ist dies z. B. die Option *Erstes verfügbares Papierfach*. Dies bewirkt, daß automatisch aus dem Einzelblatt-Einzugsfach gedruckt wird, wenn hier ein Papier eingelegt wurde. Ansonsten wird die untere Papierkassette verwendet.

Die *Druckqualität* bzw. Einstellungen unter *Grafik* dienen zur Konfiguration der Auflösung und u. U. auch der Rasterung (meistens nur bei PostScript-Druckern). Normalerweise können Sie dort die Vorgaben des Herstellers (Standardwerte bzw. Einstellungen *Optimal*) übernehmen.

Der Drucker – So machen Sie den besten (Ein-)Druck

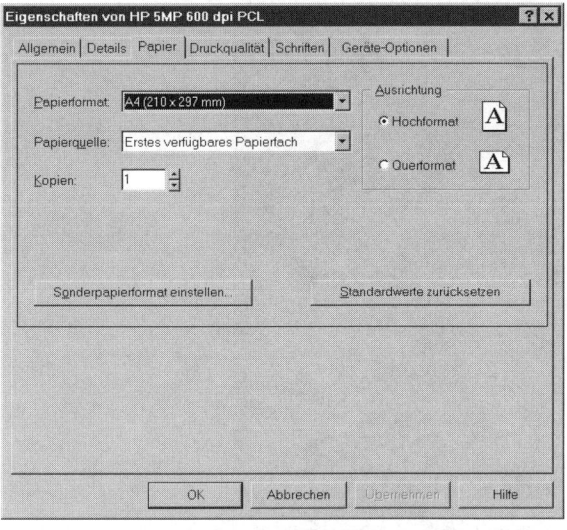

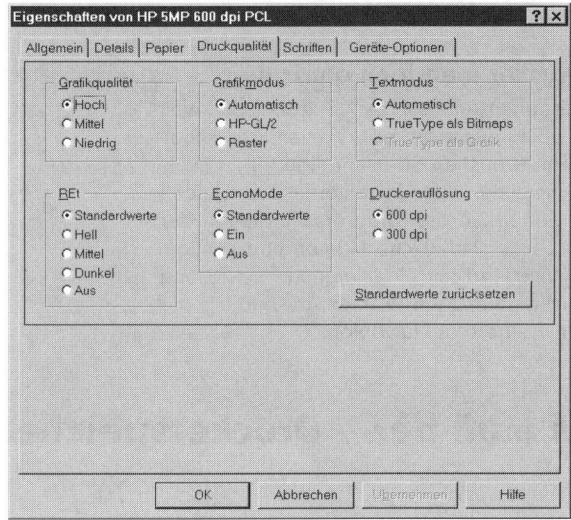

Bei PostScript-Druckern gibt es allerdings noch einen wichtigen Punkt zu erwähnen. Bei diesen wird normalerweise standardmäßig mit den im Drucker eingebauten PostScript-Schriften gedruckt, die über eine interne Schriftarten-Ersetzungstabelle gegen die in einem Textdokument normalerweise verwendeten TrueType (oder ATM)-Schriften ersetzt werden. Wenn Sie also mit einer Helvetica-ähnlichen TrueType-Schrift einen Text auf einem PostScript-Drucker ausgeben, wird dieser in der Standardeinstellung versuchen, seine eigene, interne Helvetica-Schrift zu verwenden. Dies führt natürlich schnell zu anderen Ausgabeergebnissen als auf dem Bildschirm der Textverarbeitung und ist meistens unerwünscht (wenn auch im Ausdruck schneller). Als Gegenmittel ändern Sie, wie in der Abbildung gezeigt, die Einstellungen des Druckertreibers, indem Sie diesem sagen, er solle in Zukunft keine eigenen Schriften, sondern nur noch die von Windows 95/98 verwenden.

865

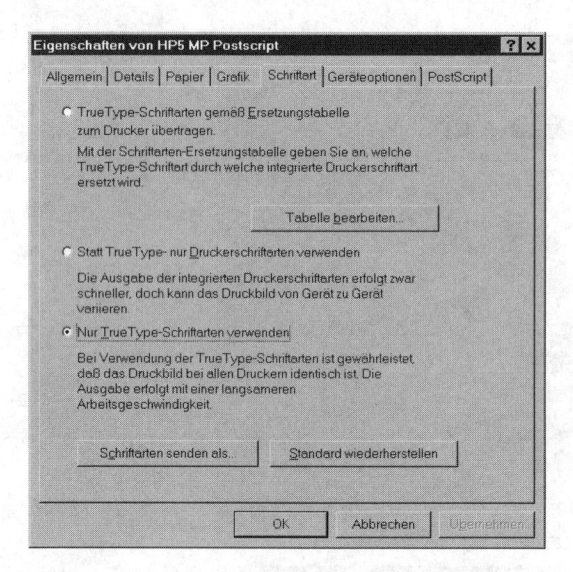

Hinweis

Aus eins mach zwei: Drucker mehrfach einrichten

Drucken Sie öfter mit verschiedenen Auflösungen? Zum Beispiel weil reiner Textdruck mit 300 dpi völlig ausreicht, aber wesentlich schneller als mit 600 dpi geht? Dann brauchen Sie nicht ständig im Druckertreiber eine Umstellung vorzunehmen. Installieren Sie einfach denselben Treiber zweimal, geben Sie den Druckersymbolen in der Systemsteuerung einfach zwei unterschiedliche Namen und konfigurieren Sie jeden Treiber anschließend mit einer eigenen Einstellung bzw. Auflösung. Später brauchen Sie dann in Ihrer Anwendung nur noch zwischen diesen beiden Treibern auszuwählen.

Mehr RAM muß her – Druckerspeicher aufrüsten

Fast alle Laserdrucker kommen mit zu wenig Arbeitsspeicher daher.

Und wie so häufig üblich, statten die Hersteller Ihre Modelle ab Werk immer nur genau mit der Menge an Speicher aus, die gerade für die Grundfunktionen ausreicht. Sie können im Prinzip davon ausgehen, daß Sie fast jedes Modell um 2-4 MByte aufrüsten müssen, wenn Sie mit der höchsten Auflösung seitenfüllende Grafiken ausgeben wollen. Eine Ausnahme sind lediglich hochpreisige, professionelle Modelle (bei denen ein bißchen mehr RAM auch nichts ausmacht) und Geräte, die schon mit einem Speicherkompressionsverfahren arbeiten.

Die Preise für 4 MByte RAM sind in letzter Zeit deutlich gefallen, wenn auch die Druckerhersteller immer noch gern versuchen, daran kräftig zu verdienen. Denn: Nicht immer können einfache Standard-SIMMs oder PS/2-SIMMs zum Aufrüsten verwendet werden. Die Hersteller haben häufig irgendwelche

Der Drucker – So machen Sie den besten (Ein-)Druck

Tricks eingebaut, damit Sie auf spezielle Module von ihnen angewiesen sind, die natürlich deutlich mehr als die Standardvarianten kosten. Meistens sind es nur ganz geringe Kleinigkeiten, wie z. B. eine leicht veränderte Steckerleiste oder Aussparung. Oft werden auch Chips mit einer ganz bestimmten, erstaunlicherweise recht langsamen Zugriffszeit (meist 70 ns) benötigt, die für PCs kaum noch auf dem Markt zu finden sind. Warum schnellere Chips mit z. B. 60 ns in den meisten Druckern von HP nicht verwendet werden können, versteht wahrscheinlich nur der Hersteller.

Es lohnt sich auf jeden Fall, wenn möglich, erst einmal nach preiswerteren Alternativen zu den teuren Herstellermodulen zu schauen. Fragen Sie Ihren Händler, oder versuchen Sie es auf einem der vielen Computerbörsen. Bei HP-Laserdruckern werden z. B. meist 70-ns-Standard-SIMMs verwendet. Die Aufrüstung mit einem 4-MByte-Modul reicht in der Regel aus, um anschließend mit dem Drucker problemlos klarzukommen. Übrigens erfolgt eine Aufrüstung zum PostScript-Drucker bei HP auch über solche Module, die in einen speziellen Steckplatz der Drucker-Speicherbank gesteckt werden.

Zum Aufrüsten müssen Sie mit Hilfe des Handbuchs nach der Position der Speicherbank Ihres Druckers suchen. Meistens befindet sich diese an der Seite oder hinten unter einer Abdeckhaube. Um da heranzukommen, müssen Sie die meist nur über Klips befestigten, äußeren Plastikteile des Druckers entfernen und die Abdeckung der Speicherbank abschrauben.

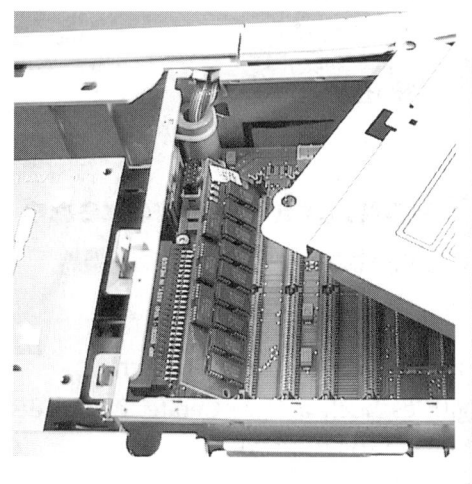

Das Speichermodul wird anschließend ähnlich wie bei einem normalen PC in die Bank gesteckt (achten Sie auf die Orientierung) und in die Spannklammern eingerastet. Die Aufrüstung ist übrigens auch mit einzelnen Modulen möglich, also nicht wie beim Pentium auf symmetrische Bestückung mit

867

immer zwei identischen Modulen angewiesen. Vor dem nächsten Betrieb müssen Sie vielleicht dem Drucker und Druckertreiber noch die Speichererweiterung mitteilen, aber das hängt ganz vom Gerät ab. Viele erkennen eine Erweiterung automatisch, bei anderen müssen Sie diese am Gerät oder im Treiber angeben. Ihr Handbuch wird Ihnen dazu Näheres sagen können. Fast alle Drucker erlauben auch die Ausgabe eines Statusberichts, auf dem die installierte Speichermenge auch genau angegeben ist. Sie sollten sich so einen Statusbericht ausdrucken lassen, wie dies geht, sollte ebenfalls in Ihrem Handbuch stehen.

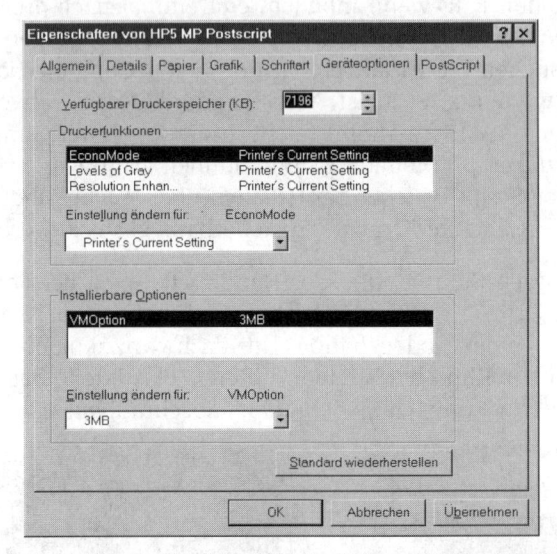

Hier teilen Sie dem Drucker mit, daß er mehr Speicher bekommen hat

Gruppen- und Ferndruck – Erweiterte Anschlußmöglichkeiten

Manche Systeme erfordern Speziallösungen, denn

- Sie besitzen vielleicht zwei oder sogar mehr Drucker,
- neben dem Drucker gibt es noch andere Geräte, die an der parallelen Schnittstelle angeschlossen werden sollen,
- der Drucker steht weit vom PC weg.

Wie zuvor im letzten Abschnitt schon mal erwähnt, ist eine einfache Lösung die Anschaffung einer Schnittstellenkarte, die einen LPT2-Anschluß mitbringt. Unter Windows 95/98 braucht man dafür noch nicht einmal einen besonderen Treiber, die Karte wird entweder per Plug & Play erkannt und automatisch eingerichtet, oder man wählt einen neuen LPT-Anschluß im Hardware-Assistenten von Windows 95/98. Nachteilig an einer solchen Karte ist, daß sie zusätzliche Ressourcen (ein Interrupt ist meist nicht notwendig) und einen Steckplatz belegt.

Der Drucker – So machen Sie den besten (Ein-)Druck

Einfacher und flexibler ist da schon die Verwendung einer Umschaltbox, die es in verschiedenen Ausführungen gibt. Diese werden auf der einen Seite an den PC angeschlossen und haben selbst meist 2-4 Druckeranschlüsse, die sich über einen Schalter auf der Vorderseite auswählen lassen. Umgekehrt lassen sich solche Boxen aber auch dazu verwenden, um mehrere Computer an einen Drucker anzuschließen. Für genau diesen Fall gibt es auch automatische Umschaltboxen, die ein ankommendes Signal vom jeweiligen Computer erkennen und zum Drucker weiterreichen. Das erspart das manuelle Umschalten. Leider geht es nicht umgekehrt, also das automatische Umschalten zwischen verschiedenen Druckern an einem PC. Dies würde nämlich eine gewisse Intelligenz des Umschalters benötigen, der erkennen muß, für welchen Drucker der Datenstrom gedacht ist.

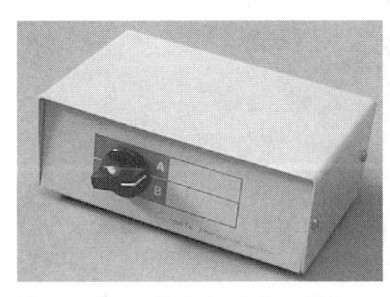

Umschaltbox (links) mit Anschlüssen

Natürlich können Sie solche Geräte auch zum gleichzeitigen Anschluß von Drucker und Scanner bzw. Zip-Laufwerk verwenden, nur sind sie dafür nicht sonderlich zweckmäßig. Man will ja nicht ständig hin- und herschalten. Daher lohnt sich für diese Fälle schon die Anschaffung einer zusätzlichen Schnittstellenkarte. Auf der anderen Seite haben fast alle diese erwähnten Parallel-Port-Geräte einen Stecker, der den zusätzlichen Anschluß des Druckers ermöglicht, das Signal also durchschleift. Natürlich dürfen Sie nur nicht versuchen, gleichzeitig zu drucken und z. B. auf das Zip-Laufwerk zu kopieren. Das geht ohne zweite Schnittstellenkarte schief bzw. funktioniert nicht.

Die maximale Länge eines Druckerkabels hängt übrigens ziemlich von seiner Qualität (Abschirmung) ab. Normalerweise sind Kabel mit mehr als 5 m Länge aber nicht üblich, weil es dann schon zu Problemen kommt. Für solche Fälle gibt es kleine Zwischenverstärker, die die Signalqualität aufrechterhalten. Fragen Sie Ihren Händler danach. Besser ist es jedoch, Sie verwenden, wenn möglich, ein Netzwerk, um weit entfernte Drucker anzusprechen. Entweder, der Drucker ist selbst netzwerkfähig, kann also eine Netzwerkkarte aufnehmen, oder Sie nutzen einen einfachen, alten PC als Druckerserver am Ende der Kette. Mehr zum Drucken im Netzwerk gleich weiter unten.

Für den einen oder anderen mag vielleicht noch die Infrarot-Datenübertragungsmöglichkeit vieler neuer Drucker interessant sein (IrDa-Schnittstelle genannt). Aber so nett die Möglichkeit klingen mag, ohne Druckerkabel drucken zu können, so enttäuschend ist das Resultat in der Praxis. Denn die Datenübertragung wird über die Verwaltung der seriellen Schnittstelle abgewickelt, was viel langsamer als über die der parallelen ist. Außerdem müssen Sie einen guten Sichtkontakt von ca. maximal 2 m haben, was sicherlich in einem Büro auch nicht immer möglich ist. Nicht zu vergessen, daß Ihr PC natürlich auch über eine Infrarot-Sendemöglichkeit verfügen muß.

Infrarot-Sender am PC

Zwar haben fast alle modernen Mainboards grundsätzlich die Möglichkeit zur Infrarot-Übertragung eingebaut, aber die Sendemodule sind fast nie eingebaut bzw. werden nicht mitgeliefert. Für die bekannten Asus-Boards kann man diese aber für rund 50 DM nachkaufen, ob die Anschaffung allerdings lohnt, sei dahingestellt.

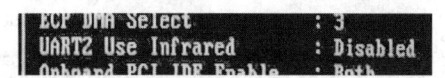

Hier ist die Infrarot-Übertragung abgestellt

19.4 Drucksache – Tips zur Konfiguration und Optimierung

In diesem Kapitel finden Sie einige Tips und Tricks zu Problemen, aber auch Optimierungsmöglichkeiten rund um den Drucker. Zuerst einige allgemeine Tips und Problemlösungen und dann anschließend einige spezielle Optimierungstricks, die den Druck-Alltag verbessern helfen.

Konfiguration von Drucker, Treiber und Betriebssystem

- **Wenn der Drucker nicht druckt**, kann dies viele Gründe haben. Hier mal eine Checkliste, mit der Sie das Problem schnell eingrenzen sollten.

1 Grundsätzliches: Sind alle Kabel korrekt angeschlossen? Ist der LPT-Port korrekt unter Windows aktiviert? Ist der Treiber installiert?

2 Ist der Drucker defekt? Erstellen Sie mit Hilfe der Selbstprüfung des Druckers (sollte fast immer vorhanden sein) unabhängig vom PC einen Testausdruck. Ist dieser okay, dann liegt es an der Konfiguration des PCs, sonst ist der Drucker defekt, und ab damit in die Werkstatt. Vorher sollten Sie noch einmal die Tintenpatronen, Toner und/oder Papierzuführungen überprüfen.

3 Fehlkonfiguration bei Windows: Überprüfen Sie alle Einstellungen des Treibers (siehe letzten Abschnitt), insbesondere, ob das Treiber-Symbol in der Systemsteuerung noch aktiv (nicht hellgrau) ist und im Kontextmenü der Treiber nicht auf offline geschaltet ist. Erstellen Sie eine Probeseite mit Hilfe der entsprechenden Funktion von Windows 95/98. Wenn auch ein Neustart des Computers und das Ein-/Ausschalten des Druckers nichts hilft: Treiber deinstallieren und neu aufspielen.

- **Die Druckausgabe ist schlecht:** Dies kann vielfältige Gründe haben, im Laufe dieser Pannenhilfe werden noch einige konkrete Beispiele gegeben. Überprüfen Sie v. a. die Einstellungen für die Auflösung, das RET-Verfahren (Kantenglättung) und die Rasterung. Drucken Sie eine Probeseite von Windows und des Druckers selbst aus, um dem Problem auf die Schliche zu kommen. Außerdem sollten Tintenbehälter, Druckkopf und Tonerkassette überprüft bzw. gereinigt werden. Die Druckköpfe von Tintenstrahldruckern reinigt man am besten in einem kleinen Ultraschallbad (z. B. für Kontaktlinsen) mit 70prozentigem Ethanol (über Nacht).

- **Die Papierführung macht Probleme:** Das ist entweder auf schlechtes Papier (selten) oder auf verschmutzte Führungsrollen im Drucker zurückzuführen. Öffnen Sie diesen soweit möglich und reinigen Sie die Rollen mit 70prozentigem Ethanol. Sie sollten das Gerät auch möglichst mit einem Pinsel und/oder Handstaubsauger entstauben.

- **Der Laserdrucker stinkt bei größeren Druckausgaben:** Was Sie dort riechen, sind die Lösungsmitteln, die im Tonerharz sind und durch den langen Druckvorgang mit seiner starken Erwärmung des Druckwerks verstärkt in die Raumluft abgegeben werden. Richtig gefährlich oder giftig soll das angeblich nicht sein, aber machen Sie ruhig das Fenster auf und unterbrechen Sie den Druckvorgang für eine kleine Abkühlung von Zeit zu Zeit.

- **Turboantrieb für den Drucker-Port – Wann die Aktivierung des EPP/ECP-Modus sinnvoll ist:** Daß man die parallele Schnittstelle nicht nur einfach zum Drucken verwenden kann, dürfte den meisten Anwendern klar sein, seit das Zip-Laufwerk mit Anschluß am LPT-Port boomt. Der normalerweise für die parallele Schnittstelle verwendete LPT-Modus reichte aber nicht mehr für alle diese neuen Einsatzgebiete aus. Dennoch ermöglicht auch er bereits eine Datenübertragung von maximal 300 KByte/s bei einer Datenbreite von 8 Bit. Die Übertragung findet jedoch auch schon im LPT-Modus bidirektional (also in beide Richtungen) statt. Das wird von vielen Anwender mißverstanden. Im BIOS kann bei mittlerweile allen Mainboards die Arbeitsweise für die parallele Schnittstelle vom herkömmlichen LPT-Modus auf den sogenannten EPP- bzw. ECP-Standard umgestellt werden. Das erfolgt im Award-BIOS z. B. im *Chipset Features Setup*. EPP und ECP wurden Anfang der 90er Jahre von einer Arbeitsgruppe bekannter Hersteller wie Intel, Zenith, Hewlett Packard und Microsoft definiert. Dabei wurde nicht nur die Datenübertragungsrate auf 0,5-2 MByte/s erhöht, es können jetzt auch mehrere Geräte (bis zu 128 bei ECP) einzeln angesteuert werden. ECP ist eine Erweiterung von EPP und besitzt zusätzlich noch eine FIFO-Puffer-Steuerung, ähnlich wie sie bei der seriellen Schnittstelle eingesetzt wird. Während EPP nur für Nicht-Drucker-Endgeräte entwickelt wurde, unterstützt ECP auch zusätzlich entsprechende Drucker. Um jedoch von EPP bzw. ECP Gebrauch machen zu können, müssen auch die Endgeräte die Protokolle unterstützen. Für nahezu alle aktuellen Drucker reicht es aus, wenn man den Parallel-Port-Modus auf dem normalen LPT-Modus stehenläßt. Auch eine bidirektionale Kommunikation mit dem Drucker ist dadurch ja möglich. Lediglich beim Anschluß von Geräten wie einem Zip-Laufwerk, Streamer oder Scanner kann es sich lohnen, auf EPP oder am besten direkt ECP umzustellen. Allerdings sollte das im Handbuch des Geräts auch vermerkt sein. Jedoch hat die Sache einen kleinen Haken: Im EPP/ECP-Modus braucht der Rechner auf jeden Fall einen Interrupt und v. a. auch einen DMA-Kanal für den Betrieb. Die Reservierung eines DMA-Kanals für den EPP/ECP-Modus ist jedoch meist nicht weiter schlimm, da sowieso nur noch einige ISA-Karten einen solchen benutzen. Windows 95/98 muß übrigens bei der Umstellung auf EPP+ECP auch einen anderen Treiber laden, sonst funktioniert die ganze Geschichte nicht. Dank Plug & Play erfolgt die Treiberumstellung aber normalerweise automatisch, beim nächsten Start erkennt Windows das veränderte Protokoll und installiert entsprechend den Treiber.

```
Onboard FDC Controller    : Enabled
Onboard FDC Swap A & B    : No Swap
Onboard Serial Port 1     : COM1,3F8H
Onboard Serial Port 2     : COM2,2F8H
Onboard Parallel Port     : 378H/IRQ7
Parallel Port Mode        : ECP+EPP
ECP DMA Select            : 3
UART2 Use Infrared        : Disabled
```

- **Wenn der Ausdruck die Anwendung zu lange blockiert: Drucken im Hintergrund aktivieren:** Im Drucker-Ordner können Sie nach einem Klick mit der rechten Maustaste auf den entsprechenden Drucker den Menüpunkt *Eigenschaften* aus dem Kontextmenü auswählen. Auf der Registerkarte *Details* finden Sie die Schaltfläche *Spool-Einstellungen*, über die Sie in das Dialogfeld gelangen, in der die Einstellungen für den Hintergrunddruck vorgenommen werden können. Wenn Sie dort festlegen, daß nach der letzten Seite gedruckt werden soll, benötigt die Spooldatei zwar mehr Platz auf der Festplatte, der Ausdruck erfolgt allerdings schneller. Außerdem sollten Sie unbedingt das Datenformat *EMF* wählen (falls unterstützt), da Sie damit auf fast allen Druckern den Ausdruck beschleunigen können.

- **Probleme durch zu viele Schriften:** Wenn man mehr als ca. 1.000 Schriften installiert, bekommt man viele Probleme, unter anderem, daß Programme, die Schriften installieren (Office 97, CorelDRAW), beim Setup mit einer Fehlermeldung abbrechen. Bei Office 97 z. B. *Setup Error 168*. Die einzige Lösung: Schriften löschen oder auf die sowieso professionelleren Adobe-Type1 Fonts umsteigen, was allerdings einen speziellen Type-Manager von Adobe erfordert.

- **Schneller drucken durch Verwendung der internen Druckerschriften:** Wenn Ihr Laserdrucker die folgende Option unterstützt, können Sie diese ja mal probeweise aktivieren. Über die *Eigenschaften* des Druckers können Sie auf einer der Registerkarten – meist heißt sie *Fonts* – festlegen, daß der Druckertreiber die True-Type-Schriften durch die Druckerschriften ersetzen soll, die den gewählten Schriften am nächsten kommen. Da die Druckerschrift fast immer schneller und qualitativ besser ist, wird sich dadurch das Tempo und die Qualität des Ausdrucks verbessern. Allerdings kann dies je nach verwendeten Schriften zu starken Abweichungen beim Layout führen. Also vorher testen!

- **Wenn Schnelligkeit vor Schönheit geht – Verwenden Sie den PCL-Modus, wenn's mal schneller gehen soll:** PostScript-Drucker sind gerade in Büros weit verbreitet. Dabei bieten Sie nicht immer nur Vorteile. Insbesondere die Druckgeschwindigkeit der meisten Laserdrucker ist nämlich im PCL5- bzw. PCL6-Modus flotter als mit PostScript. Sie brauchen PostScript eigentlich nur in drei Fällen:

1. Wenn Sie *eps*-Dateien ausdrucken müssen.
2. Wenn Sie auf besonders hohe Qualität und Kompatibilität bei der Ausgabe von professionellen Grafik- und Layoutprogrammen Wert legen.
3. Wenn Sie Arbeiten für einen echten Druck (z. B. Offsetdruck) erstellen und vorher Ihre Ergebnisse im Büro überprüfen wollen (Druckvorstufe).

In allen anderen Fällen – wie z. B. Briefe aus Word oder Tabellen aus Excel – ist es ausreichend und meistens auch deutlich schneller, wenn Sie z. B. Ihren Laserjet der HP 5-Serie im PCL-Modus ansteuern. Sie brauchen dafür nur den entsprechenden Druckertreiber zu installieren.

- **Kein PostScript? GhostScript und Gsview machen jeden normalen PC und Drucker PostScript-fähig:** Das scheinbare Dilemma an PostScript-Files ist, daß sie, einmal erzeugt, nur noch für PostScript-Drucker zu gebrauchen sind. Wer z. B. gern mal in eine aus dem Internet runtergeladene PostScript-Datei reinschauen möchte, um zu sehen, was dort überhaupt drin ist, hat's schwer. Und wer gar keinen PostScript-Drucker hat, steht normalerweise ganz außen vor. Aber das muß gar nicht sein, denn es gibt mit dem kostenlosen GhostScript einen PostScript-Interpreter für

Windows, der das Betriebssystem selbst PostScript-fähig macht. Richtig interessant wird GhostScript aber erst, wenn man auch den dazu gehörenden Dateibetrachter Gsview hat. Mit dessen Hilfe kann man dann entsprechende Dateien betrachten und sogar in andere Formate konvertieren bzw. exportieren. GhostScript in der derzeit aktuellen Version 5.50 bekommt man im Internet unter *ftp://ftp.dante.de/tex-archive/support/ghostscript/aladdin* oder *ftp://ftp.fu-berlin.de:/unix/gnu/ghostscript/aladdin*. Ein Handbuch in englischer und deutscher Version zum Programm findet sich unter *http://www.muc.de/~tm/free/free.html*. Die aktuelle Version 2.26 von Gsview arbeitet mit GhostScript ab der Version 4.03 zusammen. Neu sind u. a. ein komfortables Setup-Programm. Es zeigt normale PS-Dateien (von Druckern erzeugte PostScript-Files) im Hoch- und Querformat an und kann dies auch dann noch, wenn diese mit dem im wissenschaftlichen Bereich üblichen Kompressionsprogramm Gzip komprimiert sind. Außerdem kann die neue Version jetzt auch mit dem speziellen Format von Adobe Acrobat (PDF) umgehen. Unter *ftp://ftp.cs.wisc.edu/ghost/rjl* kann man sich eine OS/2- sowie eine Windows-Version (16 und 32 Bit) herunterladen. Wer noch mehr Hintergrundinformationen haben will, findet diese unter *http://www.cs.wisc.edu/~ghost*.

- **Probleme mit dem Druckkopf durch Ersatztinte. Der Ersatz für die Originaltinte birgt auch Gefahren:** Neben der Papierqualität ist die Art der verwendeten Tinte wichtig, wenn es darum geht, gute Druckergebnisse zu erzielen. Sicherlich sind die Originaltinten, die jeder gute Druckerhersteller mit seinen Geräten vertreibt, oft sehr teuer. Daher bieten einige findige Hersteller Nachfüllsets für die verschiedensten Druckertypen an. Für den schwarzweißen Textdruck mag die Tintenart noch zu vernachlässigen sein, aber für die qualitativ hochwertigen Farbdrucke sollten Sie solche Angebote mit Vorsicht genießen. Enthält die eingesetzte Tinte zu große Festkörper, könnte die eine oder andere Düse des Druckkopfes verstopfen. Das ist jedoch nur dann wirklich tragisch, wenn Sie über einen Drucker mit einem permanenten Druckkopf verfügen. Bei anderen Druckermodellen wird mit der Tinte auch gleichzeitig der Druckkopf ausgewechselt. Hier ist das Kostenrisiko beim Einsatz der falschen Tinte wesentlich geringer.

Spezielle Optimierungstricks für Drucker und Software

Direkter Ausdruck – Drucker ins *Senden an*-Menü einbauen: Falls Sie mehrere Drucker an Ihrem Computer verwenden, können Sie diese leider nicht ohne weiteres über das Kontextmenü einer Datei ansprechen und so direkt auf verschiedenen Druckern ausdrucken. Um trotzdem diese schnelle und einfache Möglichkeit des Ausdrucks zur Verfügung zu stellen, bauen Sie Ihre unterschiedlichen Drucker einfach ins *Senden an*-Menü ein! Das ist ganz leicht:

Der Drucker – So machen Sie den besten (Ein-)Druck

1. Schließen Sie alle offenen Fenster, z. B. indem Sie mit der rechten Maustaste auf eine freie Stelle der Task-Leiste klicken und *Alle Fenster minimieren* wählen.

2. Öffnen Sie das *Start*-Menü und klicken Sie darin auf *Ausführen*. Ins Feld *Öffnen* tragen Sie ein: „Windows\" (falls Ihr Windows-Verzeichnis anders heißt, benutzen Sie statt dessen den richtigen Namen). Drücken Sie dann [Enter].

3. Wählen Sie im *Start*-Menü *Einstellungen* und klicken Sie auf *Drucker*. Das Fenster mit allen installierten Druckern öffnet sich.

4. Ordnen Sie die beiden Fenster so an, daß sich kein Teil überlappt. Klicken Sie dafür mit der rechten Maustaste auf eine freie Stelle der Task-Leiste und wählen Sie im Kontextmenü *Untereinander*.

5. Ziehen Sie jetzt einen Drucker nach dem anderen mit der rechten Maustaste auf den Ordner *SendTo* im Windows-Ordner und lassen Sie dort die rechte Maustaste los. Im Kontextmenü klicken Sie auf *Verknüpfung(en) hier erstellen*. Nur das Symbol *Neuer Drucker* sollte an dieser Stelle nicht eingebaut werden.

Fertig! Sie brauchen ab sofort nur noch eine Datei mit der rechten Maustaste anzuklicken und können dann im Kontextmenü jeden beliebigen Drucker auswählen, indem Sie *Senden an* auswählen und aus den neu eingefügten Druckern einen auswählen!

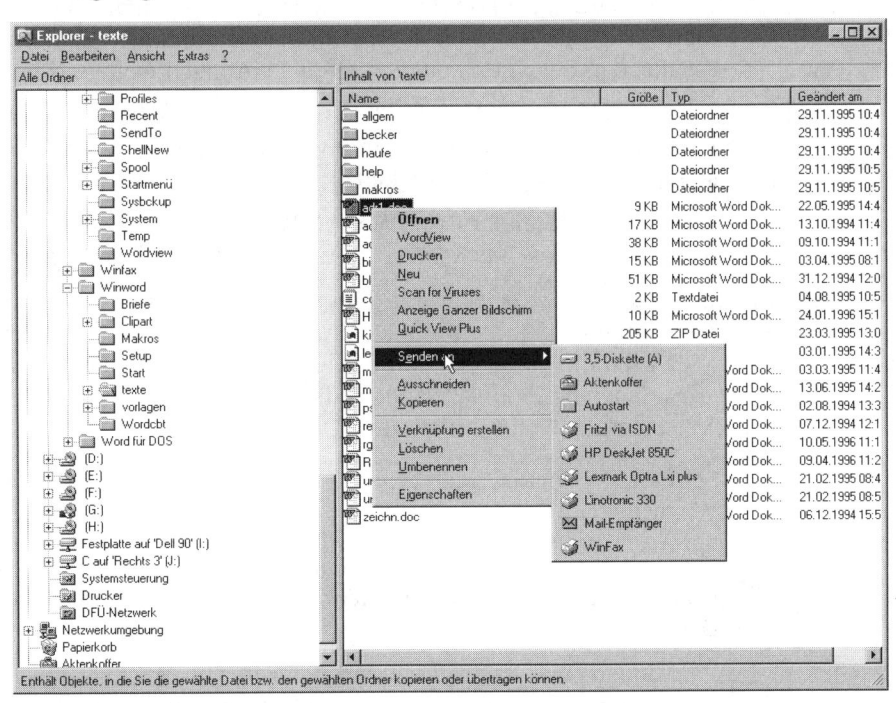

- **Für Aufräumarbeiten (fast) unverzichtbar – Verzeichnisbaum ausdrucken:** Es existiert leider kein eigener Befehl für das Ausdrucken des Ordnerbaums. Dies ist jedoch für die Planung von Strukturänderungen oder Aufräumarbeiten sicher sehr wichtig. Sie können sich diesen Befehl aber durchaus selbst anlegen:

1 Kopieren Sie die Datei *Tree.com* aus dem alten DOS-Verzeichnis (oder von der Windows-CD-ROM aus dem Verzeichnis *\Other\Oldmsdos*) in Ihr Verzeichnis *Command* hinter dem Windows-Ordner. Im Editor geben Sie die Zeile „tree >prn" ein und speichern die Datei ebenfalls im *Command*-Ordner ab als *Prdir.bat*.

2 Im Explorer klicken Sie diese Datei mit der rechten Maustaste an und rufen über *Eigenschaften* die Registerkarte *Programm* auf.

3 Dort wählen Sie *Ausführen als Symbol* und die Option *Fenster beim Beenden schließen*.

4 Starten Sie nun den Registrier-Editor, suchen Sie den Zweig \\Hkey_Classes_Root\Directory\Shell und klicken Sie mit der rechten Maustaste auf diesen Eintrag.

5 Nachdem Sie im Kontextmenü *Neu* den Menüpunkt *Schlüssel* gewählt haben, nennen Sie diesen neu anzulegenden Schlüssel *Print*. Der neue Schlüssel wird eingetragen.

6 Diesen neuen Schlüssel *Print* klicken Sie nun – ebenfalls mit der rechten Maustaste – an und wählen erneut über *Neu* und den Menüpunkt *Schlüssel* aus, daß Sie einen neuen Schlüssel eintragen wollen. Nennen Sie diesen neuen Schlüssel *Command*.

7 Im Fenster auf der rechten Seite wird ein Eintrag namens *Standard* erstellt, den Sie doppelt anklicken.

8 Geben Sie für Standard den Wert *C:\Windows\Command\Prdir.bat* – also den Pfad zu Ihrer Batchdatei – an und beenden Sie den Registrier-Editor.

Wenn Sie nun einen Ordner mit der rechten Maustaste anklicken, erscheint im Kontextmenü der Menüpunkt *Drucken*, der mit dieser Batchdatei den Verzeichnisbaum ausdruckt. Eine weitere Möglichkeit ist, zusammen mit *Tree* den Schalter */F* zu verwenden, der bewirkt, daß nicht nur der Ordnerbaum, sondern auch die enthaltenen Dateien ausgedruckt werden.

- **Schneller Drucken aus Word – Machen Sie Ihrem Drucker Beine:** Wenn Ihr Drucker aus Word heraus zu langsam ist, haben Sie – neben der Anschaffung eines schnelleren Druckers – folgende Möglichkeiten:

1 Überprüfen Sie, ob auf der Platte mindestens 5 MByte für die temporären Dateien frei sind!

2 Verwenden Sie keine ladbaren Schriften – auch keine True-Type-Schriften –, sondern eine Druckerschriftart, die im Drucker gespeichert ist und daher sehr viel schneller ausgeführt wird.

3 In Ihrer *Autoexec.bat* muß die Zeile *Set Temp=* enthalten sein und auf ein existierendes Verzeichnis weisen.

4 In der Systemsteuerung wählen Sie im Druck-Manager *Drucken im Hintergrund* und erhöhen die Priorität auf *Hoch*.

5 Defragmentieren Sie die Festplatte, damit die Spooldatei unfragmentiert abgelegt werden kann.

6 In Word können Sie auf den Hintergrunddruck verzichten, indem Sie auf der Registerkarte *Drucken* von *Extras/Optionen* diese Option deaktivieren – Sie können dann allerdings während der Übertragung der Druckdaten nicht im Vordergrund weiterarbeiten.

- **Druckqualität in Word verbessern:** Ihr Drucker druckt mit Word bei der Verwendung von schattierten Rahmen oder Tabellen schlechte, verschmierte oder zu grobkörnige Raster aus? Das liegt an einem falsch konfigurierten Eintrag der Konfigurationsdateien von Word in Zusammenhang mit Laserdruckern von HP. Bei Word 6 konnten Sie die Einstellungen noch einfach in der *Winword6.ini* im Windows-Verzeichnis vornehmen: Tragen Sie dort die Zeile *SlowShading=yes* ein – Word verwendet dann einen langsameren Algorithmus für die Schattierung, die auf vielen Druckern (insbesondere HP-Druckern) zu besseren Ergebnissen führt. Bei Word 95/97 müssen Sie denselben Wert im folgenden Ast der Registry ändern: HKEY_CURRENT_USER\Software\Microsoft\Word\7.0\Options. Für Word 97 lautet der Eintrag natürlich am Ende *8.0*.

- **Oftmals schneller und besser – Die Rasterung des Bildverarbeitungsprogramms:** Verschiedene Bildbearbeitungen bieten eine Funktion an, die das Raster für den Druck bereits im Programm erzeugen. In diesem Fall werden für den Ausdruck dann schon die Rasterdaten gesendet, so daß der Druckertreiber keine Zeit für das Rastern benötigt. Diese Methode bietet jedoch nicht nur Geschwindigkeitsvorteile. Oft enthalten die Druckertreiber nur wenige Rasterungsoptionen zur Wahl. Die Software ist da jedoch in der Regel üppiger ausgestattet und stellt eine Menge verschiedener Rastertypen zur Verfügung. Allerdings sollten Sie beachten, daß ein gerastertes Bild kaum noch Nachbearbeitungen oder Korrekturen zuläßt. Effektfilter lassen sich meist nur auf TrueColor-Bilder anwenden, Größenveränderungen führen zu deutlichen Qualitätsverlusten. Ein gerastertes Bild liefert jedoch nur 1-Bit-Daten pro Bildpunkt, wodurch das Bild automatisch in ein Schwarzweißbild konvertiert wird. Da verweigern die meisten Filter die Zusammenarbeit. Daher sollten Sie immer nur eine Kopie des aktuellen Bildes durch die Software rastern lassen. Das können Sie dann drucken lassen, das Original steht dennoch jederzeit zur Bearbeitung zur Verfügung.

- **Verbessern Sie mit der Druckkennlinie Ihren Ausdruck von Photoshop aus:** Nicht jeder Druck, auch wenn Sie mit dem gleichen Druckermodell arbeiten, wird immer gleich sein. Eventuell verwenden Sie unterschiedliche Tinten beim Tintenstrahler, oder Sie wechseln die Papiersorte. Da diese Faktoren sich jedoch jederzeit ändern können, ist es in diesem Fall günstiger, das Bild nicht direkt zu verändern. Statt dessen sollten die Bilddaten lediglich für den Versand an den Drucker korrigiert werden, die eigentlichen Daten in der Bilddatei sollten unverändert bleiben. Photoshop wie auch andere Bildbearbeitungsprogramme bietet hierzu die Möglichkeit, eine Druckkennlinie zu editieren. Dabei geben Sie Korrekturwerte ein, die das Programm vor dem Datenversand an den Drucker berücksichtigt. Wenn Ihr Drucker z. B. alle Tonwerte, die über 80 % liegen, in tiefstem Schwarz aufs Papier setzt, fügen Sie für den entsprechenden Bereich einen niedrigeren Wert ein. Dadurch werden auch jene Bildbereiche Strukturen aufweisen, die zuvor in einem einheitlichen Schwarz gedruckt wurden.

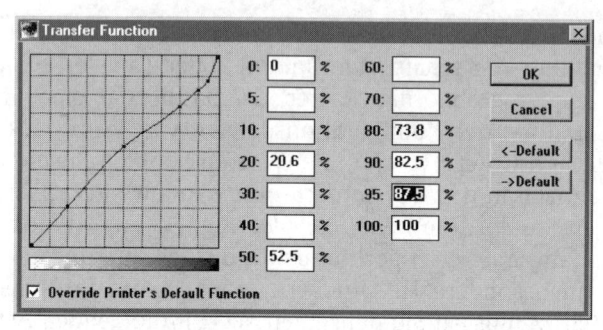

Änderung der Tonwerte für den Ausdruck

Bedenken Sie, daß sich die Korrekturen nicht auf die Bilddaten auswirken. Sie müssen die Einstellungen daher vor jedem neuen Druck des Bildes durchführen. Daher erlaubt Photoshop, die Druckkennlinie zu speichern und bei Bedarf schnell wieder zu laden. Sie erreichen den Dialog über das Menü *Datei* und den Eintrag *Druckereinrichtung*. Hier wählen Sie die Schaltfläche *Druckkennlinie* aus. Der Tip sollte auch in vielen anderen Bildbearbeitungsprogrammen funktionieren, nur dürften dort die Bezeichnungen der Befehle etwas unterschiedlich sein (siehe dazu auch Seite 855).

- **Für optimale (Aus)Drucke sollten Sie den Tonwertzuwachs in Photoshop berechnen lassen:** Für das menschliche Auge mag ein Blatt Papier sehr glatt erscheinen. Tragen Sie jedoch Tinte in irgendeiner Form auf das Papier auf, erweist sich manche Papiersorte als dick und durstig. Nahezu jedes Papier saugt einen Teil der aufgetragenen Farbe auf. In der Fachsprache heißt dieses Phänomen Tonwertzuwachs. Das Resultat: Jeder Druckpunkt wird größer als eigentlich vorgesehen. Bei Farbdrucken können außerdem die Druckpunkte der Grundfarben, aus denen sich eine bestimmte Farbe zusammensetzt, ineinander laufen. Das gedruckte Bild erscheint in diesem Fall meist etwas verwaschen. Allerdings läßt sich dieses Phänomen kaum vermeiden. Gute Bildbearbeitungsprogramme besitzen daher eine Funktion, die den Tonwertzuwachs für den Druck von Graustufenbildern berücksichtigt. In Photoshop können Sie die Berücksichtigung des Tonwertzuwachses über das Menü *Datei* und den Eintrag *Grundeinstellungen* einschalten. Wählen Sie im Untermenü den Eintrag *Druckfarben* und aktivieren Sie im Dialog die Option *Tonwertzuwachs für Graustufenbilder verwenden*. Der Tip sollte auch in vielen anderen Bildbearbeitungsprogrammen funktionieren, nur dürften dort die Bezeichnungen der Befehle etwas unterschiedlich sein.

19.5 Mit dem passenden Drucker in die Zukunft

Tintenstrahler und Laserdrucker werden wohl auch weiterhin den Ton auf dem Markt angeben und alle übrigen Modelle immer weiter verdrängen. Die stärkste Entwicklung ist weiterhin bei den Tintenstrahlern zu erwarten, die v. a. beim fotorealistischen Ausdruck noch weiter zulegen werden. Die Hauptentwicklung bei den Tintenstrahlern wird sich nicht auf eine Mischung der Farben bzw. Druckpunkte aus noch mehr Farben allein konzentrieren, sondern man wird wohl auch auf eine Verbesserung der Auflösung hinarbeiten, die Druckpunkte (und damit das Raster) werden also noch feiner werden. Ideal wäre es natürlich, wenn es in Zukunft gelingt, den korrekten Farbton schon vor dem Auftragen auf das Papier durch Mischen der Tinten zu erzeugen. Derzeit werden die Druckpunkte ja möglichst klein gemacht und noch auf dem Papier gemischt. Die gewünschten Fähigkeiten zum fotorealistischen Druck hängen übrigens stark mit der gleichzeitig zunehmenden Verbreitung von Digitalkameras zusammen. Schließlich wollen die Leute, die sich eine solche Kamera kaufen, ihre Bilder später auch in hoher Qualität ausdrucken können.

Und auch bei den Laserdruckern wird Farbe natürlich massiv Einzug halten, obwohl es sicherlich noch einige Zeit dauern wird, bis Farblaserdrucker mit 600 x 600 dpi in die Preisregionen der jetzt gängigen Drucker vorgedrungen sind. Aufgrund der grundsätzlichen Unterschiede zwischen Tonerharz und Tinten werden Farblaserdrucker aber ganz klar neben den Tintenspritzern bestehen bleiben können.

Eine weitere Kleinigkeit wird sich in Kürze aber doch wahrscheinlich stark auswirken: USB. Dieses neue Anschlußsystem für Peripheriegeräte aller Art (Maus, Tastatur, Monitor, Joystick) erlaubt das Ein- und Ausstöpseln während des Betriebs. Wichtig ist dabei auch, daß die Geräte untereinander in einer Kette verbunden werden können und nur ein Endkabel zum PC geht (z. B. die Tastatur zum Monitor und dieser zum PC). Die ersten Drucker mit USB-Anschluß werden bereits ausgeliefert.

Bei PostScript-Druckern wurde 1998 übrigens das neue PostScript 3-Format eingeführt, das allerdings keine dramatischen Änderungen im normalen Büro-Alltag mit sich bringt. Neue Drucker mit PostScript 3 gibt es noch nicht, aber versprochen werden schnellerer Ausdruck, verbesserte Farbkalibrierung und eine bessere Abstimmung mit dem Internet. Nun, man darf gespannt sein, obwohl die bisherigen PostScript-Drucker für normale Büroanwendungen sicherlich auch noch ausreichend sind.

20. Unterkunft für den PC: Das Gehäuse

Normalerweise fällt es ja kaum auf, aber gerade wenn man Wert auf ein angenehmes Arbeiten mit dem PC legt oder ab und zu Teile am Computer austauscht, macht sich die Qualität des Gehäuses stark bemerkbar. Während der graue Kasten auf, unter oder neben dem Tisch steht und seinen Dienst verrichtet, hat er mehrere Aufgaben zu erfüllen: Er versorgt den Rechner mit Strom, sorgt für die Kühlung der Bauteile und bietet Schutz und Zusammenhalt.

Außerdem schirmt er das Innere elektromagnetisch ab, denn z. B. der Systemtakt von 100 MHz liegt mitten im UKW-Bereich. Ihr PC wäre also ohne Abschirmung ein guter Radiosender.

Wenn Sie ein Komplettangebot kaufen, bekommen Sie automatisch ein Gehäuse dazu, selten kann man es sich aussuchen. Dabei wird gerade an dieser Komponente gern gespart, weil man das Gehäuse oft nicht beachtet. Das Offensichtliche wird eben gern übersehen.

Wenn Sie dagegen Ihren alten Rechner in ein neues Zuhause „umtopfen" möchten, haben Sie die freie Auswahl. Aber nicht jede Bauform wird Ihren persönlichen Ansprüchen oder den Anforderungen Ihres Arbeitsplatzes gerecht, und nicht jedes alte Mainboard paßt in jedes Gehäuse.

- Der erste Abschnitt des Kapitels befaßt sich mit den zwei Bauformen (oft auch Formfaktoren genannt) von PCs, für die ein Gehäuse ausgelegt sein kann. Bevor Sie ein Gehäuse kaufen, müssen Sie sich für eine der beiden Varianten entscheiden.
- Danach stellen wir Ihnen die unterschiedlichen Gehäuseformen vor, denen Sie begegnen können. Jede hat ihre Vor- und Nachteile und bedient unterschiedliche Bedürfnisse.
- Worauf muß ich achten, wenn ich ein Gehäuse kaufe? Woran unterscheide ich gute Qualität von einer billigen Kiste? Der dritte Abschnitt zählt wichtige Ausstattungsmerkmale auf.
- Zuletzt wagen wir einen Blick in die Zukunft. Wie sieht ein PC in ein paar Jahren aus, und wird es ihn in dieser Form noch geben?

20.1 Zwei Standards sind möglich

Lange Zeit konnte man sich beim Gehäusekauf einzig und allein von seinem Geschmack leiten lassen, aber seit es den ATX-Standard gibt, hat sich das geändert. Mit dieser neuen Bauform gehen einige technische Änderungen einher, die dafür sorgen, daß Ihr altes Baby-AT-Board nicht mehr paßt. Das erste Auswahlkriterium beim Kauf ist deswegen der Formfaktor.

Baby-AT: Immer noch aktuell

Seit den späten 80er Jahren mit der Einführung des 286er Prozessors wurden Motherboards im sogenannten AT-Format (für **A**dvanced **T**echnology) gebaut und hatten ungefähr die Abmessungen eines DIN-A4-Blatts.

Später kam das Baby-AT-Format dazu, dessen Platinen etwas kürzer waren. Damit war es möglich, kompaktere Gehäuse zu bauen. Dieses Format hat sich am Markt durchgesetzt und ist bis heute durchaus noch üblich. Viele neue Mainboards sind immer noch in diesem etwas älteren Format zu haben.

Folgende Merkmale sind typisch für AT-Gehäuse:

- AT- und Baby-AT-Boards werden mit der schmalen Seite direkt an der Gehäuserückwand eingebaut, dementsprechend sitzen die Erweiterungssteckplätze an der Schmalseite. Die Bohrungen im Gehäuse sind genau so ausgerichtet, daß der Einbau nur für Boards dieser Bauart möglich ist.

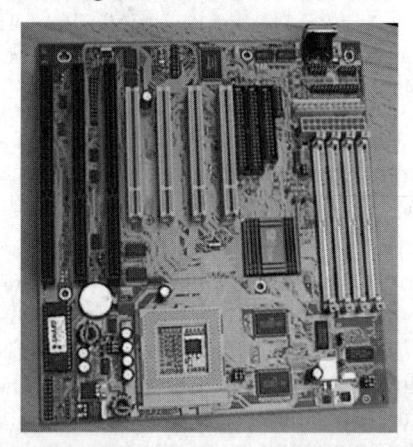

Gebräuchliches Baby-AT-Board

- Der Sockel für die CPU und die Speicherbänke sitzen gegenüber den Erweiterungssteckplätzen in der Nähe der Gehäusefront. Das hat zum einen den Nachteil, daß der Gehäuselüfter ziemlich weit weg vom heißen Prozessor sitzt, und so nicht immer eine optimale Kühlung gewährleistet ist. Zum anderen können je nach Größe der Erweiterungskarten und des Prozessorlüfters nicht alle Steckplätze genutzt werden.

Unterkunft für den PC: Das Gehäuse

Sockel und Anschlüsse auf dem Mainboard

- Alle Schnittstellen für den Anschluß externer Geräte existieren auf dem Mainboard nur als Jumper. Sie müssen über Flachbandkabel mit separaten Anschlüssen am Gehäuse oder an Slotblechen verbunden werden.
- Für die Stromversorgung des Mainboards gibt es zwei Kabel mit identischen Steckern. Wegen der unterschiedlichen Belegung der Anschlüsse besteht hier Verwechslungsgefahr.

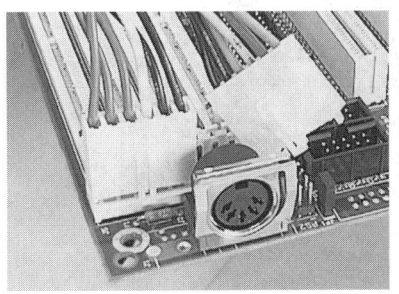

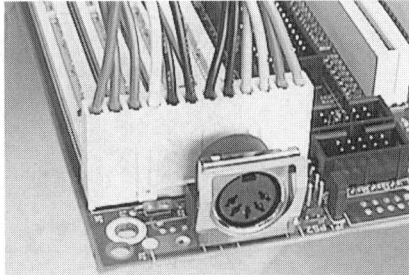

Einer der wenigen Fälle, bei denen Verwechslung möglich ist

- Der Ein- und Ausschalter am Gehäuse unterbricht direkt die Stromversorgung des Netzteils, das übrigens nicht in seinen Abmessungen normiert ist.

Vorsicht Falle: Paßt der Tastaturstecker?

Obwohl theoretisch jedes AT- oder Baby-AT-Board in ein solches Gehäuse passen sollte, gibt es eine böse Falle, in die schon viele getappt sind: Leider können sich die Boardhersteller nicht darüber einig werden, ob sie auf ihren Mainboards lieber Tastaturstecker im PS/2- oder im DIN-Format unterbringen möchten. Je nachdem, wie Sie es gerade antreffen, paßt Ihr Mainboard dann nicht zu der vorgesehenen Öffnung im Gehäuse.

Unterkunft für den PC: Das Gehäuse

Entweder sitzt der fette DIN-Anschluß hinter den kleineren Löchern für die PS/2-Stecker (es sind immer zwei für Maus und Tastatur), oder die zwei PS/2-Anschlüsse sitzen so ungeschickt hinter der größeren DIN-Öffnung, daß ebenfalls kein Stecker paßt.

Das Ende vom Lied – das ist uns wirklich schon passiert – ist, daß Sie Eisensäge und Bohrer zur Hand nehmen müssen, um damit Ihr Gehäuse passend zu machen. (Man kann ein neues Gehäuse natürlich auch umtauschen ;-).) Mit ein bißchen Glück brauchen Sie aber lediglich eine Blechblende zu entfernen, mit der die Tastaturöffnung vom Hersteller angepaßt wird.

ATX: Modern und gut

Beim ATX-Format hat man einige Verbesserungen realisiert, die den Umgang mit den PC-Komponenten und dem Gehäuse ziemlich erleichtern.

- Im Gegensatz zu den AT-Boards werden ATX-Platinen mit der langen Seite zur Gehäuserückwand, also quer eingebaut. Das hat (neben anders plazierten Bohrungen) zur Folge, daß die CPU größeren Erweiterungskarten nicht mehr im Weg ist.

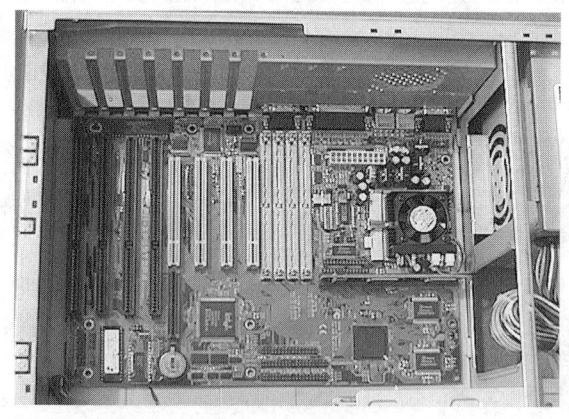

Blick auf ein eingebautes ATX-Board

- Alle Anschlüsse der nach außen führenden Schnittstellen sitzen direkt auf dem Mainboard. Es werden also die Anschlußkabel und die dafür vergebenen Slots eingespart. Für diese Steckerleiste, deren Anordnung halbwegs standardisiert ist, ist in der Gehäuserückwand eine Öffnung mit einer passenden Blechblende vorgesehen.

Unterkunft für den PC: Das Gehäuse

Schnittstellenanschlüsse

- CPU und Speicherbänke sitzen in unmittelbarer Nähe des Gehäuselüfters. Damit ist immer eine gute Abführung der Wärme gewährleistet, die von diesen Bauteilen besonders stark ausgeht.

Speicher (links) und Prozessor (rechts) vor dem Lüfter

- Die Stromversorgung des Mainboards wird mit einem einzigen Stecker angeschlossen, der nur in der richtigen Ausrichtung in seinen Steckplatz paßt.

Kabel zur Stromversorgung

- Der Ein-/Ausschalter an der Gehäusefront unterbricht nicht die Stromzufuhr des Netzteils, sondern sendet über das Mainboard einen entsprechenden Impuls. Damit ist es möglich, über die Software den Computer auszuschalten, z. B. beim Herunterfahren von Windows. Ein separater Schalter direkt am Netzteil sorgt für eine komplette Unterbrechung der Stromversorgung.

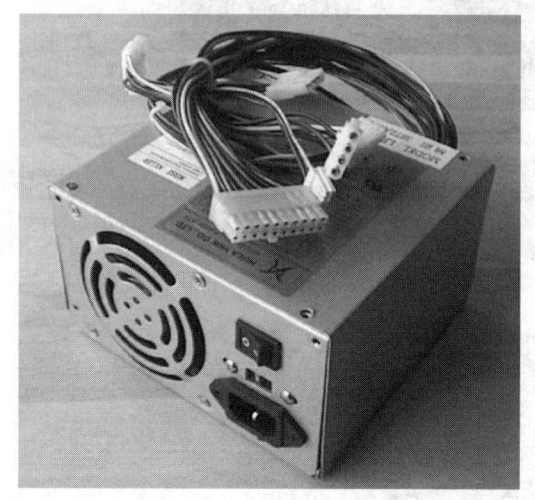

Ausgebautes Netzteil

- Netzteile für ATX-Gehäuse sind in bezug auf ihre Abmessungen und die Bohrungen für Befestigungsschrauben normiert, was den Austausch defekter Netzteile erleichtert.

20.2 Für jeden Arbeitsplatz die passende Form

Den klassischen grauen IBM-PC gibt es weithin in vier verschiedenen Ausführungen zu kaufen. Dabei spielen aber nicht nur ästhetische Gesichtspunkte eine Rolle, sondern auch ganz handfest praktische und ergonomische. Wir sagen Ihnen, welche das sind.

Desktop – Der Klassiker

Wenn man sich einen PC vorstellt, hat man meistens ein Bild vor Augen: ein rechteckiger Kasten auf dem Schreibtisch, auf dem der Monitor Platz findet. Voilà, Sie denken an das Desktop-Gehäuse. Die Desktop-Form ist wohl der älteste Ansatz, einen PC unterzubringen, und so gehört diese Form – neben Tower und Mini-Tower – zu den Standardausführungen.

Ein Vorteil dieser Ausführung ist die gute Ergonomie. Das Gehäuse ist in direkter Reichweite auf dem Schreibtisch untergebracht und leistet nebenbei Dienste als Monitorständer. Dadurch ist der Platzbedarf auf dem Tisch auch nicht so groß, und außerdem sind die Anschlüsse am PC gut erreichbar. Ebenso gibt es keine Probleme mit der Länge des Tastaturkabels.

Im Desktop haben ein völlig normales Mainboard und einige zusätzliche Laufwerke Platz, aber je nach Ausführung kann es auch mal eng werden. Die Erweiterungskarten können ganz normal senkrecht in die Slots gesteckt werden, so daß sich ein Austausch weniger kompliziert gestaltet als beim Slimline-Gehäuse. Der Einbau zusätzlicher Karten ist natürlich ebenfalls einfacher.

Slimline – Schlank und elegant

Die kleinste Version des PCs ist das Slimline-Gehäuse, der kleine Bruder des Desktop-Gehäuses. Obwohl es grundsätzlich die gleiche Form hat, ist es deutlich flacher. Besonders häufig ist diese Bauform bei Markengeräten (z. B. von Siemens oder HP) anzutreffen.

Nicht selten wird aufgrund der engen Platzverhältnisse im Inneren vom Hersteller eine Speziallösung mit besonders kompakt konstruierten Komponenten realisiert. Dieser Umstand macht ein späteres Aufrüsten oft schwierig (im Fall von Festplatte oder CD-ROM-Laufwerk) oder unmöglich (im Fall des Mainboards). Es sei denn, Sie kaufen die Original-Boards des Herstellers ...

Die Bauhöhe ist bei Slimline-PCs so klein, daß Erweiterungskarten nicht mehr aufrecht in das Gehäuse passen. Deswegen wird über Adapterbrücken die Anordnung so verändert, daß die Karten waagerecht in die Slots gesteckt werden. Dabei ist die Anzahl der Steckplätze aber ziemlich klein, je nach Gehäuse finden nur vier Karten (zwei ISA, zwei PCI) Platz.

Diese Form bringt also immer dann Nachteile mit sich, wenn der PC nachträglich verändert werden soll. Der eindeutige Vorteil von Slimline-Gehäusen ist dagegen der geringe Platzbedarf und die hübsche Optik. Kein anderes Gehäuse ist so flach und elegant.

Der Mini-Tower braucht Platz

Der Mini-Tower ist die senkrecht stehende Version des Desktop-Gehäuses – jedenfalls könnte man bei seinen Abmessungen daran denken. Grundsätzlich bietet er auch die gleichen Möglichkeiten beim Ausbau, denn er hat im Inneren ähnlich gute Platzverhältnisse aufzuweisen.

Unterkunft für den PC: Das Gehäuse

Wohin soll man ein Tower-Gehäuse stellen? Hier steht es neben dem Monitor

Weniger gut sieht es hingegen bei der Aufstellung des Mini-Towers aus. Wenn Sie ihn auf dem Tisch unterbringen möchten, müssen Sie ihn neben den Monitor stellen, das kostet natürlich eine Menge Platz. Unter dem Tisch ist auch nicht der Weisheit letzter Schluß, denn jedesmal, wenn Sie eine Diskette oder CD einlegen möchten, müssen Sie sich bücken.

Dazu kommt noch, daß der Weg von der Tischplatte bis zum Tastaturanschluß so weit ist, daß viele Tastaturkabel für diese Entfernung zu kurz sind. Oft fehlen da nur ein paar Zentimeter. Dann müssen Sie das Gerät vielleicht weiter nach hinten schieben, wodurch es wiederum noch unzugänglicher wird, kurz gesagt: Diese Aufstellung kann lästig werden. Abhilfe schafft hier ein spezieller Computertisch oder ein Unterbau in Form eines Beistelltischs, wenn Sie den nötigen Platz haben. Für beengte Platzverhältnisse ist der Mini-Tower jedenfalls nicht die optimale Lösung.

Midi-Tower – Ein Einschub mehr

Der Midi-Tower unterscheidet sich vom Mini-Tower eigentlich nur dadurch, daß er einen Einschub für 5,25-Zoll-Laufwerke mehr hat. Dadurch ist er ein paar Zentimeter höher.

Das kann allerdings bedeuten, daß der Tastaturanschluß ein kleines Stückchen höher sitzt. Unter Umständen paßt Ihr Tastaturkabel dann wieder. Das müssen Sie notfalls ausprobieren.

Der Big-Tower für das Powersystem

Big-Tower-Gehäuse sind von vornherein für große Ansprüche ausgelegt, denn sie bieten viel Platz für Erweiterungen. Dabei sind die Verhältnisse so großzügig, daß Sie unter Umständen z. B. sogar einen Einschub zwischen CD-ROM-Laufwerk und CD-Brenner freilassen können, um für eine bessere Wärmeabfuhr zu sorgen.

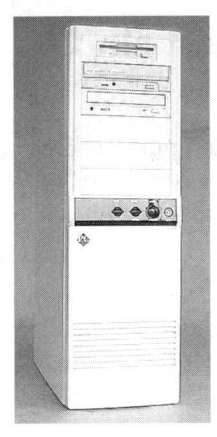

Dazu kommt, daß Big-Tower in der Regel mit einem stärkeren Netzteil (250-300 W) ausgestattet sind, das für eine ausreichende Stromversorgung sorgt, wenn viele Erweiterungen eingebaut sind.

Die Aufstellung unter dem Tisch macht keine Probleme, weil Disketten- und CD-Laufwerk bequem in Reichweite liegen, das gilt auch für den Tastaturanschluß, der wesentlich höher angebracht ist.

Der einzige wirkliche Nachteil, den ein Big-Tower mit sich bringt, ist sein Preis, den er ist deutlich teurer (ca. 50-70 DM) als seine kleineren Brüder.

Wenn Sie Ihren Computer sehr ambitioniert nutzen und auf eine gute Erweiterbarkeit angewiesen sind, ist diese Bauform die erste Wahl.

20.3 Daran erkennen Sie ein gutes Gehäuse

Wenn Sie einen neuen PC kaufen, wird Ihnen der Verkäufer garantiert etwas über die Taktrate des Prozessors oder die Grafikkarte erzählen, aber mit aller Wahrscheinlichkeit schweigt er sich über die Qualität des Gehäuses aus.

An dieser Stelle läßt sich aus Sicht des Händlers leicht Geld einsparen, denn die wenigsten Kunden fragen nach scharfen Kanten oder wackeligen Gehäusedeckeln, damit wird man ja erst konfrontiert, wenn etwas kaputtgeht oder der PC aufgerüstet werden soll, also genau die Fälle eintreten, weswegen Sie dieses Buch wahrscheinlich gekauft haben. ;-)

Andererseits ist ein hochwertiges Gehäuse ein gutes Zeichen dafür, daß der Händler Ihnen einen sorgfältig zusammengebauten PC verkauft.

Nicht zuletzt sorgen einige Ausstattungsdetails ganz konkret dafür, daß Ihr Computer länger lebt, weil sie wirkungsvoll Staub fernhalten oder für gute Kühlung sorgen.

Verarbeitung: Scharfe Kanten sind ärgerlich

Das sind die augenfälligsten Mängel beim Computergehäuse: Wackelige Deckel und scharfe Kanten, schlecht miteinander verschweißte Teile können einen einfachen Einbau einer Festplatte zum Abenteuer werden lassen.

Das beginnt damit, daß Sie am Gehäusedeckel ziehen und zerren müssen, um ihn überhaupt abgenommen zu bekommen. Dann geht es mit scharfkantigen Teilen im Inneren weiter, die Ihnen die Finger bestenfalls nur zerkratzen. Der Käfig, in den die Festplatte eingebaut wird, paßt nach der Montage nur widerwillig an seinen Platz, und das Schließen des Deckels gerät zur Fummelei.

Diesen Ärger sparen Sie sich mit einem gut verarbeiteten Gehäuse. Achten Sie darauf, daß der Deckel aus dickem Stahlblech ist, gut paßt und insgesamt einen soliden Eindruck macht. Die Löcher an Deckel und Gehäuse müssen genau übereinander liegen, damit sich die Befestigungsschrauben ohne Mühe eindrehen lassen.

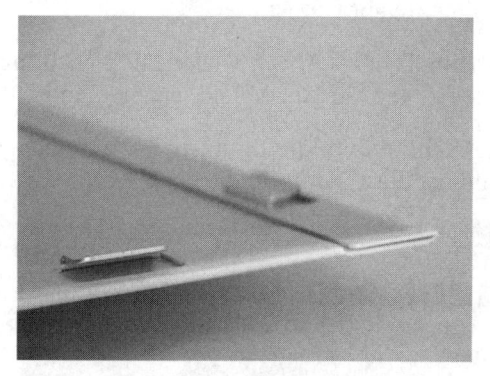

Abgerundete Kanten schützen vor Kratzern

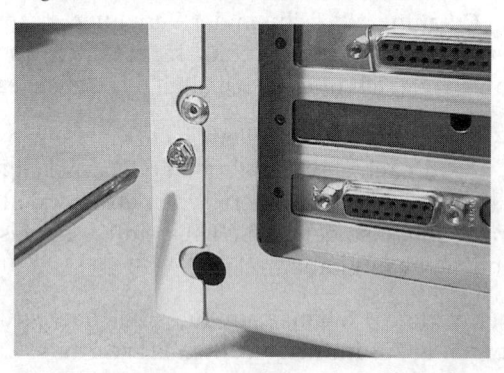

Ordentliche Bohrungen erleichtern das Öffnen und Schließen des Gehäuses

Im Inneren geht die Inspektion weiter: Alle Bleche sollten sauber verschweißt und entgratet sein, besonders edel sind eloxierte Bleche, die sich ganz glatt anfühlen. Begutachten Sie dabei auch den Bereich um die Slotbleche. Hier ritzt man sich besonders gern, wenn man Steckkarten einsetzt. Den gleichen soliden Eindruck sollten auch alle Kunststoffteile bei Ihnen hinterlassen. Sie sollten gut passen und keine Gußgrate aufweisen.

Paßt alles? – Notwendiges Montagezubehör

Damit alles im PC seinen Platz und Halt findet, sollte einem neuen Gehäuse ein Beutel mit einer Menge Montagezubehör beigepackt sein. Dazu gehören unter anderem:

- Abstandhalter für das Mainboard
- Montageschienen für die Laufwerkschächte
- ausreichend Gehäuse- und Festplattenschrauben
- sauber gekennzeichnete Kabel für die verschiedenen LEDs, das Tastaturschloß, den Lautsprecher, den Reset-Schalter usw.
- ausreichend Slotblenden
- Abdeckungen für nicht gebrauchte Laufwerkschächte
- der Schlüssel für das Tastaturschloß

Achten Sie darauf, daß alle losen Teile vorhanden und am besten in einen Beutel eingeschweißt sind. So kann nichts fehlen.

Netzteil/Lüfter: Leistung und Kühlung

Das Netzteil ist das Kraftwerk Ihres PCs: Es sorgt für die Stromversorgung des Mainboards, der Laufwerke und aller anderen Komponenten. Auch hier gibt es Unterschiede bei der Verarbeitung und Ausstattung, die nicht ganz augenfällig sind. Am einfachsten zu erkennen (anhand des Aufdrucks) ist zunächst einmal die Leistung, die das Netzteil aufbringen kann. Für kleinere Gehäuse, in die sowieso nicht viele Erweiterungen passen, sind ca. 180 W ausreichend, aber ein Big-Tower-Gehäuse sollte schon 250-300 W haben.

Achten Sie auf die Verarbeitung der Kabel und Stecker.

- Sind die Stecker für die Laufwerke sauber entgratet?
- Sitzen die Stecker fest auf den Kabelenden?
- Sind die Kabel sauber gebündelt, oder hängen sie kreuz und quer?

Wichtig für eine leise und dauerhafte Kühlung des Gehäuses ist der Lüfter, der im Netzteil eingebaut ist. Achten Sie darauf, daß Sie nach Möglichkeit ein Exemplar mit Kugellagern erhalten, denn die sind wesentlich leiser und langlebiger.

Ausstattung: Besserer Schutz für Ihren Computer

Gut, die Pflicht haben wir hinter uns, jetzt kommt die Kür. Alle Ausstattungsmerkmale, die jetzt aufgezählt werden, dienen in erster Linie dazu, Ihnen das Leben zu erleichtern, wenn Sie am PC schrauben. Vielleicht vergleichen Sie das mit den Ledersitzen und der Klimaanlage in Ihrem Auto.

Klappdeckel

Gehäuse mit Klappdeckel waren eine Zeitlang relativ verbreitet, sind aber heute nicht mehr oft zu finden. Besonders bei Desktop-Gehäusen findet man diese Ausführung: Der Deckel wird nur mit zwei Schnappriegeln links und rechts verschlossen und kann bei Bedarf per Knopfdruck entriegelt und aufgeklappt werden. Besonders wertvoll, wenn Sie häufig basteln.

Das Arbeiten ist einfacher, wenn Sie schnell die Seitenwand abnehmen können

In die gleiche Kategorie fallen wohl auch Tower-Gehäuse, deren Seitenwände einfach ausgeklinkt und abgenommen werden können. Eine Vorstufe zu dieser Komfortvariante sind Rändelmuttern, mit denen das Gehäuse verschlossen ist. Hier kann man den PC ebenfalls schnell und ohne Werkzeug öffnen.

Separate Mainboard-Träger

Beim Mainboard-Tausch ist ein separater Mainboard-Träger besonders angenehm. Er erspart Ihnen die fummelige Montage des Mainboards im Inneren des PC. Sie können den Träger ausbauen, „im Freien" bei Platz und Licht das Mainboard daran festschrauben, alle Einstellungen vornehmen und dann die gesamte Einheit wieder einbauen.

Zusatzlüfter

Bei guten Gehäusen verbirgt sich hinter der Front ein zweiter Lüfter, der zusätzlich für die Zufuhr von Frischluft sorgt. Der Ventilator im Netzteil saugt nämlich nur die warme Luft nach draußen.

Der zusätzliche Lüfter hat mehrere Vorteile: Er verbessert zum einen die Luftzirkulation im Gehäuse, was besonders bei weit aufgerüsteten Rechnern sehr nützlich ist. CD-Brenner, Festplatte, Grafikkarte und CPU sind nämlich wahre Heizungen, die oft mit einem eigenen Lüfter ausgestattet sind.

Zum anderen wird Luft von der Vorderseite des Computers zugeführt, die meistens besser belüftet ist als die Rückseite. Wenn Ihr Rechner z. B. vor einer Heizung steht, zählt dieses Argument doppelt.

Entnehmbare Halter für Festplatten

Außerhalb des Gehäuses ist der Einbau der Festplatte in einen abnehmbaren Käfig viel leichter zu bewerkstelligen. Vor allen Dingen kommen Sie ohne Probleme von beiden Seiten mit dem Schraubenzieher an die Befestigungsschrauben. Hinterher brauchen Sie so einen Käfig nur noch in seine Aufhängungen zu schieben. Eine (gut zugängliche) Arretierungsschraube sorgt für die Sicherung.

Staubschutz

Vielleicht haben Sie schon einmal in einen Computer geschaut, der mehrere Monate im Einsatz war? In der Regel findet sich im Inneren ein repräsentativer Querschnitt des Staubs in Ihrem Arbeitszimmer. Deswegen ist ein abnehmbarer Staubfilter vor den Lüftungsschlitzen besonders nützlich.

Oft hinter einer zusätzlichen Verkleidung verborgen, sorgt ein feinmaschiges Sieb dafür, daß sich die Verschmutzung in Grenzen hält. Meistens finden Sie ein solches Sieb im Ansaugbereich eines Zusatzlüfters.

Abschirmung

Sofern die Seitenwände oder der Gehäusedeckel aus Kunststoff bestehen, müssen die Innenseiten mit einer Metallfolie verkleidet sein, die für eine elektromagnetische Abschirmung sorgt. Diese Metallfolie hat ringsherum über elastische Blechzungen elektrischen Kontakt zum Gehäusechassis.

Ebenso in diese Kategorie fallen Blechblenden, die unbenutzte Laufwerkschächte nach außen abschließen. Damit ist ungestörtes Radiohören bei der Arbeit möglich.

20.4 Manchmal muß es sein: Das Netzteil austauschen

Wenn irgend etwas am Netzteil kaputt ist (z. B. der Lüfter), hilft eigentlich nur noch das Austauschen des ganzen Teils, denn eigene Reparaturen sind in diesem Fall absolut tabu. Im Inneren des Netzteils befinden sich Kondensatoren, die gefährliche Spannungen auch noch nach dem Ausschalten speichern und bei Berührung tödliche (!) Stromschläge abgeben können.

Zum Glück ist der Austausch bei ATX-Gehäusen relativ leicht zu bewerkstelligen, und Ersatznetzteile sind nicht allzu teuer.

> **Hinweis**
>
> **AT-Gehäuse halten Probleme bereit**
>
> Leider sind AT-Gehäuse in dieser Beziehung nicht so pflegeleicht. Das liegt zum einen daran, daß hier die Form und Größe des Netzteils nicht genormt sind. Sie müssen unter Umständen suchen, bevor Sie genau das passende Teil finden.
>
> Die andere Stolperfalle ist der Netzschalter. Bei älteren Gehäusen sitzt der Schalter direkt am Netzteil, so daß Sie einen Ersatz finden müssen, der den Schalter an exakt der gleichen Stelle in gleicher Form und Größe hat.
>
> Bei Gehäusen neueren Datums sitzt der Schalter an der Gehäusefront und ist mit einer Kabelwurst mit dem Netzteil verbunden. Wenn dieser Kabelstrang am Schalter aufgesteckt ist, läßt er sich leicht abnehmen und ein neuer aufstecken. Wenn die Kabel angelötet sind, müssen Sie den Schalter wohl oder übel mit austauschen.

Der Austausch des Netzteils beginnt zuallererst damit, daß Sie das Netzkabel aus der Steckdose ziehen. Erst danach geht's los.

Für den Ausbau benötigen Sie folgendes Werkzeug:

- ein Schraubenzieher mit Kreuzkopf
- eventuell eine Zange, um den Netzschalter aus der Gehäusefront zu ziehen

Den PC öffnen

Damit Sie an alles herankommen, müssen Sie das Gehäuse öffnen. Die Schrauben befinden sich meist auf der Gehäuserückseite, aber das ist in Einzelfällen auch anders gelöst. Manchmal muß erst eine Kunststoffblende abgenommen werden, mit der die Gehäuserückseite verkleidet ist. Sind die Schrauben entfernt, muß in der Regel nur noch der Deckel nach hinten weggezogen und abgenommen werden.

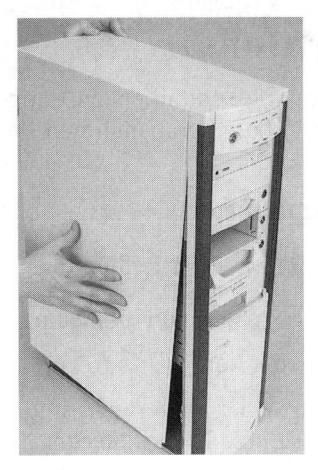

Öffnen des Gehäuses

Lösen der Kabel

Jetzt ziehen Sie der Reihe nach alle Kabel von den Laufwerken ab. Die Stecker sind verpolungssicher und alle gleichberechtigt, so daß Sie sich keine Sorgen wegen der Zuordnung machen müssen. Einzig und allein das Kabel für das Diskettenlaufwerk hat einen kleineren Stecker, den erkennen Sie aber sofort.

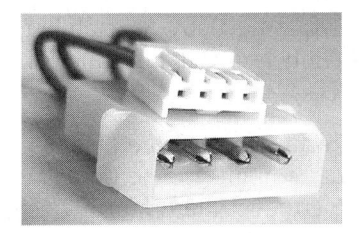

Stecker von Laufwerkkabeln

Zuletzt ziehen Sie den/die Stecker vom Mainboard ab. Bei ATX-Boards ist das nur ein einzelner Stecker, der ebenfalls verpolungssicher ist – die sorglose Variante. AT-Boards haben an dieser Stelle zwei Stecker nebeneinander, die absolut identisch aussehen. Hier besteht, wie gesagt, die Gefahr, daß Sie sie beim Wiedereinbau vertauschen.

Es gibt allerdings ein Merkmal, an Hand dessen Sie sich die richtige Position ganz leicht merken können: Die vier schwarzen Massekabel an den beiden Steckern sitzen immer nebeneinander in der Mitte.

Bei AT-Boards müssen Sie noch die Kabel vom Netzschalter in der Gehäusefront abziehen. Wenn das nicht möglich ist, weil die Kabel verlötet sind, müssen Sie den Schalter ganz ausbauen und zusammen mit dem Netzteil ersetzen.

Herausnehmen des Netzteils

Jetzt brauchen Sie nur noch die Befestigungsschrauben zu entfernen, und danach können Sie das Netzteil mit allen Kabeln herausnehmen.

Das neue Netzteil einbauen

Der Einbau vollzieht sich ganz genau in umgekehrter Reihenfolge:

1. Setzen Sie das Netzteil ein und befestigen Sie es mit den Schrauben.
2. Stellen Sie alle Kabelverbindungen wieder her.
3. Überprüfen Sie, ob alle Verbindungen sicher aufgesteckt sind. Haben Sie keins übersehen? Bei AT-Boards müssen die beiden Stecker in der richtigen Position sitzen (die schwarzen Massekabel in der Mitte).
4. Führen Sie einen Probelauf bei offenem Gehäuse durch.
5. Schließen Sie das Gehäuse.

20.5 Neuer Trend WTX: Das bringt die Zukunft

Kaum hat sich der ATX-Standard als Ersatz für Baby-AT etabliert, liegt auch schon die nächste Spezifikation für Mainboard, Gehäuse und Komponenten in den Schubladen der Hersteller: WTX.

Dieser Standard trägt dem Umstand Rechnung, daß die Leistungsaufnahme und Wärmeentwicklung der gängigen PCs immer schneller ansteigen. Noch ist WTX zwar für Workstations konzipiert, aber die Erfahrung zeigt, daß der Weg ins heimische Arbeitszimmer nicht allzu weit ist.

Anordnung der Komponenten

WTX-Gehäuse wird es wohl nur noch in senkrechter Aufstellung, sprich: als Tower-Gehäuse geben. Dabei hat sich im Vergleich zu älteren Standards schon einiges verändert: Die Slots für Erweiterungskarten liegen im oberen Bereich des Gehäuses und die CPU ganz unten. Da zu erwarten ist, daß zukünftige Prozessor-Kühler-Einheiten noch größer und schwerer sind, sind am Gehäuseboden mehrere Befestigungspunkte für Stützen oder Halterungen vorgesehen.

Neben den üblichen PCI- und AGP-Steckplätzen wird das WTX-Board eine neue Schnittstelle aufweisen, den sogenannten Flex-Slot. Er wird eine fest vorgesehene Karte aufnehmen, die Peripherie-Schnittstellen wie USB, SCSI oder ein Netzwerk-Interface aufnehmen soll. Vorteile dieser Anordnung liegen in der flexibleren Entwicklung (das Design des Mainboards muß nicht für jede Änderung der Schnittstellen überarbeitet werden) und in der Platzersparnis auf dem Mainboard. Die Karte mit den Schnittstellen kann bei einem Wechsel auch auf einem neuen Mainboard eingesetzt werden.

Darüber hinaus liegt der Flex-Slot „unter dem Dach", also so weit wie überhaupt möglich von der CPU entfernt. Damit rücken die „Störsender" CPU und Chipsatz von den externen Schnittstellen ab, die mit ihren Kabeln als Sendeantenne fungieren können.

In WTX-Gehäusen wird standardmäßig ein separater Träger des Mainboards verwendet, der vom Boardhersteller geliefert werden muß. Diese Trägerplatte bietet sicheren Halt und eine gute Masseverbindung und wird über Haken ins Gehäuse eingehängt.

Strahlenschutz

Mit steigender Taktfrequenz der Prozessoren und der anderen Komponenten wird es immer schwieriger, die entstehende elektromagnetische Strahlung im Gehäuse einzufangen. Um die Abschirmung zu verbessern, sind in WTX-Gehäusen einige Maßnahmen vorgesehen, die vor allen Dingen dafür sorgen, daß alle Öffnungen im Gehäuse kleiner werden und so einen besseren Schutz gewährleisten. Außerdem sorgen zahlreiche Masseverbindungen für einen guten Kontakt zwischen Gehäuse und Mainboard.

Der Gehäusedeckel soll z. B. besser mit dem Chassis abdecken, durch entsprechende Laschen entsteht eine Überlappung, die den Schlitz „abdichtet". Wo diese Konstruktion nicht ausreicht, soll elektrisch leitendes Dichtungsmaterial zum Einsatz kommen. Ebenso sieht es bei den Einschüben für Laufwerke wie CD-ROM- oder DVD-Geräte aus. Die Schlitze zwischen den Geräten und dem Gehäuse sollen ebenfalls durch leitende Gummidichtungen verschlossen werden.

Die Bleche an der Gehäuserückseite, durch die externe Anschlüsse nach außen geführt werden, müssen elektrischen Kontakt mit den Anschlußbuchsen und dem Gehäuse haben, Lack oder Aufkleber dürfen dabei nicht stören. Die verhältnismäßig langen Lüftungsschlitze im Gehäuse werden regelmäßig unterbrochen, um auch dieses Schlupfloch für elektromagnetische Wellen zu verschließen.

Unterkunft für den PC: Das Gehäuse

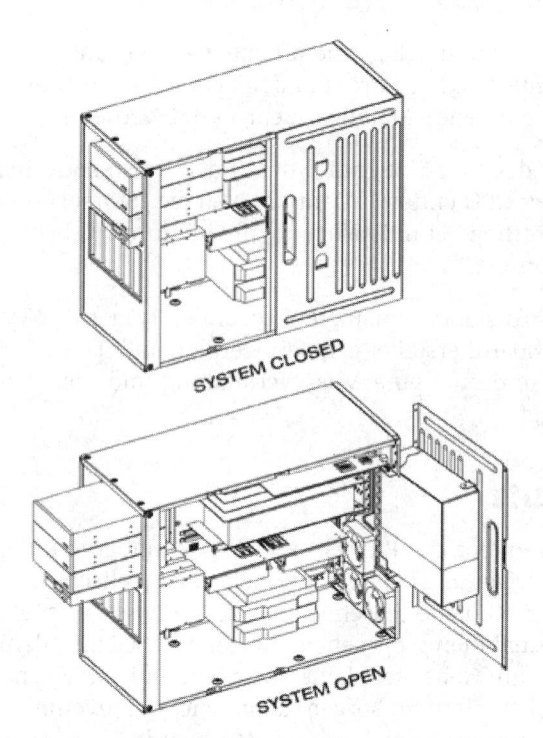

Ein Standard-WTX-System nach den Spezifikationen von Intel (Grafik: Intel)

Zusätzliche Lüftung

Je nach Hitzeentwicklung der Komponenten ist das WTX-Gehäuse in verschiedene Zonen unterteilt (CPU, Speicher, Grafik, Laufwerke), die jeweils über separate Lüfter gekühlt werden. Dabei können einer oder mehrere Lüfter zum Einsatz kommen, deren Drehzahl temperaturgesteuert ist. Um die Kühlung des Chipsatzes auf dem Mainboard zu erleichtern, sollen diese Prozessoren standardmäßig mit Kühlkörpern ausgestattet sein.

Insgesamt legen die WTX-Richtlinien auch Wert darauf, daß von seiten der Hardwareproduzenten Temperaturfühler, Schutzschalter und Alarmvorrichtungen stärker als bisher vorgesehen werden. Angesichts der immer größeren Hitzeentwicklung der Prozessoren und Speicherbausteine ist dies sicherlich sinnvoll, um so mehr, da die für den neuen Standard entwickelten Motherboards und Systeme laut den Spezifikationen von Intel z. B. auch den Dual-Prozessor-Betrieb standardmäßig unterstützen sollen.

21. Internet und Aufrüsten – Treiber, Software und Hilfe finden

Das Internet bietet unter anderem ein Forum für alle Fragen rund um den Computer, dort können Sie sich über die neuesten Produkte informieren oder Hard- und Software direkt bestellen.

Im Rahmen dieses Buchs ist es natürlich besonders interessant, daß das Internet die Möglichkeit bietet, mit nahezu jedem Hersteller von Computerprodukten in Kontakt zu treten: über dessen Homepage.

Dort finden Sie dann aktuelle Neuigkeiten zu Produkten und vor allem auch oft die so dringend benötigten Treiber oder Updates (fehlerbereinigte oder im Funktionsumfang erweiterte Versionen vorhandener Software).

Gerade was Treiber, Updates und Patches (Programme, die bestehende Software verbessern) angeht, werden Sie an vielen Stellen in diesem Buch auf das Internet hingewiesen.

21.1 Reinkommen ins Netz – So geht's mit Modem und ISDN

Die nette Buchsengruppe „Fernseher-Radio-Telefon-Internet" findet sich bisher leider nur in wenigen Studentenwohnheimen. Deshalb werden Sie wohl, wie die meisten Deutschen im Internet, vorerst auf die Einwahl per Telefon angewiesen sein.

Nun gibt es natürlich nicht „den Interneteinwahlpunkt". Vielmehr wird von vielen sog. Providern der Zugang zum Internet über deren Leitungen bereitgestellt.

Für welchen Provider Sie sich entscheiden, hängt vor allem von Ihrem regionalen Standort ab, während die Bewohner vieler Großstädte zwischen Dutzenden solcher Provider wählen können, bleiben für jemandem, der „auf dem Land" wohnt, oft nur noch wenige Anbieter, die zum Ortstarif erreichbar sind.

Daß Sie, abhängig von Ihrem Telefonanschluß, ein Modem oder eine ISDN-Karte/einen Terminaladapter brauchen, dürfte klar sein.

Die Kapitel 16 (ab Seite 691) und 17 (ab Seite 729) beschäftigen sich explizit dem mit Anschluß und der Konfiguration dieser Geräte bzw. Bauteile, unter Umständen sollten Sie dort also noch einmal einen Blick hineinwerfen.

Setup-Programm oder Handarbeit?

Mittlerweile erhalten Sie von beinahe jedem Provider, besonders natürlich von den großen Online-Diensten wie T-Online oder AOL, bei der Anmeldung auch die Zugangssoftware. Oft handelt es sich dabei um eine CD-ROM, die dann auch noch diverse Zusatzprogramme wie eine aktuelle Version des Netscape Communicator (der bekannten und beliebten Allround-Software für das Internet, die auch den Netscape Navigator enthält) oder den Internet Explorer von Microsoft enthält.

Leider unterscheiden sich die oft mitgelieferten Setup-Programme drastisch voneinander und meist sogar von Version zu Version. Glücklicherweise haben Sie alle eins gemeinsam: Wenn sie nicht schon beim Einlegen der CD automatisch starten, müssen Sie lediglich das Programm SETUP (oder INSTALL) von der CD starten und den Anweisungen am Bildschirm folgen.

Wenn Sie jedoch „nur" ins Internet wollen und vor ein bißchen Handarbeit nicht zurückschrecken, sollten Sie den Zugang mit Windows-Bordmitteln einrichten. Das ist geringfügig mehr Arbeit, wird aber gewöhnlich mit einer wesentlich besseren Systemstabilität und -integration belohnt und bietet später mehr Flexibilität bei der Auswahl der restlichen Internetsoftware.

Das System aufs Internet vorbereiten

Um die Schritte im folgenden Unterkapitel durchführen zu können, muß die Unterstützung für das DFÜ-Netzwerk installiert sein. Wenn Sie dies bei der Windows-Installation unterlassen haben, können Sie es jederzeit nachholen über *Start/Einstellungen/Systemsteuerung/Software/Windows Setup /Verbindungen (Details)/DFÜ-Netzwerk*.

Außerdem muß die Hardware für die Verbindung (ISDN-Karte, Modem usw.) korrekt eingerichtet werden. Nähere Hinweise dazu entnehmen Sie bitte dem Handbuch Ihrer ISDN-Karte, Ihres Terminaladapters oder Ihres Modems sowie den Kapiteln ab Seite 691 bzw. 729.

Ferner müssen die benötigten Netzwerkprotokolle zur Verfügung stehen, speziell das Protokoll TCP/IP, mit dem im Internet gearbeitet wird. Sie finden die Protokolle unter *Start/Einstellungen/Systemsteuerung/Netzwerk*. Dort können Sie auch das Protokoll installieren, wenn das bei Ihnen noch nicht der Fall sein sollte (*Hinzufügen/Protokoll/Microsoft/TCP/IP*).

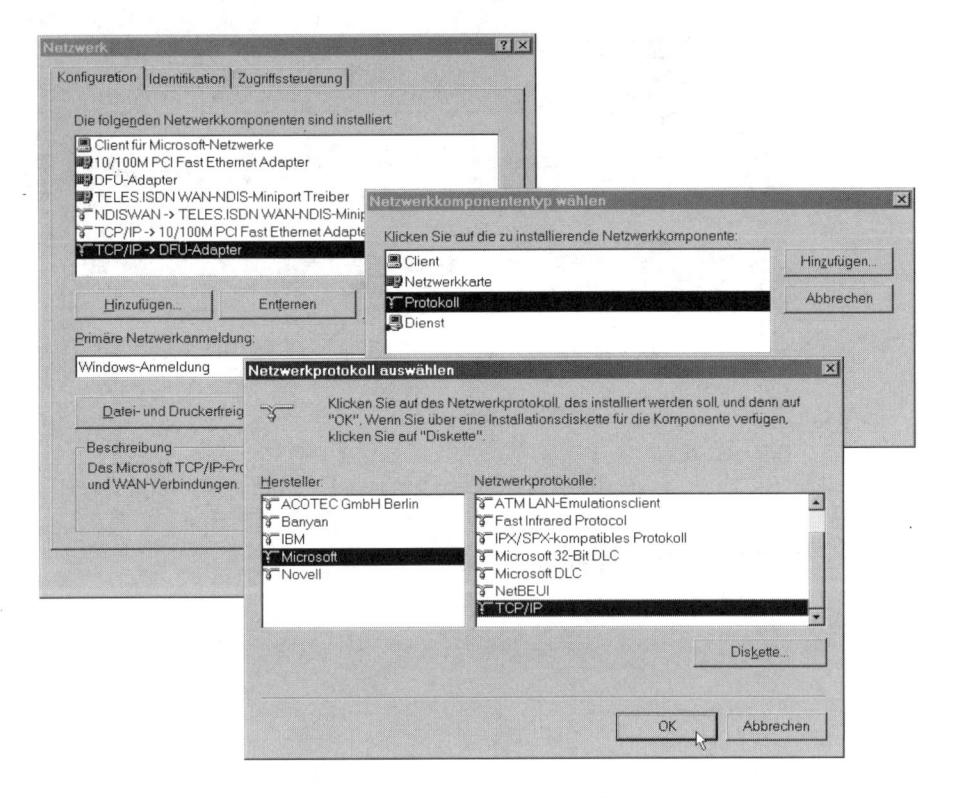

Ins Internet mit T-Online und dem DFÜ-Netzwerk

Wählen Sie den Ordner *DFÜ-Netzwerk* aus dem Arbeitsplatz und erstellen Sie eine neue Verbindung.

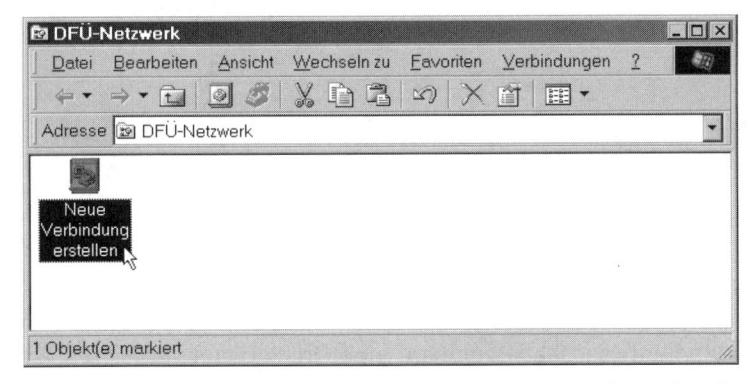

Geben Sie dann einen Namen für die zu erstellende Verbindung ein, in diesem Beispiel bietet sich „T-Online" an. Dann müssen Sie noch angeben, worüber die Verbindung hergestellt werden soll. (Mini-Port bei einer TELES-ISDN-Karte, bei einer AVM-ISDN-Karte oder Ihrem Modem.)

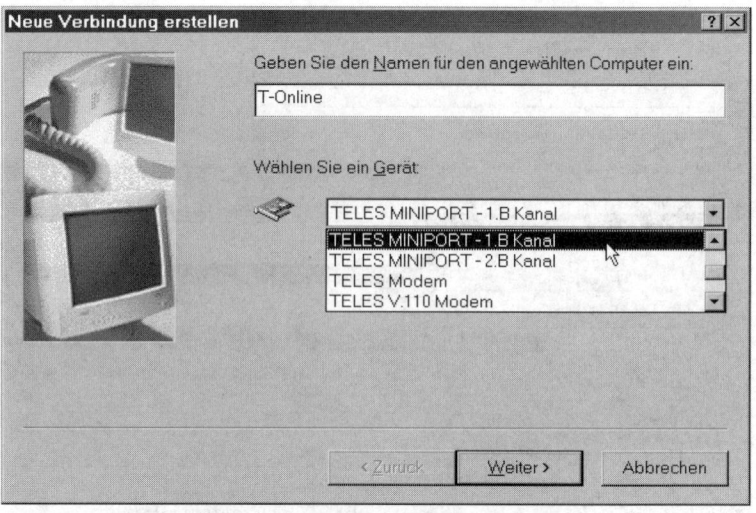

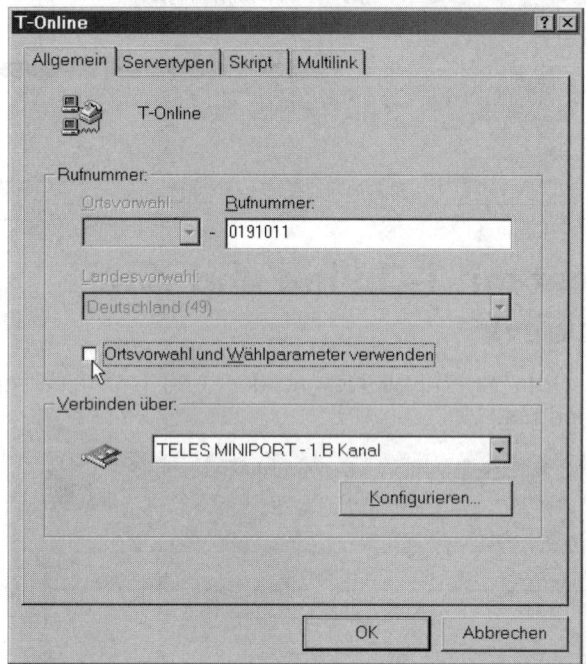

Internet und Aufrüsten – Treiber, Software und Hilfe finden

Geben Sie die Telefonnummer an, die das Gerät anwählen soll. Diese wird Ihnen von Ihrem Provider mitgeteilt, für T-Online per ISDN ist diese Nummer beispielsweise bundesweit 0191011. Innerhalb Deutschlands können Sie deshalb an dieser Stelle auch auf eine Ortsvorwahl verzichten. Teilen Sie Ihrem Computer mit, mit welchem Servertyp er es überhaupt zu tun hat, wählen Sie dazu das Register *Servertypen*. Was hier anzugeben ist, teilt Ihnen Ihr Provider in der Regel auch mit, für T-Online sollte lediglich die untere Option aktiviert sein. Das im Internet verwendete Protokoll zur Datenübertragung muß nun noch konfiguriert werden. Eigentlich muß keine Namensserveradresse festgelegt werden, da diese (wie die IP-Adresse auch) bei der Ver-

Internet und Aufrüsten – Treiber, Software und Hilfe finden

bindung automatisch übergeben wird. Sollten damit Probleme auftreten, können Sie sie jedoch auch (wie in der unteren Abbildung gezeigt) eintragen.

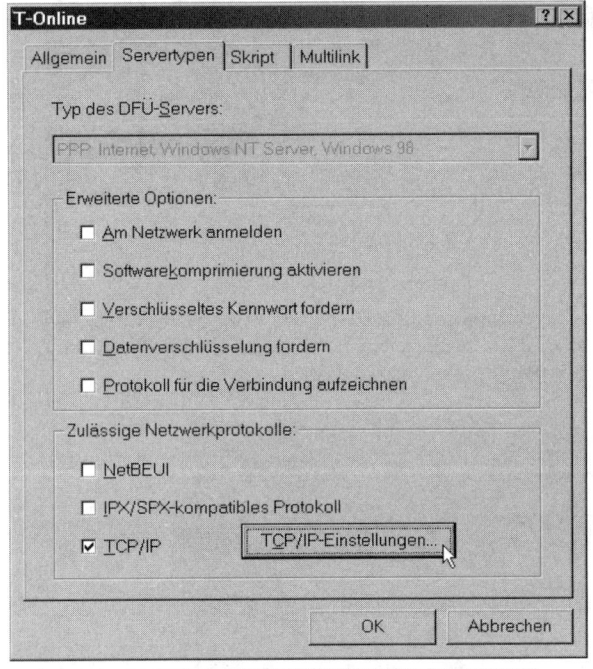

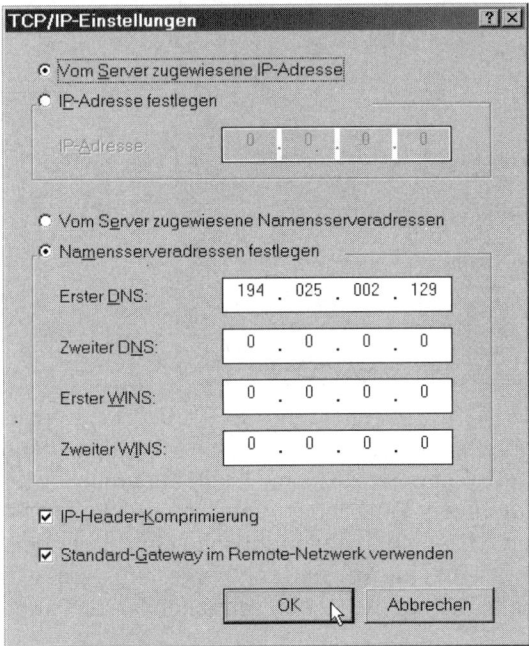

Jetzt ist alles bereit für die erste Verbindung. Damit die Zugangsinformationen vor der Anwahl abgefragt werden, sollten Sie sichergehen, daß die Option *Informationen vor dem Wählen abfragen* unter *Einstellungen* im Menü *Verbindungen* des Ordners *DFÜ-Netzwerk* aktiviert ist.

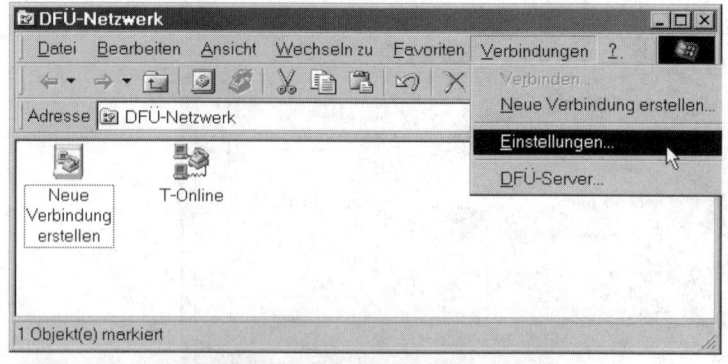

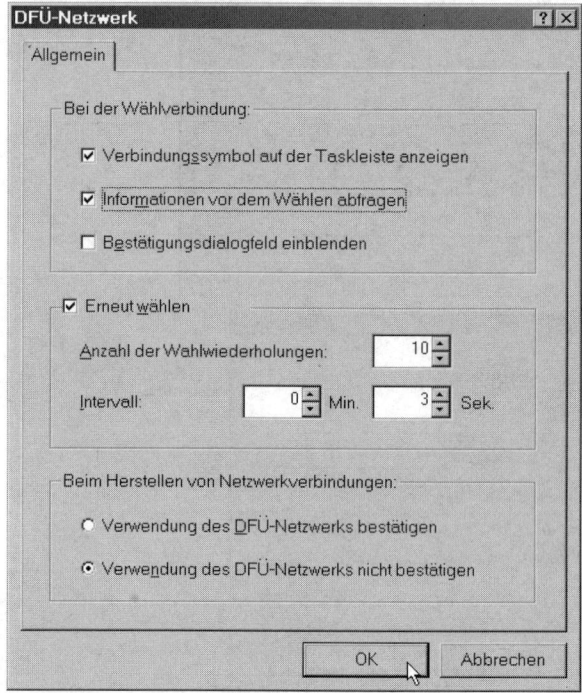

Wenn Sie sich später dafür entscheiden, das Paßwort zu speichern, dann können Sie diese Option auch deaktivieren, Sie kommen dann quasi per Mausklick ins Internet. Wenn Sie dazu noch die anderen Einstellungen wie in der Abbildung vornehmen, kann jedes Programm bei Bedarf eine Internetverbindung herstellen. Dies kann sehr praktisch sein, birgt aber die Gefahr, daß Sie nicht merken, wann eine Verbindung hergestellt wird, was wiederum Ihre Telefonrechnung in ungeahnte Höhen schnellen lassen kann.

Wenn Sie nun die Verbindung herstellen, werden Sie nach dem Benutzernamen und dem Kennwort gefragt. Auch dies finden Sie in den Unterlagen des Providers.

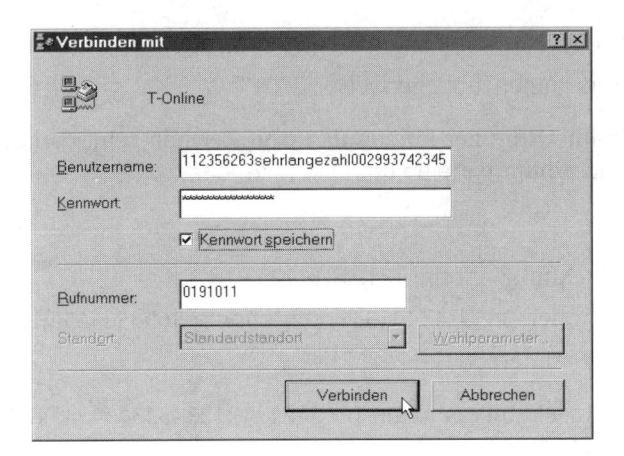

Kennwort speichern oder nicht?

Wenn Sie *Kennwort speichern* ankreuzen, wird es auf Ihrer Festplatte abgespeichert und bei Bedarf automatisch eingesetzt. Dies bedeutet, daß jeder, der an Ihrem Computer arbeitet, damit auch ins Internet kann oder mit geeigneten Programmen sogar das Paßwort zur eigenen Verwendung auslesen kann. Was fast noch bedrohlicher ist: In letzter Zeit sind einige Fälle bekannt geworden, in denen es gelang, Kennwörter auch über das Internet auszulösen bzw. durch Programme übermitteln zu lassen. Mit Ihrem Kennwort kann der Besitzer Ihre Identität annehmen, oftmals Ihre Post abrufen, in Ihrem Namen selbst Artikel oder E-Mails verfassen oder gebührenpflichtige Dienste nutzen (die dann natürlich Ihr Konto belasten werden). Wenn Sie in dieser Beziehung weitestgehend sicher sein wollen, sollten Sie diese Option deaktivieren und das Kennwort jedesmal von Hand eingeben.

Hinweis
Keine Paßwörter vergessen

Verlieren Sie auch langsam die Übersicht über die ganzen Kennwörter, PINs usw. für die verschiedensten Gelegenheiten, von American Express bis Zugangskennwort? Schauen Sie mal unter *http://www.execpc.com/~sbd/PassKeep.html* nach. Dort finden Sie den Password Keeper, ein kleines Programm, das sich jede Menge an Paßwörtern und PINs merkt und verschlüsselt abspeichert. Eigentlich für Internet-Paßwörter entwickelt, ist es sicherlich nicht für hochgradig sicherheitssensitive Bereiche gedacht. Es bietet jedoch eine schnelle und komfortable Möglichkeit, kein Paßwort mehr zu vergessen. Besser als der Zettel unter der Schreibunterlage ist es allemal. Sie können das Programm 30 Tage lang testen, eine Registrierung kostet lediglich 20 US-Dollar.

Die Sache mit dem T-Online-Benutzernamen

Er setzt sich ziemlich kompliziert zusammen aus:

- T-Online-Anschlußkennung plus

- T-Online-Nummer plus
- Mitbenutzernummer (üblicherweise „0001")

Sollte Ihre T-Online-Nummer kürzer als zwölf Zeichen sein, dann fügen Sie vor der Mitbenutzernummer eine Raute (#) ein.

Beispiel:

- T-Online-Anschlußkennung: 121212121212
- T-Online-Nummer: 343434343434 (oder kürzer: 5656565656)
- Mitbenutzernummer: 0001

So wäre die Anschlußkennung: 1212121212123434343434340001 bzw. 121212121212 5656565656#0001

Das T-Online-Kennwort können Sie unverändert aus der Benachrichtigung des Providers übernehmen.

Hardwareneuigkeiten mit Netscape Collabra

Ein hervorragendes Forum für Fragen und Antworten wirklich aller Art bilden die Newsgroups (im deutschen auch Foren). Hier handelt es sich um das elektronische Äquivalent zu den Schwarzen Brettern, an die jeder seine Mitteilungen heften kann. Die können dann von allen gelesen werden. Diese verschiedenen Foren sind thematisch sortiert. Konfigurieren Sie Netscape so, daß Sie damit Zugriff auf den Newsserver Ihres Providers erhalten (alle notwendigen Daten finden Sie in der Checkliste ab Seite 909).

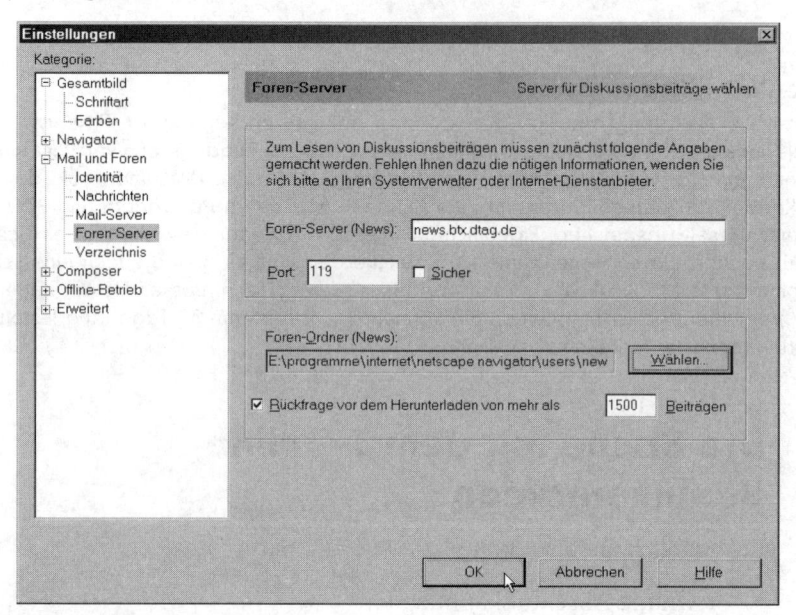

Internet und Aufrüsten – Treiber, Software und Hilfe finden

Über das Modul Collabra haben Sie nun Zugriff auf die vielen Tausend Newsgroups, die weltweit existieren. Eine ganze Anzahl davon beschäftigt sich natürlich auch mit allen Aspekten der Computerhardware. Über die Funktion *Diskussionsforum suchen* können Sie nach Stichwörtern im Titel der Newsgroup suchen. Für hardwareorientierte Foren geben Sie hier „Hardware" ein und abonnieren interessante Gruppen:

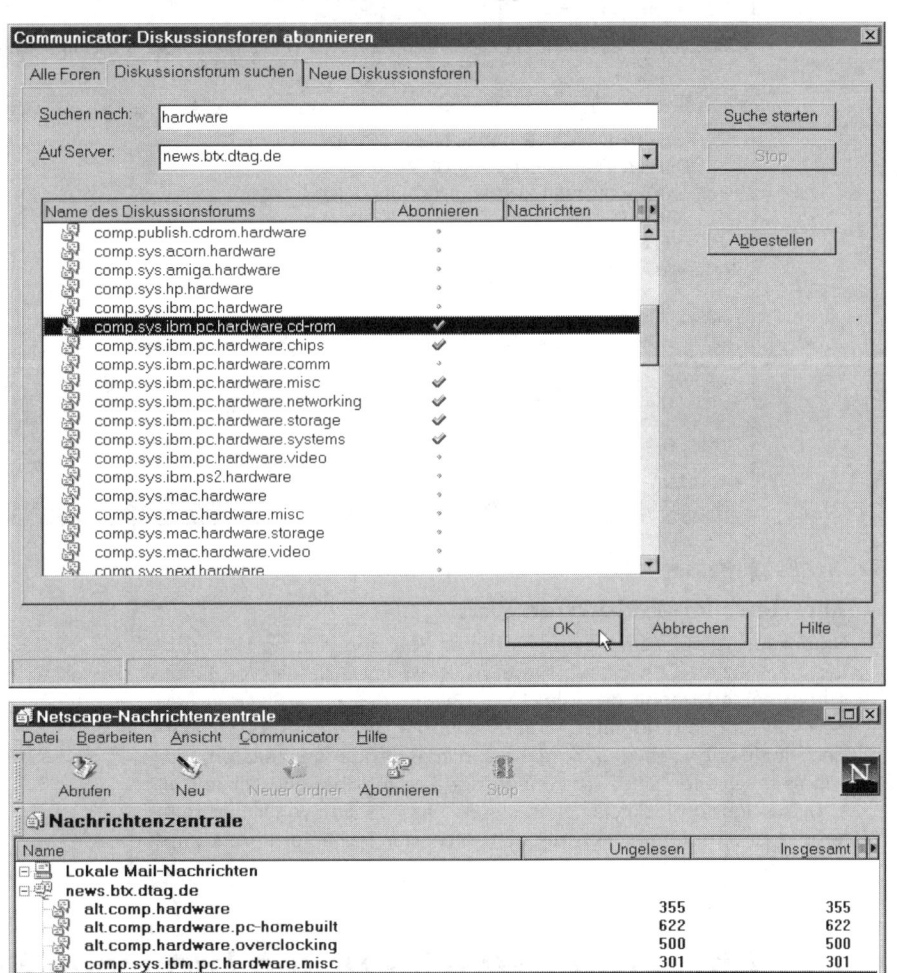

In der Hauptansicht erhalten Sie dann eine Übersicht der vorhandenen Nachrichten. Hier können Sie Fragen stellen und selbst Antworten auf die Probleme anderer geben.

907

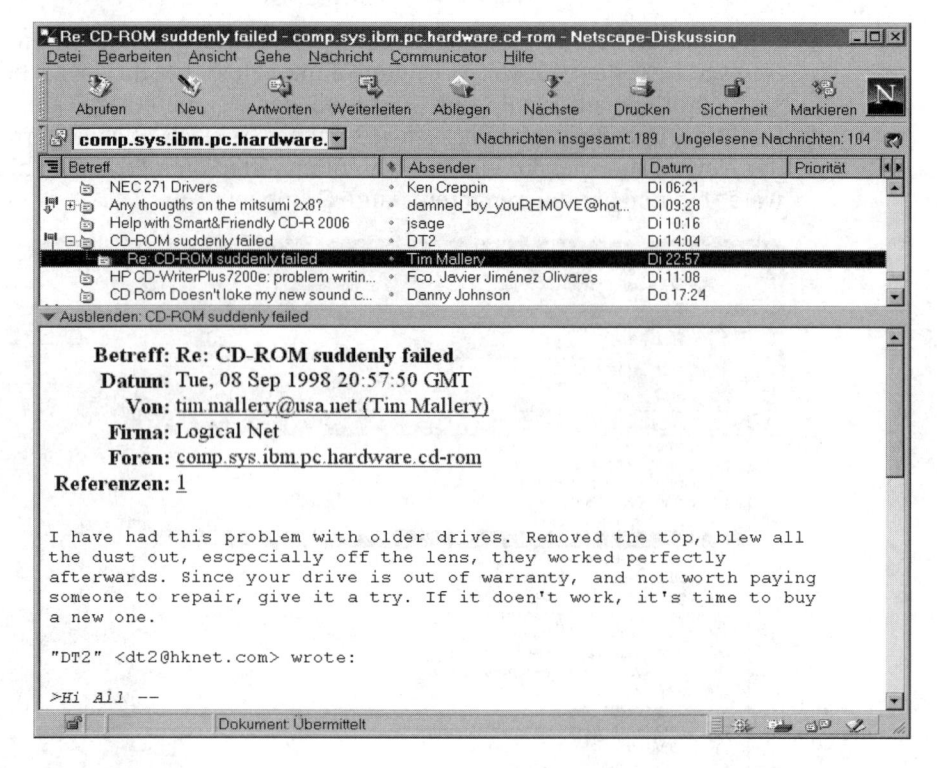

Internet und Aufrüsten – Treiber, Software und Hilfe finden

> **Hinweis**
>
> **Alle News im World Wide Web**
>
> Natürlich sind auf dem Newsserver Ihres Providers nur die Nachrichten der letzten Zeit gespeichert. Aber vielleicht hatte vor Ihnen schon jemand genau das gleiche Problem? Besuchen Sie den Service von Dejanews im Internet unter *http://www.dejanews.com*. Dort sind nach Angaben des Betreibers alle Beiträge gespeichert, die jemals erschienen sind. Sie können dort komfortabel und schnell alle Diskussionsforen durchsuchen lassen. Dies geht wesentlich schneller und ist oft erfolgreicher, als sich selbst durch die Foren zu kämpfen!

Checkliste: Welche Daten brauchen Sie?

Oft scheitert der Schritt ins Internet an fehlenden Daten. Prüfen Sie vor Beginn der Einrichtung, ob Sie über die folgenden Informationen verfügen. Sollte etwas nicht funktionieren und Sie wenden sich an die Support-Hotline Ihres Providers, kann man Ihnen dort mit einer Information zu „Ich komme nicht ins Internet" vermutlich nicht weiterhelfen.

Selbst wenn Ihnen der eine oder andere Punkt nicht unbedingt völlig verständlich ist, ist es doch vorteilhaft, diese Informationen bei Bedarf zur Hand zu haben, bzw. geklärt zu haben, daß Sie eine bestimmte Einstellung ausdrücklich nicht benötigen (und daß nicht etwa der Provider vergessen hat,

Internet und Aufrüsten – Treiber, Software und Hilfe finden

sie Ihnen mitzuteilen!). In der folgenden Tabelle sind die wichtigsten Daten und Einstellungen aufgeführt. Diese können Sie dann beispielsweise telefonisch mit dem Support Ihres Providers abgleichen:

Benötigte Daten	Anmerkung, Ergänzung
Anwahlrufnummer	ISDN/Modem, bei Modem: Gibt es unterschiedliche Nummern für 33.6 Kbps und 56.2 Kbps?
Gerät	Sollte in den Unterlagen des Providers nichts angegeben sein, kann man Ihnen vielleicht telefonisch auch hierbei weiterhelfen, lesen Sie vor, was bei Ihnen zur Verfügung steht, und geben Sie an, was für Geräte Sie besitzen/eingerichtet haben.
Servertyp	üblicherweise *PPP: Internet, Windows NT Server, Windows 98*
Netzwerkeinstellungen	Ein guter technischer Support sollte auch hier in der Lage sein, die einzelnen Punkte mit Ihnen abzugleichen.
alle weiteren Einstellungen auf diesem Register	Punkt für Punkt vergleichen
alle Punkte von *TCP/IP Einstellungen*	auch hier Punkt für Punkt vergleichen
Benutzername	Groß-/Kleinschreibung beachten! Eventuell Null und O vertauscht? Einen Punkt (.) oder einen Tiefstrich (_) übersehen?
Kennwort	**Dies sollten Sie am Telefon nicht verraten!** (Besonders bei Online-Diensten wie T-Online und AOL nicht, wobei diese Dienste selbst darauf hinweisen, daß Ihre Mitarbeiter Sie nicht danach fragen!) Fragen Sie lediglich nach dem Format („Hat es acht Stellen?") oder, wo Sie es auf dem Schreiben finden („Ist es das Wort oben rechts hinter User Pass?"). Dies gibt Ihnen genügend Anhaltspunkte, ob Sie das richtige Kennwort verwenden. Achten Sie auf die Schreibweise (siehe Benutzername)!
Benötigen Sie Proxies? Wie lauten die Proxies bzw. ihre Adressen? Wie lauten die Ports dafür?	Fragen Sie nach allen Diensten, sehr wichtig sind HTTP und FTP. Welche Adressen sollten ohne Proxy angesprochen werden? Für Netscape-Nutzer: Gibt es eine Proxy-Auto-Konfiguration? Wie lautet die Adresse?
Wie lautet die Adresse des Mailservers? Unterscheiden sich die Adressen für hereinkommende und abgehende Post?	Welches Verfahren wird verwendet? Gängig sind POP und IMAP. Sind Benutzername und Kennwort identisch mit den bei der Anwahl verwendeten?
Wie lautet der Name/die Adresse des Newsservers? Welcher Port wird verwendet?	Ist der Newsserver zugangsgeschützt? Wie lauten User-Kennung und Paßwort? Standard für den Port ist 119.

21.2 Aufrüsten und Reparieren online – Informationen, Treiber und Shareware finden

Information ist der Motor des Internet. Was liegt also näher, als dort bei einem Problem zuerst nachzuschauen?

Außerdem ist es meist die leichteste, schnellste und billigste Möglichkeit, eine benötigte Datei, ein Programm oder einen Treiber zu bekommen. Und besonders letzteres werden Sie häufig hören: „Holen Sie sich den Treiber aus dem Internet".

Übrigens stellt leider die recht populäre Firma Teles AG eine unrühmliche Ausnahme von diesem weltweiten Prinzip dar: Wer voreilig zu einem Teles-Produkt gegriffen hat (einer ISDN-Karte etwa), findet auf den Webseiten des Herstellers nur noch eine alte Basis CAPI 3.23, während die aktuelle Version (3.29), die z. B. für Windows 98-Nutzer empfohlen wird, für 1,21 DM pro Minute über eine 0190-Nummer von dem hauseigenen Server geladen werden muß. Ein Prinzip, das hoffentlich keine Schule machen wird und von den Kunden gestraft gehört!

Damit das nicht in eine Suche nach der Stecknadel im elektronischen Heuhaufen ausartet, finden Sie im folgenden einige Tips zum richtigen Suchen.

Der direkte Draht zum Hersteller

Oft brauchen Sie nicht lange zu suchen, denn die meisten (größeren) Firmen sind auch im Internet unter ihrem Namen vertreten: *www.elsa.de*, *www.powerquest.com*, *www.miro.de* usw.

Versuchen Sie also zuerst eine Adresse in der Form *http://www.<firmenname>.com* oder *http://www.<firmenname>.de*.

Oder Sie blättern einfach eine Fachzeitschrift durch und achten auf Werbeanzeigen des Herstellers. Das klingt trivial, spart aber Online-Zeit und geht oft auch noch schneller!

Suchen mit Suchmaschinen

Perfekt geeignet zur schnellen Suche sind Meta-Suchmaschinen. Auf diesen Internetseiten können Sie Suchbegriffe eintragen, und der Computer am anderen Ende fragt dann seinerseits andere Suchmaschinen oder Kataloge ab und stellt Ihnen eine Liste der ganzen Ergebnisse zusammen.

Hinweis
Oft aktueller: International suchen!

Ein großer Teil der Computerhardware wird nicht in Deutschland hergestellt. Weil die Mutterfirmen oft im Ausland angesiedelt sind, werden die meisten Programme/Treiber zuerst in englischer Sprache entwickelt und erst danach für lokalisierte Versionen übersetzt. Erfahrungsgemäß liegen die aktuellen (und somit besseren) Treiber deshalb meist auf den Internetseiten der Mutterfirmen vor, was eine Suche mit internationalen Suchmaschinen und in englischer Sprache nötig macht.

Wichtig für eine erfolgreiche Suche ist die genaue Beschreibung dessen, was Sie suchen. Wenn dies beispielsweise der neueste Treiber für Ihren Epson-Drucker ist, dann reicht die Eingabe von „Treiber" (oder bei einer internationalen Suchmaschine „driver") nicht aus. Das gewünschte Ergebnis würde dann in den vielen Tausend „Treffern" untergehen. Suchbegriffe können über verschiedene Operatoren (UND oder ODER bzw. das englische AND/OR verstehen alle) verknüpft werden. Für den gesuchten Druckertreiber bietet sich also an: *treiber UND drucker UND epson*. Eine sehr gute Meta-Suchmaschine finden Sie unter *http://www.metacrawler.com*.

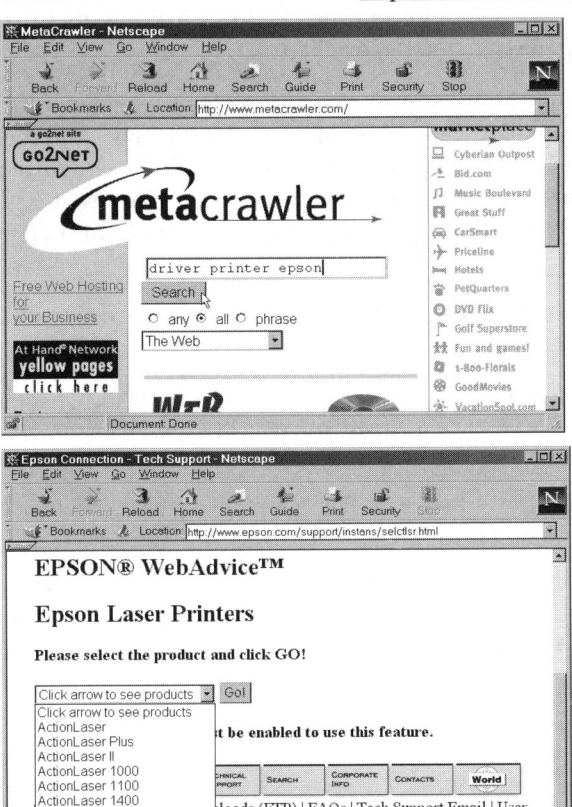

Probieren Sie die Suche nach verschiedenen Themen ruhig einmal aus. Wichtig ist immer nur, die Frage auf wenige Kernaussagen zu reduzieren, um sinnvolle Antworten von der Suchmaschine zu erhalten. Abschließend noch eine kleine Liste weiterer Suchmaschinen. (Beachten Sie auch den Tip auf Seite 908!)

International	Deutsch
http://www.yahoo.com	http://www.yahoo.de
http://www.lycos.com	http://www.lycos.de
http://www.excite.com	http://www.excite.de
http://www.altavista.com	http://www.apollo7.de
http://www.hotbot.com	http://www.dino.de
http://search.msn.com/	http://www.fireball.de

Suchen nach einer speziellen Datei

Einen Spezialfall der Suche im Internet wollen wir Ihnen nicht vorenthalten: das gezielte Suchen nach einer speziellen Datei.

Zugegebenermaßen bietet sich das nur in einigen wenigen Fällen an, denn Sie sollten schon genau wissen, wie die Datei (meist ein mit einem Packprogramm gepacktes Archiv) heißt. Gerade bei Treibern werden Sie genau das aber oft nicht wissen, denn diese Archive heißen oft recht kryptisch *Abcx241.zip* oder etwas in der Richtung, wobei die Zahl oft die Versionsnummer angibt.

Dennoch gibt es einige Gelegenheiten, bei denen es extrem nützlich ist zu wissen, wie es geht:

- Sie erfahren (von einem Bekannten, von Ihrem Händler, einer Support-Hotline, aus einer Zeitschrift o. ä.), daß Sie die Datei *Abcde.xyz* benötigen.
- Sie haben die Datei bereits, aber Sie stellt sich als nicht lesbar heraus (Diskette beschädigt, Archiv korrupt o. ä.).
- Sie wollen die Datei aus dem Internet herunterladen, aber die Verbindung stellt sich als extrem lahm heraus, bricht gar ab oder die Datei existiert an der angegebenen Stelle nicht.

Gerade der im letzten Punkt beschriebene Fall tritt leider recht häufig auf. Und gerade dieser Fall ist extrem ärgerlich: So kurz vorm Ziel, und doch klappt es nicht!

In all diesen Fällen empfiehlt sich das Suchen nach der Datei mit einer darauf spezialisierten Suchmaschine. Sie finden eine hervorragende Suchmaschine mit einem leicht zu bedienenden Interface unter *http://ftpsearch.ntnu.no/ftpsearch*.

Wenn Sie also beispielsweise den Treiber für Ihre Soundkarte unter Windows NT 4.0 aus dem Internet laden wollen und diesen auf der (übrigens sehr gut gemachten) Internetseite des Herstellers Creative Labs (*http://www.creaf.com*) auch schon gefunden haben, aber die Verbindung immer wieder abbricht, dann brauchen Sie nicht zu verzweifeln:

Noch bevor Sie auf die Verknüpfung zum Datei-Download klicken, zeigt Ihnen beispielsweise Netscape in der Statuszeile den kompletten Pfad an, der hinter dem letzten „/" auch den vollständigen Dateinamen enthält:

Nun wissen Sie, daß die gewünschte Datei *Awent40.exe* heißt, und können die Suchmaschine mit dieser Information „füttern".

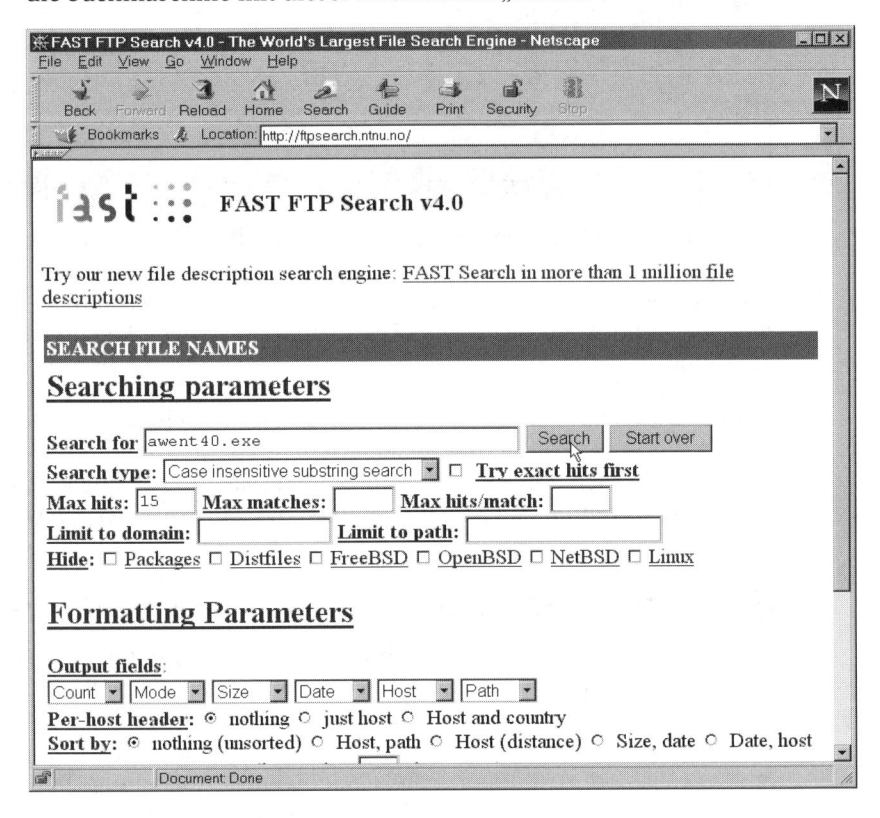

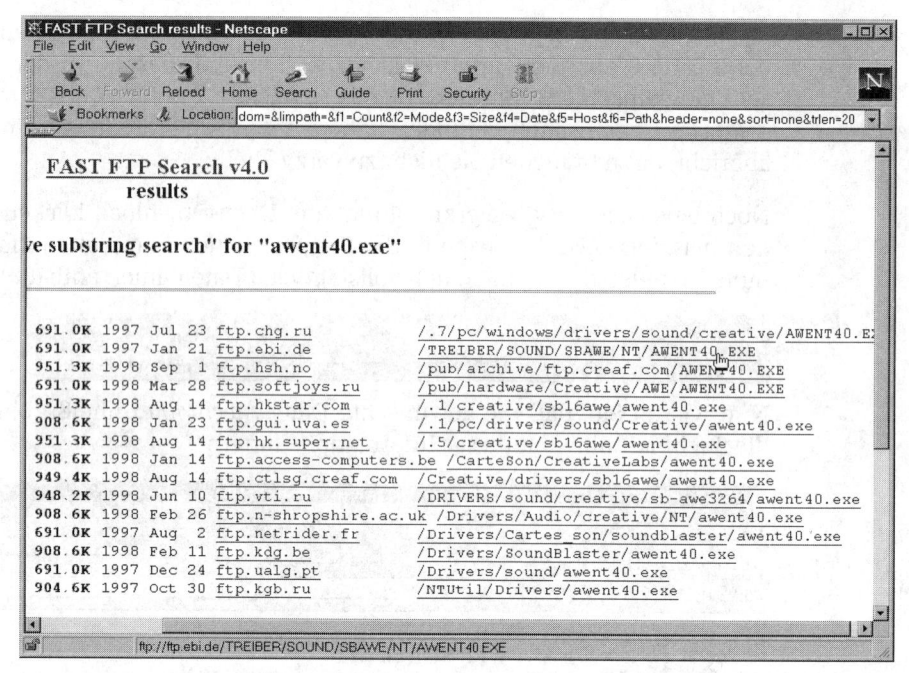

Internet und Aufrüsten – Treiber, Software und Hilfe finden

Nach kurzer Zeit erhalten Sie dann ein Liste der „Treffer", und siehe da: Es ist sogar ein Link in Deutschland vorhanden, erkennbar an dem .de als Domain-Name, von dort bekommen Sie die Datei vermutlich wesentlich schneller. Und wenn nicht: Die Liste bietet ja noch jede Menge anderer Möglichkeiten.

Um die Datei dann wirklich zu holen, klicken Sie einfach auf den Dateinamen in der Zeile, die Sie für geeignet halten (siehe Abbildung rechts). Übrigens: Neben den Links aus Deutschland haben sich auch Adressen in Schweden (erkennbar am .se) als sehr schnell und zuverlässig erwiesen.

Gezielte Feldsuche mit AltaVista und Fireball

AltaVista (*www.altavista.com*) und Fireball (*www.fireball.de*) gehören zu den besten Suchmaschinen im Netz. Fireball ist dabei nur die deutsche Variante der internationalen Suchmaschine AltaVista von Digital. Beide haben daher dieselbe Suchsyntax, um ganz gezielt nach bestimmten Informationen im Netz suchen zu können. Die nachfolgende Aufstellung bzw. Beschreibung faßt die wichtigsten Befehle mit einigen Beispielen zusammen. Wenn Sie sich die wichtigsten Befehle einmal eingeprägt haben, können Sie damit ganz sicher jeden im Netz befindlichen Hersteller bzw. Anbieter von Treibern und Shareware finden.

- **Groß/Kleinschreibung:** Am besten, man verwendet nur Kleinbuchstaben, denn dann wird nach Groß- und Kleinbuchstaben gleichermaßen gesucht. Bei Verwendung nur eines Großbuchstabens wird automatisch nur nach der exakten Schreibweise gesucht.

914

- **Unabhängige Begriffe mit mehreren Wörtern:** Gibt man mehrere Wörter normal geschrieben ein, werden alle Seiten gesucht, die mindestens einen der Begriffe enthalten. Da dies meist unerwünscht ist, sollten Sie lieber mit den nachfolgenden Befehlen arbeiten.
- **Zusammenhängende Begriffe mit mehreren Wörtern (Phrasen):** Sucht man eine exakte Phrase, also eine zusammenhängende Wortkombination, muß man diese in Anführungszeichen setzen. Es werden nur Seiten gefunden, die exakt die Wortkombination in der Reihenfolge haben. „Kino und Godzilla" findet also nur Seiten mit exakt dieser Wortreihenfolge.
- **Wörter definitiv einschließen bzw. kombinieren:** Sucht man Wortkombinationen bzw. will ein Wort aus mehreren definitiv einschließen, setzt man ein Pluszeichen (+) vor das gewünschte Wort. Dabei muß das Leerzeichen beachtet werden: Ohne Leerzeichen aber mit Plus (Kino+Godzilla) werden die Wörter in der angegebenen Reihenfolge gesucht. Mit Leerzeichen dagegen alle Seiten, die irgendwo sowohl das eine als auch andere Wort stehen haben (+Kino+Godzilla).
- **Wörter definitiv ausschließen (Schnittmenge):** Mit einem Minuszeichen vor einem Wort in einer Wortkombination kann man eine Schnittmenge bilden. „rockmusik -stones" findet alle Seiten zur Rockmusik, aber nicht solche, die das Stichwort „stones" enthalten.
- **Nach Seitentiteln suchen:** Man kann auch nach den in der Titelleiste des Webbrowsers angezeigten Wörtern suchen. Das Suchwort muß dazu nach „+title:" angegeben werden (z. B. +title:godzilla). Auch hier gelten wieder Minus- und Pluszeichen für Ausschluß bzw. Einschluß.
- **Nach Wörtern im Domain-Namen suchen:** Wer nach einer bestimmten Domain sucht, kann den Befehl „+domain:" verwenden. So findet „+domain:godzilla" alle Seiten, in denen „Godzilla" als Domain-Name vorkommt.
- **Nach Wörtern in der kompletten URL suchen:** Ähnlich wie im letzten Punkt, nur etwas weitreichender, kann man mit „+url:" nach jedem Wort in dem kompletten URL suchen. Das können auch URLs sein, die nicht (nur) aus Domain-Namen, sondern auch aus Rechner-, Verzeichnis- oder Dateinamen bestehen.

Suchbeispiel	Bemerkung
kino und godzilla	findet alle Seiten, die „kino" und/oder „godzilla" enthalten
„kino und godzilla"	findet nur Seiten, die diese Wortkombination exakt in der Reihenfolge enthalten
kino+godzilla	findet alle Seiten mit „kino" und „godzilla" exakt in der Reihenfolge (Leerzeichen beachten!)
kino +godzilla	findet nur Seiten, die „kino" enthalten. Seiten, die auch noch „godzilla" enthalten, werden an den Anfang des Suchergebnisses gestellt (Leerzeichen beachten!)

Suchbeispiel	Bemerkung
+kino +godzilla	findet nur Seiten, die sowohl „kino" als auch „godzilla" enthalten (Leerzeichen beachten!).
+kino -godzilla	findet nur Seiten, die „kino" enthalten, aber nicht auch noch „godzilla" (Leerzeichen beachten!)
+title:godzilla	findet Webseiten mit dem Wort „godzilla" in der Titelleiste
+url:godzilla	findet Webseiten mit dem Wort „godzilla" im URL-Namen, also z. B. den Domain-Namen.

21.3 Online-Hilfe – Die besten Webseiten zu Hardware, Shareware und Tuning

Das Internet ist gerade für PC-Benutzer eine schier unerschöpfliche Quelle von Informationen, Programmen und Treibern. Aber eben auch schier unübersehbar. Auf den vorherigen Seiten wurde Ihnen ja bereits erklärt, wie Sie prinzipiell am besten vorgehen, um unbekannte Programme oder Informationen im Netz aufzuspüren.

Daneben gibt es natürlich auch spezielle Service-Anbieter, die bei Fragen und Problemen eine lohnende, erste Anlaufstelle sind.

In der nachfolgenden Tabelle finden Sie eine Zusammenstellung von besonders interessanten Anbietern bzw. Infoquellen. Sozusagen „the best of the web" zum Thema „Hardware und Computer". Leider sind die meisten dieser Services in Englisch, aber es gibt auch einige gute Anbieter in Deutsch.

Daneben sind die Webseiten der großen deutschen und internationalen Computerfachzeitschriften auch immer eine lohnende Anlaufstelle. Die Adresse entspricht fast immer dem Zeitschriftennamen (z. B. *www.pc-praxis.de*), alle anderen können Sie spielend leicht über einen Suchserver wie *www.altavista.com* finden (siehe die Infos weiter oben). Daher haben wir auf eine weitere Auflistung verzichtet.

Sollten Sie auf diesen Seiten die gewünschten Informationen bzw. die Hilfe immer noch nicht finden, dann ist das Usenet mit seinen Tausenden von Newsgroups die letzte und beste Alternative. Wie Sie diese benutzen, wurde ebenfalls weiter vorn (auf Seite 906) besprochen.

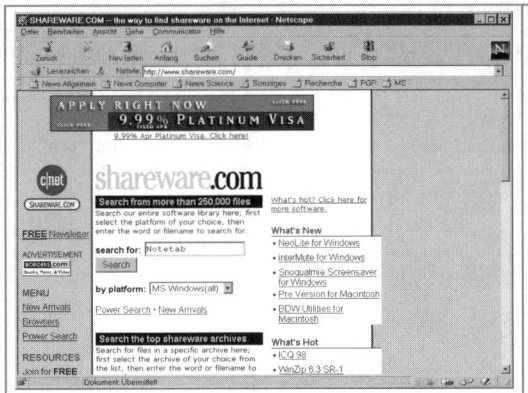

Internet und Aufrüsten – Treiber, Software und Hilfe finden

Der Webservice *www.shareware.com* dient als Referenz bzw. als eine Art Suchserver für Share- und Freeware. Hier finden Sie ein riesiges Archiv der meisten Programme. Über eine Suchmaske können Sie ein gewünschtes Programm direkt zum Download ausfindig machen. Was allerdings fehlt, ist eine Bewertung der Programme und eine strukturierte Gliederung.

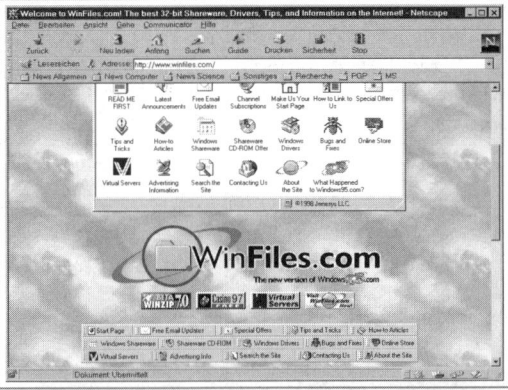

Der Service *www.winfiles.com* (früher *www.windows95.com*) ist ebenfalls ein Shareware- und Treiberverzeichnis. Die Bedienung ist sehr schön, die Infos und Downloads übersichtlich geordnet. Teilweise gibt es auch eine Wertung der Programme. Vom Konzept her zu Winfiles sehr ähnlich sind die Angebote von *www.freeware32.com*, *www.download.com* und *www.drivershq.com*.

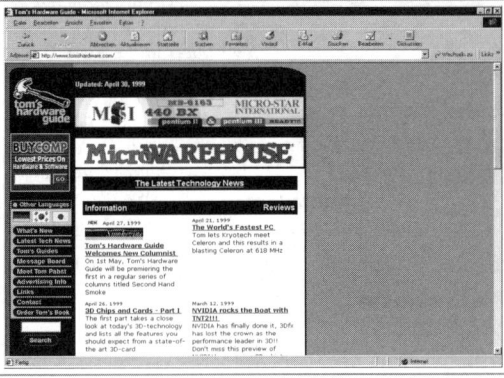

Der vielleicht beste Hardwareservice im Netz wird von Tom Pabst unter *www.tomshardware.com* angeboten. Hier finden sich laufend Tests und Bewertungen der allerneuesten Hardware und Tuning-Tips für Ihr System. Das Angebot ist primär in Englisch, ein Teil der Informationen wird aber mittlerweile auch ins Deutsche übersetzt.

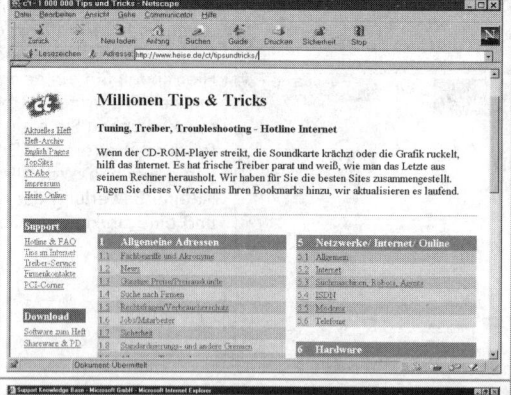

Internet und Aufrüsten – Treiber, Software und Hilfe finden

Das bekannte Computermagazin c't bietet unter *www.heise.de/ct/ tipsundtricks* eine sehr gute Link-Sammlung zu den besten Seiten im Netz an. Wer Tips, Tricks, Hilfe, Treiber oder ähnliches sucht, findet hier einen guten Startpunkt.

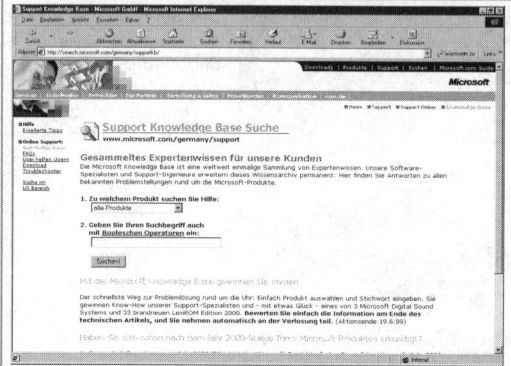

Wer Fragen zu Microsoft-Produkten hat, der sollte unter *www.microsoft. com/germany/support/kb/default.asp* in der Knowledge-Base von Microsoft nachschauen. Wem die Webseite zu unübersichtlich ist, der sollte sich mal unter *ftp://ftp.microsoft.com/bussys/ winnt/kb/index.txt* die FTP-Version der Knowledge-Base anschauen. In der Index-Datei sind alle Einträge zusammengefaßt.

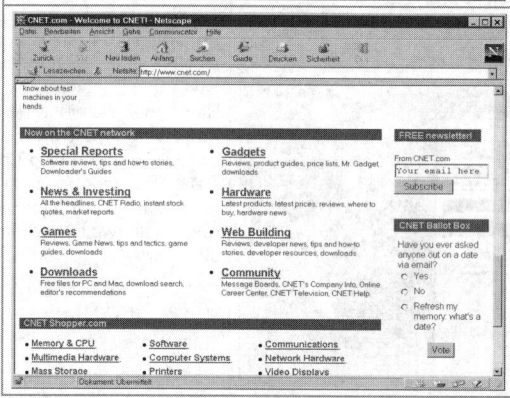

Das Computer-Network CNET ist ein universeller Info-Service rund um Computer im Internet. Die sich selbst als New-Media-Company bezeichnende Firma bietet verschiedenste Services rund um den PC. Dazu gehören auch Angebote wie das oben genannte *www.shareware.com*. Über die Hauptseite *www.cnet.com* hat man Zugriff auf das gesamte Angebot von CNET.

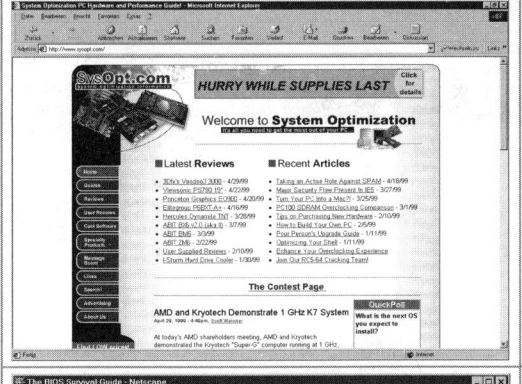

Internet und Aufrüsten – Treiber, Software und Hilfe finden

System Optimization (*www.sysopt.com*) ist ähnlich wie CNET ein universeller Info-Dienst. Schwerpunkt sind aber Beiträge zu den Themen Hardware, Tuning, BIOS-Einstellungen und ähnliches. Die Informationen sind meist sehr kompetent und aktuell.

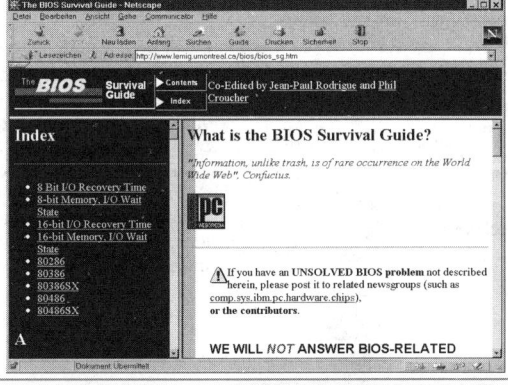

Wer sich für das Thema BIOS-Tuning interessiert, kommt um den BIOS Survival Guide nicht herum. Die Seite ist unter *www.lemig.umontreal.ca/bios/bios_sg.htm* zu finden. Ähnliche Infos rund um das BIOS gibt's auch auf Wims BIOS-Page unter *www.ping.be/bios*.

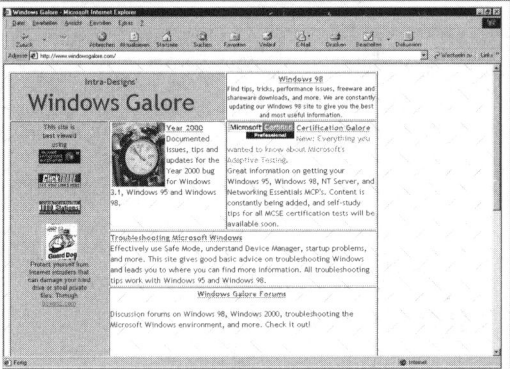

Unter der Adresse *www.windowsgalore.com* findet sich eine der besten Troubleshooting-Seiten im Internet.

919

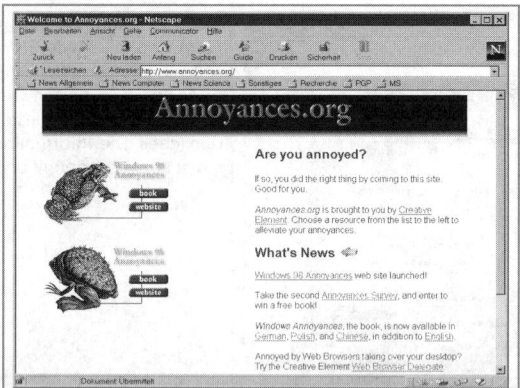

Internet und Aufrüsten – Treiber, Software und Hilfe finden

Wenn Sie sich schon mal über Windows 95 oder Windows 98 geärgert haben, sollten Sie unter *www.annoyances.org* nachschauen. Dort findet sich eine riesige Tips & Tricks-Sammlung zu den Windows-Versionen. Dazu gehören Problemlösungen, die Abstellung nerviger Funktionen oder die Anpassung des Betriebssystems an Ihre Vorstellungen.

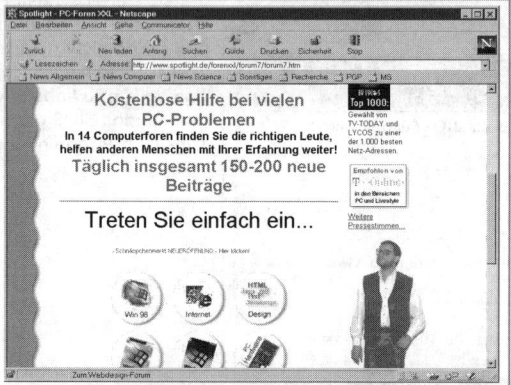

Wenn Sie Fragen haben bzw. mit anderen Anwendern ins Gespräch kommen wollen, dann sind die Diskussionsforen von Peter Herzog empfehlenswert. Unter *www.spotlight.de/forenxxl/forum7/forum7.htm* finden sich PC-Foren zu den wichtigsten Themengebieten. Es handelt sich um eine Art von Newsgroups, die aber mit jedem Browser bedient werden können. Übrigens alles in Deutsch.

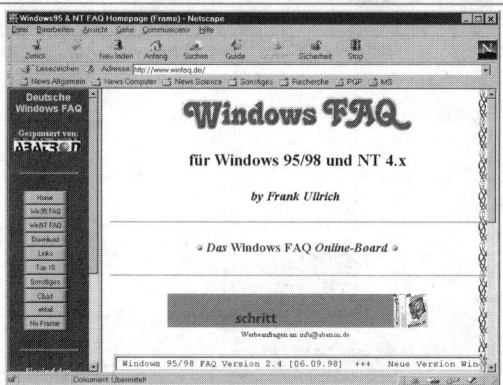

Eine Sammlung der wichtigsten Fragen und Antworten (FAQs) zu Windows 95/98 und NT 4 bietet der deutsche Service Windows FAQ (*www.winfaq.de*). Übersichtlich nach Themen eingeteilt, finden Sie hier Tuning-Tips genauso wie Hilfe bei Problemen.

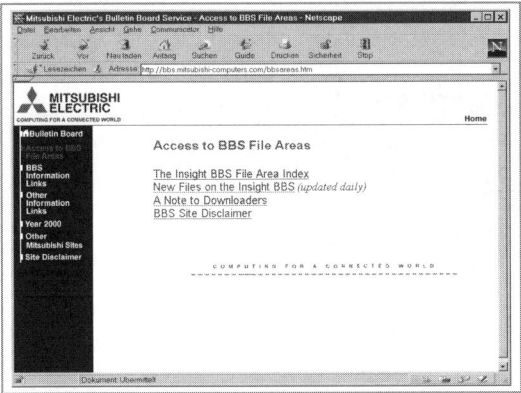

Internet und Aufrüsten – Treiber, Software und Hilfe finden

Ein kleiner Geheimtip ist die Internet-Mailbox des japanischen Konzerns Mitsubishi, die als Support für die Käufer ihrer Apricot-PC-Reihe dient. Unter *bbs.mitsubishi-computers.com/bbsareas.htm* findet man eine riesige, gut strukturierte Sammlung von Sharewareprogrammen, Updates, Patches und Treibern für DOS und Windows.

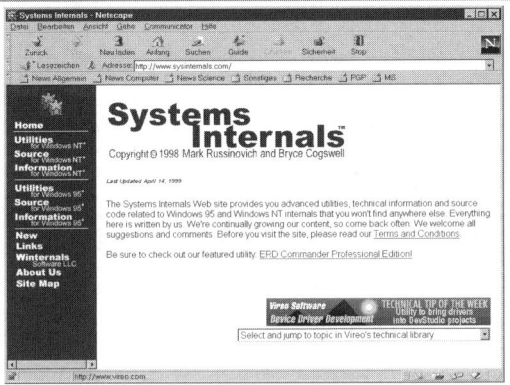

Spezialist für besondere Lösungen rund um Windows 95/98 und v. a. Windows NT ist der Service System Internals (*www.sysinternals.com*). Hier werden so Besonderheiten wie FAT32-Treiber für Windows NT oder NTFS-Treiber für DOS angeboten.

22. Der Windows 98-System-Guide – Lösungen für alle Fälle

Wußten Sie, daß man in Expertenkreisen davon spricht, daß Windows 95 selbst nach den diversen Überarbeitungen noch ca. 5.000 Fehler enthielt?

Naja, das nur am Rande, denn es ist bei weitem nicht so, daß wirklich alle Schwierigkeiten, die in der täglichen Benutzung der Fenster auftreten, auch wirklich auf Microsoft geschoben werden können. Oft gibt es kleine Tips und Tricks, die die tägliche Arbeit erleichtern oder auch einfach nur für eine höhere Stabilität sorgen. Und selbst wenn Sie lediglich mit einer Hand voll Anwendungen arbeiten und von dem Betriebssystem an sich nichts wissen wollen, gibt es doch eine paar zentrale Punkte des Systems, die Sie kennen sollten. Und das nicht nur, wenn Sie Ihren PC aufrüsten oder reparieren.

22.1 Windows 98 und Hardware – Neues und Interessantes in der Übersicht

Für Windows 3.x-User war der Umstieg auf Windows 95 wirklich gewaltig, nahezu alles funktionierte plötzlich anders. Viele bekannte Programme funktionierten gar nicht mehr (oder produzierten merkwürdige Ergebnisse). Obwohl sich unter der Oberfläche von Windows 98 wiederum ein Menge getan hat, mutet die Veränderung für den Anwender eher kosmetisch an. Und wer gar unter Windows 95 schon den Active Desktop im Rahmen des Internet Explorer 4 installiert hatte, wird von Windows 98 schon gar nicht beeindruckt sein.

Was hat sich also wirklich getan? Hier gibt es einen kurzen Überblick.

Windows 95 und Windows 98 – Eine Oberflächenanalyse

Keine Angst, hier wollen wir Sie nicht mit den Innereien der neuen Windows-Auflage behelligen. Hier soll es eher darum gehen, welche neuen Möglichkeiten Ihnen in einem Fehlerfall (oder besser noch: zur Vermeidung eines solchen!) zur Verfügung stehen, denn einige Neuerungen sind hier Microsoft tatsächlich ganz gut gelungen.

Der Windows 98-System-Guide – Lösungen für alle Fälle

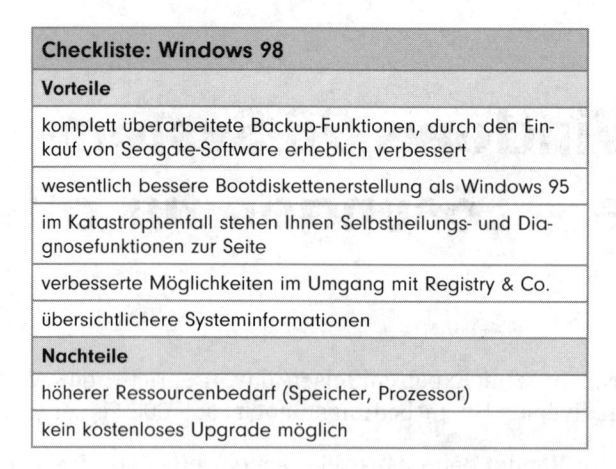

Checkliste: Windows 98
Vorteile
komplett überarbeitete Backup-Funktionen, durch den Einkauf von Seagate-Software erheblich verbessert
wesentlich bessere Bootdiskettenerstellung als Windows 95
im Katastrophenfall stehen Ihnen Selbstheilungs- und Diagnosefunktionen zur Seite
verbesserte Möglichkeiten im Umgang mit Registry & Co.
übersichtlichere Systeminformationen
Nachteile
höherer Ressourcenbedarf (Speicher, Prozessor)
kein kostenloses Upgrade möglich

Das Backup-Tool von Windows 98

Das Backup-Programm von Windows 95 war sehr schwach. Mit Windows 98 hat sich Microsoft lieber auf professionelle Hilfe verlassen und ein Tool von Seagate eingekauft.

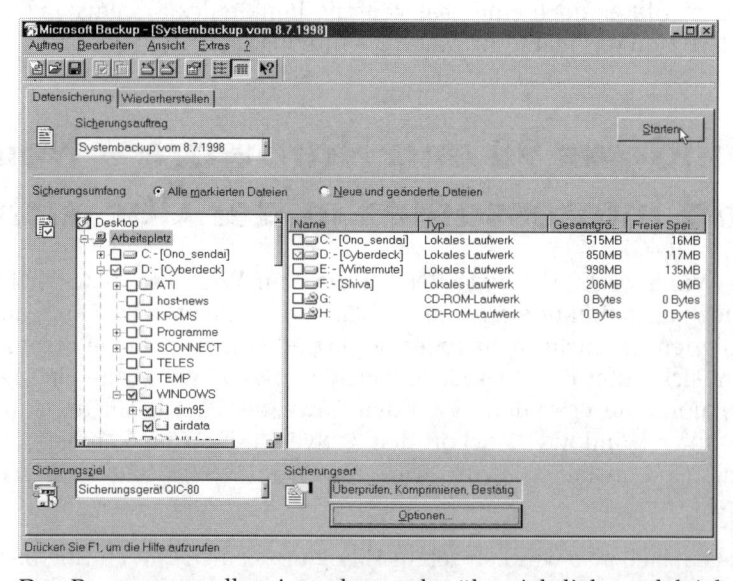

Das Programm selbst ist schon sehr übersichtlich und leicht zu bedienen (Dateien und Ordner ankreuzen, Sicherungsmedium wählen, Starten – fertig). Trotzdem hat Microsoft nicht darauf verzichtet, dem Programm noch einen Assistenten mit auf den Weg zu geben, der den Anwender Schritt für Schritt durch die Backup-Prozedur leitet. Natürlich können Sie dieses Programm auch nutzen, wenn Sie nicht über eines der besprochenen Backup-Geräte verfügen, Sie haben nämlich auch die Möglichkeit, den ganzen Backup-Satz in einer Datei auf der Festplatte zu speichern. Wenn Sie diese Datei auf einer anderen Platte abspeichern, ist das ja auch schon besser als gar kein Backup.

Bessere Bootdisketten

Wie schon erwähnt, werden bei der „neuen" Startdiskette von Windows 98 doch tatsächlich CD-ROM-Treiber eingebunden! Das ist im Vergleich zu der Windows 95-Version schon ein gewaltiger Fortschritt, stand man doch da mit der von Windows erstellten Bootdiskette mehr oder weniger nackt am DOS-Prompt. Jetzt geht die Bootdiskette ziemlich clever vor: Sie werden beim Booten von dieser Diskette nach dem Typ Ihres CD-ROM-Laufwerks gefragt (ATAPI oder SCSI). Probieren Sie dies mit Ihrem System unbedingt aus, denn selbst Microsoft gibt zu, daß es dabei Probleme mit bestimmten Laufwerken geben kann! Sollten dort Schwierigkeiten auftreten, können Sie die Bootdiskette an Ihre Verhältnisse anpassen, wie, das erfahren Sie ab Seite 38.

Mit einer funktionierenden Bootdiskette stehen Ihnen dann im Notfall neben der CD-ROM auch einige Tools zur Verfügung, die praktischerweise direkt auf einer RAM-Disk eingerichtet werden!

Windows 98-Selbstheilungsfunktionen

Wie gut und sinnvoll die neuen Funktionen zur Systemsicherheit sind, muß sich sicher erst noch herausstellen. Aber einige Details machen den geplagten Anwendern zumindest, bevor es zu einer ganz großen Katastophe kommt, das Leben ein bißchen leichter.

Ein zentrales Element bilden dabei die Systeminformationen, die Sie nach einem Klick auf *Start* unter *Programme/Zubehör/Systemprogramme* finden.

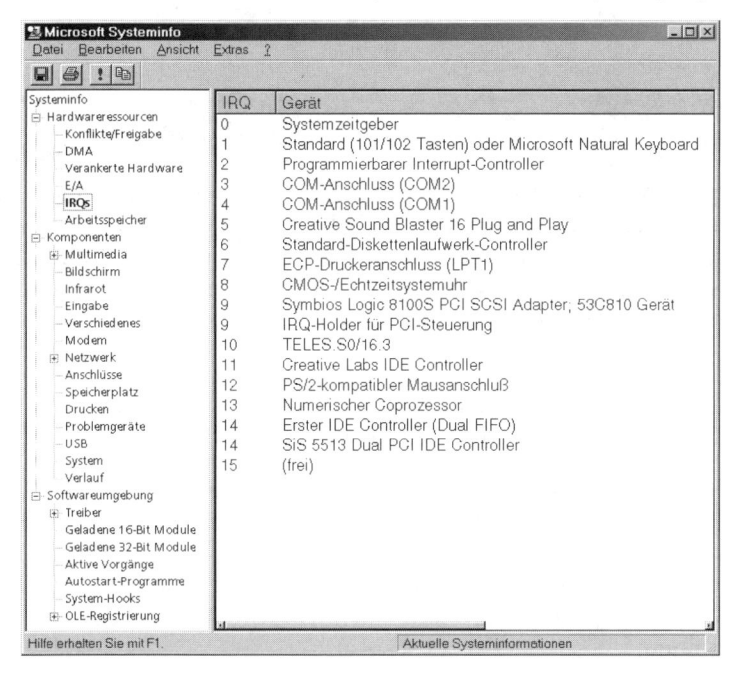

IRQ	Gerät
0	Systemzeitgeber
1	Standard (101/102 Tasten) oder Microsoft Natural Keyboard
2	Programmierbarer Interrupt-Controller
3	COM-Anschluss (COM2)
4	COM-Anschluss (COM1)
5	Creative Sound Blaster 16 Plug and Play
6	Standard-Diskettenlaufwerk-Controller
7	ECP-Druckeranschluss (LPT1)
8	CMOS-/Echtzeitsystemuhr
9	Symbios Logic 8100S PCI SCSI Adapter; 53C810 Gerät
9	IRQ-Holder für PCI-Steuerung
10	TELES.S0/16.3
11	Creative Labs IDE Controller
12	PS/2-kompatibler Mausanschluß
13	Numerischer Coprozessor
14	Erster IDE Controller (Dual FIFO)
14	SiS 5513 Dual PCI IDE Controller
15	(frei)

Mit diesen Systeminformationen erfahren Sie beinahe alles, was Sie über den Zustand des Rechners wissen müssen: IRQs, DMA, I/O-Adressen usw. Leider ist es mit der Information allein oft nicht getan, und ändern können Sie hier gar nichts.

Die Systemdateiprüfung

Dieses Programm versteckt sich als Unterpunkt im Menü *Extras* des Programms *Systeminformation*.

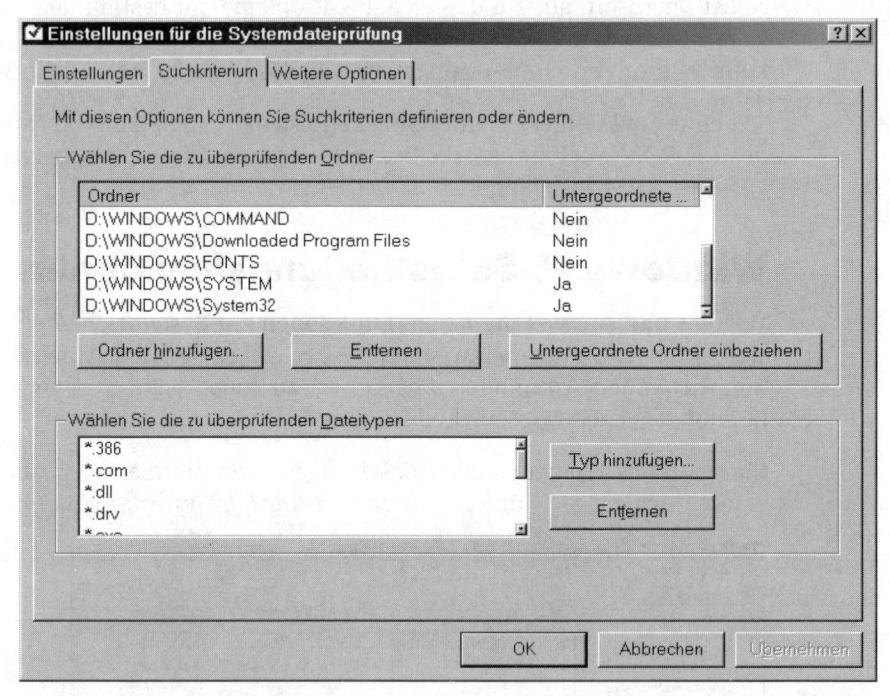

Es legt Informationen über installierte Treiber, Programme usw. in einer eigenen Datei ab. Wenn Sie dieses Modul starten, haben Sie die Möglichkeit, eine Momentaufnahme aller einbezogenen Dateien und Ordner zu erstellen und so (beispielsweise nach einer Installation) festzustellen, welche Dateien verändert wurden. Das kann die Suche nach einem „Übeltäter" enorm vereinfachen.

Sie können natürlich in dem Register *Suchkriterium* (siehe Abbildung) eigene Ordner oder bestimmte Dateitypen hinzufügen.

Meldet Ihnen dieses Modul eine veränderte Datei, dann haben Sie die Möglichkeit, diese durch die Datei der Originalinstallation von Ihrer Windows 98-CD-ROM zu ersetzen. Wenn Sie sich sicher sind, daß die „neue" Datei fehlerfrei arbeitet und keine Konflikte verursacht, haben Sie die Möglichkeit, diese neue Datei als fehlerfrei aufzunehmen, sie wird dann in Zukunft nicht mehr beanstandet.

> **Hinweis**
>
> **Zurück zum Original**
> Den Originalzustand können Sie jederzeit mit einem Klick auf *Standard* wiederherstellen, so daß Sie unbesorgt funktionierende Treiber vorerst in den Schutz aufnehmen können, ohne befürchten zu müssen, nicht mehr zum Ausgangszustand zurückzukönnen!

Die Registrierungsprüfung

Ein echtes Novum in Windows 98: Als einer der verwundbarsten Punkte wird die Registrierdatenbank jetzt bei jedem Start auf Fehler überprüft und, sollten keine gefunden werden, eine Kopie davon erstellt. Über den Punkt *Systemdateiprüfung* aus dem Menü *Extras* der *Systeminformation* haben Sie die Möglichkeit, diese Überprüfung erneut zu veranlassen und ggf. eine Kopie erstellen zu lassen.

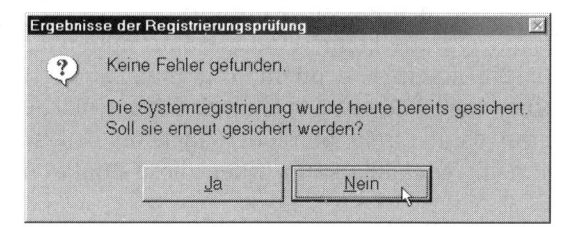

> **Hinweis**
>
> **Registry-Backup per Befehl auslösen**
> Eine Sicherheitskopie können Sie jetzt ganz leicht anlegen, indem Sie über *Start/Ausführen* den Befehl „scanregw /backup" eingeben. Genau wie beim Windows-Start wird so eine Kopie der Registry angelegt, ohne daß Sie dabei irgendwelche Rückfragen beantworten müssen.

Neue Möglichkeiten unter DOS

Ebenfalls neu ist auch der DOS-Befehl *scanreg*. Ohne umständlich Backups zurückzuspielen, können Sie mit dem Befehl *scanreg /restore* eines der gespeicherten Backups auswählen und direkt wiederherstellen oder mit *scanreg /fix* eine beschädigte Registry reparieren lassen.

Achtung: Diese Prozedur funktioniert nur auf der DOS-Ebene, also beispielsweise nach einem Start von der Bootdiskette oder nach *Im MS-DOS-Modus neu starten*, nicht in einer DOS-Shell von Windows aus. Außerdem wird damit nur die Registry gesichert, alle anderen Dateien, die beispielsweise ERU sichert, sind davon nicht betroffen. Die Datei befindet sich übrigens im Verzeichnis *\Windows\Command*, wenn ein Aufruf unter DOS lediglich ein *Befehl oder Dateiname nicht gefunden* produziert, müssen Sie entweder den Suchpfad anpassen oder, was wesentlich einfacher und schneller geht, mit *cd windows\command* in das Verzeichnis wechseln, in dem sich *scanreg* befindet. Ach ja, und ein Aufruf mit *scanreg /?* zeigt Ihnen die möglichen Parameter an, die Sie beim Kommandozeilenaufruf verwenden können.

Systemkonfigurationsprogramm

Eigentlich eher kosmetisch ist dieses sich ebenfalls unter *Extras* im Systeminformationsprogramm versteckende Programm. Einerseits sind da natürlich die wichtigen Systemdateien (*Config.sys, Autoexec.bat, System.ini* und *Win.ini*) aufgeführt, und Änderungen daran lassen sich ganz leicht per Ankreuzen vornehmen. Allerdings sind Änderungen daran oft sowieso nur entweder im Problemfall oder für Benutzer von DOS oder anderen Systemen von Bedeutung. Und in beiden Fällen ist der Bearbeitung der Dateien mit einem Texteditor, bestenfalls mit dem Befehl *sysedit* (über *Start/Ausführen* eingegeben) allemal eigentlich vorzuziehen.

Sehr nützlich kann dagegen das Register *Autostart* in diesem Modul sein, denn dort sind viele Dateien, die beim Windows-Start automatisch geladen werden, aufgeführt. Hier können Sie bequem Porgramme aus dem Autostart-Mechanismus entfernen, wenn diese beispielsweise Ärger machen. Sie können Änderungen daran dann direkt hier oder auch an den angegebenen Stellen selbst vornehmen. Jedenfalls kann Ihnen diese Funktion einige Sucherei ersparen.

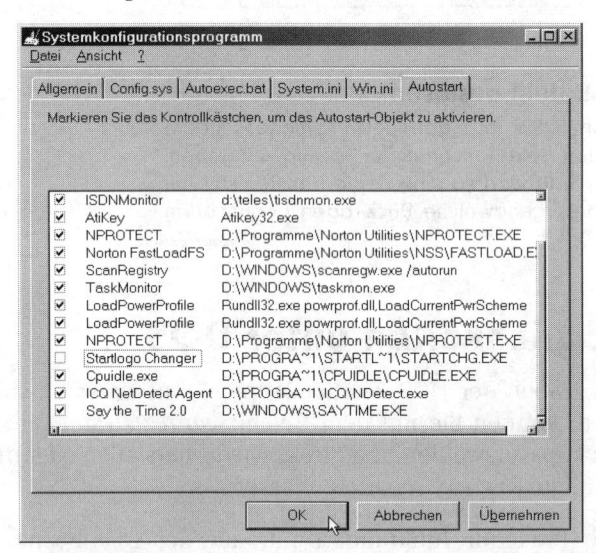

Treiber-Reibereien unter Windows 98

Viele der Neuerungen schlagen sich in völlig geänderten Strukturen unter der Oberfläche nieder. Das kann dazu führen, daß es durch einen Umstieg zu Schwierigkeiten kommt, obwohl vorher alles in Ordnung war. So sind beispielsweise schwerwiegende Probleme mit bestimmten SCSI-Host-Adaptern (beispielsweise dem 53C825 von Symbios Logic) oder ISDN-Karten der Firma Teles bekannt geworden. Im Problemfall sollten Sie also zuallererst im Internet auf der Homepage des Herstellers der Komponente nachschauen, ob dort vielleicht neuere oder besser noch spezielle Windows 98-Treiber angeboten werden, und ausprobieren, ob Ihr Problem damit nicht vielleicht schon gelöst werden kann.

22.2 Geräte-Manager und Hardware-Assistent – Schaltzentralen für Hardware

Zu seligen DOS- und Windows 3.x-Zeiten konnten viele Eigenschaften des Computers nur über den Eingriff von Hand in die diversen Start- und Konfigurationsdateien vorgenommen werden. Bestenfalls. Unter Umständen mußte auch der Computer aufgeschraubt und ein winziger Schalter an irgendeiner Steckkarte umgelegt werden, um den gewünschten Effekt zu erzielen (beispielsweise einer Karte einen anderen Interrupt zuzuweisen).

Dem Fortschritt, den die Hardware seitdem gemacht hat, steht auch die Software in nichts nach, und viele Einstellungen und Konfigurationen können nun komfortabel unter der grafischen Oberfläche von Windows 95/98 vorgenommen werden.

Wo (und wie) das geht, lesen Sie in diesem Unterkapitel.

Hardware unter Windows managen – Wie Sie Ressourcenkonflikte lösen

Der Fortschritt zwischen Windows 3.x und Windows 95/98 wird besonders bei der Ressourcenverwaltung deutlich. Der Geräte-Manager von Windows 95/98 ist gleichsam das Herz des Mechanismus, weil man hier den totalen Überblick über seinen PC bekommen kann. Windows erkennt Konflikte zwischen zwei Geräten meist selbständig und zeigt diese auch noch an. Gleichzeitig lassen sich zumindest für die meisten Geräte die belegten Ressourcen noch verschieben oder durch Deaktivierung des Geräts wieder komplett für andere frei machen. Dies ist beispielsweise für alle SCSI-Nutzer interessant, die sich über die standardmäßig immer belegten EIDE-Ports ärgern, denn man kann die betroffenen IRQ 14 und 15 auch anders sinnvoll einsetzen.

Rufen Sie den Geräte-Manager auf und überprüfen Sie die Einträge. Wenn alles in Ordnung ist, zeigt der Geräte-Manager nur die erste Ebene des Gerätebaums an.

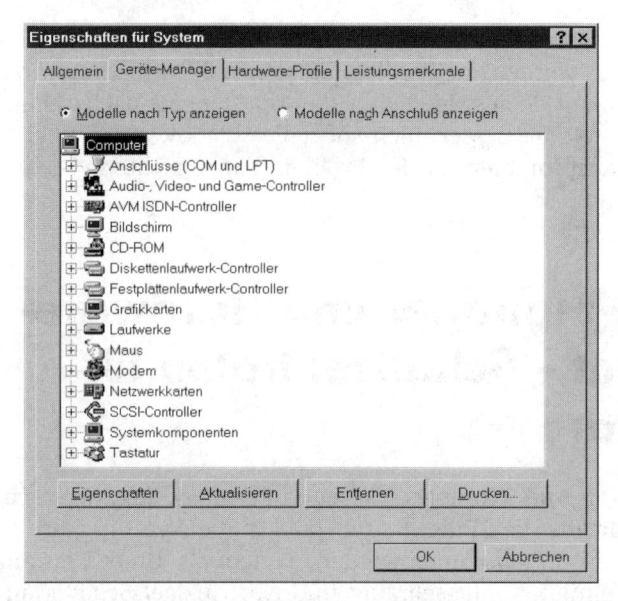

Der Windows 98-System-Guide – Lösungen für alle Fälle

Sollten jedoch einige Geräte aufgrund von Defekten oder Konflikten mit anderen nicht richtig funktionieren, klappt Windows an dieser Stelle den Gerätebaum automatisch auf. Außerdem werden unvollständig installierte Treiber meist mit einem gelben Ausrufezeichen dargestellt (Teilfunktion), schwerwiegende Fehler dagegen mit einem roten Kreuz (Totalausfall). Die Einteilung scheint mir zwar etwas willkürlich, aber egal, ob gelb oder rot, markierte Geräte funktionieren meist einfach nicht.

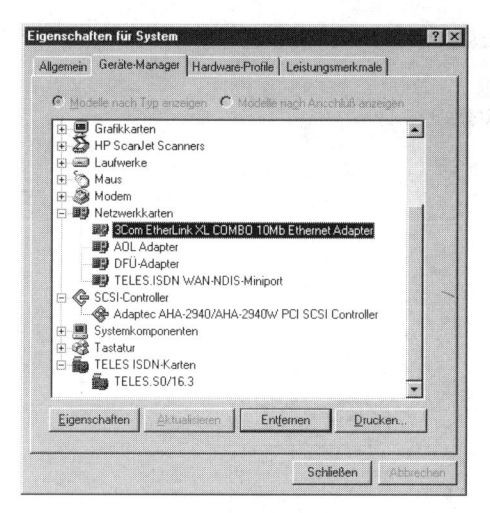

Um nähere Informationen zu erhalten, wählen Sie das Gerät mit der Fehlermeldung an und klicken auf die Schaltfläche *Eigenschaften*. Anschließend wird Ihnen ein Dialog mit verschiedenen Registern gezeigt, in dem Sie Informationen über das Geräte den installierten Treiber und die belegten Ressourcen erhalten. Die Angaben sind über die Register thematisch eingeteilt. Für die Ressourcen ist das gleichnamige Register zuständig. Im Register *Allgemein* finden Sie dagegen allgemeine Angaben zum Gerät. Auch hier gibt Windows eine Fehlermeldung aus, wie in der Abbildung gezeigt, auch wenn diese leider in den seltensten Fällen informativ ist.

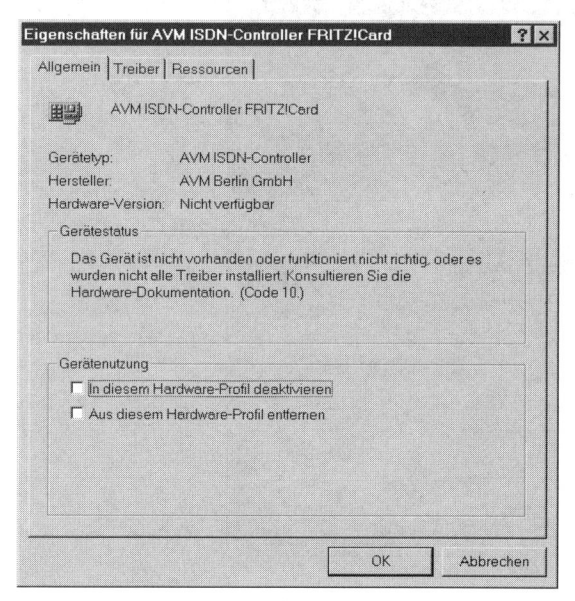

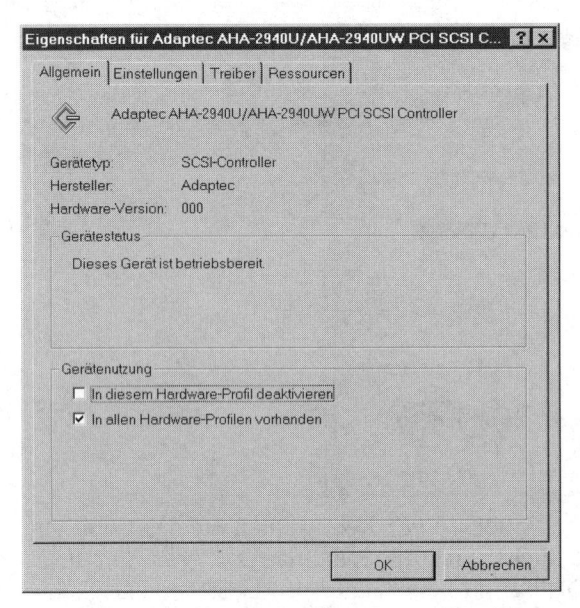

Der Windows 98-System-Guide – Lösungen für alle Fälle

Wenn Sie das Register *Ressourcen* anwählen, zeigt Ihnen Windows einen vorliegenden Konflikt mit einem anderen Geräte im unteren Bereich *Gerätekonflikte* mit einer kurzen Notiz an. Im gezeigten Fall (siehe Abbildung) benutzt eine Soundkarte denselben Interrupt wie der Drucker-Port, nämlich den IRQ 7.

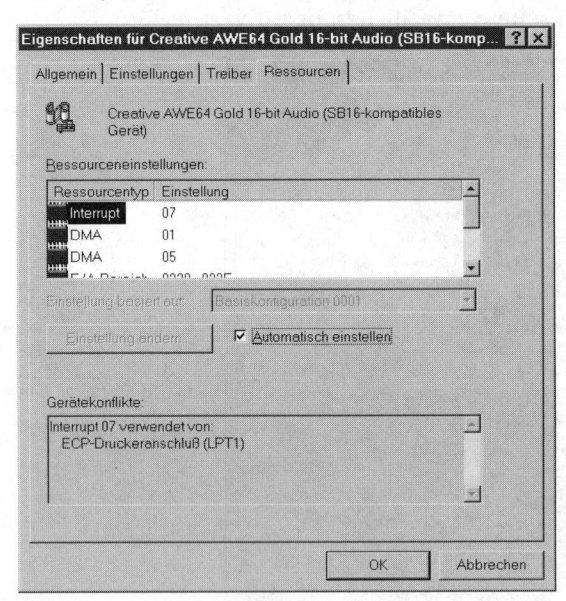

So weisen Sie Geräten eine andere Ressource zu

So gehen Sie vor, wenn Sie einen Konflikt lösen wollen, indem Sie dem Gerät eine andere Ressource zuweisen:

1 Deaktivieren Sie die Option *Automatisch einstellen* unterhalb der Ressourcen-Anzeigen. Gleichzeitig sollte auch die Schaltfläche *Einstellungen ändern* anwählbar sein. Dadurch umgehen Sie die automatische Plug & Play-Konfiguration des Geräts.

2 Je nach Gerät finden Sie unter *Einstellung basiert auf* eine vorbereitete Liste mit verschiedenen, vordefinierten Basiskonfigurationen, die mit *0001* bis *000x* durchnummeriert sind. Diese wurden vom Hersteller für den Fall erstellt, daß die normale Grundkonfiguration zu Konflikten führt. Solch eine Liste haben nicht alle Geräte, wenn Sie also für Ihr Gerät keine finden, dann gehen Sie direkt zum nächsten Punkt. Ansonsten wählen Sie aus der Liste die verschiedenen Einstellungen aus und überprüfen im Feld *Gerätekonflikte*, ob es mit einer neuen Konfiguration evtl. nicht mehr zur Kollision kommt. Anschließend brauchen Sie nur noch mit *OK* zu bestätigen, und die Sache ist schon fast erledigt.

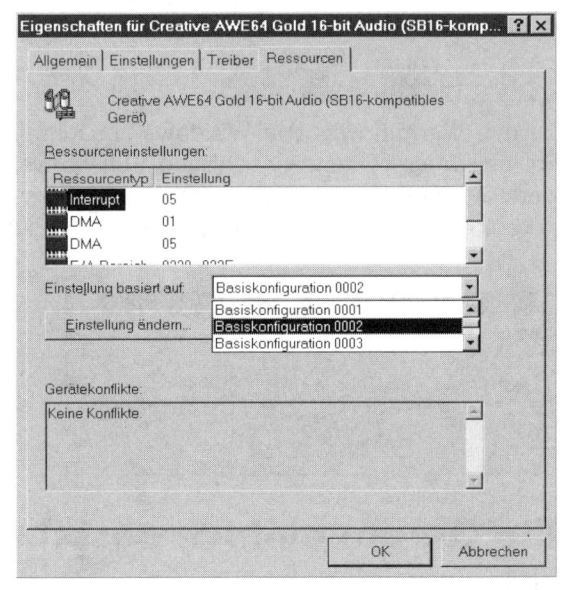

3 Ist keine Liste vorhanden oder die Voreinstellungen des Herstellers funktionieren alle nicht, können Sie die Resssourcen auch von Hand auf von Ihnen gewünschte Werte einstellen. Hierzu wählen Sie die gewünschte Ressource (IRQ, DMA etc.) im oberen Bereich unter *Ressourceneinstellungen* an und klicken auf die Schaltfläche *Einstellung ändern*. Liegen bereits verschiedene Basiskonfigurationen zur Auswahl vor, kann man meist die erste (*0000*) nicht ändern. Sie müssen erst eine der zusätzlichen (*0001* etc.) auswählen, um von Hand eingreifen zu können.

4 Nachdem Sie auf die Schaltfläche *Einstellung ändern* geklickt haben, öffnet sich ein weiteres Dialogfenster (*Interrupt bearbeiten*), in dem Sie unter *Wert* durch die Liste der jeweiligen Ressourcen (z. B. aller Interrupts) blättern können. Windows zeigt Ihnen im unteren Bereich *Konfliktinformationen* an, ob die Ressource schon belegt oder noch frei ist. Natürlich müssen Sie jetzt so lange suchen, bis Sie eine nicht belegte finden. Anschließend bestätigen Sie mit *OK*. Übrigens dürfen einige Ressourcen mehrfach verwendet werden, auch wenn Windows dabei meckert. Im konkreten Fall kommt es also auf einen Versuch an.

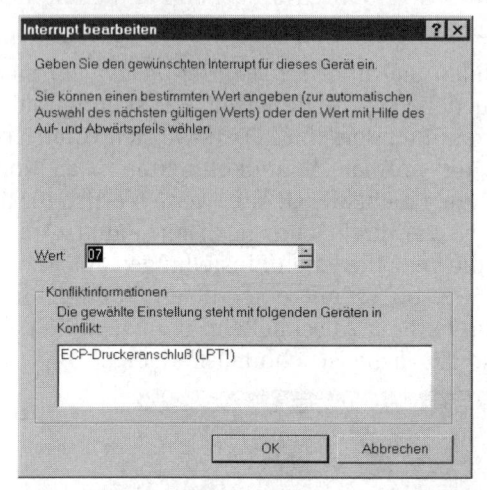

5 Nehmem Sie den Warnhinweis von Windows zur Kenntnis und starten Sie Windows neu (dies verlangt das System üblicherweise von selbst), denn geänderte Ressourcen-Belegungen gelten immer erst für die nächste Sitzung. Ressourcen weist Windows immer nur beim Start einem Gerät zu.

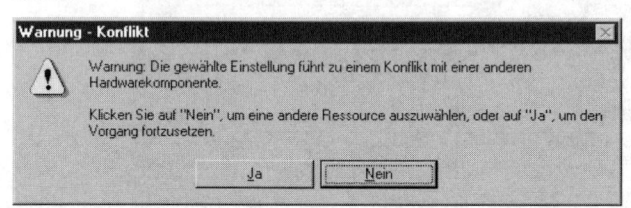

Ungewollte Geräte einfach ausschalten und Ressourcen sparen

Natürlich läßt sich fast jedes Gerät im Geräte-Manager auch komplett deaktivieren, auch wenn die Treiber installiert sind. Dies ist unter verschiedenen Bedingungen sinnvoll:

- Sie haben ein Gerät installiert, das nicht richtig funktioniert. Sie wollen es aber nicht wieder ausbauen, sondern erst einmal einen neuen Treiber ausprobieren. Bis dahin können Sie es deaktivieren.

- Einige Bauteile des Mainboards, wie z. B. die PS/2-Schnittstelle oder EIDE-Ports, lassen sich häufig nicht im BIOS deaktivieren oder werden von Windows trotzdem erkannt und eingebunden. Das ist besonders ärgerlich, wenn Sie diese Bauteile gar nicht verwenden wollen und die Ressourcen lieber für andere Geräte nutzen würden.
- Sie haben zwei Geräte installiert, die sich aber von der Ressourcen-Belegung her nicht vertragen. Es sind aber keine anderen Ressourcen mehr frei oder von den Geräten nicht belegbar. Wenn Sie nicht beide Geräte gleichzeitig nutzen müssen, können Sie diese wechselseitig ein- und ausschalten und so wenigstens jedes einzeln dennoch nutzen.

Das Deaktivieren der Geräte ist ganz einfach, Sie müssen hierzu nur eine entsprechende Option im Geräte-Manager entweder ausschalten (beim „alten" Windows 95) oder aktivieren (beim neuen Windows 95b OSR2 bzw. Windows 98). Sie finden die Einträge unter den Eigenschaften des jeweiligen Geräts im Register *Allgemein*.

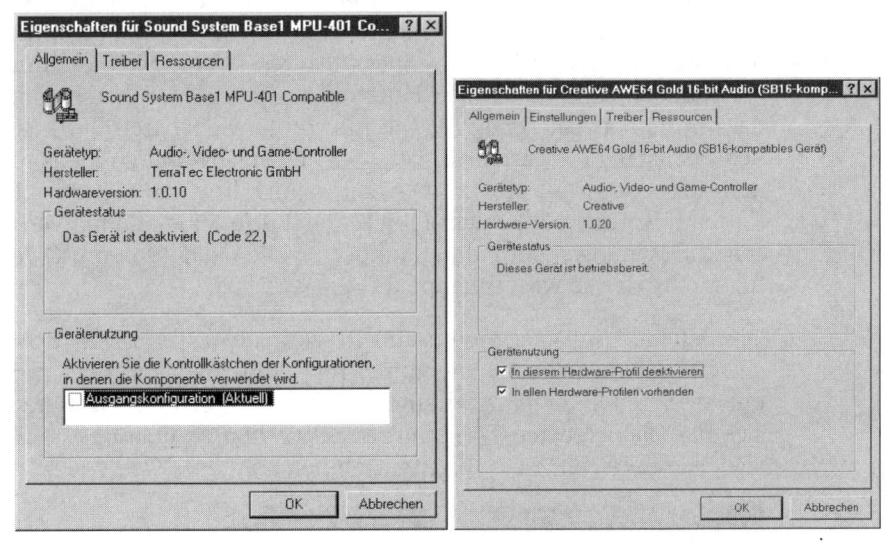

Dies ist ein wesentlich besserer Weg, als ein Gerät einfach durch Deinstallation des Treibers zu deaktivieren. Prinzipiell ist das zwar möglich und im Geräte-Manager auch über die Schaltfläche *Entfernen* leicht machbar, jedoch bringt das meistens nicht viel, weil zumindest fast alle neuen Geräte Plug & Play unterstützen. Beim nächsten Windows-Start erkennt Windows das Gerät, wenn es noch eingebaut bzw. angeschlossen ist, und will die Treiber neu installieren.

Ressourcen-Reservierung im Geräte-Manager für Spezialfälle

Aber es gibt auch den umgekehrten Weg, nämlich den der Ressourcen-Reservierung durch Windows. Tatsächlich ist dies allerdings nur sehr selten sinnvoll. Denkbar wäre folgende Situation: Sie bauen Ihren neuen PC zusammen und installieren Windows neu. Sie wissen aus Erfahrung, daß man dabei Plug & Play-Karten erst später, nach der eigentlichen Windows-Installation, einbauen sollte, da diese Vorgehensweise Ärger erspart. Außerdem ist es günstig, nicht alle Karten auf einmal zu installieren, sondern nacheinander. Manche Karten können allerdings nur bestimmte Interrupts belegen, und, um bei der Installation der ersten Karten zu verhindern, daß diese sich die ersten besten Ressourcen unter den Nagel reißen, die sie finden können, können Sie sich schon vorher einige Ressourcen für die spätere Verwendung reservieren.

So können Sie beispielsweise bei der Installation einer Soundkarte, die sich normalerweise die Interrupts recht willkürlich wegschnappt, verhindern, daß diese den IRQ 7 und 15 verwendet. Also reservieren Sie diese und schließen die Soundkarte damit von der Nutzung derselben aus. Später, wenn die Karte dann installiert ist, geben Sie die Interrupts wieder frei und können sie für den nächsten Installationsschritt, z. B. der ISDN- oder Videokarte, verwenden. Reservieren ist also immer dann sinnvoll, wenn Sie einer bestimmten Karte (z. B. einer alten Nicht-Plug & Play-Karte) einen definitiven IRQ zuweisen und Windows 95/98 daran hindern wollen, daß es den IRQ vorher schon für andere Geräte wegschnappt.

Die Befehle zum Reservieren von Ressourcen (IRQs, DMA, E/A- und Speicheradressen) finden Sie wie immer im Geräte-Manager. Klicken Sie dort das oberste Symbol *Computer* an und wählen Sie *Eigenschaften*. Daraufhin öffnet sich das Dialogfenster *Eigenschaften für Computer*, über dessen Register *Ressourcen reservieren* Sie selbige vornehmen können.

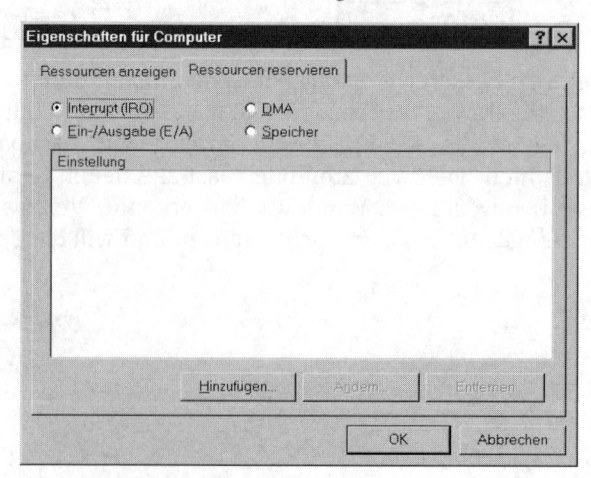

Wählen Sie im oberen Bereich des Fensters den gewünschten Ressourcen-Typ und anschließend *Hinzufügen*. Dann erscheint eine Liste, in der Sie die gewünschte Einstellung auswählen können. Wenn Sie mit *OK* bestätigen, werden die gesperrten Ressourcen im vorherigen Dialogfenster aufgelistet, und zwar für jeden Typ getrennt. Sollten Sie versuchen, eine gerade in Benutzung befindliche Ressource zu reservieren, protestiert Windows allerdings umgehend. Da hilft nur die Umbelegung des Geräts auf eine andere Ressource, bevor die ursprüngliche reserviert werden kann.

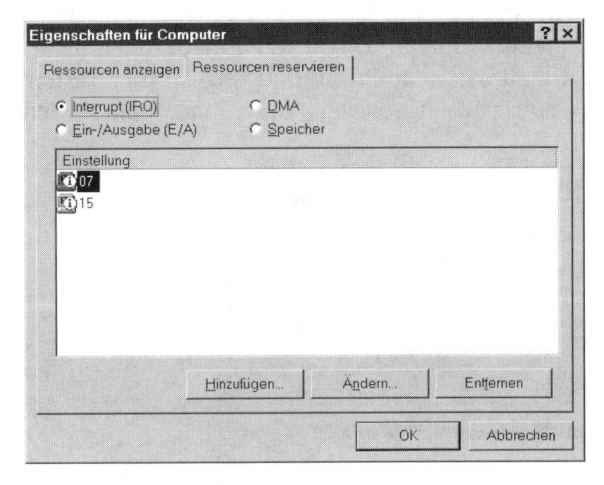

Hardwareprofile zur Lösung bei Hardwarekonflikten

Haben Sie schon mal über die Verwendung der sogenannten Hardwareprofile nachgedacht? Dahinter steckt ein Prinzip, das eigentlich aus dem Bereich der Notebooks kommt: Notebooks können unterwegs und zu Hause an einer Docking-Station betrieben werden. Für beide Einsätze verwenden Sie unterschiedliche Hardwareausstattungen und dementsprechend auch Treiber. Mit Hilfe der Hardwareprofile können Sie mit unterschiedlichen Sets dieser Hardwareeinstellungen arbeiten. Das Prinzip der Profile kommt übrigens unter Windows noch öfter vor, z. B. wird es auch beim Netscape Navigator, dem Webbrowser, verwendet, um mit verschiedenen Konfigurationen (beispielsweise für verschiedene Nutzer) arbeiten zu können.

Hardwareprofile lassen sich aber auch für einen normalen Desktop-PC sinnvoll einsetzen, nämlich um sich gegenseitig störende Hardware dennoch (wenn auch nur wechselseitig) nutzen zu können. Sie legen einfach zwei Hardwareprofile an und installieren bzw. aktivieren jeden der sich gegenseitig störenden Treiber in einem anderen Profil. So können Sie auch ein und denselben Interrupt für zwei Geräte nutzen. Nur leider nicht gleichzeitig.

Hardwareprofile lassen sich leicht einrichten. Rufen Sie einfach *Eigenschaften des Systems* auf, indem Sie das Kontextmenü des Symbols *Arbeitsplatz* oder das Symbol *System* in der Systemsteuerung anwählen. Im selben Menü befindet sich auch der hinlänglich bekannte Geräte-Manager, nur eben auf einem anderen Register. Das dritte Register dieses Dialogfensters enthält die Einstellungen für die *Hardware-Profile*. Dort finden Sie als erstes nur einen Eintrag, nämlich das Standardprofil *Ausgangskonfiguration*. Über die Schaltfläche *Kopieren* erstellen Sie ein zweites Abbild der momentanen PC-Konfiguration, das Sie beliebig bezeichnen können. Jedem Profil läßt sich aber auch nachträglich über die Schaltfläche *Umbenennen* ein anderer Name verpassen. Im gezeigten Beispiel der Abbildung wurde ein neues Profil angelegt, um einen CD-Brenner mit Packet Writing-Unterstützung unabhängig vom übrigen System einzubinden. Da diese Funktion noch nicht so rundum fehlerfrei ist, kann man das neue Profil zum ungestörten Testen des Geräts verwenden. Wenn etwas schiefgeht, verwendet man einfach wieder die Ausgangskonfiguration.

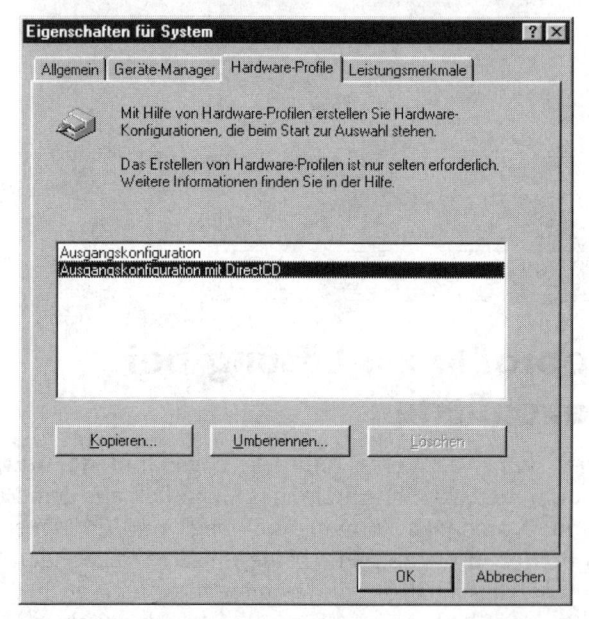

Präpariert mit diesen beiden Profilen können Sie nun zukünftig entscheiden, in welches der beiden ein neues Gerät installiert werden soll. Oder umgekehrt ..., wenn Sie ein Gerät aus dem Geräte-Manager löschen, werden Sie gefragt, ob dies für alle oder nur für ein bestimmtes Profil gelten soll. Stellen Sie sich z. B. vor, Sie wollen eine Videokarte einbauen, haben aber keinen Interrupt mehr frei. Nun erzeugen Sie für die Videokarte ein neues Profil, deaktivieren dort ein Gerät, daß Sie für die Videoaufnahme nicht brauchen (z. B. die ISDN-Karte) und verwenden den freien Interrupt für die Videokarte. Zu allen übrigen Gelegenheiten, zu denen Sie die Videokarte nicht brauchen, arbeiten Sie einfach mit dem Standardprofil.

Das Arbeiten mit den Profilen ist tatsächlich eine recht praktische und leider viel zu oft vernachlässigte Geschichte. Dies liegt möglicherweise aber auch an zwei Problemen und Unzulänglichkeiten:

1. Die Hardwareprofile werden zukünftig beim Booten, noch vor dem Start von Windows aus einer kleinen Liste ausgewählt. Leider kann man keine Standardeinstellung wählen, so daß man jetzt beim Booten immer anwesend sein muß, um ein Profil auszuwählen.

2. Die Trennung der Treiber in Profile funktioniert nur für reine 32-Bit-Hardwaretreiber, die über die Registry eingebunden werden und im Geräte-Manager erscheinen. Alte 16-Bit-Treiber, die sich z. B. in die *System.ini* einnisten, sind davon nicht betroffen und gelten für alle Profile. Dasselbe gilt auch für alle Arten von Software, inklusive solcher, die die Hardware steuert (z. B. TWAIN-Treiber für Scanner). Auch hier ist eine Trennung in die Profile nicht möglich.

3. Treiberdateien, die in das Verzeichnis *\Windows\System\Iosubsys* kopiert werden, werden trotz der Profile immer automatisch geladen. Und das sind durchaus einige. Auch hier versagt die Profiltrennung, die damit wirklich nicht sehr konsequent von Microsoft durchgeführt wurde.

Einstellungen aktivieren oder deaktivieren

Über die Einstellungen *Onboard Serial Port 1* bzw. *2* können Sie nicht nur die Ressourcen-Belegung der seriellen Schnittstellen im BIOS beeinflussen, sondern diese sogar deaktivieren. Wählen Sie dazu einfach den Wert *Disabled* aus. Möglicherweise müssen Sie dann nur noch beim nächsten Booten im Geräte-Manager von Windows den Treiber für die ausgeschaltete Schnittstelle löschen. Danach ist der Interrupt frei für andere (8-Bit!-) Karten.

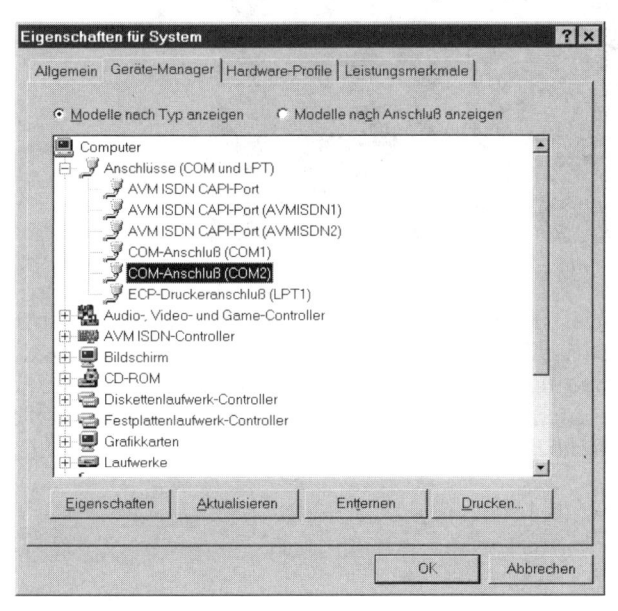

22.3 Was tun bei allgemeinen Konflikten – Hardwarefehler systematisch finden

Was tun, wenn es plötzlich nur noch piept oder sich einfach gar nichts mehr tut? Das Wichtigste ist: nicht hektisch herumdoktern, sondern mit Überlegung vorgehen.

Totalschaden? – Was tun, wenn der Rechner nicht mal mehr Piep sagt?

Wenn der PC schon beim Einschalten keinen Mucks mehr von sich gibt (was zum Glück sehr selten passiert), liegt der Fehler fast immer bei einer fehlenden bzw. defekten Stromversorgung. Es ist zwar trivial, aber Sie sollten direkt das Stromkabel auf der Rückseite überprüfen, das zum Netzteil führt. Ein guter Hinweis auf einen Defekt ist dabei übrigens der Lüfter des Netzteils. Wenn auch der beim Einschalten nicht läuft, dann haben Sie den Fehler vermutlich schon gefunden.

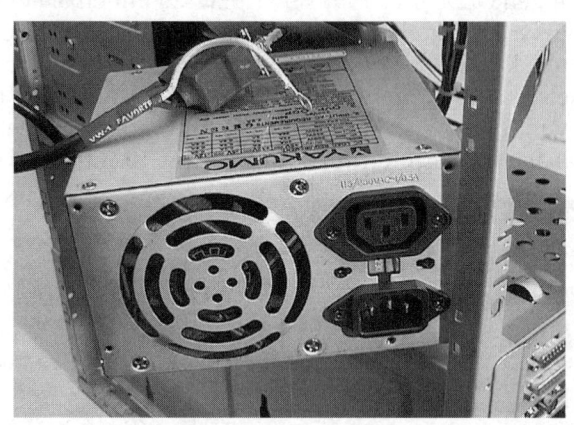

Ein defektes Netzteil kann eine Fehlerquelle sein

Allerdings gibt es noch eine täuschend ähnliche Möglichkeit: Eine weitere Fehlerquelle ist nämlich der Ein-/Ausschalter des PCs, zu dem das Stromkabel erst einmal durchgeschleift wird, bevor es zum Netzteil zurückgeht. Leider können Sie auch das nur definitiv herausbekommen, wenn Sie sich einen Aus- bzw. Neueinbau zutrauen.

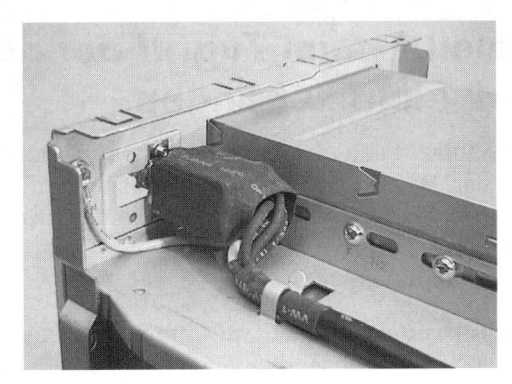

Oft sind es nur die Anschlüsse, wenn gar nichts mehr läuft

Was aber, wenn es gar nicht das Netzteil ist, sondern dieses wie üblich anläuft (erkenntlich am Lüftergeräusch)? Dann liegt der Fehler entweder bei der Stromübertragung zum Mainboard bzw. einem schweren Defekt auf dem Mainboard. Einzelne Bauteile werden eher selten die Ursache sein, da dann der PC wenigstens ansatzweise starten würde.

Überprüfen Sie zuerst die Stromanschlüsse auf dem Board, die vom Netzteil kommen. Es handelt sich um einen der in der Abbildung gezeigten Doppelstecker, der größte auf dem Mainboard überhaupt. Er liegt in der Nähe der Steckplätze und des Tastaturanschlusses.

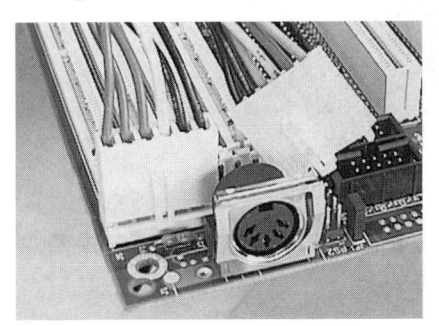

Wenn hier jetzt auch immer noch alles in Ordnung ist, dann hat Ihr Mainboard (oder in leichteren Fällen nur das BIOS) einen schwerwiegenden Fehler, den Sie so leicht nicht korrigieren können. Ein Möglichkeit besteht darin, das Mainboard auszubauen und in einem anderen PC zu testen. Vermutlich wird es letztendlich auf ein neues Board hinauslaufen. Häufige Ursache für solche Defekte sind übrigens Fehler beim Anschließen von Geräten. Besonders gern geht der Tastatur-Controller auf dem Mainboard kaputt, was z. B. durch irgendwelche Überspannungen beim Anschließen der Tastatur passieren kann.

Der Rechner bleibt beim Zugriff auf das Floppylaufwerk einfach hängen

Ein häufiger, aber hinterhältiger Fehler ist ein fehlerhafter Anschluß des Diskettenlaufwerks. Steckt das Datenkabel zur Floppy nicht richtig auf dem Kontaktstecker des Laufwerks, dann verhält sich der Rechner ausgesprochen störrisch. Meistens bleibt er einfach beim Booten hängen, manchmal stürzt er beim Hochfahren von Windows ab.

Besonders schnell passiert das beim Basteln am Computer. Denn hier kann es sehr leicht passieren, daß am Flachbandkabel zum Diskettenlaufwerk gezogen wird und dieses deshalb etwas aus der Buchse rutscht. Wenn man nur oberflächlich hinschaut, fällt es einem bei einer Kontrolle aller Kabel kaum auf, aber schon, wenn der Stecker nur leicht schräg aufgesetzt ist, kann es zu Störungen kommen.

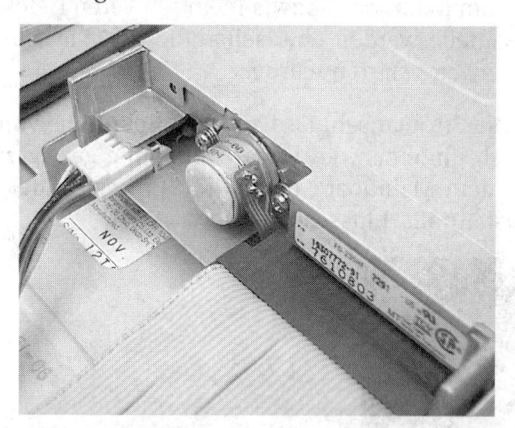

Bootprobleme – Fehlermeldungen oder Pieptöne beim Start

Störungen beim Booten sind leider recht häufig. Sie entspringen meist ganz trivialen Gründen, können aber auch auf schwere Defekte hinweisen, leider ist es sehr schwer, hier einen klaren Durchblick zu bekommen. Alle Möglichkeiten aufzuzählen ist nahezu unmöglich, aber da die vielen Probleme immer wiederkehren, lassen sich schon einige Anhaltspunkte geben.

Wenn der Rechner beim Starten nicht bootet, sondern lediglich Pieptöne von sich gibt, sind Sie auf die Fehlermeldungen des BIOS gestoßen, jenes Chips auf dem Mainboard, der für die Basisfunktionen des PCs zuständig ist.

Sie können je nach Mainboard bzw. vorhandener BIOS-Version recht einfache, aber auch komplexe Piep-Signale erhalten, die einen Aufschluß über die Fehlerursache geben. Am Ende dieses Abschnitts finden Sie einige Tabellen, die Fehlercodes für verbreitete BIOS-Versionen enthalten. Sehr aussagekräftig sind diese Pieptöne jedenfalls nicht, erschwerend kommt hinzu, daß sie außerdem noch relativ schwer unterscheidbar sind. Sehr beliebt ist jedenfalls ein nicht oder nicht richtig eingestecktes Tastaturkabel.

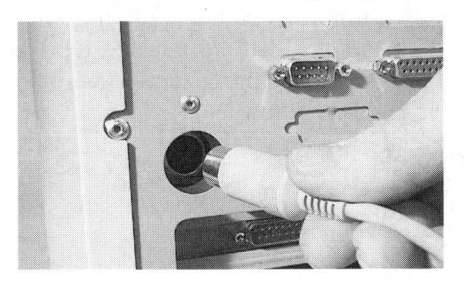

Befestigung des Tastaturkabels

Bei einigen BIOS-Versionen (z. B. dem von Award) wird außerdem bei kleineren Fehlern eine Meldung am Bildschirm angezeigt (*CMOS Error, Press F1 to resume*), die es durch Drücken der genannten Funktionstaste ermöglicht, weiterzuarbeiten. Diese Meldung erscheint z. B. üblicherweise dann, wenn Sie eine Speichererweiterung einbauen und diese beim ersten Booten neu erkannt wird. Trotzdem sollten Sie im BIOS kontrollieren, ob die richtige Speichermenge erkannt wurde (in der Abbildung unten rechts).

Eventuell werden Sie auch direkt in das BIOS geführt, in dem Sie die Einstellungen für die Festplatten und den Arbeitsspeicher überprüfen sollten. Anschließend speichern Sie die Einstellung über einen Menüpunkt im BIOS-Hauptmenü ab, der meistens *Save and Exit* (oder ähnlich) lautet. Mehr zum allgemeinen Umgang mit dem BIOS finden Sie in dem eigenen Kapitel ab Seite 77.

Intelligente BIOS-Versionen

Manche BIOS-Versionen denken mit und laden bei Fehlern (in der Abbildung unten z. B. wurde ein Defekt im ersten EIDE-Port festgestellt) automatisch die Standardeinstellungen (*Defaults*) und führen einen dann in das BIOS, damit man dort Korrekturen vornehmen kann.

Laden der Default-Werte im BIOS

Sollte nicht die Möglichkeit bestehen, durch Überprüfen der Anschlüsse und Drücken der [F1]-Taste (versuchsweise auch mal andere) den Rechner zum Booten zu bewegen, dann scheint wirklich ein Defekt vorzuliegen. Meistens liegt es dann am Prozessor, am Hauptspeicher oder an der Grafikkarte. Speicher und Grafikkarte können Sie ohne großen Aufwand ausbauen und in einem anderen Rechner testen bzw. in Ihrem Rechner alternative Komponenten einbauen. Dann dürfte ja klar sein, ob die alte Karte defekt ist oder nicht. Bringt dies alles nichts und der PC verweigert immer noch die Zusammenarbeit, liegt wahrscheinlich doch ein schwerwiegender Defekt vor, vermutlich werden Sie also um die Anschaffung eines neuen Mainboards nicht herumkommen.

Fehlersignale beim Award-BIOS	
Signal	**Fehlerbeschreibung**
1x kurz	alles okay
2x kurz	Leichter Fehler, der per Meldung am Bildschirm meistens angegeben wird. Mit [F1] kann man den Bootvorgang fortsetzen oder (je nach Mainboard) ins BIOS gehen.
1x lang, 2x kurz	Fehler beim Ansprechen der Grafikkarte
1x lang, 3x kurz	Fehler beim Ansprechen des Tastatur-Controllers

Fehlersignale beim AMI-BIOS	
Signal	**Fehlerbeschreibung**
1x kurz	Refresh-Fehler im RAM
2x kurz	Parity-Fehler im RAM
3x kurz	Fehler in den ersten 64 KByte des Speichers

Fehlersignale beim AMI-BIOS	
Signal	Fehlerbeschreibung
4x kurz	Defekt im Timer-Baustein
5x kurz	Fehler beim Ansprechen des Prozessors
6x kurz	Prozessor-Fehler beim Protected Mode-Test (Gate A20 oder Tastatur-Controller defekt)
7x kurz	Prozessor-Fehler
8x kurz	Fehler beim Ansprechen des Grafikspeichers
9x kurz	Prüfsumme des BIOS stimmt nicht (BIOS evtl. defekt)
10x kurz	Fehler beim Schreib-/Lesezugriff auf das CMOS-RAM
11x kurz	Fehler im L2-Cache auf dem Mainboard
1x kurz, 3x lang	Fehler beim Test des DOS- und Extended-Memory
1x lang, 2x kurz	Fehler beim Ansprechen der Grafikkarte (Video-ROM-BIOS defekt)
1x lang, 3x kurz	Fehler beim Ansprechen der Grafikkarte (Video-DAC oder Video-RAM) oder kein Monitor gefunden
1x lang, 8x kurz	Fehler beim Ansprechen des Grafikspeichers
3x kurz, 3x lang, 3x kurz	SOS-Signal, Fehler im Arbeitsspeicher

Fehlersignale des Phoenix-BIOS Plus und Version 1.x (Bindestriche entsprechen Pausen)	
Tonfolge	Vorliegender Fehler
1-1-3	Fehler im CMOS
1-1-4	Prüfsummenfehler des BIOS
1-2-1	Fehler im Timer-Baustein 1
1-2-2	Probleme bei der Initialisierung des DMA-Controllers
1-2-3	Fehler beim Lesen oder Schreiben des DMA-Seiten-Registers
1-3-1	Refresh-Fehler im RAM
1-3-3 oder 1-3-4 oder 1-4-1	Fehler in den ersten 64 KByte RAM
1-4-2	Parity-Fehler in den ersten 64 KByte RAM
2-x-x	Fehler in den ersten 64 KByte RAM
3-1-1 oder 3-1-2	Fehler im DMA-Controller
3-1-3 oder 3-1-4	Fehler im Interrupt-Controller
3-2-4	Fehler im Tastatur-Controller
3-3-4	Fehler beim Ansprechen der Grafikkarte
3-4-1	Fehler beim Ansprechen der Grafikkarte
3-4-2	Fehler beim Ansteuern des Grafikkarten-Controllers

Fehlersignale des Phoenix-BIOS Plus und Version 1.x (Bindestriche entsprechen Pausen)	
Tonfolge	Vorliegender Fehler
4-2-1	Fehler im Timer-Baustein
4-2-2	Fehler beim Shutdown-/Restart-Test
4-2-3	Fehler im Test des Protected Mode (Gate-A20)
4-2-4	Fehler beim Test des Protected Mode (falscher Interrupt)
4-3-1	Fehler im Speicher oberhalb der ersten 64 KByte
4-3-2	Fehler im Timer-Baustein 2
4-3-4	Fehler in der Echtzeit-Uhr
4-4-1	Fehler beim Test der seriellen Schnittstelle(n)
4-4-2	Fehler beim Test der parallelen Schnittstelle(n)
4-4-3	Fehler beim Test des Coprozessors

22.4 Bootmenü und abgesicherter Modus

Wenn der Rechner bootet, ist alles schon nicht mehr so schlimm. Dann werden Ihnen nämlich verschiedene Möglichkeiten geboten, Fehler zu erkennen und zu beheben.

Booten mit Variationen – Das DOS-Bootmenü als wichtiges Hilfsmittel im Krisenfall

Wenn Sie beim Booten die [F8]-Taste gedrückt halten, dann bootet Windows nicht mehr weiter, sondern zeigt Ihnen das sogenannte *Start*-Menü (auch Bootmenü genannt) an. Wir verwenden ab hier den Ausdruck Bootmenü, um eine Verwechslung mit dem *Start*-Menü des Windows 95/98-Desktop zu vermeiden.

Hier müssen Sie schon [F8] gedrückt haben, um ins Bootmenü zu gelangen

Das Bootmenü bietet verschiedene Optionen an, die zum einen die Möglichkeit liefern, DOS statt Windows zu starten, zum anderen aber auch vielfältige Optionen zur Fehlerbehebung zur Verfügung stellen. Das Bootmenü selbst läßt sich über Einstellungen in der versteckten Datei *Msdos.sys* steuern, wie gleich weiter unten noch beschrieben wird. Eine elegante Möglichkeit der Konfiguration des Bootverhaltens bietet auch TweakUI aus den PowerToys von Microsoft, die generell sehr zu empfehlen sind.

Das Bootmenü wird übrigens automatisch angezeigt, wenn der PC während eines Bootvorgangs abstürzt, oder, was eigentlich unbedingt zu vermeiden ist, während des Bootvorgangs wieder ausgeschaltet wurde.

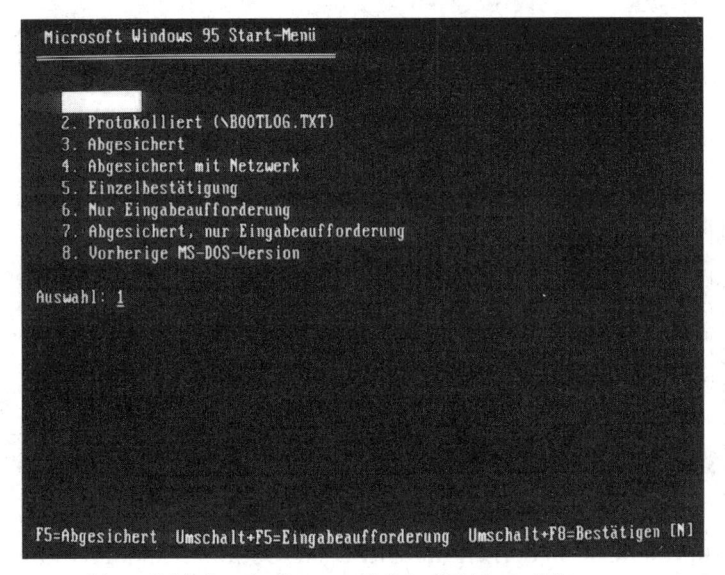

```
Microsoft Windows 95 Start-Menü

   1.
   2. Protokolliert (\BOOTLOG.TXT)
   3. Abgesichert
   4. Abgesichert mit Netzwerk
   5. Einzelbestätigung
   6. Nur Eingabeaufforderung
   7. Abgesichert, nur Eingabeaufforderung
   8. Vorherige MS-DOS-Version

Auswahl: 1




F5=Abgesichert  Umschalt+F5=Eingabeaufforderung  Umschalt+F8=Bestätigen [N]
```

Auswahlmöglichkeiten im Bootmenü (hier Windows 95)

Kaum eine Änderung gab es übrigens vom Windows 95-Bootmenü zu dem von Windows 98: Lediglich die Netzwerkoption fehlt hier, Punkt 7 ist im Vergleich zur OSR2 von Windows 95 wieder da.

- **Normal:** Startet Windows im normalen Modus mit allen Treibern, wie es beim normalen Start geschieht. Diese Option ist sinnvoll, wenn Windows Sie nach einem Absturz oder versehentlichem Ausschalten auffordert, jetzt im abgesicherten Modus zu starten. Wenn Sie sich also sicher sind, daß Sie einen normalen Windows-Start wünschen, wählen Sie diese Option. Natürlich benötigen Sie diese Option auch, wenn Sie sich das Bootmenü bei jedem Start anzeigen lassen.

- **Protokolliert (\Bootlog.txt):** Beim Starten von Windows wird jeder erfolgreich abgeschlossene Vorgang wie das Laden jedes einzelnen Treibers in einer Textdatei namens *Bootlog.txt* im Stammverzeichnis der Festplatte protokolliert. Wenn sich Windows immer beim Starten an einer ganz bestimmten Stelle aufhängt, können Sie diese durch anschließende Einsicht in die *Bootlog.txt*-Datei bestimmen. Denn an der Stelle des Absturzes bricht natürlich die Protokollierung ab. Wenn es sich dabei um einen Treiber für eine ganz bestimmte Hardware handelt, haben Sie das Problem schon erkannt. Leider wird die Datei mit dem *Versteckt*-Attribut versehen, weswegen man sie mit der normalen Dateiansicht unter DOS und Windows häufig erst gar nicht sieht. Unter DOS sollten Sie den Befehl *attrib bootlog.txt -h* verwenden, um das Attribut aufzuheben. Unter Windows sollten Sie die vorgegebene Dateiansicht umschalten, wählen Sie hierzu im Explorer den Menübefehl *Ansicht/Optionen* und dort den Befehl *Alle Dateien anzeigen*.

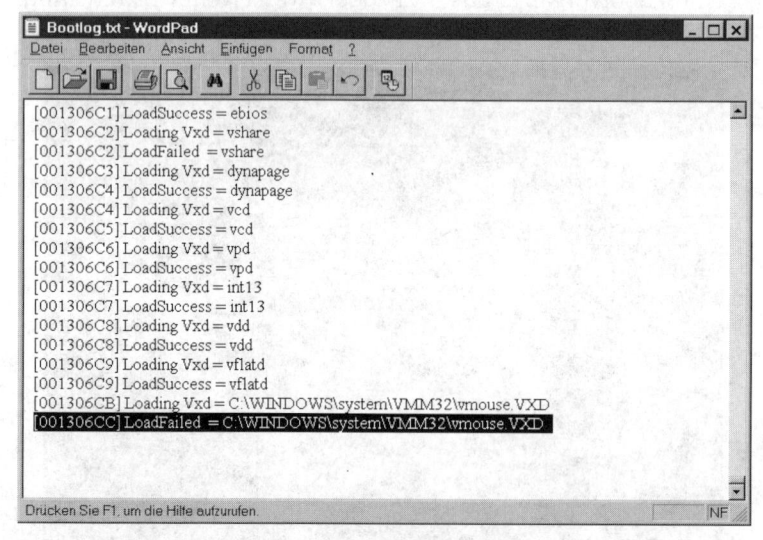

Die Datei Bootlog.txt protokolliert die Vorgänge beim Booten

- **Abgesichert:** Sicherlich die wichtigste Option im Bootmenü ist das Booten im abgesicherten Modus. In diesem Modus, der im nächsten Abschnitt noch näher besprochen wird, können Sie Windows in einer Grundeinstellung mit Grundtreibern starten. Diese „primitiven" Treiber funktionieren fast immer, außer wenn Windows wirklich schwer durch z. B. gelöschte Standardtreiber geschädigt wurde. Immer, wenn Sie schwere Hardwarekonflikte haben, sollten Sie im abgesicherten Modus starten und im Geräte-Manager die Einstellungen überprüfen bzw. die fehlerhaften Geräte entfernen. Mehr dazu, wie gesagt, gleich im nächsten Abschnitt. Sie können diese Option übrigens auch durch das Gedrückthalten von [F5] direkt anwählen (statt mit [F8] das komplette Menü zu aktivieren).

- **Abgesichert mit Netzwerk:** Wie Punkt 3, nur werden zusätzlich die Netzwerk-Funktionen geladen. Achtung: Diese Option gibt es bei Windows 98 nicht, wenn Sie keine Netzwerkfunktionen eingebunden haben! Generell erhöht dies natürlich wieder das Risiko eines Hardwarekonflikts (z. B. mit der Netzwerkkarte), kann aber notwendig sein, wenn Sie unbedingt auf Dateien im Netzwerk zugreifen müssen. Wenn es funktioniert (einfach ausprobieren), ist es in einem solchen Fall natürlich sinnvoll. Die Funktion wird allerdings kaum gebraucht, aber es ist gut zu wissen, daß man sie hat. Sie können diese Option beim Starten direkt mit [F6] aktivieren.

- **Einzelbestätigung:** Ist mit Punkt 2 zu vergleichen. Sie werden beim Start für jeden Treiber einzeln gefragt, ob dieser geladen werden soll oder nicht. Sie haben die Möglichkeit, den Ablauf zu steuern, da Sie auch jeden einzelnen Eintrag aus *Config.sys* und *Autoexec.bat* Schritt für Schritt abarbeiten lassen können. Als letzte Option (*Win [J/N]*) können Sie wählen, ob Sie auf der DOS-Ebene bleiben (entspricht der Option *Nur Eingabeaufforderung*) oder Windows starten möchten. Sie können diese Option beim Starten auch direkt mit [Umschalt]+[F8] aktivieren.

- **Nur Eingabeaufforderung:** Zusammen mit abgesichert die wohl wichtigste Option des Bootmenüs. Durch diesen Befehl wird die spezielle DOS-Version von Windows 95/98 gestartet (die im Verzeichnis *\Windows\Command* liegt). Die Eingabeaufforderung dient zum einen, um z. B. mit reinen DOS-Programmen (wie Computerspielen, obwohl dies immer seltener wird) zu arbeiten, die nicht unter Windows laufen. Zum anderen aber auch, wenn man von DOS-Ebene auf die Windows-Dateien und -Verzeichnisse zugreifen muß.

- **Abgesichert, nur Eingabeaufforderung:** Das ist der extreme Fall, der eigentlich so gut wie nie zur Anwendung kommen sollte (hoffentlich). Genau wie beim Punkt *Nur Eingabeaufforderung* wird auch hier der DOS-Prompt aufgerufen, aber es werden beim Starten nicht einmal die *Config.sys* und *Autoexec.bat* abgearbeitet. Sie landen sozusagen völlig nackt auf dem blanken DOS, sogar ohne deutsche Tastaturtreiber. Also nur etwas für Hartgesottene, diese Option können Sie beim Starten auch direkt mit [Umschalt]+[F5] aktivieren.

- **Vorherige MS-DOS-Version:** Dieser letzte Punkt des Bootmenüs startet die letzte DOS-Version, die es vor Windows 95/98 gab. Voraussetzung für das Funktionieren dieser Option ist, daß sich noch die alten (ggf. gesicherten) Dateien der letzten DOS-Version auf der Festplatte befinden, sonst erscheint dieser Punkt nicht. Sie können diese Option, falls vorhanden, beim Starten auch direkt mit [F4] aktivieren.

Wirklich wichtig bei Problemen sind tatsächlich nur die Punkte *Abgesichert* und *Nur Eingabeaufforderung*. Denken Sie im Problemfall unbedingt an diese Optionen.

Die versteckte Konfigurationsdatei – Msdos.sys steuert das Bootmenü und noch viel mehr

Im Stammverzeichnis Ihrer Festplatte liegt eine versteckte und schreibgeschützte Datei namens *Msdos.sys*, die zur Konfiguration des Bootvorgangs dient. Sie kann mit jedem beliebigen Texteditor bearbeitet werden, allerdings müssen Sie vorher die Attribute ändern.

- Unter Windows markieren Sie die Datei *Msdos.sys* in C: und wählen im Kontextmenü die Eigenschaften der Datei aus. Dort können Sie direkt die Attribute *Schreibgeschützt* und *Versteckt* abschalten. Sollten Sie die Datei nicht finden, dann wählen Sie im Explorer unter *Ansicht/Optionen* die Einstellung *Alle Dateien anzeigen.* Nach dem Entfernen der Attribute können Sie im Editor die Datei *C:\Msdos.sys* öffnen.

- An der DOS-Eingabeaufforderung sieht das wieder etwas anders aus: Mit *attrib c:\msdos.sys -h -r* werden die besagten Attribute (englisch hidden und readonly) entfernt, mit *edit c:\msdos.sys* können Sie die Datei in dem DOS Editor bearbeiten. Haben wir schon erwähnt, daß viele Leute genau diesen DOS-Editor für das einzig funktionierende Stück Software halten, das je von Microsoft entwickelt wurde? ;-)

Die Datei ist eine einfache Textdatei, die aber mindestens eine Größe von 1.024 Byte haben muß, daher findet man in ihr auch einen großen Bereich mit Füllzeichen, die Sie nicht entfernen dürfen. Viele Konfigurationsmöglichkeiten bieten die Definitionen, die am Ende und am Anfang stehen. Einige der wichtigeren Optionen finden Sie in der folgenden Tabelle erklärt, die Bedeutung einiger anderer erschließt sich aber auch von selbst. Nicht alle in der Tabelle aufgeführten Einstellungen sind schon in der *Msdos.sys* vorhanden, können dort aber nachträglich in der Sektion *[Options]* eingetragen werden.

Eintrag	Bedeutung
BootMenu=1	Regelt, ob das Bootmenü automatisch bei jedem Start angezeigt werden soll. Mit dem Wert 0 wird es unterdrückt, kann aber über die [F8]-Taste aufgerufen werden. Mit dem Wert 1 erscheint es bei jedem Booten automatisch für eine definierte Zeitdauer.
BootDelay=x	Regelt die Zeitdauer, die Sie beim Erscheinen der Meldung *Windows 95* (bzw. 98) *wird gestartet* haben, um das Bootmenü aufzurufen. Standard sind 2 Sekunden, über den Wert *x* können Sie die Zeit in Sekunden variieren. 1 Sekunde reicht aber aus, da Sie die Taste [F8] ja schon vorher gedrückt halten können. Wird hier 0 eingestellt, wird gar nichts mehr angezeigt und das Booten geht um 1-2 Sekunden schneller. Das ist aber wenig sinnvoll, da Sie das Bootmenü nicht mehr erreichen können.
BootKeys=0	Sie können beim Booten direkt mit den Funktionstasten einzelne Optionen des Bootmenüs aktivieren. Mit diesem Befehl können Sie das unterbinden, wenn Sie den Wert auf 0 setzen. Dann hat natürlich die Einstellung von *BootDelay* keine Wirkung mehr. Mit dem Wert 1 werden die Tasten aktiviert und beim Booten die Belegung (teilweise) im *Start*-Menü angezeigt.

Der Windows 98-System-Guide – Lösungen für alle Fälle

Eintrag	Bedeutung
BootGUI=1	Bestimmt, welches Betriebssystem automatisch geladen wird. Steht der Wert auf 1, wird Windows 95/98 geladen, bei 0 dagegen DOS.
BootWin=1	Ähnlich wie *BootGUI*. Bestimmt, ob Windows 95/98 automatisch geladen wird (1) oder nicht (0). Normalerweise wird dann DOS gestartet.
Bootwarn=1	Regelt, ob beim automatisch aktivierten Start des abgesicherten Modus vorher noch das Bootmenü zur alternativen Auswahl eingeblendet (Wert 1) oder direkt im abgesicherten Modus gestartet wird (Wert 0). Windows aktiviert diesen Modus normalerweise automatisch beim Booten, wenn es bei einem vorherigen Startversuch zu einem System-Hänger kam.
BootSafe=0	Fälschlicherweise häufig als *BootFailSafe* bezeichnet. Ist der Wert auf 1 gesetzt, wird Windows 95/98 gezwungen, im abgesicherten Modus zu starten (wenig sinnvoll).
BootMulti=1	Regelt die Dual-Bootoption, also die Möglichkeit, die vorherige DOS-Version zu starten (Punkt 8 des Bootmenüs, Funktionstaste [F4]). Steht der Wert auf 0, ist die Dual-Bootoption deaktiviert. Unter Windows 95b (OSR2) funktioniert DualBoot nicht.
BootMenuDefault=x	Definiert den Menüpunkt, der nach einer Wartezeit (definiert durch *BootMenuDelay*) automatisch von Windows 95/98 aktiviert wird, wenn das Bootmenü aufgerufen wurde. Mit 1 wird z. B. der Modus *Normal* aktiviert, mit 3 dagegen *Abgesichert*.
BootMenuDelay=x	Angabe, wie lange (in Sekunden) das Bootmenü angezeigt wird, bis der unter *BootMenuDefault* angegebene Menüpunkt oder die Standardvorgabe für den Start benutzt wird. Die Vorgabe sind 30 Sekunden. Diese sollten Sie ruhig auf 5 verkürzen, denn wenn Sie beginnen, die Auswahl zu verändern (z. B. mit den Pfeiltasten) wird der Countdown abgebrochen und Sie verbleiben im Bootmenü.
Network=1	Bewirkt, daß im Bootmenü ein Eintrag *Abgesichert mit Netzwerk* (Punkt 4) angezeigt wird. Mit dem Wert 0 können Sie diesen Eintrag deaktivieren. Diese Funktion ist natürlich nicht sinnvoll, wenn Sie gar keine Netzwerkfunktionalität eingebunden haben.
Dblspace=0 und Drvspace=0	Regelt das Laden der Treiber für komprimierte Laufwerke (*Dblspace.bin* bzw. *Drvspace.bin*). Sollte nur auf 1 gesetzt werden, wenn die Treiber auch aktiviert werden sollen, weil die DriveSpace-Funktion von Windows 95/98 genutzt wird. Ein Deaktivieren der Treiber spart kräftig Speicher unter DOS.
DoubleBuffer=0	Deaktiviert die Doppelpufferung bei SCSI-Platten, die geladen wird (Wert =1), um die Datensicherheit beim Cachen des Datenträgers zu erhöhen. Ist bei modernen Controllern aber nicht mehr notwendig und kann daher deaktiviert werden. In der Praxis hat eine Änderung des Eintrags keine spürbare Wirkung.
Logo=1	Mit dem Wert 0 wird das Start-Logo von Windows nicht mehr angezeigt, mit 1 dagegen wohl (Vorgabe). Deaktivieren Sie das überflüssige Logo lieber, dies beschleunigt zwar nicht wie oft behauptet, den Bootvorgang, schaltet aber den Monitor beim Starten in einen Grafikmodus weniger um, was dessen Belastung senkt. Außerdem können Sie evtl. Fehlermeldungen der DOS-Startdateien am Bildschirm besser mitbekommen.
Autoscan=0	Deaktiviert beim Booten den automatischen Aufruf von ScanDisk, wenn Windows zuvor nicht ordnungsgemäß beendet wurde. Der *Autoscan*-Eintrag ist normalerweise nicht in der *Msdos.sys* gesetzt, die Standardeinstellung entspricht dem Wert 1, also dem automatischen Aufrufen von ScanDisk.

Eintrag	Bedeutung
Loadhigh=0	Deaktiviert das Hochladen von DOS-Programmteilen in den oberen Speicher (zwischen 640 und 1.024 Kbyte). Das ist nur in wenigen Fällen sinnvoll, wenn das Hochladen z. B. zu Problemen mit bestimmten Hardwarekarten führt, die den oberen Speicher verwenden. Die Einstellung mit dem Wert 1 entspricht der Standardvorgabe und braucht daher nicht extra in der *Msdos.sys* eingetragen zu werden.

Wenn alle Stricke reißen – Der abgesicherte Modus von Windows als Retter in der Not

Der abgesicherte Modus von Windows ist, wie schon erwähnt, eine besondere Betriebsart, in der nur mit Standardtreibern und Grundeinstellungen gearbeitet wird. Sie können ihn, wie gerade zuvor beschrieben, aus dem Bootmenü aktivieren oder, indem Sie beim Starten direkt die Funktionstaste (F5) drücken.

Solange keine wesentlichen Systemdateien und Standardtreiber von Windows gelöscht oder beschädigt wurden, sollten Sie immer im abgesicherten Modus starten können. Sie haben anschließend auf fast alle Funktionen von Windows Zugriff, es gelten jedoch folgende Einschränkungen, an die Sie denken sollten:

- Die **Netzwerkfunktionen** werden nur aktiviert, wenn Sie den Punkt 4 im Bootmenü (*Abgesichert mit Netzwerk*) wählen. Da gerade aber das Netzwerk bzw. die Netzwerkkarte häufig Probleme verursacht, sollten Sie möglichst auf diese Zusatzoption verzichten.

- Für **EIDE- und SCSI-Controller** werden nur Standardtreiber geladen, die keine CD-ROM- und keine Wechselplatten-Laufwerke (z. B. Zip-Drive) unterstützen. Das ist manchmal ärgerlich, wenn man einen neuen Treiber von CD installieren will. Aber wenn Sie über die notwendigen Treiber unter DOS verfügen, können Sie die benötigten Verzeichnisse von dem im abgesicherten Modus nicht unterstützten Medium auf Ihre Festplatte kopieren und später von dort aus installieren.

- Alle Einstellungen, die Sie am Windows-Desktop vornehmen, werden nicht abgespeichert. Das heißt, beim nächsten Starten sieht der abgesicherte Modus so aus wie zuvor. Das gilt auch für die Grafikkarteneinstellungen, die immer mit 640 x 480 Punkten Auflösung arbeiten.

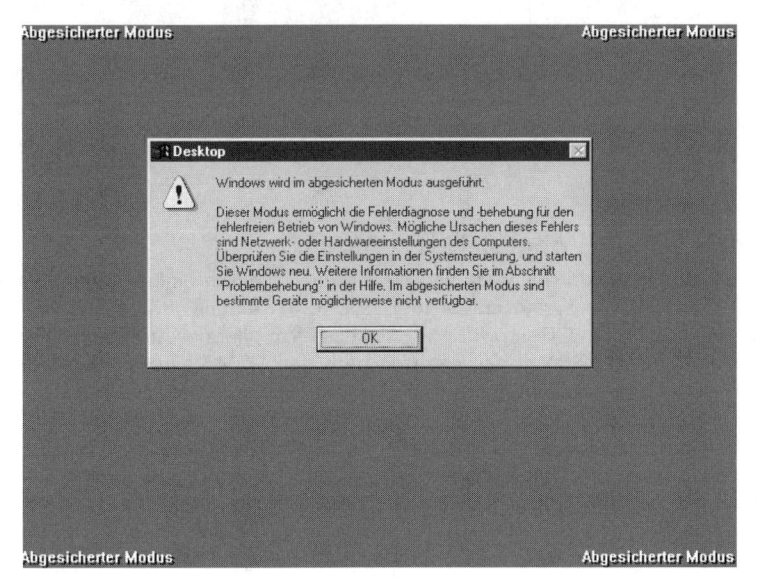

Der Windows 98-System-Guide – Lösungen für alle Fälle

Begrüßungsbildschirm im abgesicherten Modus

- Im **Geräte-Manager** werden zwar alle Geräte angezeigt, aber wenn Sie auf Eigenschaften für den Computer bzw. einzelne Geräte klicken, werden Ihnen nicht die normalen, detaillierten Angaben gegeben. Ressourcenkonflikte werden z. B. nicht mehr korrekt angezeigt.

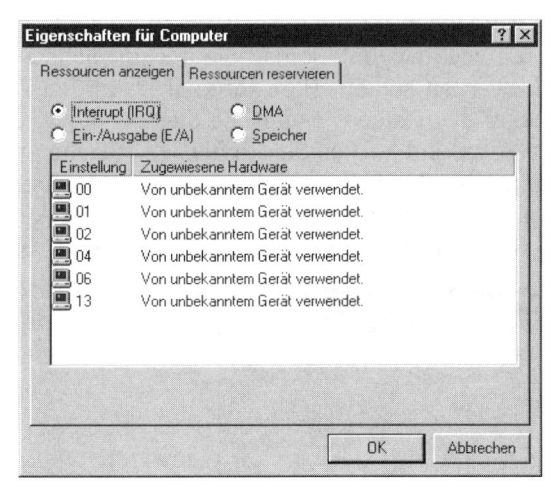

Anzeige der Interrupt-Belegungen im abgesicherten Modus

- Sie können vom Windows-Desktop im abgesicherten Modus nicht auf die DOS-Ebene wechseln.

- Ein Neustart von Windows funktioniert immer nur mit komplettem, erneutem Booten des Rechners. Der übliche Trick, nur Windows allein durch Drücken der (Umschalt)-Taste beim Beenden zu starten, funktioniert nicht.

953

Ansonsten können Sie sich im abgesicherten Modus wie gewohnt bewegen. Normalerweise nutzt man diesen Modus, um eine zuvor installierte Soft- oder Hardware wieder zu deinstallieren, weil sie Windows zum Absturz gebracht hat.

> **Hinweis**
> **Probleme mit dem abgesicherten Modus**
> Dann liegt das meist an der Änderung bzw. dem Austausch einiger banaler, sehr systemnaher Treiber in der *System.ini*. Beliebt sind v. a. eigene Treiber für die COM-Ports (*Comm.drv*) und für die GDI-Schnittstelle (*Gdi.exe*). Vor allem einige Kommunikationstreiber bzw. Programme von ISDN-Karten ersetzen gern den COM-Treiber in der *System.ini* durch einen eigenen Treiber, was Windows 95/98 dann für den Start des abgesicherten Modus aber übel nimmt. Abhilfe: Schauen Sie mit dem DOS-Editor (*Edit.exe*) in die *System.ini* und überprüfen Sie die wichtigsten Einstellungen in der ersten Sektion (*[boot]*). Dort sollten normalerweise fast alle Einträge vom Typ *comm.drv=comm.drv* enthalten sein, also links und rechts denselben Eintrag haben. Überprüfen Sie das v. a. für den genannten Eintrag des COM-Treibers und für den GDI-Treiber (*gdi.exe=gdi.exe*). Wenn dort andere Einstellungen stehen, korrigieren Sie es. Danach sollte der abgesicherte Modus wieder einwandfrei laufen.

Um Software zu deinstallieren, verwenden Sie entweder das Symbol *Software* in der Systemsteuerung oder rufen das Deinstallationsprogramm der Software direkt auf (wenn vorhanden). Alte 16-Bit-Windows-Programme können Sie allerdings nur dann vernünftig deinstallieren, wenn Sie einen Deinstaller wie CleanSweep verwenden. Egal wie Sie es machen, die Deinstallationsroutinen funktionieren wie gewohnt, so daß Sie irgendwelche Softwarequälgeister so wieder loswerden sollten. Hardwaretreiber werden wie üblich über den Geräte-Manager deinstalliert. Rufen Sie diesen auf, wählen Sie die gewünschte Hardware an und klicken Sie auf die Schaltfläche *Entfernen*. Einige Hersteller liefern für ihre Treiber sogar eine komplette Deinstallationsroutine mit, die Sie dann auch verwenden sollten. Windows fragt dann noch einmal nach, ob Sie das Gerät wirklich entfernen möchten (siehe Abbildung).

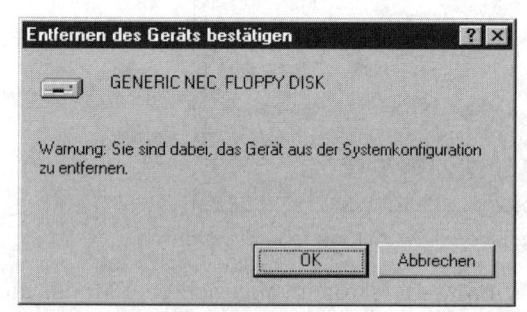

Eine Alternative zur kompletten Deinstallation besteht in der Deaktivierung der Hardware. Windows 95b (OSR2) und Windows 98 machen Ihnen dies besonders einfach, weil hier in den Eigenschaften der Geräte ein neuer Optionspunkt vorhanden ist (*In diesem Hardware-Profil deaktivieren*). Aber auch beim alten, normalen Windows ist dies, wenn auch etwas unübersichtlicher, möglich (siehe Abbildungen). Hierzu muß die Option *Ausgangskonfigurati*-

on (Aktuell) im Bereich *Gerätenutzung* deaktiviert sein (also optisch genau anders herum, als bei Windows 95b/98). Insgesamt ist die Deaktivierung des Geräte eine sehr gute Methode, um Hardwarekonflikten auf den Grund zu gehen (dritte Abbildung unten).

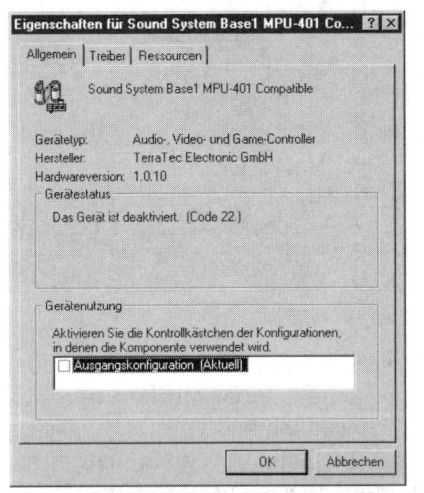

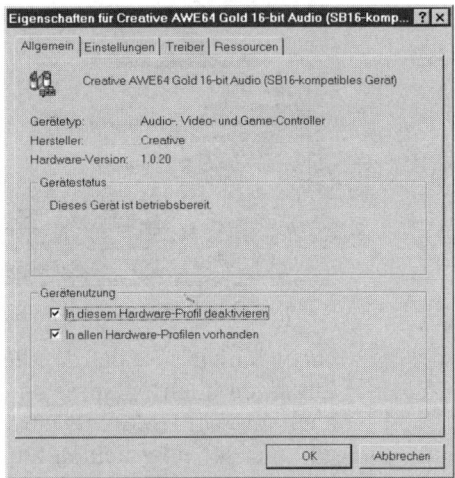

Anzeige einer deaktivierten Komponente
Anzeige einer aktivierten Komponente
Anzeige von Komponenten im Geräte-Manager

Treiber-Wirrwarr im abgesicherten Modus entdecken

Betrachtet man die Einträge des Geräte-Managers im abgesicherten Modus, offenbaren sich manchmal regelrechte Phantomgeräte oder Geistertreiber. Alte Geräte, die man längst entfernt glaubt, zeigen sich plötzlich im Geräte-Manager wieder. Nicht richtig installierte Geräte erscheinen als unbekannte Geistereinträge, oder einige Geräte werden glatt zweimal eingetragen.

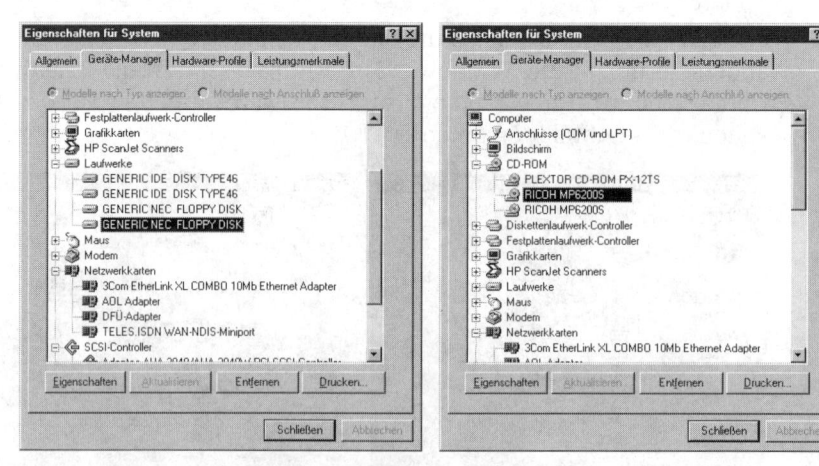

So schnell kommt man an neue Hardware ... oder?

Nicht immer so ganz deutlich wird, ob hinter den falschen oder doppelten Einträgen auch entsprechend geladene Treiber stecken und ob diese dann auch im Normal-Modus tatsächlich geladen werden. Der abgesicherte Modus gibt hier ja leider keinen Einblick. Tatsache ist jedoch, daß diese komischen Einträge meist nur im abgesicherten, aber nicht normalen Modus im Geräte-Manager auftauchen.

Was aber tun mit den vielen doppelten Einträge? Sie sollten diese Treiber ruhig im abgesicherten Modus löschen. Zwar ist dann oft die Folge, daß beim nächsten regulären Start die Treiber für das Gerät zuerst nicht vorhanden sind. Aber entweder erkennt Windows diese per Plug & Play automatisch und installiert sie direkt neu (gilt für alle festen Mainboard-Komponenten), oder aber Sie installieren den richtigen Treiber anschließend noch einmal neu.

Sie müssen letztendlich selbst entscheiden, was Sie tun wollen. Geräte, die Sie definitiv nicht mehr verwenden und deren Geistertreiber noch im Geräte-Manager auftauchen, sollten Sie auf jeden Fall löschen. Wie Sie mit den doppelten Einträgen von noch verwendeten Geräten und Bauteilen verfahren, bleibt dann Ihrem Mut zum Risiko überlassen. Wenn Sie versuchsweise immer nur einen entfernen und Windows dann neu starten, dürften Sie die Sache aber in den Griff bekommen, selbst wenn der Originaltreiber dabei neu installiert werden muß.

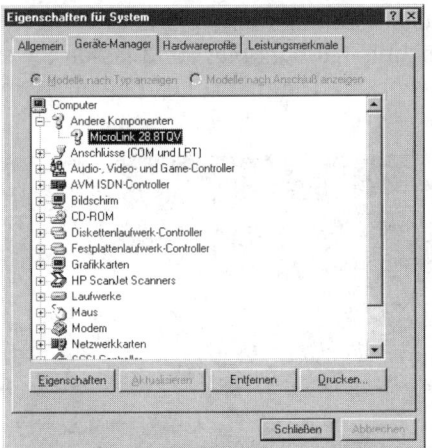

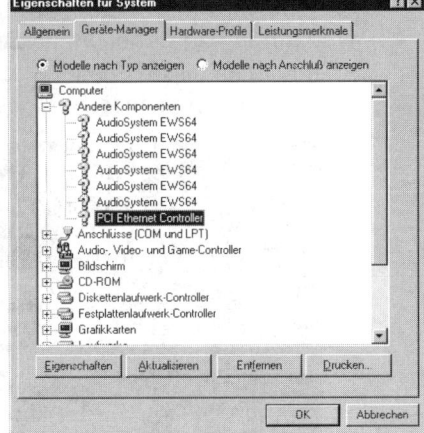

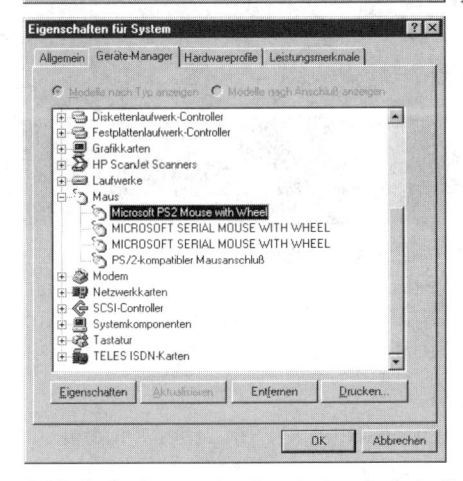

Fehlerhafte Systemeinträge sind meist kein Problem

Windows durch gezielten Aufruf von Win.com starten

Bei Windows 3.x war der Start „von Hand" durchaus noch üblich, bei Windows 95/98 macht das kaum noch jemand: Aufruf von Windows per Hand über die Datei *Win.com* (Eingabe von „win" auf dem DOS-Prompt). Denn diese ist sozusagen das eigentliche Startkommando von Windows 95/98. Normalerweise ist dies auch nicht notwendig, weil Windows 95/98 infolge der entsprechenden Einstellungen in der *Msdos.sys* ja bekanntlich automatisch beim Booten gestartet wird. Aber im Problemfall kann es durchaus sinnvoll sein, von dieser normalen Prozedur Abstand zu nehmen.

Wenn sich Windows z. B. nach dem Einbau einer neuen Hardwarekomponente einfach nicht starten läßt und der abgesicherte Modus Ihnen zu viele Einschränkungen bringt, sollten Sie sich mal die Optionsschalter der Datei *Win.com* anschauen. Wechseln Sie dazu beim Booten auf die DOS-Ebene

(*Eingabeaufforderung*, über das Bootmenü bzw. Umschalt+F5). Wechseln Sie dann in das Windows-Verzeichnis (*cd windows*) und lassen Sie sich die Optionsschalter der Datei *Win.com* durch Eingabe des Befehls „win /?" wie in der Abbildung anzeigen.

```
C:\WINDOWS>win /?

Startet Windows.

WIN [/D:[F][M][S][V][X]]

/D      Ermöglicht die Fehlersuche, wenn Windows nicht gestartet werden kann.
 :F     Deaktiviert den 32-Bit-Datenträgerzugriff.
        Entspricht der SYSTEM.INI-Einstellung: 32BitDiskAccess=FALSE.
 :M     Aktiviert den abgesicherten Modus.
        Dieser wird automatisch beim abgesicherten Start (mit F5) aktiviert.
 :N     Aktiviert den abgesicherten Modus mit Netzwerkunterstützung.
        Dieser wird beim abgesicherten Start mit F6 automatisch aktiviert.
 :S     Verhindert, daß Windows den ROM-Adreßbereich von
        F000:0000 bis 1 MB für einen Haltepunkt verwendet.
        Entspricht der SYSTEM.INI-Einstellung SystemROMBreakPoint=FALSE.
 :V     Interrupts des Festplatten-Controllers werden von der ROM-Routine
        behandelt.
        Entspricht der SYSTEM.INI-Einstellung VirtualHDIRQ=FALSE.
 :X     Schließt den Adapterbereich aus dem Speicherbereich aus, in
        dem Windows nach freiem Speicher sucht.
        Entspricht der SYSTEM.INI-Einstellung EMMExclude=A000-FFFF.

C:\WINDOWS>
```

Wie Sie sehen, kann man Windows 95/98 in sechs verschiedenen Variationen aufrufen, allein gesteuert durch den zusätzlichen Optionsschalter */D:#* wobei „*#*" entweder *F*, *M*, *N*, *S*, *V* oder *X* sein kann. Die Erklärungen für die einzelnen Optionen können Sie direkt der Abbildung bzw. der Bildschirmanzeige entnehmen.

Hier eine kurze Beschreibung der Optionen (in einer anderen, sinnvolleren Reihenfolge als der oben angezeigten) und, wofür ihr Einsatz sinnvoll ist:

- *win /d:m*: Startet Windows im **abgesicherten Modus**, wie Sie ihn auch über das Bootmenü aufrufen können (bzw. beim Booten mit F5). Dieser Befehl ist nützlich, wenn man den Rechner erst im DOS-Modus gestartet hat und anschließend, ohne neu zu booten, Windows im abgesicherten Modus aufrufen will.

- *win /d:n*: Startet Windows im **abgesicherten Modus mit Netzwerk-Unterstützung**. Zum Sinn dieser Funktion siehe die vorherigen Erläuterungen zum Bootmenü.

- *win /d:f*: Deaktiviert den **32-Bit-Zugriff auf die Festplatte**. Diese bei Windows 3.x noch sehr wichtige Funktion wird bei Windows 95/98 kaum noch gebraucht, da fast alle modernen EIDE- und SCSI-Controller unterstützt werden. Lediglich wenn es mit Festplattenzugriffen Probleme gibt, kann man über diesen Schalter testen, ob diese bei Deaktivierung des 32-Bit-Zugriffs aufhören. Jegliche Arbeit mit Windows wird dann jedoch zu einer noch größeren Geduldsprobe als üblich, da die Platten in diesem Modus nicht gerade durch rasante Geschwindigkeit beeindrukken.

- *win /d:v*: Übergibt die **Steuerung der Festplatte** an die Routinen des BI-OS (ROM). Bekanntlich sind EIDE- und SCSI-Controller selbst in der Lage, über ihr BIOS Festplatten per Interrupt-Steuerung anzusprechen (bei EIDE übernimmt dies das PC-BIOS). Normalerweise umgeht Windows diese Funktion aber, weil die Routinen der Controller effektiver mit 32-Bit-Breite über einen Treiber angesprochen werden (statt über die beschränkte 8-Bit-Breite des BIOS-ROM). Sollte es zu Problemen beim Festplattenzugriff kommen, kann man Windows durch diesen Schalter dazu bringen, die Kontrolle wieder an den Controller zu übergeben. Das ist weniger eine Dauerlösung (weil es zu langsam ist), sondern lediglich zur Fehleranalyse zu benutzen. Wie bei der letzten Option gilt aber auch hier, daß Probleme dieser Art bei Windows 95/98 kaum noch auftreten.

- *win /d:s* und */d:x*: Mit diesen beiden Schaltern kann man bewirken, daß Windows selbst **keinen Speicher** aus dem sensiblen Bereich zwischen 640 und 1 MByte für sich verwendet. Dieser auch als **UMA** (**U**pper **M**emory **A**rea, A000-FFFF) bezeichnete Bereich wird nicht nur zum Hochladen von Programmen und Treibern verwendet, sondern v. a. von vielen Hardwaregeräten, die über diese Adreßbereiche eigene ROM-Routinen ansprechen. Wenn Sie z. B. eine neue Steckkarte einbauen, die Speicher im UMA-Bereich benutzt, und es zu Problemen kommt, sollten Sie gleich beide Schalter testweise einsetzen, um Windows aus diesem Bereich selbst komplett rauszuhalten, damit es keine Konflikte gibt. Wichtig ist v. a. der Schalter *x*, weil hier der komplette Speicherbereich ausgeklammert wird, mit *s* wird dagegen nur ein sehr kleiner Adreßbereich für eine spezielle Funktion (die sogenannten Haltepunkte oder SystemROM-Breakpoints) ausgeschlossen. Beachten Sie jedoch, daß nicht immer Windows selbst schuld ist, wenn es zu Speicherkonflikten in diesem Bereich kommt. Im Gegenteil. Viel kritischer sind überlappende Nutzungen desselben Bereichs durch andere Hardwarekomponenten (z. B. E/A-Adreßkonflikte). In diesen Fällen helfen auch die beiden Schalter nichts, die ja nur Windows selbst (also die Software) aus dem Konfliktbereich verbannen, aber eben nicht irgendwelche anderen Hardwarekomponenten.

Gerade, wenn man zuvor auf der DOS-Ebene irgendwelche Aktionen ausgeführt hat, sind die genannten Schalter häufig recht nützlich. Immerhin ersparen sie einem das erneute Booten, wenn man Windows im abgesicherten Modus starten will. Aber auch zur Fehlersuche sind sie nicht schlecht, wenn auch die beiden Hauptfunktionen (Festplattenzugriff und Speicherkonflikte) bei Windows 95/98 kaum noch auftreten. In Verbindung mit alter Hardware (v. a. alten Mainboards) muß man auf diese Optionen allerdings ab und zu immer noch zurückgreifen. Gut zu wissen, wo man sie dann findet und wie man sie einsetzt.

22.5 Windows 98-System-Tuning – Tips für optimale Sicherheit und Geschwindigkeit

Kein System kommt von Haus aus im Optimalzustand und perfekt für alle Bedürfnisse und Situationen auf Ihren Schreibtisch. Wie sollte das auch funktionieren? Und aus eben diesem Grund finden Sie hier eine Sammlung von Tips und Tricks, mit denen Sie noch mehr aus Ihrem ganz speziellen System herausholen oder sich die Arbeit erleichtern können. Dazu kommen dann noch Hinweise und Tips zum allgemeinen Umgang mit dem System oder zum Aufbau einer sinnvollen und wartungsfreundlichen Struktur, die beispielsweise das schnelle und einfache Erstellen von Sicherheitskopien erleichtert. Hier ist also garantiert für jede(n) was dabei!

Tweak UI

In Windows 98 endlich enthalten ist das hilfreiche Tool Tweak UI (für **Tweak U**ser Interface, was wohl andeuten soll, daß man mit diesem Tool ein ganze Menge aus der Benutzerschnittstelle „herauskitzeln" kann). Dort können Sie dann beispielsweise das Bootverhalten von Windows beeinflussen (siehe Abbildung), die Verknüpfungen auf dem Desktop von den unschönen „Pfeilen" befreien und noch vieles mehr. Es lohnt sich in jedem Fall, alle Registerkarten durchzuschauen, ob Sie etwas finden, was Sie ändern wollen. Die meisten Optionen sind völlig selbsterklärend, aber wenn Sie bei einem Punkt nicht so genau wissen, was man hier von Ihnen will, sollten Sie ihn einfach nicht verändern, dann kann nichts passieren ... ;-)

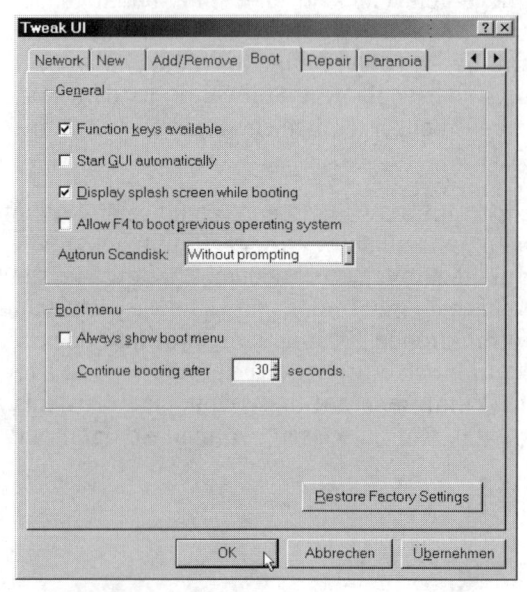

Einige Optionen von Tweak UI

Windows 95-Nutzer sollten sich dieses Tool unbedingt holen, am einfachsten aus dem Internet. Zur Zeit findet es sich unter *http://www.microsoft.com/ windows95/downloads/default.asp* im kompletten Paket der PowerToys (Windows 95 Power Toys Set). Sie sollten sich am besten das ganze Paket herunterzuladen, das noch einige interessante (und vor allem arbeitserleichtende) Funktionen enthält. Wir können die PowerToys jedenfalls wärmstens empfehlen! Sollte Microsoft mal wieder seine Serverstruktur umkrempeln, benutzen Sie am besten die Suchfunktion und geben dort „tweak" ein.

Achtung

Versionskonflikt!

Das dort angebotene Tweak UI ist jedoch nicht für Windows 98 gedacht, denn Windows 98-Benutzer finden das Tool auf der Windows 98-CD-ROM unter \tools\ reskit\powertoy\. Klicken Sie dort mit der rechten Maustaste auf die Datei *Tweakui.inf* und wählen Sie den Punkt *Installieren* aus dem Kontextmenü.

Alle anderen Bestandteile der PowerToys können Sie jedoch auch unter Windows 98 verwenden, wir persönlich empfehlen Ihnen in jedem Fall zwei Erweiterungen für das Kontextmenü, und zwar: *Command Prompt Here*, was Ihnen ermöglicht, aus jedem Ordner heraus eine DOS-Shell zu öffnen, die als Verzeichnis bereits das Verzeichnis der Ordners enthält (linke Abbildung), sowie die *Send-to*-Erweiterung, mit der Sie beispielsweise Dateien schnell in andere Ordner verschieben oder kopieren oder einen Dateinamen mit komplettem Pfad in die Zwischenablage kopieren können (rechte Abbildung).

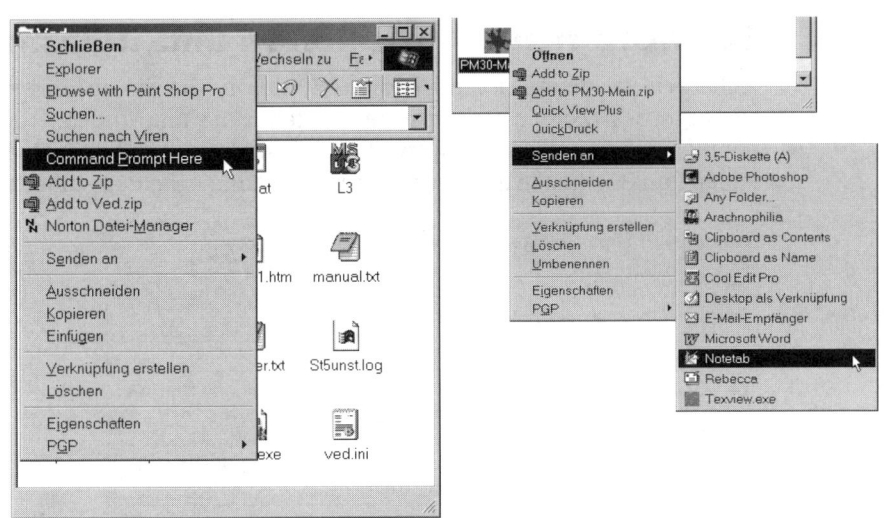

> **Tip**
>
> **PowerToy Tip 1:**
> **Öffnen mit dem Zweit-Lieblingsprogramm**
> Windows bietet Ihnen bekanntlich die Möglichkeit, bestimmte Dateierweiterungen mit bestimmten Programmen zu assoziieren, so daß ein Doppelklick auf eine so registrierte Datei diese Datei direkt mit dem zugehörigen Programm öffnet (z. B. HTML-Dateien, die beim Doppelklick direkt in Netscape geöffnet werden). Wenn Sie nun noch eine andere Anwendung haben, mit der Sie die Datei auch ab und zu öffnen möchten, sich aber nicht als Standard darauf festlegen wollen, dann erstellen Sie eine Verknüpfung mit diesem Programm im Ordner *../Windows/SendTo*. (Im Beispiel der HTML-Dateien könnte das beispielsweise ein Text-Editor sein). Dieses Programm erscheint dann unter *Senden an*, und eine Datei kann so nahezu mit „Doppelklick-Geschwindigkeit" an ein anderes als das registrierte Programm übergeben werden.

> **Tip**
>
> **PowerToy Tip 2:**
> **Kopien erstellen – schneller geht's nicht**
> Wenn Sie sich, wie oben beschrieben, eine Verknüpfung mit einem Ordner in *../Windows/SendTo* erstellen, können Sie jede Datei zukünftig mit nur zwei Mausklicks von überall her an den vorgegebenen Ort kopieren. Ideal beispielsweise, wenn Sie einen Ordner anlegen, in dem Sie wichtige Dateien sammeln und ab und zu auf einem Backup-Medium speichern. Oder wenn Sie einen Ordner anlegen, auf den andere Zugriff übers Netz haben. Oder oder oder ...

Software richtig installieren und deinstallieren

Sicherlich praktisch ist die *Uninstall*-Funktion, die Sie auf der ersten Registerkarte des Moduls *Software* der Systemsteuerung finden – dort können nämlich Programme bequem wieder deinstalliert werden. Trotzdem gibt es einige Punkte, die Sie in diesem Zusammenhang beachten sollten:

Steckbrief: Einstellungen/Software
Vorteile
Zentrale Auflistung der installierten Programme
Einheitliche Benutzerführung bei der Deinstallation
Berücksichtigung aller durch die Installation vorgenommenen Einträge
Nachteile
Es können nur Windows-Programme deinstalliert werden, die explizit für diesen Mechanismus entworfen wurden.
Wenn das Programm diese Funktion nicht explizit unterstützt, taucht es möglicherweise in der Liste auf, wird jedoch nicht korrekt deinstalliert.
Das Programm wird zwar unter Umständen korrekt deinstalliert, doch es erscheint weiterhin als Geistereintrag in der Liste.
Sie haben das Programm von Hand gelöscht, also beispielsweise ein ganzes Unterverzeichnis entfernt. Leider sind damit auch die *Uninstall*-Informationen weg, die eine ordentliche Deinstallation unter normalen Umständen ermöglichen.

Mit einigen wenigen Eingriffen in die Registrierung lassen sich jedoch die meisten der negativen Punkte beheben:

1 Suchen Sie in der Registrierung nach *Uninstall*, oder wechseln Sie von Hand in den Zweig *\\HKEY_LOCAL_MACHINE\\Software\MicrosoftWindows\iCurrentVersion\UnInstall*.

2 Dort können Sie den überflüssigen Eintrag löschen.

3 Kontrollieren Sie, ob das alte Verzeichnis des Programms leer ist, und löschen Sie dieses bei Bedarf.

Leider ist dies nicht die perfekte Lösung, da die Programme oft noch jede Menge alten „Müll" an anderen Stellen in der Registrierung zurücklassen, aber wenigstens tauchen nicht mehr vorhandene Programme so in der Liste auch nicht mehr auf!

Hinweis

Neuinstallation bei Deinstallationsproblemem?

Was ein bißchen widersprüchlich klingt, kann durchaus eine praktikable Lösung sein, besonders, wenn Sie ein Programm einfach gelöscht haben, anstatt es korrekt zu deinstallieren.

Installieren Sie das Programm einfach neu, aber unbedingt in das gleiche Verzeichnis, an der sich die alte Version befand. Führen Sie danach die ganz normale Uninstall-Prozedur durch (über *Start/Einstellungen/Systemsteuerung/Software*).

Undelete unter Windows 95/98

Wenn Sie eine Datei in einer DOS-Shell mit dem Befehl *del* löschen, dann werden Sie im Windows-Papierkorb nach der Datei wohl vergeblich suchen, wenn Sie sie doch wieder zurückholen möchten. Der DOS-Befehl *del* löscht nicht in den Papierkorb von Windows 95/98. Trotzdem können Sie diese Dateien wiederherstellen. Zwei Voraussetzungen müssen allerdings erfüllt sein: Zum einen müssen Sie noch über das Programm Undelete verfügen, es also von Ihrer früheren DOS-Version vorsichtshalber aufbewahrt haben, oder aber Sie laden es sich aus dem Verzeichnis *Other\Olddos* der Windows-CD-ROM in Ihr DOS-Verzeichnis. Außerdem sollten Sie noch keinerlei Schreibvorgänge auf der Festplatte ausgeführt haben, da dadurch der Platz der zu restaurierenden Datei durch andere Daten überschrieben sein könnte. Starten Sie die Wiederherstellung also, sobald Sie die Datei vermissen.

1 Da Windows 95/98 einen direkten Zugriff auf ein Laufwerk nicht mehr zuläßt, müssen Sie den Zugriff von Undelete erst durch den Befehl *Lock* ermöglichen.

2 Führen Sie nun wie gewohnt Undelete aus.

3 Setzen Sie den Schutz des Laufwerks mit *Unlock* wieder in Kraft.

Merkwürdigerweise heißt der Befehl, der ja die Laufwerke eigentlich freigibt, tatsächlich *Lock* (engl. für verschließen) und umgekehrt. Als Eselsbrücke können Sie sich also eigentlich merken: „Es ist genau falsch rum". ;-)

Die Neuinstallation

Sollte es trotz aller Maßnahmen einmal passieren, daß Sie um eine Neuinstallation nicht herumkommen, dann sollten Sie sich die Zeit nehmen, um ein paar wichtige Punkte zu klären.

Checkliste: Vor der Neuinstallation
Über welche Backups verfügen Sie? Ist es vielleicht möglich, die ganze Windows-Installation durch ein Backup zu ersetzen?
Haben Sie alle Programme und Hardwaretreiber, die Sie wieder installieren wollen, zur Hand? Sind die Datenträger lesbar? (Um das festzustellen, können Sie beispielsweise probehalber einige *Readme*-Dateien von dem Datenträger (CD-ROM, Diskette usw.) öffnen.)
Verfügen Sie über Bootdisketten mit den nötigen Treibern? Vielleicht reicht der aktuelle Zustand, so schlimm er auch sein mag, noch aus, um wichtige Dateien zu kopieren.
Haben Sie wirklich alle Backups der wichtigsten Daten? Kennen Sie alle Paßwörter, die momentan als „automatisch einzusetzen" in den verschiedensten Programmen eingetragen sind?

Die Frage nach den Backups sollten Sie auch dann bejahen können, wenn sich die Daten auf einer anderen, vermeintlich sicheren Festplatte befinden. Eine komplette Installation des Betriebssystems ist normalerweise nichts Aufregendes, hat sich aber auch schon als traumatisch für das ganze System erwiesen!

Probieren Sie aus, ob ein „Drüberinstallieren" von Windows hilft und ob das System danach noch stabil läuft. Wir würden Ihnen das aber nur empfehlen, wenn es schnell gehen muß oder Sie gerade nicht alle Programme zur Hand haben, die Sie bei einer Neuinstallation ebenfalls neu installieren müßten.

Erfahrungsgemäß ist es übrigens gut, besonderen Wert auf die Online-/DFÜ-Einstellungen (beachten Sie dazu auch Seite 966) sowie die zum Betrieb des Modems oder der ISDN-Karte nötigen Treiber zu legen. Wenn Sie nämlich später wenigstens wieder Anschluß „an den Rest der Welt" haben, lassen sich viele andere Treiber, die beschädigt, nicht mehr lesbar oder veraltet sind oder schlicht und einfach vergessen wurden, aus dem Internet holen. Besonders hilfreich kann es zum Beispiel sein, sich so aus dem Internet einen Treiber für Ihr Backup-Gerät zu holen, damit Sie an den Rest der Sicherheitskopien überhaupt erst einmal herankommen.

Ordnung ist alles

So ärgerlich es auch ist, wenn Sie eine Neuinstallation vornehmen müssen, Sie sollten diese Gelegenheit beim Schopf ergreifen und alles gut strukturieren. Eine Neuinstallation wird zwar unter Umständen länger dauern, und gerade das eine oder andere kleine Hilfsprogramm werden Sie vergessen und dann fluchen, wenn Sie es benutzen wollen, aber Sie haben auch völlig neue Möglichkeiten, Punkte zu verbessern, die sich im laufenden Betrieb nur sehr schwer ändern lassen.

- Überdenken Sie, ob sich die Partitionierung Ihrer Festplatten als vorteilhaft erwiesen hat. Jetzt ist eine nahezu einmalige Gelegenheit, das zu ändern, (Es sei denn, Sie verfügen über spezielle Programme zu diesem Zweck, mehr dazu auf Seite 420.)

Schaffen Sie eine Struktur für die zu installierenden Programme, finden Sie den Ordner schneller, wenn Sie etwas suchen, und Backups werden zum Kinderspiel.

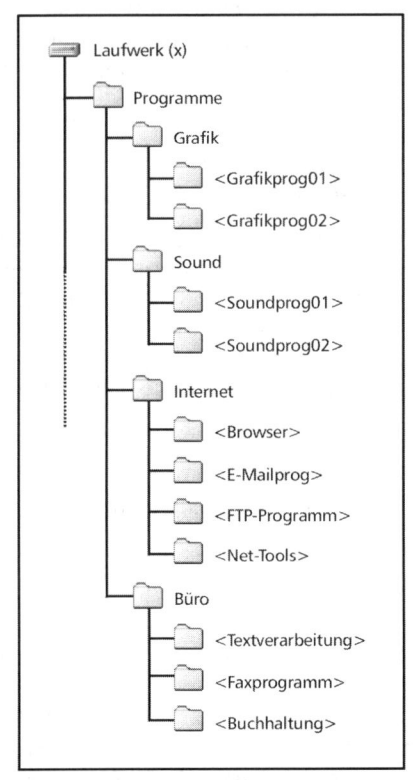

```
Laufwerk (x)
    Programme
        Grafik
            <Grafikprog01>
            <Grafikprog02>
        Sound
            <Soundprog01>
            <Soundprog02>
        Internet
            <Browser>
            <E-Mailprog>
            <FTP-Programm>
            <Net-Tools>
        Büro
            <Textverarbeitung>
            <Faxprogramm>
            <Buchhaltung>
```

Die Unterkategorien sind natürlich exemplarisch und richten sich nach den von Ihnen verwendeten Programmen. Wenn Sie Ihre Programme so strukturieren, finden Sie alles sofort wieder und haben es auch leichter, wenn Sie gezielt Backups anlegen wollen.

Es versteht sich natürlich von selbst, daß sich diese Struktur auch für von Ihnen erstellte Dateien empfiehlt, ein Ordner für alle Grafikdateien mit Unterordnern für verschiedene Dateitypen, die dann ruhig thematisch sortiert sein können. So wissen Sie später sofort, daß die Titelgrafik für die Vereinszeitung sich unter *E:\Grafiken\Privat\Kegelklub* befindet. Abgesehen davon, daß Sie so gesuchte Dateien besser finden, haben Sie es auch wesentlich leichter, wenn Sie Backups anfertigen.

DFÜ-Netzwerk-Trouble

Bei einer Neuinstallation von Windows (oder einer Installation auf einem anderen Rechner) müssen Sie buchstäblich wieder bei Null anfangen. Zumindest für die DFÜ-Netzwerkeinstellungen existiert eine äußerst komfortable Methode, denn alle DFÜ-Einstellungen sind unterhalb von *HKEY_USERS\ Default\RemoteAccess* gespeichert. Sie können mit *regedit* diesen ganzen Zweig markieren und einfach beispielsweise als *Ras09-98.reg* exportieren und sicher wegpacken. Diese Datei können Sie dann bei Bedarf einfach wieder importieren, und alle alten Einstellungen stehen Ihnen wieder zur Verfügung! Dies ist besonders empfehlenswert, wenn Sie über mehrere Internetzugänge (oder DFÜ-Verbindungen zu anderen Netzen oder Einzelrechnern) verfügen.

Die CPU muß cool bleiben

Das Herz des Rechners, die CPU, verträgt (wie viele andere Bauteile auch) keine große Hitze. Leider ist die CPU aber genau davon ziemlich oft bedroht: Besonders die neuen AMD-Prozessoren arbeiten mit astronomisch anmutenden Stromstärken. Kein Wunder, daß es dabei heiß hergeht.

Aber, ohne auf die technischen Details einzugehen, die CPU kann tatsächlich per Software gekühlt werden!

Besonders ans Herz würden wir Tools dieser Art natürlich den Nutzern notorisch übertakteter CPUs legen, aber eine Regel gilt trotzdem immer: „Eine kalte CPU lebt länger".

Diese drei Programme senken den Stromverbrauch drastisch, was natürlich zum einen die Temperatur (und damit die Lebensdauer) positiv beeinflußt, aber zum anderen auch die Notebook-Besitzer unter Ihnen beim Thema „Stromverbrauch" hellhörig werden lassen sollte. Übrigens schlagen sich beide Programme durch die Funktion selbst nicht in der Performance des Rechners nieder, der Performance-Verlust durch den belegten Speicher (wie ihn alle residenten Programme verursachen) ist bei 64 MByte vernachlässigbar gering, wenngleich CPUIdle mit über 1,7 MByte schon recht gefräßig ist, die beiden anderen Kandidaten belegen beide weniger als 200 KByte.

Rain (aktuelle Version 1.0)	http://cpu.simplenet.com/leading_wintech/
Waterfall (aktuelle Version 1.23)	
CPUIdle (aktuelle Version: 5.0)	http://www.stud.uni-hannover.de/~goetz/

Die Version 3.02 von CPUIdle war noch Freeware, also kostenlos. Leider änderte der Autor den Programmstatus in Shareware, die nur noch für 30 Tage genutzt werden darf und danach für 20 DM registriert werden muß. Die beiden anderen Programme sind völlig kostenlos. Übrigens unterscheiden sie sich dadurch, daß Rain eine etwas bessere Kühlleistung bringen soll, Waterfall dafür zusätzlich einen CPU-Monitor bietet.

Hinweis
Wo gibt's das alte CPUIdle?

Sollten Sie mit Rain oder Waterfall nicht zufrieden sein, dann können Sie auch versuchen, eine alte, kostenlose Version von CPUIdle zu ergattern: Geben Sie dazu in eine FTP-Suchmaschine (wie z. B. FTP-Search unter *http://ftpsearch.ntnu.no/ftpsearch*) den Namen des „alten" Archivs ein: „cpuidle302.zip". Vielleicht werden Sie ja noch fündig.

Trotzdem an dieser Stelle noch zwei Hinweise:

1. Wenn Sie sich mit dem Systemmonitor oder einem ähnlichen Tool die Prozessorauslastung anzeigen lassen, dann wird Ihnen bei laufendem Kühlprogramm eine Prozessorauslastung von 100 % angezeigt. Wundern Sie sich nicht darüber, schließen Sie einfach das Programm (oder deaktivieren Sie es vorübergehend, bei Rain beispielsweise durch einen Klick mit der rechten Maustaste auf das Symbol im Task-Tray) und wiederholen Sie Ihre Messung.

2. Vereinzelt wird von Problemen beim Brennen von CDs mit aktiviertem CPUIdle berichtet. Dafür gibt es eigentlich keine Erklärung, zumal das Programm auch bei echten Leistungshärtetests wie Quake 2 keine Probleme bereitet. Wenn Sie aber Probleme mit „verbrannten" Rohlingen haben und den Fehler einfach nicht finden können, sollten Sie probieren, CPUIdle während des Brennens zu deaktivieren oder zu schließen.

Probleme mit der neuen OnNow-Funktion

Was bei Laptops schon lange an der Tagesordnung ist („Suspend to disc" oder „Suspend to RAM"), wird jetzt endlich auch von Ihrem PC zu Hause unterstützt: die Möglichkeit, den gesamten Speicherinhalt mit allen Programmen in einem Zustand einzufrieren und den Rechner auf Knopfdruck in einen Tiefschlaf zu schicken. Leider ist dies mit den Boards, die momentan wohl noch überwiegend im Einsatz sein dürften, schwierig bis unmöglich.

Zu viele Komponenten müssen perfekt aufeinander abgestimmt sein, damit diese Funktion wirklich funktioniert. Eine wesentliche Grundvoraussetzung stellt schon der Chipsatz dar: Nur die allerneuesten Chipsätze von ALI, Intel und SiS besitzen die unbedingt notwendige ACPI(=**A**dvanced **C**onfiguration and **P**ower Interface)-Tauglichkeit. Außerdem müssen für alle Systemkomponenten die modernsten Windows 98-Treiber verwendet werden (die ja teilweise noch gar nicht erhältlich sind!)

Außerdem haben wir abgesehen davon eine solche Funktion noch nie vermißt, eher im Gegenteil: Bei längerem und intensivem Arbeiten mit umfangreichen Programmen ist es eher ratsam, das ganze System (in der Kaffeepause) über *Start/Beenden/Neu starten* neu zu starten. Gelegentliches Neustarten steigert die Systemstabilität erheblich, einige Probleme (gerade, was scheinbar fehlenden Speicher betrifft) verschwinden dabei von selbst.

Abgesehen davon kursieren im Internet Anwenderberichte, die bei im BIOS aktivierten ACPI-Funktionen von bis zu 25 % Leistungsverlust sprechen, ein Punkt, den man also unbedingt im Auge behalten sollte (beispielsweise durch Messungen mit dem Systemmonitor).

23. Die PC-Pannenhilfe – So läuft jeder PC

Dieses Kapitel soll Sie systematisch durch eine Fehlersuche führen, die immer dann notwendig wird, wenn der PC nur noch Pieptöne oder gar nichts mehr von sich gibt. Schritt für Schritt klopfen wir alle möglichen Fehlerquellen ab, die neben defekten Bauteilen für ein komplettes Versagen des Computers verantwortlich sein können.

23.1 Wenn nichts mehr läuft

Bevor Sie einen Computer überhaupt bedienen können, muß dieser erst hochfahren, d. h. starten. Nach dem Einschalten werden alle Bauteile mit Strom versorgt, um eine ganze Reihe von Vorgängen zu starten, bis zuletzt das Betriebssystem geladen wird. Unter gewissen Umständen kann bei diesem „Initialisieren" des Rechners aber ein Fehler auftreten, der eine Inbetriebnahme behindert oder gar unmöglich macht. Dann läßt sich das Betriebssystem nicht mehr starten, oder der Rechner gibt überhaupt kein Lebenszeichen mehr von sich.

Nur nicht übersehen: Offensichtliche Fehlerquellen

Für einen sehr großen Teil aller auftretenden Fehler sind ganz banale Dinge verantwortlich: lockere oder verdrehte Kabel, nicht geschlossene Steckverbindungen oder schlecht sitzende Erweiterungskarten. Bevor Sie also ängstlich einen Defekt der Hardware vermuten, sollten Sie anhand der folgenden Checkliste sofort die wichtigsten Punkte überprüfen. Dadurch können Sie schon im Vorfeld einige häufige Fehlerquellen ausschließen.

Checkliste: Fehlerquellen
Überprüfen Sie als erstes bei abgezogenem Netzkabel noch einmal den korrekten Sitz aller Erweiterungskarten und Laufwerke. Sind alle Schrauben angebracht?
Sitzen alle Speicherbausteine fest in der Bank und sind eingerastet? Das gilt auch für den Cachespeicher, wenn Sie diesen selbst eingebaut haben.
Liegt die CPU vollständig in ihrem Sockel, und ist der Befestigungshebel umgelegt und eingerastet (Sockel 7-Prozessor)? Ist der Lüfter für die CPU angeschlossen?
Sitzt die Prozessorkassette über die gesamte Länge korrekt in ihrem Slot, und ist der Haltemechanismus mit allen Muttern sicher befestigt?

> Sind die richtige Voltzahl und die Taktrate für die CPU auf dem Mainboard eingestellt worden? Vergleichen Sie noch einmal die Einstellung aller Jumper mit der Bedienungsanleitung des Mainboards.
>
> Überprüfen Sie als nächstes noch einmal alle Datenkabel für das Diskettenlaufwerk, die Festplatte und das CD-ROM-Laufwerk. Auch die Leitungen der seriellen und parallelen Anschlüsse sollten noch einmal kontrolliert werden (rote Ader auf Pin 1). Sind die Kabel ohne Spannung verlegt, und verdecken diese auch nicht die Luftschlitze des Netzteils?
>
> Ist die Stromversorgung für alle Laufwerke und das Mainboard angebracht? Dabei dürfen die Stecker unter allen Umständen nur richtig herum in die vorgesehenen Steckplätze an Mainboard und Laufwerken gesteckt werden. Normalerweise sorgt die asymmetrische Form von Stecker und Buchsen auch dafür, daß Sie sich darum keine Sorgen zu machen brauchen, aber mit viel Kraft oder einem beschädigten Stecker mag es auch falsch herum gehen. Ebenso müssen bei AT-Boards die beiden Stecker für die Stromversorgung richtig nebeneinander liegen. Auf den beiden identischen Steckern müssen die vier schwarzen Massekabel zusammen in der Mitte liegen.
>
> Überprüfen Sie die Anschlüsse des Lautsprechers und der Leuchtdioden, ob diese richtig gepolt und an der richtigen Stelle angeschlossen sind. Das gleiche gilt für den Reset- oder den Stand-by-Anschluß. Achtung: Diese kleinen Anschlüsse haben bei versehentlich falscher Verkabelung eine große Wirkung. Wenn beispielsweise das Kabel einer Leuchtdiode oder der Reset-Schalter mit dem Anschluß des CPU-Lüfters verbunden wird, verwandeln sich diese Kabel beim Einschalten des Rechners in Heizdrähte.
>
> Okay, es klingt banal, aber wenn Sie alles im Inneren des Rechners überprüft haben, sollten Sie ebenso noch einmal den korrekten Sitz der externen Kabel, insbesondere des Stromkabels prüfen. Oft ist eben einfach „kein Benzin im Tank".

Gehäusedeckel erst montieren, wenn alles wieder läuft

> **Hinweis**
> **Gefahr durch Stromschlag!**
> Achten Sie darauf, daß weder Sie noch irgend jemand anderes in das Innere des Rechners faßt, wenn der Gehäusedeckel entfernt wurde und der Rechner mit dem Stromnetz verbunden ist.

Bevor der Rechner das erste Mal nach einem Umbau oder gar Neubau gestartet wird, ist es sinnvoll, auf den Deckel des Rechnergehäuses zu verzichten. Zum einen brauchen Sie bei einer Fehlfunktion das Gehäuse nicht erst wieder zu demontieren, und zum anderen haben Sie einen besseren Überblick über die Geschehnisse im Inneren des Rechners. Falls es durch eine falsche Verkabelung wirklich einmal zu einem Kurzschluß oder Kabelbrand kommt, fällt es Ihnen leichter auf, und Sie können schneller reagieren.

Der Rechner piept nur noch

Jedesmal, wenn Sie Ihren Rechner einschalten, sorgt das sogenannte Power-Good-Signal dafür, daß der Computer das Startprogramm, das im BIOS enthalten ist, ausführt. Dieses Programm versetzt den Rechner in eine Grundeinstellung, das heißt, alle Bausteine werden betriebsbereit gemacht. Dabei wird auch ein grundlegender Test aller Hardwarekomponenten durchgeführt, der als Power-On-Self-Test bezeichnet wird.

Warum Ihr Rechner piept

Wenn dieser Selbsttest einen Fehler ermittelt, wird das System angehalten und eine Fehlermeldung ausgegeben. Die Ausgabe der Fehlermeldungen findet in Form eines Fehlercodes statt. Da einige Fehler nicht am Bildschirm wiedergegeben werden können, beispielsweise eine defekte Grafikkarte, werden die Fehlermeldungen zusätzlich in Form eines Pieptons, dem sogenannten Beep Code, über den Lautsprecher wiedergegeben.

Jedes BIOS hat andere akustische Fehlermeldungen

Die Fehlermeldungen und deren Bedeutungen weichen je nach installiertem BIOS stark voneinander ab. Das gilt für die Meldungen, die am Bildschirm erscheinen, genauso wie für die zusätzlichen Pieptöne. Bei einem AMI-BIOS beispielsweise ist ein kurzer Piepton ein Hinweis darauf, daß einer der Speicherbausteine defekt ist. Hingegen bedeutet ein kurzer Piepton bei einem Award-BIOS, daß kein Fehler vorhanden ist und das System normal starten kann. Im Gegensatz zum AMI-BIOS, bei dem nur die Anzahl der Pieptöne eine Rolle spielt, wird beim Award-BIOS zwischen der Anzahl und der Länge der Pieptöne unterschieden. Beim Phönix-BIOS werden die Anzahl der Pieptöne und die zwischen den Pieptönen liegenden Pausen berücksichtigt. Die Ausgabe der Fehlermeldungen am Bildschirm findet je nach BIOS entweder als kurzer Hilfstext oder nur als Fehlernummer statt. Einige andere wiederum zeigen einen kurzen Hilfstext und eine Fehlernummer an.

Eigentlich sollte dieses Durcheinander schon reichen, aber es kommt noch schlimmer. Einige Computerhersteller wie IBM oder Compaq besitzen wieder andere Fehlermeldungen und Pieptöne, die von denen der BIOS-Hersteller abweichen. Auch die neuen BIOS-Updates, die täglich auf den Internetseiten der BIOS-Hersteller erscheinen, machen das Ganze nicht einfacher. Die häufigsten auftretenden akustischen Fehlermeldungen derjenigen BIOS, die am weitesten verbreitet sind, finden Sie tabellarisch aufgeführt auf den Seiten 944-946.

Nach dem Einschalten passiert gar nichts

Sie schalten wie immer den Rechner ein. Anstatt der erwarteten Meldung *Windows 95* oder *98 wird gestartet* geschieht gar nichts. Kein Lämpchen leuchtet, und selbst das nervende Geräusch der Lüfter und das Summen der Festplatte bleiben aus.

Flussdiagramm: Nach dem Einschalten passiert gar nichts

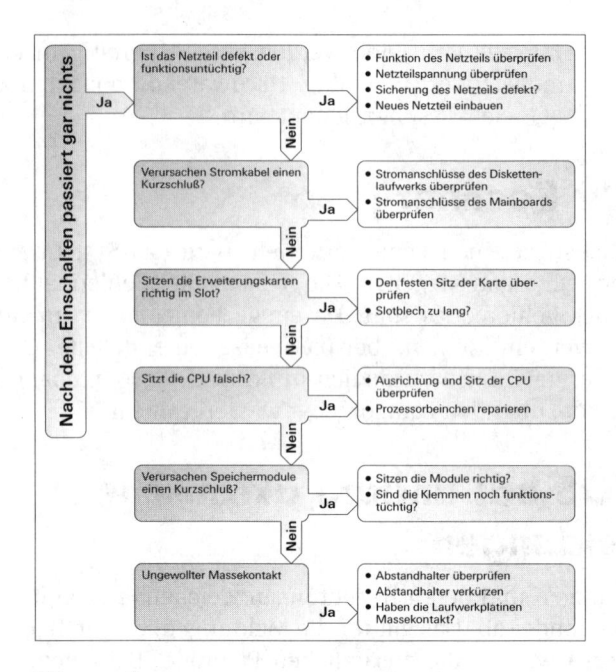

Frage	Ja → Maßnahmen	Nein →
Ist das Netzteil defekt oder funktionsuntüchtig?	• Funktion des Netzteils überprüfen • Netzteilspannung überprüfen • Sicherung des Netzteils defekt? • Neues Netzteil einbauen	weiter
Verursachen Stromkabel einen Kurzschluß?	• Stromanschlüsse des Diskettenlaufwerks überprüfen • Stromanschlüsse des Mainboards überprüfen	weiter
Sitzen die Erweiterungskarten richtig im Slot?	• Den festen Sitz der Karte überprüfen • Slotblech zu lang?	weiter
Sitzt die CPU falsch?	• Ausrichtung und Sitz der CPU überprüfen • Prozessorbeinchen reparieren	weiter
Verursachen Speichermodule einen Kurzschluß?	• Sitzen die Module richtig? • Sind die Klemmen noch funktionstüchtig?	weiter
Ungewollter Massekontakt	• Abstandhalter überprüfen • Abstandhalter verkürzen • Haben die Laufwerkplatinen Massekontakt?	

Hinweis

Keine Angst um Komponenten

Wenn der Rechner nicht das macht, was Sie von ihm wollen, fürchten Sie nicht gleich um Ihre Komponenten. Daß sich die gerade teuer erstandene High-End-Grafikkarte direkt nach dem ersten Einschalten auf Nimmerwiedersehen verabschiedet, kann vorkommen – ist aber sehr selten.

Schalten Sie den Rechner am besten sofort wieder aus und überprüfen Sie die folgenden Punkte.

Kabelbrand?

Keine Angst, diese Art von Defekt kommt extrem selten vor und ist (besonders, wenn Sie, wie oben beschrieben, alle Kabelverbindungen überprüft haben) ziemlich unwahrscheinlich, aber in einigen seltenen Fällen kann es im Inneren des Rechners durch einen Kurzschluß zu einem Kabelbrand kommen. Dadurch besteht natürlich unmittelbare Gefahr für Ihren Computer oder sogar Ihre Wohnung. Beim geringsten Anzeichen (seltsamer Geruch, Rauch, Knistern von Plastik) sollten Sie sofort den Netzstecker ziehen, und folgende Punkte der Reihe nach prüfen.

Anschluß ans Stromnetz

Prüfen Sie als erstes, ob alle Stromkabel fest in der Steckdose eingesteckt sind. Wenn Sie zum Anschluß Ihrer Geräte eine Mehrfachsteckdose benutzen, kontrollieren Sie, ob diese selbst fest mit der Steckdose verbunden oder vielleicht beschädigt ist. Gerade bei billigen Mehrfachsteckdosen kann es vorkommen, daß sie wegen schlechter Verarbeitung nicht funktionieren.

Um festzustellen, ob überhaupt Strom aus der Steckdose kommt, stöpseln Sie versuchsweise eine Lampe oder ein anderes Elektrogerät ein. Funktioniert das Elektrogerät an dieser Steckdose ebenfalls nicht, überprüfen Sie den Sicherungskasten im Haus. Erst wenn sichergestellt ist, daß Strom aus der Steckdose fließt, muß die Fehlersuche am Rechner fortgesetzt werden.

Eingangsspannung des Netzteils überprüfen

Eine weitere Ursache kann ein nicht korrekt eingestellter Schalter für die Eingangsspannung des Netzteils sein. Dieser Schalter befindet sich auf der Rückseite des Rechners direkt am Netzteil, ist aber nicht bei jedem Rechner vorhanden.

Über diesen Schalter läßt sich das Netzteil auf die länderabhängige Versorgungsspannung umstellen, wie beispielsweise auch an einem Haarfön oder Rasierapparat. Möglich sind die Einstellungen 110 V und 220 V. Stimmt die Einstellung nicht mit der tatsächlichen Versorgungsspannung überein, wird der Rechner nicht funktionieren. Steht der Schalter auf 110 V, obwohl 220 V vorhanden sind, brennt die Sicherung des Netzteils beim Einschalten durch.

Ist das Netzteil defekt?

Die Fehlerursache Nummer 1 bei einem Totalausfall des Rechners ist das Netzteil. Von einer eigenhändigen Reparatur eines funktionsuntüchtigen Netzteils ist ausdrücklich abzuraten.

Hinweis
Achtung Lebensgefahr!
Im Inneren des Netzteils liegen lebensgefährliche Spannungen von bis zu 1.000 Volt an. Wenn ein Fehler im Netzteil vorliegt, können diese Spannungen noch viel höher liegen. Deshalb lassen Sie Reparaturen am Netzteil nur vom Fachmann durchführen.

Hinweis
Leerlauf des Netzteils vermeiden
Achten Sie darauf, daß Sie das Netzteil niemals ohne angeschlossene Verbraucher betreiben. Ein solcher Leerlauf wird das Netzteil in kurzer Zeit zerstören, weil dadurch hochempfindliche elektronische Bauteile innerhalb des Netzteils beschädigt werden könnten.

Überprüfen Sie deshalb als nächstes die Funktion des Netzteils. Entfernen Sie dazu das Gehäuse des Rechners und ziehen Sie alle angeschlossenen Verbraucher bis auf die Festplatte ab.

Wenn das Netzteil funktionstüchtig ist, müßte nach dem Einschalten des Rechners die Festplatte anlaufen. Das erkennen Sie am Laufgeräusch des Motors. Sollte dies nicht zu hören sein, legen Sie Ihre Hand auf die Oberseite der Festplatte. Wenn die Festplatte läuft, werden Sie eine leichte Vibration wahrnehmen. Wenn nicht, ist mit ziemlicher Sicherheit entweder die Netzteilsicherung durchgebrannt oder das Netzteil defekt.

Hat das Netzteil zu wenig Leistung?

Ist in Ihrem Rechner ein Netzteil mit einer Leistung von weniger als 150 Watt eingebaut, kann es vorkommen, daß diese Leistung nicht ausreicht, um alle Komponenten mit Strom zu versorgen. Das können Sie feststellen, indem Sie alle Laufwerke Ihres Rechners vom Netzteil abtrennen und nur die Mainboard-Anschlüsse und den CPU-Lüfter angeschlossen lassen. Schalten Sie jetzt den Rechner ein. Wenn die Fehlfunktion durch nicht ausreichende Leistung des Netzteils verursacht wurde, wird der Rechner sich jetzt zwar über die fehlenden Laufwerke beschweren, aber er funktioniert wieder, und Sie haben den Fehler gefunden.

Netzteilspannung messen

Wenn Sie im Besitz eines Spannungstesters sind, können Sie die Funktion des Netzteils am genauesten überprüfen.

Welche Spannung liegt an?

Die Kontrolle der Spannung läßt sich am besten an den Stromanschlüssen auf dem Mainboard testen. Anhand der nachfolgenden Tabelle können Sie erkennen, wie welche Spannung an den unterschiedlichen farbigen Adern anliegen muß.

Farbe	Spannung/Signal
Orange	Power-Good
Rot	+5 V
Gelb	+12 V
Blau	-12 V
Weiß	-5 V
Schwarz	Masse

Maximal zulässige Spannungsabweichungen

Die nächste Tabelle enthält die maximal zulässigen Abweichungen. Das Power-Good-Signal, das an der orangefarbenen Ader kurz nach dem Einschalten anliegt, überprüft die zulässigen Abweichungen. Werden die zulässigen Werte unter- oder überschritten, wird das Signal nicht an den Peripherie-Controller auf dem Mainboard weitergeleitet. Um Beschädigungen zu vermeiden, schaltet der Peripherie-Controller bei Nichtempfang des Power-Good-Signals alle Daten- und Adreßleitungen ab.

Spannung	untere Abweichung	obere Abweichung
+5 V	-1 V	+0,9 V
-5 V	-1 V	+0,9 V
+12 V	-2,4 V	+2,2 V
-12 V	-2,4 V	+2,2 V

Ist die Sicherung defekt?

Eine Schmelzsicherung schützt das Netzteil vor Beschädigungen durch zu hohe Eingangsspannungen. Allerdings kann diese Schmelzsicherung auch dann durchbrennen, wenn das Netzteil einen Fehler aufweist. Zur Kontrolle der Sicherung muß das Netzteil geöffnet werden, eine Maßnahme, die nur vom Fachmann durchgeführt werden sollte. Im Zweifelsfall können Sie Ihr Netzteil ausbauen und in einer Fachwerkstatt überprüfen lassen. Fragen Sie auf jeden Fall danach, was eine Überprüfung und der Austausch der Sicherung kosten würde, denn ein neues Netzteil bekommen Sie schon für weit weniger als 100 DM.

Einbau eines neuen Netzteils

Ist der Einbau eines neuen Netzteils nötig, achten Sie beim Kauf darauf, daß die Leistung mindestens gleich, besser aber höher als die des alten Netzteils ist. Weiter ist zu beachten, daß die Positionen der Befestigungsbohrungen mit denen des alten Netzteils identisch sind. Schließlich müssen die Länge und Anzahl der Stromanschlüsse mit in Betracht gezogen werden. Wenn Sie sich nicht sicher sind, nehmen Sie beim Kauf des neuen Netzteils das alte zum Vergleich mit. Mehr Informationen zum Austausch des Netzteils und eine genaue Anleitung finden Sie im Kapitel über das PC-Gehäuse.

Verursachen die Stromkabel einen Kurzschluß?

Die Stromanschlüsse der einzelnen Komponenten können unter besonders ungünstigen Umständen durchaus der Auslöser für einen Kurzschluß sein. Die als verpolungssicher geltenden Anschlußstecker können, wenn (viel) zuviel Kraft aufgewendet wird (oder wenn sie kaputt sind), falsch herum gesteckt werden. Das gilt sowohl für die Stecker an den Laufwerken als auch für den Stecker des CPU-Lüfters.

Eine wahrscheinlichere Fehlerquelle ist der Anschluß des Diskettenlaufwerks. Dieser Stecker besitzt an der Unterseite zwei Nasen. Diese Nasen verhindern, daß der Stecker falsch herum mit der Oberseite nach unten aufgesteckt wird. Dummerweise passiert es aber ab und zu, daß der Stecker seitlich versetzt gesteckt wird. In diesem Fall haben von diesem 4poligen Stecker nur drei Pins Kontakt – natürlich die falschen. Wenn das passiert, führt das dazu, daß der Rechner keinen Ton mehr von sich gibt.

Sitzen alle Erweiterungskarten fest in den Slots?

Auch wenn man es nicht direkt für möglich hält, manchmal verursacht eine Erweiterungskarte, die nicht hundertprozentig im Slot sitzt, einen Kurzschluß. Haben Sie gerade erst eine neue Erweiterungskarte eingebaut, sollten Sie noch einmal überprüfen, ob alle Karten fest sitzen. Kontrollieren Sie auch, ob alle Karten mit einer Befestigungsschraube gesichert sind.

Je nach Verarbeitungsqualität der Karten und des Gehäuses kann es vorkommen, daß es nicht möglich ist, die Karte ganz einzustecken. Es kann auch vorkommen, und das ist kein Einzelfall, daß beim Anziehen der Befestigungsschrauben die Erweiterungskarten aus dem Slot gezogen werden. In so einem Fall bekommen die Karten keinen richtigen Kontakt mehr und verursachen unter Umständen einen Kurzschluß. Genauso dumm ist es, wenn das Slotblech der Karte zu lang ist und den Boden des Gehäuses früher erreicht als die Karte den Kontakt. Abhilfe schafft in solchen Fällen unter Umständen ein anderer Steckplatz, wenn noch einer vorhanden ist. Ansonsten hilft nur ein leichtes Nachbiegen oder Kürzen des Slotblechs. Dazu muß die Karte auf jeden Fall ausgebaut werden, um nicht das Mainboard oder die Karte selbst zu beschädigen. Vergessen Sie auch nicht, daß bei einer mechanischen Veränderung der Karten (beim Kürzen des Slotblechs) die Garantie verfällt.

Beim nachträglichen Einbau einer Erweiterungskarte in einen fertig montierten Rechner aus dem Fachhandel sollten Sie überprüfen, ob sich eventuell Reste von Klebstoff im Slot der neuen Karte befinden. Einige Computerhersteller fixieren alle Stecker, Speicherbausteine und andere gesteckte Teile mit Heißkleber. Bei unsachgemäßer Handhabung bilden sich feine, für das Auge kaum wahrnehmbare Klebefäden, die sich in den freien Slots für Erweiterungskarten festsetzen können. Wird in einem solchen Fall eine weitere Karte eingebaut, bekommt diese mit Sicherheit keinen richtigen Kontakt. Haben Sie sich davon überzeugt, daß alle Karten korrekt eingebaut sind und keinen Kurzschluß verursachen, geht es jetzt bei der CPU und den Speicherbausteinen weiter. Starten Sie den Rechner erst dann, wenn Sie die folgenden Punkte abgehakt haben; der Zeitaufwand dafür ist minimal. Halten Sie sich immer vor Augen, daß ein häufiges Ein- und Ausschalten des Rechners der empfindlichen Elektronik schadet.

Ist die CPU richtig eingebaut? (Sockel 7-Prozessor)

Ein Kurzschluß (oder mangelnde Stromversorgung des Prozessors) durch einen schiefen Einbau tritt manchmal nach einer Aufrüstaktion auf. Wenn Sie also gerade eine neue CPU eingesetzt haben, kontrollieren Sie noch einmal den korrekten Sitz.

> **Hinweis**
> **Was Sie beim Abnehmen des CPU-Lüfters beachten müssen!**
> Das Abnehmen eines CPU-Lüfters, der direkt mit dem CPU-Sockel verbunden ist, sollten Sie mit äußerster Vorsicht gestalten. Dosieren Sie Ihre Kraft so, daß das Mainboard keinen Schaden nimmt. Wenn Sie einen Gegenstand zum Heraushebeln verwenden, achten Sie darauf, daß Sie auf gar keinen Fall abrutschen. Das würde eine Spur der Verwüstung auf dem Mainboard hinterlassen.

Es kann bei Sockel 7-CPUs unter ungünstigen Umständen (der Hebel des ZIF-Sockels war nicht ganz geöffnet) dazu kommen, daß der Prozessor nicht ganz in den Sockel hineinrutscht und schief sitzt. In diesem Fall reicht es schon, den Arretierungshebel noch einmal ganz zu öffnen. Jetzt muß die CPU völlig ohne Kraft vollständig in den Sockel hineingleiten.

Ist die CPU richtig eingebaut? (Slot 1)

Ein Kurzschluß durch eine falsch eingesetzte Slot 1-Prozessorkassette ist zwar seltener als bei Sockel 7-Prozessoren, aber dennoch nicht auszuschließen. Überprüfen Sie im Fehlerfall, ob die Prozessorkassette über die ganze Länge korrekt im Slot sitzt und die Arretierungsklammern links und rechts am Gehäuse vollständig eingerastet sind.

Verursachen die Speichermodule einen Kurzschluß?

Je nach Rechnerausstattung befinden sich entweder zwei oder vier PS/2-SIMM-Speichermodule oder ein bis zwei DIMM-Speichermodule auf dem Mainboard. Überprüfen Sie, ob diese Speichermodule über ihre ganze Länge fest in der entsprechenden Speicherbank sitzen und durch die an der Speicherbank angebrachten Klemmen arretiert sind. Wenn eine der Klemmen gebrochen ist, besteht die Gefahr, daß das Speichermodul einen Wackelkontakt oder überhaupt keinen Kontakt besitzt. Die Reparatur einer Klemme ist völlig aussichtslos; das Sinnvollste ist in diesem Fall, das Mainboard auszutauschen.

Eingebauter Cachespeicher verursacht Kurzschluß

Wenn der Rechner nach dem Einschalten kein Lebenszeichen von sich gibt, kann ein falsch installiertes Cachespeicher-Modul die Ursache sein. Besonders die sogenannten COAST-Module zum nachträglichen Aufrüsten des Cachespeichers verursachen schnell einen Kurzschluß. Die Slots für COAST-Module sitzen, wenn vorhanden, in unmittelbarer Nähe der CPU. Bei einem solchen Cachemodul sollten Sie darauf achten, daß es über die ganze Länge richtigen Kontakt hat.

Auch solche sogenannten COAST-Module zum Erweitern des Cachespeichers können einen Kurzschluß verursachen

COAST-Modul überprüfen

Ist ein COAST-Modul vorhanden, überprüfen Sie, ob es richtig in dem dafür vorgesehenen Slot eingesetzt ist. Wenn Sie sich nicht sicher sind, können Sie zur Kontrolle den Rechner auch ohne dieses Modul starten. Läuft der Rechner ohne dieses Modul, bauen Sie es wieder ein und starten den Rechner noch einmal. Funktioniert der Rechner nicht, nachdem Sie das Modul wieder eingebaut haben, ist entweder das Cachemodul oder der Slot, in dem es eingebaut wird, defekt.

Haben Sie einen Bekannten, der ein solches Cachemodul in seinem Rechner hat, ist es möglich, die Module zum Testen untereinander auszutauschen. Die Bauform dieser COAST-Module ist immer gleich, lediglich die Speichergröße (256 KByte oder 512 KByte) kann verschieden sein.

Liegt der Defekt bei dem Cachemodul, tauschen Sie es durch ein neues aus. Ist das Modul in Ordnung, ist der Slot Ihres Mainboards defekt. In einem solchen Fall hilft nur der Austausch des Mainboards, es sei denn, Sie können auf den Cachespeicher verzichten, damit aber auch auf ca. 10-20 % der Gesamtleistung des Rechners.

Besteht ungewollter Massekontakt?

Wenn beim Zusammenbau der einzelnen Komponenten die Leitungen und Lötstellen eine Verbindung mit dem Rechnergehäuse besitzen, entsteht ein ungewollter Massekontakt. Ein solcher Massekontakt ist der Auslöser für einen Kurzschluß, der unter Umständen sogar einige Bauteile zerstören kann. Überprüfen Sie, ob das Mainboard genügend Abstand zum Gehäuse hat und die Abstandhalter aus Kunststoff angebracht sind. Über das ganze Motherboard verteilt gibt es (neben den Löchern für die Befestigungsschrauben) Bohrungen für die Aufnahme von Abstandhaltern. Analog zu den Bohrungen im Mainboard sind im Gehäuse an diesen Stellen Aufnahmeschlitze vorhanden. An genau diesen Punkten müssen die Abstandhalter, die sich im Lieferumfang des Gehäuses befinden, angebracht sein. Sie werden feststellen, daß auf dem Mainboard noch weitere Bohrungen zur Aufnahme von Abstandhaltern vorhanden sind. Da es aber immer geringfügige Unterschiede zwischen den Ausführungen von Mainboard und Gehäuse gibt (im wesentlichen bei AT-Gehäusen), kann es vorkommen, daß nicht alle Löcher im Mainboard auch wirklich mit Abstandhaltern bestückt werden können. Solange das Board einen sicheren Halt und überall genügend Abstand vom Metall hat, ist das auch gar kein Problem. Sollte das Ganze aber eher wackelig sein, hilft folgende Maßnahme.

Abstandhalter verkürzen

Sägen Sie an den Abstandhaltern den Teil ab, der im Gehäuse eingesetzt wird. So lassen sich die Abstandhalter im Mainboard anbringen und sorgen in diesem Bereich für den nötigen Abstand zum Gehäuse.

Massekontakt der Laufwerkplatinen

Ein Kurzschluß kann auch dann entstehen, wenn die freiliegenden Platinen der Laufwerke einen Massekontakt bekommen. Sind die Laufwerke horizontal eingebaut, kann ein Massekontakt durch zu lange Befestigungsschrauben verursacht werden. Das sollten Sie auf jeden Fall zur Sicherheit überprüfen. Benutzen Sie nach Möglichkeit nur die Befestigungsschrauben, die mit den Laufwerken geliefert wurden. Wenn diese Schrauben nicht vorhanden sind, achten Sie darauf, daß der Schaft der Schraube nicht länger als 3-4 mm ist. Sind die Laufwerke vertikal eingebaut, müssen Sie zusätzlich beachten, daß abstehende Laschen oder Winkel des Rechnergehäuses nicht mit den Platinen der Laufwerke in Berührung kommen.

Der Rechner läuft kurz an, geht aber sofort wieder aus

Nachdem Sie den Einschaltknopf Ihres Rechners gedrückt haben, läuft dieser kurz an, geht aber direkt wieder aus. Der Rechner war in diesem Fall nicht in der Lage, einen Selbsttest durchzuführen, oder das Betriebssystem zu starten.

Die PC-Pannenhilfe – So läuft jeder PC

```
Der Rechner läuft kurz an,           Stromnetz oder Netzteil            • Steckdose noch funktionsfähig?
geht aber sofort wieder aus   Ja →   überlastet?                 Ja →   • Richtige Spannung des Netzteils?
                                                                        • Klemmt der Einschaltknopf?
                                          ↓ Nein
                                     Klemmt der Einschaltknopf?  Ja →   • Aus- und Einschalten des Rechners
                                                                          über Steckerleiste
                                          ↓ Nein
                                     Hardwarekomponente defekt?  Ja →   • Prüfen, welche Komponente defekt
                                                                          ist
                                                                        • Unter Umständen Rechner noch
                                                                          einmal montieren, um jede Fehler-
                                                                          quelle auszuschließen
```

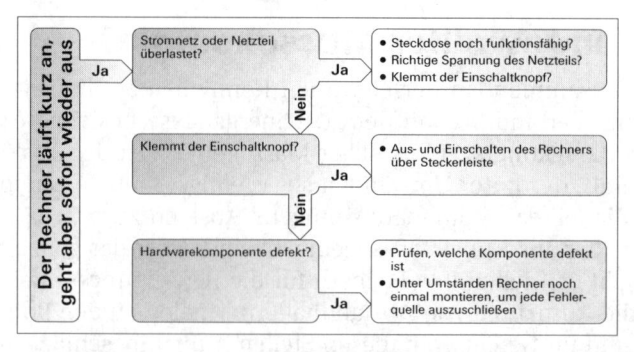

Mit ziemlicher Sicherheit ist der Rechner durch einen Kurzschluß oder durch eine Überlastung des Netzteils blockiert. Es ist sogar möglich, wenn auch seltener, daß das Stromnetz in Ihrem Haushalt durch eine Überlastung ausgefallen ist. Bevor Sie aber jetzt darüber nachdenken, wer oder was für den Fehler verantwortlich ist, sollten Sie zuerst den Rechner ausschalten. Gehen Sie auf Nummer Sicher und ziehen Sie auch den Netzstecker. Dies ist der sicherste Weg, um weitere Schäden zu vermeiden, die durch Überlastung oder einen Kurzschluß entstehen können.

Stromnetz überlastet?

Überprüfen Sie, ob die Steckdose, an die der Rechner angeschlossen ist, überhaupt Strom abgibt. Benutzen Sie eine Mehrfachsteckdose, kann es schon einmal vorkommen, daß diese ihren Geist aufgibt, besonders die preiswerten Ausführungen. Sollte die Sicherung Ihres Hauses herausgesprungen sein, ist entweder das Stromnetz überlastet oder das Netzteil des Rechners defekt (siehe auch Seite 973). Liegt die Ursache bei einem zu schwachen Stromnetz in Ihrem Haus, ziehen Sie einen Elektriker zu Rate. Ein solcher Fall ist zwar selten, läßt sich aber nicht vollkommen ausschließen.

Ist das Netzteil überlastet?

Der Grund dafür, daß der Rechner kurz nach dem Einschalten wieder ausgeht, liegt in den meisten Fällen am Netzteil. Wenn die Leistung der Komponenten des Computers das Netzteil überfordert, versagt dieses seinen Dienst. Mehr dazu lesen Sie auch auf Seite 974.

Eine solche Abschaltung kann aber auch durch eine Überspannung von außen oder durch einen Kurzschluß im Inneren des Rechners hervorgerufen werden. Um zu überprüfen, ob ein Überspannungsschutz das Netzteil lahmgelegt hat, reicht es schon aus, den Netzstecker einmal abzuziehen und einen Moment zu warten. Danach sollte das Netzteil wieder funktionieren.

Richtige Eingangsspannung des Netzteils eingestellt?

Kontrollieren Sie (falls das möglich ist) die Einstellung der Eingangsspannung am Netzteil. Wenn diese nicht mit der tatsächlich vorhandenen Versorgungsspannung übereinstimmt, ist mit ziemlicher Sicherheit die Sicherung im Netzteil durchgebrannt, im schlimmsten Fall können sogar einige Bauteile im Rechner Schaden genommen haben.

Was tun, wenn der Einschaltknopf klemmt

Die nächste Ursache kann der Einschaltknopf des Rechners sein. Die Qualität dieser Schalter ist in vielen Fällen ziemlich minderwertig. Dadurch kann es vorkommen, daß dieser unmittelbar nach dem Einschalten unbemerkt wieder herausspringt. Um einen minderwertigen Power-Schalter zu umgehen, ist es ratsam, den Rechner über eine hochwertige Steckdosenleiste mit eigenem Schalter ein- oder auszuschalten.

Der Rechner läuft, aber der Bildschirm bleibt dunkel

Nach dem Einschalten bleibt der Bildschirm dunkel; vielleicht vernehmen Sie aus dem internen Lautsprecher Ihres Rechners einige Pieptöne.

Sind Helligkeit und Kontrast richtig eingestellt?

Sehr häufig kommt es vor, daß sich beim Transport oder Reinigen des Bildschirms die Regler für Helligkeit und Kontrast unbemerkt verstellen. Wenn kein Bild mehr erscheint, aber die LED- oder LCD-Anzeige des Bildschirms signalisiert, daß Strom vorhanden ist, überprüfen Sie die Stellung dieser Regler.

Ist die richtige Anschlußart der Monitorkabel gewählt?

Sollten Sie einen Monitor besitzen, der die Möglichkeit bietet, unter zwei Anschlußarten zur Verbindung mit dem Rechner auszuwählen, ist dafür auch ein Auswahlschalter vorhanden. Bei den Anschlußarten handelt es sich um das Sub-D-Kabel oder das seltener vorkommende BNC-Kabel. Der Schalter muß natürlich entsprechend dem verwendeten Kabel eingestellt sein.

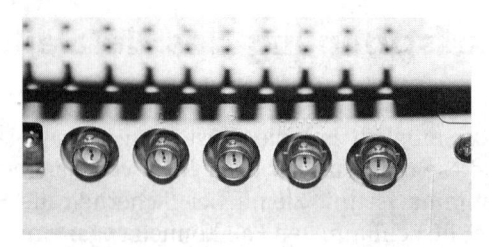

Die Rückseite eines Monitors mit BNC-Anschlüssen

Sind alle Stromkabel richtig angeschlossen?

Wenn nach dem Einschalten des Rechners und auch des Monitors kein Bild erscheint und keine Anzeigen auf der Vorderseite des Monitors aufleuchten, ist die Stromversorgung des Monitors unterbrochen. Prüfen Sie in einem solchen Fall alle Kabelverbindungen für die Stromversorgung, besonders den Stromanschluß auf der Rückseite des Monitors. Dieser wird wenig beachtet, löst sich aber leicht durch Schwenken des Monitors. Sind alle Stecker fest eingesteckt, kann es sein, daß die Steckdose, an der der Monitor angeschlossen ist, nicht mehr funktioniert.

Überprüfen Sie das, indem Sie anstelle des Monitors z. B. eine Lampe dort einstecken. Ist der Monitor am Netzteil des Rechners angeschlossen, besteht die Möglichkeit, daß dieser Stromausgang defekt ist. Dies ist häufig dann der Fall, wenn Sie einen Monitor mit einer Bildschirmdiagonalen größer als 15 Zoll benutzen. Bei der Verwendung eines 17-Zoll-Monitors oder größer ist der Ausgang des Rechner-Netzteils überfordert, auch wenn der Strom nur durchgeschleift wird.

Separater Stromanschluß für Monitor

Benutzen Sie für den Monitor nach Möglichkeit nicht den Stromausgang des Rechner-Netzteils, sondern schließen Sie diesen an eine separate Steckdose an. Dazu benötigen Sie aber ein anderes Stromkabel; ist dieses nicht im Lieferumfang des Monitors enthalten, besorgen Sie sich ein solches im Fachhandel.

Ist die Kabelverbindung zur Grafikkarte richtig angeschlossen?

Wenn Sie die Stromversorgung und die Einstellungen des Monitors überprüft haben und keinen Fehler feststellen konnten, ist vielleicht das Kabel zur Grafikkarte die Ursache für ein fehlendes Bild. Überprüfen Sie zunächst, ob sich der Stecker der Grafikkarte gelöst hat, und stecken Sie ihn gegebenenfalls wieder ganz auf. Wenn der Stecker offensichtlich korrekt aufgesteckt und verschraubt ist, nehmen Sie ihn noch einmal ab und überprüfen, ob einer der Pins abgebrochen oder verbogen ist. Ein Kabel mit einem abgebrochenen Pin muß ausgetauscht werden. Das Auswechseln eines verlöteten Sub-D-Kabels ist problematisch und nicht ganz ungefährlich, denn dabei muß der Monitor geöffnet werden. In diesem Fall sollte das Kabel von einer Fachwerkstatt ausgetauscht werden.

Für den Fall, daß einer der Pins am Stecker „nur" verbogen ist, versuchen Sie, diesen mit Hilfe einer Spitzzange geradezubiegen. Wenn das Kabel starke Knickstellen aufweisen, kann auch ein Kabelbruch die Fehlerursache sein.

Anschlüsse von BNC- und Sub-D-Kabeln

Benutzen Sie anstelle eines normalen Sub-D-Kabels ein Kabel mit BNC-Anschlüssen, sollten Sie auch bei diesem Kabel alle Stecker auf korrekten Sitz überprüfen. Im Gegensatz zum normalen Sub-D-Kabel, das im Monitor angelötet ist, finden Sie bei BNC-Kabeln auf der Monitorseite fünf Anschlüsse. Daran wird das BNC-Kabel mit fünf Bajonettverschlüssen befestigt. Kontrollieren Sie, ob alle Stecker richtig angeschlossen sind.

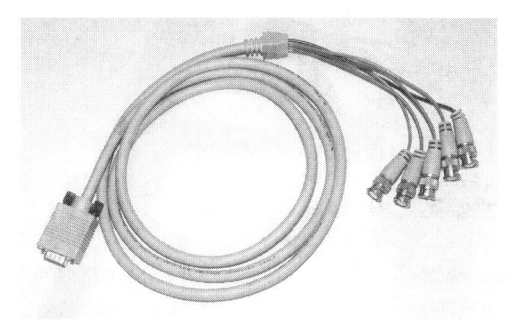

Das BNC-Kabel wird auf der Monitorseite mit den fünf Bajonettverschlüssen befestigt

Ist die Grafikkarte richtig eingebaut?

Wenn die Grafikkarte die Fehlerquelle ist, werden Sie in der Regel nach dem Einschalten des Rechners einige Pieptöne hören. Schalten Sie am besten den Rechner noch einmal aus und wieder ein. Merken Sie sich dabei die Folge der Pieptöne. Wichtig ist die Anzahl der Töne und die Unterscheidung, ob diese lang oder kurz wiedergegeben werden. Danach müssen Sie erst feststellen, welches BIOS in Ihrem Rechner Verwendung findet. Finden Sie im Handbuch zu Ihrem Mainboard keinen zuverlässigen Hinweis auf das installierte BIOS oder es sind dort mehrere angegeben, müssen Sie den Rechner öffnen. Der Hersteller und der Typ des installierten BIOS sind auf oder neben dem BIOS-Chip durch ein Typenschild gekennzeichnet; beides befindet sich auf dem Mainboard.

Die PC-Pannenhilfe – So läuft jeder PC

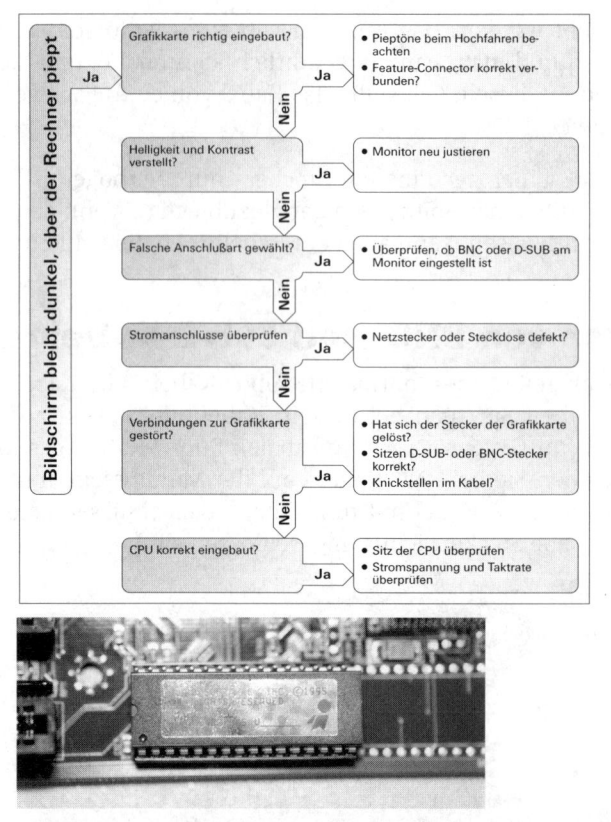

Die Abbildung zeigt das Typenschild eines BIOS-Chips, der sich auf dem Mainboard befindet

In der Regel finden Sie das Typenschild des BIOS auf dem Mainboard relativ schnell. Es besteht aus einem Klebeschild mit Firmenaufdruck in holographischer Form.

BIOS-Pieptöne für die Grafikkarte

Eine tabellarische Übersicht möglicher Fehlermeldungen finden Sie auf den Seiten 944-946.

Feature-Connector überprüfen

Sollten Sie zusätzlich zur Grafikkarte noch eine TV- oder Videokarte betreiben, muß auch die Verbindung der Karten untereinander geprüft werden. In den meisten Fällen werden diese Zusatzkarten durch ein Kabel mit dem Feature-Connector der Grafikkarte verbunden. Dieses Flachbandkabel muß mit der roten Leitung an Pin 1 des Feature-Connectors aufgesteckt werden. An der Zusatzkarte gilt dasselbe. Der Pin 1 ist jeweils mit einer kleinen 1 oder einem Pfeil, Punkt o. ä. markiert. Ist das nicht der Fall, erscheint mit ziemlicher Sicherheit auf dem Monitor kein Bild.

Hinweis
Wenn die Markierung fehlt!
Sollte die Zahl 1, die den Pin 1 des Feature-Connectors kennzeichnet, fehlen, werfen Sie einen Blick auf die Rückseite der Karte. Häufig ist die Lötstelle des Pin 1 nicht rund wie die anderen, sondern als Quadrat ausgeführt.

Über diesen Feature-Connector können Sie Ihre Grafikkarte mit einer Zusatzkarte verbinden. Wichtig ist dabei das richtige Aufstecken der Anschlüsse

Anders sieht es aus, wenn die Zusatzkarte, das kann eine Video- oder TV-Karte sein, nicht für den ISA-Bus, sondern für den PCI-Bus ausgeführt ist. Die PCI-Versionen solcher Zusatzkarten verwenden für den Datenaustausch mit der Grafikkarte den Bus und nicht mehr den Feature-Connector. In einem solchen Fall ist dann kein Kabel vorhanden. Haben Sie den Sitz der Grafikkarte und aller eventuell daran angeschlossenen Komponenten überprüft, sollte der Rechner jetzt wieder funktionieren. Tut er das nicht, geben Sie nicht auf, sondern fahren Sie mit dem nächsten Abschnitt fort.

Ist die CPU korrekt eingebaut, und stimmt die Betriebsspannung?

Wenn der Prozessor falsch oder vielleicht gar nicht eingebaut ist, wird auf dem Bildschirm in den meisten Fällen kein Bild erscheinen. Vielleicht werden Sie jetzt denken: Okay, falsch eingebaut, das mag ja sein. Aber gar nicht eingebaut, wer macht denn so etwas? Sie können sich gar nicht vorstellen, wie oft PCs geöffnet wurden, in denen die CPU frei schwebend im Rechner hing – einziger Halt: das Kabel des Lüfters. So etwas passiert häufig dadurch, daß beim Einbau der CPU der Befestigungshebel des CPU-Sockels nicht eingerastet ist. Danach wird der Gehäusedeckel des Rechners angebracht und vielleicht der Rechner einige Male gewendet.

Richtige Spannung

Wichtig für die Funktion der CPU ist auch die richtige Betriebsspannung. Eine falsche Einstellung der Versorgungsspannung kann dazu führen, daß der Rechner nicht anläuft. Ob diese Einstellung stimmt, sollten Sie mit Hilfe des Handbuchs zu Ihrem Mainboard noch einmal überprüfen.

Monitor defekt?

Haben Sie alle anderen Fehlerquellen ausgeschlossen und sichergestellt, daß der Monitor Strom bekommt, liegt der Fehler mit ziemlicher Sicherheit am Monitor selbst. In einem solchen Fall ist es ratsam, die Überprüfung des Monitors einer Fachwerkstatt zu überlassen, weil diese in der Regel das Know-how, das geeignete Werkzeug und die entsprechenden Ersatzteile besitzt.

> **Achtung**
> **Vorsicht Lebensgefahr!**
> Im Inneren des Monitors liegen an der Bildröhre Spannungen bis zu 25.000 Volt an. Aus diesem Grund sollten Sie den Monitor nicht öffnen, auch nicht, wenn dieser vom Stromnetz getrennt ist. In Kondensatoren im Inneren des Bildschirms wird genügend Ladung gespeichert, um auch noch Tage später tödliche Stromschläge abzugeben. Das bedeutet für Laien akute Lebensgefahr! Also unbedingt Finger weg!!! Bei trockener Luft (also unter den ungünstigsten Bedingungen) kann der Strom per Lichtbogen übrigens immer noch bis ca. 1 cm Luft pro 1000 V überspringen. Selbst über größere Entfernungen („Ich faß' ja nichts an") besteht also noch Gefahr.

Der Rechner läuft zwar an, stoppt aber mitten im Bootvorgang

Wenn Sie den Rechner einschalten und dieser auch anbleibt, ohne den Bootvorgang fortzusetzen, sind Sie zumindest in der Lage, die Fehlermeldungen am Bildschirm zu verfolgen.

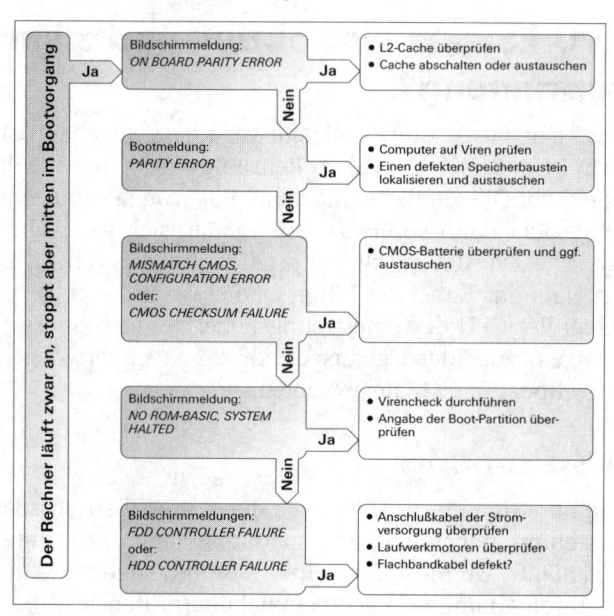

Der Rechner läuft zwar an, stoppt aber mitten im Bootvorgang

- Bildschirmmeldung: **ON BOARD PARITY ERROR** — Ja →
  - L2-Cache überprüfen
  - Cache abschalten oder austauschen
- Nein ↓
- Bootmeldung: **PARITY ERROR** — Ja →
  - Computer auf Viren prüfen
  - Einen defekten Speicherbaustein lokalisieren und austauschen
- Nein ↓
- Bildschirmmeldung: **MISMATCH CMOS, CONFIGURATION ERROR** oder: **CMOS CHECKSUM FAILURE** — Ja →
  - CMOS-Batterie überprüfen und ggf. austauschen
- Nein ↓
- Bildschirmmeldung: **NO ROM-BASIC, SYSTEM HALTED** — Ja →
  - Virencheck durchführen
  - Angabe der Boot-Partition überprüfen
- Nein ↓
- Bildschirmmeldungen: **FDD CONTROLLER FAILURE** oder: **HDD CONTROLLER FAILURE** — Ja →
  - Anschlußkabel der Stromversorgung überprüfen
  - Laufwerkmotoren überprüfen
  - Flachbandkabel defekt?

Nachfolgend werden die Umstände aufgeführt, die einen Rechner davon abhalten, den Bootvorgang zu beenden. Natürlich erhalten Sie auch die Arbeitsschritte erläutert, die erforderlich sind, um den Rechner wieder funktionstüchtig zu machen.

Fehlermeldung ON BOARD PARITY ERROR (Sockel 7-Boards)

Wenn beim Hochfahren des Rechners die Fehlermeldung *ON BOARD PARITY ERROR* auf dem Bildschirm erscheint, ist in der Regel einer der Cachebausteine fehlerhaft. Dies läßt sich genau feststellen, wenn Sie im BIOS Ihres Rechners die Einstellung *External Cache Memory* auf *Disabled* setzen und den Rechner neu starten. Wenn bei einem erneuten Start des Rechners die Fehlermeldung nicht mehr erscheint, ist einer der Bausteine defekt. Diese Methode läßt sich aber nur dann anwenden, wenn der Rechner das Abschalten des Cachespeichers vorsieht, was nicht immer der Fall ist. Ziehen Sie, um das herauszufinden, das Handbuch Ihres Mainboards zu Rate.

Schauen Sie am besten vorher auf das Typenschild Ihres Rechners. Stammt dieser aus der Produktion der großen Computerhersteller IBM, Compaq oder Dell, stellen Sie die Suche wieder ein. Bei solchen Rechnern sind diese und viele andere nützliche Optionen einfach für den Anwender nicht vorhanden. Der BIOS-Hersteller sieht diese Optionen zwar vor, sie werden aber im nachhinein von den Herstellern der Rechner deaktiviert und sind für den Anwender unsichtbar. Durch die Deaktivierung des L2-Caches können Sie wieder mit dem Rechner arbeiten, aber aufgrund des Geschwindigkeitsverlusts von bis zu 20 % sollte der defekte Baustein nach Möglichkeit bald ausgetauscht werden.

Austausch des Cachespeichers

Der Austausch eines fehlerhaften Cachespeichers ist recht einfach, wenn COAST-Module verwendet wurden.

Ersetzen Sie einfach das fehlerhafte Modul durch ein neues. Die Bauform ist immer gleich; deshalb ist es kein Problem, eine andere Speichergröße als die vorhandene einzusetzen. Angeboten werden diese COAST-Module als 256-KByte- oder als 512-KByte-Version. Mehr dazu erfahren Sie ab Seite 235 .

Haben Sie dagegen ältere, gesockelte Cachebausteine in Ihrem Rechner, sollten Sie überlegen, ob es nicht eher ratsam ist, direkt ein neues Mainboard zu kaufen. Sie müßten nämlich zuerst herausfinden, welcher Baustein defekt ist (was ziemlich mühselig und riskant ist, die Beinchen der Chips brechen leicht ab), und dann ist es immer noch zweifelhaft, ob diese Art von Speicherbaustein noch im Handel erhältlich ist. Seit einiger Zeit werden alle Mainboards nämlich entweder mit COAST-Modulen oder fest aufgelöteten Cachebausteinen bestückt.

> **Hinweis**
> **Bauform und Größe**
> Bei Cachebausteinen gibt es zudem das Problem, daß sie in zahlreichen Ausführungen verbaut wurden. Neben Bauform und Speichergröße muß auch die Zugriffszeit mit den vorhandenen übereinstimmen. Nehmen Sie am besten beim Kauf des neuen Cachebausteins einen der alten Chips als Muster mit.

Der Rechner meldet beim Booten PARITY ERROR

Erscheint beim Hochfahren des Rechners die Meldung *PARITY ERROR*, ist einer der RAM-Bausteine des Hauptspeichers fehlerhaft. Dies kann aber nur dann passieren, wenn Sie Speicherbausteine mit Parity-Chips in Ihrem Rechner haben und im BIOS die Option *Memory Parity Error Check* auf *Enabled* steht. Aber nicht jeder Rechner bietet diese Option.

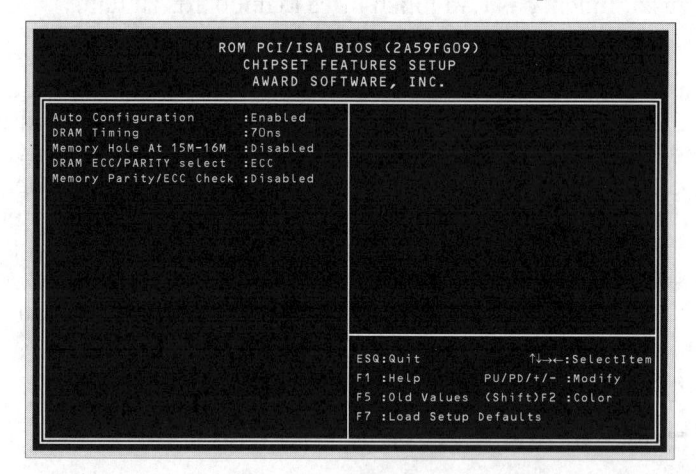

```
            ROM PCI/ISA BIOS (2A59FG09)
               CHIPSET FEATURES SETUP
                 AWARD SOFTWARE, INC.

Auto Configuration       :Enabled
DRAM Timing              :70ns
Memory Hole At 15M-16M   :Disabled
DRAM ECC/PARITY select   :ECC
Memory Parity/ECC Check  :Disabled




                                ESQ:Quit           ↑↓→←:SelectItem
                                F1 :Help           PU/PD/+/- :Modify
                                F5 :Old Values     (Shift)F2 :Color
                                F7 :Load Setup Defaults
```

In diesem BIOS-Fenster läßt sich die Paritätsprüfung der Speichermodule abschalten

> **Hinweis**
> **Parity-Chips**
> Sollten Sie beim Kauf Ihres Rechners nicht ausdrücklich den Einbau von Speicherbausteinen mit Parity-Chips verlangt haben, wird der Händler Ihnen auch keine eingebaut haben. Überprüfen Sie zur Sicherheit die Anzahl der einzelnen Chips auf einem der eingebauten Speichermodule; ist diese ungerade, sind es Module mit Parity-Chip. Deaktivieren Sie nun im BIOS die Option *Memory Parity Error Check* und starten Sie den Rechner neu.

Versuchen Sie, wenn die Möglichkeit besteht, den Parity-Check im BIOS zu deaktivieren, und starten Sie danach den Rechner erneut. Treten jetzt beim Hochfahren keine Fehlermeldungen mehr auf, steht die Ursache fest. Lokalisieren Sie das fehlerhafte Speichermodul und tauschen Sie es aus. Ein fehlerhafter Speicherbaustein wird zwar unter Umständen scheinbar funktionieren, mit Sicherheit werden aber Programmabstürze häufig und unverhofft auftreten. Sobald ein Programm seine Daten in einen Bereich dieses defekten Speicherbausteins schreibt, stürzt der Rechner ab.

Speicherbausteine selbst testen

Im Grunde können Sie einen defekten Speicherbaustein nur durch ein Ausschlußverfahren bestimmen. Das heißt, Sie bauen einen Baustein aus und schauen, ob der Computer mit den restlichen Speichermodulen ohne Fehler läuft. Bei modernen Mainboards, die mit SDRAM-Bausteinen bestückt sind, ist dieses Verfahren je nach Bestückung bereits nach einem oder zwei Versuchen beendet. Wenn Sie sogar nur einen einzigen Baustein mit beispielsweise 64 MByte eingebaut haben, erübrigt sich natürlich jede Suche. Auf ältern Boards, die noch mit PS/2-SIMMs bestückt sind, gehen Sie folgendermaßen vor:

Bauen Sie alle Bausteine einer Speicherbank aus und überprüfen Sie, ob die Fehlermeldung noch auftritt. Wenn ja, sind die defekten Module immer noch im Rechner, wenn nein, haben Sie sie ausgebaut. Jetzt tauschen Sie bei dem verbliebenen Pärchen die SIMMs einzeln gegen die ausgebauten Bausteine aus, bis der Fehler wieder auftritt bzw. verschwindet. Das zuletzt ein- oder ausgebaute Modul ist das fehlerhafte. Dabei müssen Sie allerdings sehr sorgfältig vorgehen, damit es im allgemeinen Durcheinander nicht zu einer Verwechslung der Module kommt. Am besten kennzeichnen Sie die SIMMs mit kleingeschnittenen Klebeetiketten.

Fehlermeldung CMOS CHECKSUM FAILURE

Nach dem Einschalten des Rechners führt das BIOS einen Selbsttest durch und vergleicht dabei alle gefundenen Hardwarekomponenten mit den Eintragungen im CMOS-Setup. Werden bei diesem Selbsttest Abweichungen entdeckt, wird eine der folgenden Fehlermeldungen auf dem Bildschirm erscheinen:

```
CMOS CHECKSUM FAILURE oder
MISMATCH CMOS oder
CONFIGURATION ERROR
```

In der Regel sind diese Fehlermeldungen harmlos, meist ist ein Nachlassen der Batterie die Ursache dafür. Korrigieren Sie notfalls die Einstellungen im BIOS und tauschen Sie die Batterie aus, wenn dieser Fehler öfter auftritt (wie das genau geht, finden Sie in beiden Fällen ab Seite 77).

Fehlermeldung NO ROM-BASIC, SYSTEM HALTED

Existiert auf der Festplatte keine bootfähige Partition oder ist die Bootpartition nicht aktiviert, erscheint auf dem Bildschirm die folgende Meldung:

```
NO ROM-BASIC SYSTEM HALTED
```

Die gleiche Meldung erscheint auch, wenn die Bootpartition durch ein Virus oder einen Programmfehler zerstört wurde.

Booten Sie in diesem Fall mit einer „sauberen" Windows 95/98-Startdiskette den Rechner. Nachdem der Rechner hochgefahren ist, legen Sie eine Diskette mit einem Antivirenprogramm ein. Überprüfen Sie nun den Rechner auf eventuellen Virenbefall. Sollte ein Virus gefunden werden, müssen Sie diesen unschädlich machen. Ist das Virus entfernt, müssen Sie den Partitionssektor der Bootpartition erneuern:

1 Starten Sie den Rechner dazu wieder mit der Startdiskette von Windows 95/98.

2 Nachdem der Rechner hochgefahren ist, rufen Sie nun das Programm fdisk mit dem Parameter /mbr auf. Geben Sie dazu an der Eingabeaufforderung den Befehl „fdisk /mbr" ein und bestätigen Sie die Eingabe mit der Taste [Enter].

3 Entfernen Sie jetzt die Diskette aus dem Laufwerk und starten Sie den Rechner erneut, diesmal von der Festplatte.

Der Rechner läßt sich jetzt wieder normal starten, und die Fehlermeldung ist verschwunden.

War das Ergebnis der Virenüberprüfung negativ, prüfen Sie, ob die Bootpartition überhaupt aktiviert wurde:

1 Starten Sie den Rechner mit Hilfe der Startdiskette.

2 Nachdem der Rechner hochgefahren ist, rufen Sie das Programm fdisk von der Startdiskette auf.

Das Hauptmenü fdisk-Optionen nach dem Aufruf von fdisk

3 Um den Status der Festplatte einzusehen, wählen Sie den Menüpunkt *4. Partitionierungsdaten anzeigen*.

```
                    Partitionierungsdaten anzeigen
Aktuelle Festplatte: 1

Partition  Status   Typ      Bezeichnung    MB      System    Belegung
   C: 1      A      PRI DOS  MS-DOS_6       1006    FAT16       50%
      2                EXT DOS                1006                50%


Speicherplatz auf Festplatte insgesamt: 2012 MB (1 MB = 1.048.576 Bytes)

Die erweiterte DOS-Partition enthält logische DOS-Laufwerke.
Angaben über logische Laufwerke anzeigen (J/N)..............?[J]




Drücken Sie ESC, um zu den FDISK-Optionen zurückzukehren.
```
Das Untermenü Partitionierungsdaten anzeigen von fdisk

4 Kontrollieren Sie, ob die Bootpartition aktiviert ist. Wenn das nicht der Fall ist, verlassen Sie das Untermenü mit der Taste (Esc).

5 Um die Bootpartition zu aktivieren, rufen Sie den Menüpunkt *2. Aktive Partition festlegen* auf.

```
                      Aktive Partition festlegen
Aktuelle Festplatte: 1

Partition  Status   Typ      Bezeichnung    MB      System    Belegung
   C: 1      A      PRI DOS  MS-DOS_6       1006    FAT16       50%
      2                EXT DOS                1006                50%






Die einzige Startpartition auf Festplatte 1 ist bereits aktiv.
Weiter mit ESC
```
Das Untermenü Aktive Partition festlegen von fdisk

6 Beenden Sie das Programm fdisk mit der Taste (Esc) und starten Sie den Rechner erneut – jetzt wieder von der Festplatte.

Beim nächsten Neustart des Rechners müßte die Fehlermeldung verschwunden sein. Sollte hingegen nach dem Erneuern und Aktivieren die Fehlermeldung weiterhin auftreten, ist sehr wahrscheinlich die Festplatte beschädigt. In diesem Fall sollten Sie zu Testzwecken eine andere Platte, eventuell die eines Freundes oder Bekannten, anschließen. Sollte diese Platte dann auch nicht funktionieren oder andersherum Ihre Platte in einem anderen Rechner funktionieren, ist der Festplatten-Controller auf Ihrem Mainboard defekt.

Fehlermeldung FDD CONTROLLER FAILURE oder HDD CONTROLLER FAILURE

Die Fehlermeldung *FDD CONTROLLER FAILURE* oder *HDD CONTROLLER FAILURE* erscheint häufig nach dem Einbau von Erweiterungskarten oder anderen Komponenten. Haben Sie gerade an Ihrem Rechner einige Umbauarbeiten vorgenommen, kann es sein, daß sich eine Kabelverbindung entweder direkt am Laufwerk oder am entsprechenden Controller gelöst hat. Kontrollieren Sie daher noch einmal den korrekten Sitz der Anschlüsse. Eine weitere Ursache können zu lange oder auch falsch verlegte Flachbandkabel (Datenkabel) sein.

Sind Kabel lose?

Überprüfen Sie, ob die Anschlußkabel für die Stromversorgung an allen Laufwerken fest eingesteckt sind. Sollte ein Kabel locker oder vielleicht gar nicht mehr aufgesteckt sein, bringen Sie dieses wieder an. Sind alle Stromkabel angeschlossen, überprüfen Sie als nächstes die Datenleitungen aller Laufwerke, insbesondere der Festplatte. Die Stecker der Flachbandkabel müssen über ihre ganze Länge fest eingesteckt sein. Das gilt natürlich für beide Enden des Kabels. Überprüfen Sie dabei gleich die richtige Orientierung des Steckers (die rot markierte Ader an Pin 1). Ist die Markierung des Pin 1 nicht zu erkennen, schauen Sie nach, ob vielleicht statt dessen das andere Ende der Steckleiste markiert ist. Bei Diskettenlaufwerken finden Sie die Zahl 34; wenn es sich um eine Festplatte oder ein CD-ROM-Laufwerk handelt, die Zahl 40. Die rot markierte Ader des Kabels muß dann natürlich am gegenüberliegenden Ende der Steckleiste liegen. Wenn überhaupt keine Markierung vorhanden ist, gilt folgende Regel: Der Pin 1 an den Laufwerken befindet sich meistens auf der Seite, die dem Stromanschluß zugewandt ist. Wenn alle Stricke reißen, hilft auch einfaches Ausprobieren. Schaden können Sie dem Laufwerk oder Controller dabei nicht zufügen.

Stromversorgung der Festplatte überprüfen

Wenn beim erneuten Starten des Rechners die Fehlermeldung wieder auftaucht, prüfen Sie, ob der Motor der Festplatte anläuft. Daran läßt sich dann zumindest erkennen, daß die Platte mit Strom versorgt wird. Wenn Sie den Motor nicht hören können, legen Sie die Hand auf die Oberseite der Festplatte. Fühlen Sie eine leichte Vibration, bekommt die Festplatte Strom. Wenn die Platte nicht anläuft, kann das an einem defekten Stromkabel liegen. Schließen Sie zur Überprüfung ein anderes Kabel an.

Hinweis

Starthilfe

Wenn der Motor einer Festplatte nicht mehr anläuft, obwohl Strom am Laufwerk ankommt, können Sie versuchen, diese durch leichtes Klopfen auf die Oberseite der Platte zum Laufen zu bringen. Das heißt aber nicht, daß Sie dafür einen Hammer oder ähnlich schweres Geschütz auffahren sollen ... am besten mit dem Griff eines Schraubenziehers und mit Gefühl ein- oder zweimal anklopfen. Läuft die Platte jetzt wieder an, sollte Ihr einziger Gedanke „Datensicherung" sein, denn sie wird wohl in unmittelbarer Zukunft ihr Leben aushauchen.

Funktioniert das Laufwerk auch mit einem anderen Stromkabel nicht, ist aller Wahrscheinlichkeit nach die Festplatte kaputt. Um ganz sicherzugehen, sollten Sie das Laufwerk zur Diagnose in den Rechner eines Bekannten einbauen. Wenn das Laufwerk dann immer noch nicht funktioniert, haben Sie leider die Gewißheit, daß die Platte hinüber ist.

Ist ein Fehler an der Stromversorgung auszuschließen, das heißt, die Laufwerke haben den Test durch Abhören und Fühlen bestanden, muß die Suche an anderer Stelle fortgesetzt werden.

Flachbandkabel defekt

Sehr häufig liegt der Fehler an einem defekten Datenkabel, das vielleicht auch falsch verlegt worden ist. Das kann vor allem an der teils unsinnigen Anordnung der Controller-Anschlüsse auf dem Mainboard liegen. Wenn diese Flachbandkabel mehrmals um die eigene Achse gedreht an den scharfkantigen Blechen des Gehäuses vorbeilaufen, kann es passieren, daß eine Ader bricht, besonders dann, wenn sie mit Kabelbindern kraftvoll verzurrt werden. Wenn ein Datenkabel Knickstellen aufweist, sollte es ausgewechselt werden. In vielen Fällen ist danach das Problem verschwunden.

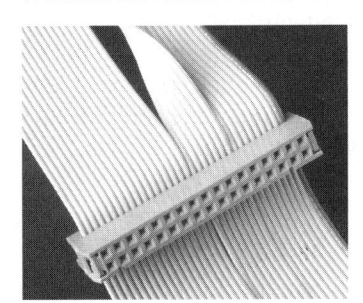

Flachbandkabel können leicht zerstört werden, wenn sie im PC an den scharfkantigen Blechen des Gehäuses vorbeilaufen

Flachbandkabel zu lang

Eine weitere Fehlerquelle können zu lange Flachbandkabel sein. Davon betroffen sind Festplatten, die im PIO-Mode 4 oder im Ultra-DMA-Modus betrieben werden.

Die maximale Länge darf laut Spezifikation nämlich nicht größer als 46 cm sein. Wird diese Länge überschritten, was durchaus vorkommen kann, erkennt der Festplatten-Controller die daran angeschlossenen Geräte unter Umständen nicht mehr. Messen Sie daher die Länge der Kabel und wechseln Sie zu lange Kabel gegen kürzere aus.

Wenn keine Möglichkeit besteht, die Flachbandkabel gegen kürzere auszutauschen, können Sie im BIOS des Rechners den Betriebsmodus der Festplatte auf PIO 2 oder 3 heruntersetzen. Im Gegensatz zu PIO-4 oder U/DMA vertragen PIO-2 und 3 auch Kabellängen über 46 cm. Das ist natürlich nur eine Notlösung. Auf Dauer sollten Sie darüber nachdenken, ein anderes Gehäuse zu kaufen, das günstigere Einbaumöglichkeiten für die Festplatte bietet.

> **Hinweis**
> **Minderwertige Controller**
> Bei einigen Motherboards sind aus Kostengründen der primäre und der sekundäre Port des Festplatten-Controllers elektrisch verbunden. In diesem Fall darf die Kabellänge des jeweiligen Ports sogar nur 23 cm betragen.

Flachbandkabel falsch verlegt

Moderne Festplatten-Controller reagieren nicht nur empfindlich auf zu lange, sondern auch auf falsch verlegte Kabel. So kann es vorkommen, daß Störungen auftreten, wenn die Flachbandkabel zu nahe am Netzteil entlanglaufen. Probleme entstehen auch dann, wenn die Flachbandkabel zu kleinen Paketen zusammengerollt werden. Dies mag zwar ordentlich aussehen, der Controller kann aber unter Umständen die angeschlossenen Laufwerke nicht erkennen. In beiden Fällen sind elektromagnetische Überlagerungen verantwortlich für die Störungen. Solche Probleme können gleich bei der ersten Inbetriebnahme des Rechners auftreten, aber auch erst nach einigen Tagen oder Wochen. Meist treten diese Probleme auch nur sporadisch auf und verschwinden beim nächsten Neustart wieder.

Defekter Controller

Sollte der Fehler immer noch nicht beseitigt sein, versuchen Sie als letztes, Ihr Laufwerk in einen anderen funktionierenden Rechner einzubauen. Dabei läßt sich feststellen, ob die Ursache bei den Laufwerken bzw. der Verkabelung oder vielleicht doch beim Controller liegt. Sollte der Controller defekt sein, muß nicht gleich das ganze Mainboard gewechselt werden, entsprechende Controller sind auch zum Nachrüsten als Steckkarte im Handel.

> **Hinweis**
> **Unbedingt Ultra-DMA/33**
> Sollten Sie einen neuen Festplatten-Controller benötigen, achten Sie darauf, daß dieser unbedingt dem Ultra-DMA/33-Standard entspricht.

Der Rechner läuft eine Weile, dann stürzt er ab

Sie sitzen vor Ihrem Computer und haben soeben umfangreiche Änderungen an einem wichtigen Dokument vorgenommen. Gerade in dem Moment, in dem Sie das Dokument abspeichern wollen, klebt der Mauszeiger auf dem Bildschirm fest. Von jetzt ab ist jeder Versuch, dem Rechner irgendwelche Eingaben zu übermitteln, zum Scheitern verurteilt. Dieses Phänomen hat oft mit der Überhitzung des Rechners oder einzelner Komponenten zu tun.

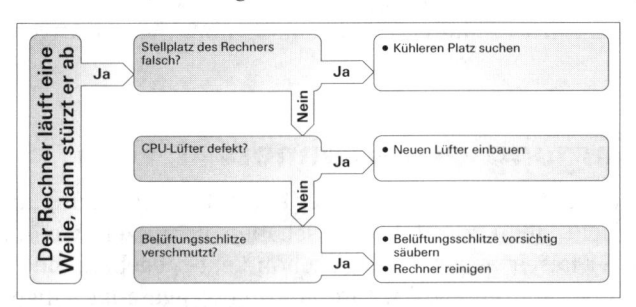

```
Der Rechner läuft eine Weile, dann stürzt er ab
    ├─ Ja → Stellplatz des Rechners falsch?
    │       ├─ Ja → • Kühleren Platz suchen
    │       └─ Nein
    ├─ CPU-Lüfter defekt?
    │       ├─ Ja → • Neuen Lüfter einbauen
    │       └─ Nein
    └─ Belüftungsschlitze verschmutzt?
            └─ Ja → • Belüftungsschlitze vorsichtig säubern
                    • Rechner reinigen
```

Gerade bei Rechnern der neueren Generation mit Prozessor-Taktfrequenzen von 400 MHz oder mehr entstehen im Inneren des Rechnergehäuses relativ hohe Temperaturen. Nicht selten besitzen diese Computer eine oder gar mehrere schnelldrehende Festplatten und eine hochgetaktete Grafikkarte, die ihrerseits soviel Wärme produzieren, daß sie mit einem eigenen Lüfter gekühlt werden müssen. Bei solchen Hochleistungsmaschinen sollten auf jeden Fall einige Punkte beachtet werden, damit die Betriebstemperatur im Inneren des Rechners im grünen Bereich bleibt.

Steht der Rechner am falschen Platz?

Ein Stellplatz in unmittelbarer Nähe von Heizungen ist z. B. denkbar ungeeignet. Auch sollte das Gehäuse des Rechners keiner direkten Sonnenbestrahlung ausgesetzt werden und nicht zu dicht mit der Rückseite an einer Wand stehen.

Ist der CPU-Lüfter defekt?

Der häufigste Fehler ist der Ausfall des CPU-Lüfters, der für ausreichende Kühlung des Prozessors sorgt.

Dies macht sich häufig dadurch bemerkbar, daß der Lüfter kurz nach dem Einschalten laute Laufgeräusche von sich gibt, die nach einigen Sekunden oder Minuten wieder abklingen. Sollten diese Laufgeräusche immer öfter oder sogar anhaltend auftreten, sind die Lager des Ventilators hinüber. Der Lüfter erreicht dann nicht mehr die erforderliche Drehzahl, um den Prozessor ausreichend zu kühlen. Nähere Informationen zu diesem Thema finden Sie auch ab Seite 181.

Überhitzung durch verschmutzte Belüftungsschlitze

Das Gehäuse des Computers ist so konstruiert, daß die Luft im Inneren zirkulieren kann. Diese Luftzirkulation soll dafür sorgen, daß ein Luftstrom die Wärme der Bauteile nach außen abführt.

Gewöhnlich werden mit der Luft auch Staubpartikel angesogen, besonders dann, wenn das Gehäuse auf dem Boden steht. Dadurch setzen sich die Luftschlitze am Rechnergehäuse und am Netzteil mit der Zeit zu. Das bewirkt, daß die Temperatur im Inneren des Rechners über die zulässigen Werte ansteigt.

Innenreinigung des Rechners

Einmal im Jahr sollten Sie Ihren Rechner einer Grundreinigung unterziehen. Aber mit Vorsicht, denn es kann mehr schaden als nutzen, wenn man dabei unachtsam oder falsch vorgeht. Es hat schon Leute gegeben, die ganz gründlich jeden Jumper auf dem Mainboard ab- und weggesaugt haben. Besorgen Sie sich zur Säuberung am besten ein oder zwei Dosen Druckluftspray, diese sind im Elektronikfachhandel erhältlich.

Mit der Druckluft blasen Sie dann vorsichtig den Staub von allen Komponenten, dem Netzteil und dem Diskettenlaufwerk. Achten Sie darauf, daß der Staub nach außen gelangt und nicht nur im Gehäuse verteilt wird.

> **Hinweis**
>
> **Keinen Industrie-Kompressor einsetzen**
>
> Verwenden Sie auf keinen Fall Druckluft aus einem Kompressor, der in der Industrie eingesetzt wird. Diese arbeiten mit einem Druck von 10 bar, und das ist zuviel des Guten. Des weiteren ist diese Luft mit Öl und Wasser angereichert, beides hat an der Elektronik des Computers nichts zu suchen.

23.2 Wie ermittle ich eine defekte Hardwarekomponente?

Wenn Sie nicht in der Lage sind, den Fehler anhand von „mechanischen" Ursachen zu lokalisieren, wie wir sie bis jetzt beschrieben haben, ist mit ziemlicher Sicherheit eine Komponente Ihres Rechners defekt, die dann der Verursacher für den Totalausfall ist.

Um festzustellen, welche Komponente des Rechners einen Fehler verursacht, sollten Sie folgendes durchführen:

1. Bauen Sie alle Erweiterungskarten aus. Nur die Grafikkarte sollte im Rechner verbleiben.
2. Trennen Sie alle Laufwerke von den Strom- und Datenleitungen ab.
3. Schalten Sie jetzt mit dieser Minimalbestückung den Rechner ein.

Sollte der Rechner mit der Grafikkarte allein nicht funktionieren, verursacht einer der Speicherbausteine, das Mainboard oder die Grafikkarte selbst die Fehlfunktion.

Wenn Sie weder eine Grafikkarte, Speicherbausteine oder gar ein Mainboard in Reserve haben, um diese eventuell auszutauschen (was ja meistens der Fall ist), probieren Sie doch folgende Methode aus:

Nehmen Sie den Rechner noch einmal auseinander. Kontrollieren Sie dabei jede Komponente auf evtl. äußerliche Beschädigungen, z. B. Kratzer, gebrochene Lötstellen oder anderes. Nachdem Sie den Rechner komplett zerlegt haben, bauen Sie diesen jetzt wieder sehr sorgfältig zusammen. Wenn Ihnen bei der ersten Montage des Rechners ein Fehler unterlaufen sein sollte, ist die Wahrscheinlichkeit gering, daß derselbe Fehler ein zweites Mal auftritt. Halten Sie sich beim Einbau auf jeden Fall an die Einbauanleitungen in diesem Buch und überprüfen Sie jeden Schritt auf Richtigkeit. Auch wenn Ihnen diese Prozedur überflüssig erscheint, sie hat (scheinbar gegen jede Logik) schon sehr oft zum Erfolg geführt.

Sollte der Computer mit der Minimalkonfiguration hochzufahren sein (natürlich werden ohne Laufwerke nur Fehlermeldungen auf dem Bildschirm erscheinen), können Sie davon ausgehen, daß sich das defekte Bauteil unter den ausgebauten Komponenten befindet. Das kann eine Erweiterungskarte oder ein abgeklemmtes Laufwerk sein.

4. Schalten Sie den Rechner wieder aus und bauen Sie jetzt eine vorher ausgebaute Erweiterungskarte wieder ein. Die Reihenfolge, in der Sie vorgehen, ist beliebig; genauso können Sie als nächstes auch wieder eines der Laufwerke anschließen.
5. Schalten Sie den Rechner wieder ein.
6. Wiederholen Sie diesen Vorgang so oft, bis der Computer den gewohnten Fehler produziert oder gar nicht mehr funktioniert.

Wenn Sie eine defekte Komponente lokalisiert haben, bauen Sie diese wieder aus und fahren mit den restlichen Bauteilen fort. Es wäre ja möglich (wenn auch unwahrscheinlich), daß mehr als eine Komponente defekt ist.

Sollte dies alles nicht dazu führen, daß der Rechner wieder läuft oder Sie die defekte Komponente lokalisieren, kann Ihnen vielleicht ein Freund oder Bekannter weiterhelfen. Besitzt dieser einen Rechner, dann tauschen Sie nach Möglichkeit die vermutlich defekten Komponenten untereinander aus, bis Sie das defekte Bauteil herausfinden.

23.3 Hardwarekonfiguration perfekt selbst gelöst

Nicht jede Komponente, die Sie im Laden erwerben, läuft direkt nach dem Einbau. Häufig sind eine ganze Reihe verschiedener Einstellungen notwendig, um den ganzen Funktionsumfang nutzen zu können.

Ausfall einzelner Komponenten

Nicht selten ist es der Fall, daß der Rechner zwar startet, aber hier und da einige Komponenten einfach nicht funktionieren. Sie wollen z. B. gerade einige Daten per Diskette auf Ihre Festplatte kopieren, aber beim Versuch, die Dateien zu laden, erhalten Sie nur die Meldung *Laufwerk nicht bereit*. Nach dem zehnten Einlegen der Diskette geben Sie entnervt auf. In den folgenden Abschnitten finden Sie die Probleme gelöst, die in Zusammenhang mit den einzelnen Komponenten Ihres Traum-PCs auftreten können.

Wenn das Diskettenlaufwerk nicht mehr will

Obwohl heutzutage fast alle Programme ausschließlich auf CD geliefert werden, ist in jedem Rechner noch ein Diskettenlaufwerk zu finden; für den Austausch kleinerer Datenmengen gibt es nichts Praktischeres. Wir zeigen Ihnen im folgenden, wie Sie die häufigsten Probleme mit Ihrem Diskettenlaufwerk in den Griff bekommen können.

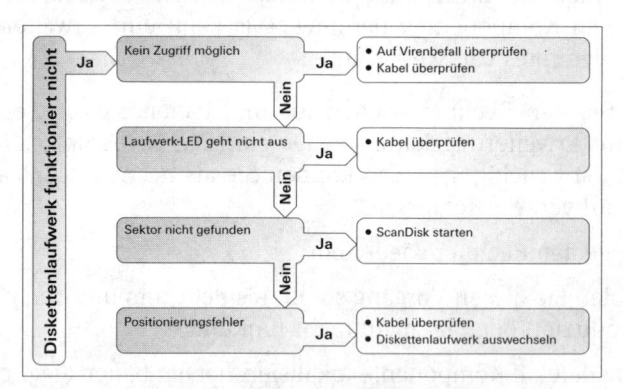

```
Diskettenlaufwerk funktioniert nicht
  ├─ Ja → Kein Zugriff möglich ─ Ja → • Auf Virenbefall überprüfen
  │                                    • Kabel überprüfen
  │      └ Nein
  │       Laufwerk-LED geht nicht aus ─ Ja → • Kabel überprüfen
  │       └ Nein
  │       Sektor nicht gefunden ─ Ja → • ScanDisk starten
  │       └ Nein
  │       Positionierungsfehler ─ Ja → • Kabel überprüfen
                                        • Diskettenlaufwerk auswechseln
```

Kein Zugriff auf das Diskettenlaufwerk möglich

Während der Arbeit an Ihrem Rechner stellen Sie fest, daß sich keine Daten von Diskette mehr laden lassen. Statt dessen meldet der Computer einen Lesefehler. Leider muß man sagen, daß in diesem Fall mit aller Wahrscheinlichkeit die Diskette eine Beschädigung der Oberfläche aufweist. Dieser Verdacht liegt besonders dann nahe, wenn der Lesefehler nur bei einer Diskette auftritt. Staub oder Magnetfelder machen der empfindlichen Magnetschicht dummerweise ziemlich häufig den Garaus. Am einfachsten überprüfen Sie die Diskette mit dem Systemprogramm ScanDisk, das Windows 95/98 beiliegt. Das Programm ist in der Lage, defekte Sektoren zu erkennen und eventuell (mit einer ordentlichen Portion Glück) die Daten in diesen Sektoren zu retten. Zum Glück sind in der Regel nur einzelne Dateien auf einer Diskette von einem solchen Fehler betroffen, so daß Sie die Chance haben, den Rest Ihrer Daten durch Kopieren auf die Festplatte zu retten. Danach sollten Sie die Diskette vorsichtshalber entsorgen, damit Sie nicht noch einmal einen Datenverlust erleiden. Wenn der Fehler bei mehreren oder sogar allen Disketten auftritt, besteht aber auch die Möglichkeit, daß Sie sich ein Virus eingefangen haben, das Ihnen ein defektes Diskettenlaufwerk vorspiegelt, und so den Zugriff auf die Daten verhindert. Um festzustellen, ob der Fehler auf Virenbefall oder eventuell einen Hardwarefehler zurückzuführen ist, führen Sie einen Reset durch und booten mit einer „sauberen" Startdiskette. Vergessen Sie nicht, im BIOS die Bootreihenfolge so einzustellen, daß von Diskette und nicht automatisch von Festplatte gebootet wird. (Wie das geht, steht im BIOS-Kapitel.) Wenn der Rechner von Diskette starten kann, ist ein Defekt an der Hardware nicht vorhanden. Prüfen Sie in diesem Fall den Rechner auf Virenbefall. Sollte das Booten nicht funktionieren, liegt vermutlich ein Hardwarefehler des Diskettenlaufwerks vor oder ein Anschlußkabel hat sich gelöst. Prüfen Sie, ob die Anschlüsse des Kabels an Controller und Laufwerk noch fest verbunden sind. Sollte auch diese Fehlerquelle ausscheiden, hat es Ihr Diskettenlaufwerk wohl hinter sich und muß ausgetauscht werden. Die Reparatur eines Diskettenlaufwerks ist nämlich so teuer, daß sie sich absolut nicht lohnt.

Die Laufwerk-LED geht nicht aus

Mißtrauisch begutachten Sie nach dem Start des Rechners die Laufwerk-LED, die einfach nicht erlöschen will. In den meisten Fällen herrscht kein Grund zur Sorge, denn es hat sich wahrscheinlich einfach nur ein Kabel gelöst. Es kann ebenfalls zu einem andauernden Leuchten der Laufwerk-LED kommen, wenn ein Stecker falsch herum aufgesteckt ist. Daher sollten Sie noch einmal alle Anschlußkabel daraufhin überprüfen, ob diese korrekt angeschlossen sind. An den Diskettenlaufwerken und den Controller-Karten sind die Anschlüsse immer mit Pin 1 markiert. Das 34polige Floppykabel besitzt, wie übrigens auch alle anderen Flachbandkabel im Rechner, an einer Außenseite eine rote Ader. Diese Ader muß am Disketten-Controller und am Diskettenlaufwerk an den Pin 1 führen.

Der Sektor wird nicht gefunden

Dieser Fehler tritt beim Lesen oder Schreiben einer Datei auf. Die Ursache ist in der Regel ein Fehler der FAT. Auch hier kommt wieder das Programm ScanDisk von Windows 95/98 zum Einsatz, um den Fehler zu korrigieren. Sollte ScanDisk nicht dazu in der Lage sein, die Datei zu reparieren und eventuelle weitere Fehler entdecken, sollten Sie die noch lesbaren Daten auf einen anderen Datenträger kopieren und die Diskette aussortieren.

Ein Positionierungsfehler wird gemeldet

Ursache für einen Positionierungsfehler ist eventuell ein loses Datenkabel des Laufwerks. Verantwortlich könnte aber auch ein nicht mehr richtig justierter Schreib-/ Lesekopf sein. Wenn in diesem Laufwerk beschriebene Disketten auch in anderen Diskettenlaufwerken nicht mehr lesbar sind, sollten Sie Ihr Diskettenlaufwerk auswechseln. Der Preis für ein Nachjustieren des defekten Laufwerks übersteigt den Neupreis.

Lösungen für Festplatten-Probleme

So ziemlich das Schlimmste, was einem Anwender passieren kann, ist eine defekte Festplatte. Wenn keine Datensicherung durchgeführt wurde, kann mit den Daten ein erheblicher Gegenwert an Arbeitszeit und Rechercheaufwand verlorengehen. Auch wenn ein defektes Mainboard oder eine Grafikkarte finanziell vielleicht ein größeres Loch in die Haushaltskasse reißen, die verlorengegangenen Daten auf der Festplatte können möglicherweise nicht so einfach ersetzt werden.

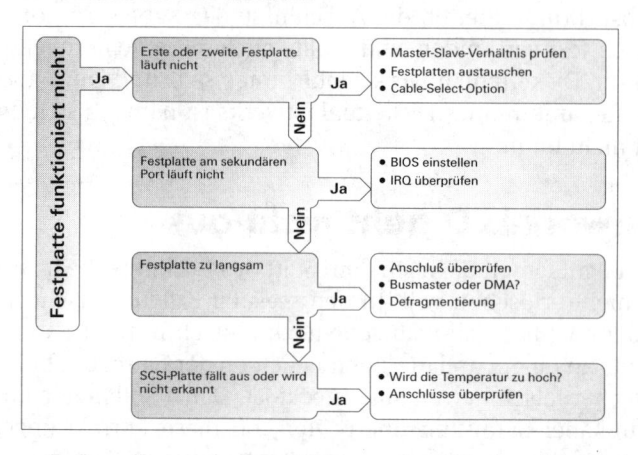

Festplatte funktioniert nicht			
Ja	Erste oder zweite Festplatte läuft nicht	Ja	• Master-Slave-Verhältnis prüfen • Festplatten austauschen • Cable-Select-Option
	Nein		
	Festplatte am sekundären Port läuft nicht	Ja	• BIOS einstellen • IRQ überprüfen
	Nein		
	Festplatte zu langsam	Ja	• Anschluß überprüfen • Busmaster oder DMA? • Defragmentierung
	Nein		
	SCSI-Platte fällt aus oder wird nicht erkannt	Ja	• Wird die Temperatur zu hoch? • Anschlüsse überprüfen

Probleme mit installierten EIDE-Platten

Bei Aufrüstaktionen der Festplatte findet in der Regel kein kompletter Austausch statt, sondern es wird zusätzlich zu der vorhandenen Platte eine zweite eingebaut. Da ein EIDE-Controller den Betrieb von bis zu vier Laufwerken zuläßt, ist dies auch mehr oder weniger problemlos möglich. Dennoch kommt es beim gemeinsamen Betrieb von alter und neuer Festplatte manchmal zu Fehlern.

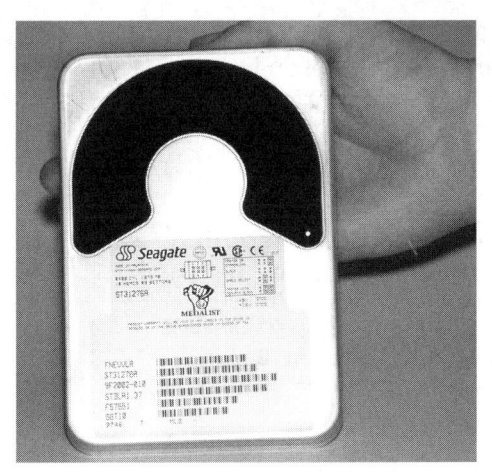

Wenn Sie eine weitere Festplatte in Ihren Rechner einbauen wollen, kann es zu Problemen kommen

Die erste oder zweite Festplatte will nicht laufen

☑ *Laufwerke werden vom BIOS nicht erkannt*

Wenn nach dem Einbau eines zusätzlichen Laufwerks der Rechner beim Einschalten das neue Laufwerk nicht findet, sollten Sie die Festplatte über die Option *IDE HDD AUTO DETECTION* im BIOS des Mainboards erkennen und eintragen lassen. Möglicherweise war ursprünglich unter *Hard Disks Type* entweder *NONE* oder *USER* aktiviert.

Werden auch mit der Option *IDE HDD AUTO DETECTION* die Laufwerke nicht erkannt, sollten Sie als nächstes prüfen, ob die Platten überhaupt anlaufen. Das sollte bei einer Festplatte in den meisten Fällen durch eine Hörprobe möglich sein. Läßt sich durch Hören allein die Funktion nicht überprüfen, können Sie durch Handauflegen das Anlaufen der Platte auch „erfühlen". Wenn Sie keine Vibration der Festplatte(n) spüren, können Sie davon ausgehen, daß eine oder alle Platten keinen Strom bekommen. Entweder ist das Stromkabel defekt – dies läßt sich durch Austauschen mit einem anderen prüfen, oder die Platte funktioniert nicht.

Bei ATAPI-Laufwerken, dazu gehören CD-ROM-, Zip- und LS-Laufwerke, läßt sich das Vorhandensein der Spannung einfach dadurch feststellen, daß die LEDs beim Einschalten des Rechners kurz aufleuchten.

☑ *Sind alle Datenkabel richtig angeschlossen?*

Wenn sichergestellt ist, daß die Laufwerke mit Strom versorgt werden, das Problem aber weiterhin besteht, sollten Sie als nächstes die Datenkabel aller Laufwerke überprüfen. Das gilt sowohl für den Anschluß am Laufwerk selbst als auch für den Anschluß des Controllers. Stellen Sie sicher, daß die rot markierte Leitung des Datenkabels mit dem Pin 1 der Laufwerke und dem Controller-Anschluß übereinstimmen. Es kommt manchmal auch vor, daß die Stecker um einen Pin versetzt montiert wurden. Verwenden Sie einen Big-Tower, ist es denkbar, daß die Kabel zu lang sind. Laut Spezifikation des PIO-4- und Ultra-DMA/33-Standards dürfen die Kabel eine Länge von 46 cm nicht überschreiten.

Hinweis
Manchmal ist die Kabellänge auf die Hälfte reduziert

Bei einigen preiswerten Mainboards haben die Hersteller die Datenleitungen des primären und sekundären Ports einfach durchgeschleift. Elektrisch gesehen haben die beiden Ports des Controllers dann die physikalischen Eigenschaften eines einzelnen. Das heißt, die maximale Kabellänge reduziert sich auf die Hälfte, nämlich 23 cm.

☑ Das Master-Slave-Verhältnis

Wenn zwei Festplatten an einem Kabel betrieben werden, ist eine andere beliebte Fehlerquelle die falsche oder fehlende Zuordnung der Master- und Slave-Eigenschaft. Da die Elektronik einer Festplatte einen Teil der Steuerung des Bus übernimmt (Master), muß die andere Platte in einen passiven Modus versetzt werden (Slave), damit sie durch die Kommandos der Master-Platte gesteuert werden kann. Im Zweifelsfall wird die schnellere Festplatte (bzw. die, von der Sie booten möchten) via Jumper zur Master-Platte gemacht und die andere auf gleichem Weg zur Slave-Platte. Wie das genau geht, lesen Sie ab Seite 367.

Die Stellung der Jumper sollte in der Dokumentation der Festplatte beschrieben sein, falls diese überhaupt existiert. Die meisten Hersteller erklären die Einstellungen jedoch nur mittels einer Grafik, die auf die Platte aufgedruckt ist.

Hinweis
Jumper-Einstellungen auf Verpackungen

In einigen Fällen ist die Einstellung der Jumper nur auf der Plastikhülle aufgedruckt, in die die Festplatte verpackt war. Bewahren Sie die Hülle in diesem Fall unbedingt auf. Sind diese Informationen nicht mehr vorhanden, finden Sie im Internet auf den Seiten der Festplattenhersteller die entsprechenden Konfigurationsdaten der gebräuchlichsten Festplatten.

Wenn Sie die Platten überhaupt nicht zum Laufen bringen, hilft vielleicht das Tauschen der beiden Platten am Buskabel. Es kann aber auch vorkommen, daß beide Platten überhaupt nicht miteinander auskommen wollen. In dem Fall sind Sie gezwungen, eine der Platten am zweiten EIDE-Controller (Sekundär) anzuschließen (oder eine andere Festplatte zu kaufen).

☑ *Die Cable-Select-Option*

Eine andere Methode zur Einstellung des Master-Slave-Verhältnisses bietet die Jumper-Position, die mit CS (**C**able **S**elect) bezeichnet ist. In Verbindung mit einem Plug & Play-fähigen BIOS ist es möglich, daß sich beide Festplatten selbständig auf den Master- und Slave-Betrieb einstellen. Hierfür ist es lediglich erforderlich, auf beiden Festplatten den Jumper auf CS zu setzen. Auch einige CD-ROM-Laufwerke besitzen mittlerweile diese Option.

Festplatte am sekundären Port läuft nicht

Obwohl alle Jumper korrekt gesetzt sind und die Platte auch Strom hat, läuft die Festplatte nicht am sekundären Port des EIDE-Controllers.

Aller Wahrscheinlichkeit nach liegt das daran, daß der sekundäre Port im BIOS des Mainboards deaktiviert wurde, um einen Interrupt zu sparen. Wechseln Sie nach dem Start des Computers ins Setup und aktivieren Sie den sekundären Controller. Danach sollte die neue Platte erkannt werden. Vergewissern Sie sich, daß der Interrupt 15, der vom zweiten EIDE-Port benutzt wird, nicht zwischenzeitlich an eine Erweiterungskarte vergeben wurde. Im Zweifelsfall (wenn es sich nicht um eine -Karte handelt) müssen Sie der betroffenen Karte manuell einen anderen Interrupt zuweisen.

EIDE-Platte arbeitet zu langsam

Obwohl heutige Festplatten mit zum Teil extrem geringen Zugriffszeiten und einer hohen Datentransferrate glänzen, sind die Übertragungsraten in der Praxis zum Teil unbefriedigend. Die Ursache dafür läßt sich aber schnell finden und in den meisten Fällen beheben.

☑ *Festplatte zu langsam? – Ungünstig angeschlossen!*

Auf den meisten aktuellen Mainboards sitzt mittlerweile ein integrierter EIDE-Controller, der mit einem primären und einem sekundären Port ausgestattet ist. In der Regel ist außer den Festplatten auch ein CD-ROM-Laufwerk angeschlossen. Sollten das CD-ROM-Laufwerk als Master und die Festplatte als Slave am primären Port zusammen angeschlossen sein, was technisch kein Problem darstellt, arbeitet die Platte extrem langsam, zumindest wenn es sich um ein älteres Mainboard handelt. Bei neueren Mainboards bzw. Boards, die bereits den Ultra-DMA/33-Standard unterstützen, ist eine solche Konstellation ohne Geschwindigkeitsverlust möglich.

Hinweis

In Zweifelsfällen: Festplatte und CD-ROM nicht am selben Controller

Wenn Sie nicht sicher sind, ob Ihr Controller den Mischbetrieb von Festplatte und CD-ROM-Laufwerk ohne Leistungsverlust unterstützt, halten Sie sich an den Grundsatz, Festplatten und CD-ROM-Laufwerke nicht am selben Controller zu betreiben.

☑ Treiber – Busmaster oder DMA?

Mit dem Standardtreiber, den Windows 95/98 bei der Installation zum Betrieb von EIDE-Festplatten installiert, wird der Datentransfer über den DMA-Controller des Mainboards abgewickelt. Da dieser Controller jedoch aus den Urzeiten des Computers stammt, ist die Performance nicht optimal. Aus diesem Grund sollten EIDE-Platten nach Möglichkeit im Busmaster-Mode betrieben werden. Solche Busmastering-fähigen Treiber sind aber erst in der B-Version von Windows 95 (OSR2) und in Windows 98 integriert. Sollten Sie noch mit der Version A von Windows 95 arbeiten, können Sie sich die Busmaster-Treiber nachträglich installieren.

☑ Schnellere Festplatte durch Defragmentierung

Eine einfache Art, die Geschwindigkeit der Festplatte zu erhöhen, ist das Defragmentieren Ihrer Festplatte. Bei diesem Vorgang werden die Daten auf der Festplatte wieder neu und zusammenhängend angeordnet, dadurch wird der Zugriff darauf beschleunigt.

> **Hinweis**
> **Bevor Sie Defrag ausführen**
> Bevor Sie aber das Programm Defrag einsetzen, sollten Sie noch zwei Dinge durchführen: 1. Den Papierkorb von Windows 95/98 leeren. 2. Nicht oder selten benötigte Programme deinstallieren und alte Daten löschen. Damit stellen Sie sicher, daß auch nur die Dateien defragmentiert werden, die Sie wirklich benötigen.

Zum Defragmentieren steht Ihnen unter Windows 95/98 das Programm Defrag zur Verfügung, das Sie unter *Zubehör/Systemprogramme* finden.

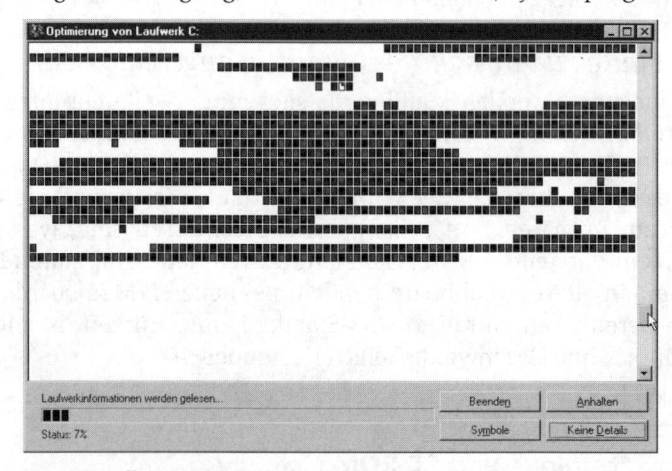

Die sinnvollste Methode ist die Option Komplette Optimierung, alles andere bringt nichts

Wenn Ihre Festplatte stark fragmentiert war, bekommt sie durch diese Optimierung wieder einen Geschwindigkeitszuwachs. Wenn Sie das Programm Defrag regelmäßig ausführen, dauern die durchgeführten Defragmentierungsvorgänge nicht so lange.

Die SCSI-Platte fällt plötzlich aus

Die Hauptursache für den Ausfall einer SCSI-Festplatte sind in den meisten Fällen thermische Probleme. Das erste Anzeichen dafür ist, daß die Platte immer langsamer wird. Ob die Festplatte zu heiß wird, läßt sich auch ohne Temperaturmessung überprüfen. Die Festplatte darf keinesfalls so heiß werden, daß man sich die Finger daran verbrennt. In dem Fall ist unbedingt zusätzliche Kühlung angesagt. Die schnellste Lösung besteht darin, die Blende des Computergehäuses zu entfernen, hinter der sich die Platte befindet. Aber Achtung, das ist nur eine Notlösung. Um die Platte ausreichend zu kühlen, sollten Sie unbedingt einen speziellen Festplattenlüfter einbauen.

Mit solch einem zusätzlichen Festplattenlüfter werden selbst Hochleistungsfestplatten ausreichend gekühlt

SCSI-Festplatte wird nicht erkannt

Sollte es vorkommen, daß der Rechner die SCSI-Festplatte nicht erkennt, überprüfen Sie zunächst den korrekten Sitz der Daten- und Stromkabel. Wenn die Platte weiterhin nicht erkannt wird, liegt das Problem an der Terminierung oder einer falschen Geräte-ID. Weitere Details dazu finden Sie im SCSI-Kapitel.

CD-ROMs – Reich an Daten, aber störanfällig

Mittlerweile haben sich CD-ROM-Laufwerke immer mehr durchgesetzt und gehören zur Standardausstattung eines Computers. Die eigentlich robuste Technologie hat zwar nur wenige Schwächen, doch diese wirken sich hin und wieder störend im Arbeitsalltag aus. Das folgende Kapitel gibt Ihnen Hinweise, wie Sie diese Schwächen ausbessern können.

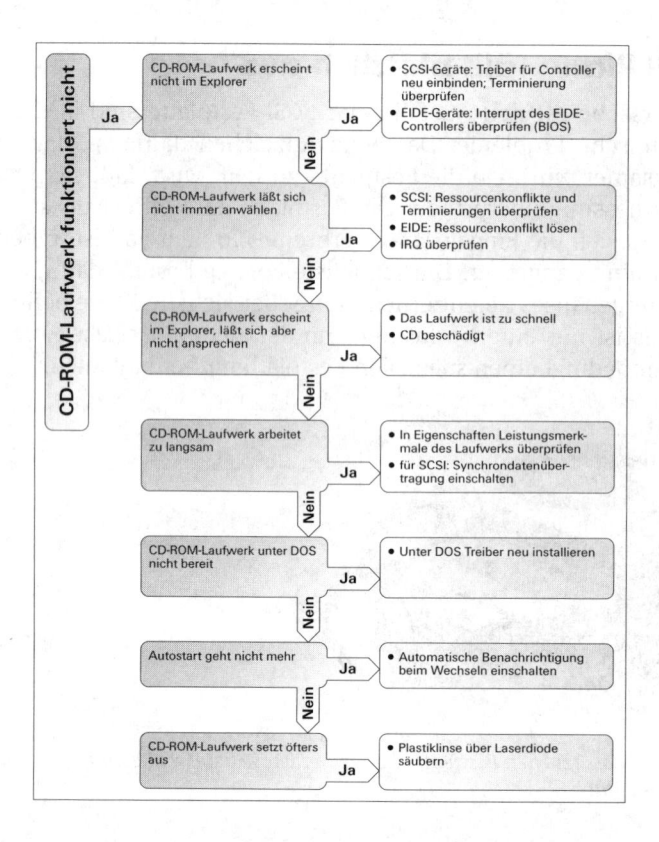

```
                                                   • SCSI-Geräte: Treiber für Controller
                          CD-ROM-Laufwerk erscheint   neu einbinden; Terminierung
                          nicht im Explorer           überprüfen
                    Ja                          Ja • EIDE-Geräte: Interrupt des EIDE-
                                                    Controllers überprüfen (BIOS)
                   Nein

                          CD-ROM-Laufwerk läßt sich • SCSI: Ressourcenkonflikte und
                          nicht immer anwählen       Terminierungen überprüfen
                                                Ja • EIDE: Ressourcenkonflikt lösen
                                                   • IRQ überprüfen
                   Nein

                          CD-ROM-Laufwerk erscheint
                          im Explorer, läßt sich aber • Das Laufwerk ist zu schnell
                          nicht ansprechen          • CD beschädigt
                                                Ja
                   Nein

                          CD-ROM-Laufwerk arbeitet • In Eigenschaften Leistungsmerk-
                          zu langsam                 male des Laufwerks überprüfen
                                                   • für SCSI: Synchrondatenüber-
                                                Ja   tragung einschalten
                   Nein

                          CD-ROM-Laufwerk unter DOS
                          nicht bereit             • Unter DOS Treiber neu installieren
                                                Ja
                   Nein

                          Autostart geht nicht mehr • Automatische Benachrichtigung
                                                Ja   beim Wechseln einschalten
                   Nein

                          CD-ROM-Laufwerk setzt öfters • Plastiklinse über Laserdiode
                          aus                        säubern
                                                Ja
```

CD-ROM-Laufwerk erscheint nicht im Explorer

Es kann vorkommen, daß das CD-ROM-Laufwerk im Explorer überhaupt nicht zur Auswahl angeboten wird. In diesem Fall können Sie davon ausgehen, daß entweder das Laufwerk nicht korrekt funktioniert oder der Controller, an dem es angeschlossen ist, nicht einwandfrei arbeitet.

☑ *Nur ein CD-ROM-Laufwerk am SCSI-Bus angeschlossen?*

Wenn es sich bei Ihrem CD-ROM-Laufwerk um ein SCSI-Gerät handelt, das als einziges an einem SCSI-Controller angeschlossen ist, beruht der Fehler wahrscheinlich darauf, daß der Controller von Windows 95/98 nicht korrekt erkannt wird. Um die Einbindung des Controllers in Windows 95/98 zu ermöglichen, brauchen Sie den Windows 95/98-Treiber für diesen Controller, der eigentlich im Lieferumfang des Controllers enthalten sein sollte. Sehen Sie im Zweifelsfall auch auf der Internetseite des Herstellers nach.

Ist das CD-Laufwerk aber an einem SCSI-Controller angeschlossen, der korrekt in Ihr System eingebunden ist und an dem sich andere Komponenten befinden, überprüfen Sie, ob die Geräte richtig terminiert und korrekte IDs vergeben sind. Genaueres zu diesem Thema erfahren Sie auch ab Seite 339.

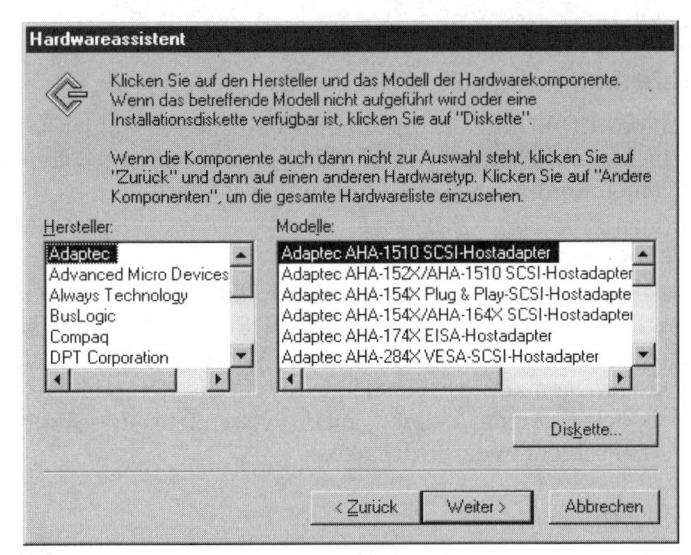

Über den Hardware-Assistenten von Windows 95/98 lassen sich die Treiber für einen SCSI-Controller nachträglich installieren

☑ Das CD-ROM-Laufwerk ist am EIDE-Port angeschlossen

Anders verhält es sich bei Laufwerken, die an den EIDE-Controller Ihres Rechners angeschlossen sind. Ein ATAPI-Laufwerk schließen Sie in der Regel am sekundären Controller-Port an. Um das Gerät in Betrieb zu nehmen, muß der sekundäre Port auch aktiviert sein. Auch darf der zugehörige Interrupt (IRQ 15) nicht bereits von einer anderen Komponente verwendet werden. Die Option, um einen Controller-Port zu aktivieren oder deaktivieren, finden Sie im *Chipset Features Setup* des BIOS Ihres Mainboards.

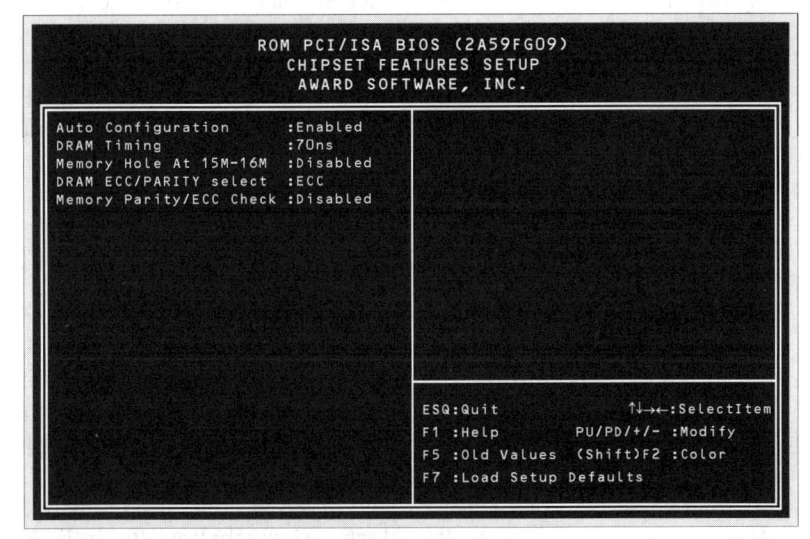

Um den sekundären EIDE-Controller benutzen zu können, muß dieser im Untermenü Chipset Features Setup im BIOS erst aktiviert werden

Das CD-ROM-Laufwerk läßt sich nicht immer anwählen

Wenn sich das CD-ROM-Laufwerk in einigen Fällen anwählen läßt, in anderen aber nicht, ist die Ursache häufig eine instabile Plug & Play-Installation, die durch einen Konflikt der Hardware verursacht wird.

☑ EIDE-Geräte

Beispielsweise kann eine Erweiterungskarte, die nicht immer in Betrieb ist (z. B. eine ISDN-Karte) den sekundären EIDE-Controller zeitweise blockieren. Überprüfen Sie im Geräte-Manager von Windows 95/98, ob ein Ressourcenkonflikt vorliegen könnte. Versuchen Sie für die Komponente, die derzeit den IRQ 15 belegt, einen anderen, nicht verwendeten Interrupt zu finden. Damit ist das Problem in der Regel gelöst.

☑ SCSI-Geräte

Sollte ein SCSI-CD-ROM-Laufwerk ein solches Problem haben, liegt die Ursache in einem Ressourcenkonflikt zwischen SCSI-Controller und einer anderen Komponente. Unter Umständen ist das Laufwerk auch falsch terminiert.

Das CD-ROM-Laufwerk ist vorhanden, läßt sich jedoch nicht ansprechen

Das Problem, daß ein CD-ROM-Laufwerk zwar sichtbar ist, sich aber nicht ansprechen läßt, betrifft häufig schnelle Laufwerke. Diese müssen die CD erst beschleunigen und den Laser neu ausrichten, bevor die CD für den Zugriff bereit ist. Allein der Umstand, daß das CD-ROM-Laufwerk eine gewisse Anlaufzeit benötigt, führt dazu, daß es nicht sofort angesprochen werden kann. Wenn das Laufwerk nach einer Anlaufzeit von ca. fünf bis zehn Sekunden immer noch nicht ansprechbar ist, versuchen Sie, es noch einmal zu öffnen und zu schließen. Sollte auch das keinen Erfolg haben, ist möglicherweise die CD beschädigt. Sie erkennen Probleme beim Einlesen der CD daran, daß der Schreib-/Lesekopf hektisch hin- und herfährt und dann nach einigen Versuchen aufhört zu arbeiten.

CD-ROM-Laufwerk setzt immer öfter aus

Obwohl die eingelegte CD keinerlei Kratzer und Staubpartikel aufweist, hat das CD-ROM-Laufwerk Probleme, die Daten der CD einzulesen. Die Ursache hierfür kann Staub auf den Linsen der Laseroptik sein, denn die wenigsten CD-ROM-Laufwerke besitzen einen Mechanismus, der die Linse regelmäßig säubert. Da eine verschmutzte Linse das Licht schlechter bündelt als eine saubere, treten nach einiger Zeit Lesefehler auf, selbst wenn die CD gar nicht beschädigt ist. Bei hochwertigen Einbaulaufwerken wird eindringender Staub durch eine Klappe im Gehäuse selbst zurückgehalten. Bei billigen Konstruktionen verwenden die Hersteller nur eine Schaumstoffauskleidung oder verzichten ganz auf den Staubschutz. Um die Linse zu reinigen, sollten Sie bei geöffneter Schublade mit einer Druckluftdose (gibt's im Elektronikhandel) vorsichtig den Staub herausblasen. Von der Verwendung einer Reinigungs-CD ist ausdrücklich abzuraten, da die rauhe Oberfläche des Reinigungsmediums die empfindliche Linse verkratzen kann.

CD-ROM-Laufwerk arbeitet zu langsam

Wenn Sie das Gefühl haben, daß Ihr CD-ROM-Laufwerk zu langsam ist, sollten Sie die Cacheeinstellungen überprüfen, die Windows 95/98 für Ihr Laufwerk vorgegeben hat. Öffnen Sie dazu das Fenster *Eigenschaften für System*, indem Sie mit der rechten Maustaste auf den Arbeitsplatz klicken und im Kontextmenü den Eintrag *Eigenschaften* auswählen. Im Register *Leistungsmerkmale* finden Sie die Schaltfläche *Dateisystem* und dann das Register *CD-ROM*. Die Größe des Cachespeichers sollten Sie auf einen Wert einstellen, der ungefähr in der Mitte der Skala liegt. Ein zu großer Speicher hat (neben dem Arbeitsspeicherbedarf) z. B. besonders beim Abspielen von Videos eher einen negativen Effekt, der für eine geringere Übertragungsrate sorgt.

☑ *Synchrondatenübertragung des SCSI-Laufwerks einschalten*

Betreiben Sie ein SCSI-Laufwerk, können Sie zusätzlich noch die Synchrondatenübertragung aktivieren. Die Einstellmöglichkeit dafür finden Sie im Geräte-Manager unter der Sparte *CD-ROM*. Markieren Sie darin den Eintrag für Ihr Laufwerk und klicken Sie auf die Schaltfläche *Eigenschaften*. In dem Register *Einstellungen* befindet sich die Option *Synchrondatenübertragung*, die auf jeden Fall aktiviert sein sollte.

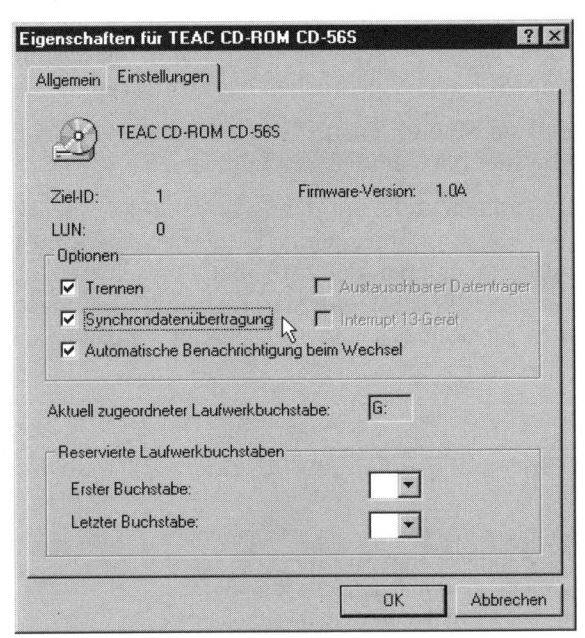

SCSI-CD-ROM-Laufwerke erreichen bei aktivierter Synchrondatenübertragung eine wesentlich höhere Datenübertragungsrate

Durch diese Übertragungsart kann das Laufwerk seine Daten synchron zum Takt des Bus an den Controller senden. Diese Methode der Datenübertragung ist wesentlich schneller im Vergleich zur voreingestellten asynchronen Übertragung.

Der Autostart funktioniert nicht mehr

Wenn die Autostart-Funktion nicht mehr funktionieren sollte, kontrollieren Sie, ob Sie nicht im Geräte-Manager die Option *Automatische Benachrichtigung beim Wechsel* deaktiviert haben.

Das Bild flimmert – Probleme mit der Grafikausgabe

Kaum etwas macht bei der Arbeit am Monitor wahnsinniger, als wenn das Bild flimmert oder einen Farbstich hat.

Das Bild hat einen Farbstich

Ein Farbstich in der Darstellung wird in der Regel dadurch ausgelöst, daß einer der Farbkanäle am Monitor ausfällt, was immer dann passiert, wenn das Kabel zwischen Grafikkarte und Monitor nicht korrekt angebracht oder beschädigt ist. Kontrollieren Sie folgende Punkte:

1 Überprüfen Sie, ob der Stecker des Monitorkabels fest an der Grafikkarte angeschlossen ist. Um ganz sicherzugehen, sollten Sie den Stecker noch einmal lösen und wieder festschrauben. Kontrollieren Sie auch, ob nicht einer der Pins des Steckers abgebrochen oder verbogen ist.

2 Wenn das Kabel am Monitor ebenfalls nur aufgesteckt ist, sollten Sie die gleiche Prozedur hier noch einmal durchführen.

3 Wenn das Kabel an beiden Seiten richtig befestigt ist, aber der Farbstich immer noch besteht, ist wahrscheinlich eine der Adern im Inneren des Kabels beschädigt. Manchmal hilft am Kabel zu wackeln dabei herauszufinden, ob das der Fall ist. Wenn der Farbstich zwischenzeitlich verschwindet, ist tatsächlich das Kabel beschädigt und muß ausgetauscht werden.

> **Hinweis**
> **Lebensgefährlich hohe Spannungen im Inneren des Monitors**
>
> Beachten Sie bei Arbeiten an Ihrem Monitor, daß in seinem Innern Spannungen von bis zu 25.000 Volt anliegen. Selbst wenn der Monitor seit einigen Tagen vom Stromnetz getrennt ist, ist in Kondensatoren noch genügend Ladung für einen lebensgefährlichen Stromschlag gespeichert. Deswegen sollten Sie unbedingt (!) von eigenhändigen Reparaturen am Monitor absehen.

Das Monitorbild ist zu klein oder versetzt

Dieses Problem tritt in der Regel dann auf, wenn Sie eine Kombination von Auflösung und Bildwiederholfrequenz verwenden, mit der Ihr Monitor nicht so gut zurechtkommt oder für die im Monitor keine Voreinstellungen gespeichert sind. Läßt sich das Monitorbild nicht zufriedenstellend einstellen, ist wahrscheinlich die Bildwiederholfrequenz der Grafikkarte zu hoch eingestellt. Beachten Sie, daß eine zu hohe Bildwiederholfrequenz dem Monitor auf Dauer schadet. Klicken Sie in den Eigenschaften des Desktop auf die Registerkarte *Einstellungen*. Über die Schaltfläche *Erweitert* gelangen Sie zu dem Fenster *Erweiterte Grafikeigenschaften*, in dem Sie nun im Register *Grafikkarte* die Bildwiederholfrequenz einstellen können.

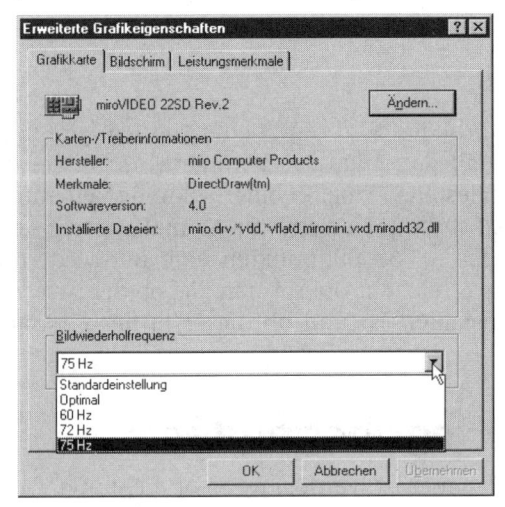

Das Fenster Erweiterte Grafikeigenschaften von Windows 95/98. Hier können Sie die Bildwiederholfrequenz einstellen, die zu Ihrem Monitor paßt

Ebenso kann eine zu hoche Auflösung schuld daran sein, daß der Monitor das Bild nicht mehr ordentlich darstellen kann. In diesem Fall sollten Sie einfach die Bildschirmauflösung auf einen niedrigeren Wert (z. B. 800 x 600) reduzieren.

Hinweis
Zu hohe Bildwiederholfrequenzen können den Monitor zerstören
Beachten Sie, daß die Bildwiederholfrequenz der Grafikkarte zu Ihrem Monitor passen muß. Wird diese zu hoch eingestellt, kann Ihr Monitor in kürzester Zeit zerstört werden. Neuere Geräte verfügen über eine automatische Abschaltung, die das Schlimmste verhindert.

Fehler in der Bildgeometrie

Wenn das Monitorbild schief oder nicht exakt rechteckig angezeigt wird, sind schlecht justierte Ablenkspulen der Bildröhre dafür verantwortlich. Zur Korrektur läßt sich bei den meisten Monitoren die Bildgeometrie einstellen.

Dazu befinden sich auf der Vorderseite des Monitors Regler oder Tasten, mit denen sich beispielsweise Kissen- oder Trapezverzerrungen korrigieren lassen. Wie das genau funktioniert, können Sie dem Handbuch Ihres Monitors entnehmen. Lassen sich die Fehler in der Bildgeometrie nicht durch die Einstellungen am Monitor beseitigen, sollten Sie den Monitor umtauschen, wenn noch ein Garantieanspruch besteht.

☑ *Magnetfelder können stören*

Eine andere Möglichkeit für eine fehlerhafte Bildgeometrie können aber auch Magnetfelder in der Nähe des Bildschirms sein. Ein zweiter Monitor oder Lautsprecher, die in unmittelbarer Nähe des Monitors aufgestellt sind, sind die häufigsten Störquellen.

Das Bild flimmert

Ein Flimmern des Monitorbildes wird durch eine zu niedrige Bildwiederholfrequenz verursacht. Damit das Auge das Flimmern des Bildes nicht mehr wahrnimmt, muß es mindestens 75mal in einer Sekunde neu aufgebaut werden. Heutzutage sind selbst die preiswertesten Grafikkarten in der Lage, bei einer Auflösung von 1.024 x 768 Bildpunkten eine Bildwiederholfrequenz von mindestens 75 Hz zu erreichen. Überprüfen Sie, ob der passende Treiber unter Windows 95/98 installiert ist und ob dieser in der neuesten Version vorliegt.

Probleme mit Eingabegeräten

Jeder noch so schnelle Rechner ist wertlos, wenn er nicht in der Lage ist, auf die Eingaben des Anwenders zu reagieren. Auch wenn es sich hierbei im Gegensatz zur restlichen Hardware um wesentlich robustere Bauteile handelt, treten auch in diesem Bereich Probleme auf.

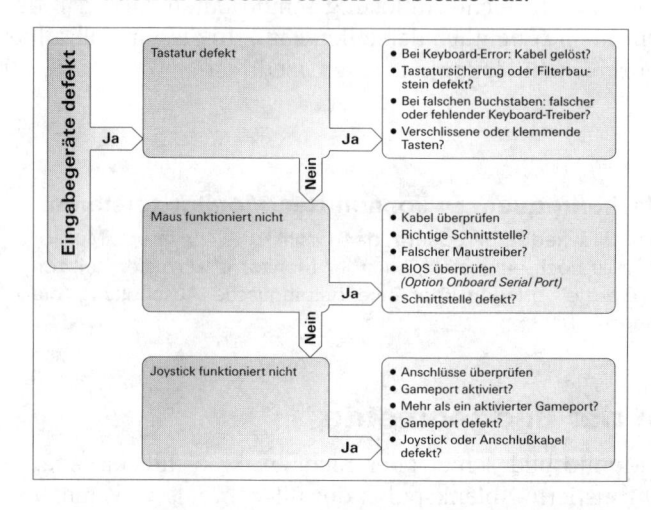

Probleme mit der Tastatur

Wenn Ihre Tastatur keine Eingaben mehr annimmt oder der Rechner einen Tastaturfehler meldet und sich weigert hochzufahren, dann brauchen Sie nicht gleich in den Fachhandel zu laufen, um eine neue zu kaufen.

Das wichtigste Eingabegerät Ihres PCs: die Tastatur

☑ *Der Rechner meldet beim Booten Keyboard-Error*

Bei jedem Start des Rechners prüft das BIOS unter anderem das Vorhandensein und die Funktionsfähigkeit der Tastatur. Ein Hinweis auf diese Prüfung ist das Aufleuchten der Tastatur-LEDs während des Bootvorgangs. Als nächsten Schritt testet das BIOS den Tastatur-Controller. Wenn der Rechner bereits so weit gekommen ist, dann ist die Tastatur funktionstüchtig.

Jedoch kann es vorkommen, daß der Rechner den Bootvorgang abbricht und Sie über die Fehlermeldung *Keyboard Error* oder *Keyboard Failure* auf einen Tastaturfehler hinweist.

☑ *Ist die Tastatur angeschlossen?*

Sollte so eine Fehlermeldung beim Booten auftreten oder die Tastatur auf Eingaben nicht mehr reagieren, prüfen Sie, ob der Tastaturstecker noch richtig sitzt. Besonders bei Gehäusen, die unter dem Schreibtisch aufgestellt sind, kann ein etwas zu kurz geratenes Tastaturkabel oft für dieses Problem sorgen. Viele Rechner reagieren auch mit einer Fehlermeldung, wenn eine Taste eingeklemmt ist oder ein Gegenstand auf der Tastatur liegt.

☑ *Tastatur defekt?*

Wenn der Fehler nicht durch einen lockeren Stecker verursacht wurde und Sie die Möglichkeit haben, an eine andere Tastatur heranzukommen, läßt sich damit überprüfen, ob der Fehler bei der Tastatur liegt. Schließen Sie einfach die andere Tastatur an Ihrem Rechner an. Wenn dann kein Tastaturfehler mehr gemeldet wird, tauschen Sie Ihre defekte Tastatur aus.

Funktioniert die andere Tastatur ebenfalls nicht, dann liegt der Fehler auf dem Mainboard.

☑ *Falsche Buchstaben – Falscher oder fehlender Tastaturtreiber?*
Wenn die Tastenbelegung nicht mit dem Layout der Tastatur übereinstimmt, dann ist in der Regel ein falscher Sprachtreiber eingebunden, der die länderspezifischen Tastenbelegungen steuert. Um die Einstellungen zu überprüfen, starten Sie das Programm *Tastatur* in der Systemsteuerung. In der Registerkarte *Sprache* finden Sie eine Liste mit den installierten Sprachtreibern. Sollten Sie mehrere Sprachen vorfinden und ist Deutsch nicht als Standardsprache eingestellt, dann benutzt Ihre Tastatur immer die falschen Tastenbelegungen. Im Zweifelsfall klicken Sie auf *Hinzufügen* und wählen dann *Deutsch (Deutschland)* als zusätzliche Sprache aus. Danach markieren Sie diesen Eintrag in der Liste und klicken auf *Als Standard*. Wenn Sie die anderen Spracheinstellungen nicht benötigen, können Sie sie mit einem Klick auf *Entfernen* löschen. Unter MS-DOS wird der richtige Tastaturtreiber nur verwendet, wenn er in der Startdatei *Autoexec.bat* eingebunden ist. In der *Autoexec.bat* muß sich folgende Zeile befinden:

```
keyb gr,,C:\WINDOWS\COMMAND\keyboard.sys
```

Das setzt allerdings voraus, daß Windows tatsächlich im Verzeichnis *C:\Windows* installiert ist und sich die Datei *Keyboard.sys* im Unterverzeichnis *\Command* befindet (da wird sie normalerweise von Windows aufbewahrt).

☑ *Die Tasten sind verschlissen oder funktionieren nicht*
Je nach Einsatzzweck des Rechners ist die Tastatur sehr wahrscheinlich das am meisten beanspruchte Eingabegerät. Sollte es daher vorkommen, daß einige Tasten nicht mehr funktionieren oder kurze Ausfälle haben, kann es sich durchaus um Verschleißerscheinungen handeln. Nicht funktionierende Tasten können natürlich auch durch zu harte Tastenanschläge und ausgeschüttete Getränke verursacht werden. Bei solchen Funktionsstörungen ist es ratsam, sich eine neue Tastatur anzuschaffen, da eine Reparatur nicht möglich ist. Anders ist es bei Tasten, die vielleicht nur manchmal klemmen. Das tritt häufig dann auf, wenn die Tastatur lange nicht gereinigt wurde oder diese in sehr staubiger Umgebung eingesetzt wird. In diesem Fall sollten Sie versuchen, die Tastatur mit einer Dose Druckluftspray auszublasen. Sollte dies noch nicht ausreichen, müssen Sie die Tastatur öffnen und vorsichtig mit Pinsel und Druckluft das Innere reinigen.

Wenn die Maus nicht mehr will

Die Maus gehört neben der Tastatur wohl mit zu den wichtigsten Eingabegeräten eines Computers. Das fällt spätestens dann auf, wenn die Maus plötzlich aus unerklärlichen Gründen an einer Stelle auf dem Bildschirm klebenbleibt und sich nicht mehr rührt. Jeder, der das schon einmal erlebt und sich beim Öffnen von Menüs und Funktionen alle Finger ausgerenkt hat, kann davon ein Lied singen.

Die Maus streikt

Reagiert die Maus auf Bewegung und Klicken Ihrerseits überhaupt nicht, dann sollten Sie zunächst der Reihe nach einige grundlegende Dinge überprüfen.

☑ Ist das Mauskabel angeschlossen?

Kontrollieren Sie als erstes, wenn die Maus versagt, ob das Mauskabel ordnungsgemäß am Rechner eingesteckt ist. Vielleicht hat sich ja nur der Stekker gelöst.

☑ Haben Sie die richtige Schnittstelle gewählt?

Wenn Sie eine serielle Maus verwenden, stellen Sie sicher, daß diese an der richtigen Schnittstelle angeschlossen wurde. Sind die Schnittstellen Ihres Rechners nicht bezeichnet, schließen Sie die Maus zum Testen an einen anderen COM-Port an. Sollte das zu keinem Erfolg führen, liegt das Problem an einer anderen Stelle.

☑ Schnittstelle aktivieren

Moderne Mainboards bieten die Option, auf dem Board befindliche Schnittstellen zu aktivieren oder zu deaktivieren; das gilt für serielle Schnittstellen genauso wie für die PS/2-Schnittstelle.

Wechseln Sie nach einem Neustart des Rechners in das BIOS. Wählen Sie das Menü *Integrated Peripherals*.

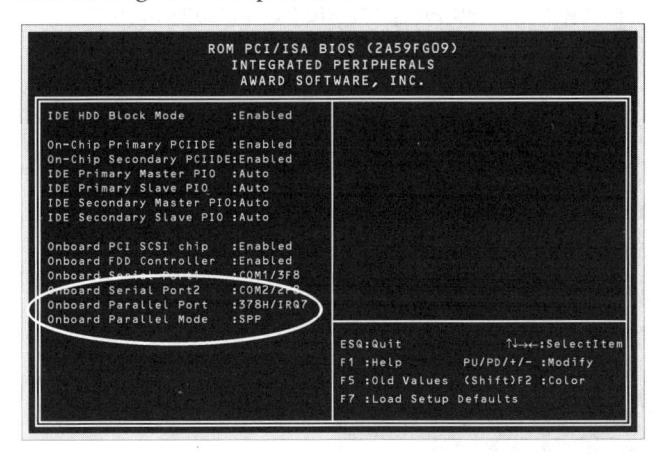

Im Menü Integrated Peripherals können Sie Schnittstellen aktivieren und deaktivieren

Überprüfen Sie dort die Einstellungen der Option *Onboard Serial Port*. Diese Einstellung darf nicht auf *Disabled* stehen. Zum Aktivieren der PS/2-Schnittstelle ändern Sie die Einstellung der Option *PS/2 Mouse Function Control* auf *Enabled*, wenn diese Möglichkeit gegeben ist. Verlassen Sie das BIOS über die Option *Save & Exit Setup* und starten Sie Windows 95/98 neu.

☑ *Schnittstelle defekt?*

Ein Defekt der Schnittstelle kommt zwar sehr selten vor, läßt sich aber auch nicht völlig ausschließen. Im Falle einer seriellen Maus ist es möglich, sie zur Kontrolle an eine andere Schnittstelle, beispielsweise COM2, anzuschließen. Handelt es sich um eine PS/2-Maus, entfällt diese Möglichkeit, wenn Sie keinen Adapter von PS/2 auf seriell besitzen. Beachten Sie, daß Sie nicht Plug & Play-fähiger Software eventuell mitteilen müssen, daß Sie die Maus an einer anderen Schnittstelle angeschlossen haben. Windows 95/98 und die meisten Maustreiber für MS-DOS erkennen dies aber selbständig. Wenn die Maus an einer anderen Schnittstelle funktioniert, können Sie davon ausgehen, daß die ursprüngliche Schnittstelle defekt ist. In diesem Fall bleibt nur die Möglichkeit, die defekte Schnittstelle zu deaktivieren und eine neue Schnittstellenkarte einzusetzen.

Der Joystick spinnt?

Wer mit einem Flugsimulator eine saubere Landung hinlegen will, ohne gleich den Tower des Flughafens abzureißen, der wird einen Joystick dringend benötigen. Aber manchmal ist es nicht die Unfähigkeit des Piloten, sondern ein Funktionsfehler des Joysticks, der den Absturz verursacht hat.

Der Joystick funktioniert nicht

So fängt der Ärger meistens an: Sie wollen sich nach getaner Arbeit mit einem kleinen Spiel entspannen, doch der Joystick will einfach nicht funktionieren. In der Regel reichen ein paar kleine Handgriffe, damit er wieder einsatzbereit ist. In vielen Fällen ist der Fehler auf eine der folgenden Fehlerquellen zurückzuführen:

- Ein Stecker hat sich gelöst.
- Der Game-Port ist nicht aktiviert oder defekt.
- Es ist mehr als ein Game-Port aktiviert.
- Der Joystick bzw. das Anschlußkabel ist defekt.
- Hardwarekonflikte mit speziellen Gamecards.

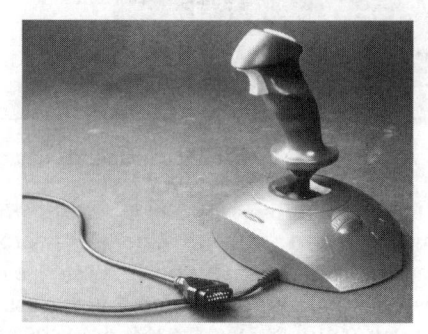

Wenn der Joystick nicht so steuert, wie er soll, kann der Fehler sowohl in der Hardware als auch in der Installation liegen

☑ Ist der Joystick angeschlossen?

Die häufigste Ursache für ein Versagen des Joysticks ist ein gelöster Stecker. Im Gegensatz zu den übrigen Steckern, beispielsweise der Maus und des Druckers, besitzt der Stecker des Joysticks meistens keine Schrauben zur Sicherung.

☑ Sind Game-Port und Joystick in Windows eingebunden?

Manchmal kommt es vor, daß bei der Installation von Windows 95/98 der Game-Port nicht mit eingebunden, bzw. nachträglich kein Joystick installiert wurde. Den Game-Port installieren Sie mit Hilfe des Hardware-Assistenten. Verneinen Sie die Frage nach der automatischen Hardwareerkennung und wählen Sie in der Liste mit den Geräteklassen den Eintrag *Audio-, Video- und Gamecontroller*. Microsoft bringt einen Universaltreiber für Game-Ports mit, wählen Sie also in der Liste der Hersteller *Microsoft* aus und als Gerät den *Game-Port Joystick*. Falls Ihr Joystick keinen eigenen Treiber mitbringt, müssen Sie einen der Universaltreiber verwenden, die Windows selbst zur Verfügung stellt. In der Systemsteuerung finden Sie das Programm *Gamecontroller*, mit dessen Hilfe angeschlossene Joysticks verwaltet werden. Klicken Sie auf *Hinzufügen*, falls noch kein Joystick ins System eingebunden ist. Der gebräuchlichste Typ ist der *2-Achsen, 4-Tasten-Joystick*, allerdings finden sich auch Treiber für spezielle Modelle einiger Hersteller in der Liste.

☑ Testen des Joysticks unter Windows 95/98

Ebenfalls hinter dem Symbol *Gamecontroller* findet sich die Möglichkeit, Ihren Joystick zu kalibrieren und zu testen. Beachten Sie aber, daß sich diese Kalibrierung nicht auf Spiele unter MS-DOS auswirkt.

Wählen Sie Ihren Joystick aus und klicken Sie als nächstes auf die Schaltfläche *Testen*. (In Windows 98 klicken Sie auf *Eigenschaften* und wählen dann die Registerkarte *Testen*.) Im darauffolgenden Fenster haben Sie nun die Möglichkeit, die Funktion des Joysticks zu überprüfen.

☑ Ist der Game-Port aktiviert?

Häufig kommt es vor, daß eine Soundkarte nicht nur zur akustischen Untermalung eingebaut wird, sondern auch, um den Rechner mit einem Game-Port zum Anschließen eines Joysticks aufzurüsten. Manchmal ist der Game-Port aber erst dann aktiv, wenn dieser über einen Jumper auf der Soundkarte aktiviert wird. Um das zu überprüfen, müssen Sie einen Blick ins Handbuch Ihrer Soundkarte werfen.

☑ Game-Port defekt?

Ein defekter Game-Port ist zwar selten, aber durchaus nicht ausgeschlossen. Besitzen Sie mehr als einen Game-Port in Ihrem Rechner, sollten Sie versuchen, ob vielleicht Ihr Joystick an einem anderen Port funktioniert. Dazu müssen Sie aber den Rechner öffnen und die Game-Ports (falls das möglich ist) per Jumper aktivieren oder deaktivieren. Besitzen Sie keinen zweiten

Game-Port in Ihrem Rechner, versuchen Sie, den Joystick an einem anderen Rechner zu testen. Vielleicht verfügt ja der Rechner eines Freundes oder Bekannten über einen Game-Port zum Anschluß des Joysticks.

☑ Joystick oder Anschlußkabel defekt?

Um einen vermeintlich defekten Joystick auf seine Funktion zu testen, schließen Sie nach Möglichkeit einen funktionierenden Joystick eines Bekannten an Ihrem Rechner an. Sollte dieser bei Ihnen einwandfrei funktionieren, ist mit Sicherheit Ihr Joystick defekt.

☑ Weitere Fehlerquellen

Oft genug passiert es, daß der Joystick einfach nicht das tut, was man gerade von ihm erwartet. Die Anzahl der möglichen Fehlerquellen ist dabei enorm, aber es gibt einige Punkte, die man in jedem Fall überprüfen sollte.

- Ein einfacher Game-Port ist über den ISA-Bus mit 8 MHz getaktet, das Mainboard hingegen arbeitet mit 66 oder sogar 100 MHz. Dadurch kann der Game-Port zum „Klotz am Bein" werden, was Synchronisierungsprobleme nach sich zieht. Oft ist die Verwendung einer Gamecard mit variabler Geschwindigkeit die Lösung des Problems.

- Bei manchen Gamecards kommt es eventuell zu Hardwarekonflikten. Ein Konflikt läßt sich unter Windows 95/98 über den Geräte-Manager feststellen und oft auch beseitigen.

- Ein Game-Port auf dem Mainboard und eine Gamecard lassen sich nicht gleichzeitig einsetzen. Im Zweifelsfall muß man einen der beiden Ports deaktivieren. Selbst wenn auf der Rückseite des Computers nur ein Game-Port zu sehen ist, können weitere im Inneren des Rechners verborgen sein, deren Anschlüsse nicht nach außen geführt sind.

- Nicht alle Y-Kabel kommen mit allen Game-Ports zurecht. Hier hilft nur eine sehr genaue Dokumentation oder Ausprobieren.

- Benutzt man zwei Joysticks mit einem Y-Kabel, funktionieren wegen der Game-Port-Spezifikationen nur jeweils zwei Tasten.

Probleme mit der Soundausgabe

Das Spektrum des Einsatzes von Soundkarten reicht vom Abspielen einfacher Sounddateien bis zum Anschließen von MIDI-Instrumenten. In der Regel geht es allerdings einfach nur darum, Systemklänge wiederzugeben, das Abspielen von Musik-CDs im PC zu ermöglichen oder den Sound von Computerspielen wiederzugeben. Die häufigsten Probleme, die im Zusammenhang mit Soundkarten auftauchen können, liegen bei der Installation und bei Interrupt-Konflikten.

Die PC-Pannenhilfe – So läuft jeder PC

```
Fehler in der Soundausgabe
├─ Kein Klang oder verzerrter Sound ──Ja──→ • Für jedes Gerät den richtigen Anschluß?
│  Nein
├─ Sounds erklingen abgehackt ──Ja──→ • Auf Interrupt-Konflikte prüfen
│  Nein
├─ Permanente Nebengeräusche ──Ja──→ • Lautstärkeregelungen überprüfen
│                                    • Nebengeräusche durch falsche Verkabelung?
│                                    • Sitz der Soundkarte ändern
│  Nein
└─ MIDI klingt künstlich ──Ja──→ • Treiber überprüfen/MIDI eingestellt?
```

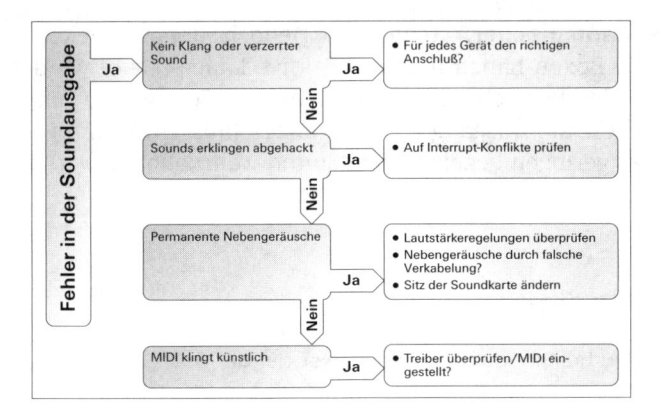

Gar kein Klang oder verzerrter Sound

Die Ursache für einen verzerrten oder gar keinen Sound ist zunächst am Ausgang und den daran angeschlossenen Geräten zu suchen. In der Regel bieten Soundkarten einen Ausgang mit verstärktem Pegel und einen qualitativ meist besseren Ausgang, der nicht extra verstärkt ist. Der verstärkte Ausgang wird häufig mit *Speaker* (SPK), der unverstärkte mit *Line Out* bezeichnet. Es ist wichtig zu wissen, welches Gerät an welchen Ausgang angeschlossen wird.

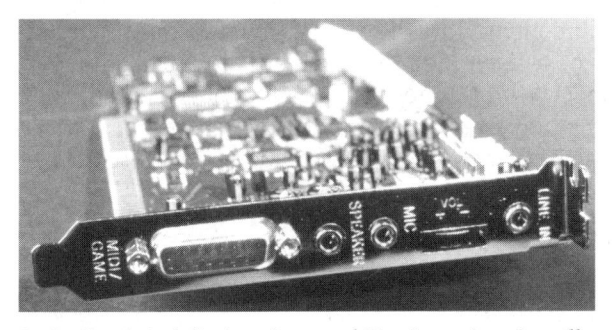

In der Regel sind die Ausgänge und Eingänge einer Soundkarte ausreichend beschriftet. Zur Not hilft eine Taschenlampe, um die richtige Buchse zu finden

- **Aktive Lautsprecher:** Sollten Sie Lautsprecher besitzen, die über einen eigenen Ausgangsverstärker verfügen, verwenden Sie in jedem Fall den Ausgang *Line Out*. Verwenden Sie den Ausgang *Speaker*, laufen Sie Gefahr, die Lautsprecher zu übersteuern und im schlimmsten Fall deren Verstärker zu zerstören.

- **Hi-Fi-Anlage:** Beim Anschluß der Soundkarte an die Hi-Fi-Anlage gilt das gleiche wie bei den Aktivboxen. Schließen Sie die Hi-Fi-Anlage an die Buchse mit der Bezeichnung *Line Out* an, um eine Beschädigung des Verstärkers der Hi-Fi-Anlage zu vermeiden. Die Eingänge sind – wie auch bei aktiven Lautsprechern – auf einen geringen Eingangspegel abgestimmt.

- **Passive Lautsprecher:** Achten Sie jedoch darauf, welche Impedanz (Ohm) die Boxen haben müssen. Passive Lautsprecher werden am Ausgang mit der Bezeichnung *Speaker* an die Soundkarte angeschlossen. Werden diese am Ausgang *Line Out* angeschlossen, kann es sein, daß Sie wegen des geringen Pegels keinen Sound wahrnehmen.

> **Hinweis**
> **Ohm-Wert beachten**
> Die meisten Verstärker auf Soundkarten sind für passive Lautsprecher mit einer Impedanz von vier bis acht Ohm gedacht. Unterschreiten Sie diesen Wert, brennt häufig der Verstärker auf der Soundkarte durch.

- **Kopfhörer:** Da Kopfhörer wie auch passive Lautsprecher keinen eigenen Verstärker besitzen, betreibt man sie ebenfalls am Ausgang *Speaker*.

Abgehackte Sounds erklingen

Häufig tritt nach der Installation einer Soundkarte das Phänomen auf, daß angespielte Sounds plötzlich verstummen und nach einiger Zeit wieder ertönen. Die Ursache für diese abgehackte Soundwiedergabe ist meistens eine fehlerhafte Installation. Dadurch ist die Soundkarte gezwungen, sich mit einer anderen Komponente Ihres Rechners einen Interrupt zu teilen. Um diesen Konflikt zu beseitigen, den diese fehlerhafte Installation verursacht hat, müssen Sie zunächst im Geräte-Manager feststellen, welche andere Komponente mit der Soundkarte dieselben Ressourcen belegt. Das erkennen Sie daran, daß die nicht funktionierenden Komponenten durch ein gelbes Ausrufezeichen gekennzeichnet sind.

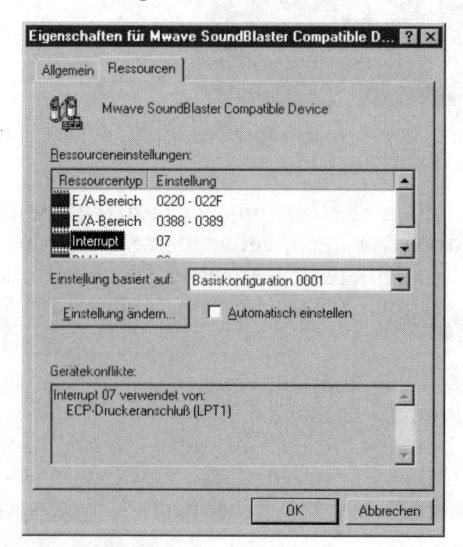

Der Geräte-Manager von Windows 95/98 ist der Dreh- und Angelpunkt für die Beseitigung von Hardwarekonflikten

Die Vorgehensweise zur Behebung dieser Hardwarekonflikte finden Sie im Windows 98-System-Guide weiter vorn in diesem Buch beschrieben.

Permanente Nebengeräusche nerven

Wenn Sie permanent ein Rauschen, Knacken oder ähnliche Geräusche aus den Lautsprechern vernehmen, sollten Sie zuerst überprüfen, ob falsche Einstellungen der Lautstärke oder locker sitzende Kabel diese Störungen verursachen.

☑ Einstellung der Lautstärke überprüfen

Oft macht man den Fehler, den Lautstärkeregler der Lautsprecher zu weit aufzudrehen und die Regelung der Soundkarte zu weit herunterzufahren, wenn es sich um Aktiv-Lautsprecher handelt. Dadurch verstärken die Aktiv-Lautsprecher oder die Hi-Fi-Anlage alle Störungen und Nebengeräusche, die auf die Soundkarte einwirken. Deshalb regeln Sie bei solchen Einstreuungen die Lautstärke der Soundkarte relativ hoch und die Lautsprecher im selben Verhältnis herunter. Überprüfen Sie als nächstes in den Mixer-Einstellungen der Soundkarte die Eingänge *Mic In* und *Line In*. Häufig werden diese nicht gebraucht, stehen aber auf voller Lautstärke. Wenn Sie diese Eingänge nicht benötigen, sollten Sie sie in den Mixer-Einstellungen deaktivieren.

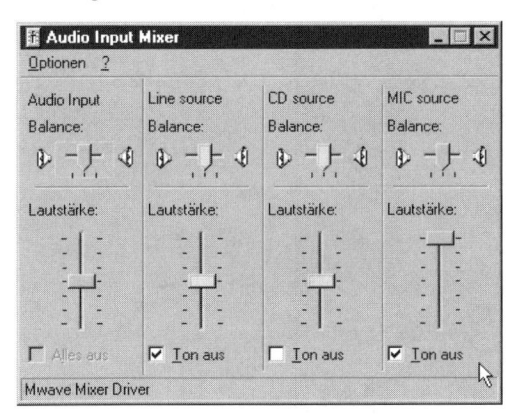

Die Mixer-Einstellungen einer Soundkarte in Windows 95/98

☑ Vorsicht Kabelsalat

Ein anderer Faktor für Nebengeräusche und unschön zugleich ist der Kabelsalat auf der Rückseite des Rechners. Die Anordnung, die Art und die Anzahl der Kabel können eine ganze Reihe von Nebengeräuschen auf die Lautsprecher übertragen. Seien Sie besonders darum bemüht, daß die Lautsprecherkabel nicht in unmittelbarer Nähe von Netzwerkabeln oder externen Netzteilen entlanggeführt werden.

Auch extrem lange oder beschädigte Lautsprecherkabel sind oft die Ursache für viele Einstreuungen, die sich als Brummen äußern. Verkürzen Sie aus diesem Grund die Übertragungskabel auf minimale Länge. Da Sie diese aber in der Regel fertig konfektioniert erhalten, das heißt, daß die angebrachten Stecker mit dem Kabel vergossen sind, sollten Sie die Kabel durch kürzere ersetzen.

☑ *Die Soundkarte sitzt an der falschen Stelle*

Wenn alle Versuche, die Nebengeräusche abzustellen, keinen nennenswerten Erfolg gebracht haben, sollten Sie den Sitz der Soundkarte selbst im Rechner verändern. Versuchen Sie als erstes, die Soundkarte in einem anderen Steckplatz zu plazieren. Halten Sie sich dabei an die Grundregel, daß die Soundkarte möglichst weit von Netzteil und Grafikkarte entfernt sein muß.

MIDI klingt schlecht

Die Ursache für einen schlechten MIDI-Klang ist unter Windows 95/98 in der Regel eine Einstellung der Treiber. Wenn Sie sich beispielsweise darüber wundern, daß Ihre neue Soundkarte MIDI-Dateien so abspielt, als kämen sie direkt aus dem PC-Lautsprecher, ändern Sie in der Systemsteuerung unter dem Eintrag *Multimedia* folgende Einstellung: Wählen Sie das Register *MIDI* und ändern Sie die Voreinstellung *MIDI für interne OPL2/OPL3-FM-Synthese* in *MIDI für Treiber Ihrer Soundkarte*. Übernehmen Sie diese Einstellung, indem Sie auf die Schaltfläche *OK* klicken.

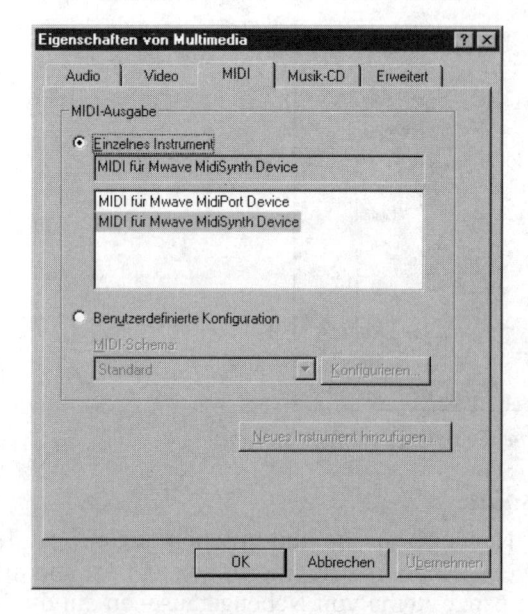

Die Zusammenarbeit mehrerer Festplatten-Controller (EIDE und SCSI)

Wer anfangs die Kosten für ein SCSI-System einsparen wollte, ist später noch in der Lage, einen mit EIDE ausgestatteten Rechner mit SCSI-Komponenten aufzurüsten. Das ist besonders für jene Anwender interessant, die eigene

CDs erstellen wollen. Die meisten CD-Brenner sind für den Anschluß an eine SCSI-Schnittstelle vorgesehen. Der Einbau weiterer Controller, egal ob EIDE oder SCSI, verhält sich wie jede andere Hardwarekomponente auch: Bevor es richtig läuft, müssen einige Probleme aus dem Weg geräumt werden.

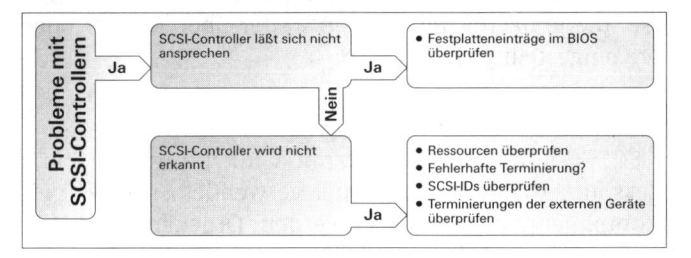

```
                            ┌─ SCSI-Controller läßt sich nicht ──Ja──▶ • Festplatteneinträge im BIOS
                            │  ansprechen                                überprüfen
Probleme mit  ──Ja──┤
SCSI-Controllern            │  Nein
                            │
                            └─ SCSI-Controller wird nicht ───Ja──▶ • Ressourcen überprüfen
                               erkannt                              • Fehlerhafte Terminierung?
                                                                    • SCSI-IDs überprüfen
                                                                    • Terminierungen der externen Geräte
                                                                      überprüfen
```

SCSI-Controller läßt sich nicht ansprechen

Wenn sich ein SCSI-Controller nicht ansprechen läßt und der Rechner nicht von der SCSI-Platte booten will, sollten Sie als erstes die Einträge der Festplatten im BIOS überprüfen. Sind in Ihrem Rechner keine IDE-Festplatten installiert, sollten im BIOS die Einträge für IDE-Festplatten auf *NONE* stehen. Ist das nicht der Fall, kann es passieren, daß sich der Rechner bei der Suche nach nicht vorhandenen EIDE-Festplatten aufhängt und das BIOS des SCSI-Controllers gar nicht erst geladen wird.

Im BIOS-Menü des *STANDARD CMOS SETUP* (Award-BIOS) finden Sie die Einträge der Festplatten. Bewegen Sie sich mit Hilfe der Richtungstasten zu der Rubrik *HARD DISKS* und setzen Sie alle Einträge auf *None*.

```
                ROM PCI/ISA BIOS (2A59FG09)
                    STANDARD CMOS SETUP
                    AWARD SOFTWARE, INC.

 Date (mm:dd:yy) : Sun,Nov 30 1997
 Time (hh:mm:ss) : 15 : 20 : 00
 HARD DISKS          TYPE   SIZE   CYLS   HEAD PRECOMP LANDZ SECTOR  MODE
 Primary Master      Auto     0      0      0      0      0     0    Auto
 Primary Slave       None     0      0      0      0      0     0    ------
 Secondary Master    Auto     0      0      0      0      0     0    Auto
 Secondary Slave       0      0      0      0      0      0     0    ------

 Driver A   : 1.44M,3.5 inch.
 Driver B   : None                        ┌──────────────────────────────┐
 Floppy 3 Mode Support : Disabled         │ Base Memory:       640K      │
                                          │ Extended Memory:   64512K    │
 Video      : EGA/VGA                     │ Other Memory:      384K      │
 Halt On    : All Errors                  │ Total Memory:      65536K    │
                                          └──────────────────────────────┘
 ESC : Quit            ↑↓→←: Select Item       PU/PD/+/- : Modify
 F1  : Help            (Shift)F2 : Change Color
```

Im STANDARD CMOS SETUP des BIOS befinden sich die Einträge für IDE-Festplatten

SCSI-Controller wird nicht erkannt

Wenn der SCSI-Controller beim Hochfahren von Windows nicht erkannt wird, besteht wahrscheinlich ein Konflikt mit einer anderen Hardwarekomponente. SCSI-Controller brauchen in der Regel einen Interrupt sowie eine Basisadresse, die je nach Controller entweder über Jumper oder direkt mittels Software eingestellt werden.

☑ *Ressourcen überprüfen*

Wenn der SCSI-Controller nicht erkannt wird, prüfen Sie, ob die entsprechenden Ressourcen, die der Controller verwendet, nicht von einer anderen Hardwarekomponente bereits belegt werden. Drucken Sie sich zur Kontrolle eine Systemübersicht mit dem Geräte-Manager von Windows 95/98 aus und vergleichen Sie die Ressourcenbelegung mit den Einstellungen des Adapters.

SCSI-Geräte werden nicht erkannt

Wenn ein oder mehrere SCSI-Geräte nicht erkannt werden, liegt das Problem an der Terminierung und an doppelt vergebenen Geräte-IDs. Überprüfen Sie als erstes, ob alle angeschlossenen Geräte eine eindeutige Geräte-ID besitzen und keine Nummer zweimal vergeben wurde. Stimmen die Geräte-IDs, kontrollieren Sie als nächstes die Terminierung der Geräte. Liegt der Fehler nicht an den Einstellungen, überprüfen Sie, ob evtl. ein Strom- oder Datenkabel nicht richtig aufgesteckt wurde oder sich gelöst hat.

Eine weitere Ursache, die besonders bei SCSI viele Probleme verursacht, sind die verwendeten Kabel. Sind diese von minderwertiger Qualität, können sie den ganzen SCSI-Bus lahmlegen.

Das gleiche gilt für die Terminatoren, die die Geräte von Haus aus mitbringen. Sollten Sie keine Fehler an den Einstellungen der Geräte feststellen können, tauschen Sie die verwendeten Kabel gegen hochwertige Ersatzkabel aus. Um Fehler durch minderwertige Terminatoren auszuschließen, sollten die vorhandenen deaktiviert und dafür an jedem Ende des SCSI-Bus qualitativ bessere Terminatoren aufgesteckt werden.

23.4 Der Drucker druckt nicht – Hilfsmaßnahmen

Das folgende Szenario wird Ihnen wahrscheinlich bekannt vorkommen: Sie sitzen vor Ihrem Rechner und haben gerade die Einladungen für die kommende Familienfeier fertiggestellt. Noch eine letzte Kontrolle in der Druckvorschau, dann folgt der Klick auf das Druckersymbol. Doch dann die große Enttäuschung, der Drucker gibt entweder keinen Ton von sich oder bringt nur wirre Zeichen aufs Papier.

Aus- und wieder einschalten

So banal es sich anhört, in der Praxis kann man durch Aus- und wieder Einschalten des Druckers schon einige Störungen beheben. Durch das Aus- und wieder Einschalten können die ursprünglichen Einstellungen wiederhergestellt werden.

Verschiedene Druckerarten

Da die auftretenden Probleme mit Druckern sehr vielseitig sind, ist dieses Kapitel so unterteilt worden, daß Störungen, die nur bestimmte Druckerarten wie Laser-, Tintenstrahl- und GDI-Drucker betreffen, in eigenen Abschnitten behandelt werden. Die Probleme, die alle Druckertypen betreffen können, finden Sie direkt im Anschluß.

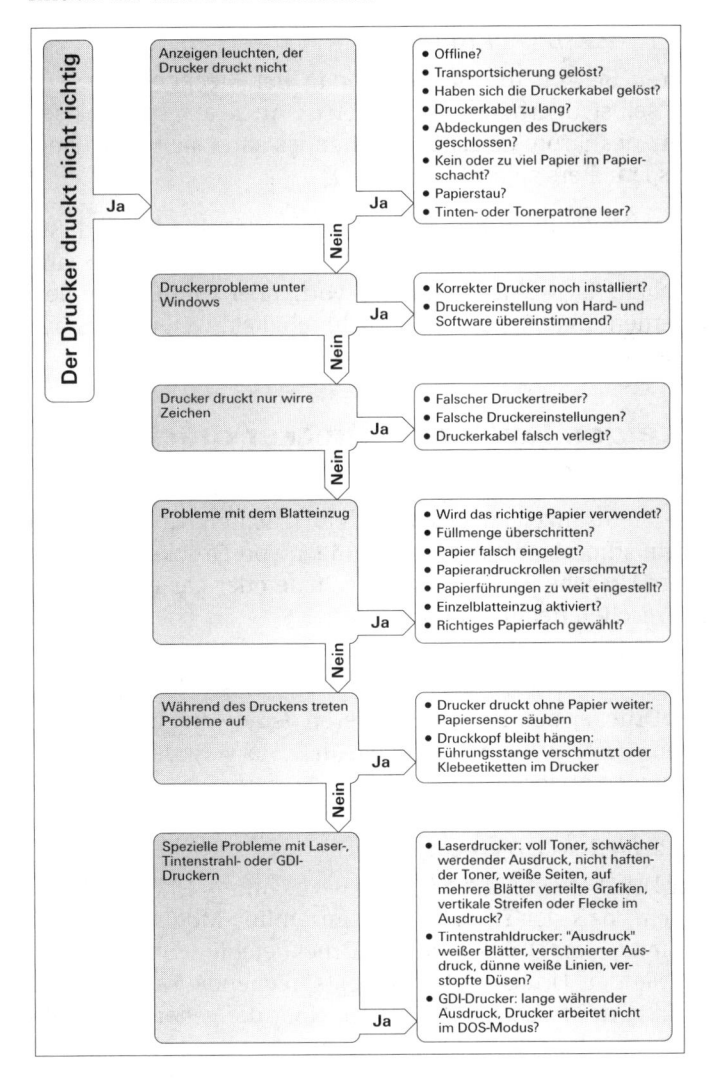

Der Drucker druckt nicht richtig

- Anzeigen leuchten, der Drucker druckt nicht → Ja:
  - Offline?
  - Transportsicherung gelöst?
  - Haben sich die Druckerkabel gelöst?
  - Druckerkabel zu lang?
  - Abdeckungen des Druckers geschlossen?
  - Kein oder zu viel Papier im Papierschacht?
  - Papierstau?
  - Tinten- oder Tonerpatrone leer?

- Druckerprobleme unter Windows → Ja:
  - Korrekter Drucker noch installiert?
  - Druckereinstellung von Hard- und Software übereinstimmend?

- Drucker druckt nur wirre Zeichen → Ja:
  - Falscher Druckertreiber?
  - Falsche Druckereinstellungen?
  - Druckerkabel falsch verlegt?

- Probleme mit dem Blatteinzug → Ja:
  - Wird das richtige Papier verwendet?
  - Füllmenge überschritten?
  - Papier falsch eingelegt?
  - Papierandruckrollen verschmutzt?
  - Papierführungen zu weit eingestellt?
  - Einzelblatteinzug aktiviert?
  - Richtiges Papierfach gewählt?

- Während des Druckens treten Probleme auf → Ja:
  - Drucker druckt ohne Papier weiter: Papiersensor säubern
  - Druckkopf bleibt hängen: Führungsstange verschmutzt oder Klebeetiketten im Drucker

- Spezielle Probleme mit Laser-, Tintenstrahl- oder GDI-Druckern → Ja:
  - Laserdrucker: voll Toner, schwächer werdender Ausdruck, nicht haftender Toner, weiße Seiten, auf mehrere Blätter verteilte Grafiken, vertikale Streifen oder Flecke im Ausdruck?
  - Tintenstrahldrucker: "Ausdruck" weißer Blätter, verschmierter Ausdruck, dünne weiße Linien, verstopfte Düsen?
  - GDI-Drucker: lange während Ausdruck, Drucker arbeitet nicht im DOS-Modus?

Fehler, die bei jedem Drucker auftreten können

Die Störungen, die in den ersten Abschnitten zusammengestellt sind, können bei jedem Drucker auftreten und sind daher von der Art des Druckers unabhängig. In den letzten Abschnitten werden Störungen behandelt, die speziell im Zusammenhang mit Laser-, Tintenstrahl- und GDI-Druckern auftreten.

Keine Anzeige leuchtet

Wenn der Drucker nicht druckt und die Statusanzeigen des Druckers dunkel bleiben, liegt das mit ziemlicher Sicherheit daran, daß der Drucker keinen Strom bekommt.

☑ *Ist der Netzstecker defekt?*

Kontrollieren Sie, ob der Netzstecker in der Steckdose steckt und ob die Steckdose selbst überhaupt Strom liefert. Auch am Drucker selbst müssen Sie den Sitz des Stromkabels überprüfen, es kann sich ja bei der letzten Reinigung des Druckers gelöst haben.

Ein defektes Netzteil ist die andere häufige Ursache dafür, daß der Drucker keinen Strom bekommt. Das Prüfen des Netzteils ist ohne Spannungsprüfer nicht möglich. Ist keine Spannung vorhanden, muß das Netzteil ausgetauscht werden. Eine Reparatur ist nicht möglich, weil das Gehäuse des Netzteils vergossen ist.

Die Anzeigen leuchten – Drucker druckt aber trotzdem nicht

Wenn die Statusanzeigen des Druckers leuchten, aber keine Seite ausgedruckt wird, stimmen oft die Einstellungen von Drucker oder Rechner nicht. Eine andere Ursache ist eine unterbrochene oder gar nicht vorhandene Verbindung zwischen Rechner und Drucker.

☑ *Ist die Transportsicherung noch angebracht?*

Wenn der Drucker neu ist und Sie diesen gerade erst ausgepackt und aufgebaut haben, besteht die Möglichkeit, daß Sie vergessen haben, die Transportsicherungen zu lösen.

☑ *Ist der Drucker offline?*

Besitzt Ihr Drucker eine Taste mit der Bezeichnung *Online* oder *Offline*, dann kann es sein, daß der Drucker sich im Offline-Modus befindet. In diesem Modus nimmt der Drucker keine Druckbefehle vom Rechner entgegen. Nachdem Sie den Drucker über die entsprechende Taste auf online gestellt haben, müßte der Ausdruck beginnen. Über die genaue Tastenbezeichnung gibt das Handbuch des Druckers Auskunft.

☑ Ist das Druckerkabel zwischen Computer und Drucker richtig eingesteckt?

Überprüfen Sie die Kabelverbindung zwischen Drucker und Rechner. Sind alle Stecker fest eingesteckt, sehen Sie nach, ob das Druckerkabel starke Knickstellen aufweist. Wenn das der Fall ist, testen Sie nach Möglichkeit das Kabel an dem Rechner eines Freundes oder Bekannten. Stellt sich heraus, daß das Kabel defekt ist, wechseln Sie das Druckerkabel gegen ein neues aus.

☑ Externe Geräte am Drucker-Port

Verwenden Sie externe Geräte wie z. B. ein Zip-Drive oder einen Scanner für den Anschluß an die parallele Schnittstelle? Wenn ja, dann haben Sie auch mit Sicherheit Ihren Drucker am Ausgang dieser Geräte angeschlossen. Um zu gewährleisten, daß der Drucker in einem solchen Fall auch Daten empfängt, müssen die externen Geräte eingeschaltet sein, das ist der Fall, wenn sie Netzanschluß haben. Diese besitzen nämlich u. U. keinen Ein-/Ausschalter. Treten Druckerprobleme in Verbindung mit externen Geräten auf, sollten Sie ausprobieren, ob der Drucker mit einer direkten Verbindung an den Rechner nicht vielleicht wieder funktioniert.

☑ Sind alle Abdeckungen des Druckers geschlossen?

Sind Druckerabdeckungen, die mit Schaltern und Sensoren überprüft werden, nicht vollständig geschlossen oder gar nicht angebracht, verweigert der Drucker seine Arbeit. Ist am Drucker ein Display vorhanden, bekommen Sie eine Meldung wie beispielsweise *Deckel offen* angezeigt. Im Falle einer Statusanzeige blinkt die entsprechende LED. Die Ursache kann auch in einer Verschmutzung der Schalter und Sensoren liegen. Versuchen Sie, diese mit Druckluftspray oder einem Wattestäbchen zu reinigen. Führt dies alles zu keinem Erfolg, ist vielleicht einer der Schalter verklemmt oder die Abdeckung des Druckers verbogen.

☑ Papierstau?

Überprüfen Sie, ob sich ein Blatt Papier im Drucker verfangen hat und so einen Papierstau verursacht. Oft ist es gar nicht so leicht, einen Papierstau im Drucker zu erkennen, besonders dann nicht, wenn es sich um einen Laserdrucker handelt. Wenn nicht im Display eine Meldung darauf hinweist, sollten Sie zur Kontrolle den Deckel des Druckers öffnen und einen kritischen Blick in das Innere werfen. Es kann durchaus vorkommen, daß sich nur ein kleiner Papierschnipsel im Druckwerk festgesetzt hat und so den ganzen Drucker blockiert.

☑ Tintenpatrone leer – nur Tintenstrahldrucker

Wenn Sie einen Tintenstrahldrucker verwenden, kann es sein, daß die Tintenpatronen leer sind. In einem solchen Fall sollte normalerweise der Drucker eine Meldung am Display ausgeben oder eine blinkende LED auf diesen Mißstand hinweisen. Den Füllstand der Tintenpatronen können Sie auch kontrollieren, indem Sie die Patrone aus dem Drucker nehmen und sie gegen eine Lampe oder ein Fenster halten.

Eingebaut können Sie nicht feststellen, ob die Tintenpatronen ausgetauscht werden müssen

☑ Tonerkartusche leer – nur Laserdrucker

Möglicherweise ist in Ihrem Laserdrucker die Tonerkartusche leer. Wenn die zuletzt gedruckten Seiten hellere Stellen aufweisen, ist das auch ein deutlicher Hinweis darauf, daß der Toner zur Neige geht.

Mit einer Tonerpatrone kann man ca. 2.500-4.500 Seiten drucken

Eine andere Ursache kann vorliegen, wenn Sie gerade eine neue Tonerpatrone eingelegt haben oder der Drucker gerade transportiert wurde. Sollte einer dieser Fälle zutreffen, kann es sein, daß die Tonerpatrone nicht richtig eingesetzt oder beim Transport aus der Halterung gesprungen ist. Nehmen Sie in diesem Fall zur Kontrolle die Kartusche heraus und setzen Sie sie wieder korrekt ein.

☑ Bildtrommel am Ende – nur Laserdrucker

Bei Laserdruckern überwacht eine interne elektronische Zählschaltung die Anzahl der getätigten Ausdrucke. Wenn die Anzahl der Ausdrucke die vom Hersteller festgelegte Lebensdauer der Bildtrommel erreicht hat, gibt der Drucker normalerweise eine Meldung aus und läßt keine weiteren Ausdrucke mehr zu. Bei vielen Druckern ist aber die Tonerpatrone mit der Bildtrommel kombiniert, so daß dieses Problem nicht die Ursache sein kann.

> **Hinweis**
>
> **Ermitteln der Lebensdauer**
>
> Wir gehen davon aus, daß Sie eine relativ teure Ausgabe wie den Kauf einer neuen Tonerpatrone entweder irgendwo aufschreiben oder immer im Kopf behalten. Gehen Sie davon aus, daß die Lebensdauer einer Bildtrommel 30.000 Seiten beträgt. Eine Tonerpatrone hält ca. 2.500 bis 4.500 Seiten. Dies ist zwar für eine Berechnung sehr ungenau, wenn Sie aber erst bei der zweiten oder dritten Tonerpatrone sind, können Sie diesen Punkt abhaken.

Bei einigen Druckern können Sie über das Display die Anzahl der bereits getätigten Ausdrucke abrufen. Die einzugebende Tastenkombination sollten Sie im Handbuch Ihres Druckers finden. Andere wiederum können einen solchen Statusbericht nur in gedruckter Form ausgeben. Das geht aber nur, wenn der Drucker noch druckt. Versuchen Sie, wenn beides nicht funktioniert, die Anzahl der gedruckten Seiten anhand der verbrauchten Tonerpatronen ungefähr zu ermitteln.

☑ *Mit der Selbsttestfunktion des Druckers den Fehler lokalisieren*

Wenn sich auftretende Fehler nicht direkt lokalisieren lassen, sollten Sie die grundlegende Funktion des Druckers überprüfen. Um die Funktionsfähigkeit zu überprüfen, ist bei den meisten Druckern ein Selbsttestmodus vorhanden. Diesen können Sie z. B. aktivieren, indem Sie während des Einschaltens eine bestimmte Taste des Druckers festhalten. Welche Taste bei Ihrem Drucker dafür in Frage kommt, ist im Handbuch Ihres Druckers beschrieben.

> **Hinweis**
>
> **Die richtige Tastenkombination für den Druckerselbsttest**
>
> Bei einem Nadel- oder Tintenstrahldrucker wird der Selbsttest in der Regel durch Festhalten der Form-Feed-Taste beim Einschalten des Druckers ausgelöst. Dies trifft auch in vielen Fällen für einen Laserdrucker zu. Wenn das Festhalten dieser Taste den Selbsttest nicht auslöst, versuchen Sie es vielleicht mit den anderen vorhandenen Tasten.

In diesem Selbsttestmodus werden normalerweise die Einstellungen des Druckers geprüft und ausgedruckt. Wenn der Drucker diese Seiten ausgibt, ist die grundlegende Funktion des Druckers vorhanden. Sollte der Drucker keinen Selbsttest durchführen, ist er defekt oder kein Strom vorhanden.

☑ *Erweiterter Selbsttest*

Zusätzlich zu dem grundlegenden Selbsttest bieten fast alle Drucker noch einen erweiterten Selbsttest an, der aber im Handbuch meist nicht erwähnt wird und nur dem Servicetechniker vorbehalten ist.

Unter Verwendung dieses erweiterten Druckertests lassen sich Fehler an der Elektronik, den eventuell vorhandenen Schriftkassetten und dem installierten Speicher feststellen. Wenn Sie dazu im Handbuch Ihres Druckers keinen Hinweis finden, schauen Sie einmal auf den entsprechenden Internetseiten des Herstellers nach.

Der Drucker druckt nicht unter Windows 95/98

Wenn sich der Drucker unter Windows 95/98 nicht dazu bewegen läßt, das gerade erstellte Dokument zu drucken, überprüfen Sie im Druck-Manager von Windows 95/98 die Einstellungen des Druckers. Kontrollieren Sie zunächst, ob der installierte Drucker mit Ihrem Druckermodell übereinstimmt. Wenn das nicht der Fall ist, müssen Sie den richtigen Treiber installieren. Das gilt natürlich auch für den Fall, daß überhaupt noch kein Drucker installiert ist.

Sollte der richtige Drucker bereits installiert sein, sollten Sie prüfen, ob der Drucker im Druck-Manager als Standarddrucker eingestellt ist.

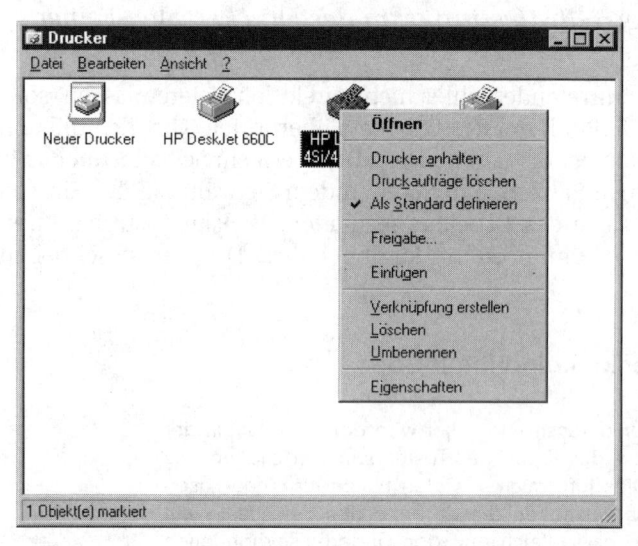

Im Kontextmenü des Druckers muß die Option Als Standard definieren mit einem Häkchen versehen sein

☑ Installation des Druckertreibers

Ist in Ihrem Rechner kein oder der falsche Drucker installiert, müssen Sie über den Druck-Manager von Windows 95/98 den richtigen Drucker installieren. Das sollten Sie im Zweifelsfall auch dann vornehmen, wenn Ihnen der Grund für die Druckverweigerung unklar ist und Sie auch keine Lust haben, lange nach den Ursachen zu fahnden.

Starten Sie als erstes den Druck-Manager von Windows 95/98. Deinstallieren Sie nun alle bereits vorhandenen alten Drucker, markieren Sie dazu das entsprechende Symbol *Drucker* mit einem Klick auf die rechte Maustaste. Im folgenden Kontextmenü wählen Sie den Punkt *Löschen* und bestätigen die Rückfrage mit *Ja*.

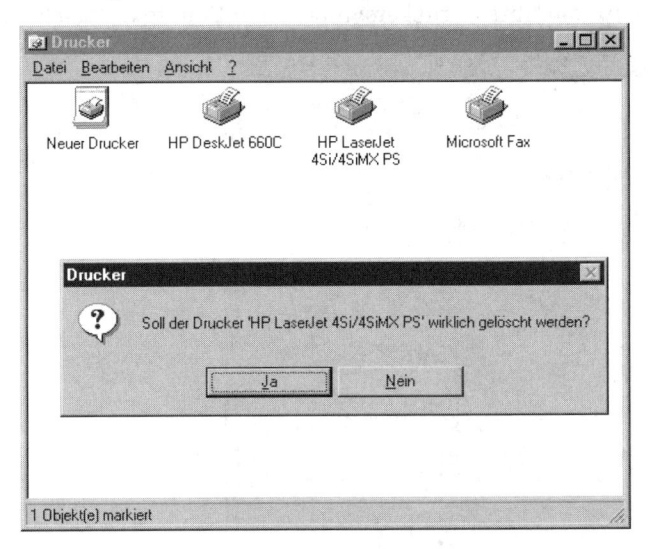

Über das Kontextmenü des Druckers läßt dieser sich mit der Option Löschen aus dem System entfernen

Starten Sie jetzt mit einem Doppelklick auf das Symbol *Neuer Drucker* die Installation eines neuen Druckers und befolgen Sie im weiteren Verlauf der Installation die Anweisungen am Bildschirm.

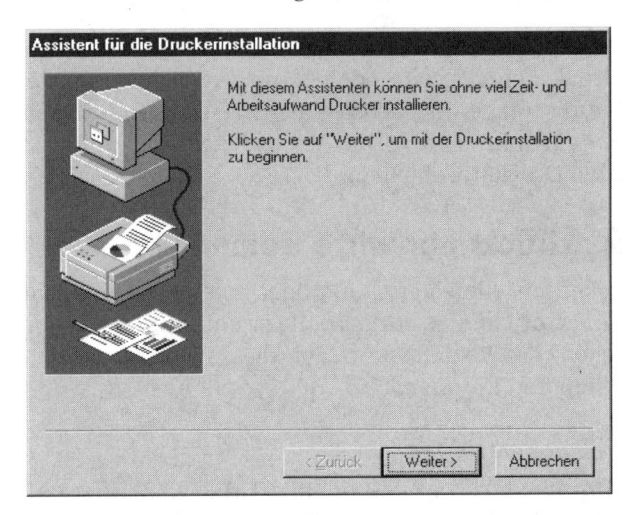

Der Drucker-Assistent von Windows 95/98 hilft bei der Auswahl und Installation eines neuen Druckers

Verwenden Sie nach Möglichkeit den mitgelieferten Treiber Ihres Druckers. Wenn dieser nicht vorhanden ist, wählen Sie einen der mitgelieferten Treiber von Windows 95/98 aus. Wenn Sie Glück haben, finden Sie sogar einen

Treiber für genau Ihr Gerät. Windows ist in dieser Beziehung nämlich gut ausgestattet. Verweigert der Drucker jetzt allerdings immer noch den Dienst, sollten Sie mit der Druckerhilfe von Windows 95/98 fortfahren. Dazu rufen Sie im Kontextmenü Ihres Druckersymbols den Eintrag *Eigenschaften* auf.

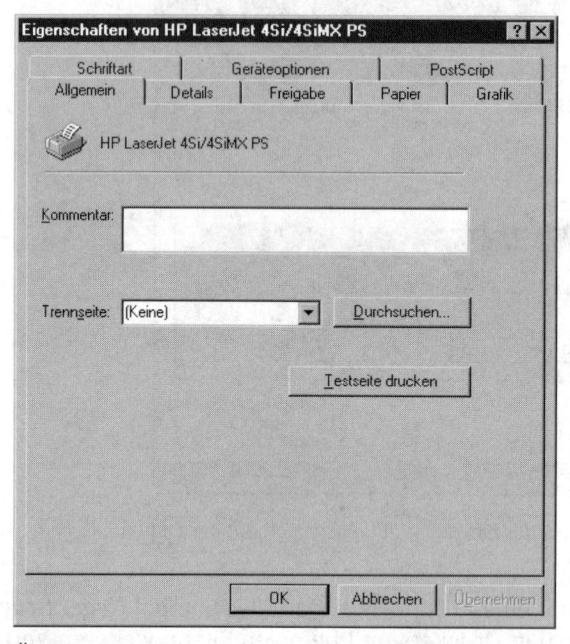

Über die Schaltfläche Testseite drucken starten Sie den Ausdruck einer Testseite, um die grundlegende Funktion des Druckers zu testen

Klicken Sie dann auf die Schaltfläche *Testseite drucken*. Erfolgt nach einiger Zeit kein Ausdruck der Testseite oder ist der Ausdruck nicht einwandfrei, beantworten Sie die Frage im nächsten Fenster mit *Nein*. Daraufhin öffnet sich die *Hilfe* von Windows 95/98 mit Vorschlägen und Hinweisen zur Fehlerbehandlung bei Druckerproblemen.

Der Drucker druckt nur wirre Zeichen

Wenn der Drucker anstelle einer Grafik oder eines Briefs nur eine Aneinanderreihung wilder Zeichen ausdruckt, liegt ein Kommunikationsproblem zwischen Drucker und Rechner vor. Für dieses Problem gibt es mehrere mögliche Ursachen und Lösungen.

☑ *Falscher Druckertreiber*

Es ist sehr wahrscheinlich, daß Sie für den Drucker den falschen Druckertreiber verwenden. Überprüfen Sie im Ordner *Drucker* von Windows 95/98, ob der verwendete Druckertreiber zu Ihrem Drucker paßt. Sollte das nicht der Fall sein, installieren Sie den mitgelieferten Treiber oder einen der eigenen Treiber von Windows 95/98. Wenn das Betriebssystem Ihren Drucker nicht unterstützt, was eigentlich nur bei exotischen Modellen vorkommt, wählen Sie den Druckertreiber, der Ihrem Drucker am nächsten kommt. Schauen Sie dazu in Ihrem Handbuch nach, ob Ihr Drucker eine gängige Emulation unterstützt, beispielsweise PCL5 für Laserdrucker. Im Handbuch ist gegebenenfalls beschrieben, wie Sie den Drucker für eine Emulation einstellen müssen.

☑ *Falsche Einstellungen am Drucker*

Besitzen Sie einen Drucker, der die Möglichkeit besitzt, verschiedene Emulationen zu benutzen? Wenn Sie von dieser Möglichkeit Gebrauch machen, kann es sein, daß beispielsweise nicht die aktuell benötigte Emulation eingestellt wurde. Einige Laserdrucker sind in der Lage, PostScript-Dateien auszudrucken. wenn der Drucker dafür ausgerüstet wurde. Dazu müssen Sie die Einstellungen über das Setup am Drucker ändern. Wenn Sie als letzten Druckvorgang z. B. eine aufwendige EPS-Datei über CorelDRAW ausgedruckt haben und jetzt einen Brief über Word drucken wollen, gibt es Zeichensalat. Dann muß der Drucker wieder in den ursprünglichen Modus zurückgesetzt werden.

Probleme mit dem Blatteinzug

Folgendes Szenario haben wohl die meisten Anwender schon einmal erlebt:

Nach dem Druckbefehl setzt sich der Drucker mehr oder weniger schnell in Bewegung, stoppt aber abrupt mit dem Geräusch von knitterndem Papier. Das Blatt ist nicht gerade eingezogen worden, sondern hat sich, recht unordentlich gefaltet, in der Mechanik verfangen. Auf den folgenden Seiten können Sie lesen, wie Sie dieses Problem lösen können.

☑ *Mehrere Blätter werden gleichzeitig eingezogen*

Zieht der Drucker gleich mehrere Seiten gleichzeitig ein, ist mit ziemlicher Sicherheit das Papier die Ursache. Sie sollten das Papier vor dem Einlegen in den Drucker noch einmal komplett durchfächern, um das Problem zu vermeiden. Dabei werden zusammenhängende Seiten voneinander getrennt. Beim Zuschneiden der Papierseiten entsteht an den Schnittkanten ein feiner Grat. An diesem Grat können sich die Blätter verhaken und werden dann zusammen eingezogen.

Möglicherweise verwenden Sie aber auch die falsche Papiersorte. Nicht jedes Papier besitzt das gleiche Gewicht, die gleiche Oberflächenbeschaffenheit und Feuchtigkeit. Beachten Sie auch die Hinweise zur Papiersorte im Handbuch Ihres Druckers. Tritt das Problem auf, nachdem Sie den Papierschacht aufgefüllt haben, kann es auch sein, daß Sie einfach zu viele Blätter in den Einzelblatteinzug eingelegt haben. Die genaue Anzahl der Blätter ist im Handbuch des Druckers oder an einer Markierung am Papierschacht zu erkennen. Nutzen Sie nach Möglichkeit nicht die maximale Füllmenge aus, sondern bleiben Sie 5-10 % darunter. Auch die Papierschächte der Drucker sind bei der Fertigung immer einer gewissen Toleranz unterworfen.

Wenn Sie zu viele Blätter in den Papierschacht legen, kann es zu einem Papierstau kommen

☑ Einzelblätter werden nicht eingezogen

Achten Sie auf den korrekten Sitz des Papiers und überprüfen Sie, ob die Führungen, wenn vorhanden, für das Papier nicht zu eng oder zu weit eingestellt sind. Besitzt der Drucker einen Papieranschlag, muß das Blatt auch daran anliegen. Ist der Drucker mit einem optionalen Papiereinzugsschacht ausgestattet, kann es sein, daß dieser nicht ordnungsgemäß angebracht wurde.

Eine andere Ursache kann in der Verschmutzung der Papierandruckrollen liegen. Wenn diese durch Papierabrieb verschmutzt sind, reicht die Reibung der Rollen nicht mehr aus, um das Papier zu transportieren. Die Reinigung der Papierandruckrollen sollten Sie mit einem fusselfreien Tuch und ein wenig Alkohol vornehmen.

☑ Einzelblätter werden schief eingezogen

Werden Einzelblätter durch den Drucker schief eingezogen, kontrollieren Sie, ob die Papierführungen zu weit eingestellt sind. Ist das der Fall, stellen Sie diese genau auf die Papierbreite ein. Ist der Drucker mit einem optionalen Papiereinzugsschacht ausgestattet, kann es sein, daß dieser nicht ordnungsgemäß angebracht wurde.

☑ Der Einzelblatteinzug wird nicht erkannt

Reagiert der Drucker nicht auf das Einlegen eines Blatts, überprüfen Sie, ob der Einzelblatteinzug aktiviert und korrekt installiert ist. Wie das geht, steht im Handbuch des Druckers. Dieses Problem tritt vorwiegend bei Druckern auf, die nur optional über einen Einzelblatteinzug verfügen. Ist der Einzelblatteinzug bei Ihrem Drucker standardmäßig vorhanden, überprüfen Sie, ob die Sensoren durch Papierabrieb oder Staub verschmutzt sind. Im Zweifelsfall sollten Sie die Sensoren mit einem Tuch oder einem Wattestäbchen reinigen. Beachten Sie auch, daß der Einzelblatteinzug erst dann benutzt werden kann, wenn im Druckertreiber diese Option aktiviert ist.

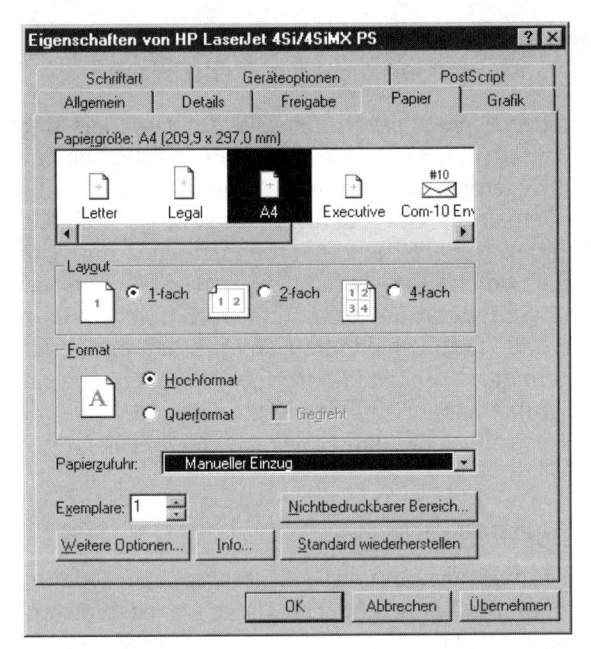

Die Verwendung von Einzelblättern muß im Menü Eigenschaften Ihres Druckers angegeben werden

Es ist auch möglich, daß der verwendete Druckertreiber die Option *Einzelblatteinzug* gar nicht vorsieht. Wenn das zutrifft, sollten Sie versuchen, einen aktualisierten Treiber über eine Mailbox oder aus dem Internet zu bekommen.

☑ *Der Drucker meldet trotz vollem Papierfach, daß kein Papier vorhanden ist*

Erhalten Sie die Meldung, daß kein Papier vorhanden ist, obwohl das Papierfach ausreichend gefüllt ist, kontrollieren Sie im Menü der Druckersoftware, ob das richtige Papierfach angegeben ist. Je nach Druckermodell haben Sie die Möglichkeit, unter mehreren Papierfächern auszuwählen.

Wenn das nicht der Fall ist oder der Drucker dies nicht vorsieht, kann einer der angebrachten Sensoren verschmutzt oder defekt sein. Versuchen Sie, als erstes die Sensoren mit einem Tuch oder Wattestäbchen zu reinigen.

Probleme, die während des Druckens auftreten

Die Probleme, die auf den folgenden Seiten behandelt werden, treten in den meisten Fällen erst während des laufenden Betriebs oder bei einer falschen Bedienung des Druckers auf.

☑ *Der Drucker druckt auch ohne Papier weiter*

Das Problem, daß der Drucker ohne Papier druckt, fällt im ersten Moment gar nicht auf. Erst wenn Sie das fertige Dokument aus dem Drucker nehmen wollen, stellen Sie fest: Das war ein Griff ins Leere. Der Drucker hat zwar das Dokument gedruckt, aber dummerweise nur auf die Walze.

In diesem Fall hat der Papiersensor innerhalb des Druckers der Elektronik vorgegaukelt, daß das Papier korrekt eingezogen wurde. Die Ursache dafür sind im Drucker übriggebliebene Papierreste oder Schnipsel vom letzten Papierstau, die den Sensor blockieren. Besonders Reste von Klebeetiketten können leicht im Inneren des Druckers haftenbleiben. Kontrollieren Sie, ob sich im Drucker noch solche Reste befinden, und versuchen Sie, diese vorsichtig zu entfernen. Sind derartige Reste nicht vorhanden, sind die Sensoren durch Papierabrieb und Staub verschmutzt und müssen mit einem Tuch oder Wattestäbchen gereinigt werden. Sollten eine Überprüfung und Reinigung nicht zum Erfolg geführt haben, sind eventuell einer oder mehrere Sensoren defekt. In diesem Fall sollten Sie den Drucker von einer Fachwerkstatt reparieren lassen.

☑ *Der Druckkopf bleibt hängen*

Im Laufe der Zeit kann es vorkommen, daß der Druckkopf klemmt oder sich überhaupt nicht mehr bewegen läßt. Die Ursachen ist meistens eine Verschmutzung der Führungsstange, die den Druckkopf in seiner Bewegung behindert. Reinigen Sie die Führungsstange von angesammeltem Papierstaub oder von Tintenresten.

Nachdem Sie die Führungsstange gereinigt haben, sollten Sie diese mit ein paar Tropfen harzfreiem Öl behandeln. Gehen Sie damit aber äußerst sparsam um, ansonsten finden Sie später Reste von überschüssigem Öl auf Ihren Ausdrucken wieder.

Wenn sich der Druckkopf von Hand mühelos verschieben läßt und nicht festsitzt, kann es sein, daß der Zahnriemen, der den Druckkopf antreibt, gerissen oder abgesprungen ist. Wenn er nur abgesprungen ist, versuchen Sie, den Riemen wieder aufzulegen. Sollte er gerissen sein, müssen Sie ihn auswechseln.

☑ *Ein Klebeetikett steckt im Drucker fest*

Gehen Sie das Problem behutsam an, damit der Drucker dabei keinen Schaden nimmt. Versuchen Sie als erstes auszumachen, an welcher Stelle sich das verlorengegangene Etikett befindet. Wenn Sie es entdeckt haben, versuchen Sie, das Etikett vorsichtig aus dem Drucker zu entfernen. Auf gar keinen Fall sollten Sie an dem Etikett reißen, da es bestimmt irgendwo festklebt und beim Versuch, daran zu ziehen, zerreißen würde. Mit ziemlicher Sicherheit hat sich das Etikett um die Transportwalze gewickelt und ist dort eingeklemmt und verklebt. In diesem Fall sollten Sie versuchen, die Transportrolle von Hand zu drehen und das Etikett aufzurollen. Führt das nicht zum Erfolg, versuchen Sie, mit einem alkoholgetränkten Tuch das Etikett aufzuweichen und so zu entfernen. Gelingt das auch nicht oder sitzt das Etikett an einer unerreichbaren Stelle, hilft nur ein Zerlegen des Druckers, und das ist Sache der Fachwerkstatt.

Probleme mit Laserdruckern

Dieses Kapitel hilft Ihnen, wenn der Laserdrucker nicht mehr das druckt, was Sie eigentlich von ihm erwarten.

☑ Der Drucker meldet einen Papierstau

Je nach Druckermodell bekommen Sie im Falle eines Papierstaus eine mehr oder weniger verständliche Fehlermeldung, oder eine blinkende LED-Anzeige informiert Sie darüber, daß es irgendwo klemmt. Welche Klappen oder Gehäusedeckel Sie zum Entfernen des Papiers öffnen müssen, ist im Handbuch des Druckers angegeben. Nach dem Öffnen des Druckers entfernen Sie das Papier vorsichtig aus dem Drucker, ohne die empfindliche Mechanik des Druckwerks zu beschädigen. Achten Sie besonders auf die dünnen Drähte an der Fixiereinheit, sie dürfen auf gar keinen Fall beschädigt werden. Haben Sie das Blatt entfernt und der Drucker meldet weiterhin einen Papierstau, überprüfen Sie das Innere des Druckers auf eventuell zurückgebliebene Papierstücke. Eine weitere Ursache können durch Toner verschmutzte Sensoren sein. Reinigen Sie diese mit einem alkoholgetränkten fusselfreien Tuch.

☑ Der Drucker ist innen voll Toner

Eine unangenehme Erscheinung bei Laserdruckern sind die nach längerem Betrieb im Drucker verbleibenden Tonerreste. Besonders Blätter, die zwischen der Belichter- und Fixiereinheit des Druckers, die bei einigen Geräten getrennt vorliegen, einen Papierstau verursachen, verlieren bei der Entfernung Toner, der dann im Drucker verbleibt.

Werden die Tonerreste nicht regelmäßig aus dem Drucker entfernt, hinterlassen sie zwangsläufig häßliche Flecken auf dem Ausdruck. Verwenden Sie zum Reinigen auf gar keinen Fall Ihren Hausstaubsauger, mag er auch auf die kleinste Stufe eingestellt sein. Dieser besonders feine Tonerstaub läßt sich nur mit einem speziellen Staubsauger entfernen, der über einen Spezialfilter verfügt. Der Filter eines Hausstaubsaugers hingegen würde diesen feinen Staub nicht auffangen. Benutzen Sie zur Reinigung ein fusselfreies Tuch, wie sie auch zur Reinigung von Brillen verwendet werden. Sollte die Verschmutzung zu stark sein, lassen Sie den Drucker von einer Fachwerkstatt reinigen.

> **Hinweis**
>
> **Licht zerstört die Belichtereinheit**
>
> Denken Sie beim Reinigen des Druckers daran, daß die Belichtertrommel bei längerem Lichteinfall Schaden nehmen kann. Deshalb sollte sie vor dem Beginn der Reinigung entfernt und an einem dunklen Platz gelagert werden.

☑ Der Ausdruck wird immer schwächer

Werden Ihre Ausdrucke nach einiger Zeit immer schwächer, ist das ein sicheres Zeichen dafür, daß der Toner Ihres Druckers langsam zur Neige geht. Die letzten Reste des vorhandenen Toners können Sie kurz vor Schluß noch einmal durch vorsichtiges Schütteln der Patrone mobilisieren (lösen und neu verteilen), aber in absehbarer Zeit wird der Austausch der Kartusche fällig.

Eventuell entspricht bei schwachem Druckbild auch das verwendete Papier nicht der Papierspezifikation des Druckerherstellers, was bei Laserdruckern eigentlich selten ist.

Bei einigen Druckern ist zusätzlich im Inneren ein Intensitätsregler vorhanden, mit dem man die Tonerabgabe steuern kann. Versuchen Sie (wenn die Kartusche noch verhältnismäßig neu ist), die Tonerabgabe durch Verstellen des Reglers zu erhöhen. Setzen Sie die Tonerabgabe nicht auf einen zu hohen Wert, ansonsten kann das Papier nicht den gesamten Toner aufnehmen. Dies würde das Innere des Druckers nur unnötig verschmutzen.

☑ Der Toner haftet nicht auf dem Papier

Verlieren die Ausdrucke nach der Entnahme den aufgebrachten Toner, verwenden Sie entweder den falschen Toner oder die Fixiereinheit des Druckers ist defekt. Versuchen Sie zunächst, eine andere Tonerpatrone einzusetzen. Bringt das auch keinen Erfolg, muß der Drucker in einer Fachwerkstatt überprüft und gegebenenfalls die Trommeleinheit ausgetauscht werden.

Manchmal können Ihnen Fachhändler schon anhand des Ausdrucks sagen, um welchen Defekt es sich handelt. Vielleicht fragen Sie an dieser Stelle einfach einmal nach. So lassen sich möglicherweise die Kosten für die Werkstatt sparen.

☑ Nach einem Wechsel der Tonerpatrone kommen nur noch weiße Seiten

Sollten nach dem Einsetzen einer neuen Tonerpatrone nur noch weiße Seiten ausgegeben werden, haben Sie mit großer Wahrscheinlichkeit vergessen, die Schutzfolie abzuziehen, mit der die Kartusche versiegelt ist. Nach dem Entfernen sollte der Drucker wieder funktionieren. Diese Kunststoffolie muß in jedem Fall vor der Benutzung, aber erst nach dem Einsetzen, vollständig entfernt werden. Wie Sie diese Versiegelung entfernen, ist entweder in dem Beipackzettel der Tonerpatrone beschrieben oder im Handbuch des Druckers vermerkt.

Wenn nach dem Tonerwechsel nur weiße Seiten kommen, haben Sie wahrscheinlich vergessen, die Schutzfolie zur Versiegelung der Tonerpatrone zu entfernen

☑ Grafik wird auf mehrere Blätter verteilt

Wenn beim Ausdruck eine Grafik auf mehrere Blätter verteilt wird, ist der vorhandene Arbeitsspeicher des Druckers nicht ausreichend. Da der Laserdrucker nur in der Lage ist, eine gesamte Seite auszudrucken, muß demzufolge der gesamte Inhalt der zu druckenden Seite komplett im Speicher des Druckers vorhanden sein. Ist die zu druckende Grafik für den Speicher des Druckers zu groß, werden nur die Informationen ausgedruckt, die im Speicher Platz finden. Abhilfe für dieses Problem schafft das Aufrüsten des Druckerspeichers, allerdings ist das auch die teuerste Methode. Eine viel preiswertere Möglichkeit ist es, erst einmal zu überprüfen, ob es die Einstellungen des Druckers und der Software zulassen, ohne große Qualitätseinbußen die Grafik auf ein Blatt zu Papier zu bringen. Verringern Sie den Wert der Druckauflösung über die Druckersoftware, oder verkleinern Sie eventuell die Grafik vor dem Ausdrucken. Beides ist aber mit einer Verschlechterung der Druckqualität verbunden.

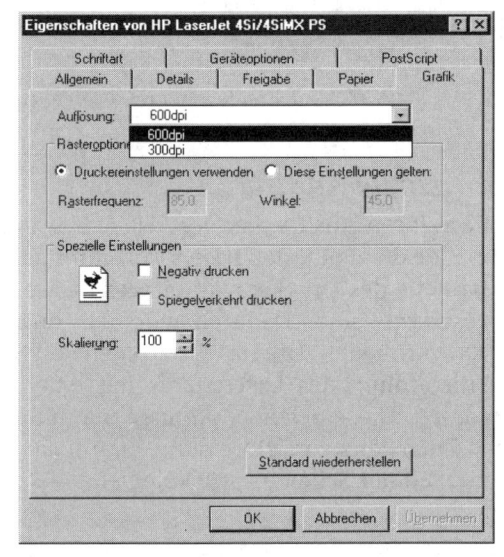

Setzen Sie bei Speichermangel des Druckers bei dem Ausdruck von großen Grafiken die Druckauflösung herunter

Eine weitere Ursache kann ein falsch eingestellter Druckerspeicher sein. Bei der Installation der Druckertreiber erkennt Windows 95/98 die Größe des Speichers nicht immer korrekt. Die tatsächliche Größe des eingebauten Druckerspeichers finden Sie im Handbuch Ihres Druckers. Um die Einstellung zu überprüfen und eventuell zu korrigieren, rufen Sie das Fenster *Eigenschaften* Ihres Druckers auf. Klicken Sie dazu im Ordner *Drucker* mit der rechten Maustaste auf das Symbol Ihres Druckers und wählen Sie im Kontextmenü die Option *Einstellungen* an. Im darauf folgenden Fenster wählen Sie das Register *Geräteoptionen* aus. Sie finden dort die Größe des verfügbaren Duckerspeichers und die Optionen, die Ihnen zur Verfügung stehen.

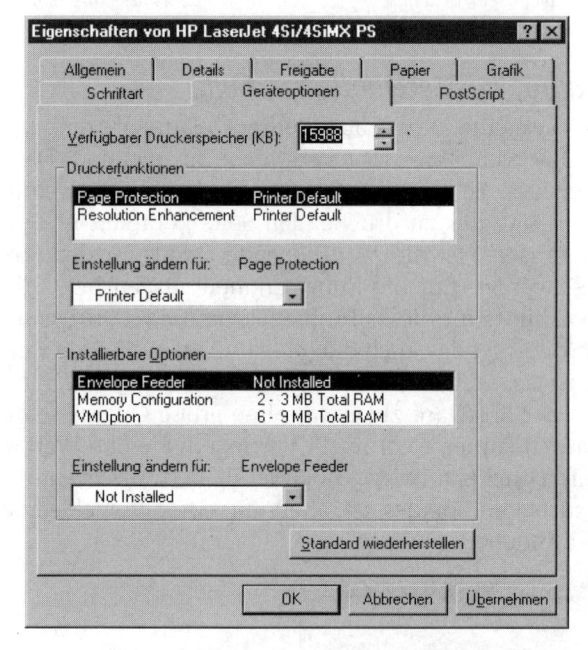

Unter dem Menüpunkt Verfügbarer Druckerspeicher im Register Geräteoptionen kann der Druckerspeicher korrigiert werden

☑ Weiße vertikale Streifen im Ausdruck

Stellen Sie weiße Streifen auf Ihren Ausdrucken fest, ist sehr wahrscheinlich der Tonervorrat am Ende oder die Optik des Lasers verschmutzt. Wenn Sie versuchen wollen, diese Bauteile des Druckers zu reinigen, achten Sie daruf, daß diese gesondert abgeschirmt sind. Dadurch wird das unkontrollierte Austreten von Laserstrahlen vermieden. Um das Eindringen von Schmutz zu verhindern, ist die Austrittsöffnung des Laserstrahls mit einer Glas- oder Kunststoffscheibe verschlossen. Diese Scheiben können Sie mit einem alkoholgetränkten, fusselfreien Tuch ganz vorsichtig reinigen. Auf gar keinen Fall dürfen irgendwelche Kratzer auf der Scheibe zurückbleiben.

☑ Schwarze Streifen und Flecken im Ausdruck

Finden Sie auf Ihren Ausdrucken schwarze Streifen oder Flecken, die immer an derselben Stelle auftauchen, überprüfen Sie bei älteren Modellen als erstes den Abstreifer für den überschüssigen Toner im Inneren Ihres Druckers. Bedingt durch die hohen Temperaturen beim Fixieren des Toners passiert es häufig, daß die Filzbeschichtung des Abstreifers den abgestreiften Toner wieder abgibt, der dann als schwarzer Streifen auf dem Papier zu erkennen ist. Im Zweifelsfalle sollten Sie den Abstreifer durch einen neuen ersetzen.

Liegt die Ursache nicht beim Abstreifer, ist die lichtempfindliche Schicht der Bildtrommel beschädigt. In diesem Fall hilft nur der Austausch der Trommel (die bei vielen Druckern zusammen mit der Tonerkartusche eine Einheit bildet).

Hilfe bei Tintenstrahldruckern

Dieses Kapitel behandelt Probleme, die bei der Arbeit mit Tintenstrahldruckern auftauchen können.

☑ Der Drucker druckt, doch das Blatt bleibt weiß

Ein oft beobachtetes Problem bei Tintenstrahldruckern sind eingetrocknete Druckköpfe und deren Zuleitungen. In einem solchen Fall druckt der Drucker scheinbar Seite für Seite aus, nur die ausgegebenen Blätter bleiben unbedruckt. Wenn dieses Problem bei Ihnen auftritt, überprüfen Sie den korrekten Sitz der Tintenpatronen. Sind diese richtig eingesetzt, ist sehr wahrscheinlich der Druckkopf eingetrocknet; bei einem Drucker mit Permanentdruckkopf kann außerdem noch die Zuleitung verstopft sein. In der Regel haben Sie die Möglichkeit, über die Software des Druckers oder eine Tastenkombination am Gerät selbst einen Reinigungsvorgang auszulösen, bei dem die Druckköpfe und Zuleitungen gereinigt werden. Um die richtige Möglichkeit zu finden, müssen Sie das Handbuch des Herstellers zu Rate ziehen.

☑ Der Ausdruck ist verschmiert

Sind die Ausdrucke Ihres Tintenstrahldruckers verschmiert oder hat die Schrift feine Serifen, obwohl Sie einen Schrifttyp ohne Serifen verwenden, liegt das Problem in den meisten Fällen in der Verwendung einer falschen Papiersorte. Gerade bei dieser Drucktechnologie ist die richtige Auswahl der Papiersorte der entscheidende Faktor für die Druckqualität. Mit welchem Papier Sie bei Ihrem Drucker die besten Druckergebnisse erzielen, läßt sich am besten durch Ausprobieren verschiedener Papiersorten ermitteln.

Benutzen Sie Spezialpapier, kann es sein, daß Sie das Papier von der falschen Seite bedrucken (eine Blattseite ist in der Regel beschichtet). Wenden Sie das Papier und wiederholen Sie den Druckvorgang. Treten die verschmierten Ausdrucke im Zusammenhang mit Klebeetiketten oder sehr dicken Papiersorten auf, liegt das Problem in einem zu geringen Abstand zwischen Papier und Druckkopf. Läßt sich der Abstand bei Ihrem Drucker nicht verändern, versuchen Sie einen Druckmodus zu verwenden, bei dem weniger Tinte benutzt wird (Economy Mode).

Eine letzte Möglichkeit sind Staubpartikel, die an den Tintenresten am Druckkopf festgeklebt sind. Bei Druckern ohne Papierkassette sammelt sich manchmal Staub auf dem obersten Blatt, der dann mit durch den Drucker gezogen wird. In dem Fall hilft eine vorsichtige Reinigung des Druckkopfes mit Wattestäbchen und Alkohol. Sie sollten aber unbedingt darauf achten, daß Sie nicht die Fläche mit den feinen Düsen berühren. Die Bohrungen sind so fein, daß sie durch jede Berührung zerstört würden. Das Ergebnis wären dauerhaft weiße Streifen im Ausdruck.

☑ Im Ausdruck sind dünne weiße Linien

Wenn der Ausdruck mit dünnen weißen Linien durchzogen ist, sind eine oder mehrere Düsen des Druckkopfs verstopft. Benutzen Sie die Reinigungsfunktion Ihres Druckers, um die Düsen zu reinigen. Wird der Ausdruck immer noch nicht besser, können Sie die Prozedur einige Male wiederholen.

> **Hinweis**
> **Hoher Tintenverbrauch bei der Reinigung**
> Bei der automatischen Reinigungsfunktion des Druckers werden unter Umständen große Mengen an Tinte verbraucht. Aus diesem Grund sollten Sie nicht täglich zur Vorsorge diese Funktion aufrufen, sondern sie nur dann verwenden, wenn es notwendig ist.

Wie Sie den Reinigungsvorgang bei Ihrem Drucker einleiten, ist im Handbuch des Druckers beschrieben. Besitzt der Drucker keine permanenten Druckköpfe, sondern in der Druckpatrone integrierte, sollten Sie die Druckpatronen ausbauen und einmal die Kontakte der Halterung und der Patrone selbst reinigen. Benutzen Sie dafür eine fusselfreies, mit Alkohol getränktes Tuch. Bleibt das Problem weiterhin bestehen, sollten Sie die Druckpatrone gegen eine neue auswechseln.

☑ Die Tintenpatrone ist leer

Sollte die Tinte in der Tintenpatrone langsam zur Neige gehen, tauschen Sie die Patrone aus oder füllen sie mit handelsüblichen Refills wieder nach. Aber dies ist mit einigen Risiken verbunden. Auf gar keinen Fall sollten Sie anfangen zu experimentieren und die Tinte selbst zusammenmischen. Verwenden Sie lieber Tintenrefills, die speziell für Ihren Drucker angeboten werden. Hier sparen Sie im Vergleich zur Tinte Ihres Druckerherstellers einige Mark und können trotzdem sicher sein, daß die Funktionstüchtigkeit gewährleistet ist. Beachten Sie aber, daß Sie den Garantieanspruch gefährden, wenn Sie nicht die Originaltinte des Druckerherstellers verwenden.

☑ *Trotz neuer Tintenpatrone druckt der Drucker nicht*

Wenn der Drucker sich nach dem Einsetzen der neuen Tintenpatrone weigert, Ihr Dokument auszudrucken, überprüfen Sie, ob Sie die neue Tintenpatrone korrekt in der Halterung plaziert haben. Nehmen Sie sie eventuell noch einmal heraus und setzen Sie sie wieder ein. Vielleicht hatte die Patrone beim ersten Einsetzen nicht den richtigen Kontakt. Bei Tintenpatronen mit integriertem Druckkopf befindet sich nicht nur an den Düsen, sondern auch an den Kontakten auf der Rückseite eine Schutzfolie. Diese muß ebenfalls entfernt werden.

☑ *Verstopfen der Düsen vermeiden*

Tintendüsen verstopfen nach einiger Zeit, wenn sie der Luft ausgesetzt sind. Aus diesem Grund sollten Sie den Druckkopf aus dem Drucker nehmen und ihn luftdicht verschließen, wenn Sie den Drucker längere Zeit nicht verwenden. Dafür eignen sich eine Plastiktüte oder eine Tupperdose. Bei kürzeren Druckunterbrechungen reicht es aus, den Druckkopf in seine vorgesehene Parkposition zu fahren. Dies geschieht in der Regel von ganz allein. Achten Sie darauf, daß Sie nach dem Drucken nicht eventuell den Strom über eine schaltbare Steckerleiste abschalten, bevor der Druckkopf in seine Parkposition gefahren ist. In dieser Parkposition werden die Düsen durch ein Kissen verschlossen, um das Austrocknen zu verhindern. Verwenden Sie einen Drucker, der mit wechselbarer Tintenpatrone (entweder Schwarzweiß oder Farbe) arbeitet, müssen Sie die nicht benötigte Patrone sofort in den Aufbewahrungsbehälter geben. So vermeiden Sie, daß die Patrone eintrocknet.

Probleme mit GDI-Druckern

GDI-Drucker sind eine Unterkategorie der Laserdrucker. Während normale Laserdrucker die Druckaufbereitung selbst übernehmen, wird diese bei GDI-Druckern, die nur unter Windows drucken können, vom Prozessor des PCs berechnet. GDI-Drucker benötigen also selbst weder Prozessor noch Arbeitsspeicher.

☑ *Ausdruck mit GDI-Drucker dauert ewig*

Warten Sie nach dem Druckbefehl eine kleine Ewigkeit darauf, daß der Drucker den Ausdruck liefert, ist dafür die Leistung des Rechners und nicht die des Druckers verantwortlich. Im Gegensatz zu einem herkömmlichen Drucker, der die empfangenen Daten selbst aufbereitet und somit dem Rechner die Arbeit abnimmt, wird bei einem GDI-Drucker die Arbeit dem Rechner überlassen. Zuständig für die Aufbereitung der Daten ist das interne GDI-Device von Windows 95/98. Während der Aufbereitung der Daten braucht das Betriebssystem einen Teil der vorhandenen Systemressourcen, die von den anderen laufenden Prozessen abgezogen werden. Um den Ausdruck zu beschleunigen, sollten Sie während des Druckvorgangs alle im Moment nicht benötigten Anwendungen schließen, um mehr Systemressourcen freizugeben. Wenn das keine Abhilfe schafft, müssen Sie den Arbeitsspeicher Ihres

Rechners aufrüsten. Bei Verwendung eines GDI-Druckers unter Windows 95/98 sollten Sie am besten über 32 bis 64 MByte Hauptspeicher verfügen.

☑ Drucker arbeitet nicht im MS-DOS-Modus

Das Drucken im MS-DOS-Modus mit einem GDI-Drucker ist nicht möglich. Diese Druckerart ist auf die grafische Geräteschnittstelle von Windows 95/98 (GDI) angewiesen. Sind Sie aber darauf angewiesen, unter MS-DOS zu drukken, bleibt nur die Möglichkeit, das DOS-Programm in einem MS-DOS-Fenster auszuführen. Ob das entsprechende Programm allerdings in einer DOS-Box läuft, ist eine andere Frage.

23.5 Die letzte Rettung – Support-Adressen

Bitte beachten Sie, daß die hier genannten Telefonnummern höhere Kosten als die gewöhnlichen Verbindungsgebühren verursachen können.

Firma	Telefon	Internet
1&1 Direkt	(02 31) 9 74 84 24	www.online.de
3Com	(0 69) 92 03 21 81	www.3com.com
3M		www.mmm.com
A-Open		www.aopen.com/tw/tech/tech.htm
Acer	(0 19 07) 8 87 88	www.acer.de oder .com
Acotec	(0 30) 46 70 60	www.acotec.de
Actebis	(0 18 05) 8 27 42 72	www.actebis.com
Adaptec	(+32-23 52) 34 80	www.adaptec.com
AMD	(0 89) 45 05 31 99	www.amd.com
AMI	(0 89) 96 99 95-11, -13, -15	www.megatrends.com und www.ami.com
Apple	(0 18 03) 50 18	www.apple.com
Asus	(0 21 02) 49 97 12 oder (0 21 02) 49 96 81	www.asustek.asus.com.tw
Atelco	(0 18 05) 11 51 52	www.atelco.de
ATI	(+3 53-1) 8 07 78 26	www.atitech.ca
AVM	(0 30) 39 00 43 90	www.avm.de
Award	(0 89) 57 57 50	www.award.com
Aztech	(04 21) 1 62 56 40	www.aztech.com.sg
Banyan	(0 89) 9 96 87 80	www.banyan.com
Brother	(0 61 01) 80 52 00 oder (0 61 01) 80 50	www.brother.com
Caere	(0 89) 4 58 73 50	www.caere.com
Canon	(0 21 51) 34 95 55	www.canon.de
CeQuadrat	(02 41) 9 49 02 35	www.cequadrat.de

Cheyenne	(0 89) 6 38 25 40 oder (0 89) 62 72 41 00	www.chey.de
Cherry	(0 96 43) 1 82 06	www.cherry.de
Claris	(0 89) 3 17 75 90	www.claris.de
Compaq Computer	(01 80) 3 22 12 21 0 89/9 93 30	www.compaq.de
ComTech	(0 71 51) 98 00 10 oder (0 71 51) 98 02 00	www.ComTech.de
Conrad Electronic	(0 18 05) 31 21 16	www.conrad.de
Corel	(0 61 96) 90 44-60-91 oder Kanada 00 16 13/7 28 82 00	www.corel.com und www.wordperfect.com
Creative Labs	(0 89) 9 57 90 81	www.creativelabs.com und www.creaf.com
Creatix	(06 81) 9 81 14 44	www.creatix.de
Cyrix	(01 30) 81 38 39	www.cyrix.com
DATA BECKER	(02 11) 93 31 02	www.databecker.de
Dell Computer	(0 61 03) 97 12 00	www.dell.com
Diamond	(0 18 51) 2 66-3 30	www.diamond.com und www.spea.com
Digital Equipment	(0 18 05) 33 66 33	www.digital.de
Dr. Neuhaus	(0 19 07) 7 30 46 oder (0 19 07) 7 30 45	www.neuhaus.de
EEH Datalink	(0 21 95) 91 01 17	www.elink.de
Elsa	(02 41) 6 06 61 43 oder (02 41) 6 06 61 41	www.elsa.de
Epson	(0 18 05) 23 41 20 oder (0 18 05) 23 41 10	www.epson.de
Escom	(0 19 07) 7 22 41	www.escom.de
Fast Multimedia	(0 19 08) 9 50 21	www.fast-multimedia.com
Fujitsu	(0 89) 3 23 78-1 67	www.fujitsu.de,
Gateway 2000	(08 00) 1 82 08 40	www.gw2k.com
Genoa	(0 21 04) 3 98 84	www.genoasys.com
Gigabyte	(0 40) 25 50-15	www.gigbyte.com.tw
Gravis	(0 19 08) 9 70 79	www.gravis.com
Guillemot	(02 11) 3 38 00 44 66	www.guillemot.com
Hagenuk	(0 19 07) 9 33 87	www.hagenuk.de
Hayes	(+44-87) 07 20 00 30	www.hayes.co.uk
Hercules	(0 89) 89 89 05 73	www.hercules.com
Hewlett-Packard	(0 18 05) 25 81 43	www.hp.com und www.hewlett-packard.de
Hitachi	(02 11) 5 28 38 20	www.hitachi.com
IBM Deutschland	(0 18 05) 22 33 99	www.ibm.de und www.pc.ibm.com
Intel	(0 69) 95 09 60 99	www.intel.com
Intuit	(0 19 07) 7 30 71	www.careermosaic.com/cm/intuit
Iomega	(01 30) 82 94 46	www.iomega.com

iiyama	(01 30) 76 20 17	www.iiyama.de
Kodak	(01 30) 82 54 02	www.kodak.com
Kyocera	(0 18 05) 17 73 77	www.kyocera.de
Lexmark	(0 18 05) 51 25 11	www.lexmark.com
Logitech	(0 69) 92 03 21 65	www.logitech.com
Lotus	(0 89) 96 07 51 50	www.lotus.com
Macromedia	(0 69) 95 09 61 17	www.macromedia.com
Matrox	(0 89) 61 44 74-33	www.matrox.com
Maxtor	(0 89) 96 24 19-19	www.maxtor.com
Micrografx	(0 19 07) 7 00 99	www.micrografx.com
Microsoft	(0 18 05) 67 22 55	www.microsoft.com/germany
Miro	(0 18 05) 22 54 50	www.miro.com oder de
Mitsumi	(0 18 05) 21 25 30	www.mitsumi.com
Motorola	(0 89) 92 10 35 59	www.mot.com
NEC	(0 18 05) 24 25 23 oder (0 18 05) 35 81 89	www.nec.com
Netscape	(06 99) 50 96-1 49	www.netscape.de
Network Associates	(0 18 05) 23 76 78	www.nai.com
Nokia	(0 89) 14 97 36 25	www.nokia.com
Novell	(02 11) 5 63 27 77	www.novell.de
Number Nine	(0 89) 61 44 91-13	www.nine.com
Oki	(02 11) 5 26 25 01	www.oki.co.jp
Olivetti	(0 18 05) 25 75 74 oder (0 18 05) 35 23 20	www.olivetti.com
Olympus	(0 08 00) 67 10 83 00	www.olympus.europa.com
Packard Bell	(0 18 05) 25 81 89	www.packardbell.com
Panasonic	(0 40) 85 49-27 76	www.panasonic.com
Peacock	(0 19 07) 7 00 11 oder (0 19 07) 7 00 12	www.peacock.de
Pearl Agency	(0 76 31) 36 03 00	www.pearl.de
Philips	(01 30) 82 39 83	www.philips.com
Pinnacle	(0 18 05) 22 54 51	www.pinaclemicro.co
Pioneer	(0 21 54) 9 13-3 53	www.pgb.pioneer.co.uk/pioneer
Plextor	(+32) 27 25 55 22	www.plextor.com
PowerQuest	(0 69) 66 56 85 16	www.powerquest.de
Powersoft	(0 69) 66 56 85 03	www.powersoft.com
Primax	(0 19 07) 9 33 72	www.primax.com
QMS	(01 30) 82 94 13	www.qms.com
Quantum	(+3 53-42) 9 35 51 03	www.quantum.com
Quark	(0 71 41) 45 50	www.quark.com
Quarterdeck	(0 18 02) 22 19 81	www.qdeck.com
Samsung Electronics	(0 18 05) 12 12 13	www.samsung.com

Seagate	(08 00) 1 82 68 31	www.seagate.com
Siemens Nixdorf	(0 18 03) 77 70 00 oder (0 18 03) 77 70 01	www.sni.de
SoftMaker	(02 11) 93 63 86 50	www.softmaker.de
Sony	(0 18 05) 25 25 86	www.sony.com und .de
Soyo	(04 41) 20 91-0 40 oder (04 41) 20 91-0 41	www.soyo.com
Spea/Diamond	(0 81 51) 2 66-3 30	www.spea.com
Star Division	(0 19 07) 9 88 44	www.stardivision.de
Star Micronics	(05 31) 8 01 08 28	www.cygnet.co.uk/star
Sun Micrososystem	(0 18 05) 20 22 41	www.sund.de
S.u.S.E.	(09 11) 7 40 53 30	www.suse.de
Symantec	(0 69) 66 41 03 67 oder (0 69) 66 41 03 54	www.symantec.com
Tandberg Data	(02 31) 5 43 61 42	www.tandberg.com
Taxan	(02 01) 7 99 04 04	www.taxan.com
TEAC Deutschland	(06 11) 71 58-52, -53, -54	www.teac.de
Tektronix	(01 30) 82 10 68	www.tek.com/color_printers
Teles	(0 19 08) 7 11 01	www.teles.de und teles.com
Terratec	(0 21 57) 81 79 14	www.terratec.de und terratec.com
Texas Instruments	(0 61 96) 97 50 15	www.ti.com
Topware	(06 21) 48 28 66 33	topware.compuserve.de
Toshiba	(0 18 05) 23 16 32	www.toshiba.com
Tyan	(08 13) 6 93 95 30	www.tyan.com
Umax	(0 21 54) 42 86 21	www.umax.com
Vobis	(0 19 07) 8 77 76	www.vobis.de
Western Digital	(+31-20) 4 46 76 51	www.wdc.com

Stichwortverzeichnis

1TR6 744
3-D-Clipping 296
3-D-Funktionen 295
    3-D-Clipping 296
    Alpha-Blending 297
    Anti-Aliasing 297
    Back-Buffer 299
    Back-Face-Culling 296
    Beleuchtung 297
    Bilineares Filtern 297
    Bump-Mapping 297
    Color-Key-Transparenz 296
    Double-Buffering 299
    Dreiecks-Setup 295
    Erweiterung des Befehlssatzes 296
    Flipping 300
    Fogging 297
    Front-Buffer 299
    Mip-Mapping 297
    Multitexturing 299
    perspektivische Korrektur 296
    Schritte des Bildaufbaus 295
    Shading 297
    Texture-Mapping 297
    Trilineares Filtern 297
    Z-Buffer 295
3dfx 285, 301
3DNow 296
3DNow und 3-D-Karten 196
3-D-Pipeline 295
3-D-Softwareschnittstellen 300
3-D-Sound 521
    A3D-Verfahren 523
    EAX-Verfahren 523
    Hi-FI-Verfahren 521
    Quadrophonie 523
3-D-Spiele 275
3-D-Surroundsound 521

A

Abgesicherter Modus
    Aufruf über Win.com 958
    Geister-Treiber 955
    Hauptabschnitt 952
    starten von Bootmenü 948
    startet nicht 954
Abstandhalter
    überprüfen 979
    verkürzen 979
Absturz 69, 435, 656, 947, 1016
Accelerated Graphics Port AGP 116

ACPI 968
    Leistungsverlust 968
Adaptec 1505 346
Adaptec 2940 und Windows NT 363
Adaptec 2940(UW) 344
Adaptec Easy CD-Creator 463
Adaptersockel für Pentium-CPUs 200
Adaptoren
    SCSI-Flachband-Kabel 345
    SCSI-zu-Parallel 346
Add-On-Karten 302
    Bildqualität 304
AGP 2.X 288
AGP und Mainboards 288
AGP-Standard 287
Ahead Software 463
Aktive Terminatoren, Bezugsquelle 354
Alpha-Blending 297
Alpha-Prozessoren 112
AMC 486
AMD K6 194
AMD-Prozessoren übertakten 222
Analoge Datenübertragung 691
Anschlüsse
    an Festplatte 30
    BNC 30
    Floppy und HD 29
    ISDN-Karte 31
    Mainboard, Strom, Gehäuse 29
    Monitor 30
    SCSI-Controller 30
    serielle, Abbildung 27
    Soundkarte 31
Anti-Aliasing 297
Anzeigen leuchten – Drucker druckt
    trotzdem nicht 1026
Arbeitsplatzbetriebssysteme 761
Arbeitsspeicher 102
    Arbeitsgeschwindigkeit 97
Archivattribut 649
Archivflaggen 648
Aspi-Treiber, DOS 357
ATAPI .... Siehe EIDE
    Laufwerk 598
AT-Format 124
ATX, Definition 22
ATX-Board, Anschlüsse 27
ATX-Format 125, 884
Audio, WinOnCD als Tip 464
Audiokabel 502, 525
Audiomedia III-Karte 474
Auflösung, sinnvolle für Monitor 335

Stichwortverzeichnis

Aufrüsten
    Druckerspeicher, SIMMs 256
    RAM-Menge, cachebar 241
Ausdruck, verschmiert 1041
Auslagerungsdatei 37, 432
Ausschalten .... Siehe Deaktivieren
Austausch des Prozessors 200
Autodetecion 391
Autoexec.bat 663
Autoexec.bat und Config.sys
    Anpassung 40
    bearbeiten mit Edit 40

B

Baby-AT 882
Back-Buffer 299
Back-Face-Culling 296
Backup
    Systemdateien mit ERU 35
    Windows 95/98 kopieren 37
    Windows 98 924
Bandlaufwerke
    DAT-Bänder 612
    DAT-Standard 612
    DAT-Streamer 612
    DDS-Standard 612
    Iomega Ditto-Streamer 610
BAT-Format 124
Batterie abschalten 81
Batterie, für BIOS, Abbildung 27
Beep Code 971
Begriffe
    CMOS 101
    ISA-/PCI-Bus 114
    Systemtakt 113
Beleuchtung 297
Belüftungsschlitze, verschmutzte 996
Berechnung des Prozessortakts 202
Betriebssystem-Absturz 69, 435, 656, 947, 1016
Big-Tower-Gehäuse 888
Bildbearbeitung
    optimale Druckrasterung 877
    Tonwertzuwachs berechnen 878
Bildgeometrie 1011
Bildschirmauflösung 290
Bildschirmmaske, Typen 323
Bildwiederhol- und Zeilenfrequenz ... 322
Bildwiederholfrequenz 294, 1012
    höher einstellen 338
bilineares Filtern 297
BIOS 620, 685
    Abbildung, mit Batterie 27
    AMI-BIOS, Pieptöne 971
    Anmeldungsprozedur 390
    Autodetection 391
    Award-BIOS, Pieptöne 971
    Batterie lahmlegen 81
    Booteinstellungen 83
    Bootmeldungen 394
    EIDE-Feintuning 395
    EPP/ECP-Modus 871
    Fehlercodes, Tabelle 944

    fehlerhafte Softwareversion 663
    Fehlermeldungen, akustische .. 942
    Grafikkarte, Pieptöne 984
    Hauptmenü, Anweisungen 79
    herstellerspezifische Fehlermeldungen 971
    ISA-Karten Konfiguration 88
    kaputtes retten 95
    LBA 392
    Phönix-BIOS, Pieptöne 971
    reinkommen 77
    Ressourcenverwaltung 85
    Update, Anleitung 91
    Updates 89, 663
BIOS der Grafikkarte 293
BIOS-Paßwort 80
BIOS-Upgrade 205
BNC-Kabel 30, 768, 783
    Anschlüsse überprüfen 983
    Monitore 334
Bootdiskette (Windows 98) 925
Bootdiskette erstellen 39
Booten
    abgesicherter Modus 952
    BIOS-Einstellungen 83
    Eingabeaufforderung 949
    hängt auf Diskettenlaufwerk 942
    Meldungen 394
    mit Einzelbestätigung 949
    mit Piepstönen 942
    PC geht nicht mal an 940
    protokolliert 947
    von CD 416, 471
    von SCSI-Geräten 355
    vorherige DOS-Version 949
    Zip-Laufwerken, von 355
Bootlog.txt 947
Bootmenü, Einführung 946
Boxen 496, 514, 524
    für Büro- und Multimedia 497
    für die Spieleanwendung 497
    magnetische Abschirmung 497
    Musikleistung 496
    Sinusleistung 496
Buffer underrun 455
Bulkware 489
Bump-Mapping 297
Busmaster 438, 1004
Bussysteme
    Anschlußtechnik 118
    Beschreibung 22
BZT-Zulassung 700

C

Cable Select 1003
Cache
    CD unter DOS mit SmartDrive ... 41
    Kurzschluß 978
    L2-Cache auf Mainboard 24
    RAM-Menge begrenzt 241
Cacheeinstellungen 433
Cachespeicher 122, 134
    austauschen 987

1050

Stichwortverzeichnis

Caddy für CD-ROM 445
CAPI 744
CAPI-Port-Treiber 750
CAPI-Treiber 733
CAV 443
CD Wizard 463
CD-Brenner
    Audio-CDs auslesen 458
    bootfähige CD 471
    CD-RW 458
    Disc at Once 457
    Firmware 457
    Glasmaster-CD 477
    Hitzeprobleme 456
    inkrementelles Schreiben 457
    Joliet-Format 469
    Kaufberatung 455
    Label erstellen 472
    Multisession-CDs 470
    On the fly kopieren 455
    Packet Writing 457, 460
    Praxistips 466
    Rohlinge, richtige 468
    Software, optimale 462
    Track at Once 457
    UDF-Verfahren 460
    variable Sektorgröße 457
    vierfach-Speed 455
    WinOnCD-Softwaretip 464
    WORM-Betrieb 458
CD-Creator Deluxe 463
CD-R, Rohling-Typen 468
CD-Rohlinge, richtige 468
CD-ROM-Laufwerk
    2fach unter DOS 450
    Anschluß 448
    Antivibration 447
    arbeitet zu langsam 1009
    Audio-Tracks auslesen 445
    automatischer Wechsel, Probleme 453
    Autostart-Funktion funktioniert nicht 1010
    booten von 471
    Caddy 445
    defekte CDs retten 448
    DOS-Treiber unter Windows 95/98 450
    erscheint nicht im Explorer 1006
    Festplatten-Cache-Tools 454
    Geschwindigkeitswahn 442
    Installation, optimale 446
    ist vorhanden, läßt sich aber nicht
        ansprechen 1008
    Kaufberatung 441
    manchmal nicht vorhanden 1008
    Mscdex-Einstellungen 450
    Notauswurf 448
    Optik reinigen 1008
    Rotationstechniken 443
    setzt öfter aus 1008
    SmartDrive, Caching 449
    Synchrondatenübertragung 1009
    unter Windows 95/98 optimieren 451
    Wechsler unter Windows 95 453

wichtige Features 443
    Windows 95/98-Caching 452
CD-RW 596
    Löschfunktion 459
    Löschfunktion + UDF 462
CD-Wechsler 618
Celeron 189
    Bauweise 189
    L2-Cache 190
CeQuadrat
    Packet CD 461
    WinOnCD, CD-Brenner 464
Checkliste, BIOS-Konfiguration ... 391
Chipsatz 112
    Aufgaben von 121
    Beschreibung 23
    für 100-MHz-Systeme 128
    North- und Southbridge 121
Chipsatz und Prozessor 202
CHS 373
Client 760
Client-/Server-Netzwerk 763
Client-/Server-Verfahren 760
Cluster, Größe festlegen 413
CLV 443
CMOS CHECKSUM FAILURE 989
CMOS Error, Press F1 to resume 943
CMOS-Konfigurationsdaten ... 102
CMOS-Setup 101
    Load BIOS Defaults 102
    Load Setup Defaults 102
COAST-Modul, überprüfen 978
Collabra 906
Color Sync 855
Colorado Backup
    Auftragsnamen vergeben ... 654
    Funktion Vergleichen 651
    Kennwortschutz 653
    Modifiziert-Sicherung 652
    Sicherungsoptionen einstellen 652
    Sicherungstyp einstellen 652
    Sicherungsziel wählen 653
    Teilsicherung der Anwenderdaten 651
    Terminplaner aufrufen 654
    Terminplanung durchführen 654
Color-Key-Transparenz 296
Computer, Stellplatz 995
Config.sys 663
CONFIGURATION ERROR 989
convert, NTFS 418
Core-Spannung 187, 201
CPU
    Adapter für Pentium Pro 110
    Adapter für Sockel 370 109
    Adapter für Sockel 5/7 107
    Arbeitsgeschwindigkeit 97
    Betriebsspannung 106
    einbauen 214
    externer Takt 132
    Fehlermöglichkeiten 977
    kühlen 966
    Multiplikatoren für CPU-Takt 132
    Prozessortakt überprüfen .. 985

Stichwortverzeichnis

Spannung überprüfen 985
Takt 106, 113f, 116
CPUIdle 966
CPU-Kühler 224
    aktiv 225
    Befestigung 226
    kugelgelagerte Lüfter 226
    passiv 225
    Peltier-Element 226
CTCM-Tool 89
Cycls 392
Cyrix 198

D

DART 476
Datec, Aachen 345
Dateisystem NTFS konvertieren 418
Datenflußkontrolle 721
Datenkabel 1000
Datensicherung 585, 634
    differentielle 649
    inkrementelle 649
    Sicherungsmethode 649
    Software zur Datensicherung 636
    Software zur Systemrekonstruktion 635
    Teilsicherung 648
Datensicherungskonzept 593
Datenträgercache 433
DAT-Streamer
    Datenaufzeichnung 612
    Kompatibilität 613
    Komprimierverfahren 612
DAWI-Control, SCSI-Controller 343
DCC, Ärger mit 338
Deaktivieren von Geräten 934, 954
Defekten vorbeugen 175
Defrag 434, 1004
Defragmentieren 1004
Dejanews 908
Desktop-Gehäuse 886
Deutscher Tastaturtreiber 40
DFÜ-Netzwerk 748, 900
    Installation 748
    Verbindung einrichten 901
Diagnose-Tools 175
Diamond Monster 285
Diamondtron vs. Trinitron 323
Digital Only CardD 475
Digital-Analog-Wandler 291
Digitale Vermittlung 697
Direct Memory Access 32
Direct3D 301
    Unterstützung durch Software 301
DirectCD, Adaptec 461
DirectX 527
    Treiber 527
Disc at Once 457
Diskettenlaufwerk
    Anschlüsse, Mainboard 29
    kein Zugriff möglich 998
    Laufwerk-LED geht nicht aus 999
    PC bleibt beim Booten hängen 942

Positionierungsfehler wird gemeldet .. 1000
Sektor nicht gefunden 999
Diskettenlaufwerke 998
Disk-Manager 390
Ditto-Streamer, Montagesatz 629
DMA 438
DMA-Kanal 62
    BIOS-Einstellung 89
    Erklärung, Einleitung 32
DMA-Kanalbelegung, Windows NT 63
DMA-Verfahren 62
Doppelpufferung, SCSI 359
DOS 655
    Edit-Befehl 40
    keyb-Befehl 40
    SCSI-Optimierung 357
    sys-Befehl 39
    vorherige Version starten 949
DOS-Prompt .... Siehe Eingabeaufforderung
Dosstart.bat, CD-ROM-Treiber 450
Double-Buffering 299
Download-barer Sample Support (DLS) 518
DRAM 236, 291
Drive Image 429
DriveCopy 429
Druckausgabe
    optimale Softwarerasterung 877
    optimiert durch Druckerkennlinie 877
    Probleme mit Ersatztinte 874
    Tonwertzuwachs berücksichtigen 878
    wann PostScript lohnt 873
Drucker
    Abstreifer 1041
    Bildtrommel am Ende 1028
    Blatteinzug 1033
    Deckel offen 1027
    Druckauftrag 664
    Drucker druckt nicht unter MS-DOS 1044
    Druckermonitor 665
    Druckertreiber entfernen 1030
    Druckkopf bleibt hängen 1036
    druckt auch ohne Papier weiter ... 1035
    Einzelblatteinzug wird nicht erkannt 1034
    Einzelblätter werden nicht
        eingezogen 1034
    Einzelblätter werden schief
        eingezogen 1034
    Farbprofil 855
    Firma Canon 664
    Firma Hewlett Packard 665
    Firma Lexmark 664
    Grafik auf mehreren Blättern verteilt .. 1039
    kein Druck unter Windows 95 1030
    keine Anzeige leuchtet 1026
    Laserausdruck wird immer schwächer 1038
    Laserdrucker ist innen voll Toner 1037
    Laserdrucker meldet Papierstau 1037
    Laserdrucker, schwarze Streifen und
        Flecken im Ausdruck 1041
    Laserdrucker, weiße Streifen im
        Ausdruck 1040
    mehrere Blätter werden gleichzeitig
        eingezogen 1033

Stichwortverzeichnis

Netzteil 1026
nur wirre Zeichen im Ausdruck 1032
online/offline 1026
Papierschacht 1027
Papierstau 1027
Probleme 1025
Probleme unter Windows 95 1030
Reinigungsfunktion 1042
richtige Papiersorte 1033
Selbsttest 1029
Selbsttest, erweiterter 1029
Spooler-Einstellungen 665
Testseite drucken 1032
Tintenpatrone leer 1027
Tintenstrahldrucker arbeitet, doch das Papier bleibt weiß 1041
Toner haftet nicht auf dem Papier 1038
Tonerkartusche leer 1028
Transportsicherung 1026
Treiber 664
Zwei-Wege-Kommunikation 663f
Drucker druckt nicht
   GDI-Drucker druckt nicht unter MS-DOS 1044
   GDI-Drucker, der Ausdruck dauert ewig 1043
   Laserdrucker druckt weiße Blätter 1038
   Probleme mit dem Blatteinzug 1033
   Tintendrucker, trotz neuer Tintenpatrone druckt der Drucker nicht 1043
   Tintenstrahldrucker, Druckkopf verstopft 1043
   Tintenstrahldrucker, dünne weiße Linien im Ausdruck 1042
   Tintenstrahldrucker, verschmierter Ausdruck 1041
Druckerfehler 1024
Drucker-Port
   EPP/ECP-Modus, BIOS 871
   SCSI-Adapter 346
Druckerschnittstelle
   Betriebsarten 549, 620
   BIOS-Einstellungen 549
   Übertragung beschleunigen 620, 685
Druckerserver 760
Druckerspeicher, SIMMs 256
Druckkennlinie 877
Druckkopf bleibt hängen 1036
Druck-Manager, Druckereinstellungen überprüfen 1030
DSS1 744
Dual Voltage-Unterstützung 106f
DVD
   Audiostandard, fehlender 482
   CD-R-Problem 478
   Kopierschutz 481
   Surroundsound 481
DVD-RAM 596, 615
   Einbau 632
   Laufwerküberprüfung 633
   Leistungsdaten 617
   PD-Kompatibilität 608
   UDF-Format 633

E

E/A-Adressen 60f, 685
   Übersichtstabelle 60
Easy CD-Creator 463
ebd.cab 412
ECC-RAM, Erklärung 241
Edit 950
Editor 40
EDO 236
EDO-RAM 291
EEPROM 663
EEPROM, SDRAM 238
EIDE
   BIOS-Anmeldung 388
   BIOS-Feintuning 395
   Busmaster 438
   Geschwindigkeitsprobleme 380
   Grundlagen 371
   Mapping 373
   Master, Slave 379
   mit SCSI zusammen 345
   Port-Einstellungen, Windows 437
   Ports, Bezeichnung 385
   Übertragungsstandards 372
EIDE-Bus
   Datenkabel 1001
   Kabellänge 1001
Eigenschaften von Modems 722
Einbau
   BIOS-Anmeldung 390
   BIOS-Anmeldung EIDE 388
   Bootmeldungen, BIOS 394
   Daten und Stromkabel 384
   EIDE-Ports 385
   partitionieren mit fdisk, FAT32 410
   Position, optimale 383
   SCSI, Praxis 426
   Windows NT einrichten 415
Einbau der Grafikkarte 308
Eingabeaufforderung, booten 949
Eingabegeräte
   Grafiktablett 570
   Tastatur 566
   Zeigegeräte 571
Einschaltknopf klemmt 981
Einzelbestätigung beim Booten 949
El Torito-Standard 471
ELSA, Monitore 327
Energiesparmodus 968
Englische Tastatur, auf Deutsch umstellen .. 40
Enhanced IDE .... Siehe EIDE
Entspiegelung Monitore 325
EPP+ECP-Modus, BIOS-Einstellung 871
Ergonomie bei Monitoren 336
Erhöhung des Systemtakts, Auswirkungen . 229
ERU, Systembackup-Tool 35
Erweiterte Partition 397
Erweiterungsbus 118
Erweiterungskarten 102
   für den ISA-Bus 119
   Ressourcen einstellen 68

1053

Stichwortverzeichnis

Ethernet 767, 783
   Cheapernet 768
   Gesamtlänge 785
   Gesamtlänge bei Koaxialkabel 769
   Hub 771
   Netzwerkspezifikation 770, 772f
   Segment 769
   Twisted-Pair 768
   Zugriffsverfahren (CSMA/CD) 767
Euro-ISDN 744
EWS-64, für Harddiskrecording 474
Externe ISDN-Adapter 730
   einfache Installation 730
Extract, entpacken von fdisk 399

F

Farbprofil 855
Farbtiefe 290
Farbtiefe/Auflösung 294
Fast-Ethernet 767, 773, 779
Fast-SCSI 340
FAT, Größenbegrenzung 2 GByte 374
FAT32
   Cluster-Größe festlegen 413
   partitionieren, Grundlagen 408
FDD CONTROLLER FAILURE 991
fdisk 990
   /mbr 408
   extrahieren von der Win-CD 399
   Grundlagen 398
   partitionieren mit FAT32 410
   partitionieren, klassisch 398
Feature-Connector 292
   Kabel überprüfen 984
Feature-Connector, Kabel überprüfen 985
Fehlermeldung
   CMOS CHECKSUM FAILURE 989
   CONFIGURATION ERROR 989
   FDD CONTROLLER FAILURE 991
   HDD CONTROLLER FAILURE 991
   MISMATCH CMOS 989
   NO ROM-BASIC, SYSTEM HALTED 990
   ON BOARD PARITY ERROR 987
   PARITY ERROR 988
Fehlersuche
   Bootmenü 946
   mit abgesichertem Modus 952
   Ressourcenkonflikt, Windows 95 929
   wenn PC nicht angeht 940
Fernsehmonitor 328
Festplatten
   Abbildung, Einführung 30
   Anschlüsse, Mainboard 29
   Auslagerungsdatei 432
   automatisch erkennen 1001
   BIOS-Anmeldung 388, 390
   BIOS-Feintuning 395
   Bootmeldungen, BIOS 394
   Cacheeinstellungen 433
   Daten- und Stromkabel anschließen ... 384
   Disk-Manager 390
   DMA, Busmaster 438

EIDE-Ports 385
Einbauposition, optimale 383
Einbauvorbereitung 378
   falsche Größenangaben 376
   Festplatte arbeitet zu langsam 1003
   Festplatte läuft nicht 1000
   Festplatte läuft nicht am sekundären
      Port 1003
   Festplatte ungünstig angeschlossen ... 1003
   große mit SCSI 363
   Größenbegrenzung 374
   Größenprobleme 373
   in Gehäuse festschrauben 381
   Kaufberatung 367
   kopieren 429
   Laufwerke werden vom BIOS nicht
      erkannt 1001
   Leistungsmerkmale 367
   Mapping 373
   Master, Slave 379
   partitionieren 398
   partitionieren mit fdisk, FAT32 410
   partitionieren, Grundlagen 396
   primäre Partition 656
   SCSI-Einbau, Praxis 426
   SCSI-Festplatte wird nicht erkannt 1005
   SCSI-Platte fällt plötzlich aus 1005
   SCSI-Schreibcache aktivieren 362
   Speicherkapazität 368
   technische Daten finden 378
   Temperatur 1005
   Tuning unter Windows 431
   Umdrehungszahl 368
   Zugriffszeit 367, 1003
Festplatten-Controller
   SCSI-Controller läßt sich nicht
      ansprechen 1023
   SCSI-Controller wird nicht erkannt 1024
   SCSI-Geräte werden nicht erkannt 1024
Festplattenlüfter 1005
File Allocation Table FAT 643
Firmware, CD-Brenner 457
Flachbandkabel 624
   prüfen 993
   Sitz überprüfen 992
Flachbettscanner 669
   preiswerte Durchlichterweiterung 670
Flash-Utility 92
Flimmerndes Bild 275
Flipping 300
Floppylaufwerk, Datenkabel 631
FM-Synthese 517
FM-Syntheziser 516
   Angabe der Stimmen 517
   Chip OPL3 516
   Verfahren von 516
Fogging 297
Formatieren, Cluster-Größe festlegen 413
Formfaktor 882
Foto-CD 672
FPM 236
Front-Buffer 299

Stichwortverzeichnis

G

Gamepad 582
Game-Port 525
    Y-Kabel 525
GDI-Drucker 1043
    Probleme 1043
Gehäuse
    ATX-Format 884
    Ausstattung 892
    Baby-AT 882
    Bauformen 886
    Big-Tower 888
    Desktop 886
    Formfaktor 882
    für ATX-Format 126
    Midi-Tower 888
    Mini-Tower 887
    Montage-Zubehör 891
    Netzteil 891
    Netzteil austauschen 894
    öffnen 51
    Probleme mit AT-Netzteil 894
    Probleme mit Tastaturstecker 883
    Qualitätsmerkmale 889
    Slimline 887
    WTX-Standard 896
Geometrische Transformation 296
Geräte deaktivieren 934
    im abgesicherten Modus 954
Gerätebereitschaft 76
Geräteklasse 657
Gerätekonflikte
    beheben 72
    ermitteln 71
    Lösungsvarianten 72
Geräte-Manager
    Geister-Treiber 955
    Geräte deaktivieren 934
    im abgesicherten Modus 953
    reservieren von Ressourcen 936
    Ressourcenkonflikt lösen 929
Gerätestatus 75
Glasmaster-CD 477
Glide 301
Grabben, Audio-Tracks 445
Grafik, Schnittstellenübersicht 276
Grafikausgabe
    Bild hat Farbstich 1010
    das Bild flimmert 1012
    das Monitorbild ist zu klein oder versetzt 1011
    Fehler in der Bildgeometrie 1011
Grafikbeschleuniger 288
Grafikkarte
    3-D-Chipsatz 307
    3-D-Darstellung 295
    3-D-Kartentypen 302
    Add-On-Karte 302
    alte Karte ausbauen 310
    ältere Schnittstellen 276
    Anschlüsse 30
    Austausch älterer Karten 276
    Austauschkriterien 277
    beschleunigte Funktionen 288
    BIOS 293
    BIOS optimieren 281
    BIOS-Update 280, 294
    Busbreite 289
    Busbreite des Speichers 290
    Chipsatz 288
    Eigenschaften von AGP 287
    Einbau 308
    Einbau einer zweiten Grafikkarte 316
    fehlerbereinigte Treiber 286
    Flash-BIOS 280
    flimmerfreies Bild 291
    Garantiebestimmungen 282
    Größe des Videospeichers 289
    Installation der korrekten Treiber 276
    Interrupt, ohne 87
    IRQ zuweisen 314
    ISA-Karten 277
    ISA-Schnittstelle 276
    Kaufberatung 286
    Kaufempfehlung 3-D-Karten 307
    Kombikarte 304
    Komponenten abstimmen 276
    Konfiguration prüfen 276
    Mehrere Karten unter Windows 98 315
    Name des Chipsatzes 289
    neue Karte einbauen 311
    neue Karte testen 312
    neue Produkte 286
    OEM-Produkte 292
    Office-Einsatz 292
    Onboard-Chip ausschalten 311
    optimale Systemumgebung 278
    PCI-Karten 288
    Preisspektrum 286
    primärer Adapter 316
    Rage Pro übertakten 284
    richtigen Einbau überprüfen 983
    Riva TNT2 307
    sekundärer Adapter 316
    Speicherbedarf 290
    stabile Treiber 293
    Taktfrequenz zu hoch 283
    Tools im Internet 283
    Tools zum Übertakten 283
    Treiber nachträglich installieren 278
    Treiberinstallation 313
    Treiber-Support 293
    Treiber-Update 279
    Tuning 278
    Übersicht Chipsätze 305
    übertakten 282
    unscharfes Bild 277
    Vergleich von 3-D-Karten 305
    VLB-Schnittstelle 276
    Voodoo übertakten 285
    Voodoo3-Chipsatz 307
    Webadressen der Hersteller 279
    wichtigste 2-D-Eigenschaften 294
    zweite Karte aktivieren 316

Stichwortverzeichnis

Grafikkarten-Tausch, Vorüberlegungen 276
Größenprobleme bei Festplatten 373
Guest 656, 659f

H

Harddiskrecording
    Audio-Tracks auslesen 445
    auslesen von Audio-CDs 458
    Digital-In/Out-Karten 474
    Grundlagen Audio-CD 473
    Kopierschutz-Knacker 476
Hardware-Assistent 746
Hardwareinterrupt 685
Hardwarekonfiguration 101
Hardwareprofile 74, 937
Hauptplatine 97
    für Sockel 370 108
Hauptspeicher .... Siehe RAM
HDD CONTROLLER FAILURE 991
Heads 392
Herstellerangaben 389
HiFD-Laufwerk 604
HP-Scanjet unter Windows 95 361
Hucht ICP 1 CE 476
Hybrid-Modem 694

I

I/O-Spannung 187, 201
ICC 855
ICM 855
ICU-Tool 88
ID
    Definition 349
    Vergabe 350
IDE .... Siehe EIDE
IDE HDD AUTO DETECTION, Festplatten
    automatisch erkennen 1001
IDE-Bus
    Datenkabel 624
    primärer Kanal 624
    sekundärer Kanal 624
IDT 198
iiyama, Monitore 327
Incremental Writing, CD-Brenner 457
Infrarot-Schnittstelle (IRDa) 565
Inkrementelles Schreiben, CD-Brenner 457
Int13-Extension 374
Internet
    Newsgroups 906
    Suchmaschine 910
    TCP/IP 900
    T-Online 905
    Verbindung einrichten 901
    Zugangsdaten 908
Interpolation 675
Interrupt
    BIOS-Einstellung 85
    EIDE deaktivieren 437
    Erklärung, Einleitung 32
    ISA-Karten, BIOS 88
    nicht für Grafikkarte 87

teilen bei PCI 86
Tip zum Einsparen 346
Übersichtstabelle 58
Interrupt-Wahl bevorzugt 59
INTOS Electronic 354
Iomega Fileserver 661
IRQ-Belegung, Windows NT 59
ISA-Bus 118f
    Bandbreite 119
ISA-Karten, Probleme mit 88
ISDN, Vorteile 729
ISDN-Karten 729
    aktiv oder passiv 731
    alte Karte ausbauen 741
    anschließen 742
    Anschlüsse 31
    Ausstattung 735
    Bauarten 730
    BIOS-Einstellungen 743, 746
    CAPI-Einstellung 744
    CAPI-Port-Treiber 750
    CAPI-Treiber 733
    DFÜ-Netzwerk einrichten 748
    Download-Geschwindigkeit 736
    Einbau Nicht-Plug & Play 745
    Einbau Plug & Play-Karten 741
    Einbau, Vorbereitungen 737
    Einbindung der Gerätetreiber 732
    Einwahl ins Internet 752
    Faxemulation 731
    FRITZ!-Card 736
    Geschwindigkeit 735
    Hardware-Assistent 746
    Hersteller im Internet 734
    Hersteller-Support 734
    individuelle Treiber 734
    IRQ 739, 745
    IRQ reservieren 746
    Karte einsetzen 742
    Kaufberatung 730
    Kaufkriterien 736
    Konfiguration Nicht-Plug & Play 745
    Kosten für aktive Karte 732
    manuelle Installation 744
    Mini-Port-Treiber 750
    mitgelieferte Software 735
    mögliche Einstellungen 739
    Multilink-Verbindung 754
    NDIS-WAN manuell einrichten 751
    NDIS-WAN-Treiber 750
    passive Karten 731
    Plug & Play-Fähigkeit 733
    Port
        Adresse 745
    Port-Adresse 739
    problemlose Installation 730
    Protokoll 744
    serielle Schnittstelle 730
    Software entfernen 737
    Softwareinstallation 746
    Systembackup 737
    Systemressourcen 739
    Treiber manuell einrichten 746

Stichwortverzeichnis

Treiber und Ausstattung 732
Treiberinstallation 743
Verhalten unter Windows NT 733
Wählverbindung einrichten 752
Western-Stecker 743
Windows-Treiber 734

J

Joliet-Format 469
Joypad 525
Joystick 525, 577, 1016
   Anschluß 1017
   Anschluß von 580
   Anschluß von zwei Geräten 581
   CoolieHat 579
   defekt 1018
   der Joystick funktioniert nicht 1016
   Eigenschaften 578
   einrichten und kalibrieren 581
   ForceFeedback 579
   Game-Port aktivieren 1017
   Game-Port deaktivieren 1017
   Game-Port funktioniert nicht 1017
   Kalibrierung 1017
   Knöpfe 578
   testen 1017
   Troubleshooting 1018
   Zahl der Achsen 579
Joystick/Joypad 524
Jumper 25

K

K56Flex 697
K6 195
K6-2 3DNow 195
K6-2, Systemtakt 196
K6-3 3DNow 197
K6-Daten, Übersicht 198
K7 197
   neuer Systembus 197
   Systemtakt 197
Kabelpolung, Markierung 385
Karten
   Fehlermöglichkeiten 976
   Slotblech zu lang 976
Kaufberatung
   CD-ROM 441
   Monitore, konkret 327
keyb-Befehl 40
Kissenverzerrung 1011
Klangtabellen, ladbare 518
Klinkenstecker 524
   Adapter 514
Koaxialkabel 768, 784, 792
   Abisoliergerät 770
   Crimpzange 770
   Knickschutztüllen 770
Kombikarten 304
Konfiguration
   Autoexec.bat und Config.sys anpassen . 40
   BIOS-Ressourcen 85

Msdos.sys 950
Plug & Play-Karte, mit ICU 88
Konvergenzfehler, Monitore 325
Kopfhörer 514, 1020
Kopierschutz und DVD 481
Kopierschutz-Bit 476
Kugelgelagerte Lüfter 226
Kühlerbasis 210
Kühlermontage
   Celeron 213
   Pentium II 212
   Pentium III 213
Kurzschluß
   Cache 978
   Erweiterungskarten 976
   Pentium II 977
   Speichermodule 977
   Stromkabel 975

L

L2-Cache .... 257 Siehe Cache
Large 373
Laserdrucker
   Bildtrommel am Ende 1028
   Probleme 1037
   Tonerkartusche leer 1028
Laufwerkbuchstaben 656, 663
Laufwerke
   Anschlußkabel überprüfen 992
   Motoren überprüfen 992
   Stromversorgung 992
Laufwerk-LED 999
Lautsprecher .... Siehe Boxen
LBA
   Erklärung 373
   im BIOS 392
Lenkrädern und Pedale 583
Level-1-Cache (L1-Cache) 122
Level-2-Cache (L2-Cache) 122
LIF-Sockel 105
Linux 172, 409
   dritte Maustaste 572
Lochmaske 323
   Abstände 323
Loop-Through bei DVD 485
LS120 604

M

M2 198
M2 und WinChip, Übersicht 199
M3C, Firma 476
Mainboard 97
   Abbildungen 22
   Anschlüsse 27
   Anschlüsse, Floppy, HD 29
   Anschlüsse, Strom etc. 29
   ATX, Definition 22
   Aufbau von 102
   BF1-Support 106
   BIOS-Update 89
   Chipsätze 126

1057

Stichwortverzeichnis

Design, Layout 105
Formate 124
Formfaktor 125
Frequenzbereich 202
für Pentium II/III 109
Kombi-Versionen für AT/ATX 126
Komponenten 103
L2-Cache 24
Maßnahmen bei Überhitzung 232
PS/2-Anschluß 28
RAM-Menge, cachebar 241
Revision von 123
Systemkomponenten von 102
Systemtakt 108
Mapping
    Disk-Manager 390
    Erklärung 373
Markierung, an Kabel 385
Massekontakt
    Laufwerkplatinen 979
    Mainboard 979
Master, Erklärung 379
Maus
    Anschluß 1015
    Auflösung 572
    Bauformen 571
    funktioniert nicht 1015
    mechanische 573
    Merkmale 571
    optische 574
    PS/2-Anschluß 28
    Reinigung 573
    Zahl der Tasten 572
Metacrawler 911
Meta-Suchmaschine 910
Microsoft Backup 637
    installieren 637
    Sicherungsauftrag anlegen 648, 650
    Sicherungsoptionen 647
    Sicherungsquelle auswählen 647, 649
    Sicherungstyp ändern 649
    Sicherungsziel wählen 647, 649
    Teilsicherung der Anwenderdaten 648
    unterstützte Bandlaufwerke 637
    Vollsicherung der Anwenderdaten 646
Microsoft ISDN-Accelerator-Pack 1.1 750
Microsoft-Netzwerk 762
MIDI-Klang 1022
MIDI-Schnittstelle 516, 527
MIDI-Standard 516
MIDI-Tower-Gehäuse 888
Mikrofon 515, 524
    Eingang 491
Mini-Port-Treiber 750
Mini-Tower-Gehäuse 887
Mip-Mapping 297
MISMATCH CMOS 989
MMX 187
Modem 691
    56k-Technik 697
    Amtsholziffer 718
    Anpassungen per Kabel 703
    Ausstattung 698

Ausstattung des Providers 696
automatische Erkennung 716
BIOS-Upgrade 699
BZT-Zulassung 700
COM2 entfernen 710
Datenflußkontrolle 721
Diagnose 719
Eigenschaften von Modems 719
extern 692
Fehlerkontrolle 723
Fehlerkorrektur 698
Geschwindigkeit 696
Geschwindigkeit des Einwahlknoten 696
Geschwindigkeits-Upgrade 699
Hardwarekompression 723
Hersteller-Support 698
individuelle Kabel 703
individuelle Treiber 699
Installations-Assistent 716
K56Flex 697
Kanalbündelung 696
Kaufberatung 692
Kaufempfehlung 695
Kaufkriterien 700
kein Freizeichen 718
Lautstärke einstellen 722
LEDs 694
manuelle Einrichtung 716
Nebenstellenbetrieb 718
Probleme mit Telefonkabel 703
Schnittstelle auswählen 717
Sende-/Empfangsbuffer 721
Standardmodem verwenden 717
TAE-Dose 702
Telefonkabel anschließen 702
Telefonverlängerung 703
Treiber einrichten 715
Troubleshooting 724
Tuning 720
Typenvergleich 695
Übertragungsrate der Schnittstelle 720
unter Windows anmelden 715
V.42bis 723
V.90 697
Wahlparameter einstellen 718
Wahlverfahren einstellen 719
warten auf Freizeichen 718
Welche Bauform? 692
X2 697
Modem, externes 692
    Adapter für COM-Port 701
    Anschluß 693, 700
    Netzgerät anschließen 704
    Platzbedarf 693
    Problem mit Schnittstelle 693
    serielles Kabel verbinden 700
    Standards für COM-Port 701
Modem, internes 694
    Ähnlichkeit mit Netzwerkkarte 707
    alte Konfiguration feststellen 709
    Anschluß an TAE-Dose 707
    Ausbau des alten 706
    BIOS-Einstellungen 708, 711

Stichwortverzeichnis

COM2 entfernen 705, 710
COM2-Schnittstelle 705
   Einbau und Konfiguration 704
   Installation 694
   IRQ zuweisen 712
   manuelle Konfiguration 711
   Nicht-Plug & Play Einbau 711
   Nicht-Plug & Play konfigurieren ... 709
   Plug & Play-fähiges Einbauen 704
   Plug & Play-Fähigkeit 704
   Ressourcen freigeben 708
   serielle Schnittstelle ausschalten ... 711
   serielle Schnittstelle hinzufügen ... 712
   Treibereinrichtung 709
   Vorteile 694
Monitore
   Anschlüsse 30
   Auflösung, sinnvolle 335
   Auswahl 321
   Bildschirmfilter 336
   Bildschirmmaskentypen 323
   BNC-Kabel 981
   Entspiegelung 325
   Erdmagnetfeld, Einfluß 336
   Ergonomie, Aufstellung 336
   Flachdisplays 328
   Geräte, konkret 327
   Helligkeit 981
   Kabel der Grafikkarte überprüfen ... 982
   Kabel, Einfluß 334
   Kontrast 981
   Konvergenzfehler 325
   Konvergenzfehler durch Lautsprecher .. 336
   Lochmaskenabstand 323
   mit Fernsehfunktion 328
   Nepp durch fehlende Einstellungen ... 324
   Nepp durch schlechte Verstärker ... 324
   Optimierungstips 334
   separater Stromanschluß 982
   Strahlungsnormen 325
   Stromsparmodus 326
   Sub-D-Kabel 981
   und USB 326
   Vergleich LCD-Röhre 329
   Zeilenfrequenz, horiz. 322
Motherboard 97
   Fehlersituationen und Lösungen ... 175
   Gigabyte 586/686 663
   Taktung 112
Motherboard/Monitor
   Temperaturüberwachung 116
Motherboards
   mit 100-MHz-Systemtakt 116
MPR II und TCO 325
Mscdex.exe, Einstellungen 450
Msdos.sys 950
Multi!Wav Digital Pro-Karte 476
Multilink-Verbindung 754
   Kosten 754
Multimonitorbetrieb 315
   getrennte Einstellungen 317
   Position des zweiten Monitors 317
   unterstützte Karten 318

Multiread 458, 478
Multisession-CDs, Probleme mit 470
Multisync-Monitore 326
Multitexturing 299
Musikanwendung 494

N

NDIS-WAN 750
Nero Burning 463
NetBEUI 763
NetBIOS 762
Netscape 906
Netwerkprotokolle
   SPX/IPX 762
   TCP/IP 763
Netzteil 891
   austauschen 894
   defektes 973
   Hinweise für den Kauf eines neuen ... 975
   Leerlauf vermeiden 973
   Leistung zu gering 974
   maximal zulässige
      Spannungsabweichungen 975
   Spannung messen 974
   Spannung überprüfen 981
   Überlastung 980
Netzwerk 757
   Abschlußwiderstände 769, 786
   Arbeitsgruppe 820
   Bandbreite 767
   Benutzerprofile verwalten 817
   Bus-Topologie 765
   Computername 820
   Diagnose 792
   Drucker freigeben 826
   Festplatten freigeben 821
   Freigaben als Netzwerklaufwerke
      nutzen 824
   Freigaben im Netz suchen 823
   Freigaben verstecken 824
   Konfiguration feststellen 819
   Repeatern 770
   Ressourcen 761
   Sternverteiler 766
   Terminator 769
   Topologie 765
   T-Stück 768
   Übertragungsprotokolle 762
   Übertragungsraten 780
   UTP/STP-Verkabelung 772
   Wellenwiderstand 769
Netzwerkbetriebssysteme 761
Netzwerkeigenschaften
   Client installieren 813
   Client konfigurieren 814
   Dienste installieren 811
   Identifikation 816
   Zugriffsteuerung 816
Netzwerkkabel verlängern 792
Netzwerkkarte 773
   Anschlußarten 780
   AUI-Anschluß 780

1059

Stichwortverzeichnis

AUI-Buchse 780
BNC-Anschluß 780
BNC-Ausgang 768
BNC-Buchse 780
COMBO-Karten 780
Diagnose 781
Diagnoseprogramm 793
   einfache 774
   Einstellungen 657, 660
   Fast-Ethernet 774
   für die Infrarot-Schnittstelle 778
   für die parallele Schnittstelle 778
   hardwarekonfigurierbare 777
   Installation der Betriebssoftware 786
   ISA-Versionen 774
   kabellose 778
   Karte einbauen 788
   Leuchtdioden 781
   Mengenrabatte 775
   NE2000 656
   NE2000 deaktivieren 659
   NE2000 unter Windows 3.1x
      deaktivieren 659
   NE2000-kompatible 782
   PCI-Versionen 774
   PCMCIA-Netzwerkkarten 777
   Plug & Play-Karten 776
   RJ45-Buchse 780
   Selbsttest 793
   softwarekonfigurierbare 777
   Standardnetzwerkkarte 775
   Systemressourcen feststellen 788
   Treiber für das Betriebssystem 774
   T-Stück 784
   unter Windows 95/98 deaktivieren 656
Netzwerkkonfiguration 660
Netzwerkprotokolle 900
   NetBIOS/NetBEUI 762
Netzwerk-Setup 659
Netzwerksoftware
   Installation von TCP/IP 806
   Konfiguration von TCP/IP 807
Newsgroups 906
   Dejanews 908
NFN-Telefondose 702
NO ROM-BASIC SYSTEM HALTED 990
Nokia-Fernsehmonitor 328
Non-System disk or disk error 83
Norton Disc Doctor 644
Norton Utilities 635
Norton Zip Rescue 635
   Arbeitsweise der Rettungsdisketten 636
   BIOS-Einstellungen 642
   BIOS-Informationen 642
   Bootdiskette 636
   Diskettensatz 635
   Funktionsumfang einstellen 636
   Informationen des CMOS-Speichers 642
   Recovery Wizard 642
   Reparatur der Partitionstabelle 643
   Reparatur der Registrierung 645
   Reparatur der Startbereiche 643
   Reparatur der Startdateien 644

Reparatur des Dateisystems 643
Reparatur gelöschter Dateien 644
Rettungsdisketten erstellen 641
Start von Rettungsdisketten 641
Test der Rettungsdisketten 641
Unerase Wizard 644
Virenscanner 643
von Rettungsdisketten starten 636
Zip-Diskette 636
Norton-Zip-Überprüfung des
   Betriebssystems 642
Notauswurf CD-ROM 448
Notfall mit ERU vorbeugen 35
Novell-Netzwerk 762
Novell-Server 762
NTBA 743
NTFS
   einrichten 415
   Grundlagen 415
   konvertieren 418
   partitionieren 414
Nullmodemkabel 828f
   für Netzwerkspiele 829
   für parallele Schnittstellen 829
   für serielle Schnittstellen 829

O

OEM-Grafikkarten 292
ON BOARD PARITY ERROR 987
On the fly kopieren von CDs 455
Onboard-Grafikkarte deaktivieren 311
OnNow 968
OpenGL 302
OpenGL-Treiber 302
OS/2 .... 270, 422
Overclocking .... Siehe Übertakten

P

Packet CD, CeQuadrat 461
Packet Writing 606
   bei UDF-Verfahren 460
   CD-Brenner allg. 457
Papierandruckrolle 1034
Papierstau 1027
Parallele Schnittstelle 544
   Anschluß am Drucker 547
   Anschluß am PC 546
   Betriebsarten 544
   EPP/ECP-Mode 545
   Interrupt und Adressen 548
   Nibble-Mode 545
   optimale BIOS-Einstellungen 548
   Pinbelegung 546
   SPP-Mode 545
PARITY ERROR 988
Parity-Chips 988
Parity-RAM 241
Partitionen
   Größenbegrenzung 2 GByte 374
   primäre, erweiterte 396

Stichwortverzeichnis

Partitionieren
  Grundlagen 396
  löschen 405
  mit FAT32 408
  mit PartitionMagic 420
  mit Win NT & NTFS 414
PartitionMagic, Vorstellung 420
Partitionstabelle 643
Paßwort speichern 905
PC
  geht nicht mehr an 940
  piepst nur noch beim Booten 942
PC-100 230
PC-100-Spezifikation 114
PC-66-Spezifikation 114
PC-Direktverbindung 828
  Host-Computer 831
  Installation 830
  Verbindung herstellen 831
PCI
  Grundlagen, Beschreibung 22
  Interrupts teilen 86
  Steckplätze, Abbildung 22
PCI Video Inlay 486
PCI/VGA Palette Snoop 281
PCI-Bus 118, 495
  Anschlüsse 119
  Arbeitsgeschwindigkeit 97
  Bridges 120
  Eigenschaften 119
  Host-Bridge 120
  Interrupts 120
  PCI-to-PCI-Bridges 120
  Ressourcen-Sharing 63
PCI-Takt 113
PCI-zu-ISA-Bridge 118
Peer-to-Peer-Netzwerk 763
Peltier-Element 226
Pentium 186
Pentium 75-200
  Adaptersockel 200
  Upgrade 200
Pentium II 26, 188
  Systemtakt 188
Pentium III 185, 191
  BIOS-Erkennung 192
  BIOS-Upgrade 205
  Chipsätze 191
  Kühler 227
  L2-Cache 191
  SECC2-Gehäuse 192
  Seriennummern 192
  SSE 191
Pentium MMX 186
  Befehlssatzerweiterung 187
  Spannungsversorgung 187, 201
  Upgrade 201
Pentium Pro 187
Pentium-Daten, Übersicht 193
Perspektivische Korrektur 296
Pin 1, Lage bei Laufwerken 992
Pinnacle, Turtle Beach 474

PIO-Mode 372
  Werte 372
Pixeltakt 292
PLL-Freuqenzgenerator 113
Plug & Play
  BIOS-Unterstützung 85
  ICU-Problemlösung 88
Plug & Play and PCI Setup 85
Plug & Play-BIOS 85
Polarisationsfilter 336
Polung, bei Kabel 385
Port-Adressen 60
Ports, EIDE 385
Positionierungsfehler 1000
PostScript, wann es lohnt 873
Power-Good-Signal 970, 975
Powermanagement, Monitore 326
Power-On-Self-Test 971
PowerQuest
  DriveCopy, Drive Image 429
  PartitionMagic 420
Primäre Partition 396
Primary Port 385
Probleme
  aktive SCSI-Terminatoren, stabiler 354
  Audio-CDs und Windows 95 453
  CD, defekte retten 448
  CD-Brennen, Checkliste 467
  CD-Brenner nur als WORM 458
  CD-Brenner, Überhitzung 456
  CD-ROM unter DOS 450
  CD-ROM unter Windows 95 einbinden . 451
  CD-ROM, Antivibrationstip 447
  Datenverlust bei SCSI-Controllern 364
  DirectCD 461
  DVD und CD-R 478
  kein Interrupt frei 346
  Konvergenzfehler Monitor 336
  Notauswurf CD 448
  Packet Writing 461
  Polung SCSI-Terminatoren 353
  RAM-Menge, cachebar 241
  SCSI-Troubleshooting 363
  Wide-SCSI-Anschlüsse 344
  zwei SCSI-CD-ROM 359
Programme, Absturz 262, 694
Protokolliert, Windows-Start 947
Prozessor
  3DNow 195
  486-Prozessoren 106
  aktive Kühler 225
  Austausch 206
  Bauformen 182
  Befestigung des Kühlers 226
  Betriebsspannung(en) 106
  Celeron 108, 129, 189
  Core-Spannung 106, 187, 201
  defekter Lüfter 233
  Durchlüftung des Gehäuses 227
  Erhöhung des Prozessortakts 228
  Erhöhung des Systemtakts 228
  Erkennung durch Chipsatz 202f

1061

Stichwortverzeichnis

Erklärung, Abbildung	26
Halterung einbauen	210
I/O-Spannung	187, 201
K6	195
K6 und Mainboards	195
K6-2 3DNow	195
K6-2 Systemtakt	196
K6-3 3DNow	197
K6-Familie	194
K7	111, 197
keine Erkennung	232
kugelgelagerte Lüfter	226
Kühlerkunde	224
Kühlung beim Übertakten	223
M2	198
M2 Leistung	199
M2 und Mainboards	199
Marktübersicht	182
Maßnahmen bei Überhitzung	231
Multimedia Extension MMX	106
P54C	106
P55C	106
passive Kühler	225
Peltier-Element	226
Pentium	186
Pentium II	188
Pentium II/III	116
Pentium III	185, 191
Pentium MMX	186
Pentium Pro	187
Pentium-II-Familie	184
Pentium-III-Kühler	227
Pentium-Klasse	106
PPGA-Gehäuse	189
Prozessorkern	107
SECC1-Format	110
SECC1-Gehäuse	204
SECC2-Format	110
SECC2-Gehäuse	189, 192, 204
Seriennummern	192
Sicherheitstoleranzen	221
Slot 1	184
Sockel 370	185, 189f
Sockel 7	182, 195
Sockel 8	188
SSE	191
Supersockel 7	107, 183
Temperaturfühler	224
Troubleshooting	231
Überhitzung	224
Übersicht K6-Daten	198
Übersicht M2 und WinChip	199
Übersicht Pentium-Daten	193
übertakten	221
übertakten des Mainboards	229f
übertakten, Durchführung	228
Übertaktungsschutz	222
Upgrade	107, 109
Vorüberlegungen Austausch	200
Wärmeleitpaste	226
Warnzeichen beim Übertakten	223
WinChip	198
WinChip Spannungsversorgung	199
WinChip und Mainboards	199
Xeon	185, 193
ZIF-Sockel	105
Prozessorbrücke	210
Prozessorfamilie	105
Prozessorhalter	204
Prozessorkühler	224
Prozessorsockel	
Slot 1	109
Sockel 3	106
Sockel 370	108
Sockel 5	106
Sockel 7	106
Prozessortakt, Berechnung	202
Prozessortausch	200
Arbeitsspeicher	206
Bedingungen	205
BIOS-Upgrade	205
Frequenzbereich	202
Halterung einbauen	210
Halterungen	204
MMX-Boards	201
optimale Voraussetzungen	205
Pentium 75-200	200
Slot 1	207
Slot 1-Prozessoren	203
Sockel 7-Upgrade	200
Super-7-Boards	201
Systemtakt	203
Systemtakt bei Slot 1-Boards	203
Verträglichkeit des Chipsatzes	202
Prozessortausch Slot 1	
alte CPU ausbauen	209
Betriebsspannung einstellen	210
BIOS einstellen	215
CPU einsetzen	214
Halterung einbauen	210
Kühler anbringen	212
Mainboard konfigurieren	209
Multiplikator einstellen	210
Netzteil ausbauen	208
Systemtakt einstellen	209
Überprüfung	215
Werkzeug	207
Zugang schaffen	208
Prozessortausch Sockel 7	215
BIOS einstellen	221
CPU entfernen	217
CPU-Typ angeben	219
Kernspannung einstellen	219
Kühler aufsetzen	220
Mainboard konfigurieren	218
Multiplikator einstellen	218
Netzteil ausbauen	217
Prozessor einsetzen	219
Systemtakt einstellen	218
Überprüfung	220
Zugang schaffen	216
PS/2-Anschluß, Maus	28
Punkt-zu-Punkt-Verbindung	828

Stichwortverzeichnis

R

Rage Pro Tweaker 284
Rain 966
RAM
    alte Bausteine verwenden 256
    ECC-Typ, Erklärung 241
    Interleave 267
    Parity 241
    Typen, verschiedene 236
    Verwendung für alte 256
RAMDAC 291
Rasterung, optimierte in Bildbearbeitung . 877
Rechner
    läuft an, aber der Bildschirm bleibt
        dunkel 981
    läuft an, stoppt aber mitten im
        Bootvorgang 986
    läuft eine Weile, dann stürzt er ab 995
    läuft kurz an, geht aber sofort wieder
        aus 979
    nach dem Einschalten passiert gar
        nichts 971
    Piepen des Rechners beim Hochfahren
        970
    Reinigung 996
    Stellplatz 995
Rechnerneukauf 97
    Dokumentation 97
    Onboard-Komponenten 99
    Platinenaufbau 98
    Platzangebot 100
    Zusatzfunktionen 98
Registrierung 645
Registrierungsprüfung (Windows 98) ... 36, 927
Registry
    scanreg 36, 927
    scanregw 36, 927
Reinigung des Rechners 996
Rendering 296
Repeater 769, 785
Reservieren von Ressourcen 936
Ressourcen
    Belegung ausdrucken 33
    Belegung bestimmen 32
    BIOS-Verwaltung 85
    DMA-Kanal, Einleitung 32
    DMA-Kanäle 62
    E/A-Adressen 32, 60
    einstellen 64
    Geräte deaktivieren 934
    Hardwareprofile zur Verwaltung 937
    Interrupt-Anforderung IRQ 58
    Interrupts, Einleitung 32
    Konflikte lösen, Windows 95 929
    reservieren unter Windows 95 936
    verschieben, Anleitung 933
Ressourcenanalyse 64
    DOS 65
    Windows 64
Ressourcenengpässe 74
Ressourcenkonflikt, Anzeige im Geräte-
    Manager 508
Ressourcentausch 66
Retention Module 110
RGB-Farbmodell 674
ROM-Baustein 663

S

Sampling-Raten-Konverter 476
ScanDisk 434, 999
Scanner 620, 667
    8-Bit-SCSI-Controller 346
    Anschlußvarianten 677
    Anwendungsprogramme 687, 689
    Auflösung 675
    Aufstellungsort 680
    Ausstattung des PC 679
    Bearbeitungssoftware 668
    CCD-Sensoren 672
    Dia- und Filmscanner 672
    Durchlichtaufsatz 670, 672
    Einzugsscanner 671
    Farbscanner 668
    Farbtiefe 676
    Flachbettscanner 669
    Fotoscanner 672
    für die parallele Schnittstelle 677
    für SCSI 678
    für USB 678
    Güte der CCD-Sensoren 674
    Handscanner 668
    horizontale Auflösung 675
    im Querformat 680
    interpolierte Auflösung 675
    Kombi-Geräte für Druck-, Fax- und
        Scanner-Funktion 671
    Laserscanner 669
    maximale Auflösung 675
    Monitor und Grafikkarte für 679
    optische Auflösung 675
    optisches Prinzip 674
    PMT-Sensoren 672
    Scanmodul 678
    Schnittstellentypen 677
    SCSI-Adapter einbauen 685
    SCSI-Scanner anschließen 686
    SCSI-Treiber einbinden 360
    Software installieren 687
    Trommelscanner 672
    TWAIN-Schnittstelle 679
    typische Auflösungen 676
    über die Druckerschnittstelle
        anschließen 683
    über die SCSI-Schnittstelle anschließen 685
    unter Windows 95 361
    Verarbeitungsgeschwindigkeit 677
    vertikale Auflösung 675
    Vorbereitung zur Installation 681
scanreg 36, 927
scanregw 36, 927
Schlechte Bildqualität 276
Schnittstelle 537, 1016
    aktivieren 1015
    deaktivieren 1015

Stichwortverzeichnis

defekt 1016
PS/2 1015
seriell 1015
serielle 538
zusätzliche einbauen 550
Schreib-/Lesekopf 1000
Schreibcache, SCSI-Festplatten 362
SCSI
   8-Bit-ISA-Controller 346
   aktive Term., Bezugsquelle 354
   aktive Terminatoren 354
   Aspi-Treiber hochladen 358
   Auto-Terminierung 353
   Boot-Delay 363
   Boot-ID 355
   CD-ROM, 2fach unter DOS 450
   Datenverluste bei Controller-Wechsel .. 364
   Doppelpufferung 359
   Drucker-Port-Adapter 346
   ein Gerät, zwei Controller 351
   Einbau, Praxis 426
   Geräte nachträglich in Windows 95/98
      aktivieren 362
   Grundlagen, Installation 348
   ID, Erklärung 349
   ID-Vergabe 350
   Kabel, notwendige 348
   mehrere Controller 351
   mit EIDE zusammen 345
   NCR, mehr Leistung 358
   preiswerte Lösungen 345
   Probleme mit Wide-SCSI 344
   Scanner einbinden 360
   Schreibache bei HDs aktivieren 362
   Sicherung, defekte 365
   Standards, Erklärung 340
   Terminatoren 350
   terminieren, Praxis 351
   Terminierung, richtig polen 353
   Term-Power, Erklärung 350
   Treiber für DOS 357
   Troubleshooting 363
SCSI-Adapter 598, 621f, 656, 685
   einbauen 685
   externe Kabelverbindungen 622
SCSI-Controller
   Abbildung, Einführung 30
   Einbau 357
   empfehlenswerte 342
   preiswerte Lösungen 345
SCSI-Kabel 627
   Bezeichnungen der Kabelverbindungen
      622
   Miniatur-Centronics-Buchse 622
   Sub-D-Buchse 622
   Verbindungs-Adapter 623
   Verbindungsadapter 623
   Verbindungskabel 622
   Verbindungstechnik 622
   Verwechslung mit Druckeranschluß 622
SCSI-Laufwerk 598, 655, 663
SCSI-Schnittstelle 685

SDRAM 236, 291
   EEPROM 238
SEC Cartridge 109
SECC1-Gehäuse 204
SECC2-Gehäuse 189, 204
Second Level Cache 24, 257
Secondary Port 385
Sectors 392
Sektor nicht gefunden 999
Sektoren, Erklärung 408
Sektorgröße, variable bei CDs 457
Selbsttest 971
Selbsttestmodus, Drucker 1029
Serielle Schnittstelle
   Adapter 539
   COM2 entfernen 710
   FIFO-Einstellungen 721
   Geschwindigkeit optimieren 720
   hinzufügen 712
   Interrupt und Adressen 540
   Konfiguration von 554
   Pinbelegung 538
   Ressourcen einstellen 714
   Steckerverbindungen 539
   Treibereinrichtung 709
   UART 541
   UART-Typ feststellen 542
   Übersicht Ressourcen 710
   Übertragungsrate einstellen 720
   Ultra High-Speed-Schnittstellen 542
   von Hand einrichten 712
Seriennummern 192
Server 760
   dezidierte 764
SGRAM 291
Shading 297
Sicherungsprogramme
   Colorado Backup 639
   Microsoft Backup 637
SIMD 187
SIMM als Druckerspeicher 256
Single Edge Contact SEC 109
Single, Erklärung 379
Single-Pass-Technik 675
Slave, Erklärung 379
Slimline-Gehäuse 887
Slot 1 .... 112, 184
   Systeme mit 109, 116
Slot 1-Systeme 129
Slot 2 112
Slot A 112
SmartDrive
   CD-Cache 41
   CD-ROM-Caching 449
Sockel 370 .... 112, 185, 190
   Adapter für Slot 1 190
   Systeme mit 108, 129
Sockel 5 .... 111, 186
   Systeme mit 106
Sockel 6 111
Sockel 7 .... 111, 182
   Systeme mit 114, 127
   Upgrade 200

Stichwortverzeichnis

Sockel 8 .... 112, 188
Sockel-3-Systeme 106
Software
   für CD-Brenner 462
   ohne Bugs 950
Sound
   analoge Signale 515
   digitalisieren 515
Sound Forge 476
Soundausgabe
   abgehackte Sounds erklingen 1020
   kein- oder verzerrter Sound 1019
   permanente Nebengeräusche 1021
   Verzerrungen 521
Soundkarte
   3-D-Sound 493, 522
   A/D-Wandlung 515
   Aktualisierung von Treibern 509f
   Anforderungen an 489
   Anschluß an die Stereoanlage 515
   Anschluß des Audiokabels 502
   Anschluß von Boxen und Mikro 514
   Anschlüsse 523, 1019
   Anschlüsse, Abb. 31
   Anwendungsprofile 490
   Audiokabel 502
   Aufgabe des Effektprozessors 522
   Aufnahme von Musik 494
   Aureals A3D 523
   Austausch und Einbau 501
   Auswahl des Busanschlusses 496
   Auswahl des Steckplatzes 501
   brummen bei Hi-Fi-Anlage 532
   Bulkware 489
   Busanschluß von 495
   digitale Schnittstelle S-P/DIF 525
   DirectX-System 527
   DOS-Kompatibilität 527
   Einbau 500
   einrichten ohne Plug & Play 498
   Endverstärker/Endstufe 521
   entfernen alter Treiber 500
   externe Ausgänge 524
   externe Eingänge 525
   Funktionen von 515
   für Business-PC 491
   für Musiker 494
   für Spiele-PC 493
   für Spracherkennung 492
   Garantiezeiten 489
   Hersteller von 488
   IDE-Schnittstelle 526
   interne Eingänge 525
   keine Ausgabe bei Audio-CDs 533
   knacksen und rauschen 531
   ladbare Klangtabellen 518
   linearer Ausgang Line-Out 525
   manuelle Einstellung der Ressourcen ... 499
   manuelle Treiberinstallation 505
   MIDI-Schnittstelle 525
   Mikrofoneingang 525
   mit ISA-Anschluß 496

Plug & Play 498
Probleme mit MIDI-Schnittstelle 529
Qualität von Aufnahmen und
   Wiedergaben 515
Ressourcen von ISA-Typen 499
Ressourcenkonflikte beseitigen 528
schlechter MIDI-Klang 531
Standards von 527
synthetische Klangerzeugung 517
Systemabstürze und Aussetzer 528
Treibereinstellungen anpassen 507
Treiberinstallation für DOS 511
Treiberinstallation für Windows 503
Treiberinstallation per Plug & Play 503
Typen von 498
und DOS-Spiele 495
und Internettelefonie 491
und Multimedia-Systeme 491
Wavetable-Connector 525
Wavetable-Funktionen 517
Wavetable-ROM 517
Wavetable-Synthese 522
Windows-kompatibilität 527
Soundrecording 494
S-P/DIF-Schnittstelle, Kabelverbindung ... 524
Sparfallen, Monitore 324
Speicher .... Siehe RAM
   SCSI-Treiber hochladen 358
Speicherbausteine
   SDRAM 237
   testen 989
Speicherbedarf von 3-D-Karten 300
Speichermodule, Kurzschluß 977
SRAM-Bausteine 134, 136
SSE 296
Standard-CMOS-Setup 391
Standard-Ethernet 767
Steckkarte einsetzen, Druckpunkt 54
Steckkarten tauschen 52
Stellplatz, Computer 995
Stromanschluß
   überprüfen 973
Stromkabel, Anschluß überprüfen 982
Stromnetz, überlastetes 980
Stromsparmodus, Monitore 326
Sub-D-Kabel überprüfen 983
Subwoofer 497
   Verfahren 497
Suchmaschine 910
Supersockel 7 .... 107, 183
   mit AGP 115
   Prozessor-Upgrade 201
   Systeme mit 107, 115, 128
Surroundsound und DVD 481
Suspend to disc 968
Suspend to RAM 968
Swap-Datei 37
Synchrondatenübertragung, SCSI 1009
sys-Befehl 39
Systemdateiprüfung (Windows 98) 926
Systeminformation
   mit Geräte-Manager 32
   Windows 98 925

Stichwortverzeichnis

Systeminstallation 585
Systemkonfigurationsprogramm
   (Windows 98) 928
Systemressourcen 657f
Systemsicherheit 586
Systemtakt 113f
   Frequenzen anderer Hersteller 203
   Verträglichkeit mit Komponenten 203
Systemunterbrechungen 120

T

TAE-Adapter 703
TAE-Dose 702
   NFN-Codierung 702
Tag-RAM 136
Taktsystem
   asynchrone Taktung 114, 230
   externer Takt 114
   Grundfrequenz 113
   synchrone Taktung 114, 229
Tastatur 1013
   Anschlüsse 568
   Bauformen 567
   Defekt 1013
   falscher Tastaturtreiber 1014
   kabellose 568
   Rechner meldet Keyboard-Error 1013
   Tasten funktionieren nicht 1014
   Treiber installieren 1014
Tastatur-Controller 1013
Tastaturtreiber, deutsch 40
Tastenbelegung 1014
TCO und MPR II 325
TCP/IP 900
TCP/IP-Netzwerk 762
TCP/IP-Protokoll 763
Telefonanlage 743
Teles, Treiber und Updates 910
Temperaturfühler 224
Terminieren
   aktive Terminatoren, Bezugsquelle ... 354
   richtig polen 353
   SCSI, Erklärung 350
   SCSI-Praxis 351
   Wide-SCSI 352
Term-Power, bei SCSI 350
Texture-Mapping 297
Texturspeicher 300
Tintendüsen, verstopfte 1043
Tintenpatrone leer 1042
Tintenrefills 1042
Tintenstrahldrucker 1041
   Probleme 1041
   Probleme mit Ersatztinte 874
   Tintenpatrone 1042
T-Online 905
Tonwertzuwachs 878
Touchpad 576
Track at Once 457
Trackball 575
Trapezverzerrung 1012

Treiber
   Dateien werden nicht gefunden 504
   für den Realmodus 663
   Geister-Einträge Geräte-Manager 955
   Treiberarchive entpacken 509
Treibersoftware 644, 660, 663
Treiber-Support 294
trilineares Filtern 297
Trinitron vs. Diamondtron 323
Tuning-Tip
   aktive SCSI-Terminatoren 354
   Antivibration CD-ROM 447
   Auto-Terminierung SCSI 353
   booten von Zip 355
   bootfähige CD-ROM 471
   CD-Brennen optimal 466
   CD-ROM, 2fach unter DOS 450
   CD-ROM-DOS-Treiber und Windows 95 450
   Drucker-Port beschleunigen 871
   Geräte deaktivieren 934
   Interrupt einsparen 346
   Interrupt für Grafikkarte 87
   Label für CD-R 472
   Monitoroptimierung 334
   RAM-Menge, cachebar 241
   Scanner unter Windows 95 361
   SCSI, mehrere Geräte 351
   SCSI-Flachbandkabel-Adapter 345
   SCSI-Geräte nachträglich anmelden 362
   SCSI-Schreibcache 362
   SCSI-Terminator-Polung 353
   SCSI-Treiber unter DOS 358
   SCSI-zu-Parallel-Adapter 346
   SmartDrive nutzen 41
   wichtige CD-ROM-Features 443
   zwei SCSI-CD-ROM 359
Tuning-Tips unter Windows 431
TV-Ausgang 293
TWAIN-Schnittstelle 678, 687
TweakBIOS 265

U

UART 693
UART 16550 .... 693, 721
Überhitzung 996
   vermeiden per Software 966
Überprüfung des Prozessoreinbaus 215
Übertakten 114, 221
   ältere Mainboards 229
   AMD-Prozessoren 222f
   Arbeitsspeicher 229f
   Cyrix und IDT 223
   das richtige Maß 224
   des Systembus 114f
   Durchführung 228
   Erhöhung des Prozessortakts 228
   Erhöhung des Systemtakts 228
   Intel-Prozessoren 222
   Kühlung 223
   L2-Cache 230
   neuere Mainboards 230

Stichwortverzeichnis

PC-100 230
PCI-Bus 229
Sicherheitsmaßnahmen 223
Systemtakt, Auswirkungen 229
Systemtaktvarianten 228
Warnzeichen 223
Welche CPUs? 221
Übertaktungsschutz 222
Überwachungsprogramme Mainboard 175
UDF
    Erklärung 460
    Löschfunktion CD-RW 462
    Software 461
Ultra-DMA
    Controller 375
    Erklärung 371
Ultra-SCSI 341
    Kabel 348
Umrechnungsfaktor MByte 376
Universal Retension Module URM 111
Universal Serial Bus 556
    Hardware und Software 558
    Hot Plug & Play 557
    Pro und Contra 560
    Technik und Anschlußverfahren ... 558
    Unterstützung von Windows 559
    Ursprünge 557
Unterbrechungsanforderung 58
Unterstützung der Glide-Schnitstelle 301
Update, BIOS 89
USB
    Anschlüsse, Foto 28
    Monitore 326
USB-Geräte 561
USB-Modems 696
USB-Port
    Ethernet Konverter 564
    Netzwerkanbindung 564
    Netzwerkaufbau 564
    Parallel-Konverter 564
    PCI zu USB-Konverter 563
    Serial-Konverter 563
    USB-Direct-Anschluß 564
USB-Port, USB-Hub 563

V

V.42bis 723
V.90 697
    asymmetrischer Standard 697
    digitale Vermittlung 697
    typische Verbindung 697
    Unterstützung durch Provider 697
Variable Sektorgröße bei CDs 457
VB-Software 463
Video ROM BIOS Shadow 281
Videokonferenz 731
Videospeicher 289, 294
    Arten von Bausteinen 291
    Ausbaustufen 290
    Busbreite 290
Viren 643

Virenbeschreibungen 643
    Aktualisierung von 643
Virentypen 643
VMI 486
Voodoo-Chipsatz 301f
VPI 486
VRAM 291

W

Wait for Vsync 300
Wärmeleitpaste 226
Waterfall 966
Wave-Datei 515
Wavetable
    ladbare 518
Wavetable-ROM
    Angabe der Größe 517
    nachrüsten 517
    Qualität von 517
Wechselmedien
    Anschlußtypen der Laufwerke 598
    Gerätetypen der Laufwerke 597
    Kosten und Standzeiten 614
Wechselplattenlaufwerke 585
    CD-Laufwerke 605
    CD-R-Laufwerke 605
    CD-RW-Laufwerke 606
    Iomega Jazz-Laufwerk 608
    LS120-Laufwerk 603
    MO-Laufwerke 607
    PD-Laufwerke 607
    SyQuest SparQ-Laufwerk 610
    SyQuest SyJet-Laufwerk 610
    Zip-Disketten 601
    Zip-Laufwerk 601
Wechselplattensysteme 585
Wellenwiderstand 786
Westernstecker 31
Wide-SCSI 341
    Anschlußprobleme 344
    terminieren 352
Wide-Stereo 522
Win.com, Aufrufe 957
WinChip 198
Windows 655
    Auslagerungsdatei 432
    Benutzerprofile 817
    Benutzerverwaltung 817
    Cacheeinstellungen 433
    Defrag 434
    DFÜ-Netzwerk 900f
    Fehlerquellen 635
    Festplatten-Tuning 431
    Konfiguration der
        Netzwerkeigenschaften 811
    Konfiguration der
        Netzwerkkartentreiber bei Plug &
        Play-Karten 799
    manuelle Anpassung der
        Netzwerkkartentreiber 803

Stichwortverzeichnis

manuelle Konfiguration der
   Netzwerkkartentreiber 800
mehrfache Laufwerkbuchstaben 662
Ressourcen reservieren 66
ScanDisk 434
Softwareverwaltung 638, 640
Startdisketten 591, 640
Systemeditor SYSEDIT 666
Treiber manuell konfigurieren 70
Win.ini 665
Windows 3.x, SCSI-Optimierung 357
Windows 95
   mehrere Drucker ins Senden an-Menü . 874
   SCSI-Geräte nachträglich aktivieren 362
   TrueType-Schrift durch Druckerschrift
     ersetzen 873
   Uninstall-Fehler beheben 962
   Verzeichnisbaum ausdrucken 876
Windows 98-Kompatibilitätsliste 774
Windows NT
   einrichten, partitionieren mit 415
   partitionieren mit 414
   und Adaptec 2940 363
Windows 95/98
   abgesicherten Modus starten 948
   abgesicherter Modus 952
   aufrufen über Win.com 957
   Bootmenü 946
   CD-ROM optimieren 451
   CD-ROM-Caching 452
   CD-Wechsler-Probleme 453
   Dateien wiederherstellen mit Undelete 963
   DOS, vorherige Version starten 949
   Drucken im Hintergrund beschleunigen
     872
   Eingabeaufforderung, booten 949
   Geräte deaktivieren 934
   Hardwareprofile 937
   Joliet-Format 469
   komplette Sicherheitskopie 37
   Msdos.sys 950
   Problem mit Audio-CDs 453
   protokollierter Start 947
   reservieren von Ressourcen 936
   Ressourcenkonflikt lösen 929
   SCSI-Optimierung 360
   wenn nicht startet, Bootmenü 946
WinOnCD, CD-Brennersoftware 464
Wintel 22
Word
   Ausdruck beschleunigen 876
   Druckqualität verbessern 877
WORM, CD-Brenner 458
WTX-Standard 896

X

X2 697
Xeon 185, 193

Z

Z-Buffer 295, 300
Zeilenfrequenz, horizontale 322
ZIF-Sockel 105
Zip-Archiv 661
Zip-Disketten 601, 655
   XHD-Disketten von Nomai 602
Zip-Laufwerke
   Anschluß an externe SCSI-Schnittstelle . 621
   Anschluß an parallele Schnittstelle 619
   Aufzeichnungsverfahren 601
   booten von 355
   Drucker-Port beschleunigen 871
   durchgeschleifte Druckerschnittstelle 620
   externe Laufwerke anschließen 619
   falscher Laufwerkbuchstabe 660
   IDE-Bus, Einstellung Master-Slave 626
   interne Laufwerke anschließen 623
   interne, Montagesatz 623
   internes ATAPI-Laufwerk einbauen 624
   internes SCSI-Laufwerk einbauen 627
   Rechnerabsturz durch Guest 656
   SCSI-Terminierung einstellen 628
   SCSI-zu-Parallel-Adapter 346
   Start mit eingelegter Diskette 655
   Treiber-Update für Windows NT 661
   Übertragungsgeschwindigkeit 601
   und Scanner 620
Zip-Software, Diskettensatz 655
Zugangsdaten 908

▶▶▶ Wenn Sie an dieser Seite angelangt sind ...

dann haben Sie sicher schon auf den vorangegangenen Seiten gestöbert oder sogar das ganze Buch gelesen. Und Sie können nun sagen, wie Ihnen dieses Buch gefallen hat. Ihre Meinung interessiert uns!

Uns interessiert, ob Sie jede Menge „Aha-Erlebnisse" hatten, ob es vielleicht etwas gab, bei dem das Buch Ihnen nicht weiterhelfen konnte, oder ob Sie einfach rundherum zufrieden waren (was wir natürlich hoffen). Wie auch immer – schreiben Sie uns! Wir freuen uns über Ihre Post, über Ihr Lob genauso wie über Ihre Kritik! Ihre Anregungen helfen uns, die nächsten Titel noch praxisnäher zu gestalten.

▶▶▶ Ihre Ideen sind gefragt!

Vielleicht möchten Sie sogar selbst als Autor bei **DATA BECKER** mitarbeiten? Wir suchen Buch- und Software- Autoren. Wenn Sie über Spezial-Kenntnisse in einem bestimmten Bereich verfügen, dann fordern Sie doch einfach unsere Infos für Autoren an.

Bitte einschicken an:
DATA BECKER GmbH & Co. KG
Postfach 10 20 44
40011 Düsseldorf

Sie können uns auch faxen:
(02 11) 3 19 04 98

Was mir an diesem Buch gefällt: _____

Das sollten Sie unbedingt ändern: _____

Mein Kommentar zum Buch: _____

441 232

☐ Ja   Ich möchte DATA BECKER Autor werden. Bitte schicken Sie mir die Infos für Autoren.

☐ Ja   Bitte schicken Sie mir Informationen zu Ihren Neuerscheinungen.

▶▶▶ Apropos: die nächsten Versionen. Wollen Sie am Ball bleiben?

Wir informieren Sie gerne, was es Neues an Software und Büchern von **DATA BECKER** gibt.

Name, Vorname _____
Straße _____
PLZ, Ort _____

DATA BECKER
Internet: http://www.databecker.de

▶▶▶ **Entdecken Sie das Office 2000 Universum!**

Ob Einsteiger oder Könner: Jetzt gibt's den kompletten Durchblick! Auf über 1.000 Seiten wird jedes Programm des zukunftsweisenden Büropakets umfassend präsentiert. Einzeln und im perfekten Teamwork. Von der fortschrittlichen Textverarbeitung bis hin zum Informationsmanagement mit Outlook 2000.

Selbstverständlich erfahren Sie zunächst alles Wissenswerte über die fantastischen neuen Möglichkeiten von Office 2000. Ein Schwerpunkt liegt auf dem Internet. Die gekonnte Webseitengestaltung wird ebenso umfassend besprochen wie die Themen (D)HTML, Cascading Style Sheets, Intranet und E-Mail. Darüber hinaus finden Sie in diesem großen Buch jede Menge Hintergrundinformationen, Crashkurse zu allen Programmen sowie eine Einführung in die Makro- und VBA-Programmierung.

- **Office 2000 und das Internet**
- **Alle Funktionen im Überblick**
- **Perfektes Teamwork sämtlicher Komponenten**
- **Top-Facts und Pannenhilfe**

Vonhoegen/Kraus
Das große Buch Office 2000
für die Standard Edition und die Small Business Edition
1.020 Seiten, DM 49,95
ISBN 3-8158-1369-7

nur DM 49,95

DATA BECKER

Versandkostenfrei bestellen im Internet: www.databecker.de